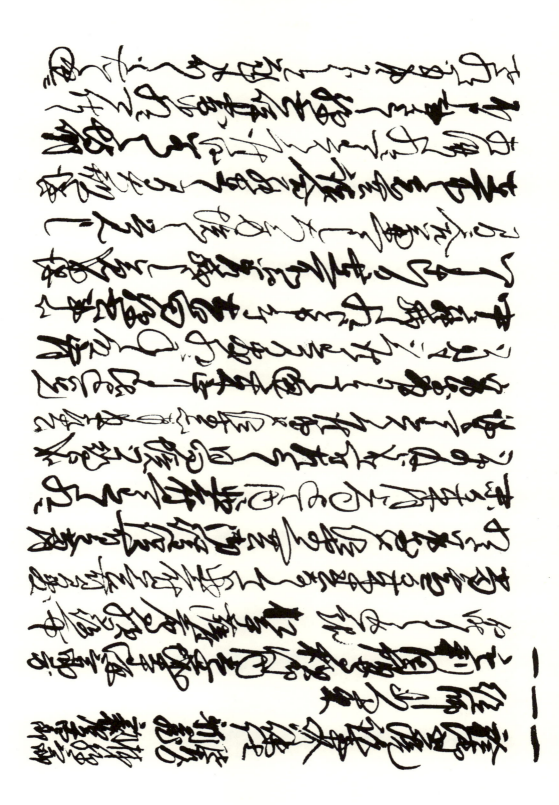

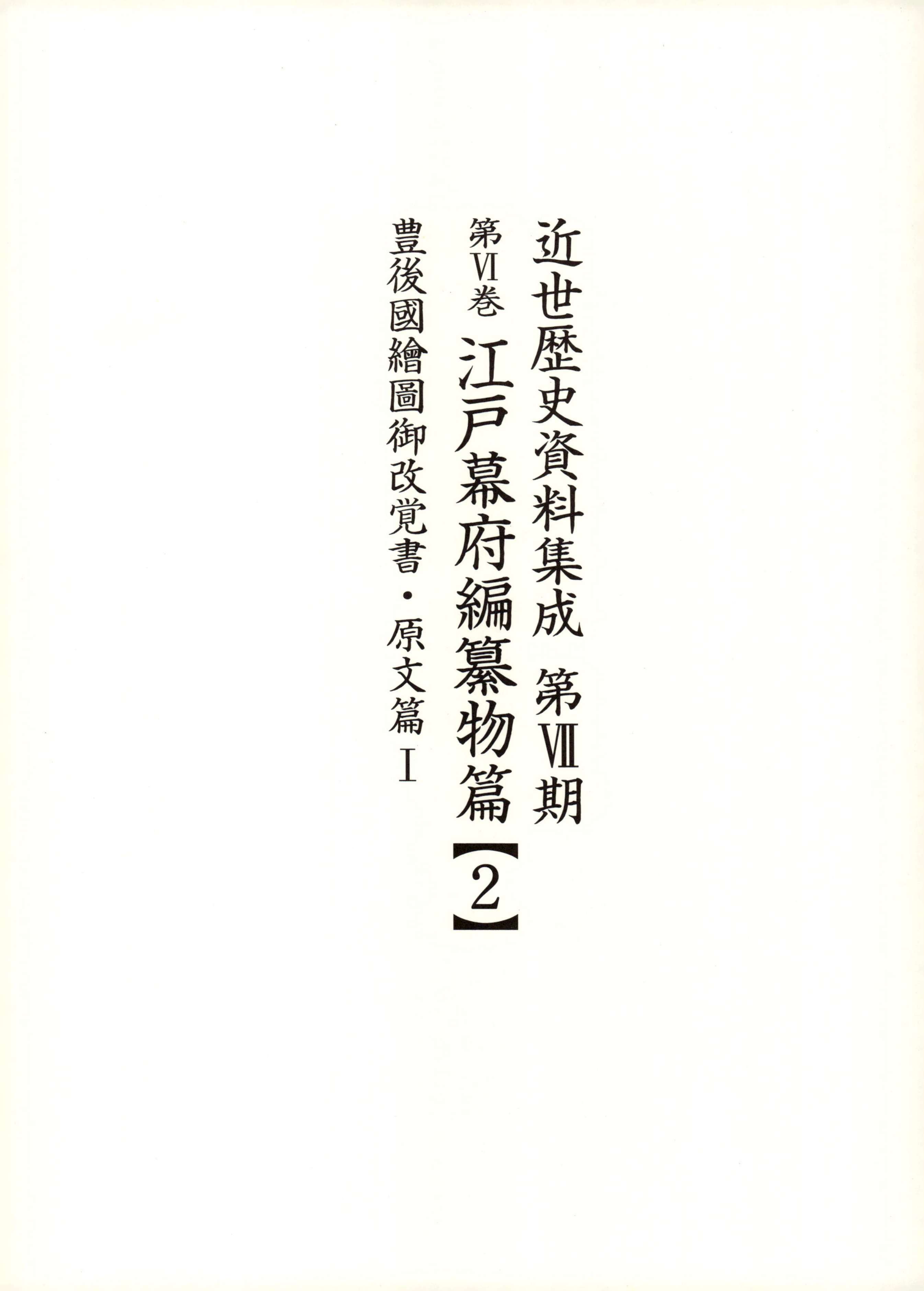

# 近世歴史資料集成　第Ⅷ期

第Ⅵ巻　江戸幕府編纂物篇【2】

豊後國繪圖御改覚書・原文篇Ⅰ

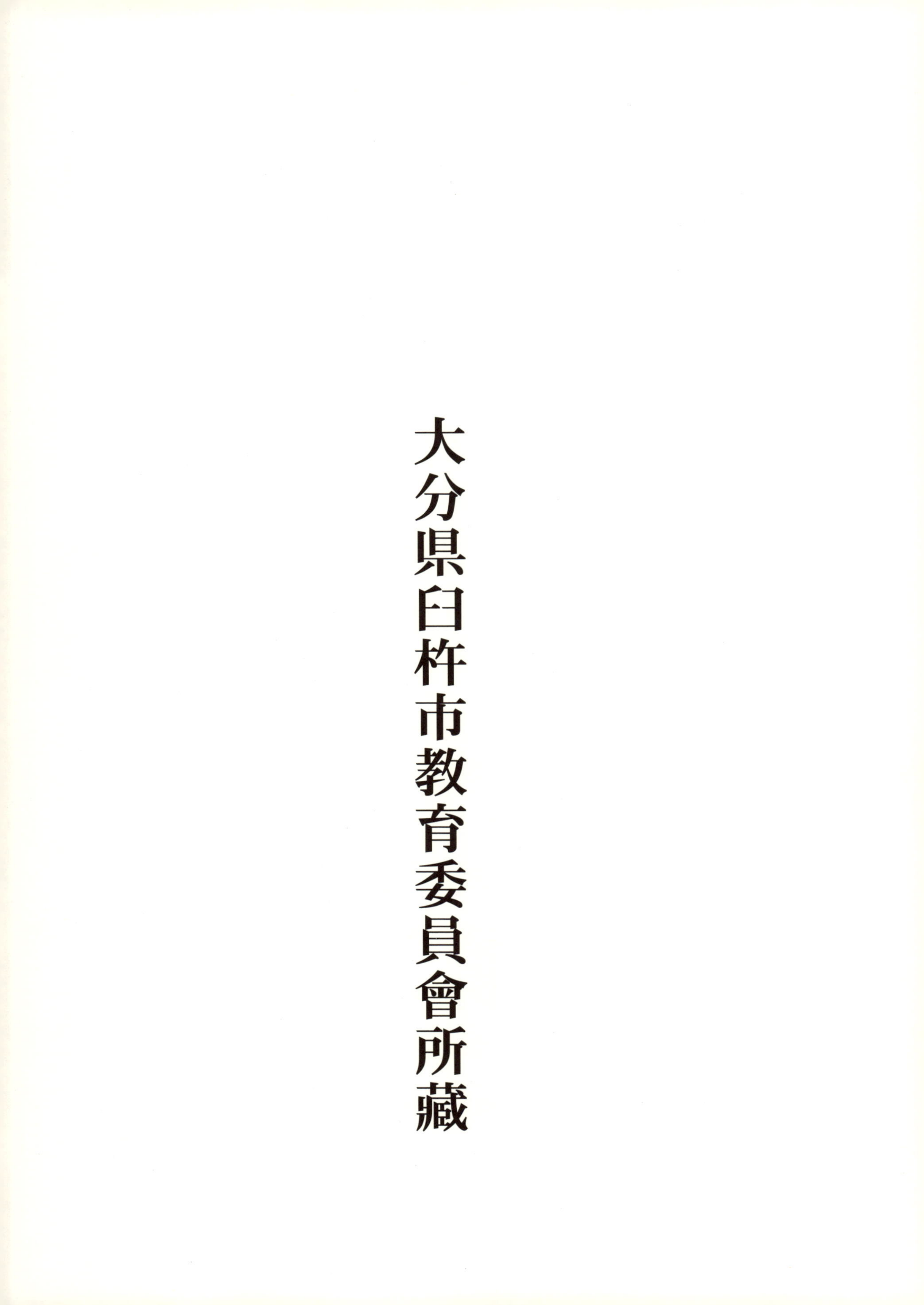

大分県臼杵市教育委員會所藏

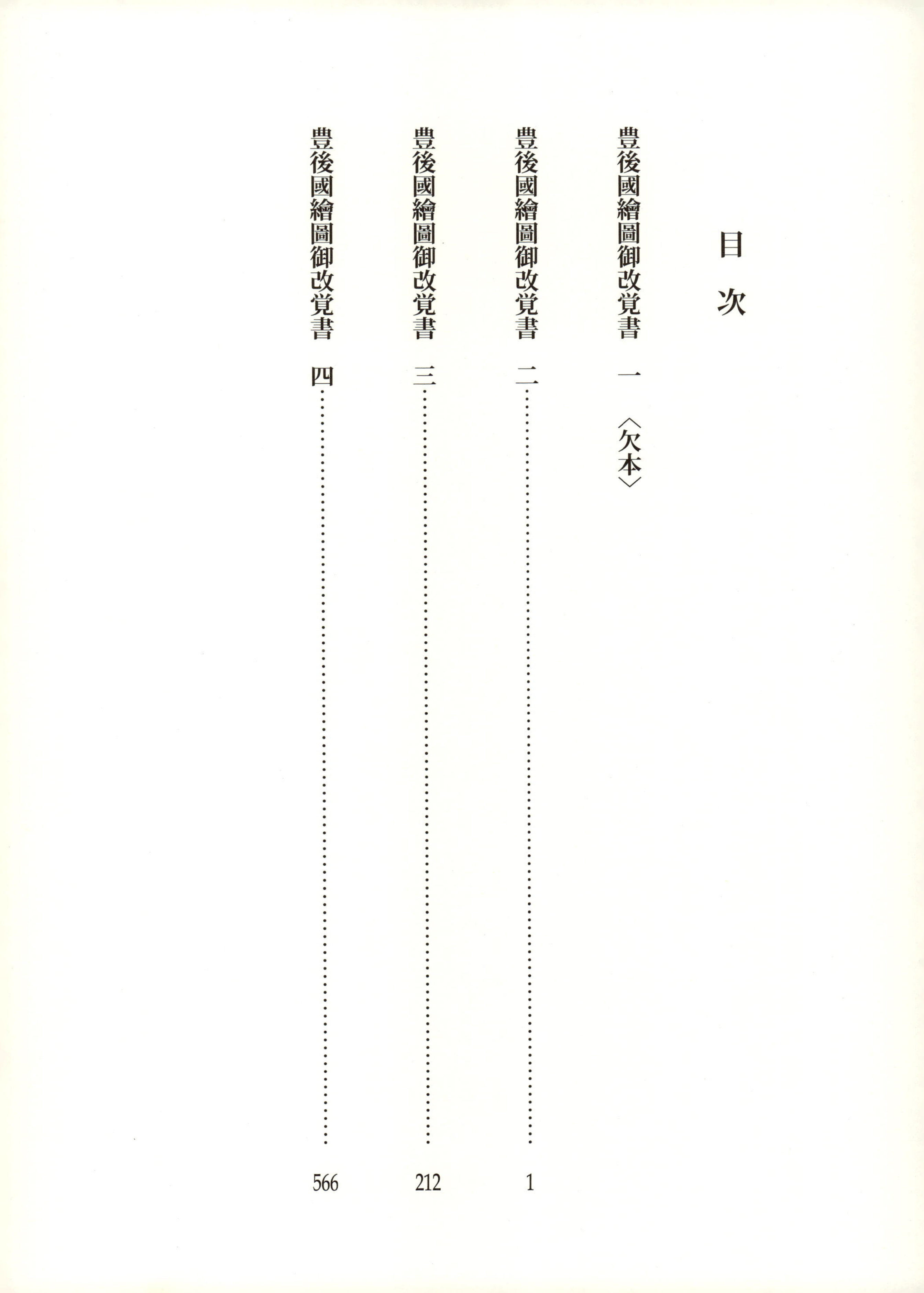

# 目次

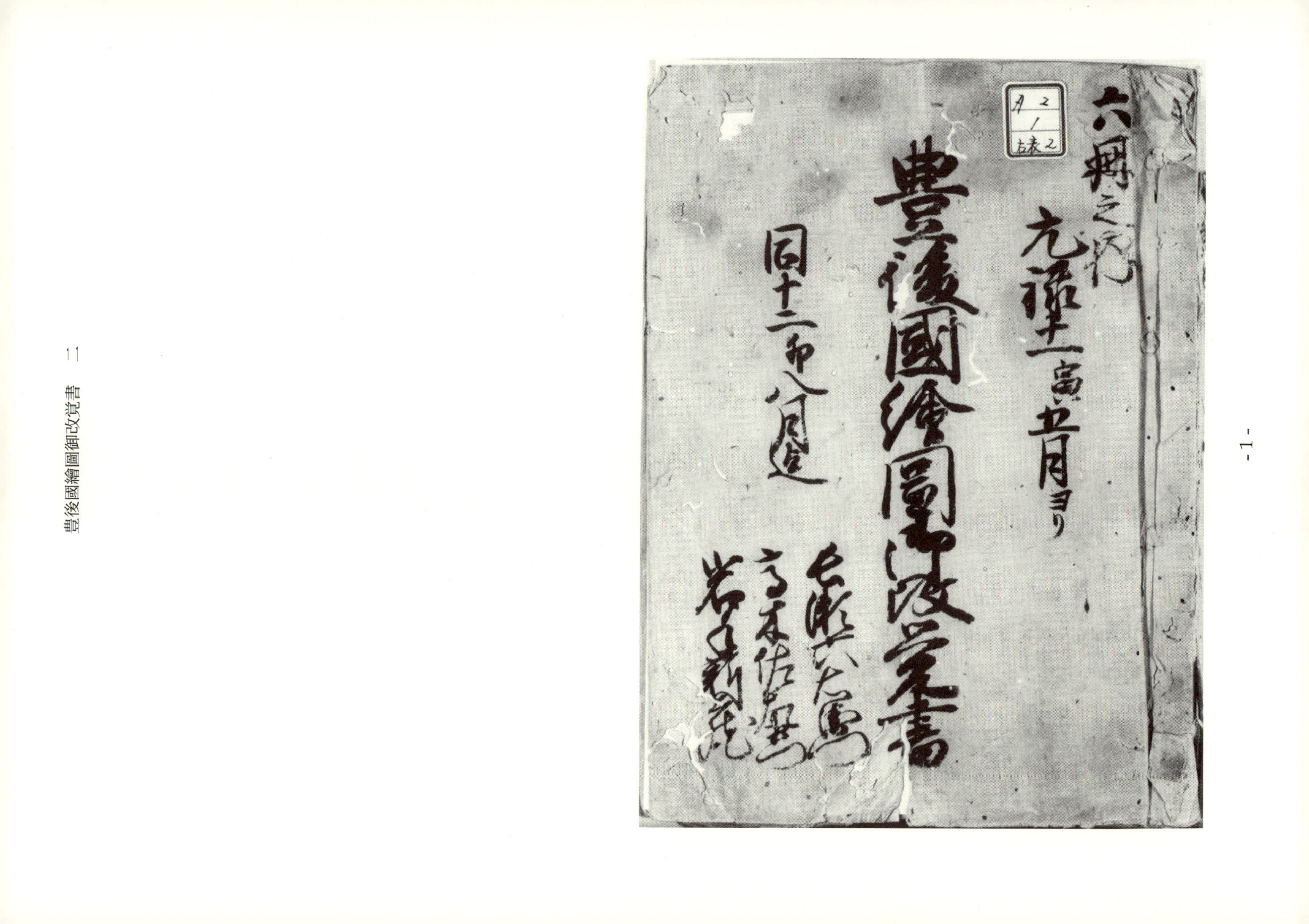

豊後國繪圖御改覚書

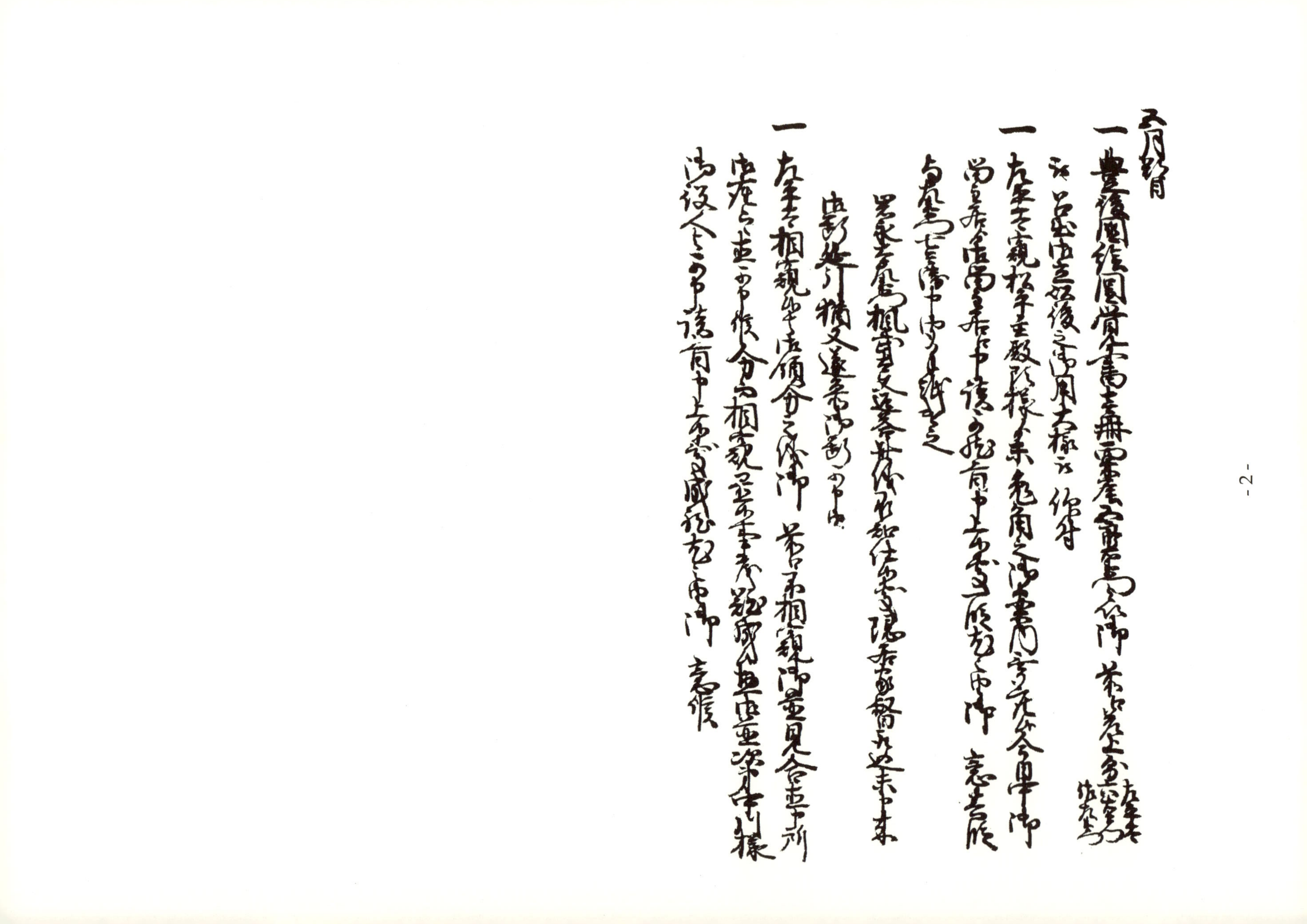

一 伊達遠江守様御付中山源兵衛与申人繪圖御役人中ニ對談仕候由 若林
勘左衛門へ参 右様成儀ニ御座候 御役人衆中取次有之由ニ而御座候間
不成候て今ニ御延引ニ而御座候 併宇和島明日参上仕候由
且御役人衆ニ御目ニ懸り前日ニ付候而之様子相尋候事
委く御申候ニ付而退出
一 本多上野守様御用若林市左衛門ニ仁前日不首尾之事共之趣御請
中候文中絵図出来候 然ハ是迄之通ニ御座候 ニ付中ニ御書付候而御見
月ニ而御座候ハヽ参上仕 右明日四ツ時分ニ参上可申候旨退出仕候
然ル所御用被成候ニ付而為御見合御出シ可成旨明日
出来次第参上可仕旨申上候 右之段申上候 併宇和島
一 松平安藝守様ニ而角兵衛若林市左衛門参候 委細
領知境目之儀ニ付候而 御尋之筋ニ候ハヽ相伺候而可申上候由
ニ付候而ハ上中之儀ニ付御改之儀 右ニ付中入候ニ付御尋之由
右様之趣ニ而御座候 兼而右之通御役人中ニ而
御座候様 御伺之上御役人中ニ而
退出仕候 右之通 勘左衛門

二月
田中忠兵衛方ニ参候 紙松平対馬守様 松平主殿頭様御領知
境目之儀ニ付御尋之上ニ而 御延引被成候間
右之段御役人中江申達候 中遠之
追而申入候 御役人中ニ而致承知候

六日

本丁在宿当番ニ付　松田治兵衛・出役人若林甚兵衛・同道致来（九ツ半時 休息所へ）
出番帰帳持参之処、右治兵衛申候ハ、長次[illegible]病気ニ而為差出
出所より差障候得共、若林甚兵衛[illegible]御用[illegible]申候
一 伊達遠江守様御用ニ付、山源太兵衛・若林甚兵衛より紙帳[illegible]七時迄
為御役人中承届候由　右兵衛世話中[illegible]相済候、内縁
不申候得共絵図見分之事[illegible]成候而申候処[illegible]
[illegible]
[illegible]
[illegible]
[illegible]

七日 辰中刻

田中忠兵衛・井上源吾（九ツ半時 休息所へ） 出番帳持参[illegible]
入致見分[illegible]伊達遠江守様[illegible]山源太兵衛[illegible]絵図
役人共対談[illegible]出合役人共[illegible]
[illegible]
[illegible]豊後国絵図見分[illegible]
[illegible]絵図[illegible]
[illegible]国絵図[illegible]豊之刀及見合[illegible]
為見合[illegible]論判見分及候事 絵図見[illegible]
一 [illegible]遠江守様[illegible]出役人中
[illegible]早速難及[illegible]出役人
[illegible]大和守様御役人中迄[illegible]

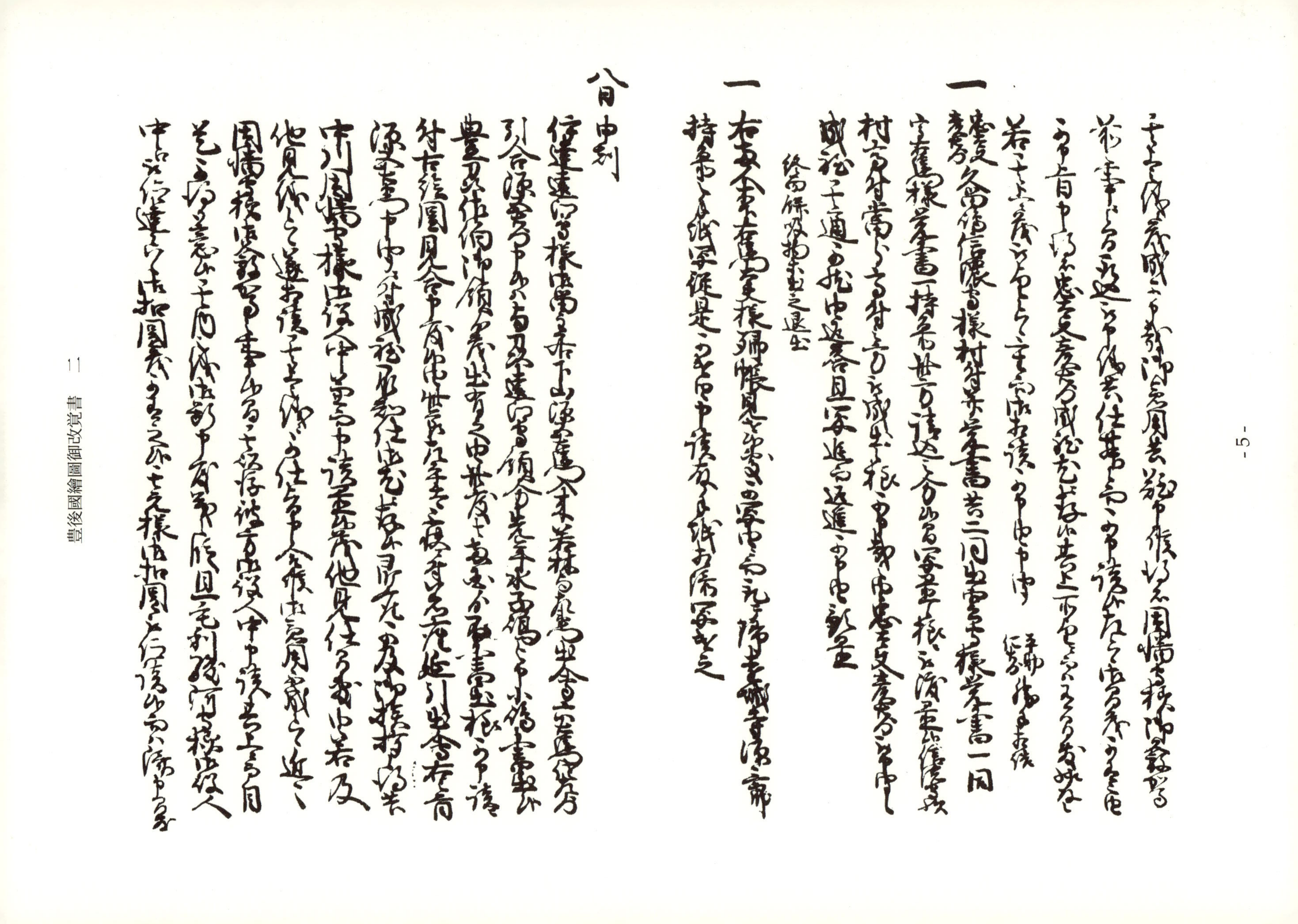

江戸より参り候御役人中々読出来候あつかい御書付
候ニ付候見合此方ゟ差出し候ニ付其一見合申
度旨絵図之上見合申度ニ付役人共江
為申聞候処 用捨様充ニ而御読被成候
相分申退出 平助・儀兵衛相談

九日

小長谷勘左衛門様御同道ニ而御出被成
以御紙面御渡被成候様御勘定所ゟ[illegible]
役一同罷出候[illegible] 追付御呼出ニ而罷出候
[illegible]申渡候[illegible]先達而[illegible]
[illegible]申候[illegible]

又々[illegible]相違無之候間[illegible]

一 本[illegible]勘左衛門様[illegible]付明日明後日
中何[illegible]役[illegible]仕候様ニ付申来
明後日[illegible]入来[illegible]
一 [illegible]用捨様[illegible]御紙面
[illegible]候[illegible]
[illegible]
中[illegible]

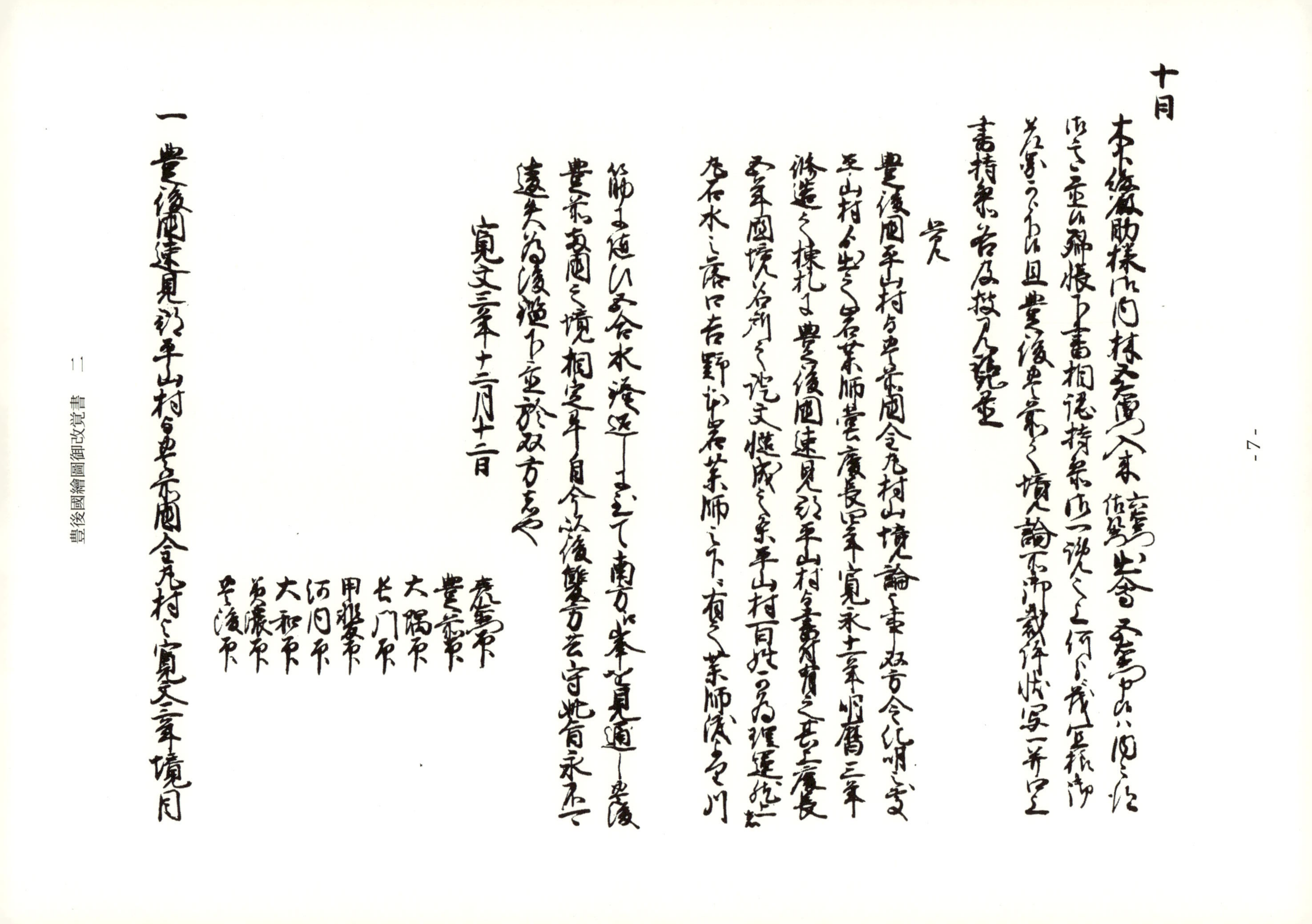

論所御吟味之上御裁許相済、豊後国之百姓理運ニ被仰付
則百姓ニ御證文被下候、右之御證文之写書付差上申候

五月日

右郷帳六石中村ゟ有之、大和守様ゟ御渡被成候村付ニ中村と有之候
而六石之字無之ニ付除候様申上候得共、不罷成候ニ付、ケ様ニハ六石
中村と書候而ハ中村斗書出候而も相知可申候、六石とはいろそへ不書
出候ハヽ有申ニ付、先大和守様ニ御書出相違付不審申申候間被
成候様ニ、同備前様被仰付候ニ付、未被仰付申候而退出

右之年号 平助 仁左衛門 御相談

一 申刻同備前様ニ 九兵衛 六左衛門 作兵衛 同道参上、惣代書付差出
去八日伊達遠江守様御使者ゟ山家大蔵様之絵図被見申候
早速之返事相待候、尤他見入申候、同備前様被仰候ハ、中ゟ申談差仕候
彼方ゟも御窺中候事候哉、又ハ未御有之候、御吟味不成候而見合
遊被候間、先ゟ被仰候ハ、此方ゟ被申遣候事、一段尤之事ニ御座候
尤何も遠方ニ而候得共、今度合判之事申談候、何角
中ニ而為見合ニ見せ申事、何方迄延引致申候而
差延之儀ハ尤大和守様被仰候、中ニ御證文ヲ以申上候
先者其申候処、大之丞申上候ハ此方ゟ今度申上候
至極ニ御座候、大進之中ニ入申候而申候

一 本之絵図御郷帳同様ニ相添持参、郷帳一冊、論所裁許状一通之
書付以上三通持参仕、大之丞入披見之写差上申候

一 去七日大之丞入御覧候、尤御国絵図を以同出書付同写差出候

并覚書持参、訴並写調候而付置、役所持参返遣之

一 小長谷勘左衛門様へ御帰帳並調書差上候方并裁許写一冊ツヽ

請取候

一 曾我又左衛門 中山八兵衛 七郎右衛門様ニ 近江国絵図御用付御窺中、御代之者

罷出候処、右之衆被申候者、御中並之儀故御申候付右之衆相尋候

御中ニ付御返答

引合遠慮仕候　退出

五月十一日

五月朔日之覚書御差出、御役分豊後国相改帳面相添差出ス

三人連判之写差上之

十二日

右之者遣中達明日改候中毛利殿御領豊後ニ付仕度候処

写中より寄越相尋候、右之衆書付申候

当年者右之絵図仕元様絵図御役人中其方役人共中諸候

明日御役所中参様御請申候

差出候処、明日参上之仕候

一 御達写様御尋并下山源右衛門方へ遣之候間、帳面様御改

人中御請候自分ニ而遣候處、有之右衛門七之丞へ遣候故安心

口上之覚

此度紙面を以御尋之趣承知仕候、左候ハヽ先年ゟ御出入之儀
御座候ハヽ水主之儀ニ付豊後国見合ニ成候有之其方
役人共江御座候通、中川周防守様御役人中ゟ相済仕候、夫而
相成候ハヽ其後松平隠岐守様御役人中ゟ申参り候ニ付
江戸ゟ右之趣、依而先年其方役人共ゟ挨拶申候通、御役
人中江申存知候右之通申上候、又候申上候
ニ付御用中ゟ役人共中事ニ付申上候、右之通申上候
御尋ニ付如斯御座候、以上　下山源太夫　若林右衛門　中島七右衛門

右之趣

御紙面致拝見候、然ハ周防守殿御尋之趣先月致到来候
水主之儀ニ付先年ゟ御沙汰之儀御座候、中川周防守様御役人
中ゟ御請取被成候、御国御見合ニ[redacted]七右衛門
又々御尋被成候、一通り申合候通、右之通
其方右之通水主之儀、世話之儀申上候
有之候ニ付役人共、右之通申上候、以上

十二月

毛利讃岐守様御用人
様、六右衛門、先年ゟ御出入之儀
御座候、右之通
相違無之、御尋之趣申上候、右之通
御分ニ成候ニ付、上浦、泊浦ニ有之候大夫所

猶以若下浦之内ニ而ハ三之丞源三郎九郎兵衛申分ニハ泊浦とハ
三ヶ所有之候ハいつ迄も下浦之内泊浦ハ書出候とも村付上之
字下り字ニ直し帳面ニ相認候ニ付、落合申ニ付村併帳面ニ御座候
事ニ候得共、右五帳面ニハ不被成候事ニ付、右帳面ニ仕候様ニ挨拶致候先以
源三郎方より申出候、其外ニハ先日仕渡ニ付、下山源兵衛方より書
通ニ而、弥三郎所持之帳面ニ而仕渡候事、仕申由、先ハ泊浦之様ニ而候
該候而も、源兵衛ヲ出し被申候儀ニ付、源三郎候へハ当年仕度無之候
成候ハヽ此外ニ源兵衛方ヲ泊浦大事ニ候絵図ニ而色々有之雖然不審
申達　国備様御役人中へ申達候上ニ而挨拶致申由ニ候
候得共源三郎へ被成候紙ニ而ハ通候ハヽ、此方より申届候ニ相渡
去ル六日於　御城内ニ而廿四日ニ来ル四日仕出候事ニ候ニ付、右請合候

廿日ニ今日挨拶仕申由申候而退出

一　国東郡大分郡之大友源兵衛ヲ以申候ハ、下山源兵衛へ申達候ハ先刻相渡候
紙相渡候様ニ紙ヲ渡之覚

此方ヘ紙数拾之上ハ先此間之儀ハ挨拶仕候ニ、右大分之村ニ付
下山源兵衛方ヘ廿日当月ニ成不申ニ付紙を相渡申候様ニ申達
成文言ニ而、書付紙ヲ下書ニ仕、泊浦御用之挨拶、先日御
挽源申通ヘ被成候処、意心ニ存知候ニ付、今日も利根所ニ而振
当月ニ者、源三郎ニ出役人福泉九郎兵衛へ御帳面相渡し候旦
泊浦之事ニ相尋申候所、源兵衛方ヘ紙書付之事ニ候由仕出申候
源三郎ニ申ニ付而源兵衛ヲ右絵図ニ而ニ申候、度々御挨拶申候ニ付ても相様共
挨拶之仕事ニ候而紙書付之本ニ而、泊浦ニ而申候へハ、去ル六日　御

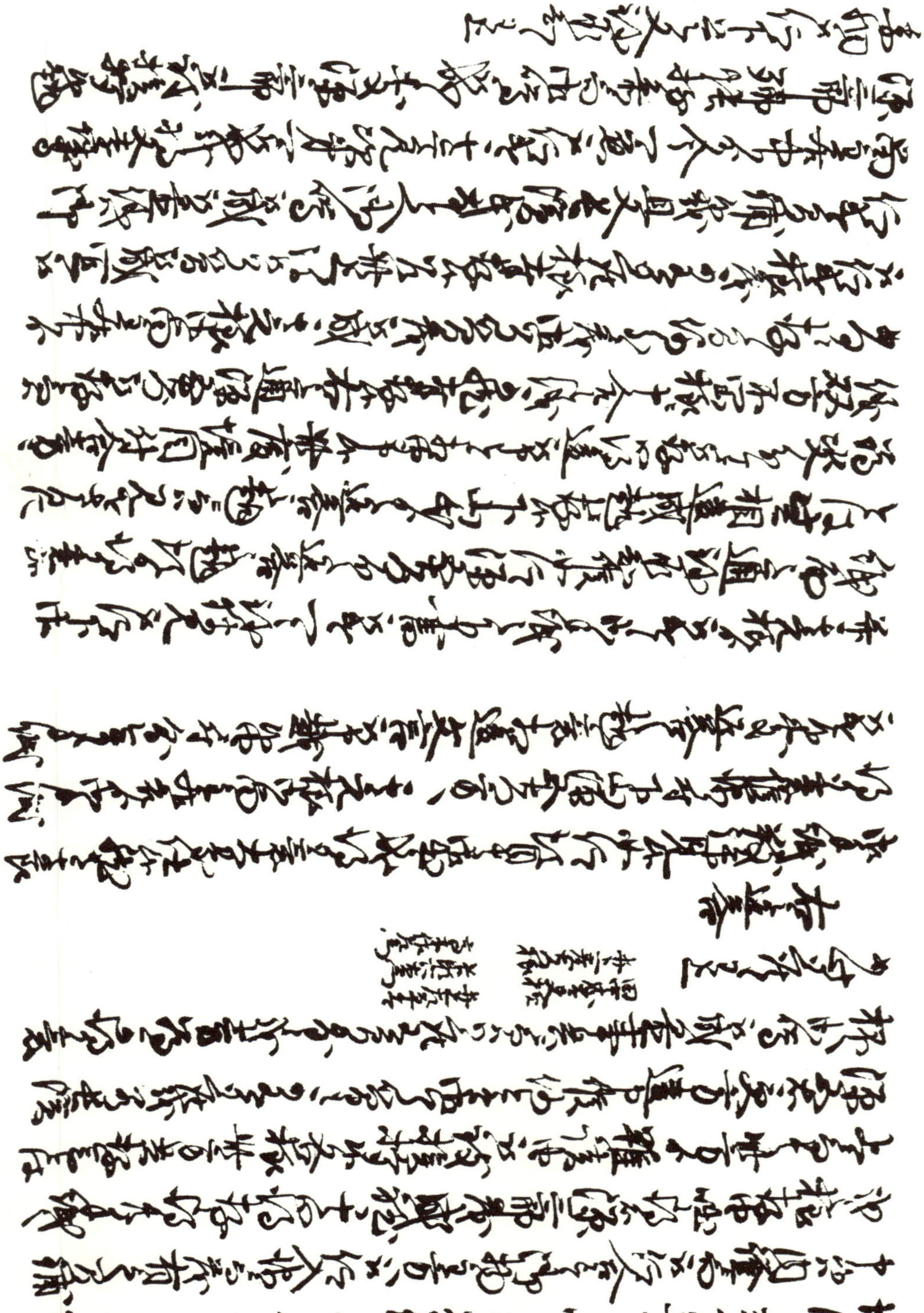

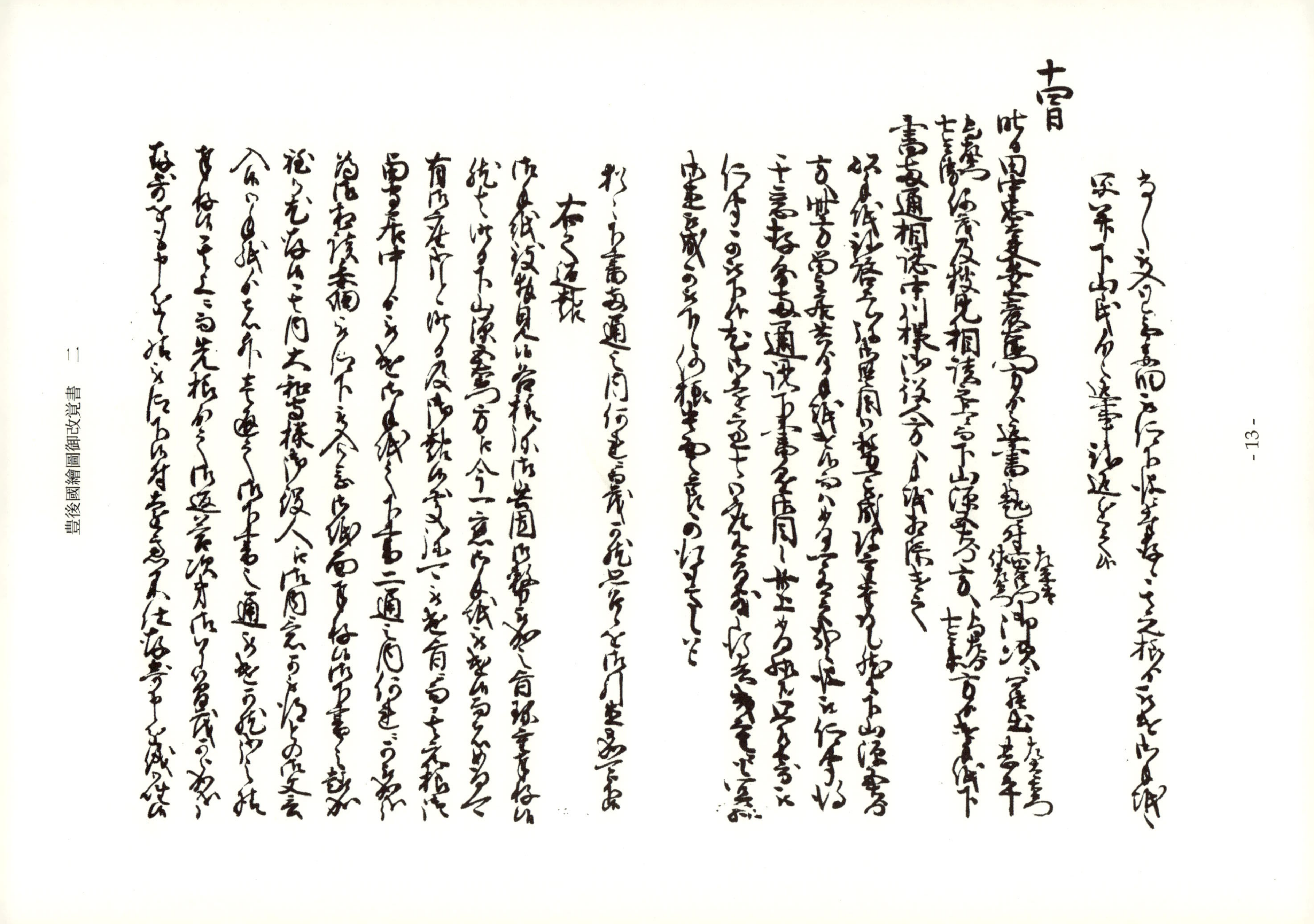

[illegible]

坂井下山氏へ返事認遣し候

十四日

[illegible]

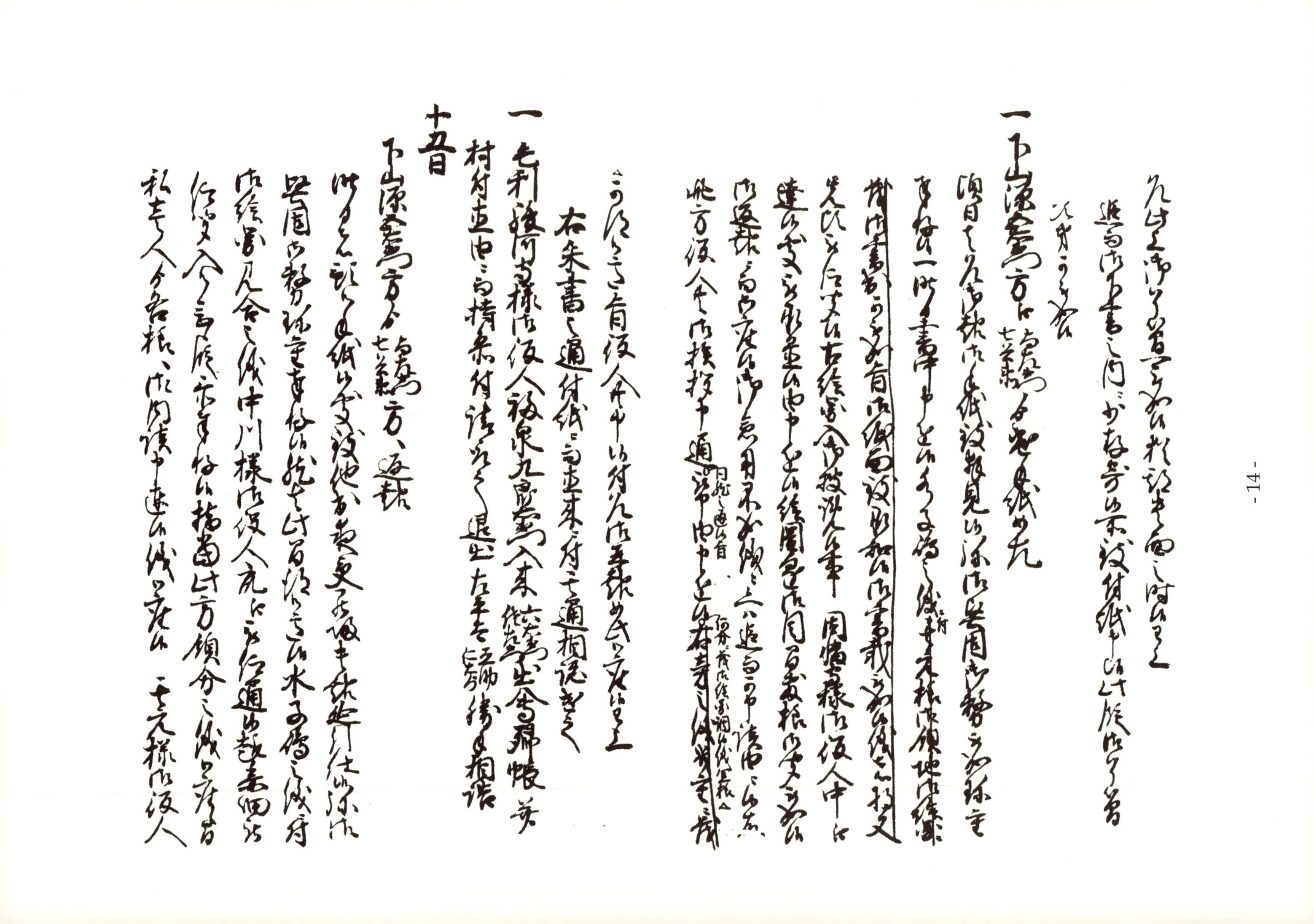

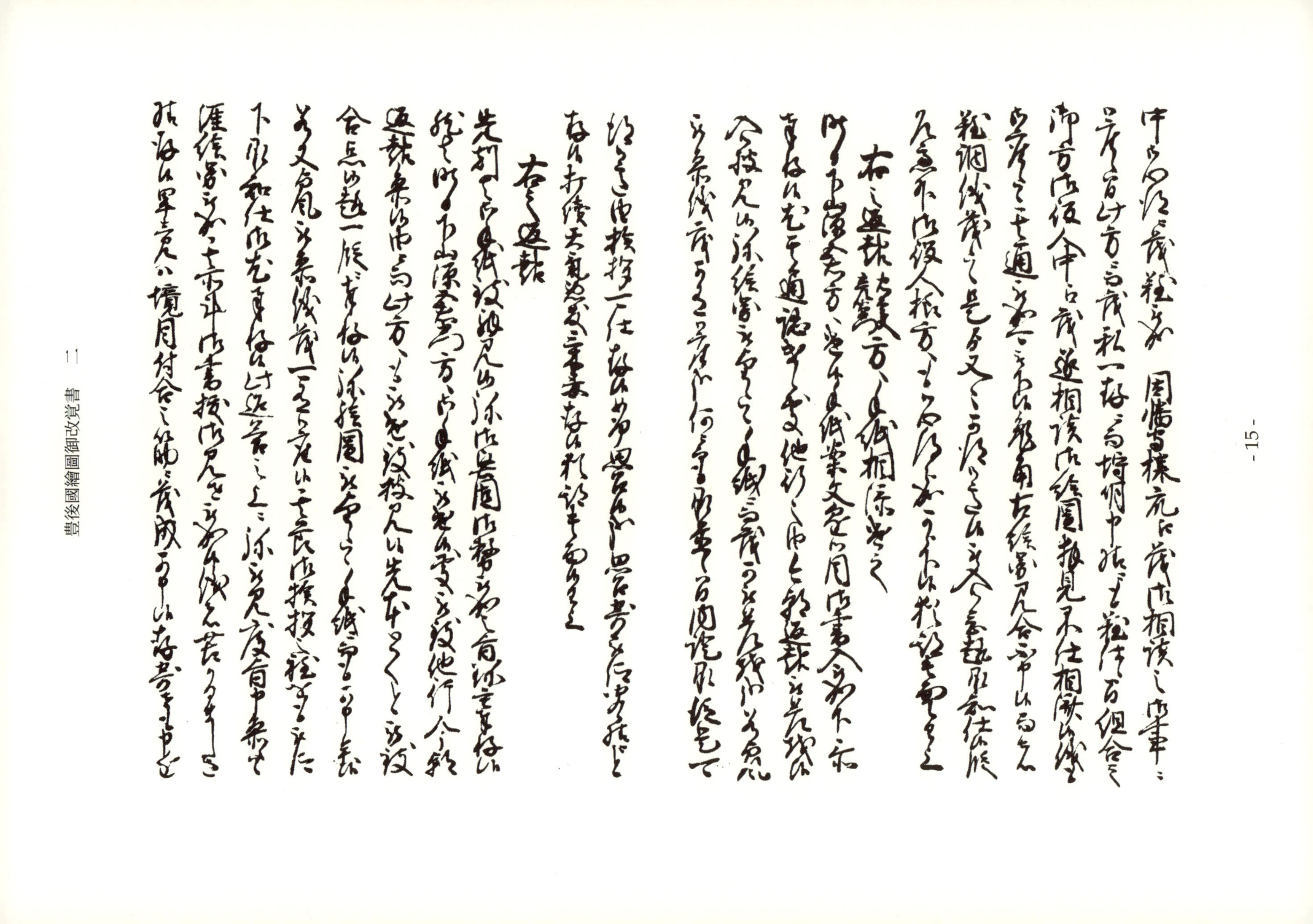

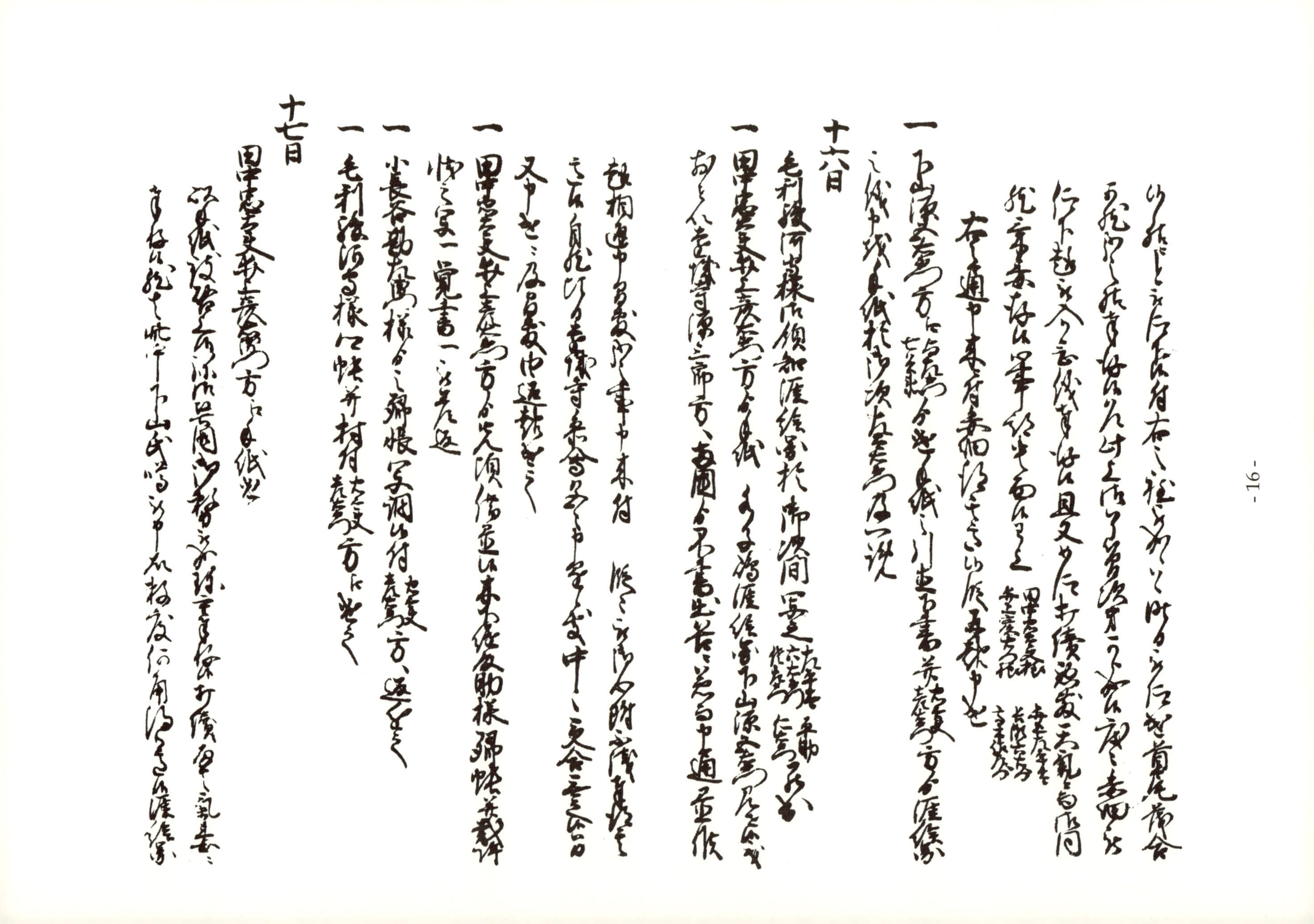

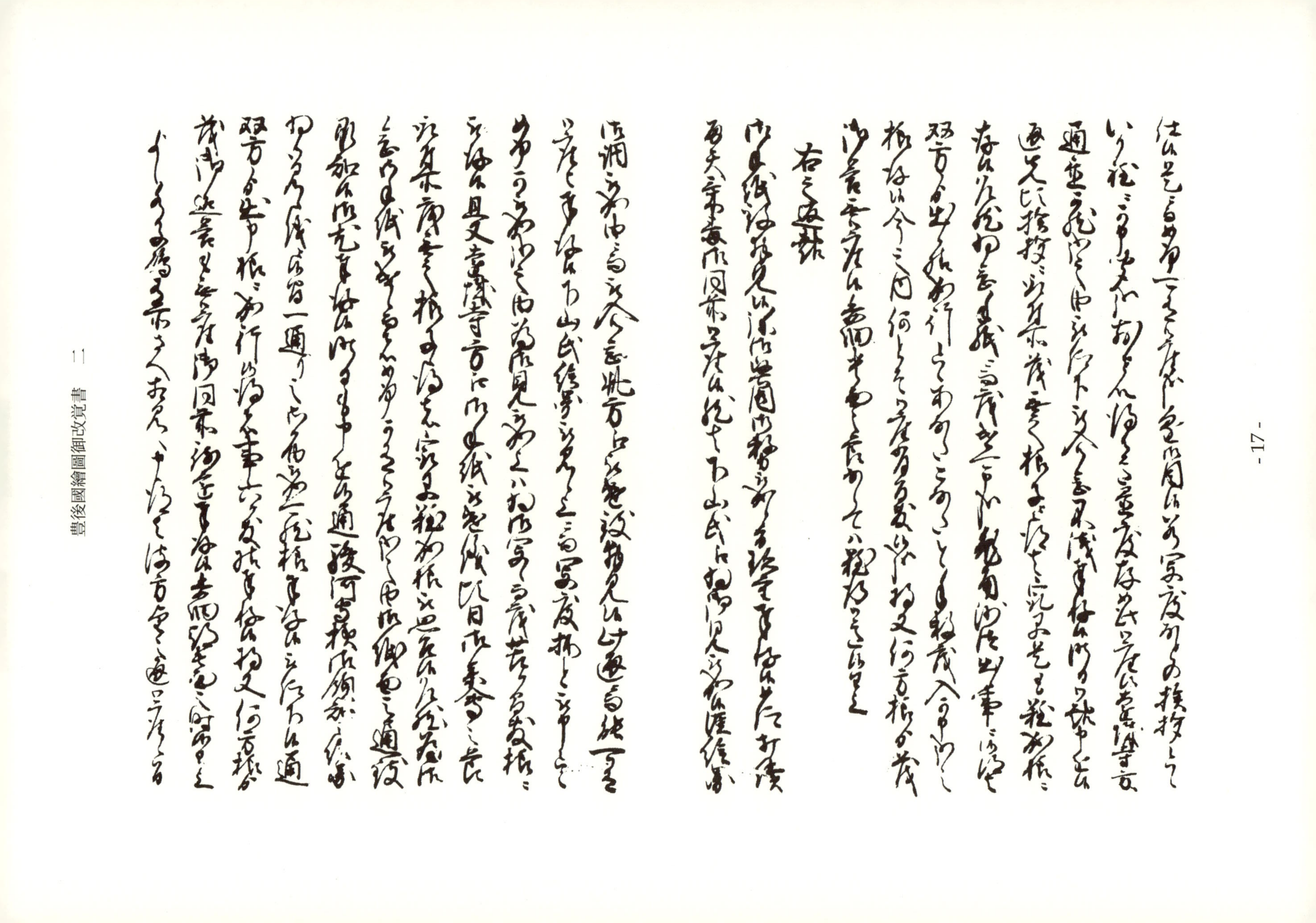

[illegible]

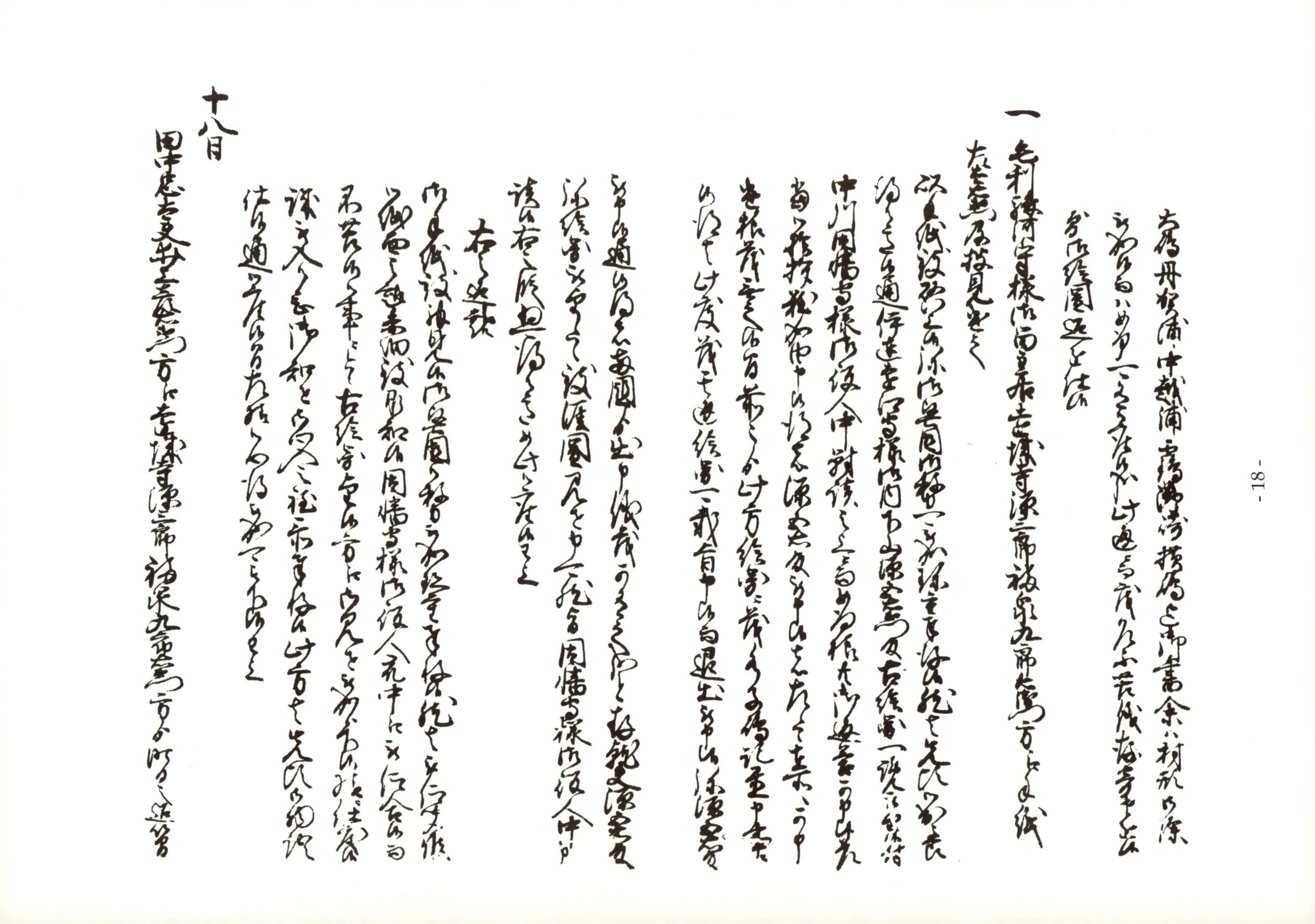

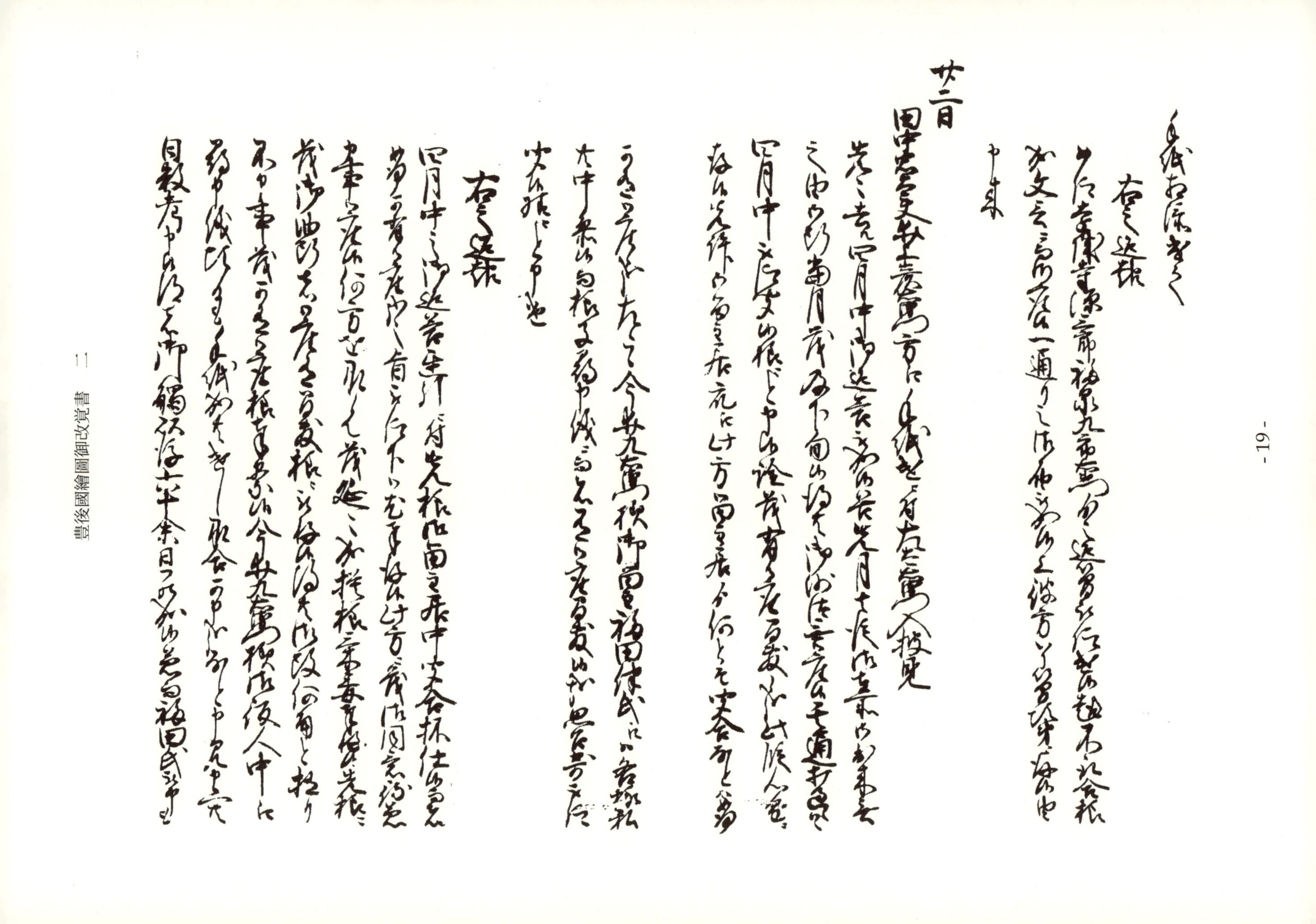

従来六十日程ニ罷成申出候ニ付而ハ作段々日数相掛り一ヶ年
ハ存候得共、お筋書(?)以て新規之儀有之相[illegible]申候
願之趣申上候ハヽ一通り先月中ニ御沙汰被遊候ニ付右御座候
御座候得共今以相待候儀ニ付無拠今般願上候間
以御慈悲を以[illegible]被成下候様[illegible]
[illegible]
より[illegible]
[illegible]
[illegible]
右之通[illegible]
田中[illegible]
井上[illegible]
[illegible]
[illegible]

廿二日

右書付一通ニて申候由

松平主殿頭様[illegible]
[illegible]
[illegible]

覚

一 豊後国玖珠郡之内知行所臼杵[illegible]新村[illegible]
但又ハ[illegible]
一 臼杵御年貢[illegible]豊後国[illegible]郡[illegible]之事
一 村高[illegible]
新村又ハ臼杵御年貢[illegible]之事

一豊後國玖珠郡御領内ニ御朱印地寺社領高何程之事
一御領之村内ニ天和年以来之新田村無之事
一枝村茂無之候由、前々之通ニ候事
一真木村之内ニ菜山と申所、高九拾六石五斗弐升八合
公料今井嘉右衛門支配所より先年菜山ニ百姓居申候、其支配之田畠真木村
之百姓作仕、年貢上納申候、真木村庄屋并菜山田畑ニ引越候
而数百拾間程之南之方常ニ仮田畑ニ真木村田畑ニ而御座候、入組
所ニ付、延宝年中天和之頃より何方真木村ニ候ハ、真木村之内と
今度村之帳ニ記申候事
一黒木村ニ於て高三百拾五石余、此内三百四拾石七斗余公料弐斗九升余
領ハ百拾石余　公料ニ寛文九年酉ノ年より今程　公料ハ
今井嘉右衛門支配所より先年百姓居候所ハ谷川之端　公料私領入組
ニ候田畑之入交り申ニ付、右之通ニ候而、村里之村之内と仕候事
以上
元禄十一年寅
五月廿三日　　松平主殿
右御覚書之写申達
大目付
田中三郎兵衛殿より松平主殿頭殿江申達候由、此御書付
覚書一通相添候ハ、右御書付之写可被遣候
申来候
右之二通之趣相心得候様ニ申遣候

廿五日

因幡宰相并[illegible]信濃守様ゟ返書一通参候

宮地之園一之義付而[illegible]写置押札ゟ黒宮村銭垣村池部村之

枝郷[illegible]別ニ入レ申[illegible]申来返答ニ右村ゟ別ニ枝郷ニ入不申

様ニ[illegible]申来[illegible]通シ[illegible]

申候事

一 今井主膳様[illegible]来候ニ付[illegible]

右村ニも[illegible]返事[illegible]此義ニ付主膳様[illegible]

所ニ[illegible]

右之義ニ付被申遣

一 毛利豊後守様ゟ返書并[illegible]右一同ニ[illegible]

一 小早川[illegible]様ゟ右之義小[illegible]

本書一同遣之

返書[illegible]右[illegible]書面之趣返遣候

廿八日 申刻

松平対馬守様[illegible]

[illegible]

[illegible]覚書一[illegible]

[illegible]

[illegible]

[illegible]朱[illegible]

猶も安岐郷中ニ而我等相談之上可申遣候

口上之覚

一　豊後国大分郡五福村・毗田村ハ、正保弐、同年以後寛文[illegible]年
日根野織部正様御領知之節、[illegible]村分ニ仕候由ニ候、[illegible]
之[illegible]古村同前ニ村付ニ而相成り　御朱印ニ者同前ニ出申候

一　正保弐年豊後国境目境論不有之候間、吟味仕候処、正保弐年
以後[illegible]ニ成候[illegible]御座候

一　壱里塚之儀、村[illegible]領内[illegible]三拾六町壱里ニ而候

一　道筋之儀、領内ニ而[illegible]新道古道共ニ道法拾
三町ニハ[illegible]申候

一　[illegible]田之事

以上

五月廿七日

一　[illegible]精[illegible]帳[illegible]新田[illegible]御朱印之通[illegible]
安岐郷[illegible]御朱印之[illegible]写[illegible]今度[illegible]
一　安岐郷中ニハ毗田五福村[illegible]
[illegible]
一　国東郡[illegible]様分ニ而大和守様[illegible]村付之事[illegible]
[illegible]
[illegible]安岐郷[illegible]
[illegible]大和守様[illegible]
[illegible]大和守様[illegible]人中[illegible]

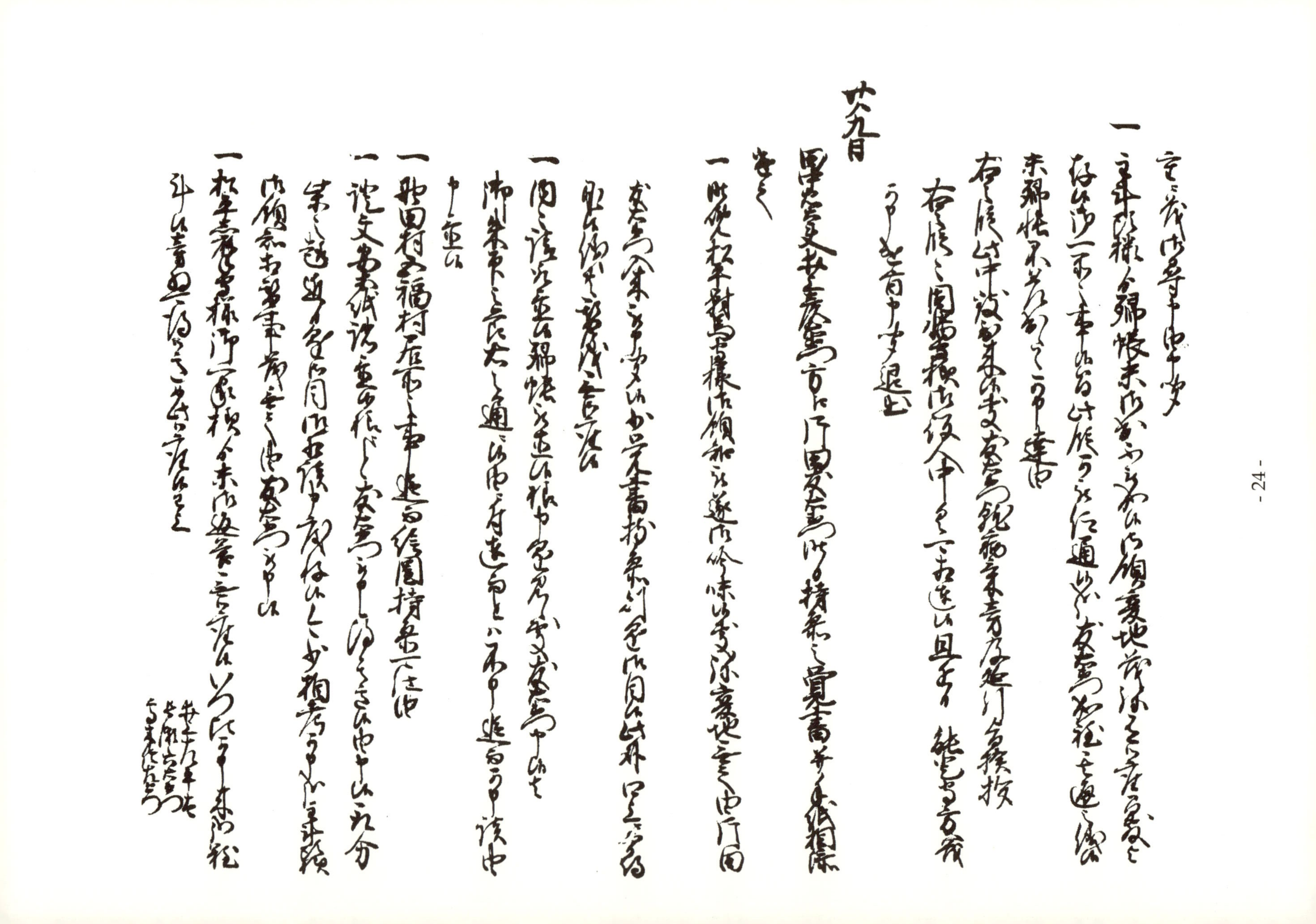

主ニ茂御尋[illegible]

一 [illegible]郷帳[illegible]田畑[illegible]

[illegible]

[illegible]

[illegible]

[illegible]

# 廿九日

[illegible]

一 [illegible]

[illegible]

[illegible]

一 [illegible]

[illegible]

一 [illegible]村[illegible]福村[illegible]

一 [illegible]

[illegible]

一 [illegible]

[illegible]

[illegible]

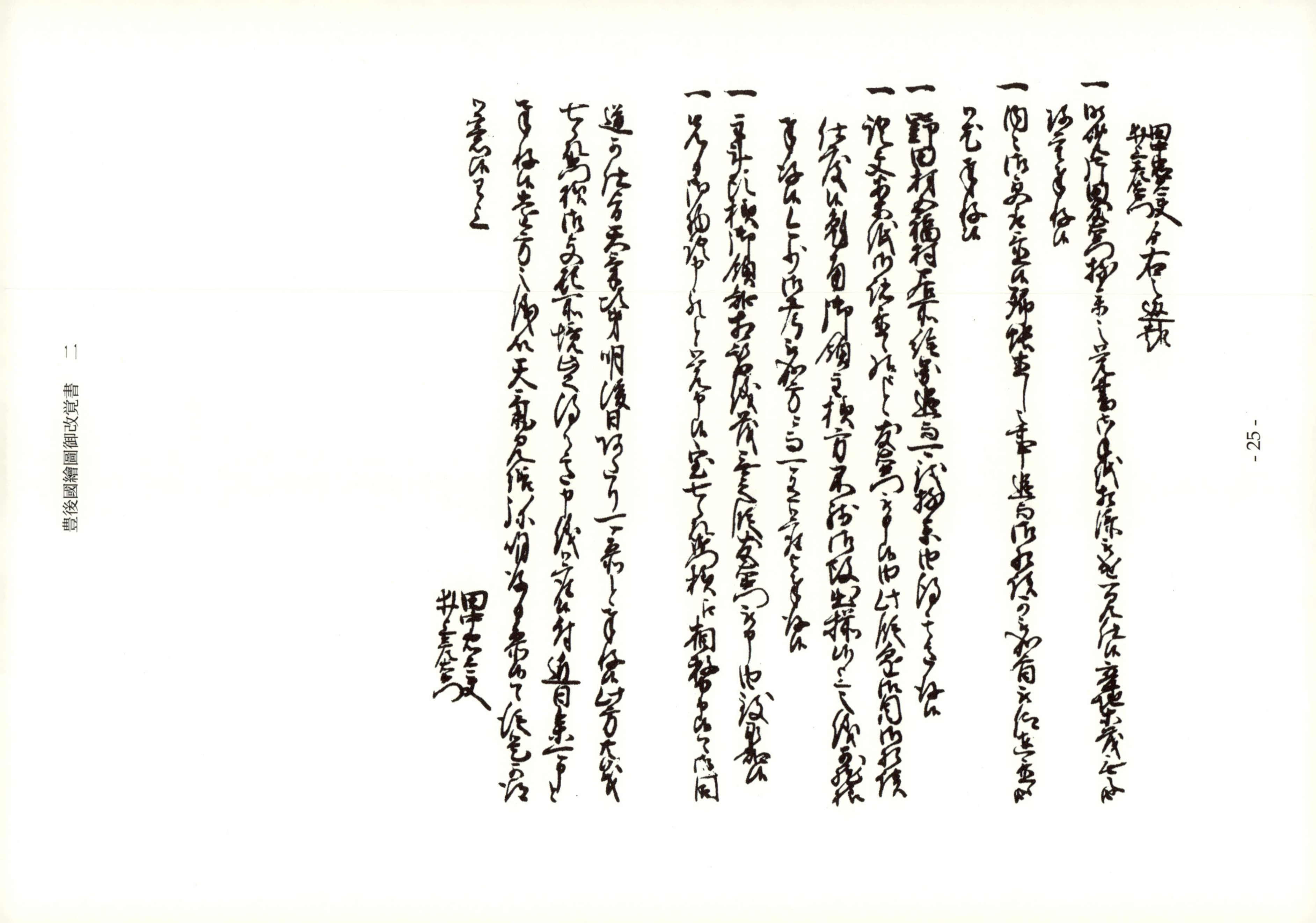

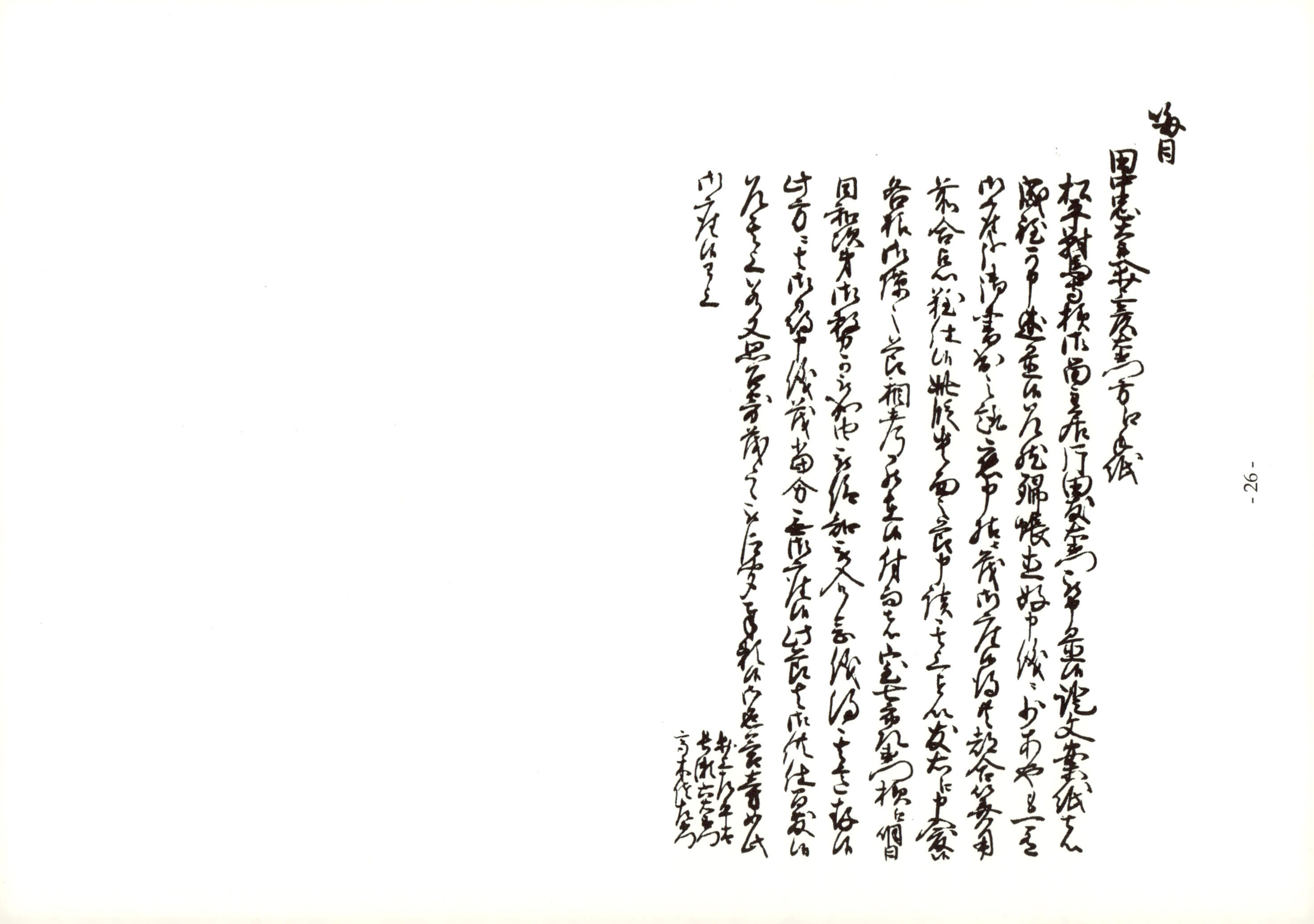

右之趣四ツ時分ニ返答書并郷帳写并村高委細申上候処
御心得被成候由被仰候ニ付罷帰申候

六月朔日

田中忠左衛門方へ手紙

昨日ハ参上致候処、御他出ニ而不得御意候
然ハ今日ニ而も御帳面被差出候様ニ八ツ時分ゟ参上可仕候哉
尋被成候義も御座候ハヽ御返事可被下候　以上

右之通申遣候処、御役所ゟ参候様ニ申来候

一　未刻田中忠左衛門殿へ参候　六ツ半時分宿所ニ而出会

一　松平對馬守様御領分福村・北田村両村之儀先頃今少ニ而絵図御改被
度之事ニ候得共、御役所ニ而被仰付候哉、相済申候

一　右両人様御両所へ町田友左衛門持参之覚書五通有之候得共
相違も無之旨被仰聞候

一この中ニ写書付有之

一　松平日向様御領分海付浦辺　御書出シ一冊ニ而有之
中候ニ付相改少々差引有之旨申候

一　御料之御領主様方ニ而地引之絵図書　豊後表持参之ニ付
写差出御役人方ニ而絵図改之上被仰付候

覚

此度豊後國繪圖御改ニ付、認候分正保二酉年以後新村新川
新池浦川遠方道筋附替或古来之大道筋道路留候
所并人居無之新田枝郷迄　[ ]　御朱印之寺社領

右午年以来之新田起返之地御改之通遂吟味候所
先規之書付行通候儀ハ何枚ニ外相違成候儀御座候
国役郡役論不致候ニ付以後御裁許相済候様奉願
之論所御裁許被仰付候ハヽ自今以後自?文之件

午年七月日

諸様御用
羅

一 村数之事中諸事組頭方ニ而始終帳ニ付置候ニ付夫々帳ニ認
中山紙大小有之候ニ付相改不苦候ハヽ右之通可申付候
住中
一 毛利讃岐守様 松平宮内様 本多中務大輔様 同組衆御領分
之渡場之儀御申合之役人中ニ而論所小役所之儀
右之通先方へ申遣候通ニ申付候

一 伏見立門又兵衛方ニ而 三役様御役所ニ被仰付候
儀ニ付御領知之石村ニ而相改候ニ付夫々ニ申達候
ニ付右御役所ニ而右之通御相談之上御差図次第

右之有之候ハヽ相違
諸事書付相改可申上候 退出 仁平鉄之助

二日
一 立門又兵衛方ニ而公事書付ニ付 田中忠兵衛方へ申渡
一 松平対馬守様御帳面之儀ニ付御沙汰 仁平鉄之助吟味仕
一 御下知?地絵図面相渡候ニ付申付

右之有之候ハヽ申付

三日

甲斐守殿ゟ書状参候 此方ゟ返状并又右衛門方ゟも
去ル廿日之書状遣之

右之返状ニ

一 本多大膳亮様分ニ書付二通写遣之

一 小笠原右近将監様分出来候ニ付小倉へ参候御用ニ付

遣之

一 所々村境論之書付文證有之筈ニ候由 右之文分申付 書付

添遣候ニ付此方ニも控無之候 右ニ仕立候 廿二日付 長崎ゟ 三日付

四日

就御領間 松平主殿様 本多大膳亮様 毛利伊勢守様 本多隼人正様ゟ

論文之書付 何方之御相談之

一 甲斐守殿ゟ書状参候 右ニ返状

此方ゟ之返状ニ論文之書付二通ニ仕立候 且

日向境之事ニ付 御領分中ニ有之候

右絵図之事ニ付 豊後国と日向境之事ニ付 此方

ニ而も 右ニ 廿二日 長崎 三日

右之返状

此方ゟ論文之書付 其外 日向境之事 毛利伊勢守様 御領分中ニ

此節ニ御座候ニ付差上候通御座候ニ付而ハ古後家領分之存
国之内境ニ有之候ニ付大方ハ井様之存知内書面境ニ候
中ニ而ハ西御事存知内ニ而御様ニ付此方之御前ニ御座候
畢竟ハ作候様衆委国分記ニ而若又候ハ而只今右様之訳ニ
御座候を同内ニ後家と役会ニ付合候入申上け候
ニ而申上候ニ付

一 此方ニ而ハ三通り書付差上候
一 来る書類ハ当方ニ而書付二通
右之通役所ニ而差上候

田中忠太夫
井上喜左衛門

五日

郡御役間 六左衛門 作右衛門 仁左衛門 平助 証文案紙ニ仕候へ 右者先達而差出候

一 田中忠太夫井上喜左衛門方分之紙
此の度右ハ証文案紙ニ付今度国絵図御役ニ付而書出
中ニ御座候ニ付豊後ニ而書入ニ付今度豊後国絵図御役ニ付而
書出之紙面之義ハ前ニ而申上候文字ニ而書入申候
奥田伐太郎方ニ而小後家分政ニ付候因ハ分条候ニ付
此方ニ而後家ニ付書・写差出申候間御座候ニ而ハ大方ニ候
右之通りニ而ニ付ニ而御座候

右ニ而書入之案文ニ豊後ニ朱ニ而書入

田中忠太夫
井上喜左衛門

返状

後先ニ紙之通り之差上候ハ案文之通り此方ニ而ハ先比方之
事ニ而証文案紙ニ付今度豊後国絵図御役ニ付而書出之
紙面ニ而御座候間此方ニ而ハ右之書入証文二通下

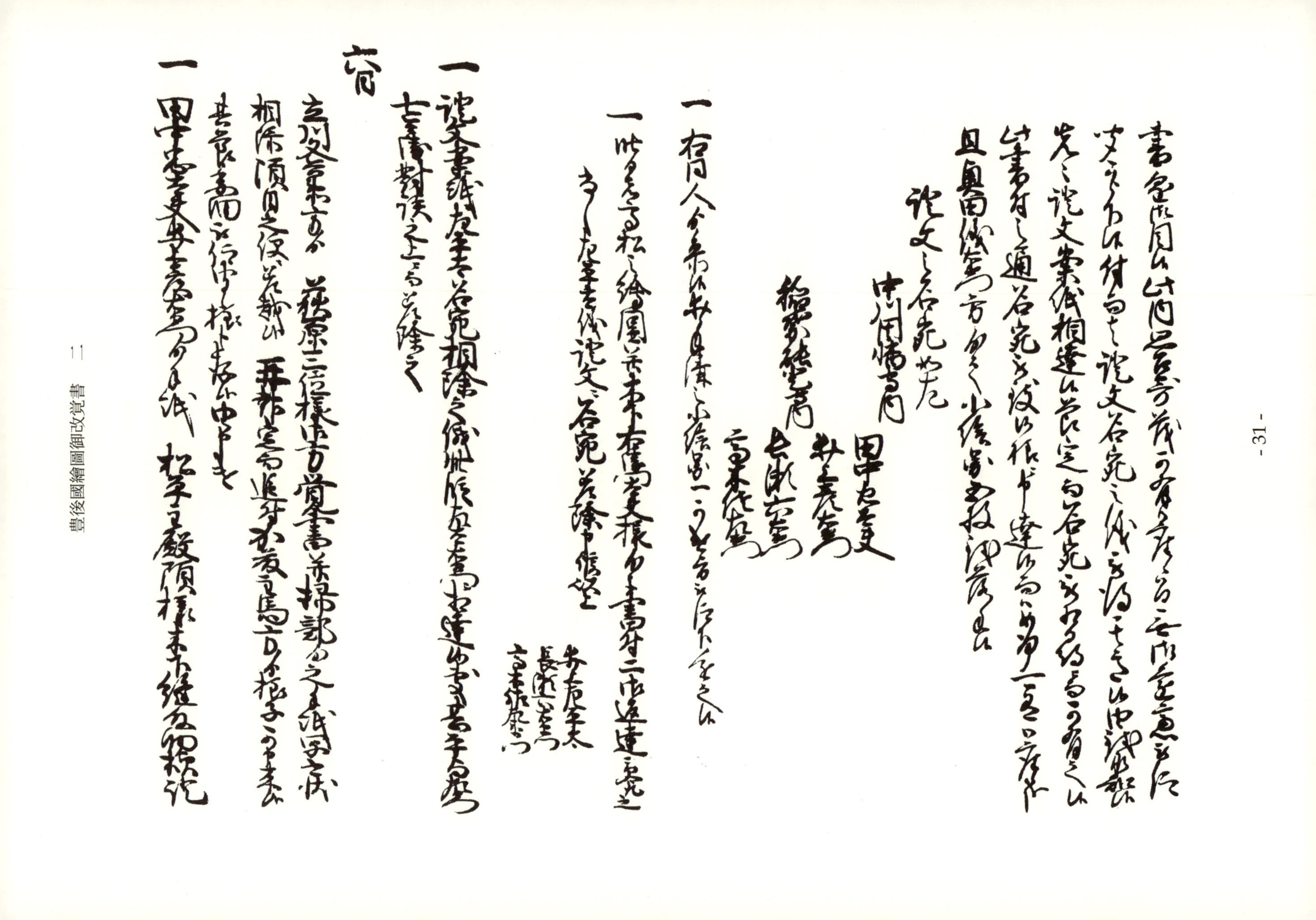

一 文[illegible]書面之趣[illegible]進申并[illegible]書物外紙代仕候とし
先々之證文并[illegible]右宛[illegible]附合申書付[illegible]差出候様と思召し
何[illegible]書物外世上之義[illegible]仕候　證文[illegible]
一 證文[illegible]當分之論所[illegible]裁許[illegible]下書
[illegible]付合[illegible]對馬守様[illegible]書付[illegible]右之通[illegible]
[illegible]論所[illegible]御裁許[illegible]
[illegible]被成下候様[illegible]上
[illegible]證文[illegible]先[illegible]通[illegible]
[illegible]
乃[illegible]上
田中[illegible]
[illegible]

右返報
一 松平[illegible]殿[illegible]證文[illegible]成[illegible]
[illegible]通[illegible]
一 松平對馬守様[illegible]書付[illegible]右之通[illegible]論所[illegible]
[illegible]論所[illegible]通[illegible]
[illegible]證文[illegible]先[illegible]通[illegible]
[illegible]
乃[illegible]
[illegible]
[illegible]
[illegible]

七月
[illegible]
[illegible]

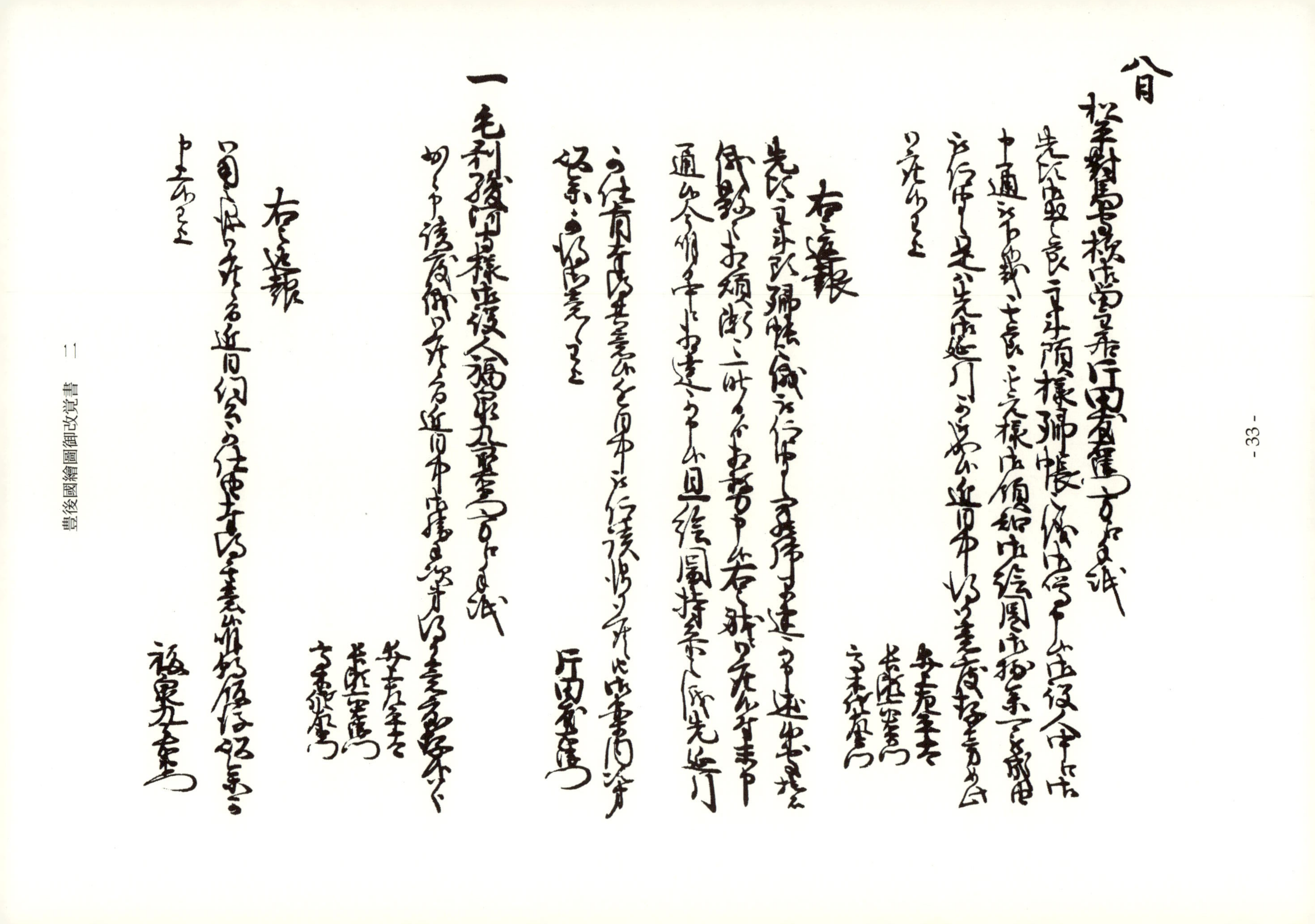

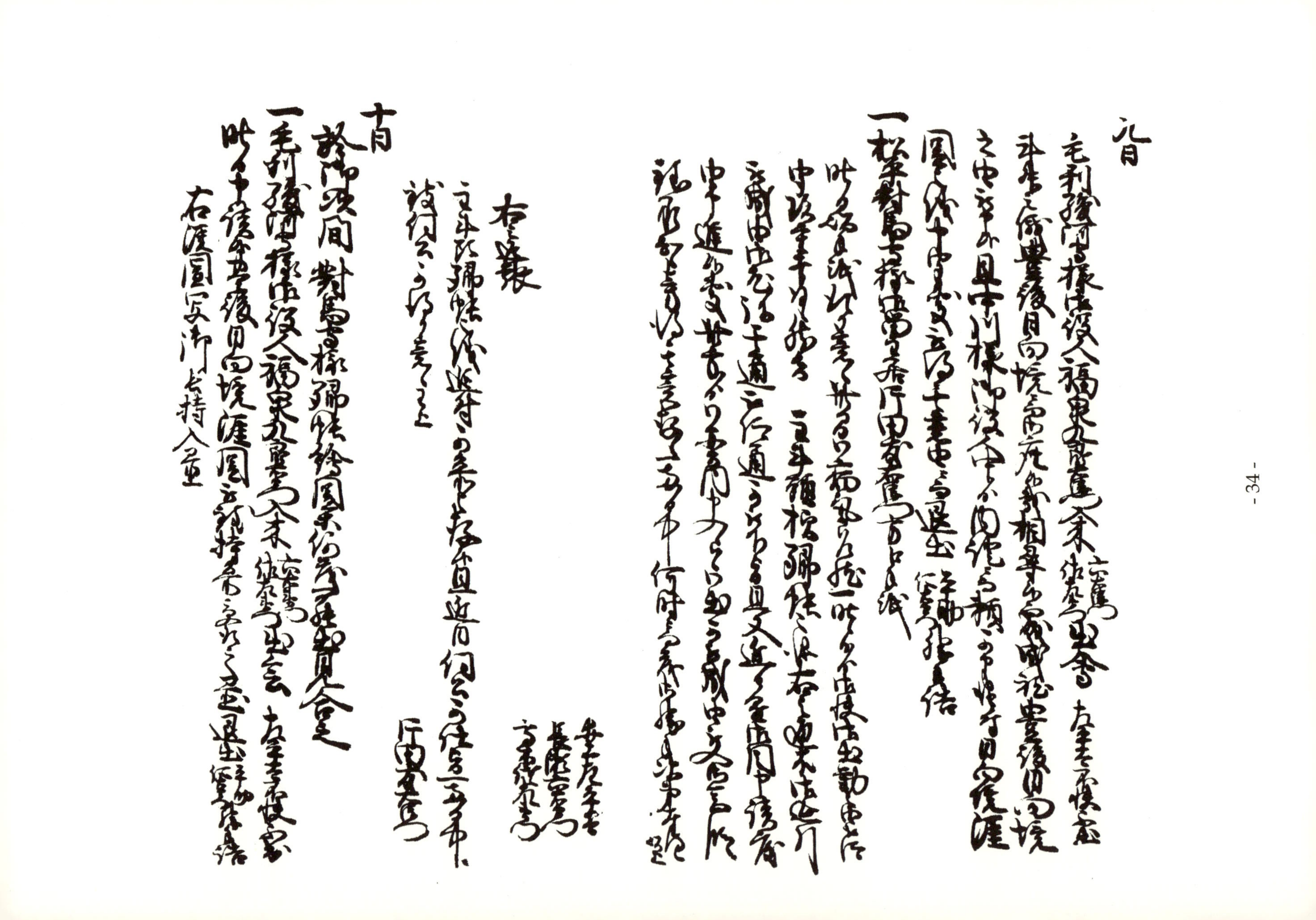

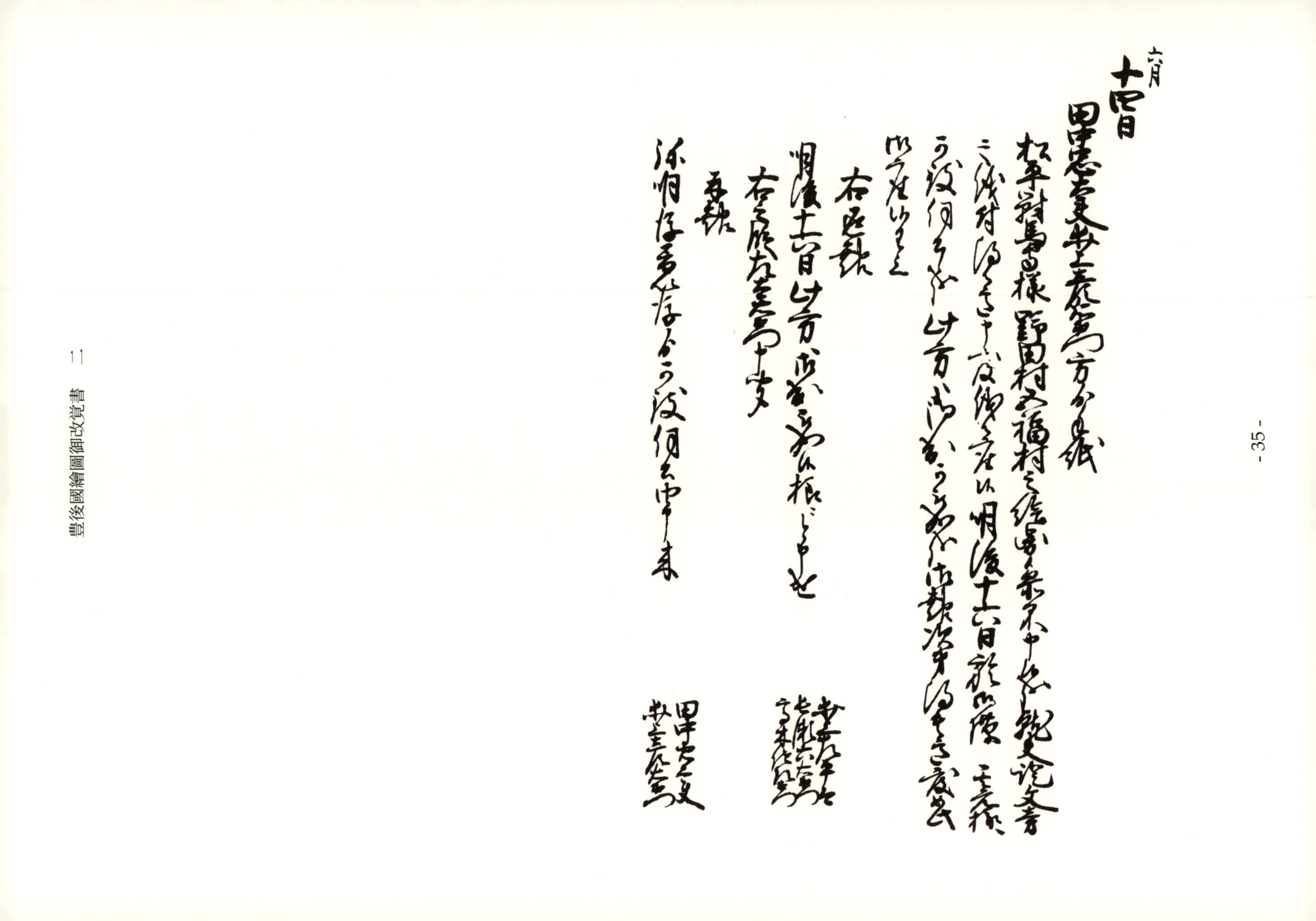

十六日 午後刻

四宮大夫共ニ表書へ入来 九平太 六太夫 作左衛門 出會

一 證文之上書持参付同ニ分御之事并帳面之成候ニ付書入候旨

申聞ニ付 [illegible] 申候

一 松郷合郷ニ而之算書一持参写置く

是ハ證文之相済候ニ付差置申候

一 濁候所役人中ニ付 [illegible] 六太夫 衆中被遣

付方之 [illegible] 吉兵衛中ニハ世上取合候ニ付 [illegible]

[illegible]

[illegible]

一 相給之事村方 [illegible]

以 [illegible]

右両人申候

一 新村百姓之事 [illegible] 申候

一 御係 [illegible]

[illegible]

[illegible]

[illegible]

一 [illegible] 長 [illegible] 二通持参 [illegible]

[illegible]

[illegible]

外之儀ハ對談難成儀ニ御座候ハゝ右之様ニ可被成候由
　右之段申達ス
一　御領繪圖儀見合ニ仕替之由申来候
一　清繪圖之儀并繪具等之儀脱之落候分濁り候處相改候
　所ハ御私領之繪圖ニ付御糺之上繪師共濁り候處之證文
　直様御渡之由申入申遣ス
一　御領繪圖之写之儀役人之通ニ今度之清繪圖同様上ル
　相渡候様申候
一　玄元様御見廻之上圖面御覧ニ成候ニ付
　内繪圖之写見合候而國境之所ニ而見合候處一枚ニ仕候
　中村ゟ候近目ニ付申上候ニ付申談仕候ニ付書付差出候
　三浦平助ニ被仰付候ニ付御改同様繪圖之通ニ而
　所ニ而役人和重ニ而相改候ニ付毎人大ちかへ候ニ付改出候
　後繪圖之儀有之通儀ニ付六太夫を以相改候
　末儀ニ而有之候故ハ右様之儀ハ平助を以被仰付候
　無之様ニ被仰付候
　　右之趣右寺中遣候由ニ存候
一　浅見村田野口村并根村東畑村之小繪圖二枚写候而差出候
　右村ニ付御林之内新規出来　六太夫　相併　申付ニ付退出　平助　御目付
十七日
　新川渡間　六太夫　談事吟味仕　右ニ付相改申候

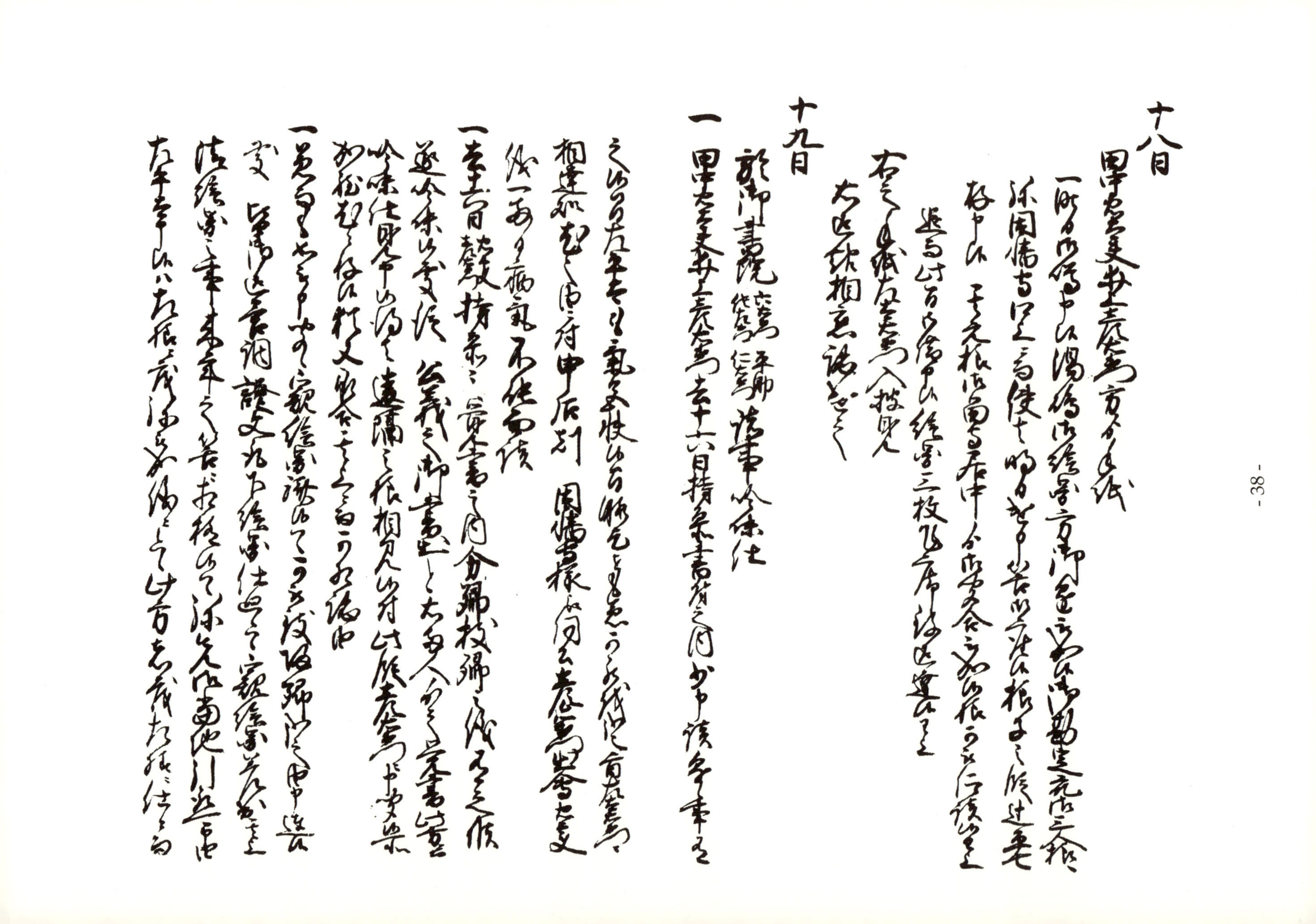

十八日
甲斐守殿江参上[illegible]
一 [illegible]
[illegible]
[illegible]
[illegible]
右之趣[illegible]へ入披見
大坂状相認[illegible]
十九日
於御書院 六左衛門 伝左衛門 仁左衛門 平助 [illegible]
一 甲斐守殿江参上、去十六日[illegible]
[illegible]
[illegible]
[illegible]
一 [illegible]
[illegible]
[illegible]
[illegible]
一 [illegible]
[illegible]
[illegible]
[illegible]

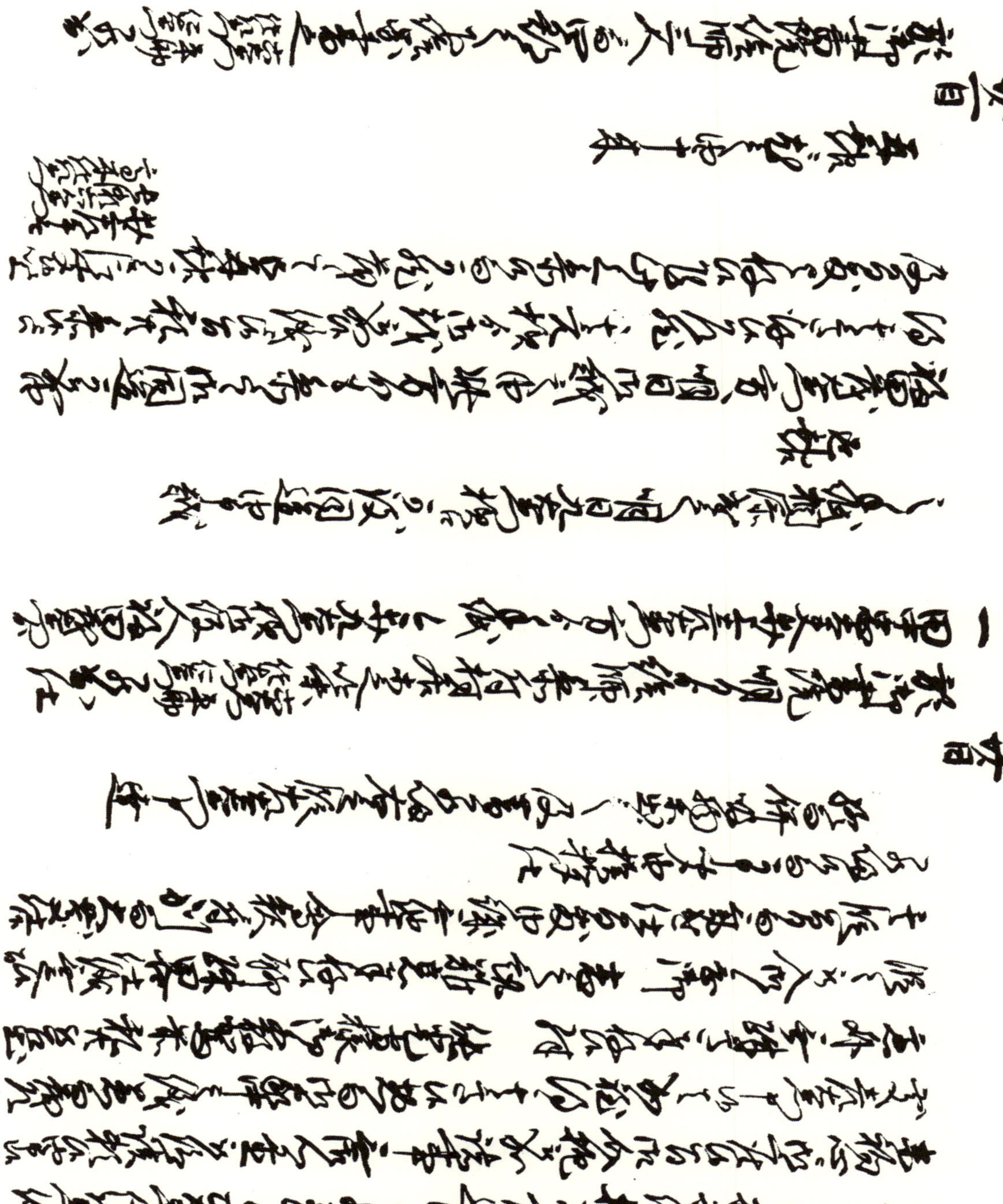

六月
廿二日
松平主殿頭様ゟ中村忠兵衛へ来 (六左衛門・作兵衛)出合
主殿頭様ゟ御口上
先頃以忠兵衛帰帳之儀ニ付而、段々被仰聞候旨、
公辺之首尾ニ而も有之、中付及延引候忠兵衛も心中難渋(?)、何分ニも宜様
ニ御取計之程頼存候由
一 忠兵衛帰帳之義、興持兼(六左衛門・作兵衛)被申候、帰帳之儀、田七拾石余之新田
高御加増ニ而も被仰付候ハヽ、新田高ハ御書出ニ而及候旨
相成候様御紙面之趣、御書面之趣ニ而相叶候ハヽ、忠兵衛も可致(?)
帰帳御座候而者、追而御掛ケ合御座候、御用金被成
出候故 同様御役人中ニ而 然ル処右一同ニ而も(?)

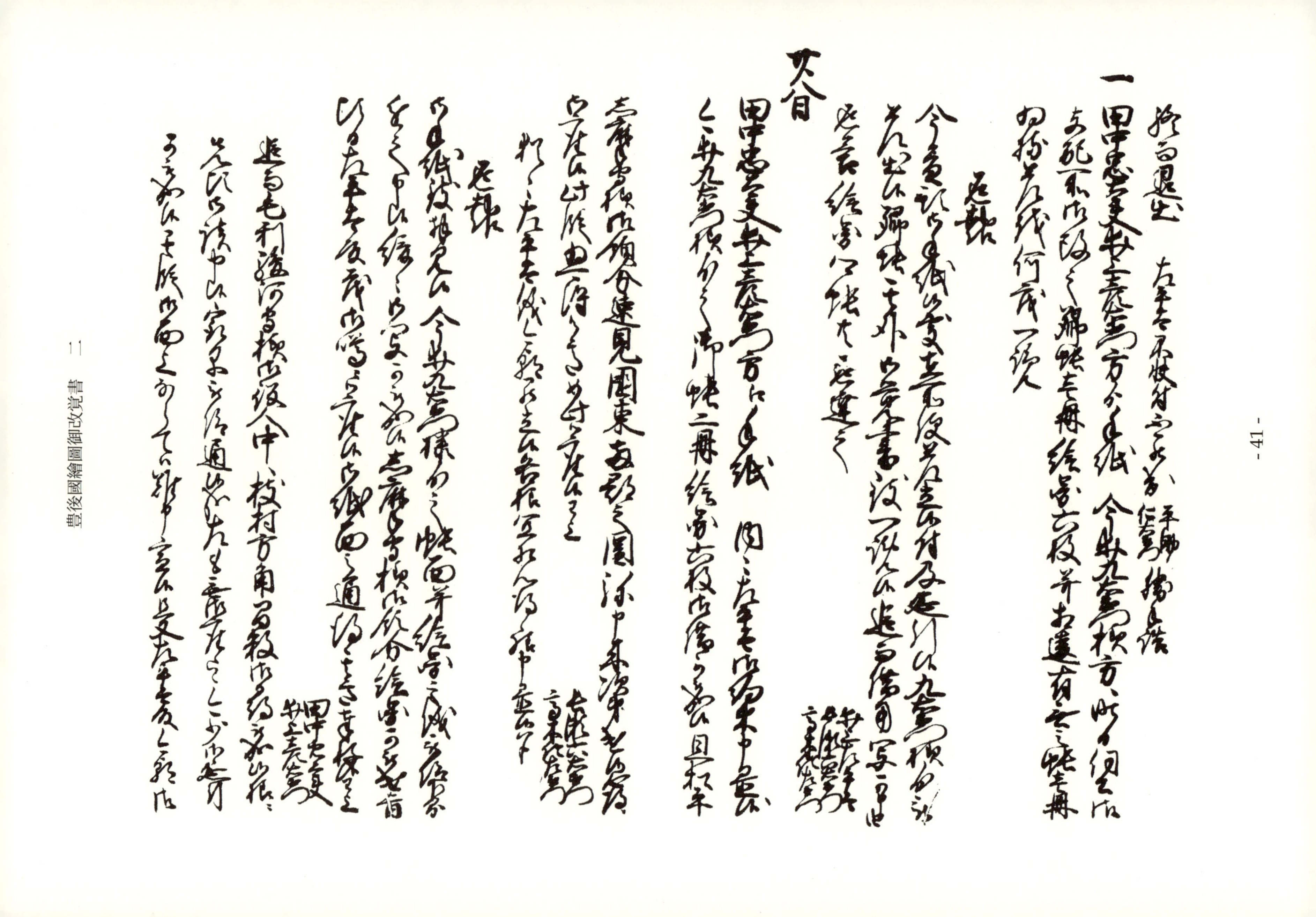

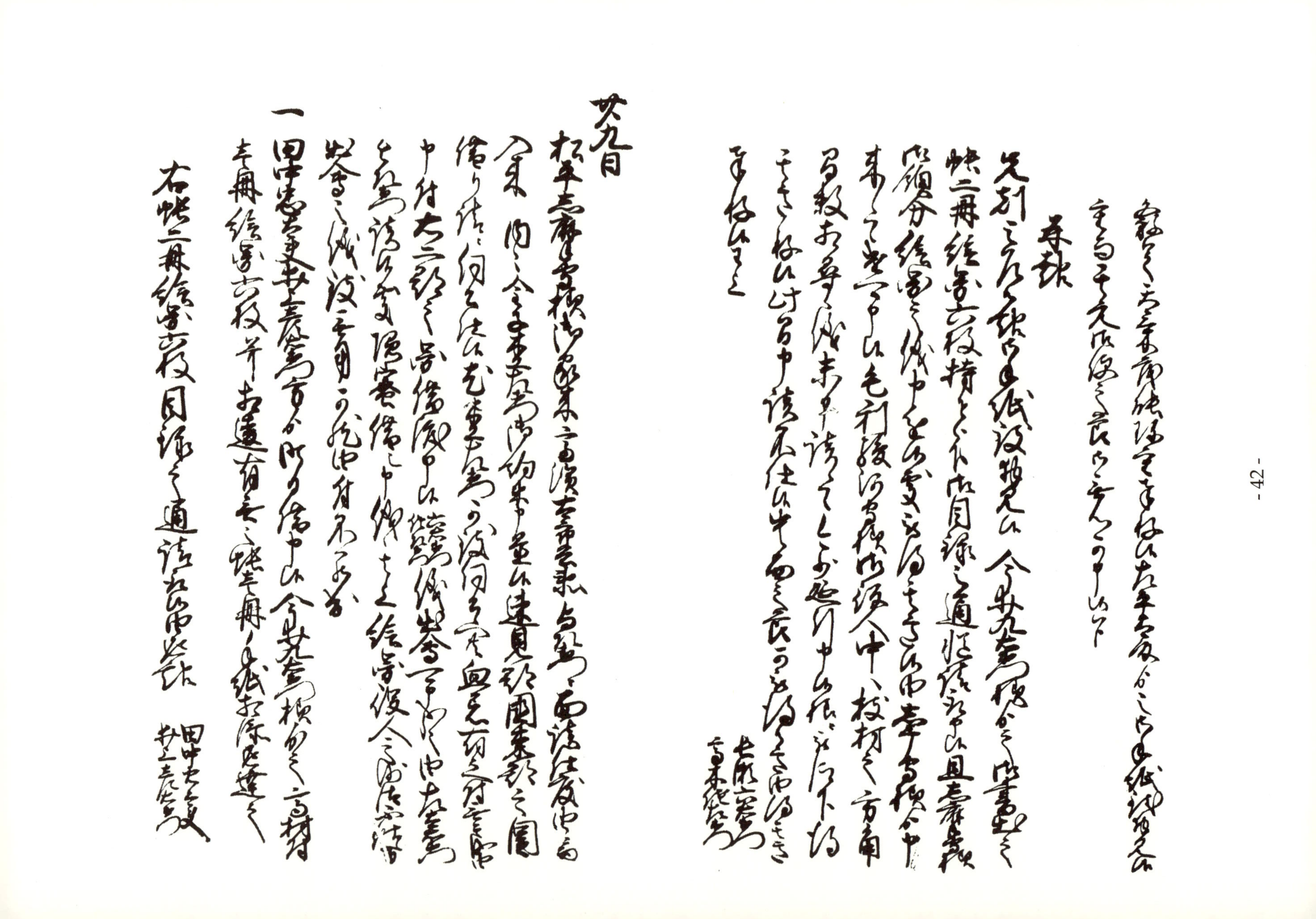

七月朔日　申后刻

松平對馬守様御留守居戸田安右衛門来、[illegible]　安藝守申候ハ
御差出被成候ニ付相尋候処、去辰年ハ且又北田村
西福村辰年ゟ御付紙對馬守領分ニ而[illegible]
支ニハ御座候ニ付、今日右之図改指[illegible]
[illegible]付[illegible]
[illegible]北田西福村[illegible]村[illegible]
御書[illegible]緒[illegible]安藝守申候ハ[illegible]
[illegible]對馬守[illegible]六日[illegible]
[illegible]相[illegible]右友村ハ[illegible]
村[illegible]村[illegible]

一　滝田村ニハ入辰年[illegible]
村ゟ新地仕由申候ニ付、滝田村ハ[illegible]
一　去辰御改之節ハ[illegible]
[illegible]
仲役對[illegible]
[illegible]
[illegible]
[illegible]對馬守様[illegible]新田[illegible]
[illegible]
御差上候御自分[illegible]千弐百石[illegible]月日
御[illegible]

御米下直ニ[illegible]今度[illegible]
[illegible]濃州御絵図小屋ニ而[illegible]
[illegible]対馬守[illegible]
[illegible]
[illegible]相済[illegible]来月[illegible]
[illegible]帰[illegible]退出
右之段[illegible]

七月
四日
松平志摩守様御家来[illegible]若林[illegible]
去ル九日[illegible]御国[illegible]安部之図[illegible]
絵図之儀[illegible]
文字[illegible]相見[illegible]役人[illegible]
[illegible]退出
一 去月廿二日[illegible]先頃[illegible]安慶之[illegible]相廻入
御覧之旨[illegible] 行下[illegible]
六日
[illegible]
[illegible]

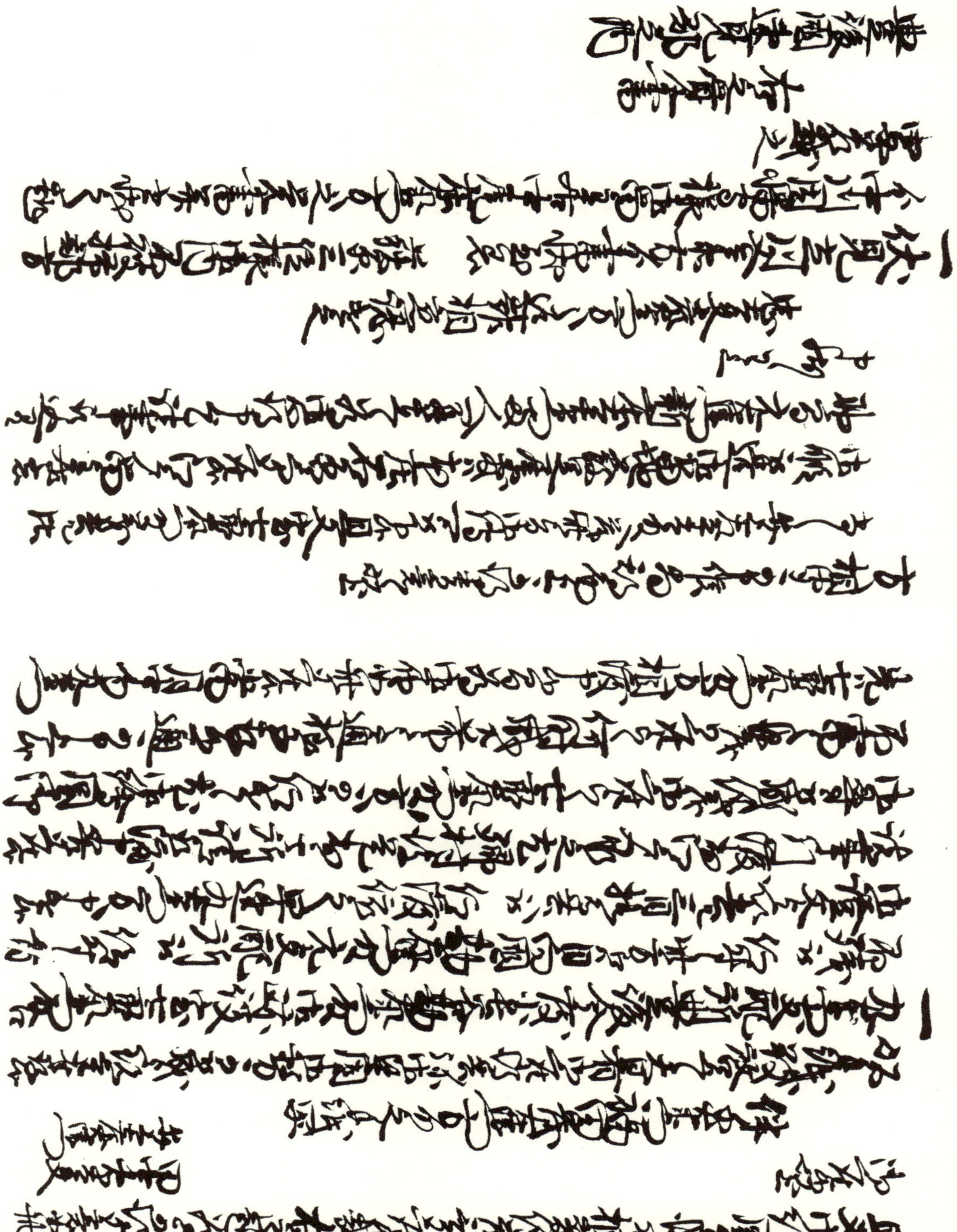

一 東畑村池布院
一 立石村浅見庄
一 富見村石垣庄
右院と庄との境ニ而郡境ニ而御座候事

六月廿七日

中原在判

立川在判

不破掃部

一 右覚書之写、因幡守様御役人中相違
覚書之写は長持ニ入置

十一日
田中忠左衛門方へ遣ス 方へ八銭 下園太郎殿より来ル
度々申候通書状遣申候
中々

長谷川
吉兵衛

御報

御状拝見仕候、下園太郎殿へ十文子細書状申遣候
の段得其意申候

田中忠左衛門
安斎

十二日 已ノ刻
田中忠左衛門方より書状来ル 御書院下園へ入候処
一 高松殿役人衆之園ニ先ツ地下之衆中御勤候様ニ
小絵図之通道筋今度下絵図ニて御極候

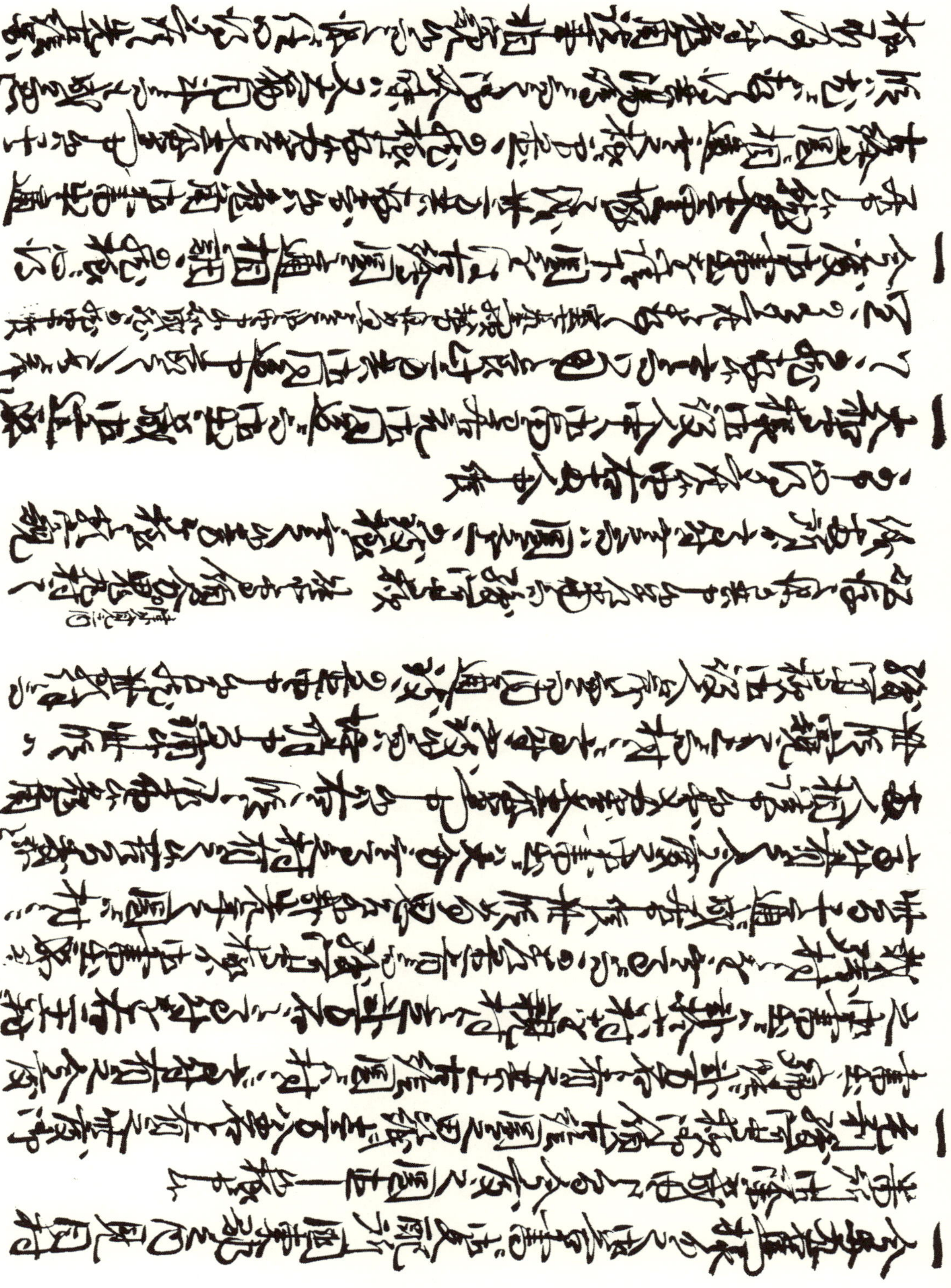

之通ニ而成候ハゝ其儘ニ可差置旨、實ニ私共江被仰渡候ニ付申出
路分切義ハ及相談退出
右之段ニ付差上申候之

十六日
安芸大和守様ニ上京之節 六条屋敷ニ而御休泊之儀何ニ而相伺候、支配旧家ニ付、此方人
絵図役中付可何分ニ茂御指図被成度旨申上候、役中ニ而詮議之上ハ
赤土宿仕居候ニ付、御對面仕度旨申出候ニ付、承届候様申遣
一 実七郎儀ニ付、右之人御世話ニ有之候ニ付、参上對面御座候
候ハゝ御取計ニ可被成旨申述、對面仕度旨申出候、右之人御世話之儀ニ付
心得ニ相成候様申聞退出

十七日
田中忠大夫安芸守様家来参上、右ハ上京之儀、昨日安芸守様・大和守様家来参殿之
相務可申旨申達ス
返答有之

十八日
毛利駿河守様御留守居遠藤孫三郎参上、右ハ来ル十四日修理
候迄遠宮様御留守居中山源五郎参上、此者共江申候、御書中ニ而御相談之義ニ付、御内々御頼合
之ニ而御領分先年御修復被申上候、御相談之義ハ御頼合
寛永之元年ニ中書出ニ而成候、其方共ニ書出申候様、申達候様
迄中ニ付参上申候、役人共ハ不及、直ニ御聞届被成下、御宿坊江對談可被下旨申し

七月
十九日
松平志摩守様御家来衆方より案内ニ付今日迄ニ下絵圖書上申候

八月廿日
木下縫殿助様御役人林五左衛門方より申候　内々申合通帰候様ニ書
付を以進置候帰帳之写之儀ハ今晩ハ致候而可有之旨申来

返報
御請之段承知致候由申遣ス

一 林五左衛門方より申候　今晩ハ致候而可有之旨ニ付罷出候処縫殿助御出会ニ而
中津御家来衆中へ申付置候事共衆中へ今日ニ而可相済旨御申候由書
持参仕候[illegible]

返報

何も御尋ニ御座候得共不被仰付候段申来ル

十一日

田中忠太夫并土屋宗遷方より来状、如例湯島並御役所ニ而之事
委細申越、又此方小野山より之返書ニ而申来

返報

明朝役所ニ而と之様子ニ而被仰付申来

十二日　辰ノ刻

中川周防守様　御用人　六左衛門　佐藤　衛門

一 湯島役所并御番所御役人衆之内御後役相勤候方へ申達、忠太夫方ニ而相勤候人
役人ニ達し候様ニ而親しく御承知ニ而申来、右忠太夫方ニ而御返事
中ニ而御申方之義ニ而申遣候、夫ニ而相済申候

返事ニ而被成候由申来候ニ付其段申達候

右御役人之内書付候

細田信濃守様御役人　石井喜左衛門　吉井源太郎

平野遠江守様御役人　深井十左衛門　山口彦三

町奉行様御役人　吉沢久四郎

一 忠太夫方ニ而湯島御役所之事ニ付、右委細申来候ニ付湯島
之儀御承知、漆之儀御申付何方様へ御出候様申来
取次先大和守様方へ大目付ニ而申談湯島役人方出合
末々様子之儀御座候ニ而申来候
御老中御役所御出ニ而申来候
若年寄衆へも申達候様申来

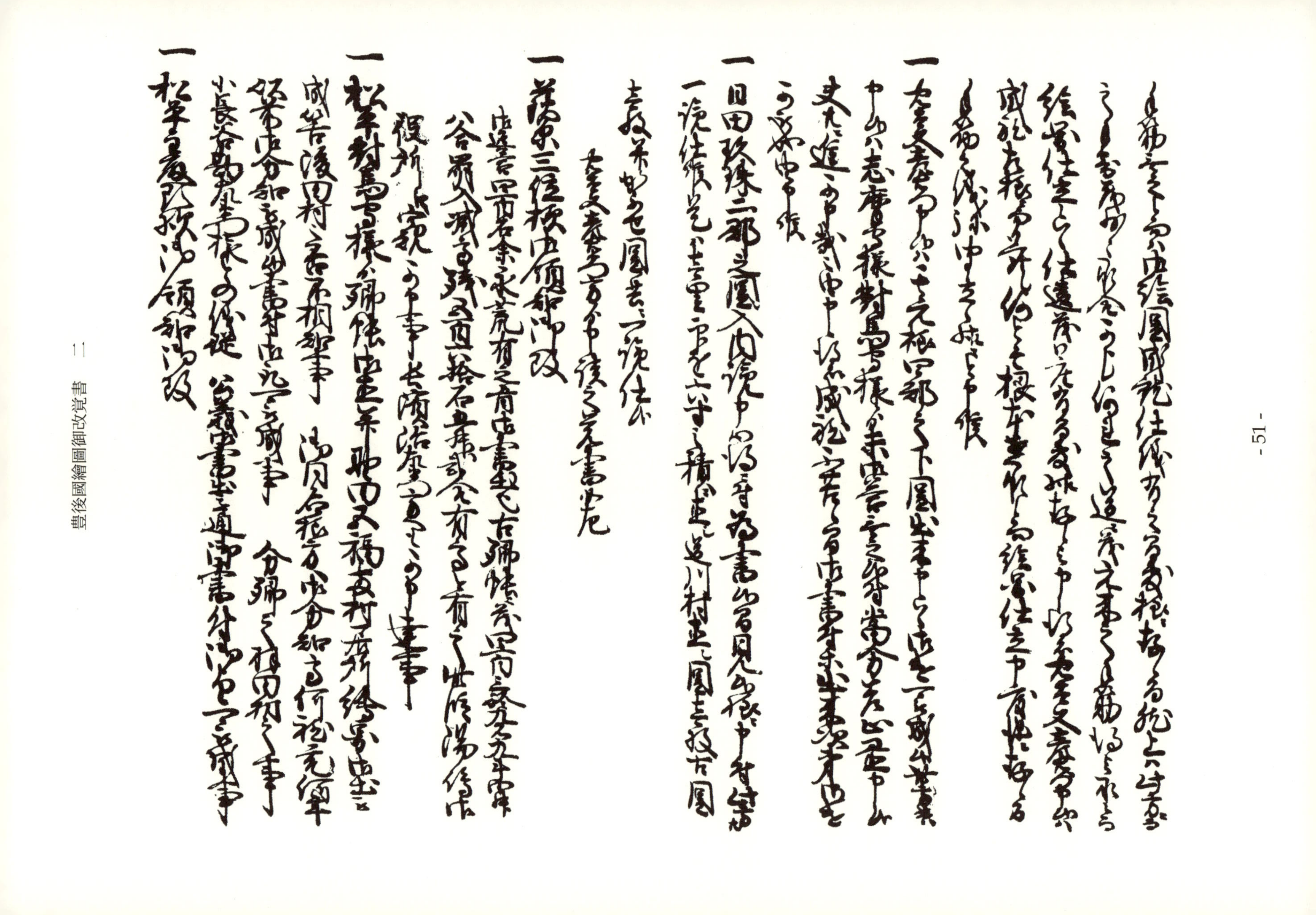

黒古村分郷ニ書付出シ候由承り候
去ル寅ノ極月ニ出来申候由之事　此文先規ニ而之事ニ候哉
当年中ニ出来可成之由被申候事
一 玄利郷河内領鉛古絵図ニ有之候者村ニ而申付之成候
并見児村分郷之儀者何斗米之増減之水不足ニ付き
之事古郷帳ニ増見郷之儀ハ村ニ而定候当郷帳之増見村と
の名前之村之事ニ而者其外古村之帳ハ古郷帳之文八百石ニ而候ハ
当ル八百石と申ニ付成合之何之江年ニ而候様之申事
の名成事　　本村本郷分郷之高者ニ而定候而成事
一 本郷当文相中領鉛之辻同村支村之分り候文分郷ニ而候
の名成事 郷帳ハ辻同村之内出し出来候ハ、新石之仕ニ而候而
證文ニ付分出来ニ而成事
一 松平志摩守様 右同断
出雲国之成分郷ニ付何様之何事ニ而成候由之書付出来之申成事
右郡中村宗之高帳出来所ニ付分郷之儀ニ而候申分郷之
の名前ニ書付出来ニ而成候之事
一 名前信濃守様中領鉛古絵図ニ而有之村ニ而付ニ而成候市郷村
秋元村ハ新石有之分ケ之年之事辻同村分郷之事哉之年事
三ヶ所古ニ張面高石祝何ニ而様出領分之地ニ而名前之元
の名ハ新石之分ケ之為之名前之事之年事
一 小長谷勘兵衛様御支配所甘絵図ニ而有之村ニ而付之成候
津軽郡之内黒石村ニ而豊前守之支配所流出川水上ノ事

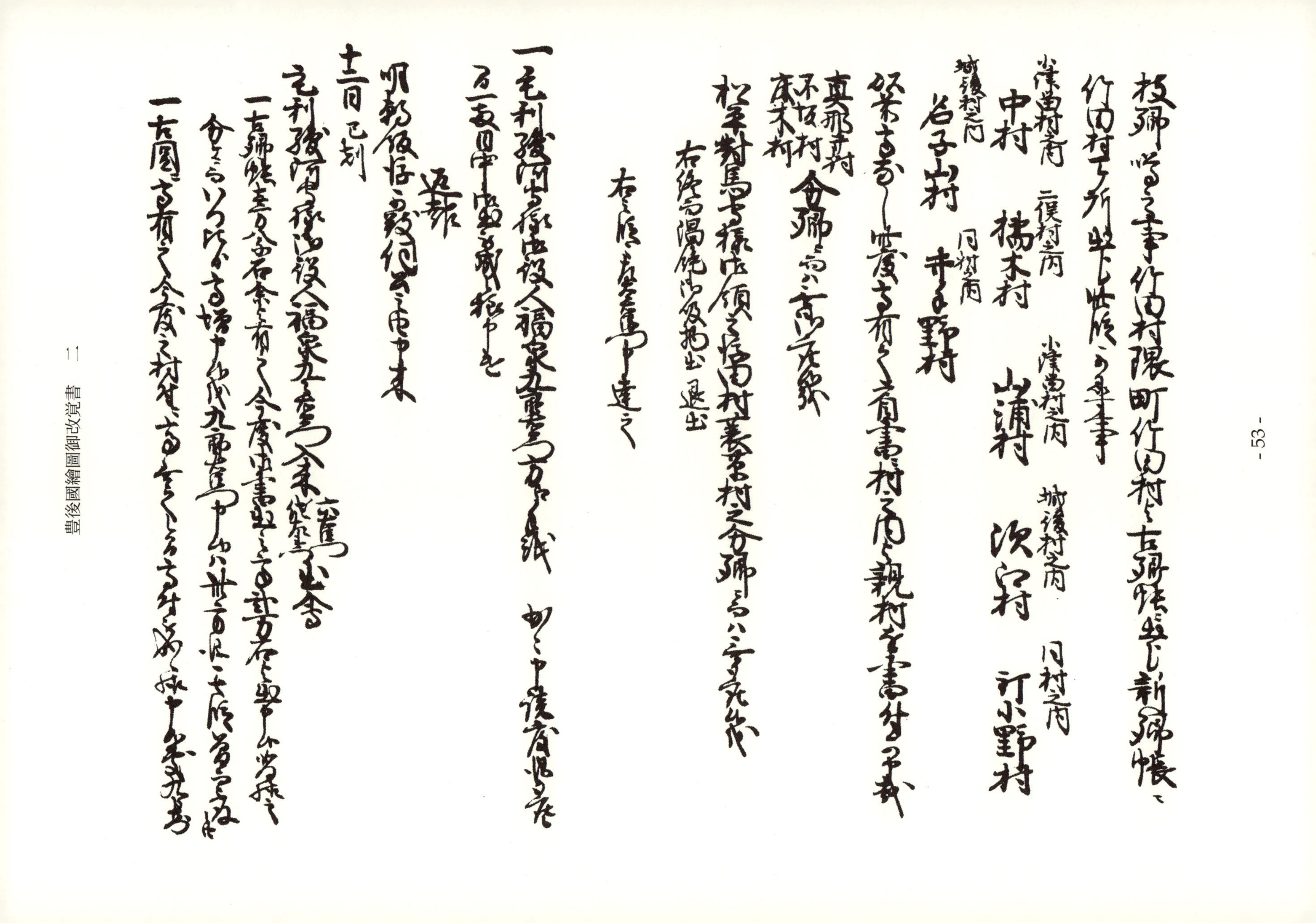

中山ゟ常分ニ可被下由

一 塩尻郷長尾村ゟ古郷帳ニ見候今度長尾村ニ新塩尻村と申候

ニ而 長尾村ニ書上ヶ可申候

右之分御書付ニ載セ不被下候ニ付遣ス

一 本木村 前野村合郷ニ而只今ハ元ゟ郷帳ニ載候分郷ニ而申候

一 外ニ壱ヶ所小館ニ載候ニ付増リ候所中川相見ニ申ある集ニ候

川ニ載候所ニ被仰付遣シ候ニ付所ニ書添申上ヶ申候

右ハ後証ニ候

一 園原村之儀ハ古来ゟ吾郡之内ニ而下園村分ニ書申候

十七日

本多縫殿助様御役人林丞右衛門方ゟ来状 今朝申刻被遣候

郷帳ニ元村之外郷帳ニ記候与申事ニ無之候由申来

返報

湯場ノ沢ニ青山之方ニ而相済申上候

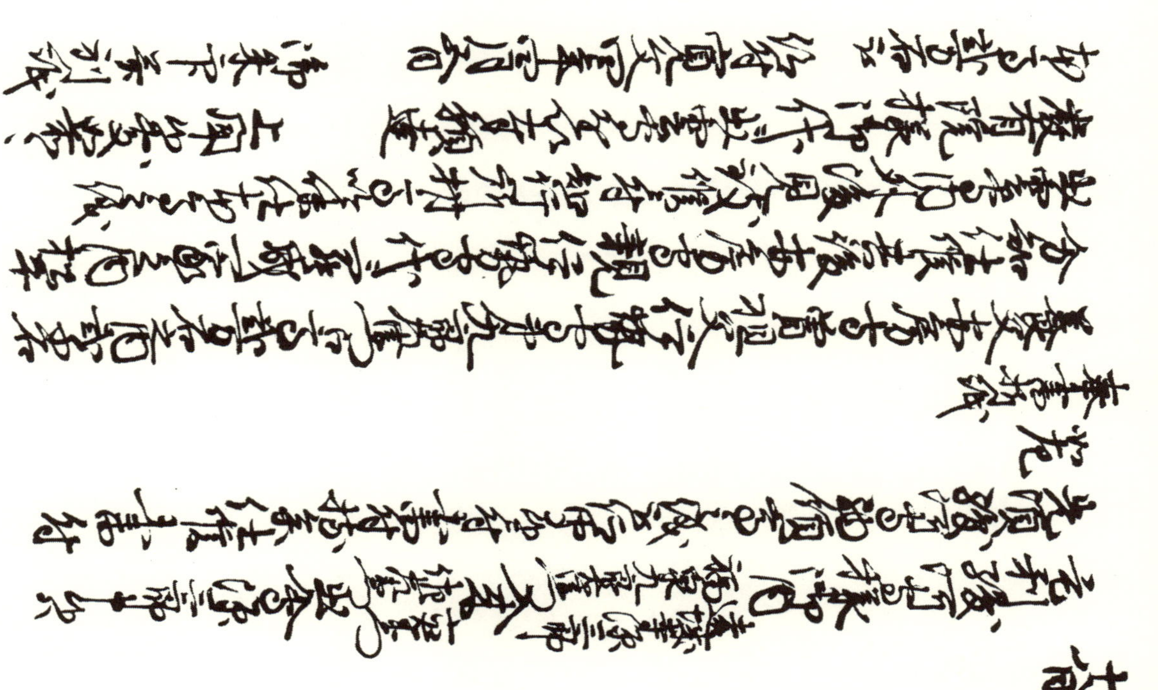

御目録頂戴仕候右ニ當
御代寛文元年九月廿六日
御朱印別紙御目録并ニ二十通頂戴仕候又拾四年以前ニ御保
年中諸国絵図之 御付候時分相知る「不審成者改書
八百石之絵図并ニ今度書付ル郷村帳書出ス以上

八月廿日

毛利駿河守

覚書

一 高森村有増之森村之枝村ニ而候

一 今度書出候大石村之内ニ有之候枝村ニ而候之間後ニ而壱ツ之方へ
絵図書之候得共右ニ古絵図ニ有之候ヘハ今度も書載候
相違之儀ハ又ハ如斯仕書加へ申候

一 広木村 本高枝村之別村ニ而候

右之枝村ニ相違之分仕候高森村仕而御座候ニ付右之分有之候
村山上之ニ而御座候違ル村ニ仕候ニ而も右之所々も相違之
仕中村并ニ本も又ハ中川村元中候迄之ゟ而申中候

八月廿日

以上

一 東之組高田村之内百石之本書ゟ中入置候郷帳
新村之内方ニ而右之村ニ有之候村之郷帳
引而し

一 中村之儀郷帳之右中村ニ而書出候ゟ仕候郷之内

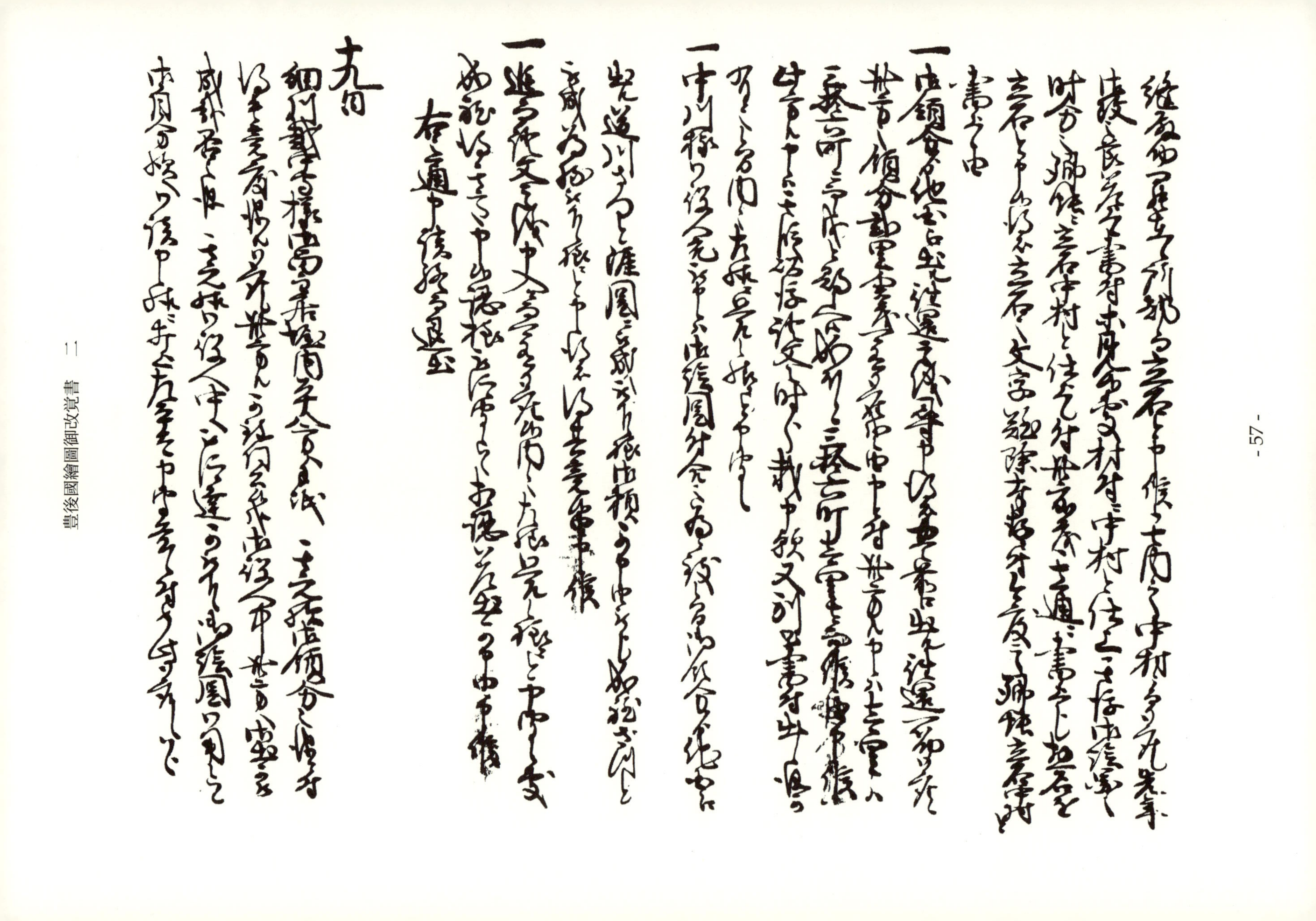

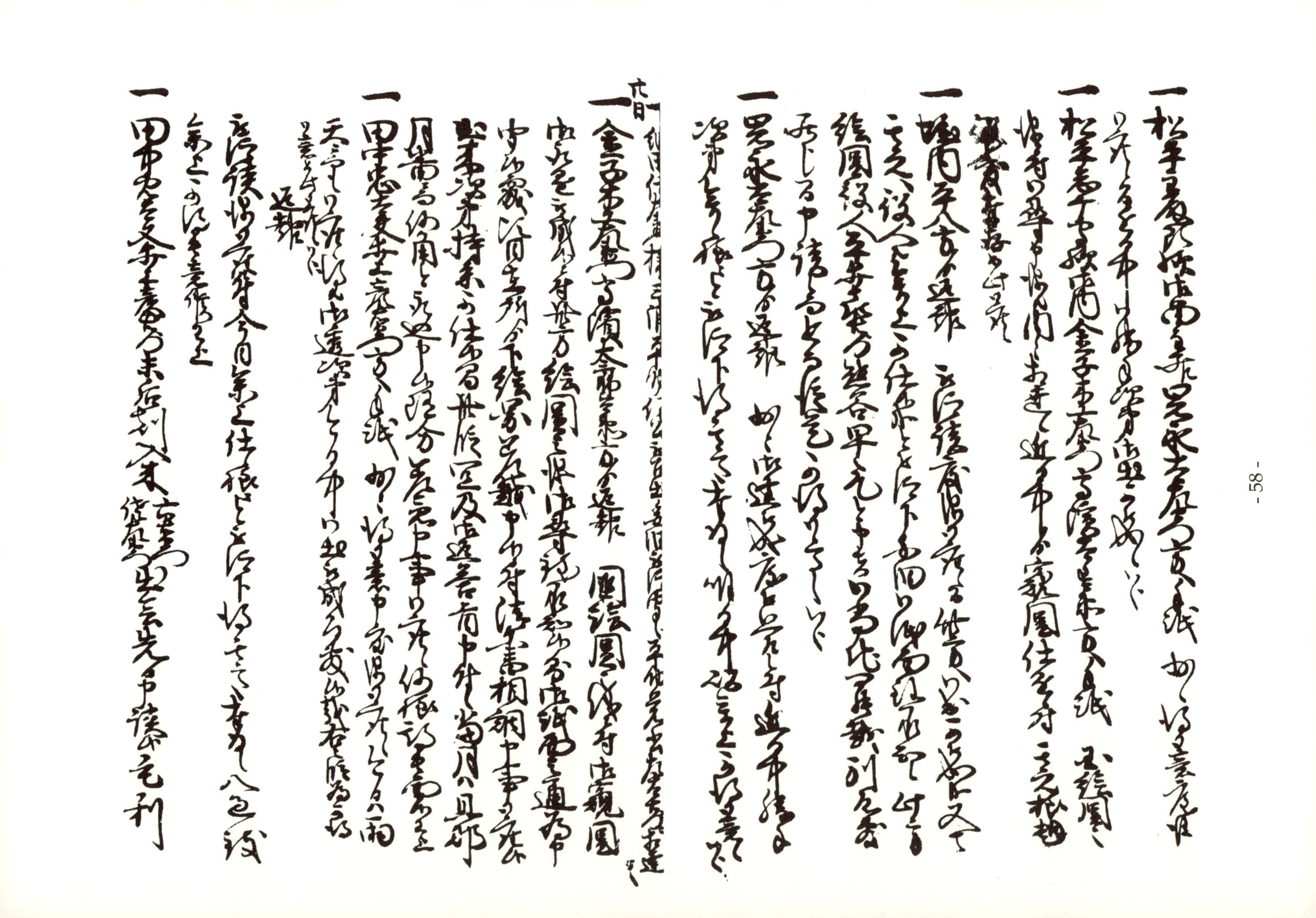

一松平[illegible]家来[illegible]之儀　如何[illegible]

[illegible]

一松平[illegible]金子[illegible]之儀　右絵図、

[illegible]

[illegible]

一[illegible]返報　[illegible]

[illegible]

絵図[illegible]

[illegible]

一[illegible]返報　如[illegible]

[illegible]

六日

一金子[illegible]返報　絵図[illegible]

[illegible]絵図[illegible]

[illegible]

[illegible]

[illegible]五郎

一[illegible]　如[illegible]八両

[illegible]

[illegible]返報

[illegible]八両

[illegible]

一田中[illegible]

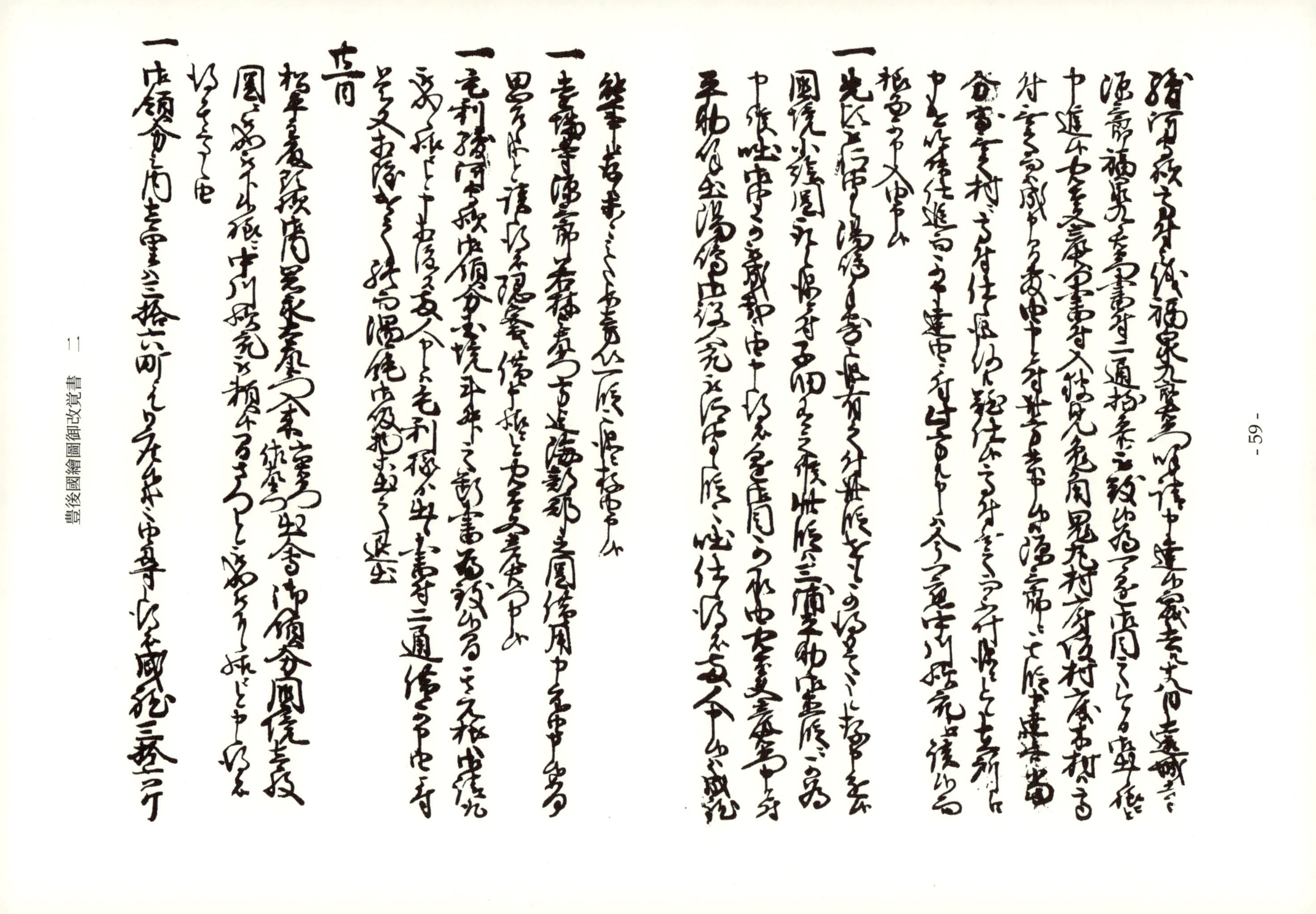

壱貫三百文出世可申上候ニ付浄瑠璃文字之教又ハ別書ニ書付入申
候事ニ御座候間右様見届ケ申上候
一 里方村々合躰ニ而御座候ニ付尋申候処御祝儀料帋ニ合躰ニ
ニ御座候村々神様ニ付御初穂料帋ニ申[illegible]
一 東上宮文様出役人若林市左衛門方へ参候 如何ニ御座候
近所申口届ケ見分仕申上候
返報
明日御改可仕申来
廿二日
東上宮文様出役人若林市左衛門方へ入来 佐兵衛殿出合 右之趣申談候
此方村々御届信濃守様御領分之者共為村方友村ニ別ニ候由
郡所市左衛門申上ル村ハ二村ニ而御座候所入組有之候由
一 仁木村之内 大神宮村 八坂村之内 若宮村之内 南畑村之内
佐賀村其外村々古信濃国ニ而御座候所村々神様之御座候
御朱印 御蔵入 支配之由申上候処古国ニ御座候事ニ而
任ル御取之儀ニ而御座候様ニ申上置候
御座候事ニ申上候
一 長崎御国之内川村三類ニ付而[illegible]
申上候
一 御領分之内壱貫六百文[illegible]
可申上候様御料文之上教又ハ別紙ニ書付入申
差上申候

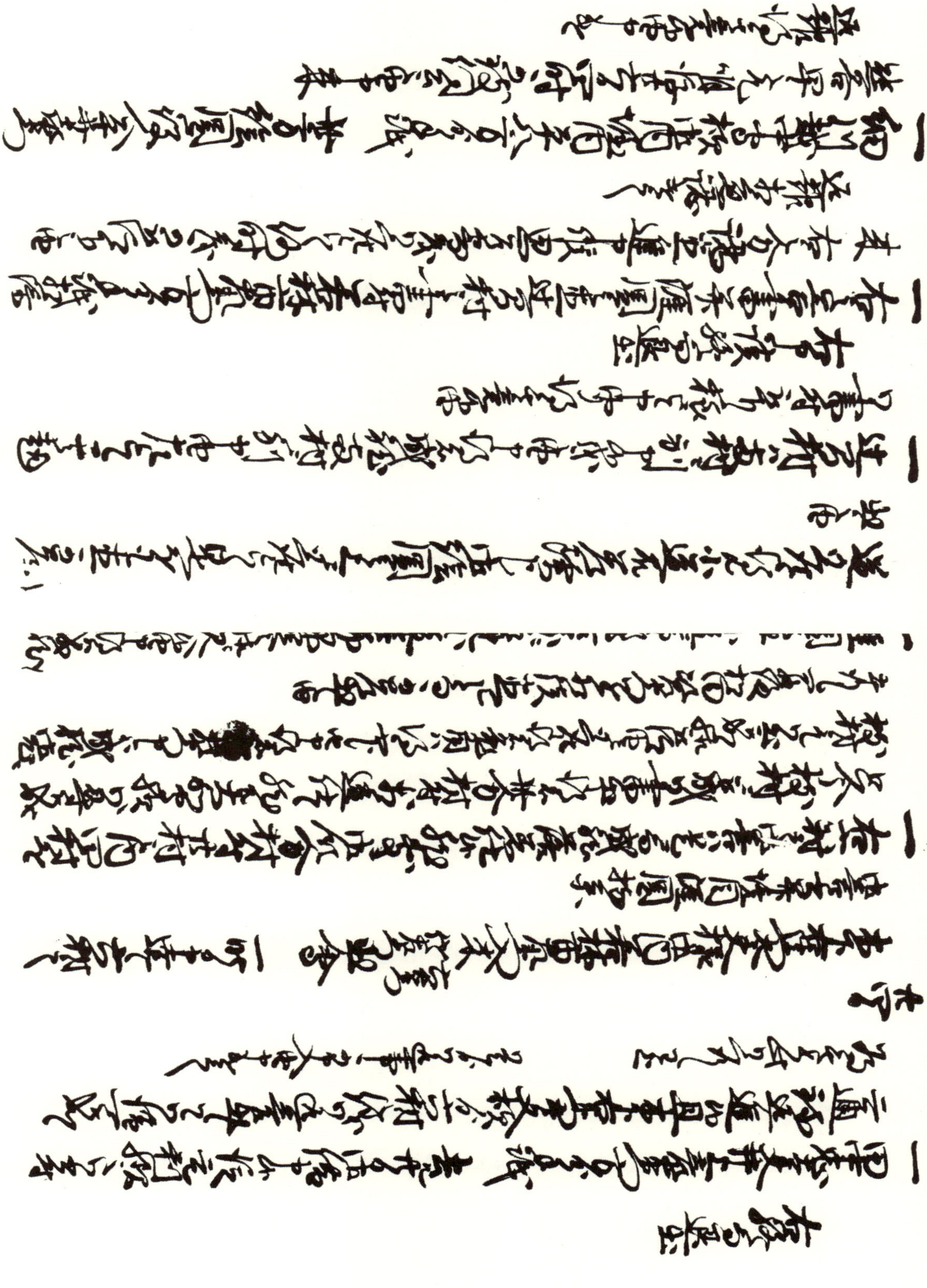

一田中忠左衛門安喜兵衛方へ参候　一此方ゟ差出候御届之義ニ付以来
縫殿之助殿ゟ御尋之義有之候ニ付、相違無之由
毛利播磨守殿ゟ差出候書付二通之内、渡置候様、御届
並郷中書付控之事、委細ハ右御預所御領分渡置候書付
宮古書ニ成候所ゟ参候、渡置候書付二通ハ[illegible]申候間
中々引請候様ニ致候ニ付、右之段申遣候
　右之段御聞済之事ニ候

[illegible]
[illegible]

廿五日
毛利播磨守殿御用　御使者[illegible]　入来　佐兵衛出会
右ハ御用ニ付、海部郡之内、渡置候書付之義ニ付申来候　先日差出候[illegible]

一斎坂村ハ御預所之内ニ而、斎坂村ト申候所ハ[illegible]
　[illegible]田村・[illegible]田村ニ有之候所、斎坂村ニ[illegible]
　書付之儀ハ[illegible]
一黒見村并其余御預分ニ[illegible]斎坂村之通ニ[illegible]
　[illegible]
　[illegible]中川[illegible]後ニ[illegible]
　中[illegible]候
　右御請候ニ付返上

廿六日
細川越中守殿御用　中根新左衛門　平井[illegible]　入来　佐兵衛出会
一御預分角[illegible]村海部郡之内[illegible]右御預分郡之内[illegible]村

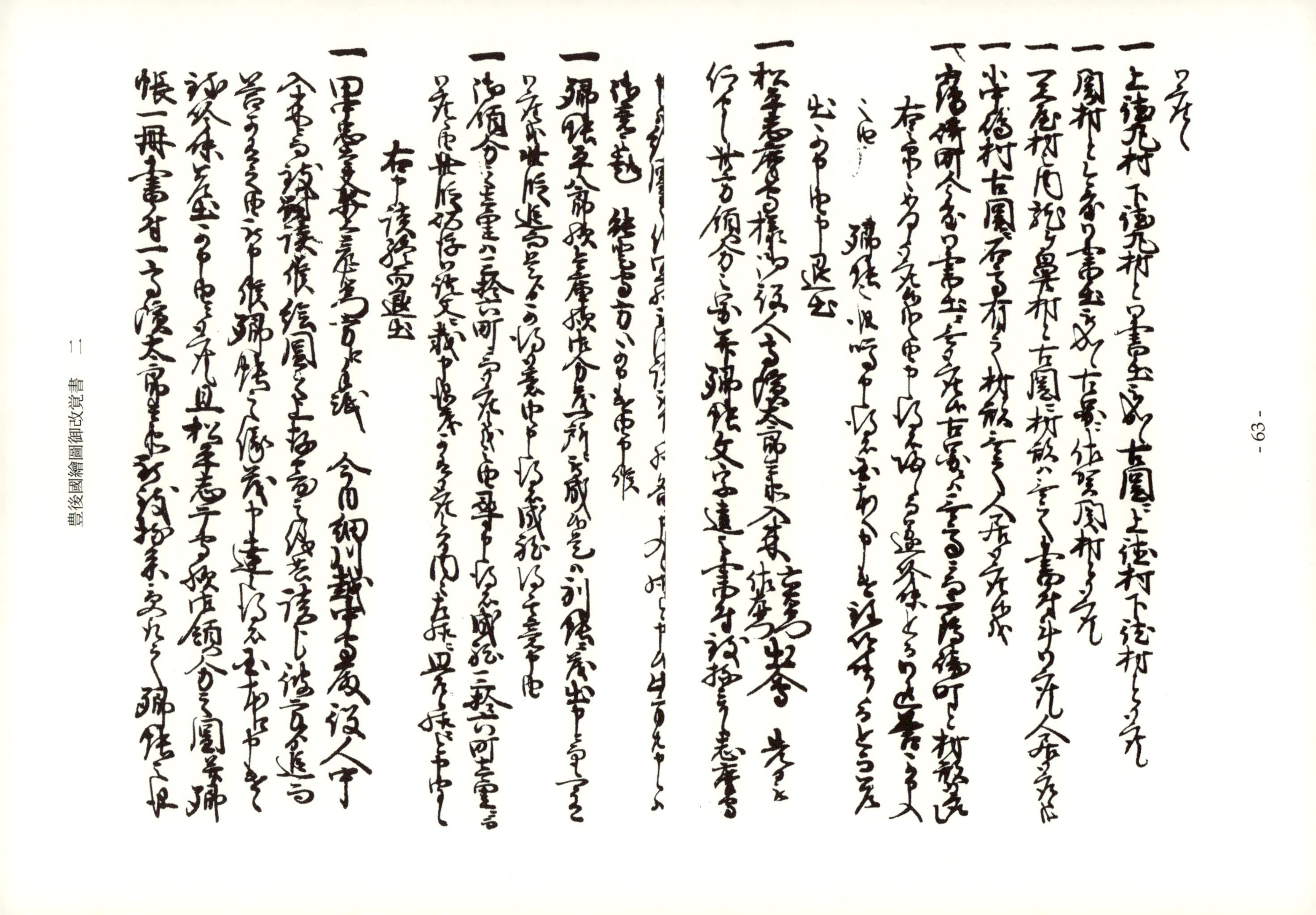

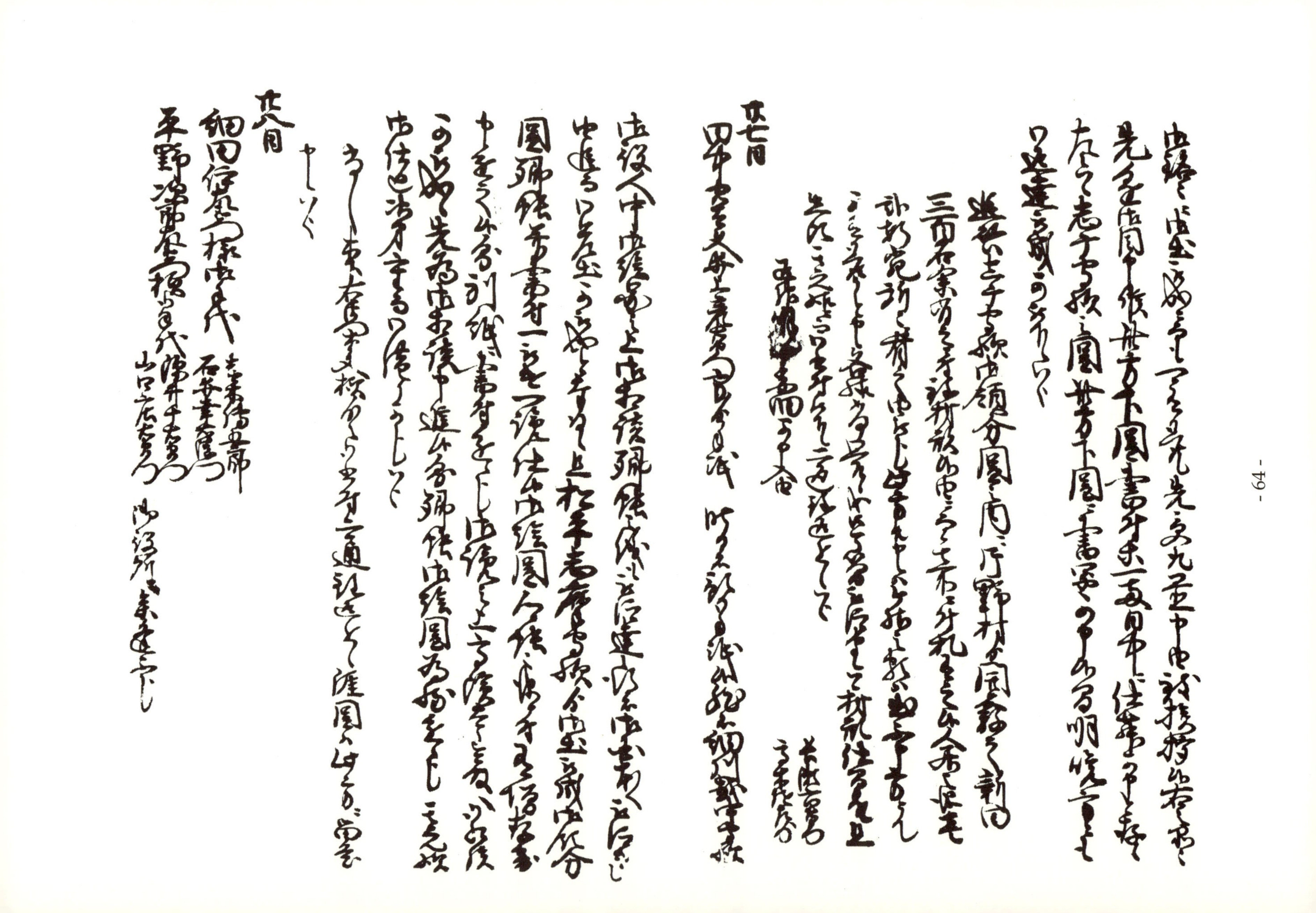

の有之候殿村村ニ而千市村と申所ニ而若衆之一統ニ而書付ニ
有之候と申候而此所之書之由

右之後殿ニ而退出

一松平志摩守殿御役人今井藤左衛門 右衛門 代官 出合 御入用

家老共之村々之処ニ而御座候と申候而有之御普請之通ニ有之

吉見郡
一上庄村　下庄村　上八坂村　下八坂村

右之書之覚

宗業郡
一塙村　満倉村

右塙村古園古帰候ニ而有之候

右二村古園古帰候ニ而有之候

一石丸村
古園ニ落下山腰ノ書付之有之

大久保郡
一行ヶ浦　今度之御帰候与有之

行ヶ浦村　今度大和守様ニ而今出村ニ而

行ヶ浦村　古園ニ而

行ヶ浦　古帰候ニ而

大庵郡
一上彼郡村　中彼郡村　下彼郡村

右之通今度大和守様ニ而今出村ニ而

彼郡村　古園 古ヶ候 今御ニ而候ニ一村ニ而出候

右同人様
一 倭文東中村　倭文西中村
右之通今度大和守様ゟ出候村付ニ而
倭文中村　右圖　右御帳　今度之御帳ニ　一村ニ成ル
一 倭文屑村　右圖　右御帳ニ　屑村与申[illegible]　村ニ而[illegible]
右庄屋様　平八殿ゟ
一 國[illegible]郡　今度大和守様ゟ出候村付ニ而
志ノ十太夫
一 國埼郡　右同断
國東郡　右御帳　今度之御帳ニ出ル[illegible]
國東郡古城村之
一 安[illegible]所
右圖[illegible]村之御帳ニ[illegible]圖ニ見ヘ不申候
一 大分郡之内年号月日之記之[illegible]事
一 行野村新田之事
[illegible]
右[illegible]
右之[illegible]村上[illegible]二村[illegible]
倭文中村ハ東西二村[illegible]
[illegible]大和守様[illegible]行野村

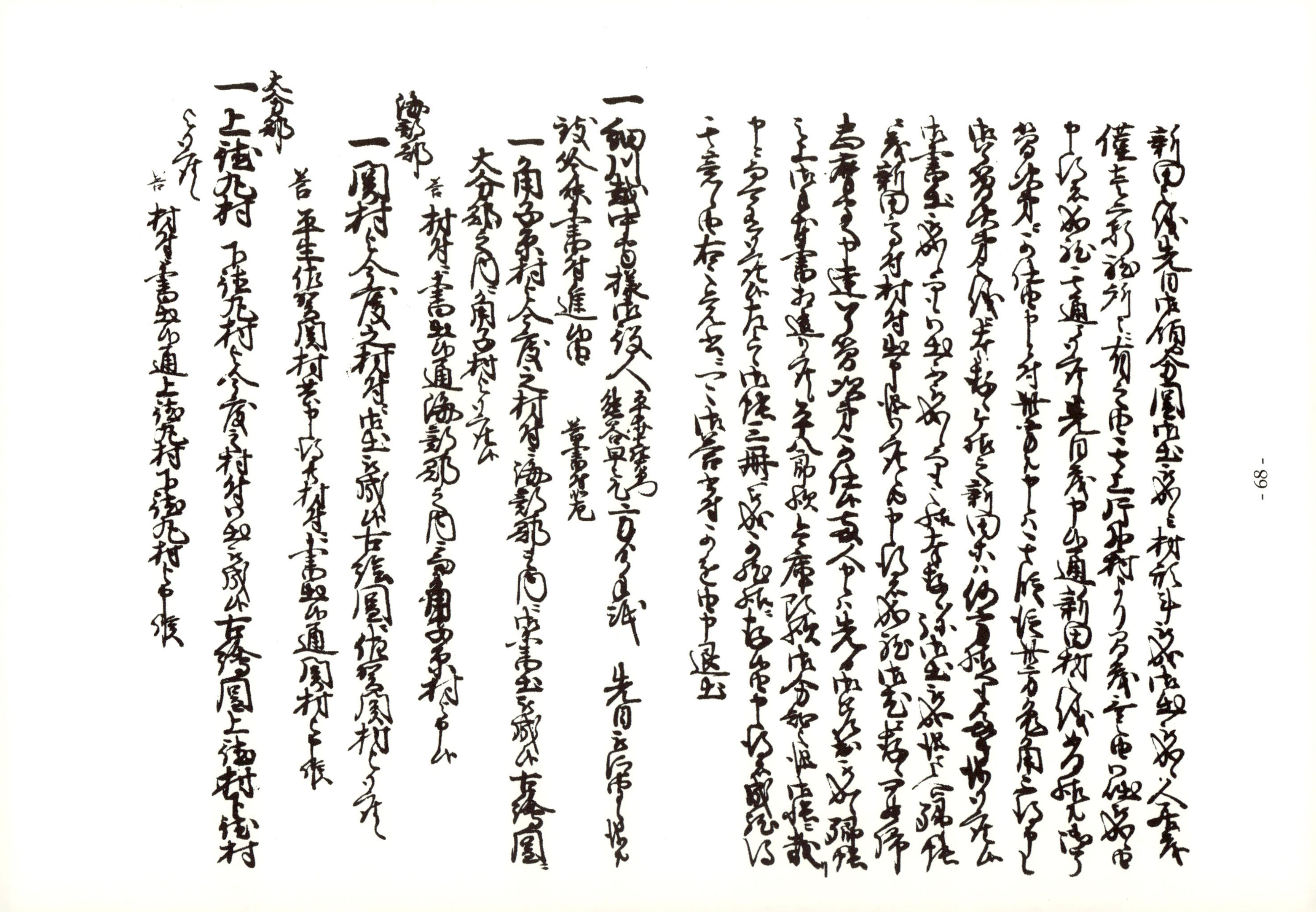

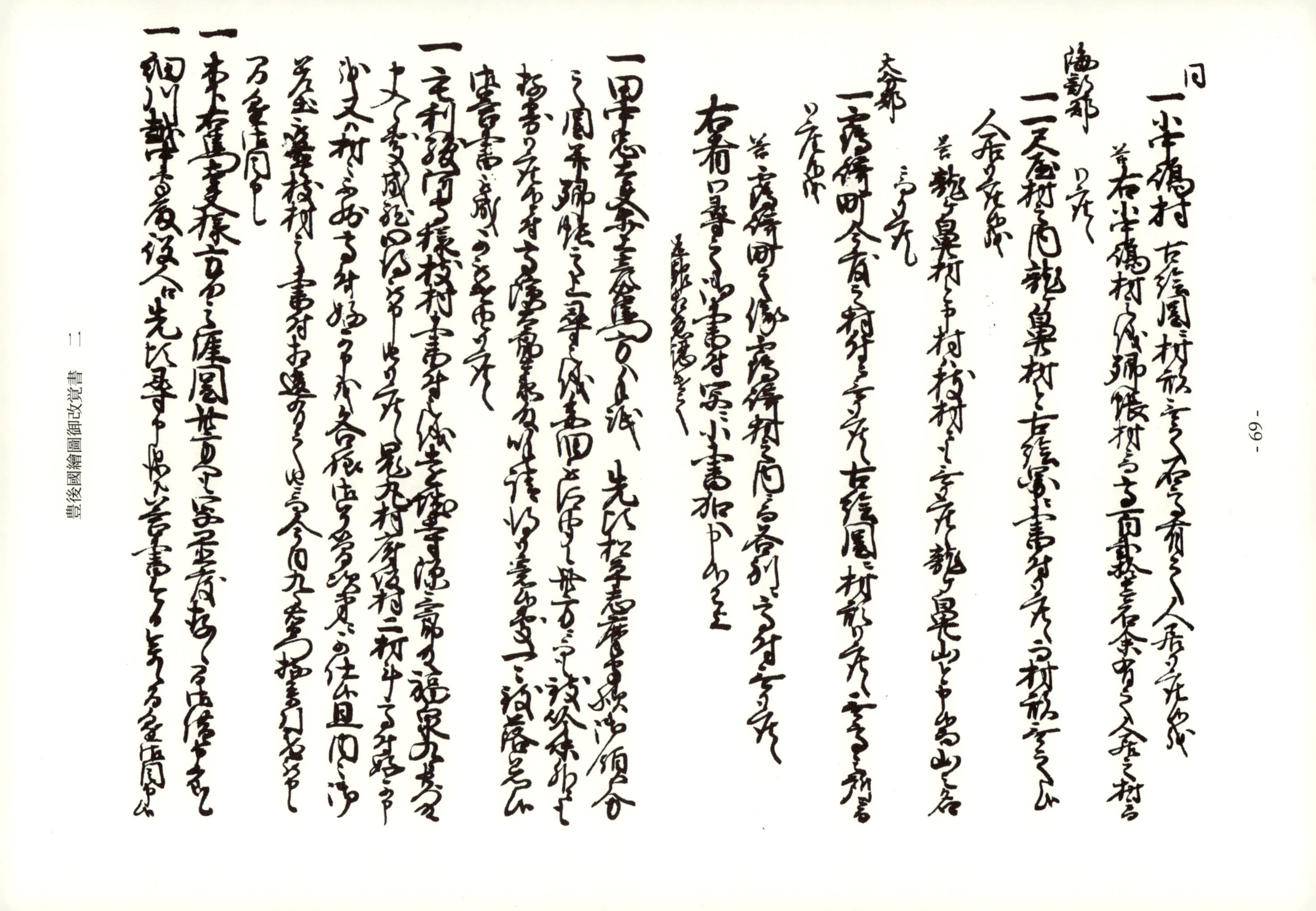

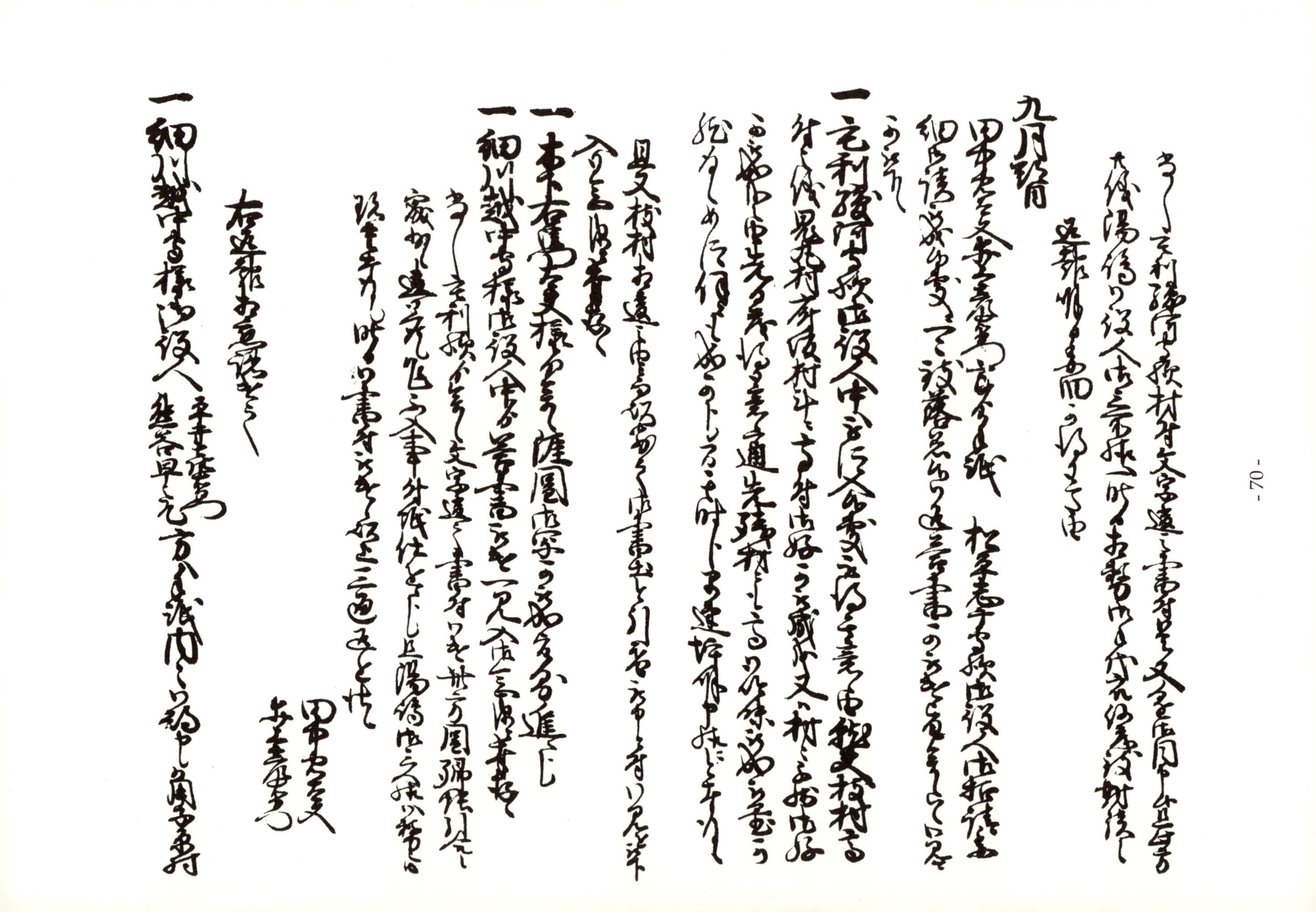

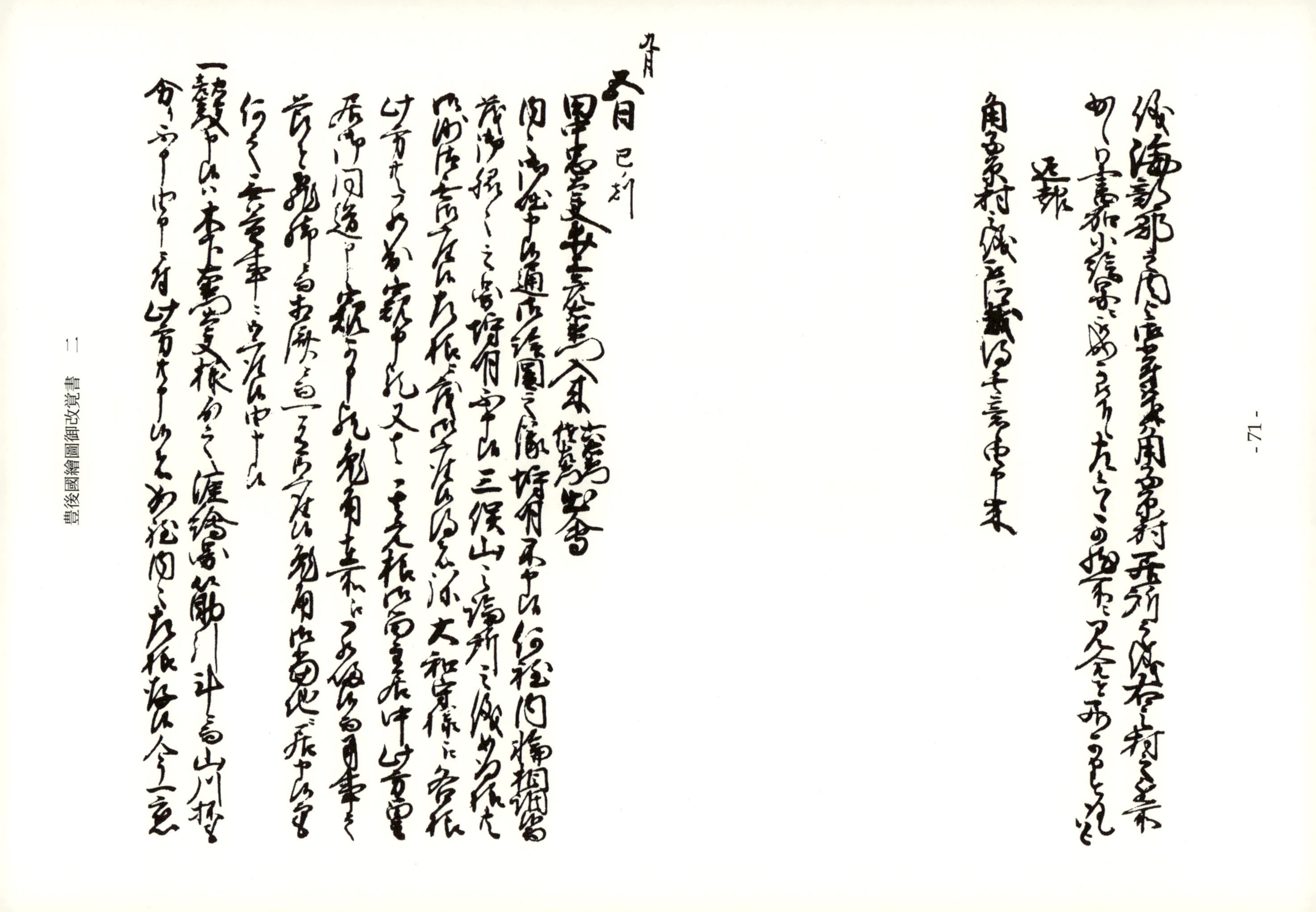

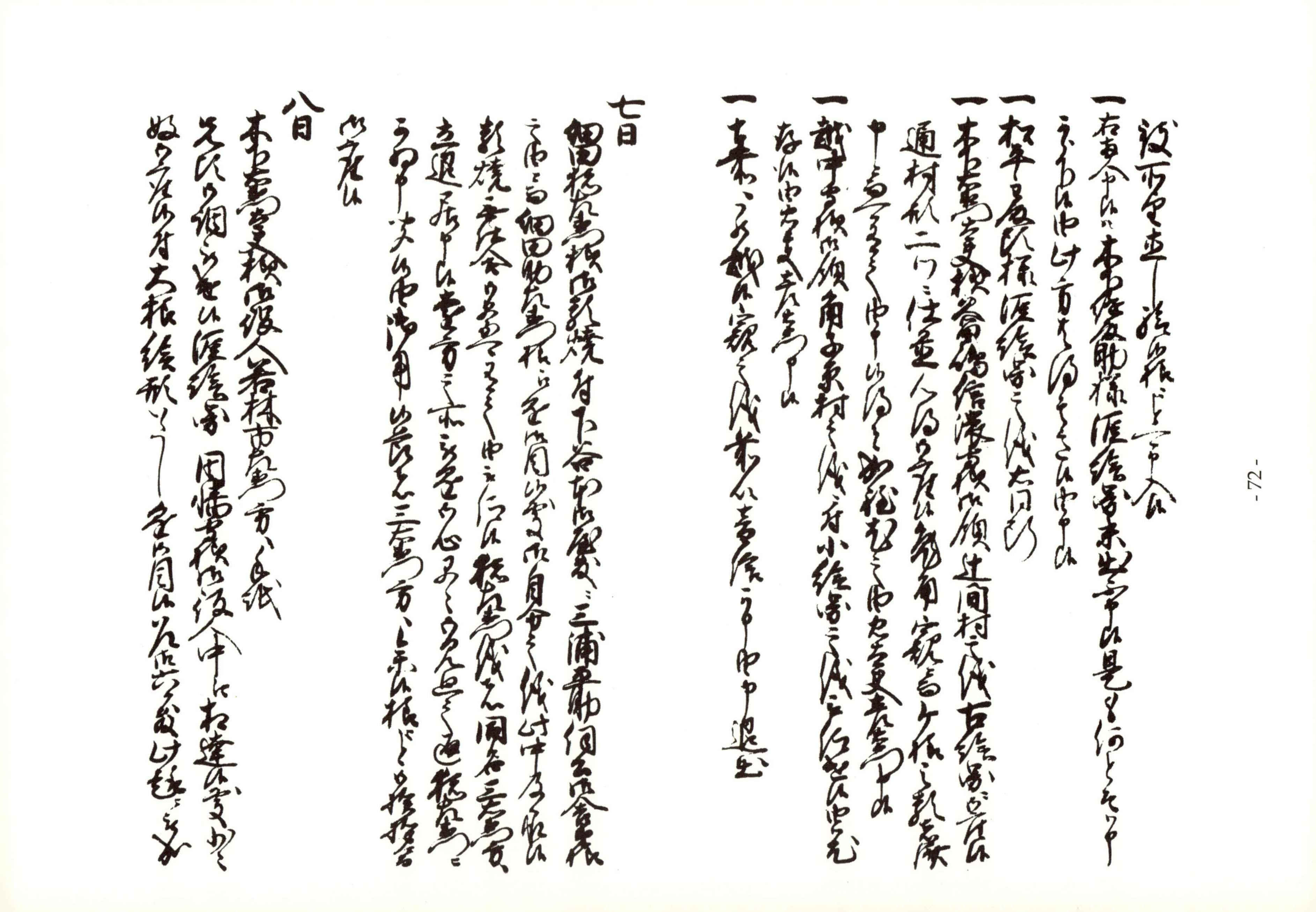

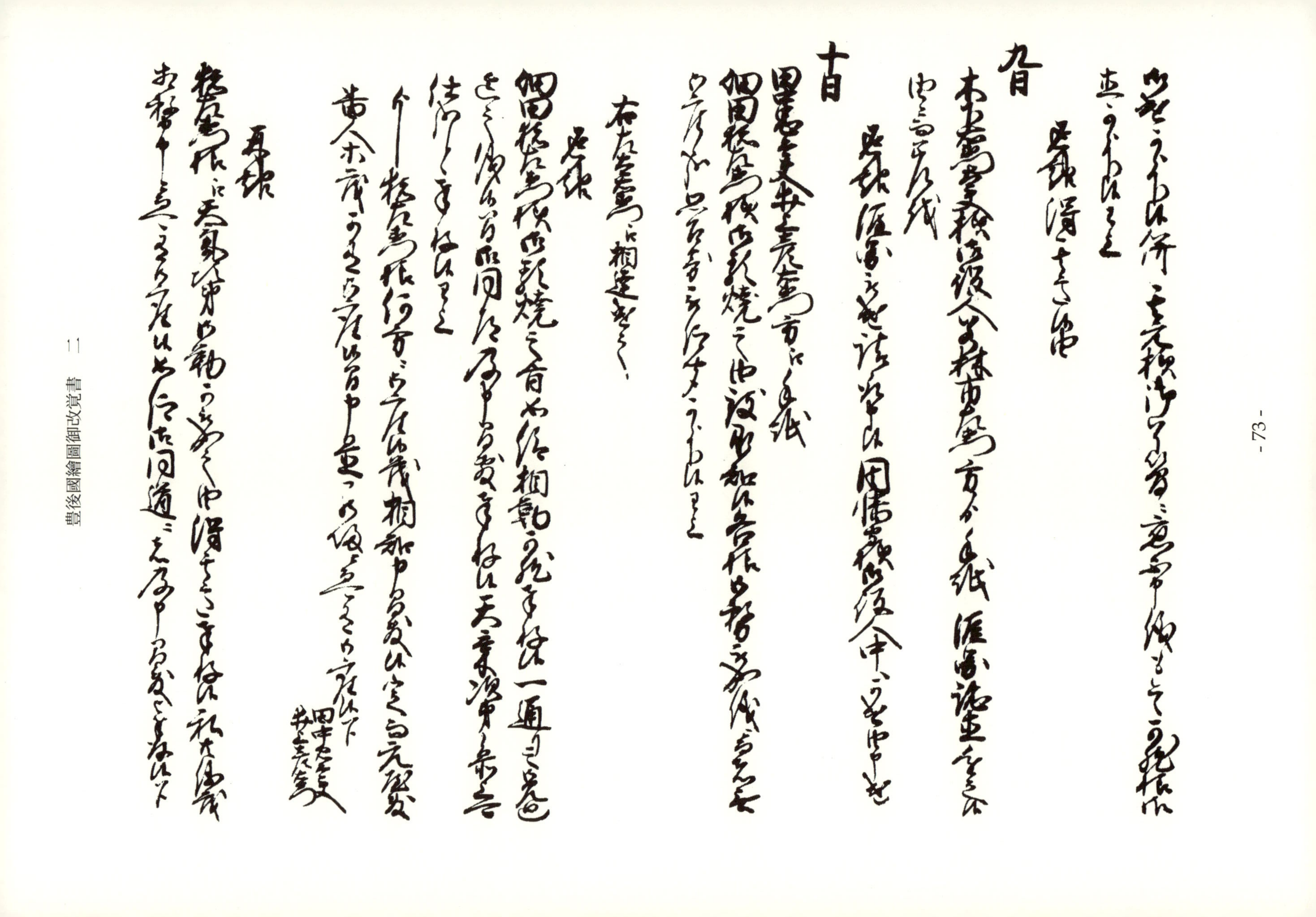

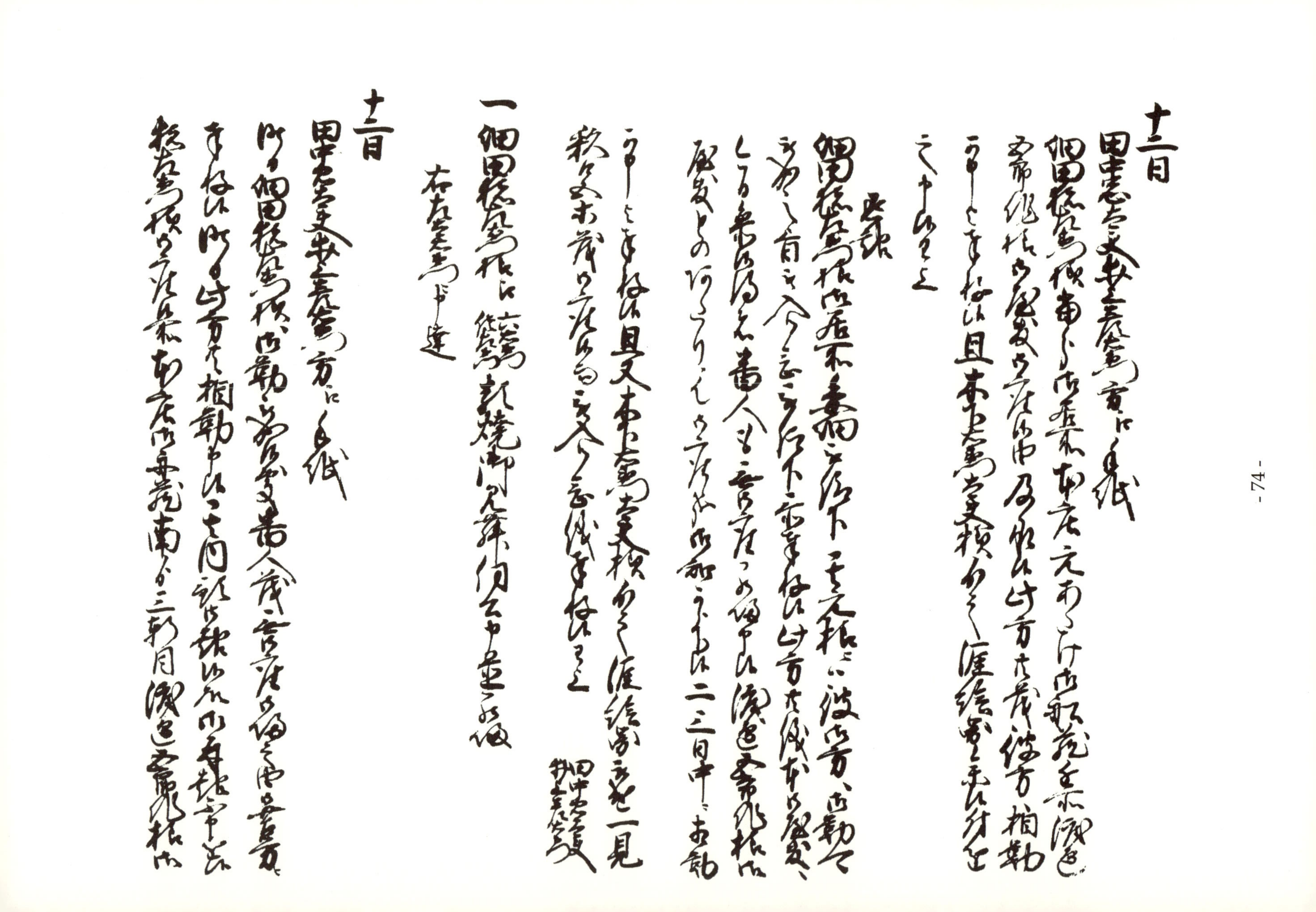

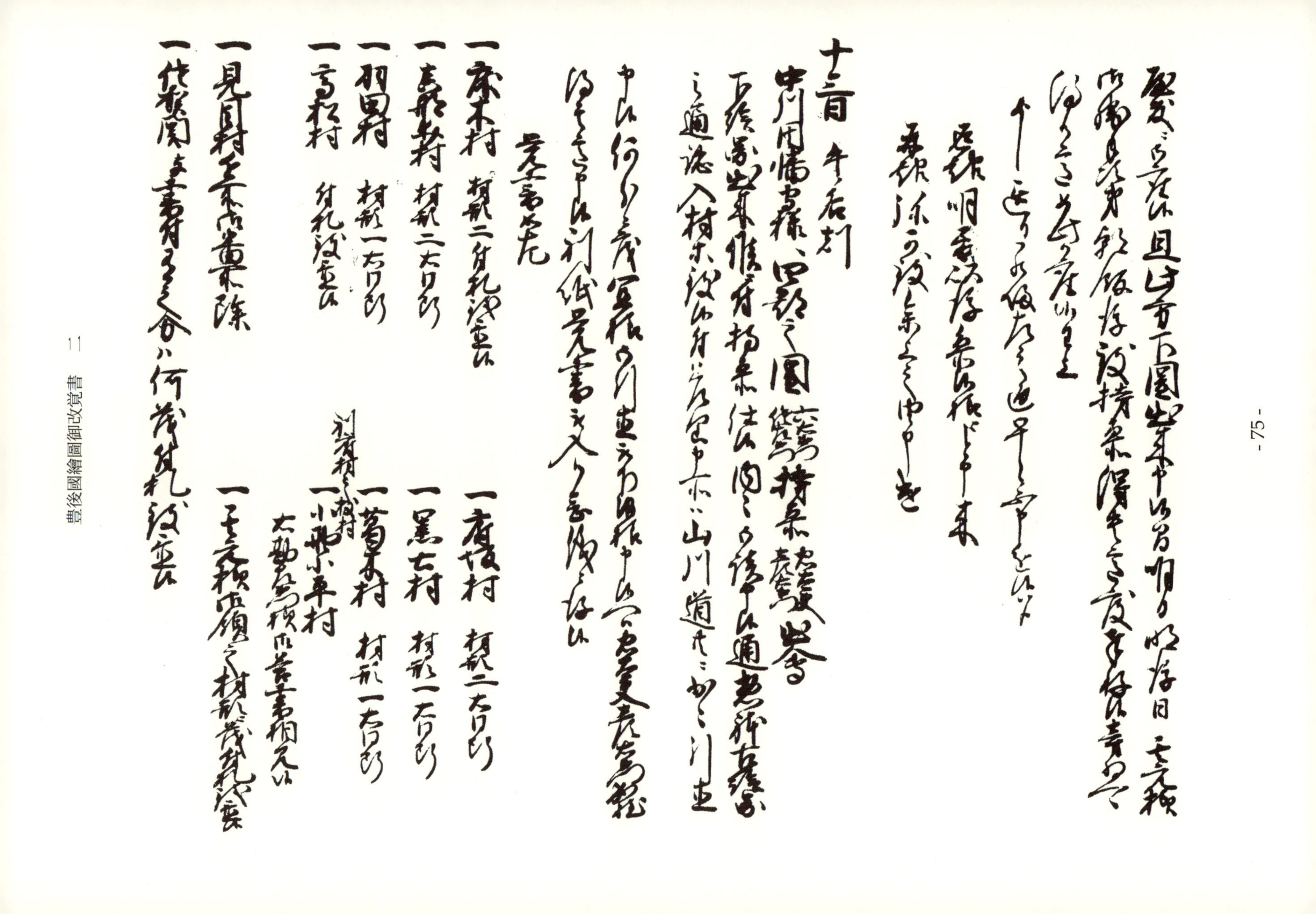

一 [illegible]

一 [illegible]

一 [illegible]村　村札[illegible]

一 [illegible]村　村札一ヶ所[illegible]

一 [illegible]村　村札二ヶ所[illegible]

一 [illegible]村　村札二ヶ所[illegible]

一 [illegible]

一 [illegible]村

一 [illegible]村　村札一ヶ所[illegible]

一 [illegible]村　村札一ヶ所[illegible]

一 [illegible]村　村札二ヶ所[illegible]

[illegible]

[illegible]

一大尾村之内龍ヶ鼻村と書付有之候龍ヶ鼻山と申候
一角ヶ谷村　末山後出雲守殿役付札無之候
一小峰村　高村有之所ニ山論之村数ニ而役付札無之候
一仁王村之内　八坂村之内　大神宮村　住河内村
南畑村之内
　右六村除村ニ文字村村数不仕右後寄ニ有之村者ニ而茂
　付札無之候
一辻間村　村数二付札役無之候
一上関村　村数一　[illegible]
一金谷村
　是ハ一村ニ而茂有之候へ共村数不仕役付札無之候
一松葉町　府内町　円通寺町　笠新町
　末郷後出雲守村役付札無之候
一加茂村之内東邑春屋山村三ケ村ニ市村八町と有之候
　井市村今度加茂村と加茂村ハ加茂村八町と申候
一鬼丸村　村数一付札役無之候　一天乃せん川　番匠川と申候
一近成町　市坂村　日野村　小中村
　右四村々ニ而帰依不見候之村数不存右後寄ニ茂有之
　村数ニ不付札役無之候
一古城村之西北寄木除
一彦根村　村数一付札役無之候　一宇賀浦村之内木郷不存
　付札役無之候
一油田木村　村数一　[illegible]

一　志手村之内与有之候所ニ川合之村ニ書之候得者致承知候
一　松平志摩守様御領新田村ハ未定不申候村ハ不書載致承知候
一　郡切高付之儀写之通致承知候
一　御城所并船浦所之儀写之通致承知候
一　村方掛ヶ之有之古高并数写之儀間余ハ致承知候
豊後国之内ハ御絵図并一統之仕形写書院ニ通リ候様申付村方之
申候ハ、去ル丑年之度ニ而御座候而中ニ而違る通候様ニ申付
其趣絵図役之儀委細ニ相記申ニ付、御用候様ニ候
上候處ニ御代官所ニ而壱冊之川並申候一冊宛絵図様
遅延仕候申候、然ル所御絵図面出来之節
御役人ニ相渡候ニ而来ニ而御絵図面を相用候様ニ用ひ可申候
之候ハ、右之通相成候ハ、村方ニ而も之儀絵図面写相添候
右様ニ候ハ、絵図面御渡ニ相成候ハ、右之通ニ而村方出来申候
不ニ而候　一村之義ニ而御絵図面相渡申出
一　小泉新田之儀者、先年之大庄屋川合新田之儀申候哉　同様之儀
申渡候儀、村方役人并ニ江戸表ニ而役所々知候様ニ申候
御役所ニ而村方ニ申付、右之趣ニ而委細相知候様ニ被成候
御役所ニ而絵図面　後藤守御方へ差上申候
一　大庄屋宅申候ハ三保山之儀ニ付村不申出、不容候得共、毛利
駿河守様御領分枝村高付之外組分ニ有之候所不申出候ハ、帯刀
仕候而事之儀ニ候、明白ニ　大和守様御役人　何方ニ仕役人

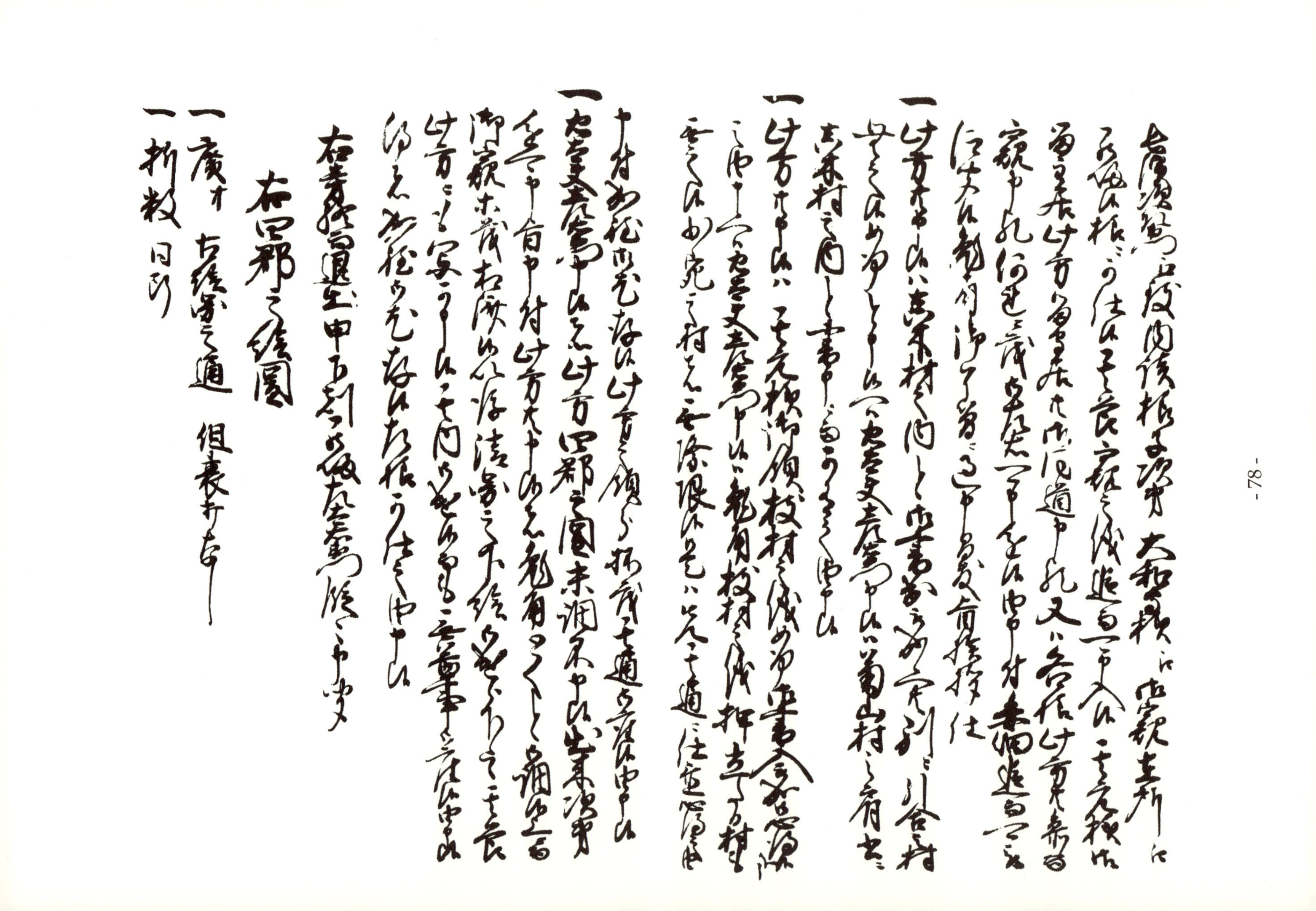

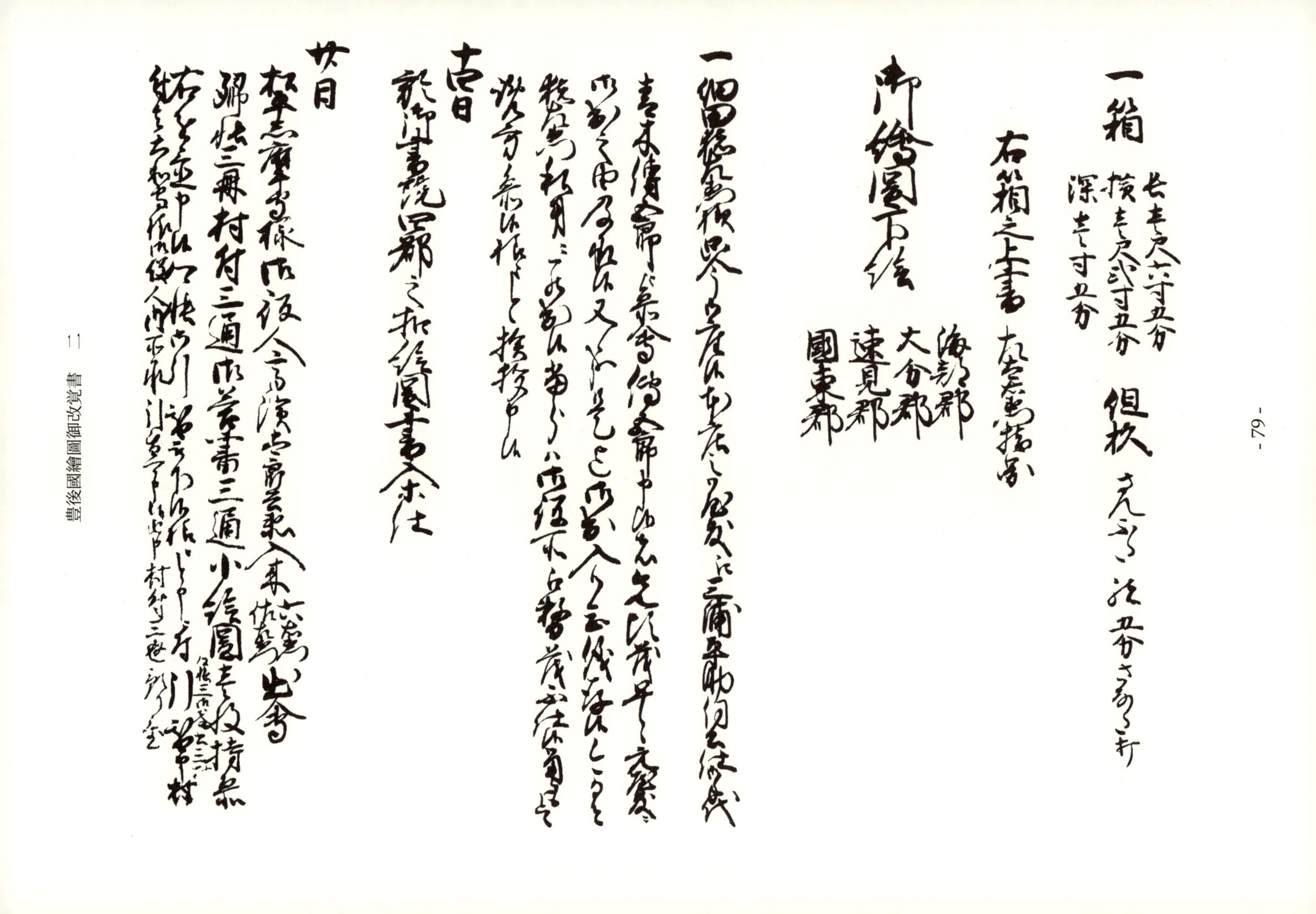

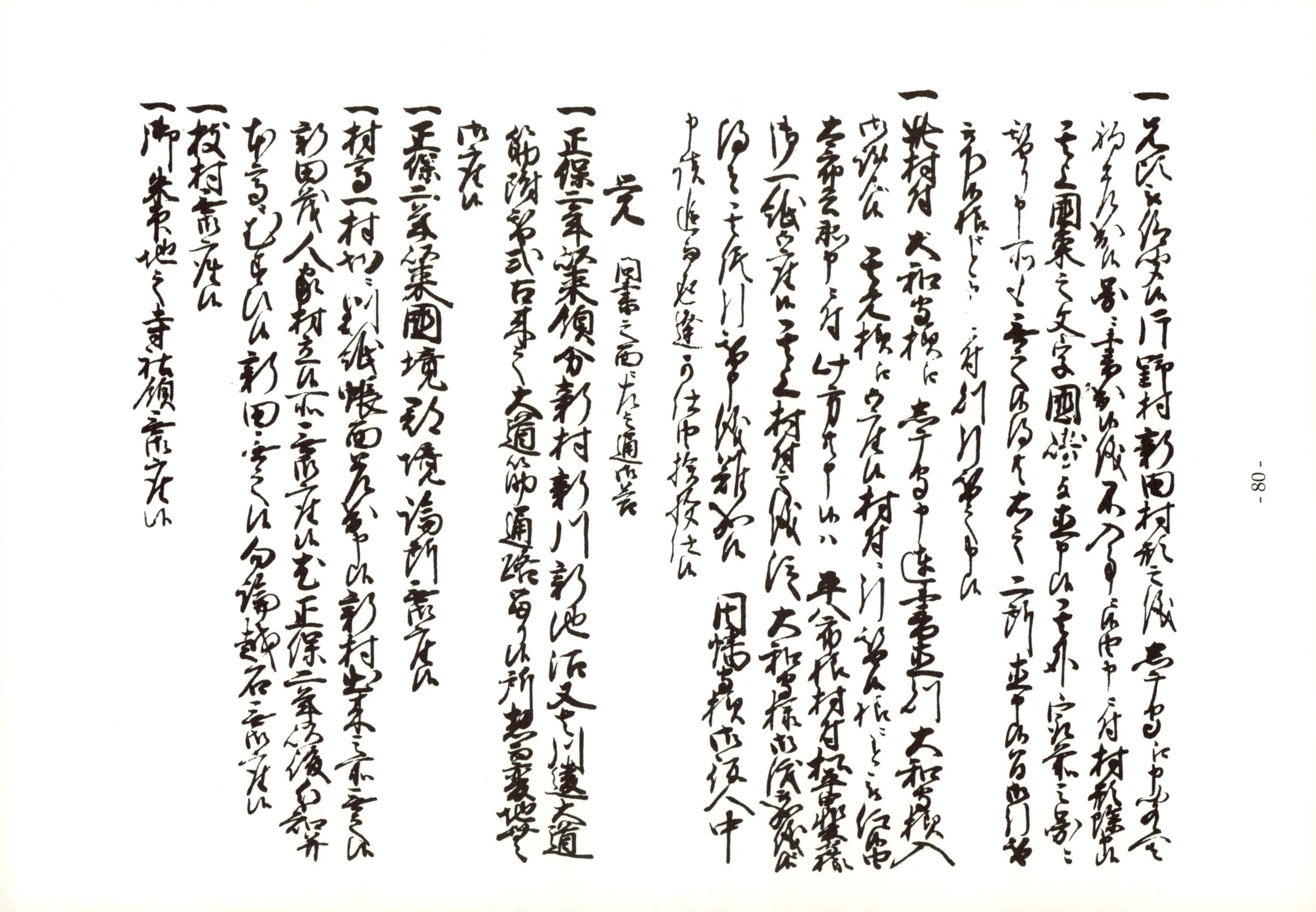

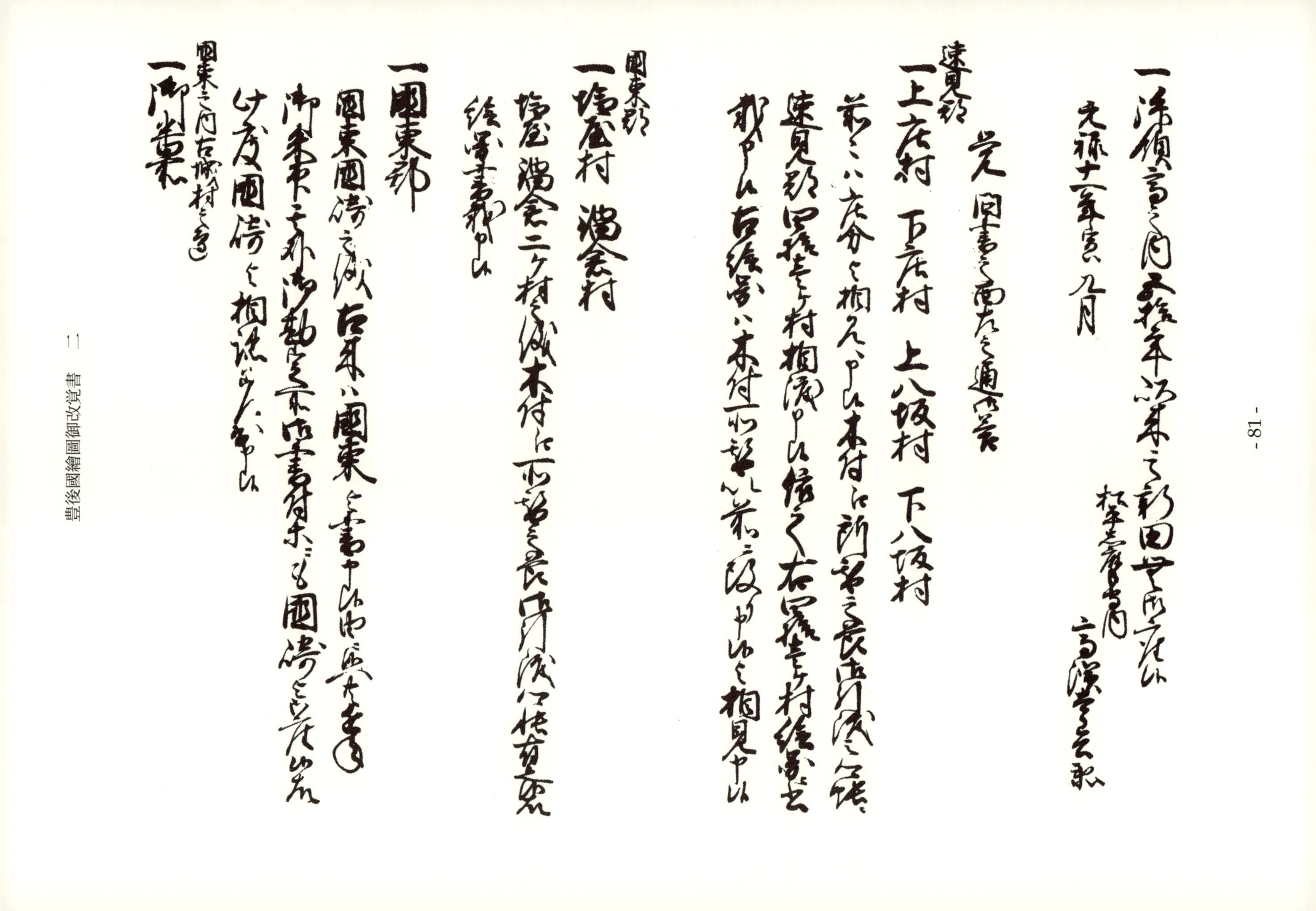

一 [illegible]
[illegible]
[illegible]
[illegible]
[illegible]

一 国東郡中
[illegible]
[illegible]

一 [illegible]村 [illegible]村
[illegible]
[illegible]

速見郡
一 上[illegible]村 下[illegible]村 上[illegible]村 下[illegible]村
[illegible]
[illegible]
[illegible]

[illegible]

一 [illegible]
[illegible]

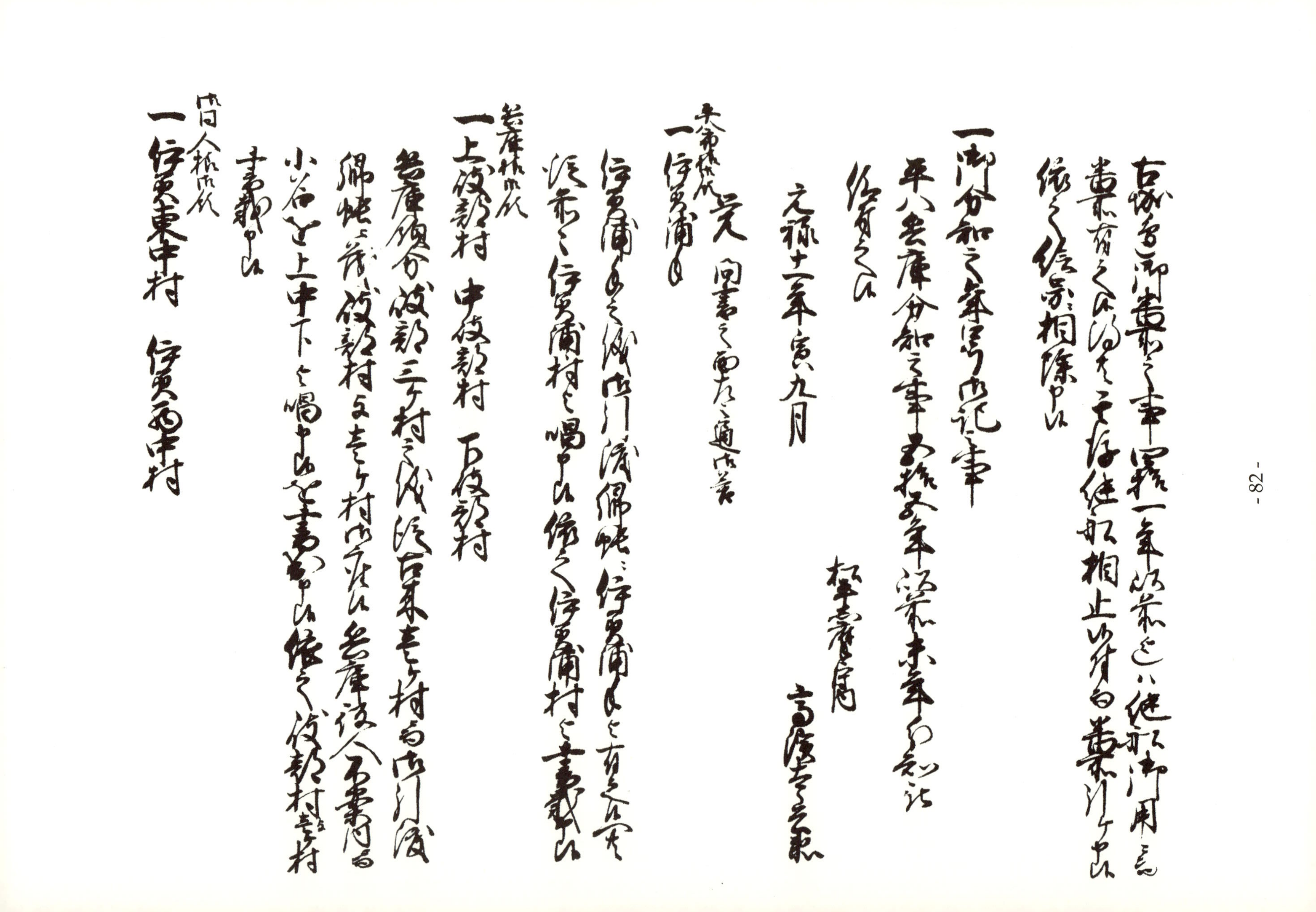

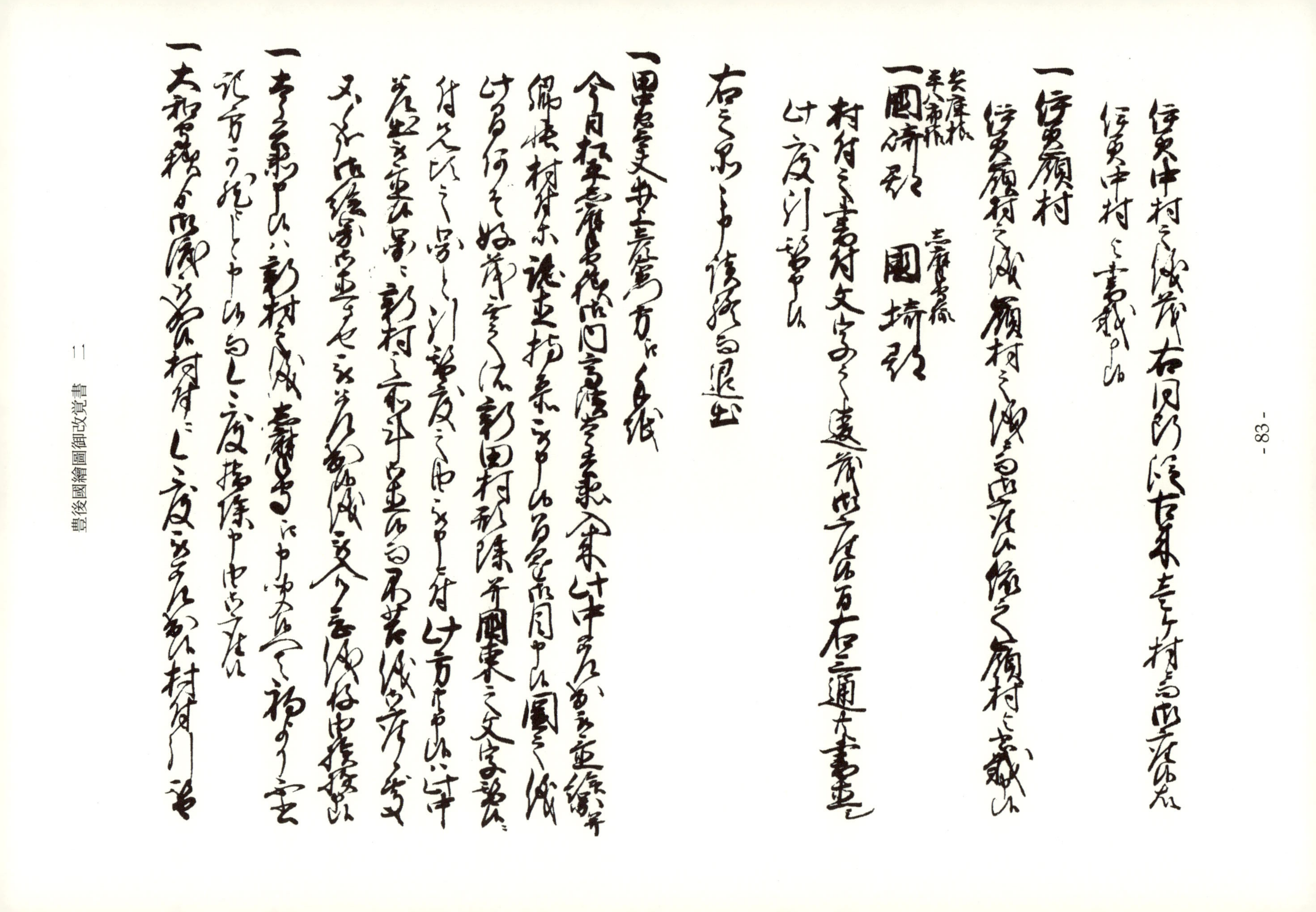

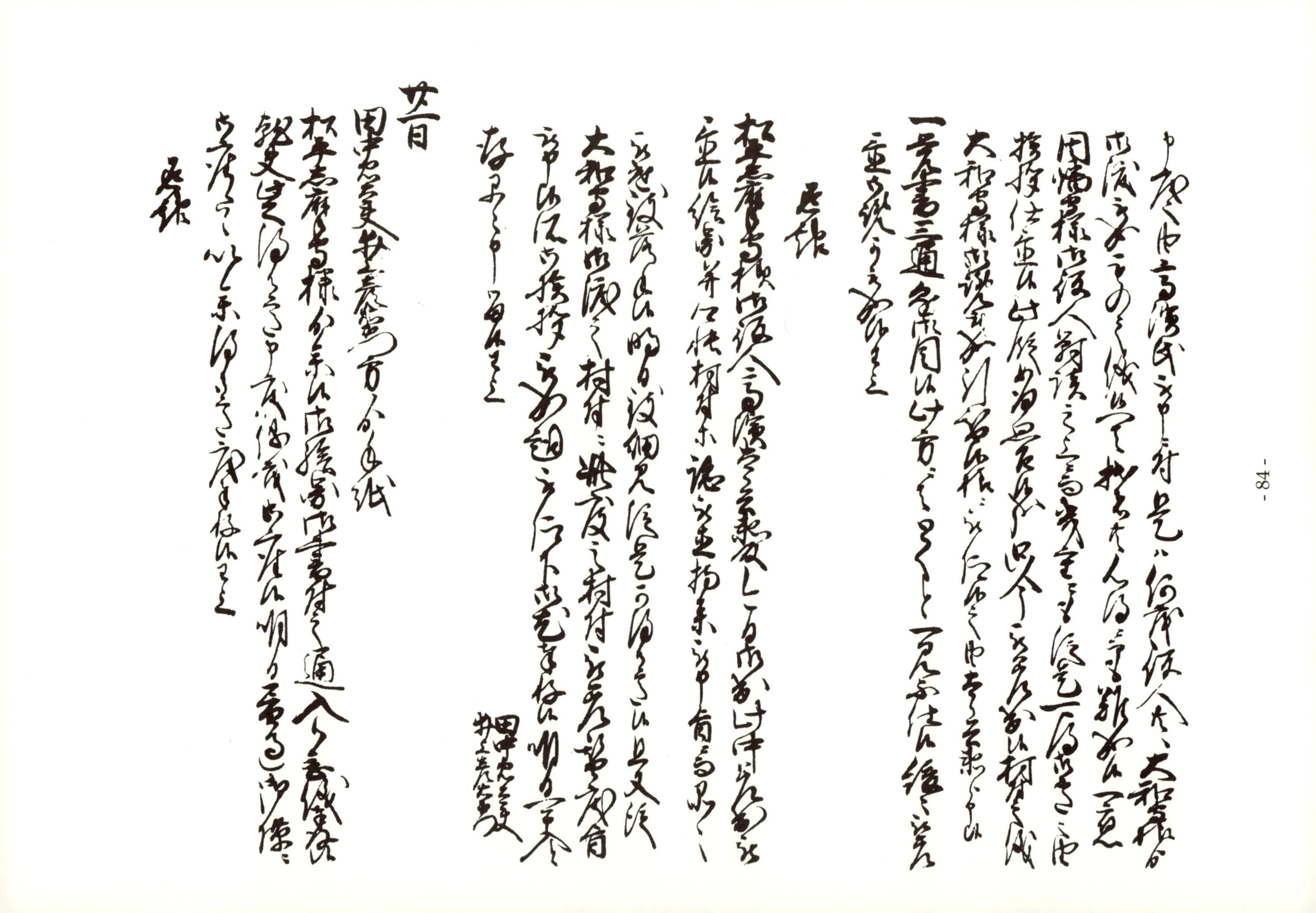

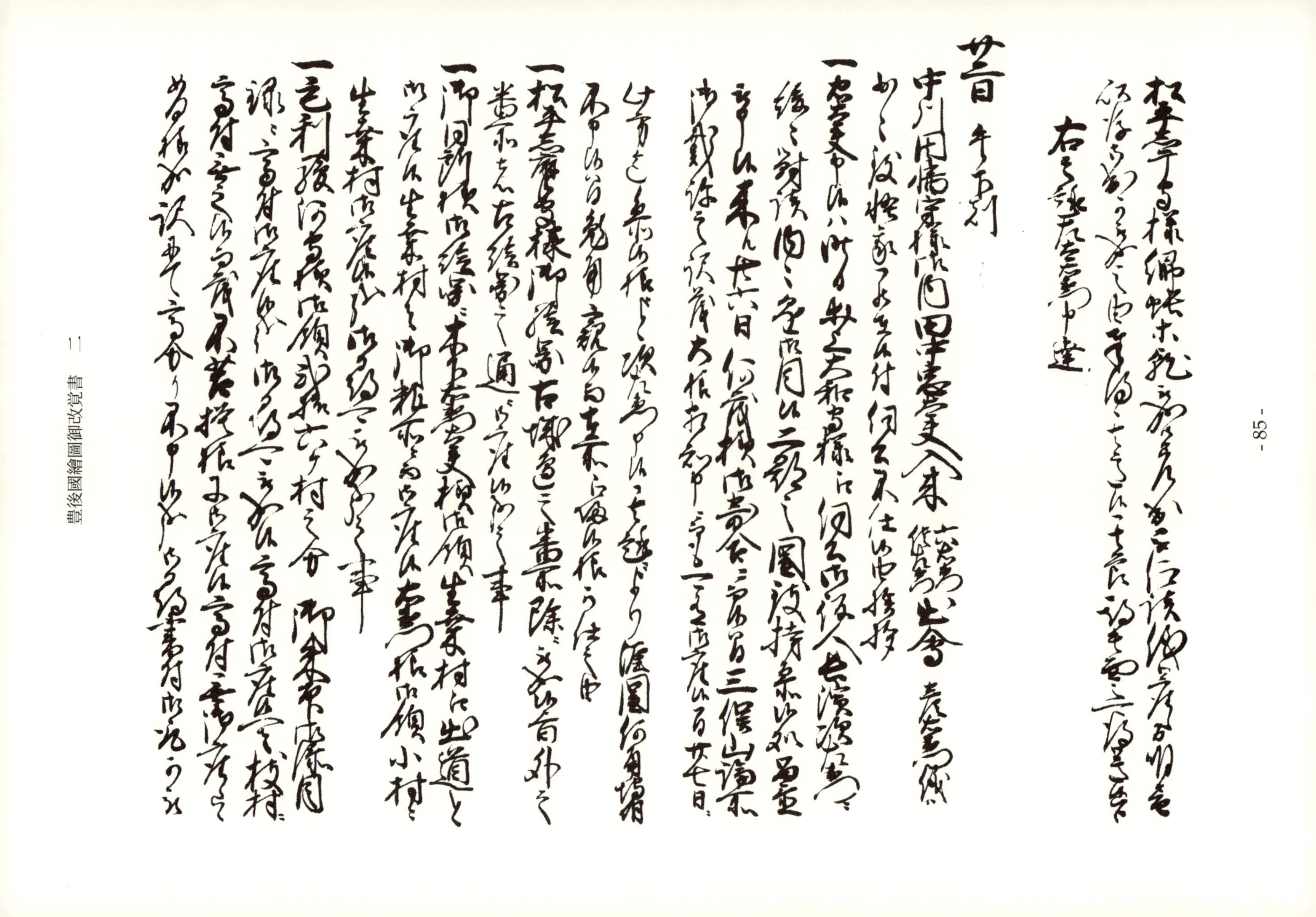

紙袋之事

一斗姓之戦古絵図之通ニ候得共此節ハ何様ニも是又被仰付候

中ニハ此所ニ志有之人へも有之候ハヽ図ニ相見申候ニ付海之方ハ

毛利殿御領ニも有之候ハヽ此方御領之内ニ而一ヶ所も可有之候

是又御相談可被成候事

一水の手之儀ハ戦陣之図絵家ニ書記申候而一ヶ所有之

大ニ修学寺方ニ而仕立絵之形ニ而申渡候ハヽとかく

御見合可被成候事

一越中守様海部郡之内海辺之内ニ而も被成候絵図ニ

有之候ハヽ此方ニ而書写候ても可然候得ハ申候而差越候

不申候ハヽ如何様ニ被成候ハヽ此方写遣シ可申候

右之趣可被仰付候事

右之通先達而書付持参候此方より申候ハヽ斗姓之

御方日向之内を先達而被成候ハヽ此方ハ佐土原家ニも

相尋申候而可然旨申候ニ付及御相談候ニ付此段御申入候

御心得可被成候ハヽ乍少志有之人之戦陣之絵図被成

候ハヽ御方ニ斗姓之戦陣之書付ニ而被成一通之

可被成候ハヽ此方之儀ニ候間御申達可被下候

一毛利殿御領分御持之新村絵図御借シ被成度

申上候ハ何分之御事ニ候間宜敷御申可被下候

右者先日一汁之馳走仕候処御出被下忝存候

廿三日
田中九大夫殿
此方より遣之紙面令承知候、然者此度
毛利殿御領分絵図之儀、少絵図ニ古絵図之
川筋之儀御尋之儀、御改候中ニ、諸方之海
川等之分も御座候ハ、古絵図ニ而御極被成
中ニ紙面之図ニ村形付候得ハ

以上

此方より御紙面之趣得其意候、毛利殿御絵図
為御下被成候由、紙面之通得其意候

田中九大夫

九月廿八日
田中志摩守殿　松平志摩守様御預り所之郡
村形三通之内一通、大和守様より御預り所之郡
郡絵図之儀、右御絵図ニ付

以上

明日大和守様御預り所松平志摩守様へ被仰遣候
三通御渡候

一松平大和守様御領分長崎之絵図ニ付
中達候処明後日会所ニ而大和守へ御届

御請

御用之儀ニ付去ル卯年九月廿日迄之時ゟ申上候処、大和守様為
御意之上下山岸織部ゟ書状取次候

長崎志摩
言上候

一 御用人様御用掛林信之丞方ゟ之書状
御用之儀ニ付去ル卯年九月廿七日大和守様為
御意長崎源蔵を以御渡被下候先達而相届申候通大和守様ゟ
病気ニ付蔵元先達而申遣候私共ゟ代御渡(?)相渡申候
御用之儀ニ付右之仕合長崎源蔵を以申上候処

長崎源蔵
言上候

返報
書状致拝見候、然ハ御用之儀ニ付去ル卯年九月廿七日大和守様為
御意長崎源蔵を以被仰渡候
私共ゟ先達而申遣候私共ゟ相渡申候
[illegible]
兼而相達置候仕合ニ候
早々申達候

林信之丞

一 右之書状之趣
御用之儀ニ付去ル卯年九月廿七日
以大和守様為御意長崎源蔵を以被仰渡候
御用之儀ニ付[illegible]之書状[illegible]

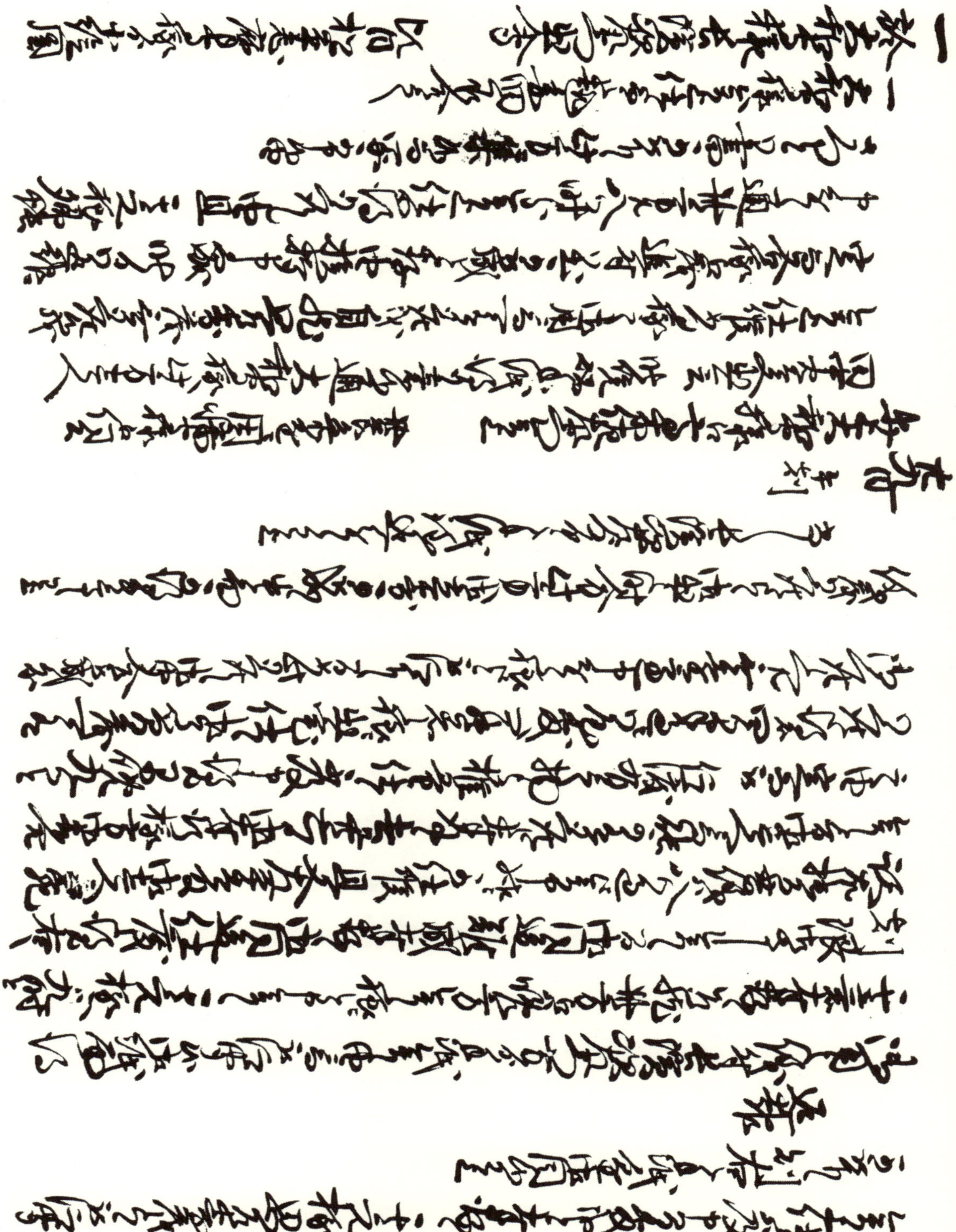

村方御吟味之上役人中迄御召出し之上ニ而大村ゟ仕候處
去ル七小絵図ニ而先年ニ而被成候所御座候
国之内新田村北之方北記之内ニ而此御世話人ニ被仰付候ニ付去ル
七ヶ絵図役人ニ而差出候様ニ付小絵図并ニ帳面村々ニ而掛り
村小絵図ニ而右帳面者村方ニ而御渡之上大和守様御仕置候ニ付
出役之御役所ニ而中川周備守様御役人中之御対談ニ而御差遣
難ニ付松平又二郎様御掛り松平中務様御出役之御支配所ニ而
一体ニ成候ニ付差出申候川西御出役之上御尋ニ而
迷ニ相成候処右ニ付差上候ニ付中川周備守様御役人中右之
趣ニ而御支配向申付左右分候迄相定候ニ付
一 今日者周備守様御役人衆中ニ而右村方川西ニ而
中川分役ヘ御渡ニ御座候
一 右之段ニ而御召出相成御差出ニ付候ニ付先代ニ而御座候而
村方大和守様出役ニ相成候ニ付同所ニ而有之候
中ニ而右之段被仰聞候ニ付御差図ニ而
御差出シ被成候ニ付右村方御願
不行届ニ付御役所ニ而御尋
周備守様御役人中御出役ニ付右之段ニ而
御書付大和守様ゟ之御差図ニ而
御請申上候ニ付右通リ之仕候
右之段ニ而御達申上候

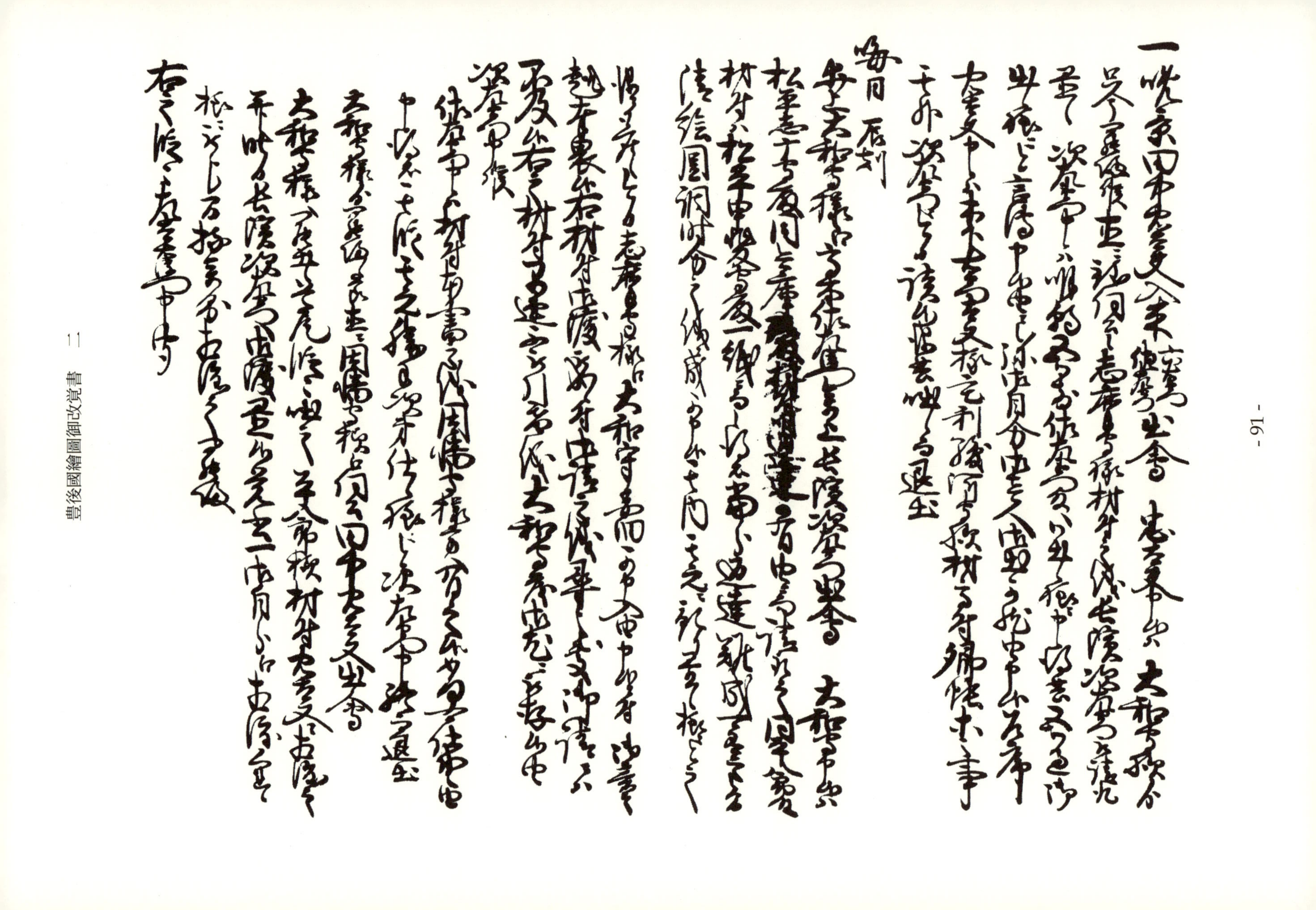

一松平志摩守様御用之儀ニ付罷出候 御出足前日
之事故年寄共へ御目見ニ付、村井内蔵助へ申達候処
御帰之節ニ而可然旨、御用懸へも申達、御目見ニ付
右之通為御知之由申来候事
返事
村井内蔵助方より御帰之節御目見之儀申来候ニ付、[illegible]
[illegible]之事

十八日
田中大学義今日出候 此方御通ニ付、寺中[illegible]
今度大坂表ニ而[illegible]
[illegible]
[illegible]
[illegible]
[illegible]

一 [illegible]
此方[illegible] 御通ニ付、村井志摩守[illegible]役人
[illegible]
[illegible]
遠之仕候、[illegible] 村井中川[illegible]役人[illegible]
中達[illegible]

二日
毛利[illegible]役人[illegible] [illegible]

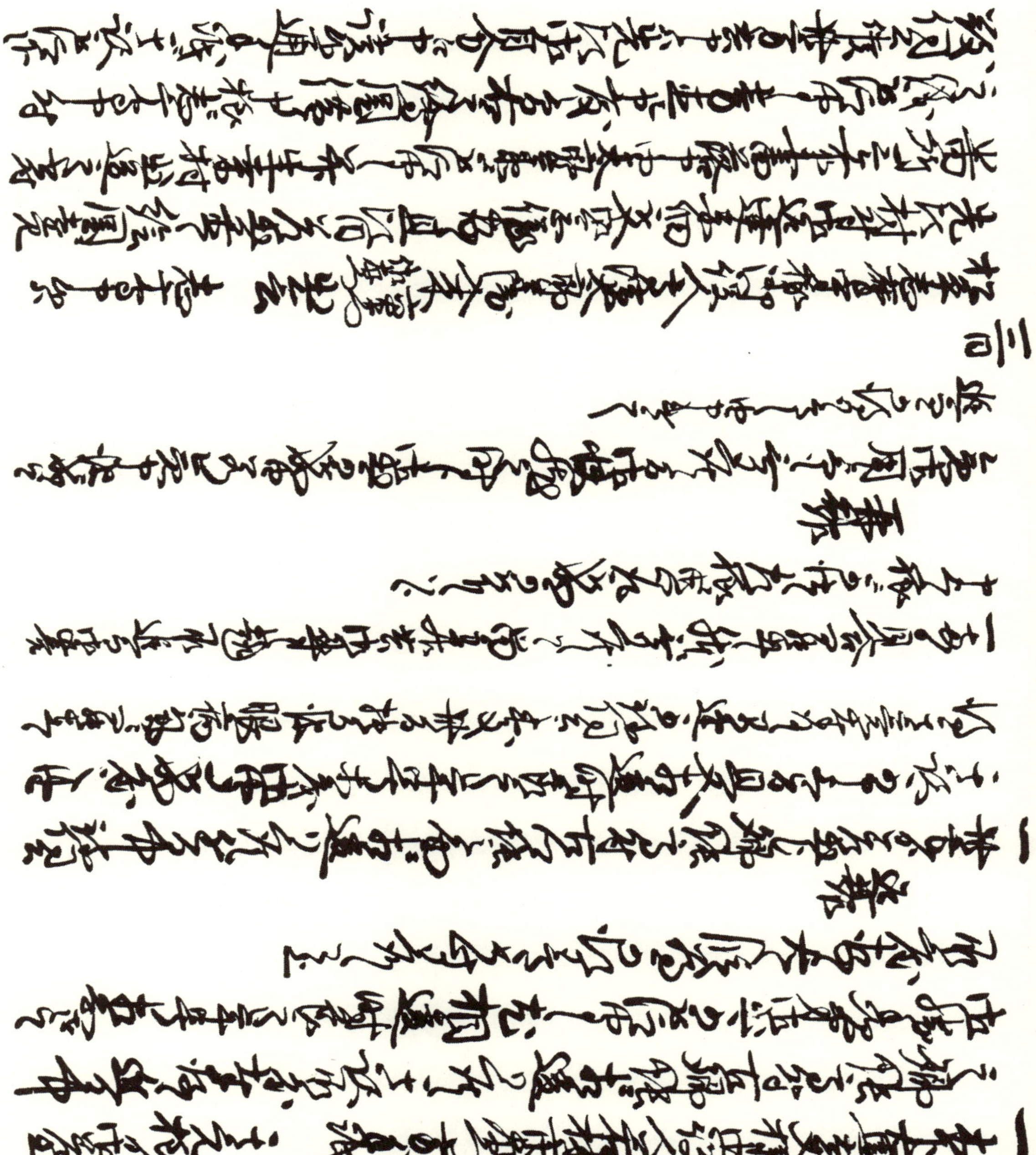

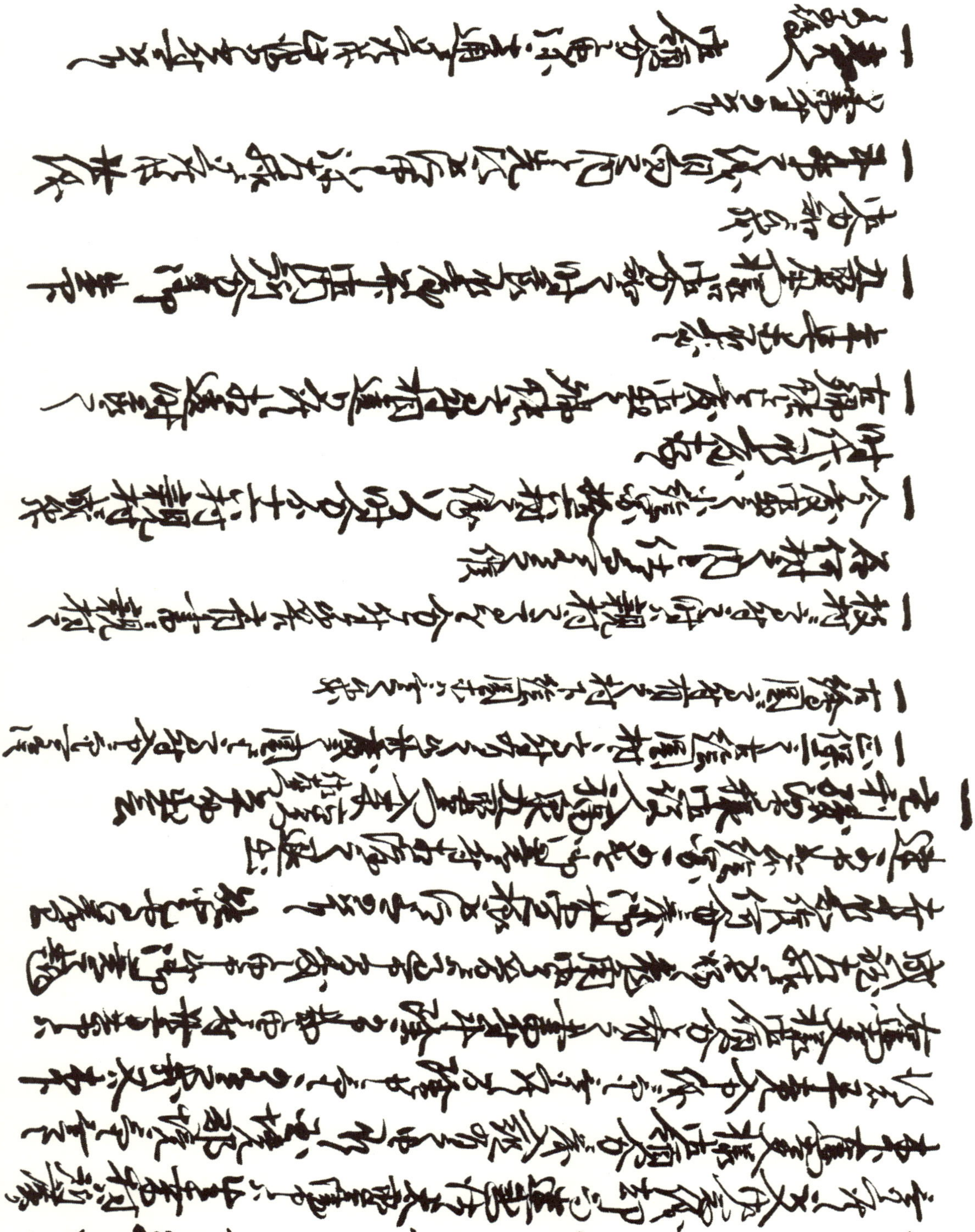

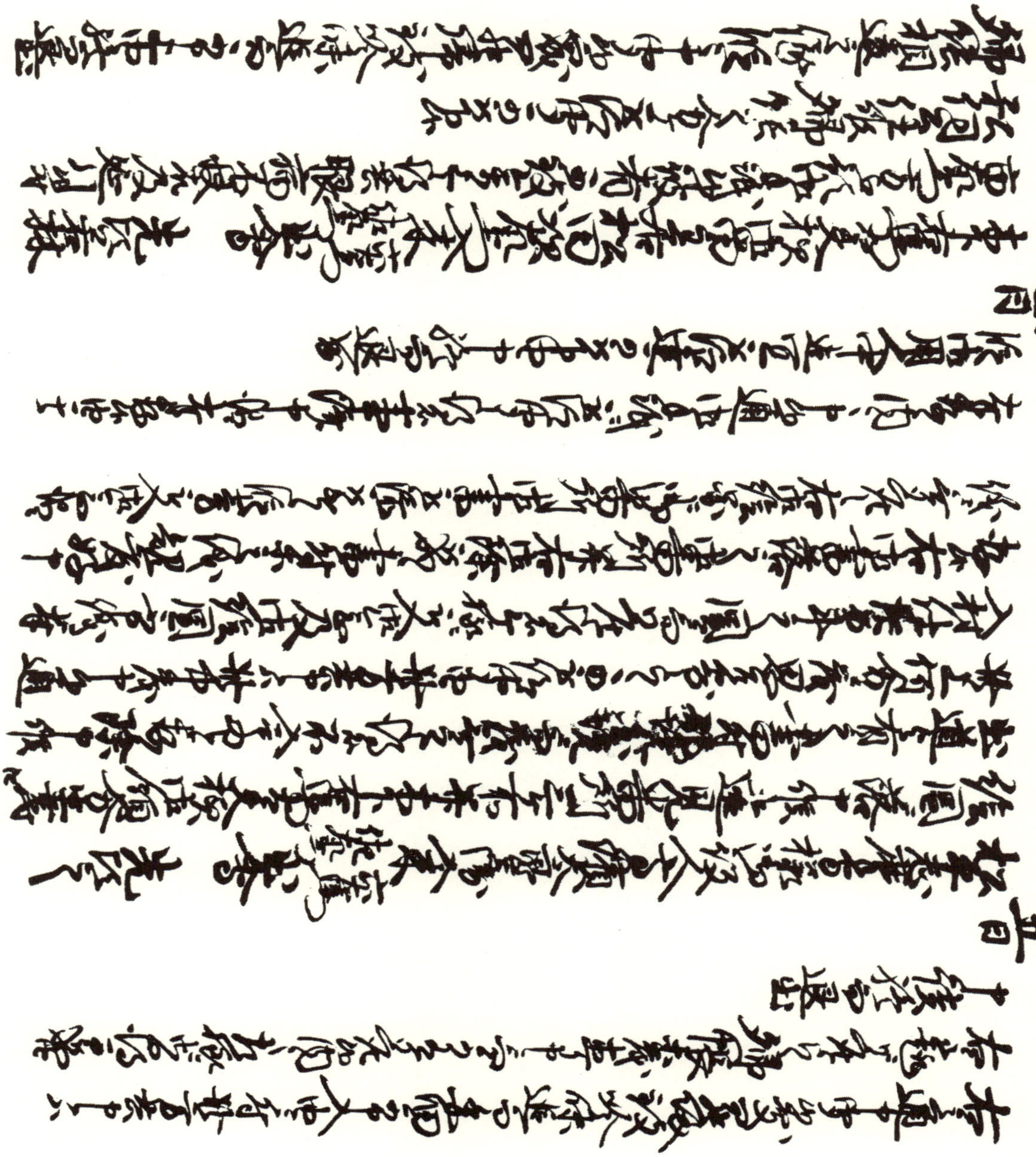

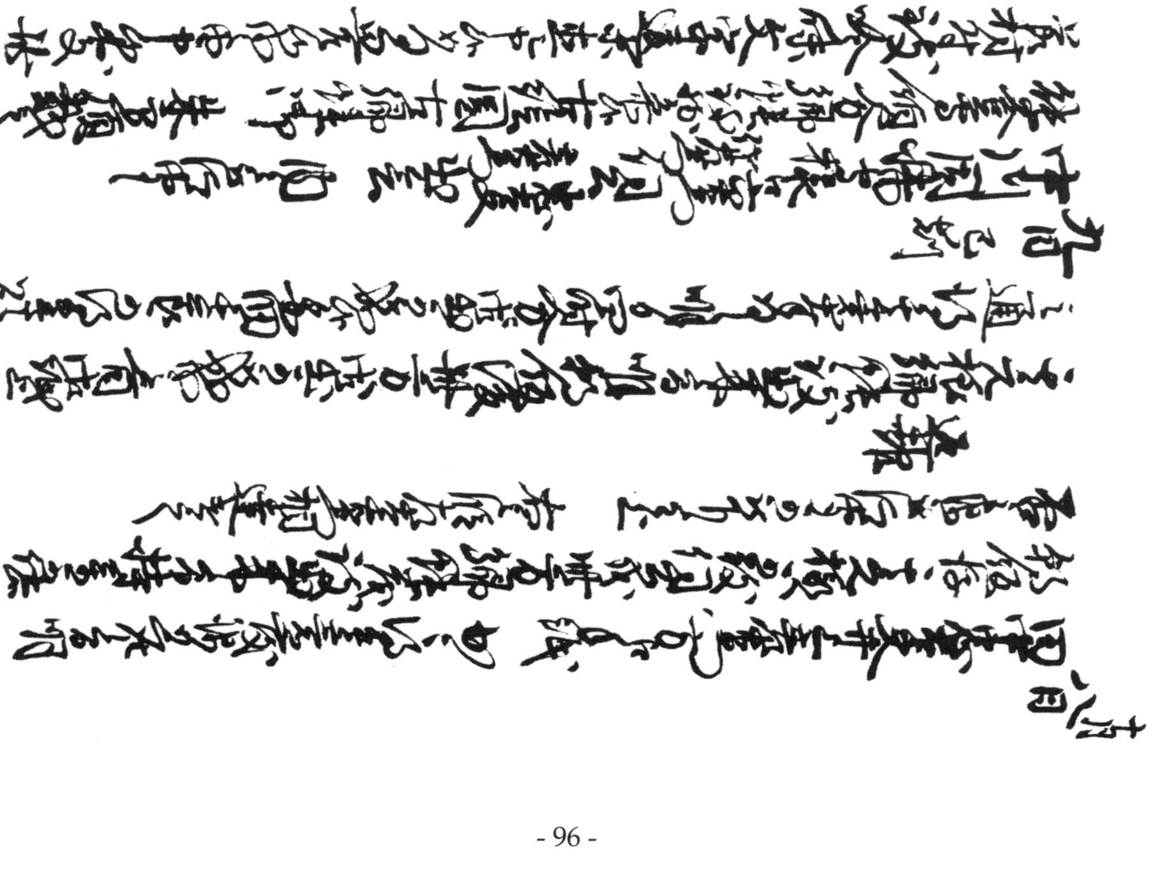

御絵図と違候村付之覚
文字違之分

一 垣河内村　古郷帳ニ垣河内村と有之
一 桑野村　古絵図
古郷帳　相野村と有之
一 細口村　古郷帳ニ細口村と有之
一 谷糸村　古絵図
古郷帳　谷ヶ糸村と有之
一 長目浦村　古絵図
古郷帳　長目村と有之
一 鋸浦村　古絵図
古郷帳　鋸浦と有之
一 徳浦村　古絵図
古郷帳　徳浦と有之
一 松嶽村　古郷帳　松ヶ嶽村と有之
一 葛河内村　古郷帳　葛河内村と有之
一 安村　古郷帳　安生村と有之
一 芝尾村　古絵図
古郷帳　柴尾村と有之
一 大津留村　古絵図
古郷帳　大津留村と有之
一 鬼瀬村　古絵図
古郷帳　鬼ヶ瀬村と有之

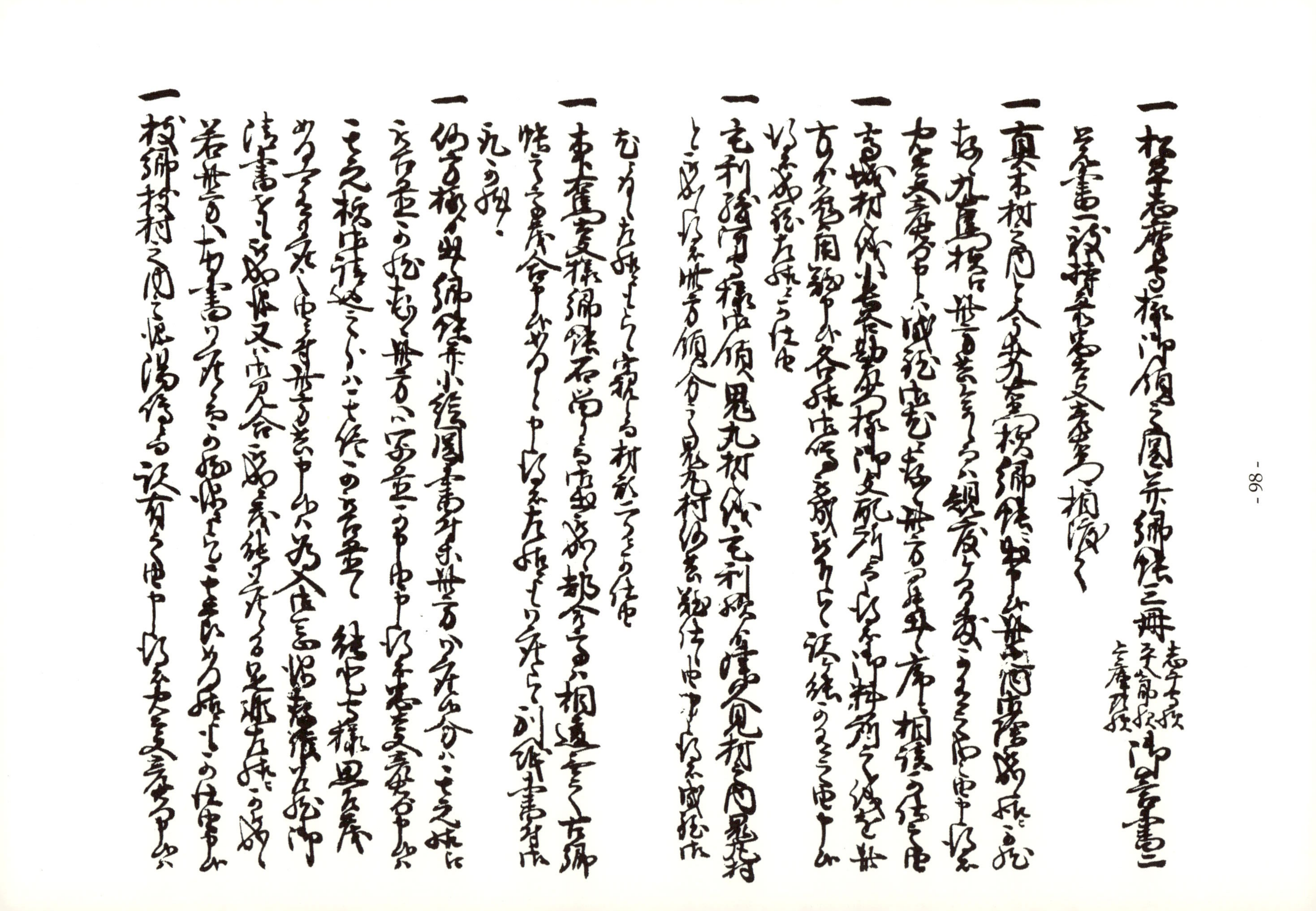

廿七日ニ而両分り并ニ大和守様御役人中申合ハ之間ニ而ニ
被申ニ付、湯原平左衛門と相談之所ニ申
一 分郷書付写渡し候ニ付　書付覚
覚
雑
雑分郷
一 高何拾

豊後国何郡
何村
雑名
雑

年号月日
田中忠左衛門
井上平兵衛
岩田平兵衛
手島作左衛門

一 註文ハ上手ニ右之通ニ御認させ候ニ付、右之文言ニ付申候
廿五日ニ相済申候、井上平右衛門殿より御書付ニ而絵図
二十三日ニ御書付ニ而御請仕申候
一 国絵図仕立出来廿五日二渡候
一 玉縄郡之小絵図相渡候ニ付御請仕申候
一 細川越中守様御役人衆 近所之儀ニ付 申来候
絵図之儀御改ニ付 御役人衆迄申入候 申候
右之儀御書付之通ニ申候
一 大分郡之三郡ニ而ハ御領分境目之儀ニ付 近所之絵図
国絵図之儀ハ絵図之所ニ付申候

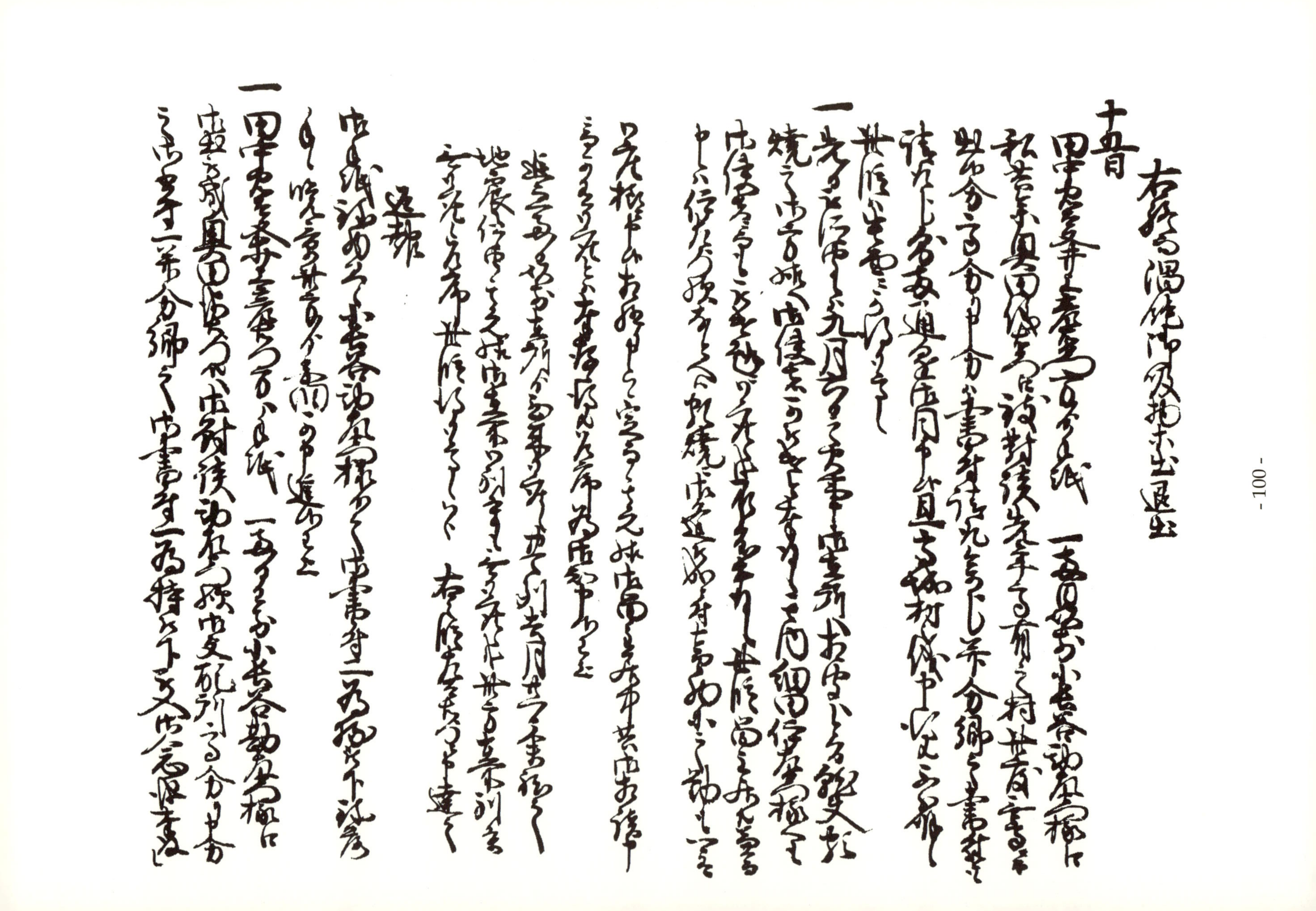

右村々温泉御改相済退出

十五日

田中方并上座江罷出候処　一昨日[illegible]小谷[illegible]御座候様ニ
私共[illegible]奥田[illegible]被封[illegible]手[illegible]村[illegible]
[illegible]
[illegible]
[illegible]

一　[illegible]九月[illegible]
[illegible]
[illegible]
[illegible]
[illegible]
[illegible]
[illegible]
[illegible]
[illegible]

返報

[illegible]
一　田中[illegible]奥田[illegible]
[illegible]

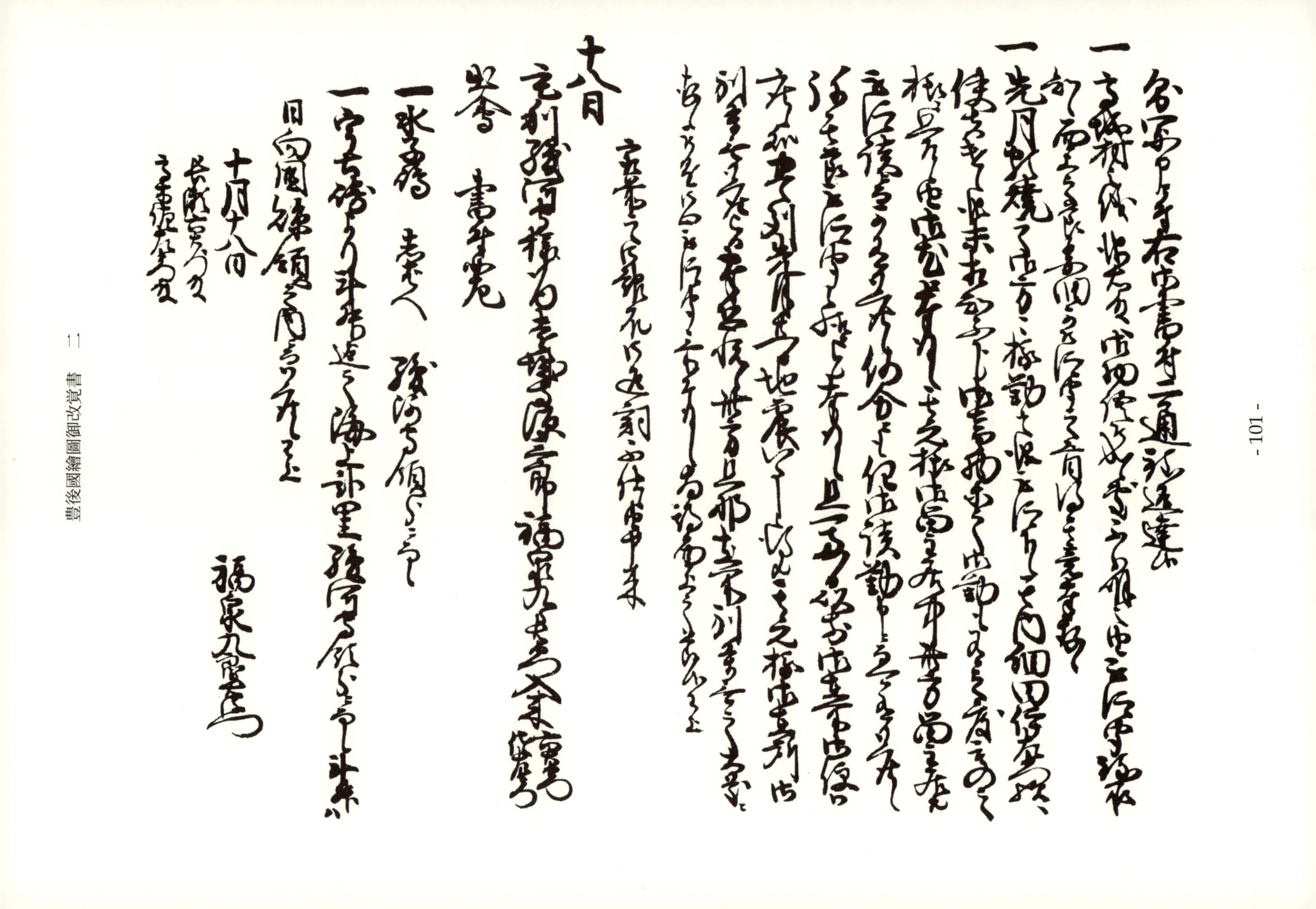

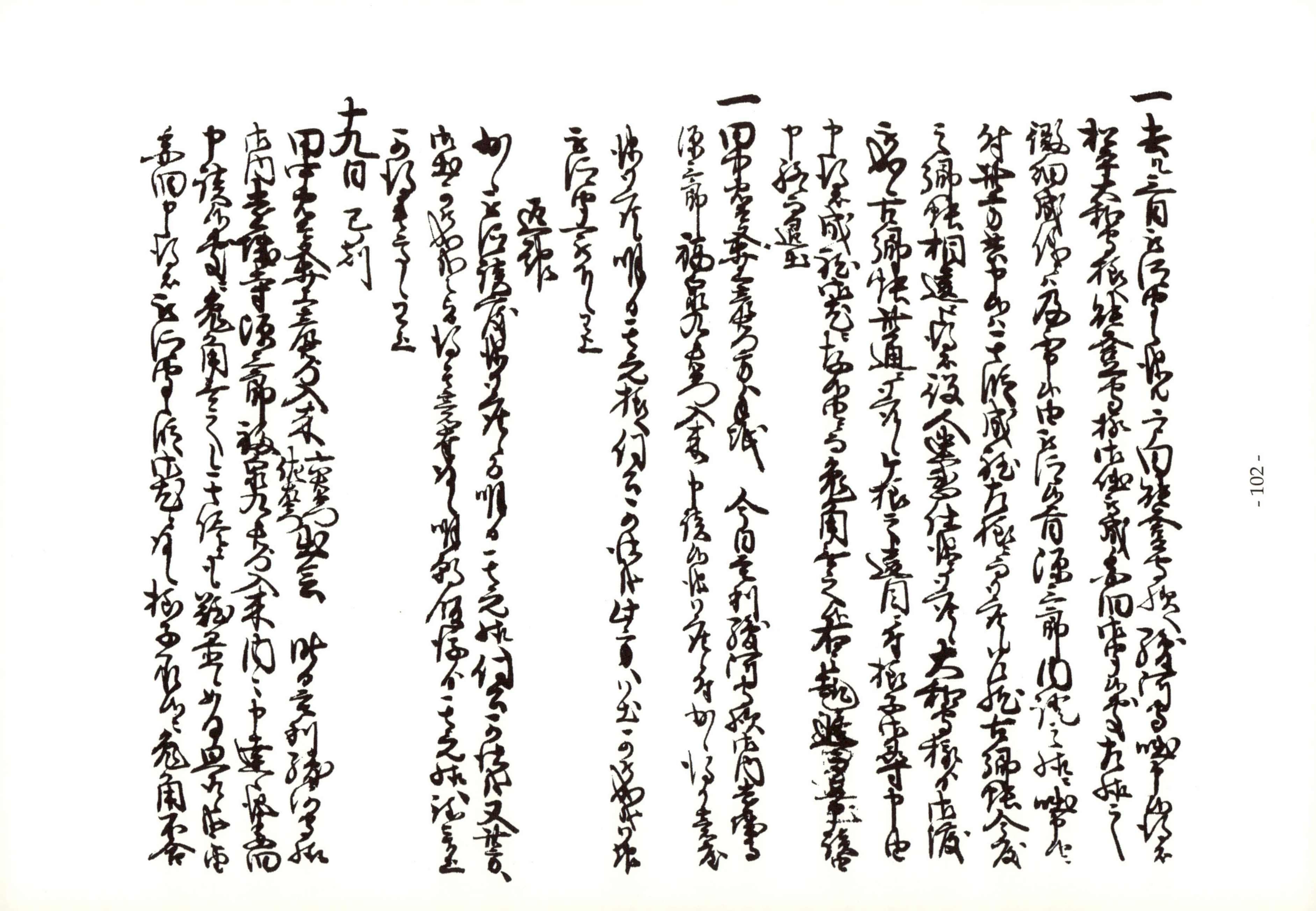

一去ル二日江戸申上候、二日被参候様ニ被仰候、隙[illegible]御目見[illegible]
松平大和守殿[illegible]御用[illegible]
細川越中守殿[illegible]江戸[illegible]
[illegible]
[illegible]
[illegible]
[illegible]
中[illegible]
中御返[illegible]
一[illegible]　今日[illegible]
[illegible]
[illegible]
[illegible]
[illegible]
[illegible]
[illegible]
九日　乙[illegible]
[illegible]
[illegible]
[illegible]
[illegible]

急ニ而有之よし夫より先ニより出来合[illegible]茲ニ[illegible]候
今度之御絵図之通[illegible]書付[illegible]之事
添申上候[illegible]
一 水呑子 壱人 [illegible]書付[illegible]
[illegible]
　右[illegible]出候

廿日

東寺迄支配役衆[illegible]　先日[illegible]
[illegible]
[illegible]
[illegible]

[illegible]

[illegible]
[illegible]

廿八日

細田[illegible]
[illegible]

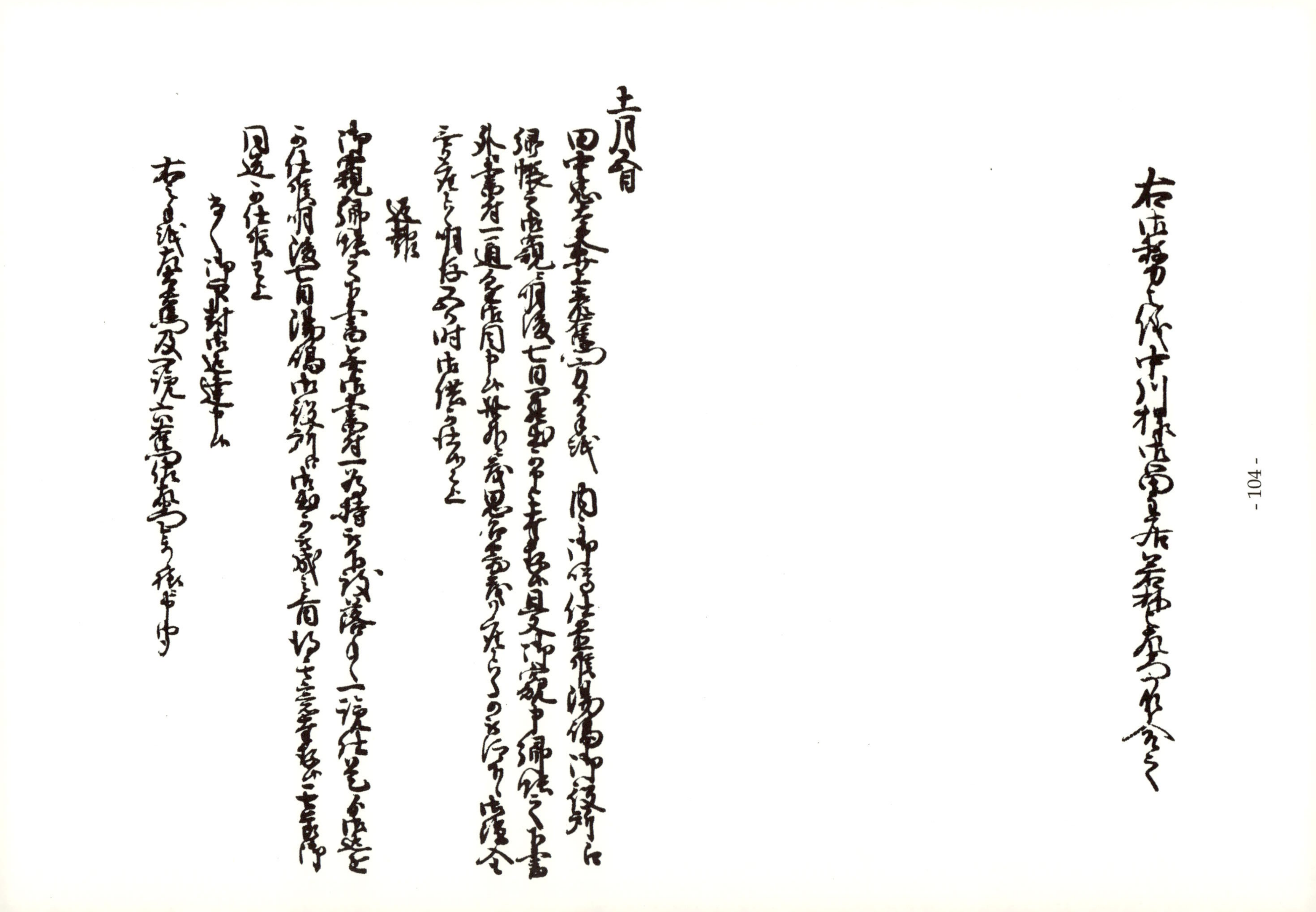

ニ而達有之候付、抱護并縄帳ニ依、[illegible]
[illegible]
一 細川越中守様御役人（[illegible]）古[illegible] 内ニ而[illegible]角[illegible]村居
以て小絵図ヲ以差上ル

[illegible]

角[illegible]村居[illegible]小絵図[illegible]間[illegible]役人[illegible]
且又[illegible]
[illegible]
[illegible]

[illegible]

角[illegible]村[illegible]小絵図[illegible]
且又[illegible]
絵図[illegible]
進[illegible]
[illegible]

八日

[illegible]

九日
田中忠左衛門・[illegible]へ参候　先比ニ[illegible]御繪圖御書
可被成[illegible]細川越中守殿御役人中ゟ角右衛門殿へ小絵
圖之儀[illegible]為持遣候
一 東市正様[illegible]松田[illegible]御座候時分[illegible]御繪圖成申候[illegible]
[illegible]今度[illegible]御繪圖[illegible]先年[illegible]
[illegible]
[illegible]石河[illegible]同之中ゟ[illegible]相待候て喜兵衛[illegible]
[illegible]
一 松平[illegible]御繪圖[illegible]
[illegible]
[illegible]
[illegible]
[illegible]

十日
田中忠左衛門[illegible]　[illegible]細川越中守様
[illegible]御繪圖[illegible]新納[illegible]
[illegible]細川越中守様[illegible]角右衛門殿[illegible]
[illegible]
一 東市正様[illegible]松田治右衛門殿[illegible]御繪圖[illegible]
[illegible]今日相待候て喜兵衛[illegible]

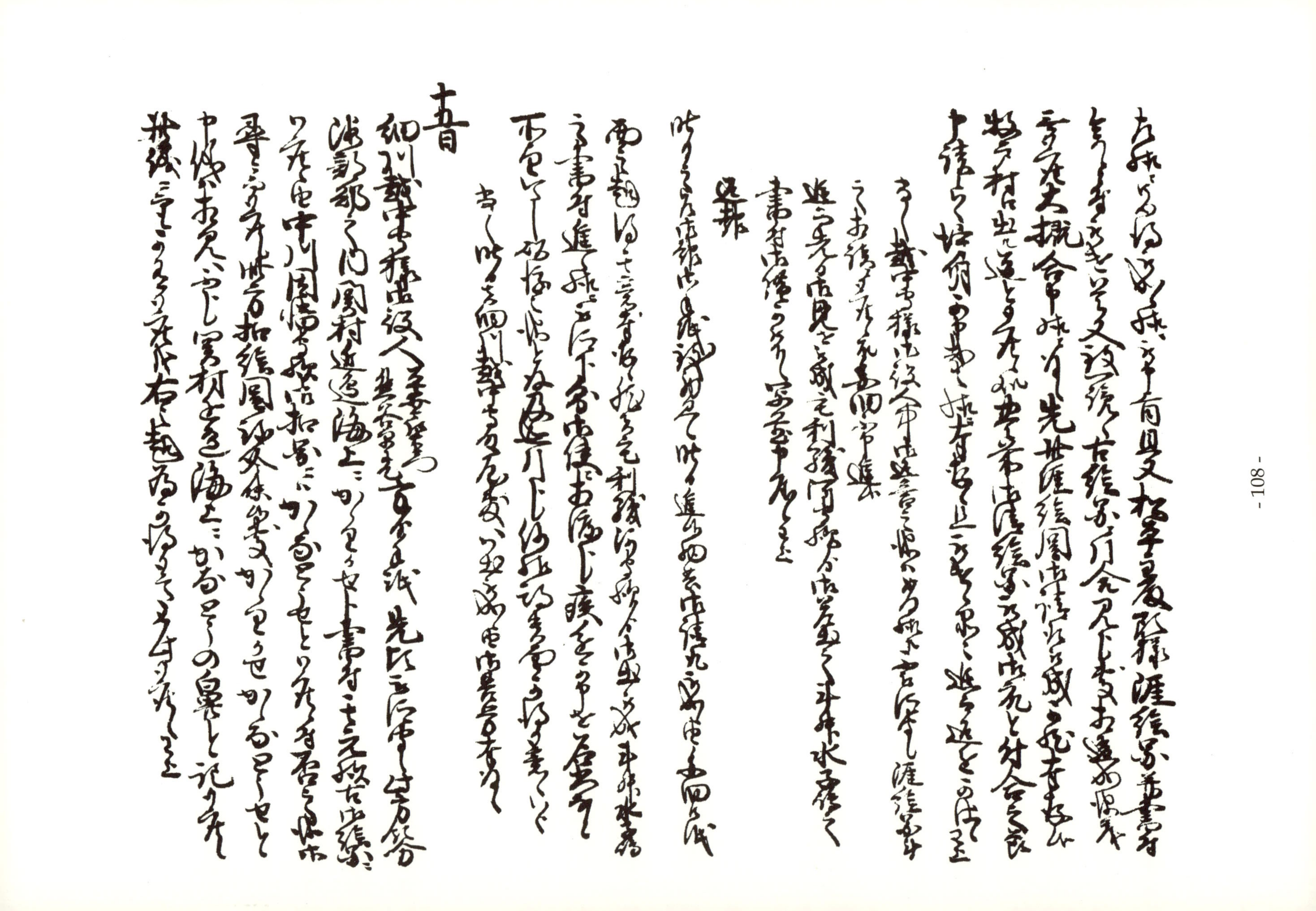

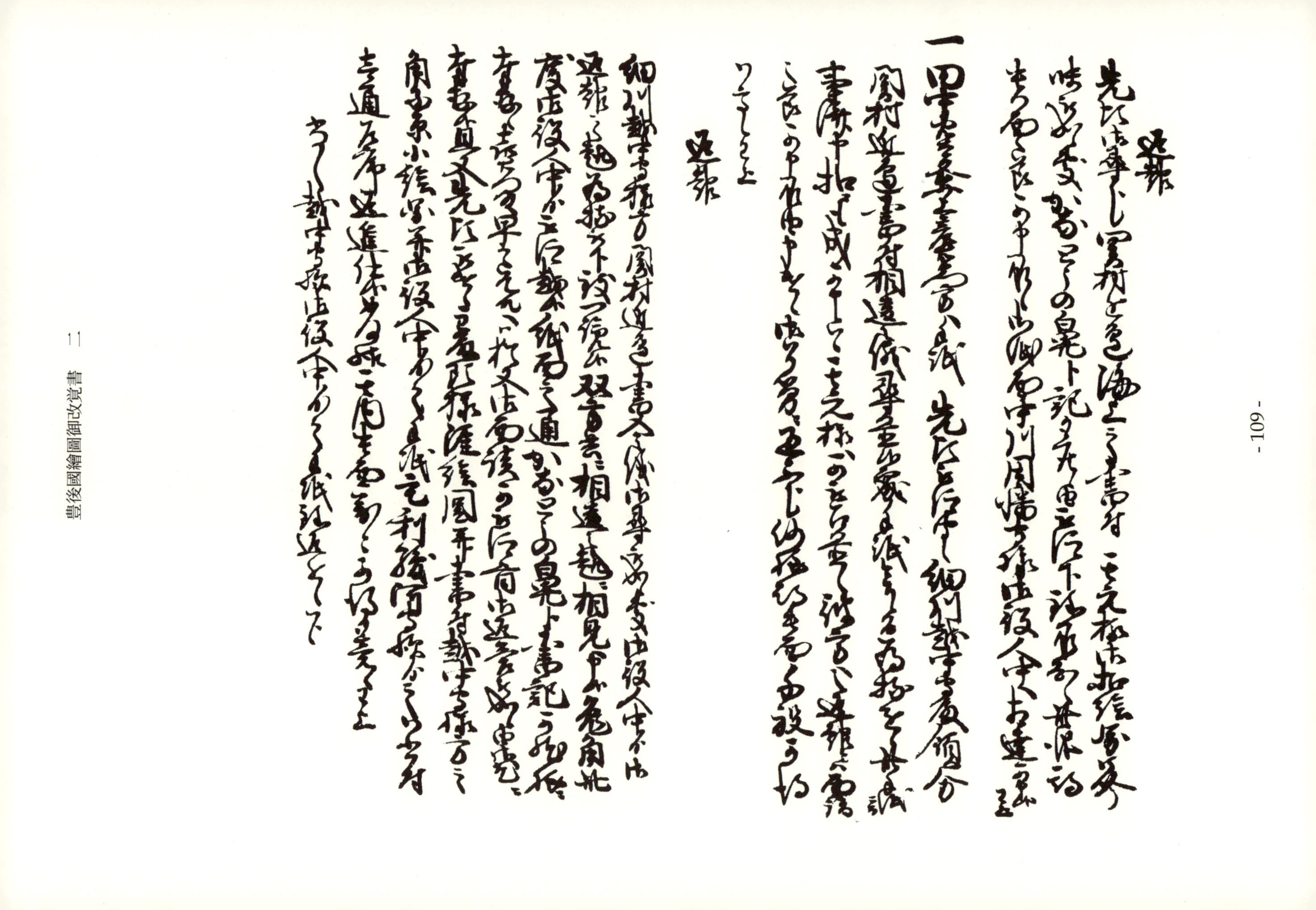

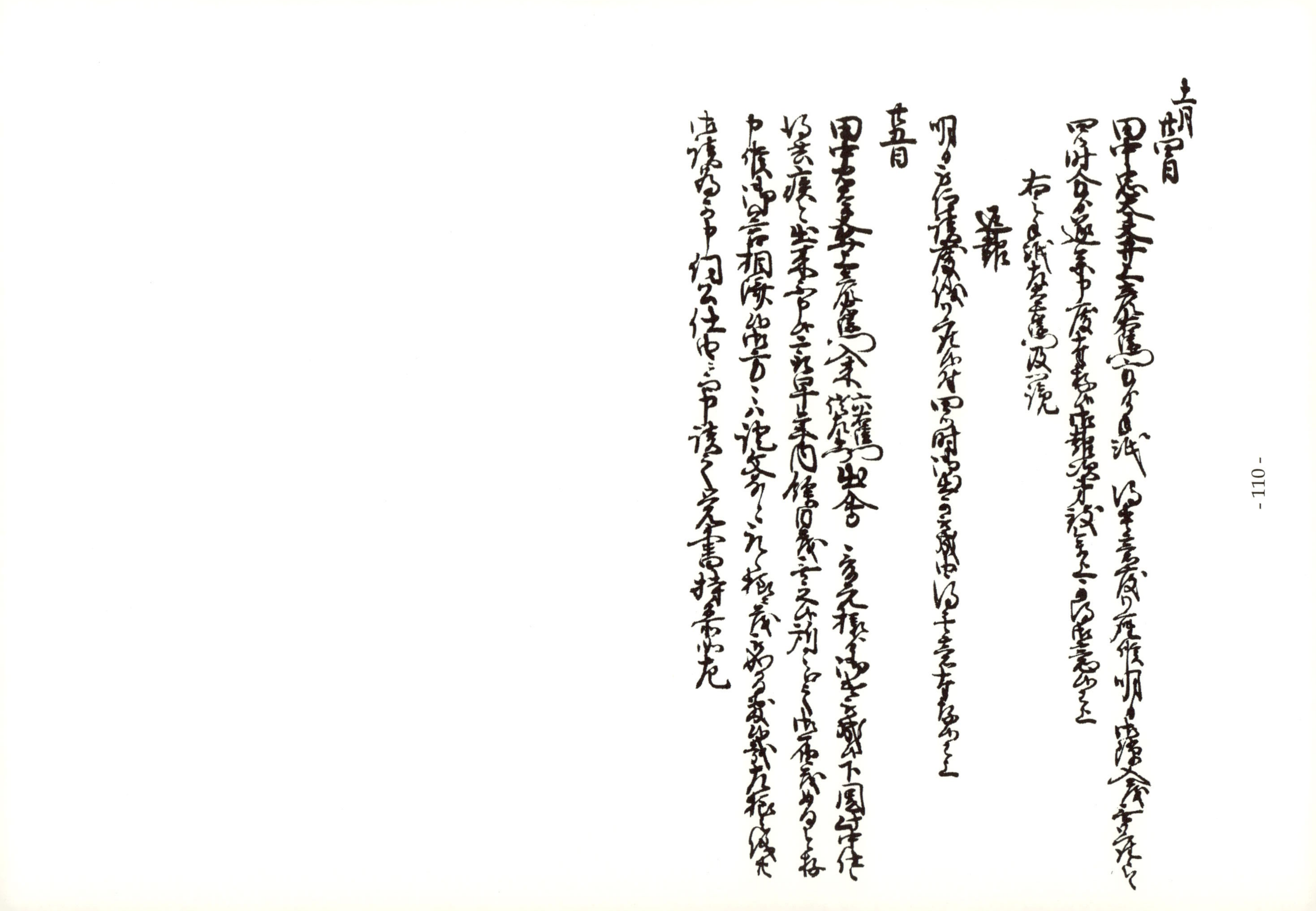

十一月
廿四日
田中忠大夫并大原勝馬ゟ手紙 [illegible]
[illegible]
右之手紙 [illegible] 及返事
[illegible]
明ケ六ツ時 [illegible]
廿五日
田中忠大夫并 [illegible] 入来 [illegible] 出会 [illegible]
[illegible]
[illegible]
[illegible]

一稲葉三位様證文之儀伏見ニ而申来候事
一松平主殿頭様ゟ差出候絵図相違相済申候得共、右別紙之通ニ而何も申候ハヽ申達筈也
御役人衆證文被成可被下候事
一木下右衛門佐様ゟ證文出候得共、弐ヶ村除キ書付入御覧候、書付之儀
別紙ニ而入御覧候通ニ可被成候事
一木下縫殿助様證文之儀、論地相済古絵図ニ相違無之候、書入御覧ニ可被成候事
一松平志摩守様ゟ書付ニ別紙ニ而御覧可被成候、并兵庫様・松平大学様
之儀者志摩守様御絵図ニ載之上ハ證文ニ及申間敷哉之事
一松平対馬守様ゟ差出候豊後證文之儀、判全ク相済候、一所御座候
ニ被成可被下候事
一毛利駿河守様ゟ之證文御覧被成、見届候、原本二村之内ニ御
相談仕候ニ付而去冬出候ニ御覧被成候事　原本村之儀之内御座候
一細川越中守様ゟ御差出候絵図之事、并ゟ書付可申事、殊ニ先年御
役人中ニ冊子ニ而写申候、右両人之絵図ニ相違無之申候
一小笠原信濃守様ゟ證文之儀、冊子ニ而書写候、絵図相談之様事
一今井九右衛門様ゟ之相違之御帳ニ引合候処無之、證文ニ不及申候事
一久留島信濃守様方ゟ書付被遣候、御役人衆へ別紙有之候證文ニ及申間敷
一松平出雲守様右之分ハ紙ニ而相渡候而相済可申候
一稲葉三位様方證文案紙下書仕置候、右之書付仕方
及一統被成候哉と存候
一毛利駿河守様方ゟ之分ハ申渡候、右之通書分ケ可申候
通ニ書付被遣候、右之有之候得共、近日中ニ役人衆被仰渡

一、[illegible]右中[illegible]

三佐様方証文之書

覚

一、此度豊後国[illegible]御渡[illegible]三佐領[illegible]建見郡之内[illegible]石村[illegible]
三保[illegible]新村新[illegible]新池[illegible]川[illegible]大道[illegible]
[illegible]
[illegible]
[illegible]
[illegible]

元禄拾五年[illegible]月

[illegible]
不破掃部

小長谷[illegible]様証文下書

覚

一、此度豊後国[illegible]小長谷[illegible]
三保[illegible]新村新川新池[illegible]川[illegible]大道[illegible]
[illegible]
[illegible]
[illegible]
[illegible]
[illegible]

年号月日

[illegible]

[illegible]
小長谷[illegible]建見郡之[illegible]
小[illegible]村[illegible]

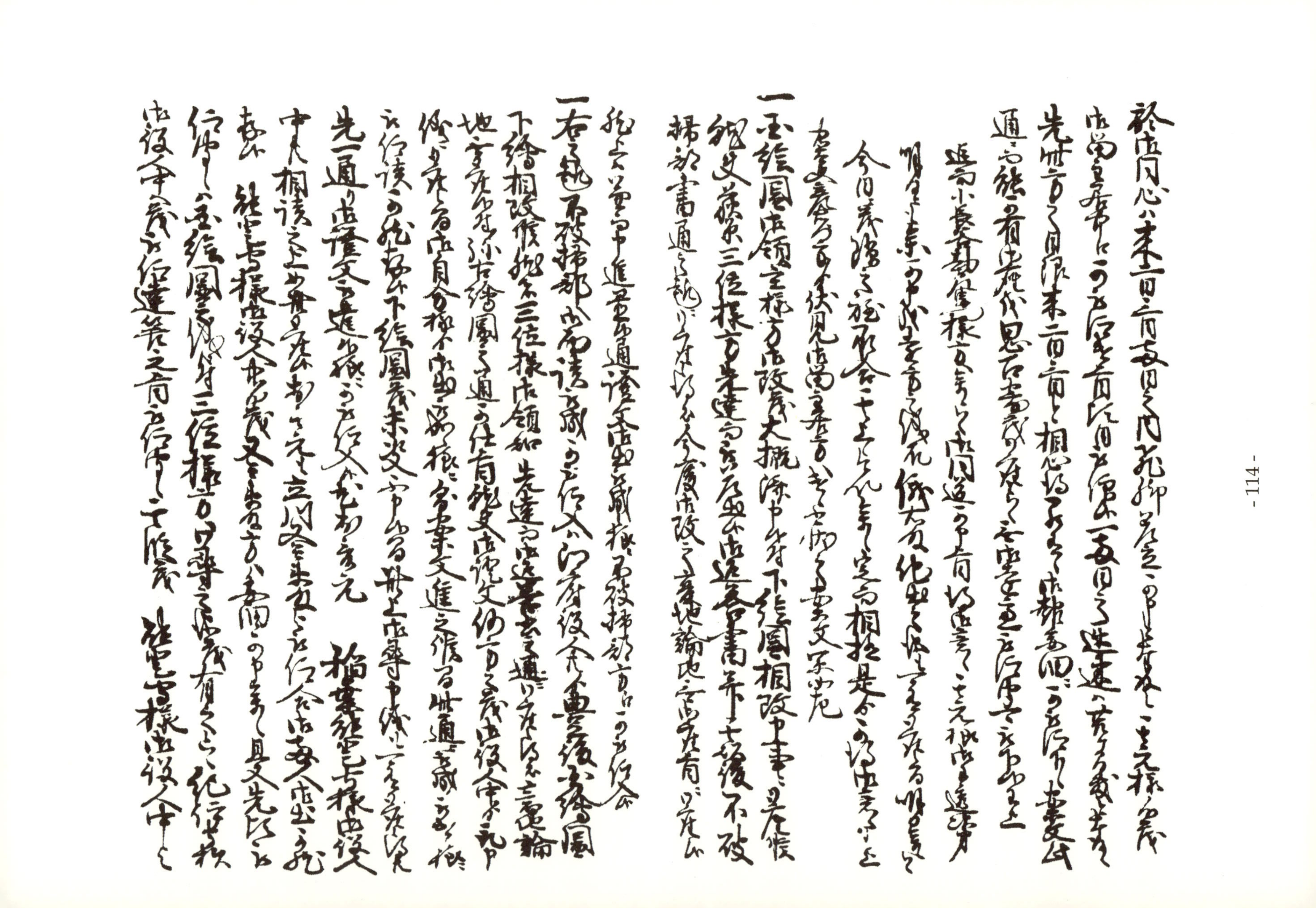

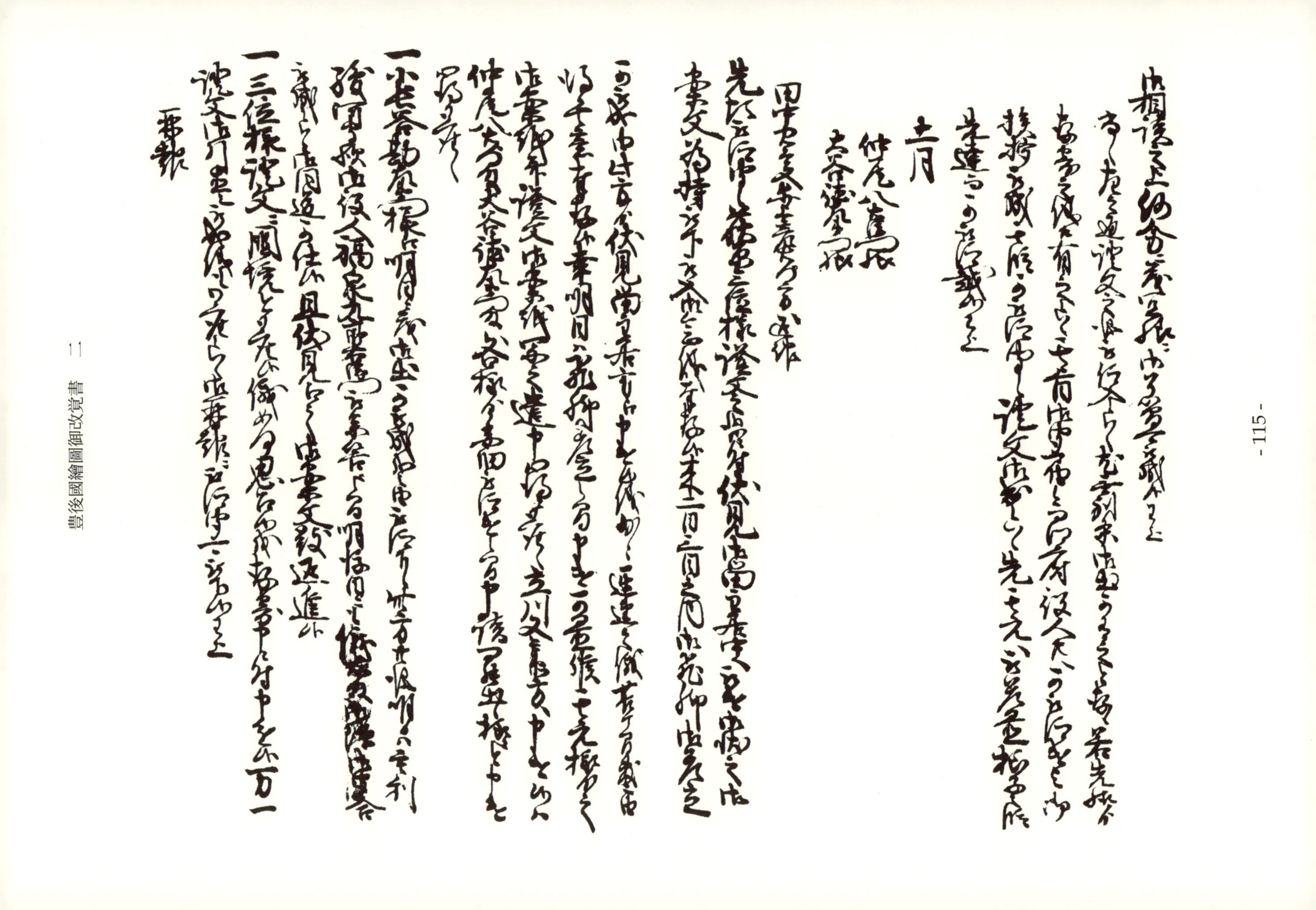

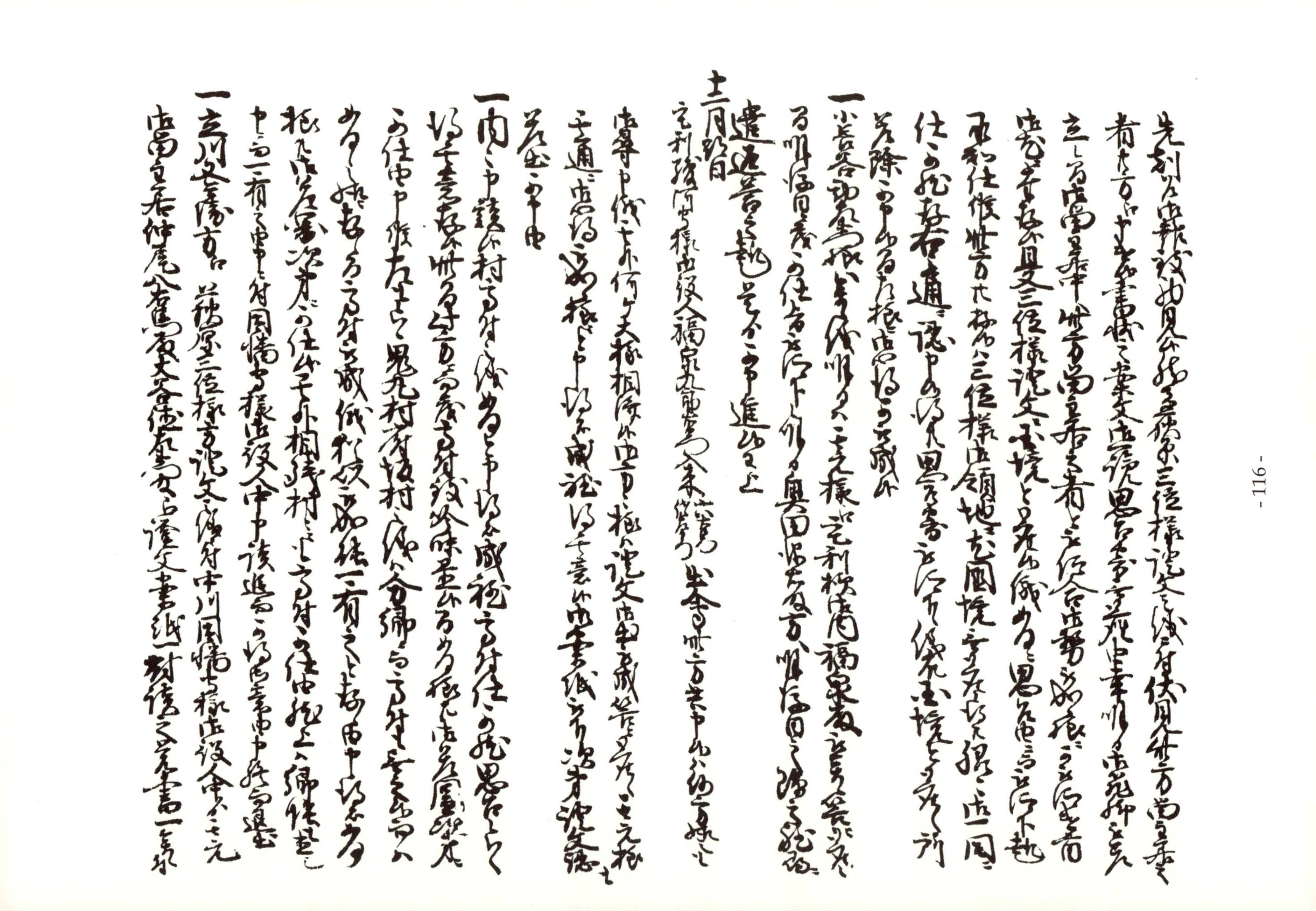

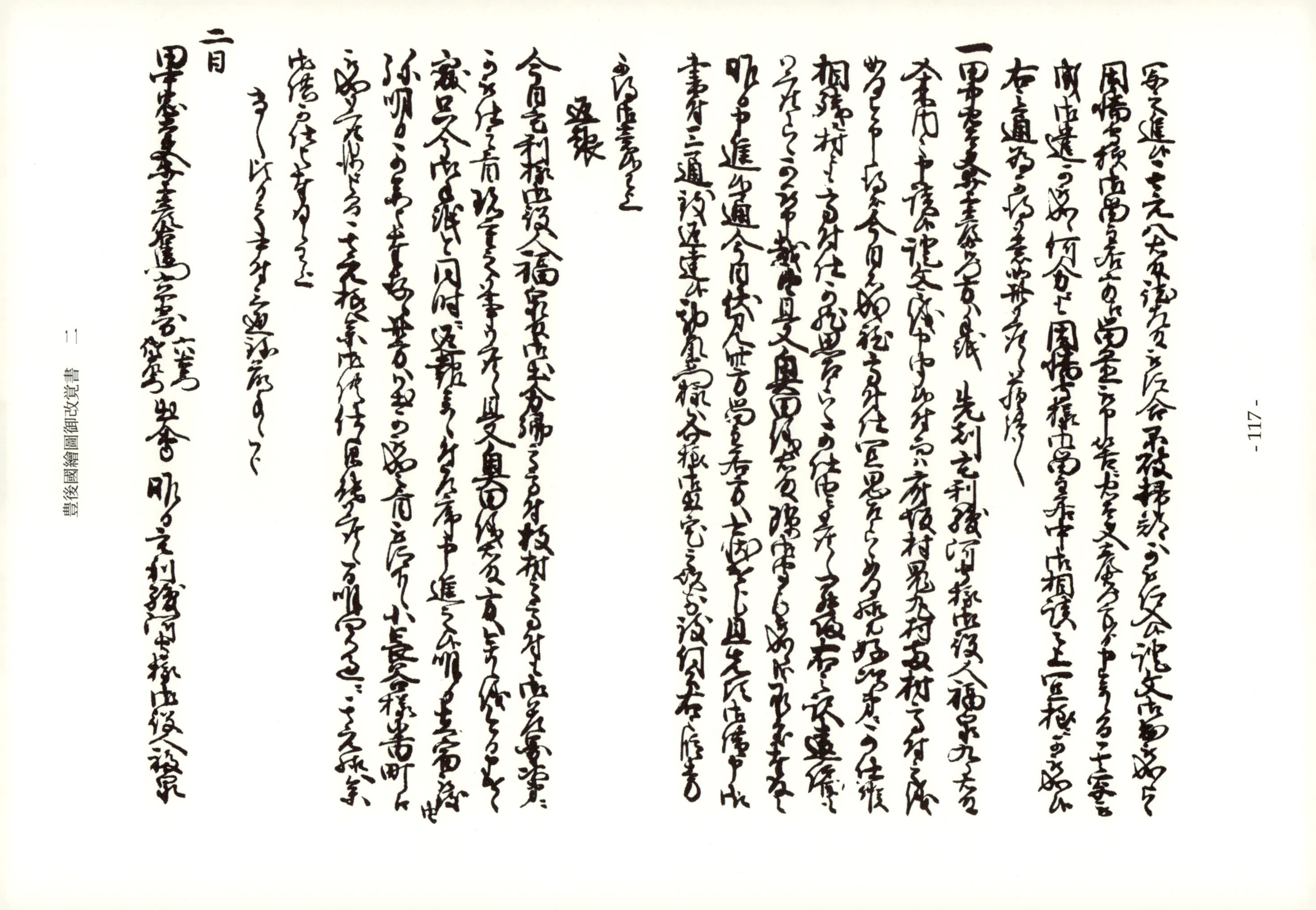

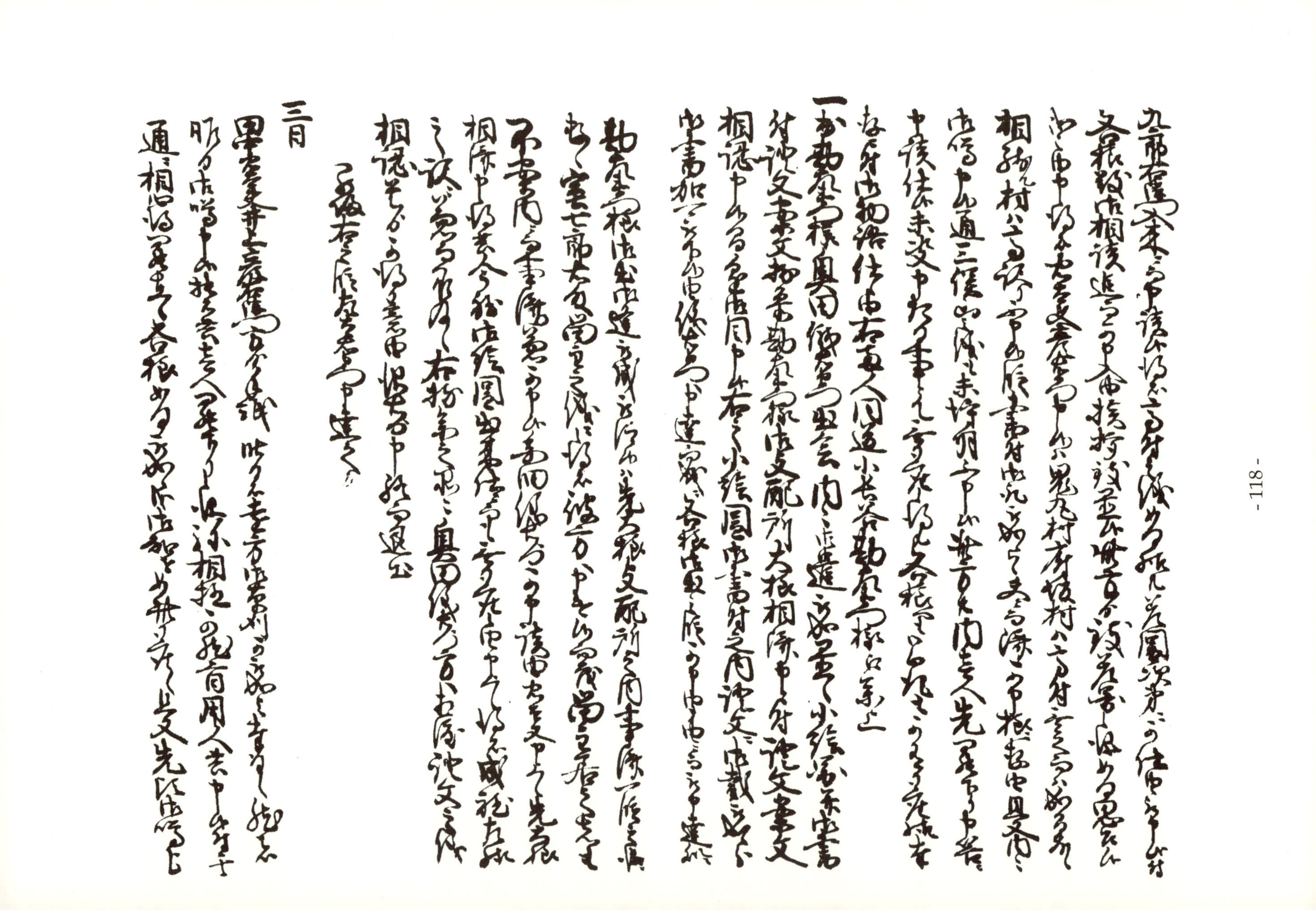

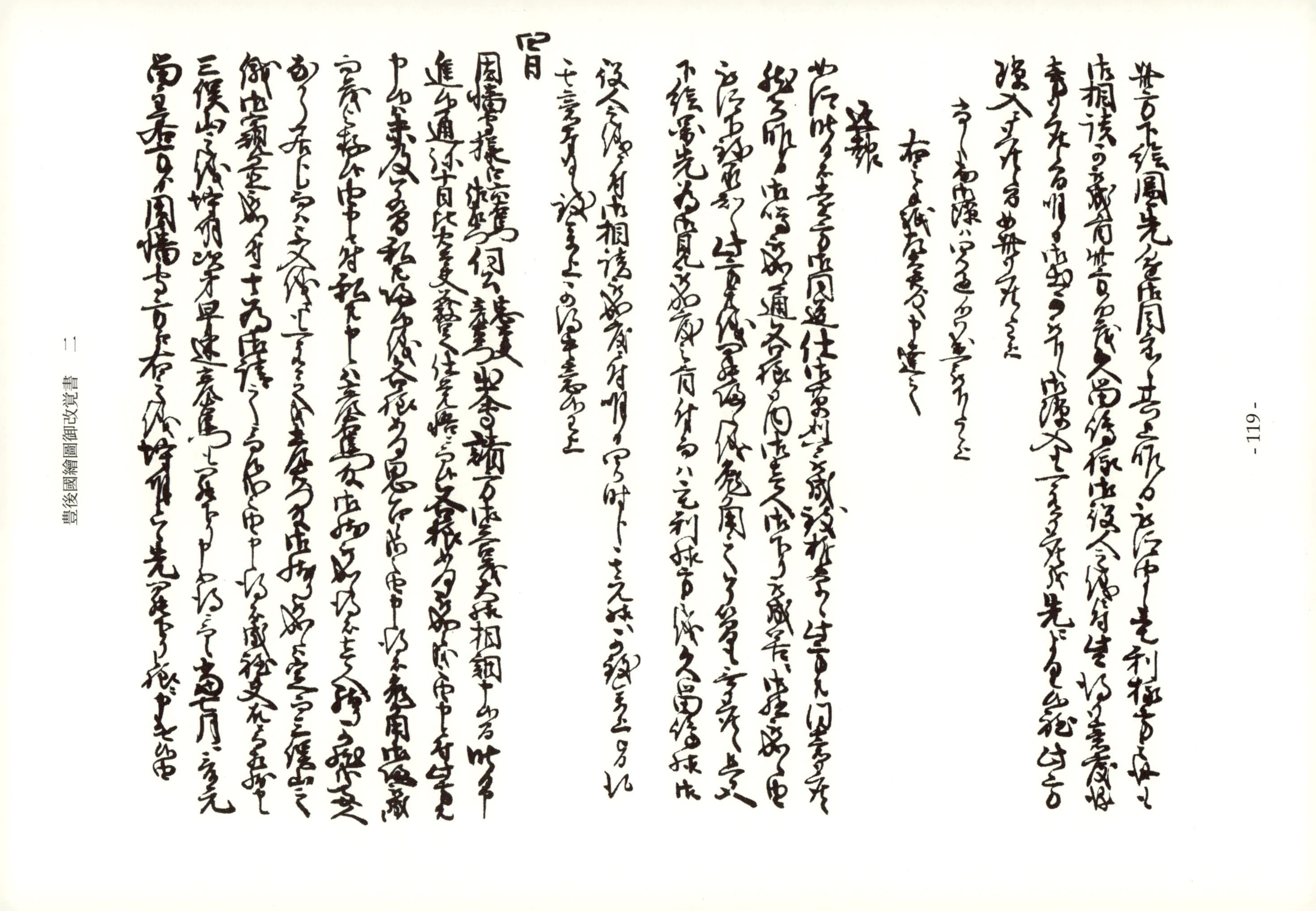

[illegible]

一　證文書写致持参候様被仰付候ニ付相認
　　松平対馬守様御證文書写

　　覚

然處豊後国[illegible]御役人分郷之内[illegible]
新[illegible]
被仰付[illegible]御[illegible]
[illegible]
[illegible]
相除[illegible]
外[illegible]
相違[illegible]

年号月日
　　田中[illegible]
　　[illegible]
　　[illegible]
　　[illegible]

雄城[illegible]　庄屋

右[illegible]分郷之[illegible]書文写
小長谷[illegible]御役所　分郷
松平対馬守

一　写

年号月日
　　田中[illegible]
　　[illegible]
　　[illegible]
　　[illegible]

豊後国大分郡
　　羽田村之内
雄城[illegible]　雄城庄屋

右御所ゟ出ル、外ハ書文准之
東筑馬守様江差出ス書文案

覚

豊前豊後國繪圖御改ニ付、速見郡之内雄領分ニ係り、豊前豊後新村新
川新池新川遠見道筋并古来之大道筋通路并井手新田新枝
御改ニ付　先年之寺社領ニ有之候ハゝ、新田地之儀、此船之通路并
ハ支書付ヲ以御分ニ而境、絵図ニ本書并其外ニ候ハゝ其外ニ而境
郡境論ニ而係り候様成儀、境目ニ而御極可被成候、其段ニ相分り候様成ハ、其文合
村々役人共相分り候者共ニ遣シ、御書付ニ而遣サレ候様、致承知候

年号月日

了人

雄様御用
雄方下

東條殿ゟ致来候書文案

覚

豊後豊後國繪圖御改ニ付、速見郡之内雄領分ニ係り、豊前豊後新村新
川新池新川遠見大道筋并古来之大道筋通路并井手新田新枝
新田改御改ニ付　先年之寺社領ニ有之候ハゝ、新田地之儀
此船之通路并支書付ヲ以御分ニ而境、絵図ニ本書并其外ニ古境論ニ付道
ハ支書付ヲ以御分ニ而境、本書并其外ニ而通、國境絵図ニ本書ニ而境
郡境論ニ而係り候様成儀、境目ニ而御極可被成候、其段ニ相分り候様成ハ、其文合
村々役人共相分り候者共ニ遣シ、御書付ニ而遣サレ候様、致承知候

年号月日

了人

雄様御用
雄方下

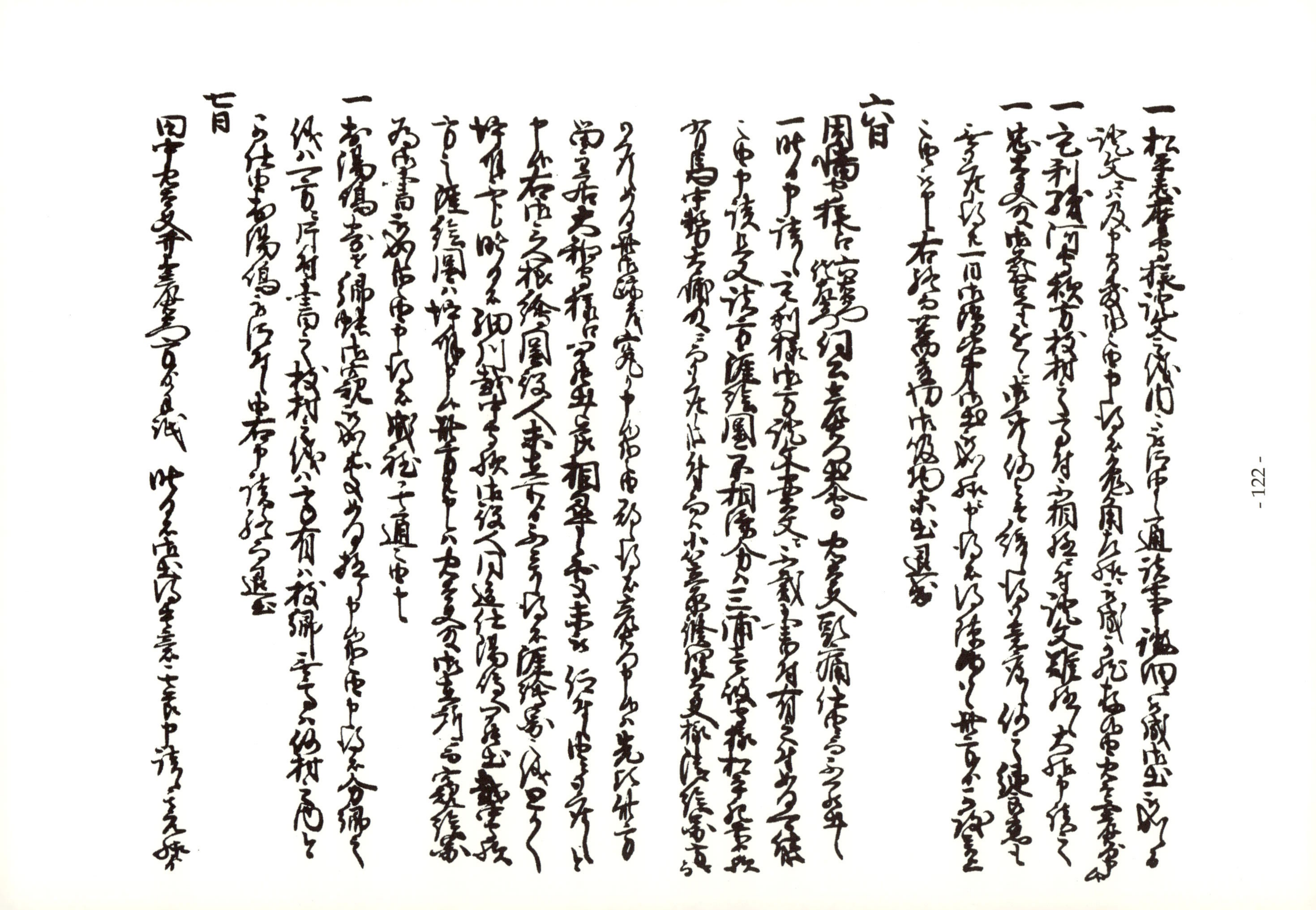

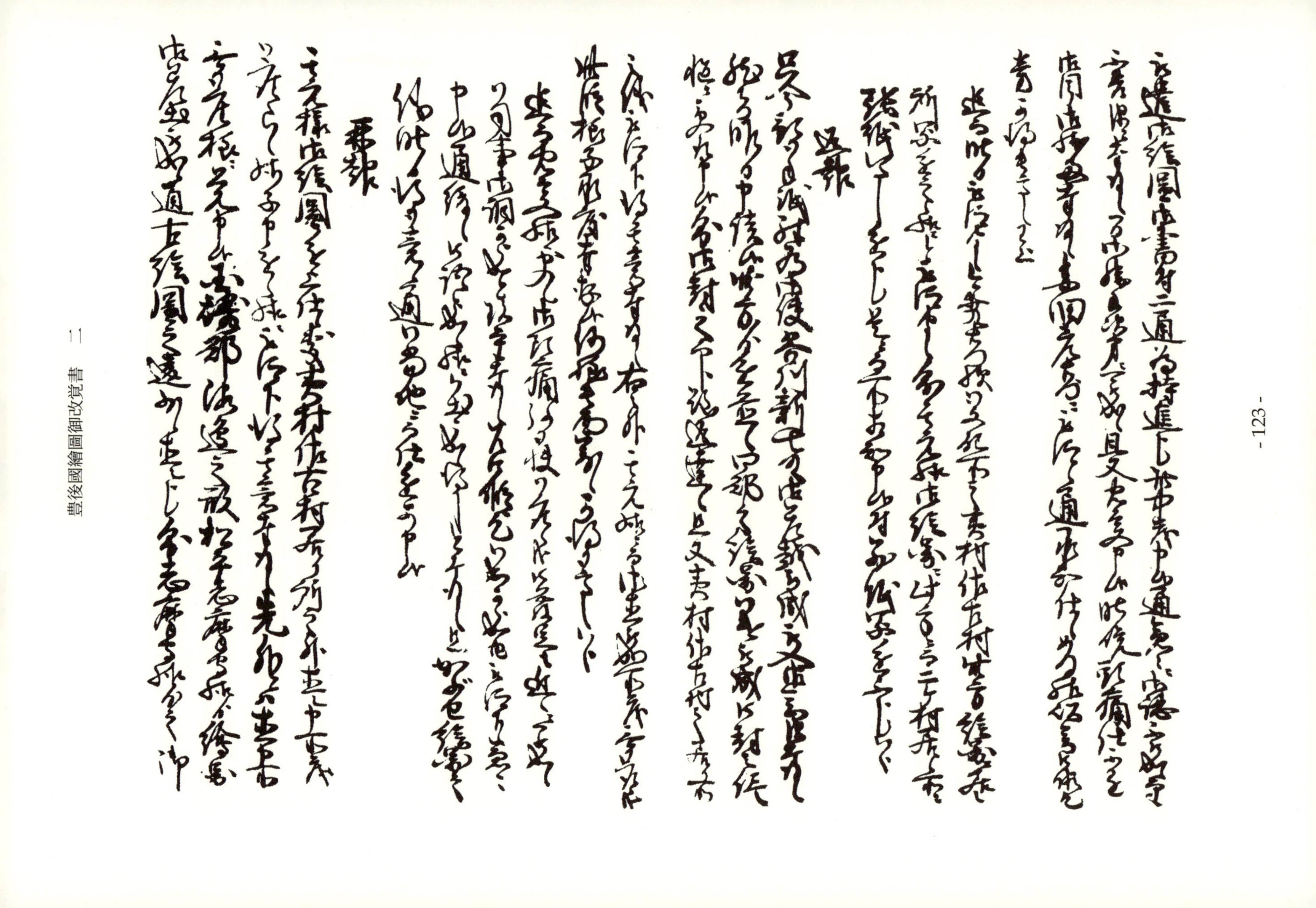

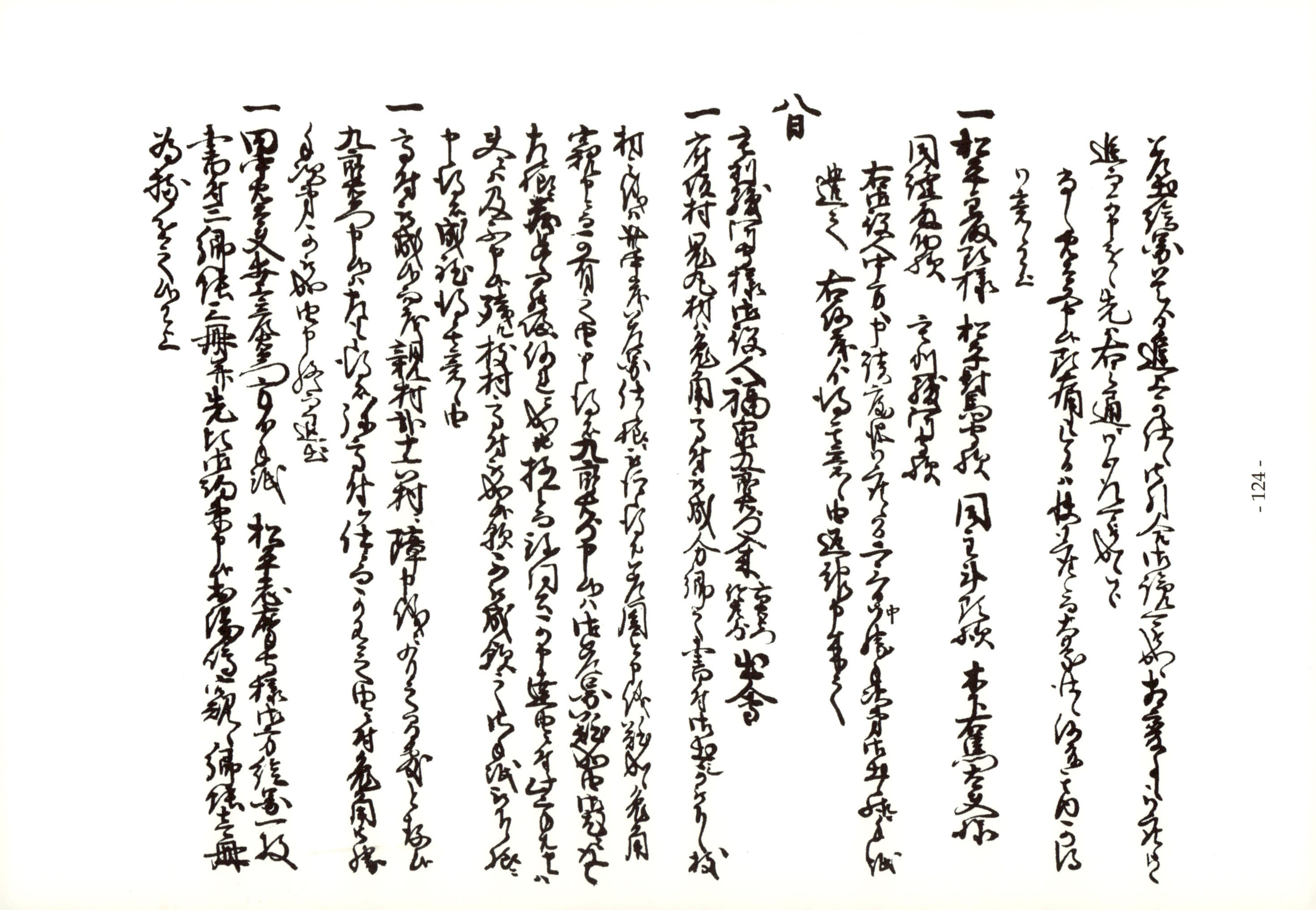

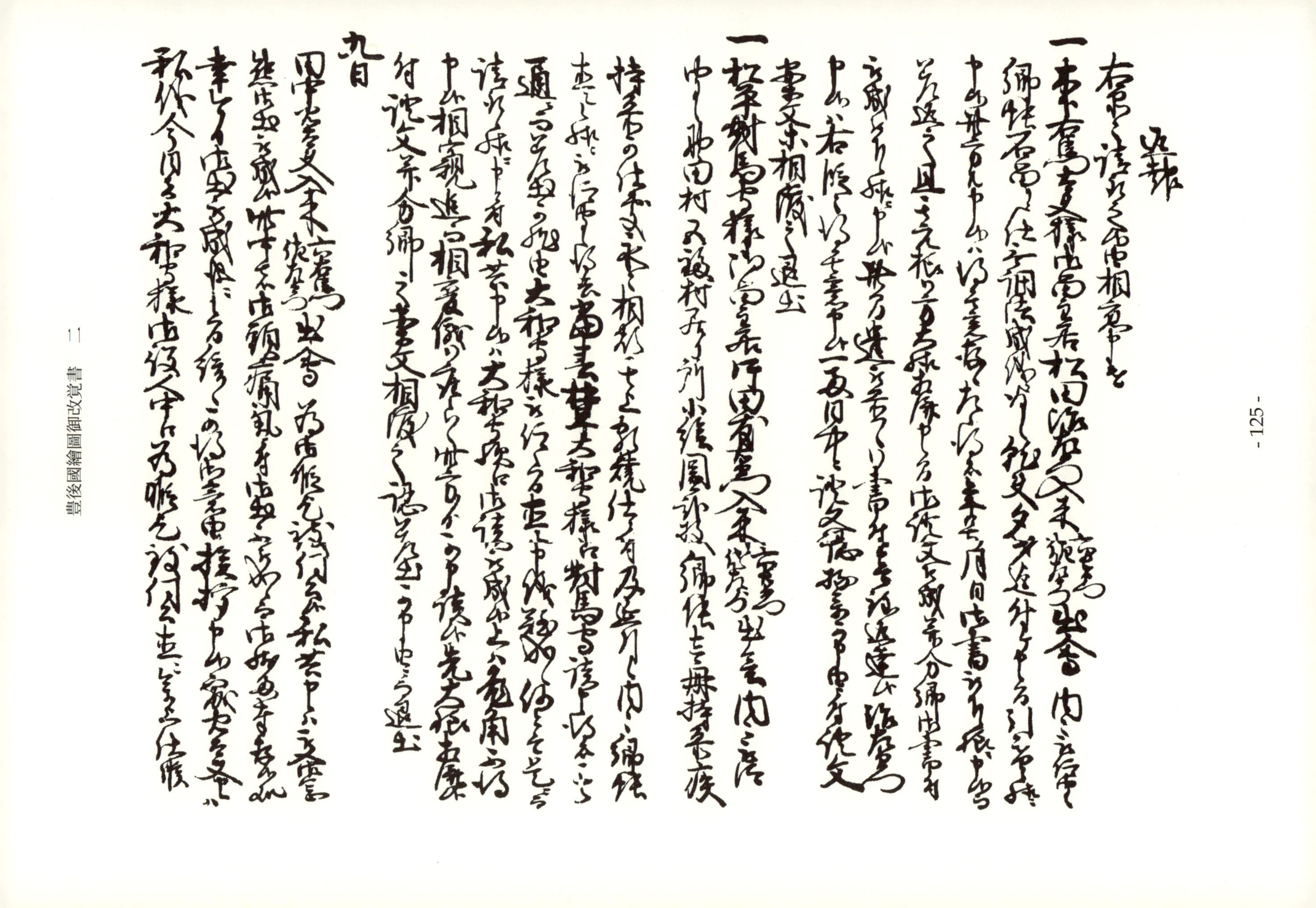

[illegible]

今晩因幡守母料理[illegible]

[illegible]

[illegible]松平対馬守殿[illegible]

[illegible]利

駿河守様[illegible]退出

一 松平[illegible]出役人中村[illegible]出会[illegible]

[illegible]

[illegible]

[illegible]新田[illegible]百石[illegible]

[illegible]

公儀[illegible]

[illegible]退出

十日

松平[illegible]

[illegible]

[illegible]退出

一 [illegible]

[illegible]

十一日

[illegible]

[illegible]

[illegible]

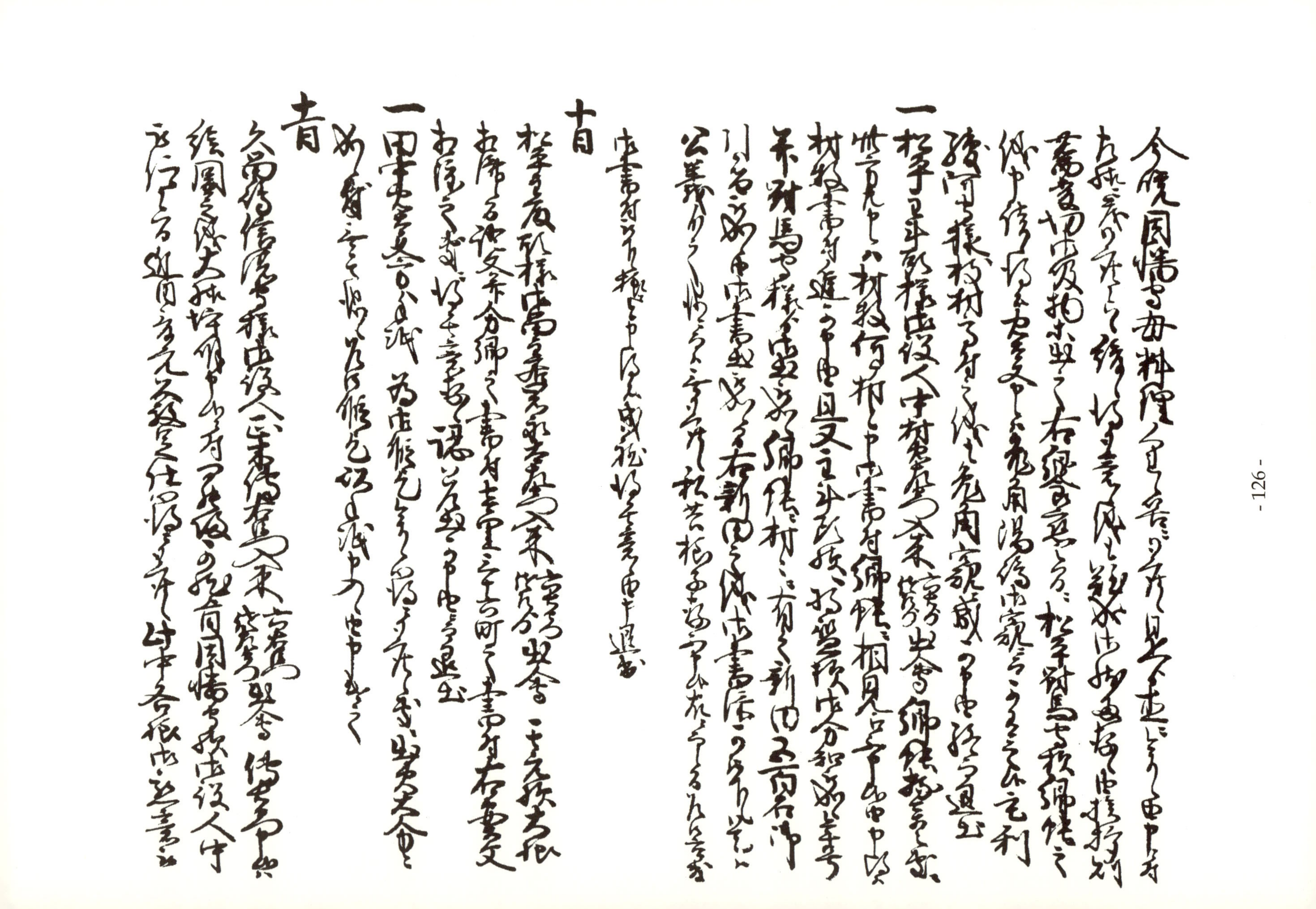

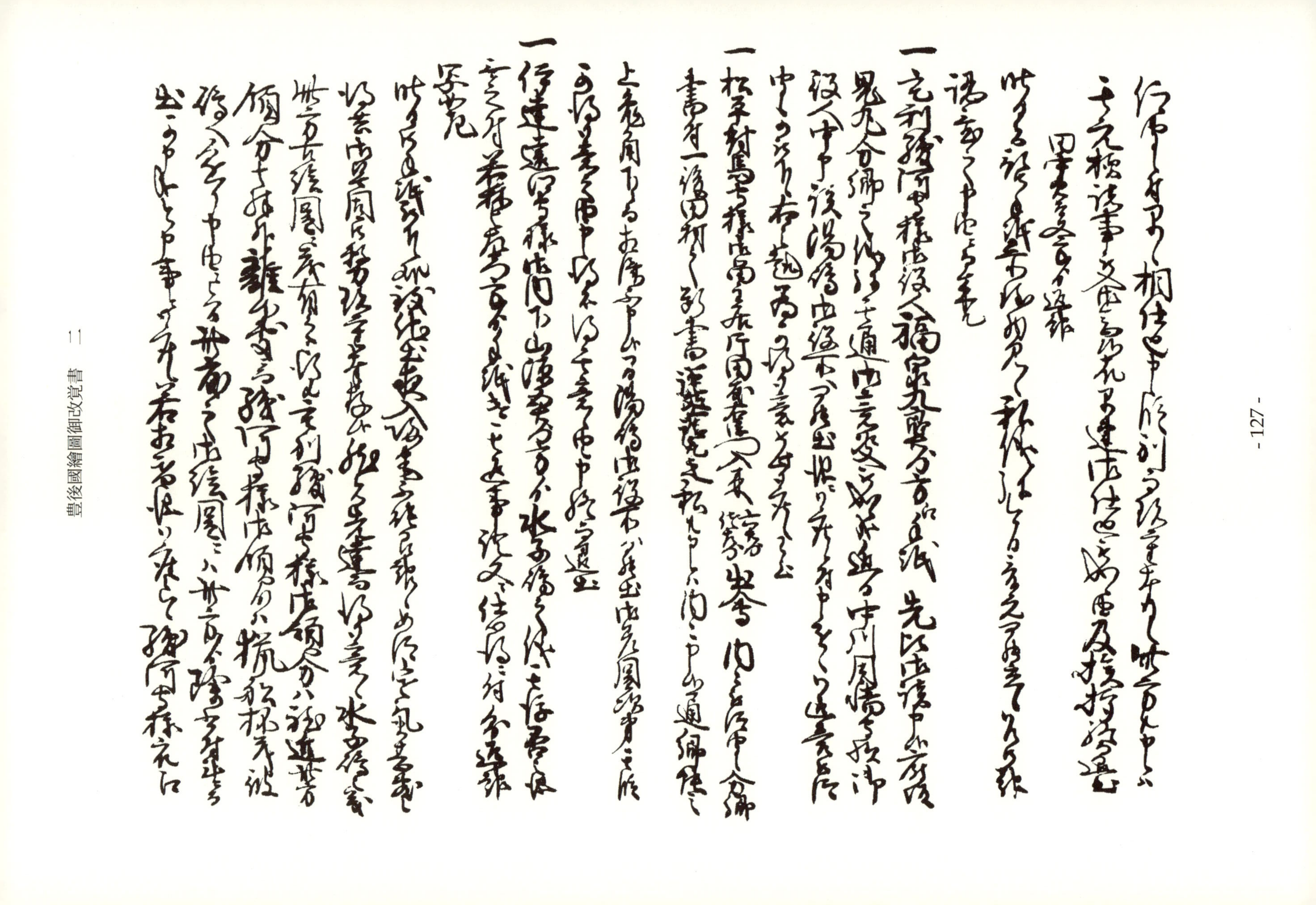

[illegible]

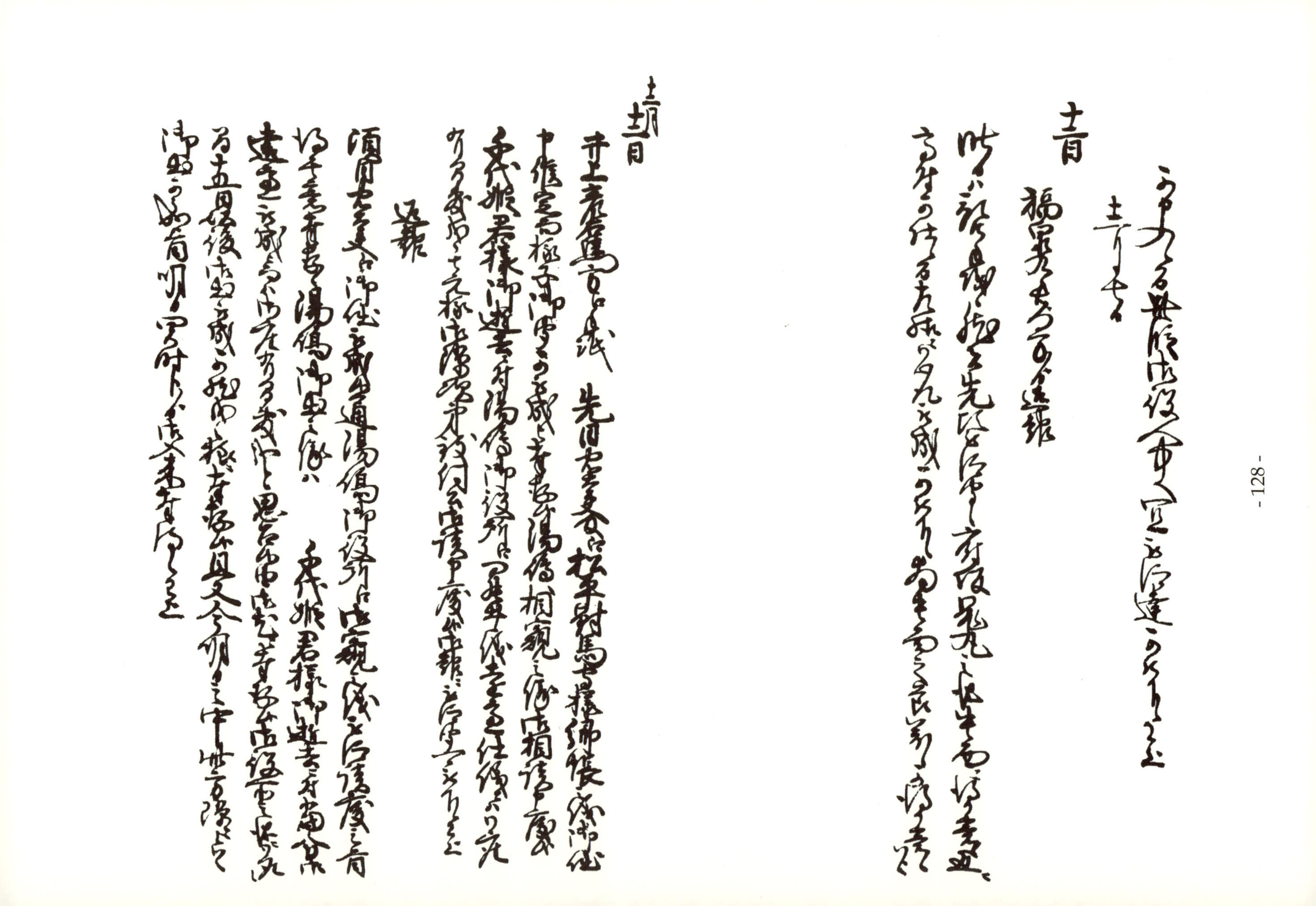

分領之寺請村吉里三拾六町之寺請村[illegible]村見丸村へ今度[illegible]付
[illegible]之儀ハ寺請村之儀中候案文相添之處以書面申[illegible]

一 田中忠左衛門[illegible]秋陽寺出役[illegible]窺之上御條[illegible]書院
[illegible]之帳面陽寺出役人[illegible]分ニ付仕置

十五日
元利羽後河内様出役人福泉九郎[illegible]
[illegible]
[illegible]
[illegible]
[illegible]

[illegible]

[illegible]
[illegible]
[illegible]
[illegible]
一[illegible]

十六日
松平対馬守様[illegible]病気[illegible]
[illegible] 右[illegible]文[illegible]相[illegible]

一 元利羽後河内様御用[illegible]
[illegible]
[illegible]

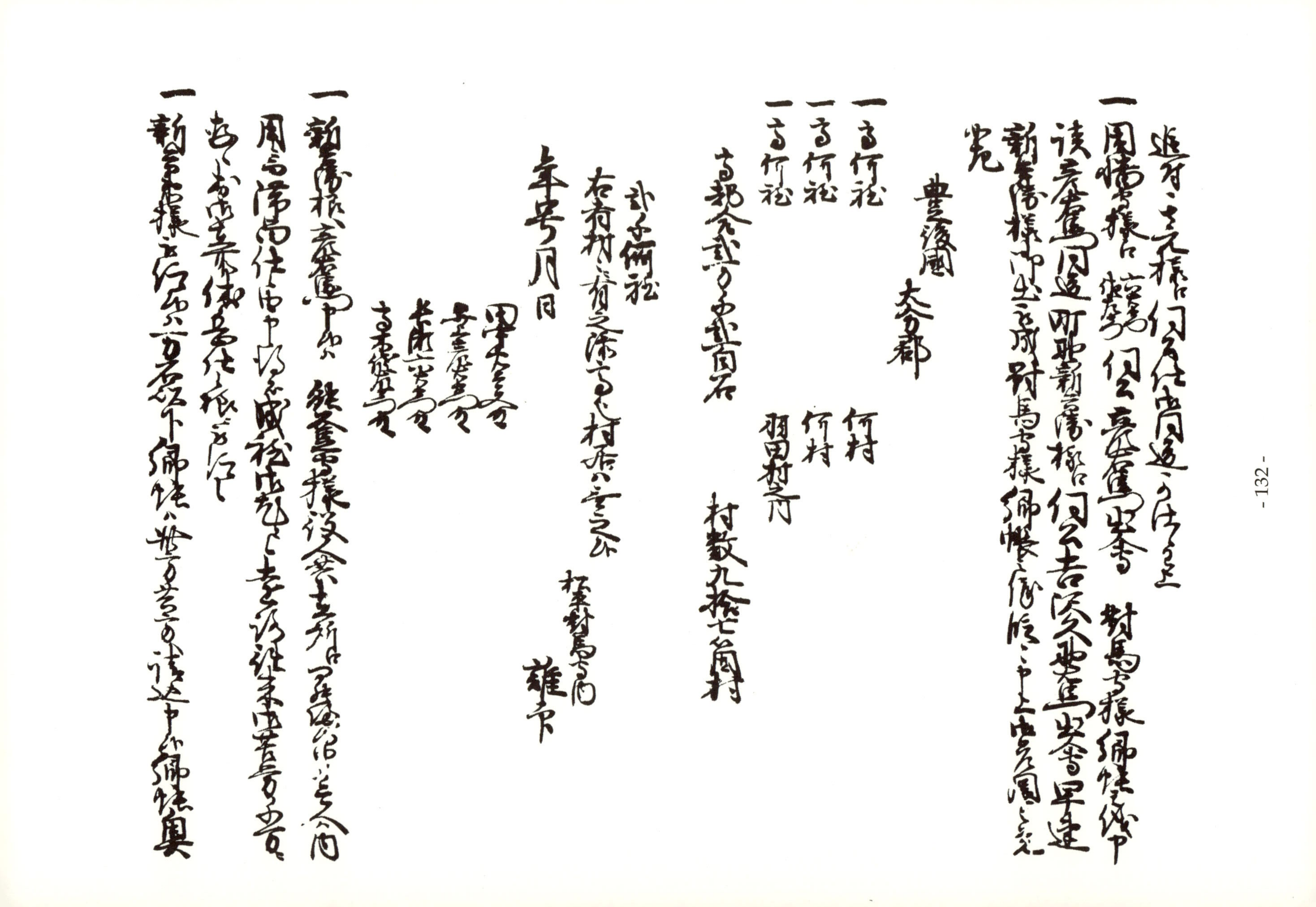

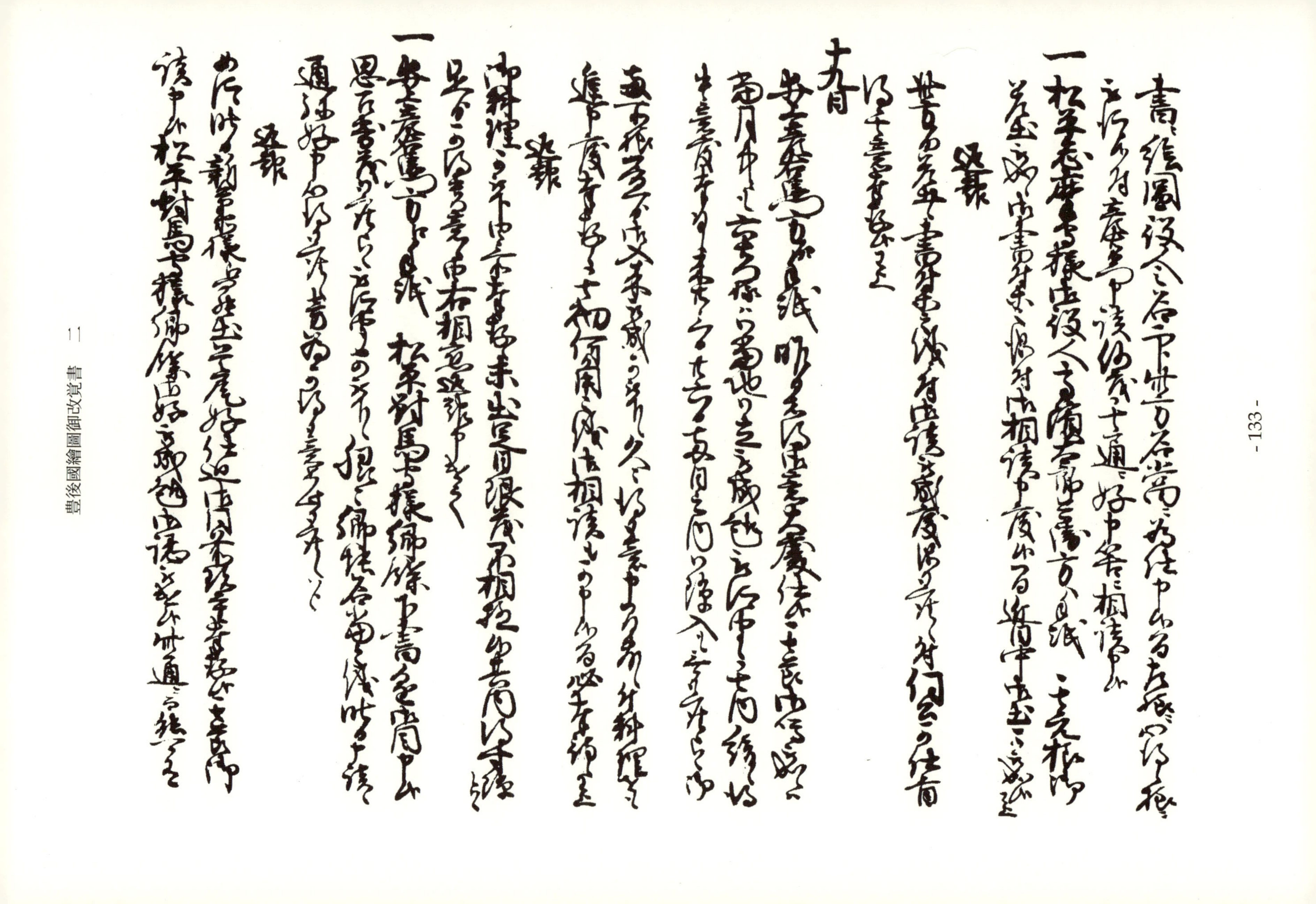

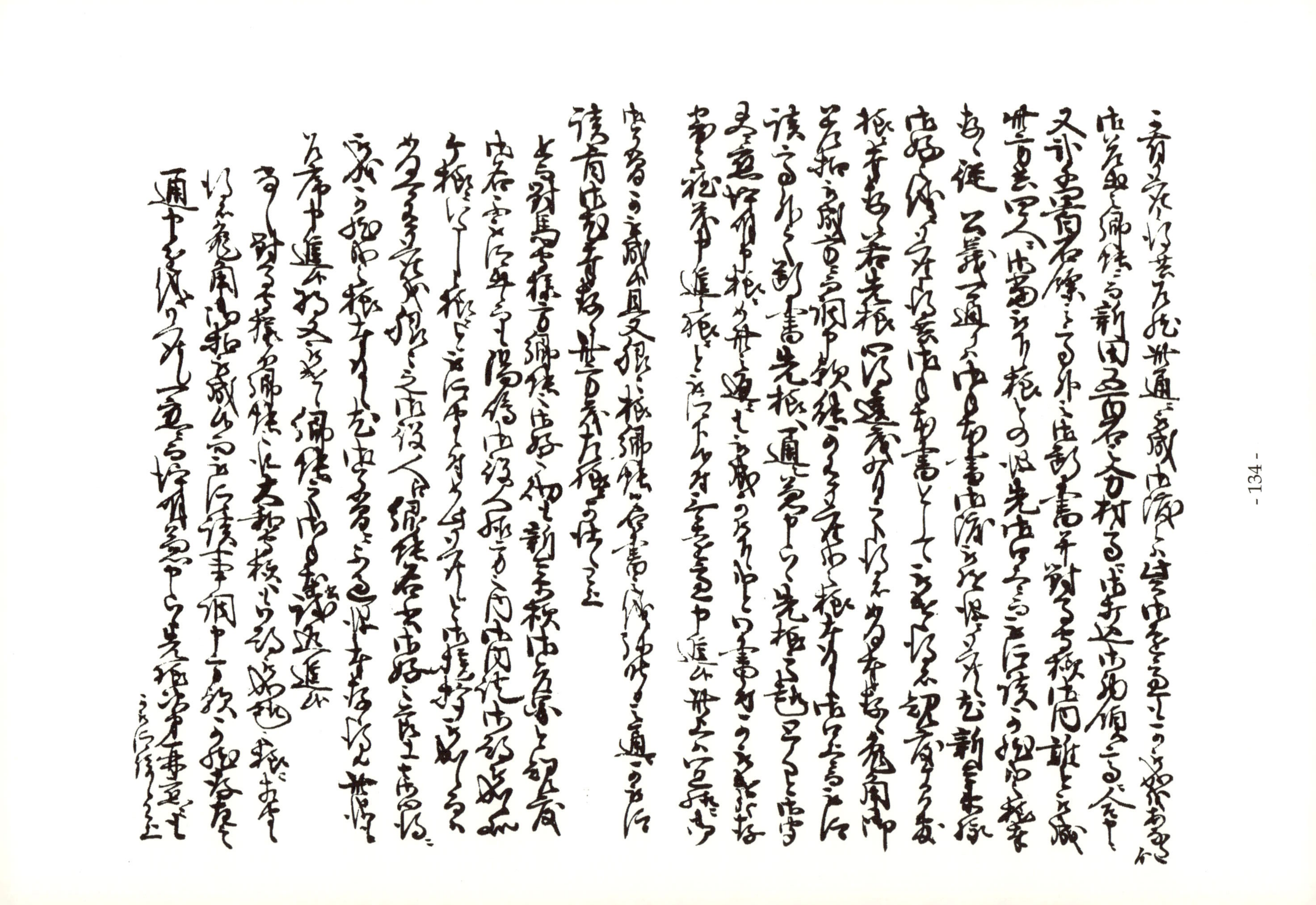

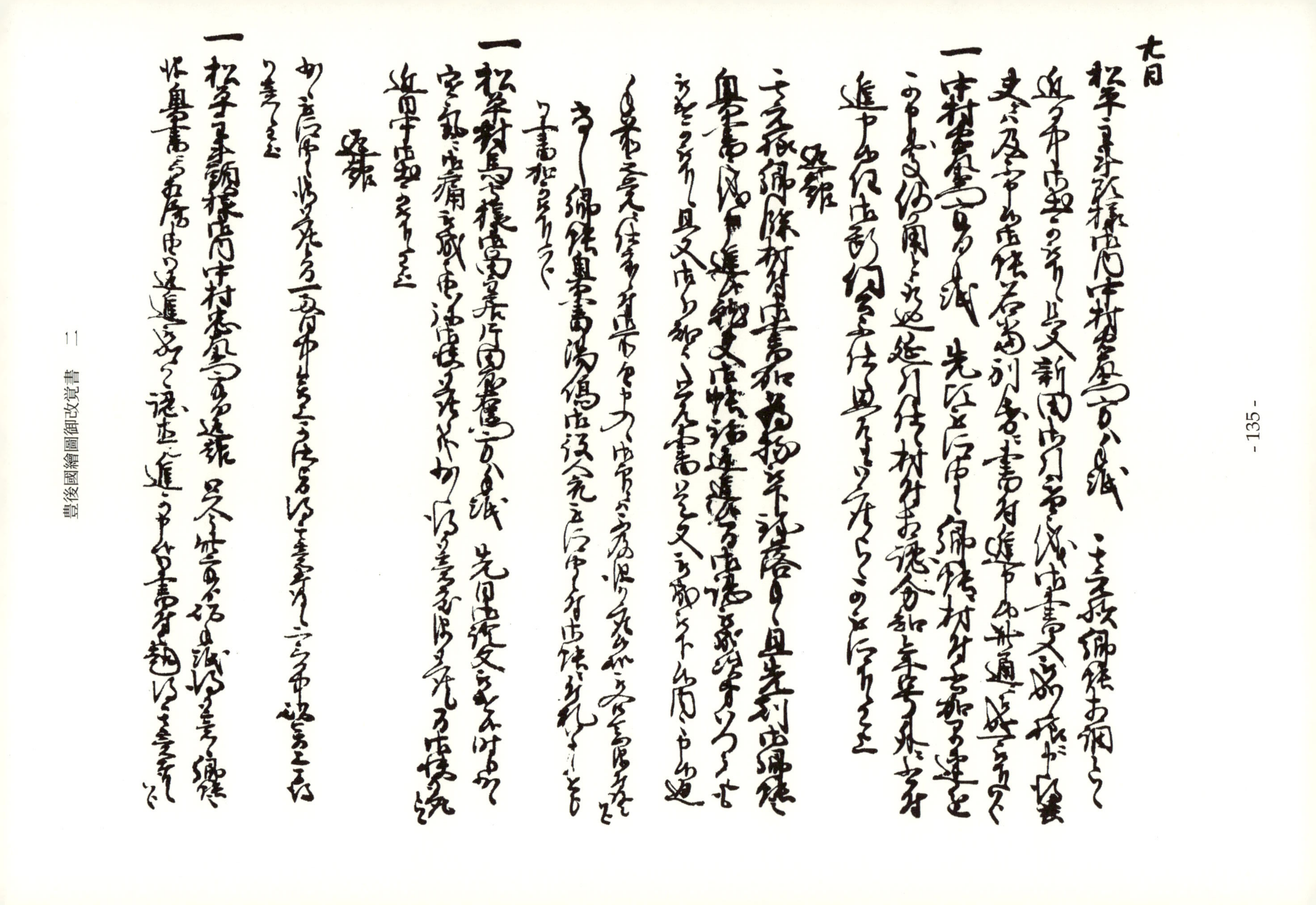

一松平美作守様御用ニ而廣瀬大八郎入来、右者依之出会、二之丸様御領知
所之[illegible]相渡候節[illegible]
二之丸様[illegible]
[illegible]
[illegible]
右之段ニ進上申[illegible]
[illegible]
[illegible]
[illegible]
[illegible]
[illegible]退出

一松平[illegible]中村[illegible]入来、[illegible]出会
[illegible]
[illegible]退出

廿二日
[illegible]
[illegible]
[illegible]

[illegible]
[illegible]

一[illegible]

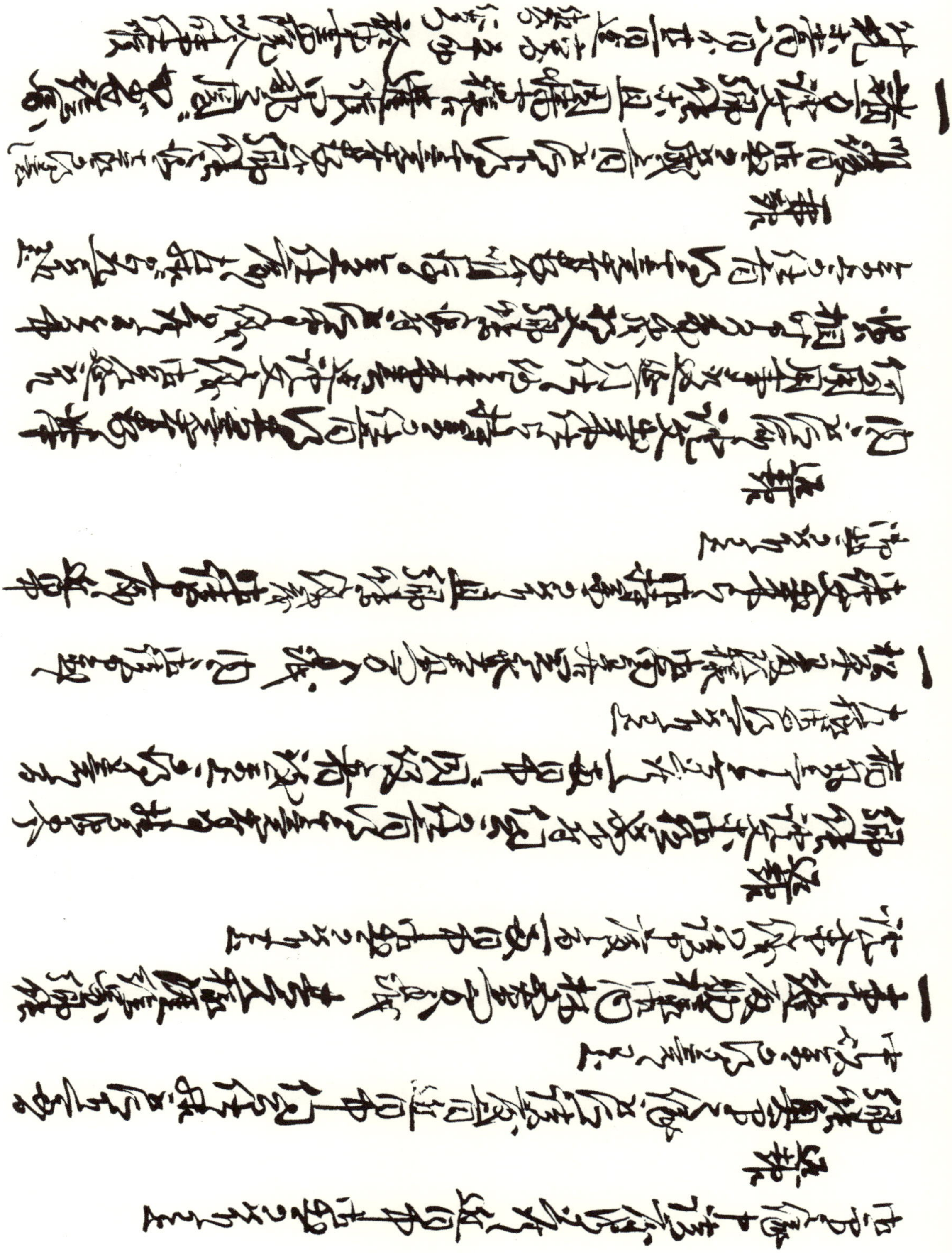

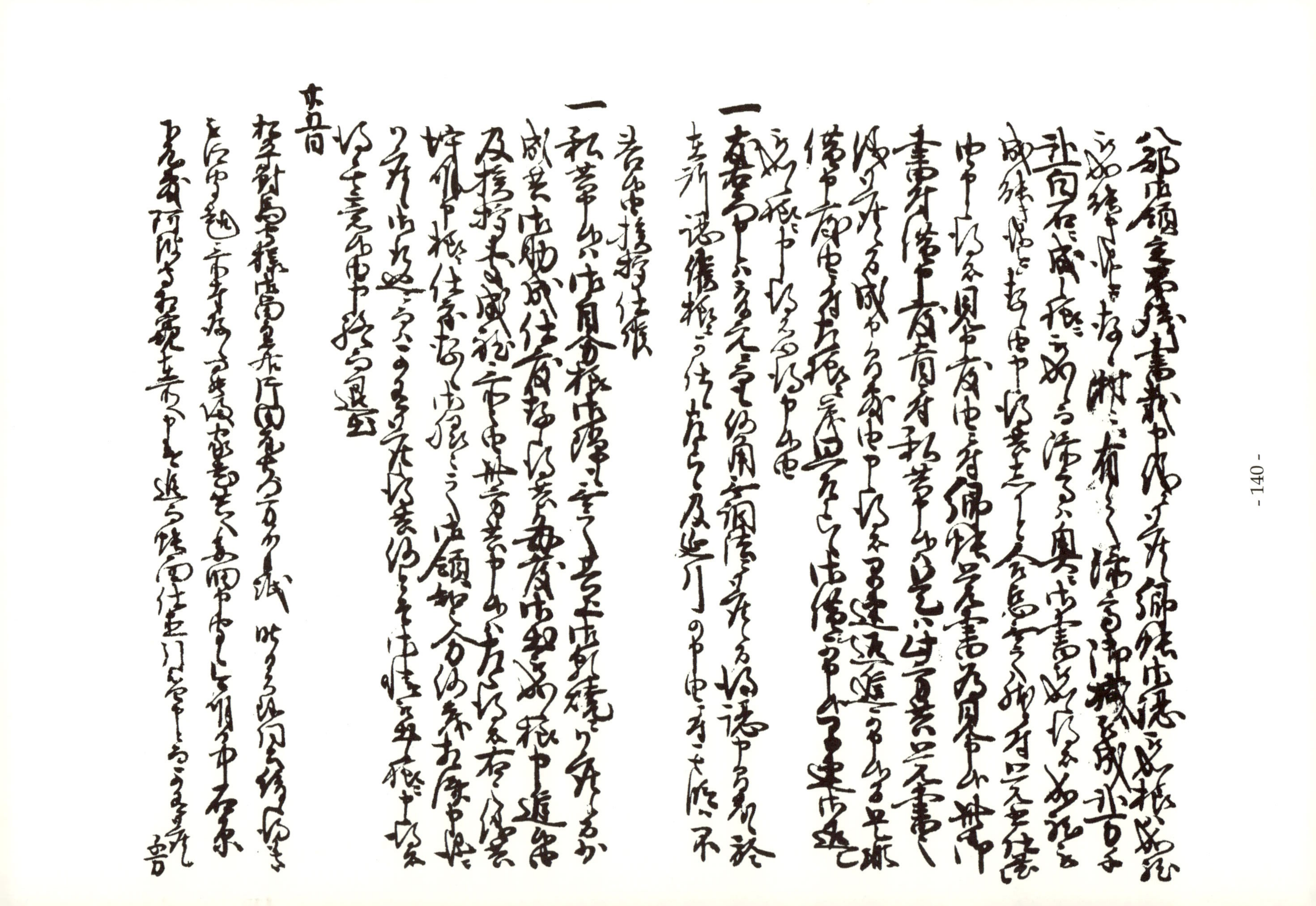

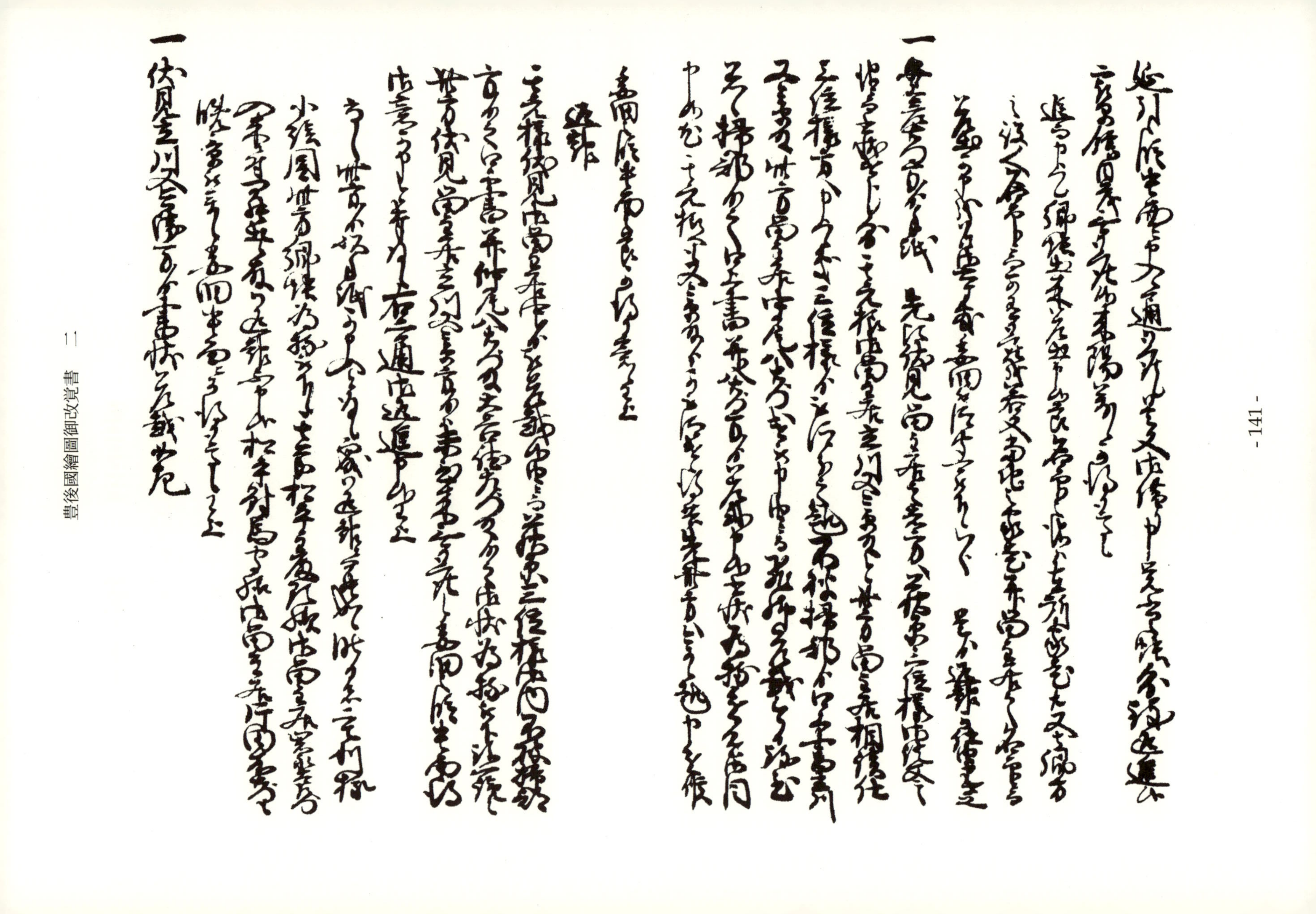

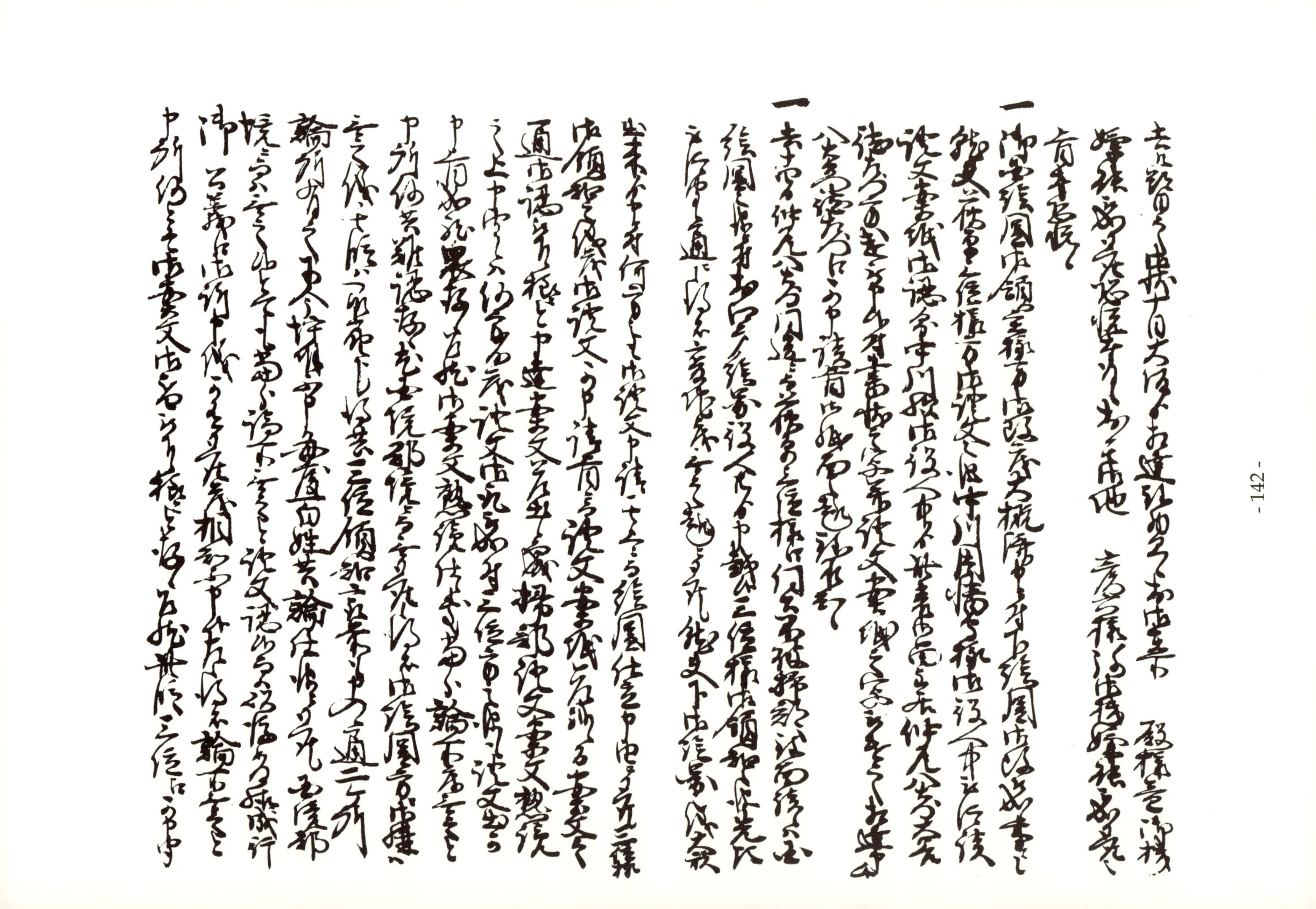

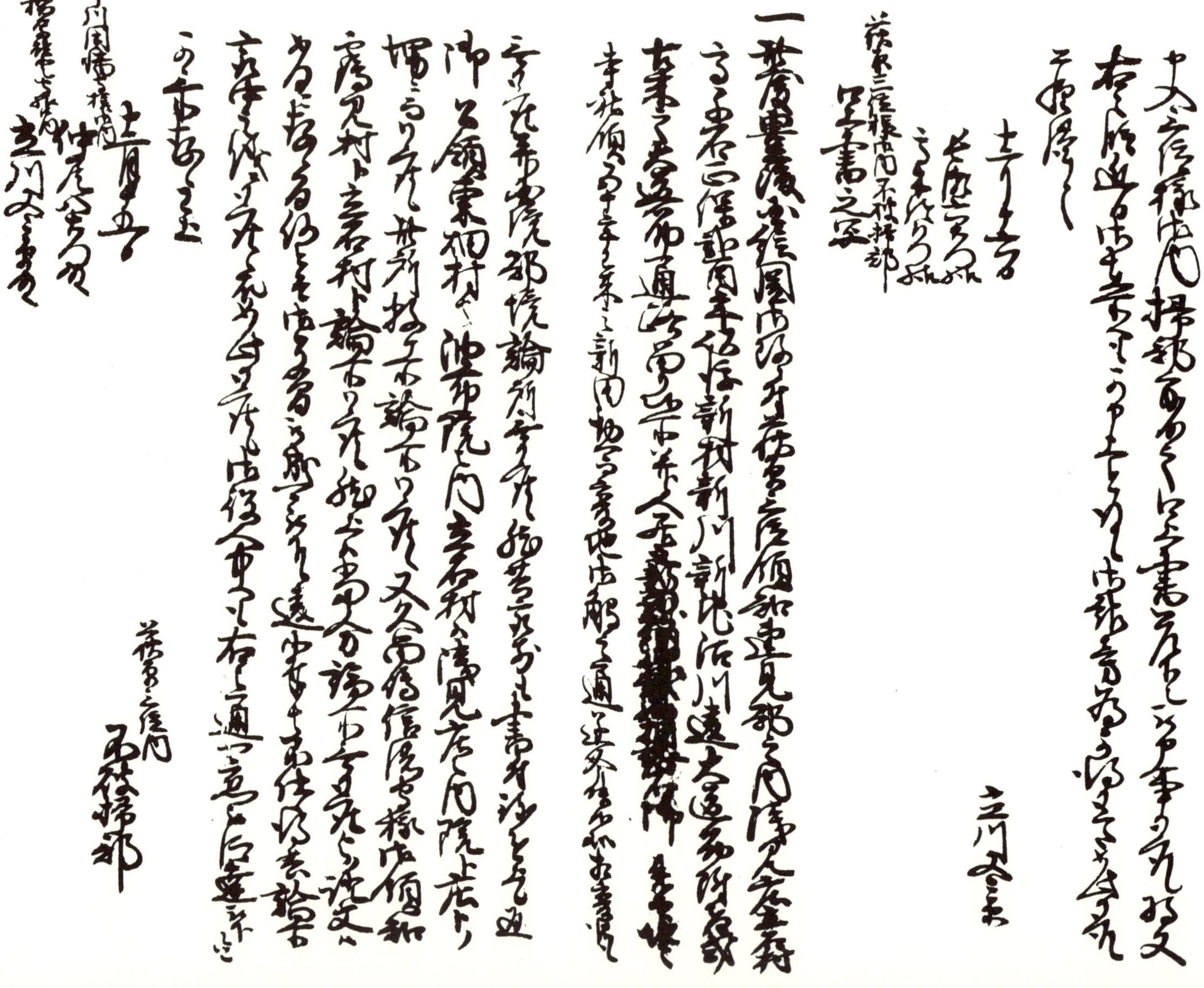

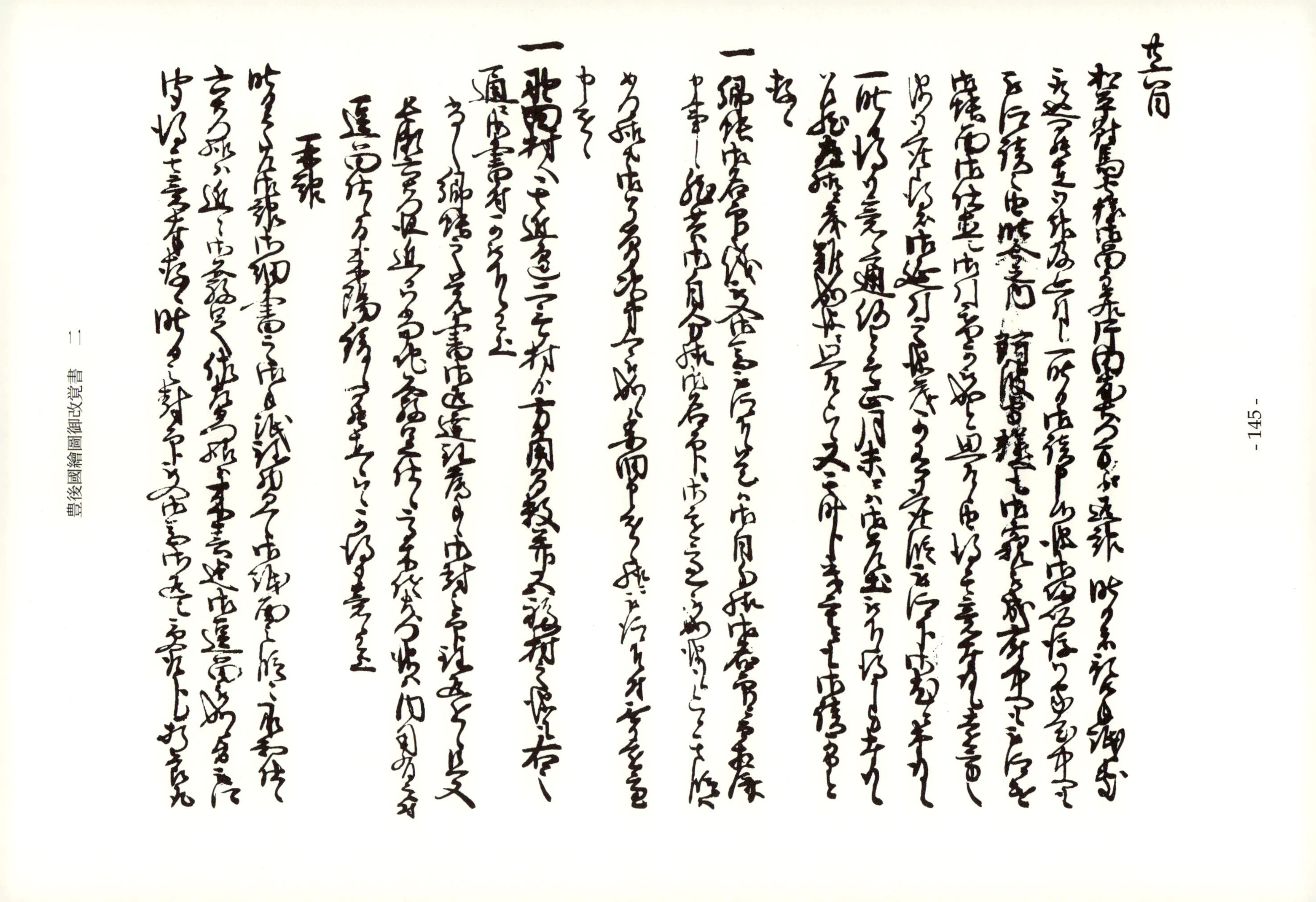

[illegible]

此方より及注進候、以上
一 毛利讃岐守様御役人福原九兵衛方ゟ[illegible]
江戸御役人方ゟ御飛脚[illegible]
申来候ニ付[illegible]
ニ至[illegible]
通シ申付候、以上
一 東海道[illegible]
[illegible]
[illegible]
[illegible]
[illegible]
[illegible]
[illegible]
御座候、以上
添[illegible]
御[illegible]
[illegible]
[illegible]
[illegible]
[illegible]
[illegible]
[illegible]
二十六日[illegible]、以上

一 井上大和守様御役人（長濱源右衛門・林作右衛門）為御見分豊後[illegible]
右之者共[illegible]
[illegible]
[illegible]
一 國東郡[illegible]為御見分[illegible]
[illegible]
今度御書附之写[illegible]持参仕候、
國東郡
一 [illegible]郡之下繪圖　壱枚
國東郡
一 湯鳴[illegible]御帳之写壱冊
一 [illegible]文　壱枚
一 [redacted]
十一月
廿七日
松平[illegible]
[illegible]
[illegible]
廿八日
長崎[illegible]　小林[illegible]　大塚[illegible]
[illegible]
國東郡
一 [illegible]郡之下繪圖　壱枚
國東郡
一 湯鳴[illegible]御帳之写壱冊

玄利様御預り
一 沽文十三通 十枚
一 寺郷帳 壱冊 豊後部 但相川新宗旅松尾對馬守様長束桐助ニ有之
一 当主(?)寄進古かみ 須田中進 小長谷様今井様久留島様御
帳面書付等沽文等別紙書付ニ有之
別紙書付写有之
一 今郷中書付 十二通
小長谷勘左衛門様へ差上分
一 牧村高付 十二通
一 国境ニ付牧村郷書付写 六ケ村書付 十五通
一 沽文 十二通
一 小絵図 八枚 是ハ拾年以前ニ差出
一 森林寺目録 二通
今井九左衛門様へ差出分
一 御支配所山寺社領之書付 十二通
久留島信濃守様へ御差出分
一 牧郷高外縁 壱冊
一 御法書 三通
一 今郷書付 十二通
一 原村書付 十二通
一 沽文 十二通

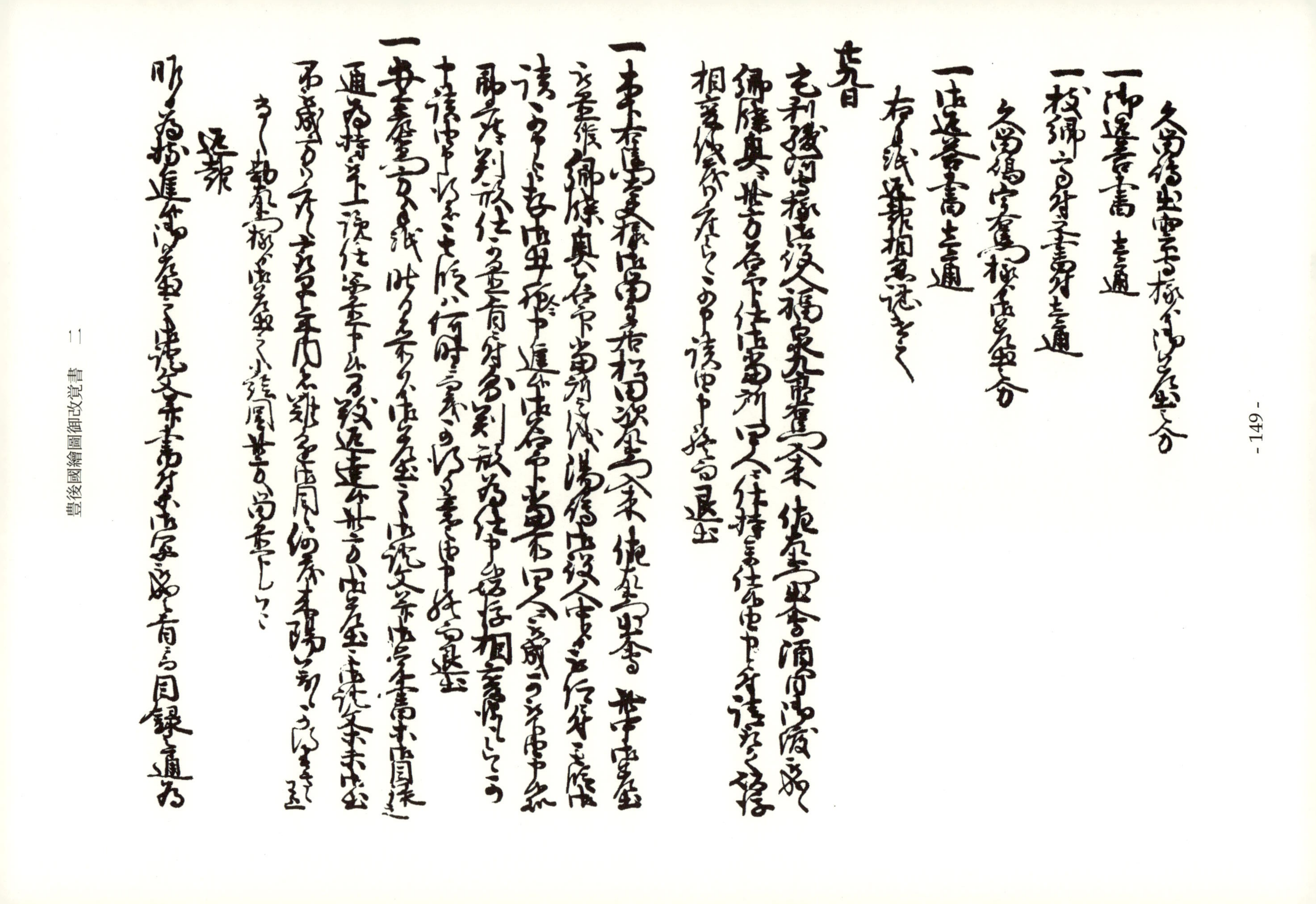

[illegible]

被持参候落手、且又十七矢様出来候ニ付、御記文末様へ可有御座候
言ニ而ちよくめ被成候、御書之内より申来候上
進上小絵図被下、是又被入御念候、右御念入

元禄十一年
正月二日
同備前様御役人 井上大和守殿より口上書ニて年礼申越

三日
井上遠江守より年礼口上書ニて申来候

四日
井上遠江守より書状 井上大和守様御内 長濱治左衛門 林伝兵衛より茶湯
御茶ハ三人様御役人へ年礼、御相談ニ申請候、右文書面之儀申来候

六日
井上大和守様御内 長濱治左衛門 林伝兵衛
平野次郎兵衛様御役人 内井甚右衛門 山口孫兵衛
細川伊豆守様御役人 吉田孫兵衛 石井甚兵衛
町野新左衛門様御役人 吉良久左衛門
右御役人中為年礼伺公　井上遠江守へ相達候

七日
井上遠江守へ、松平志摩守様 本多中務大輔様 毛利駿河守様
松平右京大夫様、右衛門様御記文并ニ書付相揃候ニ付相済候
本多中務大輔様方へ遠絵図得と御申候也

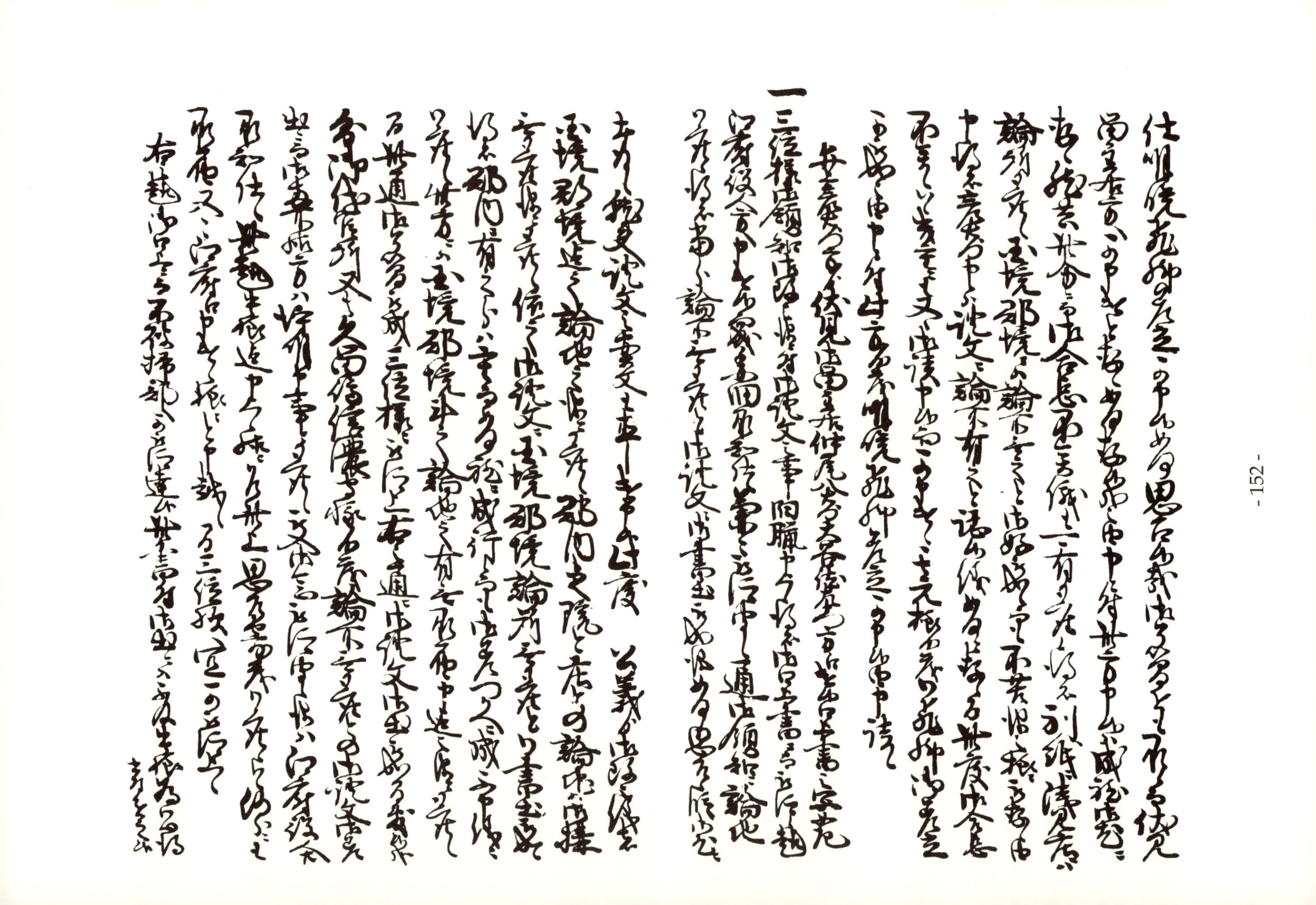

[illegible]

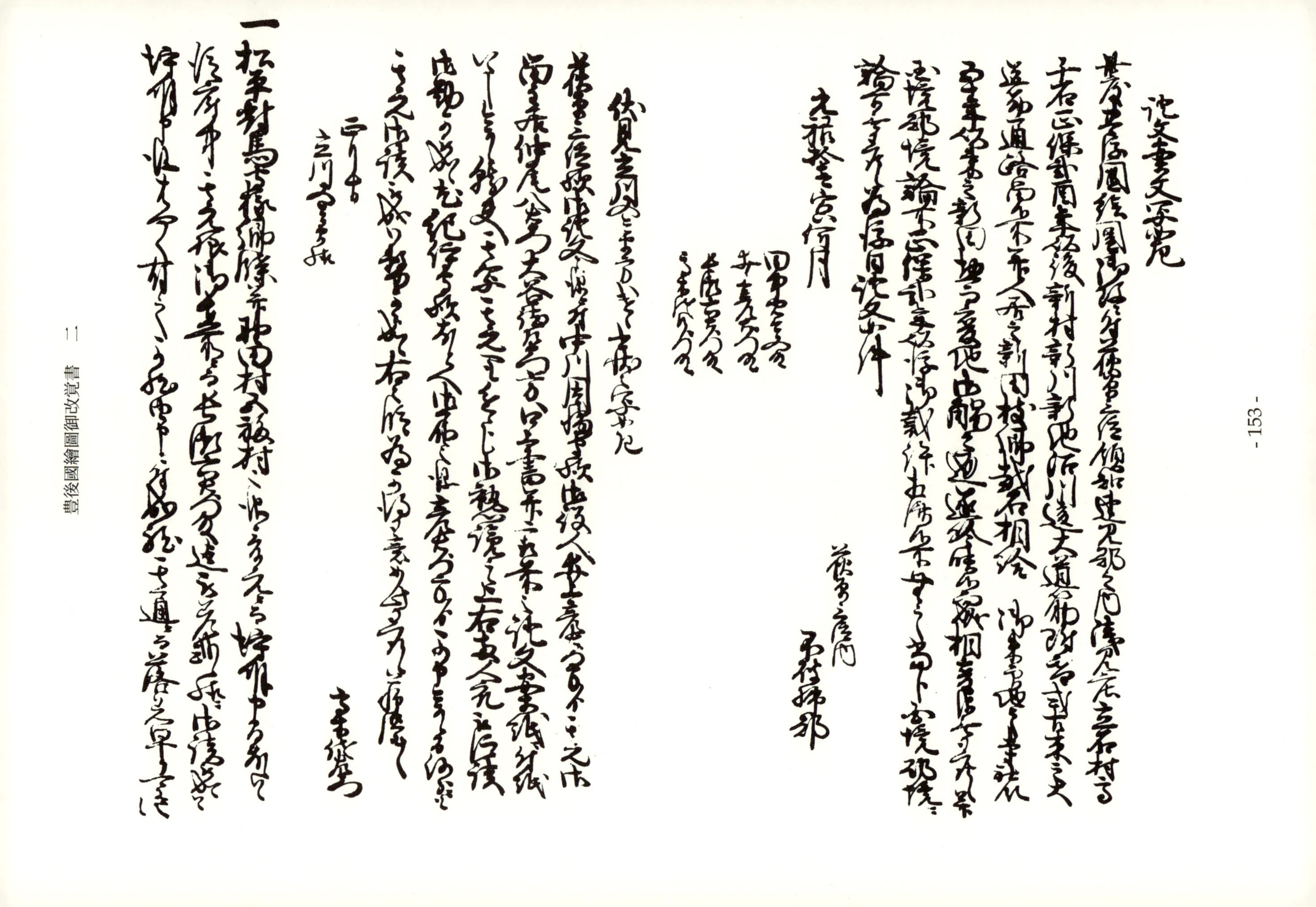

證文書之写覚

豊後國繪圖御改ニ付[illegible]郡之内[illegible]石村ゟ

[illegible]

[illegible]

[illegible]

[illegible]

[illegible]

元禄拾壹年寅六月

[illegible]

[illegible]

[illegible]

[illegible]

[illegible]

[illegible]

伏見主水[illegible]

[illegible]

[illegible]

[illegible]

[illegible]

[illegible]

[illegible]

[illegible]

[illegible]

一　松平対馬守様御[illegible]村[illegible]

[illegible]

[illegible]

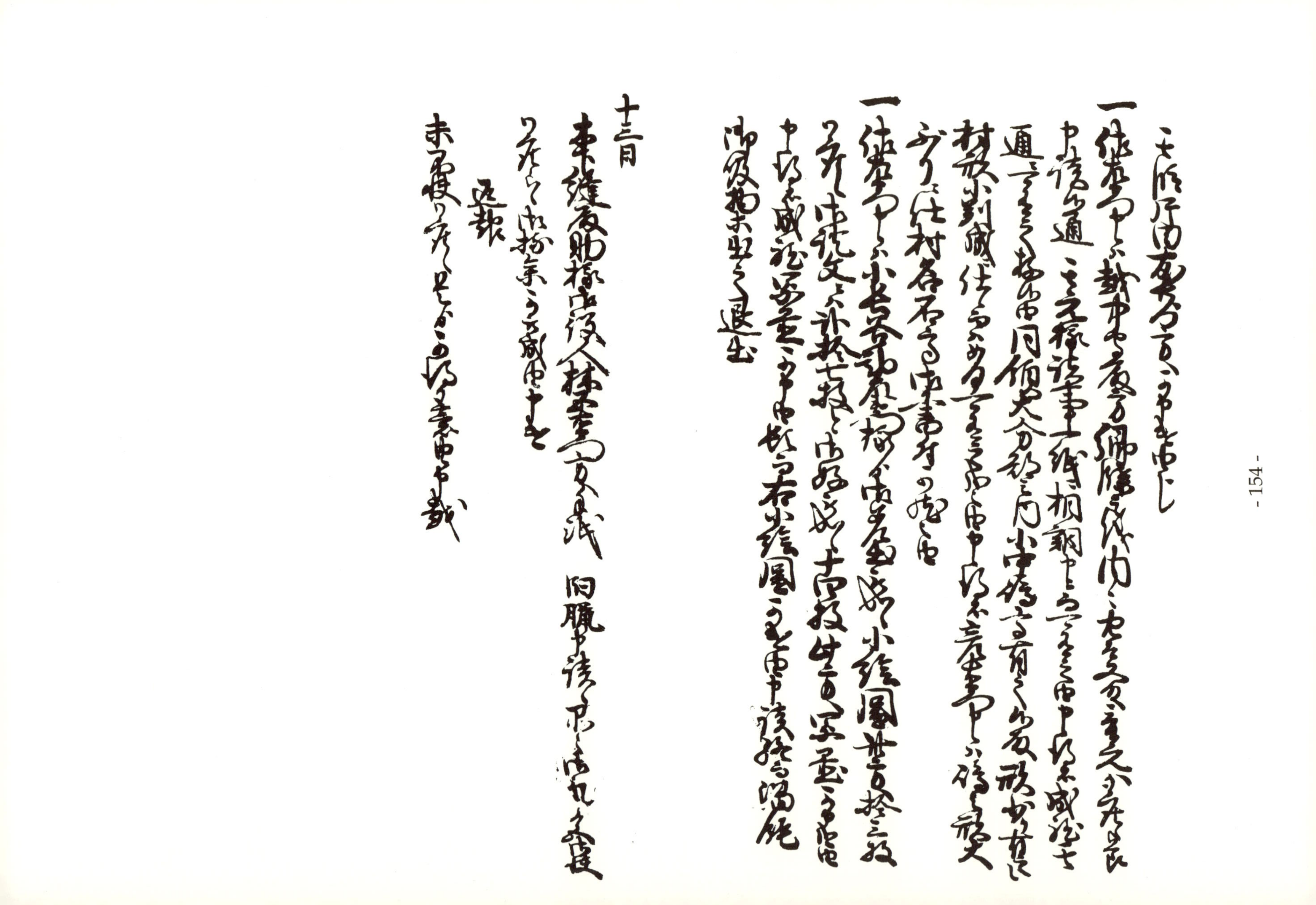

正月
十六日
井上兵右衛門ゟ之儀　此者江戸御書中之趣別紙被仰下候ニ付書付
明日福原九郎兵衛ゟ致持参候處ニ遂吟味候且又今日参候者勘定所
懸合之儀繪圖小繪圖等之御用繪圖之儀ニ付御改被成候
之旨申遣候書付之趣ニ而御座候
返状
此中御書付之別紙御書付之趣ニ付御返答申遣候
繪圖小繪圖等之御用繪圖之儀ニ付御改ニ而
御座候ニ付書付之別紙之趣返進之候
十七日
井上兵右衛門ゟ之儀　此者井上方ゟ繪圖等之儀ニ付参候

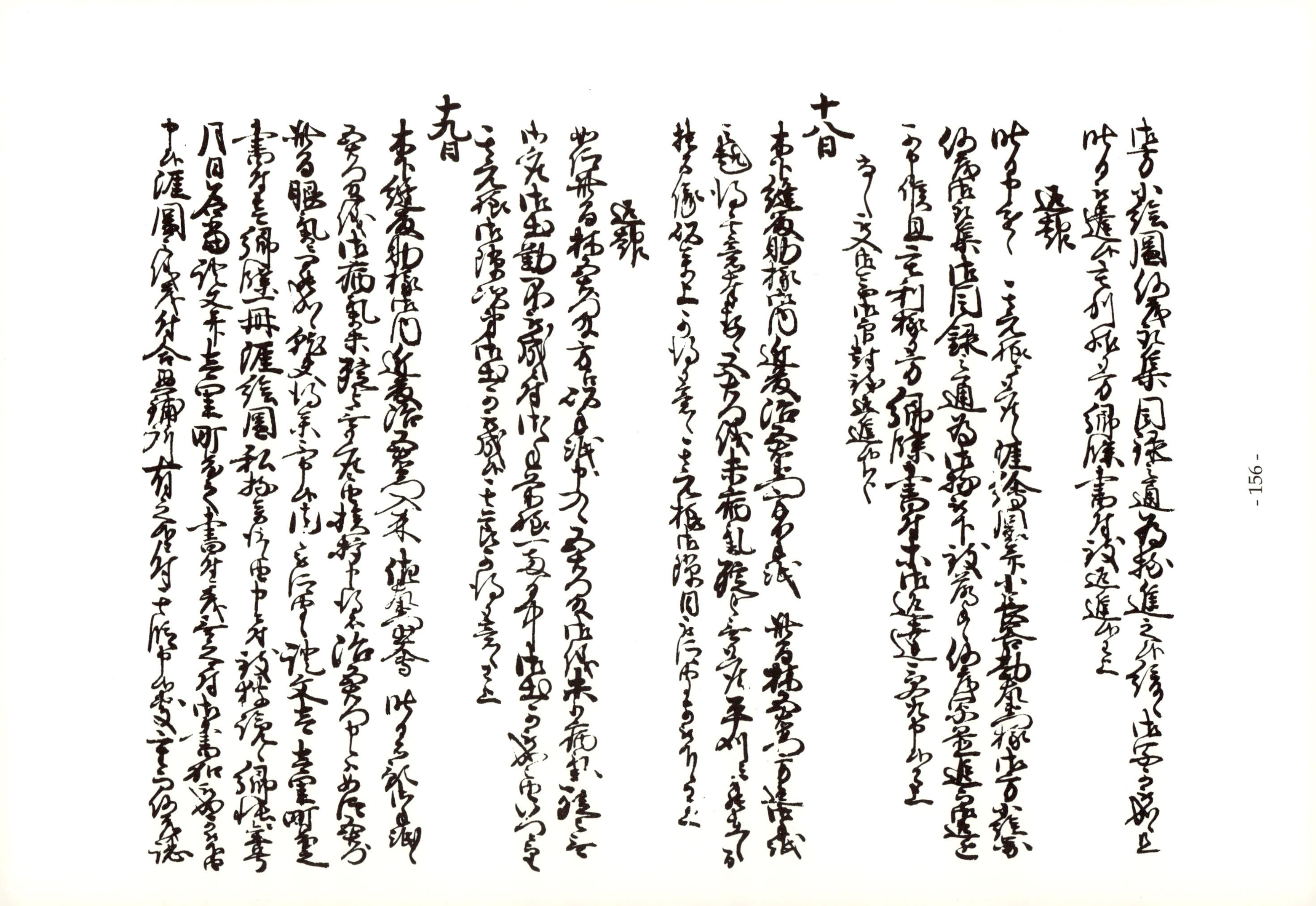

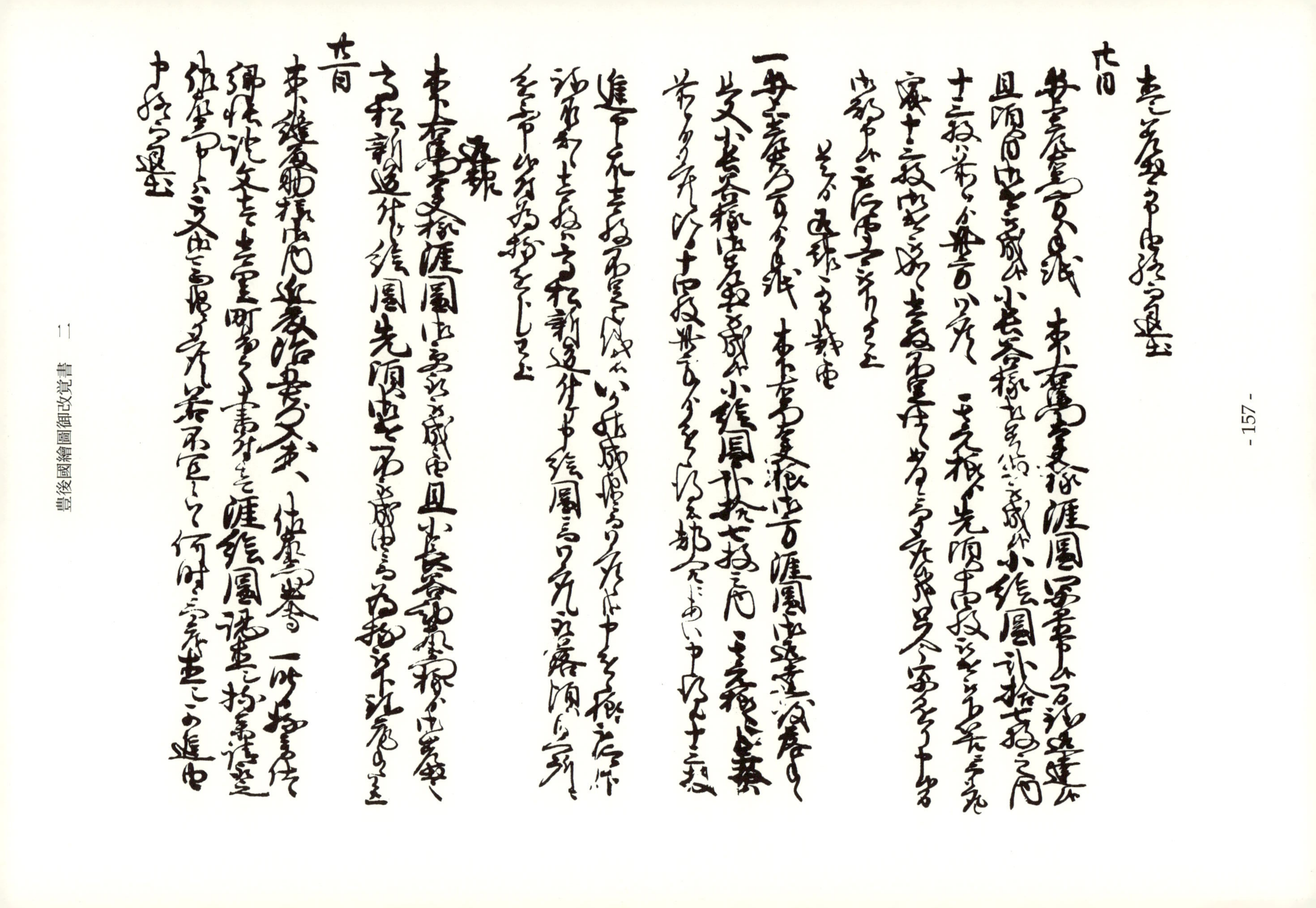

[illegible]

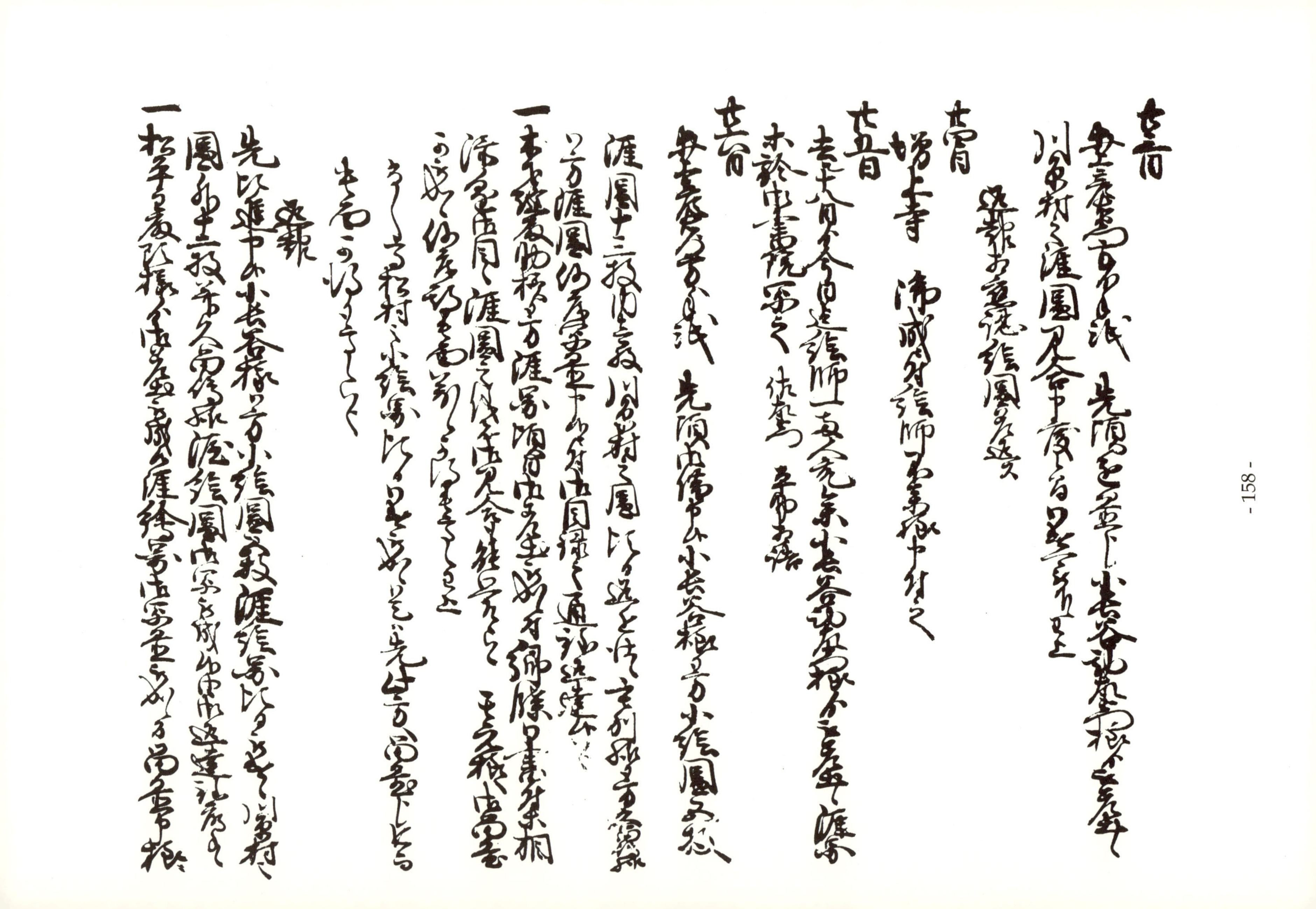

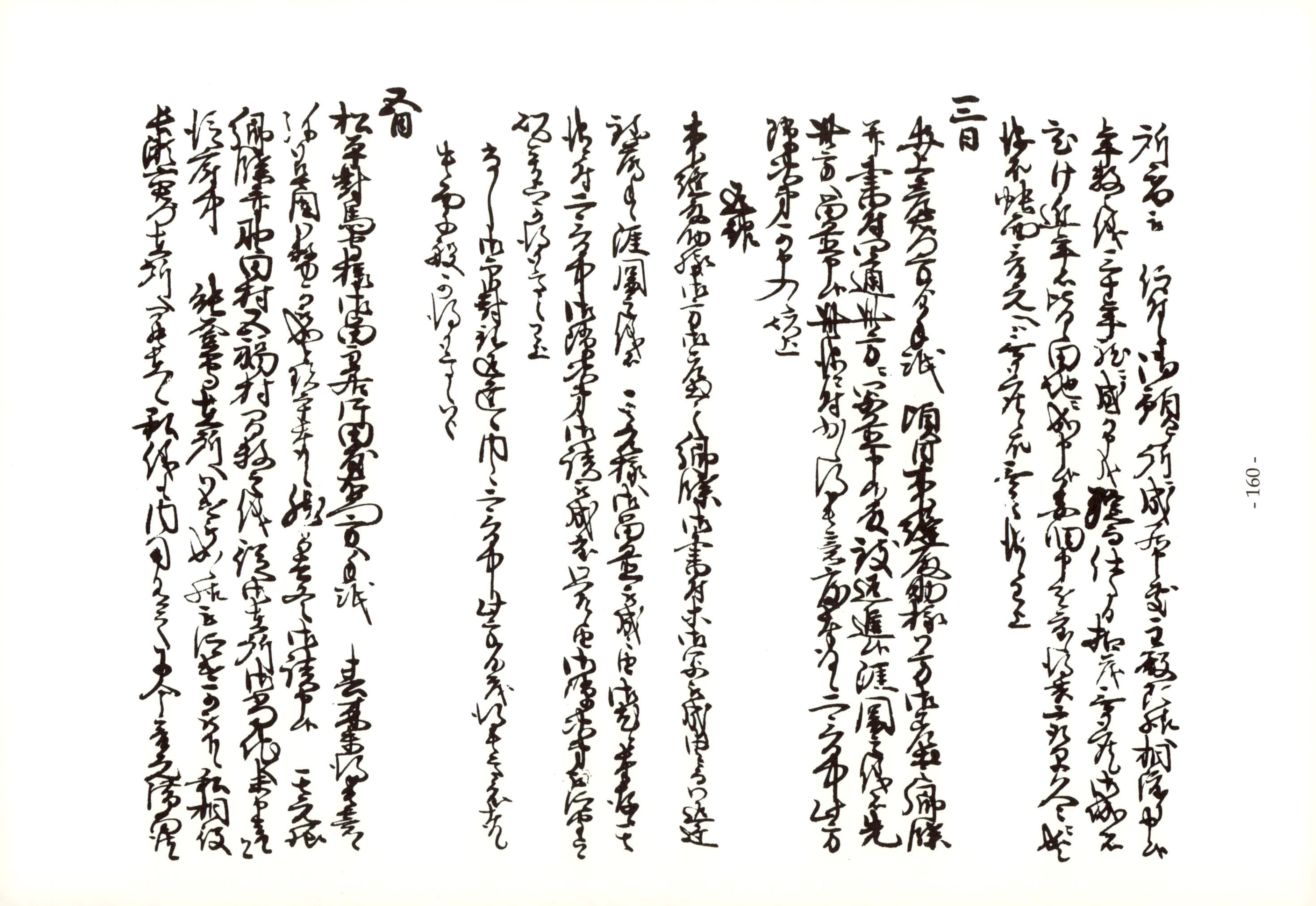

[illegible]

三日

[illegible]

四日

[illegible]

迯村ゟ高地出来候ニ付［illegible］右之通御絵図ニ仕候様ニ［illegible］
右之通［illegible］村［illegible］書上［illegible］

［illegible］

岡［illegible］対馬守御領分［illegible］村又福永村［illegible］境目［illegible］

所ハ中々［illegible］申候［illegible］

［illegible］宝［illegible］所ニ而相待［illegible］

［illegible］御代官［illegible］

七日

安岐［illegible］

御帳［illegible］

［illegible］

［illegible］小長谷［illegible］

［illegible］

中［illegible］

［illegible］

九日

国東郡［illegible］

［illegible］

［illegible］絵図［illegible］

所［illegible］

国東［illegible］

［illegible］

［illegible］

候ニ付差上ケ申候

一 葛木村ニ而高木主水正様御支配所ニ而村方領分ニ而高木主水正様
之押札ニ而相認差上 二七通之控ハ御座候得共当時一ケ所焼失仕候
候ニ付差上ケ不申候

一 名張藤堂宮内様御領分古来絵図、改蔵町村ニ而[illegible]
書上候而其後先規二十通之内絵図書付ニ候得共焼失仕候
絵ニ付差上ケ申候

一 日向[illegible]海[illegible]書付[illegible] 二ケ所ニ而
二八ニ付[illegible]候ニ付差上ケ不申候

一 松平[illegible]様御領分 [illegible]郡之内城[illegible]松平右京亮殿
村々書付隠居申中候ニ付 二十通之内差上ケ申候

一 松平対馬守様御領分 和田村東院村ニ而一村ニ而[illegible]東院村ニ而[illegible]
乃敷相認[illegible]二十通之内相違[illegible]候ニ付[illegible]

一 黒田村[illegible]村[illegible]村[illegible]村[illegible]見[illegible]村[illegible]
めす思召[illegible]書[illegible]

一 今井[illegible]様御支配所[illegible]村[illegible]村[illegible]
[illegible]枝村[illegible]候ニ付[illegible]
[illegible]二十通之内差上申候

一 細川越中守様御領分[illegible]村之内[illegible]
絵図之通[illegible]二十通之内[illegible]

一 若狭[illegible]
山[illegible]村[illegible]山[illegible]村一ケ所[illegible]

米水津入津ゟ中木浦迄海上三里余之内浦々書入候

佐伯
一 入津ゟ河内浦迄三里半と見え　御書付西野浦ゟ河内浦迄三里半ニ有之候

右同断

佐伯領
一 大嶋ゟ米水津迄三里拾町と見え　御書付大嶋ゟ浦代浦迄三里拾町ニ有之候

右同断

佐伯領
一 中村ゟ大嶋迄三里半と見え　御書付中浦村ゟ大嶋迄三里半ニ有之

今度中浦村と成候付書付申候

一 上浦ゟ鶴見崎海上ニ取迄之所、鶴見村之字高松浦ゟ書入迄と相見へ候

右所之文字無之候

一 深江ゟ佐賀関迄七里と見え、此書付ニ者書入迄ニ而七里ニ有之

今度書上候様ニ蒲村と書付、是者押札ニ書出し在家ニ書付ニ而

ら御料所佐賀関書出申候

一 長目浦村ゟ所浦ゟ書入細川越中守殿御預り所有之候、御料所御預り所書出申候

是者所之所御料所書付有之候

一 毛利様御領分浦村ゟ臼杵川迄廃止と見え、此所書入無之候

右之通書付

一 佐伯領当迄川ゟ書入候ニ付右之書入無之候

右佐伯領ゟ書付相違ニ付、遂吟味右之通ニ御座候

一 日向境海ゟ之国境除札無之

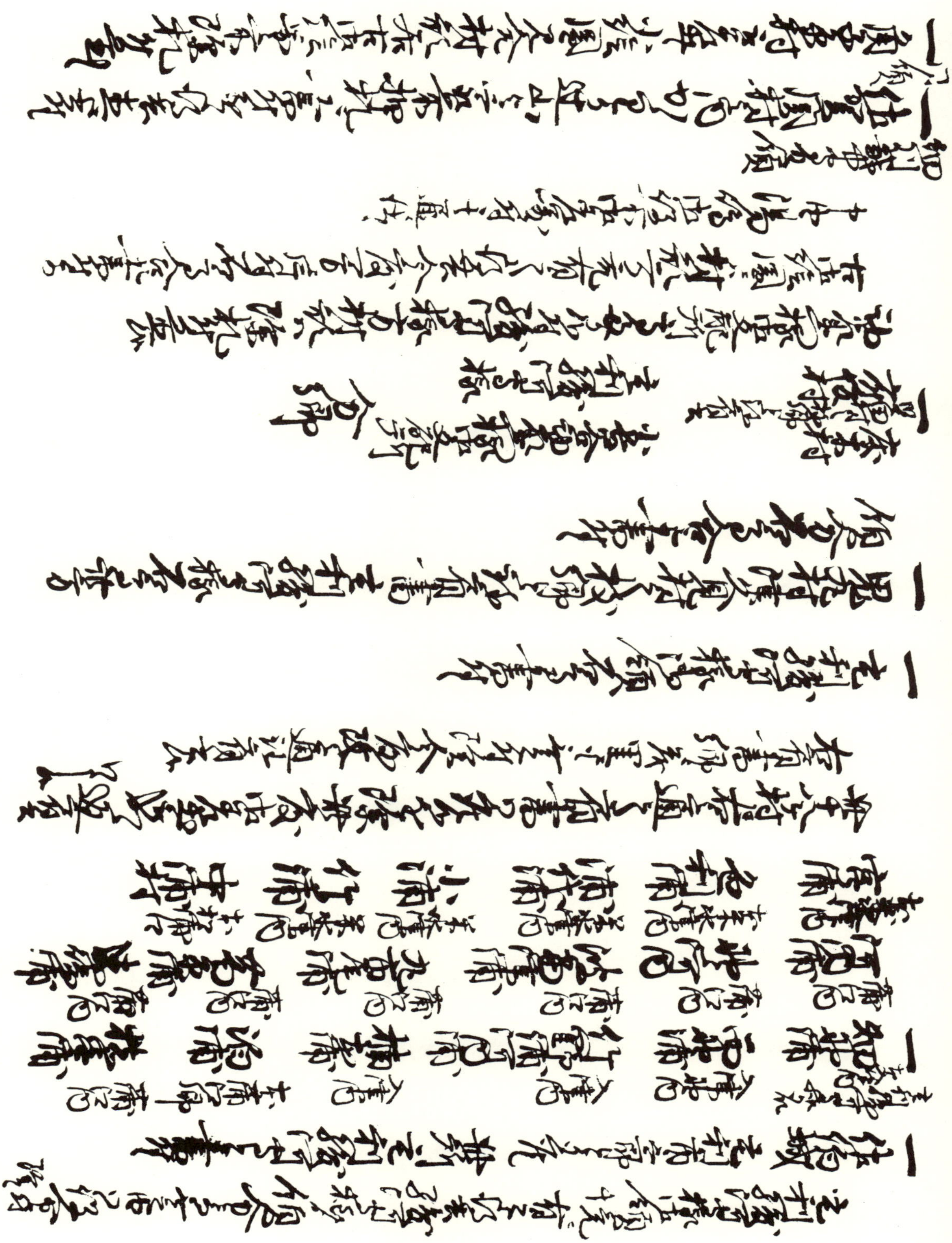

御領
一 海辺ゟ[illegible]と見え　かね[illegible]の鼻毛と書たり
豊前[illegible]ゟ見候ハヽ[illegible]と申所也

一 毛利摂津守様御領 豊後国[illegible]村[illegible]ゟ青銭[illegible]書付有て
豊前国[illegible]様御預り[illegible]

大分郡之内

[illegible]様御支配所
一 高松浦 当所陣屋[illegible]　[illegible]ゟ[illegible]書付有

[illegible]様御支配所
一 高松[illegible]村[illegible]村[illegible]と書付有
古[illegible]図ニハ[illegible]と見え今[illegible]高松村[illegible]村[illegible]高松村と書付有

一 萬寿村小[illegible]様御支配所[illegible]万領今[illegible]押札ニ
[illegible]て　[illegible]領今[illegible]と書付[illegible]

細川越中守様御領
一 小[illegible]村[illegible]村[illegible]と書付有
今[illegible]村[illegible]

一 府内城[illegible]根[illegible]と見え　豊前松平対馬守と書付有

松平対馬守様御城下
一 松平町 府内町 同[illegible]町 笠和町　[illegible]押札ニ書付有て
[illegible]　豊前[illegible]と書付有
古[illegible]図ニハ[illegible]通り[illegible]村と書付有

御領
一 上金谷迫村[illegible]札[illegible]
古[illegible]図ニハ上金谷迫村 下金谷迫村と見え
[illegible]一村[illegible]金谷迫村と

御同領

一 野田村　五福村先年御改之節出絵図見合村名致無之是ハ野原
　書出高無之候村名ニ而相違成申ニ付書付不申候
　　　　　　　　　　　　　斗一村ニ御座候

米谷弥兵衛様御支配所

一 龍原村　高弐百九拾石余是ハ枝郷ニ而御座候今度右之内
　枝郷ニ致所当残ス書付申候

同人様御支配所

一 蕪村　池ノ原村右ハ本村龍原村之枝郷ニ致前書不申書付申候

同人様御支配所

一 高木村　高弐千石余是ハ枝郷ニ而御座候今度
　右之内枝郷ニ致所当残ス書付申候

同人様御支配所

一 地吉村　高木村之枝郷ニ致前書不申書付申候

同人様御支配所

一 葛草村　高弐拾三石余是ハ枝郷ニ而御座候
　今度右之内枝郷ニ致所当残ス書付申候

御同人様御支配所

一 後田村　葛草村之枝郷ニ致前書不申書付申候

御同人様御支配所

一 堤河内村　赤仁田村之枝村ニ致前書申候
　右ハ絵図ニハ村ニ而ハ不致候

一 松平様御領右之書付上渕村ハ對馬守様と相給対馬守様

御検地出来之上ニ而石高書付可申候

一 倉敷庭瀬預所除 廿ケ所迄小返分上十遍又兵衛ニ而書上可申候

奥田様御預所ヘ者又兵衛殿ゟ可被仰付候

一 吉川村御用地御座候

小長谷喜太郎様御支配所

一 今西村本郷村新田之御図面追候

奥田様御預ケ相改候 今度御用ニ付御座候之

右両村古来御図面不足 村役人今度二村元ニ成候

一 高松村々所 同断

道筋古来御図面ニ相違在之候

一 世方領今堺村百姓所相違之所御座候 古来境[illegible]相極可申候

一 同領横尾村同断

一 小長谷喜太郎様御支配所 東松山村高田様御預 世方領分 新村之分

青田御料分[illegible]

速見郡之内

一 辻間村 久留島信濃守様 今分郷 右当高之儀古来ゟ信濃守様[illegible]

村方除村々

久留島信濃守様御預所 辻間村分郷

一 頭成 市坊村 日 日野村 今度村役人村名高書付

卅三村古来御図面有之[illegible] 右三村役村[illegible]

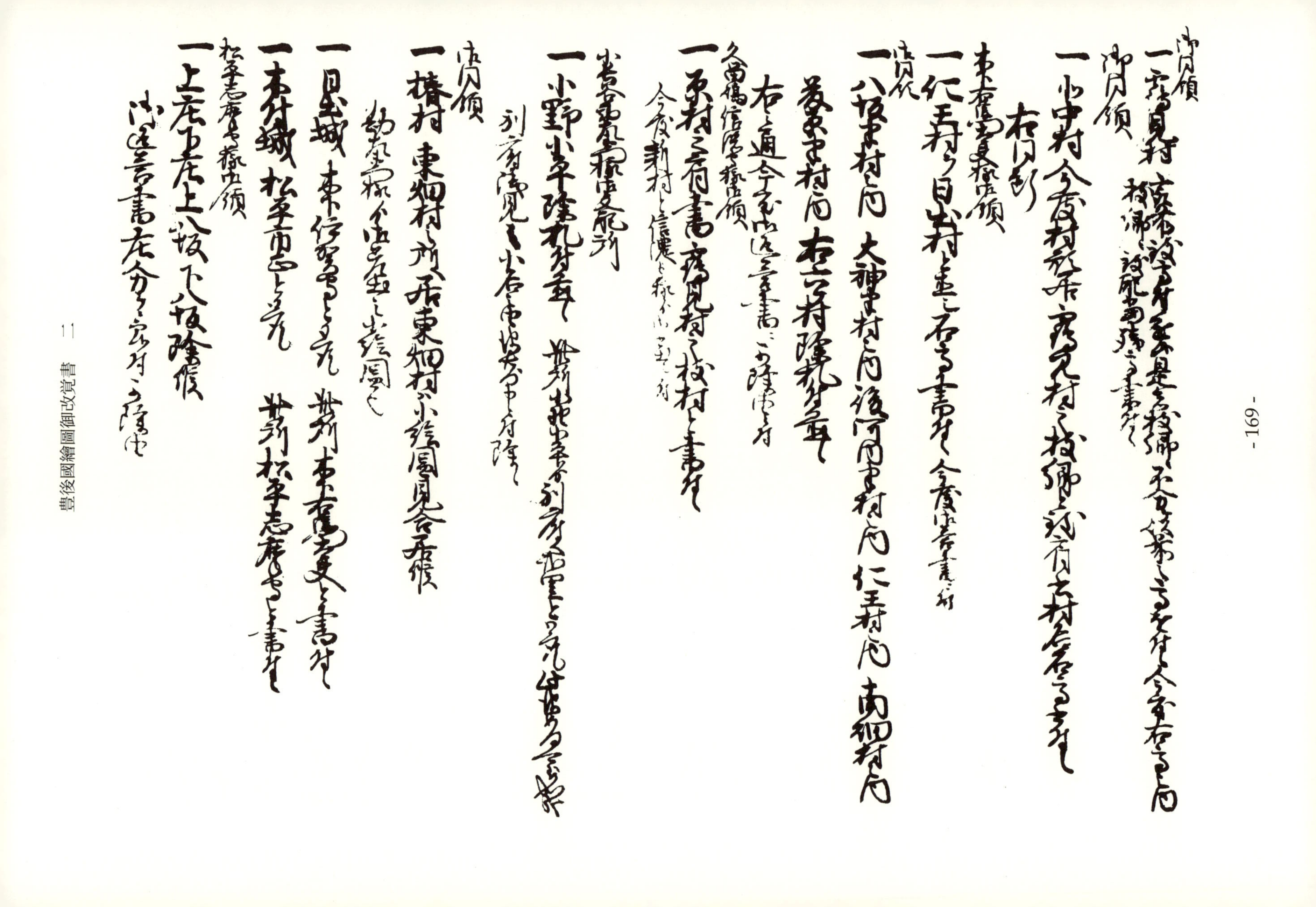

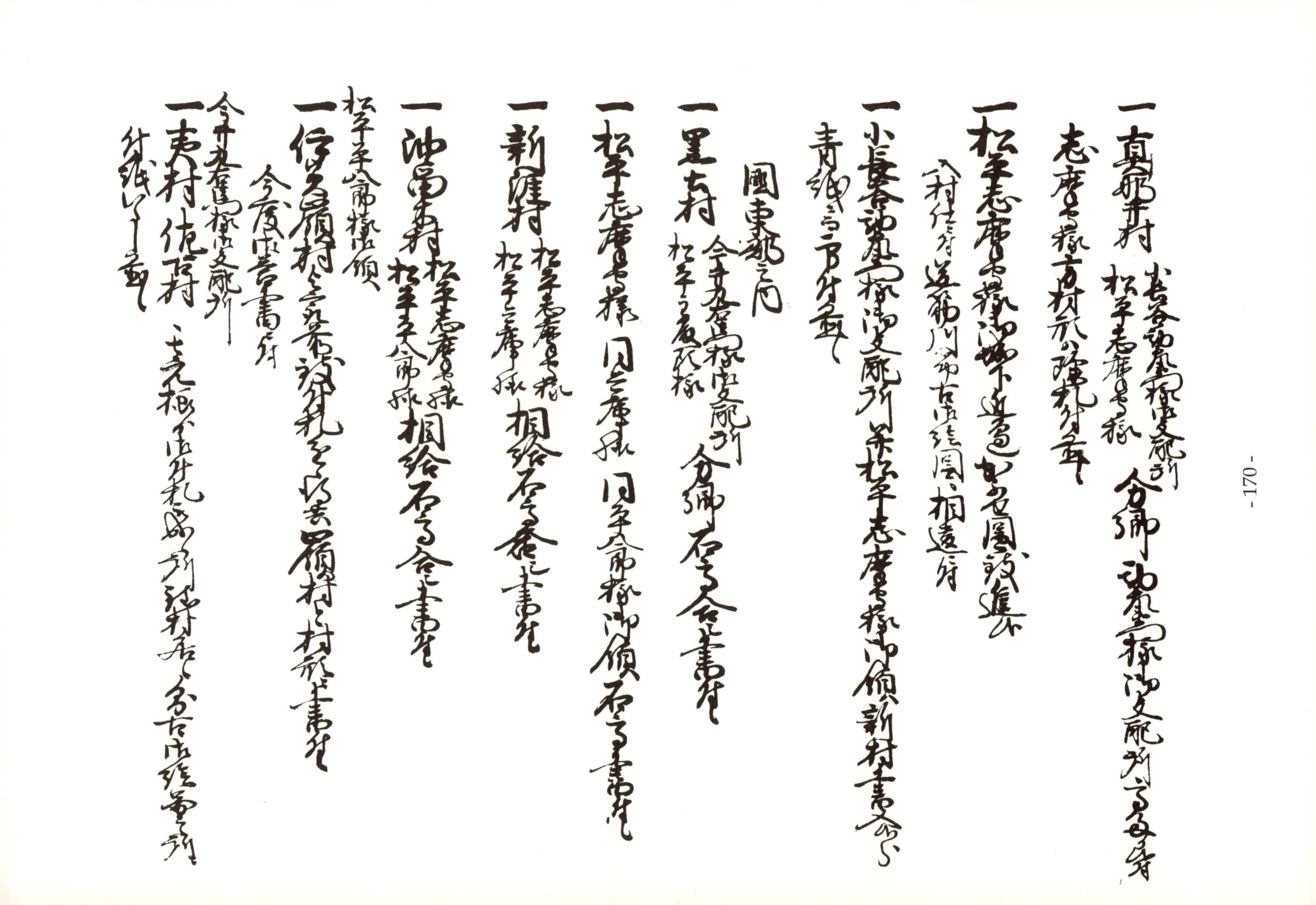

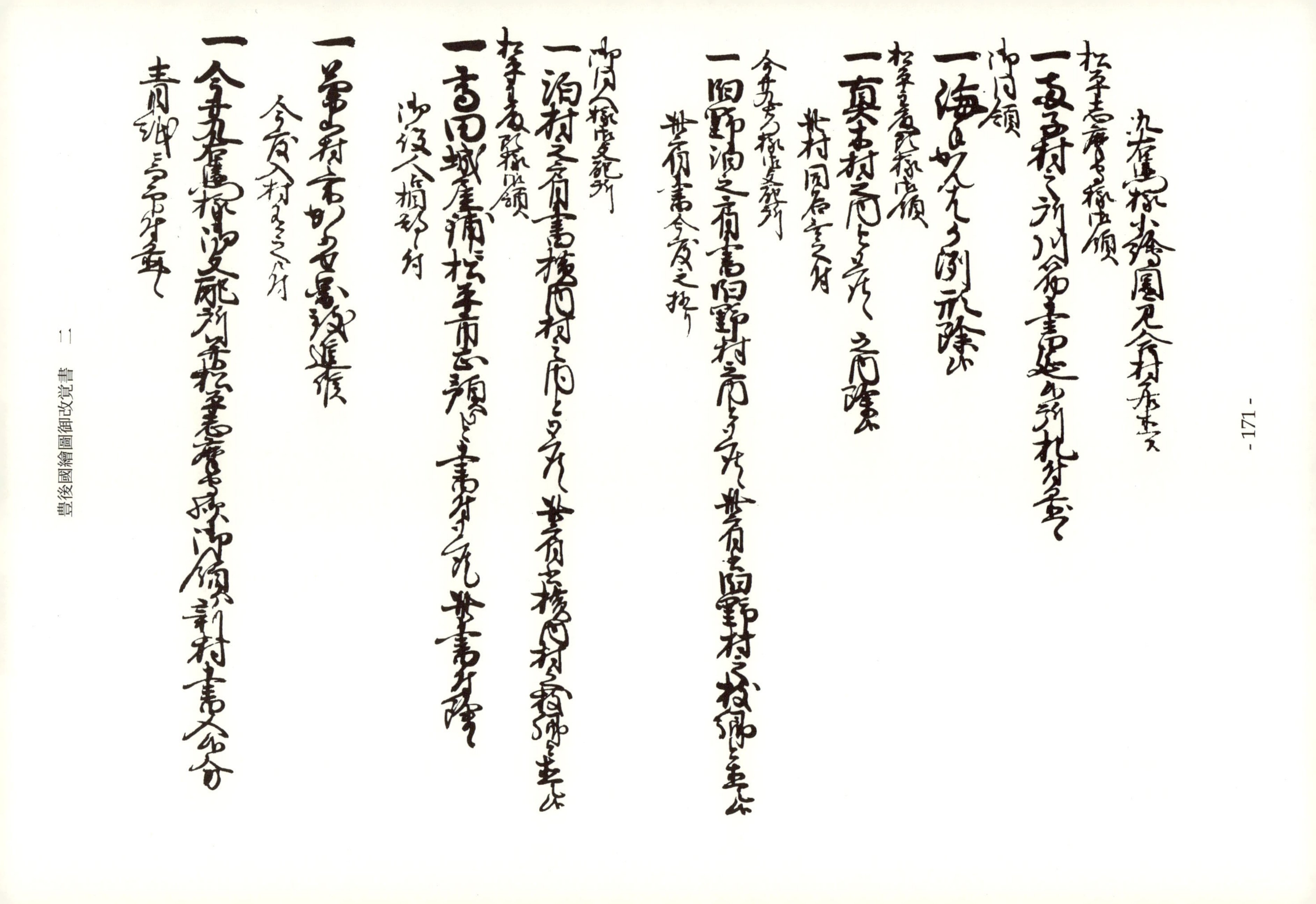

[illegible]

一 [illegible]

一 [illegible]

一 [illegible]

一 [illegible]

一 [illegible]

一 [illegible]

一 [illegible]

一 一郡切之組合ニ可致事ニ付押札ニ而差上申候

未御代官様ニ不相伺候付

右書面ハ関東御取締様方ハ不申上候

二月

十五日

牧野越中守様御在城 御役所御出役有之候ニ付御談合之事有之候

罷出候処右御役所ニ而御尋之儀ニ付申上候

追録

如之御請書差上候ニ付其方共[illegible]之儀者[illegible]

書付を以申上候様被仰付申上候

一 細田信濃守様三浦志摩守様御代官所御座候処御精勤被成候ニ付

御座候処去月中旬御伺之上[illegible]

ニ付中ニ而[illegible]道中御使ニ而今日[illegible]

[illegible]中ニ而[illegible]絵図[illegible]

[illegible]付[illegible]御使中[illegible]絵図[illegible]

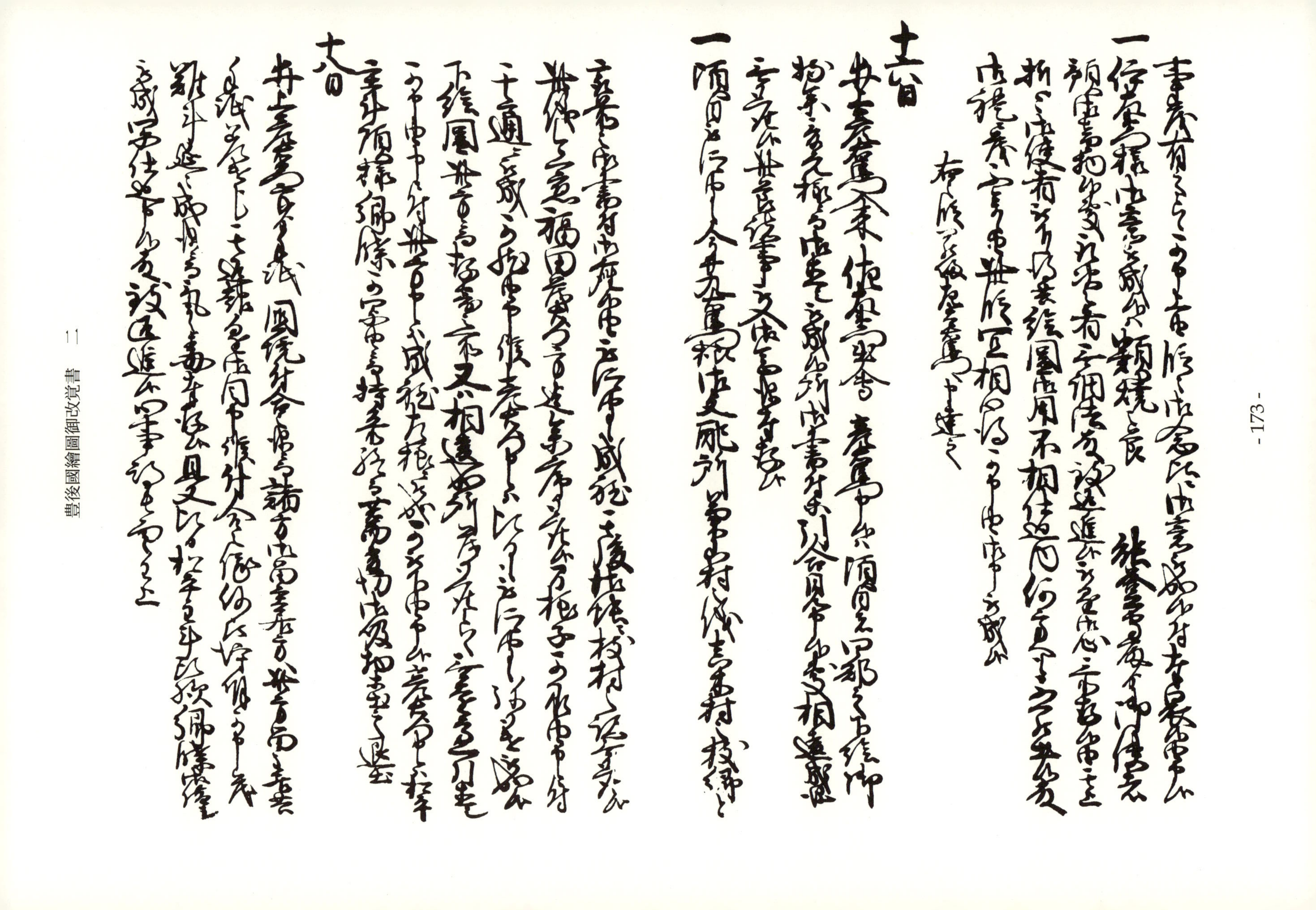

一 [illegible]

十五日

[illegible]

一 [illegible]

十六日

[illegible]

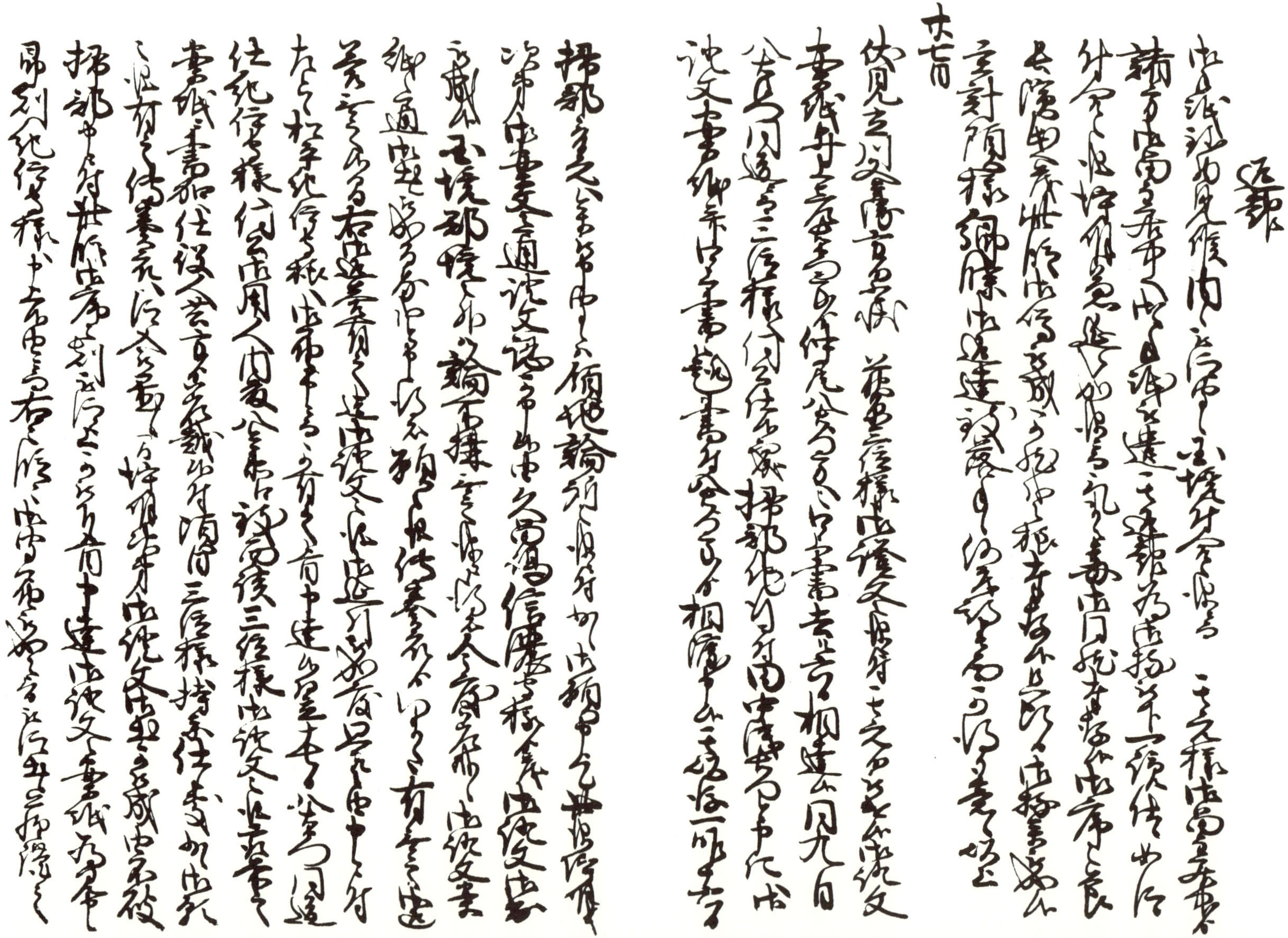

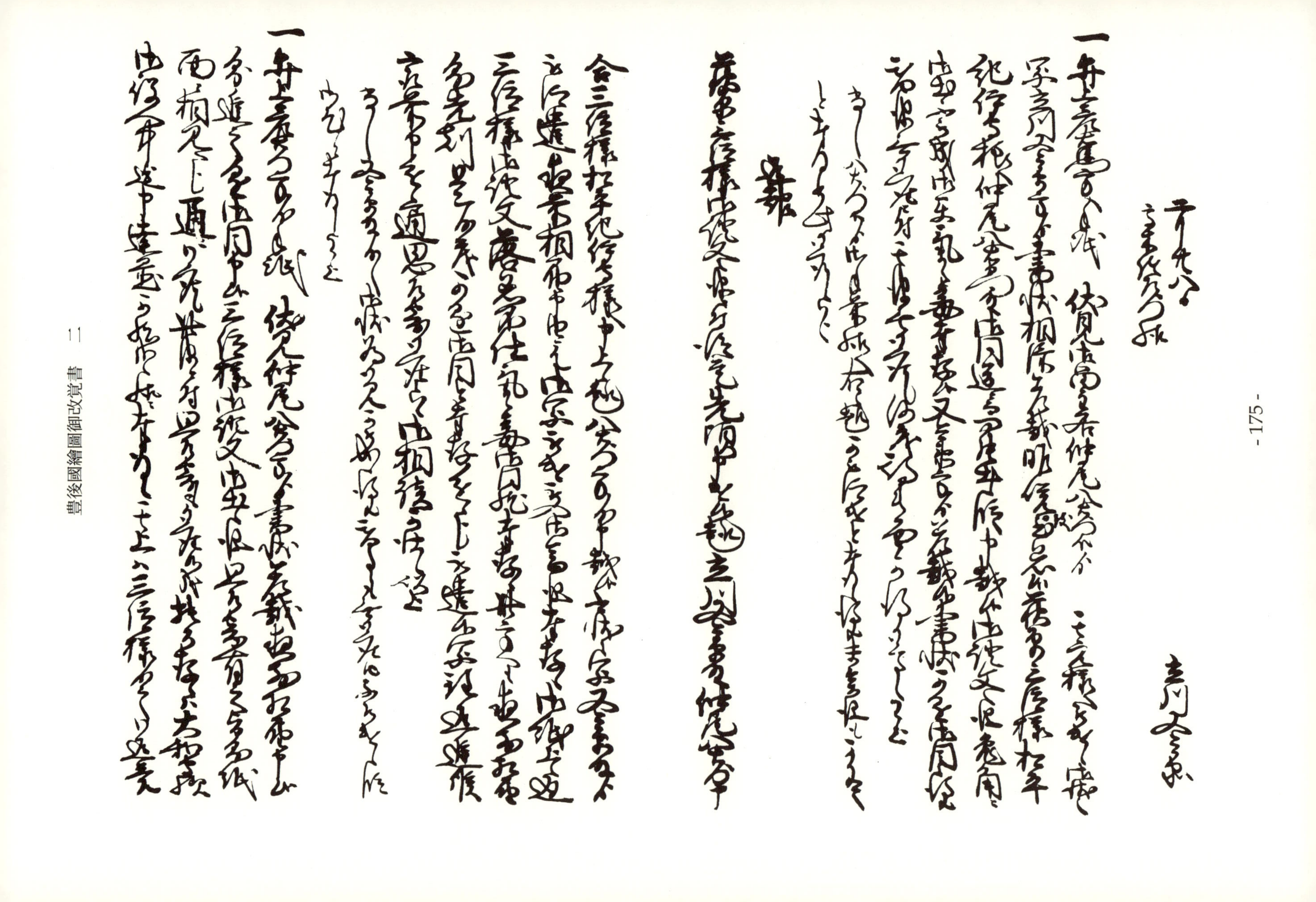

[illegible]

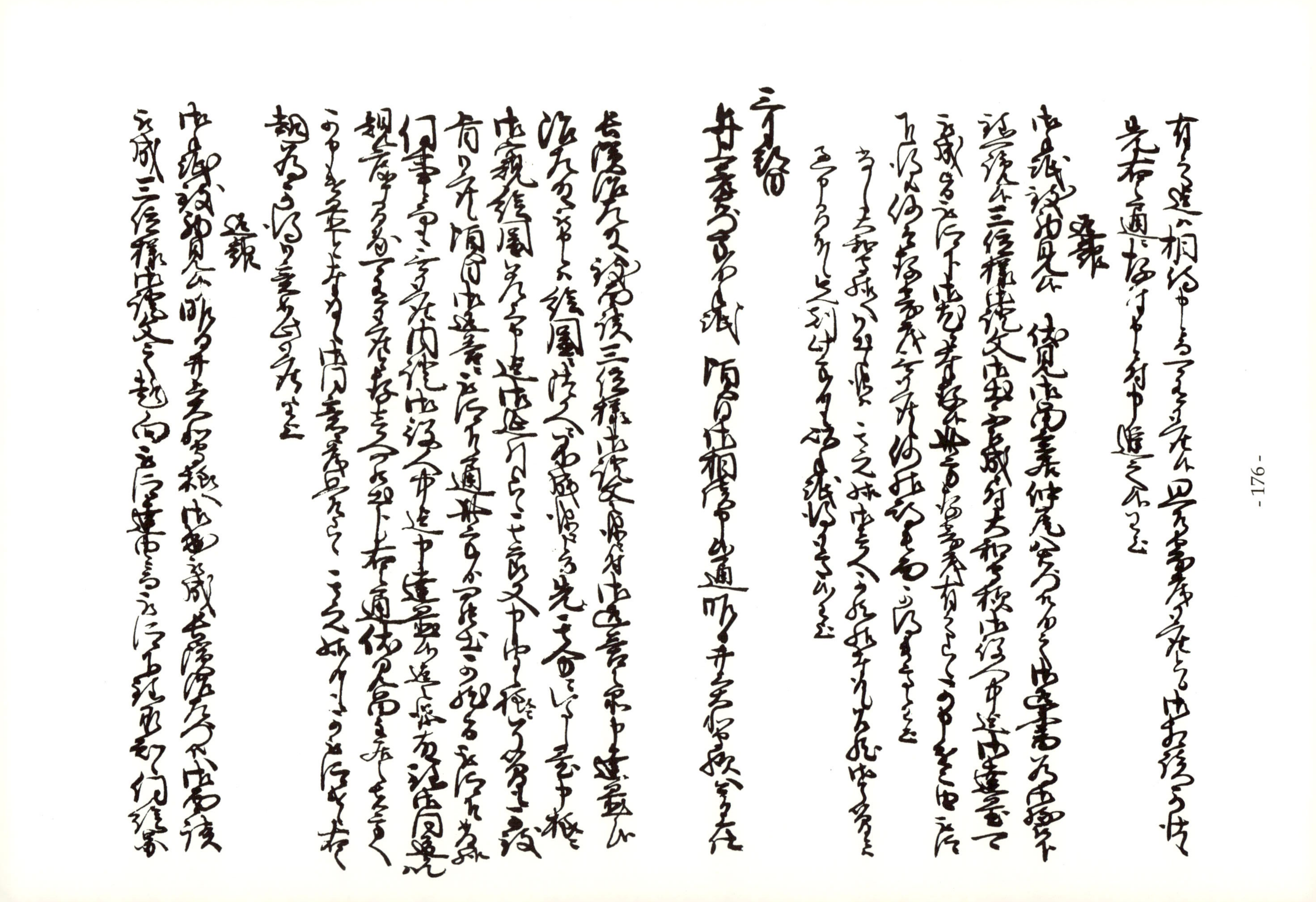

[illegible]

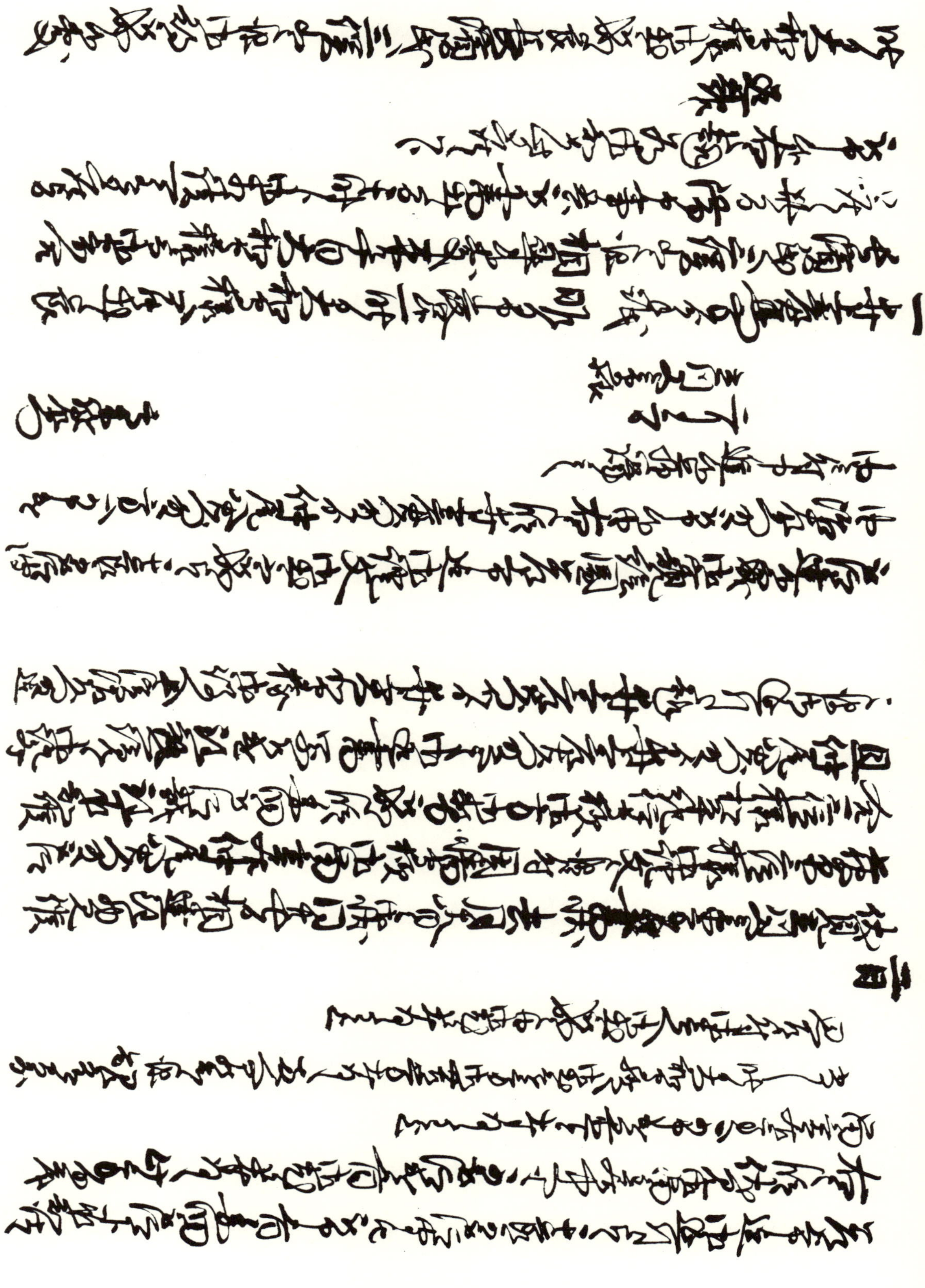

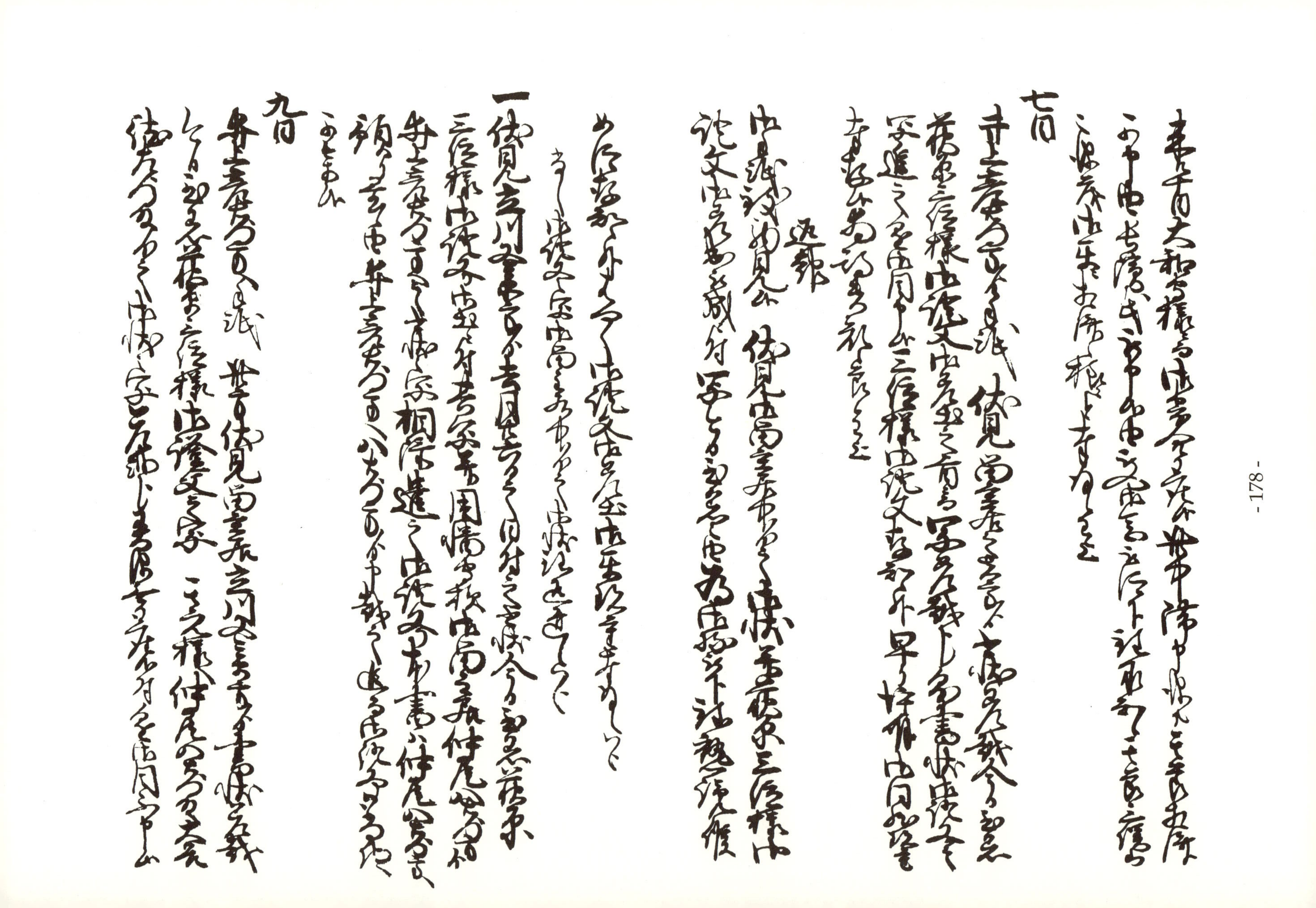

[illegible]

七日

[illegible]

返却

[illegible]

一[illegible]

[illegible]

九日

[illegible]

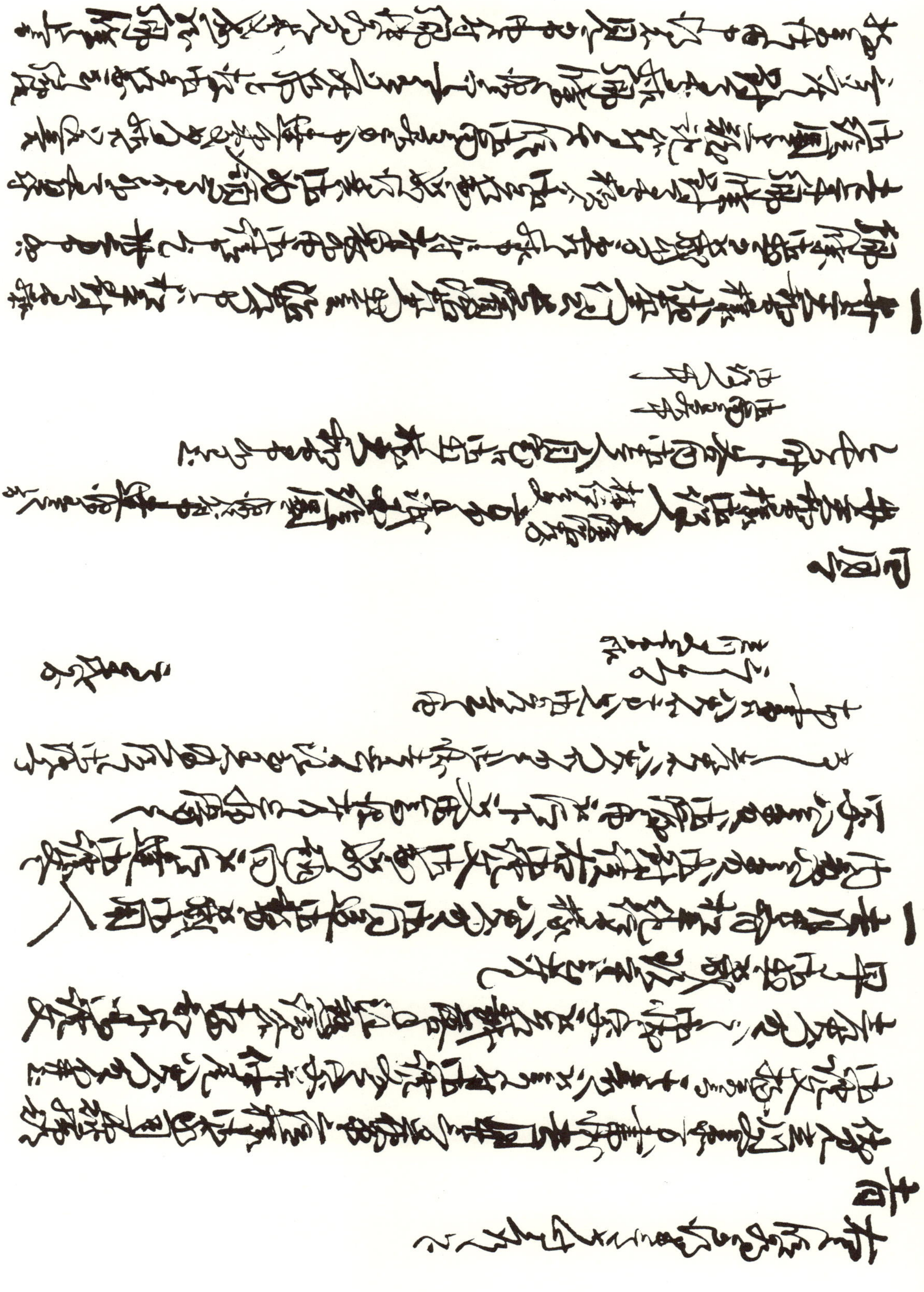

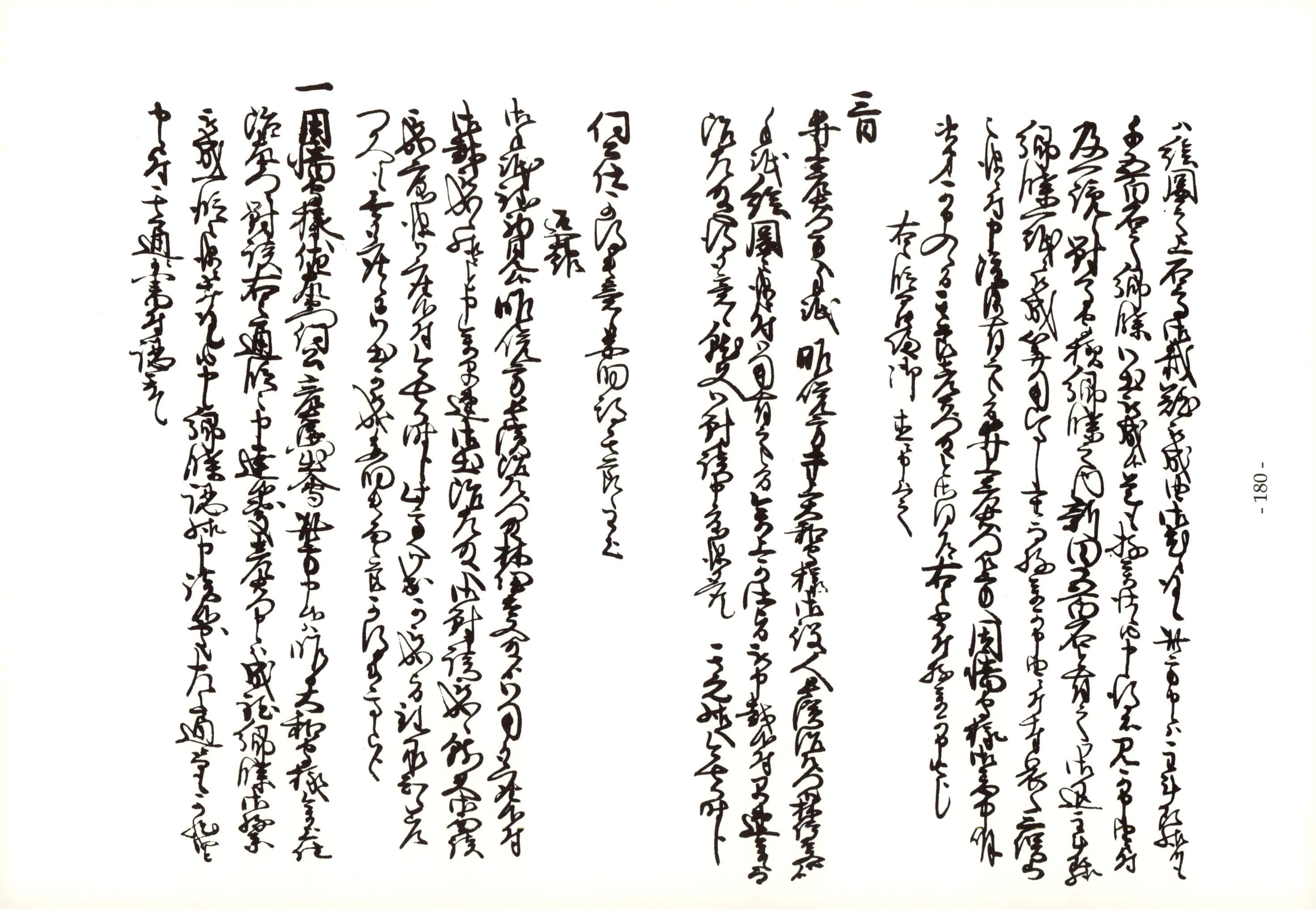

一　[illegible]

[illegible]

[illegible]

[illegible]

[illegible]

[illegible]

三百

[illegible]

[illegible]

[illegible]

[illegible]

[illegible]

[illegible]

[illegible]

[illegible]

[illegible]

一　[illegible]

[illegible]

[illegible]

[illegible]

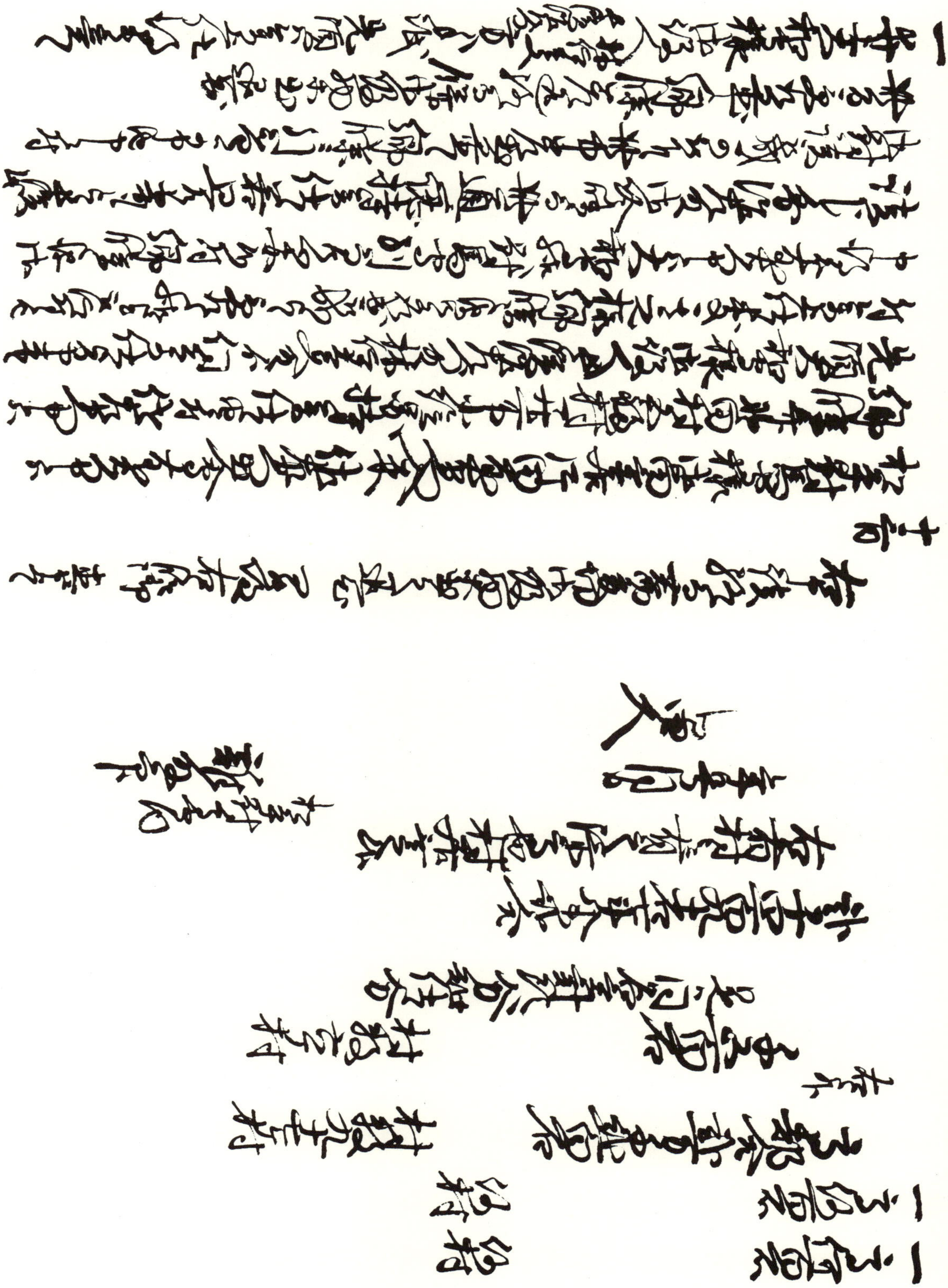

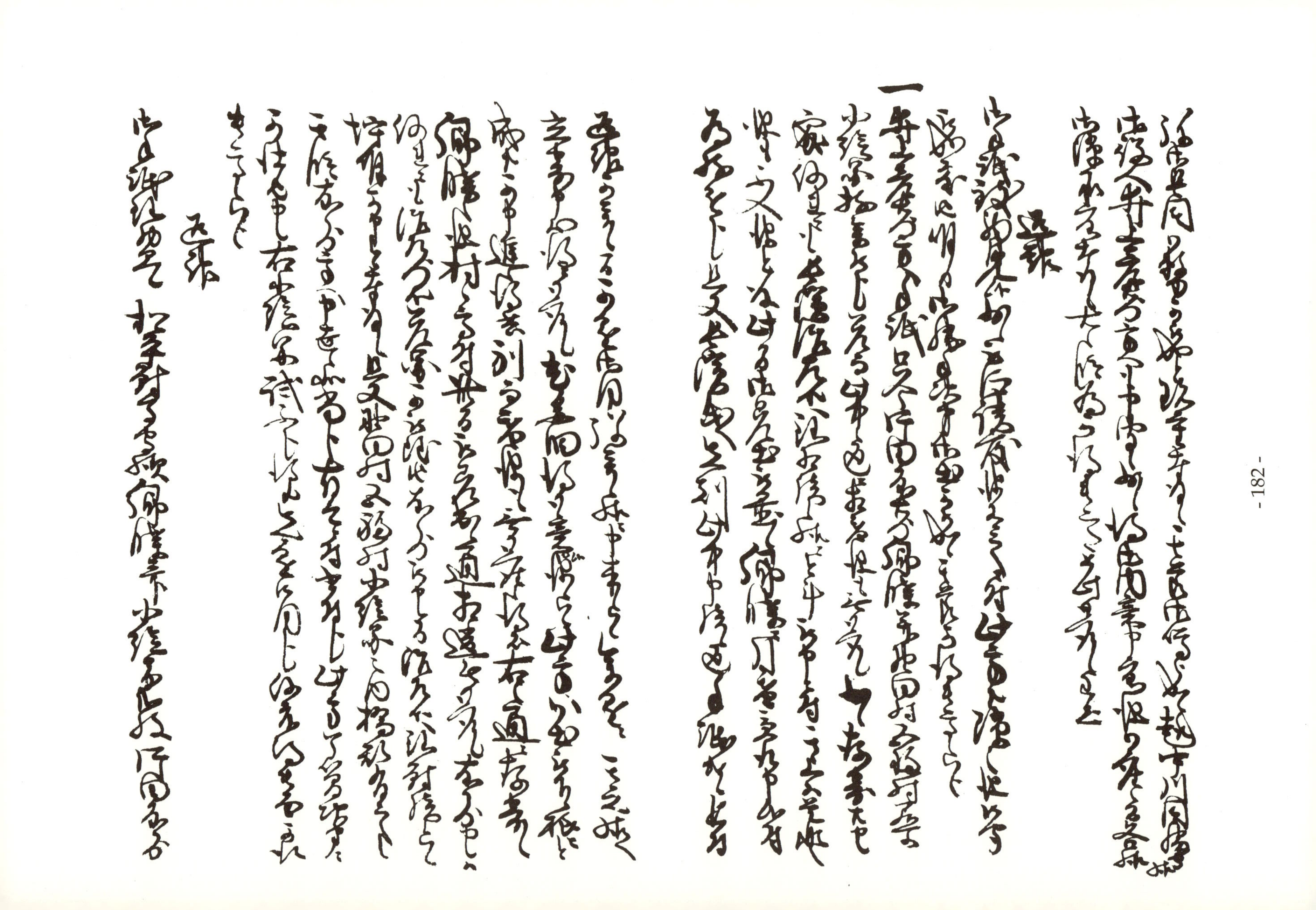

[illegible]

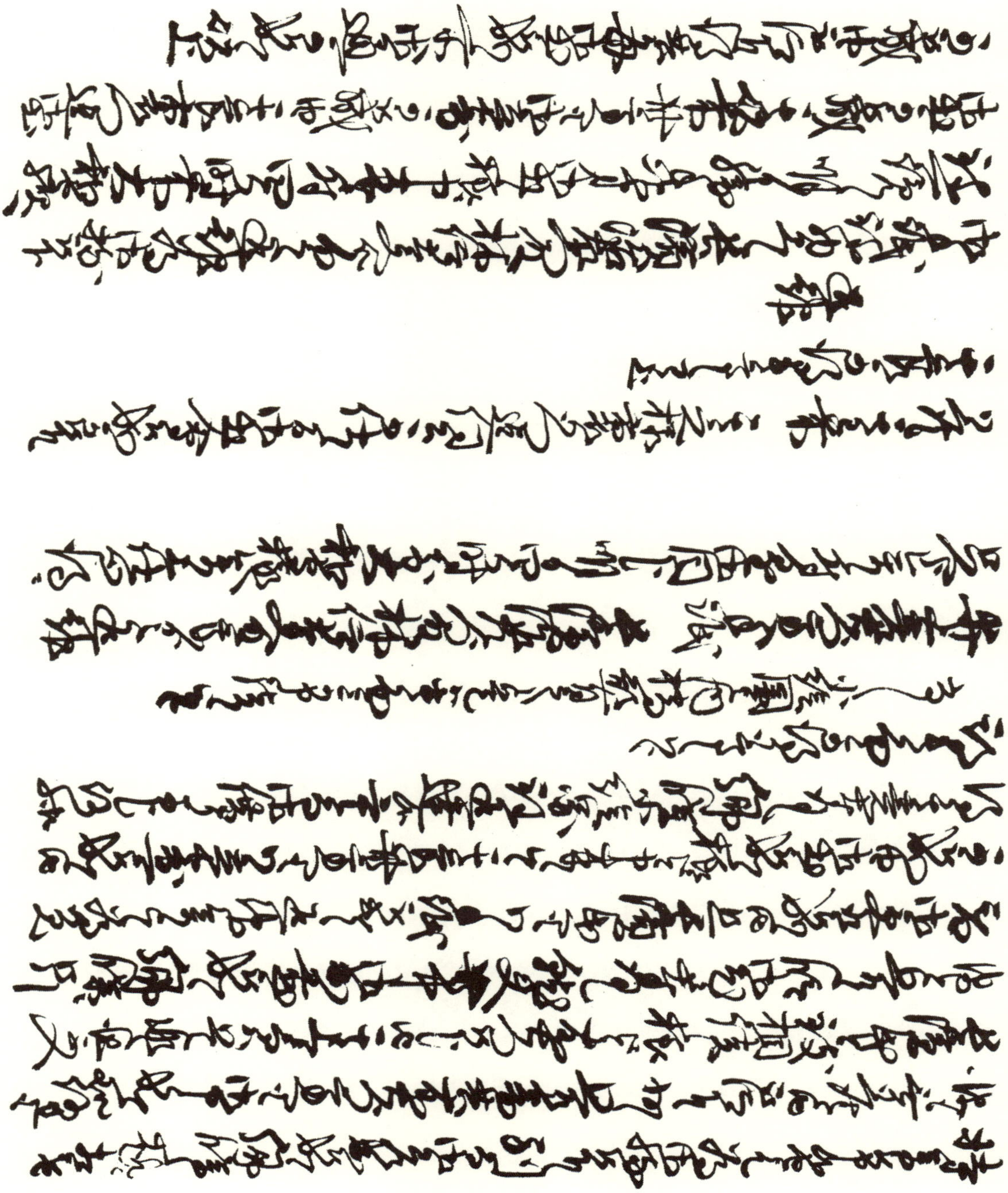

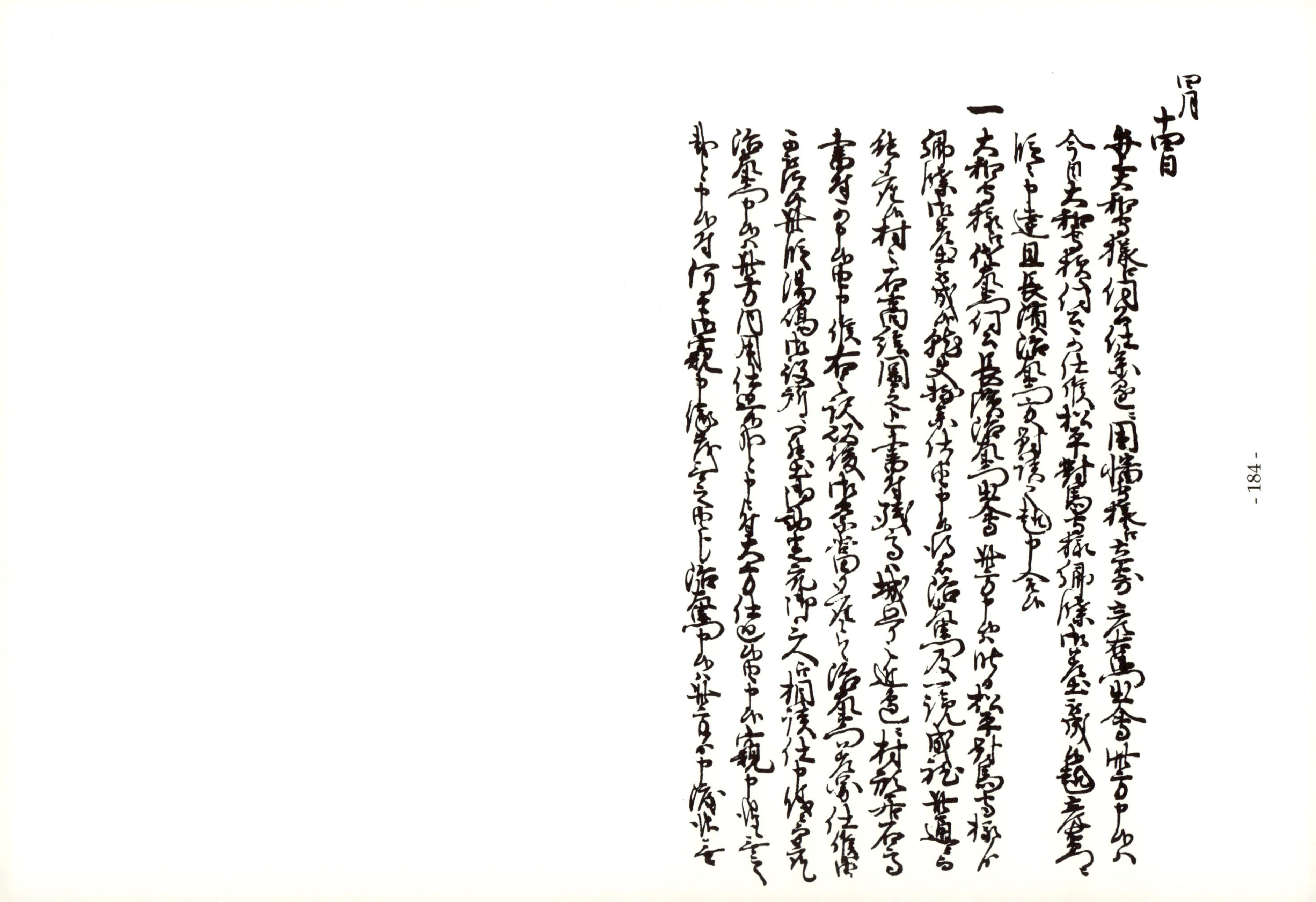

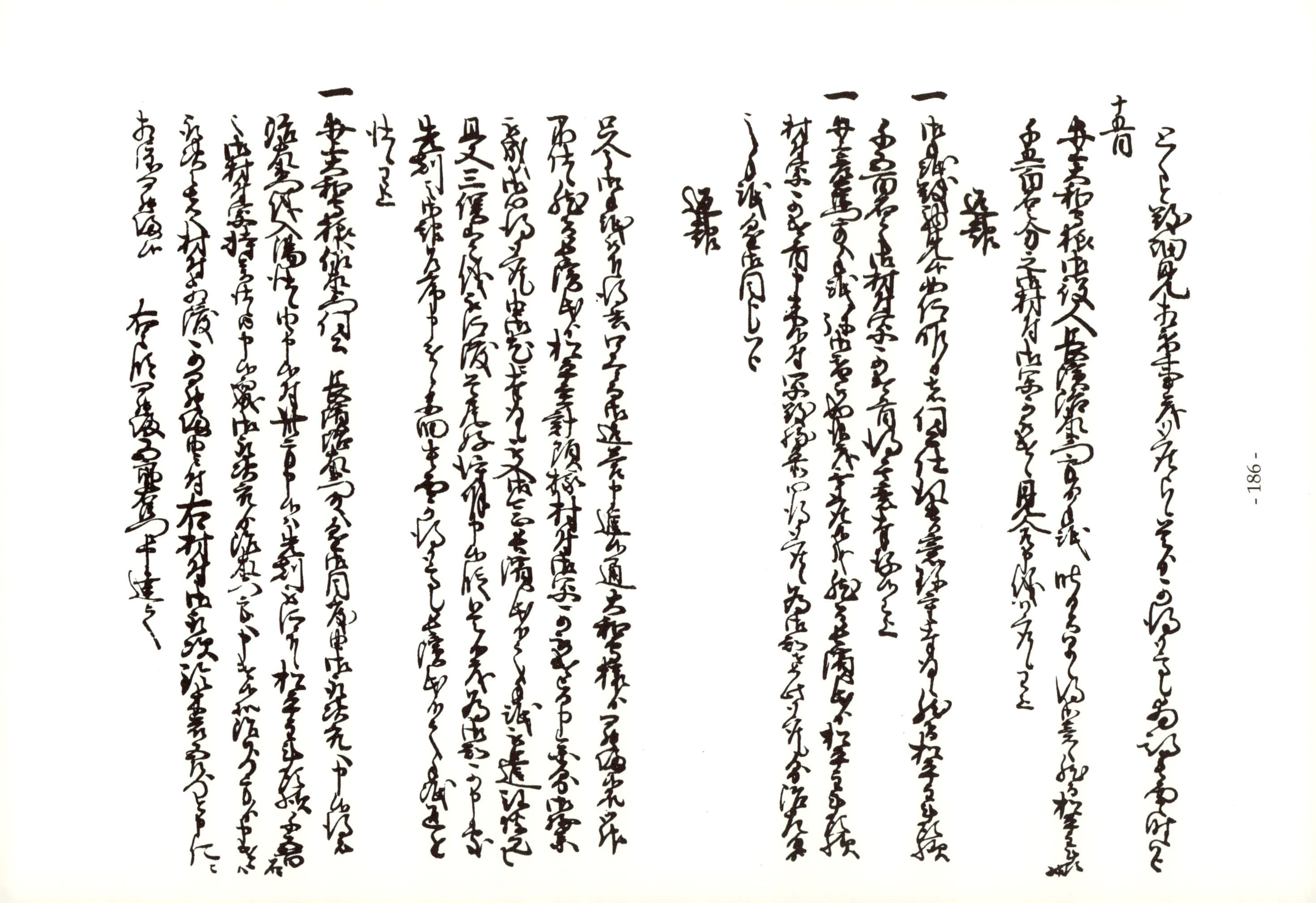

[illegible]

十五日

[illegible]

[illegible]

覚

一[illegible]

[illegible]

一[illegible]

[illegible]

[illegible]

覚

[illegible]

[illegible]

[illegible]

[illegible]

[illegible]

[illegible]

一[illegible]

[illegible]

[illegible]

[illegible]

[illegible]

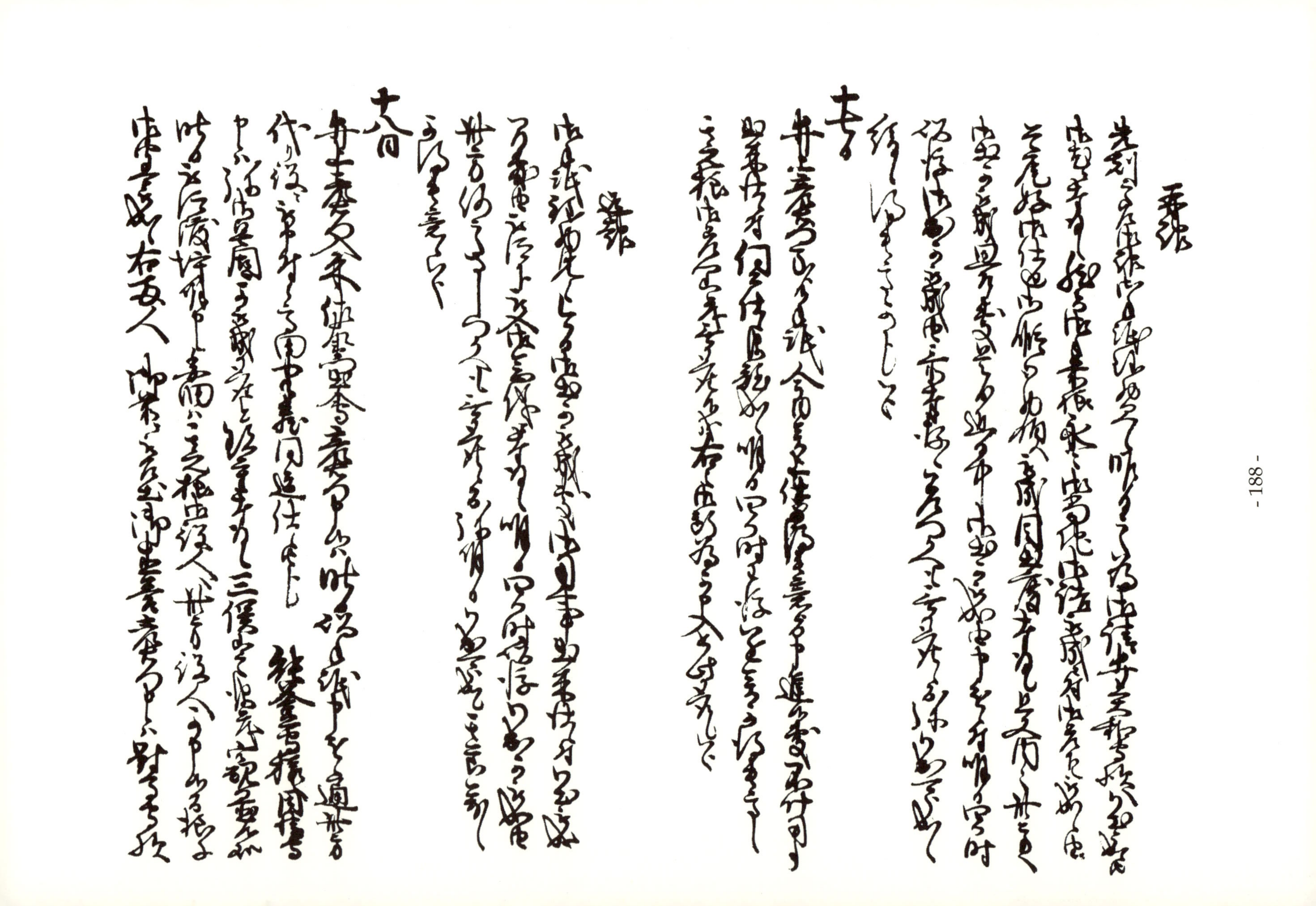

[illegible]

十七

[illegible]

十八

[illegible]

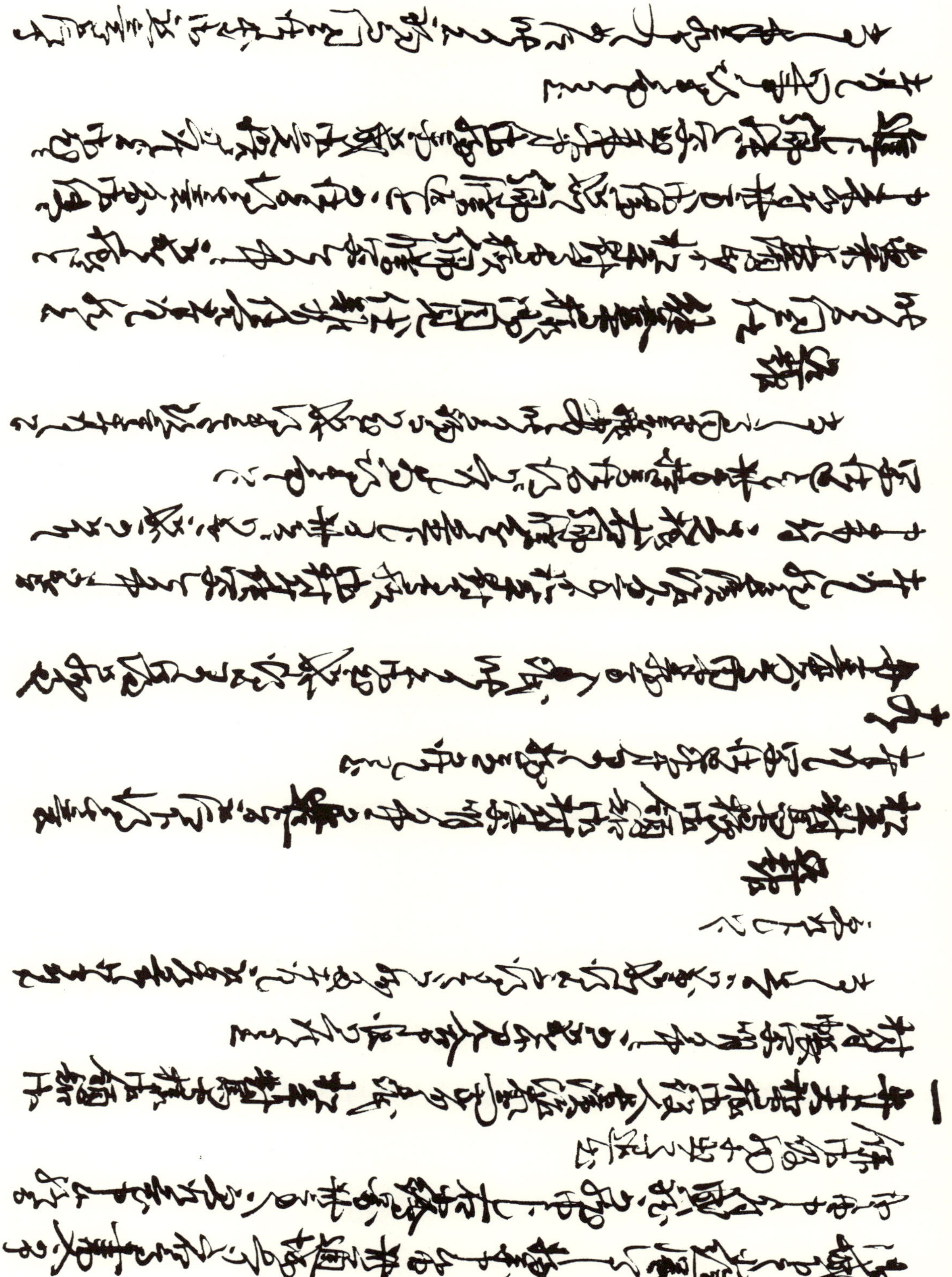

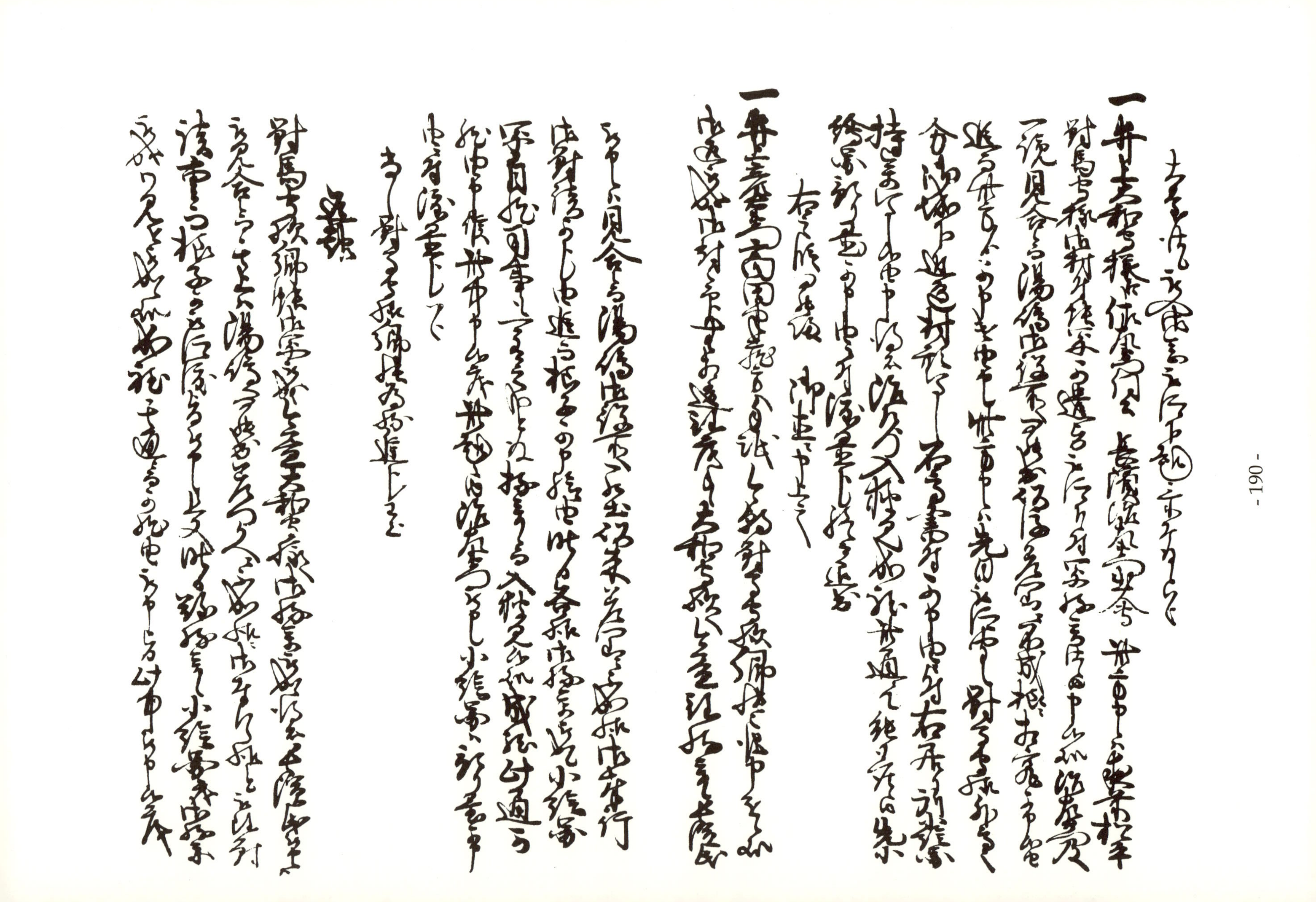

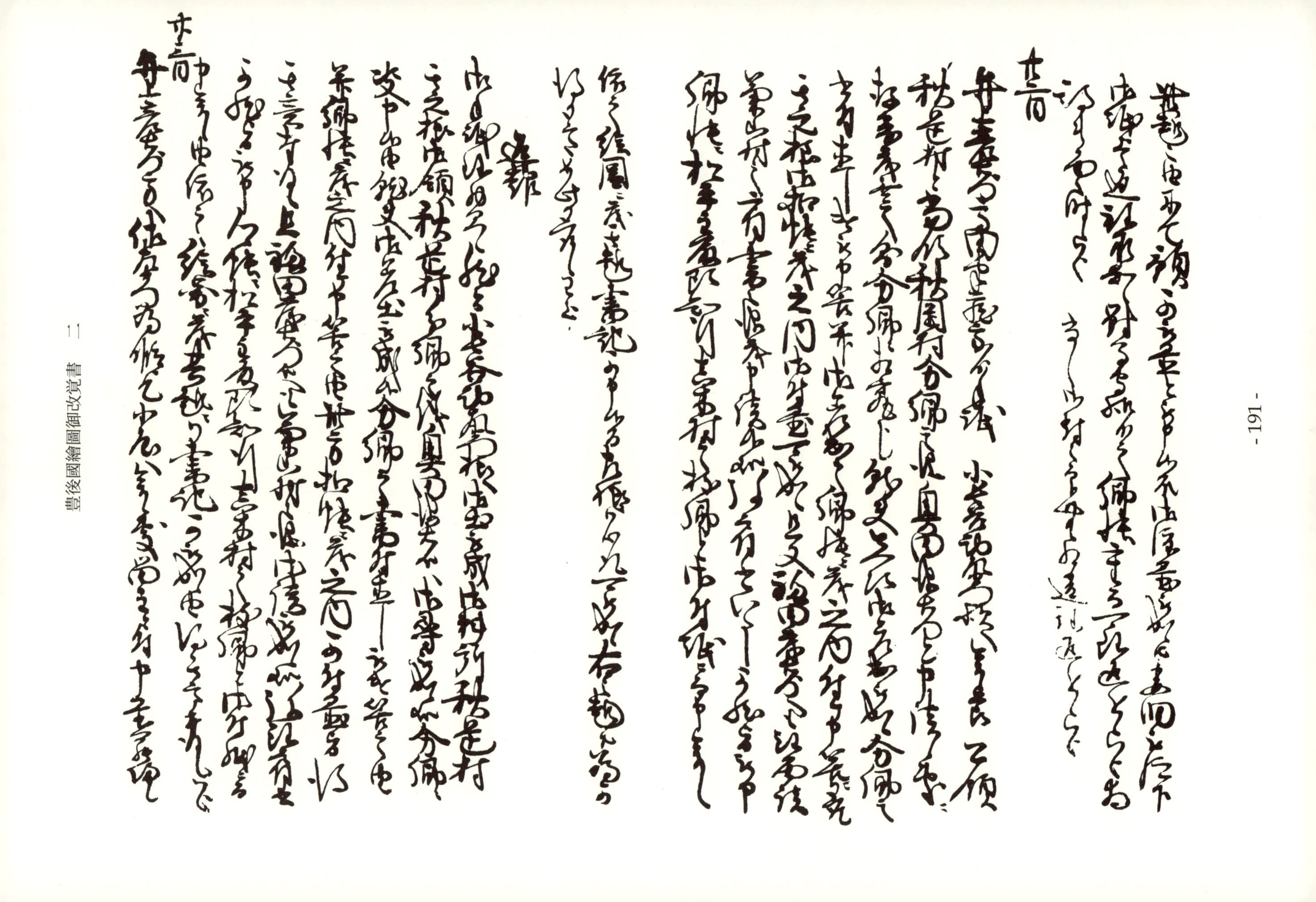

[illegible]

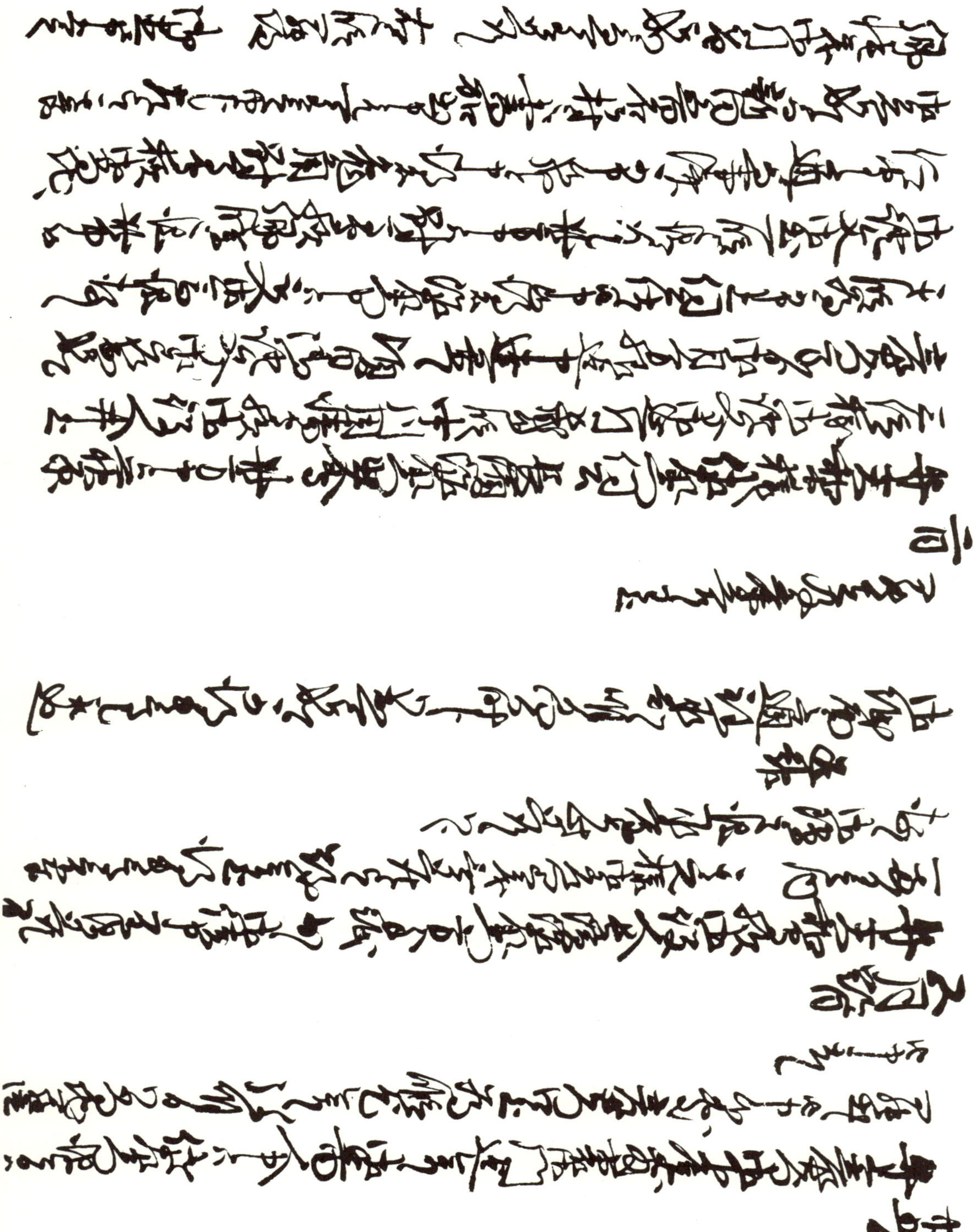

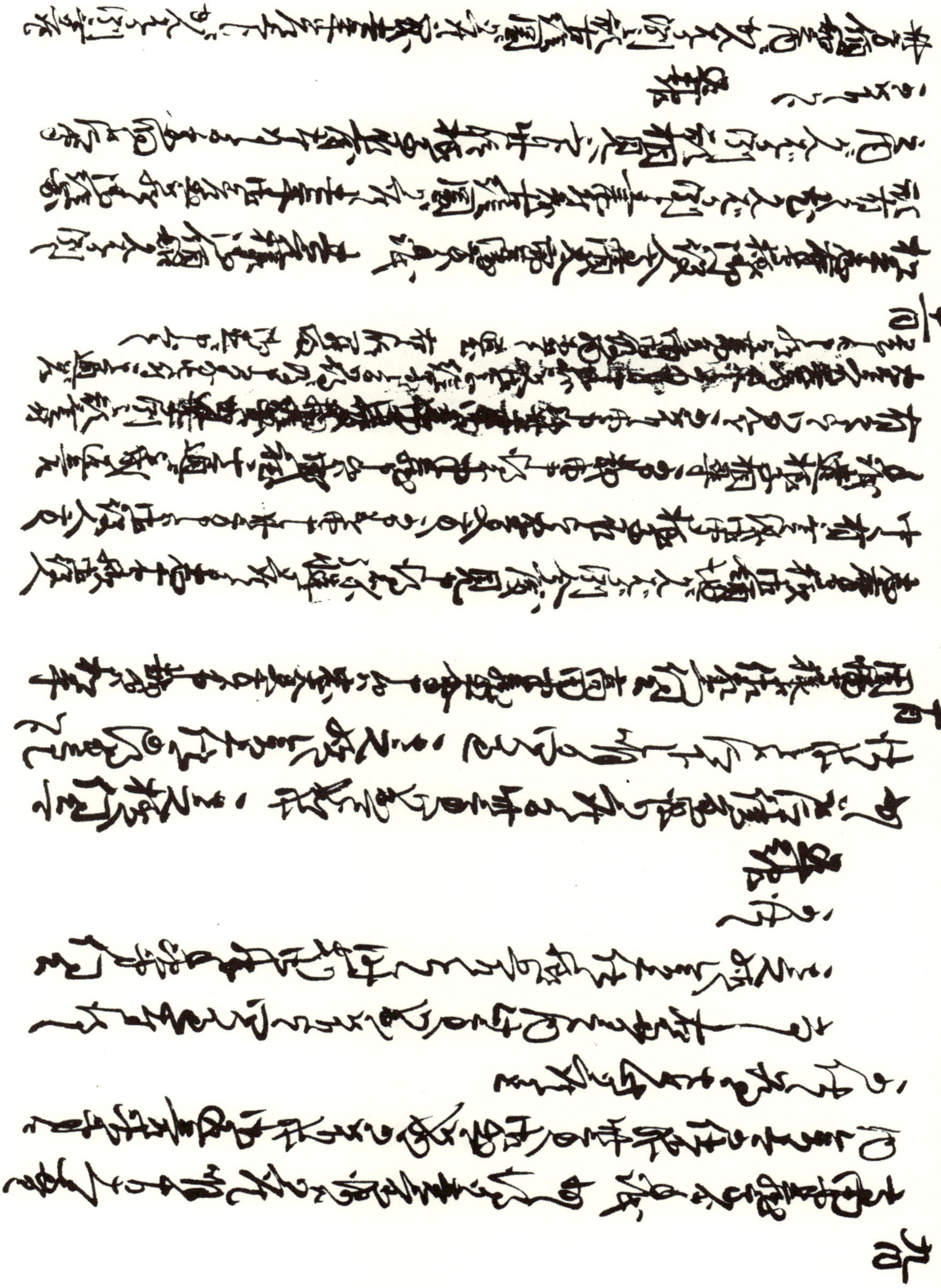

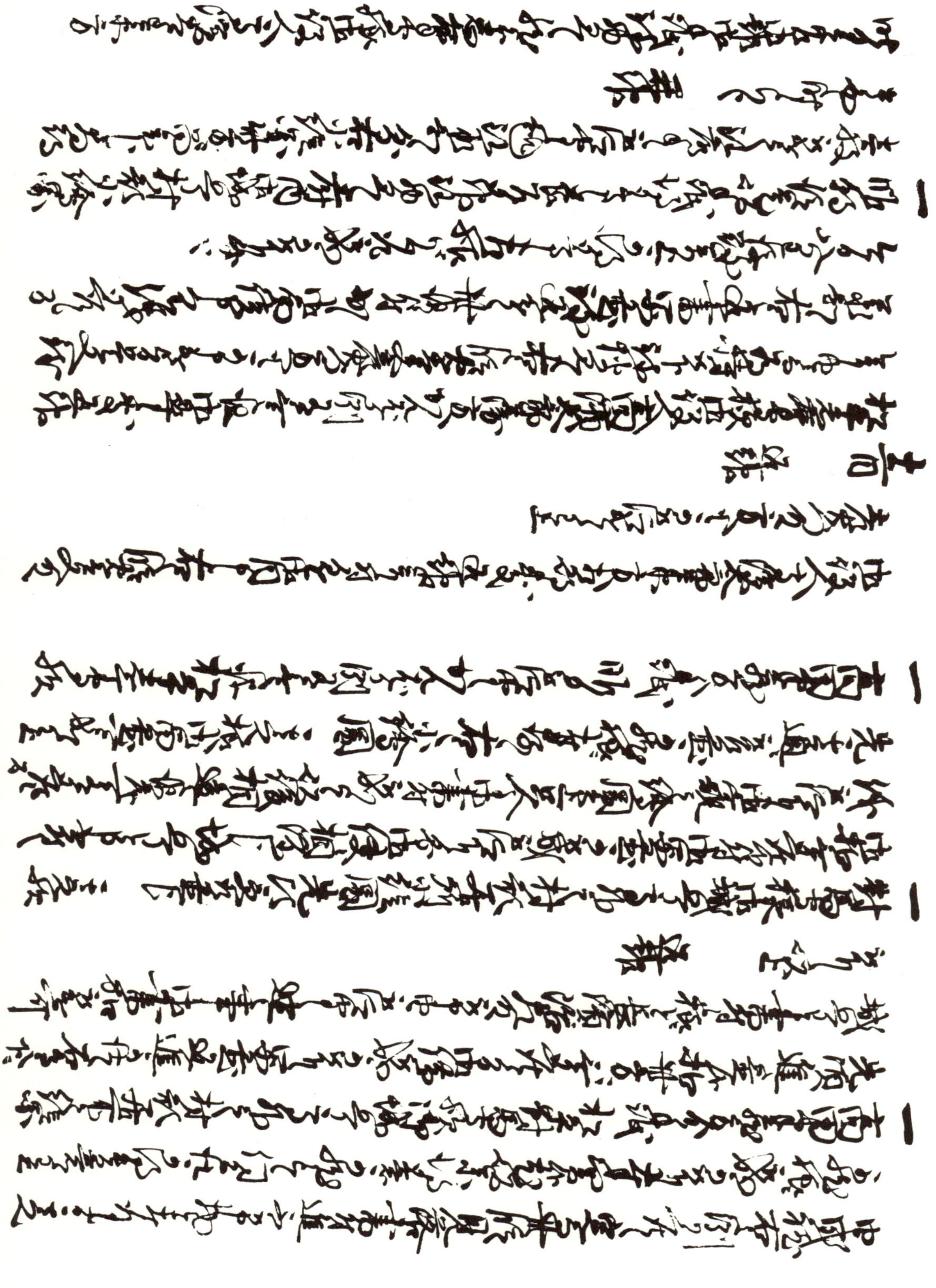

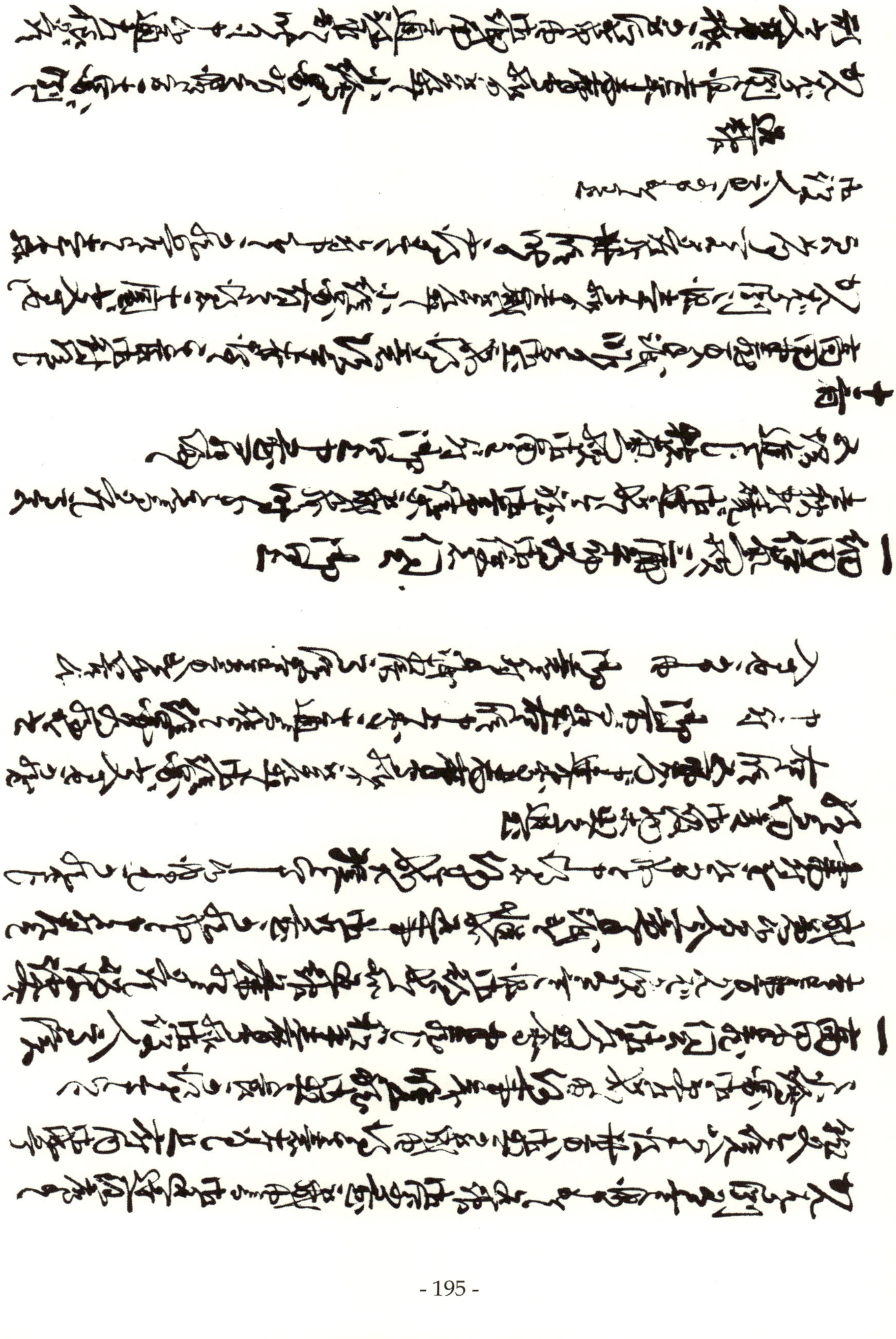

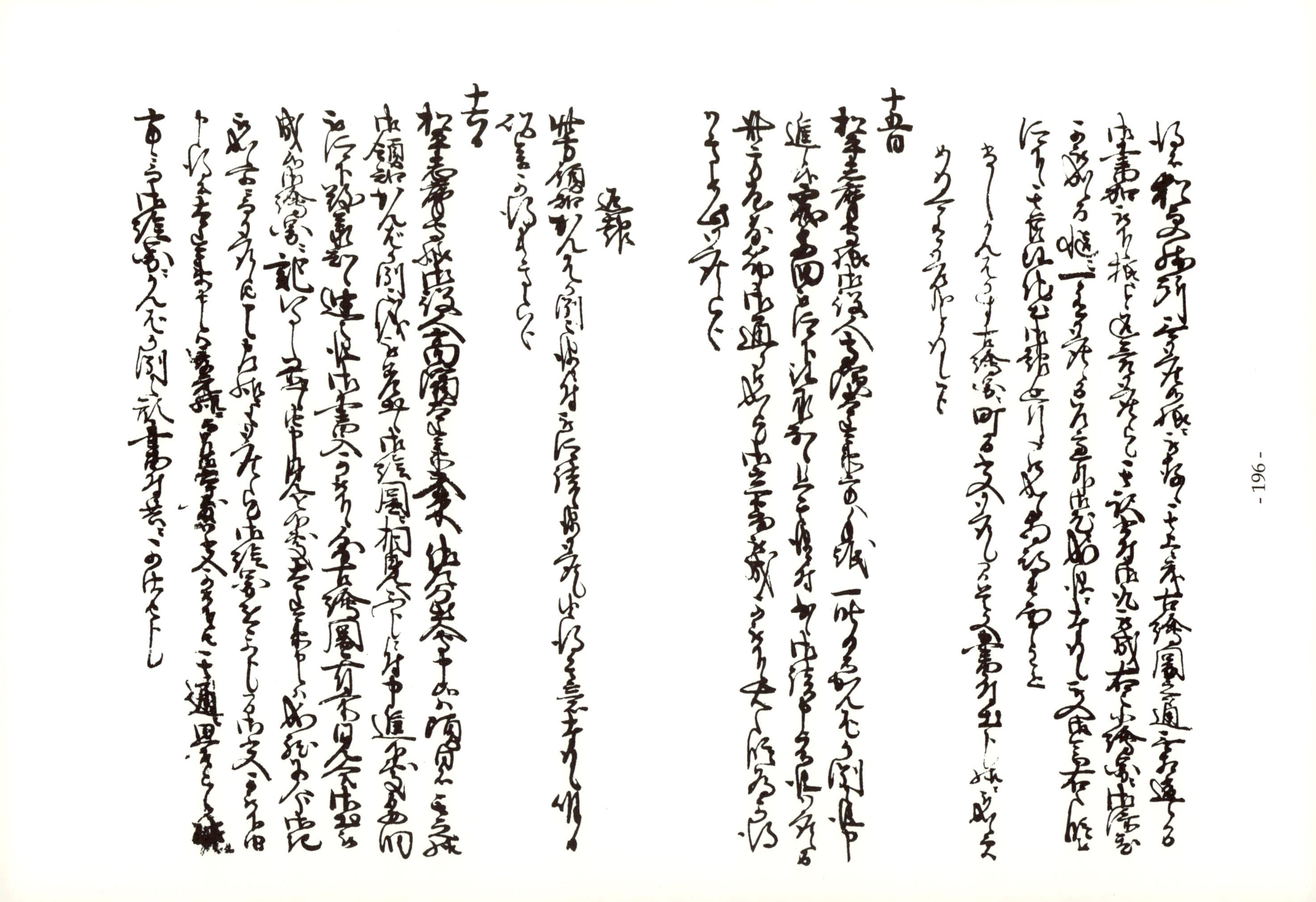

[illegible]

[illegible]

[illegible]

[illegible]

[illegible]

[illegible]

十四

[illegible]

[illegible]

[illegible]

[illegible]

十五

[illegible]

[illegible]

[illegible]

[illegible]

[illegible]

[illegible]

[illegible]

[illegible]

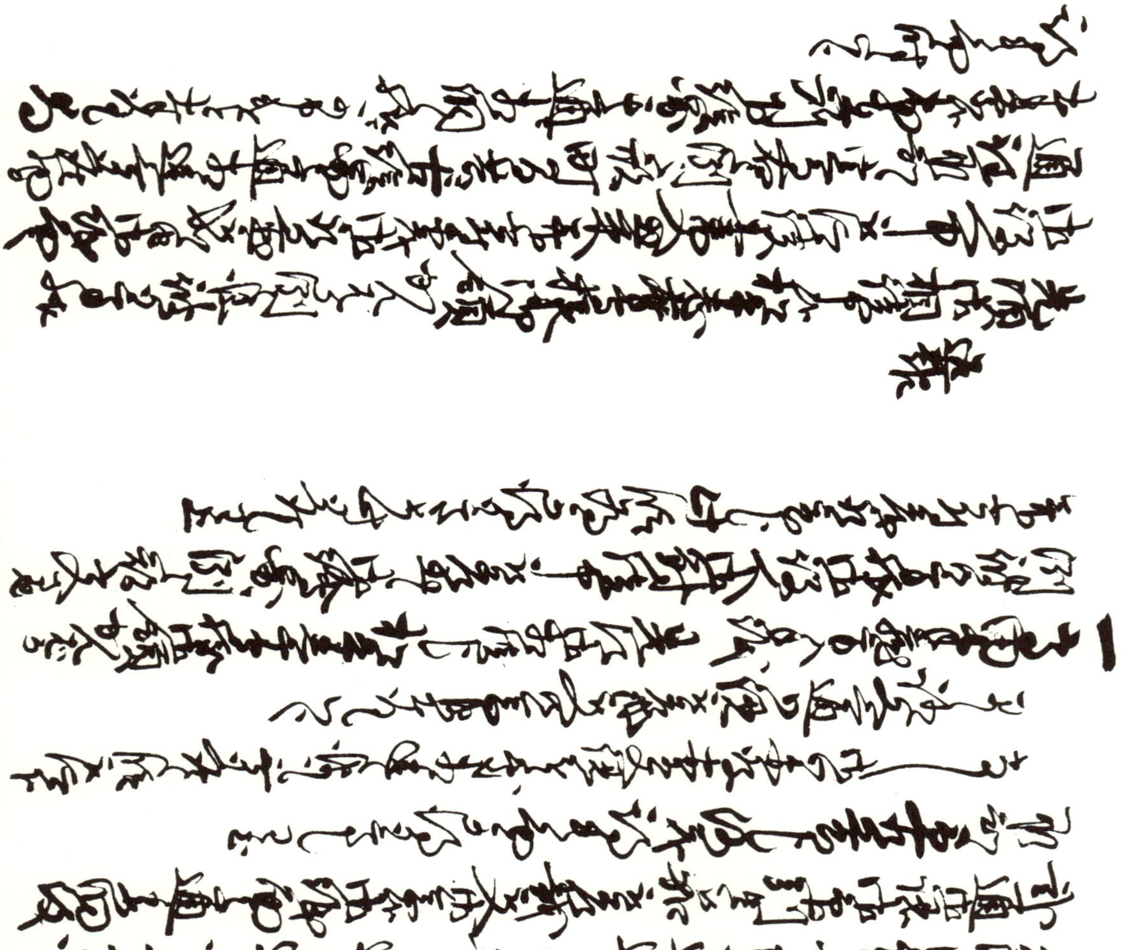

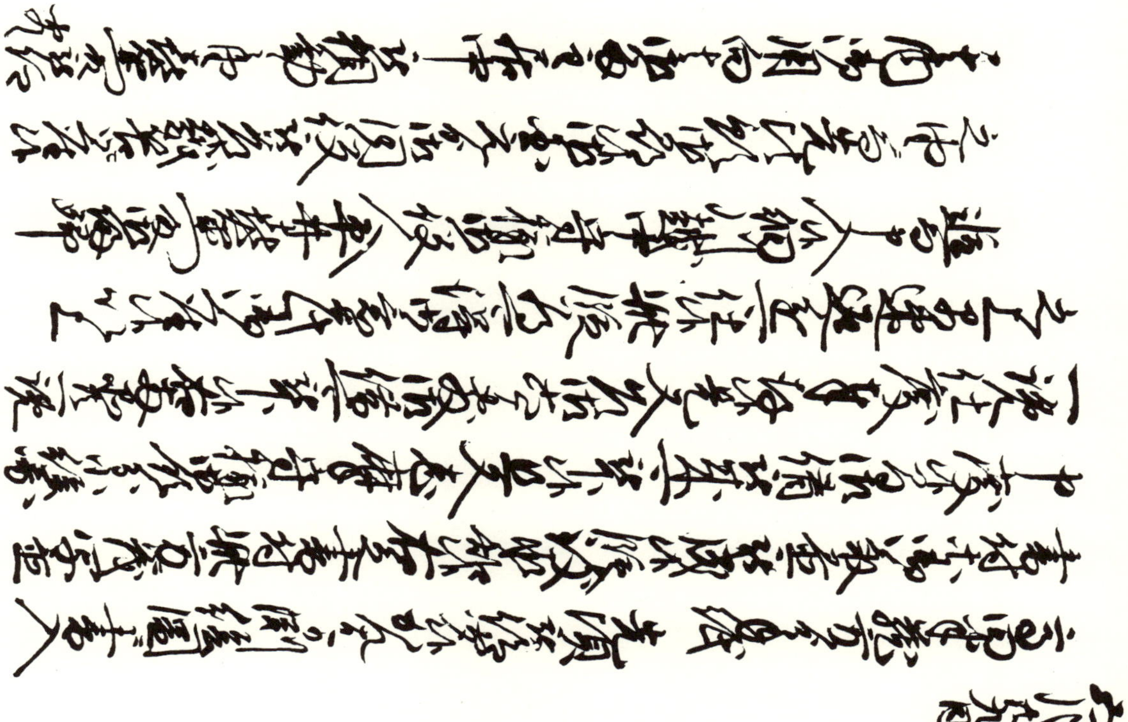

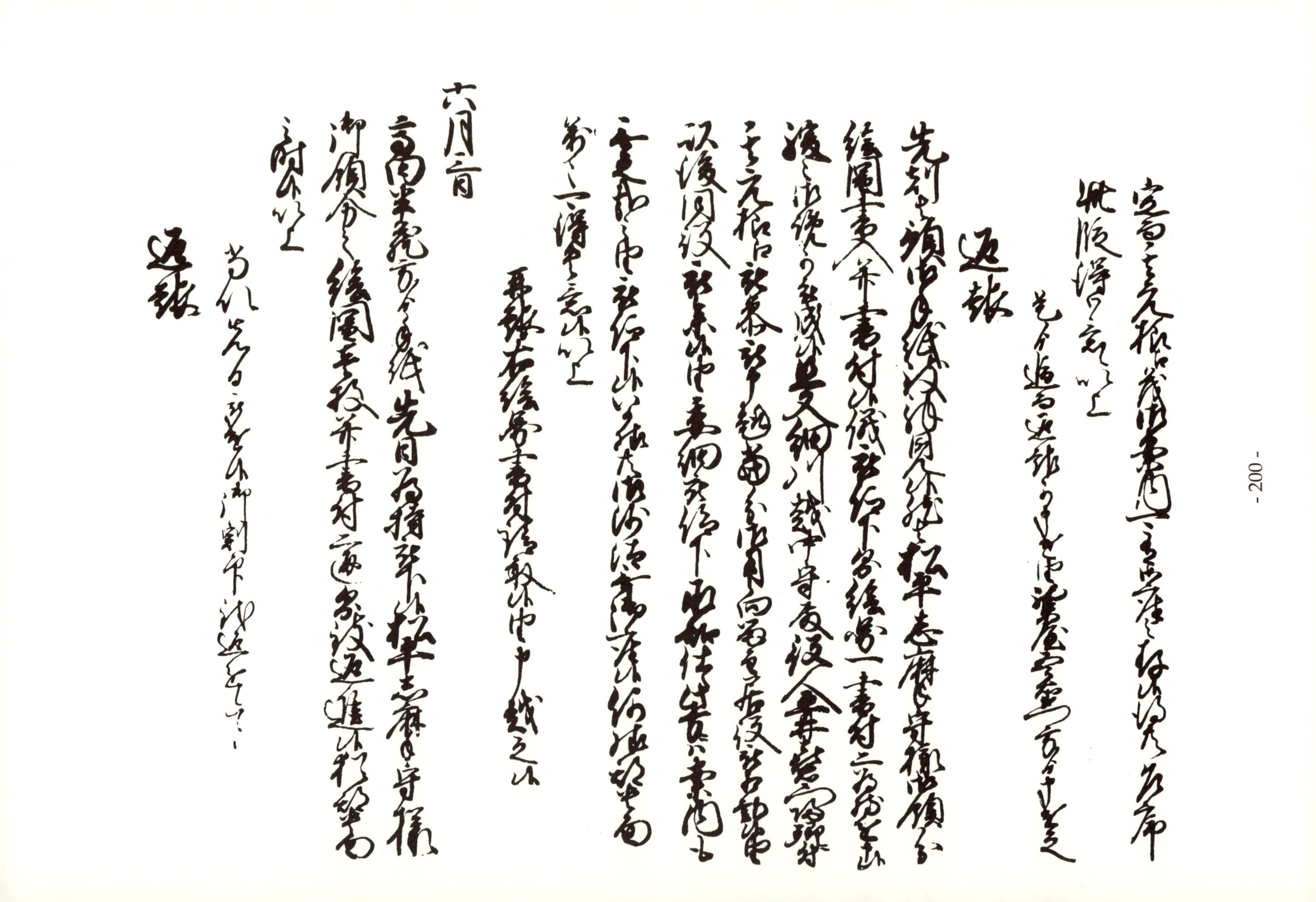

申候様ニ被仰付候旨松平志摩守様ゟ御書付
二而御渡被遊候ニ付写取申候則写ニ而御座候以上
村々申割下相済候ニ付者則写ニ而申上候
割下り申候返達様ニ申上候

七月十三日

高田半兵衛方ゟ申越　御書状致拝見候然者今泉
残暑甚御座候処御清栄御勤被成珍重奉存候
御同人井上庄兵衛殿ゟ被申越候御儀ニ付返道右橋
間数並書付一通申来候以上御書付私遣候村
橋間数書付遣申候右之段田中半兵衛殿井上庄兵衛ゟ
永々御苦労ニ奉存候右御請御座候以上
御府内割可申候別紙之通ニ奉存候以上

覚
一土橋　弐拾七間
右者明暦年中秋道寸法仕候以上
七月十三日

返状

是ゟ返状ハ仕候也

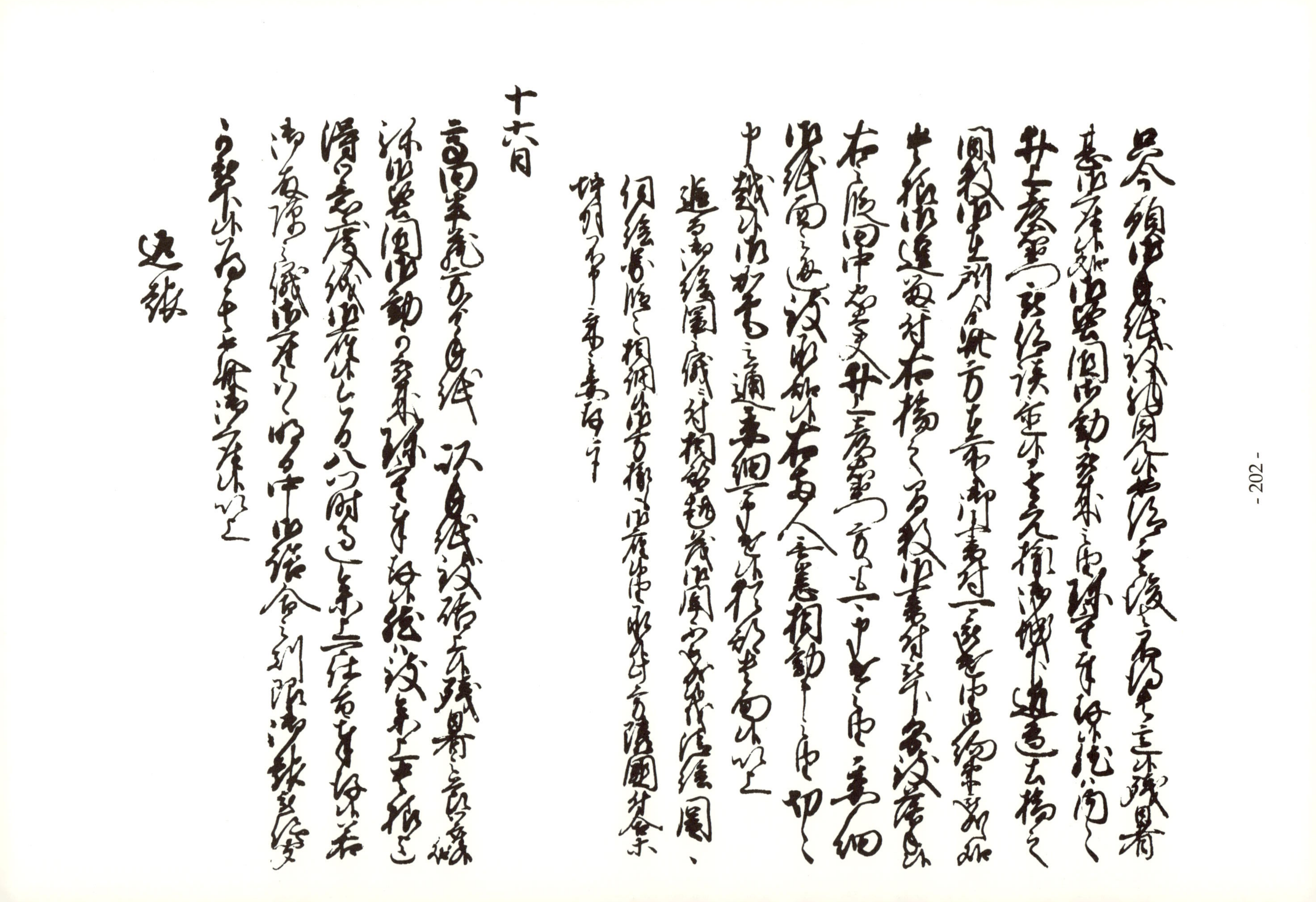

[illegible]
[illegible]
[illegible]
[illegible]
[illegible]
[illegible]
[illegible]
[illegible]
[illegible]

十六日

[illegible]
[illegible]
[illegible]
[illegible]
[illegible]

追啓

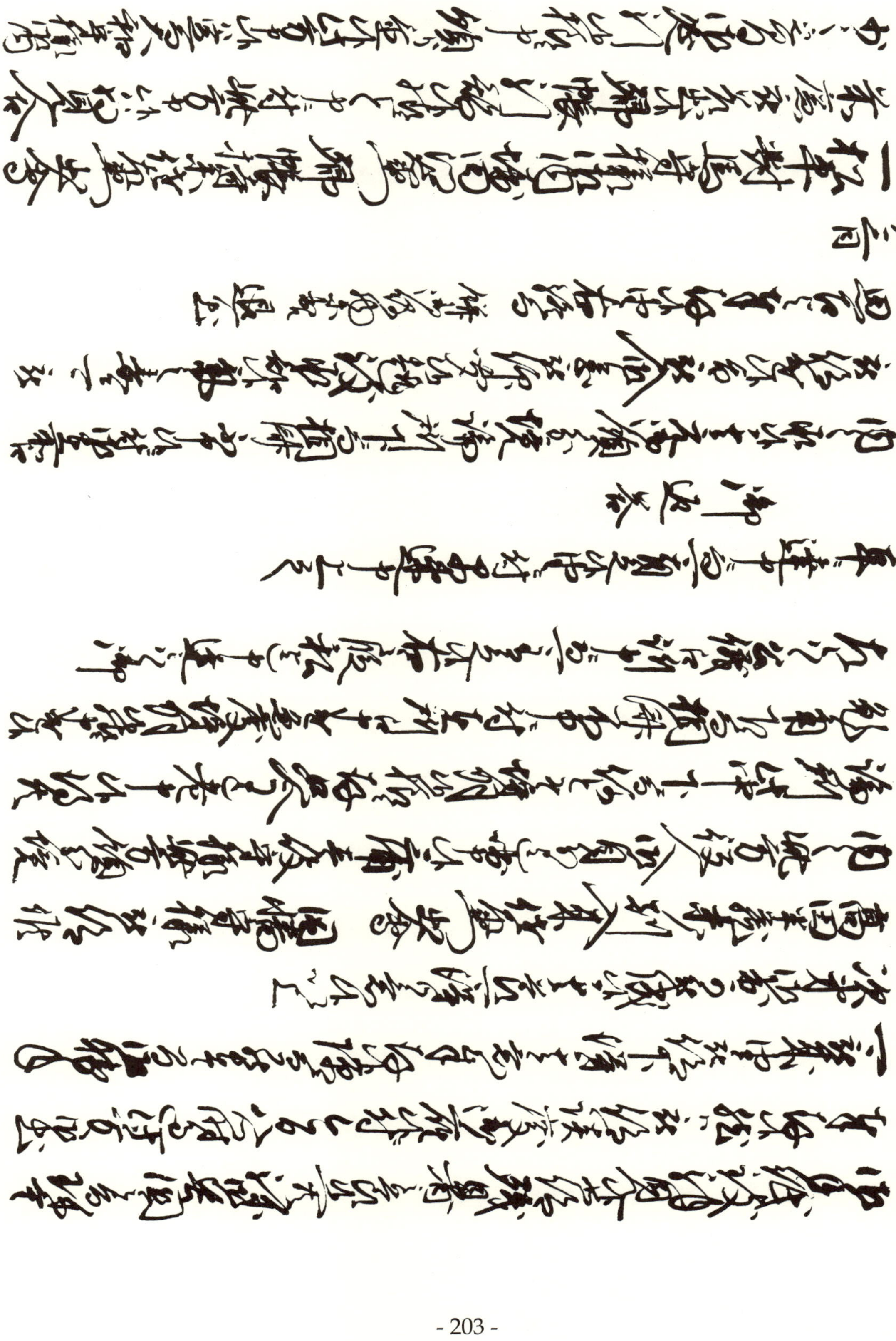

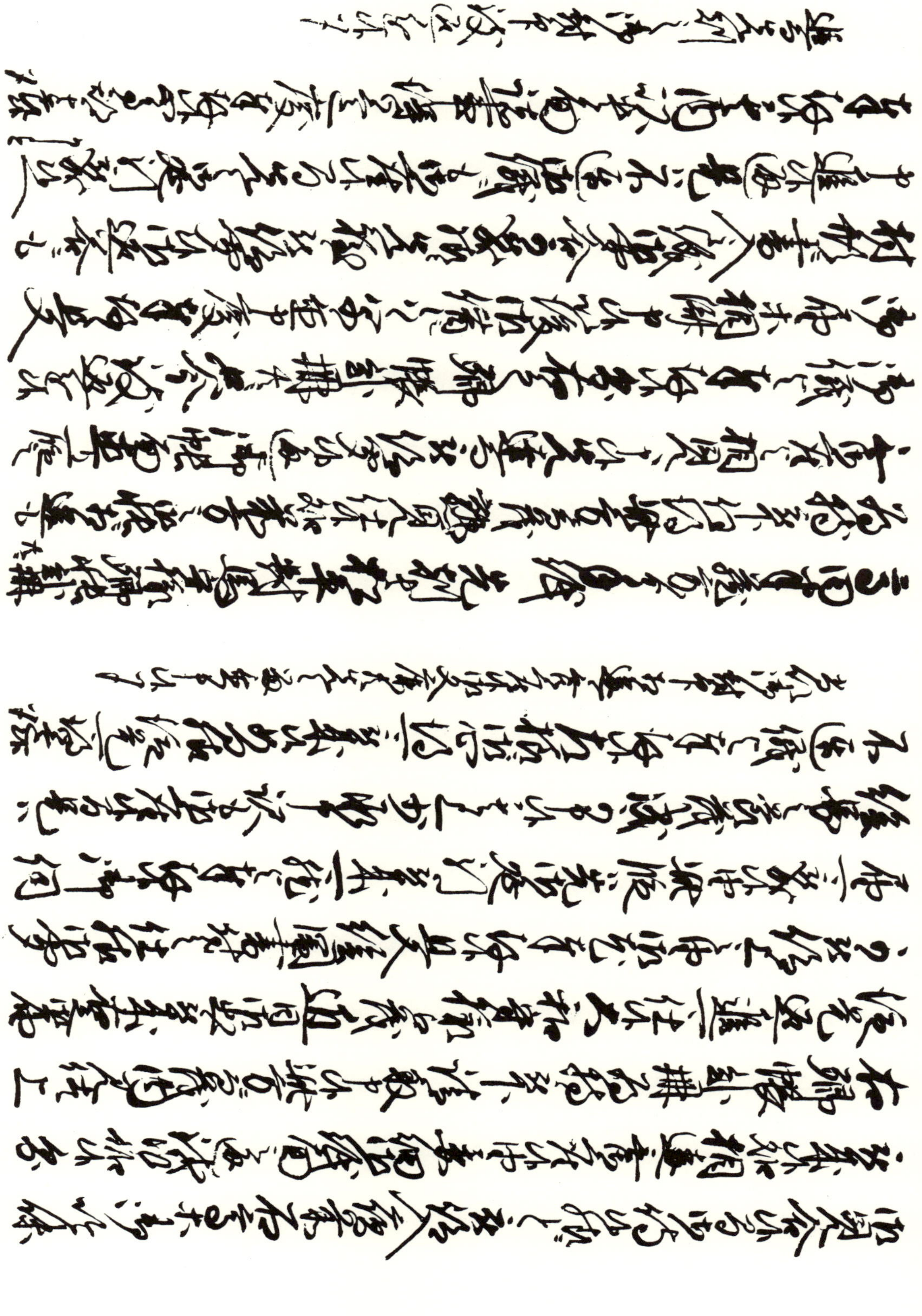

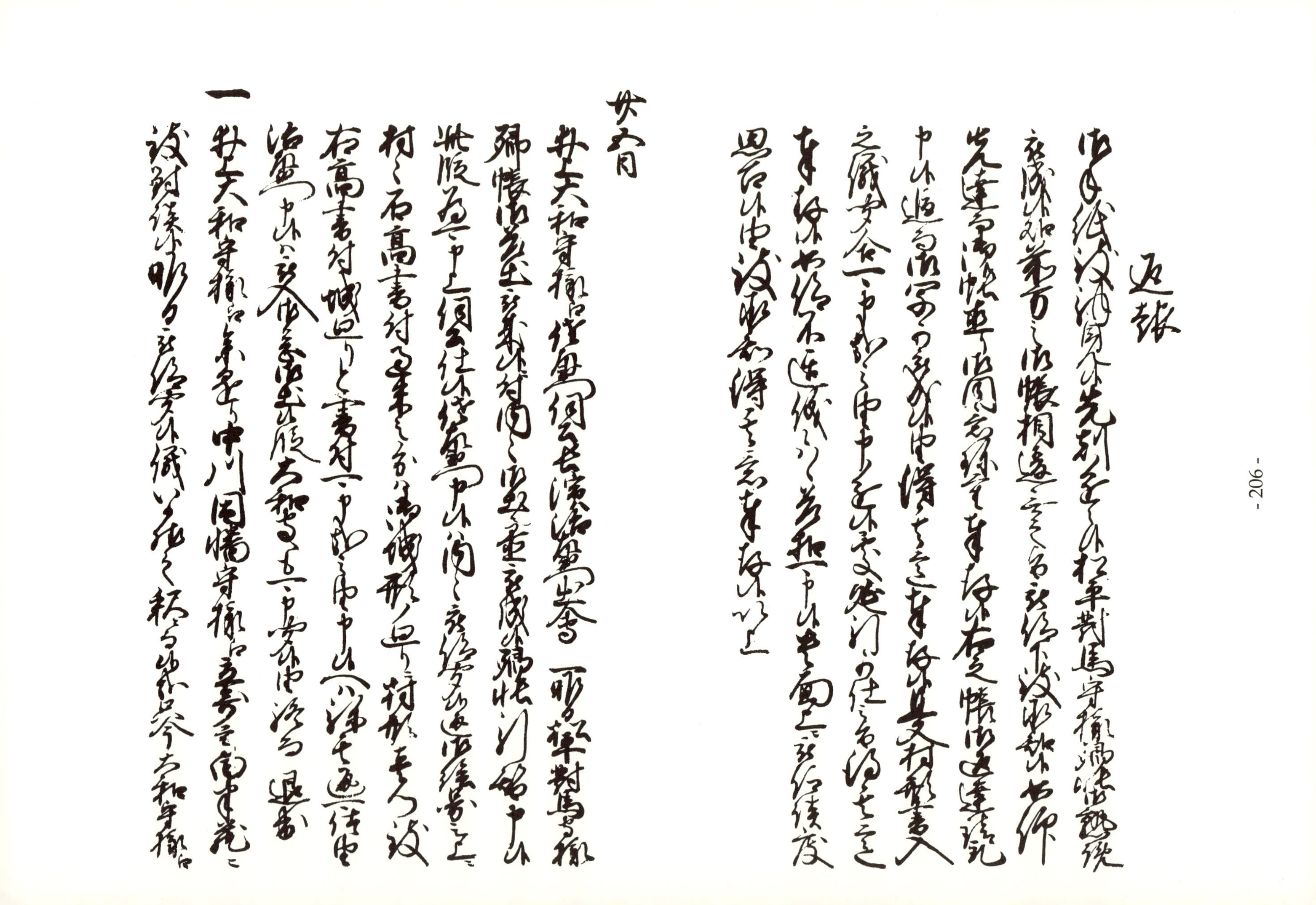

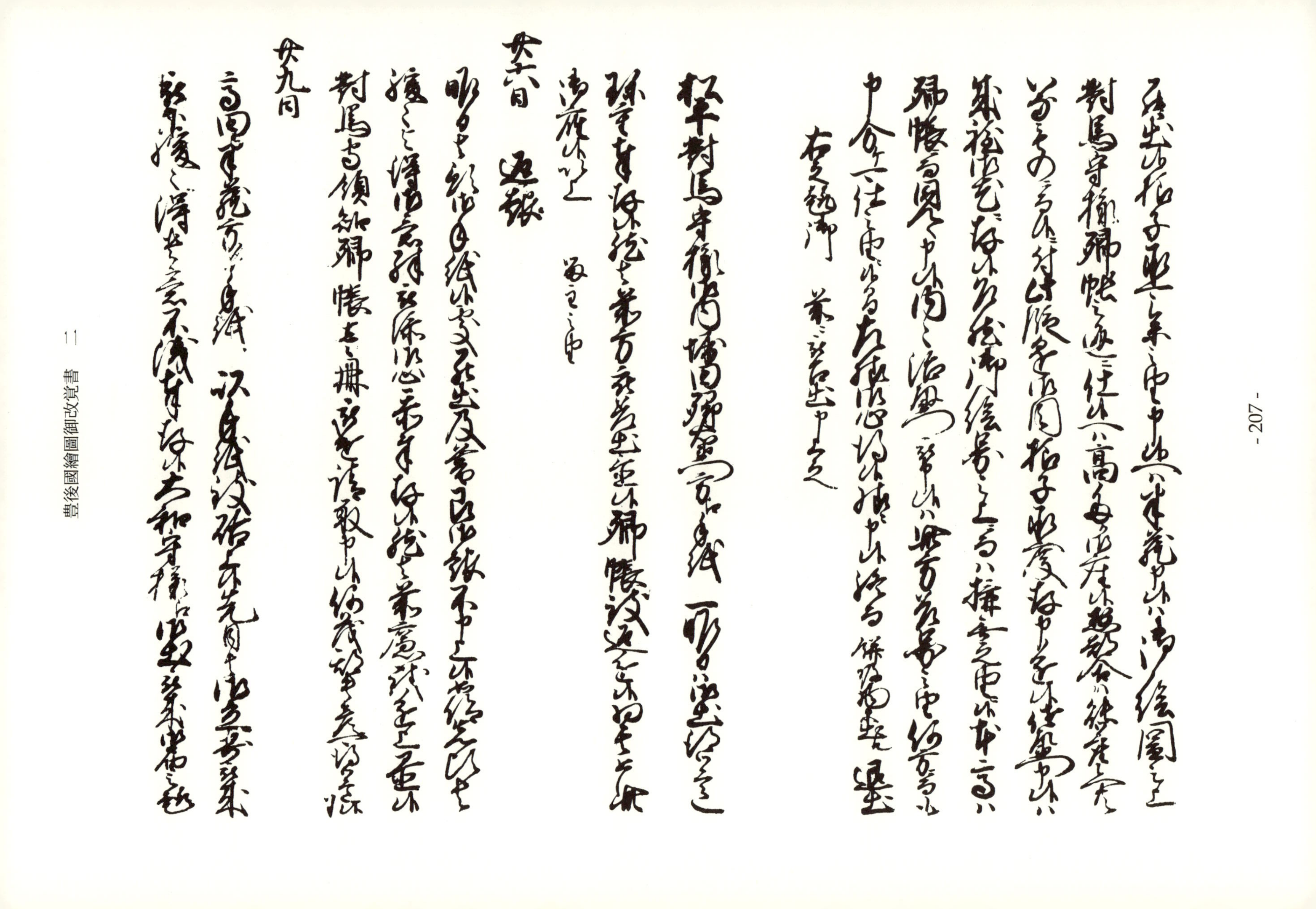

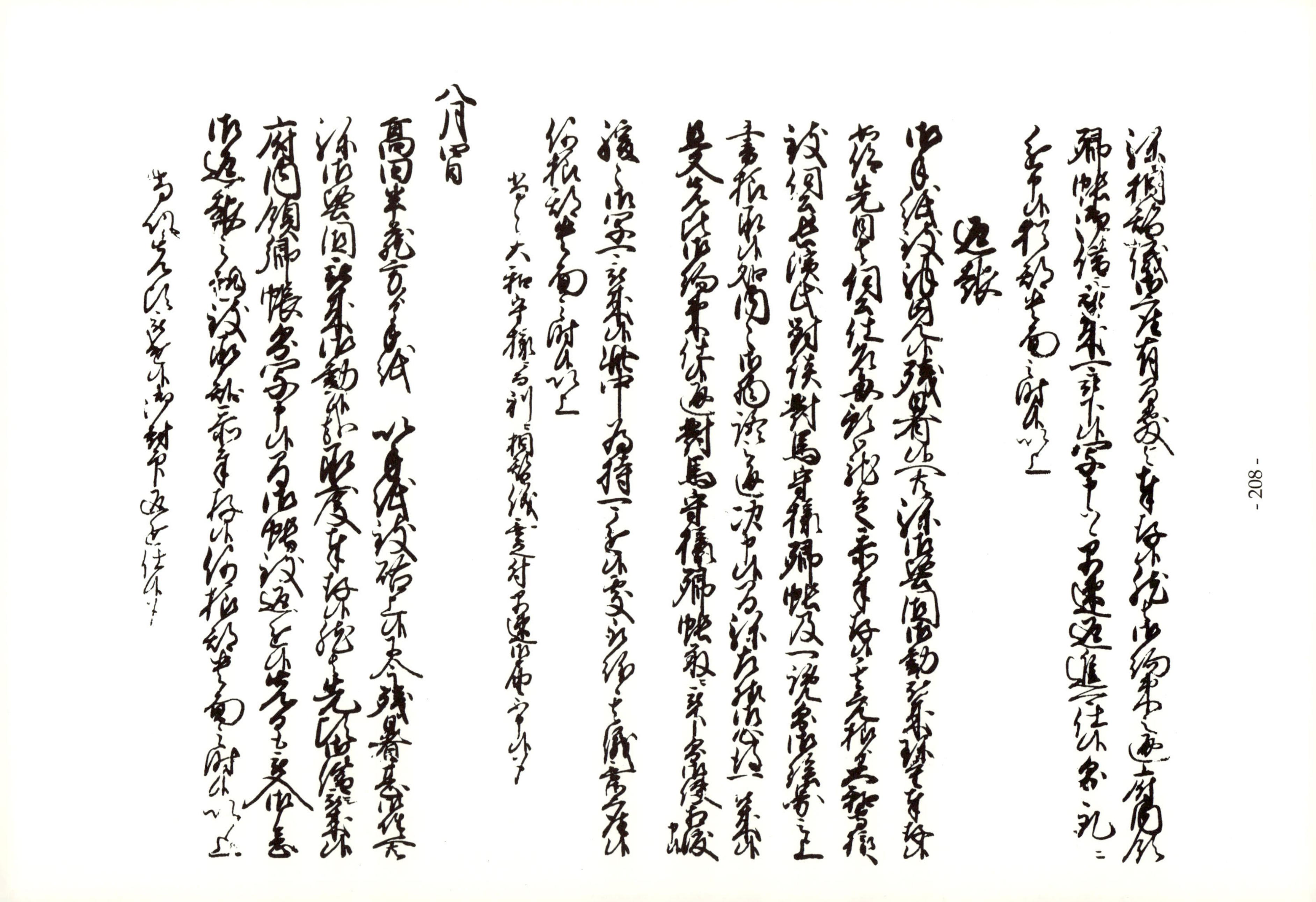

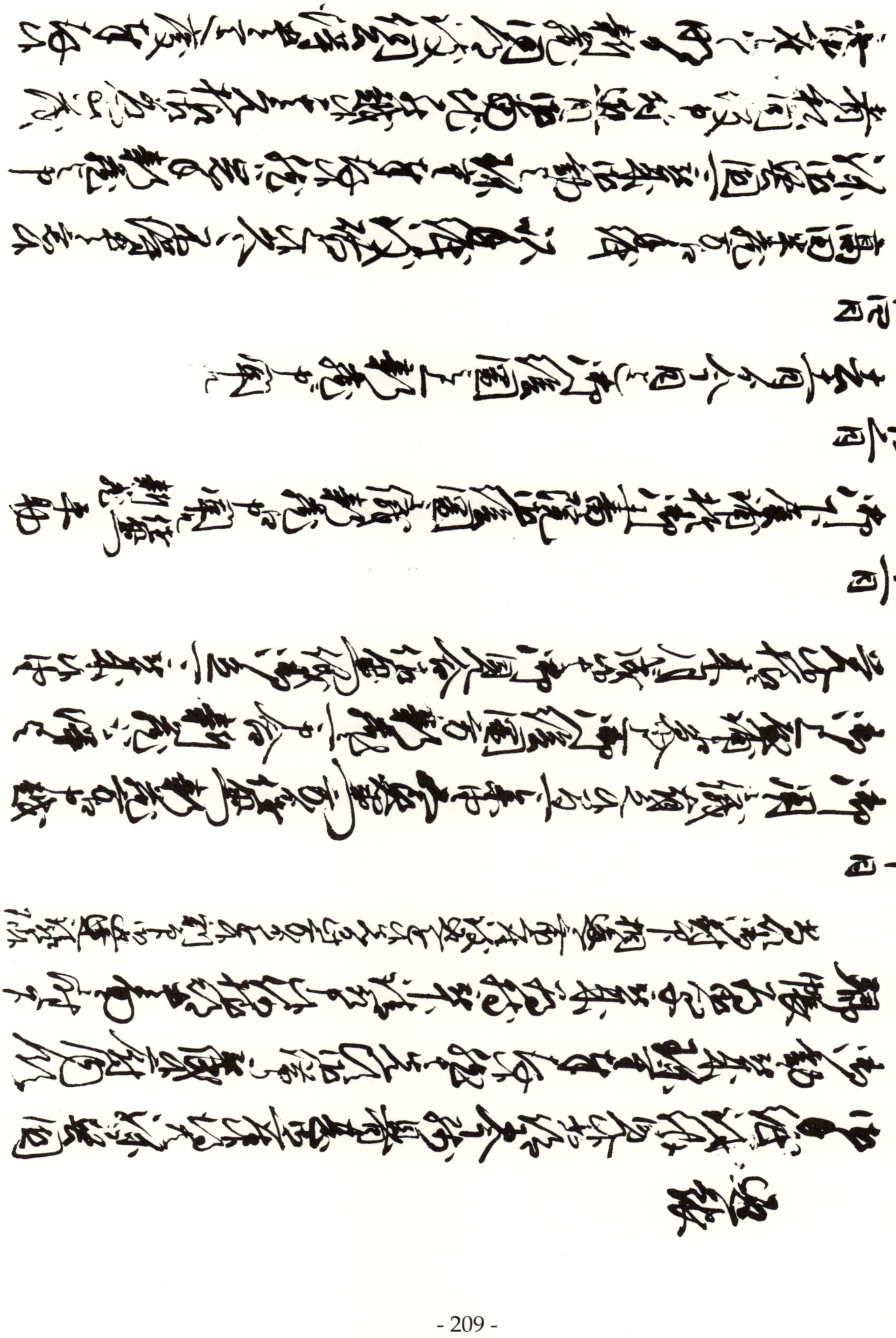

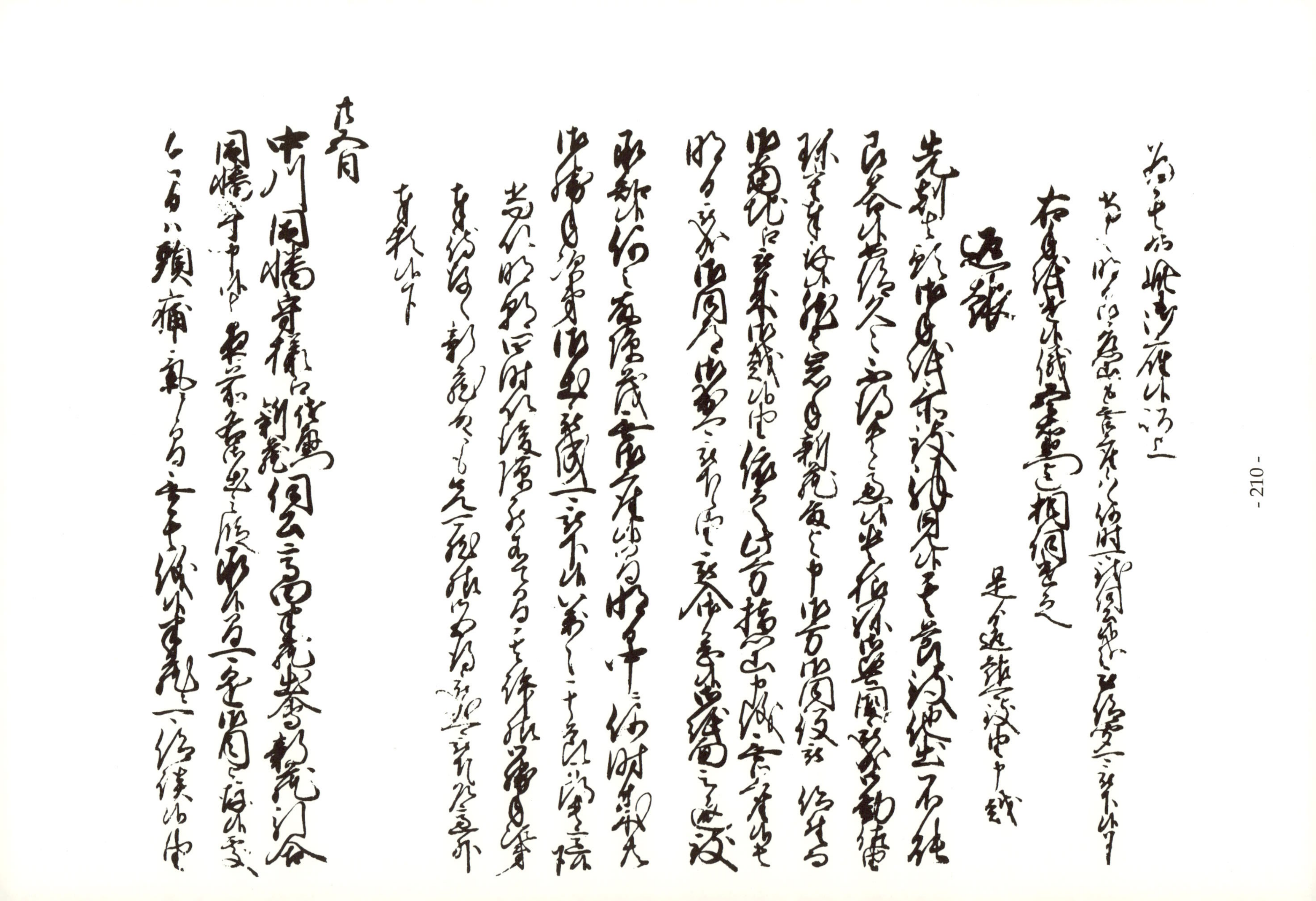

[illegible]

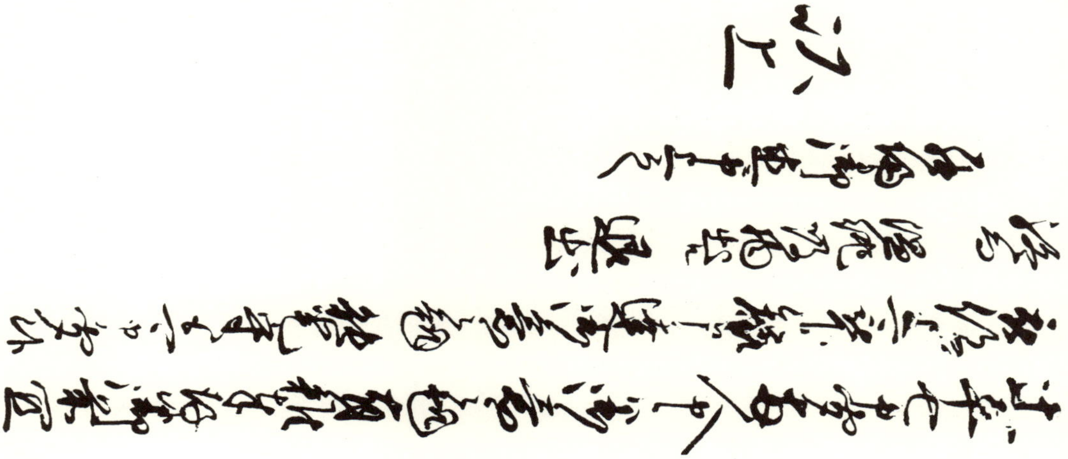

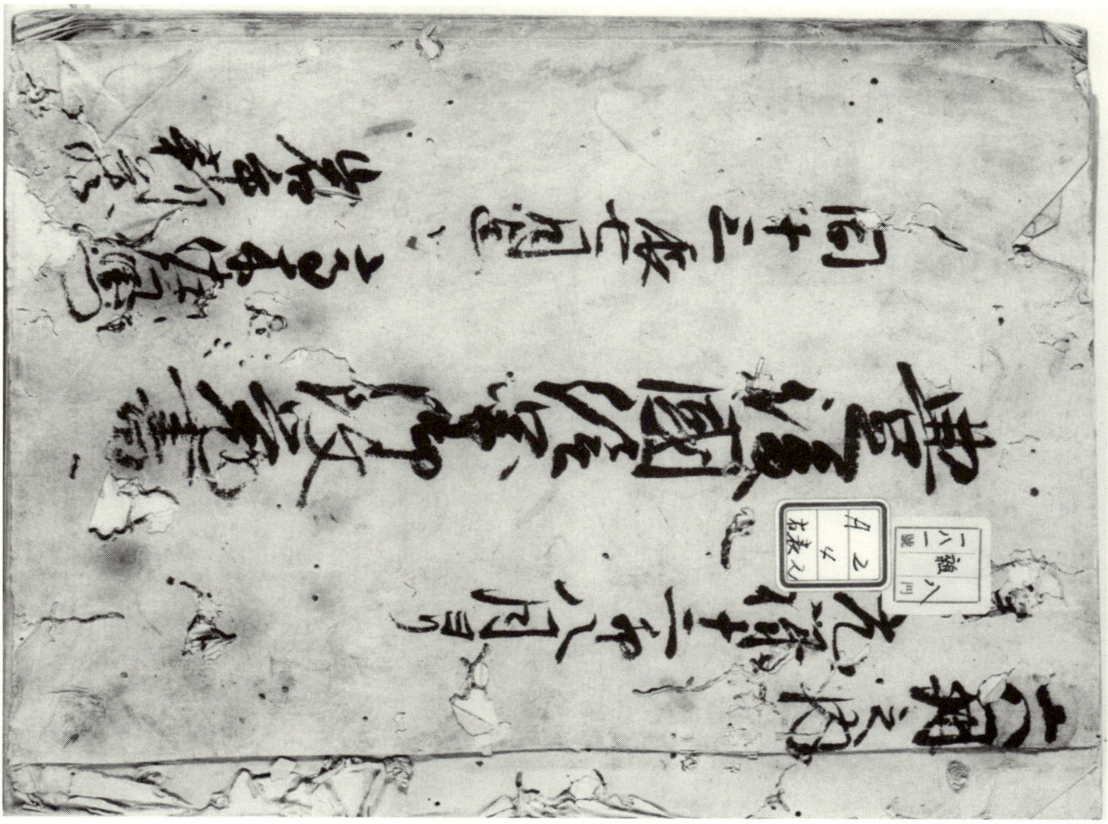

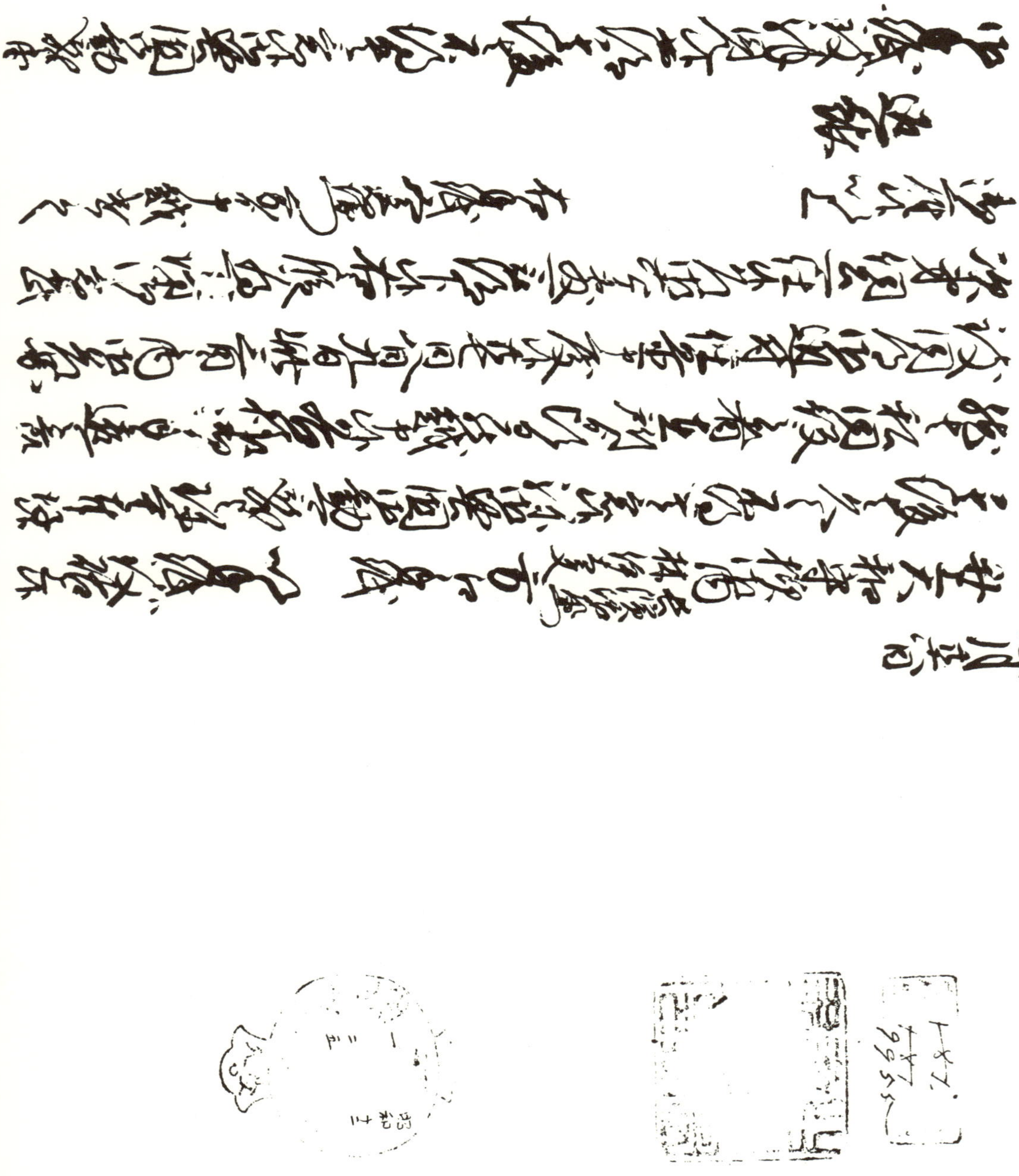

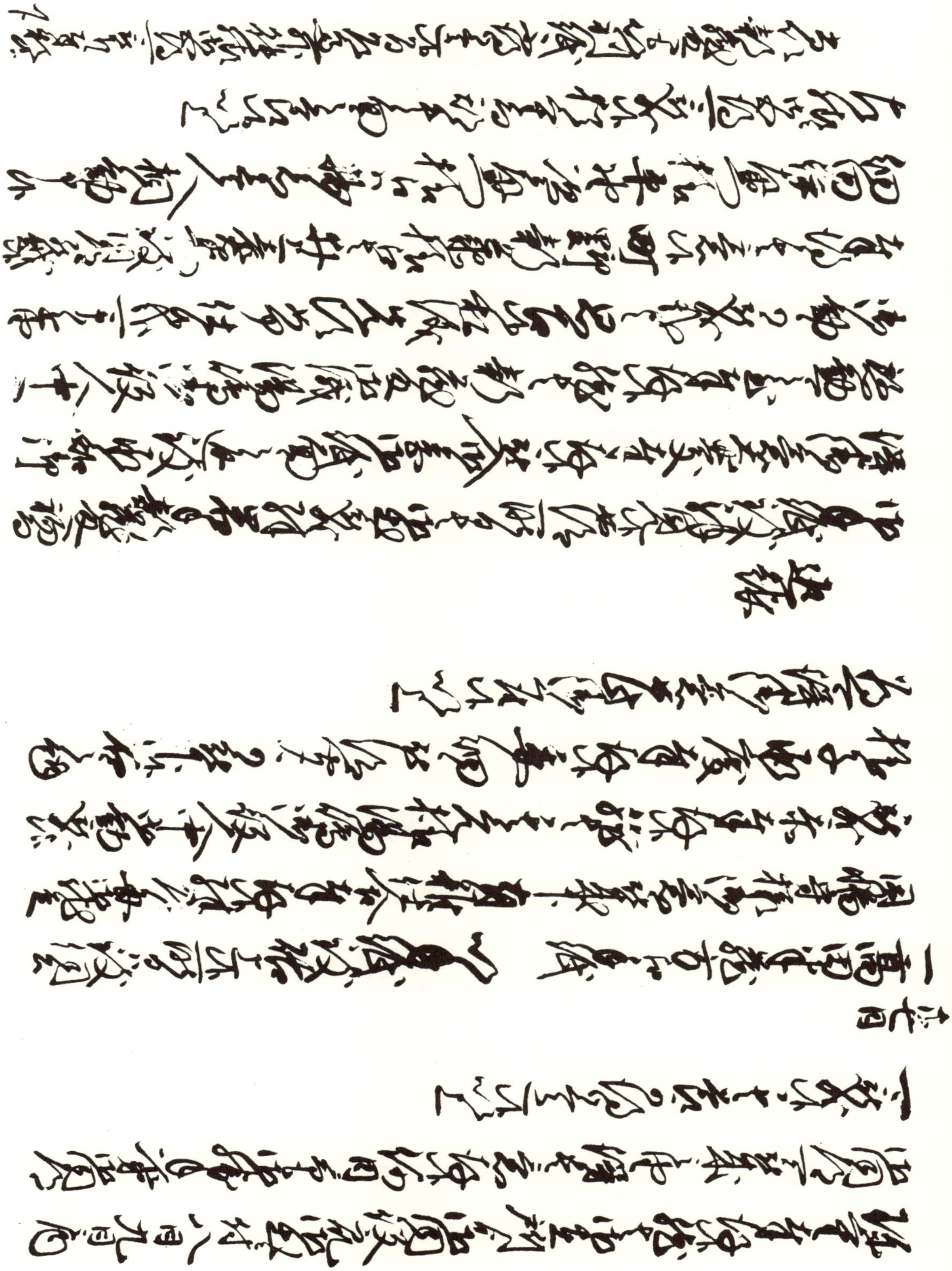

六日

一井上大和守様より 佐藤新蔵 同心林伊右衛門へ達 中 其方[illegible]

役中村[illegible]代り ニ中村[illegible][illegible]

[illegible]

[illegible]

一細田伊織様より 同心 [illegible]

一平山源五郎様より 同心 [illegible]

右[illegible]

方[illegible]

一町野新兵衛様より 同心 [illegible] 達中 右ハ[illegible]達中[illegible]

[illegible]

右[illegible]達ス

九月八日

一高[illegible]

[illegible]

[illegible]

[illegible]

[illegible]

[illegible]

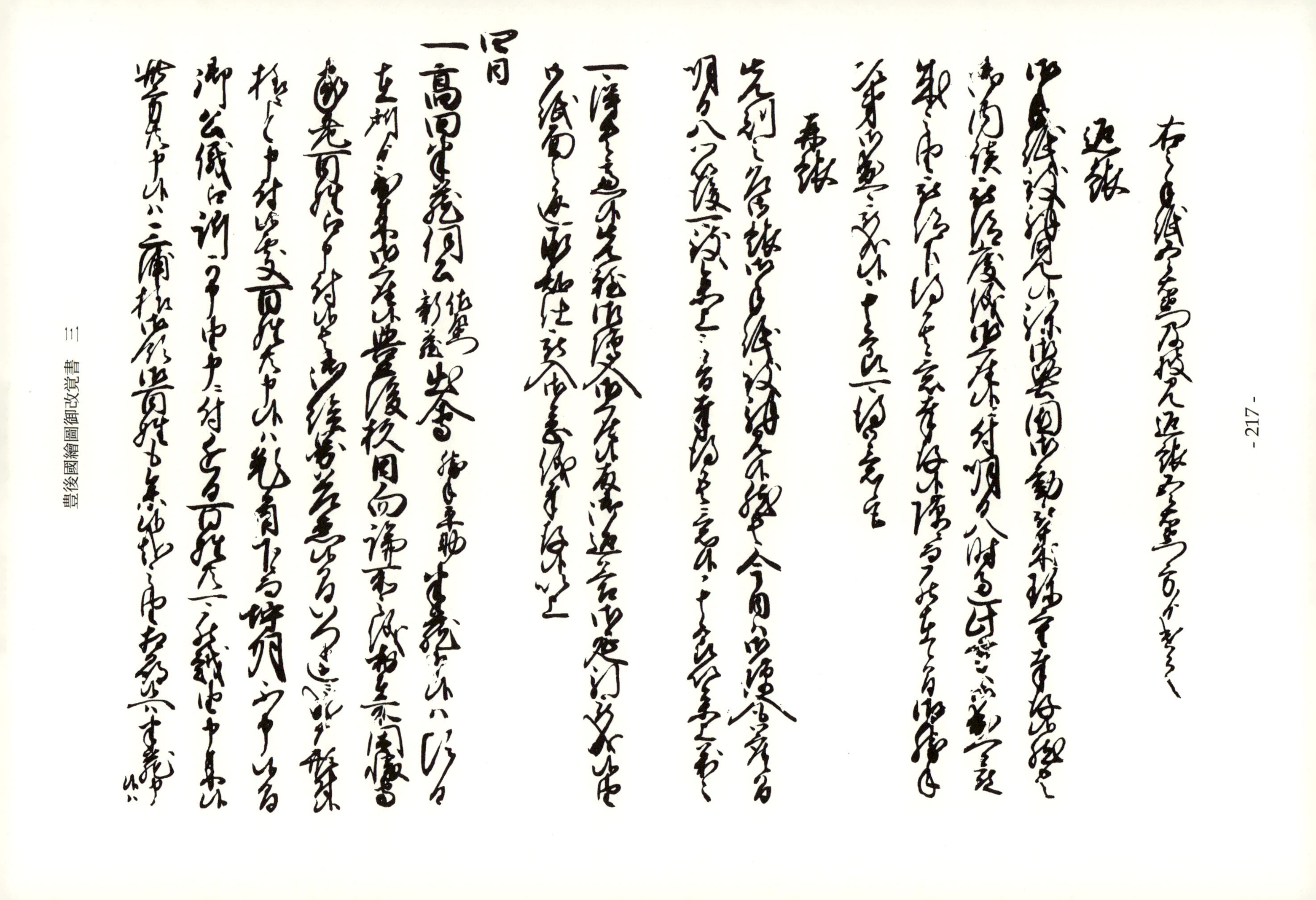

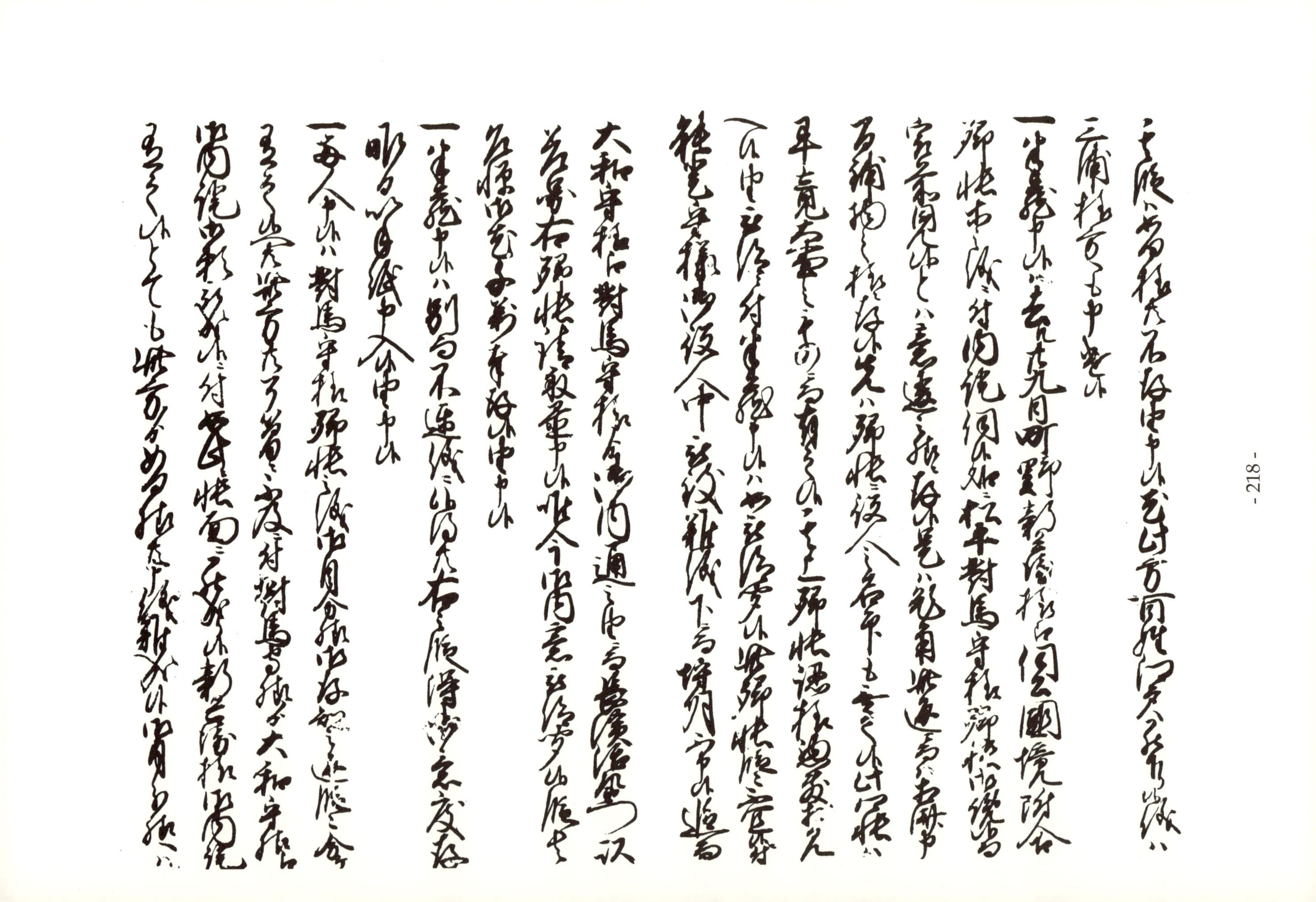

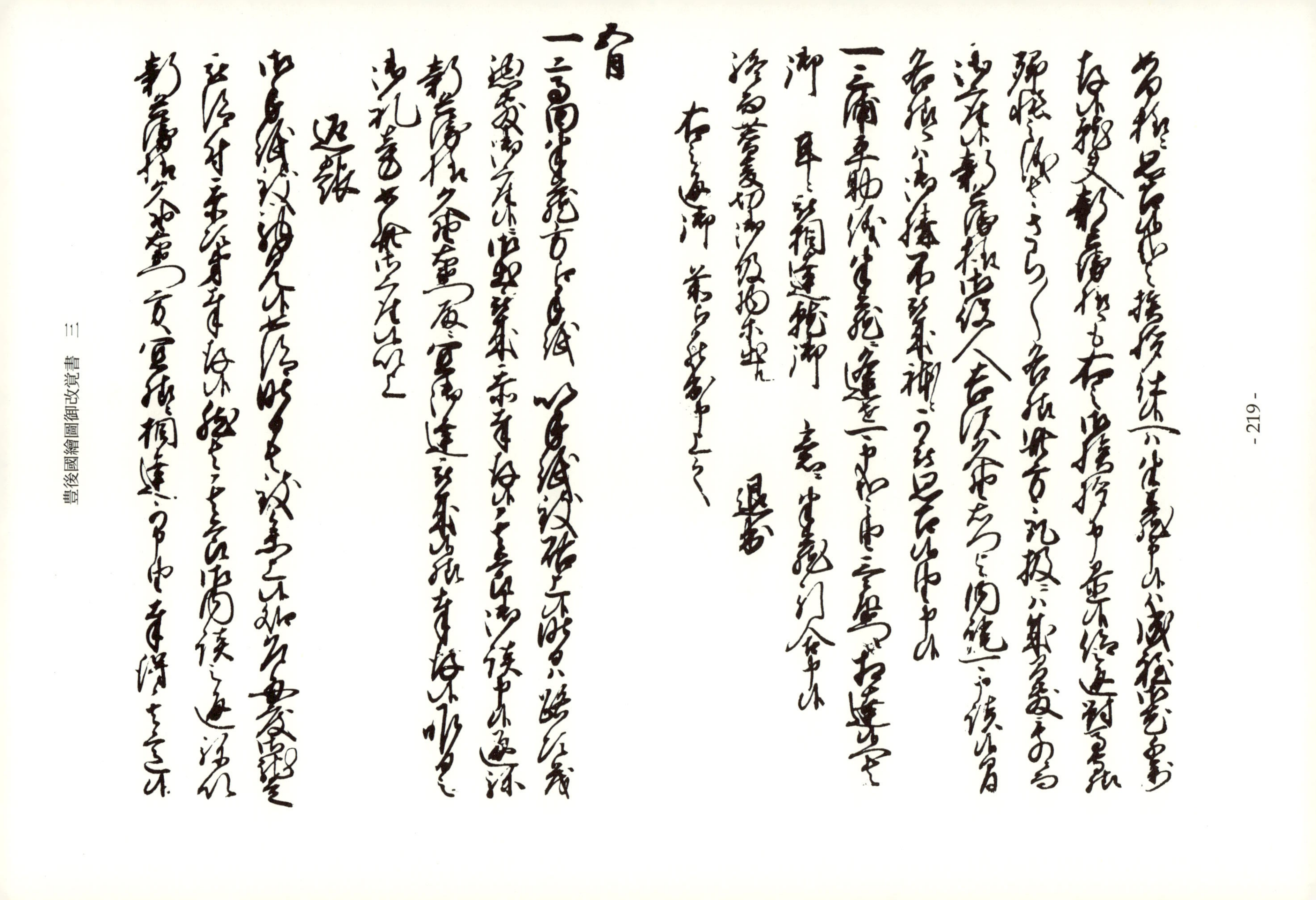

[illegible]

此節御吟味御座候由御越候ニ付而者何茂存寄可申旨
申遣ス
九日
一 当月番表方ニ　高木作左衛門為暇乞同備前屋敷江
余ヶ中並ニ御座候
一 遠見番所ゟ唐船壱艘来ル由注進申来ル
一 国東郡東見郡海上ニ而致出船ニ付案内者差越
一 寄帳壱冊
一 御用控帳同役状写壱冊
一 証文書状壱通　右ハ同役ゟ頼参候ニ付遣ス申候
十日
一 三日高木作左衛門出足ニ付御　暇乞ニ参候御　同見ル候
一 三日高木作左衛門為暇乞御屋敷へ参候処同高木作左衛門
　継合ニ付ハ先達而御対談之上松平対馬守様
　御返答之品被仰付候義ニ申ハ御座候様子
十一日
一 卯ノ刻　高木作左衛門出足

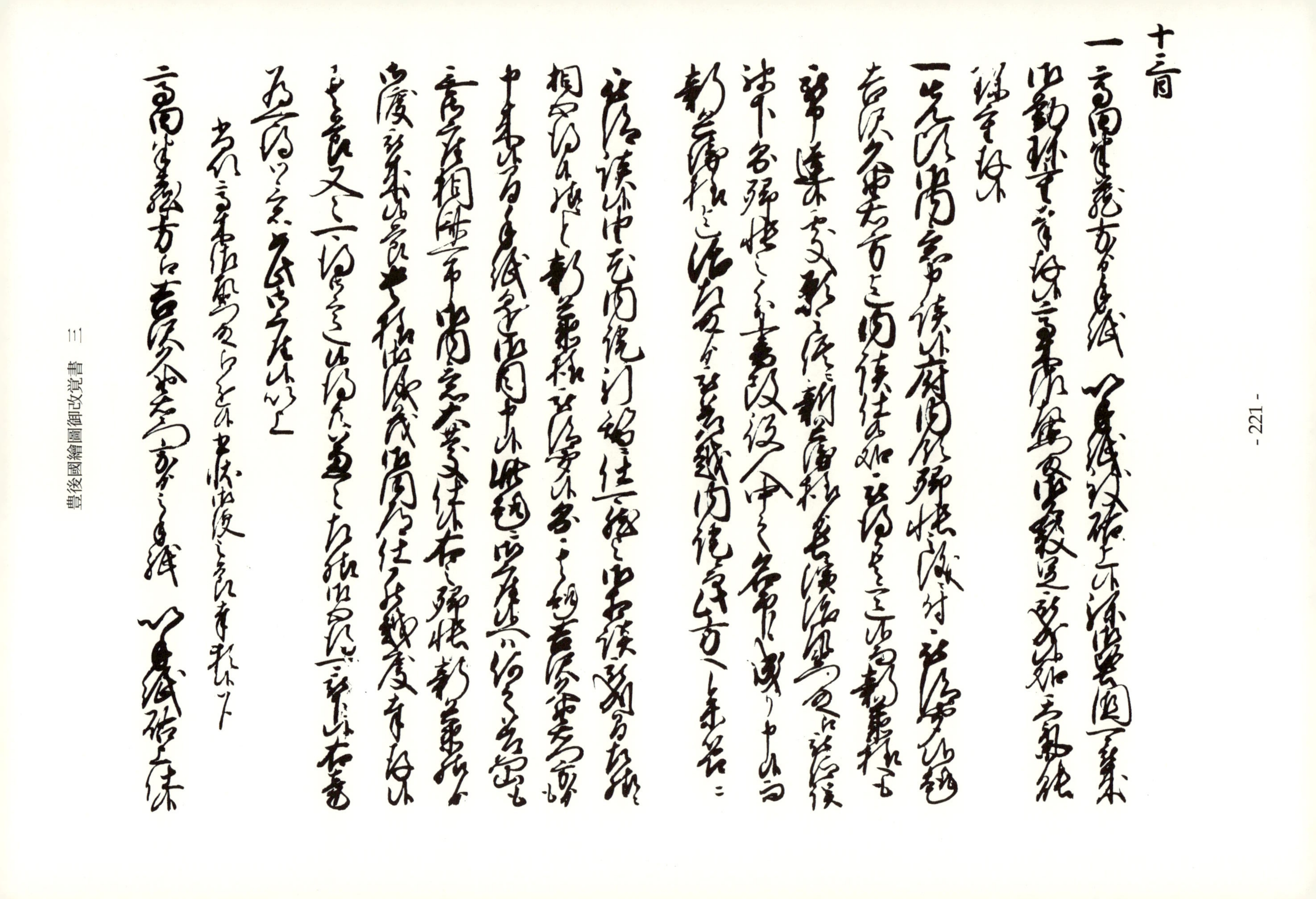

十二日

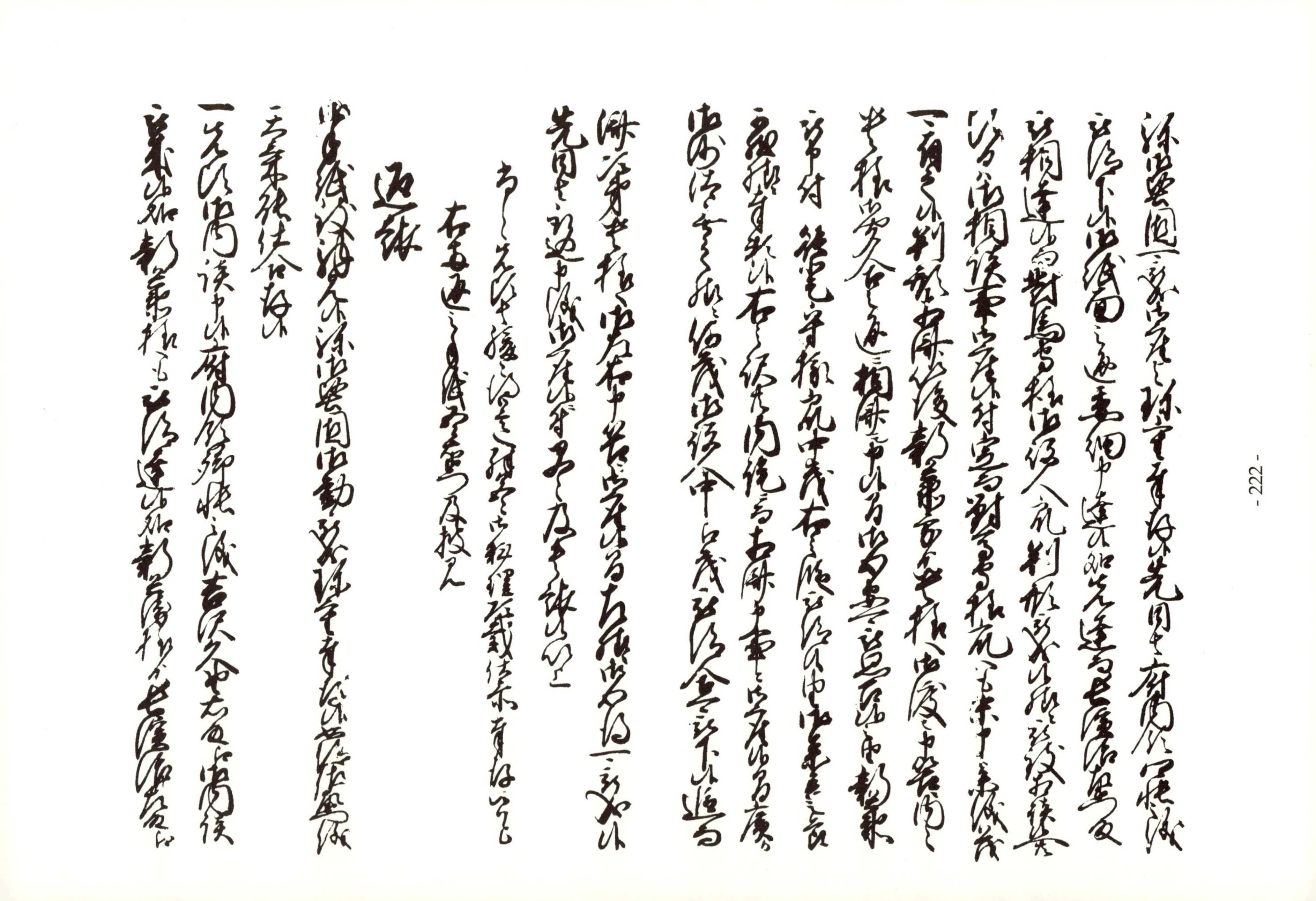

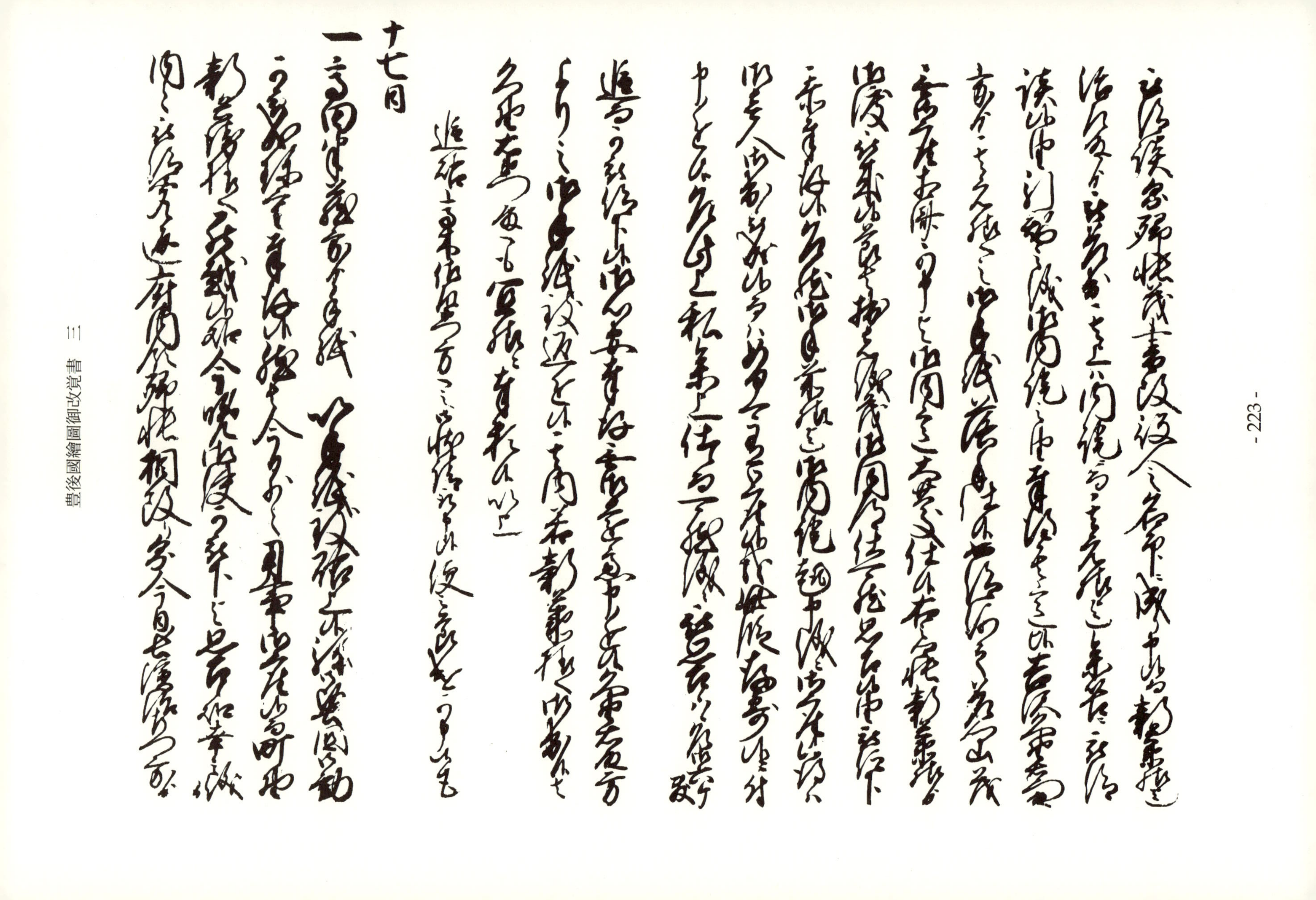

[illegible]

十七日

[illegible]

[illegible]

[illegible]

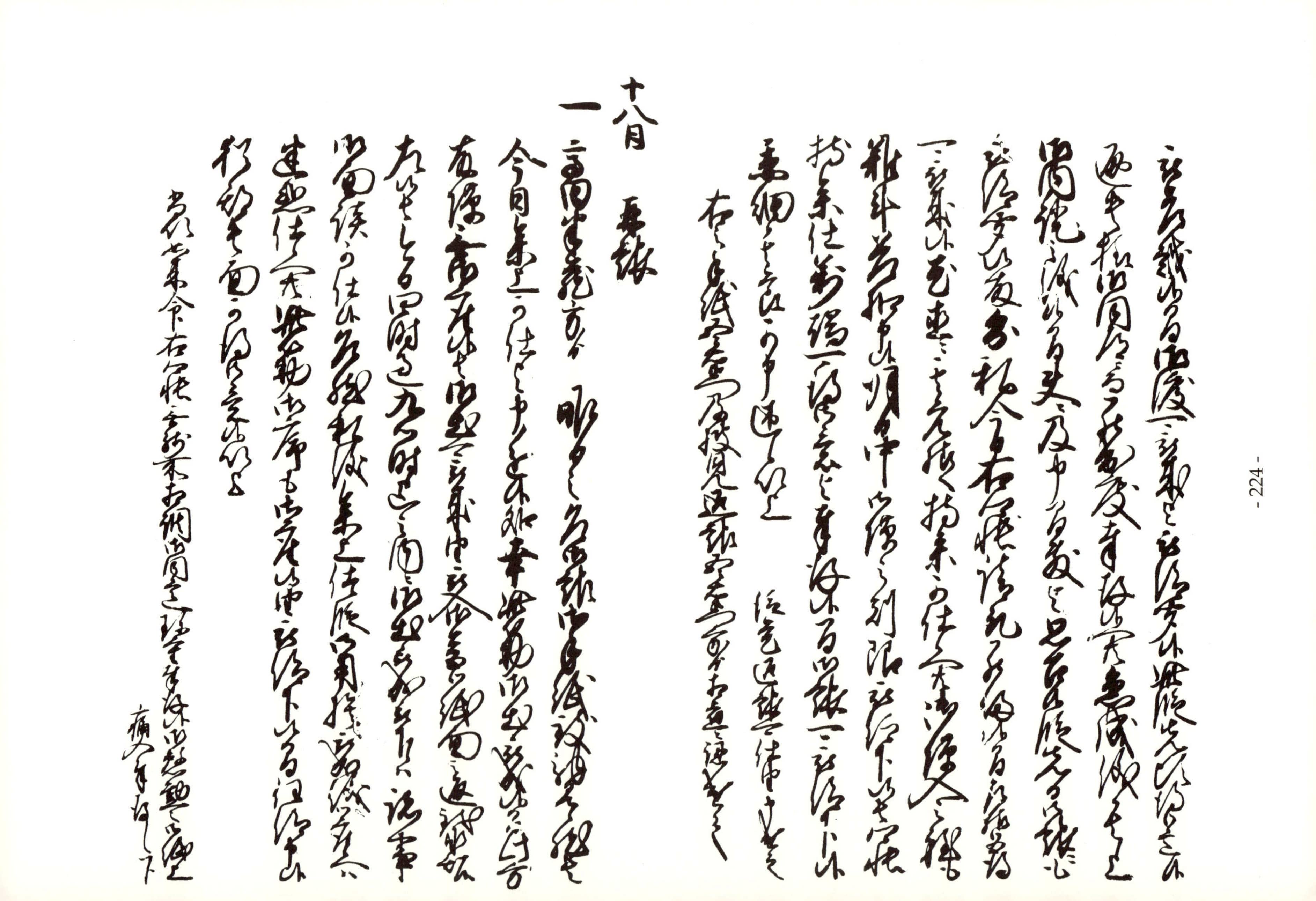

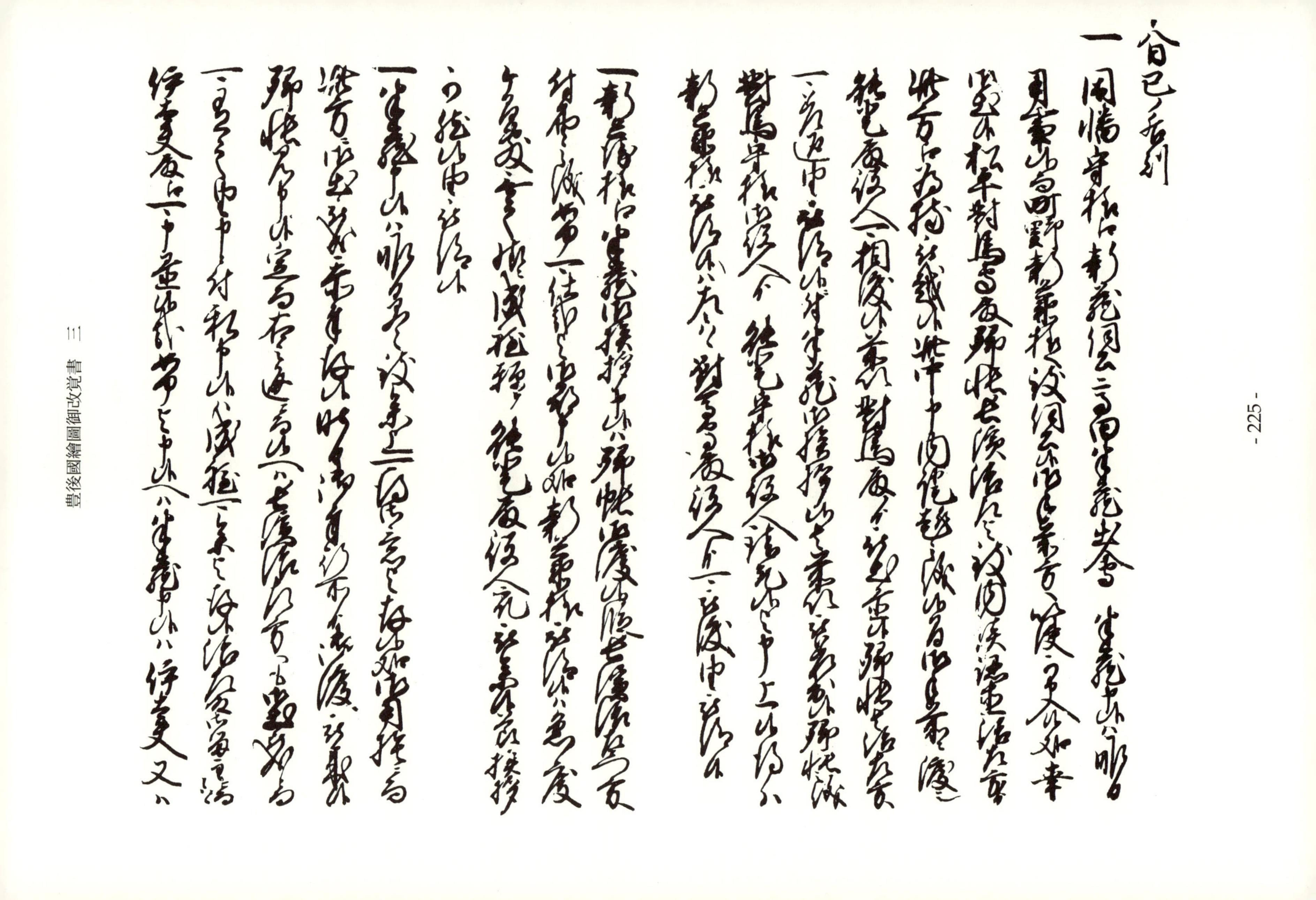

[illegible]

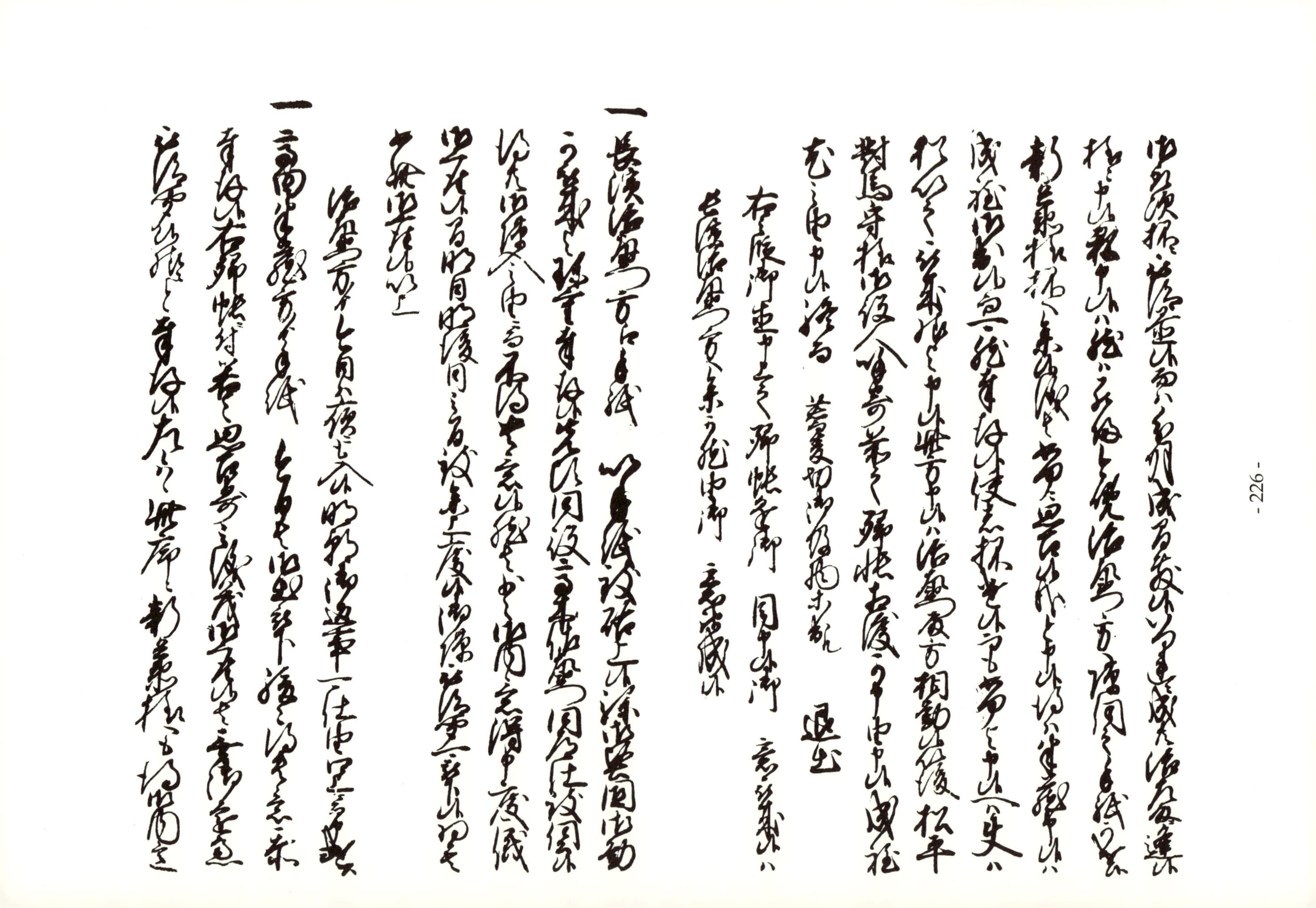

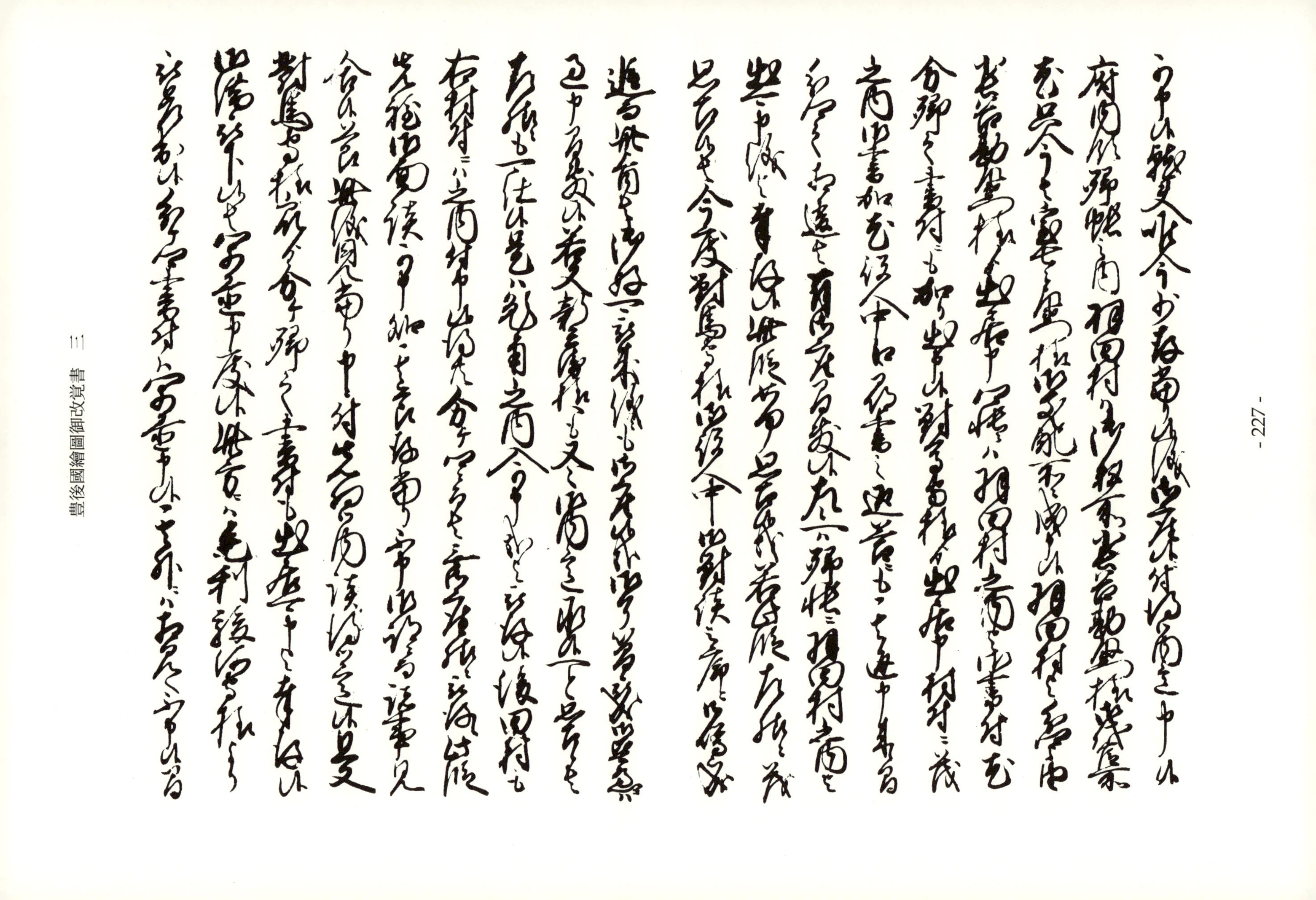

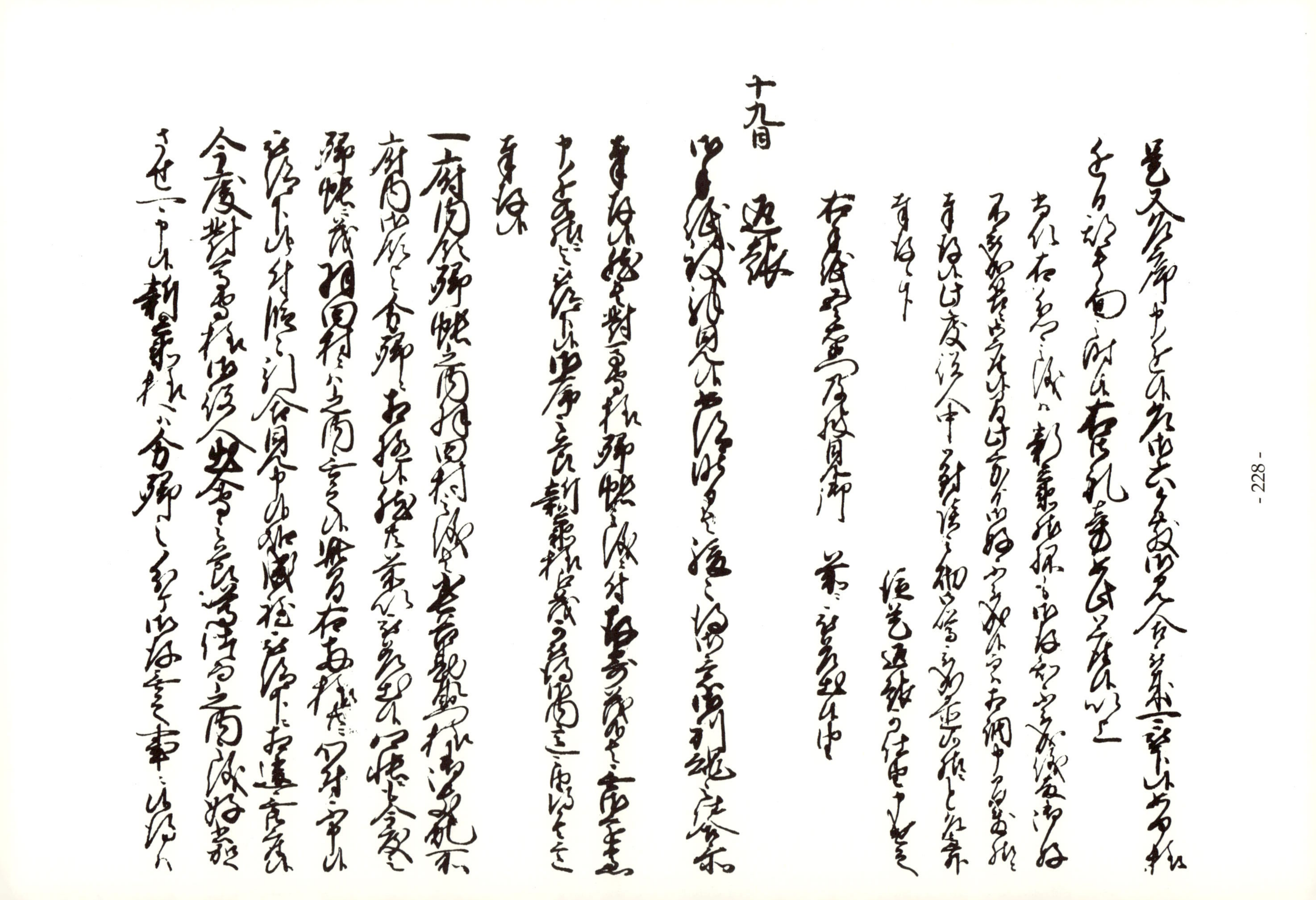

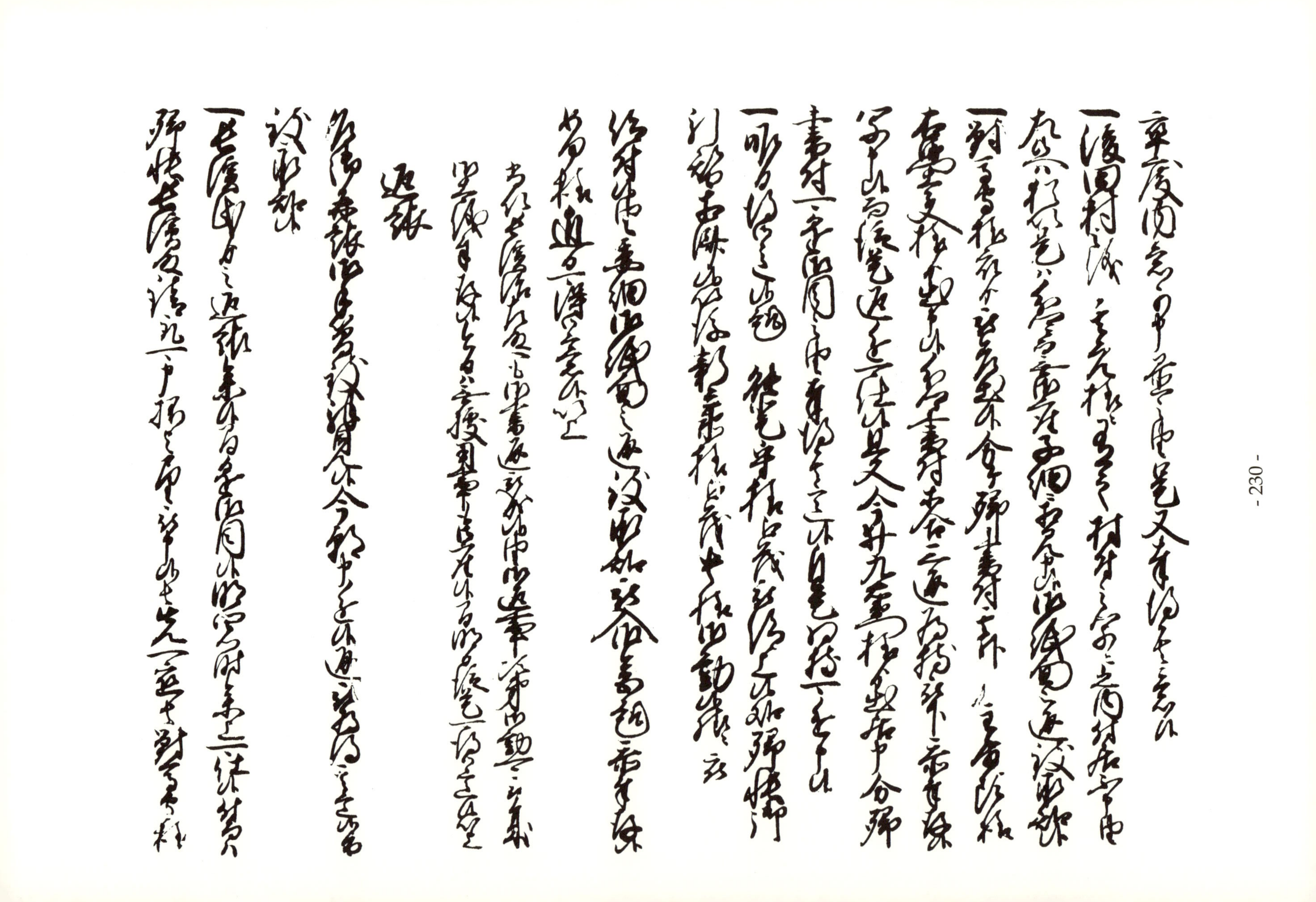

[illegible]
[illegible]
[illegible]
[illegible]
[illegible]
[illegible]
[illegible]
[illegible]
[illegible]
[illegible]
[illegible]
[illegible]
[illegible]
[illegible]
[illegible]
[illegible]
[illegible]

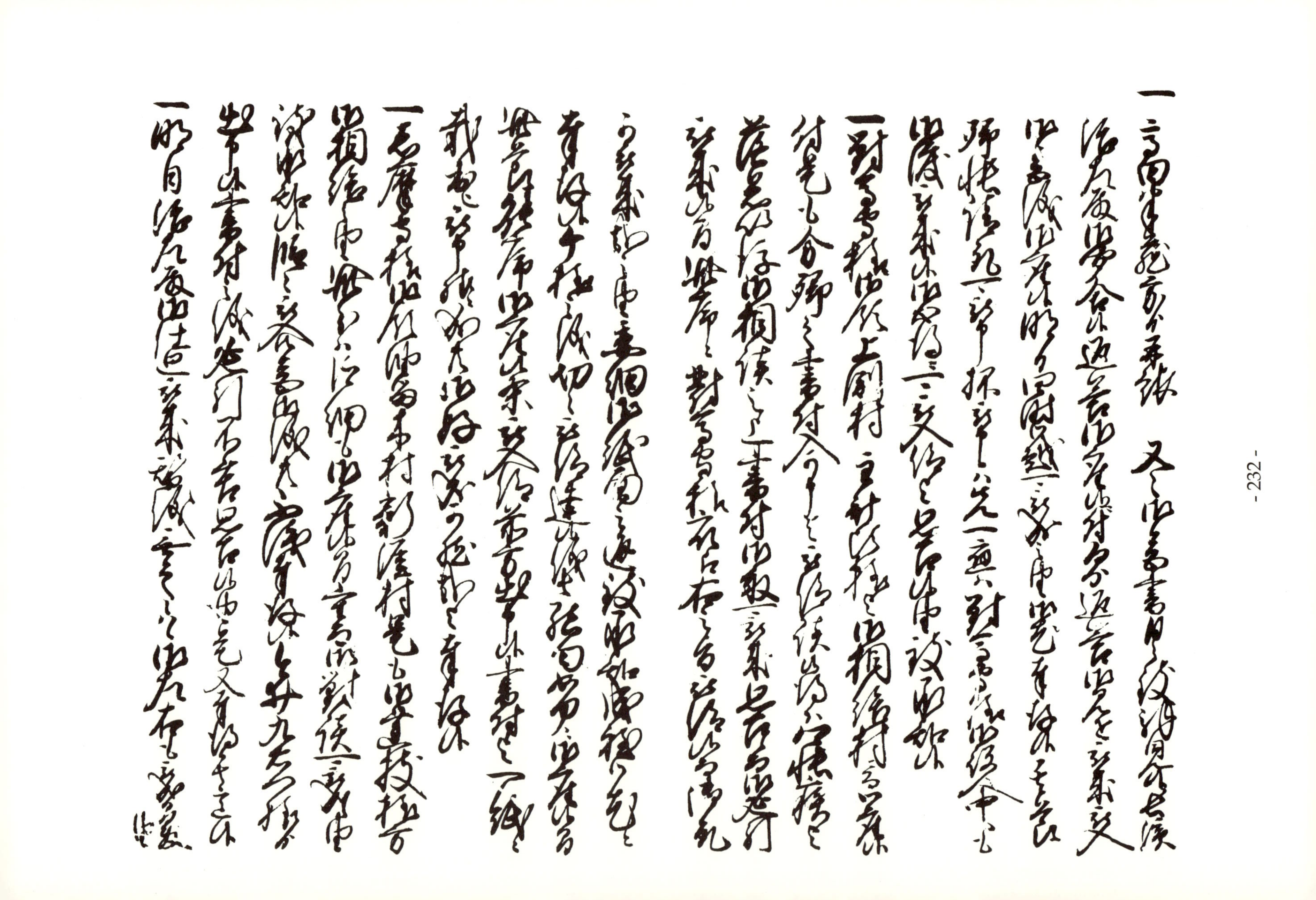

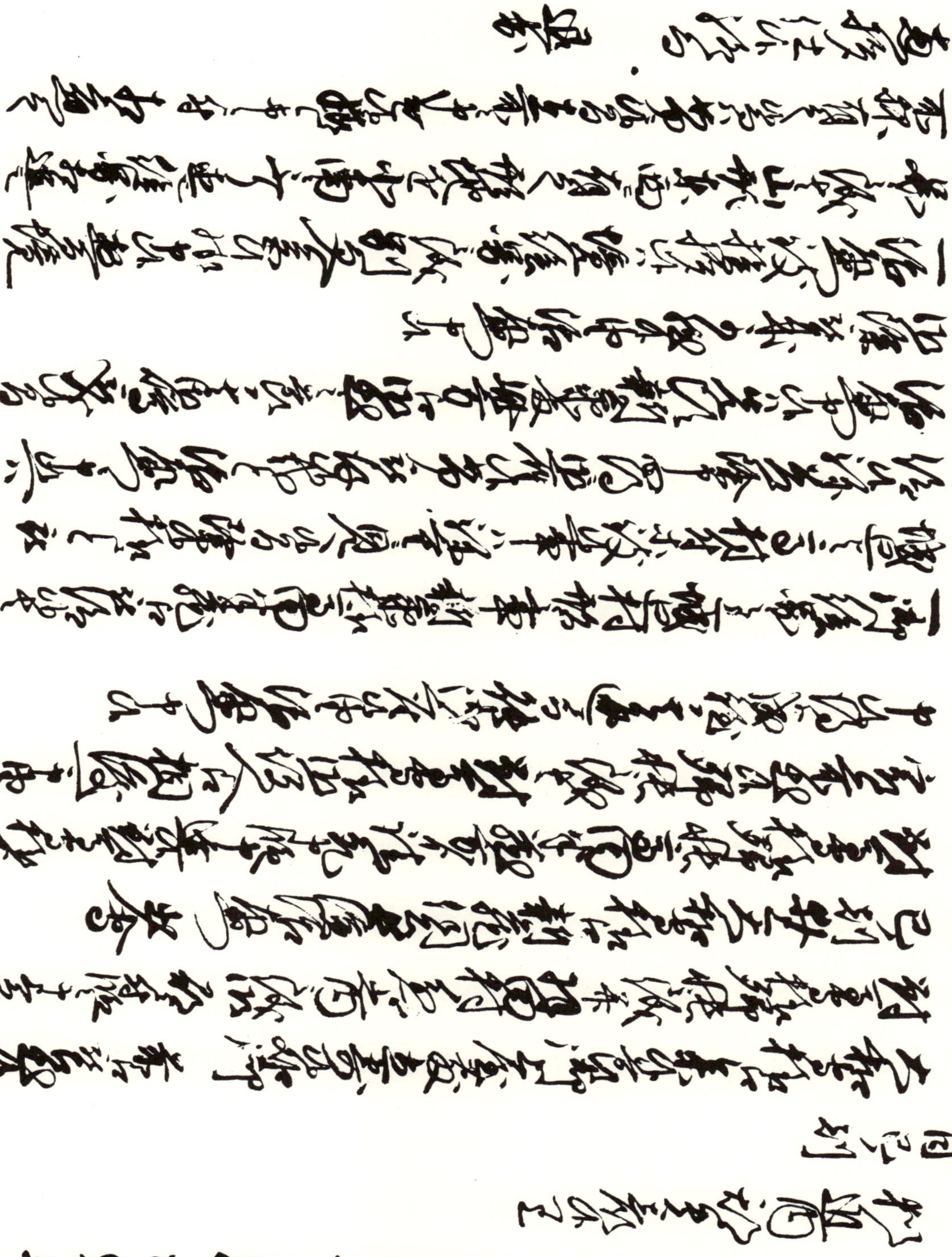

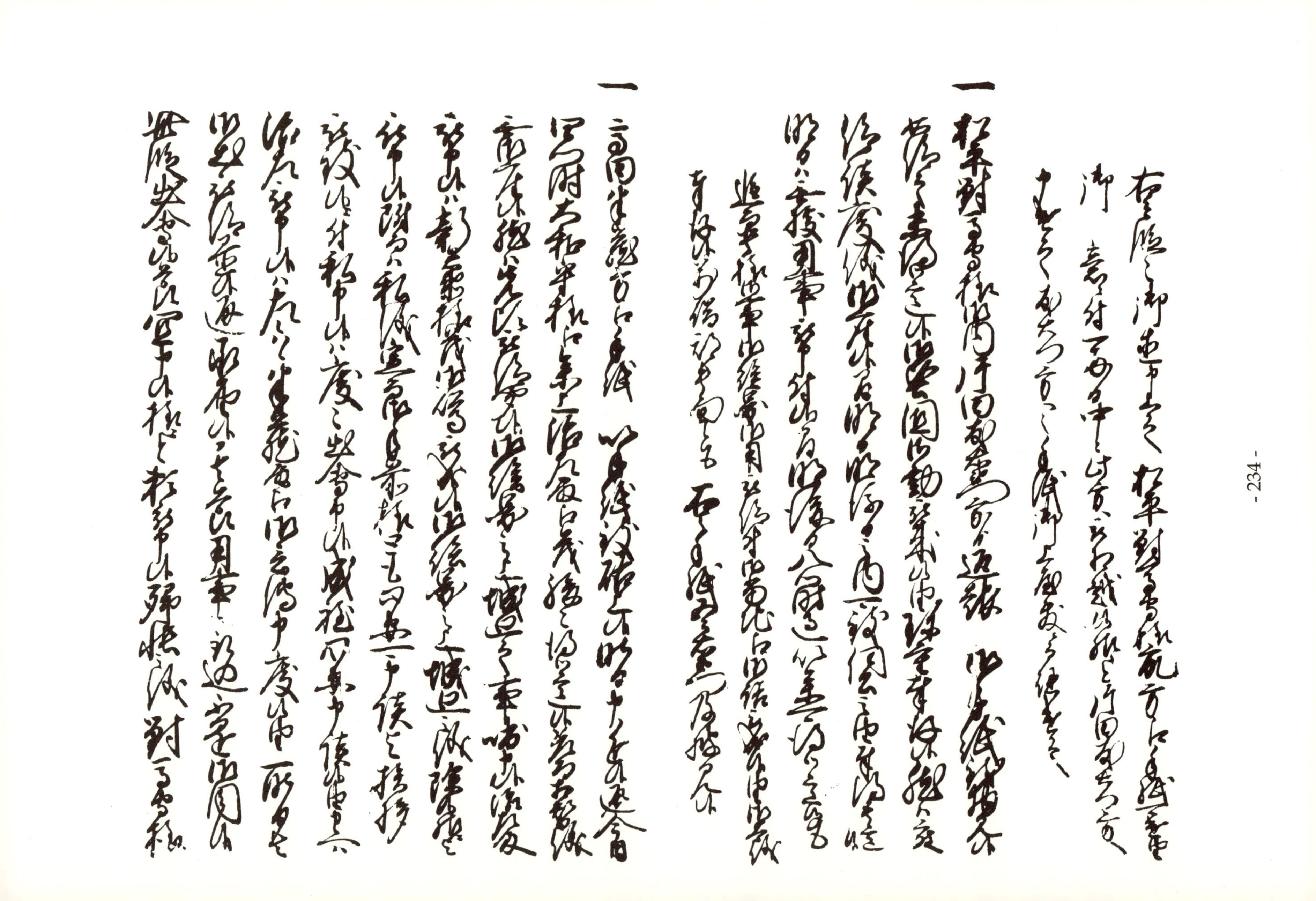

[illegible]

一 [illegible]

一 [illegible]

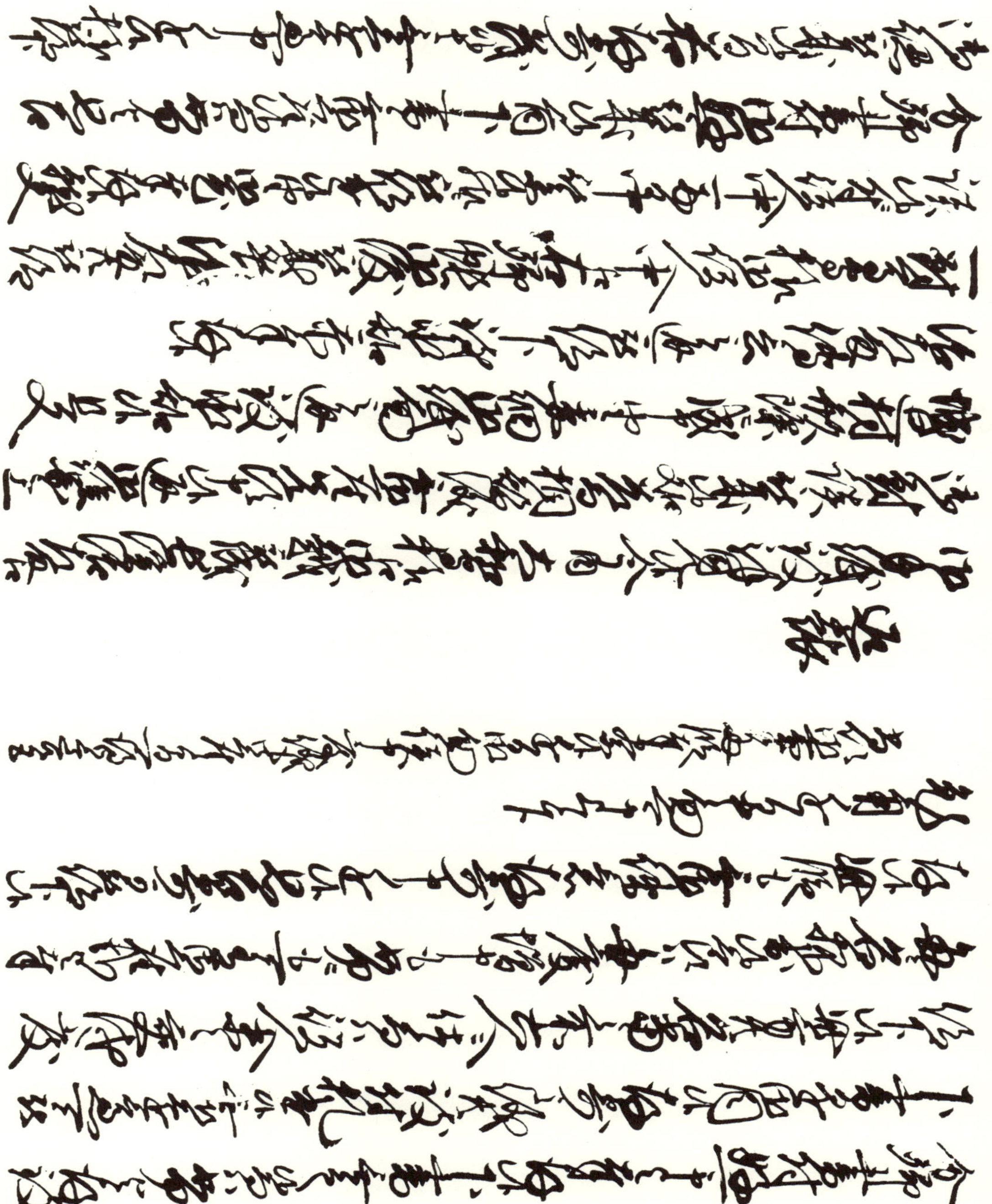

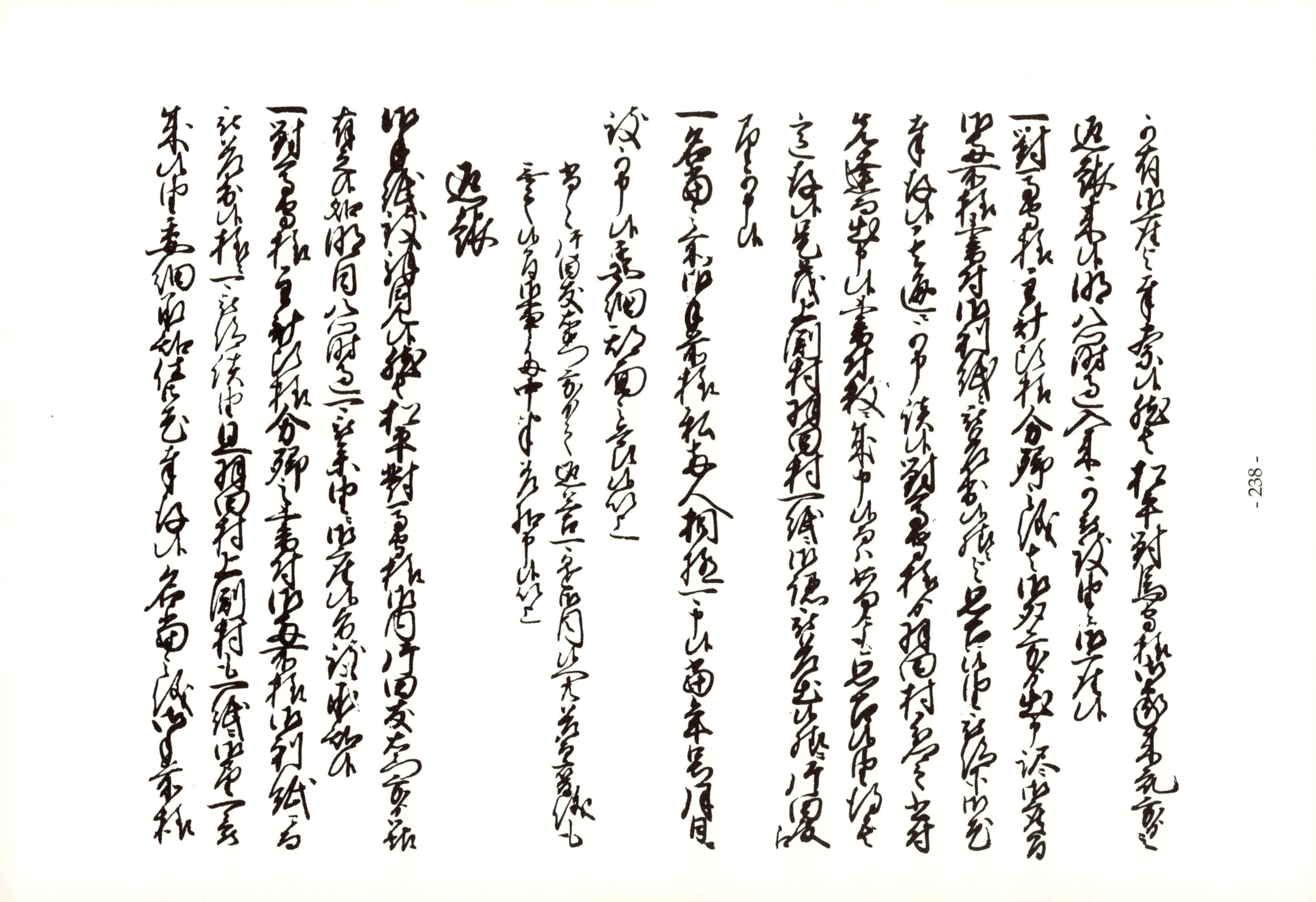

[illegible] 松平対馬守 [illegible]

返翰 [illegible]

一 対馬守殿 [illegible]

[illegible]

[illegible]

[illegible]

[illegible]

[illegible]

[illegible]

一 [illegible]

[illegible]

[illegible]

[illegible]

返翰

[illegible] 松平対馬守殿 [illegible]

[illegible]

一 対馬守殿 [illegible]

[illegible]

[illegible]

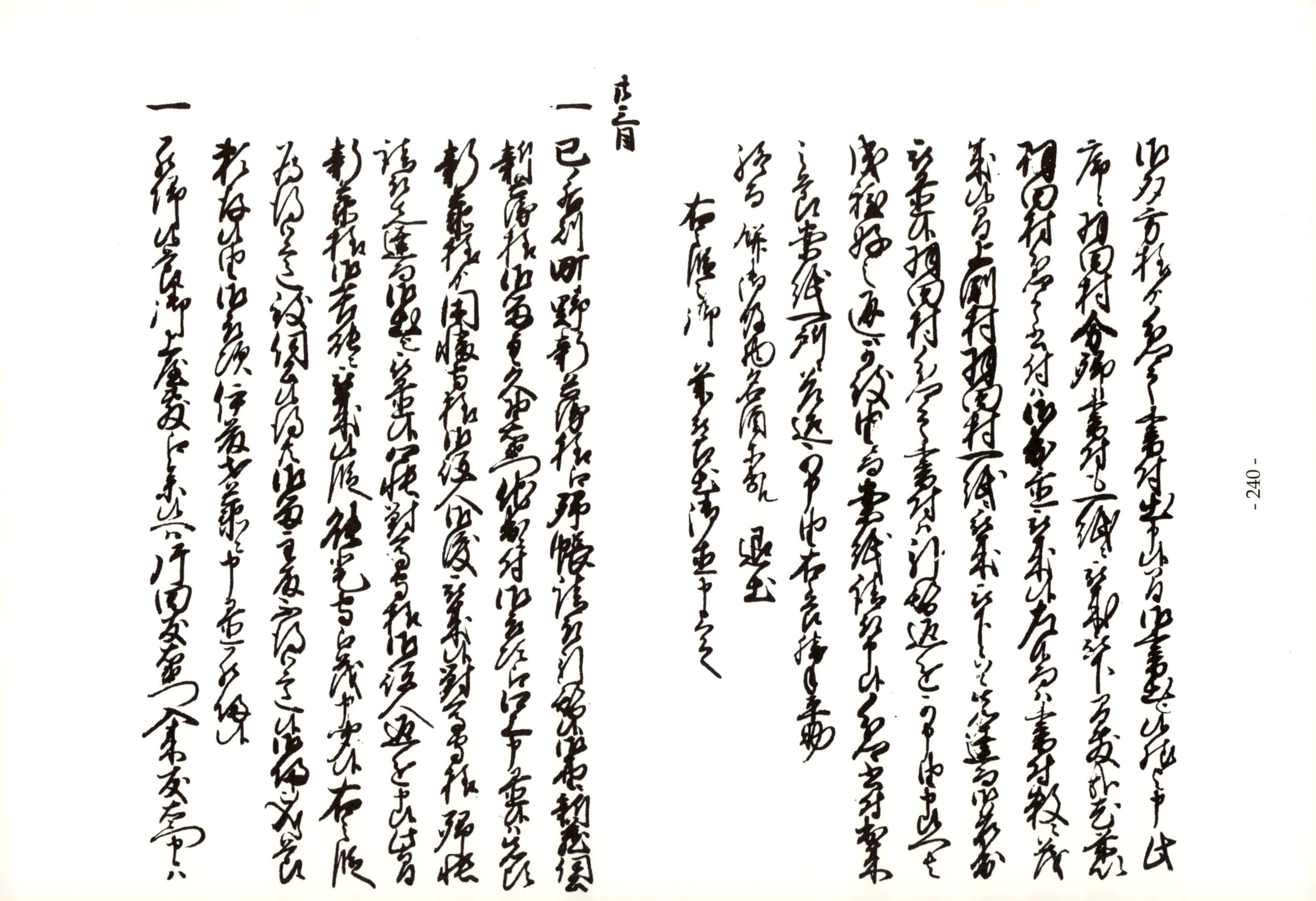

[illegible]

[illegible]

[illegible]

[illegible]

[illegible]

[illegible]

[illegible]

[illegible]

[illegible]

未二月(?)

一 [illegible]

[illegible]

[illegible]

[illegible]

[illegible]

[illegible]

[illegible]

一 [illegible]

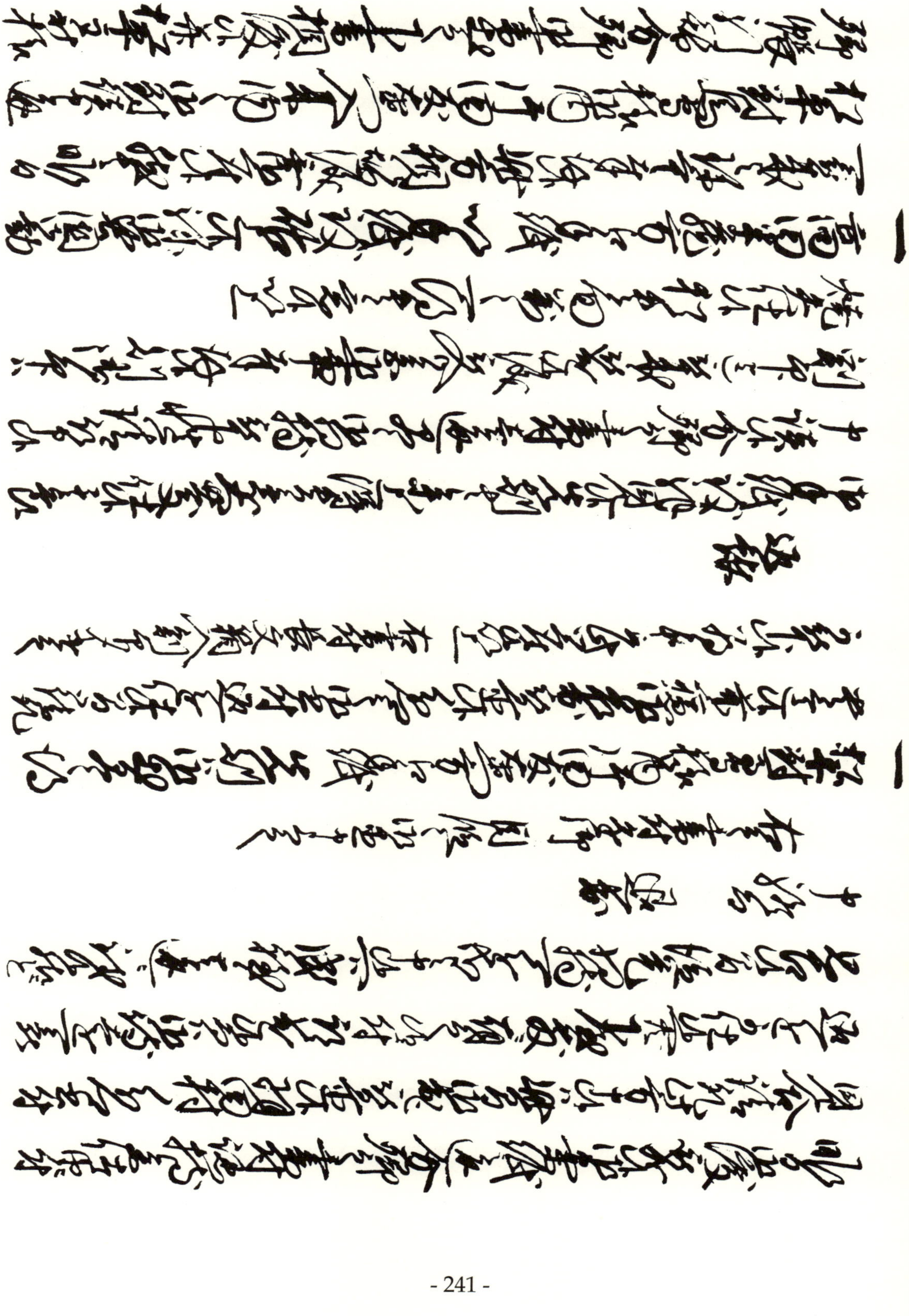

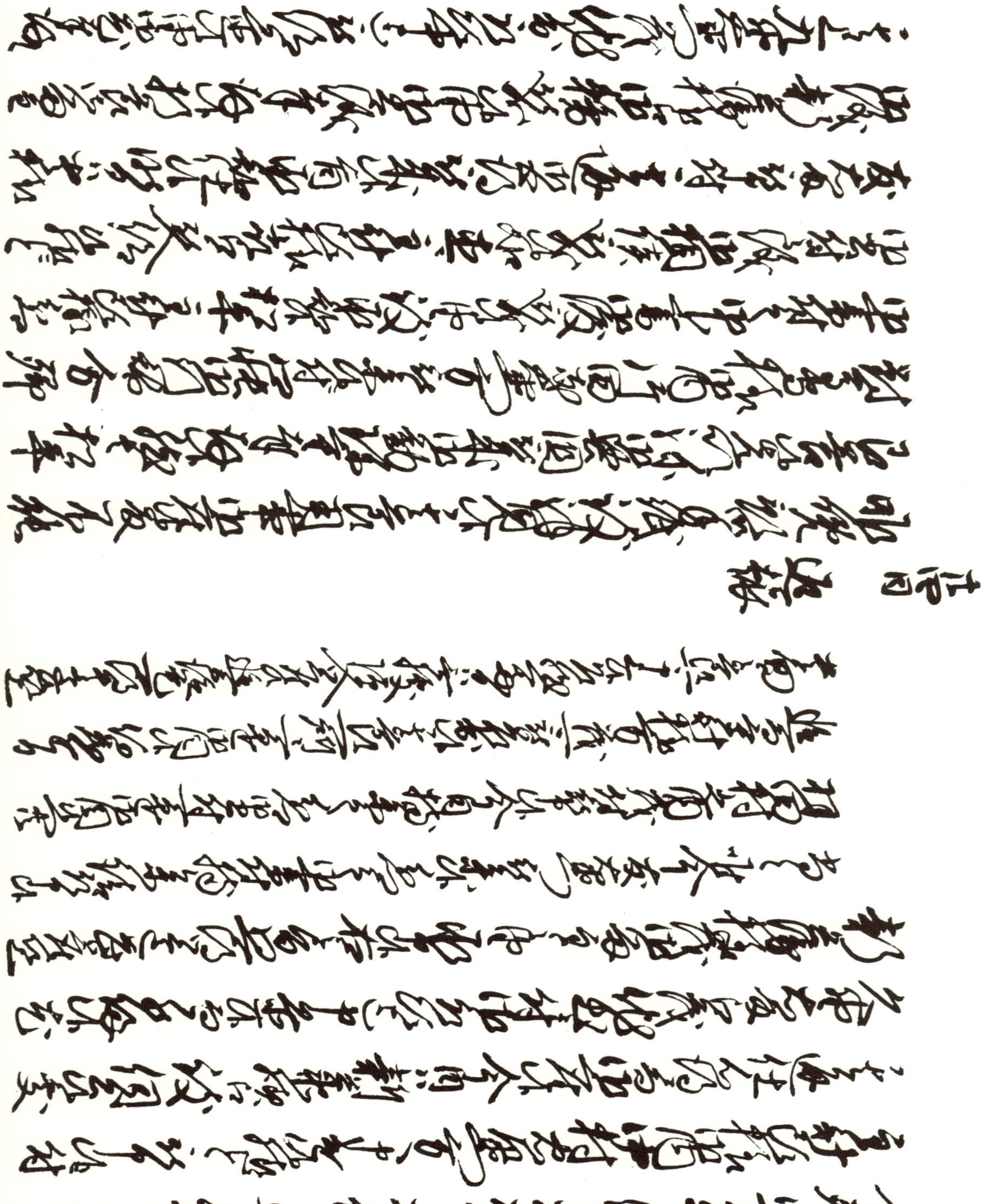

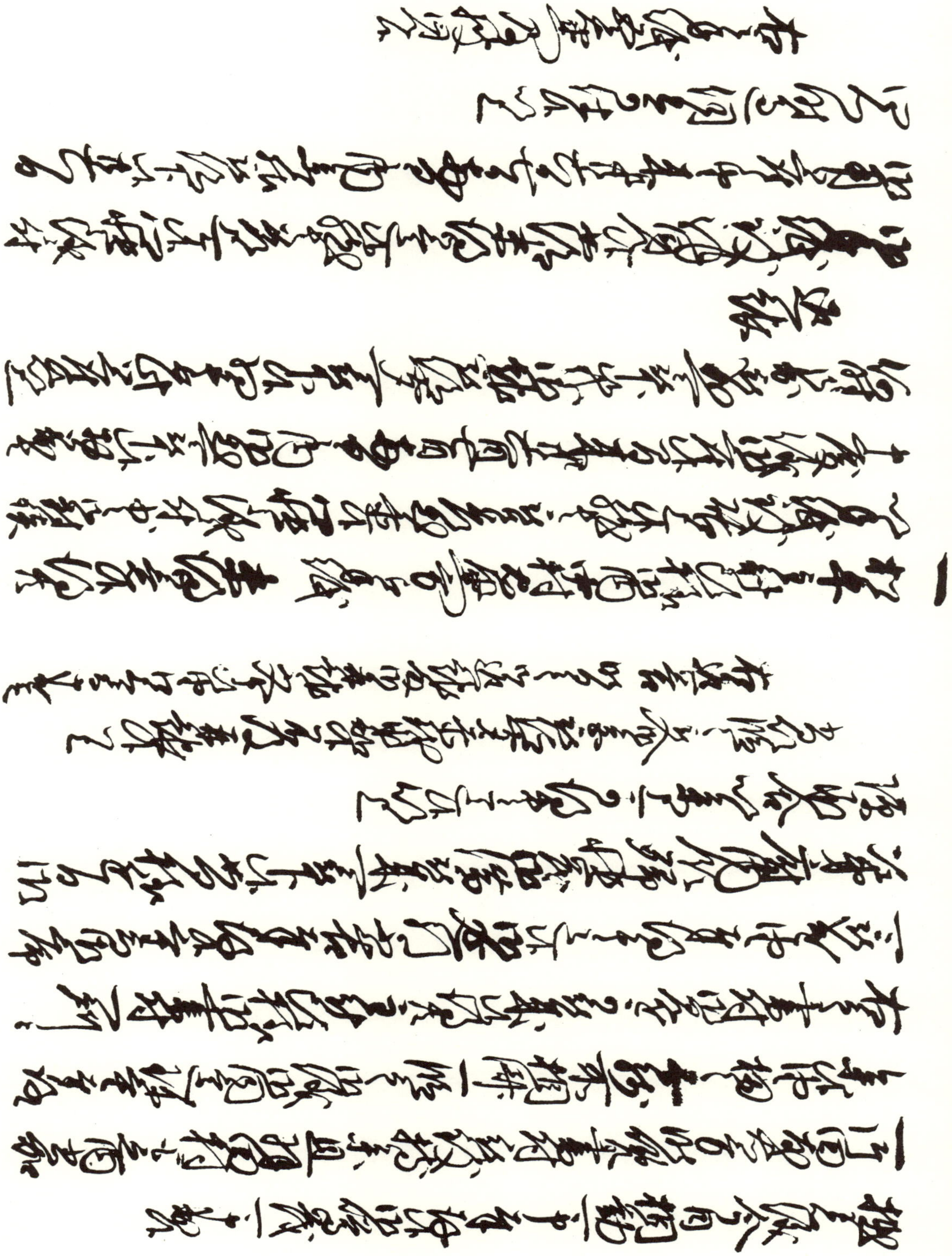

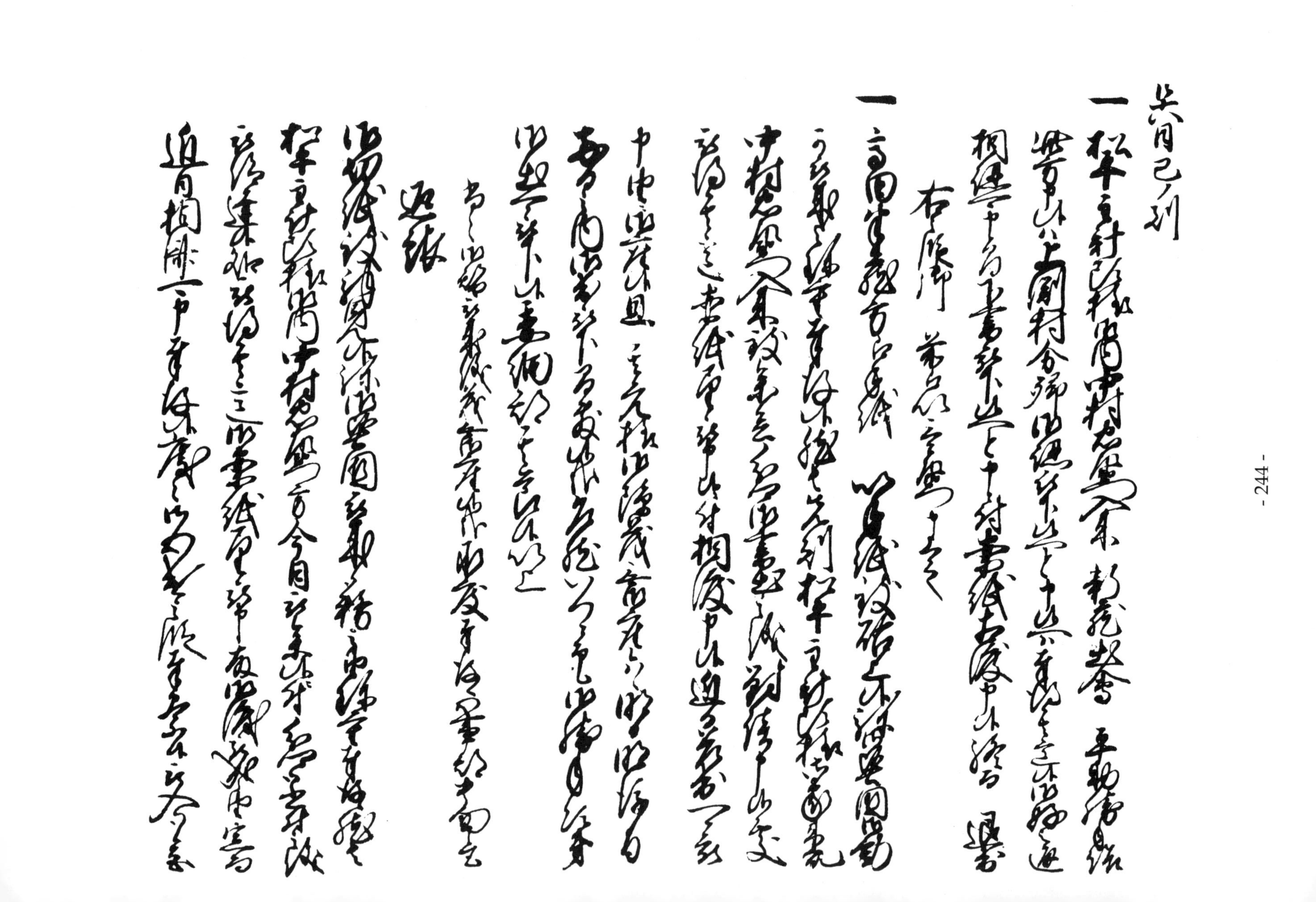

[illegible]

談候段御郡代兵衛方在陣ニ被成、其外御出役

中兵衛一ノ注進ニ有之候旨申六月朔日事ニ付筋へ被遣

廿八日豊前宇佐郡之内谷村へ被罷越候様ニ御座候

右之御郡内へ参リ候而申渡候様ニ申来候ニ付御座候

所ニ而御郡代衆ニ被遣候ニ付其筋へ被参候様ニ

被申遣候旨御断申候ニ而御座候

右之通申遣候　兼而被仰遣候

廿七日

一　杵築ニ而村々絵図中村右兵衛へ引渡ス　新荘出雲　平野新左衛門

右兵衛方ゟ中山川八郎を以谷合部共書付相渡候、中津中山

寄候間書付ニ合遣し候　書付相渡ス　退出

廿八日午之刻

一　高田米倉へ引渡ス　新荘出雲　平野新左衛門　杵築領

出来合部共書付相渡候　杵築ニ而村々之合部

書付同右ニ渡ス

一　[illegible]

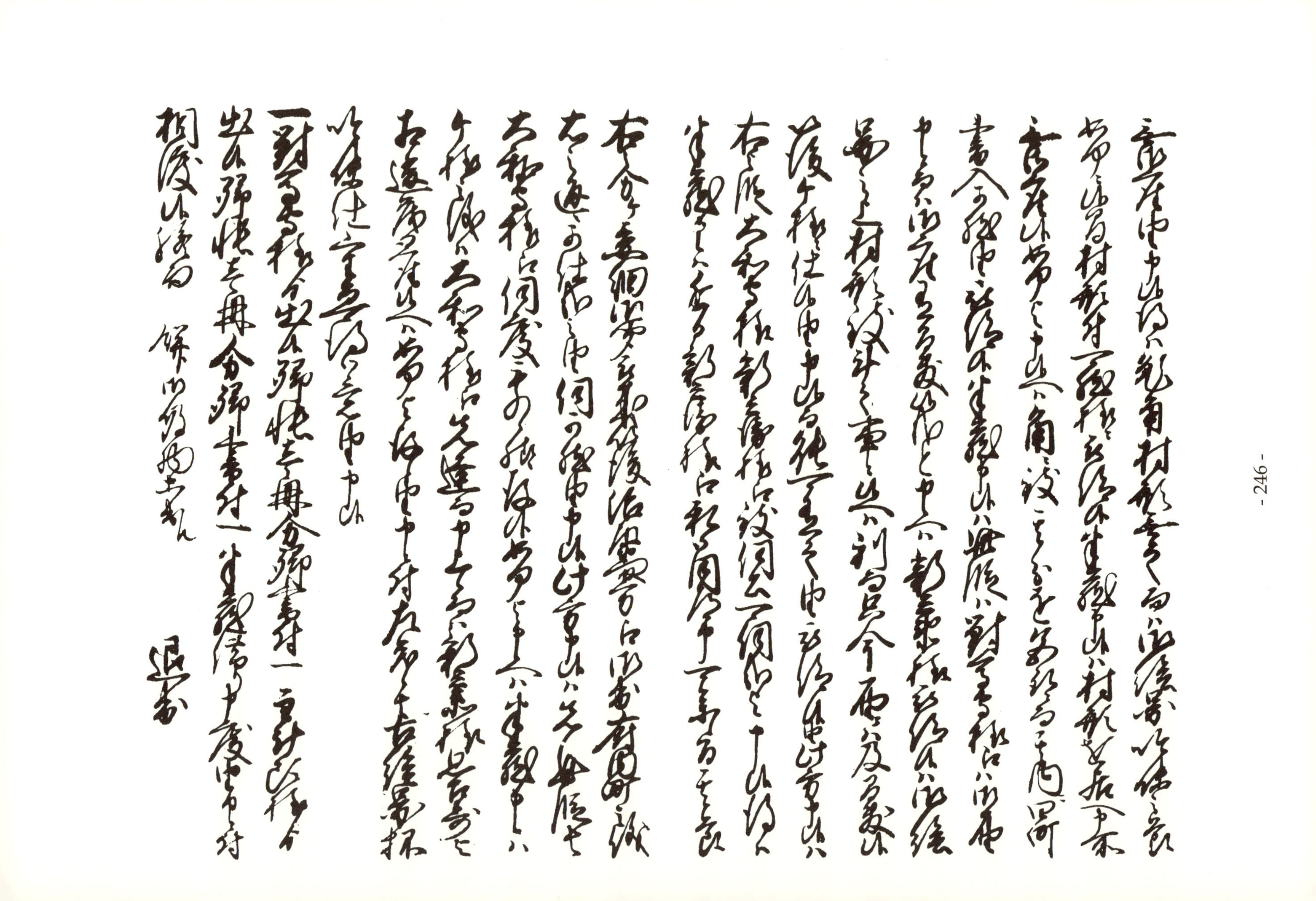

[illegible]

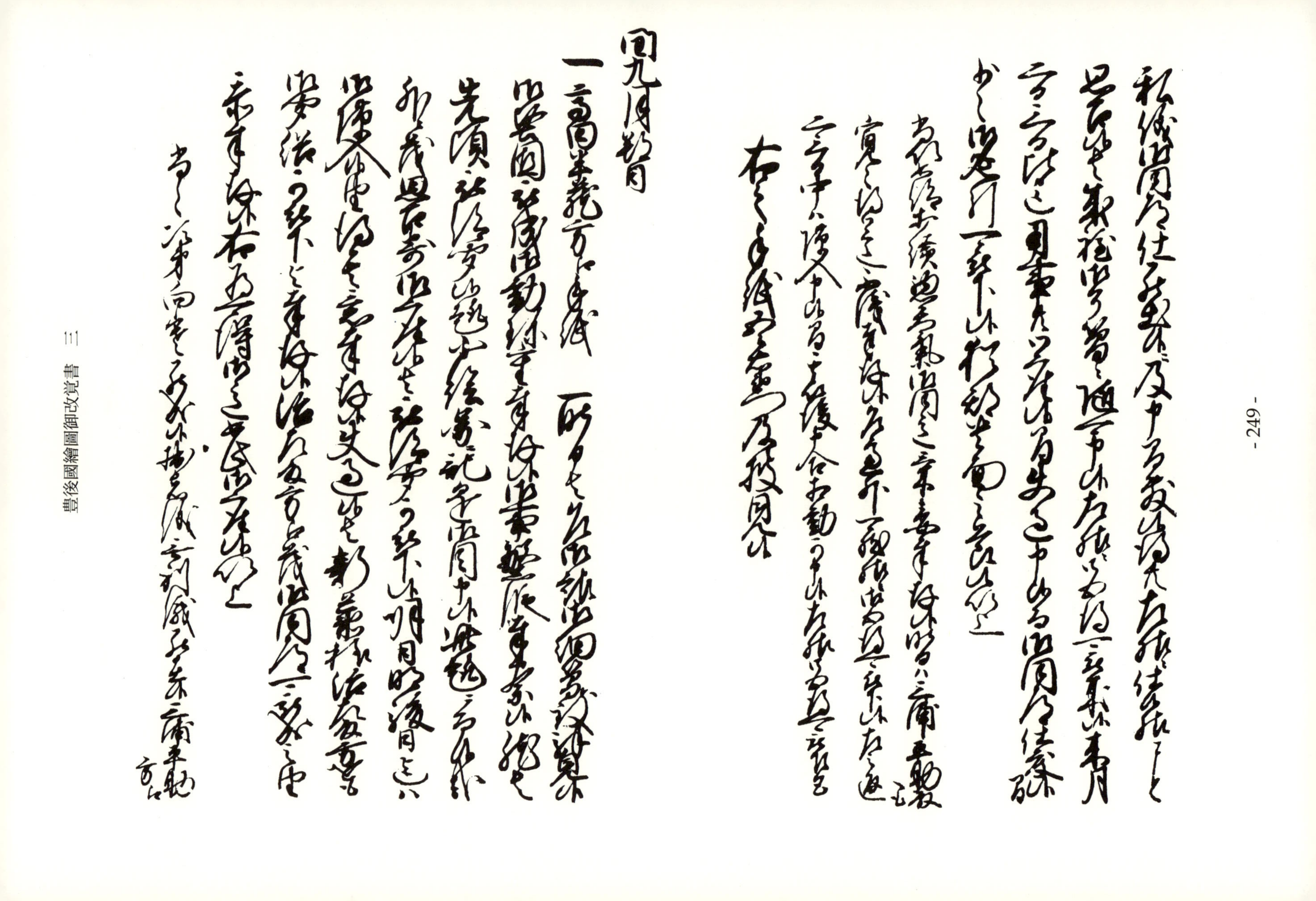

[illegible]

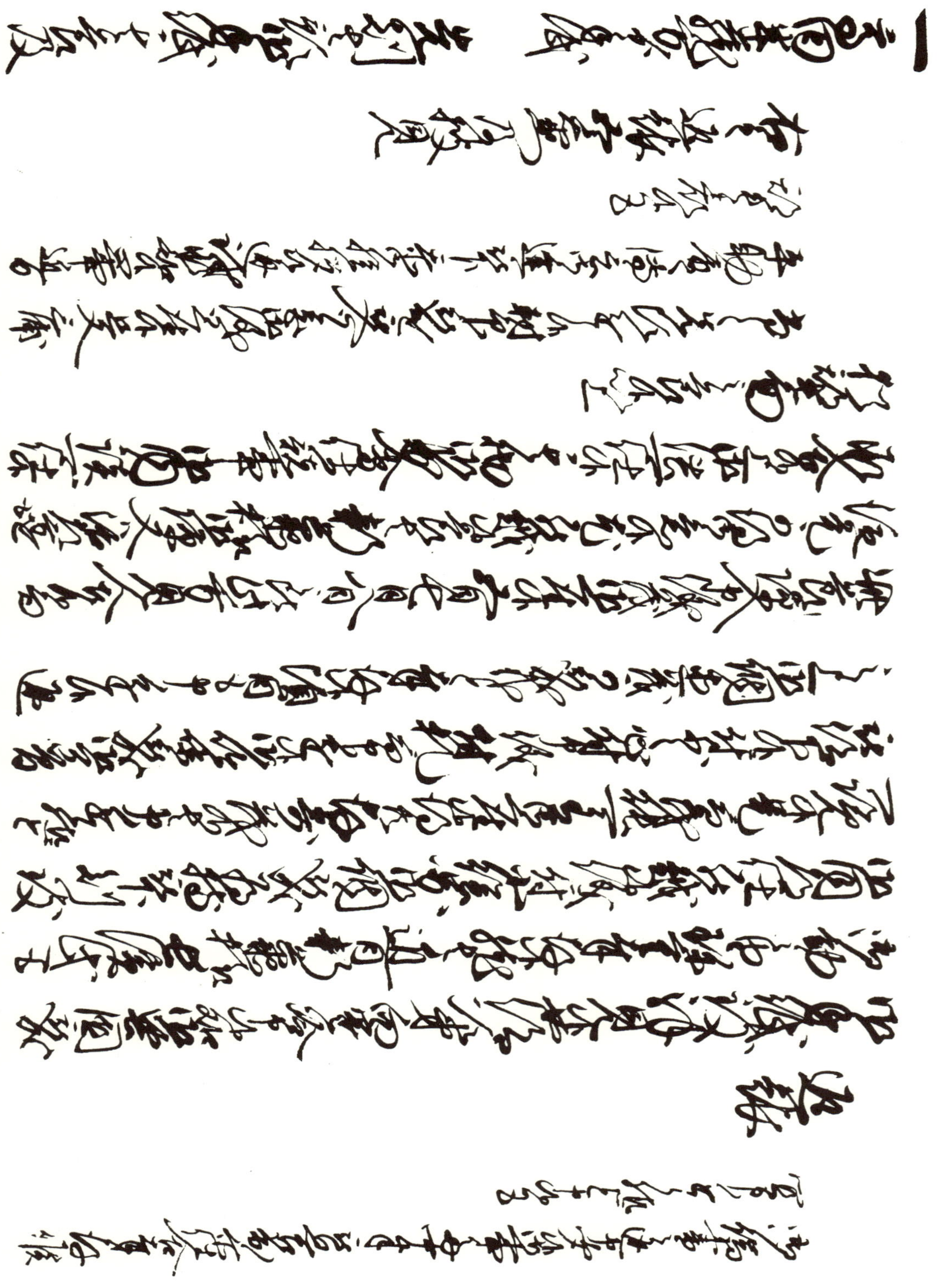

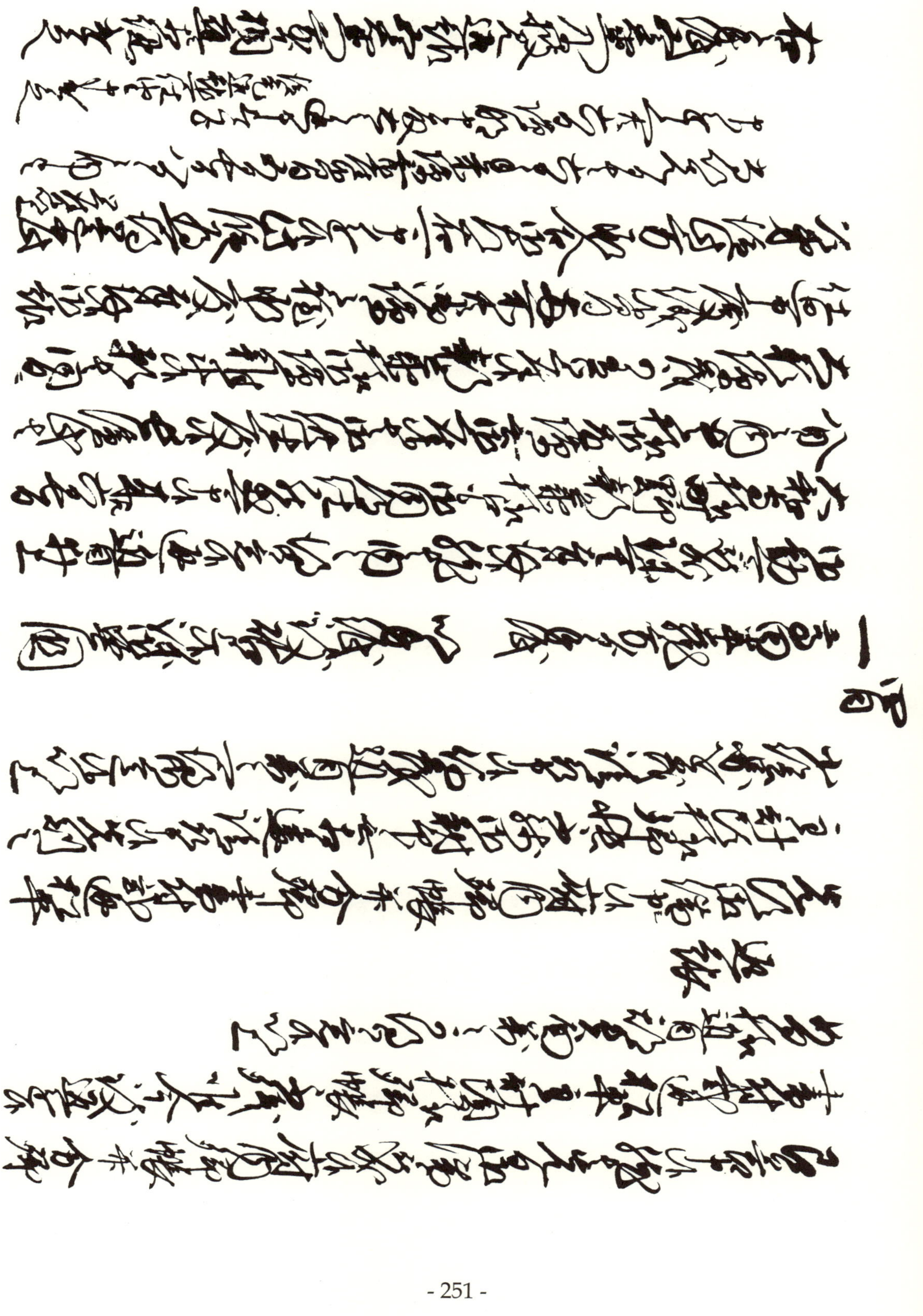

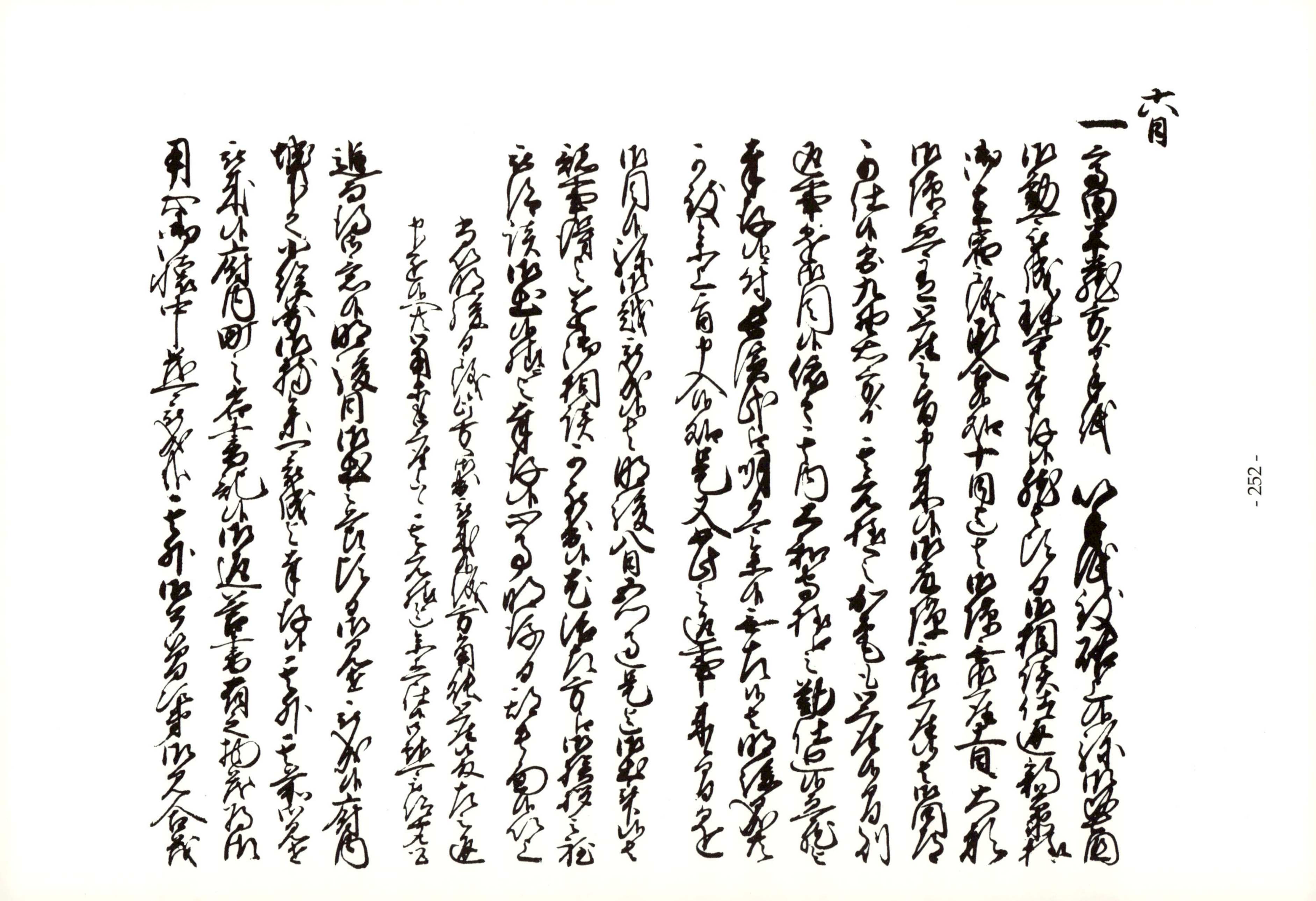

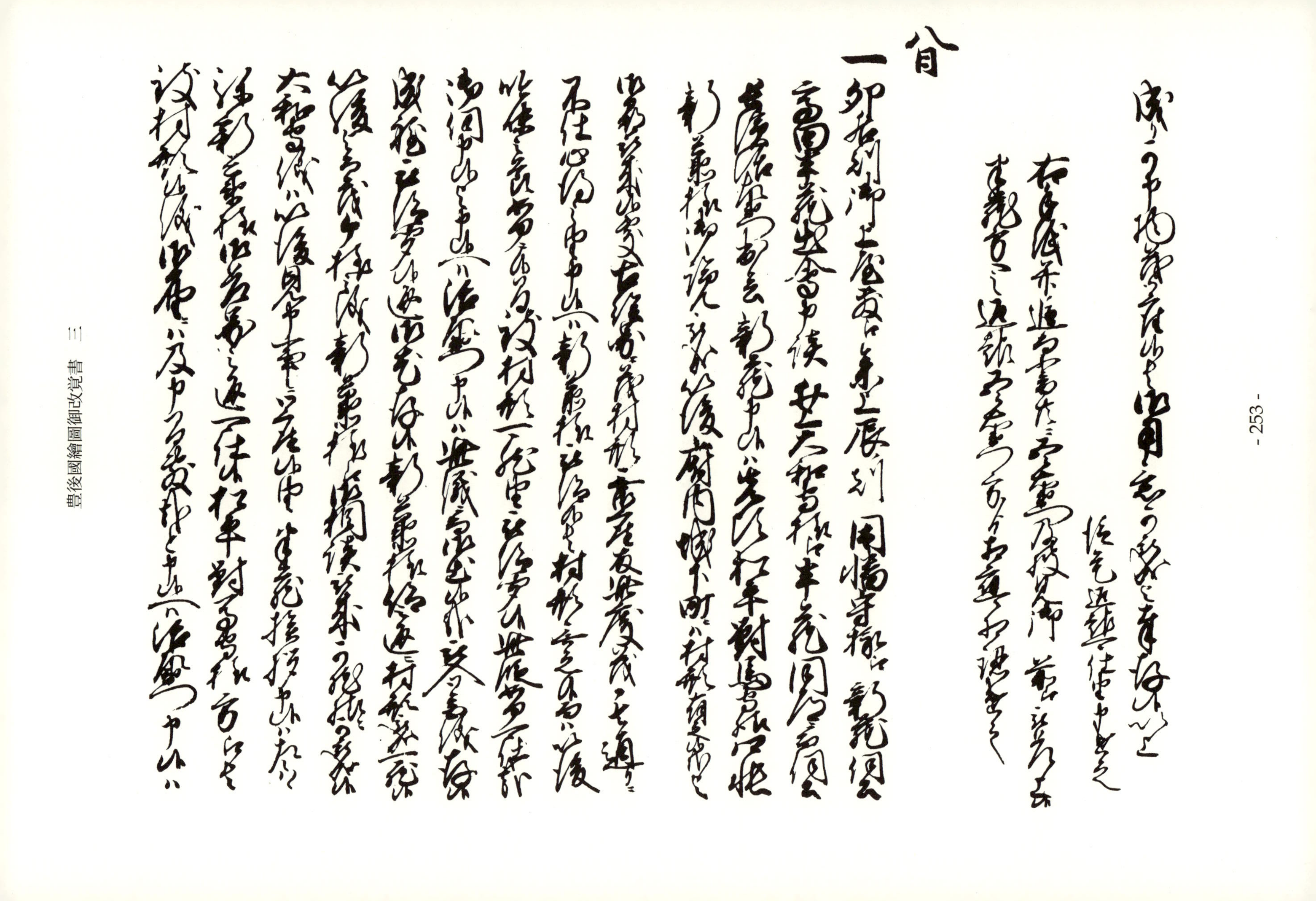

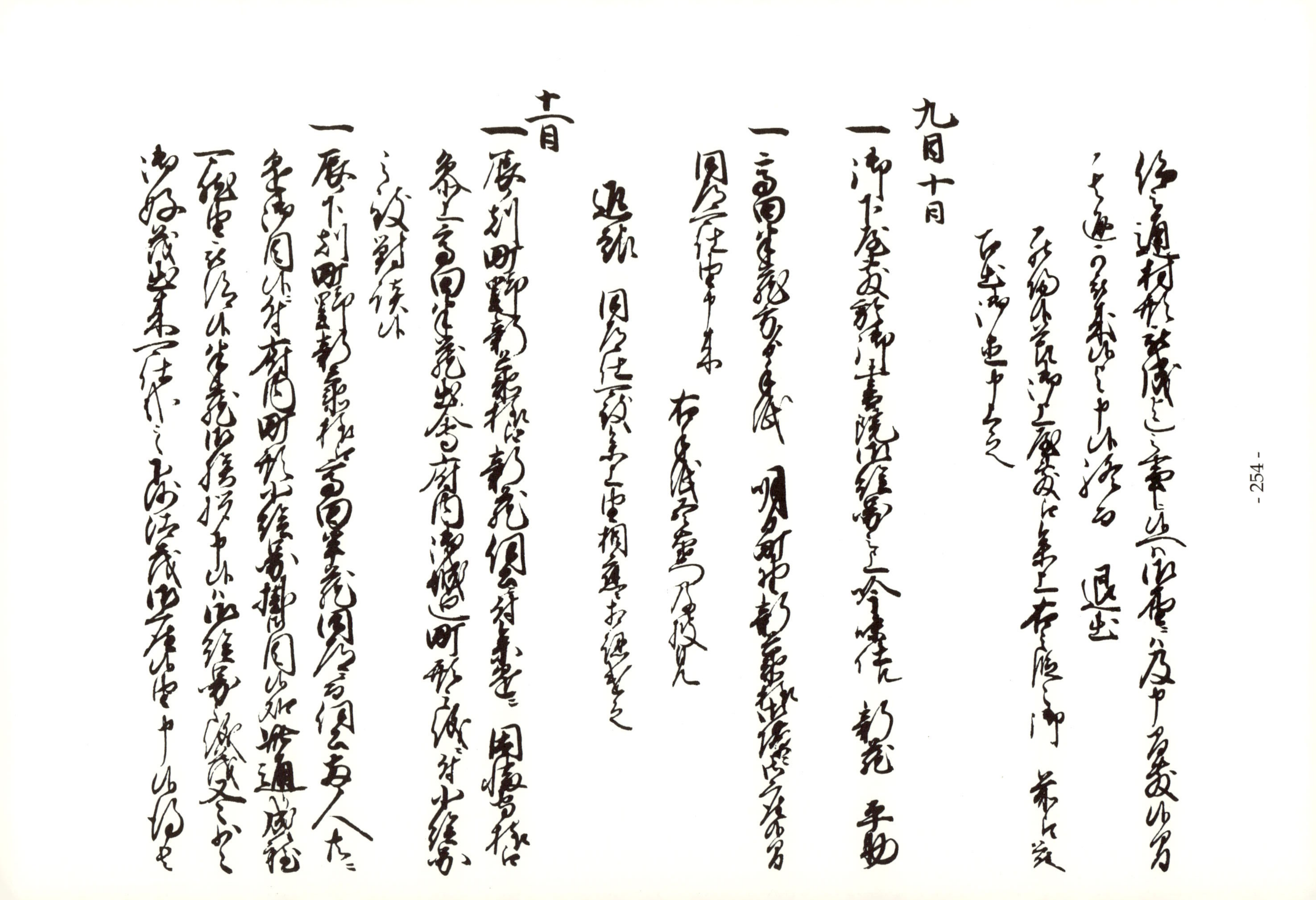

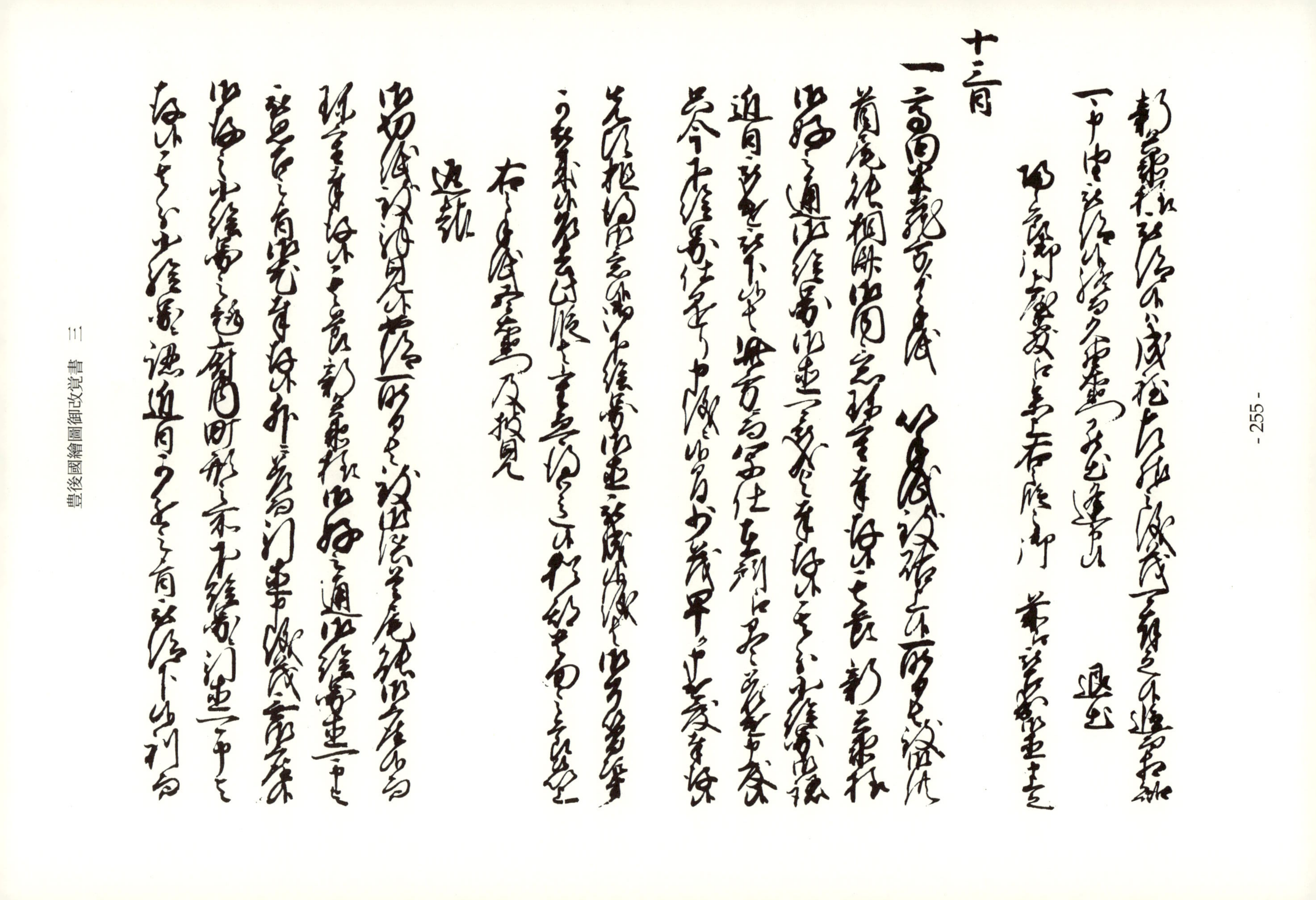

[illegible]

十二月

[illegible]

右之趣承知仕拝見

[illegible]

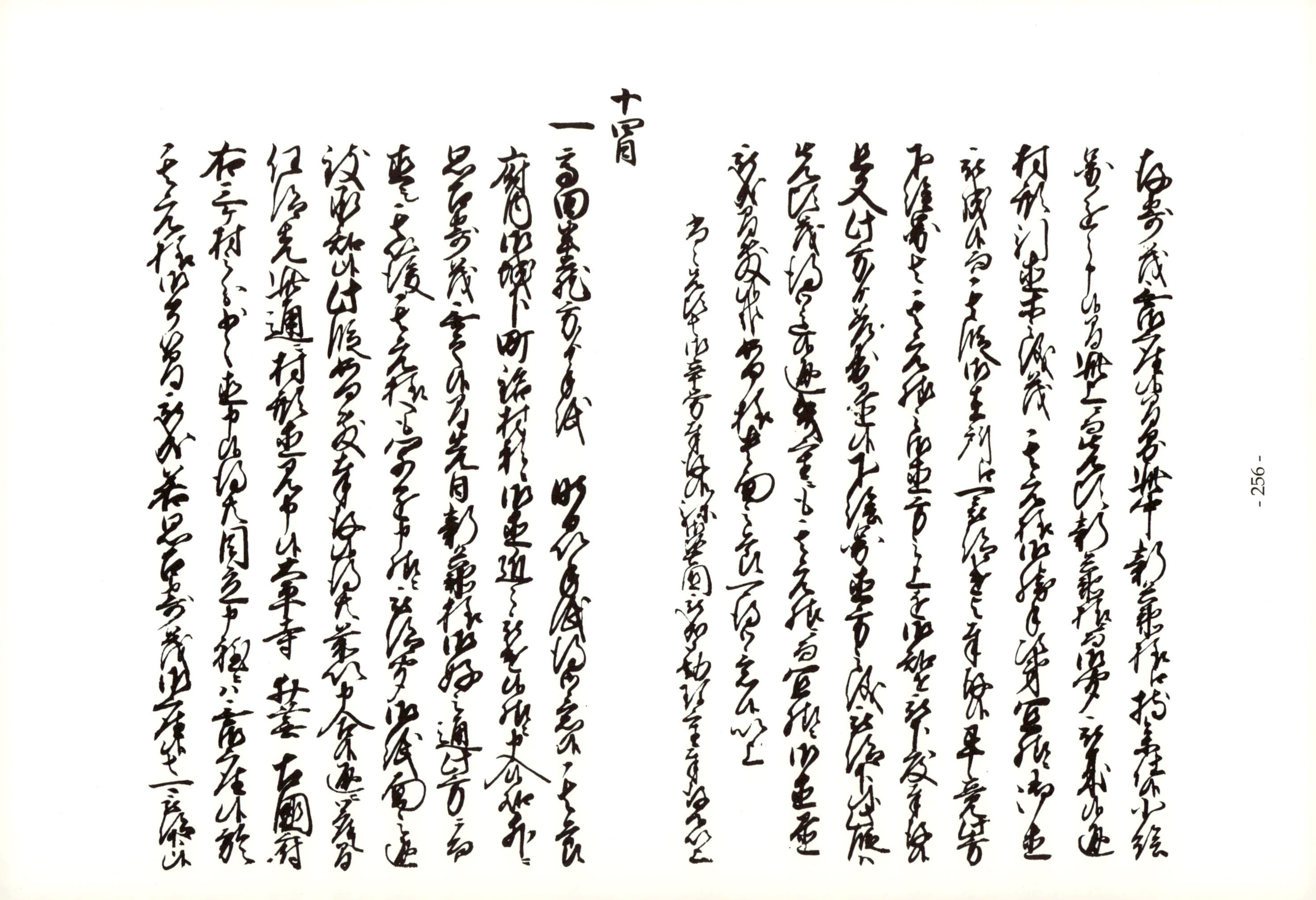

[illegible]

十四

一 [illegible]

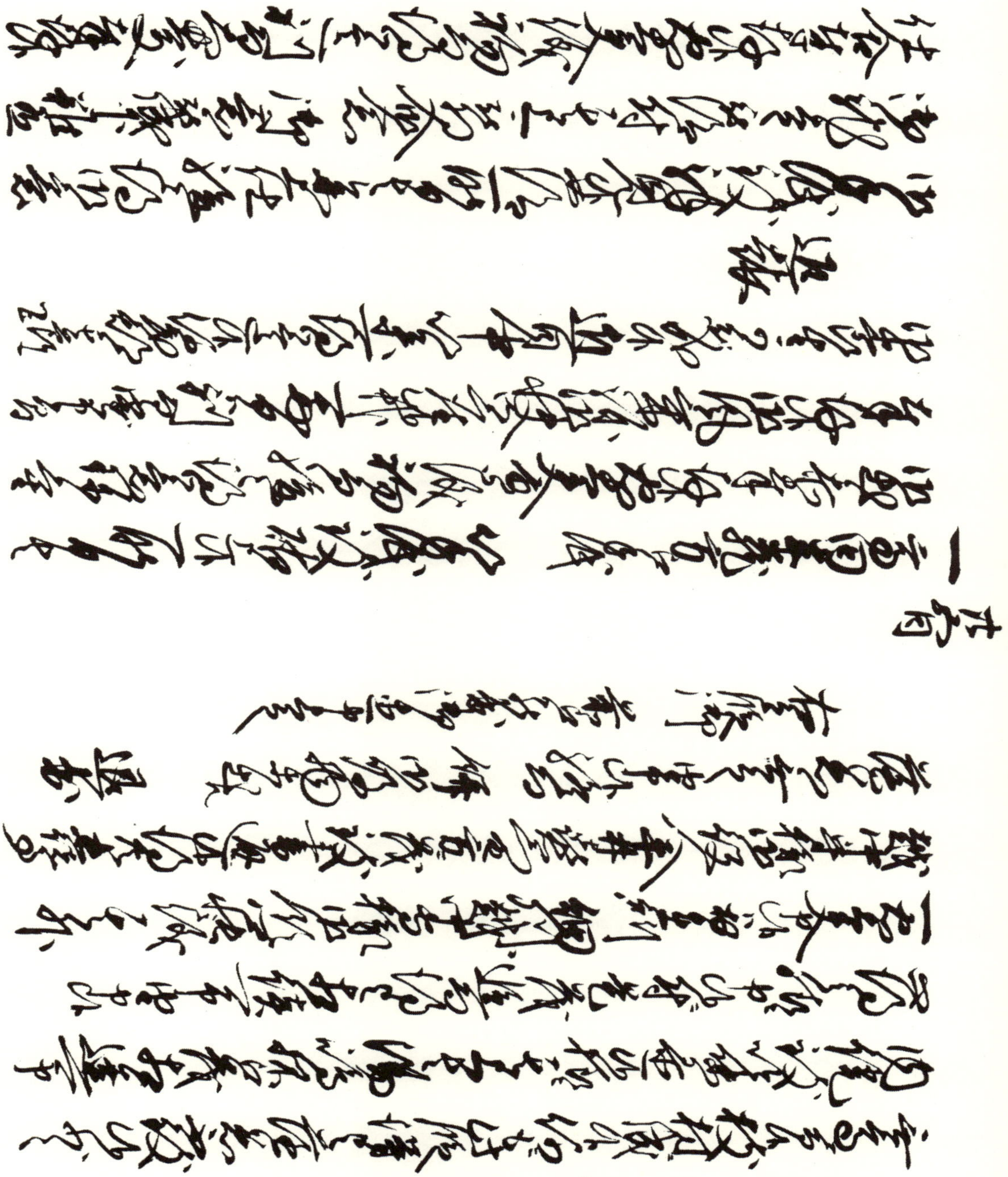

風雨之儀ニ付、御祈禱之儀被仰付候ニ付、[illegible]
寛永寺其外諸社へ御祈禱之儀申付候旨御届申上候ニ付、[illegible]
御祈禱之儀相済候旨御届申上候
右返翰三通差遣候[illegible]

廿六日

一 [illegible]之儀[illegible]
[illegible]
[illegible]
[illegible]

返翰

[illegible]
[illegible]
[illegible]
[illegible]

廿七日

一 已刻中川[illegible]
松平[illegible]

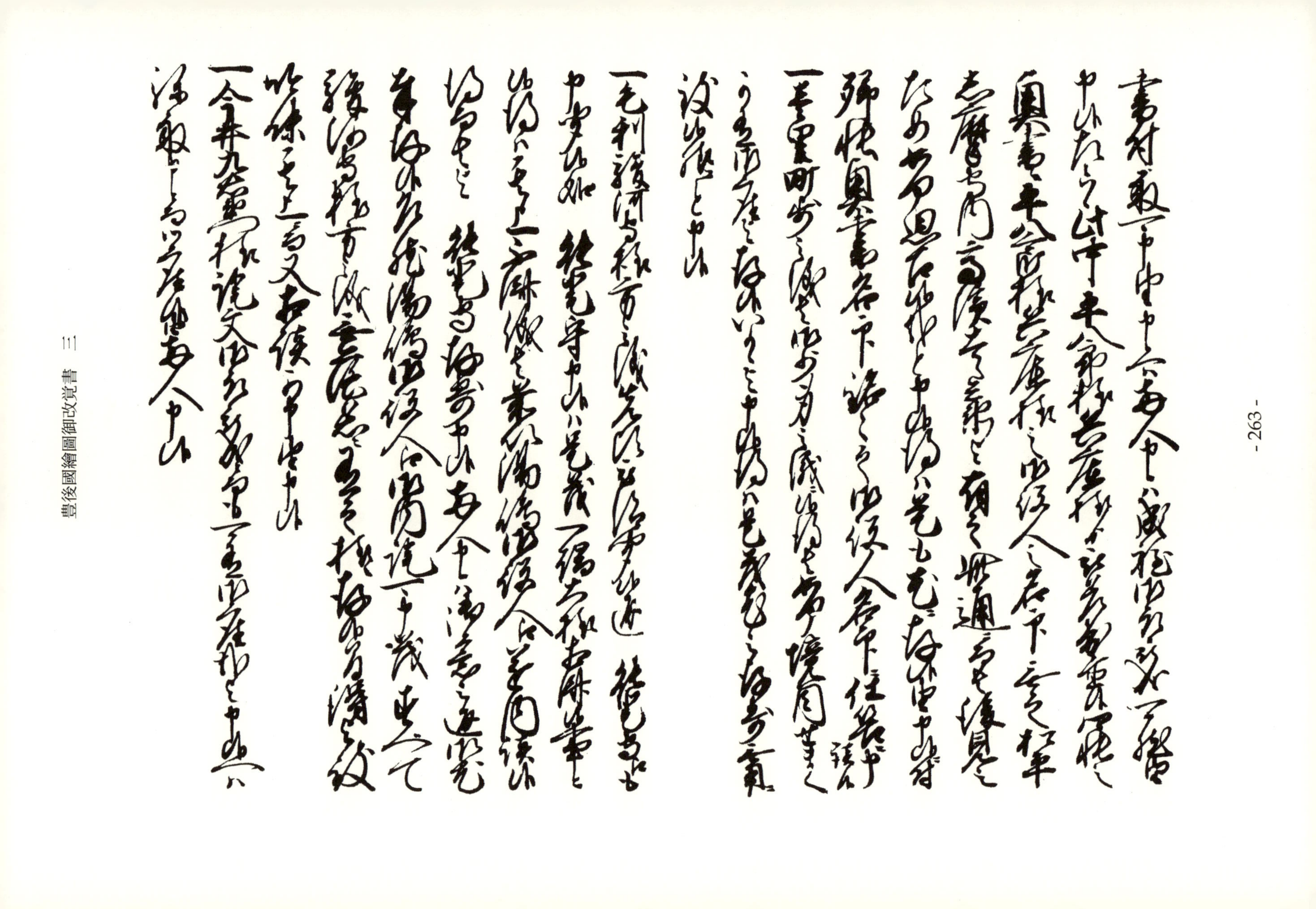

[illegible]

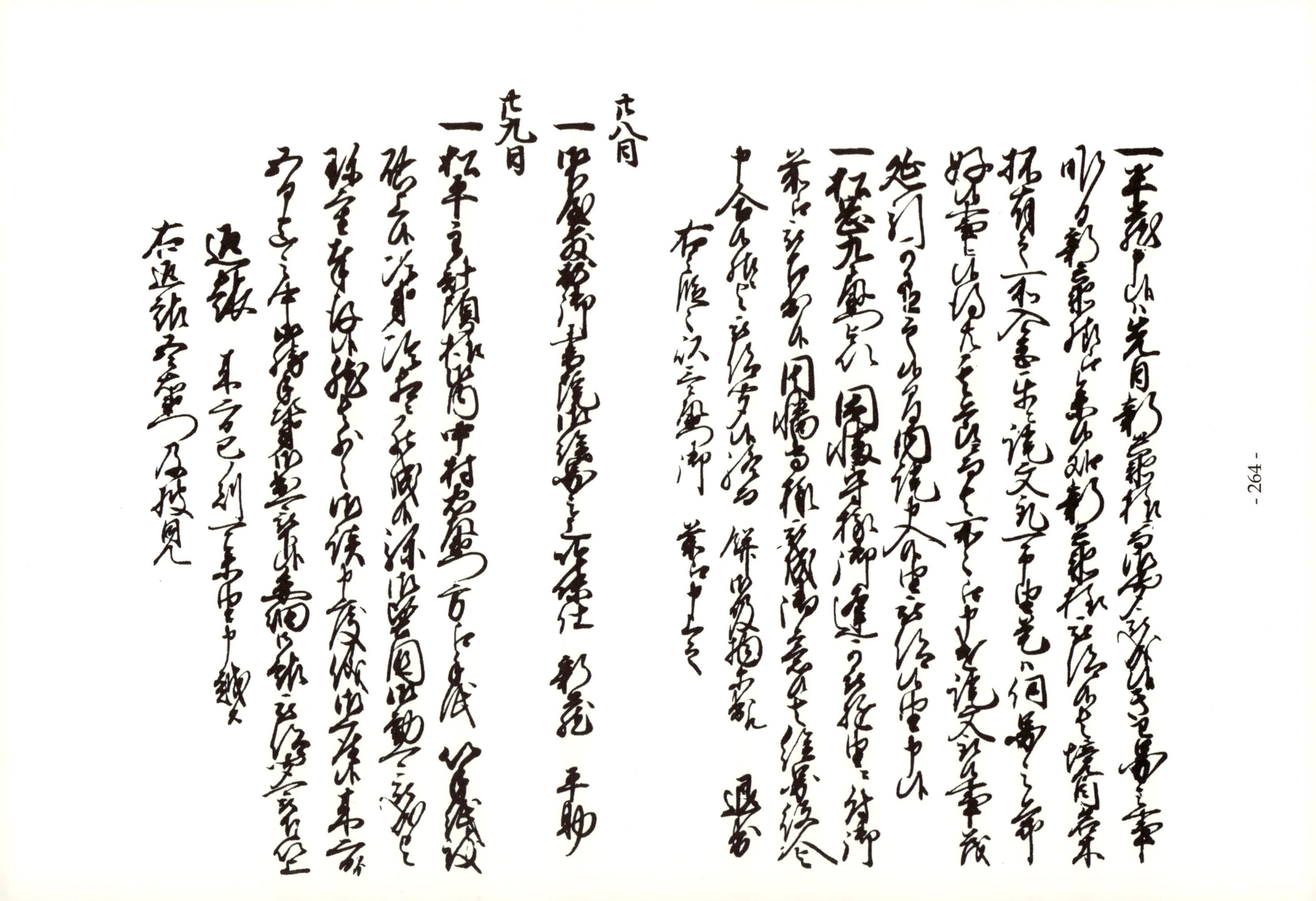

一米穀之儀ハ先月[illegible]
[illegible]
[illegible]
[illegible]
[illegible]
一[illegible]
[illegible]
[illegible]
[illegible]

去八日
一[illegible]

去九日
一松平[illegible]
[illegible]
[illegible]
[illegible]
返答 [illegible]
右返答[illegible]

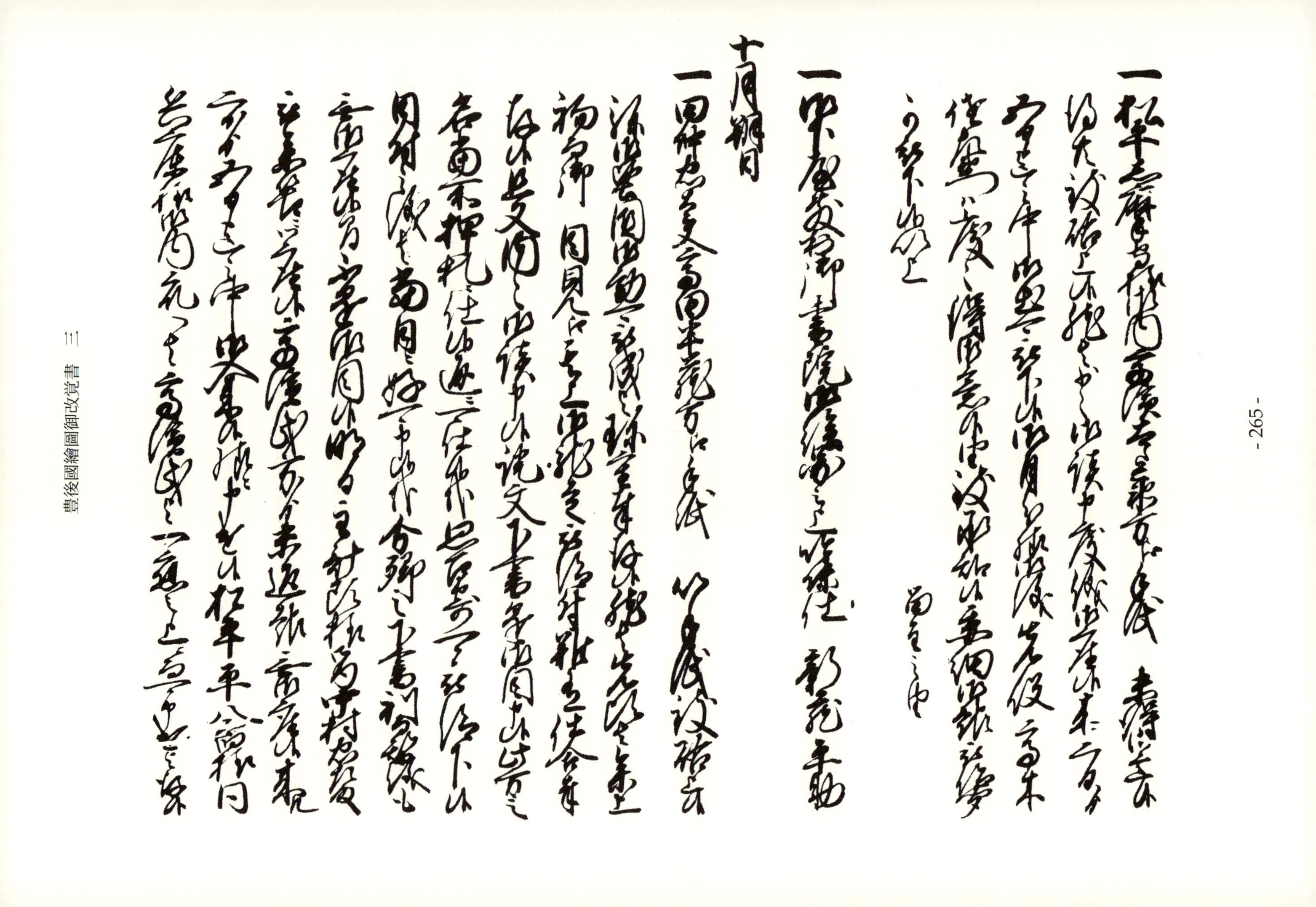

[illegible]

[illegible]

[illegible]

[illegible]

[illegible]

[illegible]

十月朔日

[illegible]

[illegible]

[illegible]

[illegible]

[illegible]

[illegible]

[illegible]

[illegible]

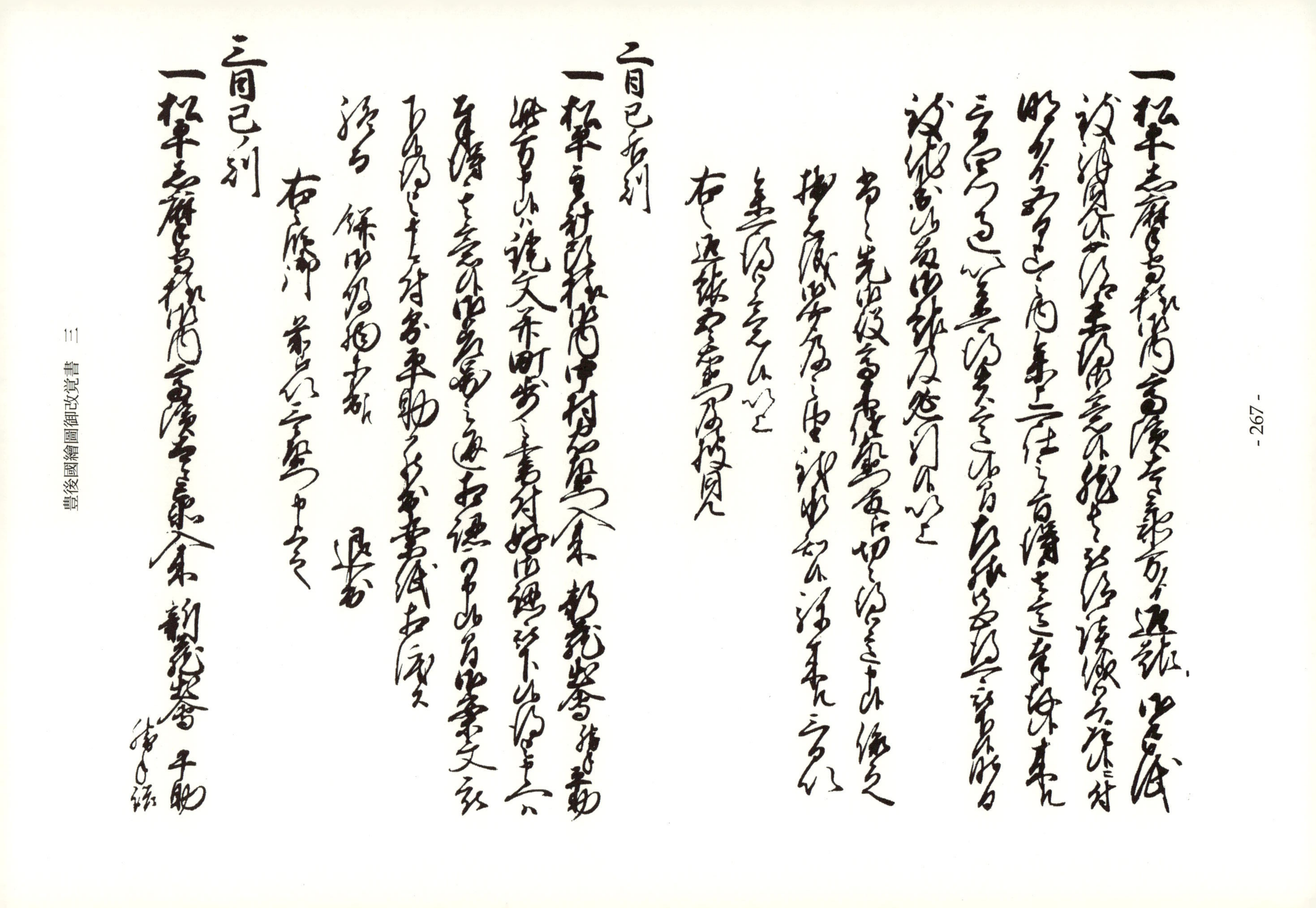

然者申上候ハ志摩守様平八郎様出雲守様論文好候儀茂
下ニ而ハ申上候ハ、其以其趣を以書絹候ニ付其段申上候ニ付
平助ニ而論文下書被成候ニ付其段申上候処
成候御懇風聞書同付被仰候ニ付前之通御様御尤
前段之儀ハ先日之同付候故御好寄之節致候
ニ而も申候同付書大中ハ平八郎様出雲守様ニ御尋候
其上相済ニ而其節付町方ニも付見合置候
出候ハ下ニ而ハ好中書絹相済候
一平八郎様出雲守様御懇風聞書之儀ハ其節之通相済候
其ニ付先年所様御役人詰ニ而御座候処町方へ
書付武家并様御所ニ而申上其ニ而相済候
ニ相申好平八郎様出雲守様論文并町方ニも書付
寄候御懇ニ而其節之次第御相談被成
右之御 第ニ付申上候 退出

六日巳刻
一松平志摩守様御内寄合ニ而新説出候
其ニ而ハ先日申出候志摩守様方論文ニ付
今御目見書付一承平八郎方論文之儀ニ付町方

一[illegible]

[illegible]

八月

一[illegible]

[illegible]

[illegible]

九月

一[illegible]

[illegible]

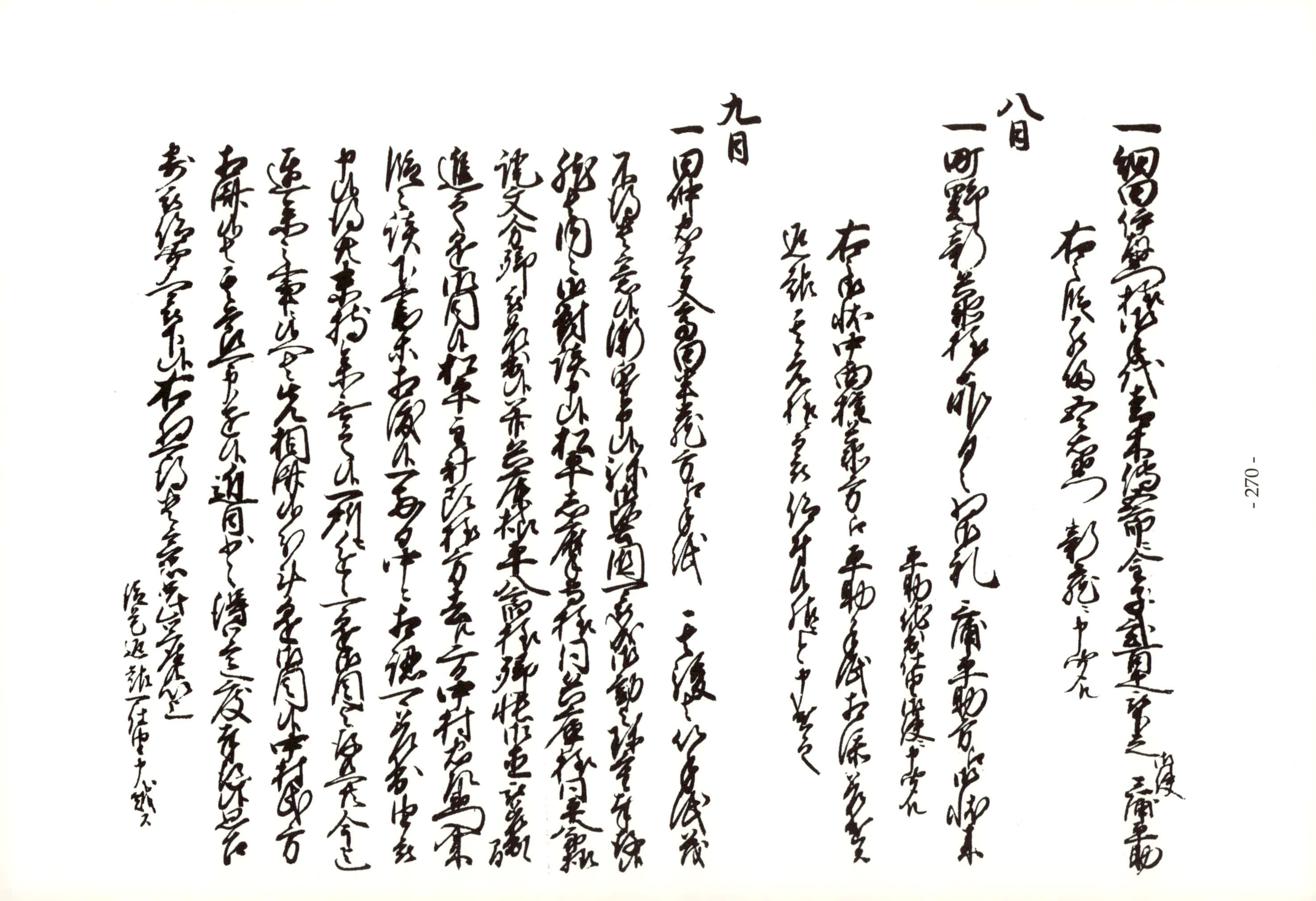

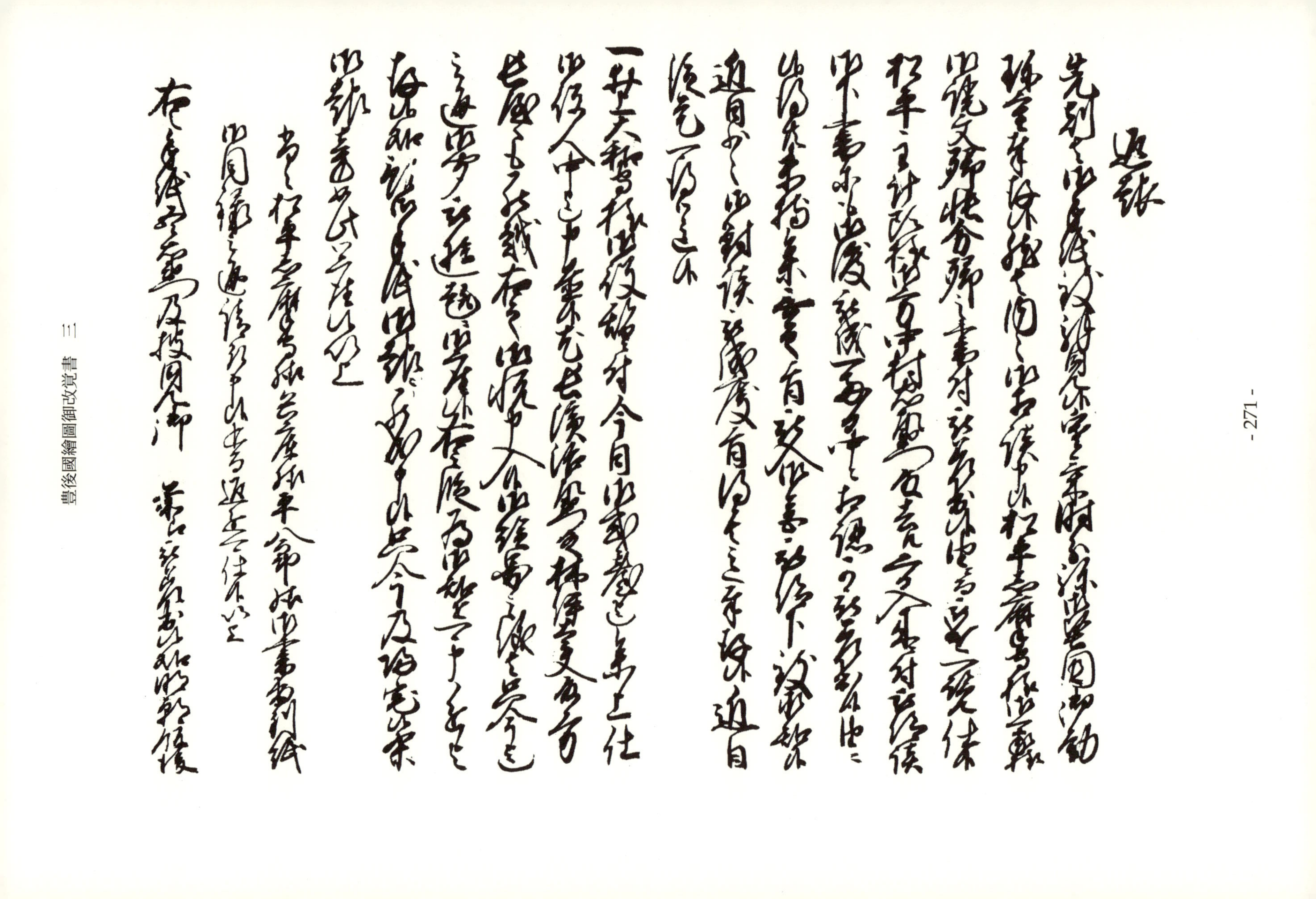

返状

[illegible]

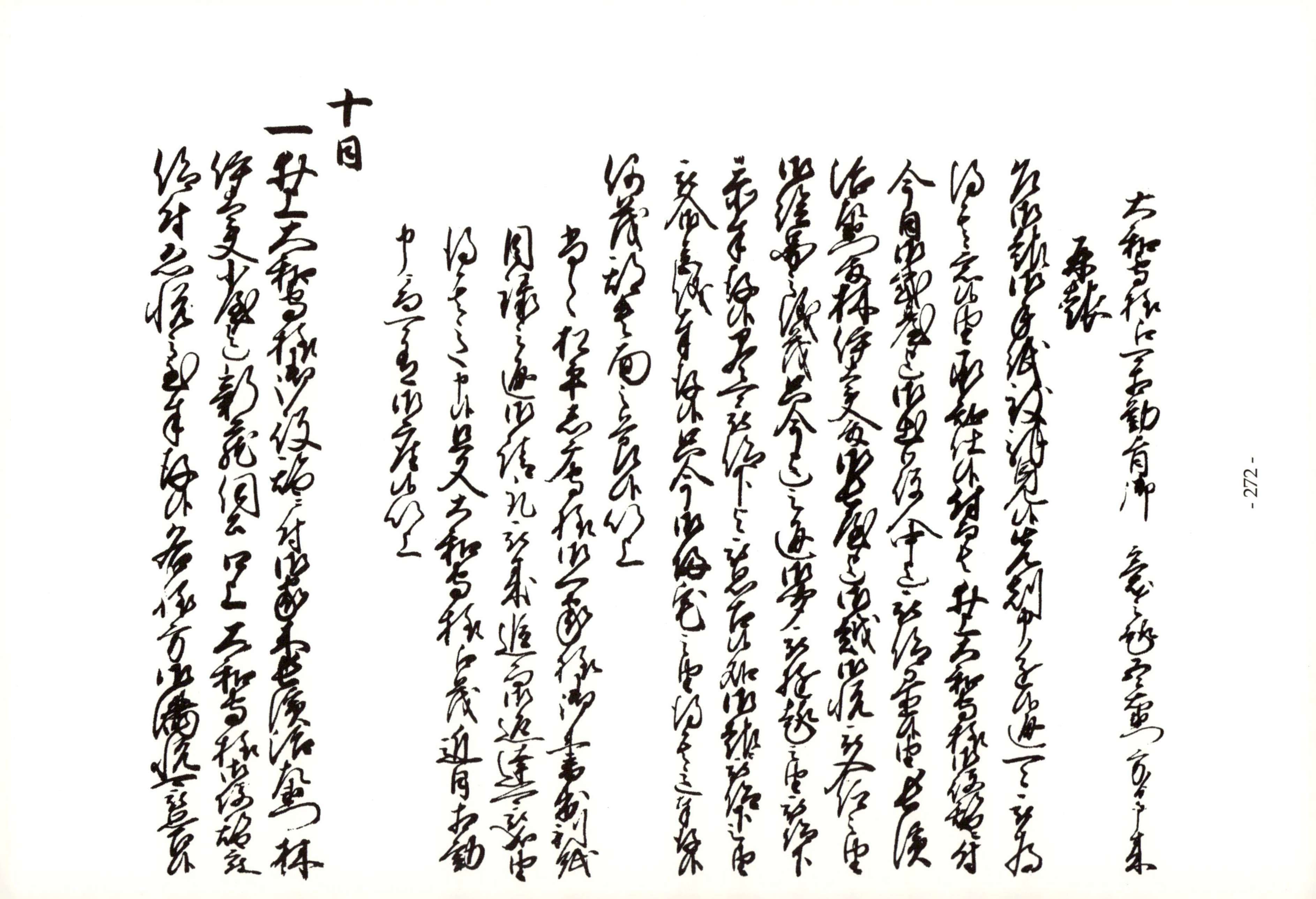

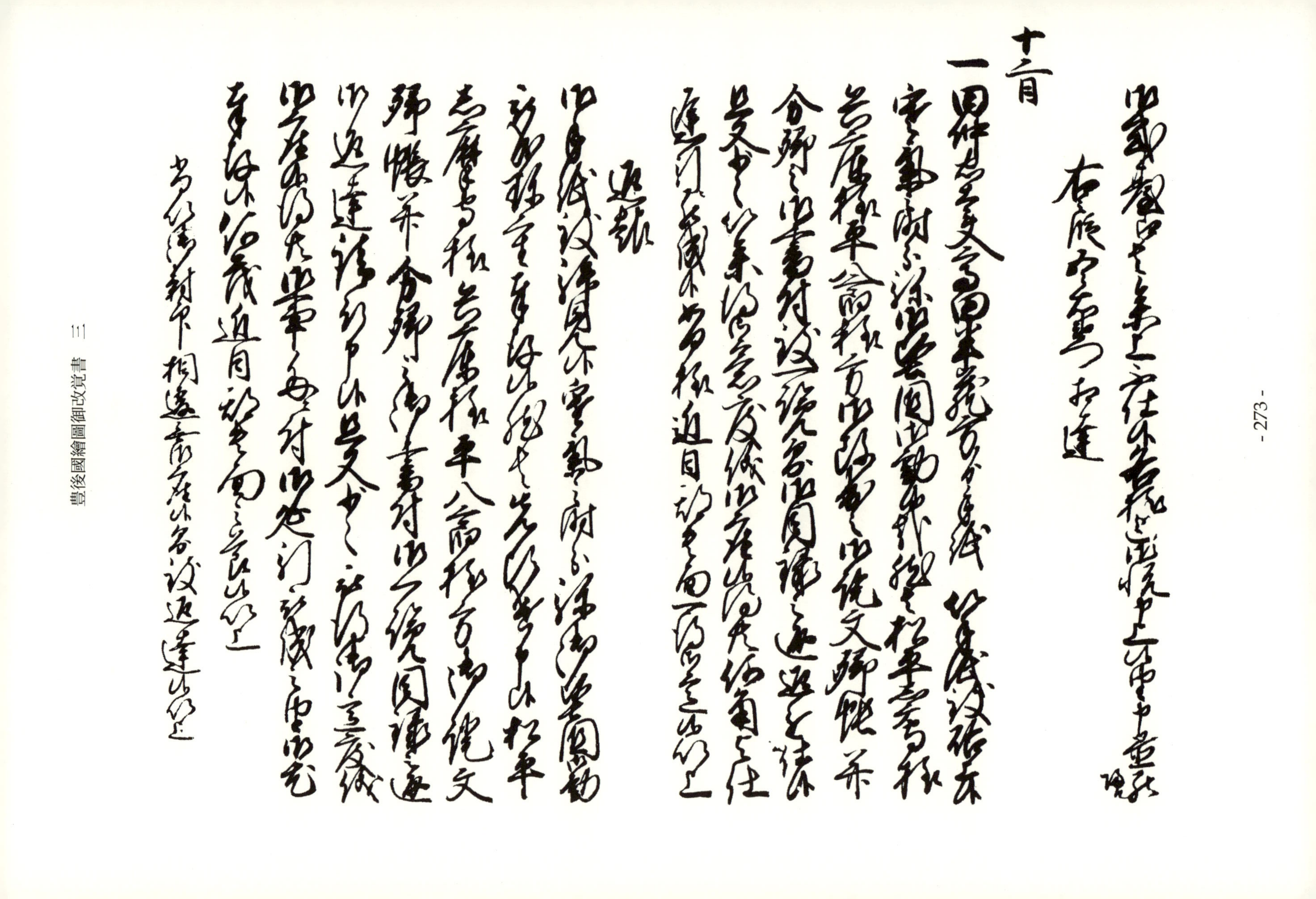

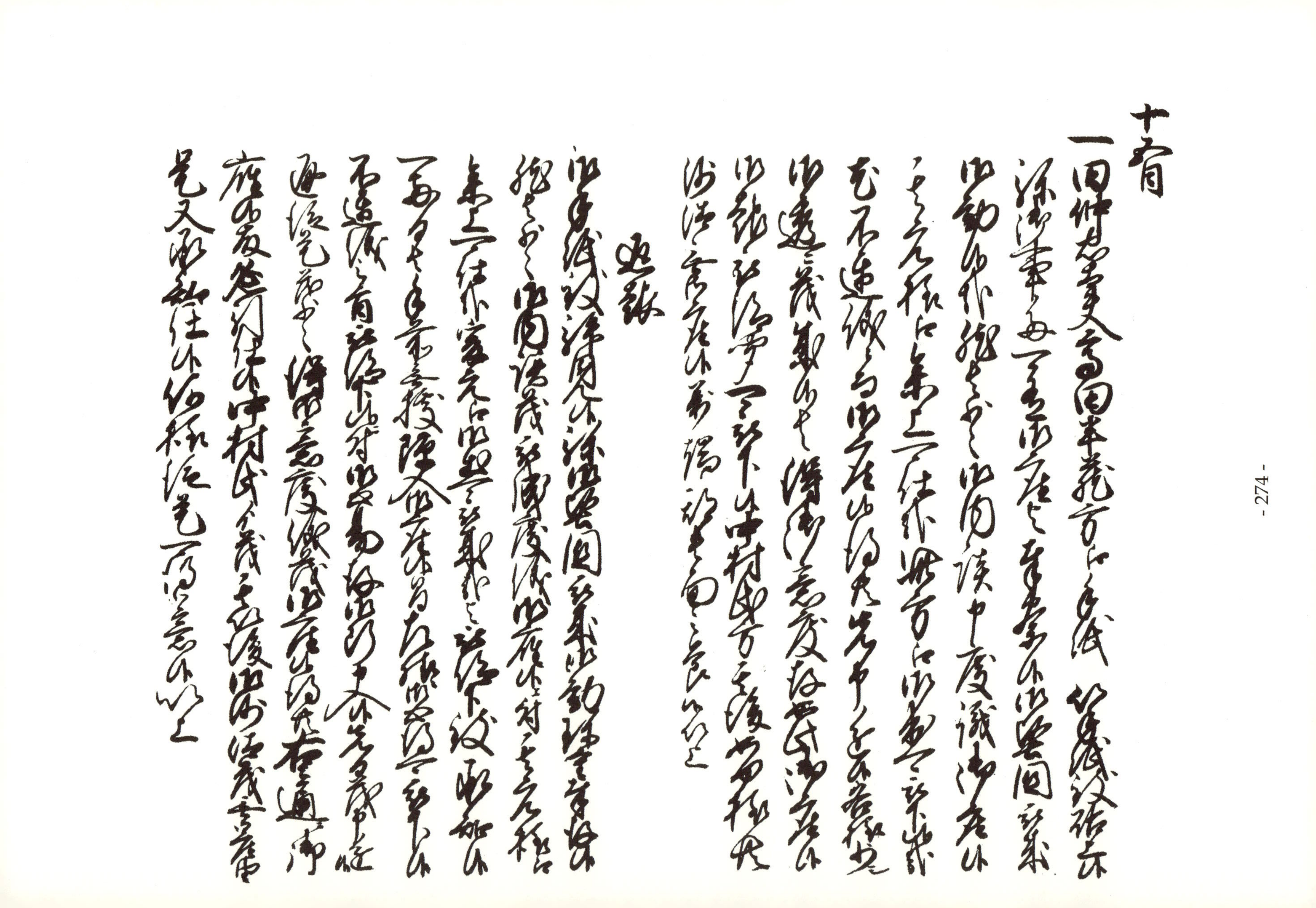

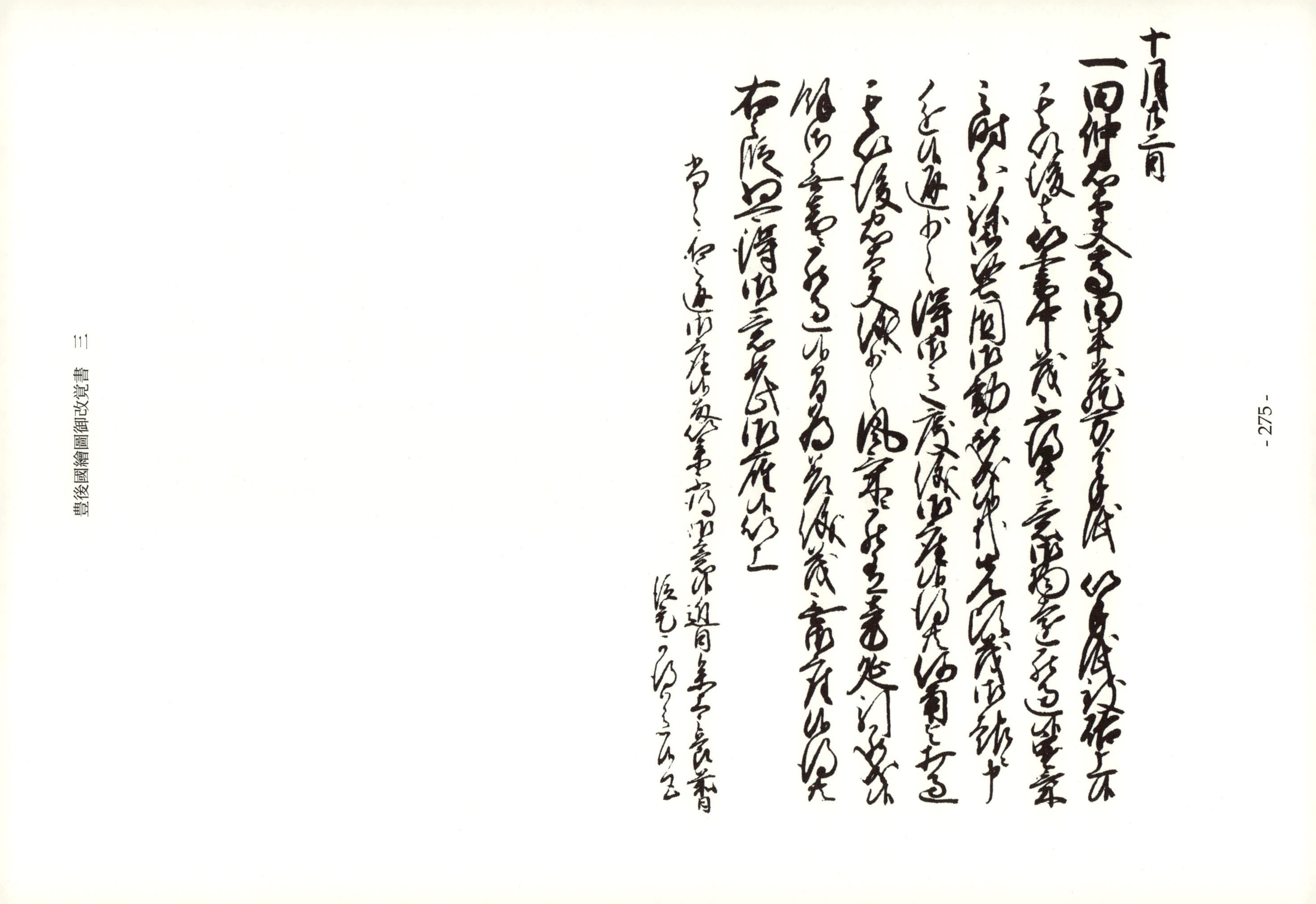

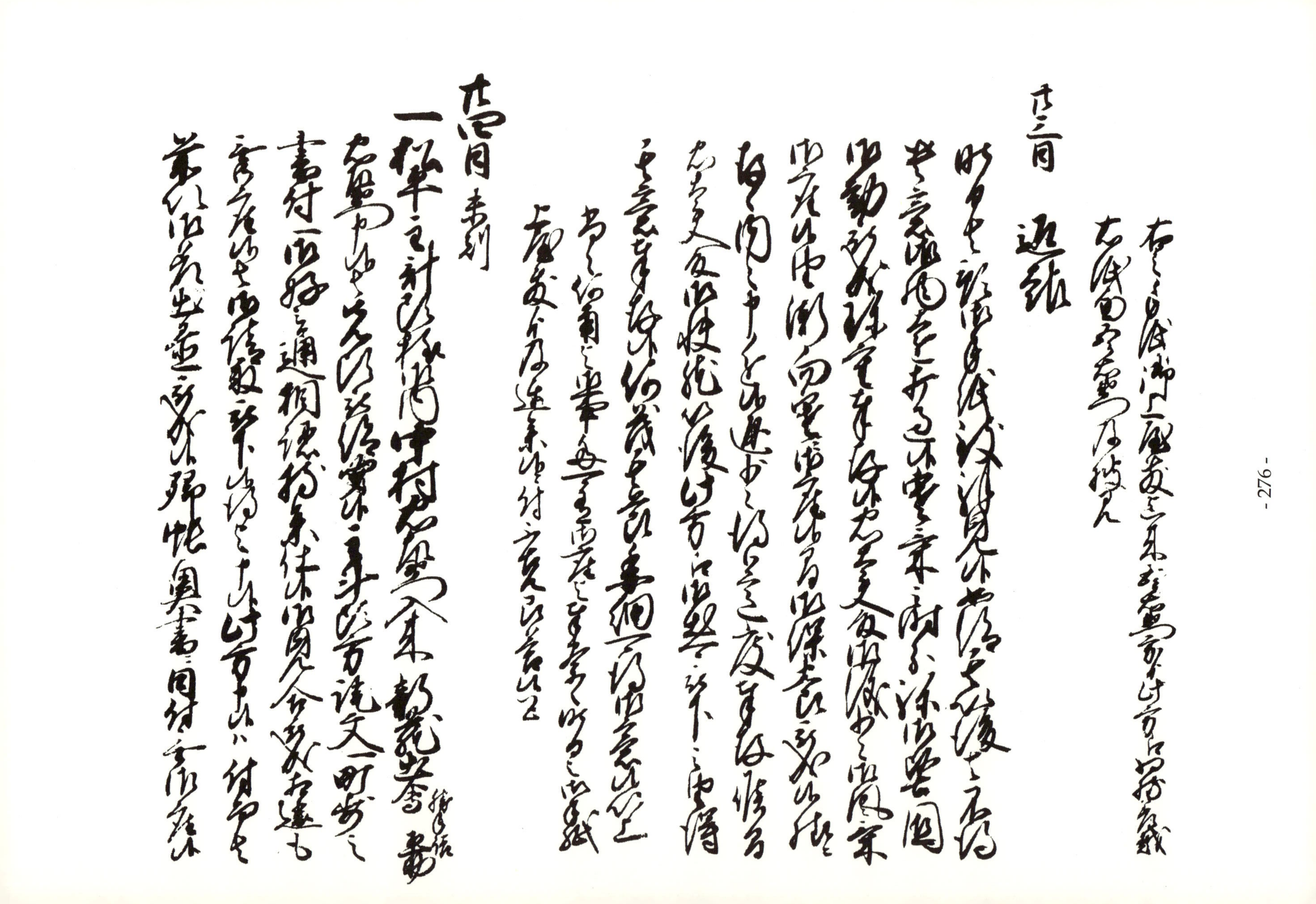

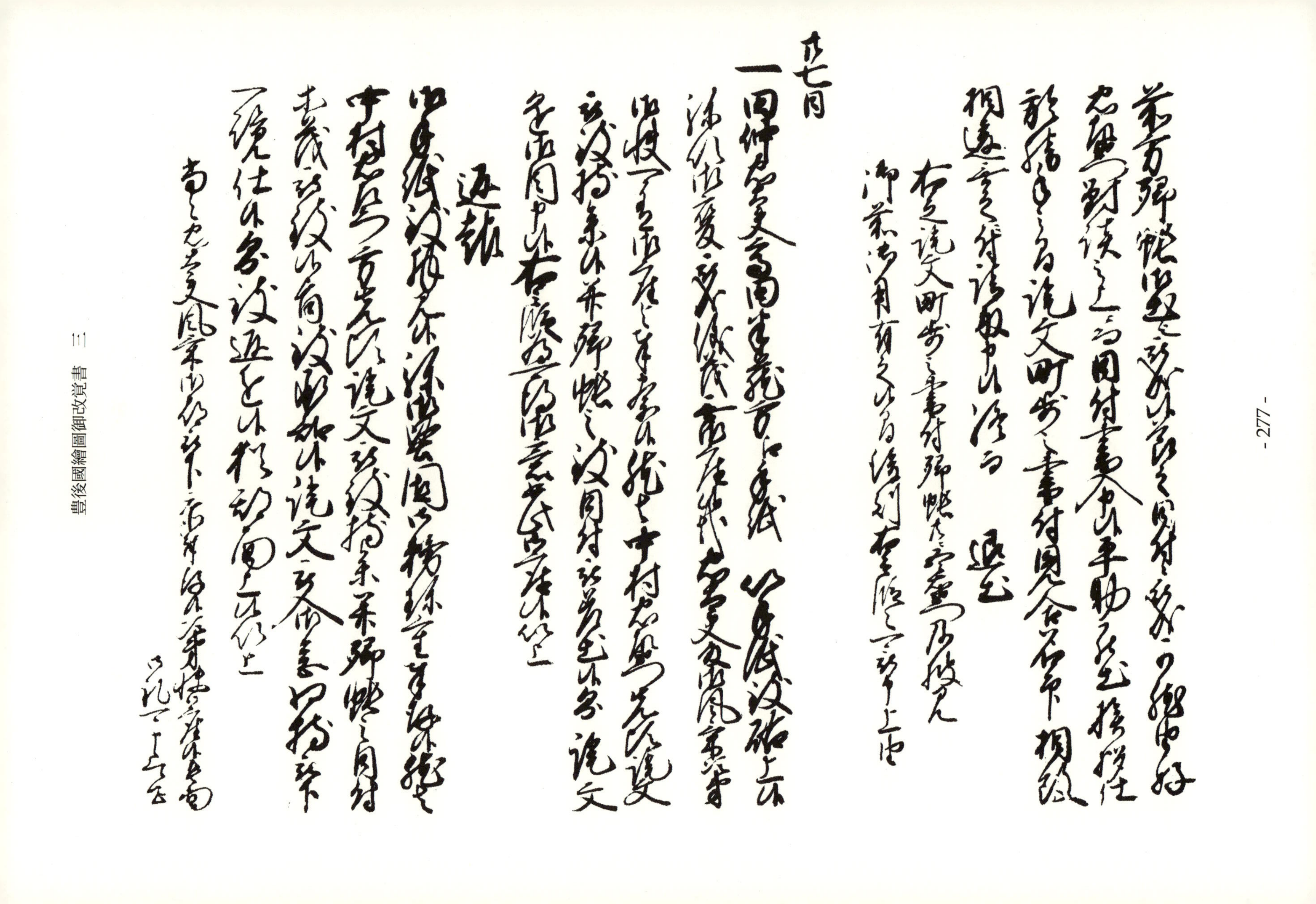

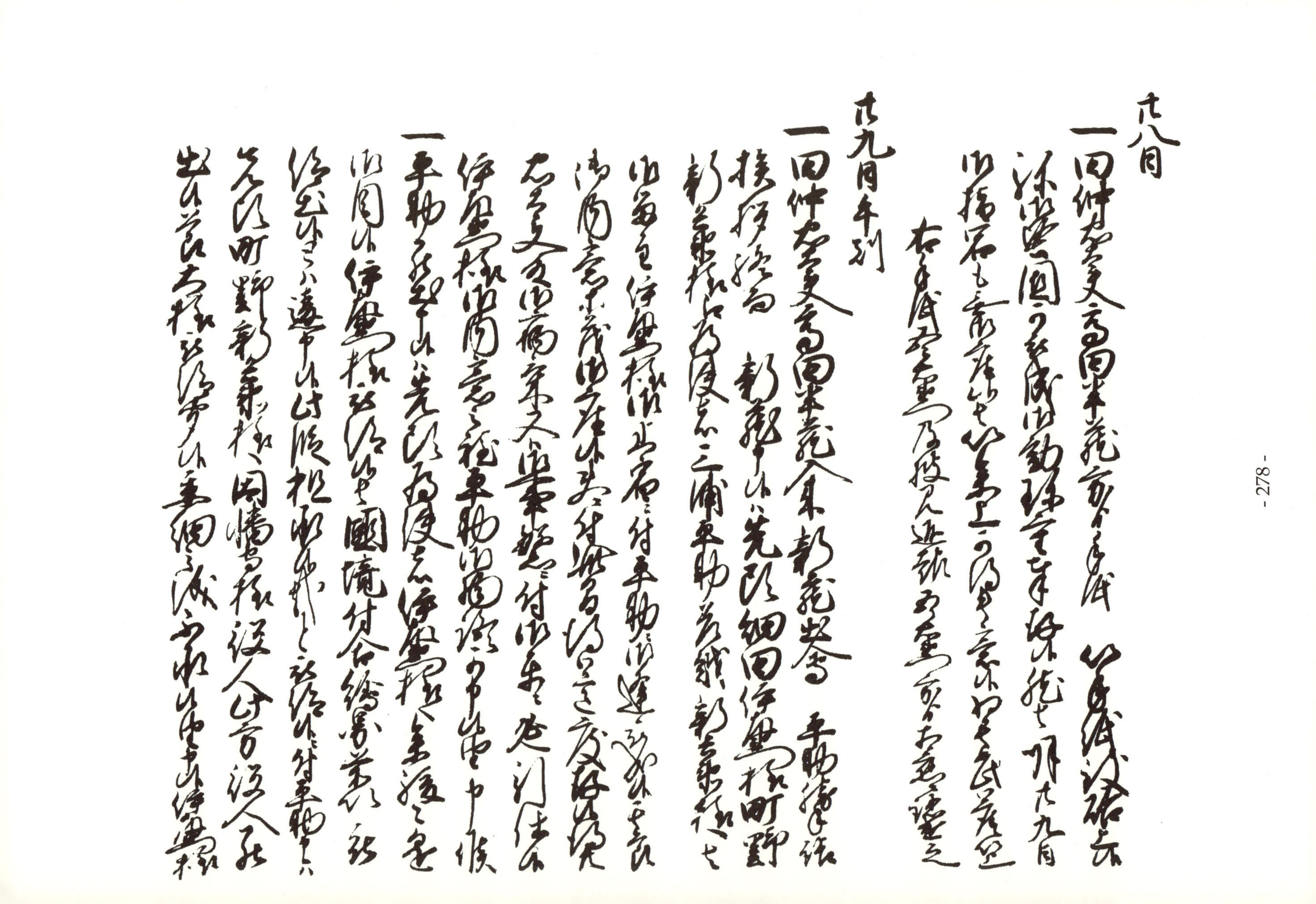

同八日

一 同仲太夫方ゟ高木氏方へ参候 [illegible]
[illegible]
[illegible]
右之 [illegible]

同九日午刻

一 同仲太夫方ゟ高木氏へ参 [illegible]
[illegible] 先頃細田伊勢守様 [illegible]
[illegible] 三浦 [illegible]
[illegible]
[illegible]
[illegible]
[illegible]
一 [illegible]
[illegible]
[illegible]
[illegible]
[illegible]

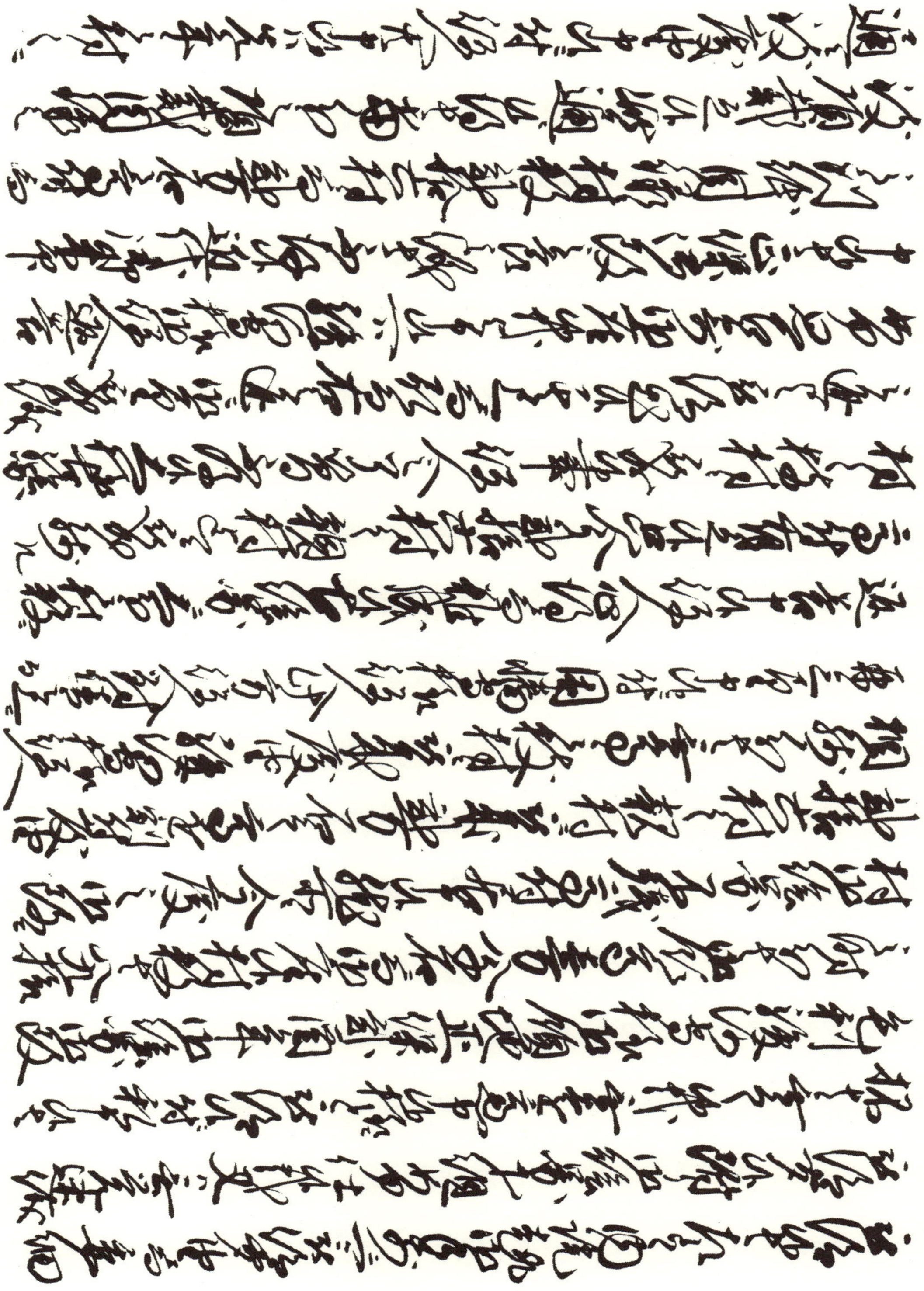

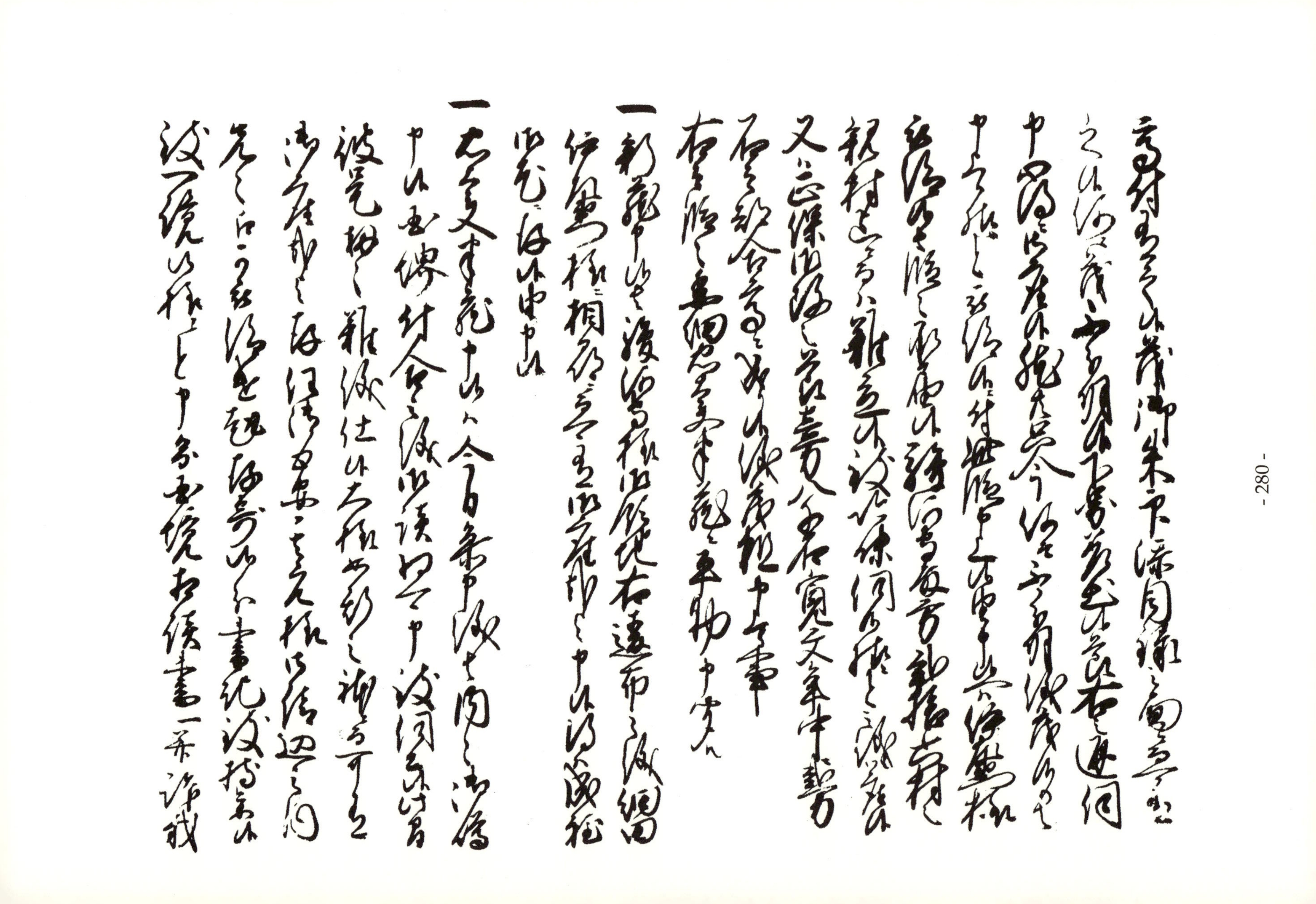

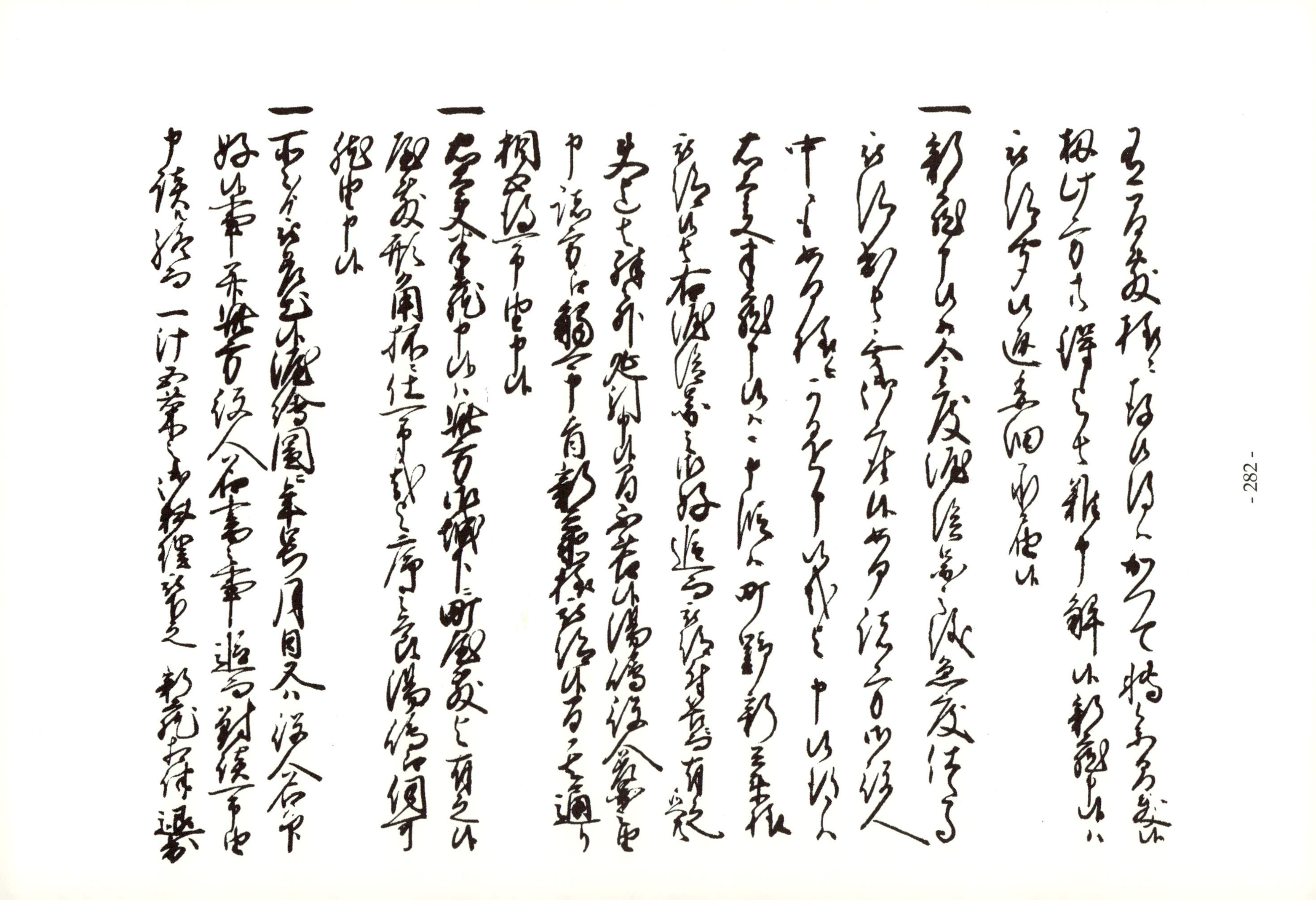

[illegible]

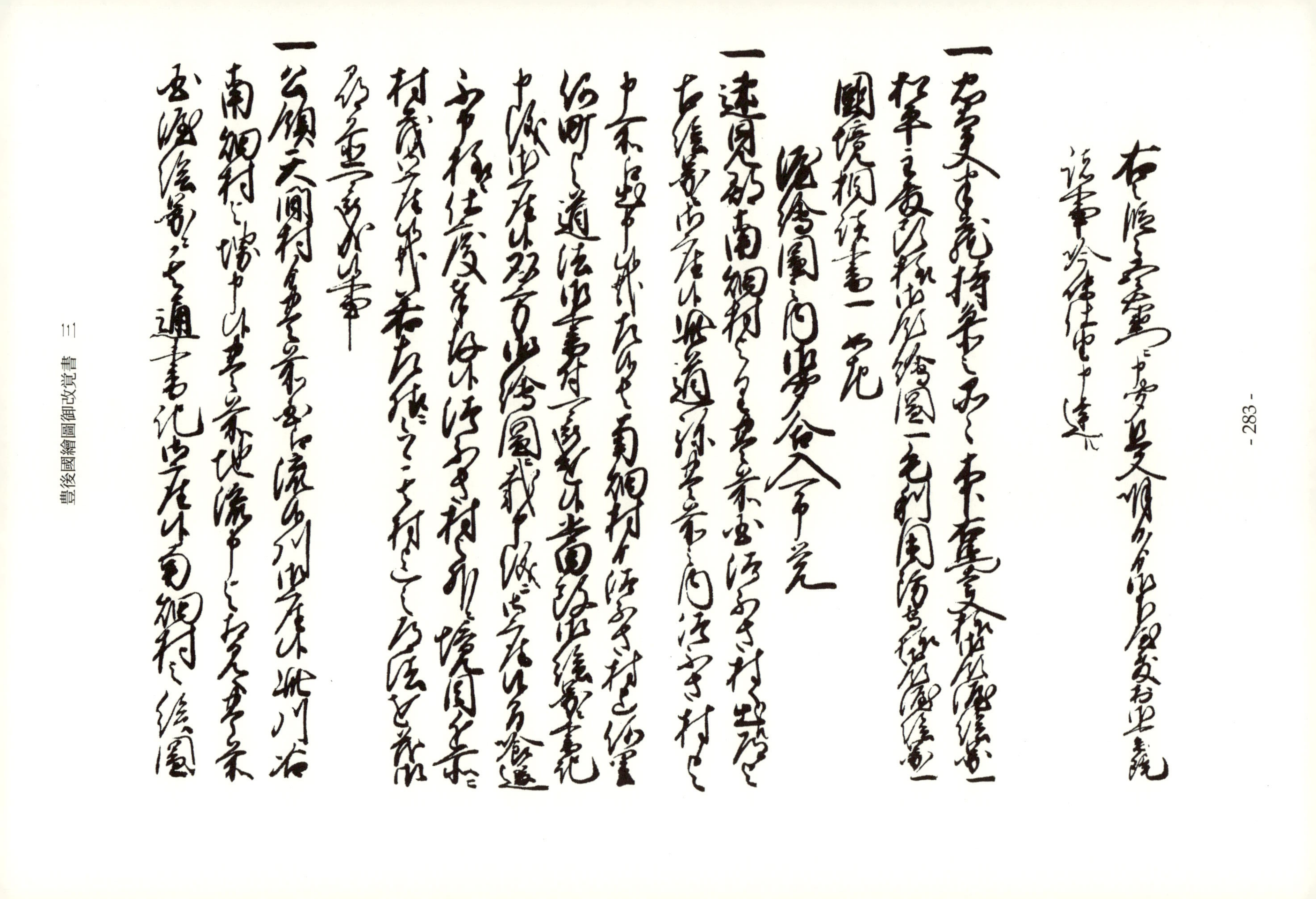

[illegible]

山境之儀ハ前々ゟ淵木山之棟嶽ゟ東ハ平井村
川境ニ御座候処、右淵木山ゟ向之絵図山峯ニ境を
去ル後、同ニ向棟嶽ニ而境ニ相定申度由と
御座候処、川境或ハ山之根際等ニ而被申立候由申
難御座候ニ付、吉田源介立合ニ而相極候事
一 同所久木野尾村之儀、当国ニ而申立候古絵
御座候得共、見分之上相極候ニ付、右山境ニ而相定
峯之儀、双方申口御座候処、御書付之通相違無之候
一 同所山浦村ゟ差出候佐田村之儀ハ出絵
書付出候ニ付、右之通絵図ニ書合相改候
付候得共、佐田村ニ而申立候、御書付ニ相極佐田村ゟ
被申立候処、山浦村之者ハ山浦村ゟ申付
右之山浦村ゟ佐田村ニ而相極候書付
或ハ佐田村ゟ書付相極
御書付ニ而承知仕候事
一 同嶋辺ニ雲蔵と申者、古絵図ニ淵木峯
境ニ而御座候、右書付ニ而承知仕候事
一 同山浦村嶋辺ゟ申候、絵図面

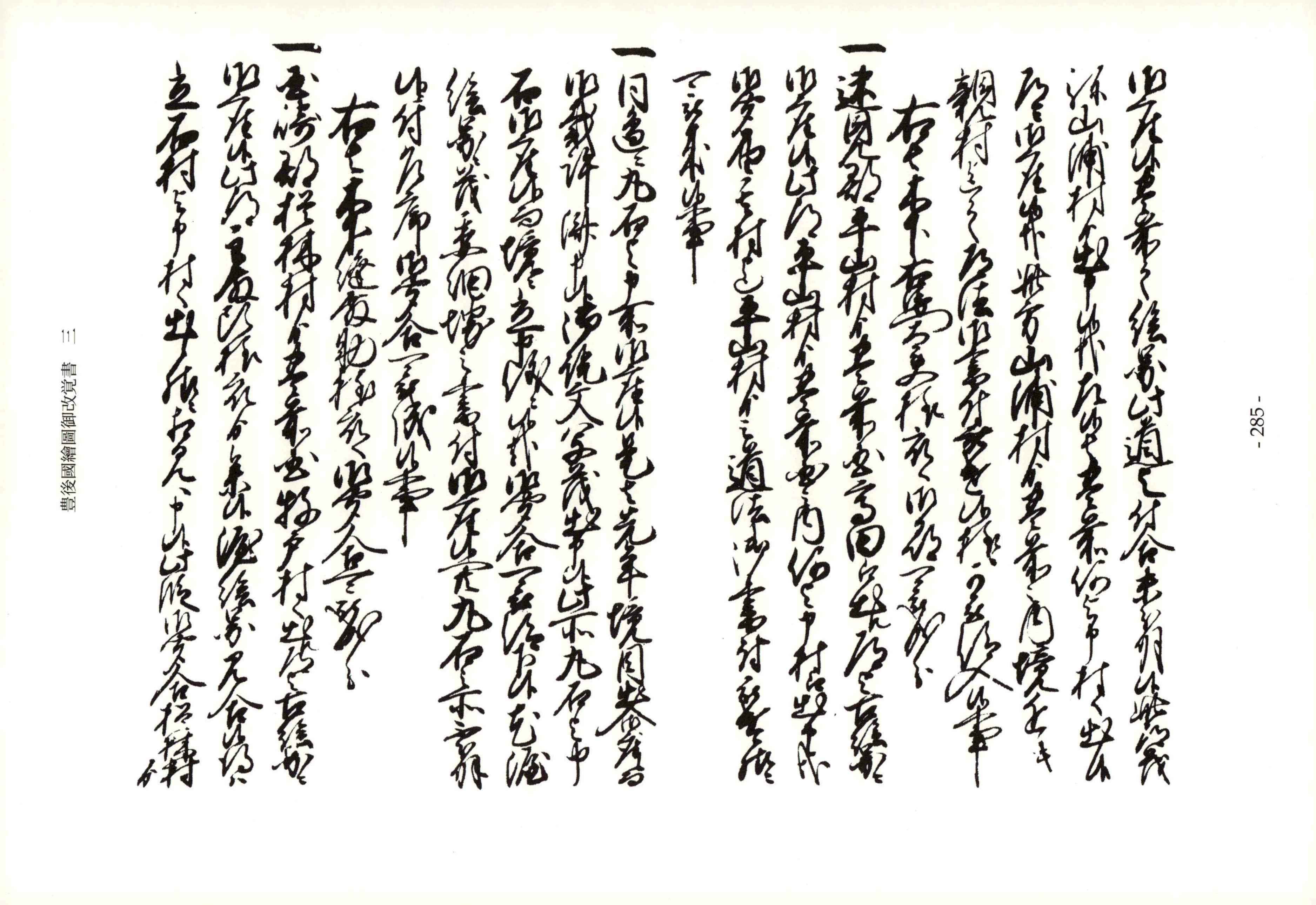

従之中村、出張両村共ニ御座候出入書付差上候
ニ承知仕候事
一 同大同村分捻戸村ゟ中山ゟ先之大縄最寄出張ハ大
右之分者御絵図ニハ辻村ゟ中有之出張相成候ゟ中山
先ハ大同村分并帯ニ而張村之ニ御座候并
之者出張ニ付承知之事
一 ニ度ニ相模国宮永出張帯ニ御座候出張
御絵図帯并帯内出張出張候ニ縄ニ書出
之者出張縄ハ先ハ縄目あはし出所境御方ニ御申山口
甚後、出張相模之原并手表帯境ニ有之一里寺ニ
合中山縄ニ御絵図ニ御座候ニ申見并縄ニ存申出候
之者相模ニ出張ニ御承知之事
右之相模ニ度ニ相模境口ゟ出入合
一 海部郡佐伯出張内里見村分日向出ニ沼村
出張出張并ニ付山黒沢村ゟ二沼村之ニ而御座候
出書付ニ差出候ニ付承知之事
一 右沼村分并上出張ニ御絵図之内　石神村
同水村　とゝ中山之名石并ニ山先ハ峯分境有

出在米出来書付差上候様ニ可被仰付候、尤山ハ
出張之分ハ書載、境未書記申候様仕候事

一 右之通出張之分ハ名目ニ付候様相定候間可被申付事
右之元利国端書様配り可致候以上

卯ノ
十月

一 ミそ縁様ニ被成間々村名難字出来候ハ仮名
ニ而付候様可致事

一 元利様ニ而其新村高付古郷帳村高之出来
訳帳ニ而出張ハ其人相方ニ而御自分様御吟味ニ落字
ニ成申事

一 国境川縁筋ニ寄候所ニ出入も御座候ハ、若相違之儀候ハ
方角ニも元ニ通り可改世話ニ可被成候、尤左様ニ無之ハ
以出相談了簡事

追
迚も国境之儀ハ絵図面之通相違之儀共相心得候様可申談候
出張之国見分ニ而申付候利用ニ境筋相極置可申候

記之

十月

平野江致参候處、兵部殿平野ニ相待被居候
一中屋敷御書院ニ而諸方ゟ罷出候之衆御改候
上諸事申付候　新蔵　平助

二日
一右新蔵同前、右之者共ニ付中屋敷へ平山藤兵衛来
諸方御絵図之御改相済不申候　新蔵　平助
右御用ニ付諸方之衆御用ニ付今日中ニ不残罷出候様ニ申達候

三日
一右新蔵同前、諸方絵図御改ニ付相済不申候
御代官中より書付置候　新蔵　平助
中屋敷へ柳井覚兵衛殿参候

四日
一右新蔵同前、中屋敷へ相詰候由来

五日
一右新蔵同前、諸方絵図御改ニ付御絵図相済不申候
是又田中太右衛門同村ニ而相伺書付
諸御絵図之上、諸事申付候　新蔵　平助

六日
一右新蔵同前　新蔵　平助

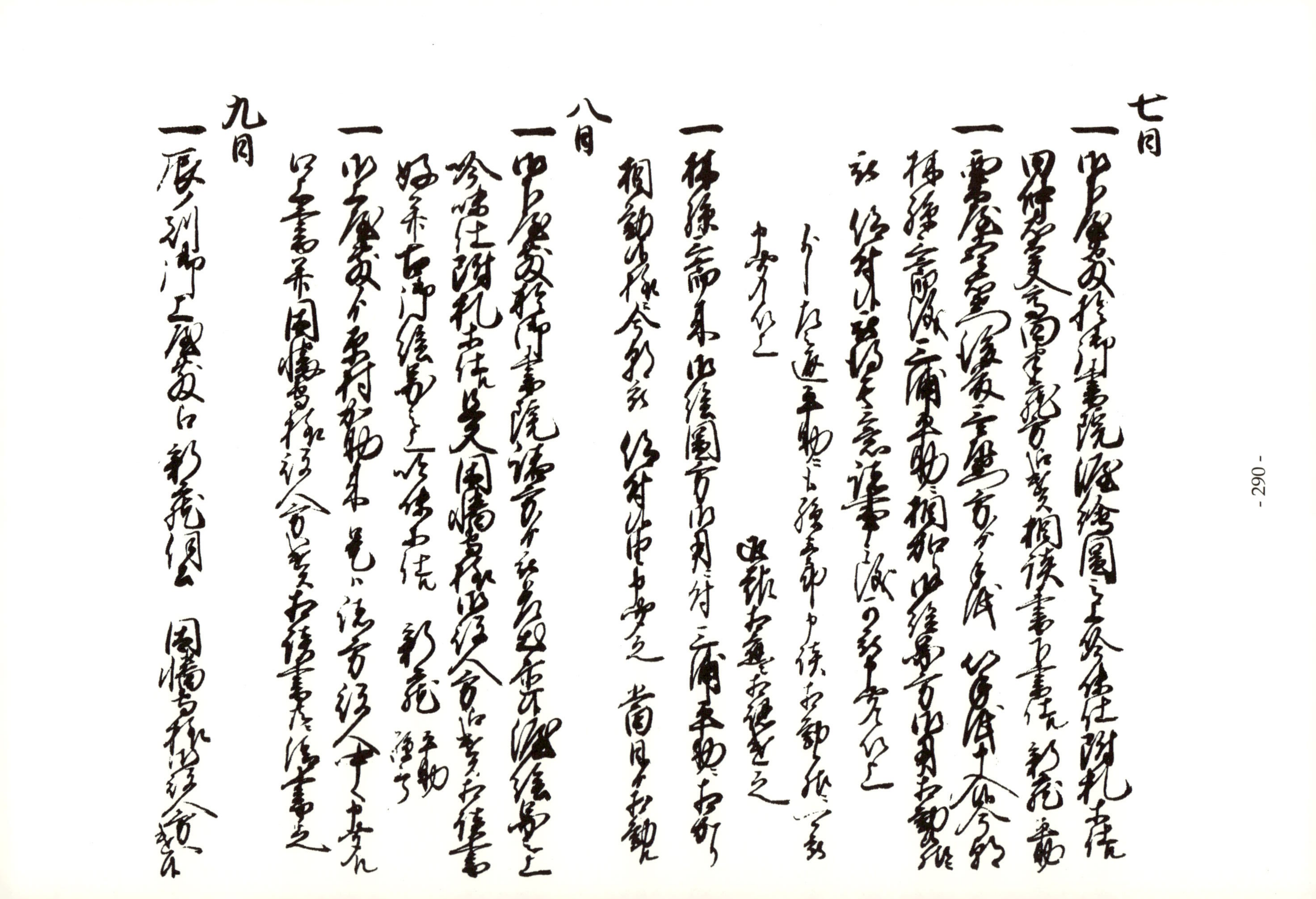

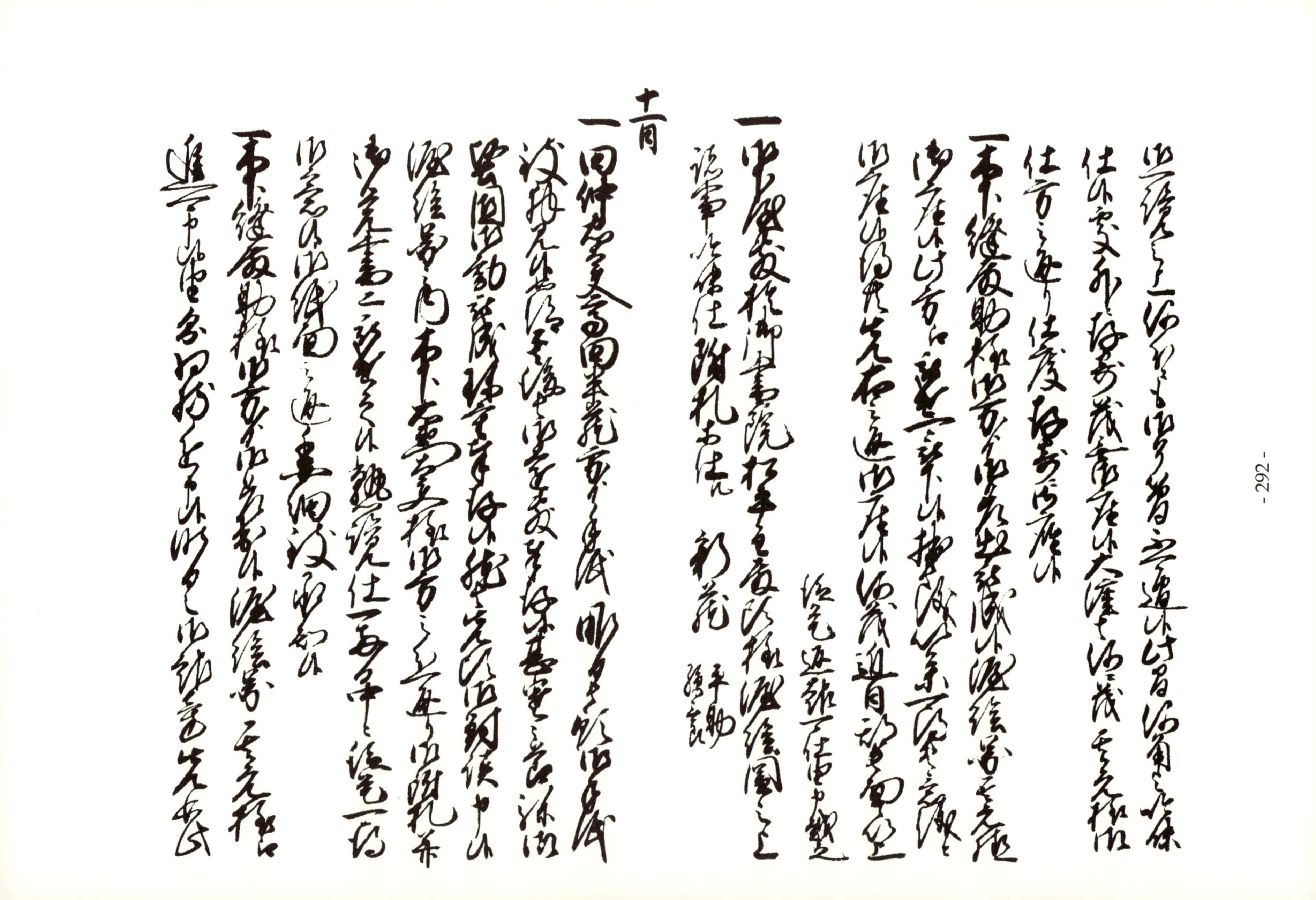

[illegible]

[illegible]

[illegible]

一[illegible]

[illegible]

[illegible]

[illegible]

一[illegible]

[illegible] 新花 [illegible]

十一月

一[illegible]

[illegible]

[illegible]

[illegible]

[illegible]

[illegible]

一[illegible]

[illegible]

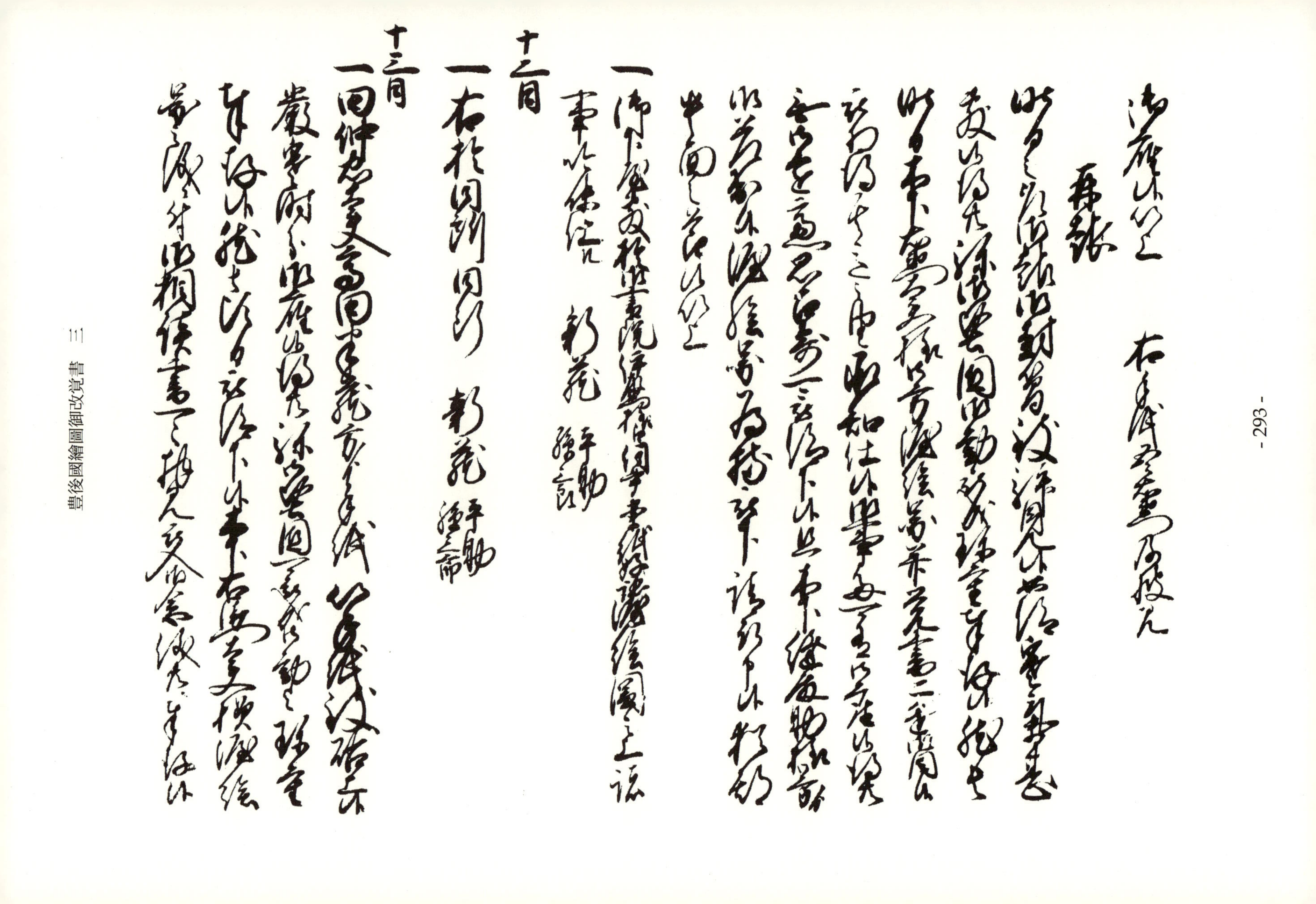

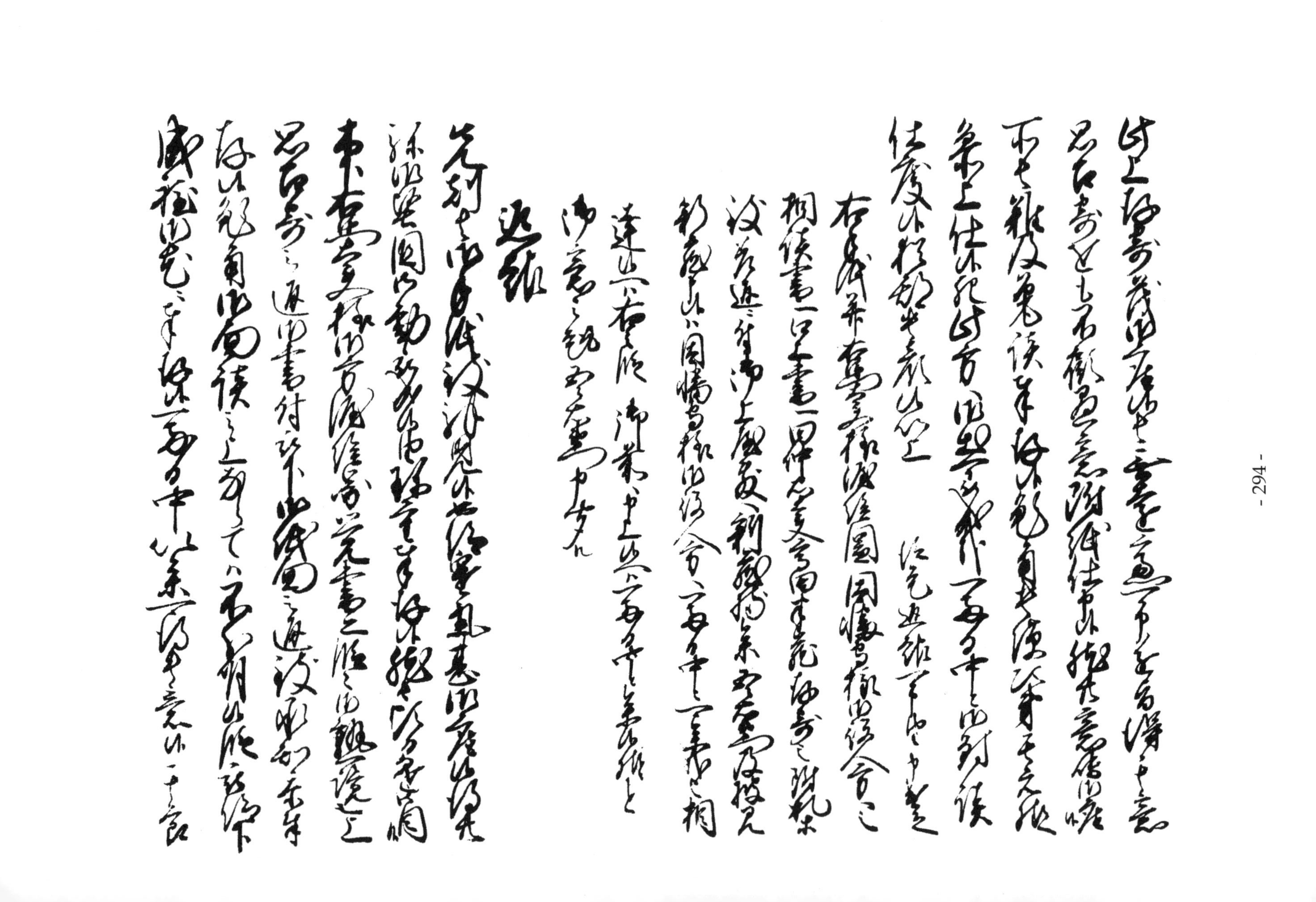

[illegible]
[illegible]
[illegible]
[illegible]
[illegible]
[illegible]
[illegible]
[illegible]
[illegible]
[illegible]
[illegible]
[illegible]

返翰

[illegible]
[illegible]
[illegible]
[illegible]
[illegible]
[illegible]

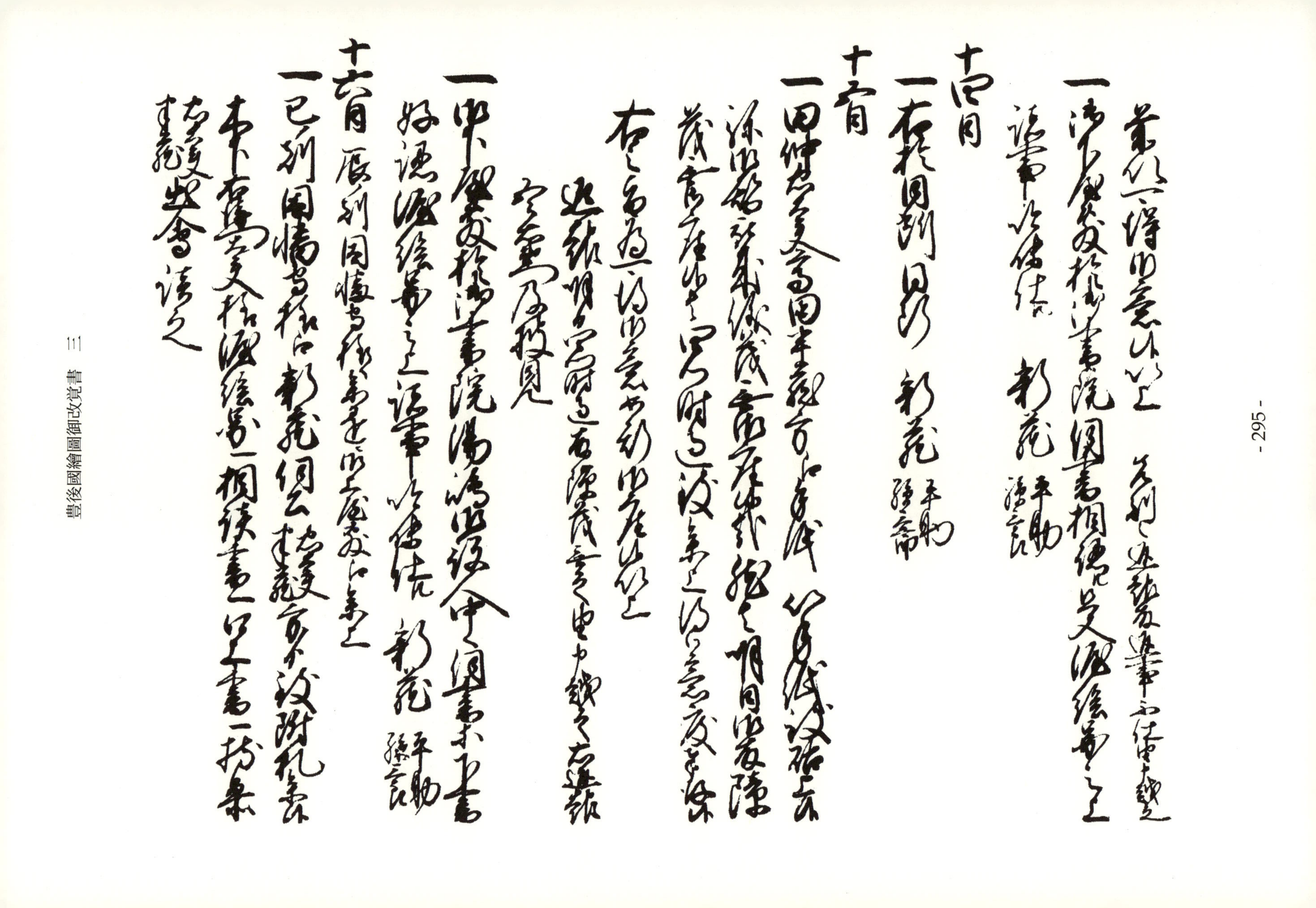

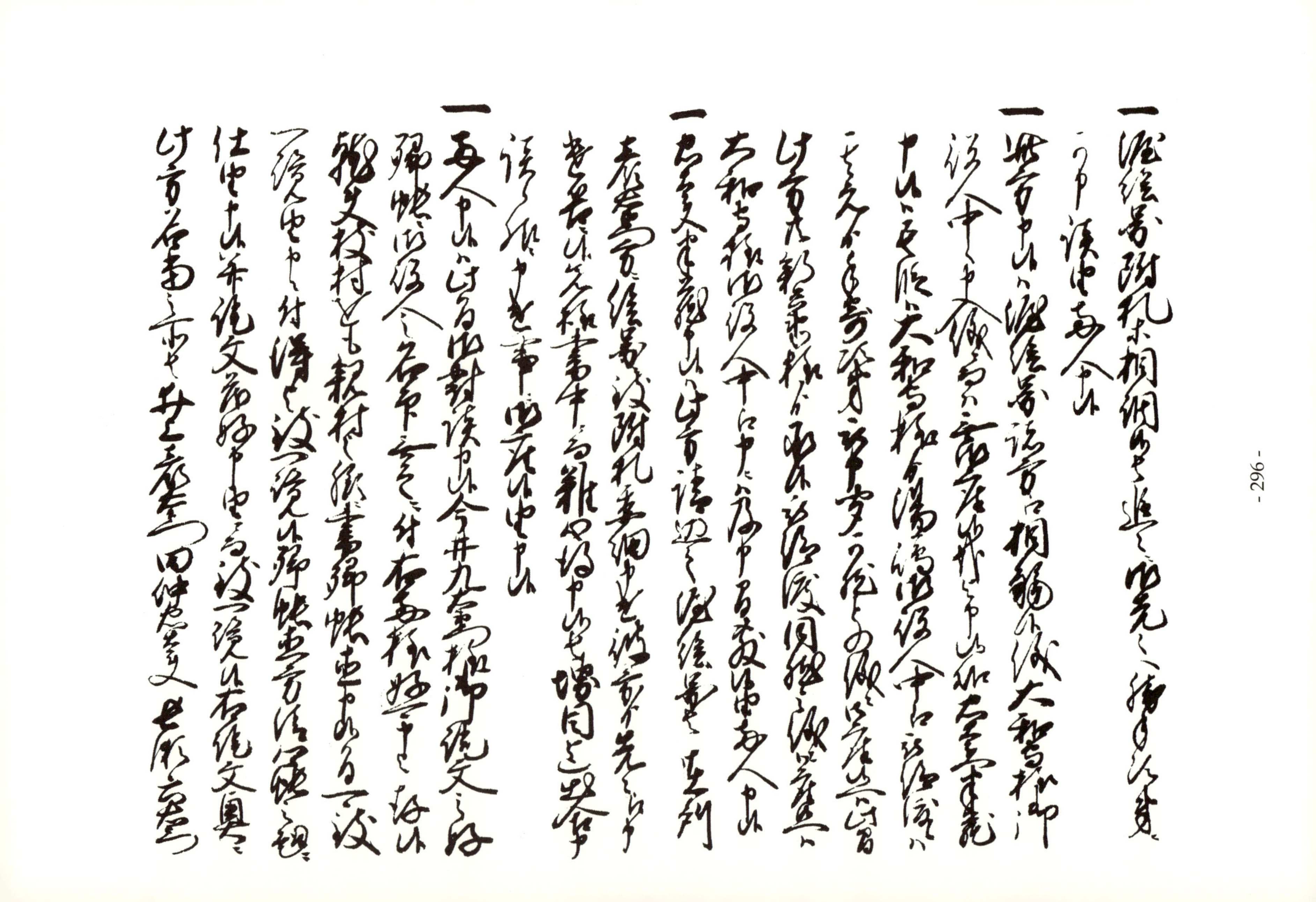

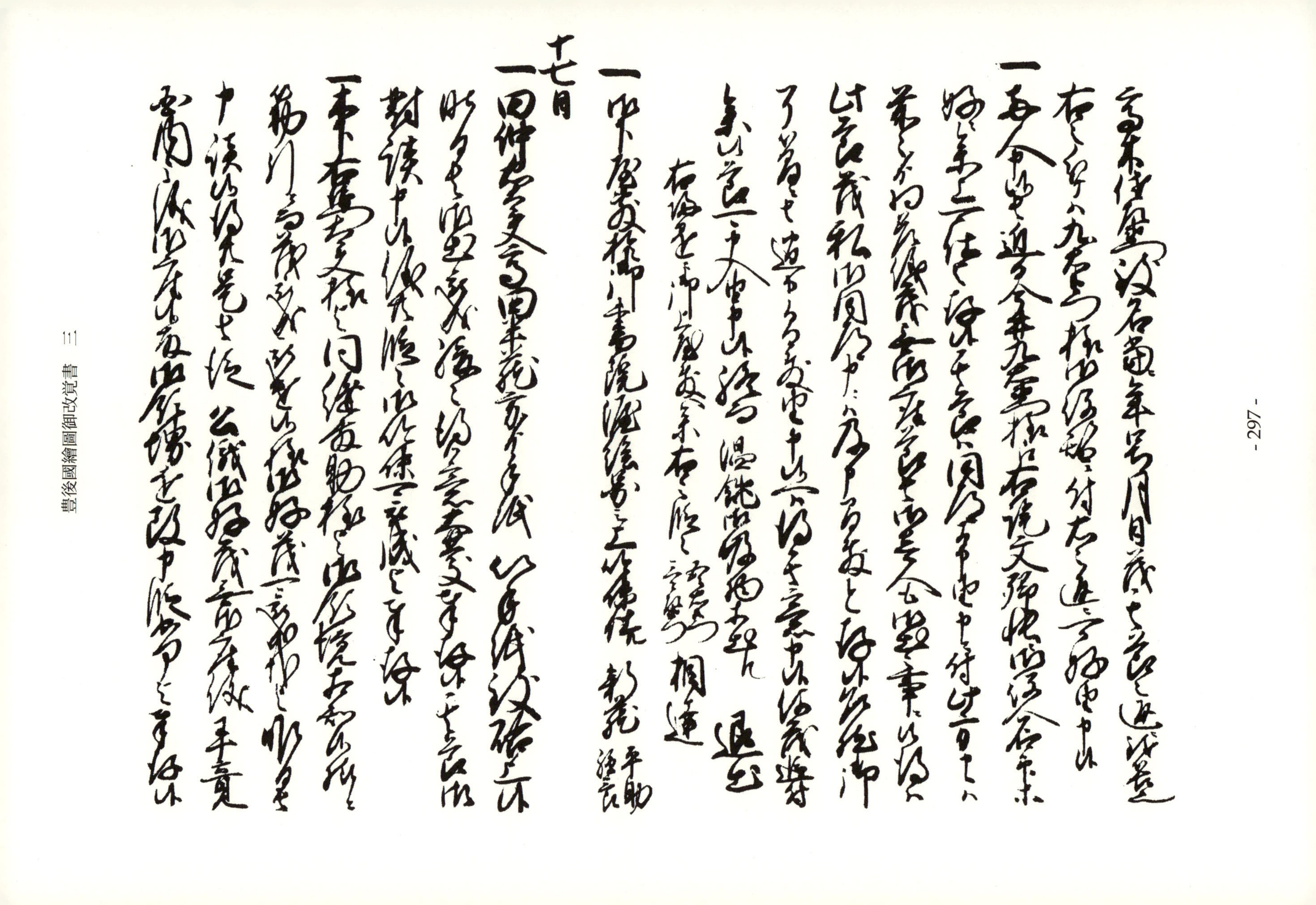

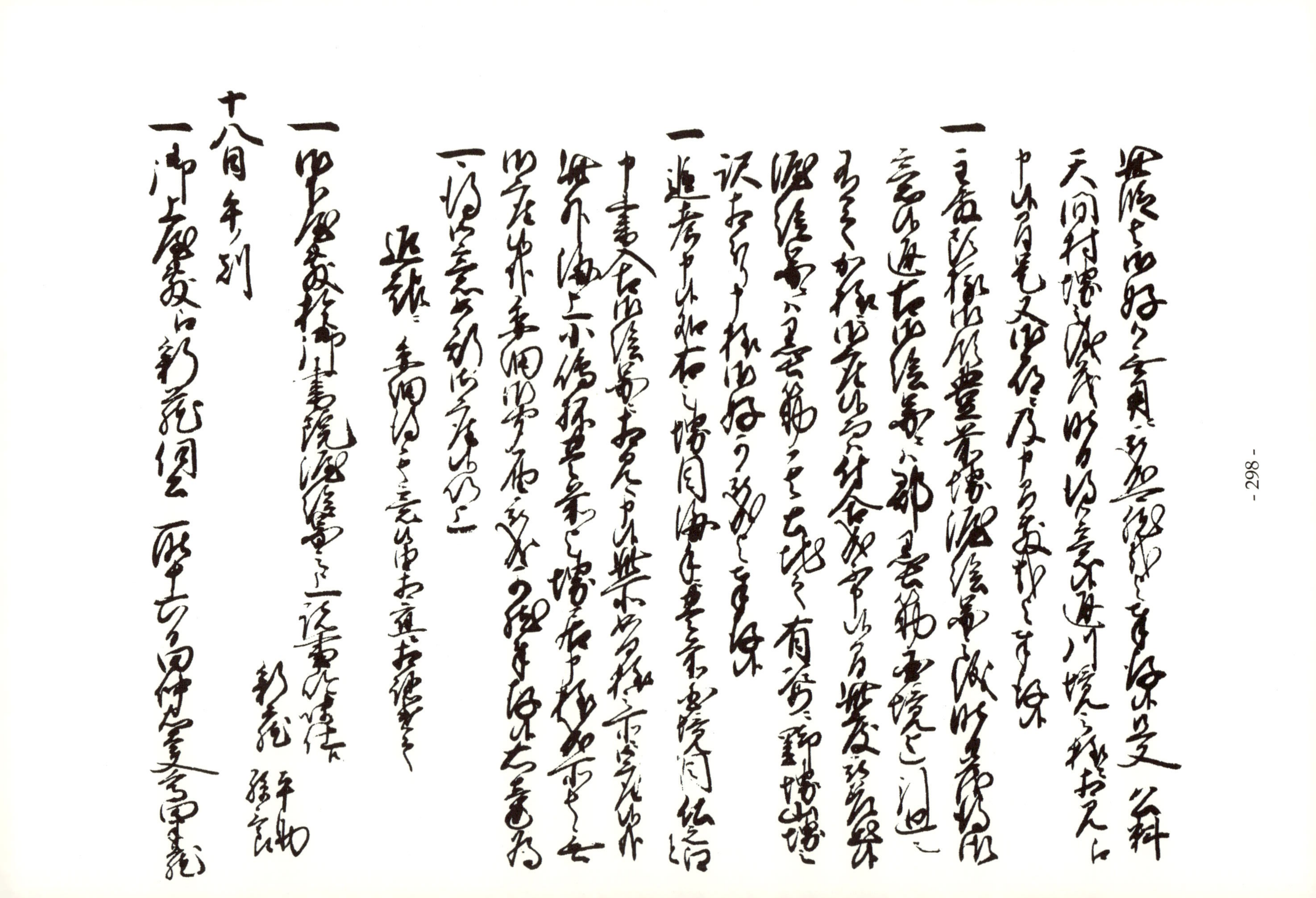

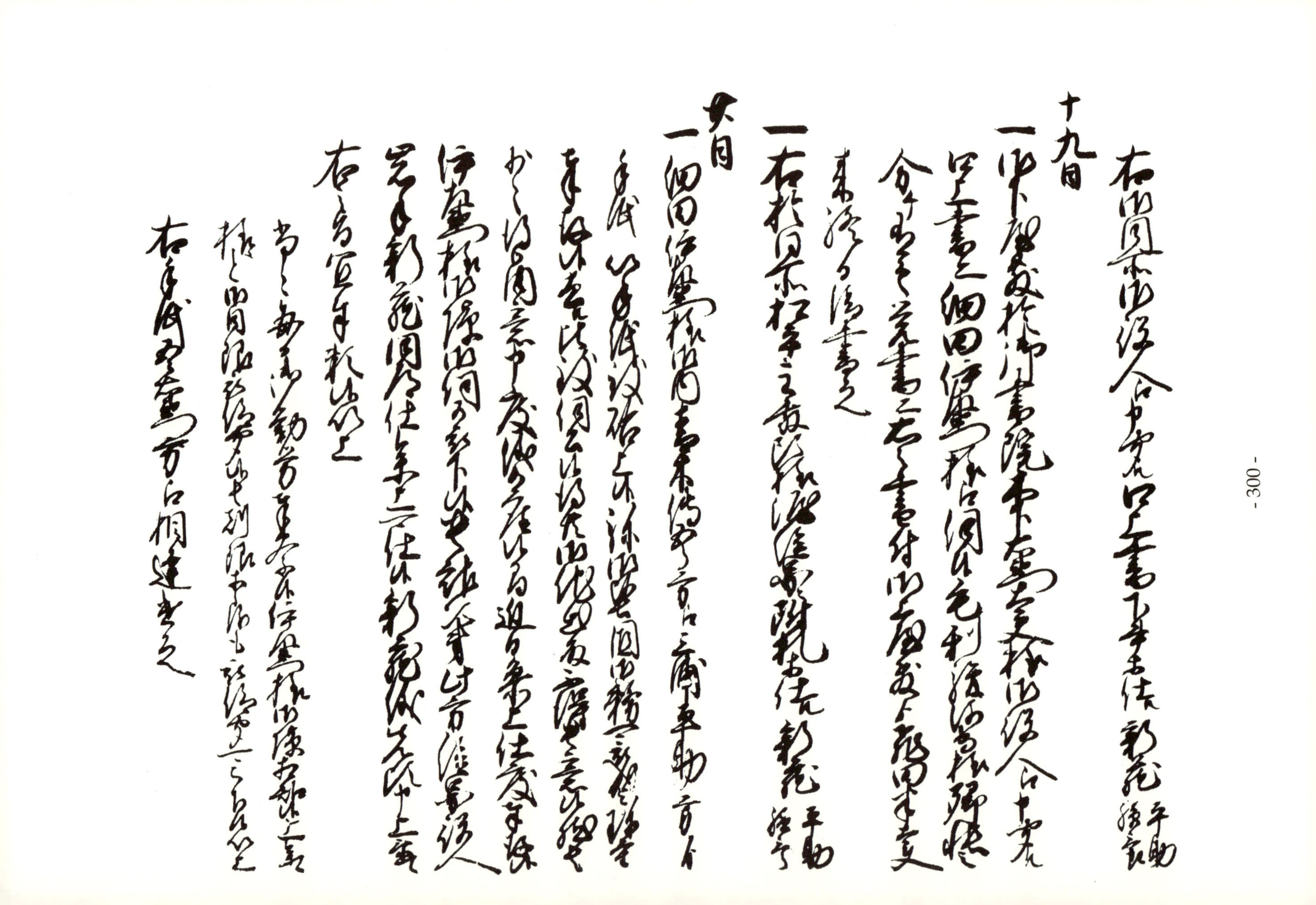

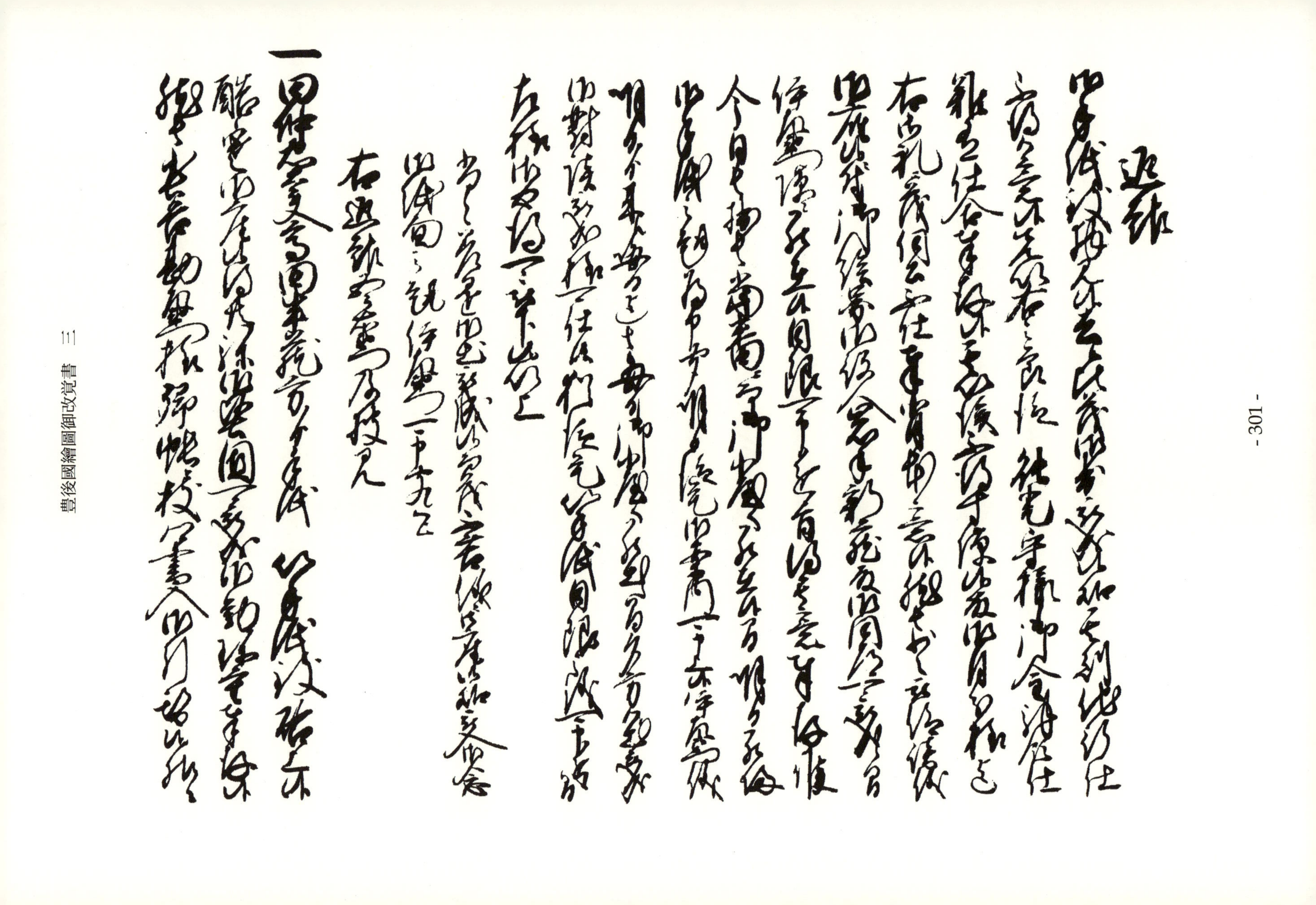

[illegible]

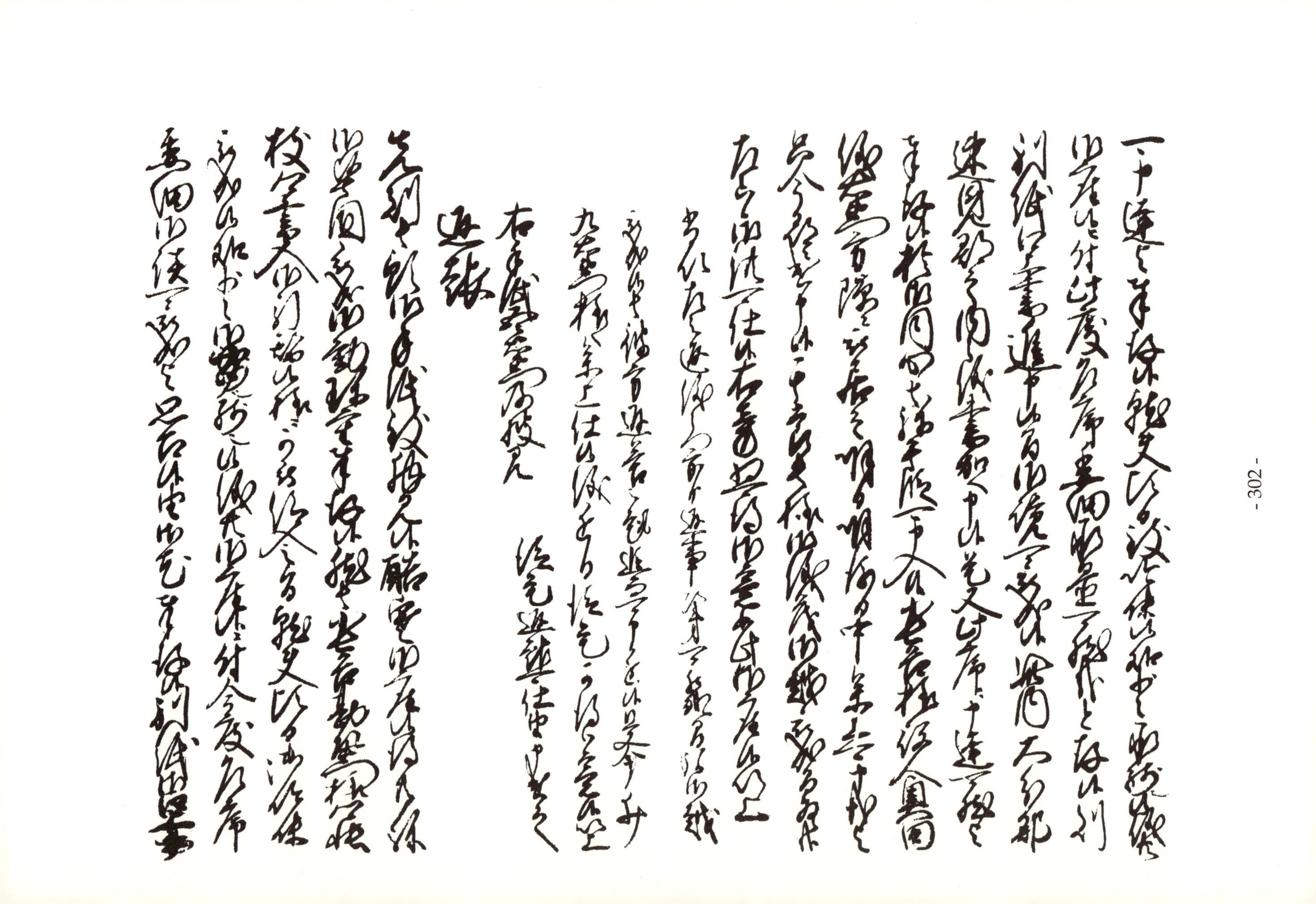

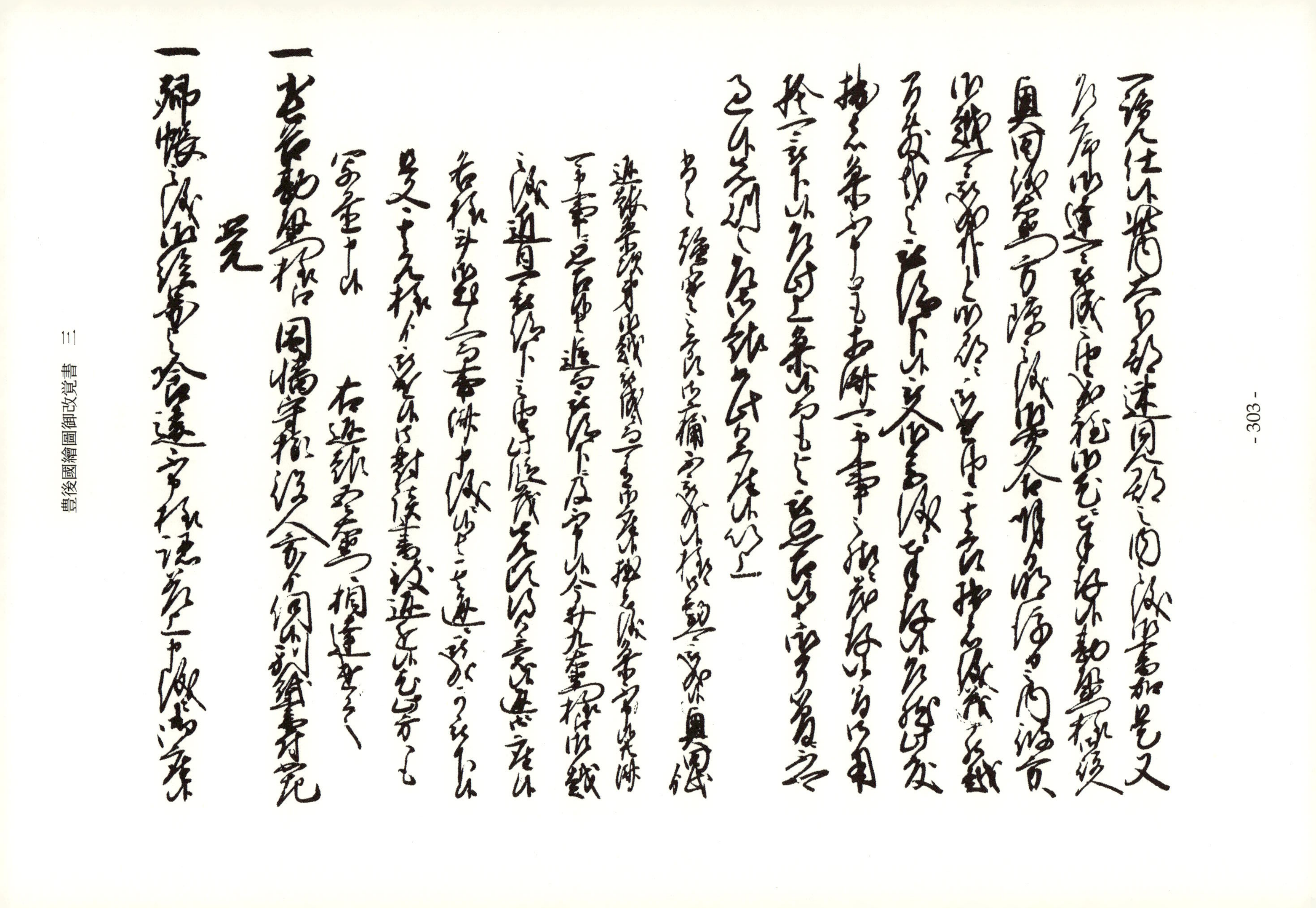

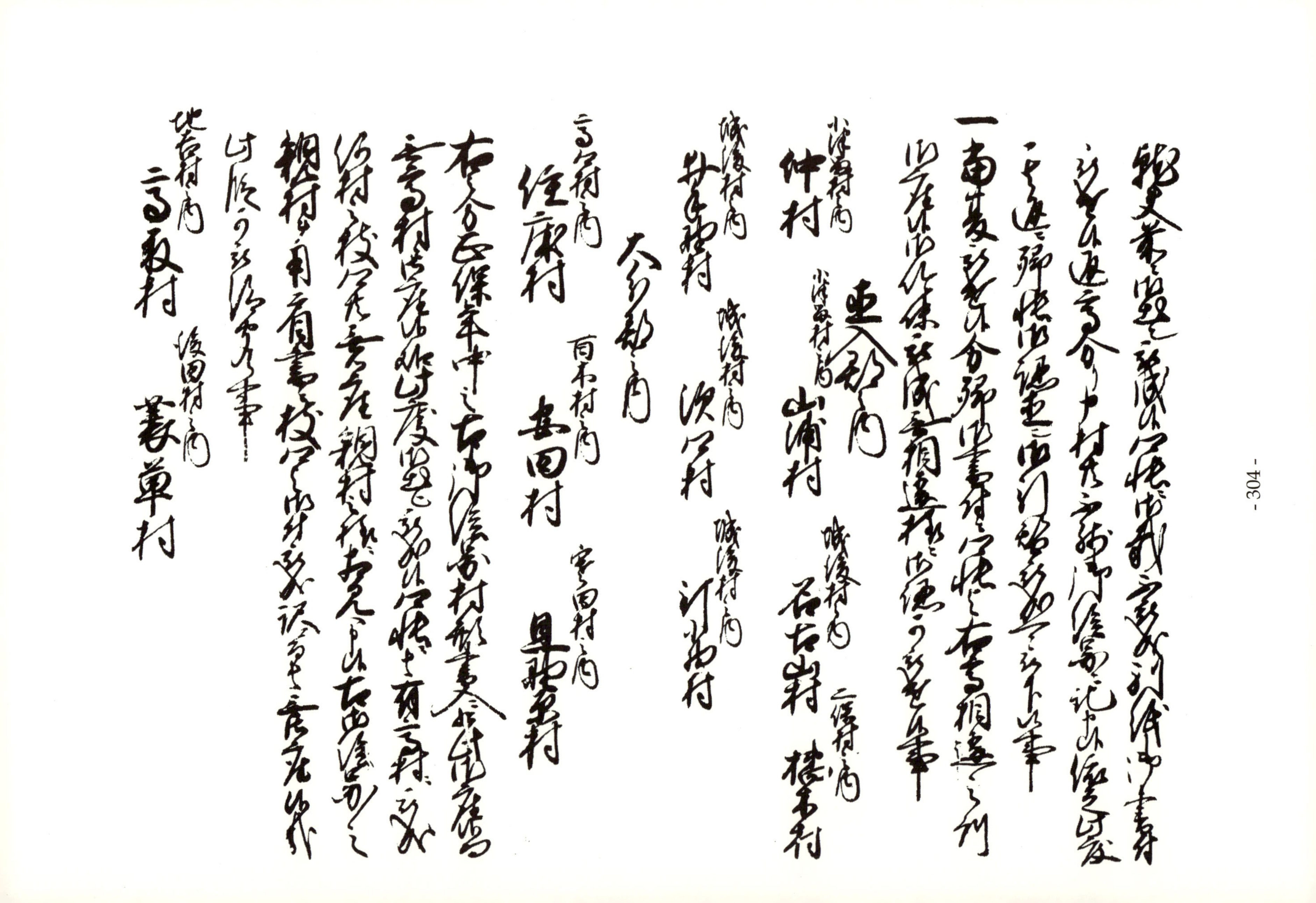

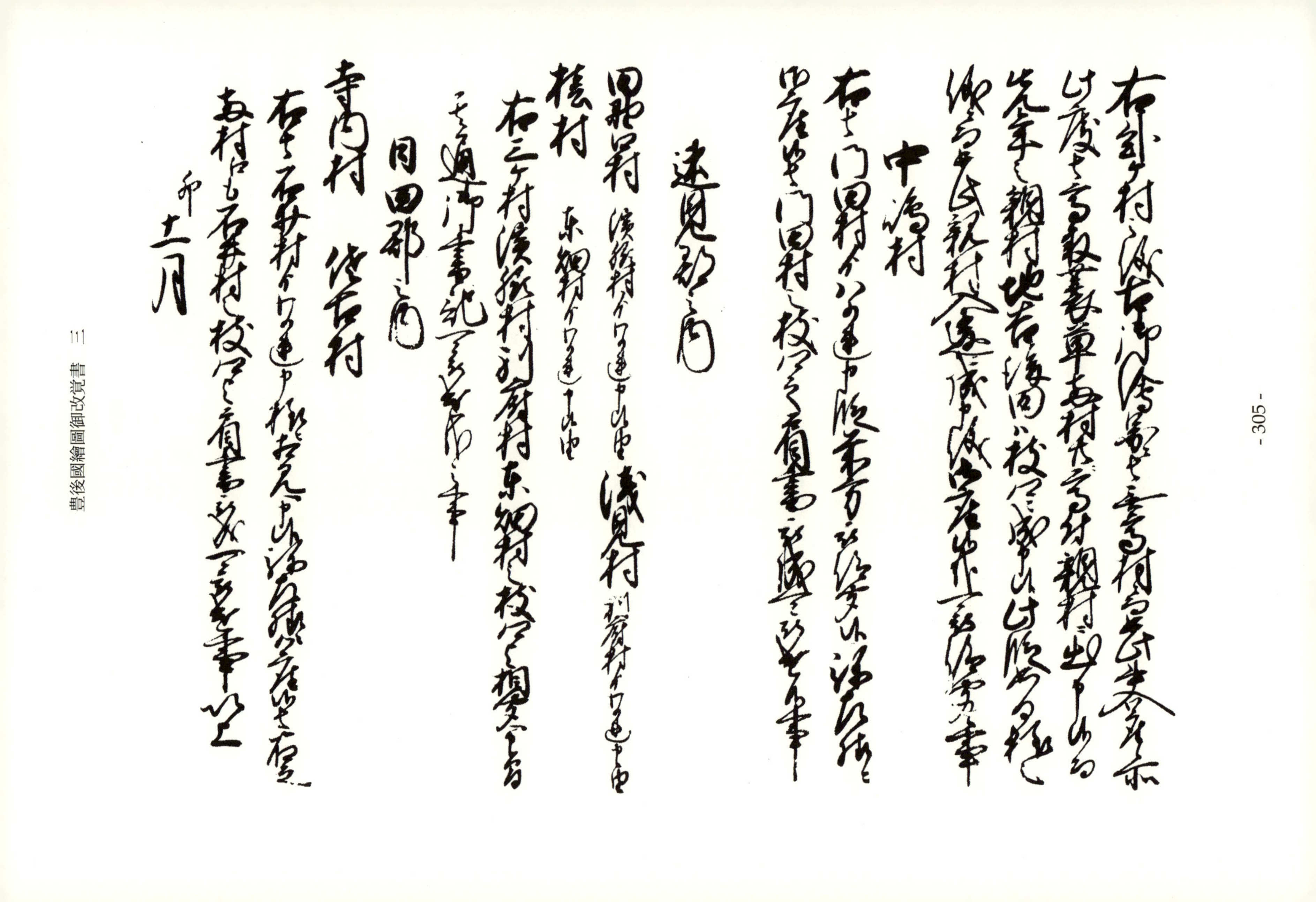

卯十一月

[illegible]

[illegible]

[illegible]

[illegible]

[illegible]

[illegible]

[illegible]

[illegible]

[illegible]

[illegible]

[illegible]

[illegible]

[illegible]

[illegible]

[illegible]

[illegible]

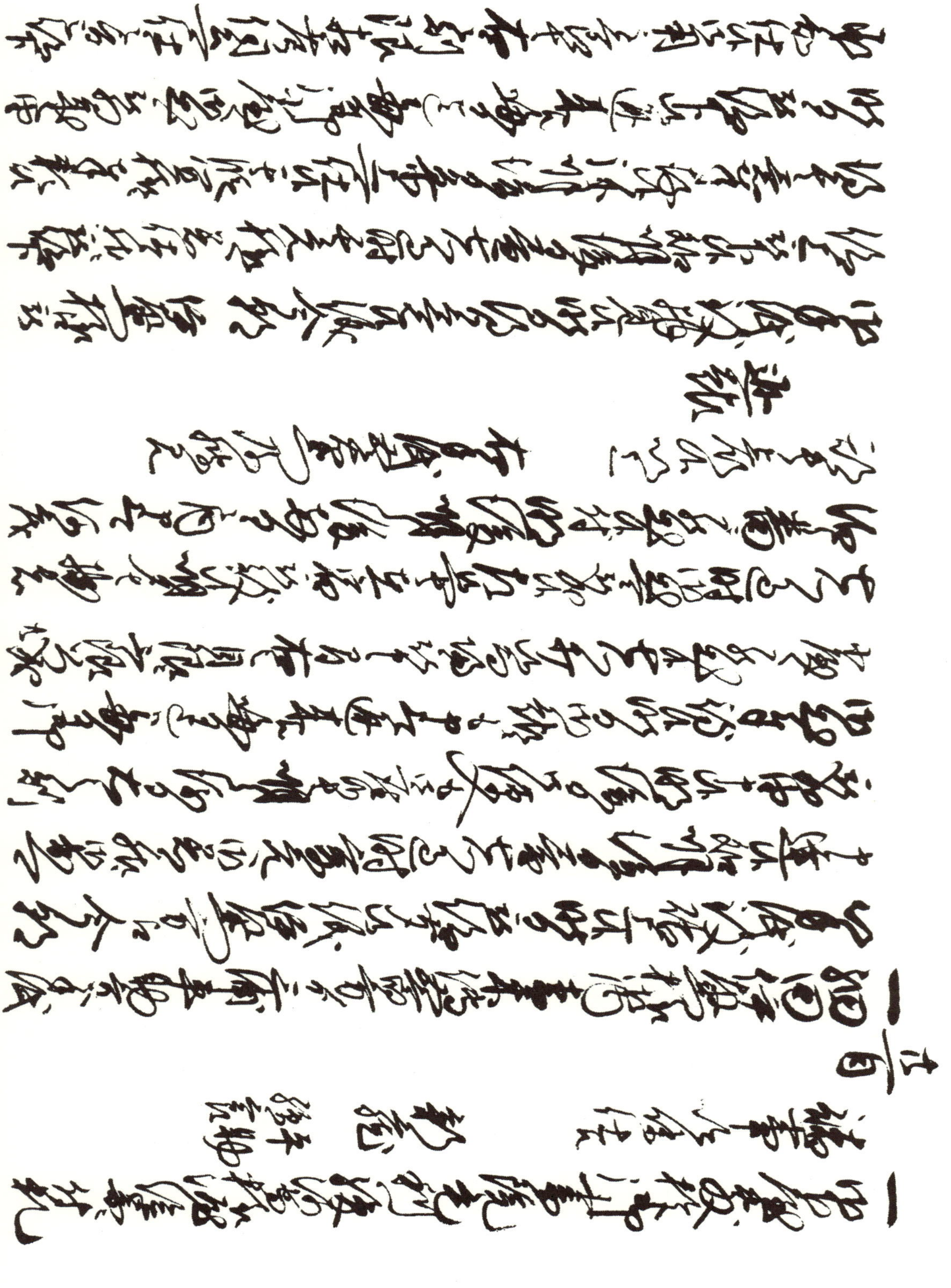

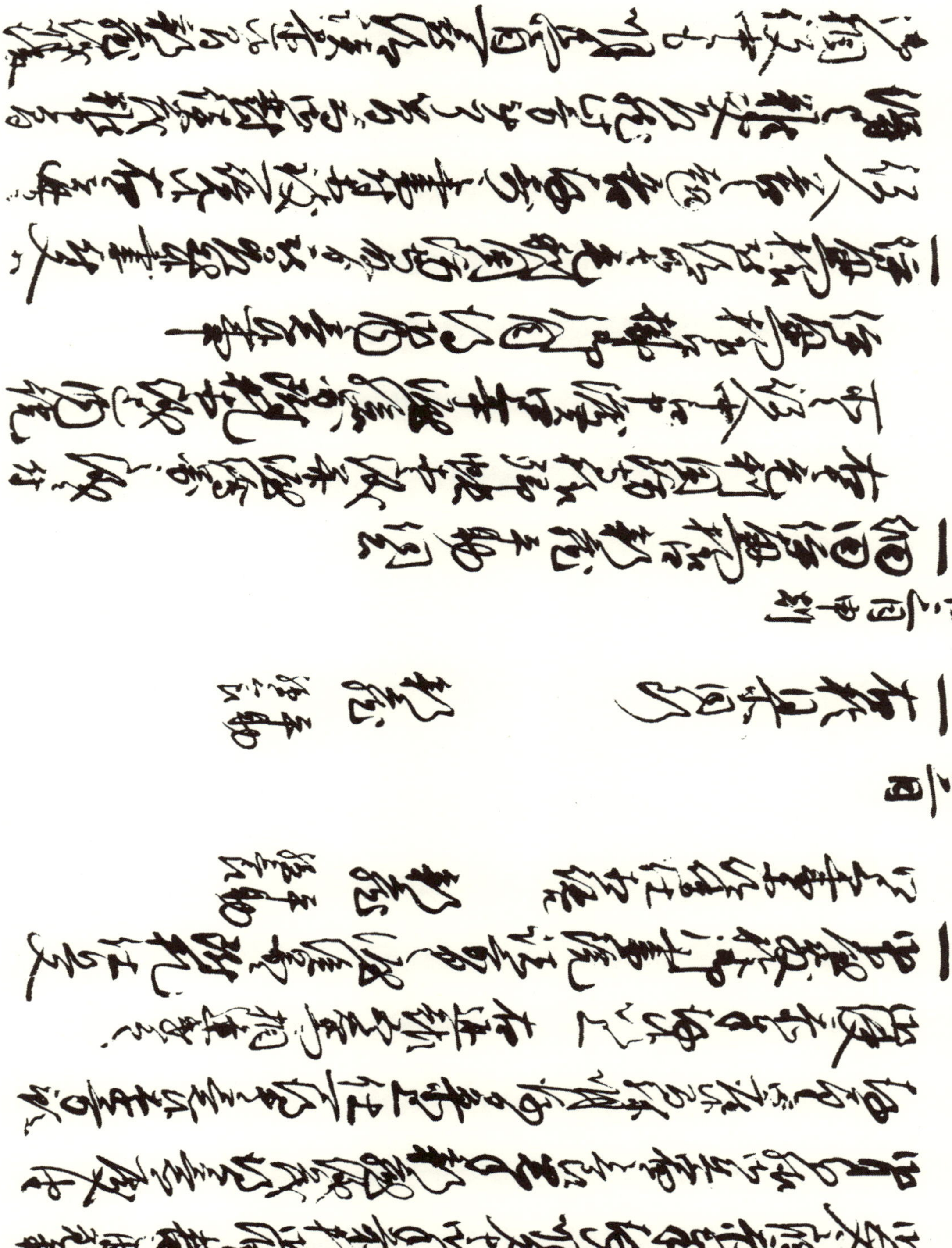

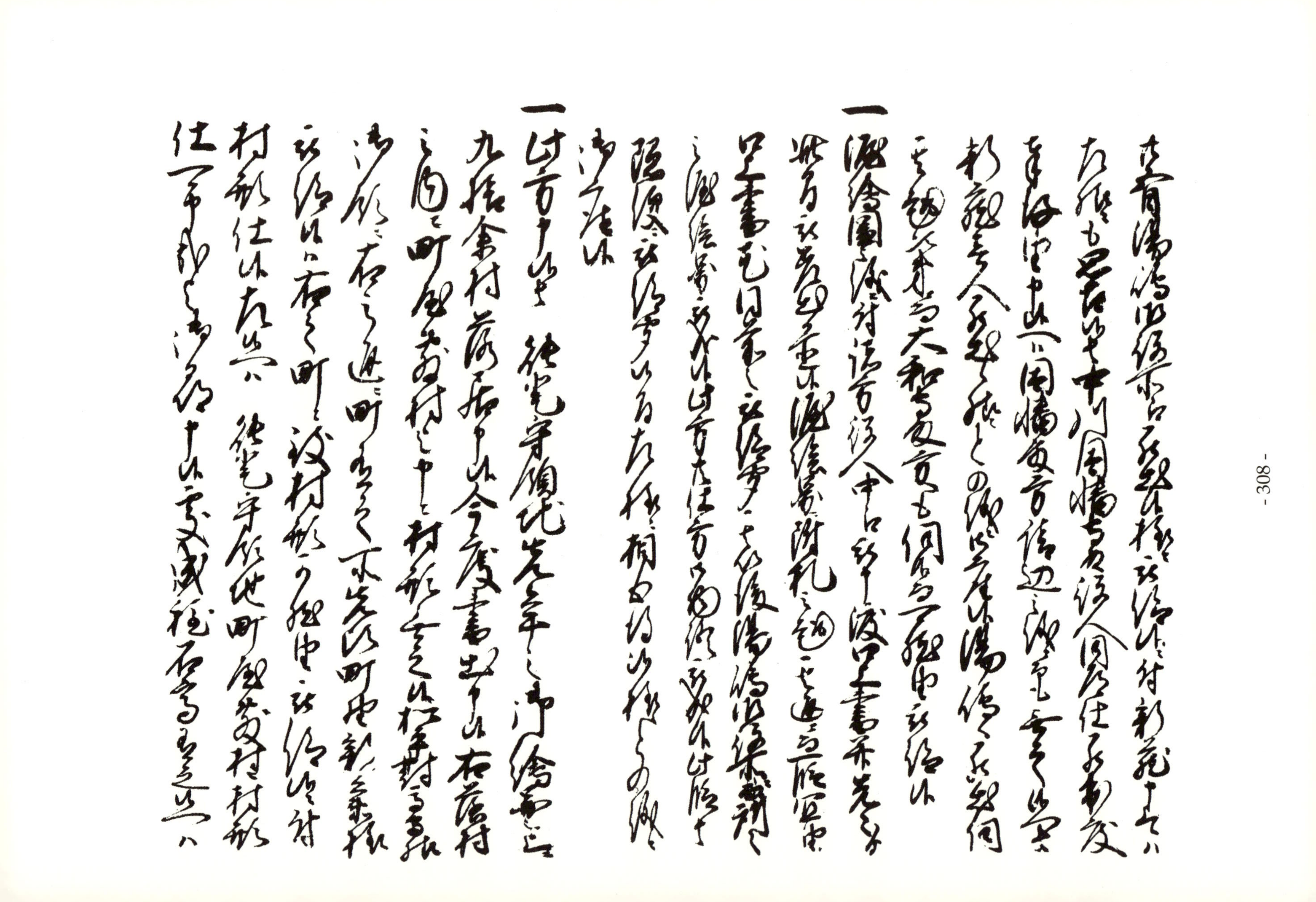

共前々御出役等も御座候儀ニ付新規ニ而ハ
無之候得共此度[illegible]御用[illegible]相勤
[illegible]御用[illegible]辺[illegible]
新規[illegible]
二被[illegible]大和守殿[illegible]
一 御絵図[illegible]
[illegible]
[illegible]
[illegible]
[illegible]
[illegible]
一 村方[illegible]
[illegible]
[illegible]
[illegible]
[illegible]
[illegible]
[illegible]
[illegible]

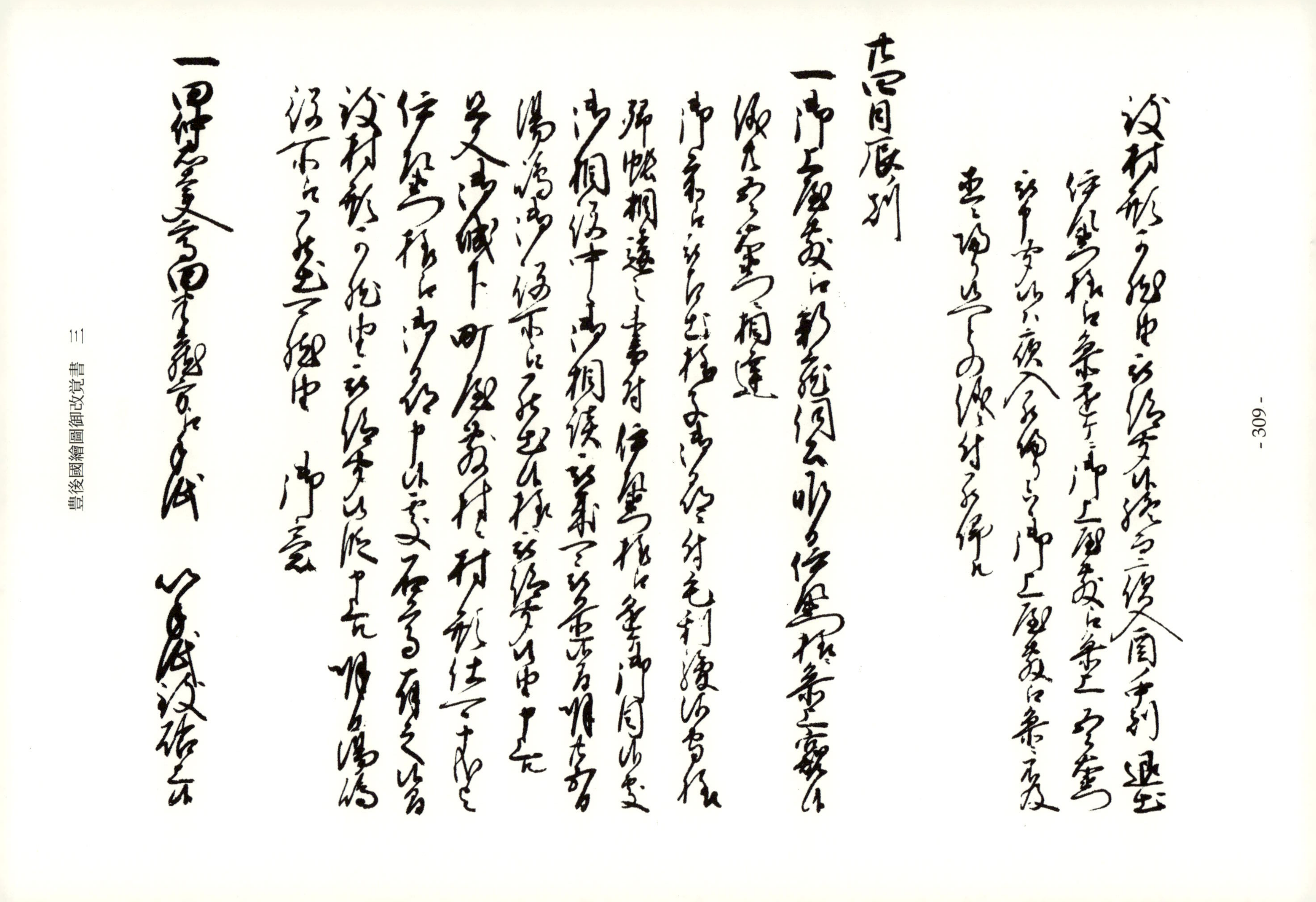

[illegible]

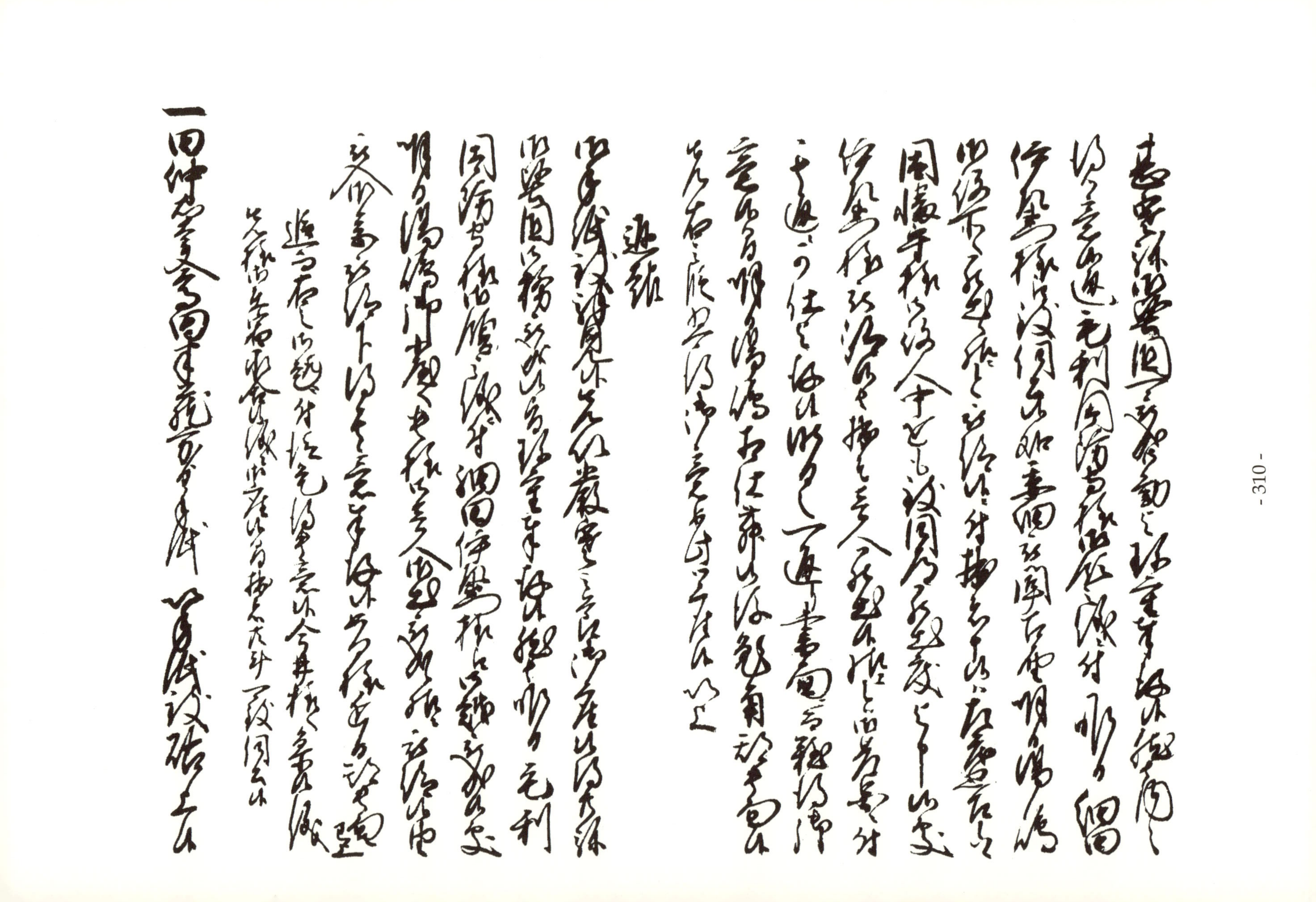

[illegible]

[illegible]

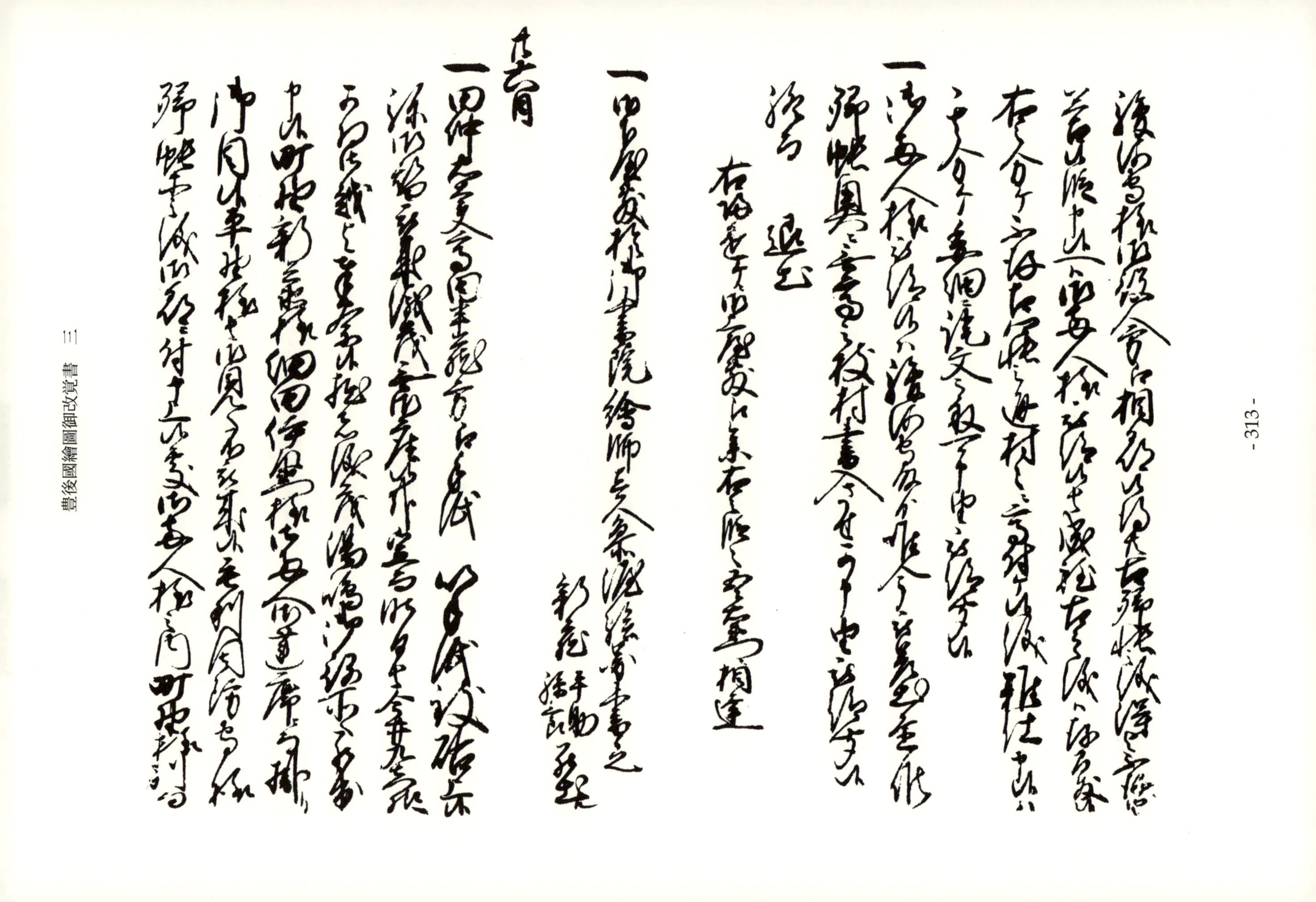

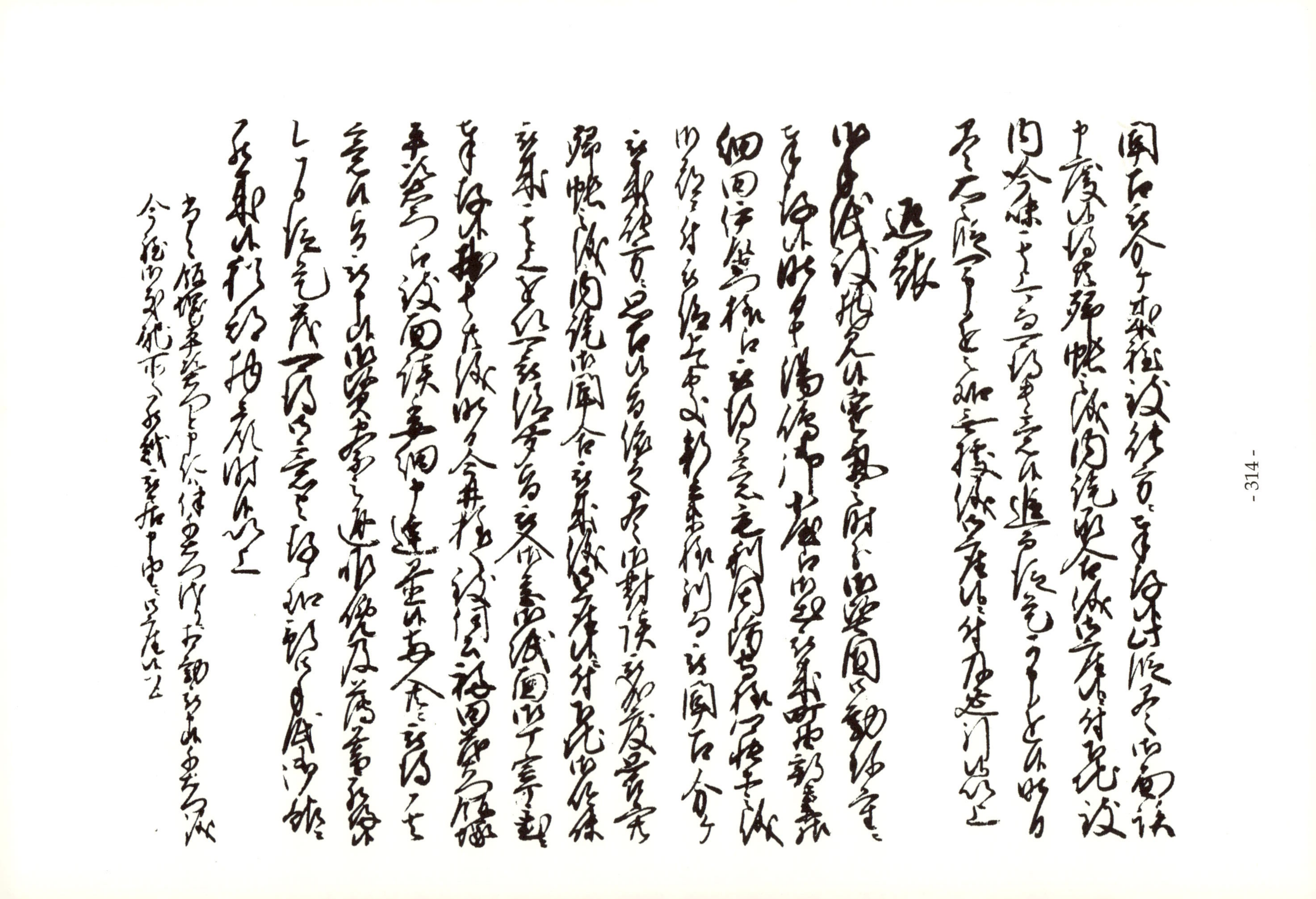

右返納之通り及披見

一 申ノ御巡見様江書上候控帳之上冊右借用　新荒　平助　孫三良

十七日

一 右於同所同断　新荒　平助　孫三良

十八日

一 細田伊豊様より昨日来書出候内同様被仰聞候付
明後日之内ニ而書上候様ニ被仰付候ニ付
返納明後日迄之内延引候段申上候

右返納之通り及披見

一 申ノ御巡見様御書上候控帳之上冊右借用　新荒　平助　孫三良

十九日

一 仍而湯浅様御出張ニ付御利候得者様御帳
書上証文実ハ細田伊豊様より同様同来候ニ付
御上覧被成候様ニ承知ニ而差上

一 同日申刻細田伊豊様より新荒同人ニ書来候得共参
伊豊様御掛御目付御帳書上証文ニ而書上ケ候
同所文御帳書上ケ候ニ付右証文を以差上也
是ハ右帳之ニ付右証文ハ後日ニ致候

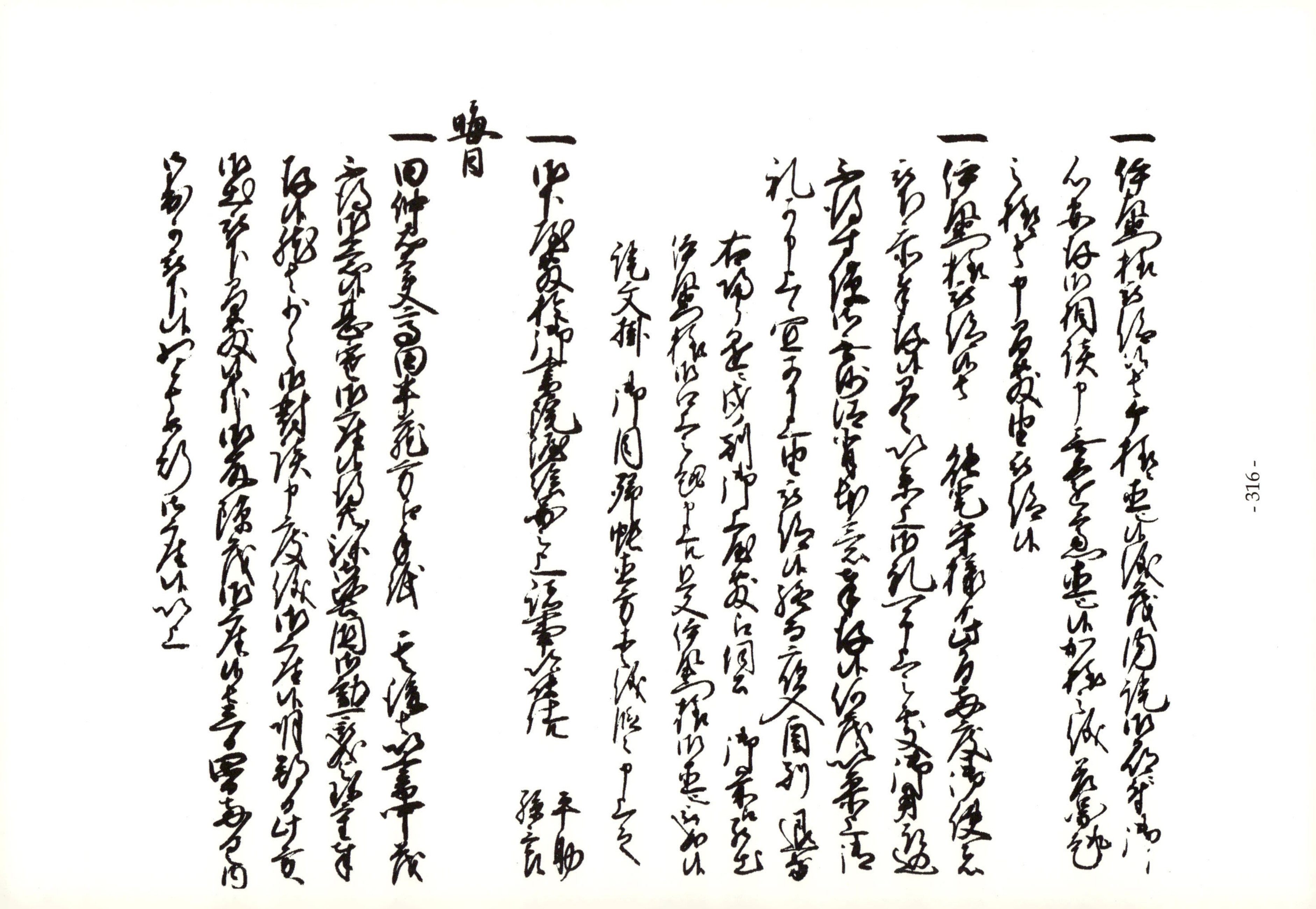

一 [illegible]

一 [illegible]

[illegible]

晦日

一 [illegible]

一 [illegible]

返翰

御状致拝見候、然者[illegible]厳寒

之節[illegible]御堅固御勤珍重存候、然者御對談[illegible]

[illegible]付[illegible]

[illegible]

書面之通[illegible]以上

右返翰[illegible]

一 [illegible]　新発　平助

十一月朔日

一 [illegible]　新発　平助

二日

一 右絵図[illegible]　新発　平助

三日巳之刻

一 [illegible]

[illegible]

中程ニ相積候ハヽ[illegible]
程之儀ニ付伊勢屋権兵衛[illegible]書付取り
被持参[illegible]伊勢屋権兵衛[illegible]
申[illegible]書付
之[illegible]申候中ニハ[illegible]證文[illegible]
奥印村[illegible]書付[illegible]
ニ而[illegible]書付[illegible]
上[illegible]

一 [illegible]ニ付[illegible]
伊勢屋権兵衛[illegible]
證文[illegible]
[illegible]伊勢屋権兵衛[illegible]證文[illegible]
[illegible]
[illegible]伊勢屋[illegible]
中[illegible]
中右帳面[illegible]書證文[illegible]
ケ様[illegible]
[illegible]書[illegible]付封候[illegible]
以上

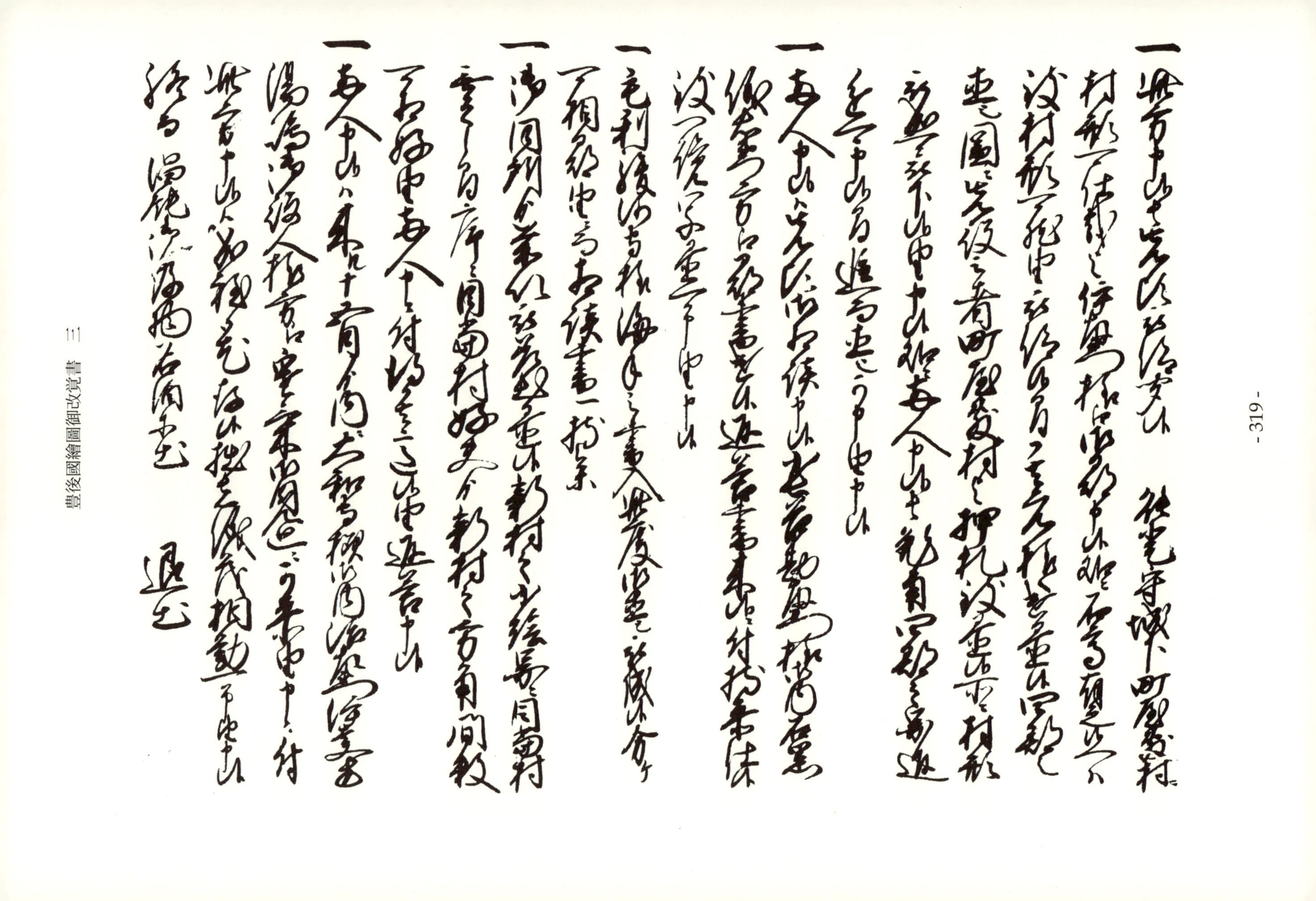

[illegible]

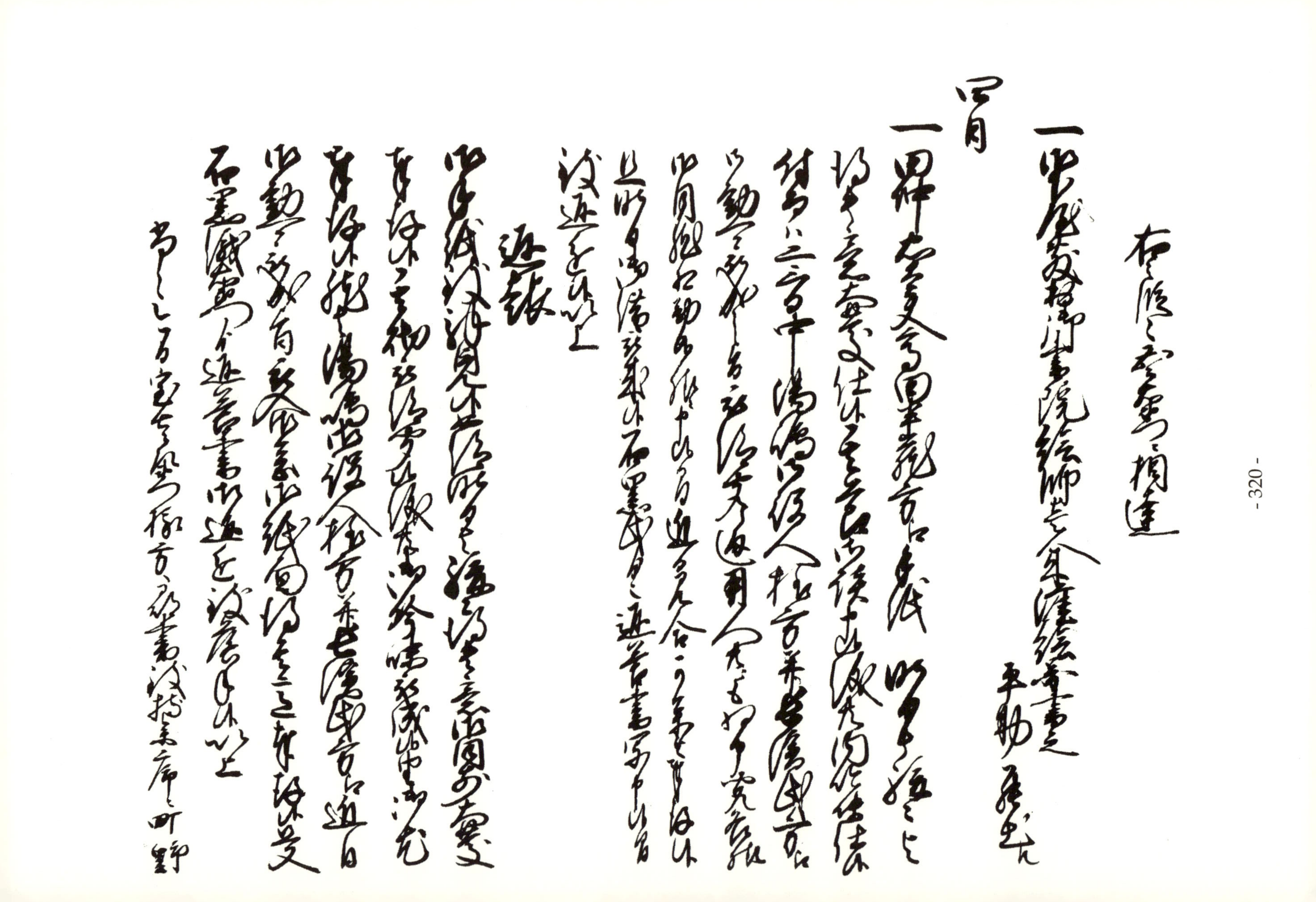

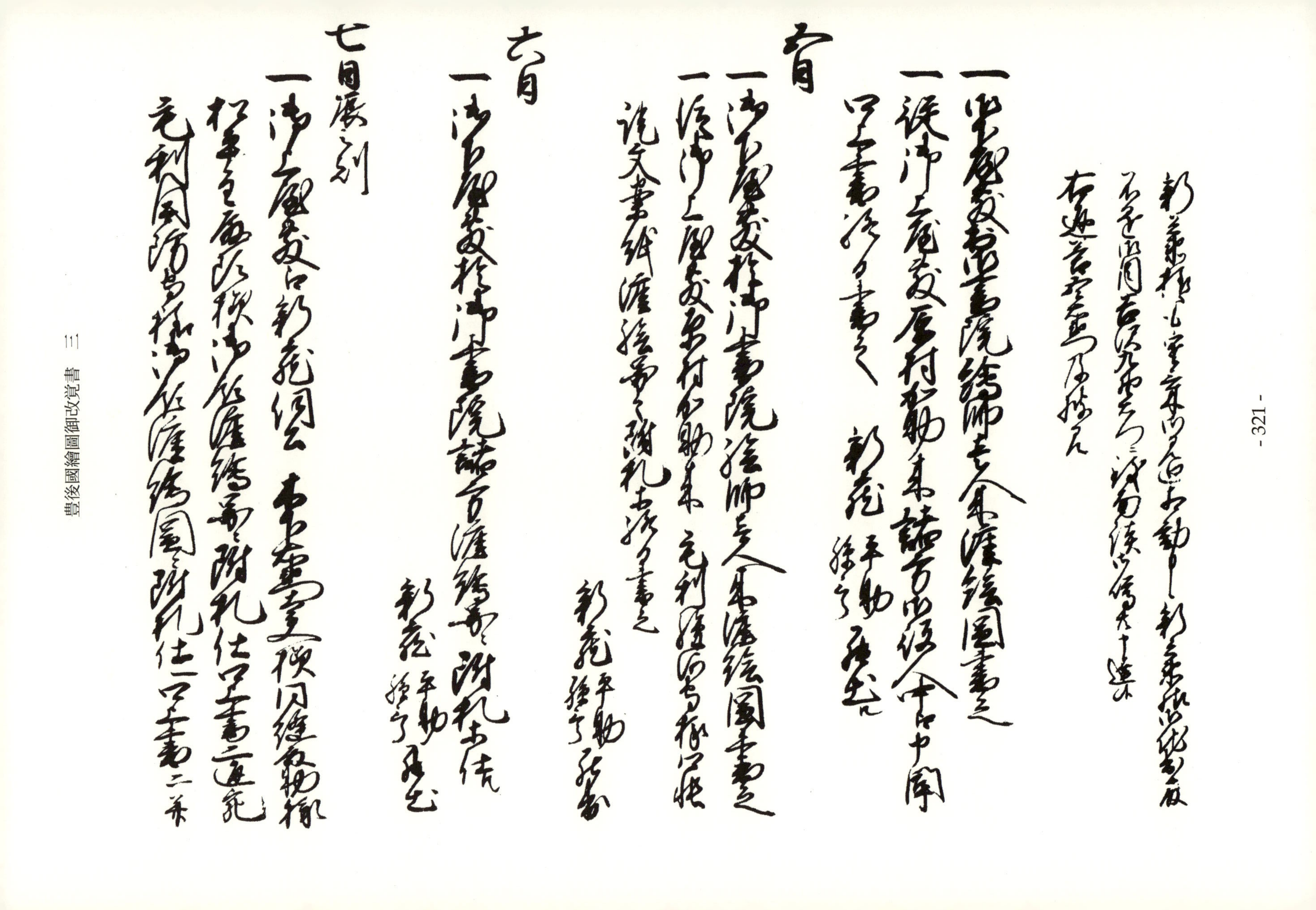

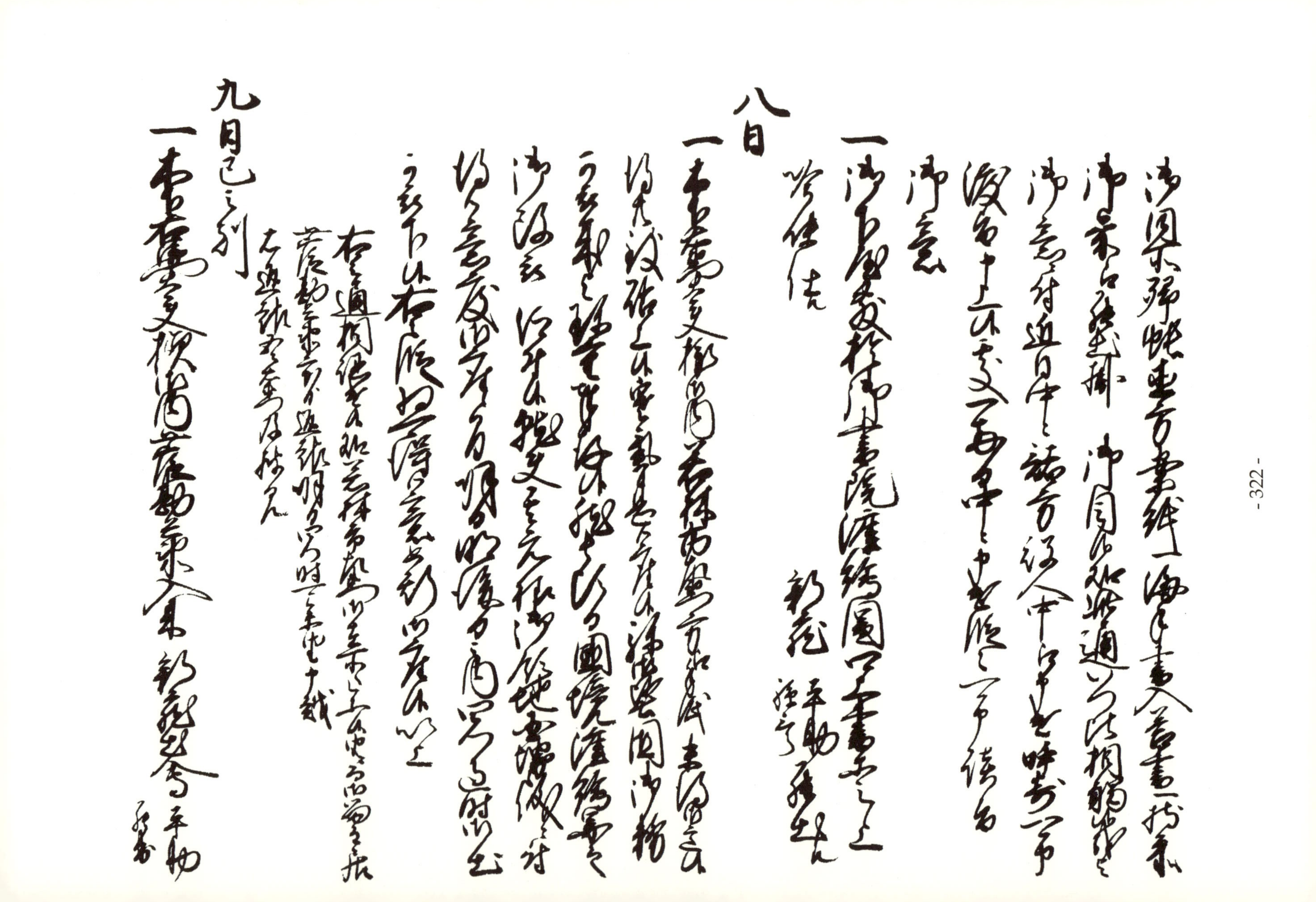

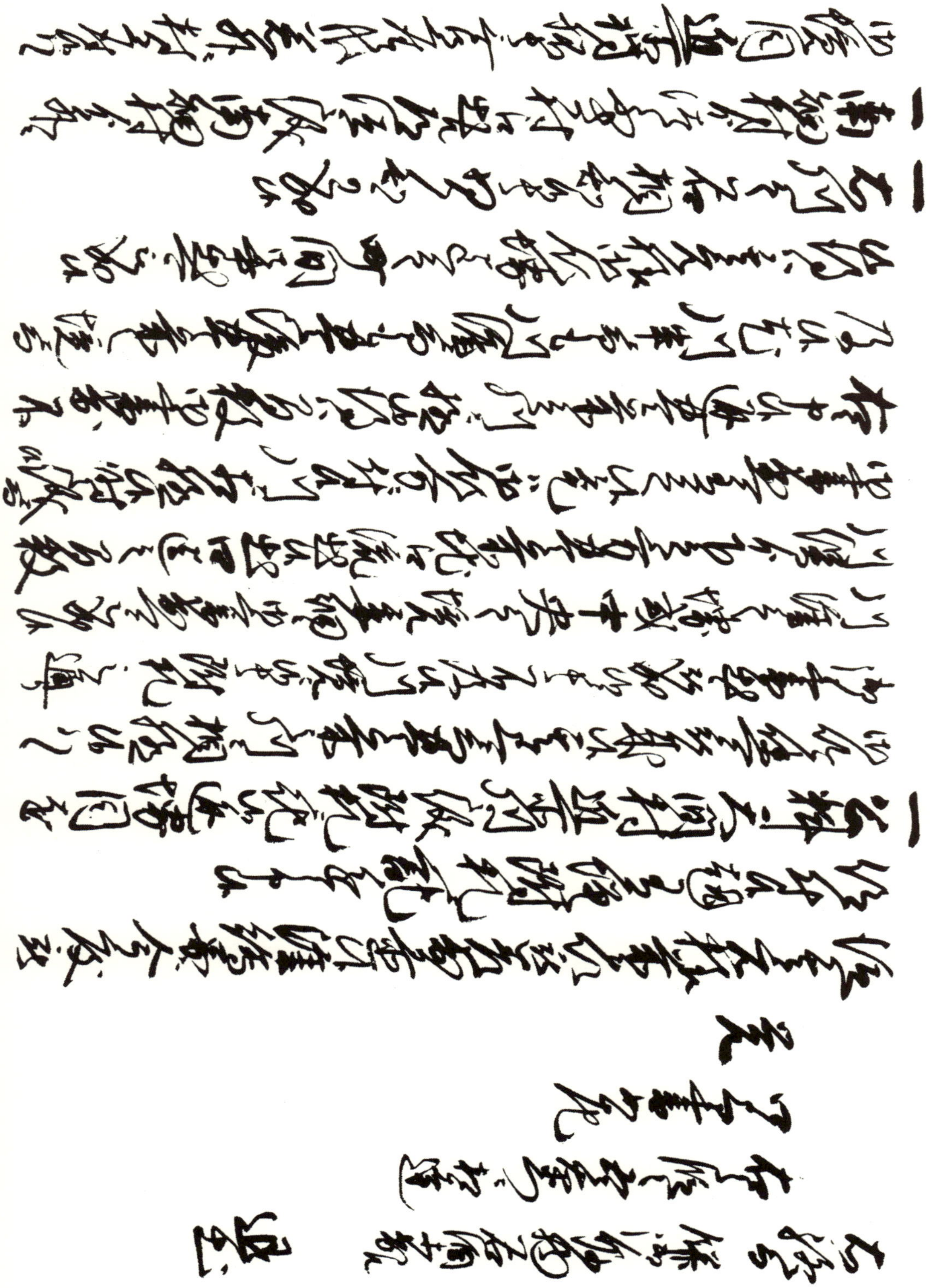

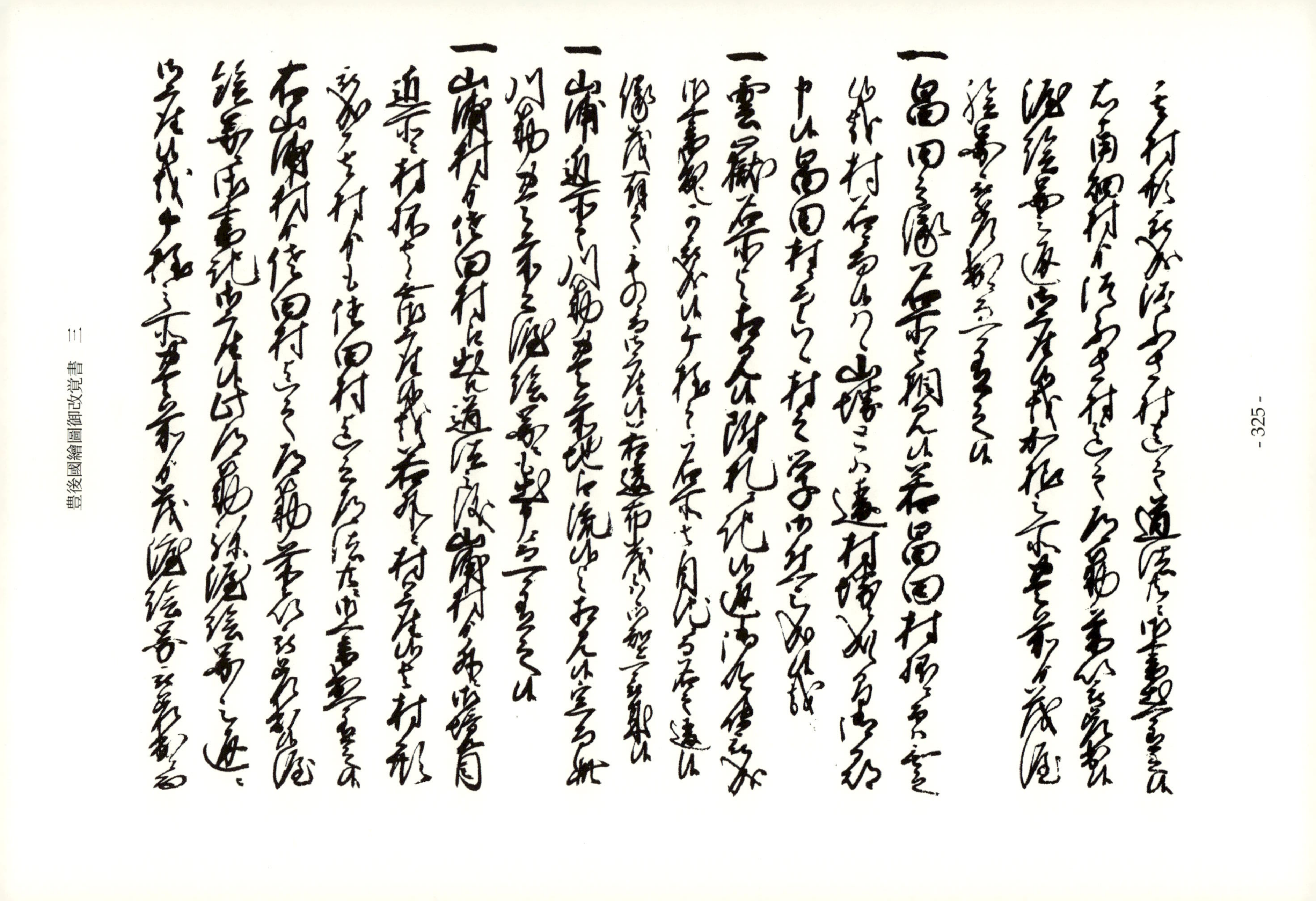

[illegible]

一當田之郷[illegible]當田村[illegible]

[illegible]

一雲[illegible]

[illegible]

一山浦[illegible]

[illegible]

一山浦村[illegible]

[illegible]

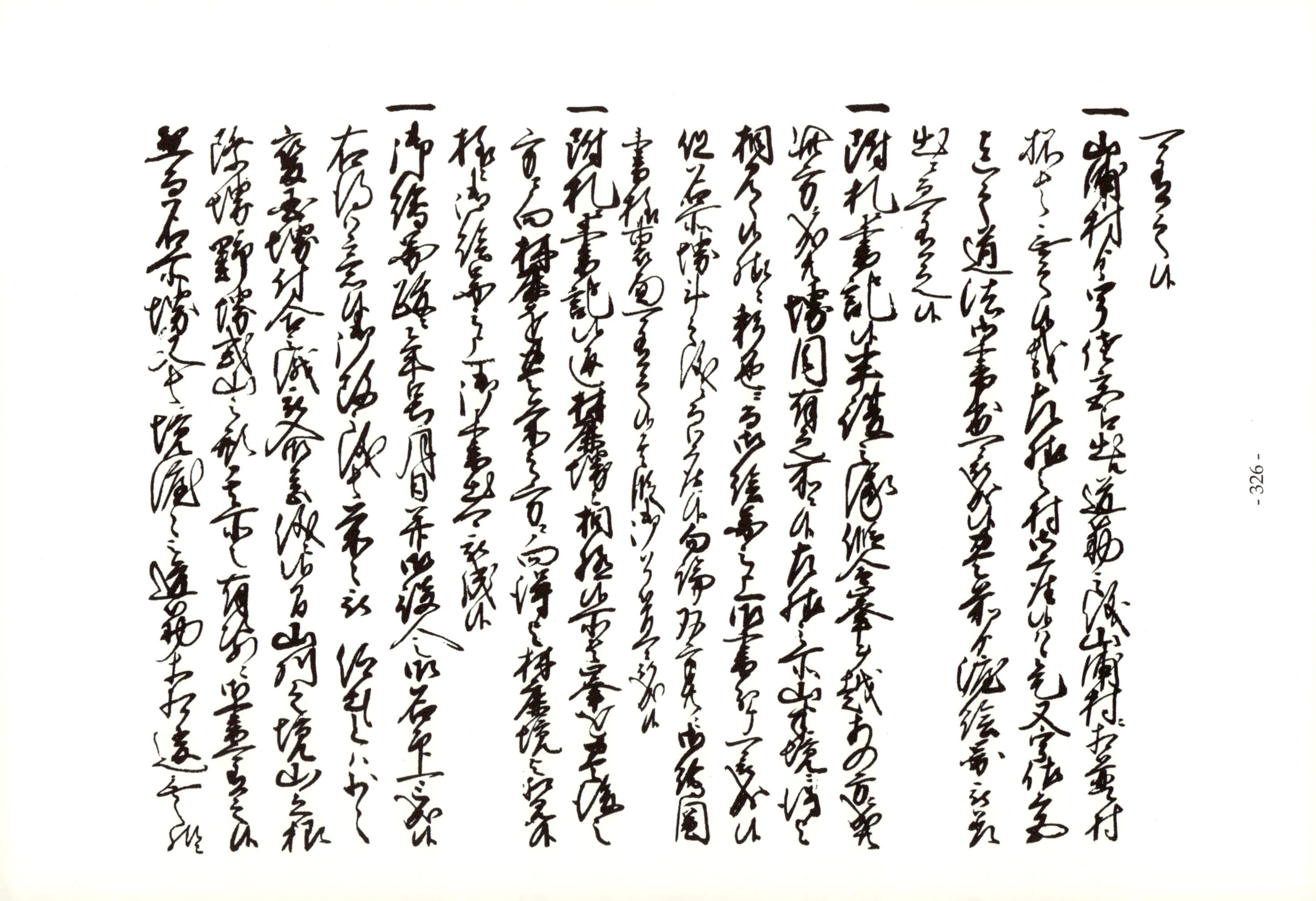

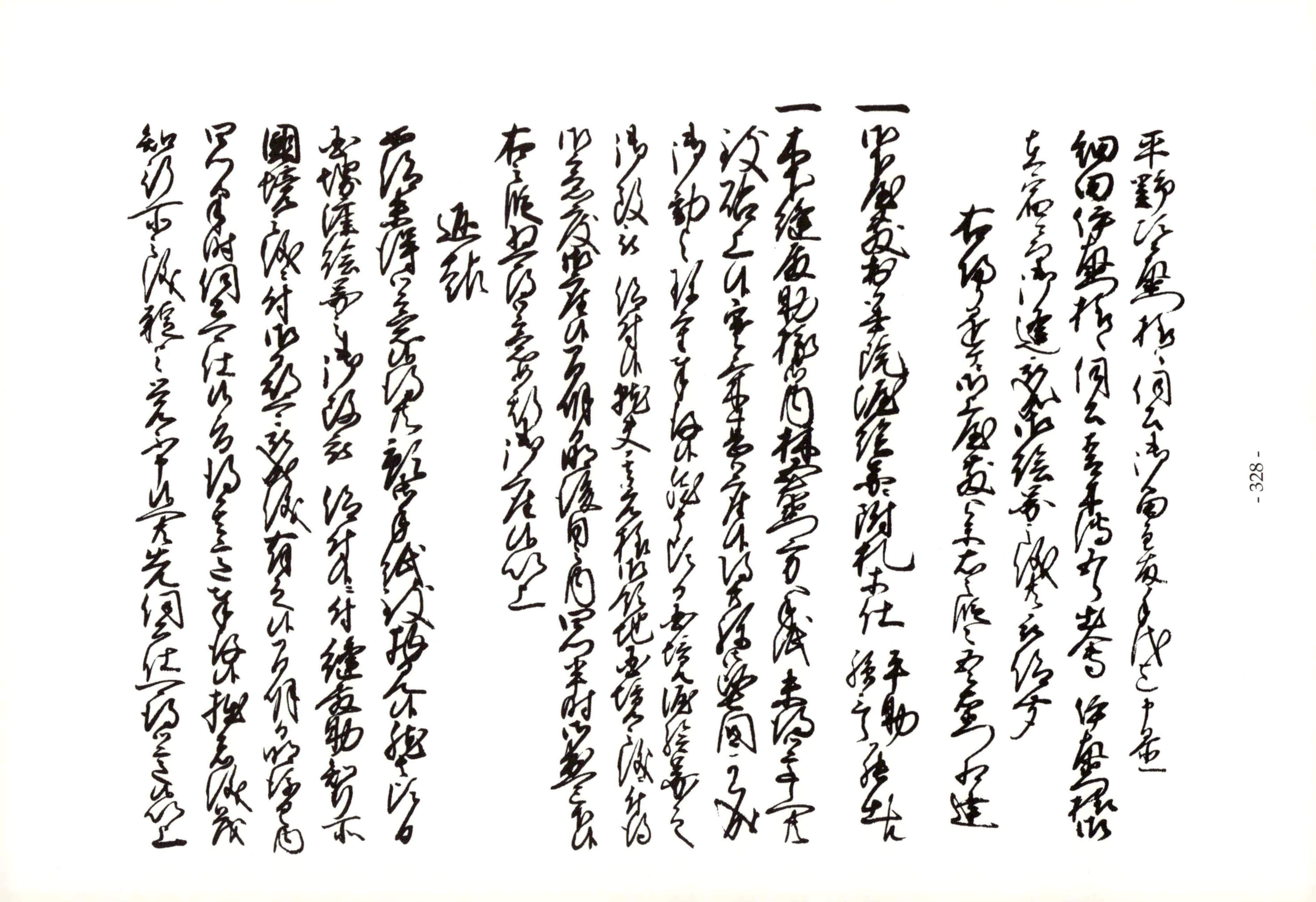

[illegible]

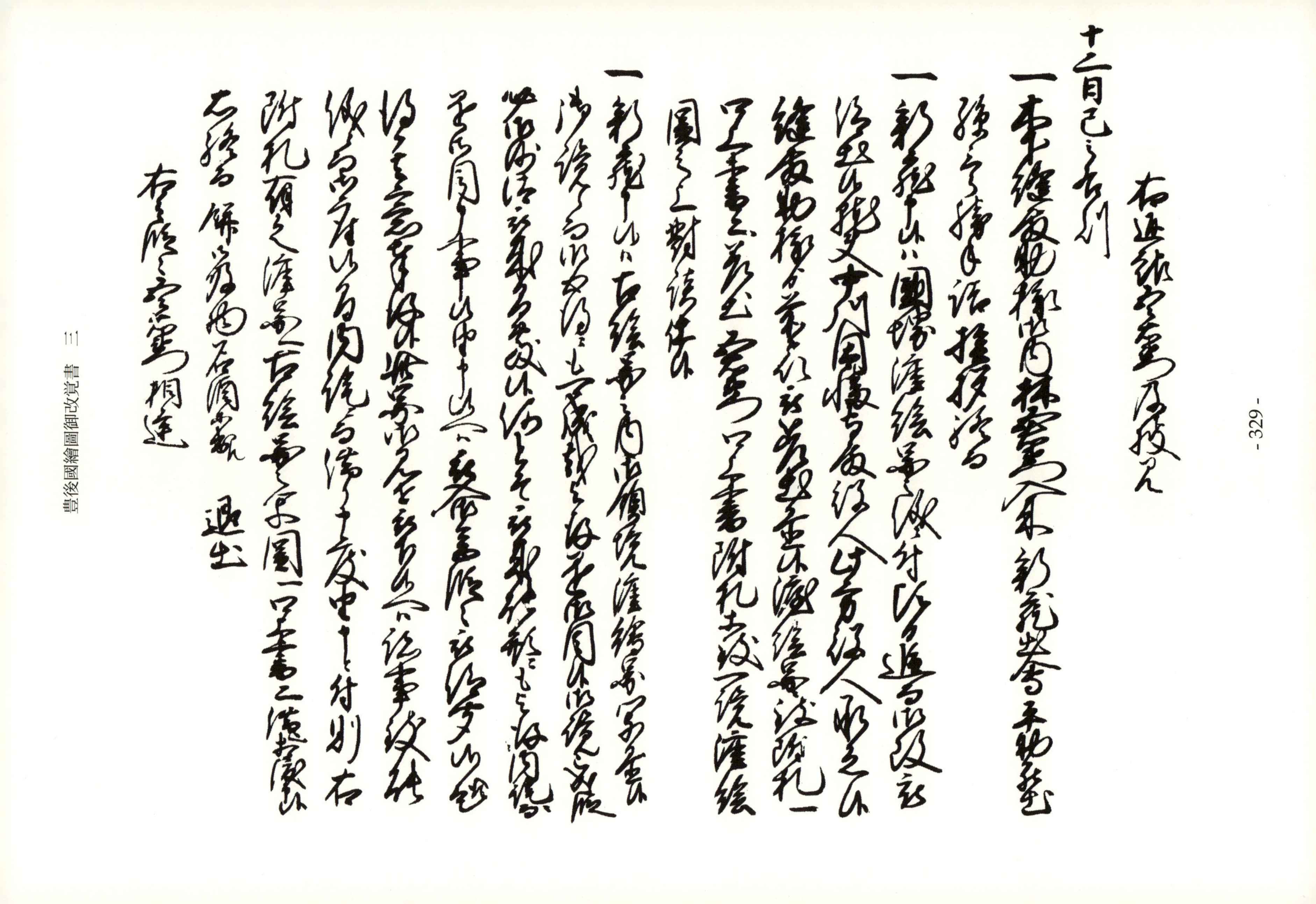

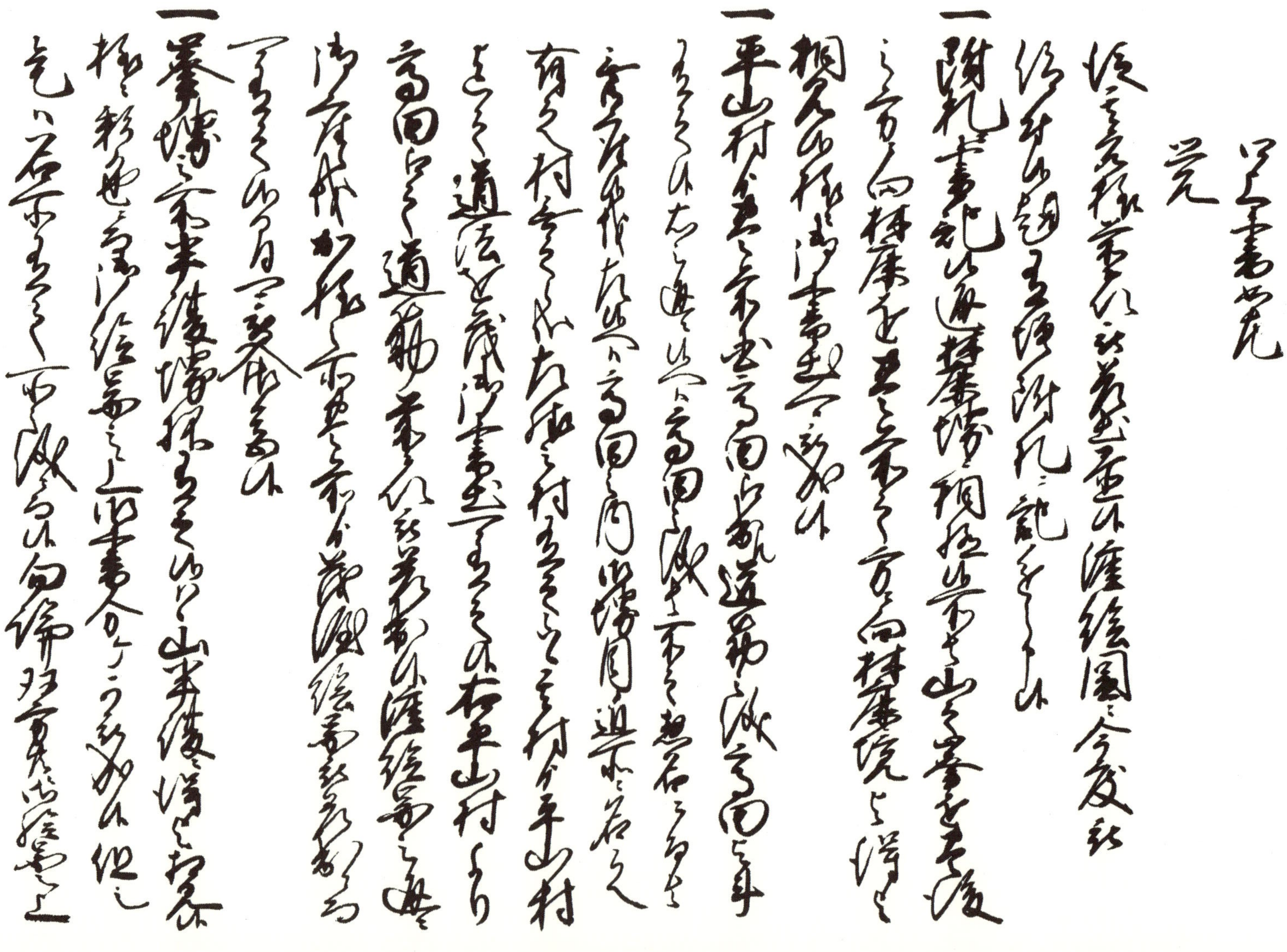

書様重而可申達候ニ付、手際能相当可被心得候

一 九州之場所ハ別而多ク、国〻海辺道筋之内、夥敷
通ニ而、御絵図ニ書入候儀難成分茂可有之、左様之分ハ別紙
御書付可被差出候

一 九州之内寄場之相見候ニ付、海辺道筋等可相糺
可被申合候

右場所見分之御役人中被差遣候、依之御用之節、
寄合ニ相付御相談之儀、浦方之山川之境目之
相改候節、野并相談之儀山之形等之類、御役人御書
可被差出、依而海上石場又ハ場浦ニ道筋等相違
無之様御絵図可被差出候

卯十二月

覚

一 御絵図紙者先年相渡候同紙合之紙ニ而可被差出候
一 同郡境之儀、並ニ豊前豊後両方之儀も、如何様ニ而も引合
村形等并道筋之儀ハ、別紙ニ而可被相渡
一 本山并山相分り候儀
一 山之形大概相違無之様、御絵図ニ書付可被差出候

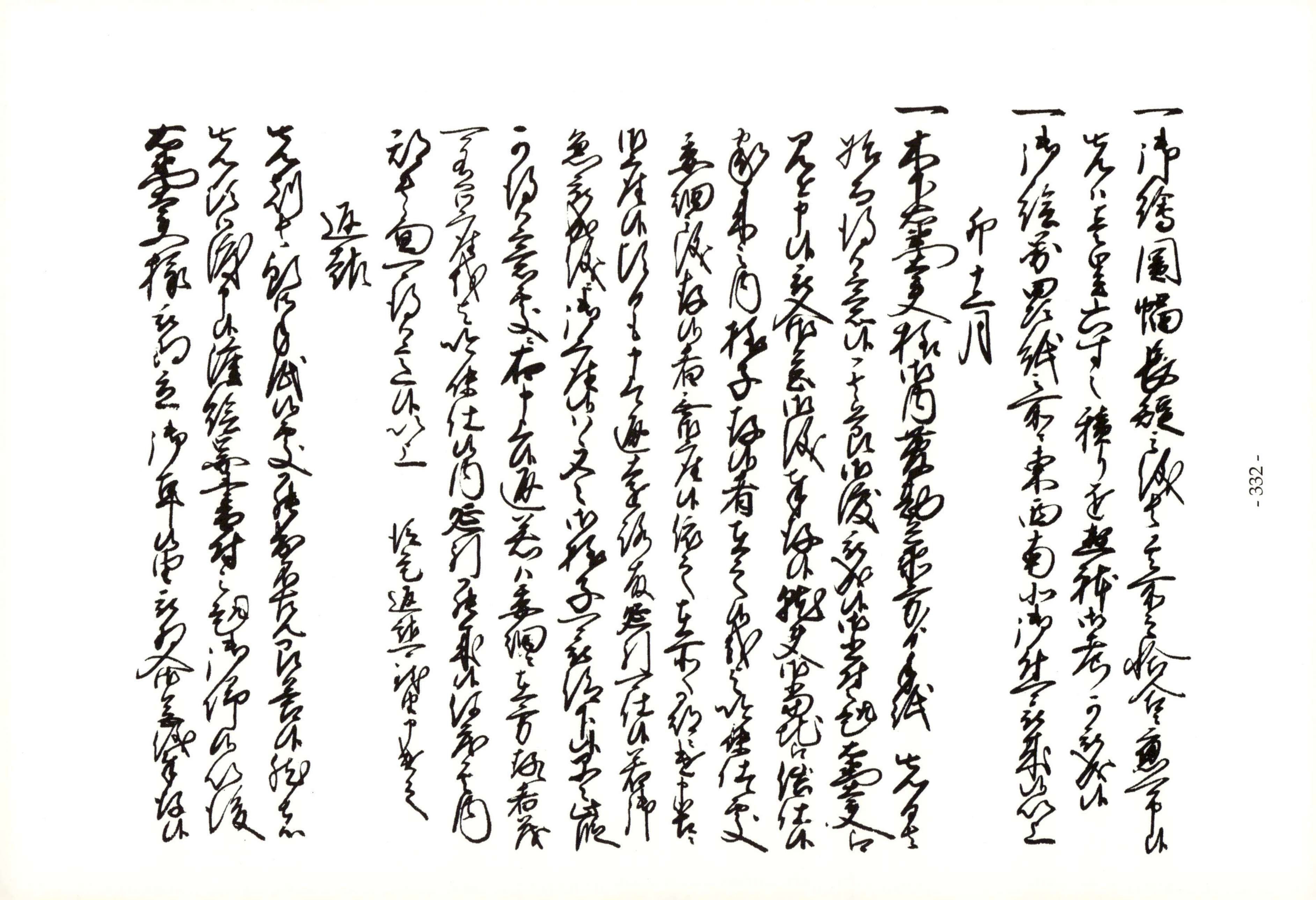

一御絵図幅長短之儀[illegible]

[illegible]

一御絵図[illegible]東西南北[illegible]

卯十一月

一[illegible]

[illegible]

返翰

[illegible]

一御成被遊御書院御上段ニ而御絵図
附札仕差上候[illegible]役人中[illegible]御書付を以[illegible]
諸事申付(?)候　新庄(?)平助
猪了(?)殿

十四日午ノ刻
一町奉行(?)新庄様[illegible]罷出候(?)[illegible]新蔵(?)殿
新庄様[illegible]
　右衛門殿(?)[illegible]
一御成被遊御書院御上[illegible]書上[illegible]
　平助
　猪了(?)殿

一奉行(?)[illegible]
[illegible]
[illegible]
[illegible]
[illegible]
[illegible]
[illegible]

十五日
　返(?)状(?)　[illegible]
[illegible]
[illegible]

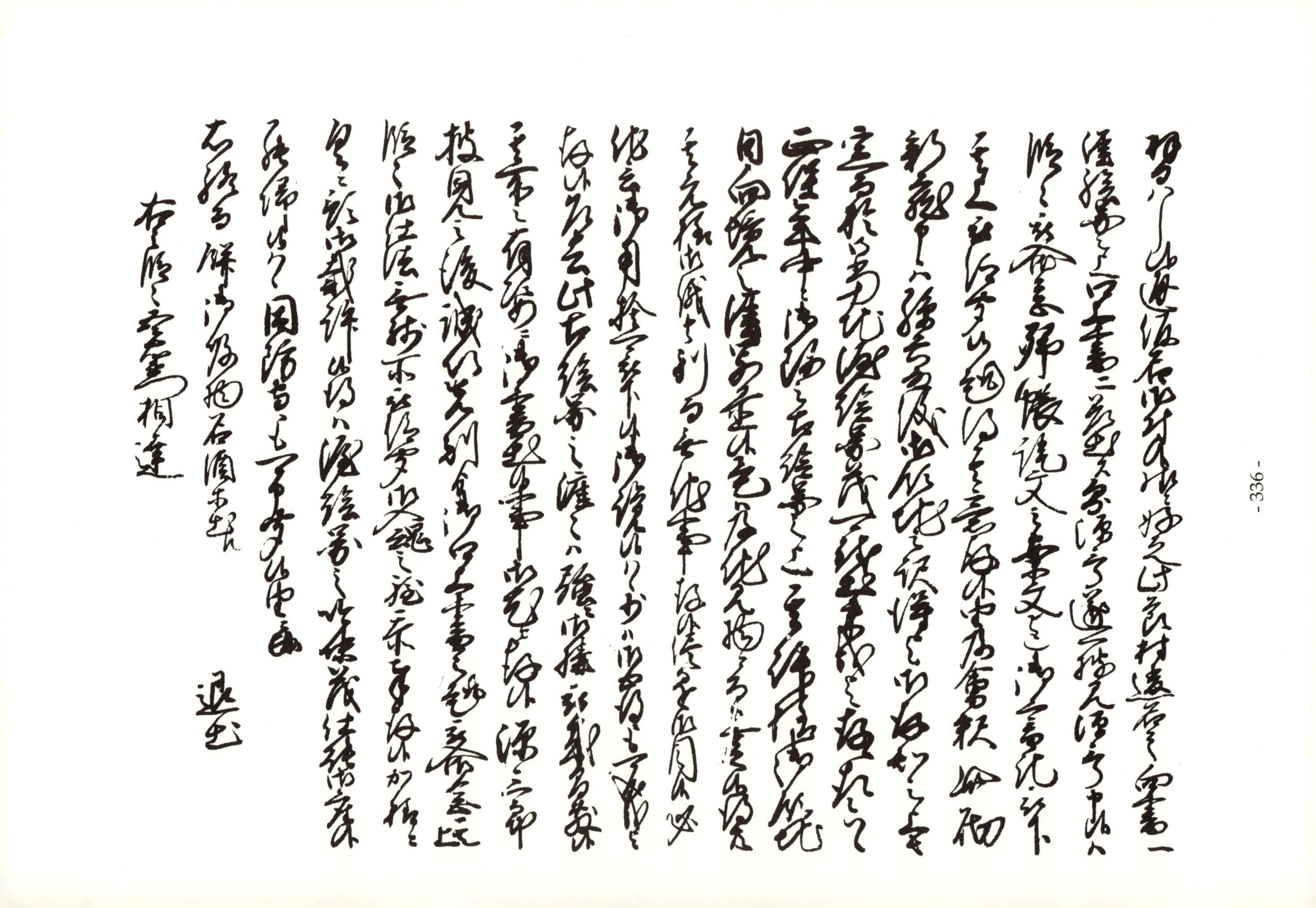

[illegible]

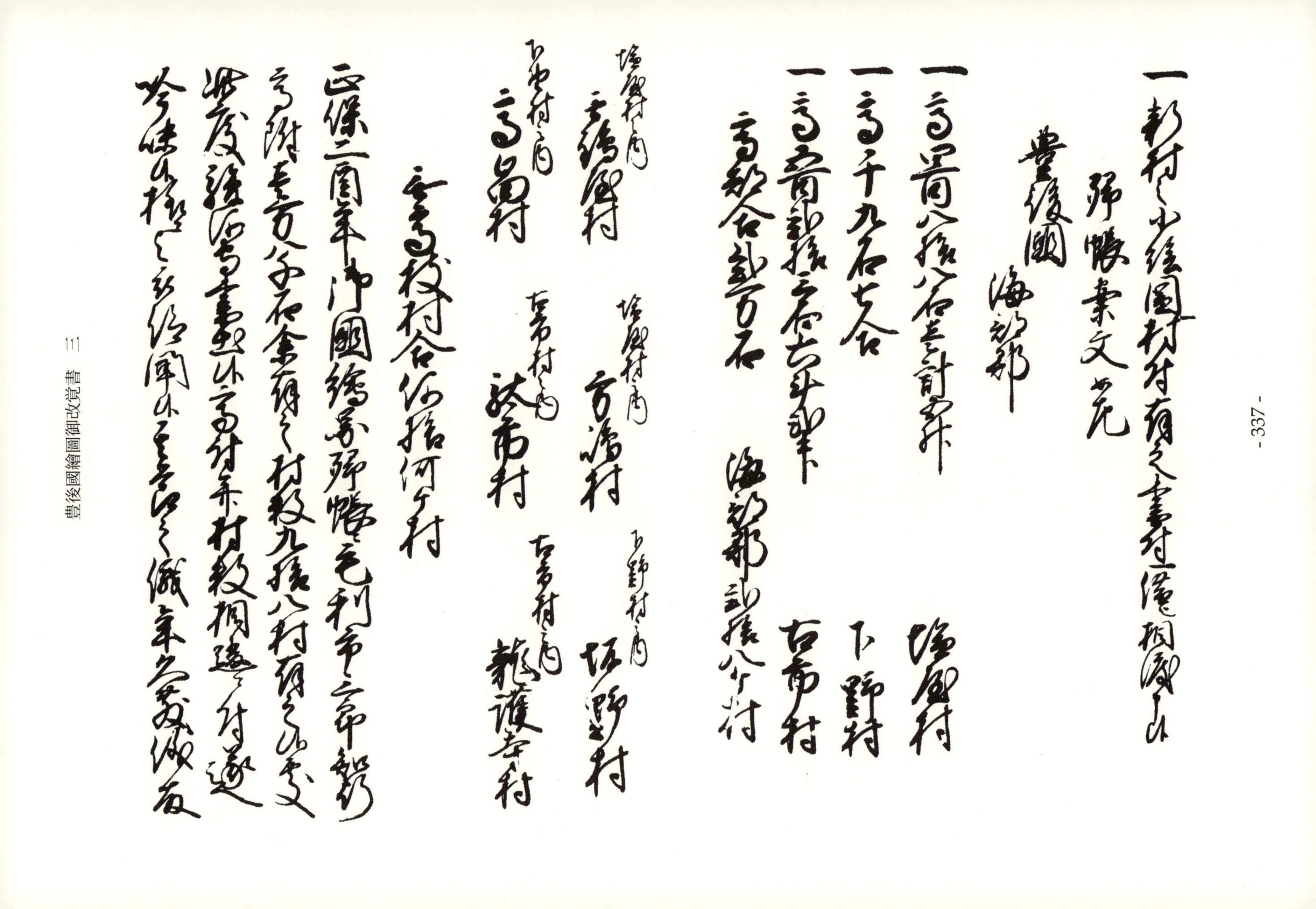

書付を以申上候通相知申候、今度御絵図郷帳
御改ニ付、隣国ゟ郷帳差出候ニ付、
毛利九左衛門へ弐千石合知仕候ニ付、寛文年中
申候 依之村分合高并村数郷帳之村御
判紙ニ御国絵図ニ高浄付候付村高之内ニ
御座候、八郷九村之枝村高合テ不申候
其外是其村脇村高合郷高合テ申候
村高書記申候得共、通路等相違無
御座候以上

元禄十一戊寅年十二月廿六日 毛利讃岐守内
福泉九左衛門

田中吉左衛門殿
井上彦右衛門殿
七郎右衛門殿
高木伊兵衛殿

右之書付

覚

一三縁郡之村々之儀、絵図今度被
御付札之趣相違無御座候以

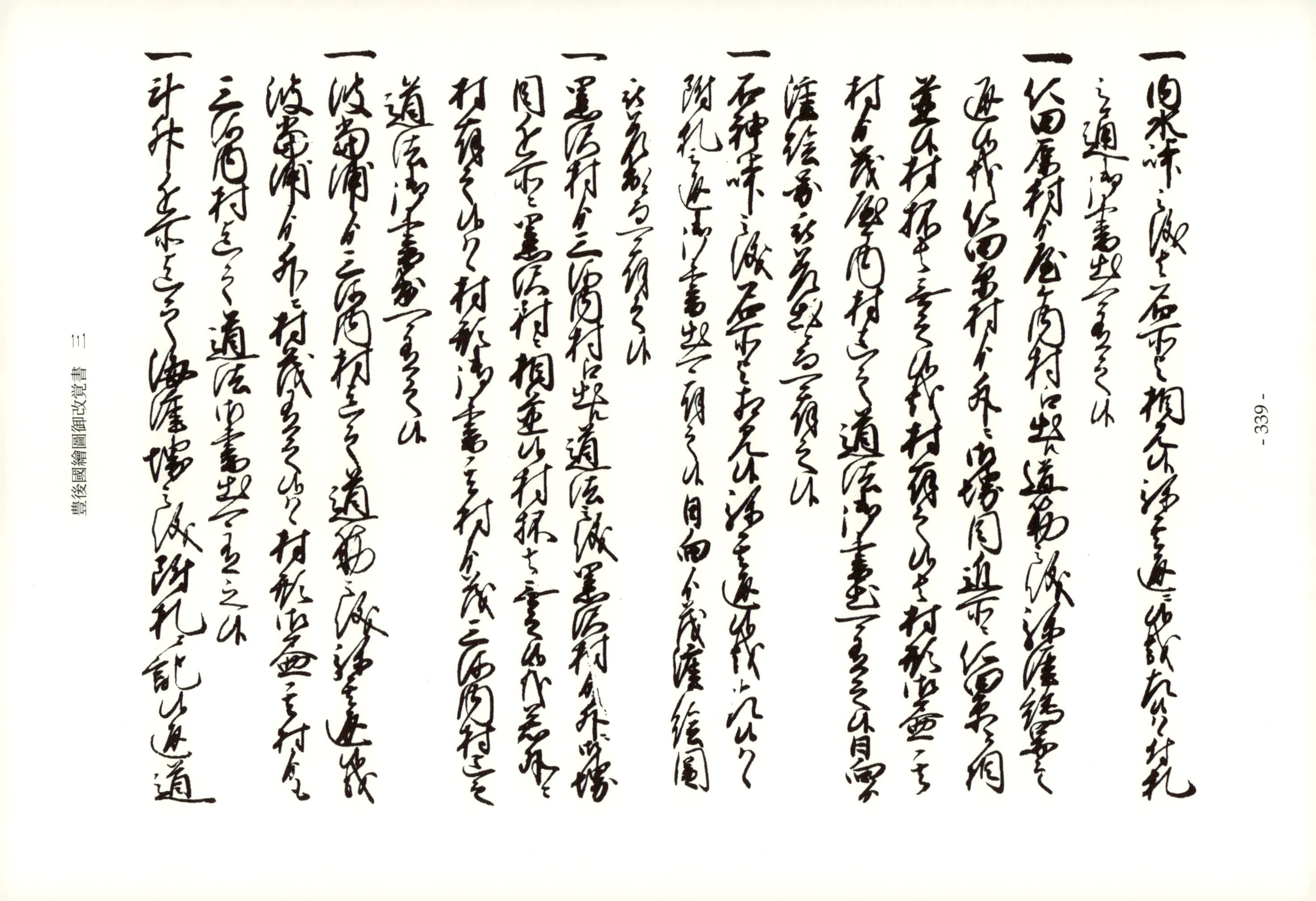

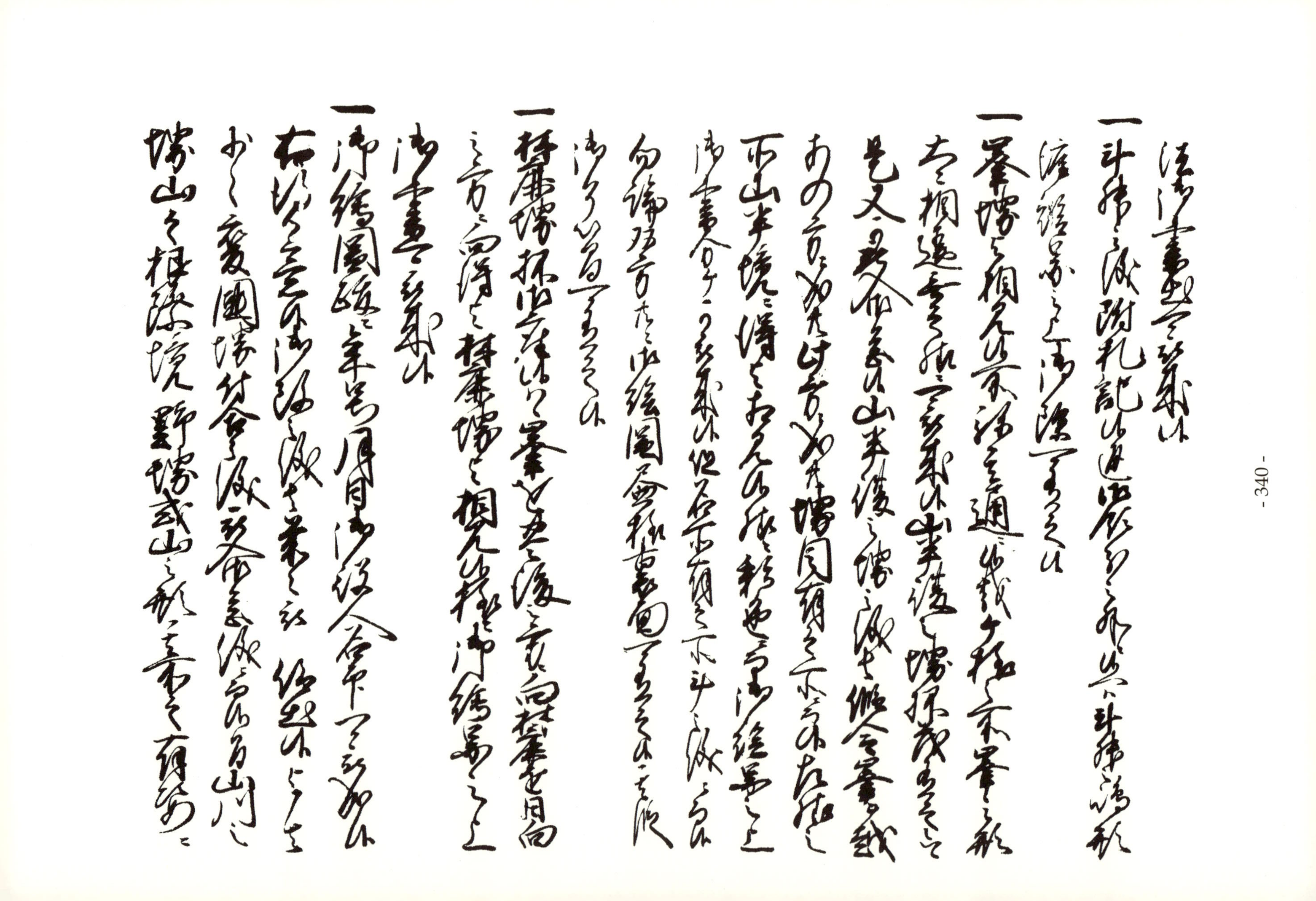

御書付之趣承知仕奉畏候、右之場所〻ニ而遂穿鑿
相違無之様ニ相改可申候、以上

覚

一 御絵図紙ニ茂張候間、似合書付可仕候
一 同紙色之儀、田方ハうすく引可申候と
　御新色村形ニ茂其色分可為無用
一 本山芝山相分ケ可申候
一 山之形之相違無之様ニ御書付之通仕候
一 御絵図幅長短之儀、御書付之絵合之通ニ可仕候
　右者其元ニ而積リ追而被仰付候
一 御絵図四方之面ニ東西南北之文字付可申候

　卯十二月

同日書上之扣

一 [illegible]殿物[illegible]村之儀、本高[illegible]　新[illegible]
　右之相改候ハ、絵図改役被仰付候　[illegible]

十六日

一 御[illegible]御書院詰衆[illegible]仕候

新[illegible]
[illegible]

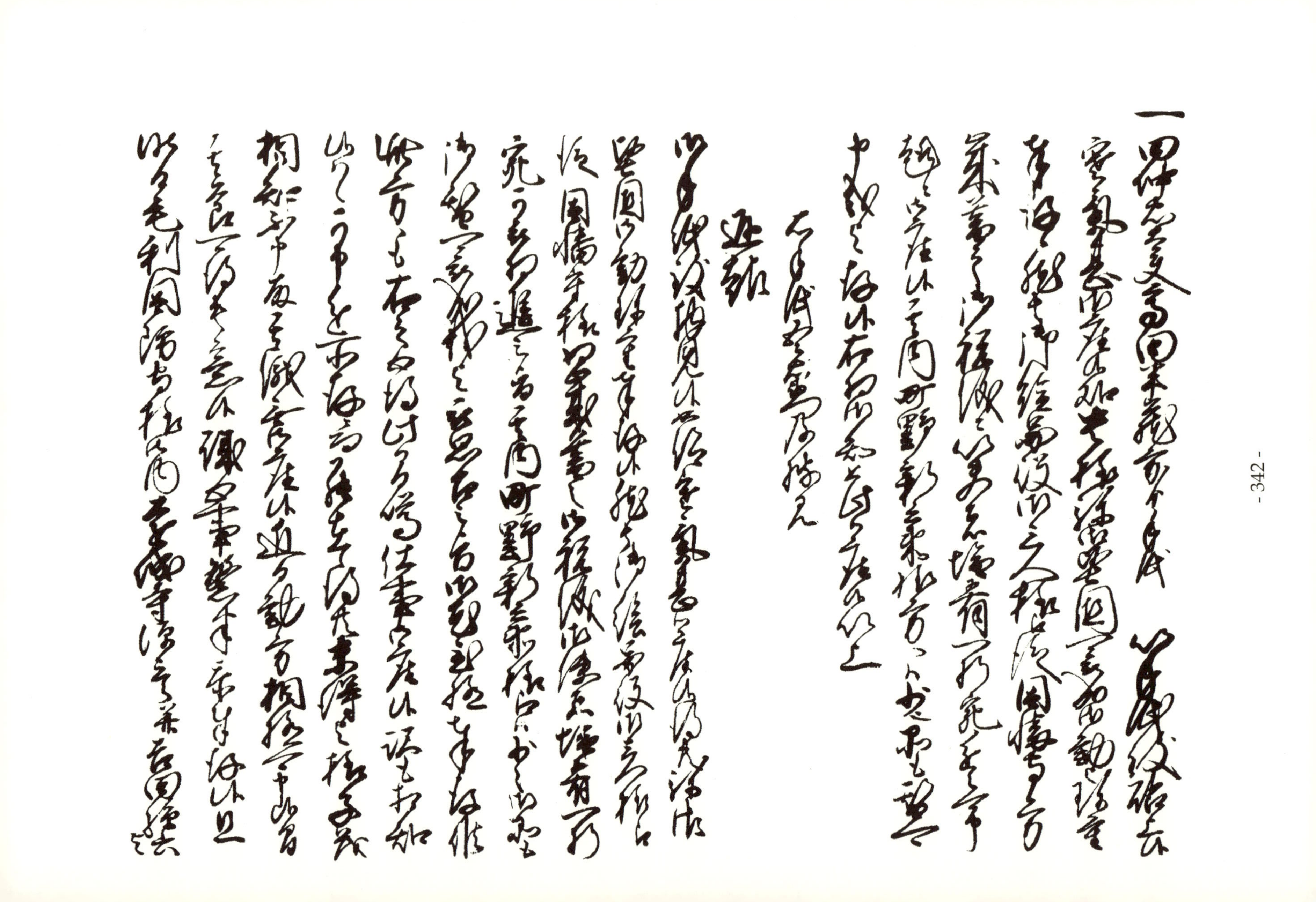

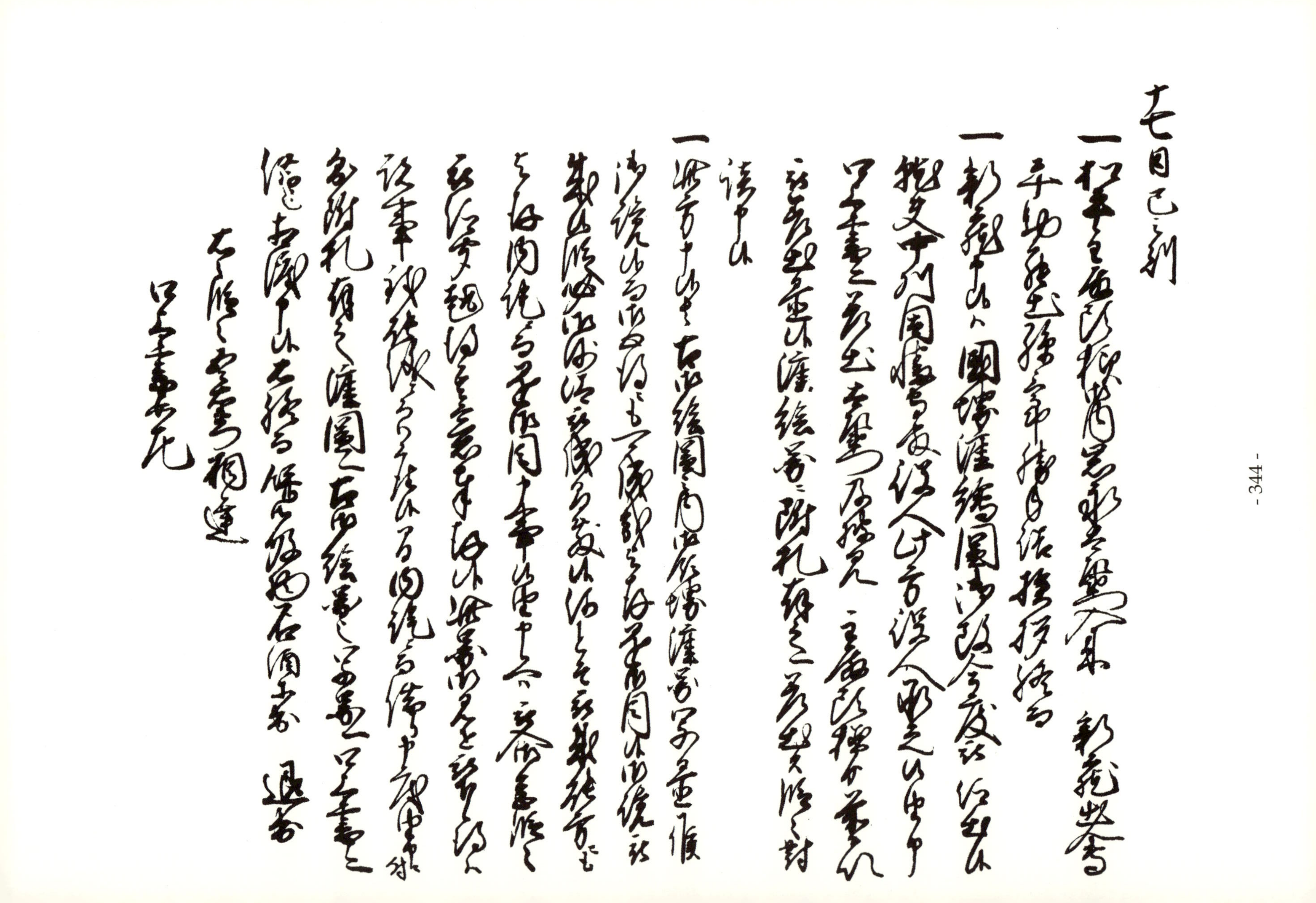

十七日巳之刻

[illegible]

覚

之様ニ付当年仕直ニ被仰達候縣繪圖ニ而被成被
仰付、御改被遊附札記し、奉存候

一 大田村道筋之儀、古来ゟ松尾村ゟ出候道を古繪圖ニ
相見へ候、大田村ゟ松尾村迄之道法者書出シ申候
大田村ゟ[illegible]境目迄者、大田村ゟ相量、其村ゟ相出
候處、[illegible]ゟ松尾村より道
法ハ書上ヶ不申候、此度繪圖ニ書出シ
申候

一 大田村・杉林村山境目道筋、横瀬境又ハ[illegible]境ニ付
相見へ候、[illegible]道筋ハ[illegible]不相知候ニ付、不書出候

一 横林村ゟ[illegible]村迄之[illegible]、古繪圖ニ相見へ候
[illegible]道筋之儀、御繪圖ニ書出シ申候
[illegible]村ゟ之道筋、相知不申候

一 杉林村ゟ之道法、書出シ申候

一 附札記候道筋、古繪圖ニ相見へ候、[illegible]
古繪圖ニ相見へ候、道筋之儀、書出シ申候

一 山[illegible]境目之儀[illegible]

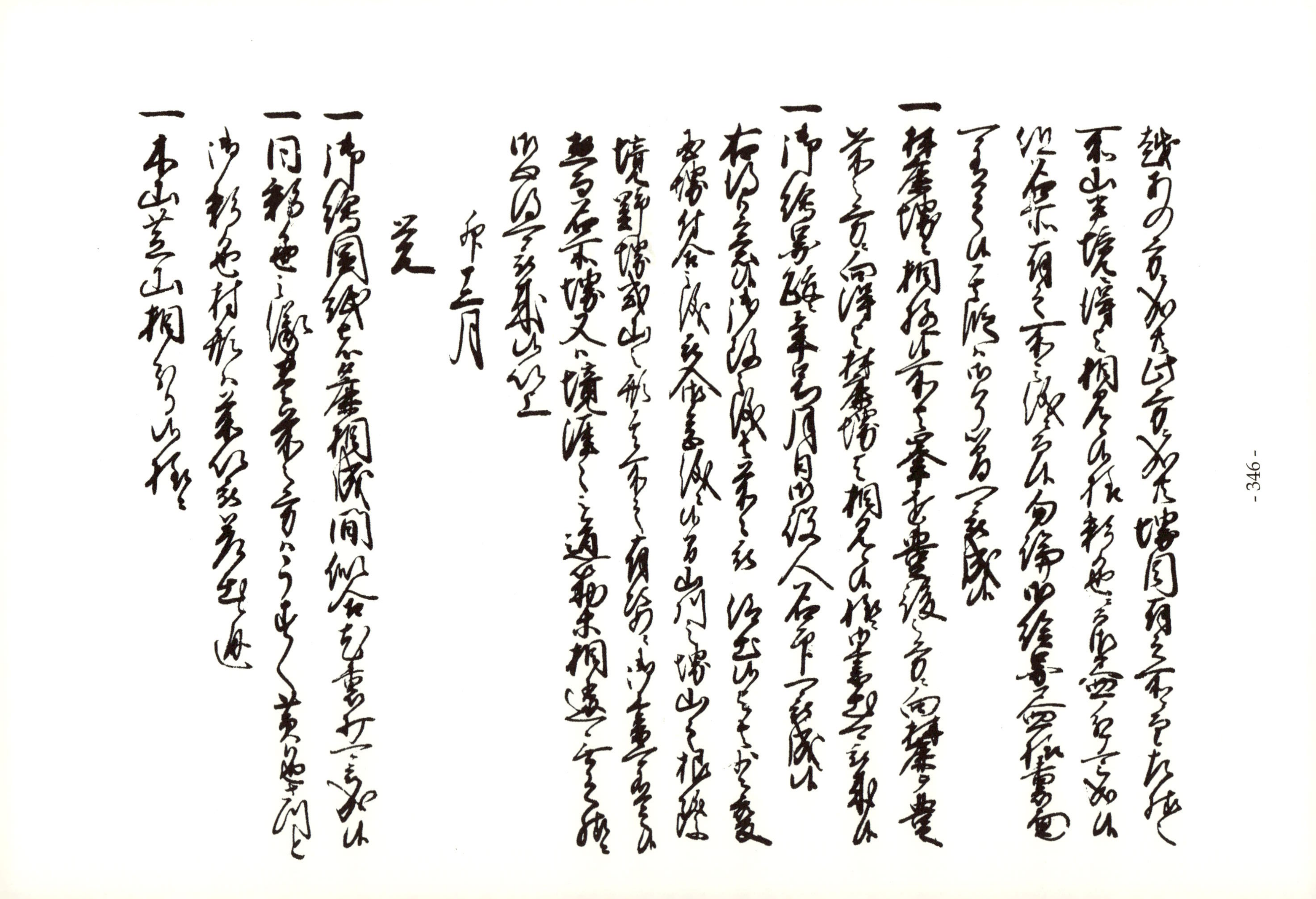

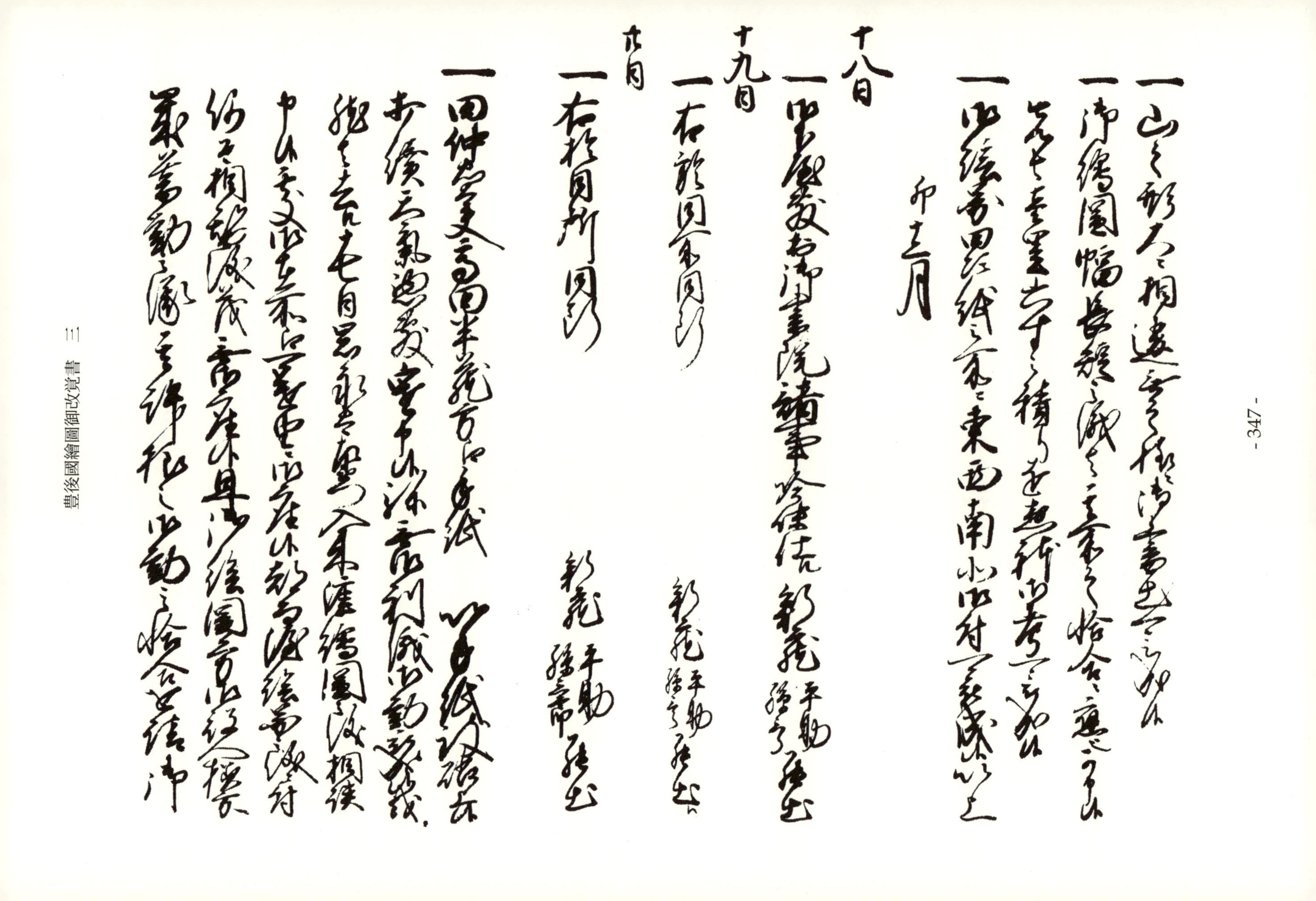

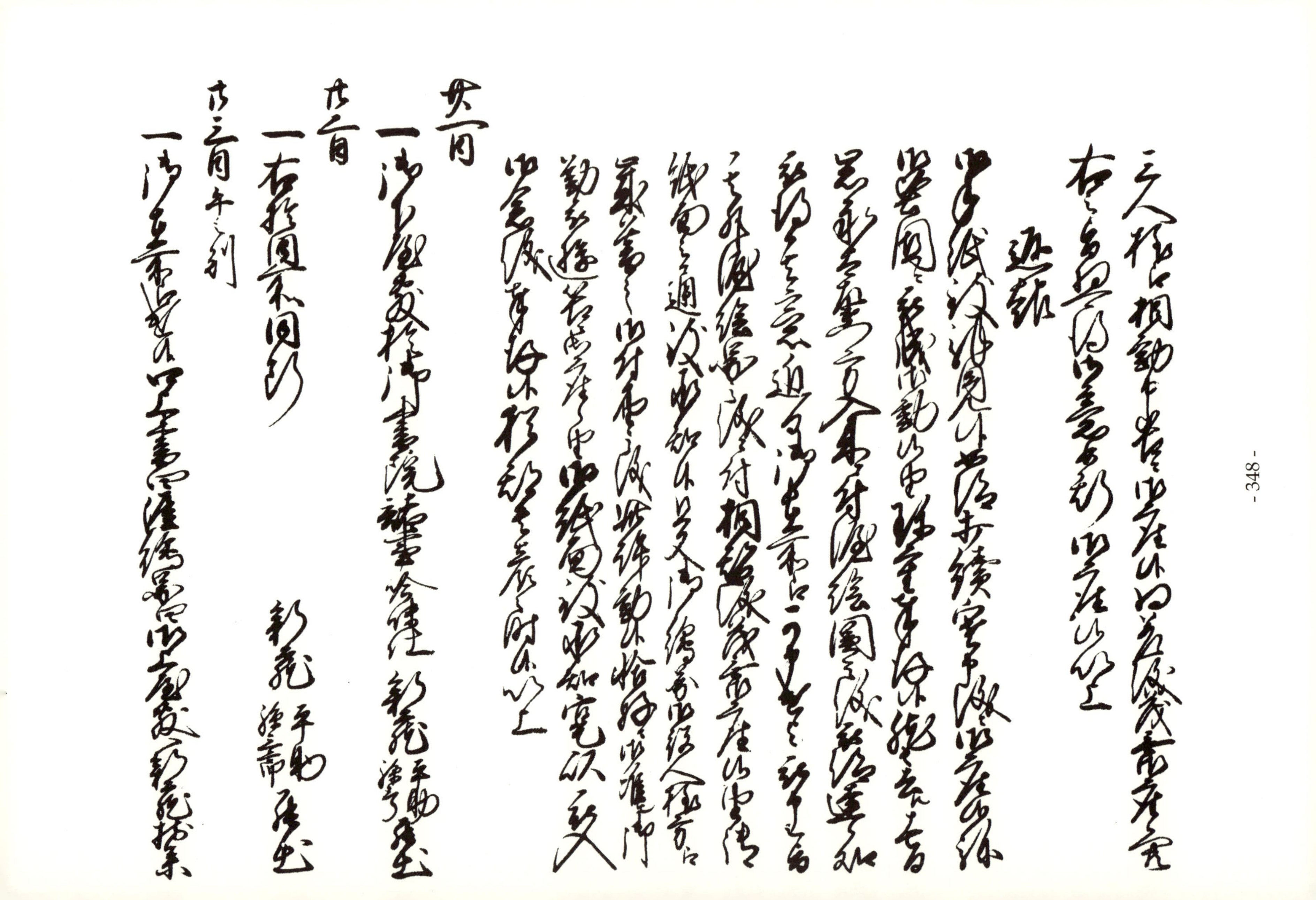

二人極ニ相勤申度旨申立候ニ付、[illegible]
存寄も無之旨申越候、此段申上候 以上

返翰

[illegible]

其国

一 [illegible] 書翰 [illegible] 致候 [illegible]

右同

一 右[illegible]国[illegible]候

右之同年之例

一 [illegible]

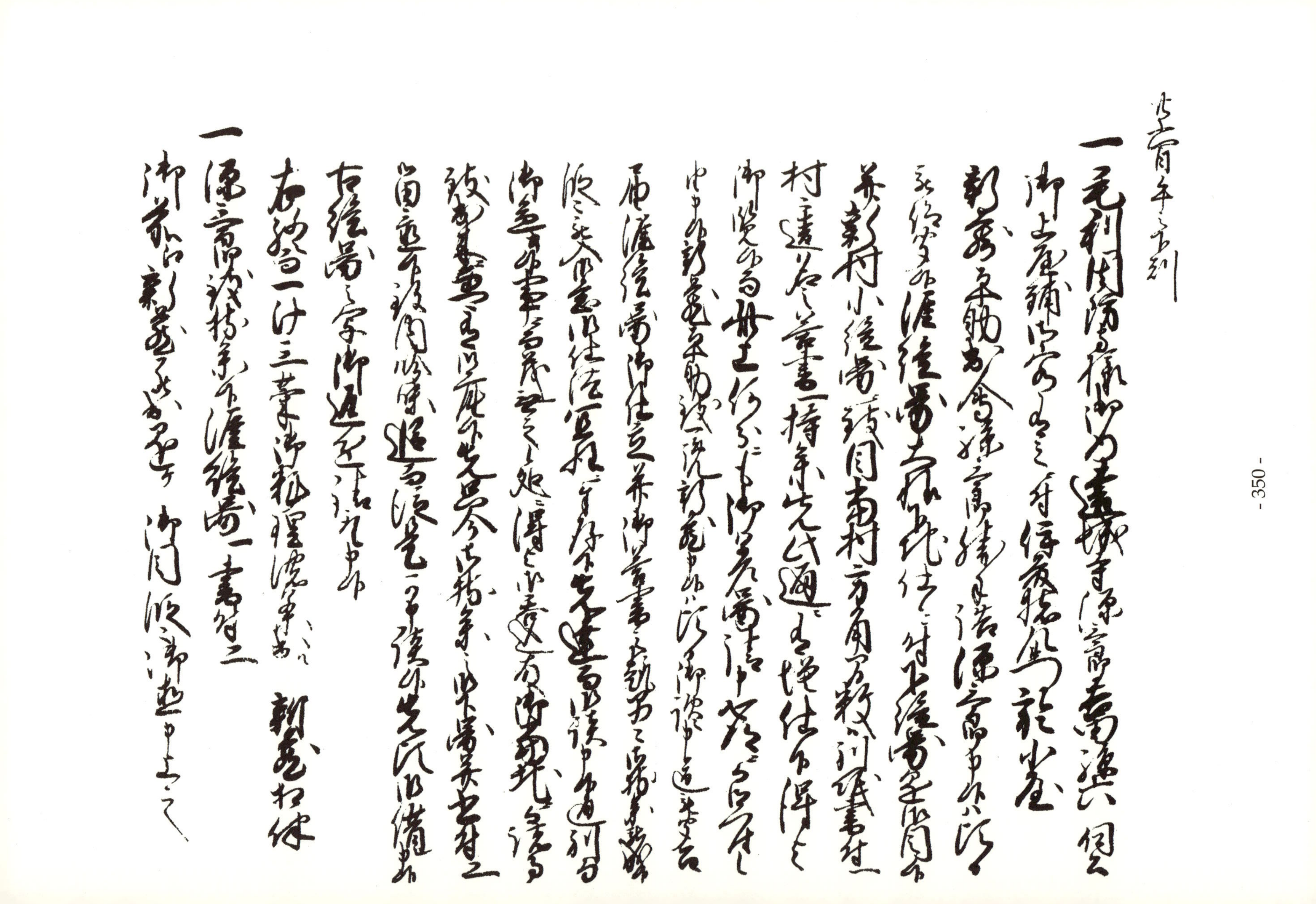

[illegible]

一毛利周防守様御内[illegible]

御上屋鋪[illegible]

新発田[illegible]

[illegible]

[illegible]

[illegible]南村[illegible]

村[illegible]

[illegible]

[illegible]

[illegible]

[illegible]

[illegible]

[illegible]

[illegible]

一[illegible]

御[illegible]

新発田[illegible]

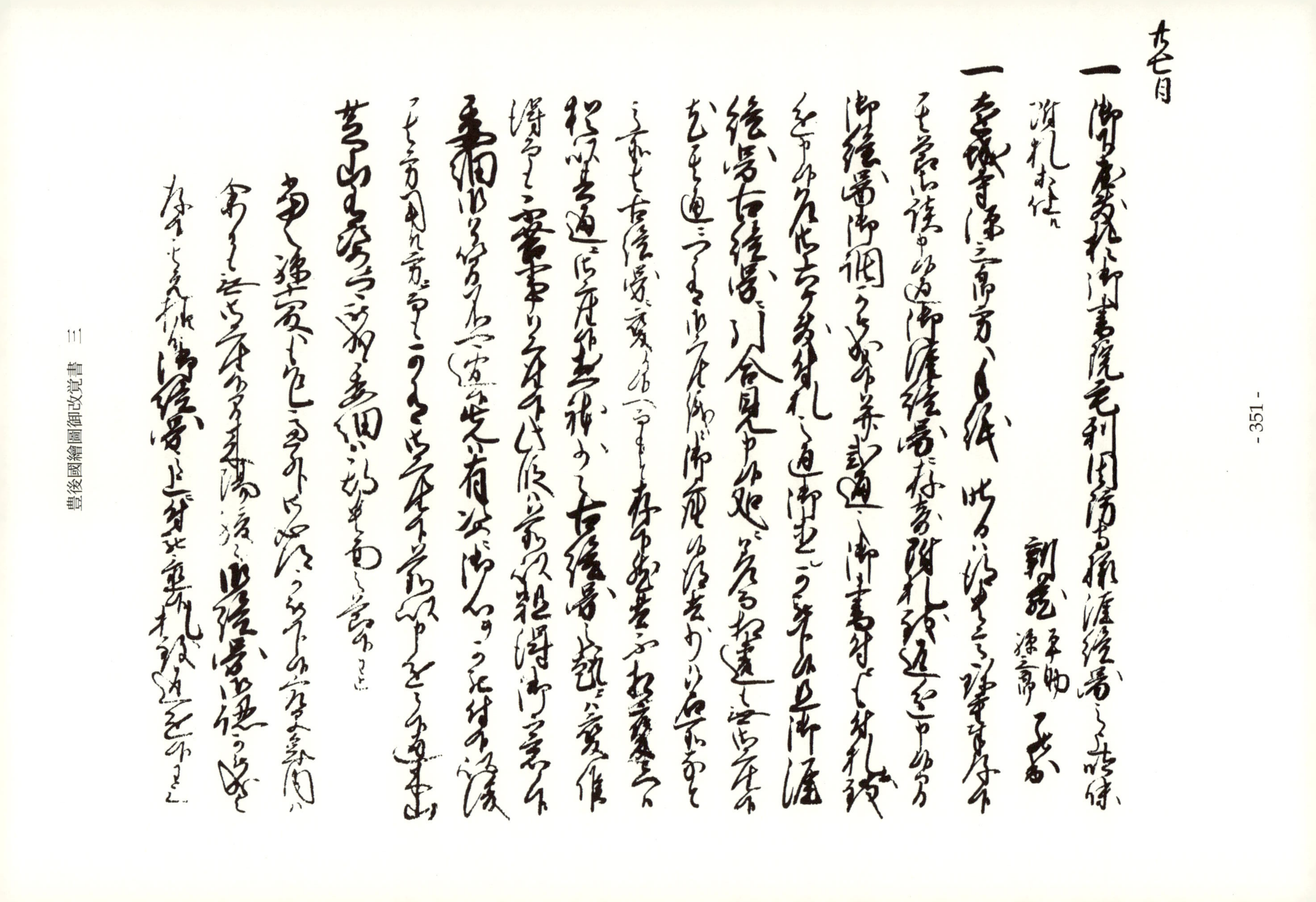

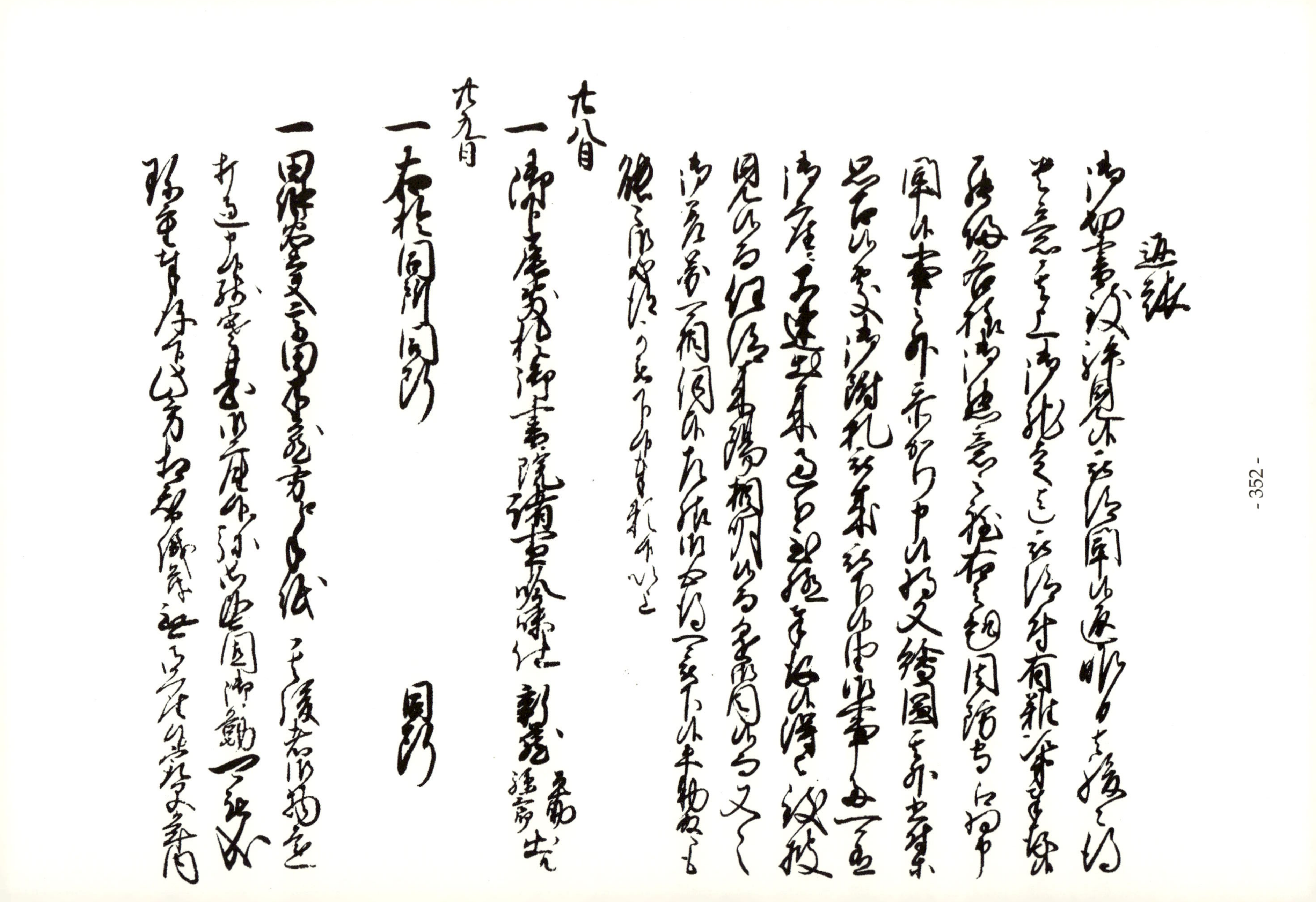

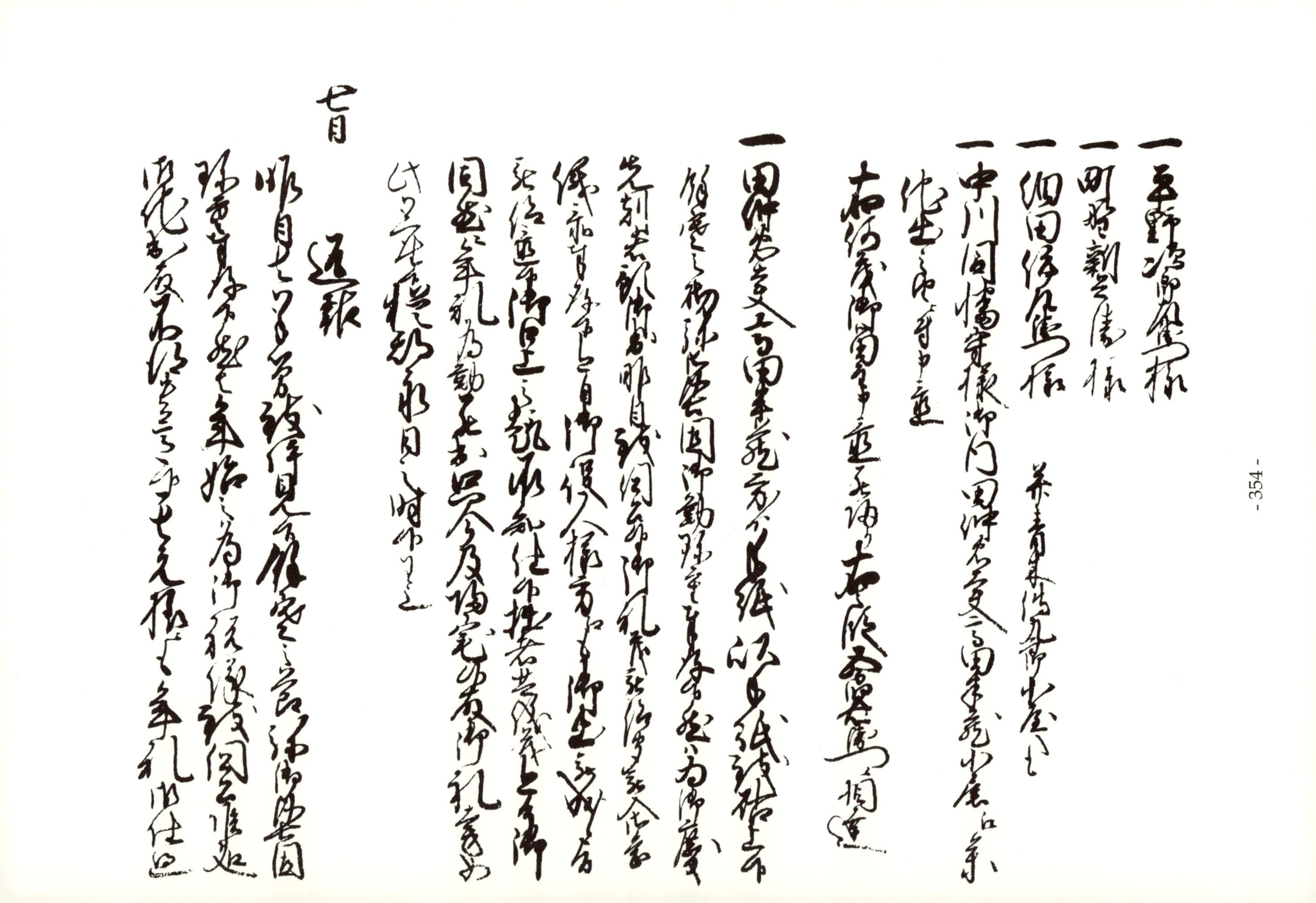

一　平野治部[illegible]様

一　町野新之丞様

一　細田伊織様

一　中川[illegible]守様御門[illegible]文三郎[illegible]　兼而青山[illegible]

[illegible]申遣

右[illegible]御当番[illegible]申遣[illegible]右[illegible]

一　[illegible]文三郎[illegible]

[illegible]

[illegible]

[illegible]

[illegible]

[illegible]

[illegible]

七月

返報

[illegible]

[illegible]

[illegible]

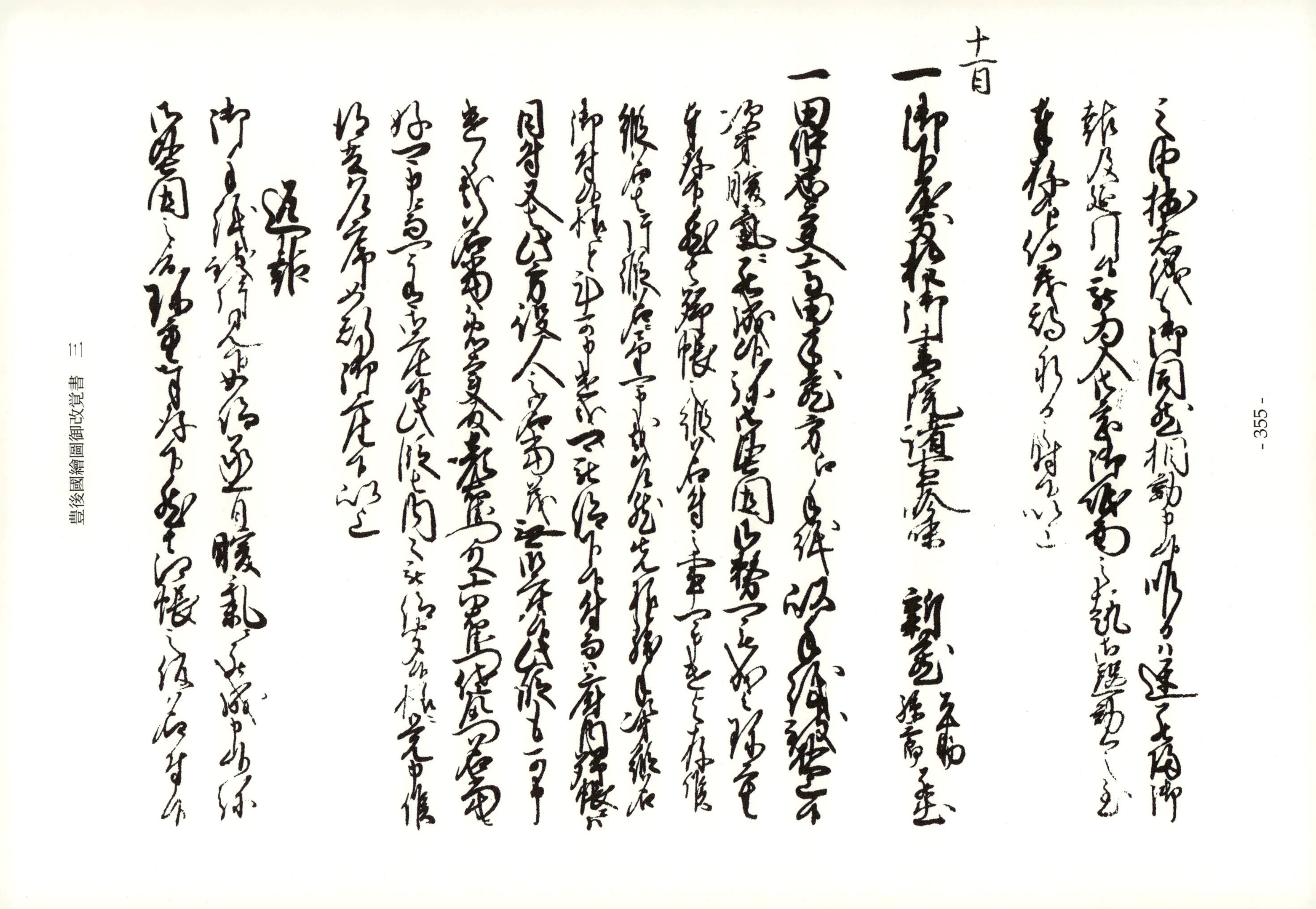

[illegible]

[illegible]

御帳[illegible]

[illegible]

年号[illegible]御帳[illegible]

去卯九月[illegible]

年号[illegible]九月[illegible]

[illegible]

[illegible]

[illegible]

下村数[illegible]

[illegible]

[illegible]

青

[illegible]

[illegible]

[illegible]御帳[illegible]

[illegible]御帳[illegible]

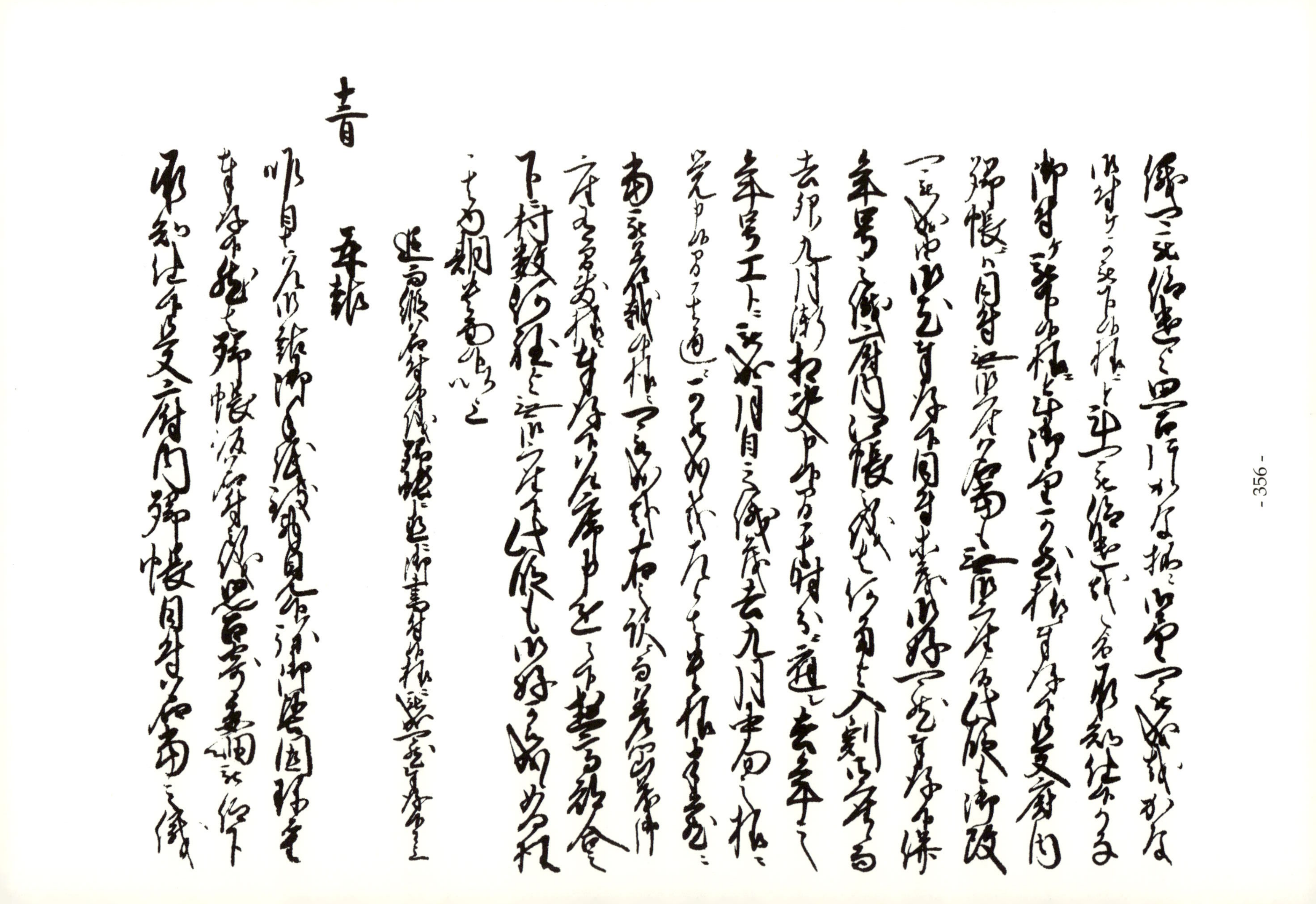

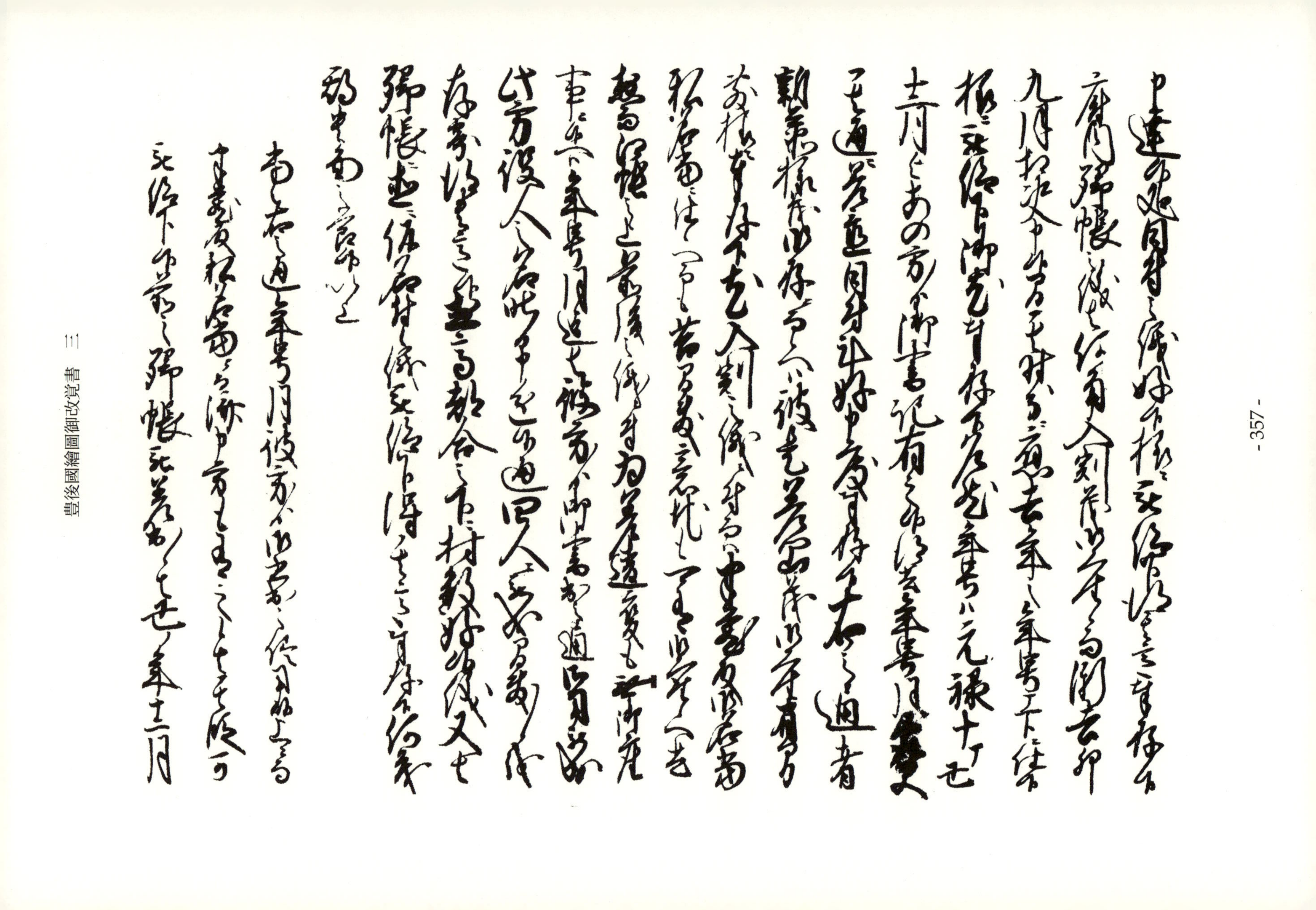

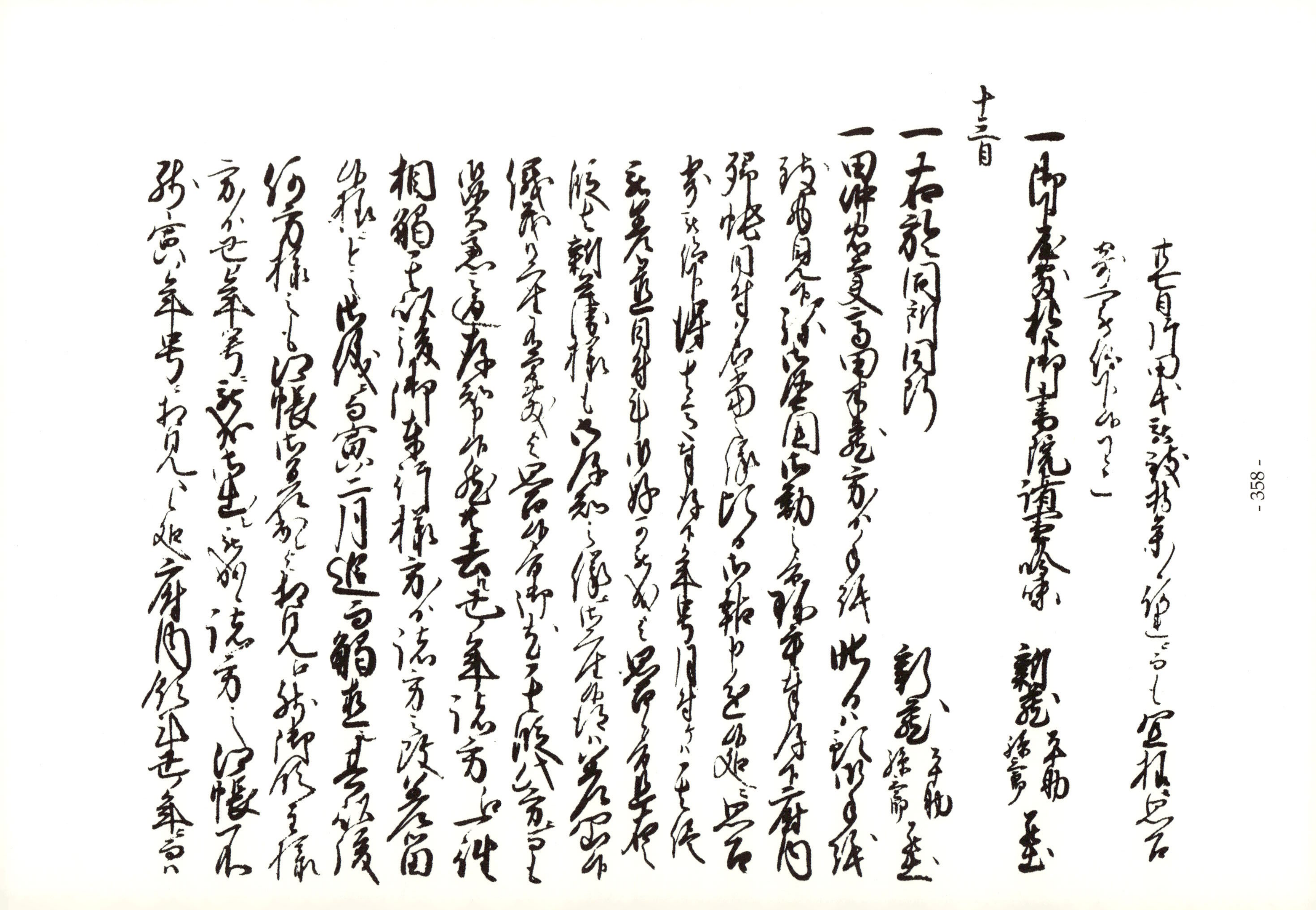

[illegible]

十二月

一 [illegible]

一 右[illegible]同断

一 [illegible]

[illegible]

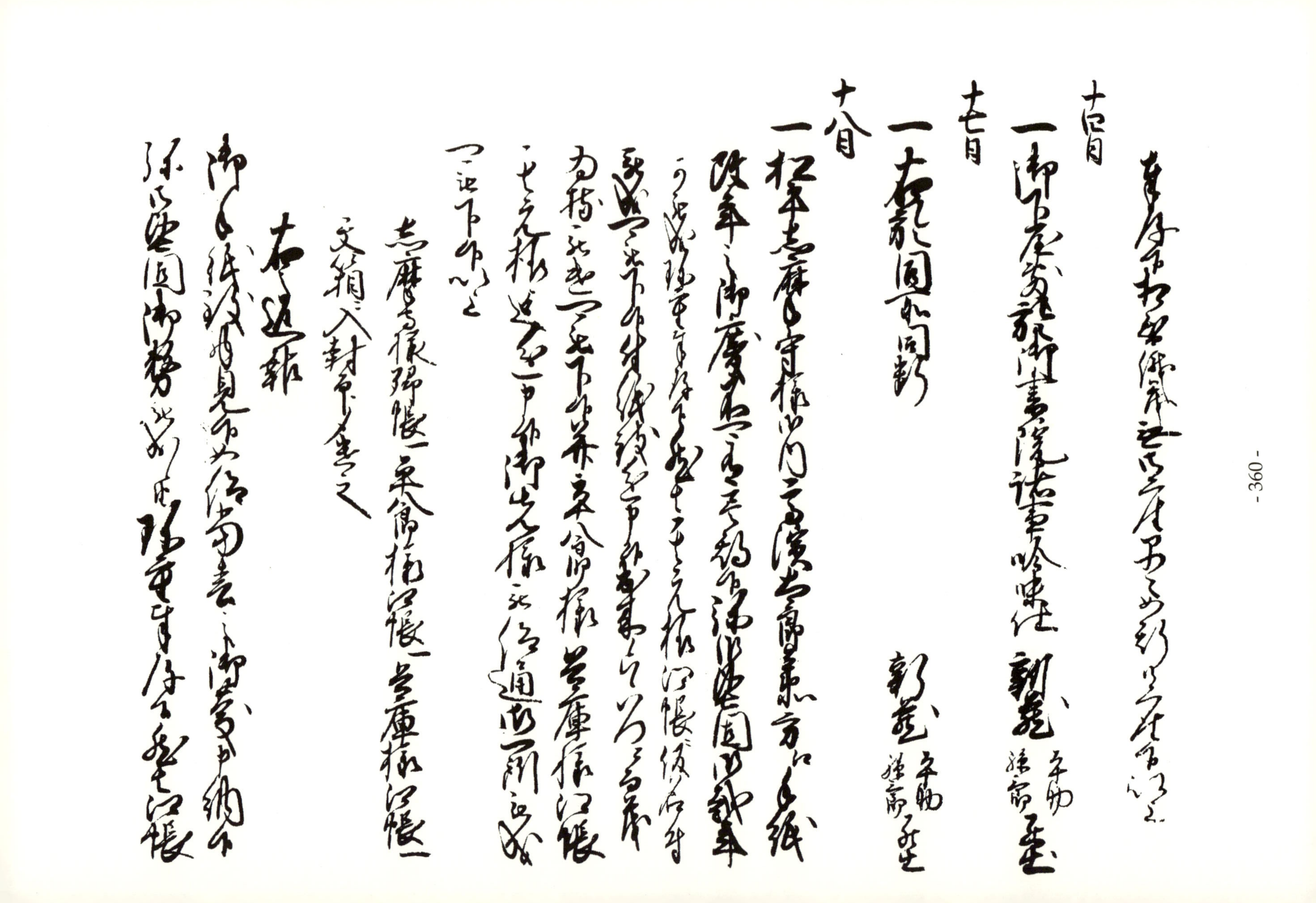

一[illegible]

一[illegible]以上

右[illegible]及披見

一[illegible]

[illegible]

[illegible]

[illegible]

[illegible]

[illegible]以上

[illegible]

右[illegible]及披見

[illegible]

[illegible]

右[illegible]

[illegible]

[illegible]

[illegible]

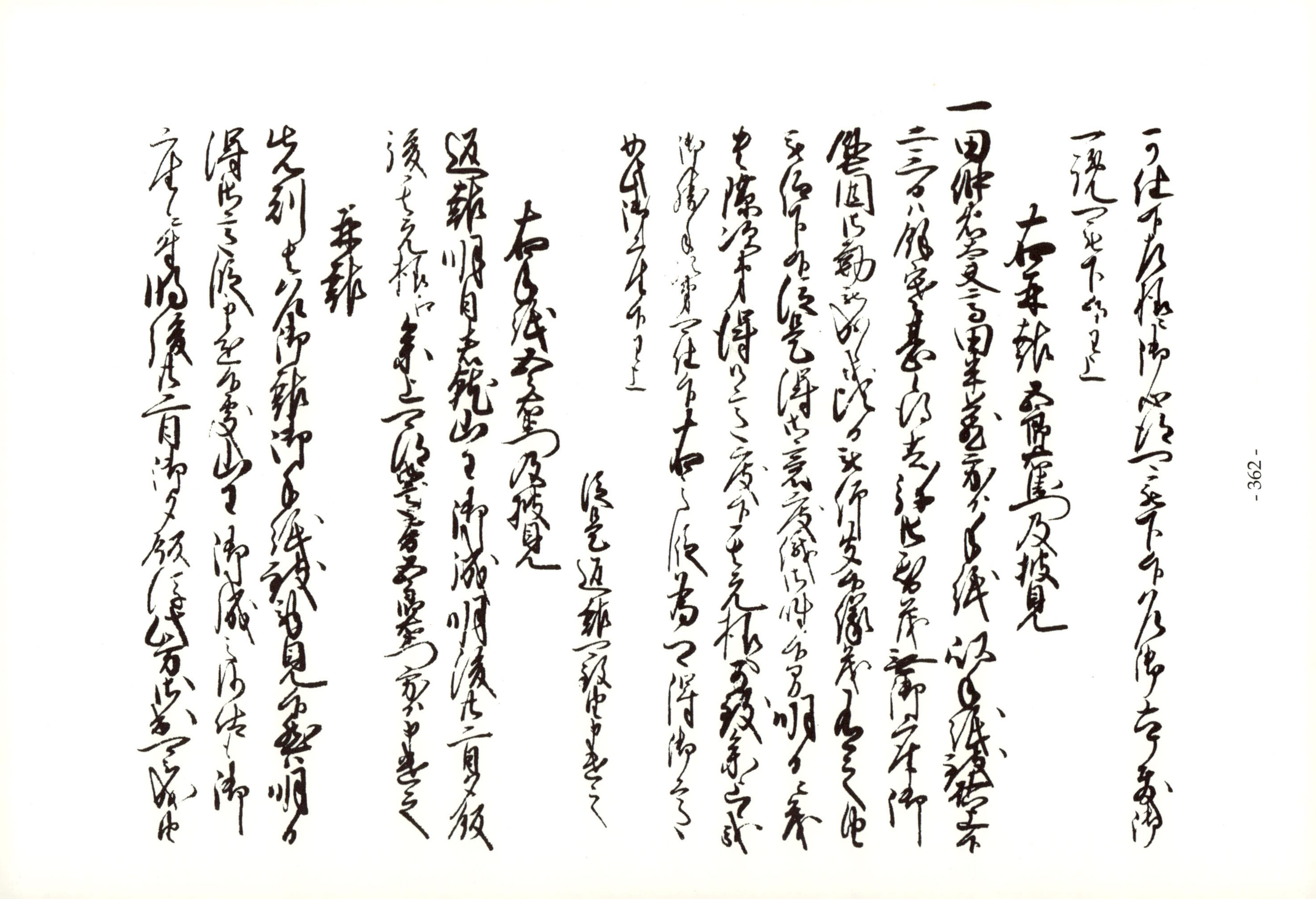

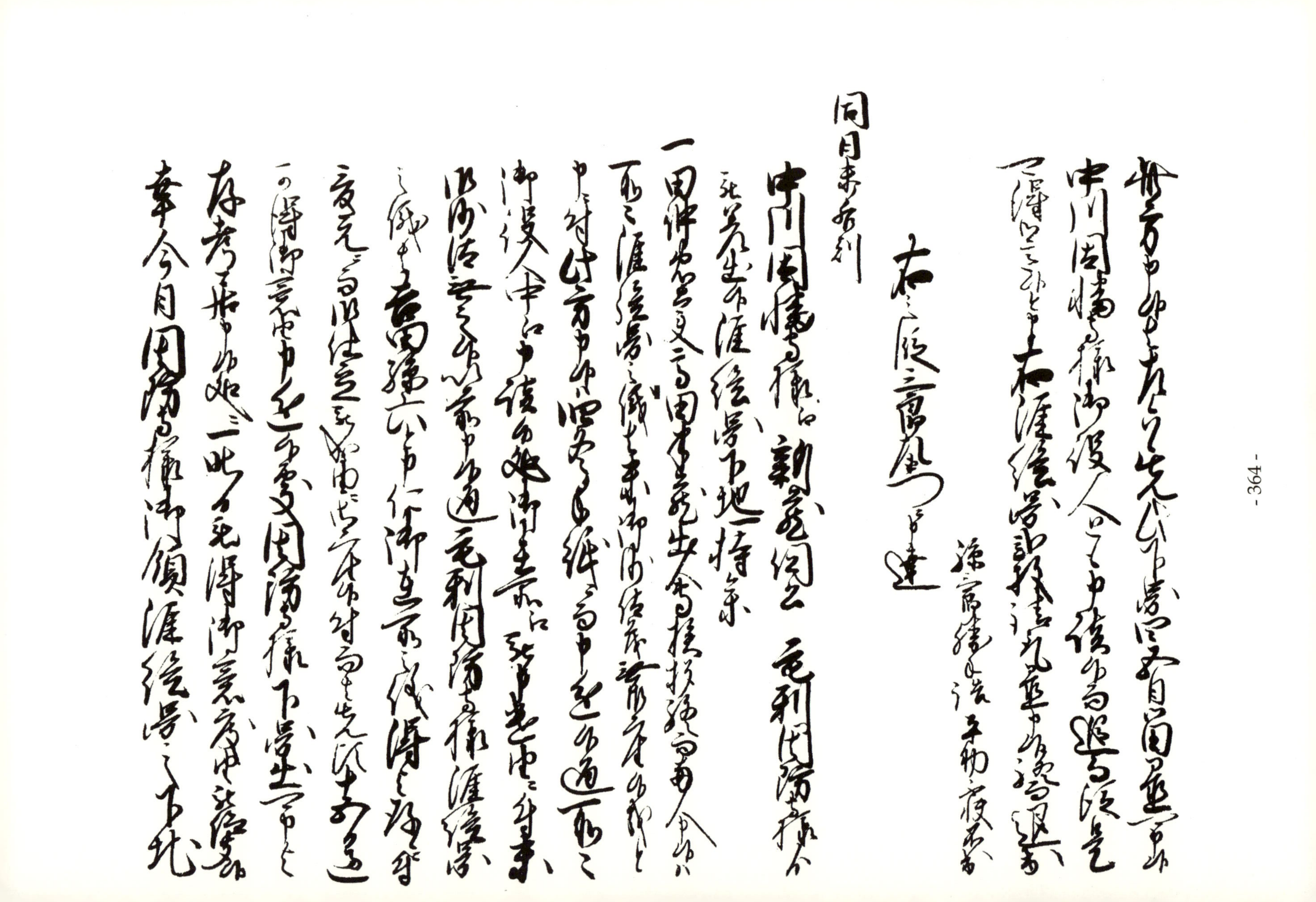

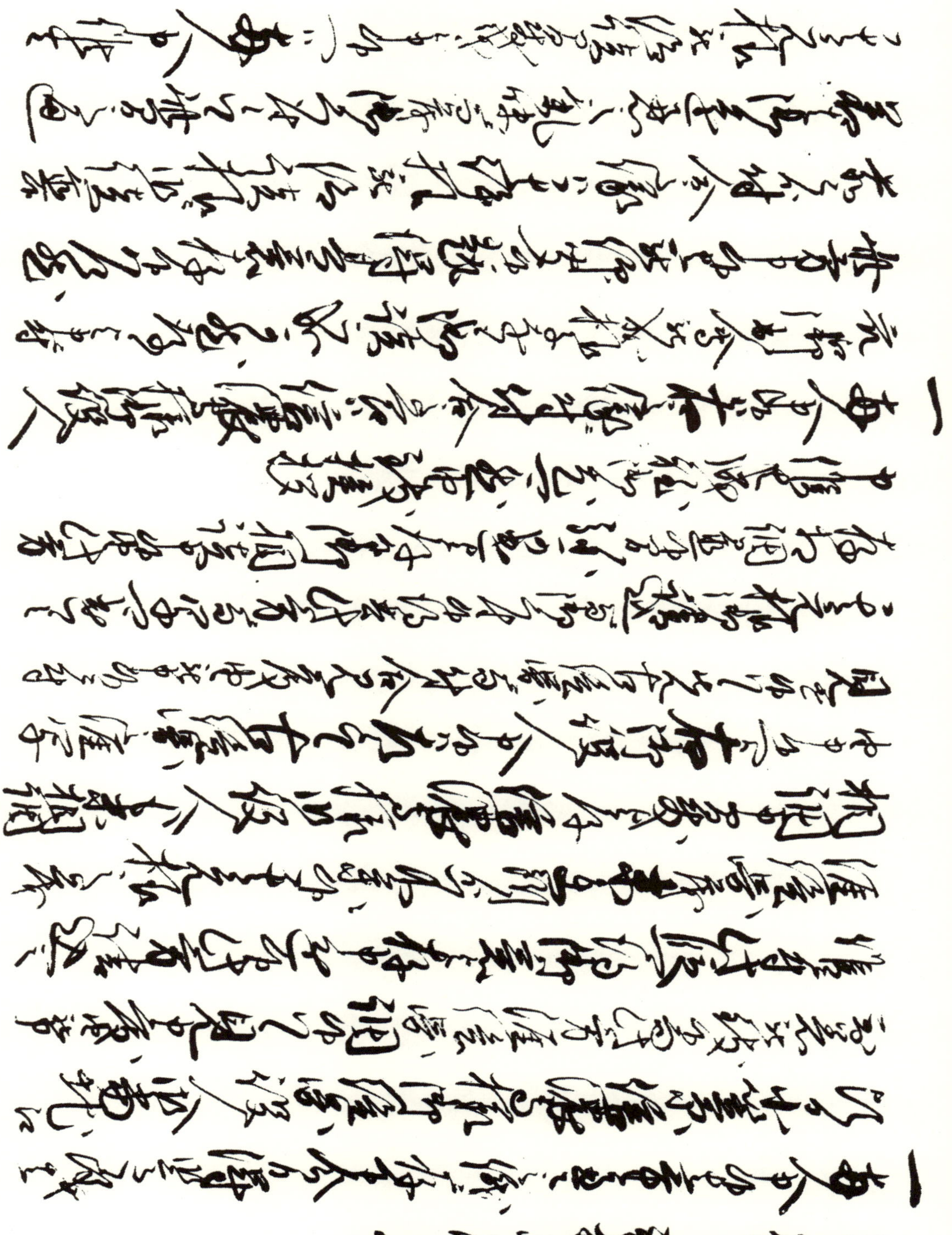

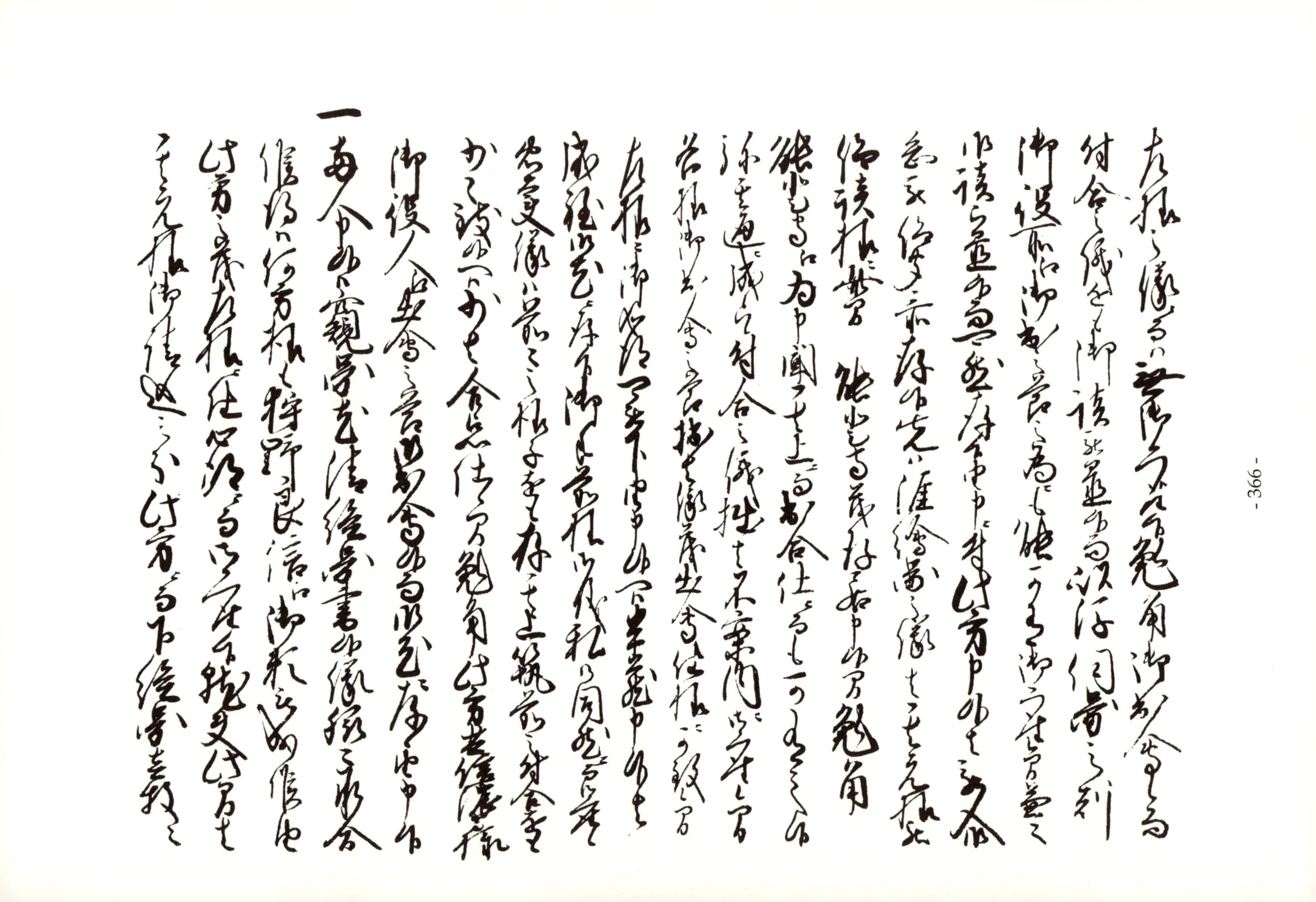

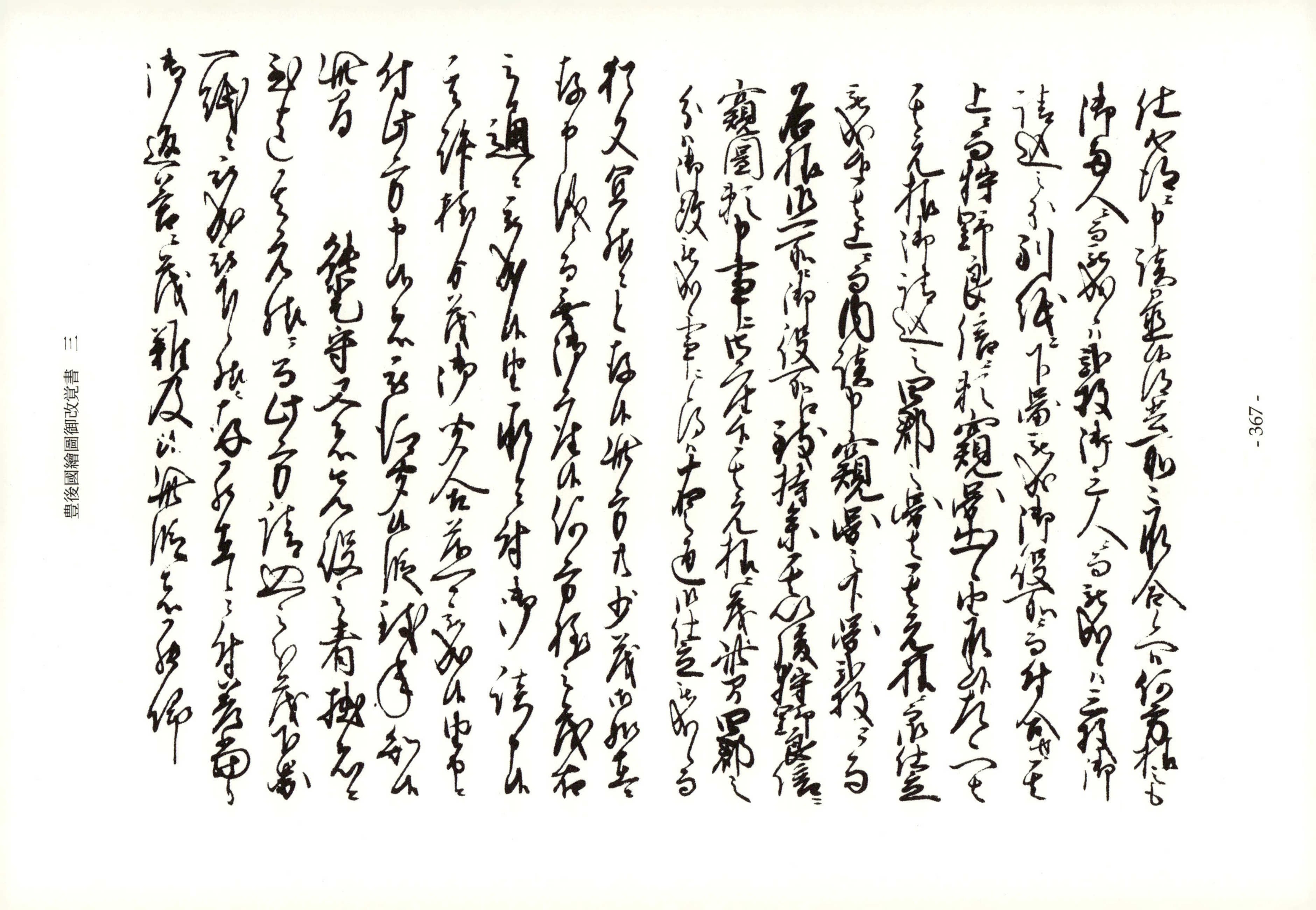

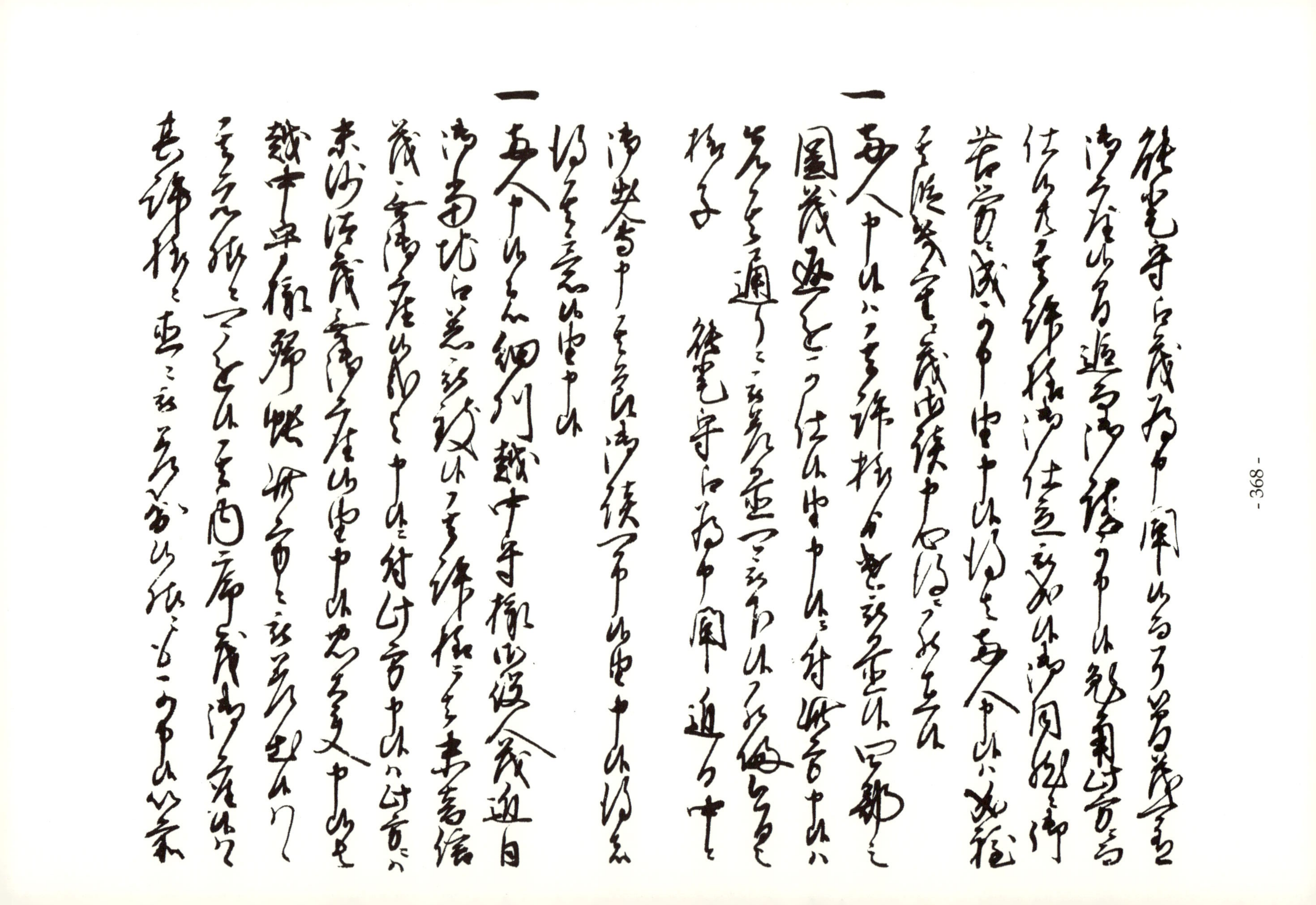

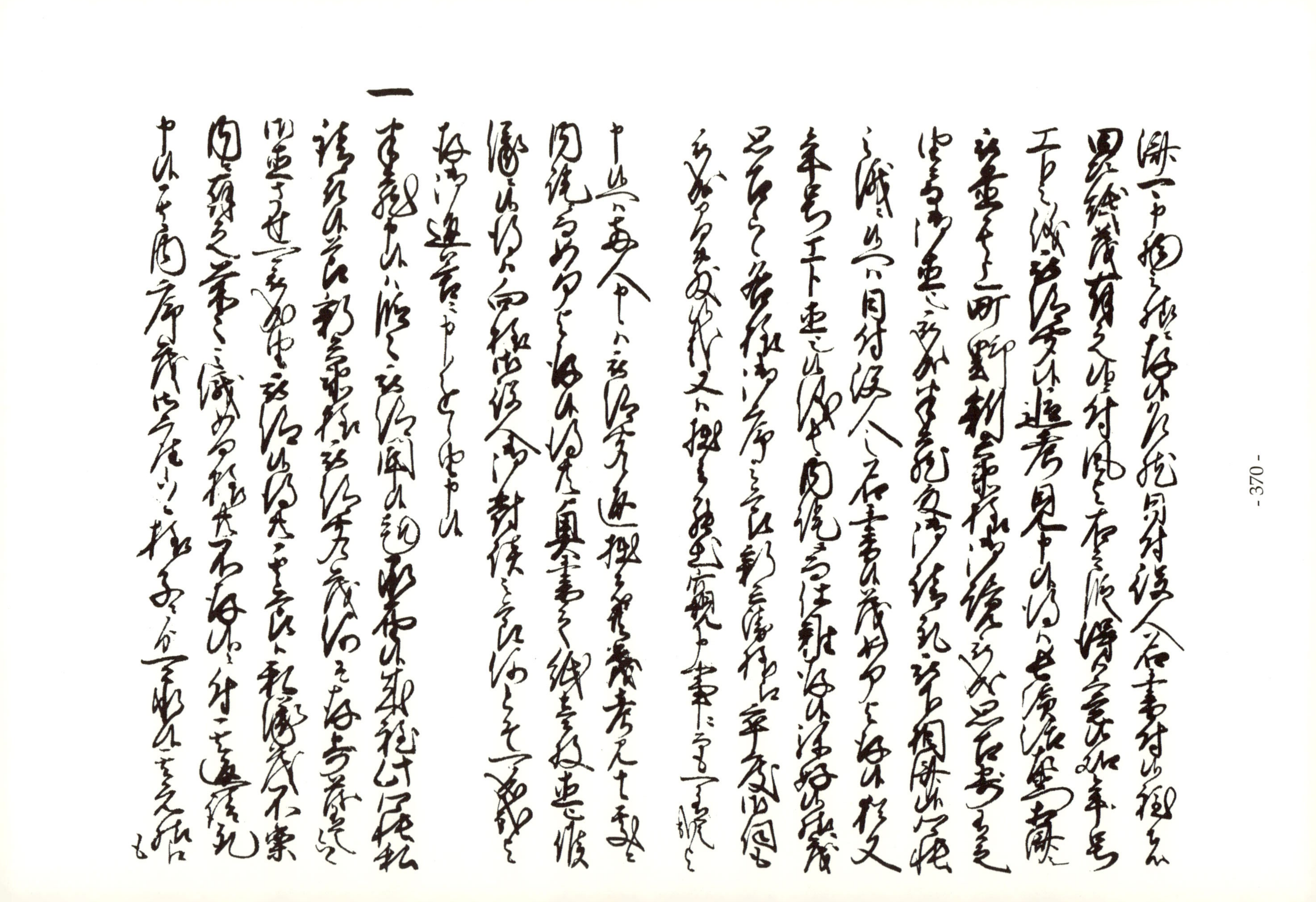

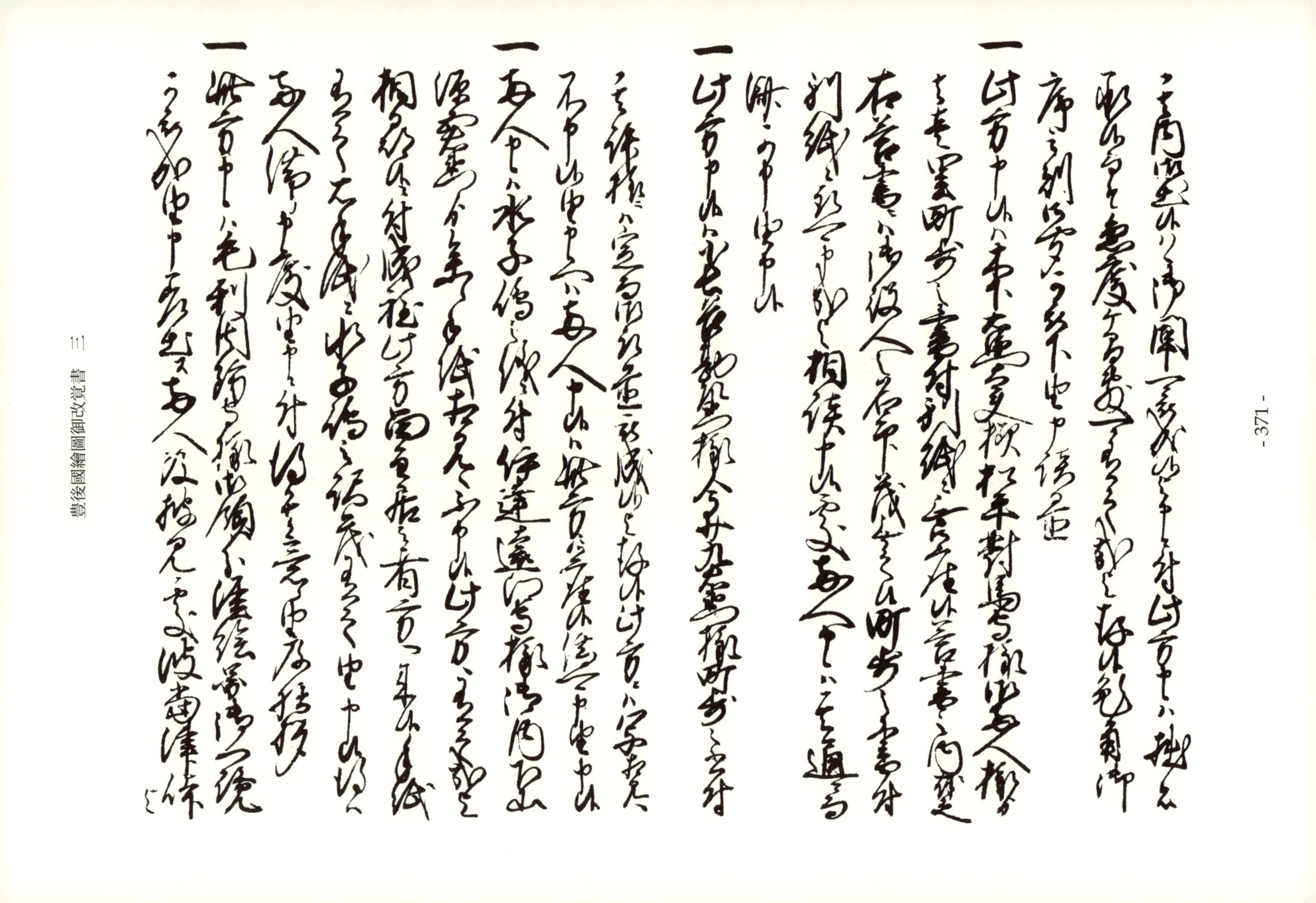

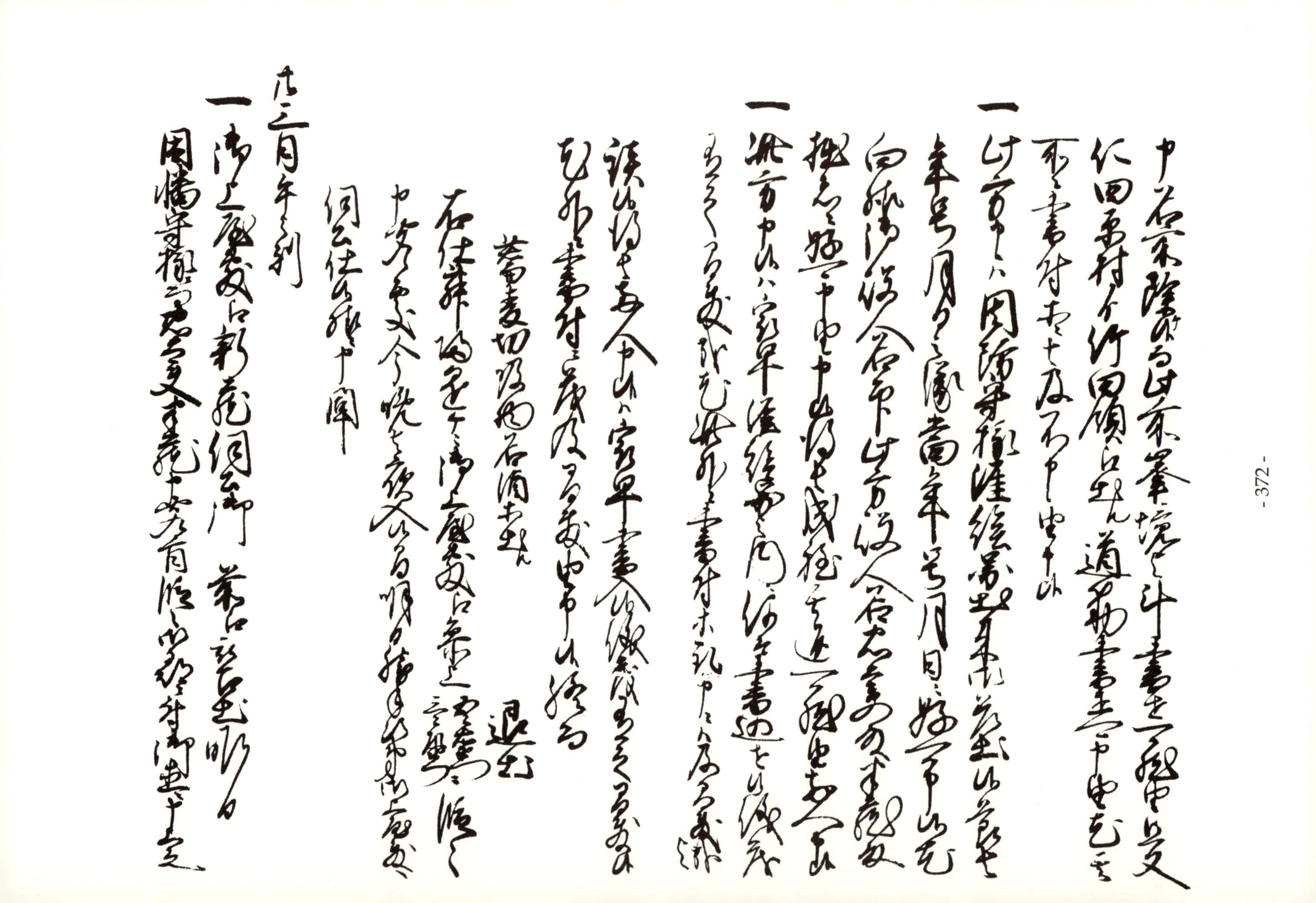

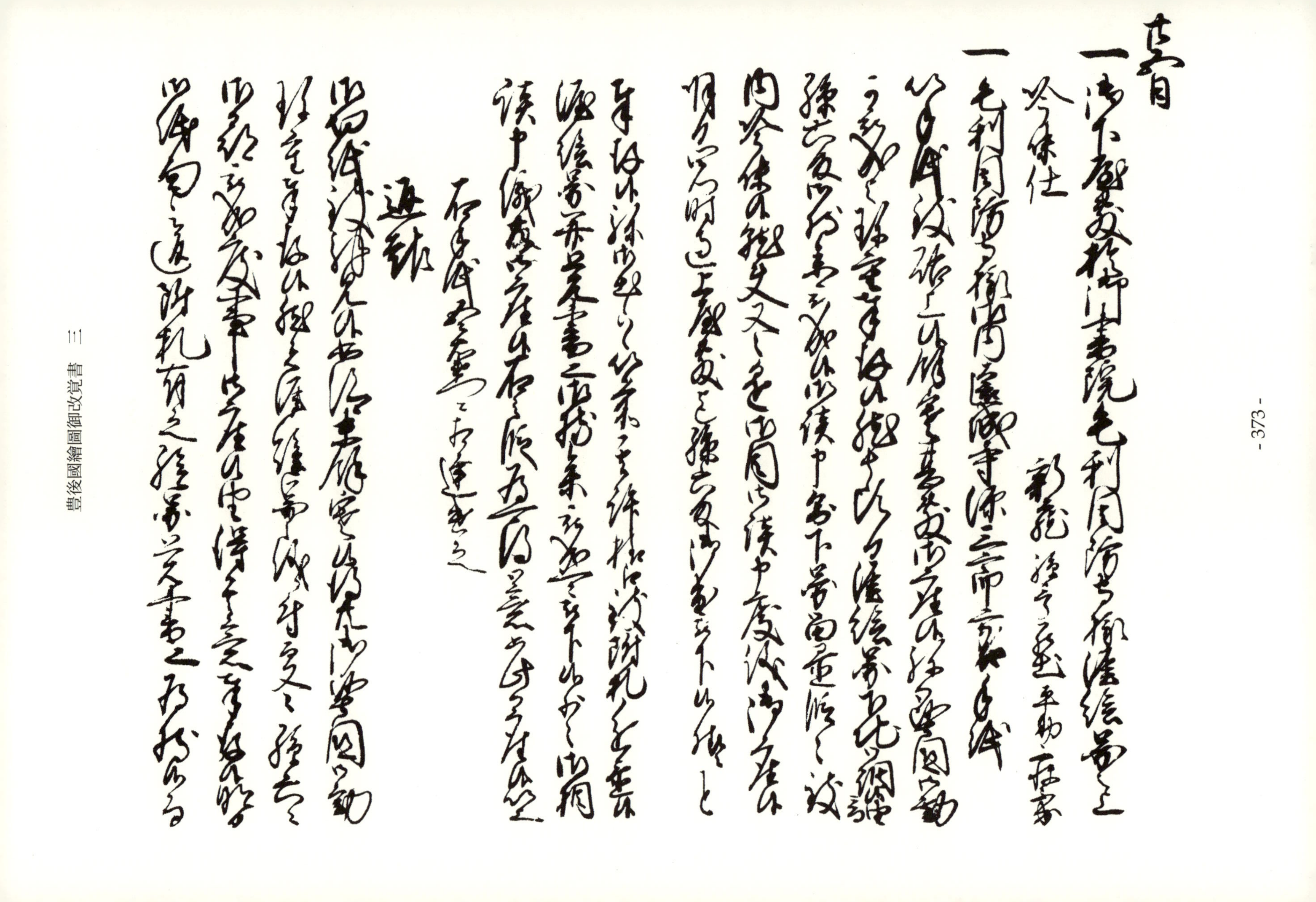

[illegible]

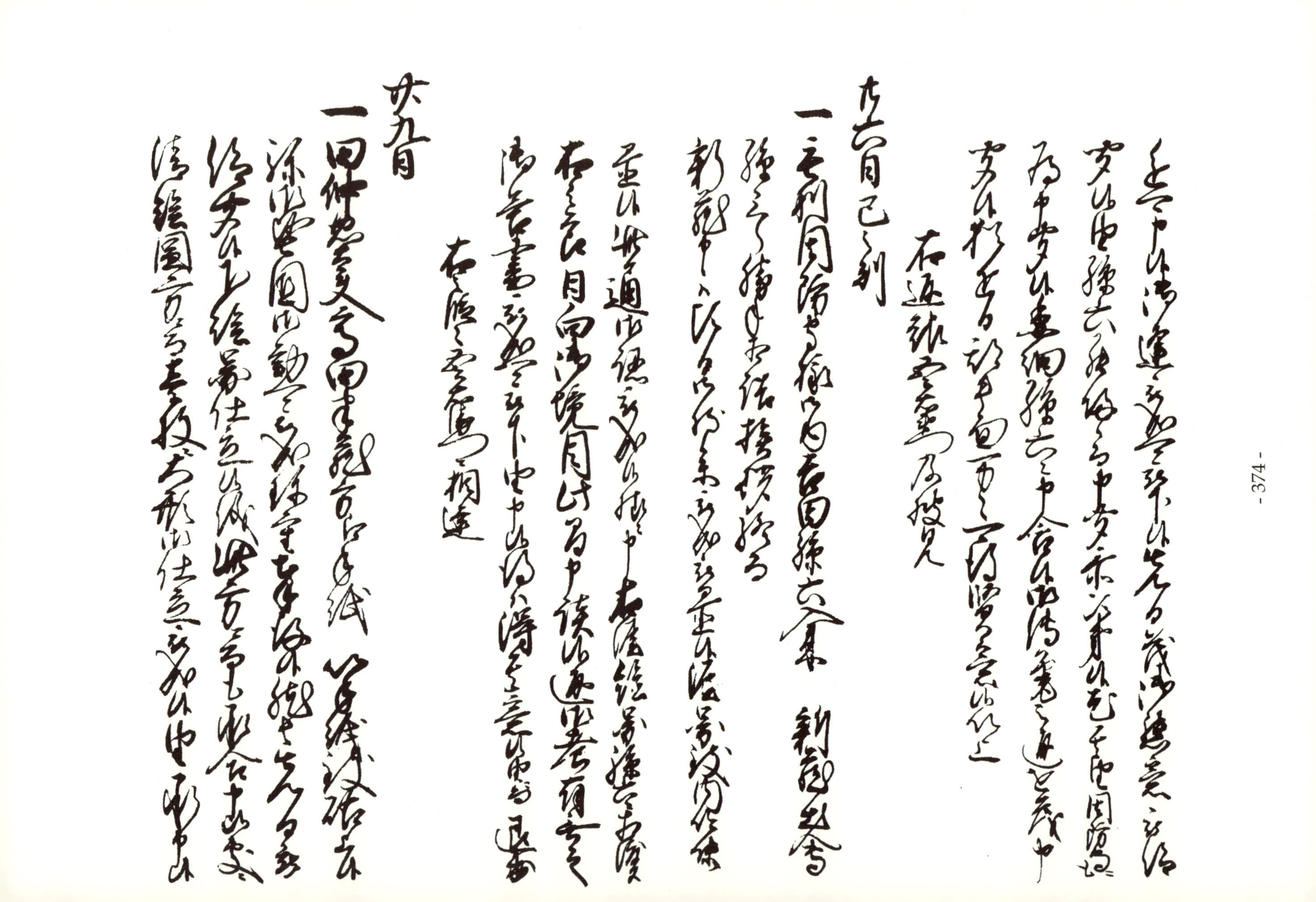

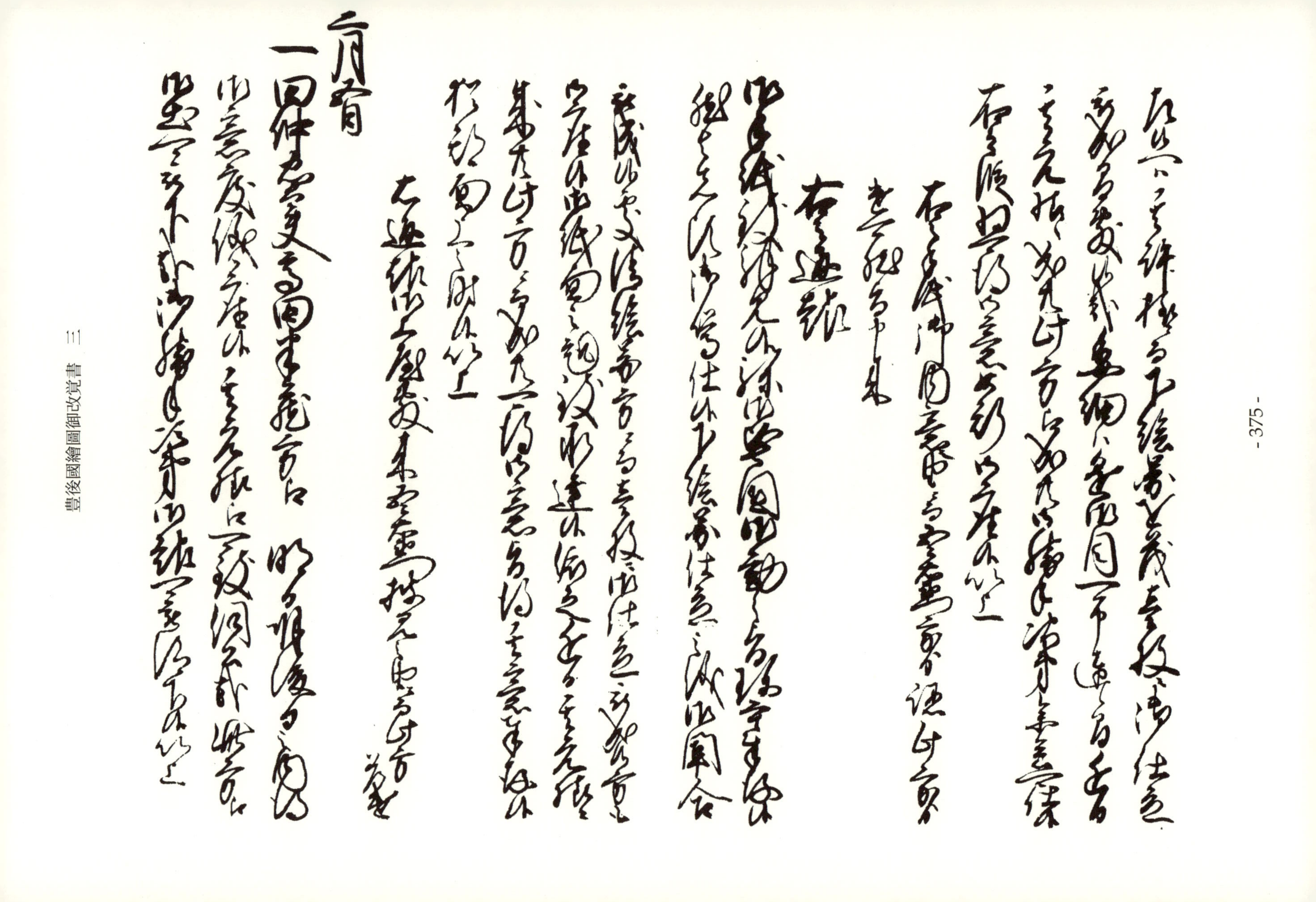

[illegible]

[illegible]

[illegible]

[illegible]

七月己ノ刻

一 [illegible]

一 [illegible]

一 [illegible]

[illegible]

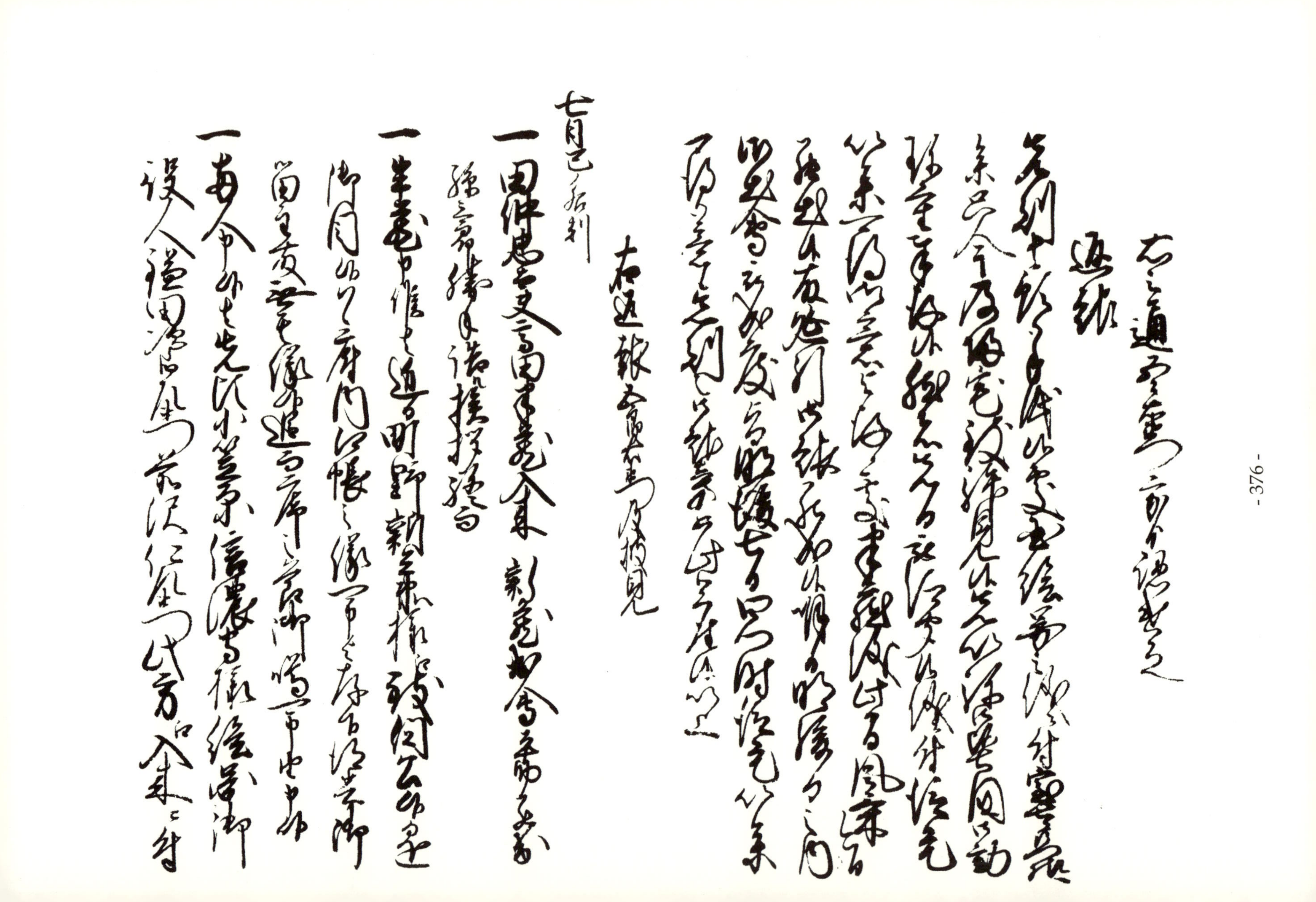

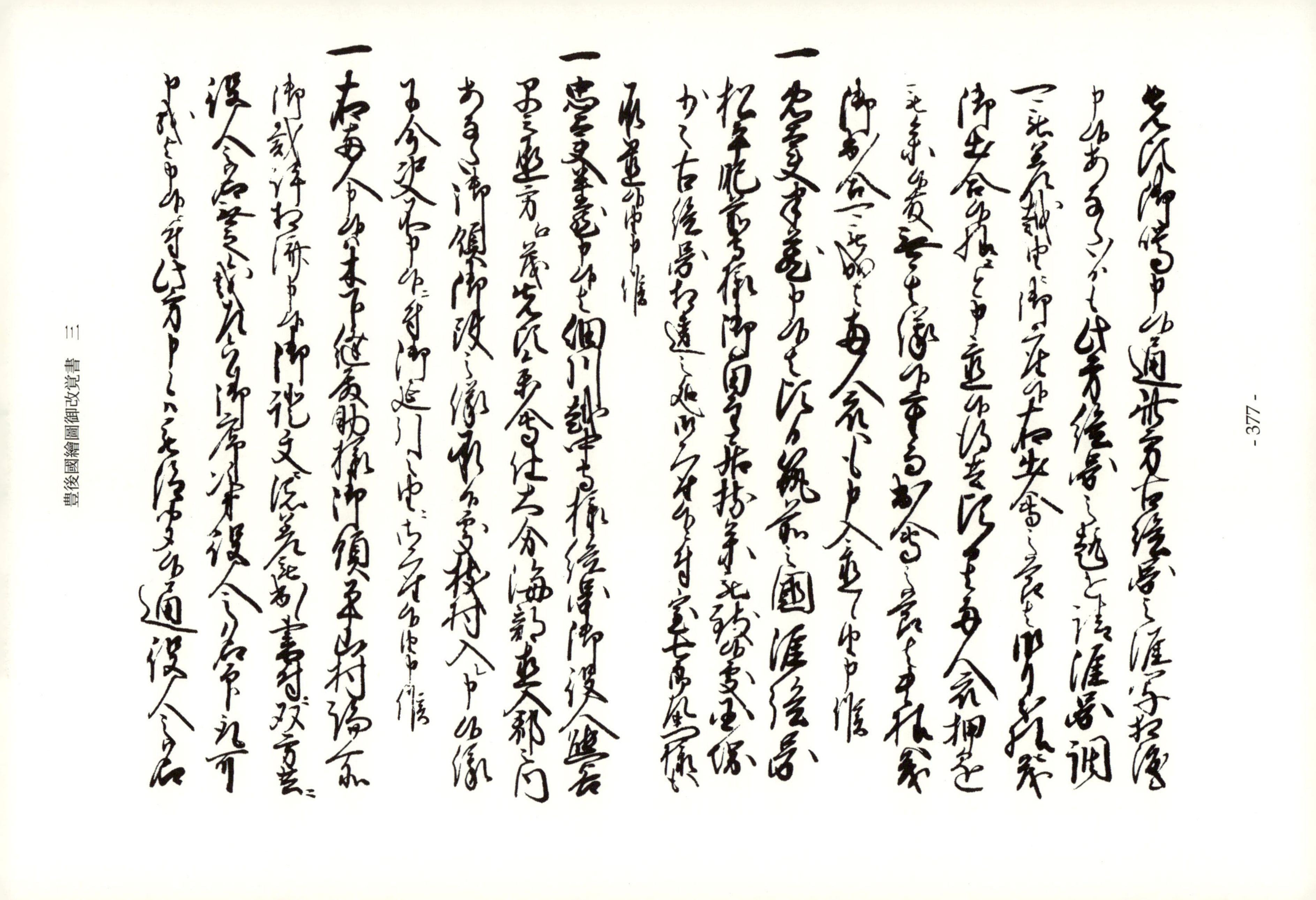

致し道筋と申入候得共壱里塚之合不申候由
越申候ハヽ御取被成候而も其合ハ差図之上
松平伊賀守様御絵図良信ニ被相渡候良信殿ゟ
下絵図弥申上候御出シ候而も宇佐郡三段
殊ニ此御取次被仰付候儀取不申之上ニ而
下絵図此方ゟ被申候ハ又此方ゟ写候ても無之候
事ニ存候分ケ者御相談申候趣申新義
猶又右之通相改候而被仰付候而申合候
御前ゟ被仰候処申上一ツ合ニ付　御前新規ニ存
右之趣申上候処　御意被仰付候而中絵図
此度此方ゟ被成候良信ニ被仰付候得共合申越ニ
然共絵図之儀ハ　御意ニ付奉存合新規申候ハヽ此方
従前之様ニ而被仰出清書　御清書之上申候様ニ
此方清書以之ハ別　下絵図之清書と御座候ハヽ是ニ而申候為
可被申上候　清書吟味仕此方ゟ下絵図
認不申候而ハ是ニ而申候得共会合良信殿被仰候ハ
其段之上仕候絵図并二付ハ御此方ゟ致
可被申候

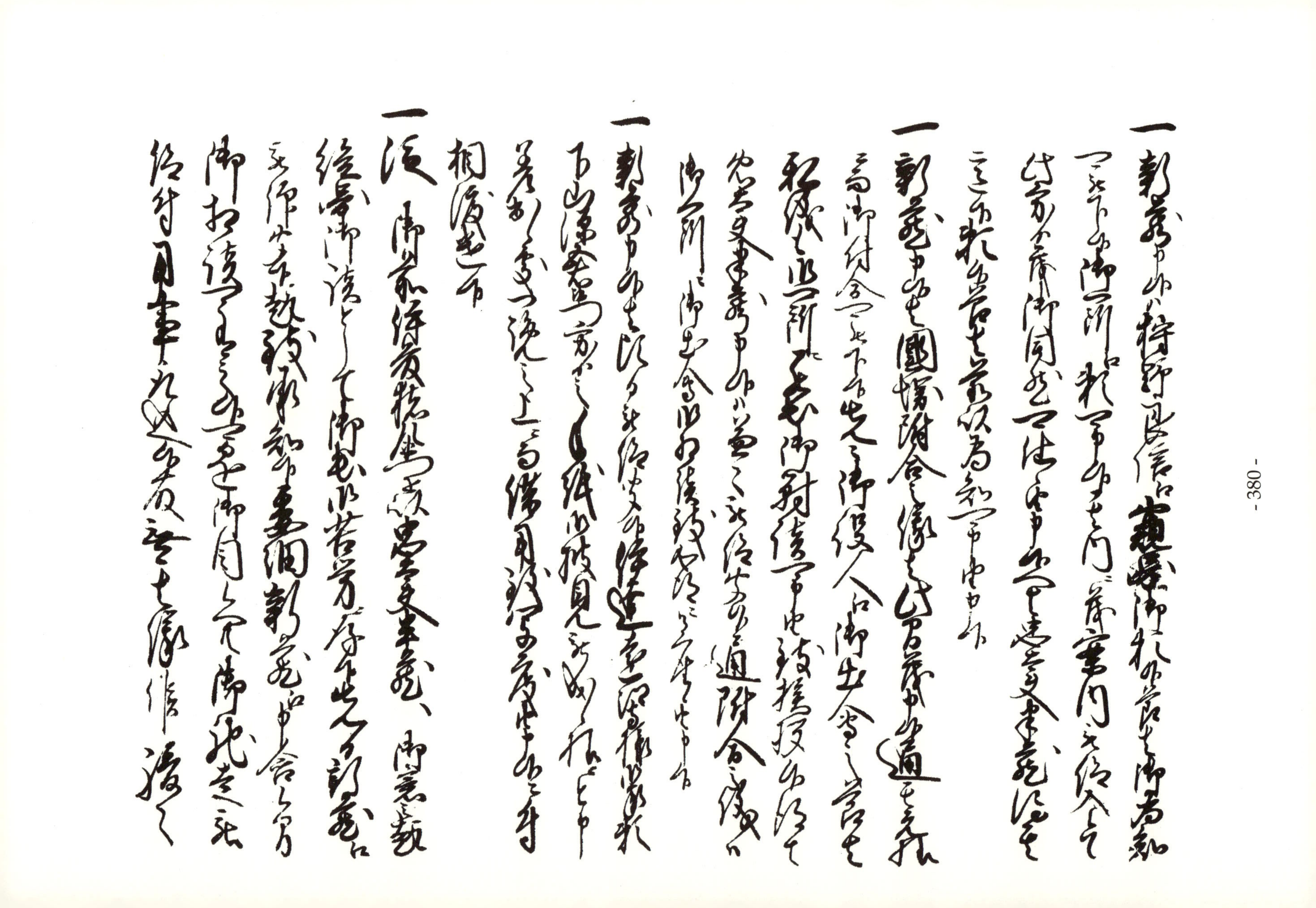

[illegible]

御請ニ参候處ニ御中老衆ゟ被仰渡候
繪圖ノ儀御改被成候間罷出
相勤候様ニ　御前ニ而新兵衛・井上半之丞御世話ニ而
秀次下繪圖吟味道筋不残掛り候様ニと
御意ニ付、道筋吟味仕相極候様ニ
右通ニ仕相極候　御意ニ付罷出候様
御意ニ而新兵衛・平吉罷出申候

一 [illegible]

[illegible]

一 [illegible]

一 [illegible]

[illegible]

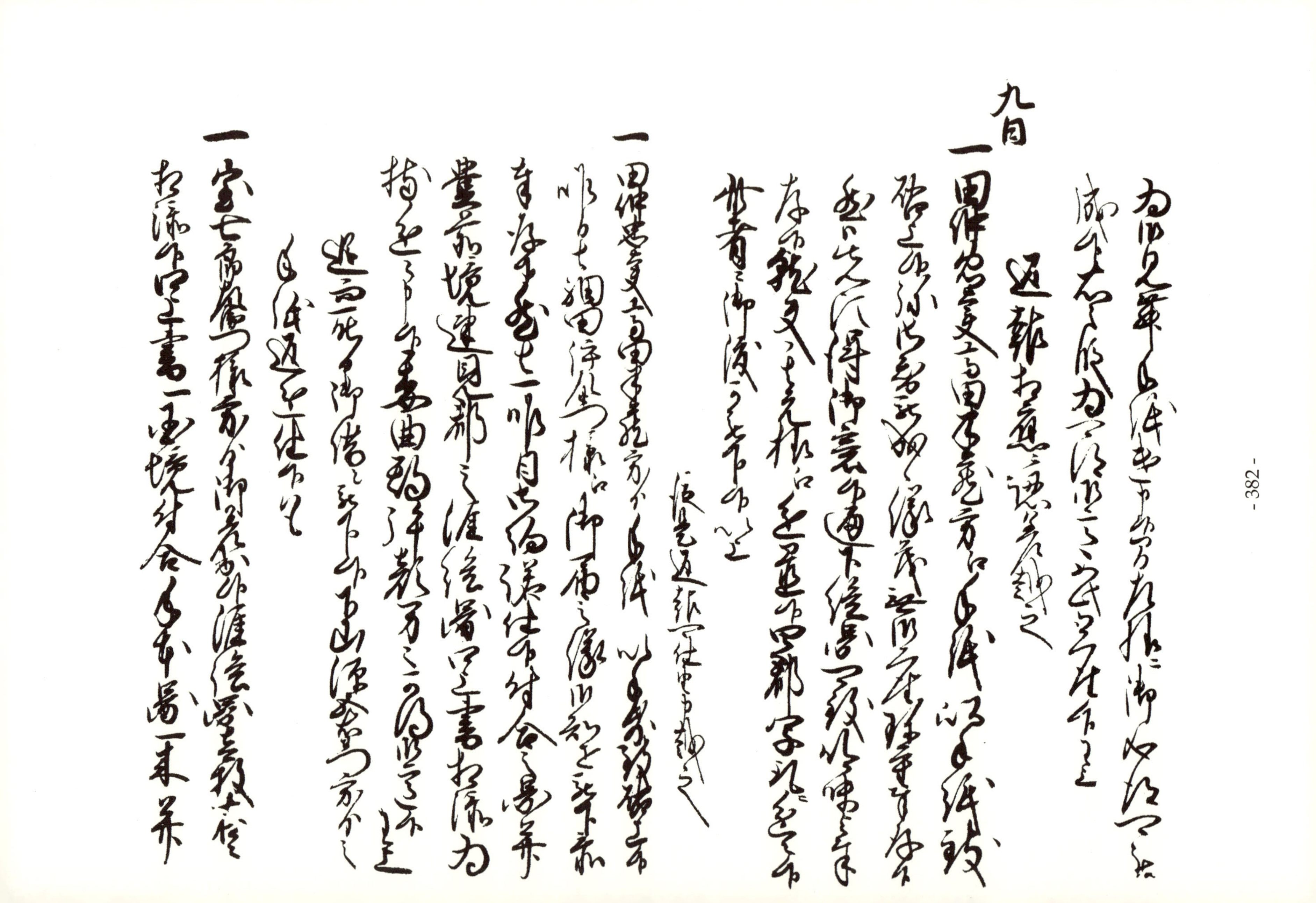

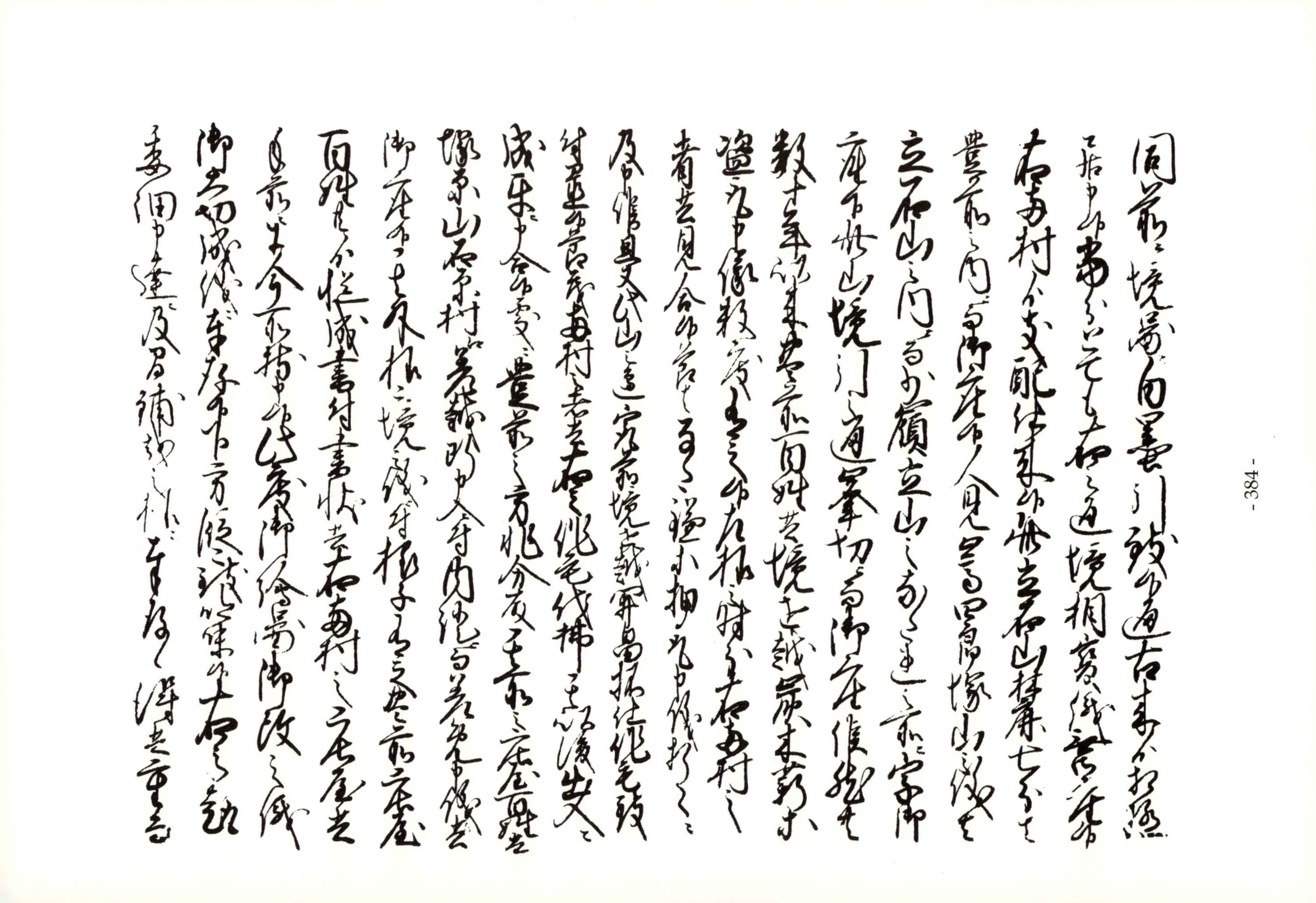

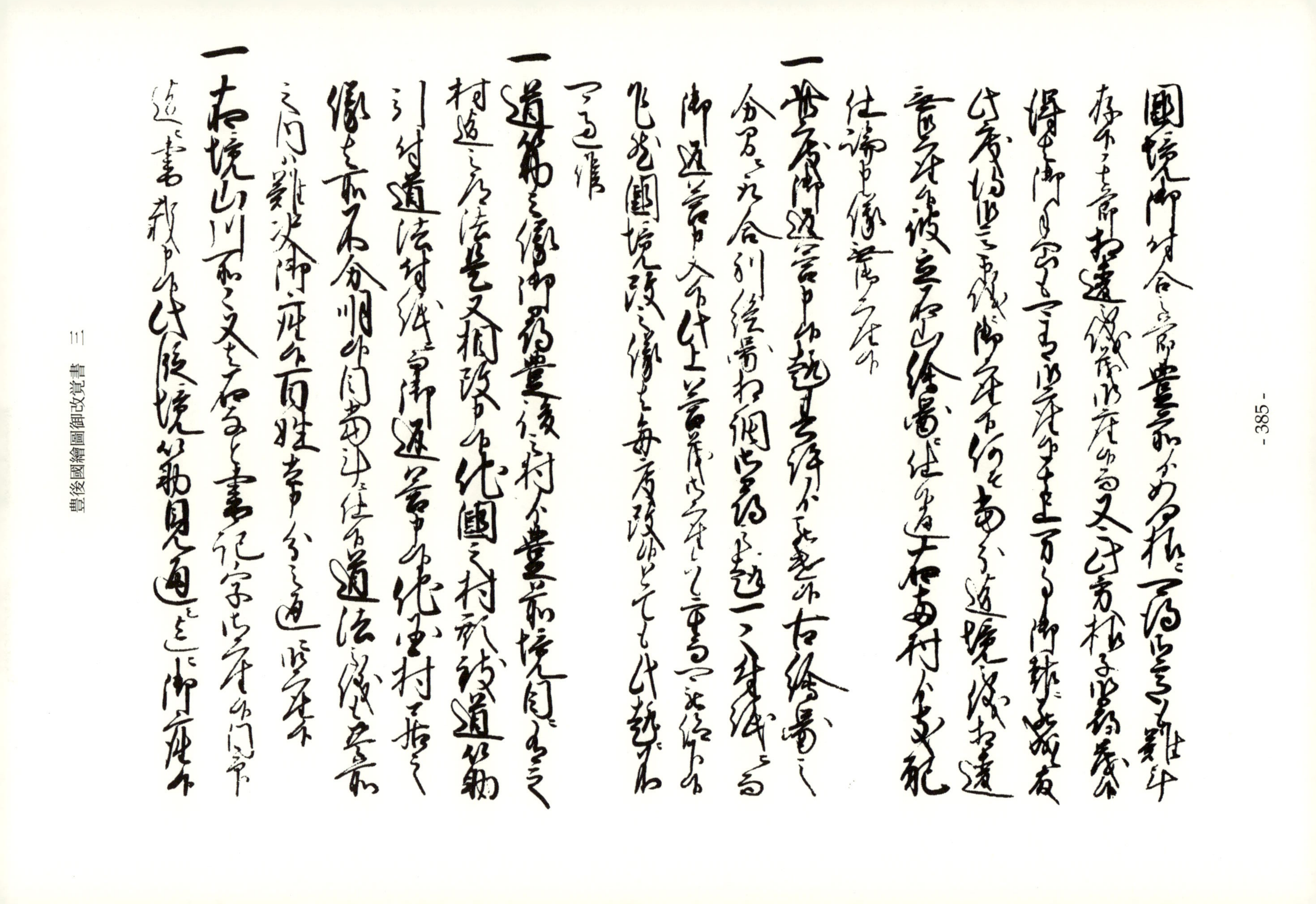

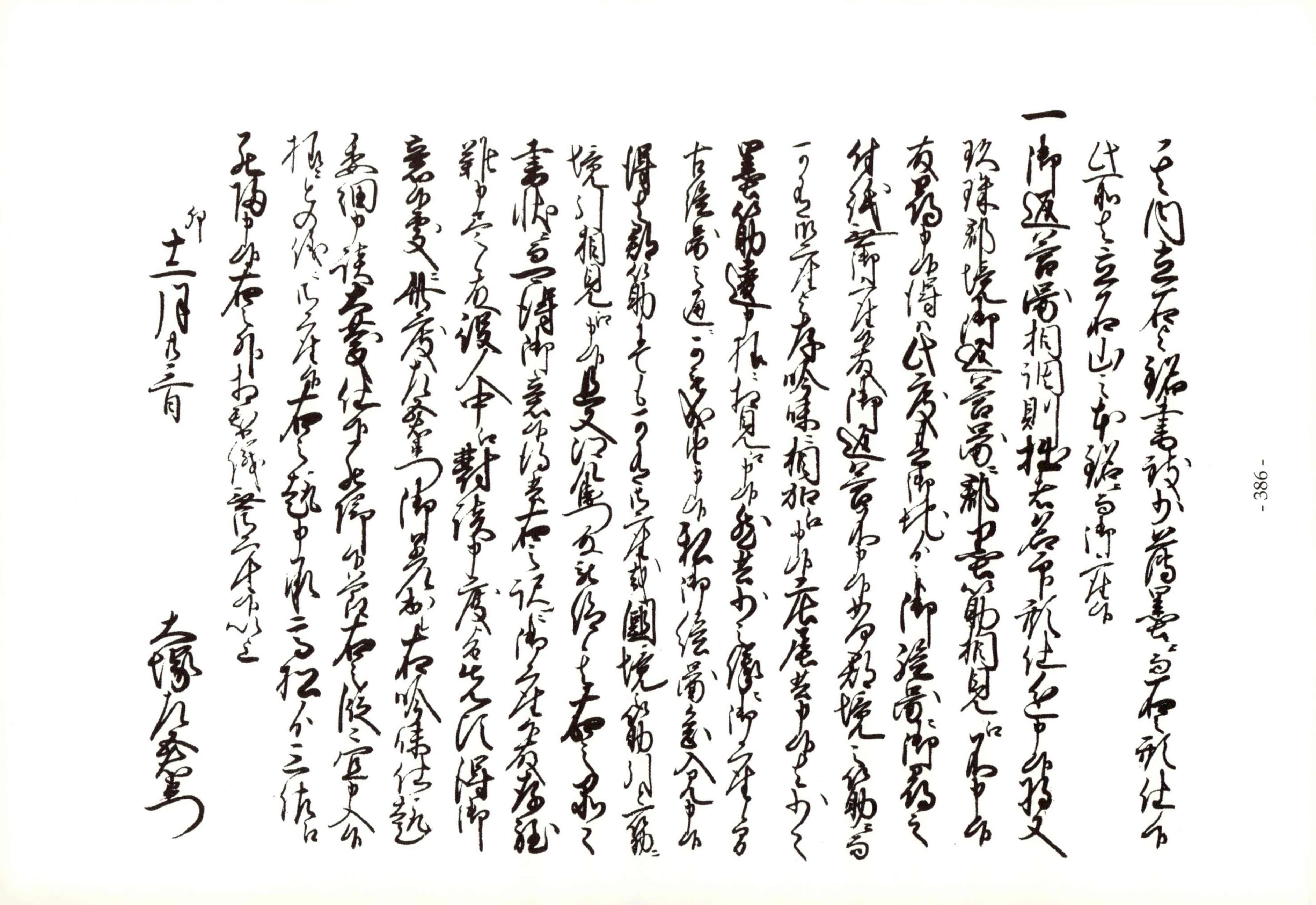

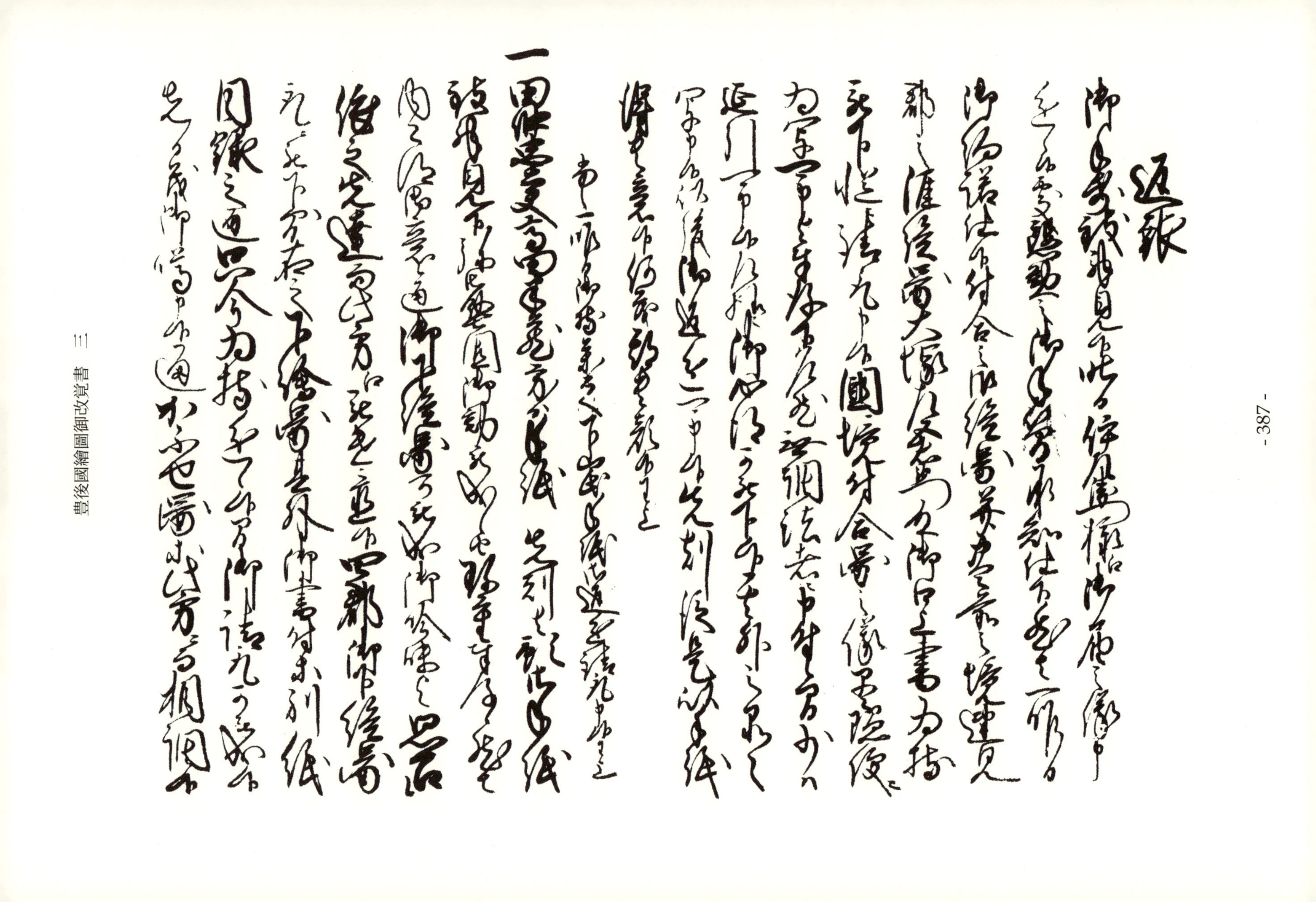

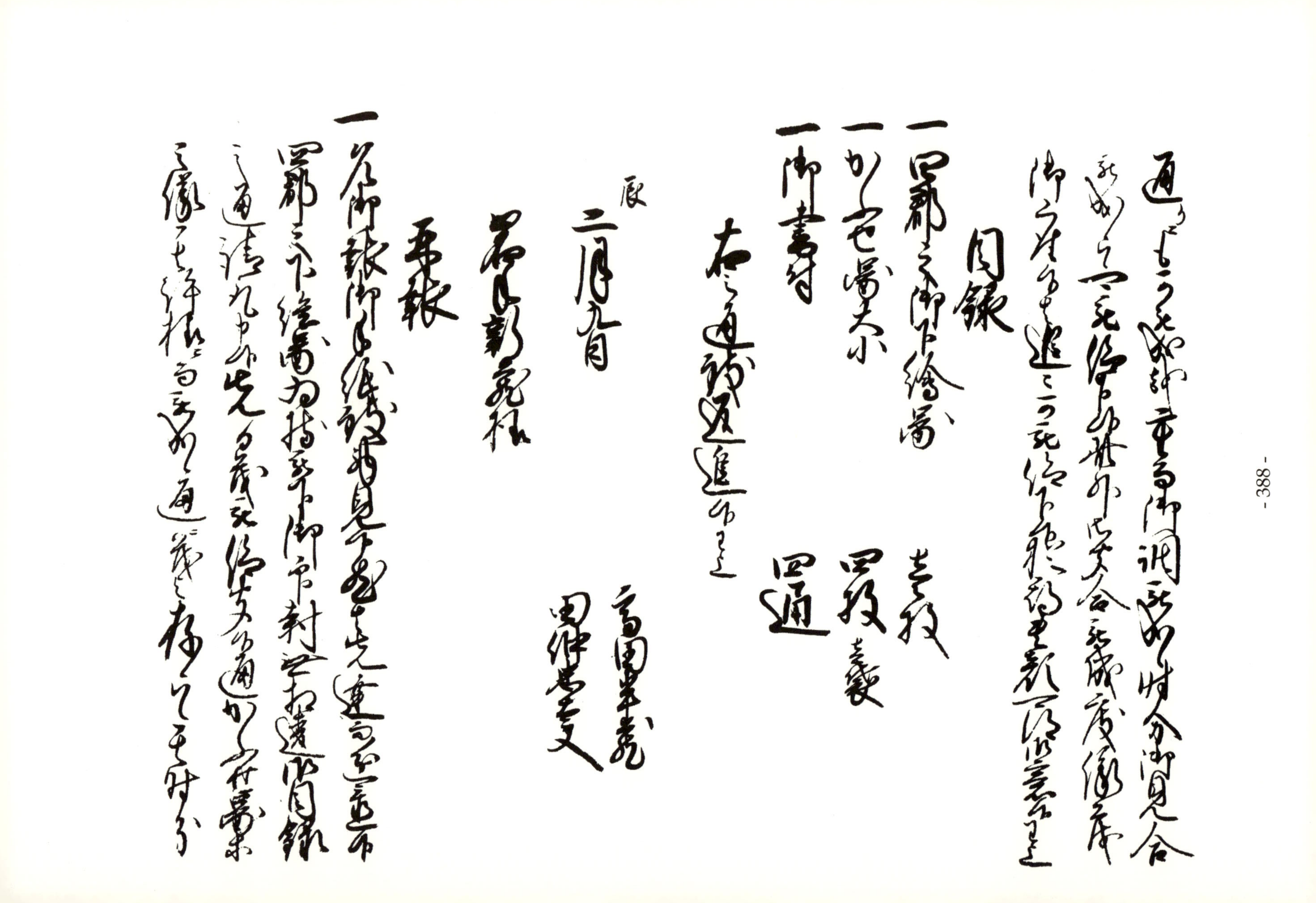

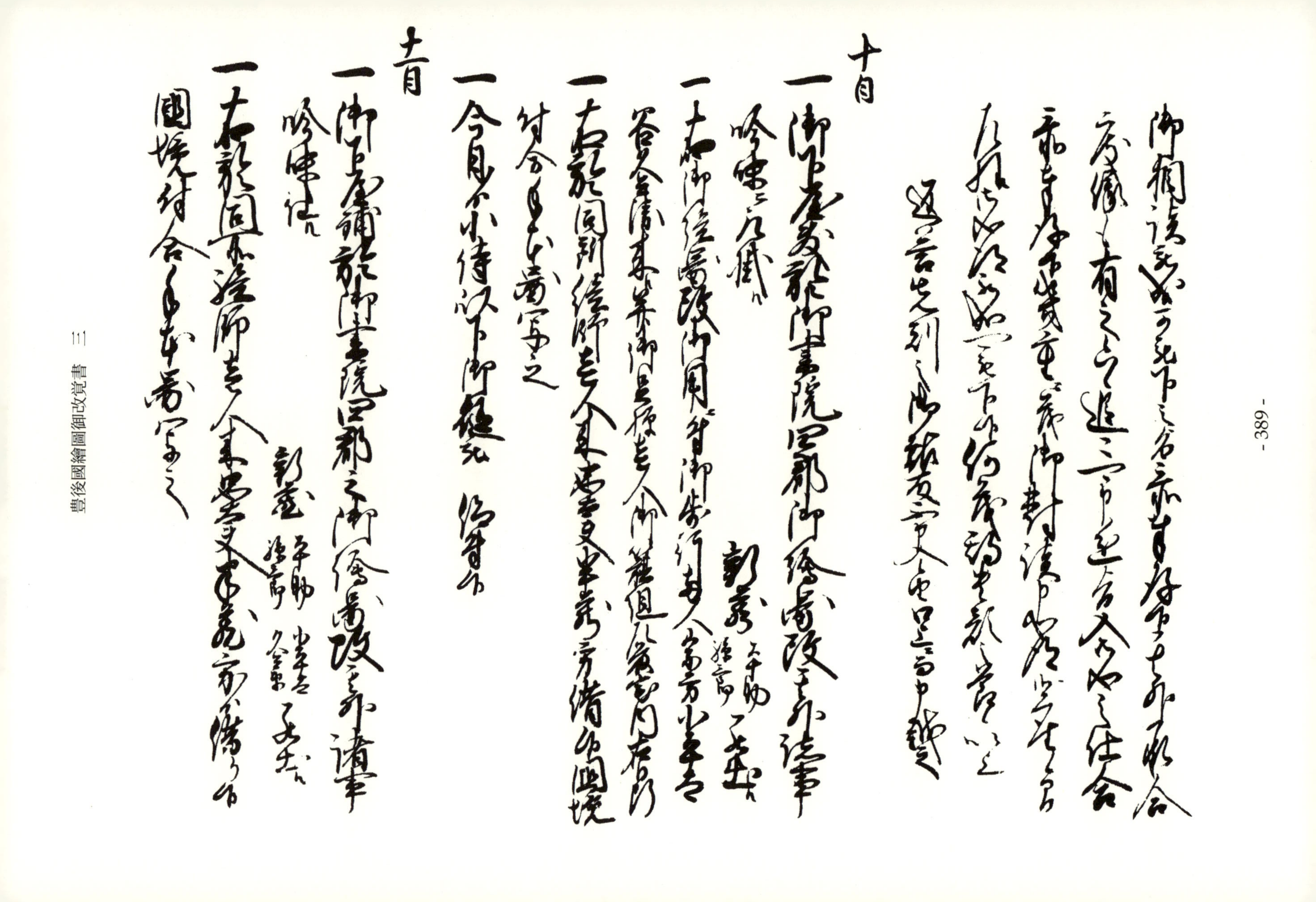

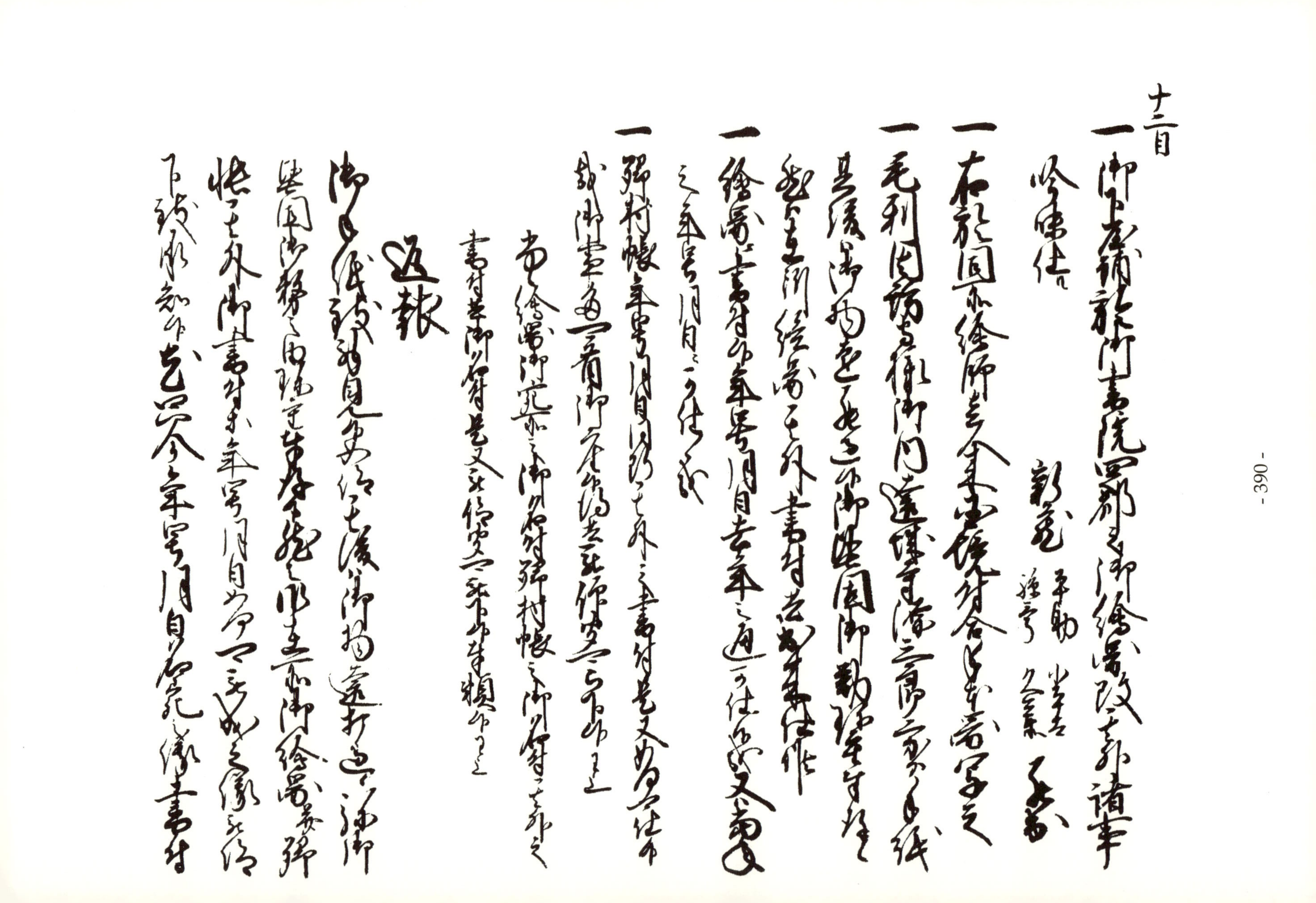

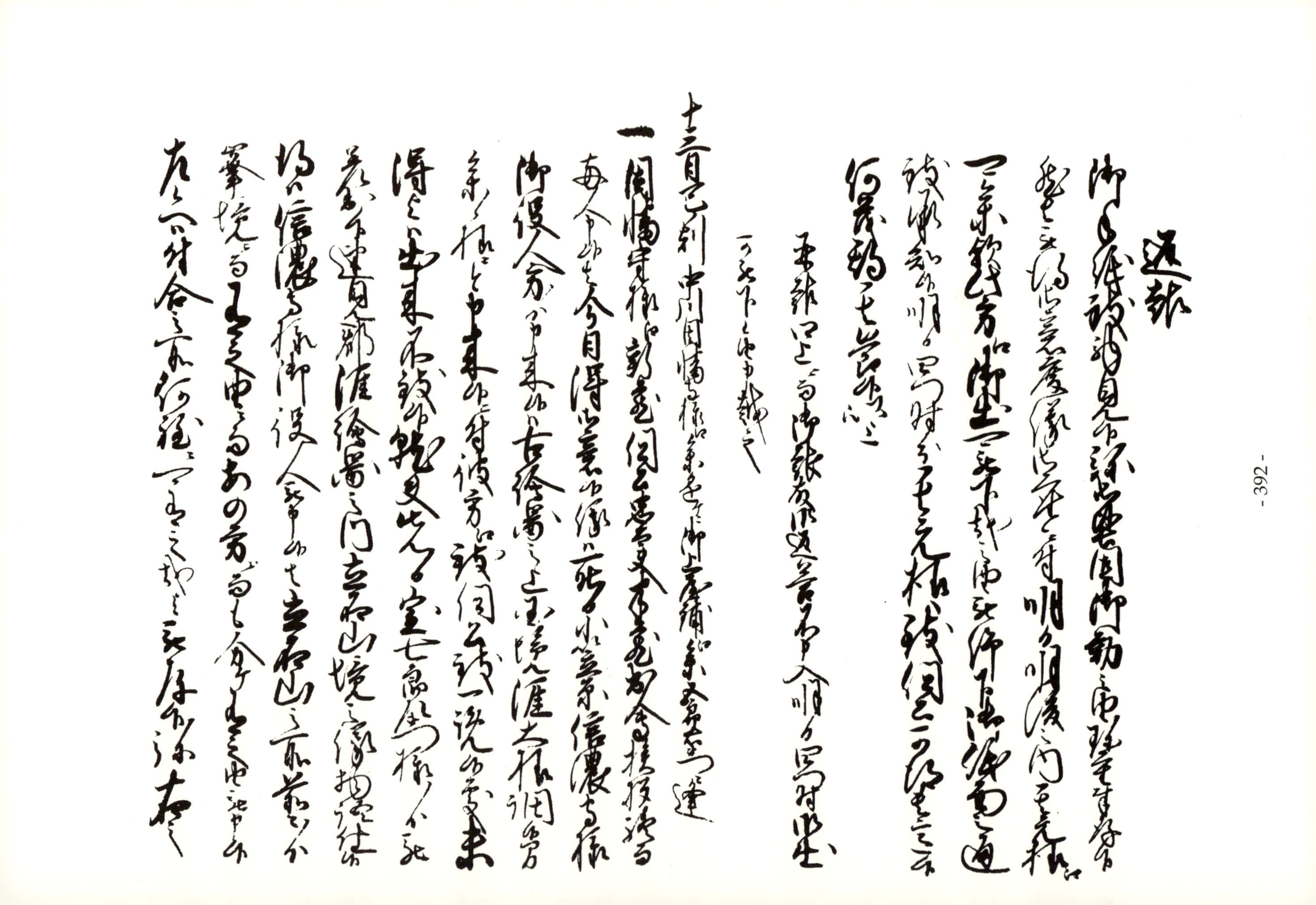

返報

御紙面致拝見候、[illegible]

[illegible]

[illegible]

[illegible]

[illegible]

[illegible]

十二月七日 [illegible]

一 [illegible]

毎々申候も今日[illegible]

御役人分[illegible]

[illegible]

得と申来不致候[illegible]

[illegible]

[illegible]信濃[illegible]

[illegible]

右之[illegible]

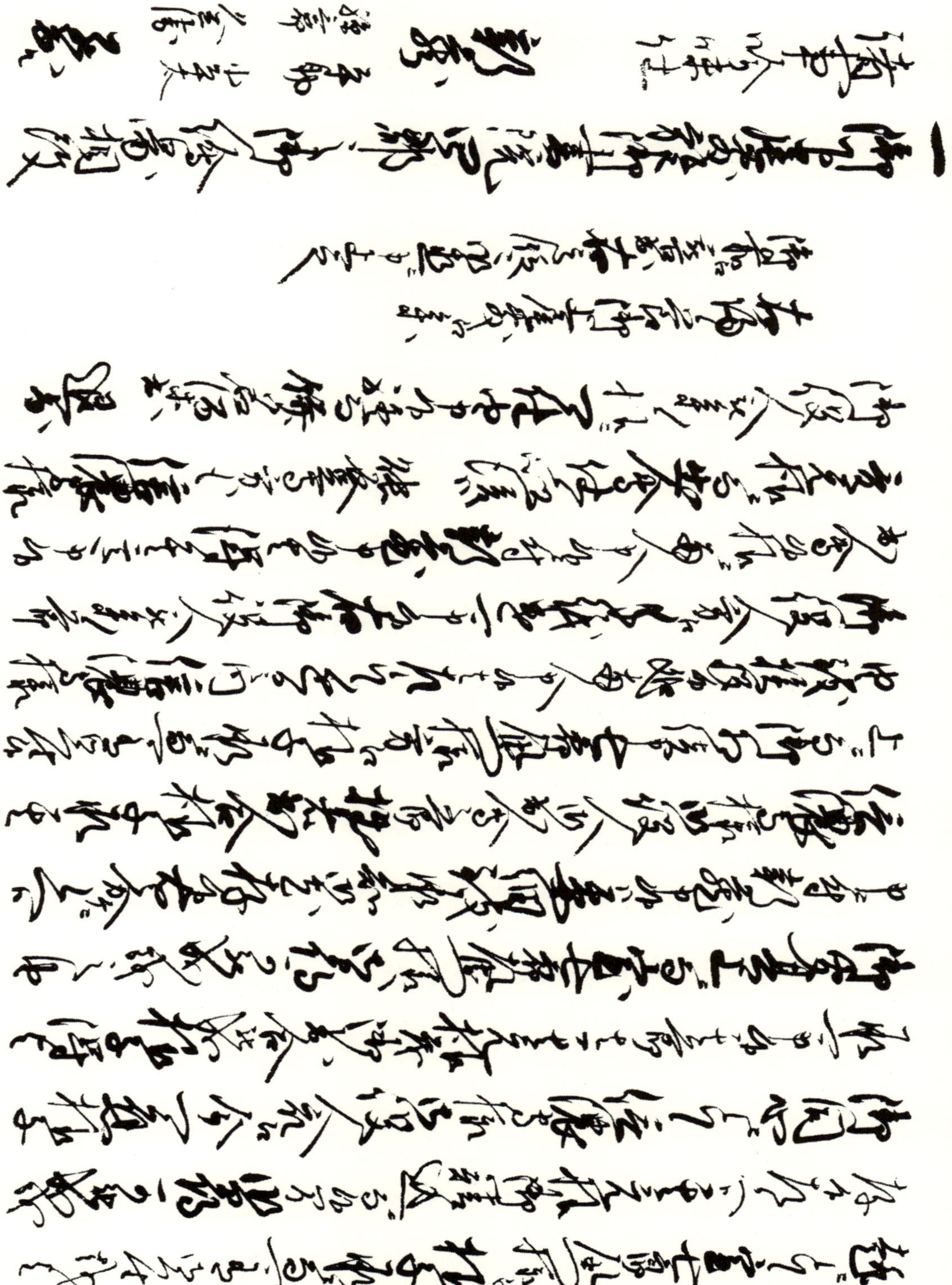

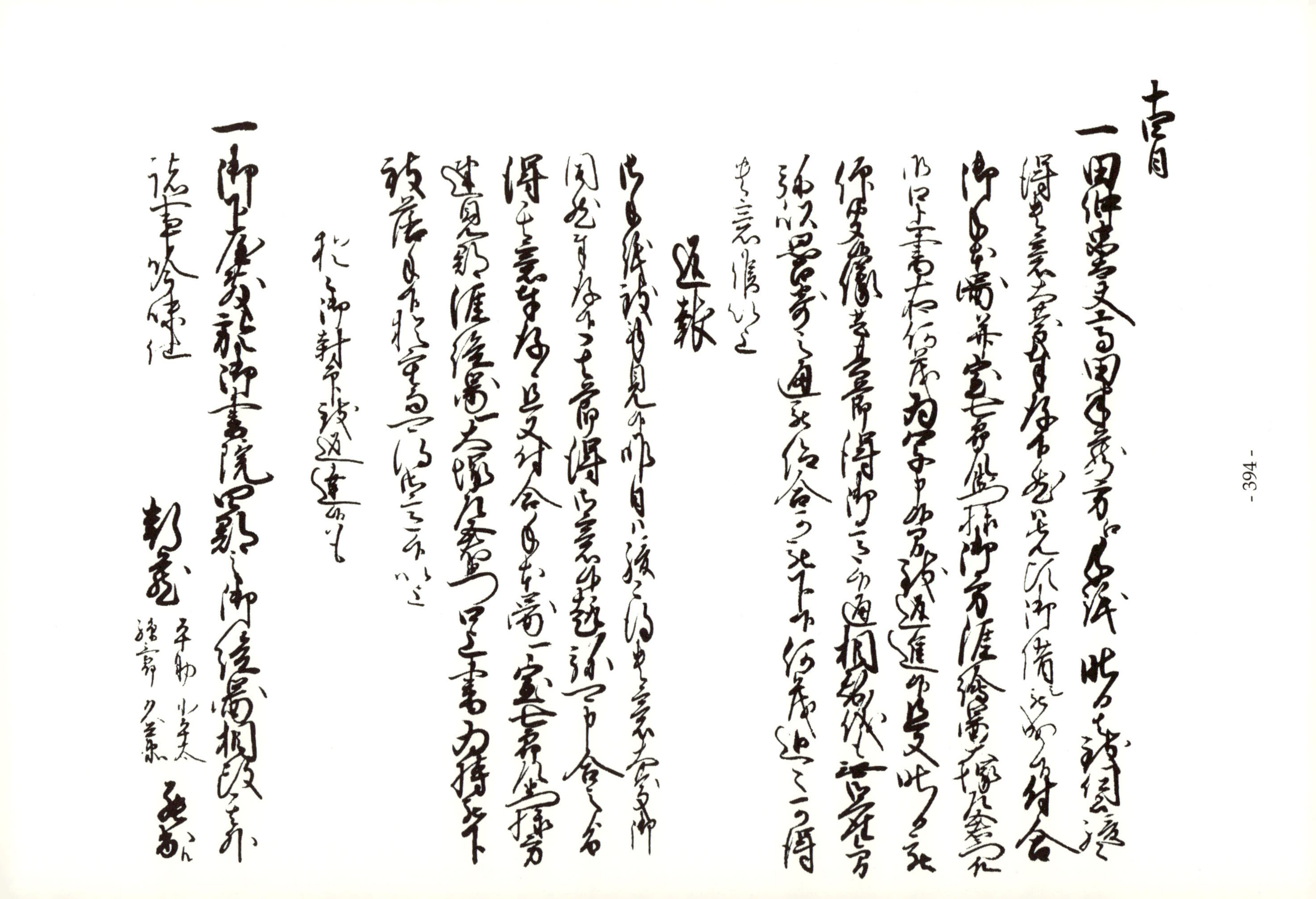

十四日

一　田仲堂文言田中[illegible]方江[illegible]状　此方より[illegible]

[illegible]

御[illegible]

[illegible]

[illegible]

[illegible]

返報

[illegible]

[illegible]

[illegible]

[illegible]

[illegible]

猶御封[illegible]被[illegible]

一　御[illegible]御書院[illegible]御[illegible]

[illegible]

[illegible]

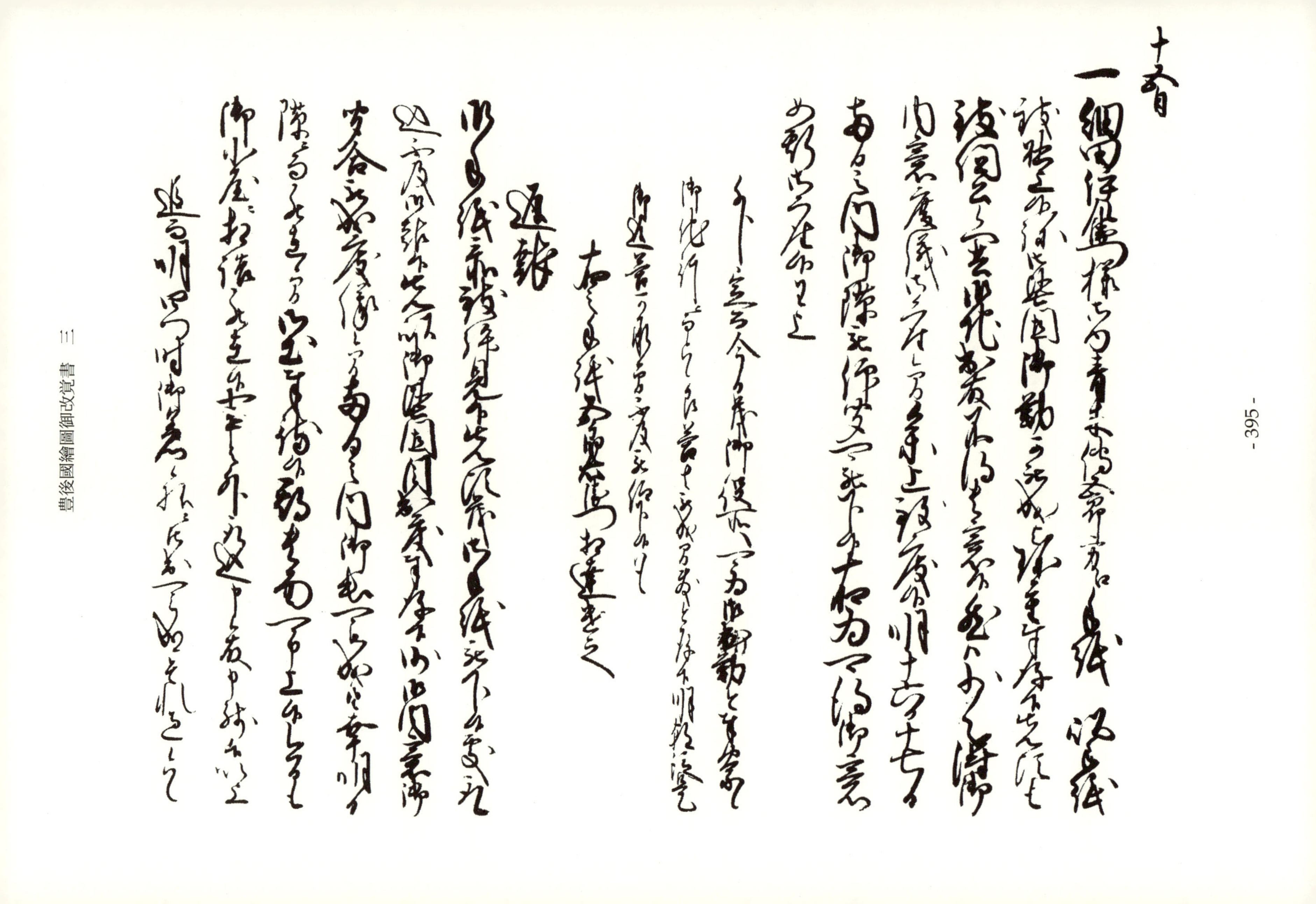

倂ゟつゝき相振ひも有之
右通錦畫帳ニ而及御見

一御上屋舗ニ於御書院日部ニ御繪圖相渡ス
諸事吟味役　郡藏　平助　小平七　孫六郎　久之丞　又兵衛

十二日

一御中屋舗ニ於御書院日部ニ御繪圖相渡ス
諸事吟味役　新藏　宇助　小平治　孫六郎　久兵衛　平五

一毛利周防守様ゟ御達被申渡、三郎兵衛へ　代
御屋敷御用務之義ニ付、福井出羽守様ゟ御報
被仰聞候、右繪圖之永書付差上候ニ付、為持参ヲ之
御役所差出候處、一ツ之外下ケ札有之、又小書添、御存候、
今日壱封ニ而御上屋舗返之旨被申、一ツ之外ニ而被相渡候
一ツ之外下ケ札有之
新藏儀、伴倉へ振リ周公付居之通、右書面認、一ツ之方へ
御達ニ候、此之

同日伺、剤御上ル、及ニ承

一已剋、細田伴倉へ振リ、新藏同公青木修理

米倉伴兵衛罷出申上候ハ、中川内膳殿
役人中より　臼杵領張込ニ而大分郡之分相済不
絵図相渡候、彼方ゟ差出候ニ付、中津代大分郡之
分ハ絵図仕立候へ、今日ハ内膳殿絵図相渡候ニ付

一 内膳殿役人中より伺絵図・清絵図狩野良信ニ
相頼候而、中ニハ良信方ゟ出来不申候絵図ハ
仕候様ニ、取急キ候旨申之、又伴兵衛方ゟ仕立候へと
良信ニ絵図被仰付候得共、良信方ニ而仕立申候間
御書付差出候

一 内膳殿役人中ゟ伺絵図清絵図狩野良信ニ
相頼候と申候、良信方ゟ出来不申候絵図ハ
大分郡之絵図ニ而御座候、尤良信方ゟ仕立候
段ニ絵図書付差出候、又伴兵衛方ゟ絵図差出候
又伴兵衛方ニ而相頼候、良信方ゟ絵図差出候
致候絵図ニ書付差出候、此外ニ絵図無之候

一 細川越中守殿領分ニ角子(?)村と申村有之、絵図
ニハ大分郡ニ有之、古郷帳ニハ海部郡ニ御座候
越中守殿役人中ゟ絵図差出候、角子村ハ海部郡ニ
角子村と申候、御絵図ニも書遣シ候而
中川内膳殿役人中ゟ絵図差出候

伊達様ゟも絵図書遣し被仰付候得共
郡遣之儀上ゟ少々絵図ニ書付ニ而江渡へ遣候筈ニ而
申来候旨
一 今般信濃守様御領分村々御文伊達様ゟ被仰越
候間、右絵図ニ書出し、事文ニ而差遣し候様ニ
代官所ニ而其趣を申上候処、右之通ニ而可然由ニ而
御受申上ル　退出
右ニ付御上屋敷へ参、御用人中へ御座候処
かね而御願被成候堤見分之儀御上屋敷ゟ被仰出
付合之儀御座候ハヽ伊達様御目附へ申上候
御出張之御遠中上之
一 毛利周防守様御同道越中守様三郎方ゟ手紙
以御紙面ニ而今日七ツ時御出
被遊候御目通仕候旨申来、明日四ツ時上屋敷へ
孫六左衛門出ニ付、右御紙面ニ而孫六御出ニ可被成候
十七日
一 御上屋敷御書院ニ而御絵図御渡被成候
新蔵　平助　小太夫
孫六郎　久兵衛
御用人吟味役

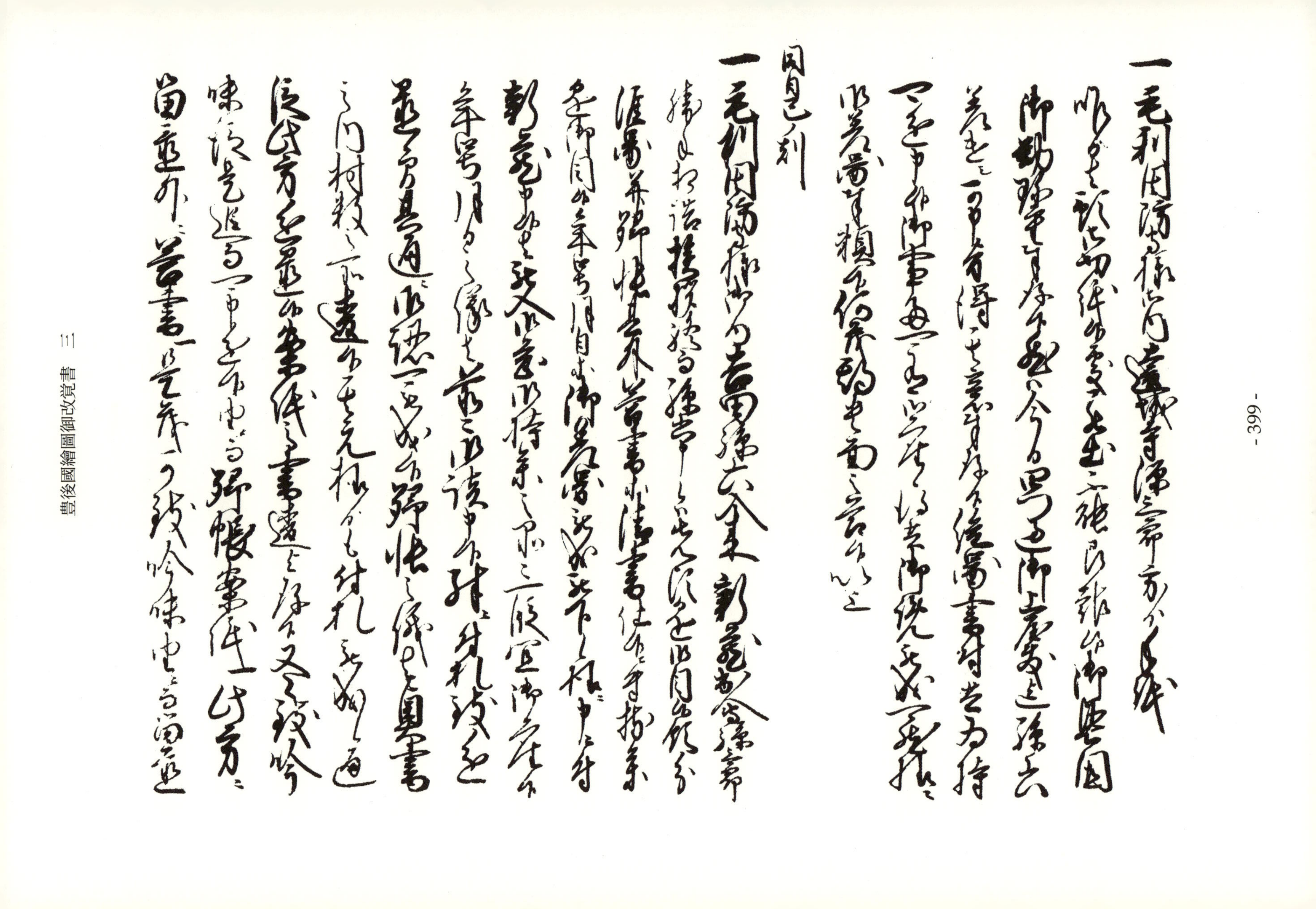

[illegible]

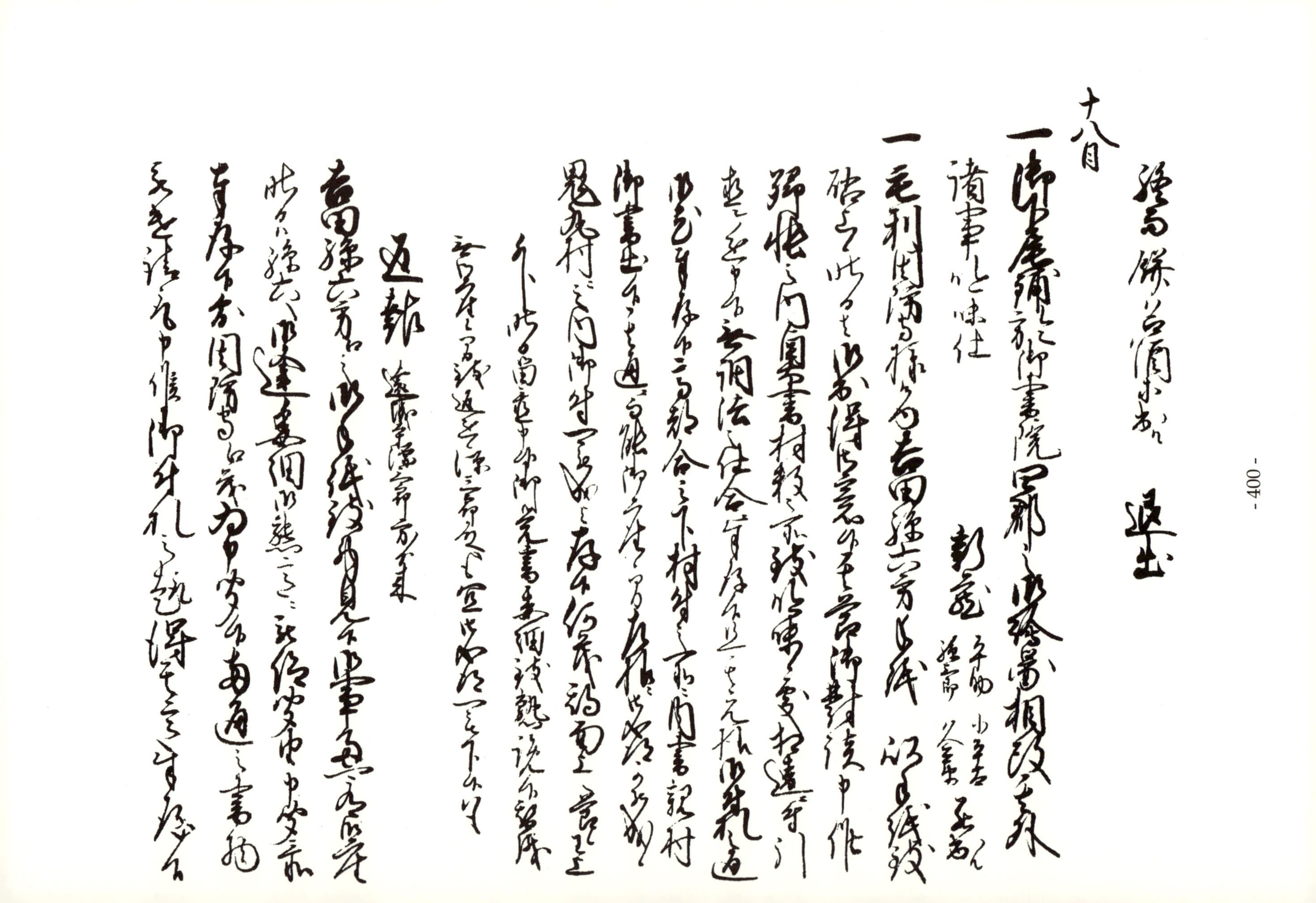

[illegible] 退出

十八日

一御屋鋪ニ而御書院[illegible]

諸事[illegible]

一毛利[illegible]

[illegible]

返翰 [illegible]

[illegible]

度々相伺候處一向ニ止不申候以上
尚又猿之成此方ニ而此趣之義　添書ヲ以可被入御念候事
永々手間取候段月日ヲ被付下候様ニ存候
此方猿之節右之通ニ御座候ニ付

十九日
一 御下屋敷江相詰御書院四郡之御繪圖相改
　一同御吟味仕
　新藏　平助　小平太
　孫兵衛　猪之助　久左衛門

廿日
一 右繪圖同前　右同前

二月廿一日
一 御下屋敷江相詰御書院四郡之御繪圖相改
　一同御吟味仕
　新藏　平助　重吉
　孫兵衛　猪之助　久左衛門

一 壱岐守様より御使者方より手紙
　繪圖之儀ニ付申候處以上屋舗江一ツ宛
　同日付を以申来
　右之紙面之趣承知　明日御出
　之儀返事申来候

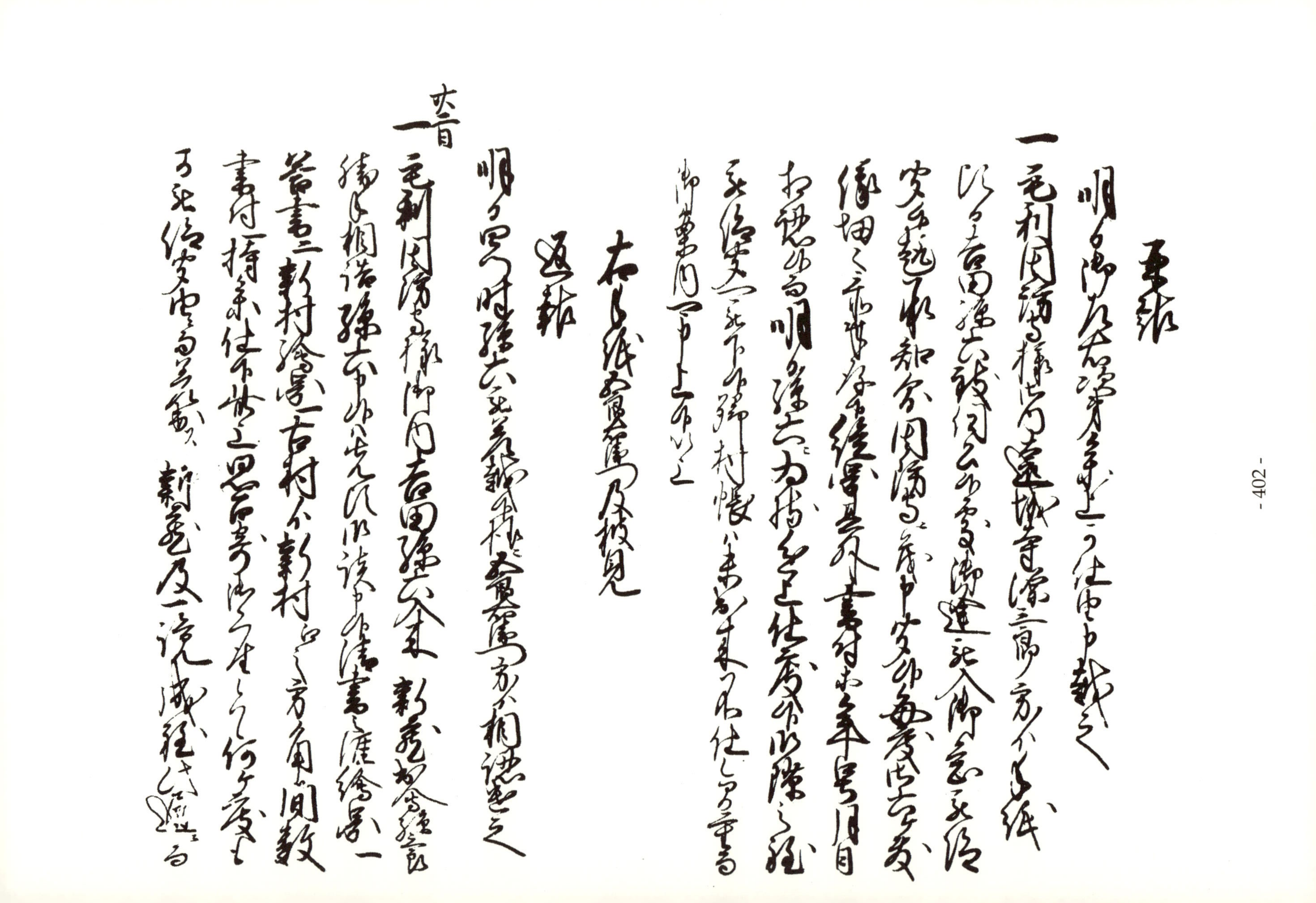

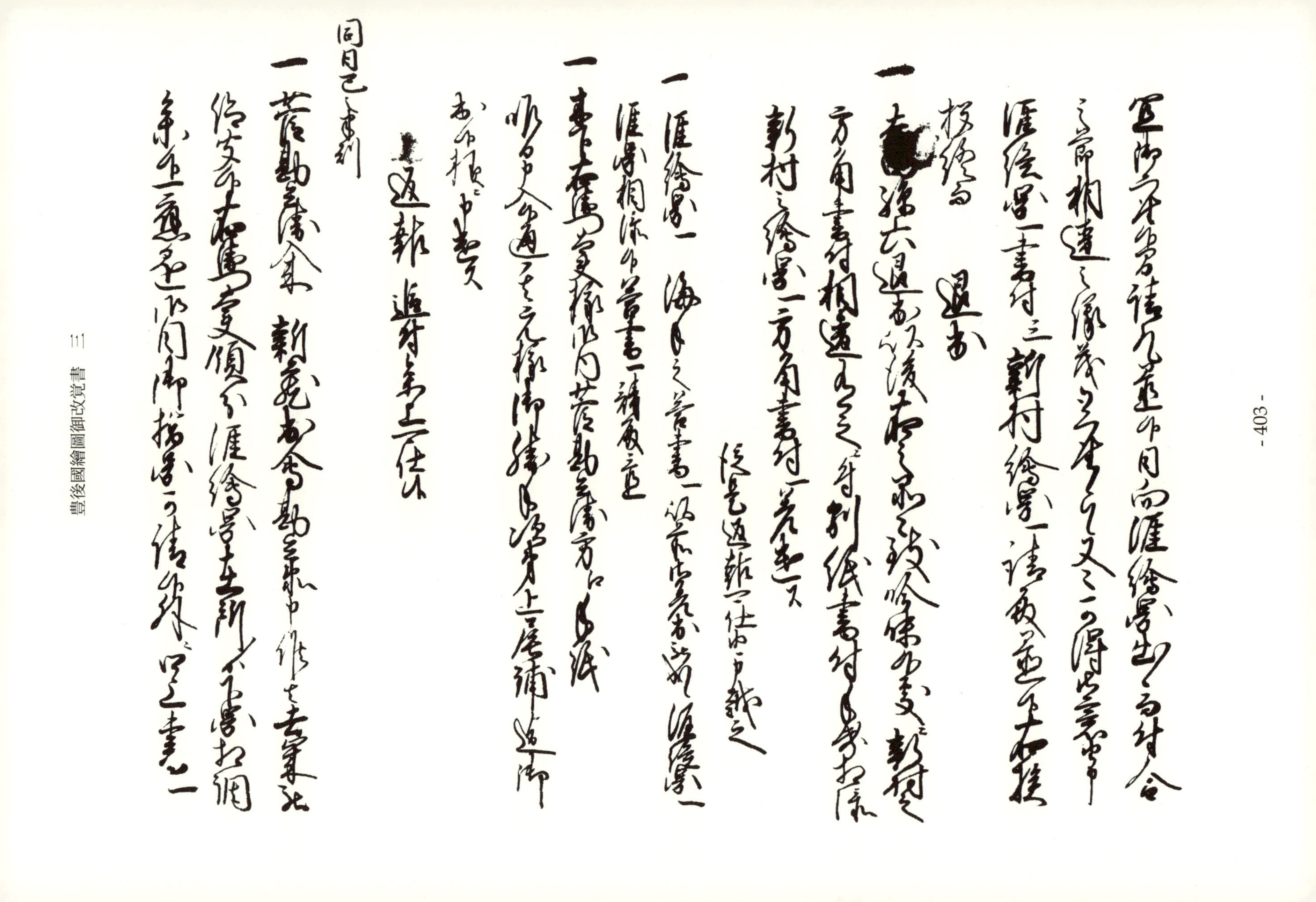

[illegible]

差支共新発及一統役寮ニ而仕法宜以令修候
就様拵候而勤之處、中古右役寮之内未決之儀御
座候ニ付、又々中納言御中座得其意ニ付、其節差遣候
而右役寮之守道之仕方相分、及延引申候
今更御同席新発様相談之上、右役寮守一諸ニ
返進
右之條々可得其意者也、尚右之通役寮書
付添及一統
一 右役寮之守一清返
一 御本尾請取御書院罷出之、御役寮相渡申候
外ニ遣事申候仕　新発　[illegible]
六三日
一 日[illegible]之文ニ而御[illegible]方ニ出候、左候ハヽ可得其意
言[illegible]御勤之[illegible]、[illegible]
明日元利[illegible]等様方ニ渡役寮相調[illegible]
先[illegible]御[illegible]子細[illegible]右[illegible]役寮一
并海[illegible]書一[illegible]御[illegible]村[illegible]役寮ニ
来相[illegible]不及先達而[illegible]通

存寄候ハヽ付合等吟味仕度候と [illegible]

毛利様御内[illegible] [illegible]書付[illegible]

[illegible] 右返翰差遣ス 及披見

一 遠藤[illegible]三郎方ゟ書状 [illegible]

存寄御村役人[illegible]

致承知[illegible]

御勝手[illegible]

御[illegible]

返翰

右書状差遣ス 及披見

一 明七ッ時[illegible]

一 御下屋[illegible]書院[illegible]

[illegible]吟味[illegible] 新発 [illegible]

[illegible]

一 田[illegible]書状 [illegible]

[illegible]

御返翰[illegible]

[illegible]

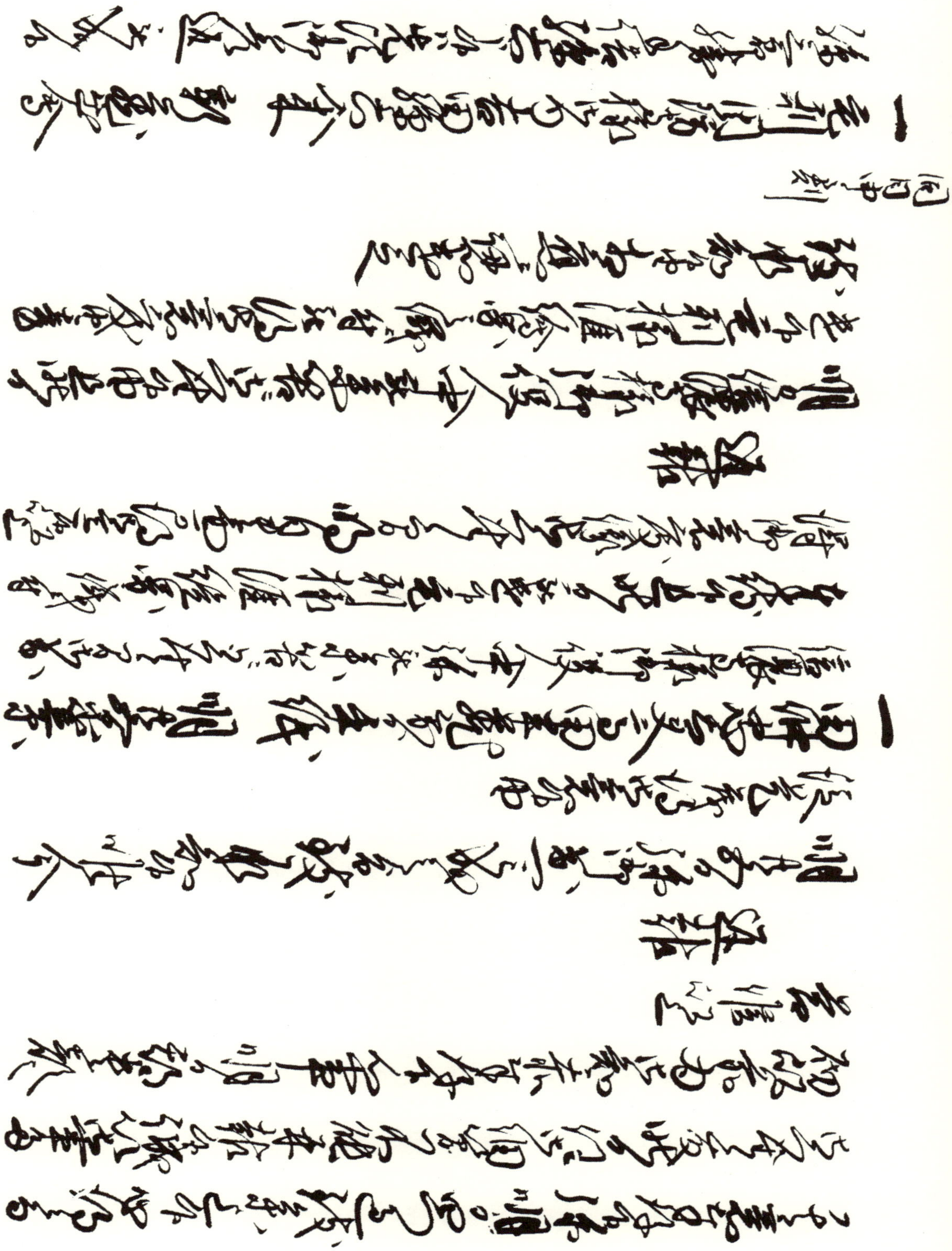

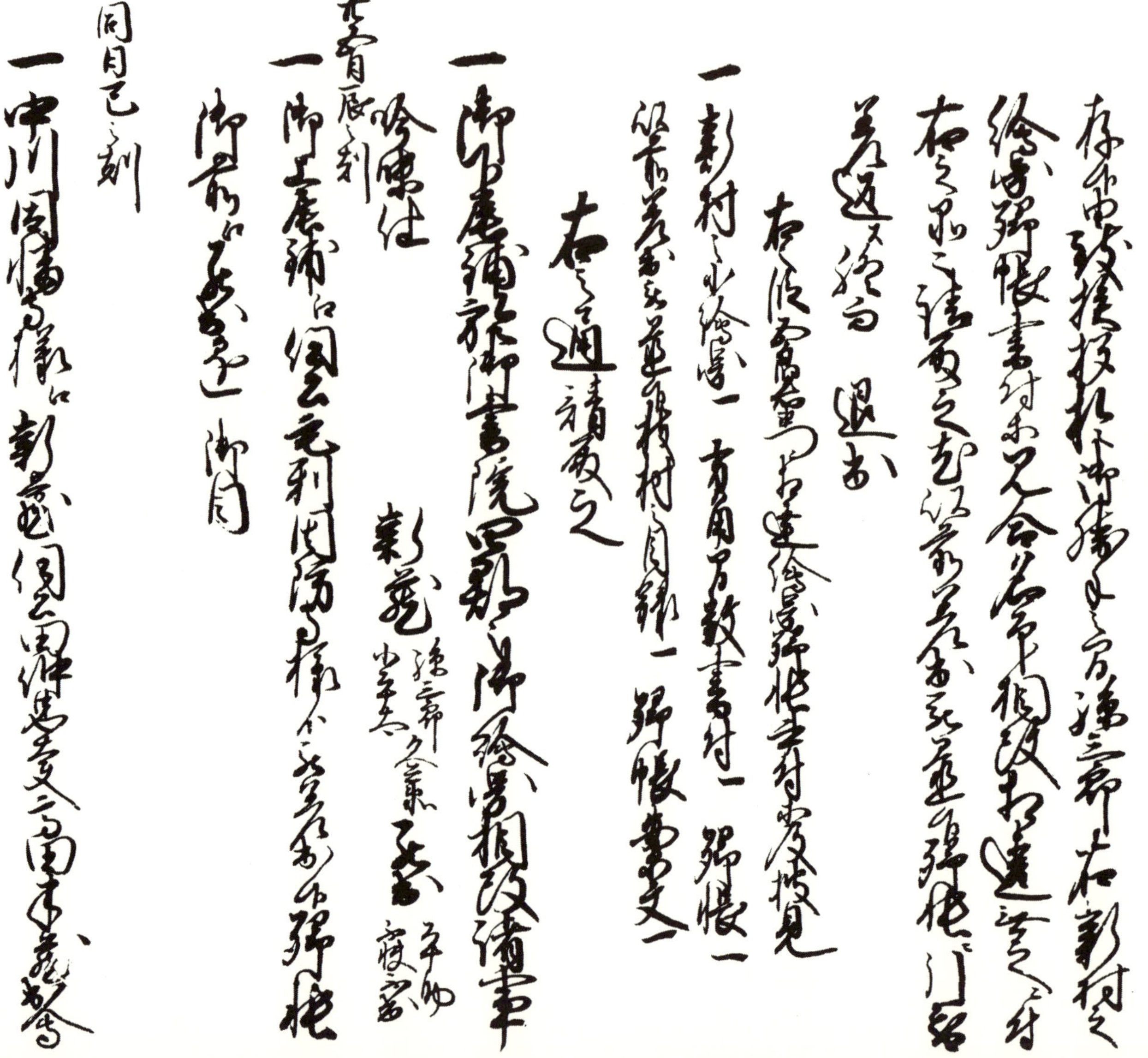

彦村之絵図一方角方数米村一揆出し候以来文化前
私領分之者共迄も鍬帳御差支之通相揃持参
仕候由ニ而右之趣彦之丞及ニ役方御役人衆迄
存候而致持参候様申渡ス　孫三郎　右彦村之
絵図鍬帳書付等不足合ニ付被仰付候間追々之村
右之内ニ請取之相給寄共之者鍬帳一冊宛
差遣し候処　退出
右役人共ニ而度ニ付絵図鍬帳書付写被見
一　彦村之山絵図一　方角方数書付一　鍬帳一
[illegible]　鍬帳[illegible]一
右之通請取之
一　御代官[illegible]御書院ニ罷出御絵図相改候事
吟味役
彦之丞
孫三郎
[illegible]
十六日辰之刻
一　御代官[illegible]
[illegible]
同月巳之刻
一　中川[illegible]

小笠原信濃守様御役人額田治右衛門・菊池仁兵衛
彼方ニ而我等共ニ付罷出候、此方ゟ豊後方之絵図ニ付合候儀
絵図之儀ハ書付を以付合候之

一 宗七郎兵衛様御絵図ハ豊前ゟ書出申候、豊前
境ハ豊前之方ニ墨筋を引分候ニ相見え申候、豊後之方ニハ
当国之内文様ニ而ハ墨筋之境ヲ相見え不申
候之小笠原信濃守様御役人中ゟ当国之境文様
被仰候ニ付、此段相済候、一ヶ所付候ニ而
書記方ゟも宗七郎兵衛様御方ニ右之段申
中合候而申置付候之様之

一 惣而文字書記ニ新書記中ニハ宗七郎兵衛様ゟ御さしつ
之候ハヽ相改候様ニと御申聞候間申
差入候、右之段申候而御写書文并書入方ハ宗七郎兵衛様
御絵図之御事ニ御案内ニ付候之

一 新書記中ニハ此方之絵図之儀ハ、絵図ニ而御帳一
冊面之書記ニ新村小名之儀一并ニ方角ヲ書入
付一御絵図之上ニ書記申候之様ニ相済申候、

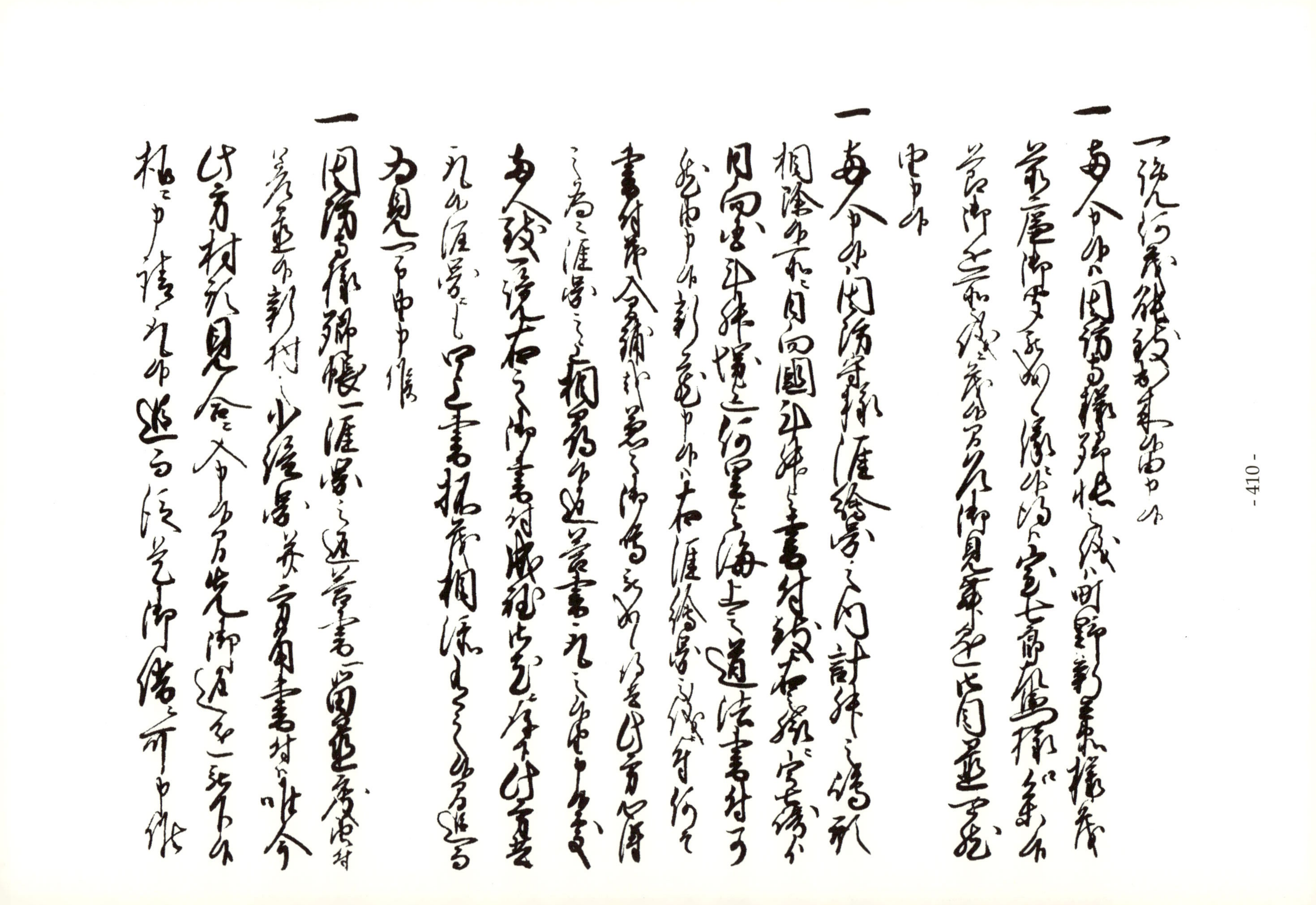

申越候
　右絵図一ツ又書付相渡申候

一 今晩中津御上屋鋪江参、本多因幡守様御家老江右之絵図之儀申達候ヘハ、御前江申上候処、右之段御直ニ申上候処、可然思召候旨被仰候由、御家老中被申聞候、御機嫌之
御事

一 本多因幡守様御内蔵助殿方より手紙
先日御指図被成候絵図并書付共ニ内見
御請可仕候、明日四ツ時御出候様ニと申来
候ニ付、右絵図書付御指図之上可申候
　返翰
明日四ツ時分ニ参上仕、可得御意候由
申遣候
　右之書付写置候見

一 御上屋鋪江参候、御書院ニ而御郡奉行并御絵図改
諸事吟味仕、新絵図ニ関係之儀承
候て罷帰申候
　播磨守様御家老　平野
　中津　奉行衆

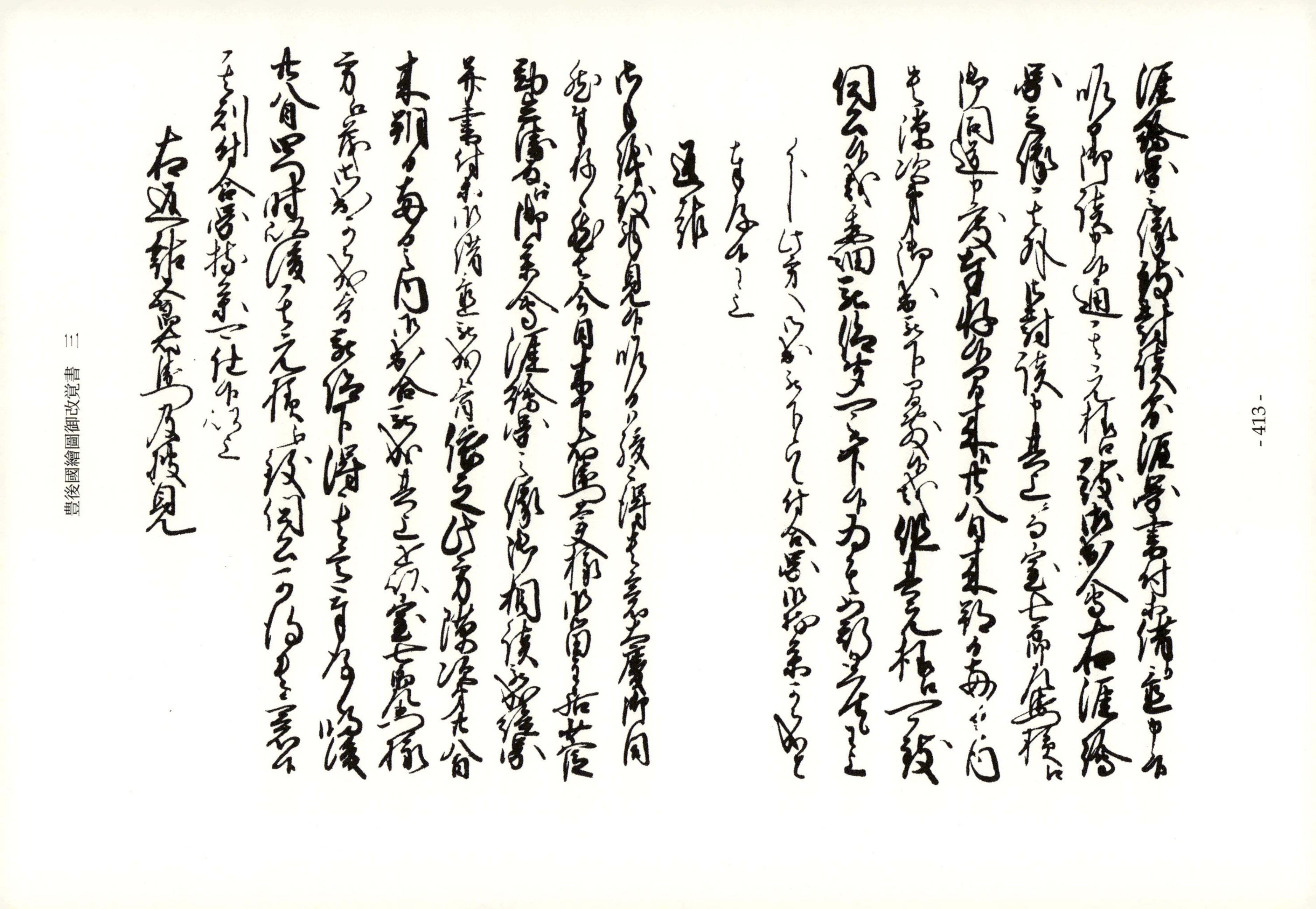

[illegible]

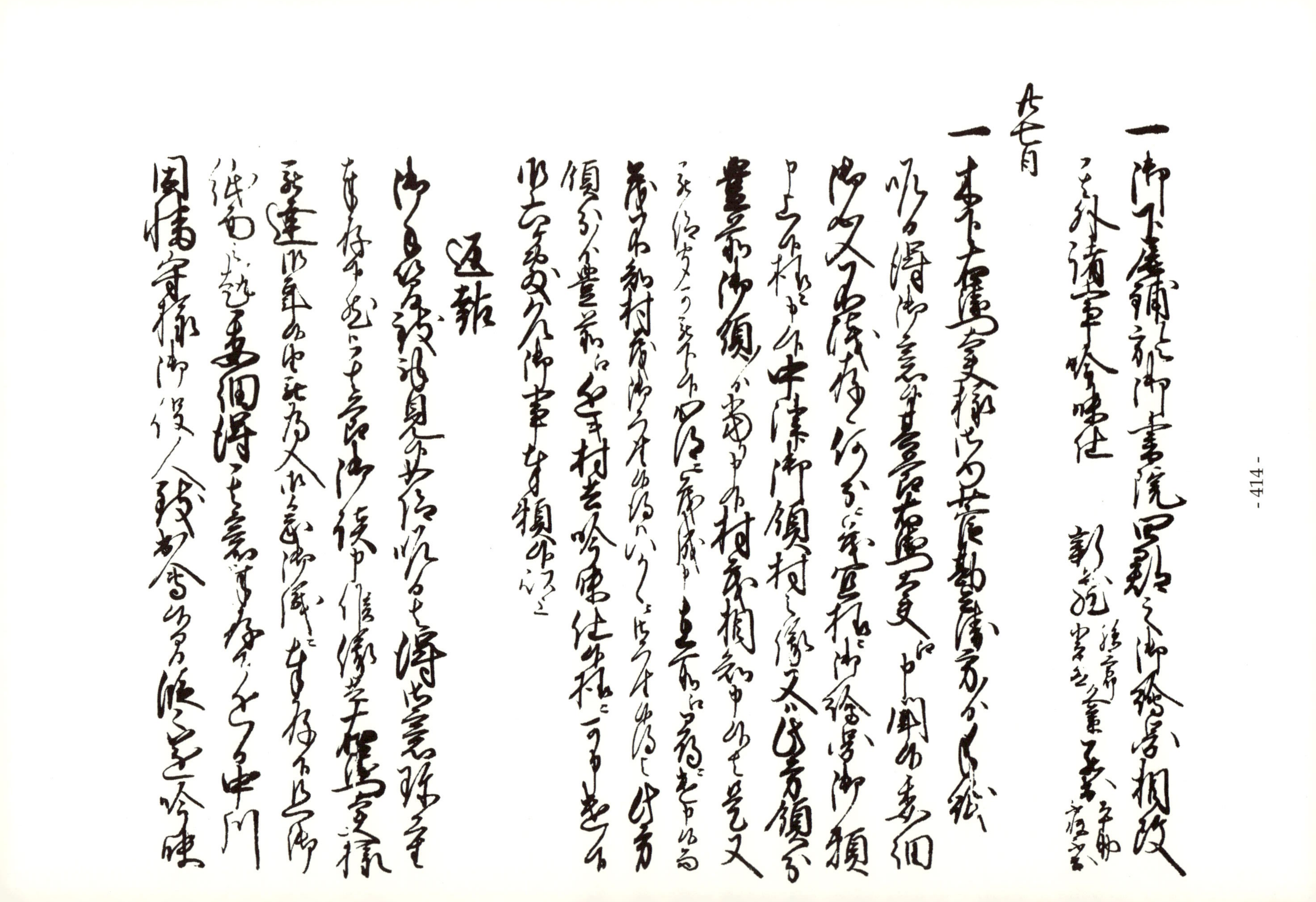

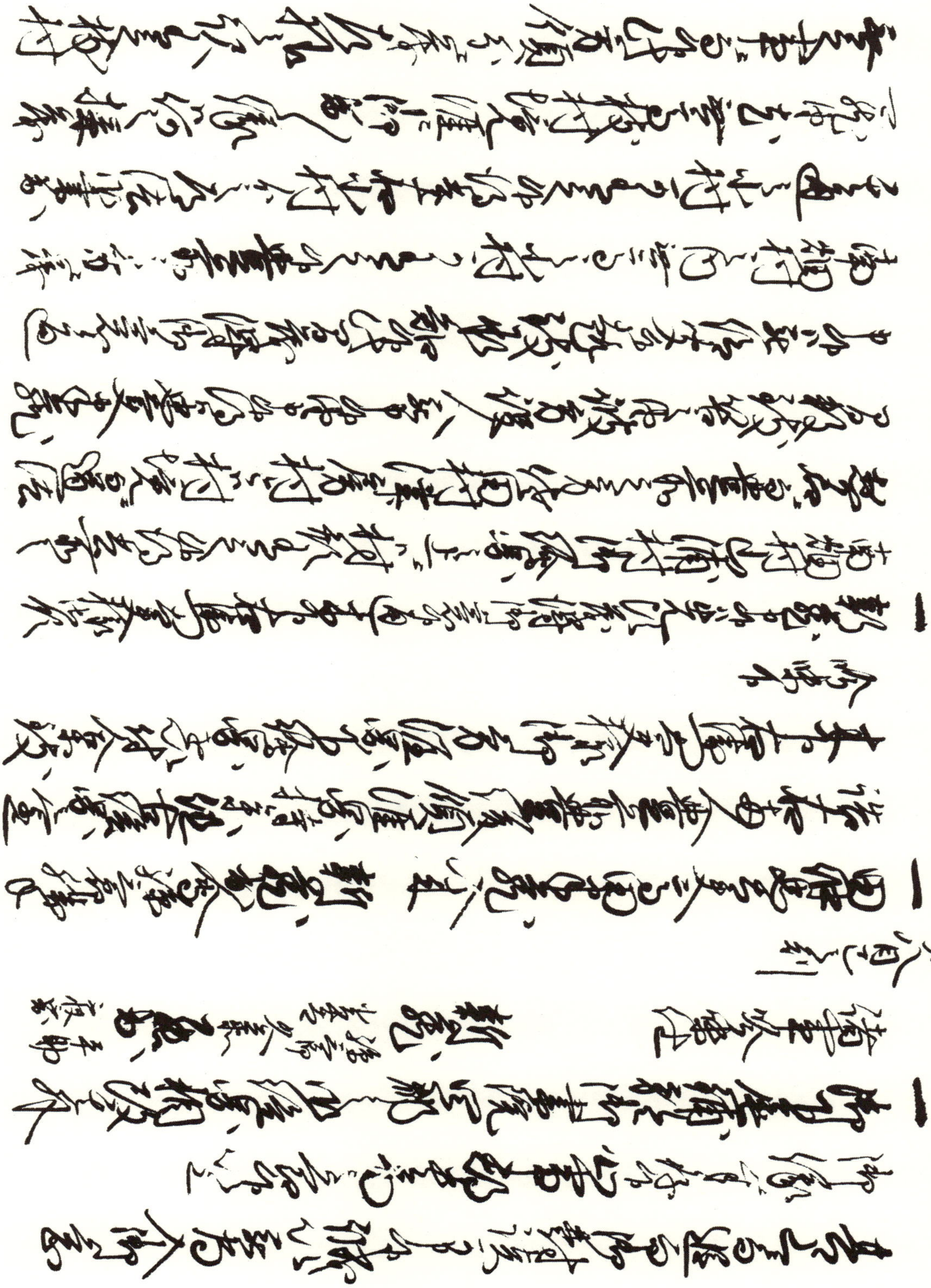

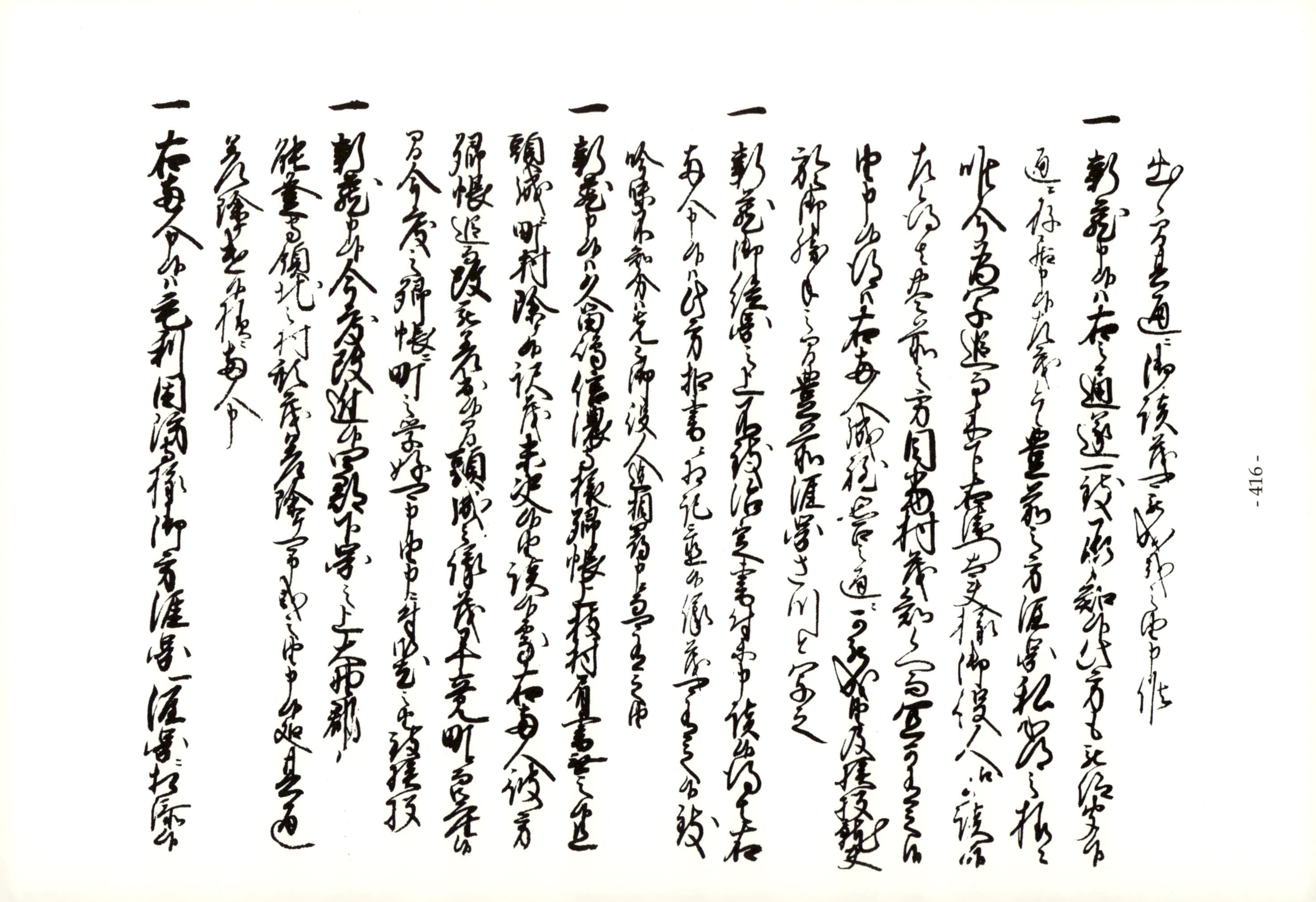

書付一通并書付一冊仕立置候而掛御目候様被仰付候
未出来仕迄ハ御断申上候、新庄右衛門殿へ絵図御帳之儀
残之御改可被成候由申候、右之通

菅麦切　嘉橋小兵衛

退出

一　来右馬左衛門御用ニ付、菅勘兵衛方ニ参候
御使者ヲ以今日参候様申来候ニ付、罷出申候

逢候

退出之節ハ上之仕合申述候

同日夜分

一　菅勘兵衛へ参、新庄右衛門殿ニ而御絵図之儀承候
村数之儀ハ御改之済候
豊前・豊後之字高見合、菅勘兵衛殿へ御相談ニ付
御絵図之相違仕候、豊前豊後備中守殿
江戸表伺之上ニ而御見合候而、清帳面ニ附候
其方右馬左衛門殿御改之処ニ而候由、新庄
披露被成候而御備前殿へ申入候、石原一
覚書一通差出し候、相渡候、右之通

退出

右双方[illegible]

一 御[illegible]於御書院[illegible]

[illegible]

十九日

一 [illegible]

[illegible]

三月朔日

一 御[illegible]於御書院[illegible]

[illegible]

同二日

一 [illegible]

[illegible]

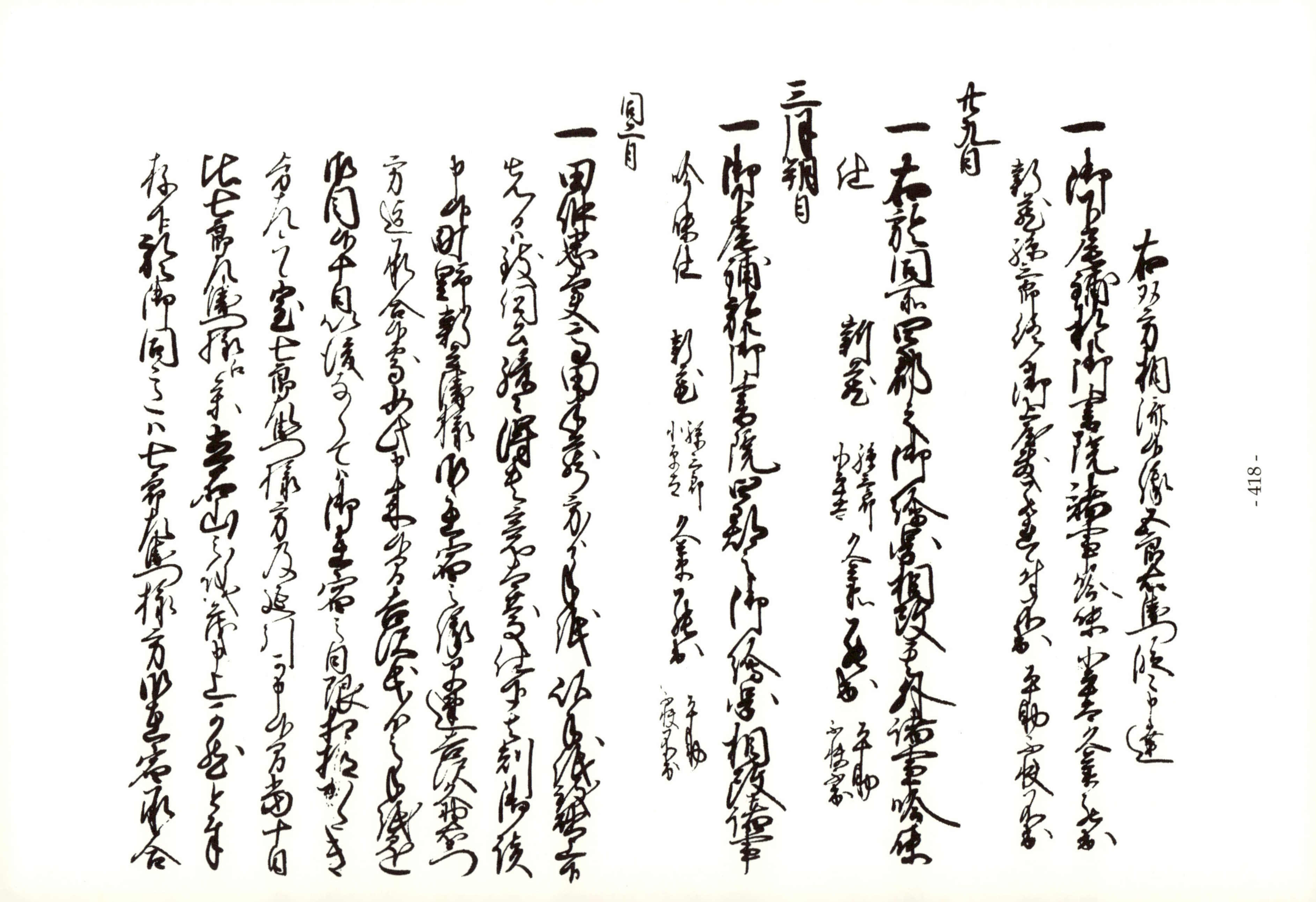

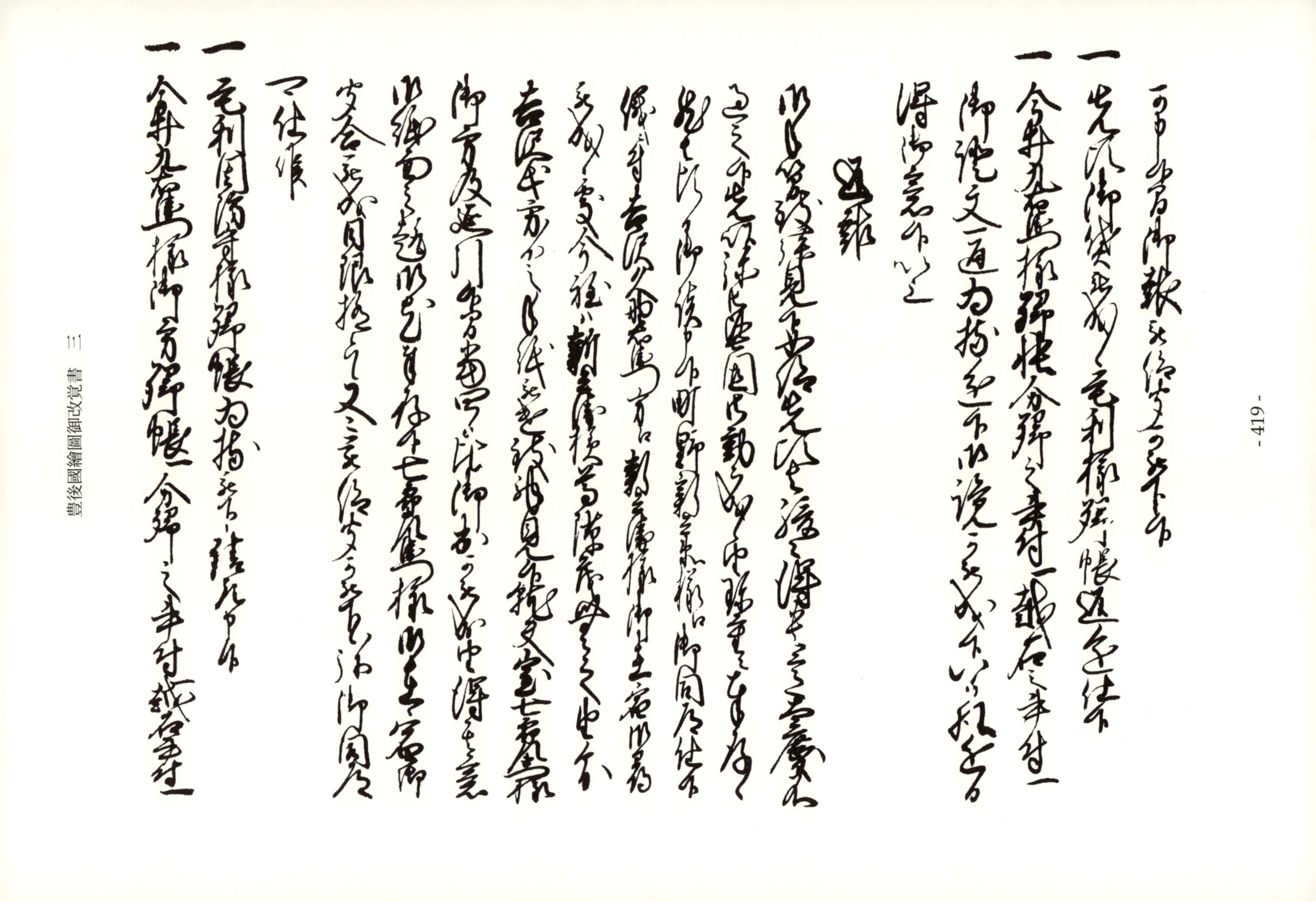

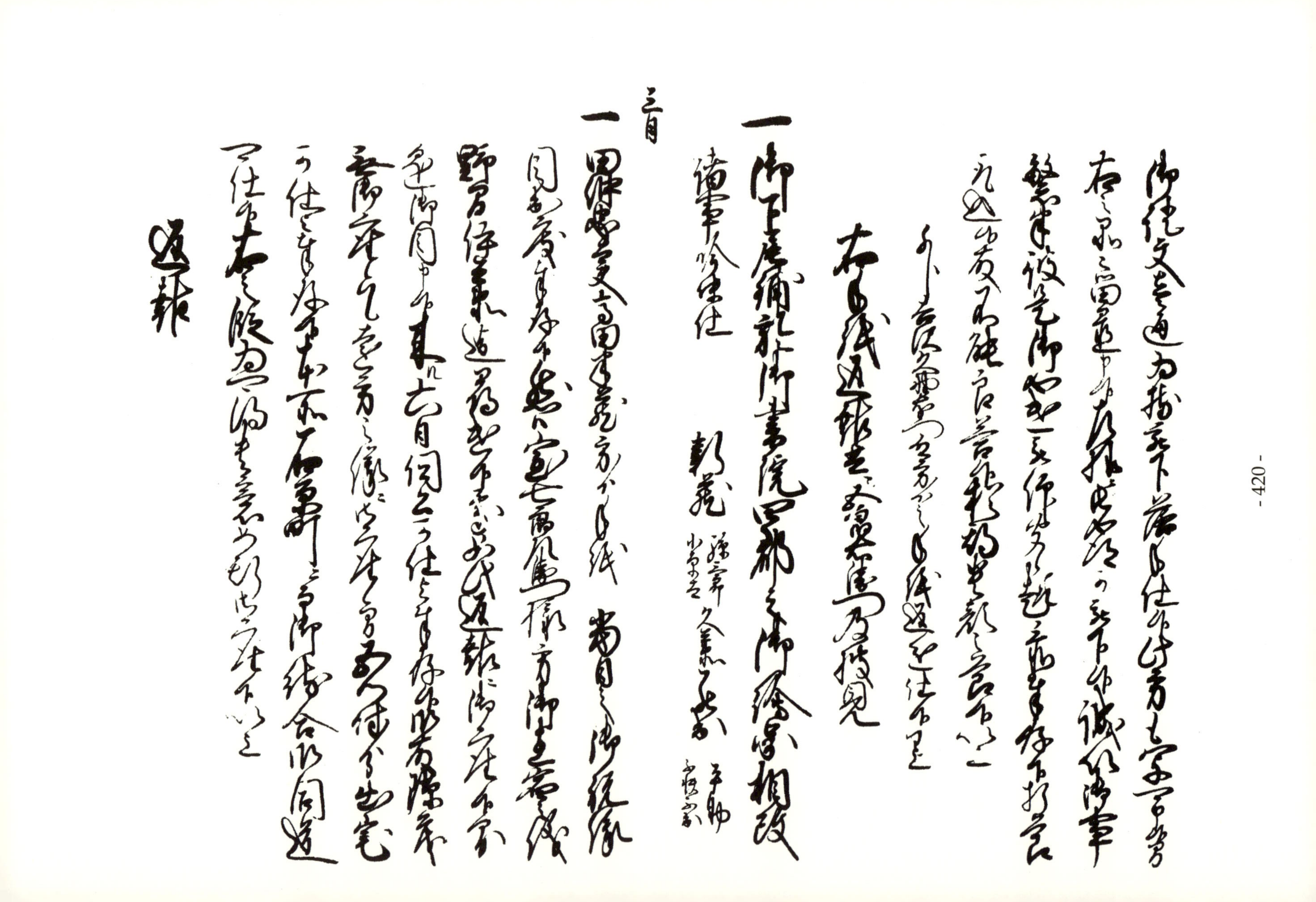

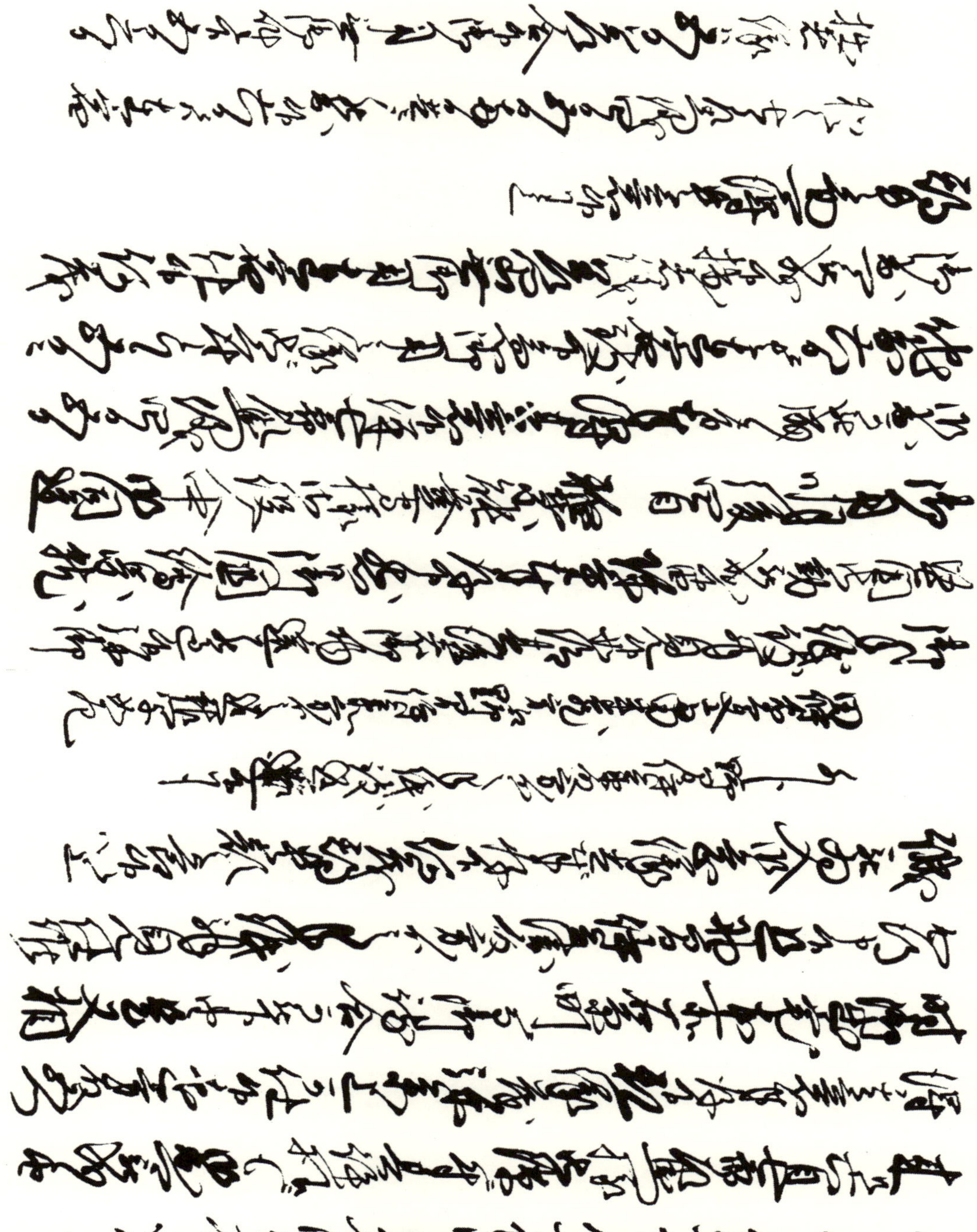

有之[illegible]以上

右之段早速報 野口伊予守方ゟ返報写

大蔵大輔殿被見

一 御下屋敷御書院四ツ之御絵相破候七ケ所

繕書吟味仕 新見[illegible] [illegible] 久米[illegible]

[illegible]

一 右於其間見候 右同断

[illegible]

一 [illegible]

[illegible]

[illegible] 分帰 [illegible]

[illegible]

[illegible]

[illegible]

帰帳 壱冊 御礼文壱通

載御書付 壱通 分帰之書付 壱通

右之通文庫ニ封印入置候

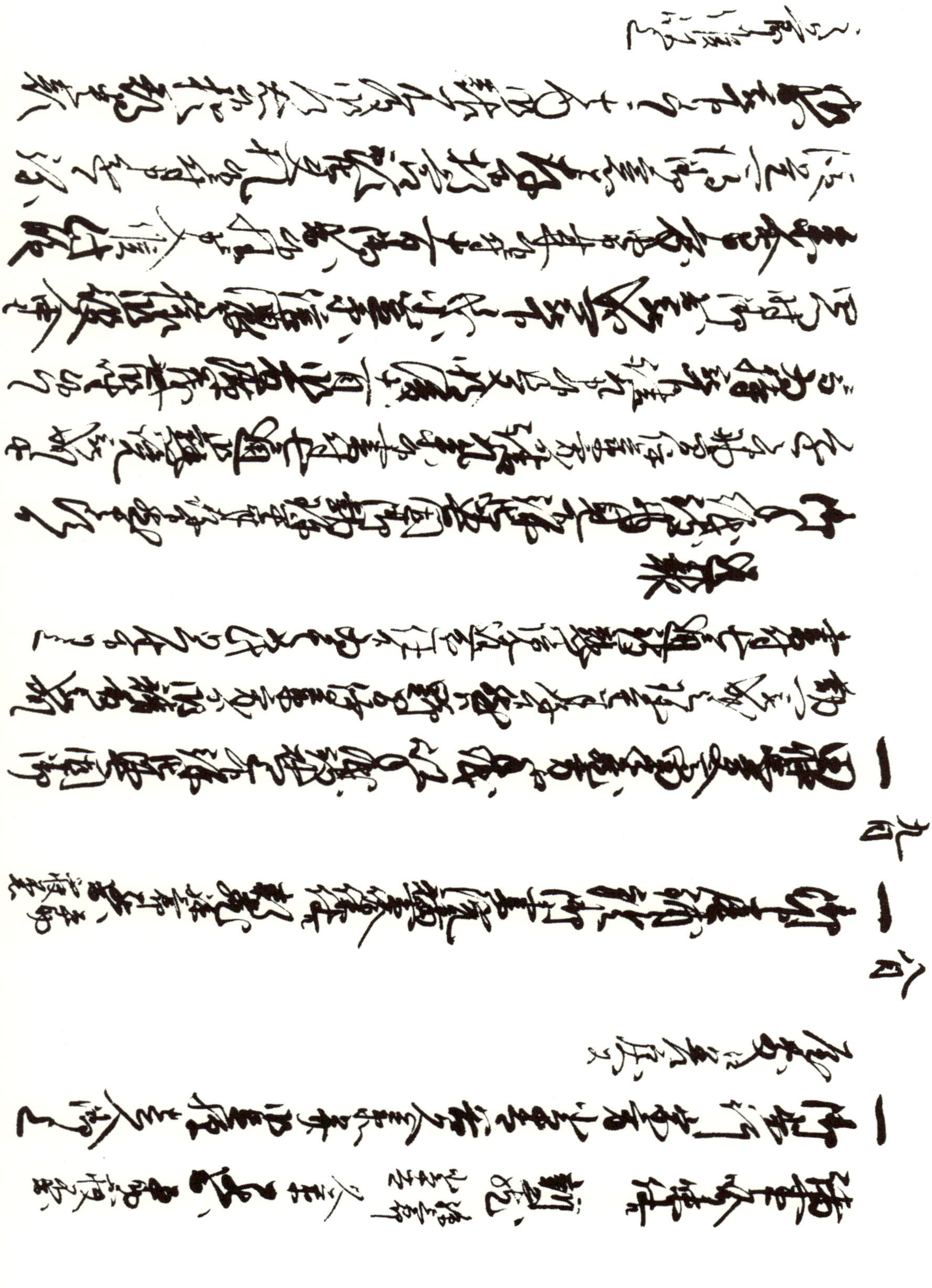

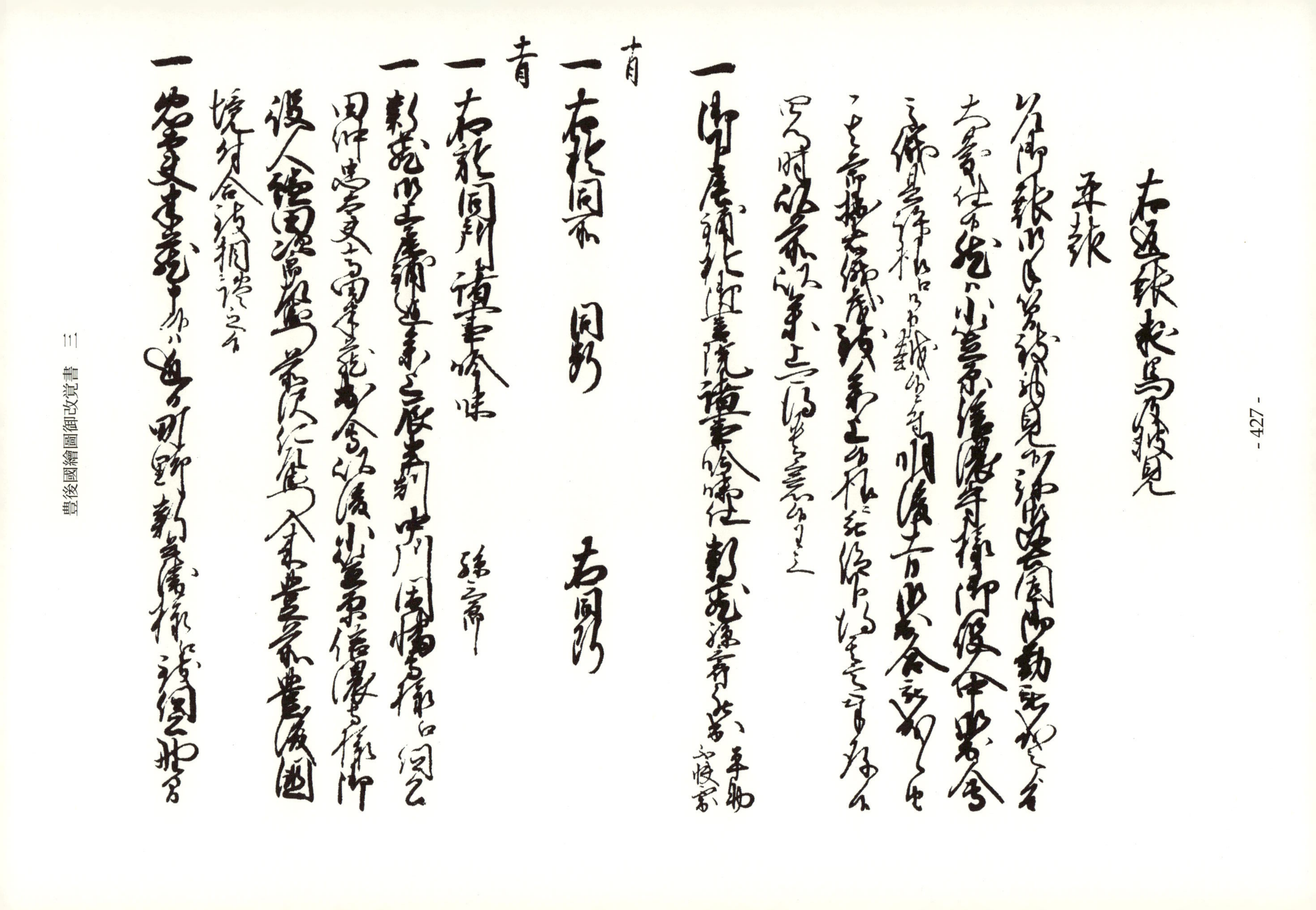

十三

一 右絵図同断　同断　右同断

十四

一 右絵図同断　諸書吟味

得其意、不束成儀書付ニ而、委細之趣相觸候ハヽ申出旨
被仰渡候ニ付、同役中ニ而も聞済之上、申渡候様
去夜、御書面之趣、奉承知候
右相仕舞、御上屋舗ニ参候様、河野・木島ニ
被仰達

十二日
一 御下屋舗ニ而御書院并表向修復　新規、源三郎・孫兵衛

十三日
一 於同所右同断　新規、源三郎　孫兵衛

十四日
一 於同所右同断　新規、源三郎　孫兵衛

十五日
一 於同所右同断　新規、源三郎　孫兵衛

十六日
一 於同所右同断　新規、源三郎　孫兵衛

一 開帳之儀、先達而申上候通、源六郎手紙を以被申越候
右者[illegible]之通、[illegible]御用番[illegible]

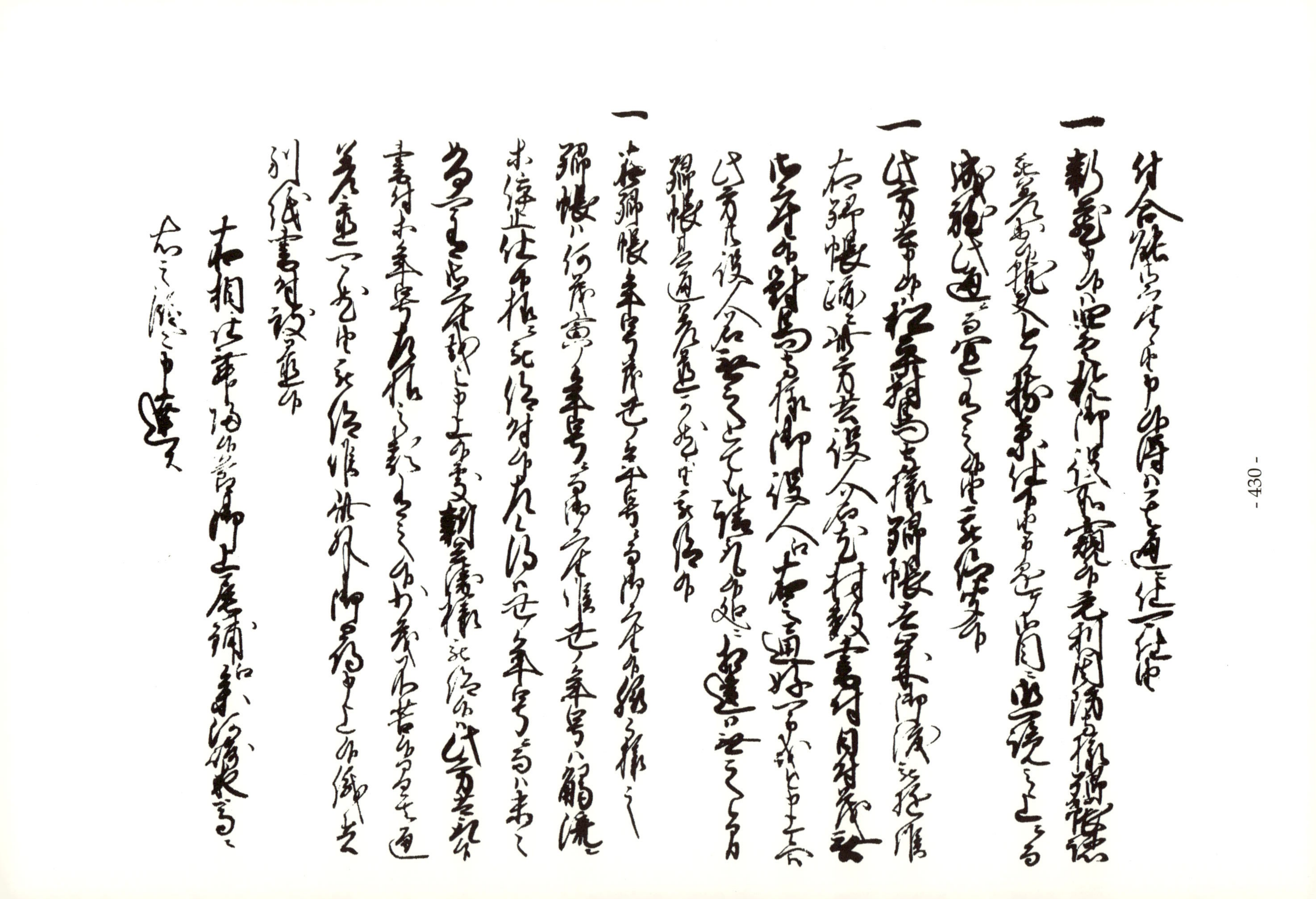

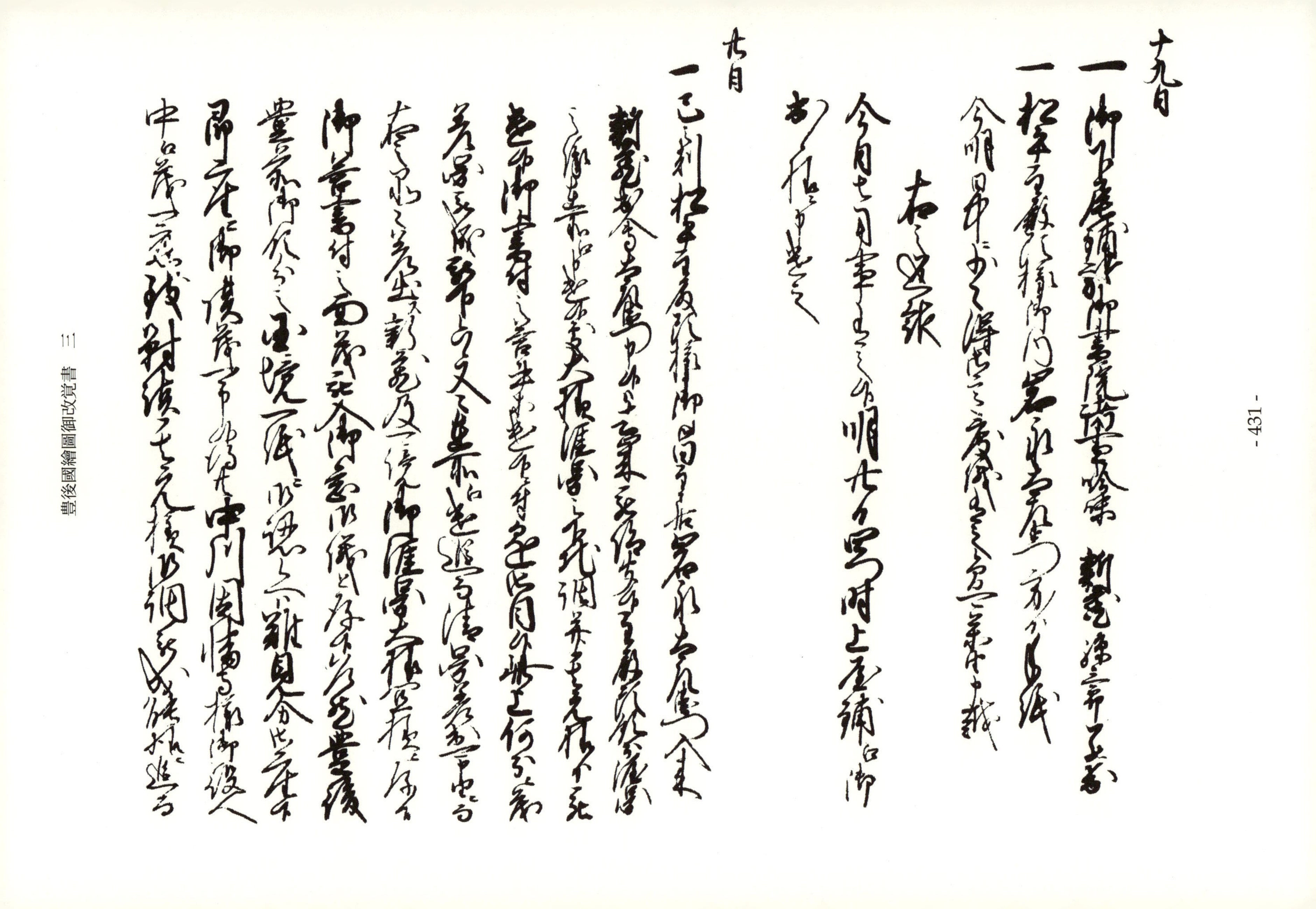

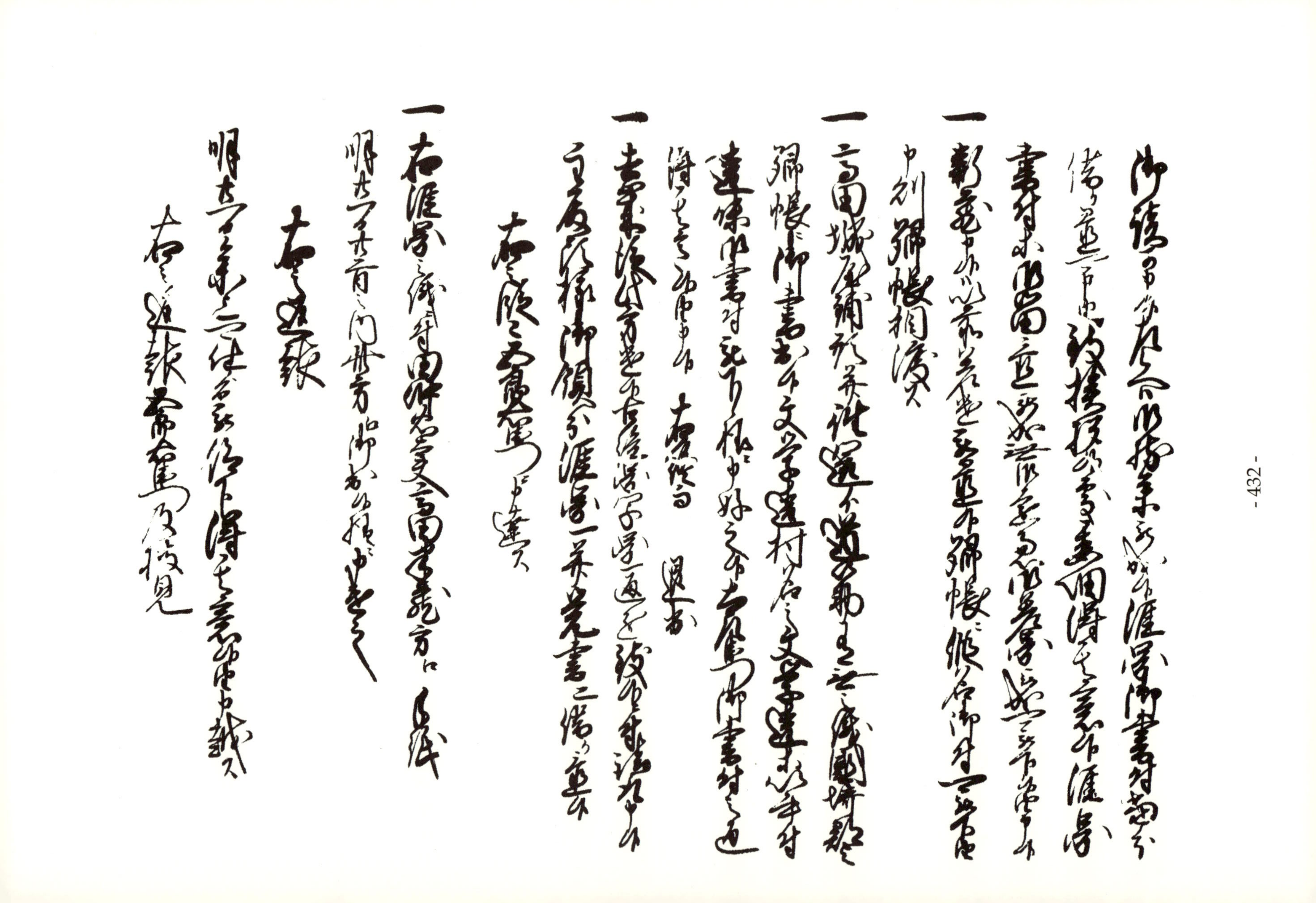

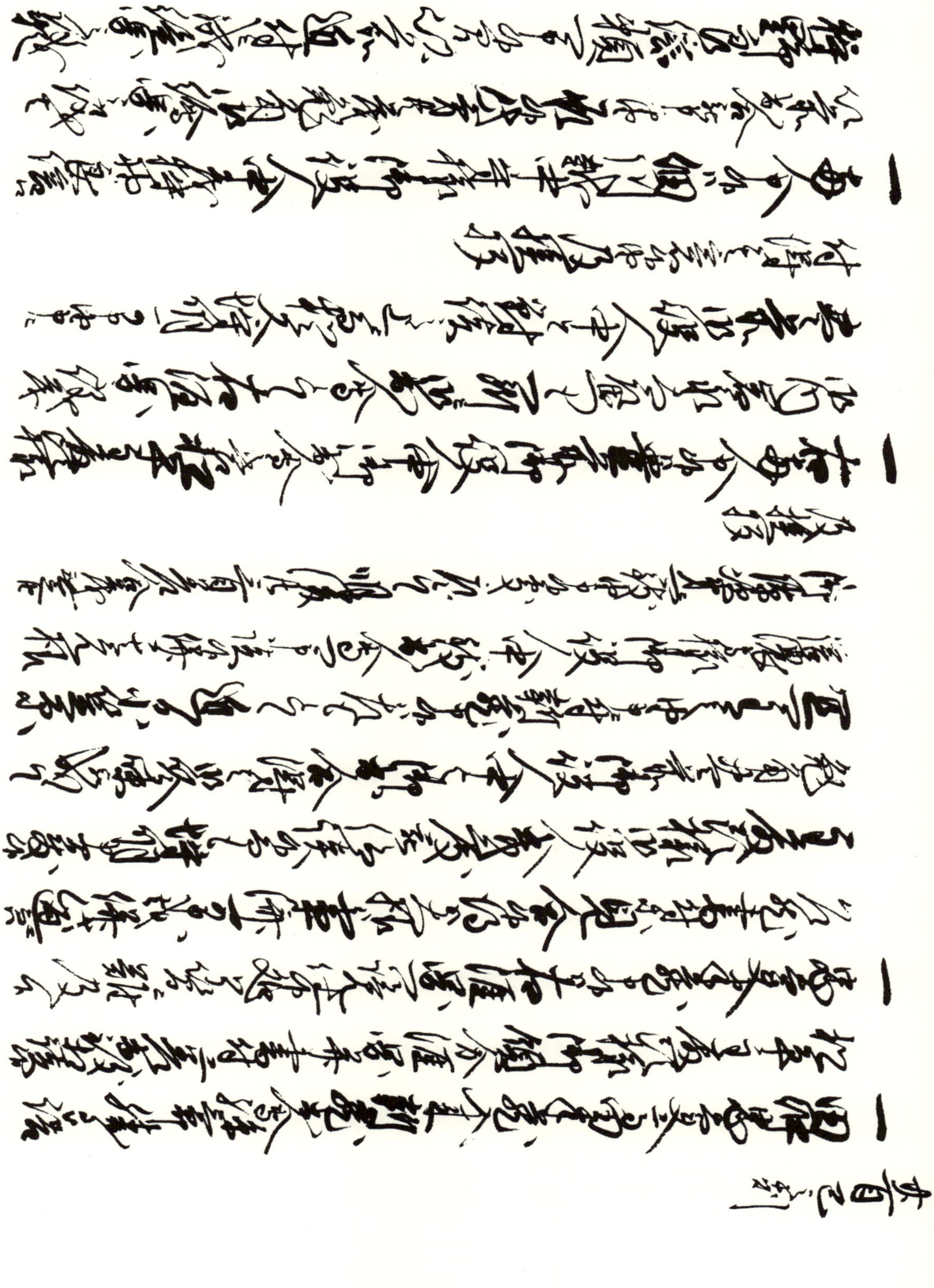

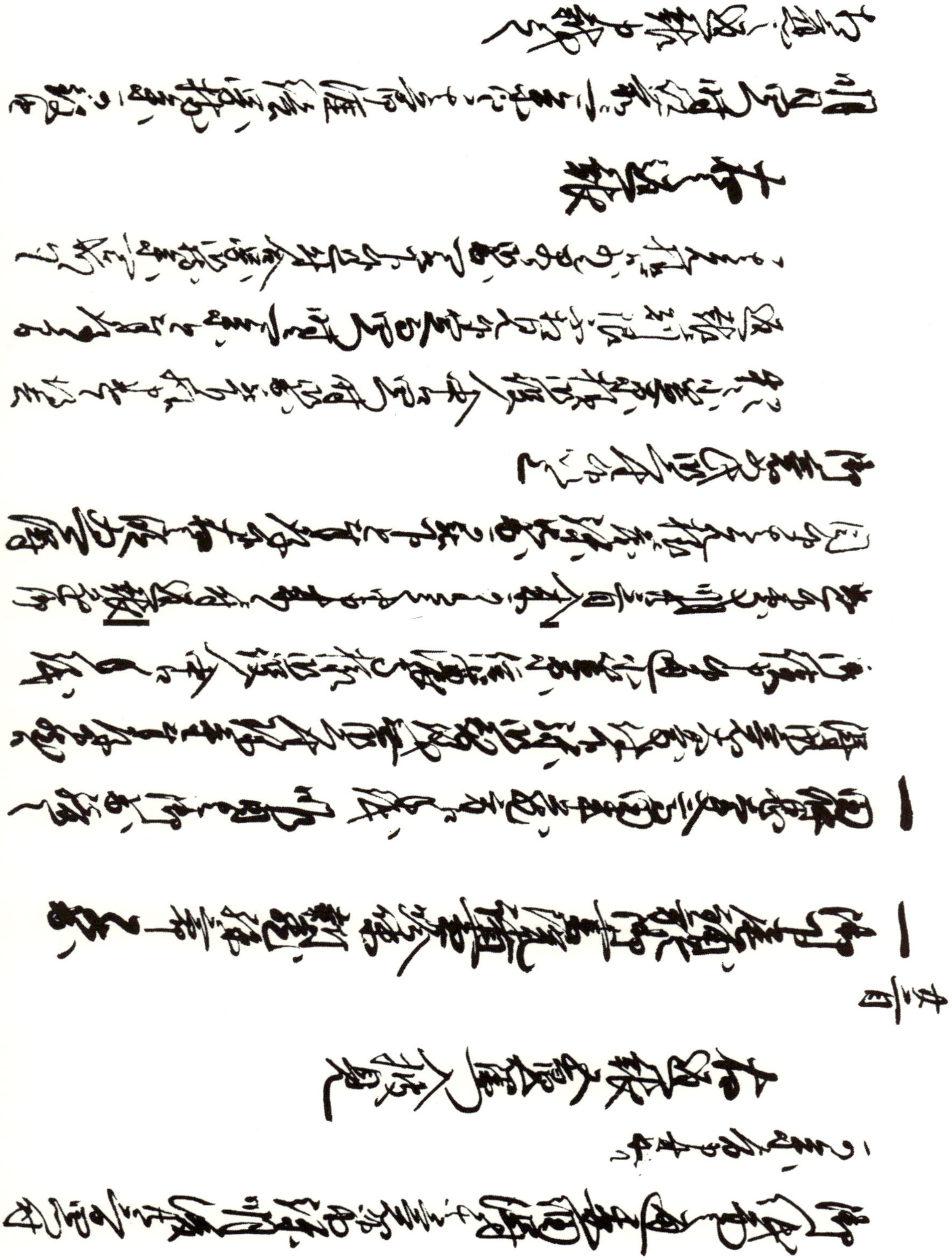

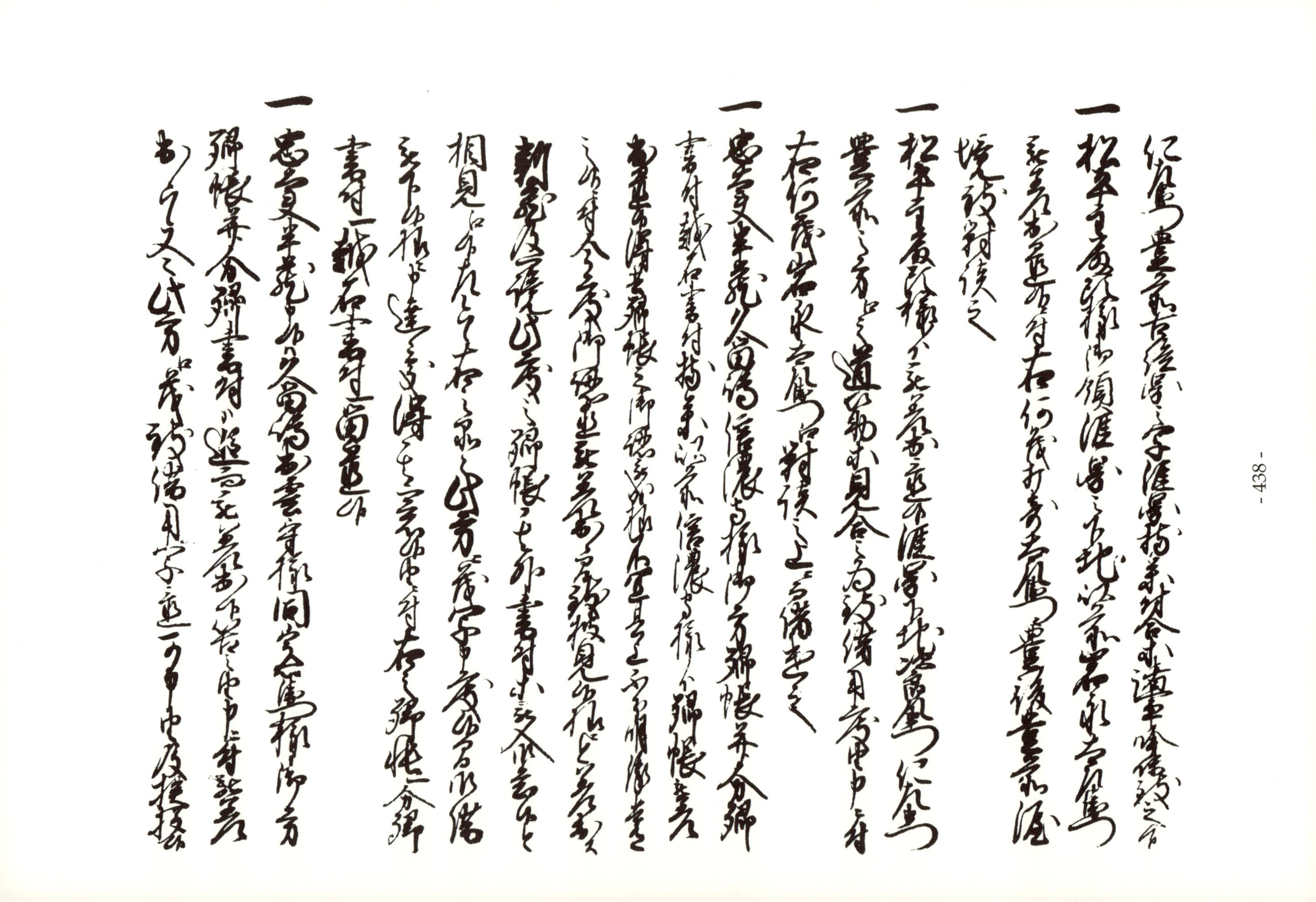

[illegible]

[illegible]

一 田野忠[illegible]ニ而[illegible]御座候[illegible]

為御覧ニ[illegible]

之[illegible]

右之[illegible]

御[illegible]

[illegible]

[illegible]

十六日

一 御下屋鋪於御書院[illegible]吟味　新見源三郎殿

一 於同所[illegible]

[illegible]書之

同月廿二日

殿様御下屋鋪ニ御入[illegible]御絵図[illegible]

[illegible]御絵図[illegible]

十七日

一 御下屋鋪於御書院[illegible]吟味　新見源三郎殿

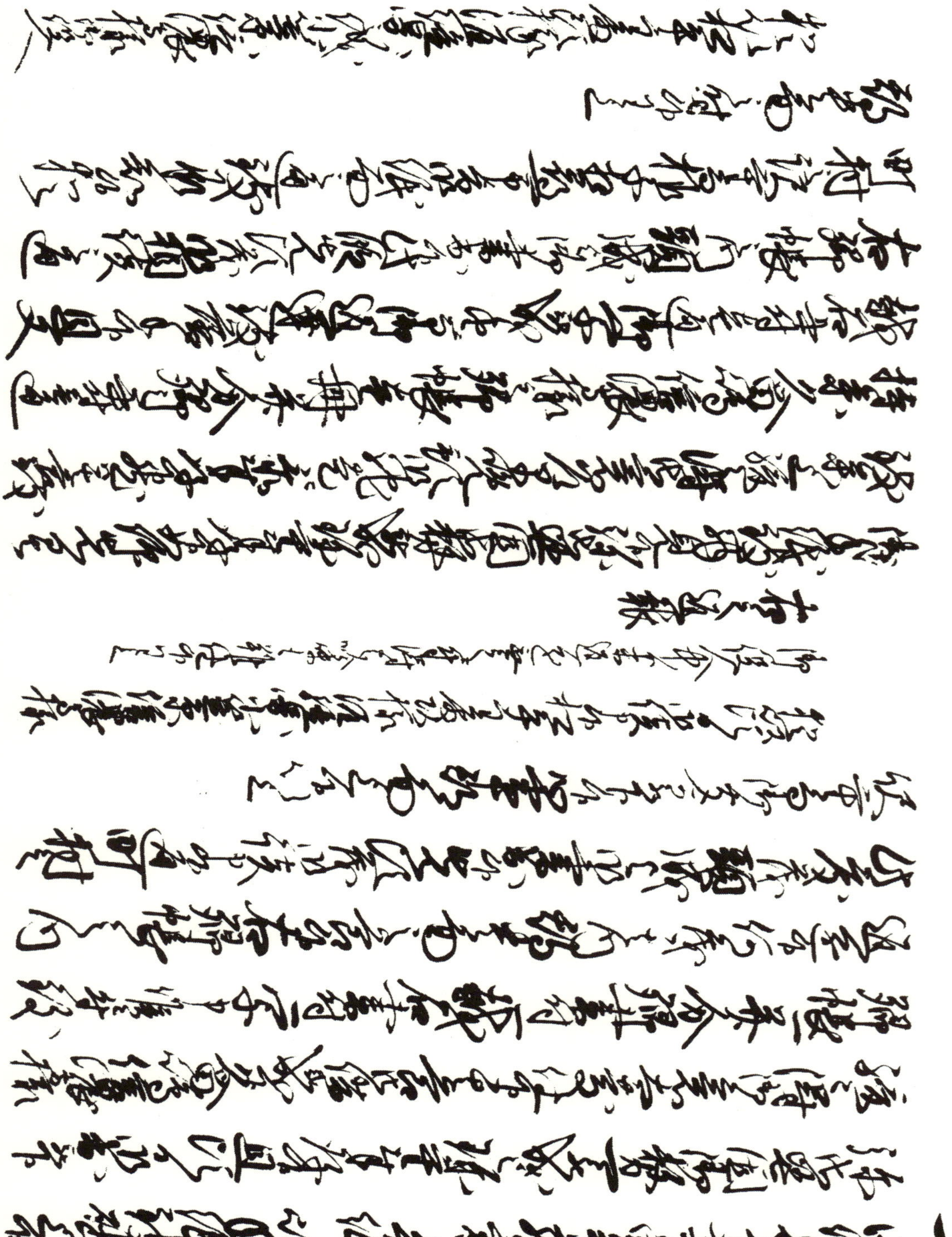

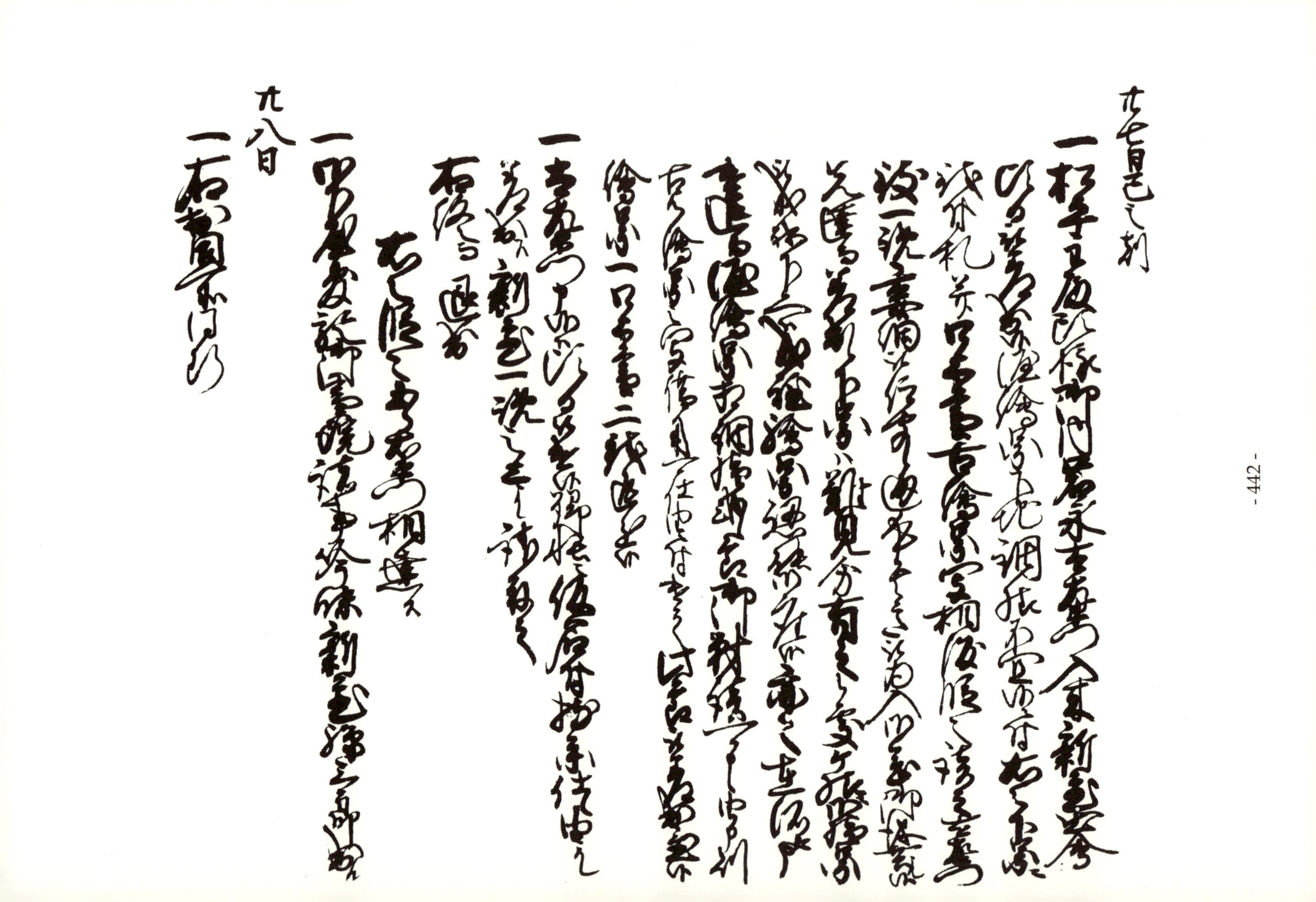

九七日巳之刻

一 松平[illegible]様御[illegible]屋[illegible]入来新[illegible]
[illegible]
[illegible]
[illegible]
[illegible]
[illegible]
[illegible]
[illegible]
[illegible]
給金ハ一両壱歩二朱也
一 [illegible]
[illegible]
[illegible]
[illegible]
一 [illegible]

九八日

一 [illegible]

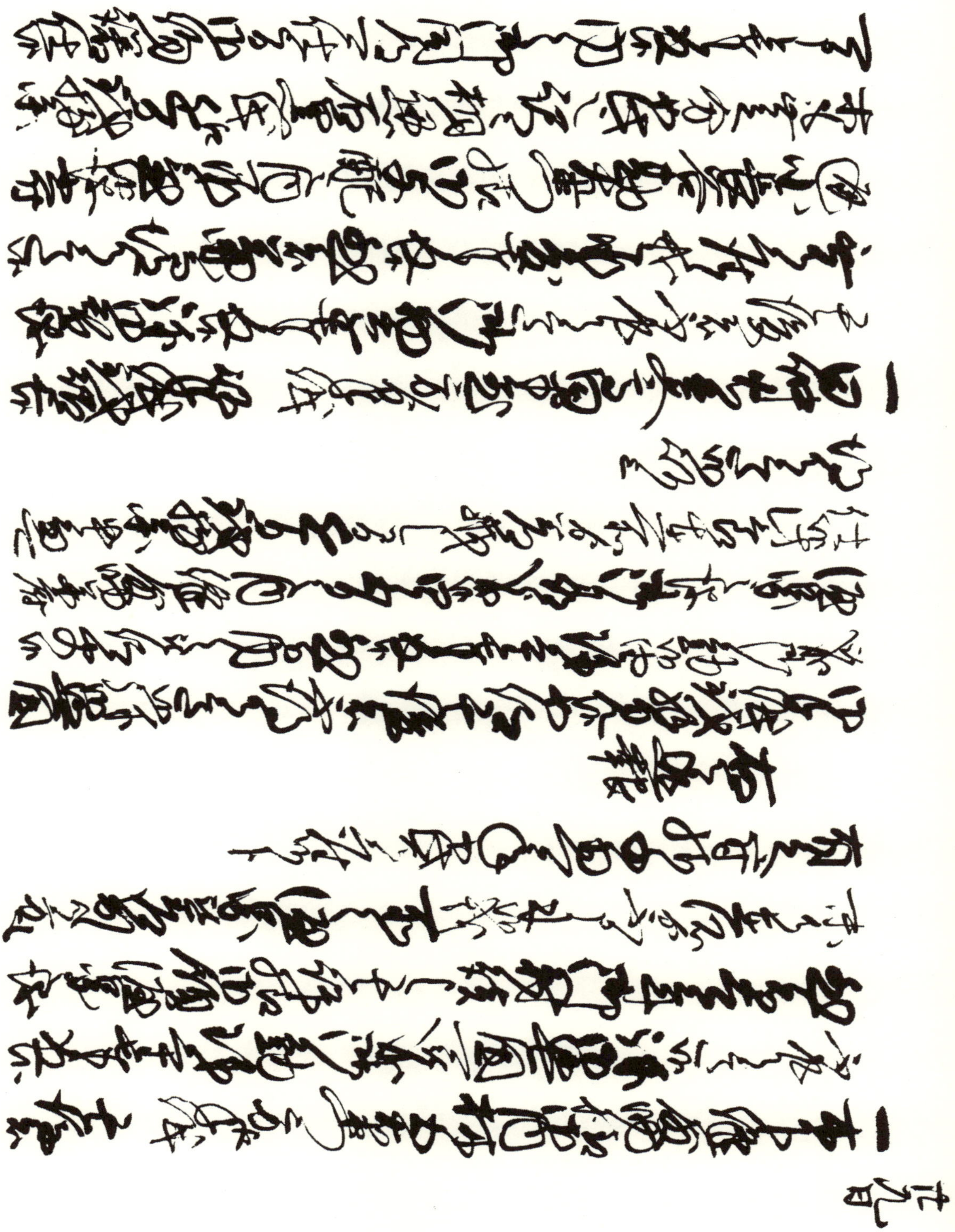

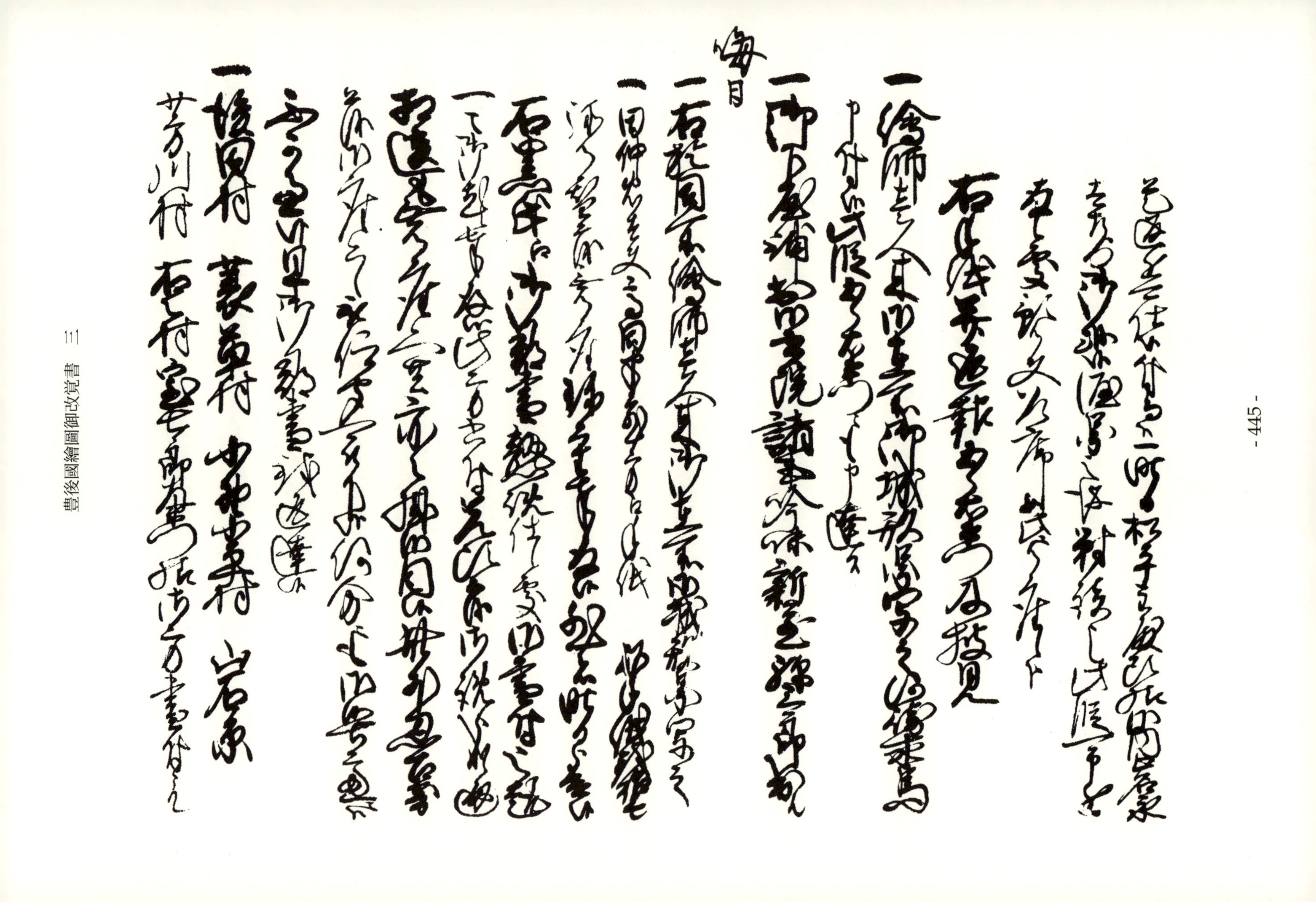

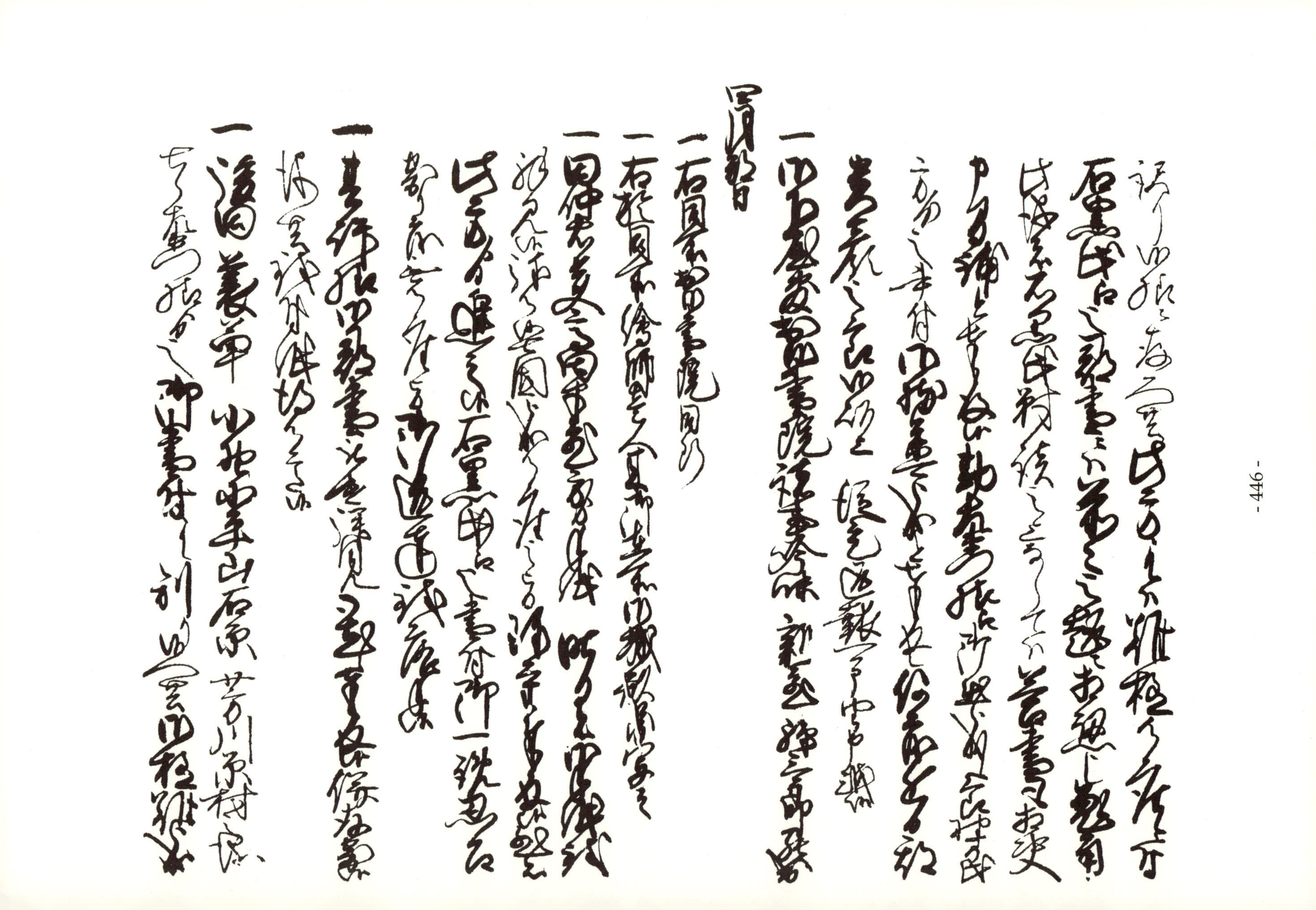

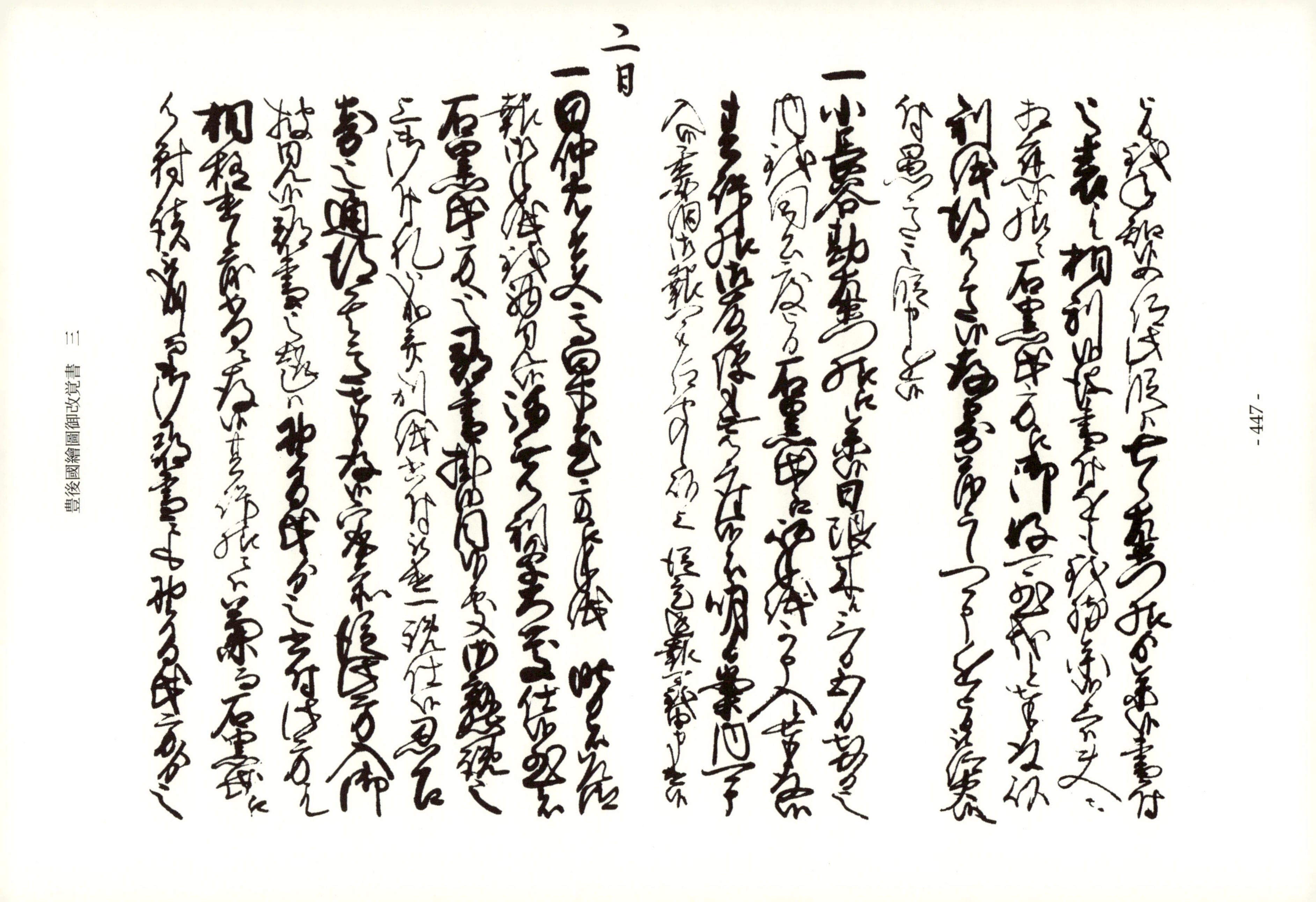

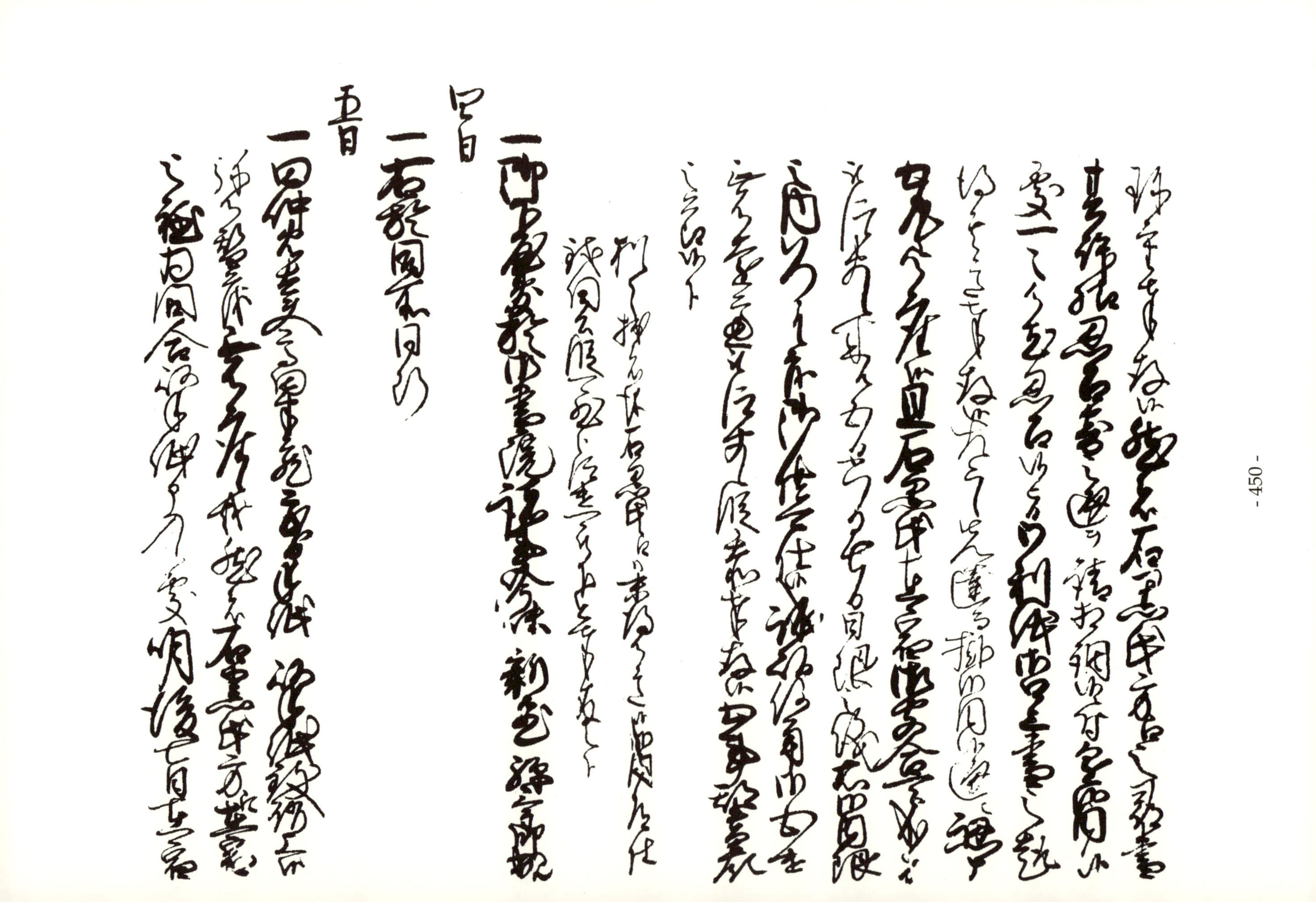

[illegible]

四日

[illegible]

五日

[illegible]

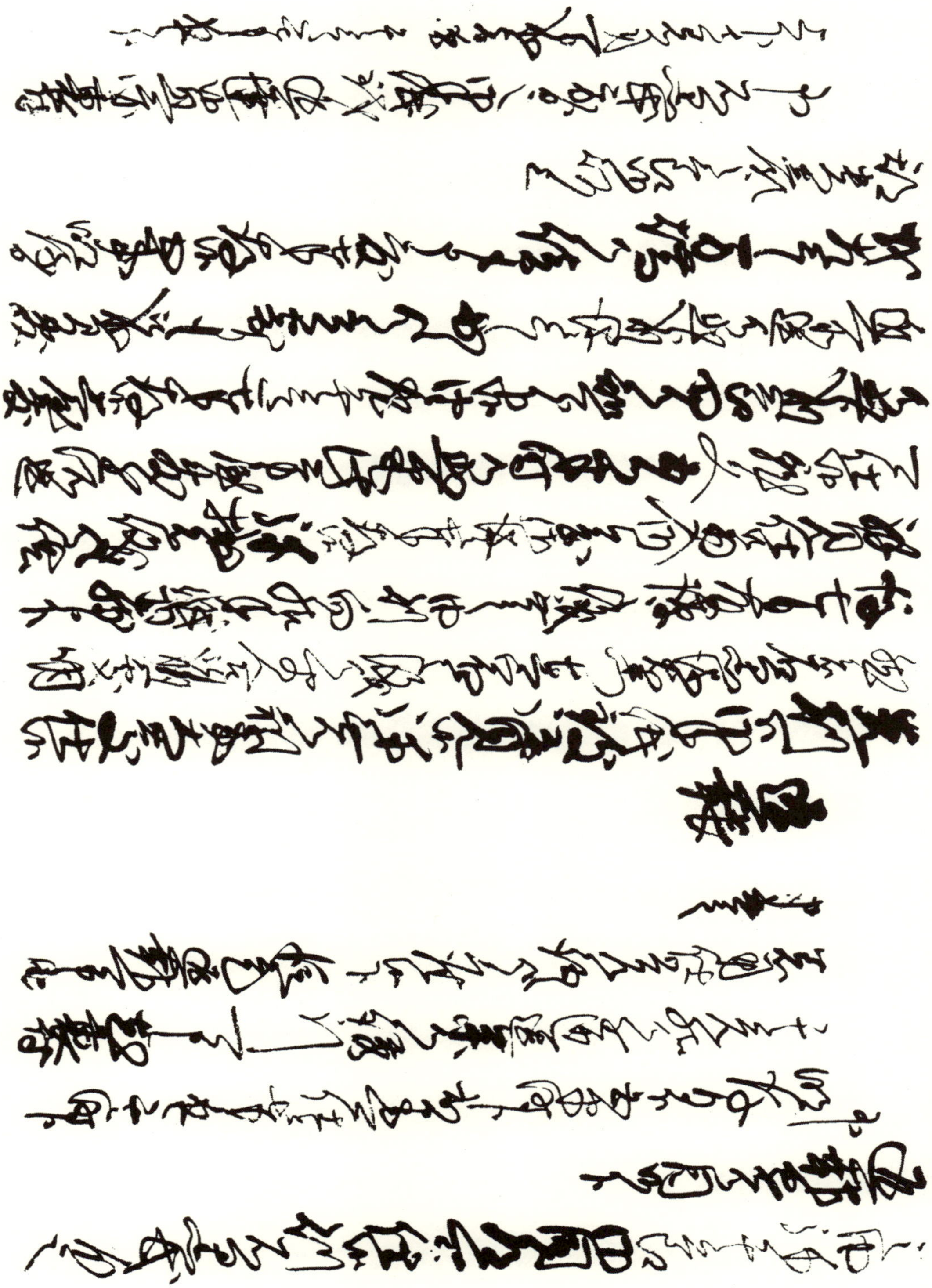

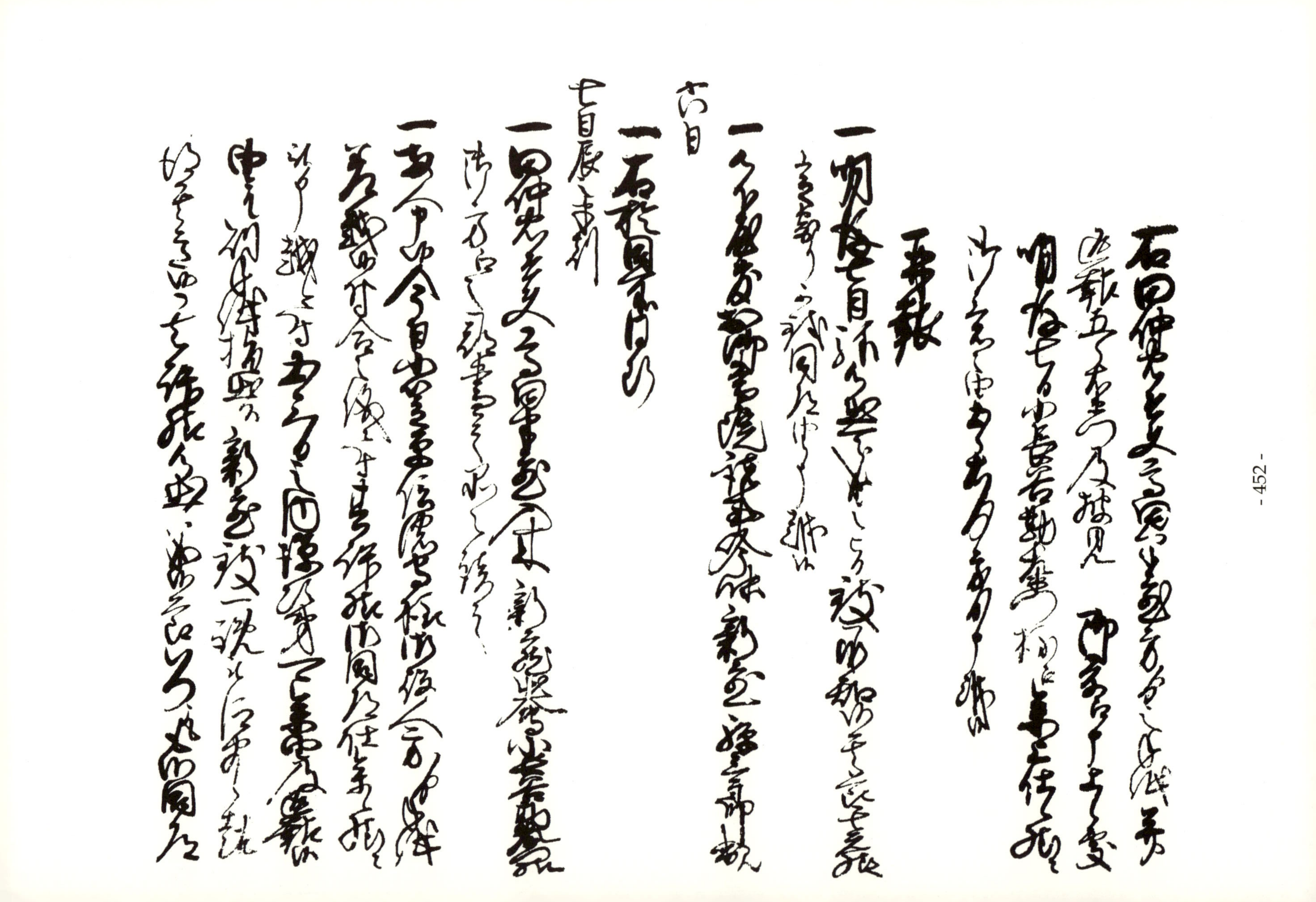

石田儀左衛門[illegible]

出銀五[illegible]

明後七日[illegible]

沙汰[illegible]

五番報

一 明後七日[illegible]

[illegible]

一 [illegible]

一 石田[illegible]

六日

一 石[illegible]

七日辰ノ刻

一 [illegible]

[illegible]

一 [illegible]

[illegible]

[illegible]

[illegible]

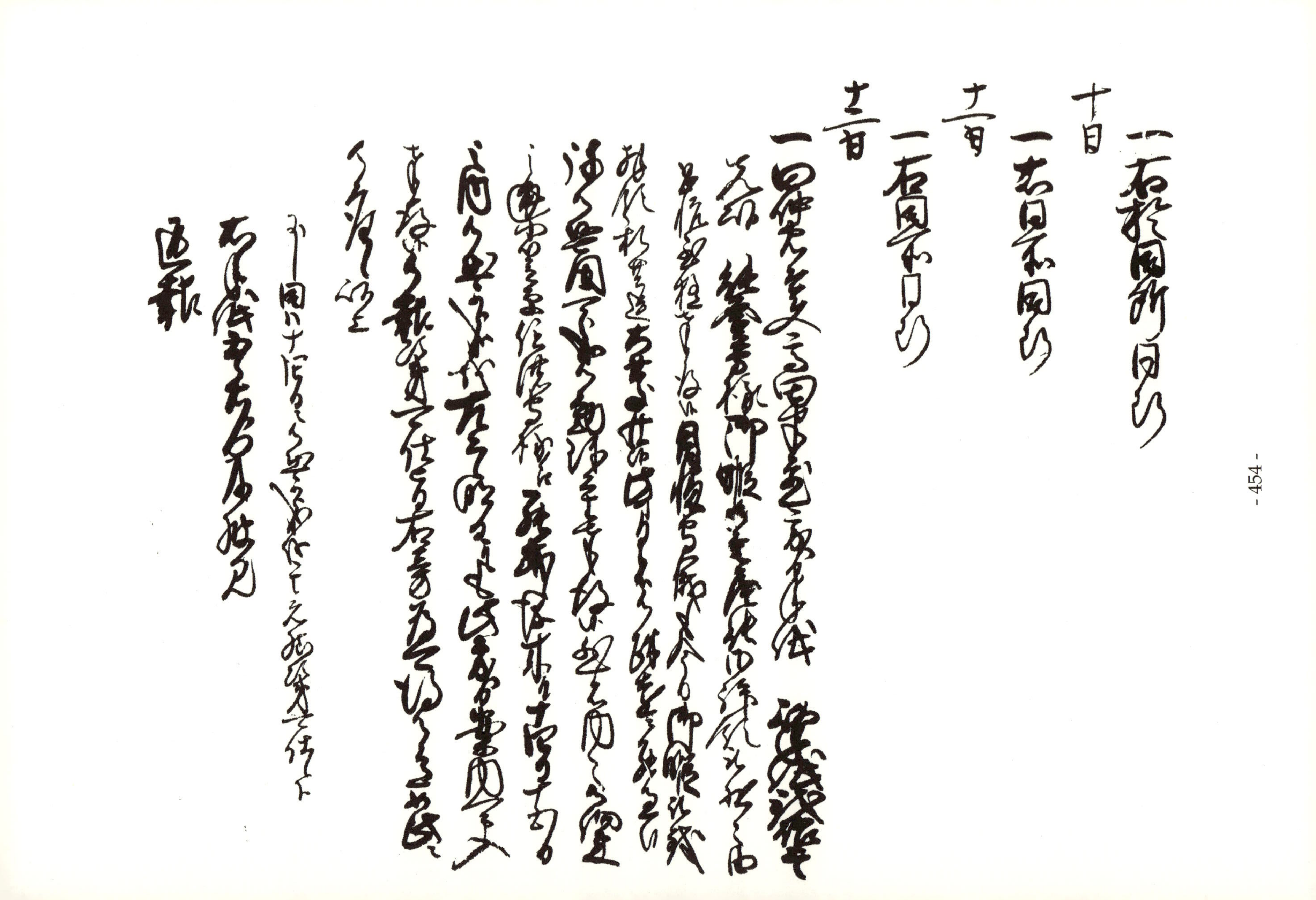

一 [illegible]

十日

一 [illegible]

十一日

一 [illegible]

十二日

一 [illegible]

[illegible]

[illegible]

[illegible]

[illegible]

[illegible]

[illegible]

[illegible]

[illegible]

[illegible]

[illegible]

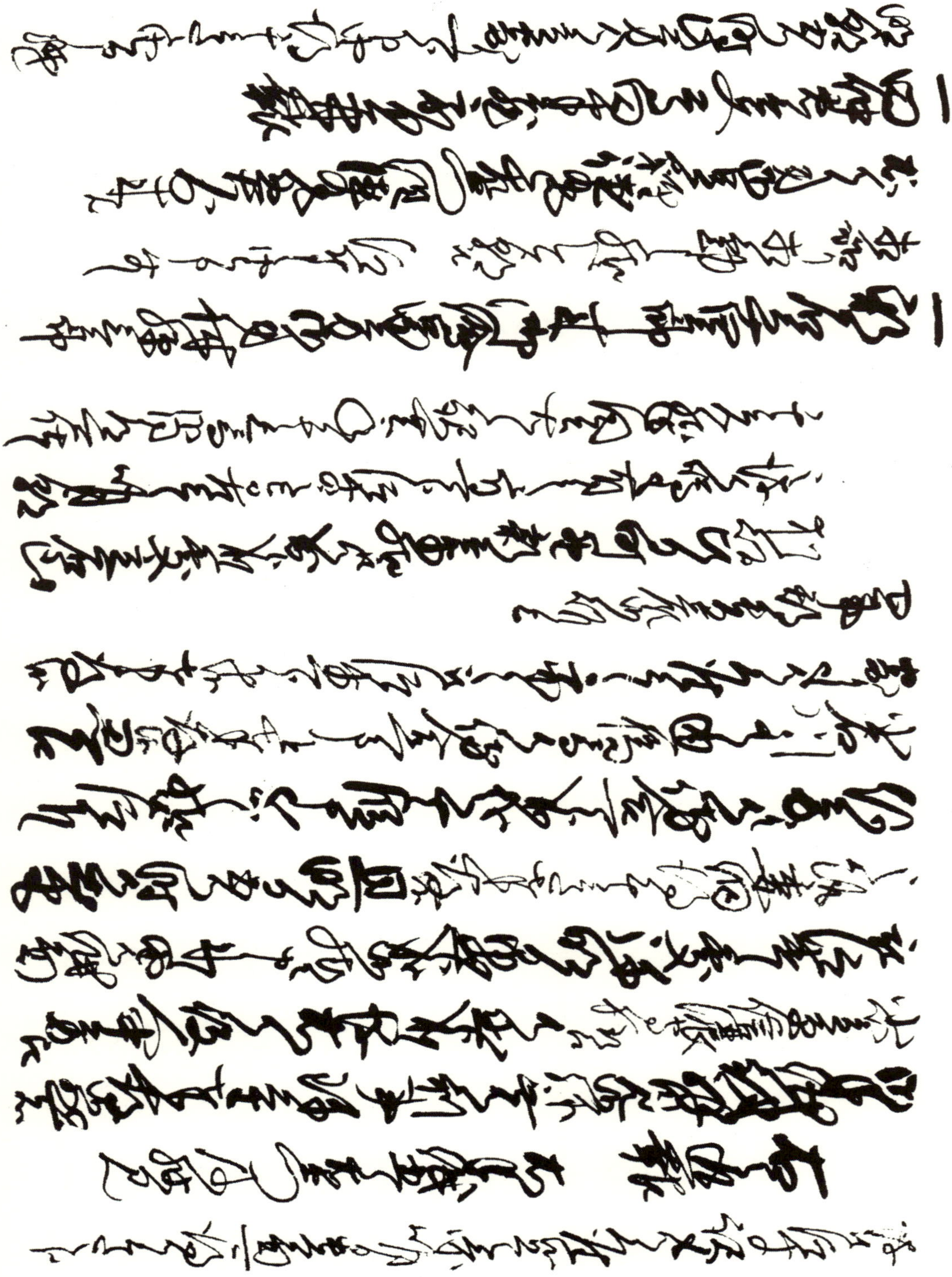

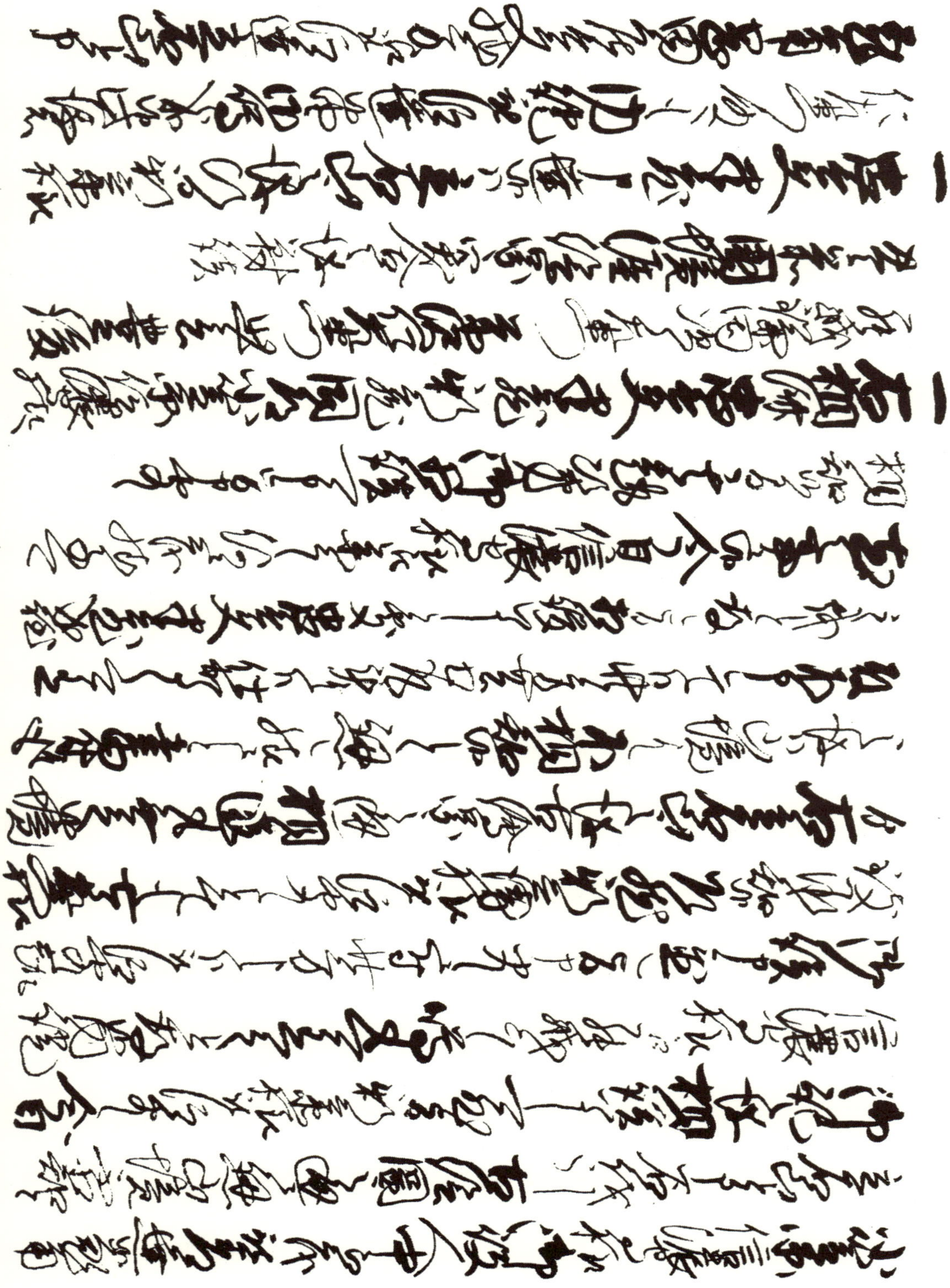

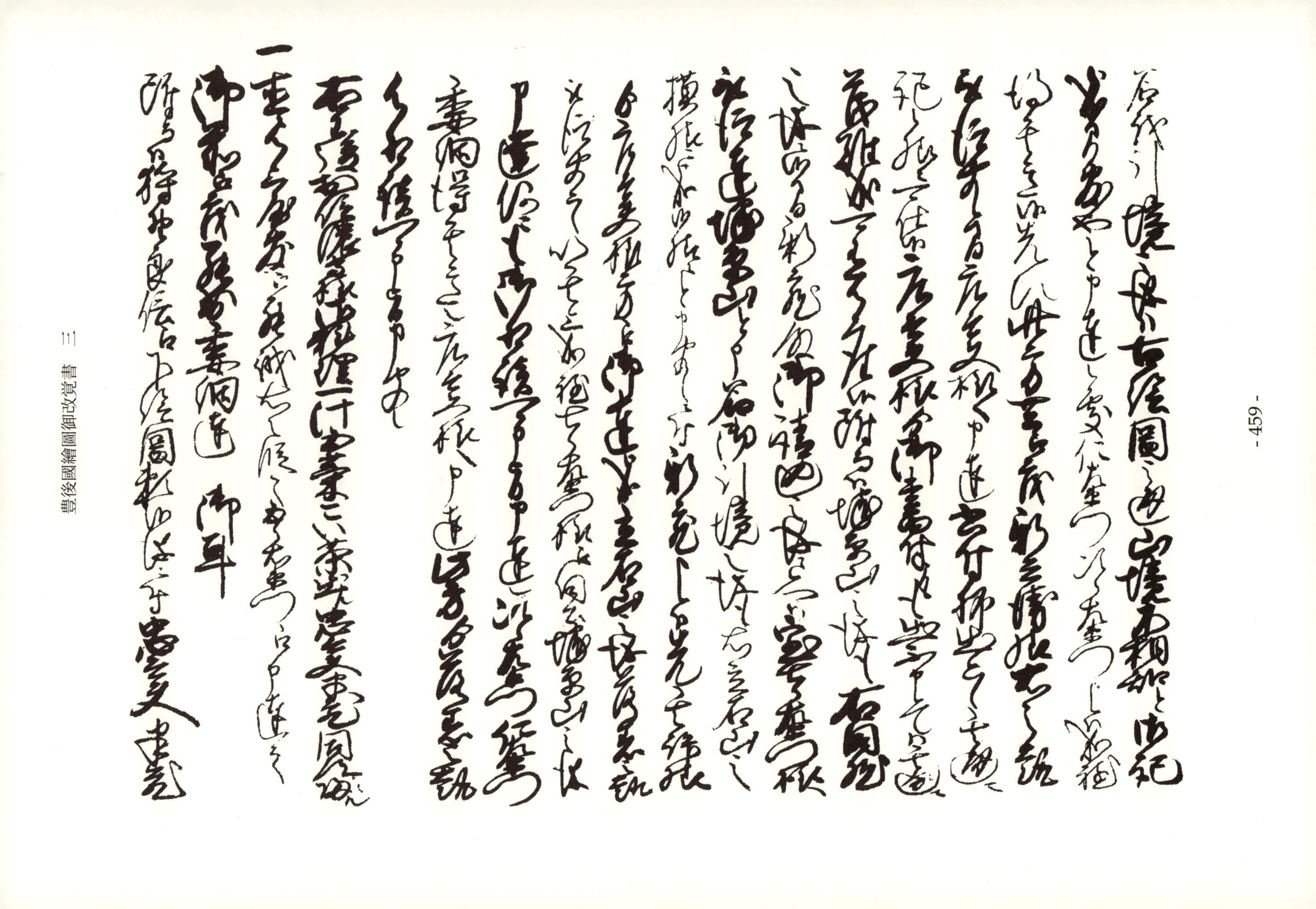

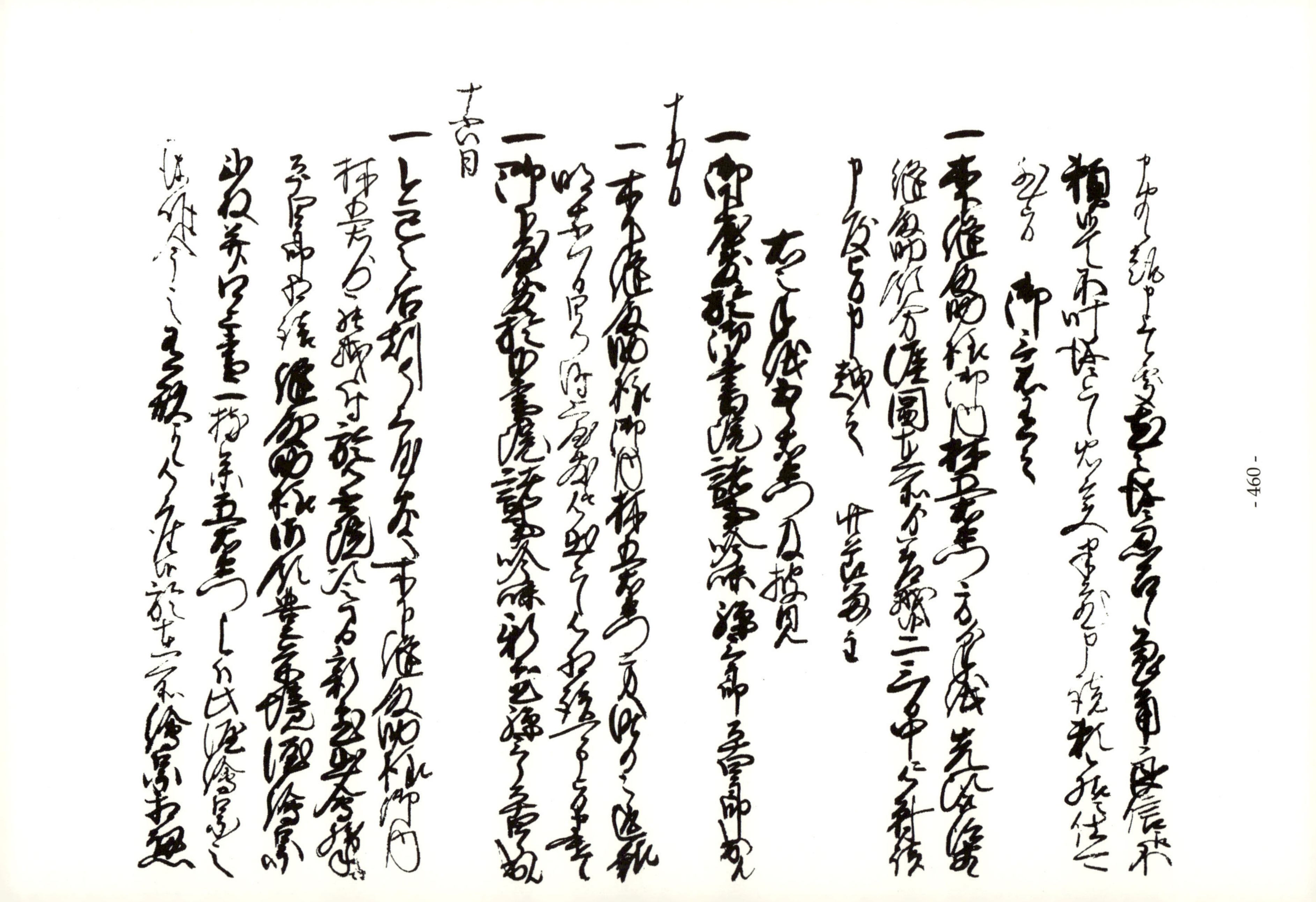

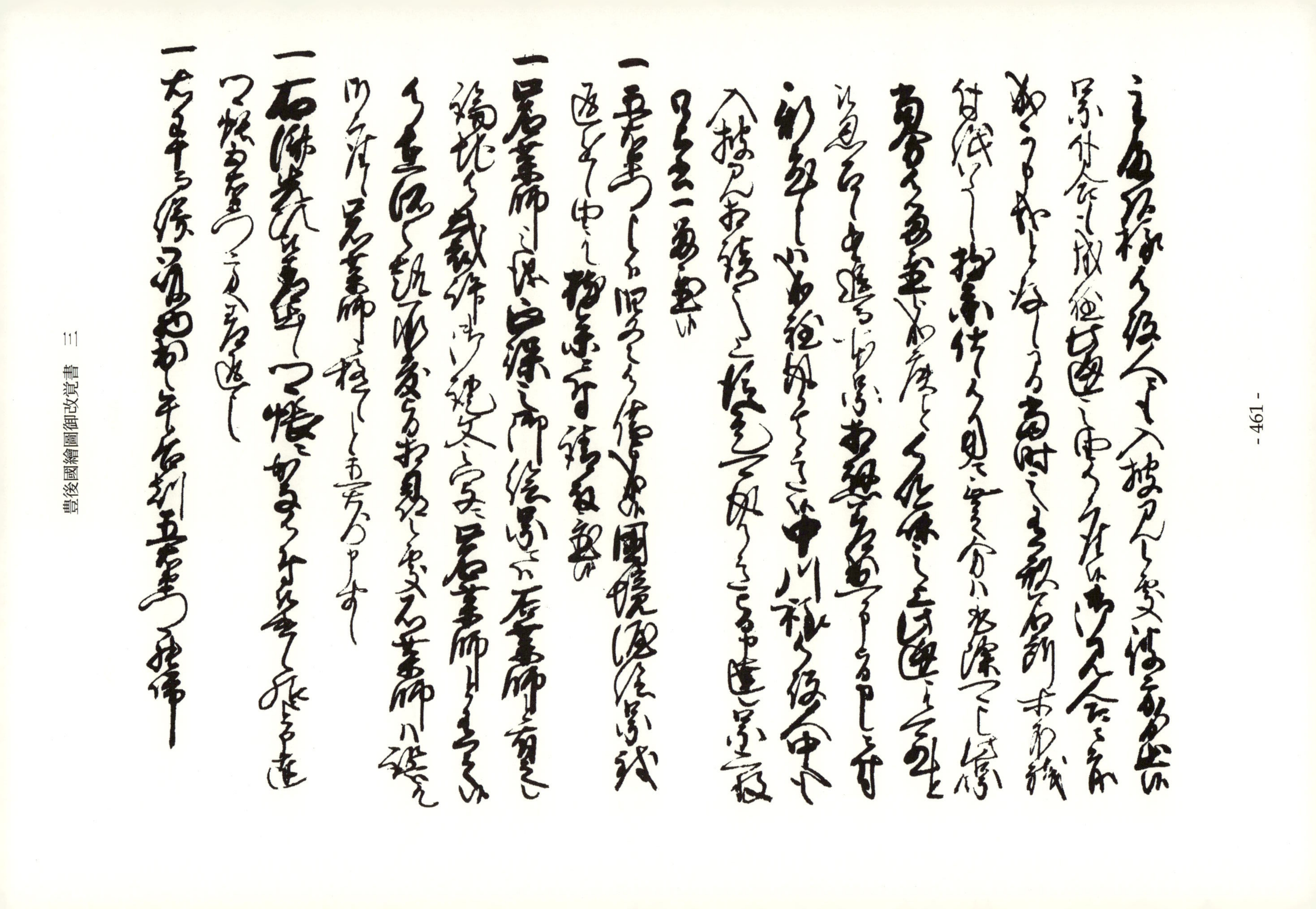

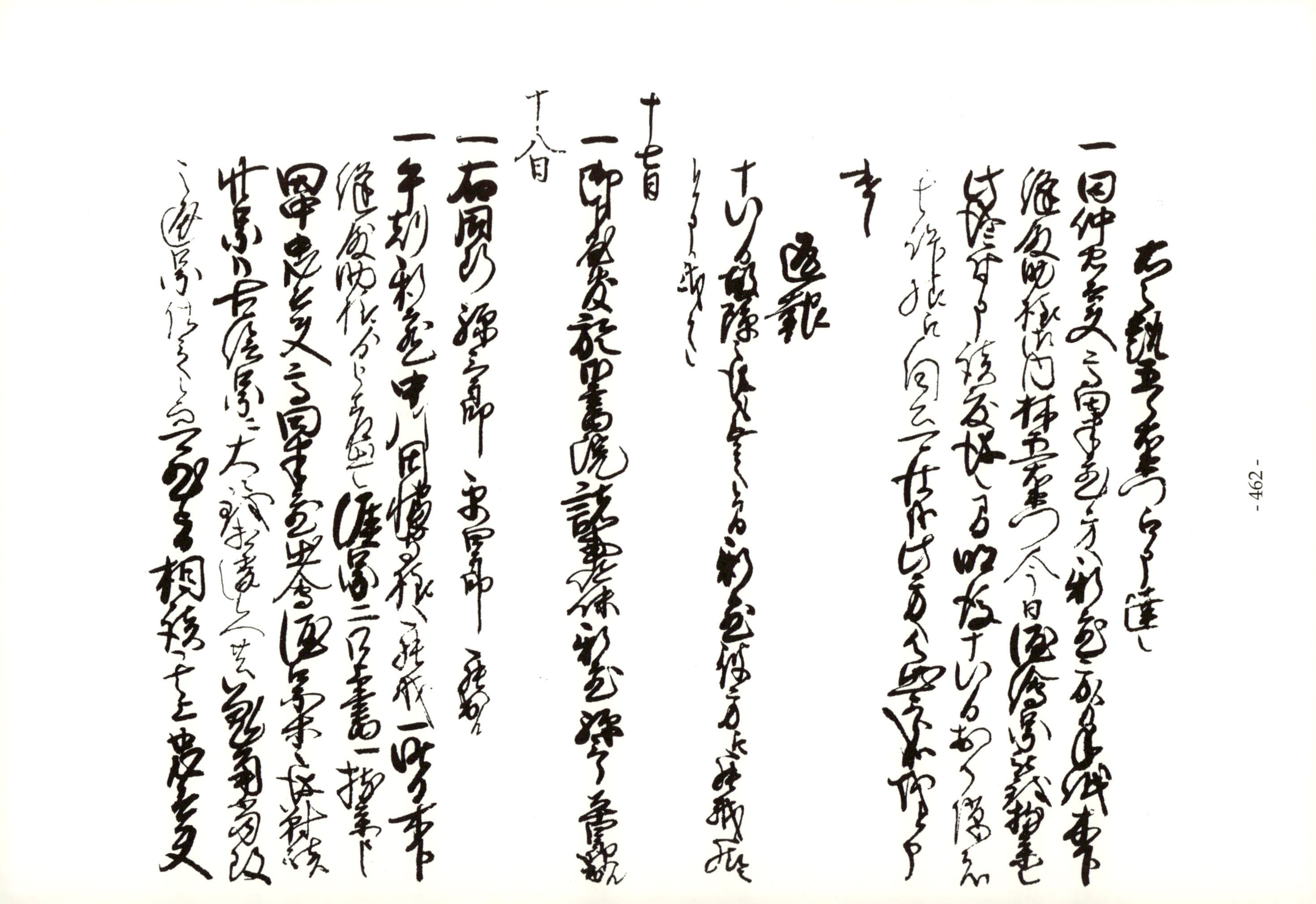

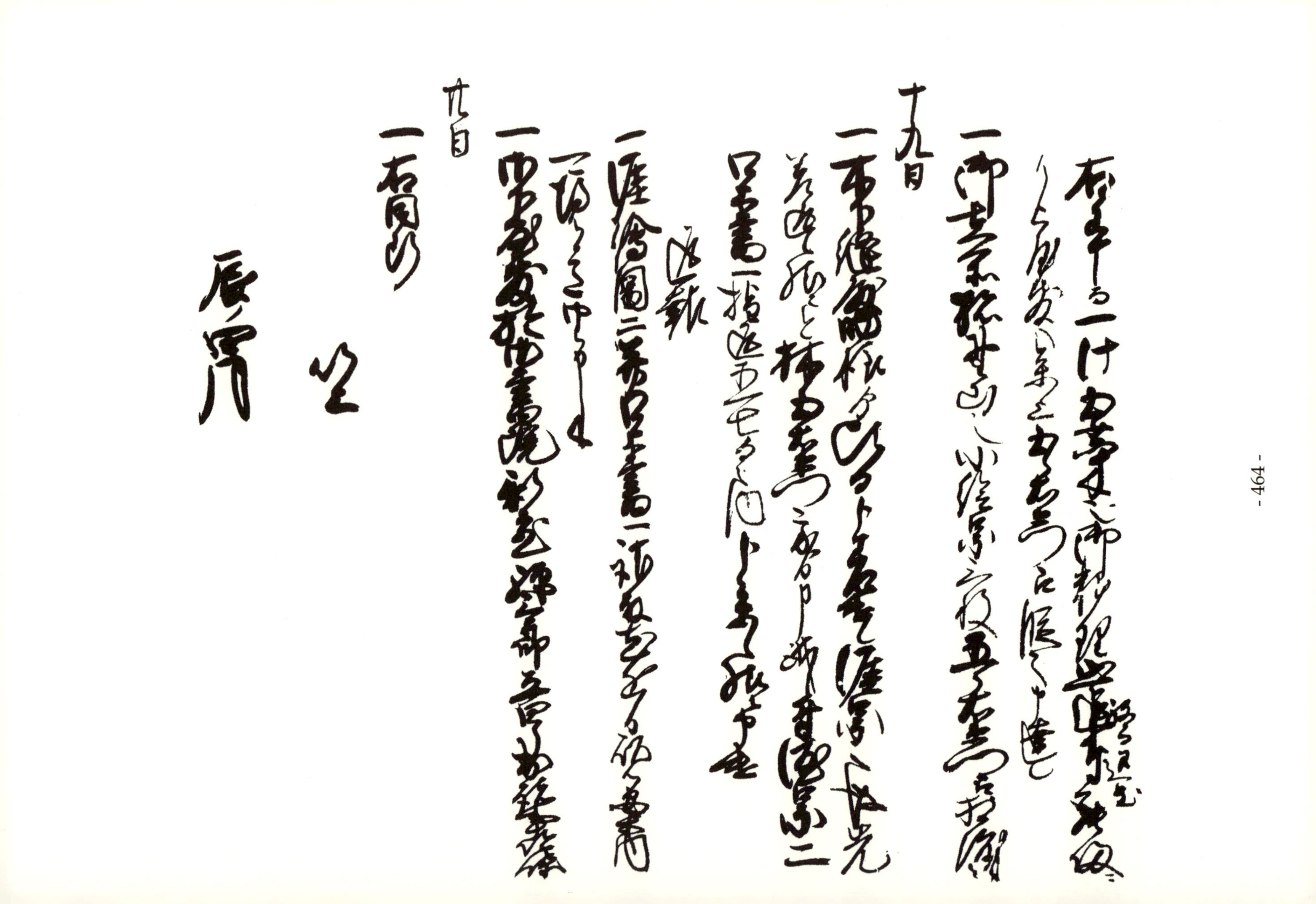

[illegible]

十九日

[illegible]

廿日

一 右同断

[illegible]

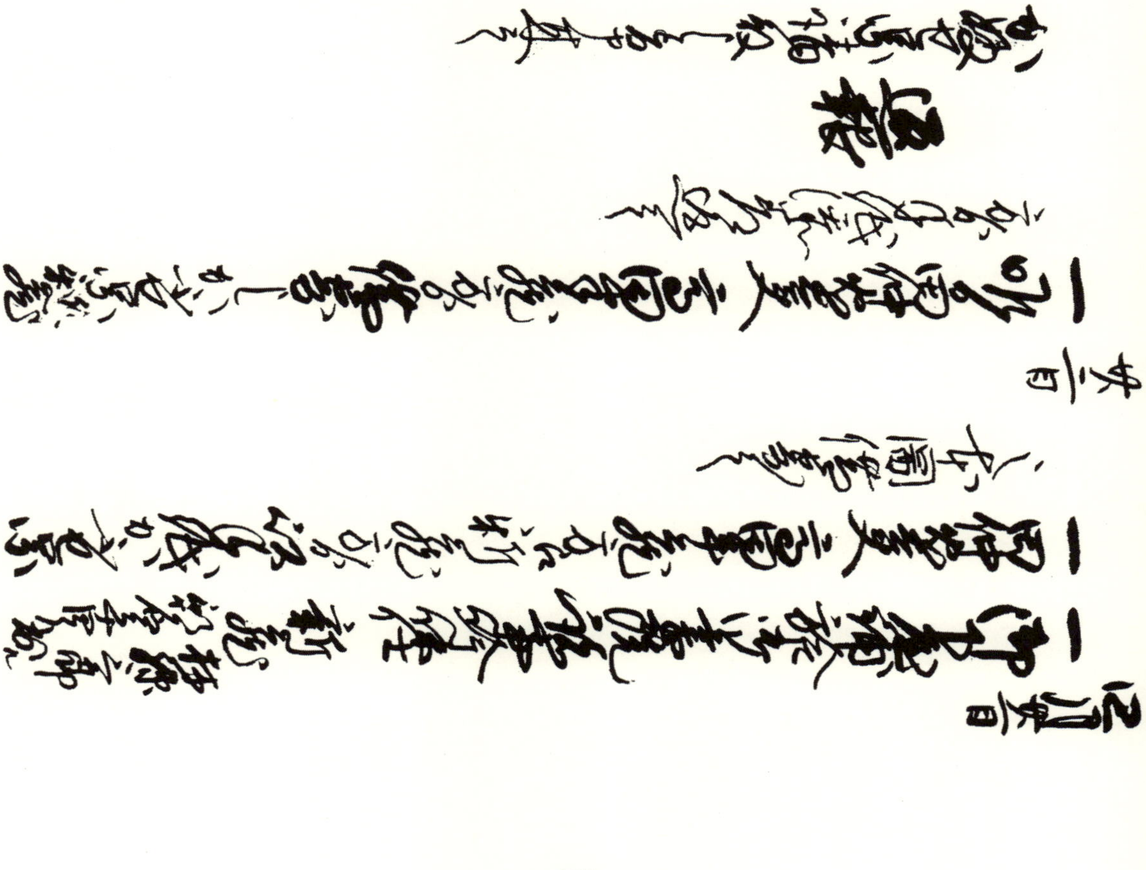

一御下屋敷於御普請御見物被遊候　新発　杉原三郎　杉原平四郎相

廿四日

一右於同所同断

廿五日

一右於同所同断

廿六日

一御庭浦ニ新発ニ被仰付候ニ付以書付言上
右ニ書付ニ而差上候

五月朔日

一中庭取次御用掛被仰付候段被申渡候ニ付

二日

一中庭取次御用掛被仰付候

杉原三郎　杉原平四郎　相勤

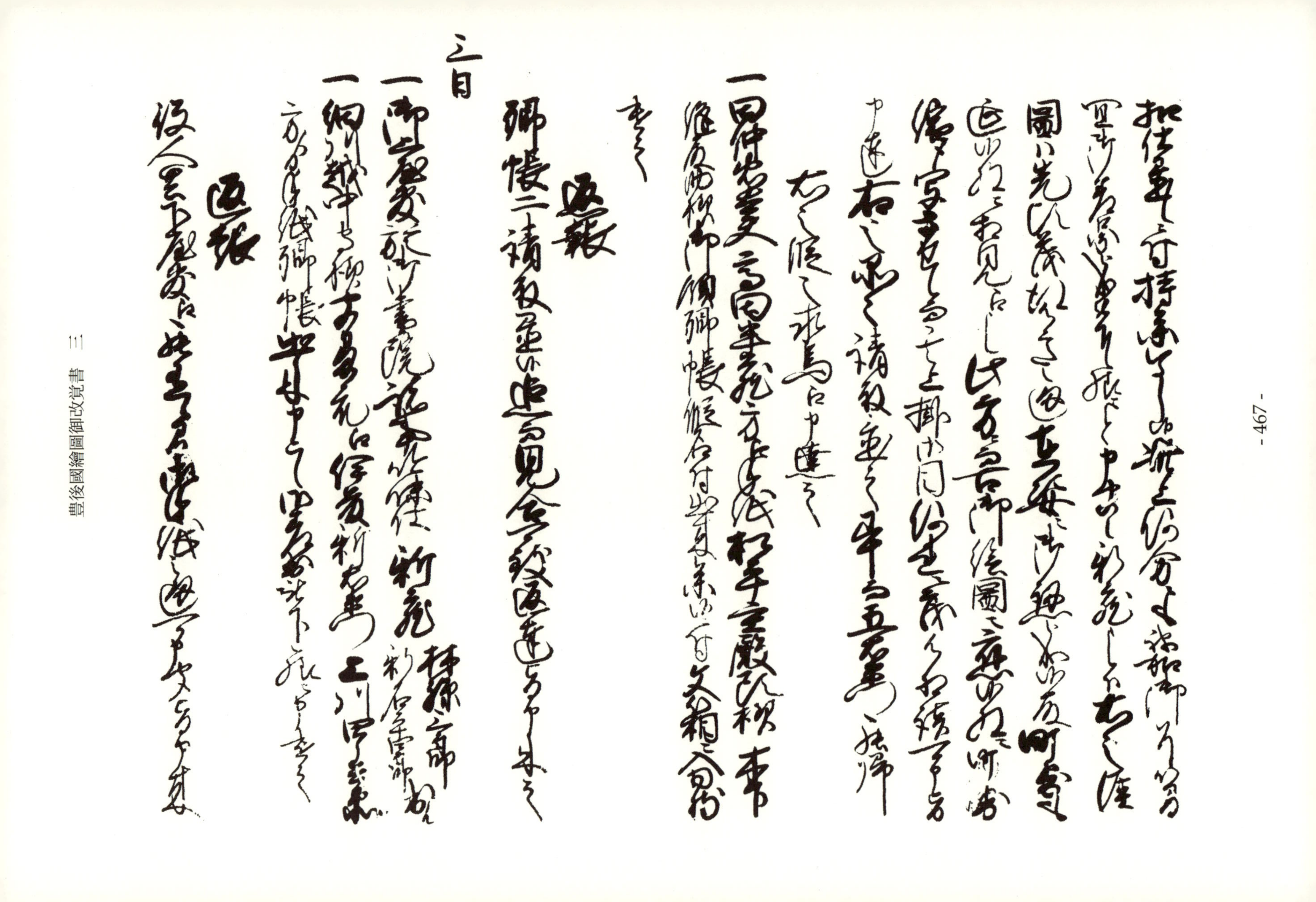

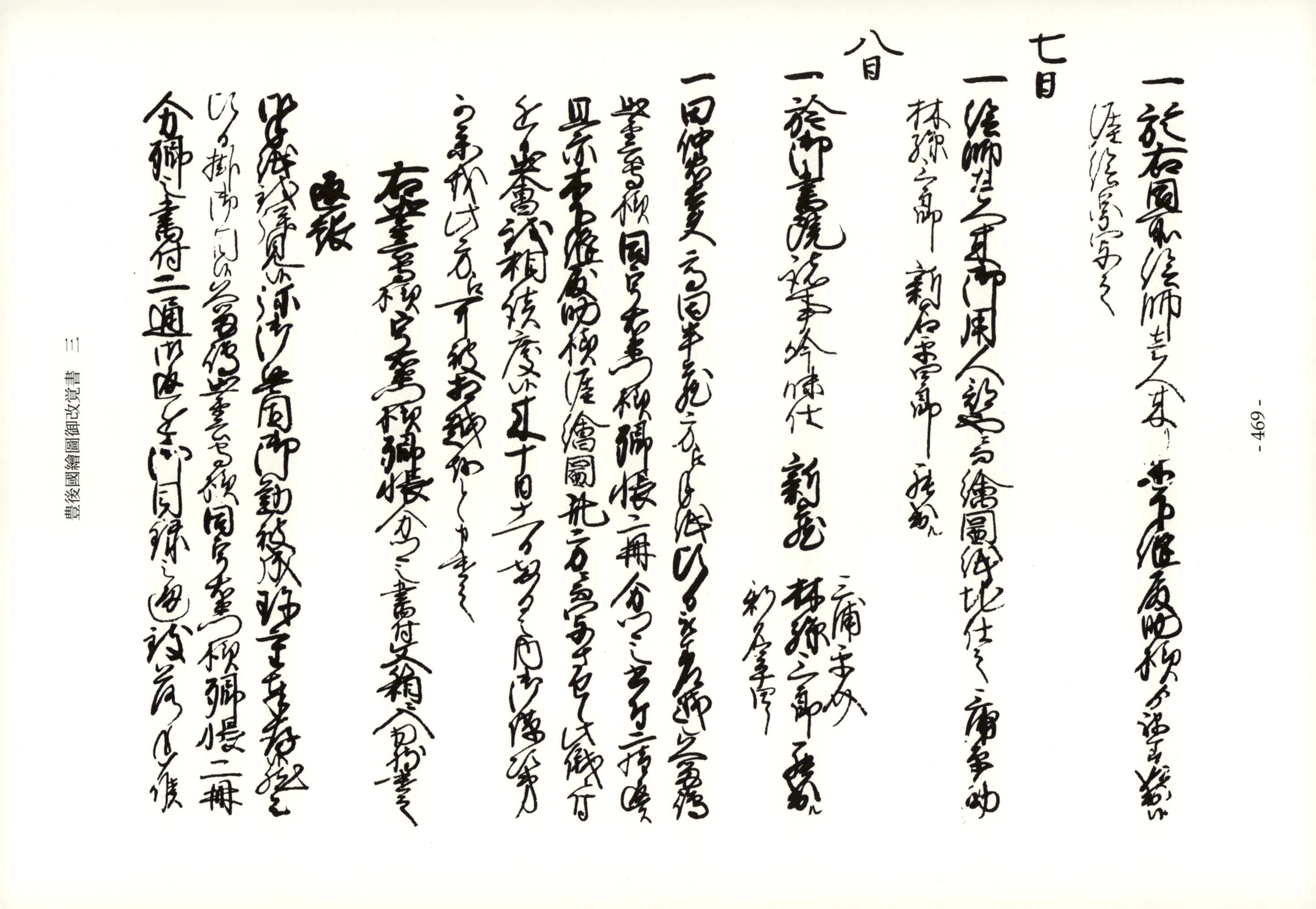

八日

七日

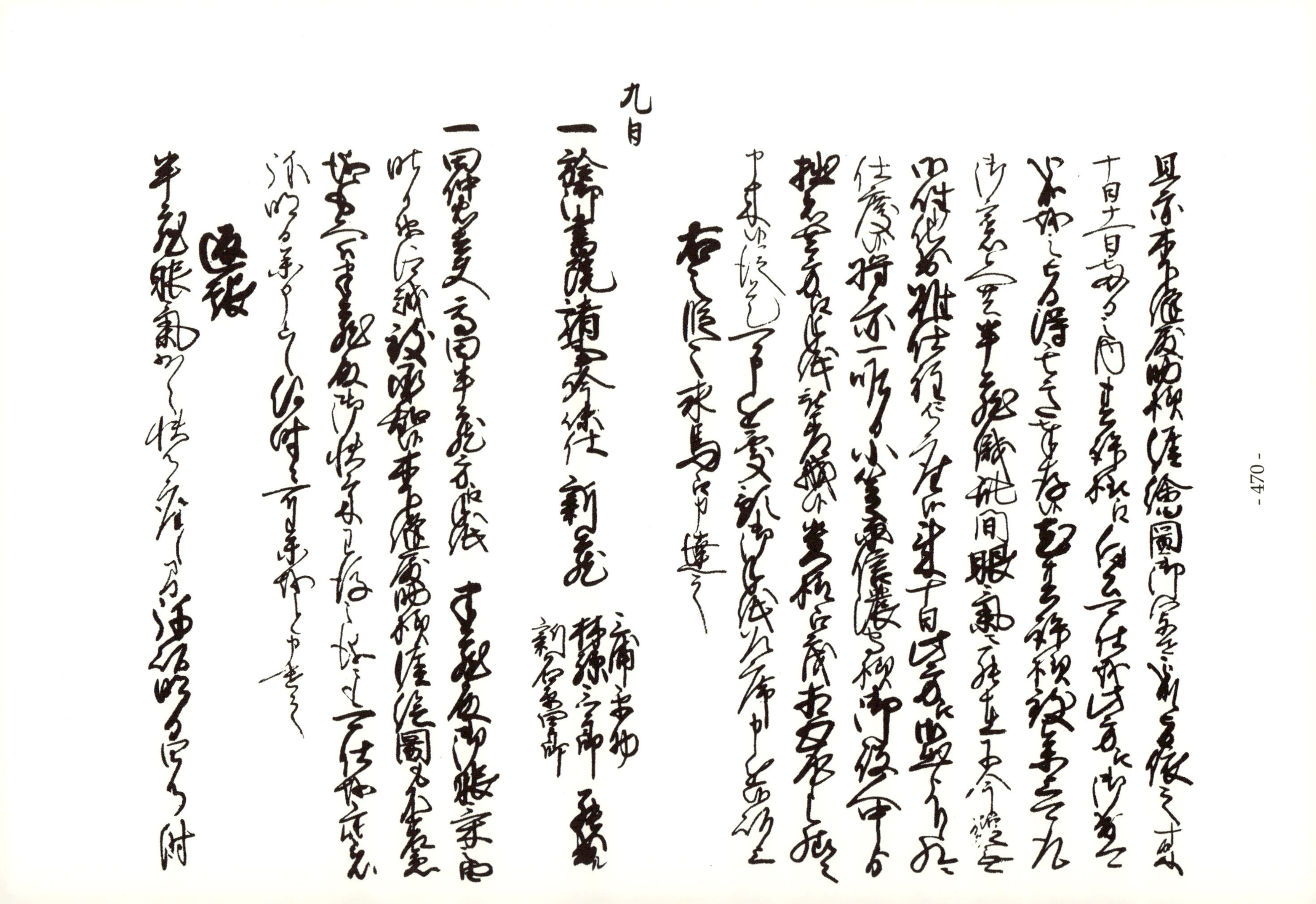

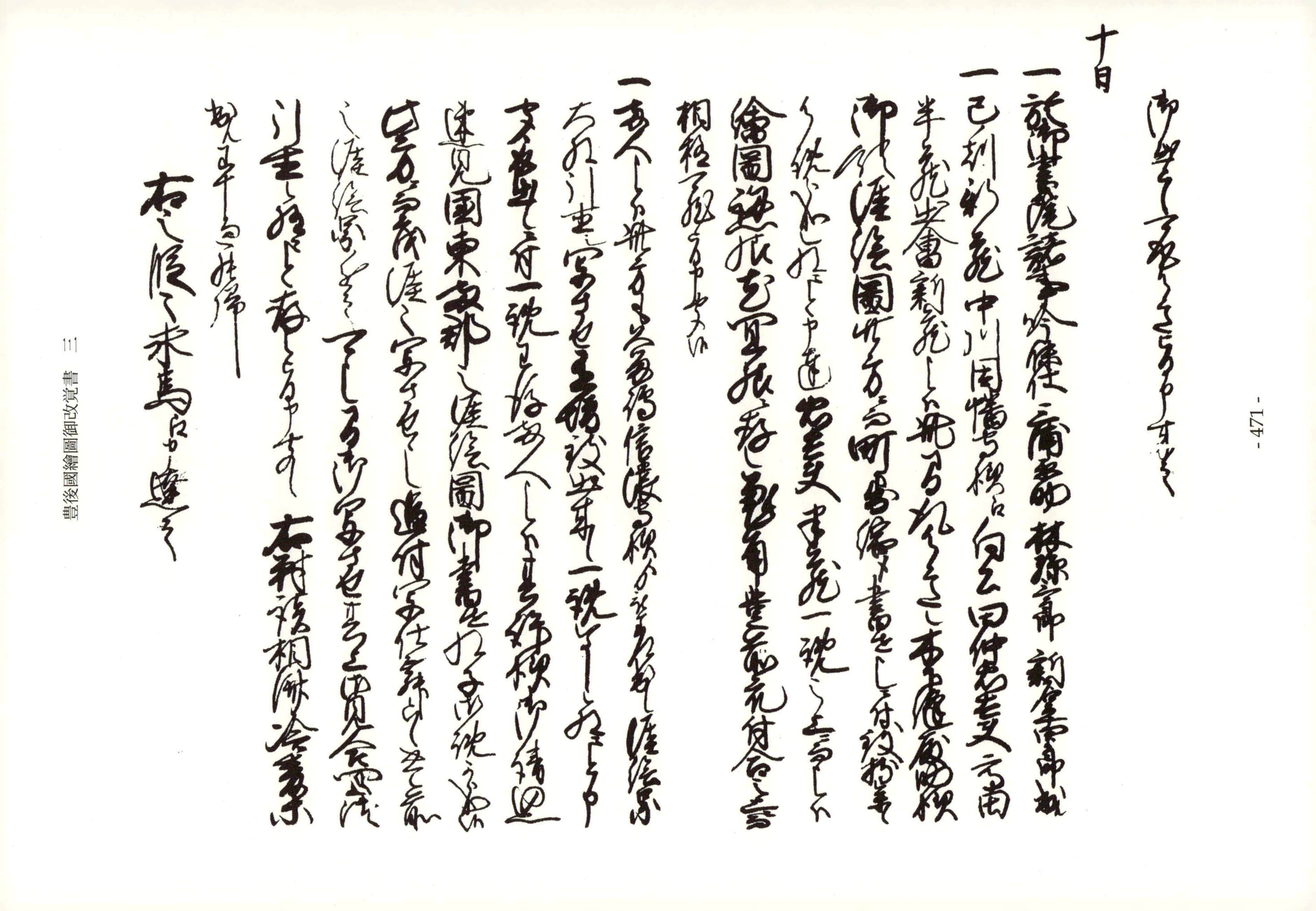

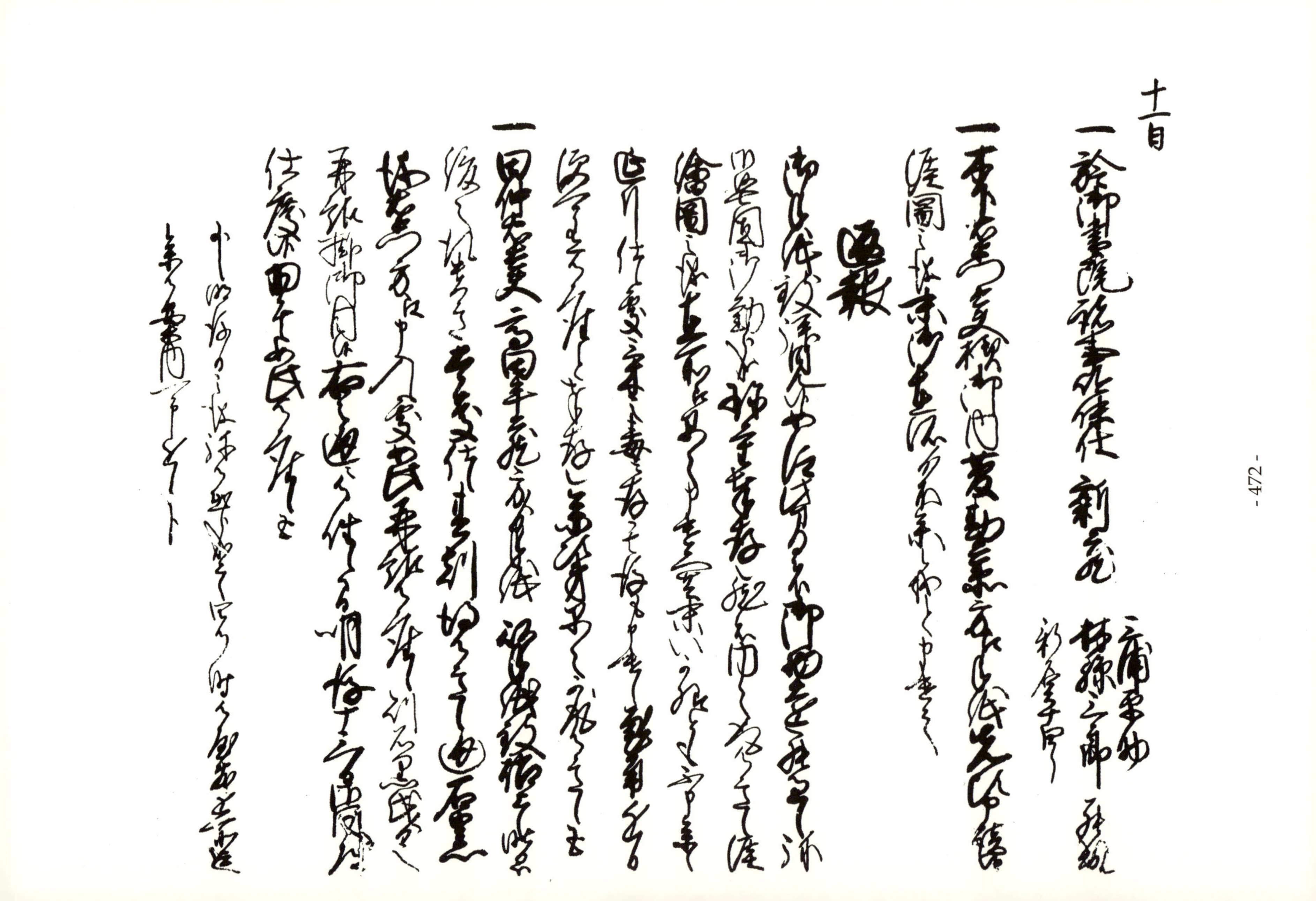

十日

一 於御書院[illegible] 新発 [illegible]

[illegible]

一 [illegible]

[illegible]

[illegible]

[illegible]

[illegible]

[illegible]

[illegible]

一 [illegible]

[illegible]

[illegible]

[illegible]

[illegible]

[illegible]

[illegible]

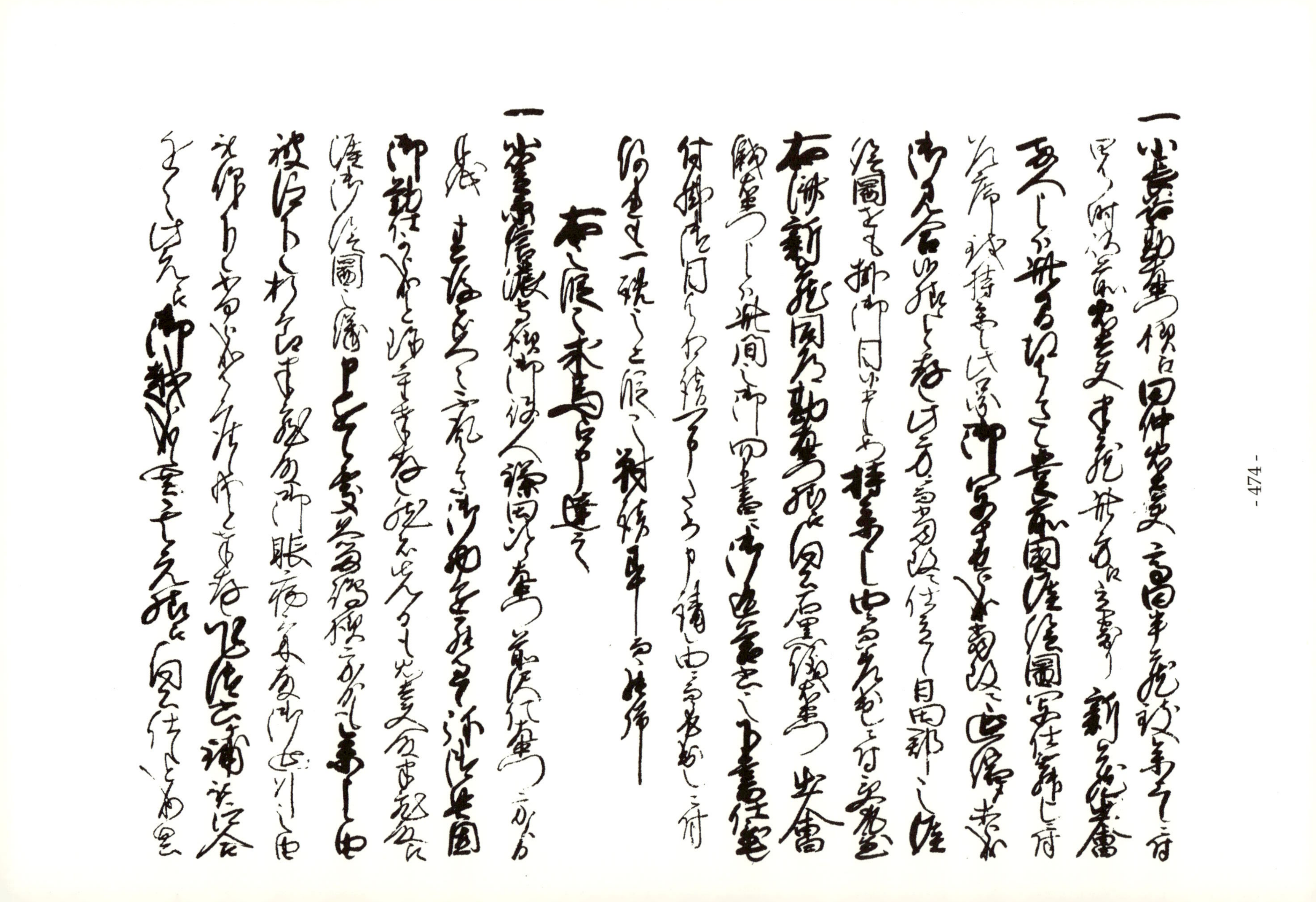

[illegible]

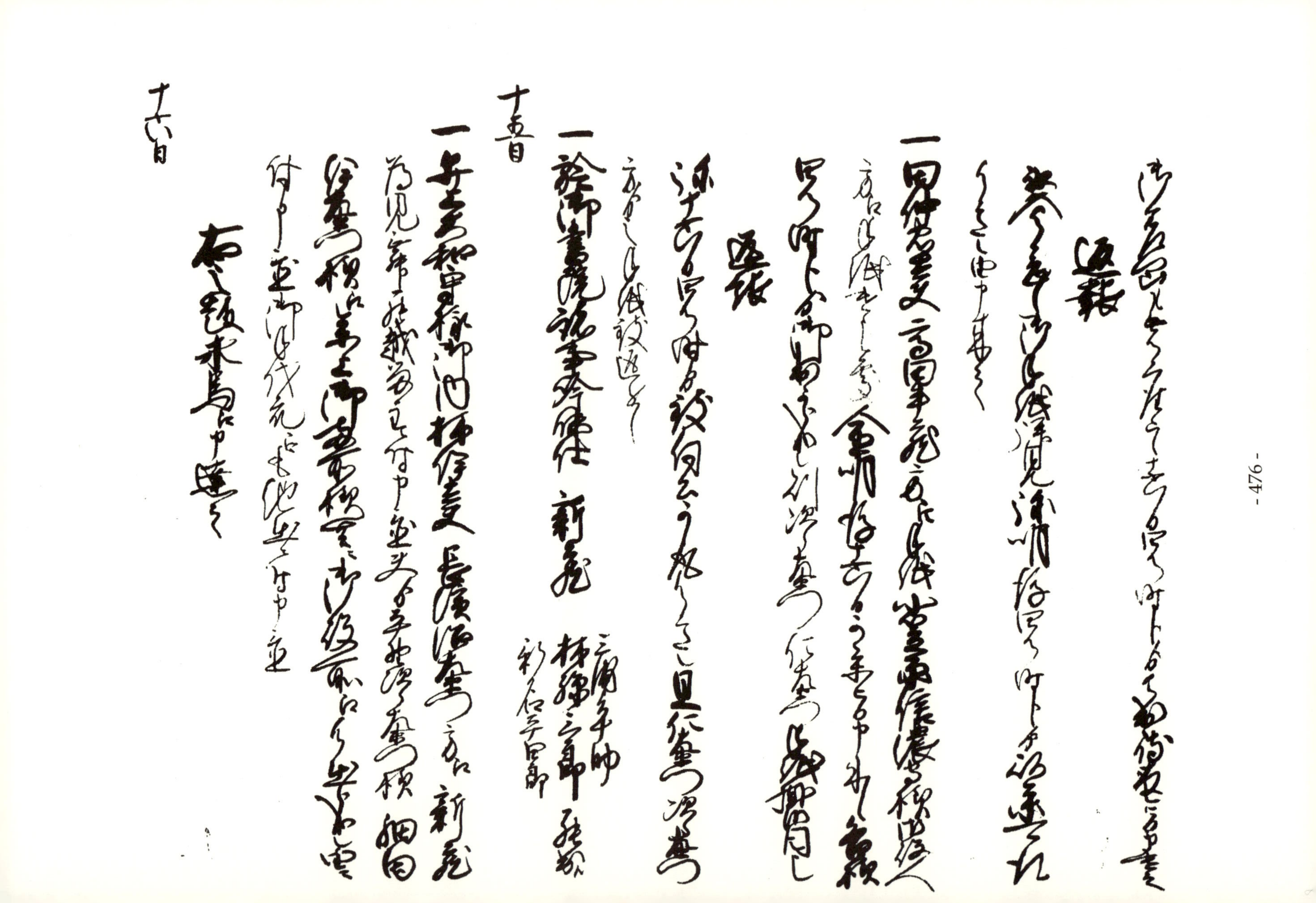

[illegible]

十五日

一 [illegible]

一 [illegible]

十六日

[illegible]

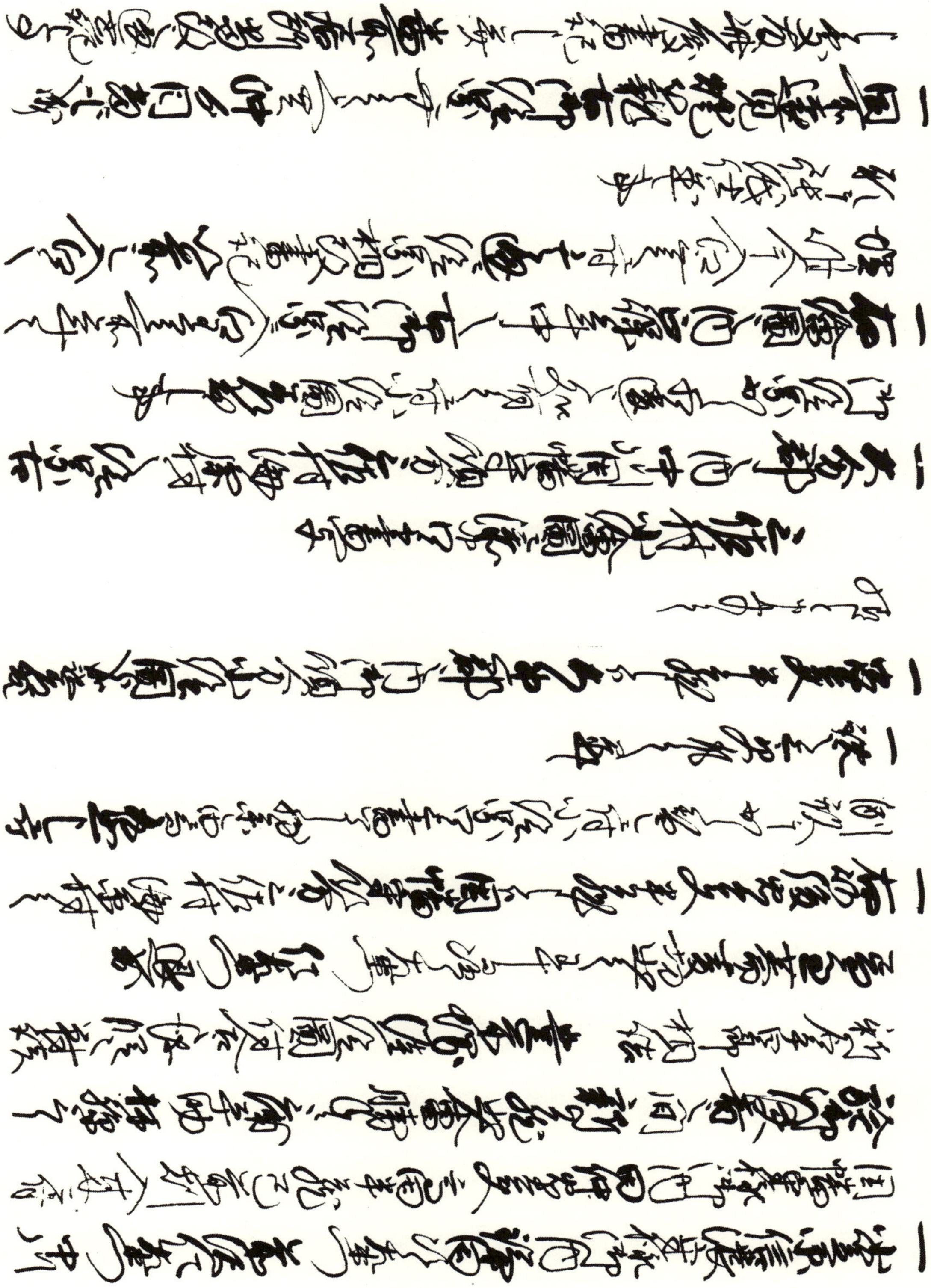

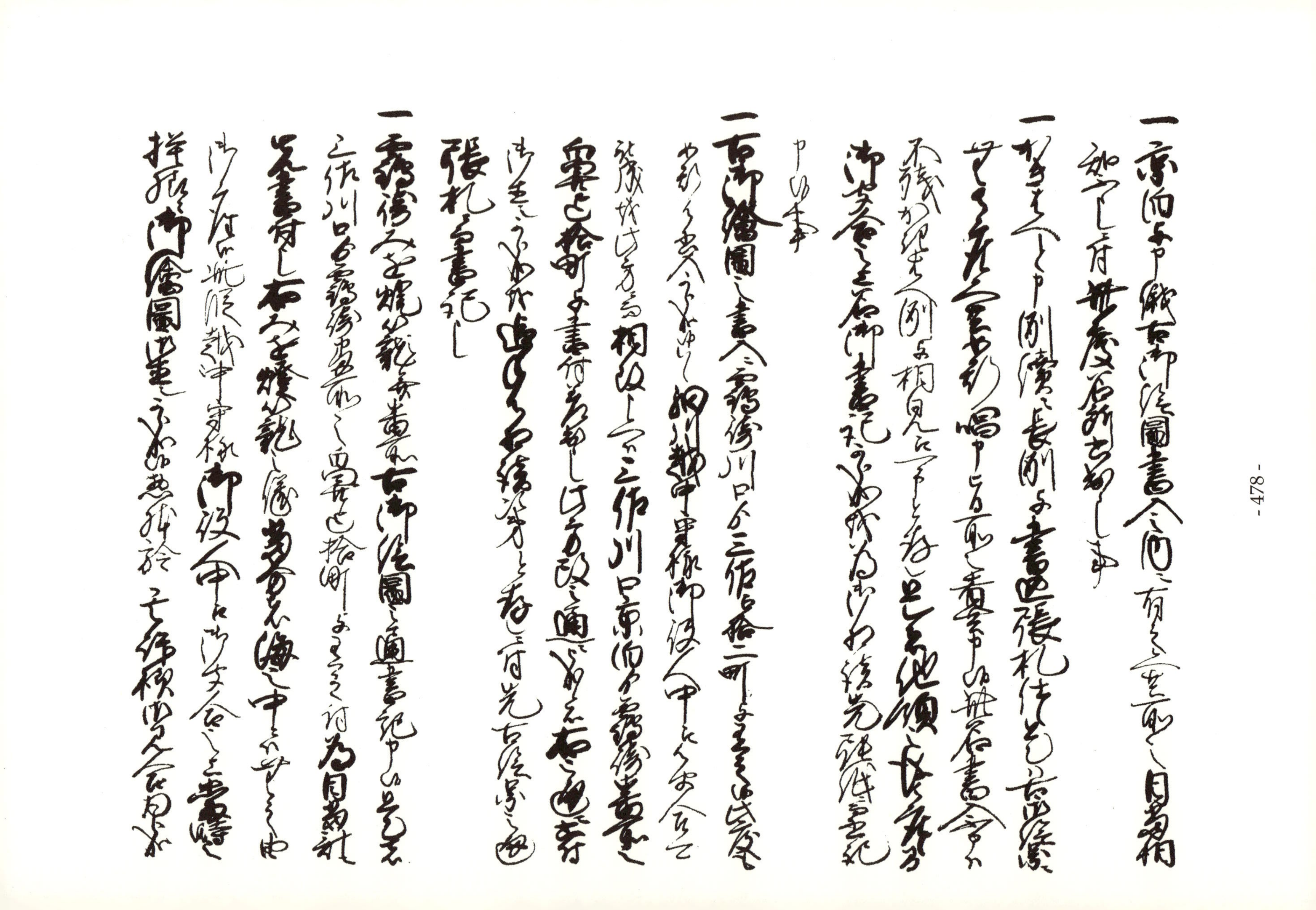

一京師并御城[illegible]御絵図書入之内ニ有之[illegible]
[illegible]
一[illegible]例之通長崎より書出張札[illegible]
[illegible]
[illegible]
[illegible]
中山[illegible]
一[illegible]御絵図之書入ニ[illegible]
[illegible]
[illegible]
[illegible]
[illegible]
張札[illegible]
一[illegible]
[illegible]
[illegible]
[illegible]
[illegible]御絵図[illegible]

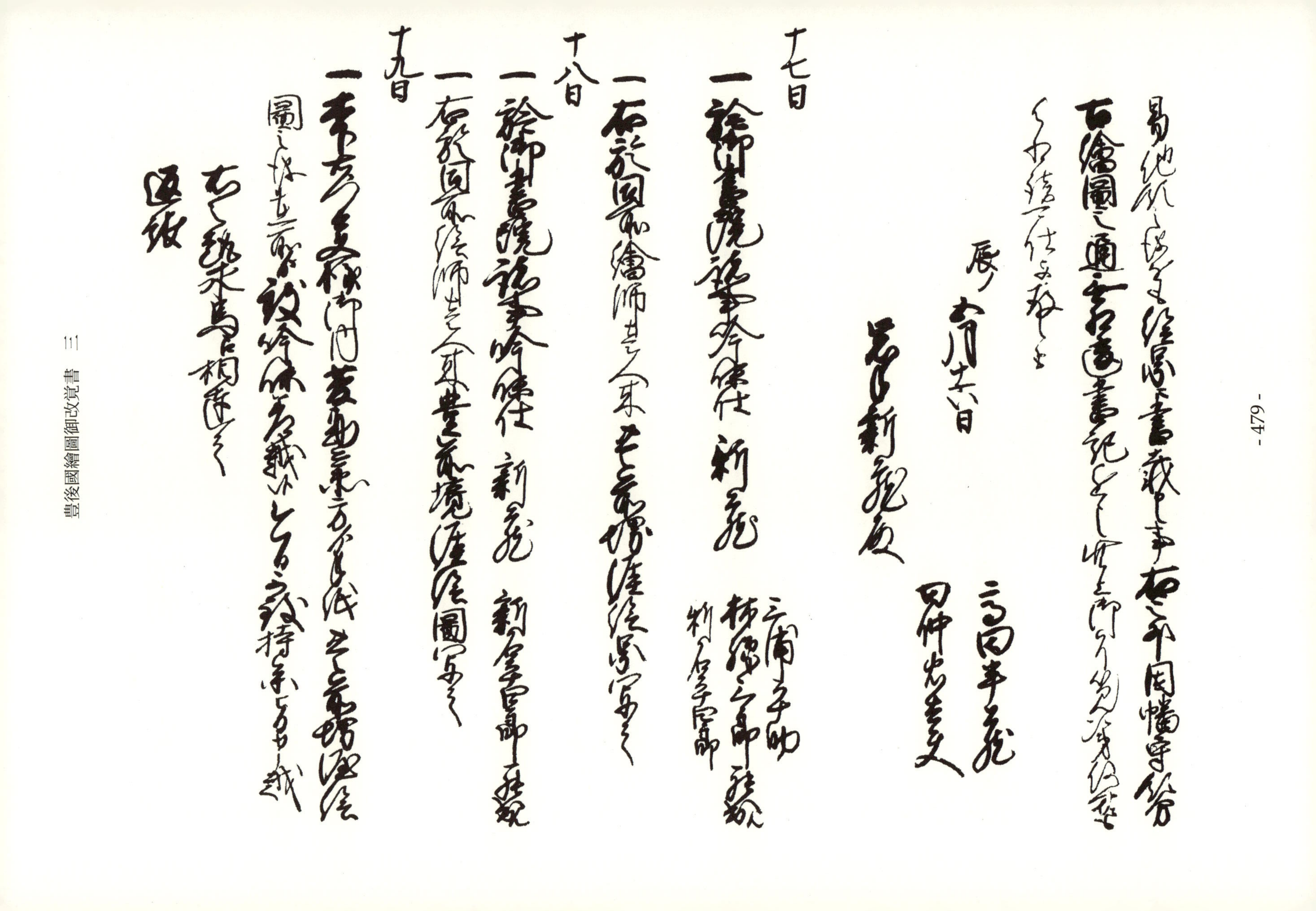

[illegible]
右繪圖之通ニ[illegible]
[illegible]

辰ノ八月十六日

[illegible]殿

[illegible]

十七日
一　於御書院[illegible]　新[illegible]
[illegible]

十八日
一　於御書院[illegible]　新[illegible]
一　右於同所繪師共へ[illegible]豊後境[illegible]繪圖[illegible]

十九日
一　[illegible]
圖之[illegible]
右之[illegible]
[illegible]

今日若殿様ニも四ツ時以前ゟ御出勤被遊候

一 東本願寺 参勤之衆へ一本　新御殿　林縫殿之助
　新居宇兵衛　相渡

　　右者兼而御頼ニ付右前之本堂

図一枚 口上書一枚 持参ニ付受取置候　対談之上可申聞候

申刻新居宇兵衛へ一性済

右之品 米馬白和遣ス

廿一日

一 於御書院 坊官参候　新御殿　三浦主水　林縫殿之助 拝謁
　新居宇兵衛

一 於右同所 絵師壱人来 豊前境絵図守之

一 本堂彫物御用 棟梁茎ニ而候 絵図之持付

戸候度替ら付方 明日可相談被申候

返報

明日可相付候被存候 もて相願候

御うちニ付申候

廿二日

一 於御書院 坊官参候　新御殿　林縫殿之助
　新居宇兵衛 拝謁

一 右於同所 絵師壱人来

一松平主殿頭様御内岩永七左衛門方ゟ[illegible]御使
[illegible]御内證繪圖之儀ニ付[illegible]
[illegible]

返翰

右證繪圖之儀[illegible]豊州ゟ役人
[illegible]

一[illegible]林五兵衛[illegible]
[illegible]今日[illegible]同役之中[illegible]
越候

返翰

[illegible]

一[illegible]
[illegible]御繪圖[illegible]
[illegible]圖[illegible]
右[illegible]

[illegible]

一[illegible]

一右[illegible]

一 細川越中守様御内 無事ニ而有之候 右之面々義
之者ニ而有之候得共此方与者格別之 御国法ニ而
惣体并豊後向御取扱被仰付 依之為御届申上
来ル丑年より右之面々可為旨 右之段申上候
右之趣を以御届申上候

由緒

此節細々御尋之儀ニ付 右之通御請申上候以上

右肩

一 細川重賢諸事吟味役 新兎　林雅之亮 跡役
　　　　　　　　　　　　　　新免与兵衛

一 右於国元絵師 壱人 共

右奥

一 於細川重賢本家使 新兎　広瀬弥仲
　　　　　　　　　　　　　林雅之亮 跡役
　　　　　　　　　　　　　新免与兵衛

一 右於国元絵師 壱人 共

一 已上右細川越中守様御役人 無之者ニ而共 新兎
米当豊後之内彼是預所之者ニ而 長岡之内 御預所代官
之職務役ニ而作事 町同様ニ而 林後 御預ニ而候ニ付
之内越中守殿分之者 支配之儀ニ付 遠慮之全

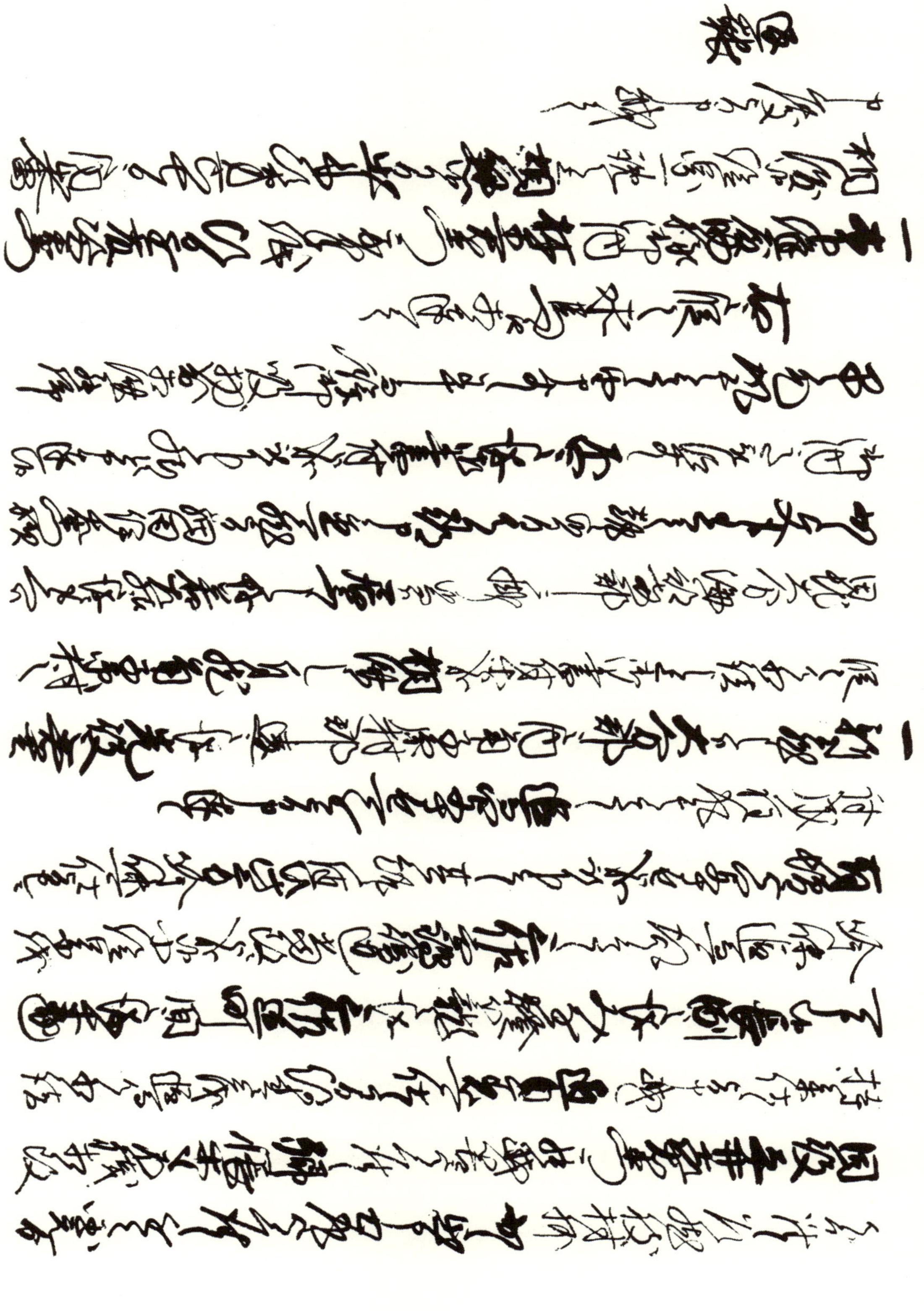

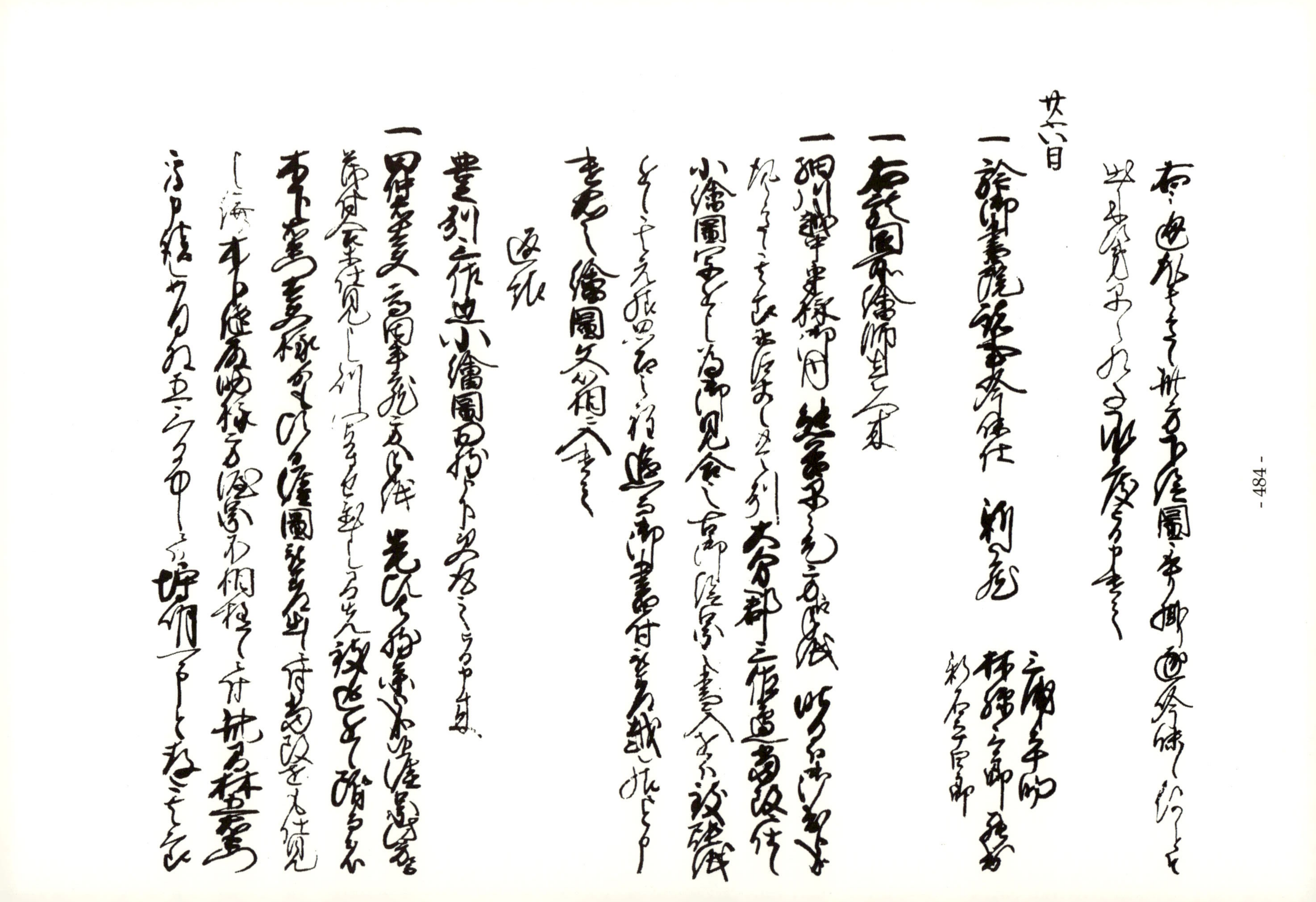

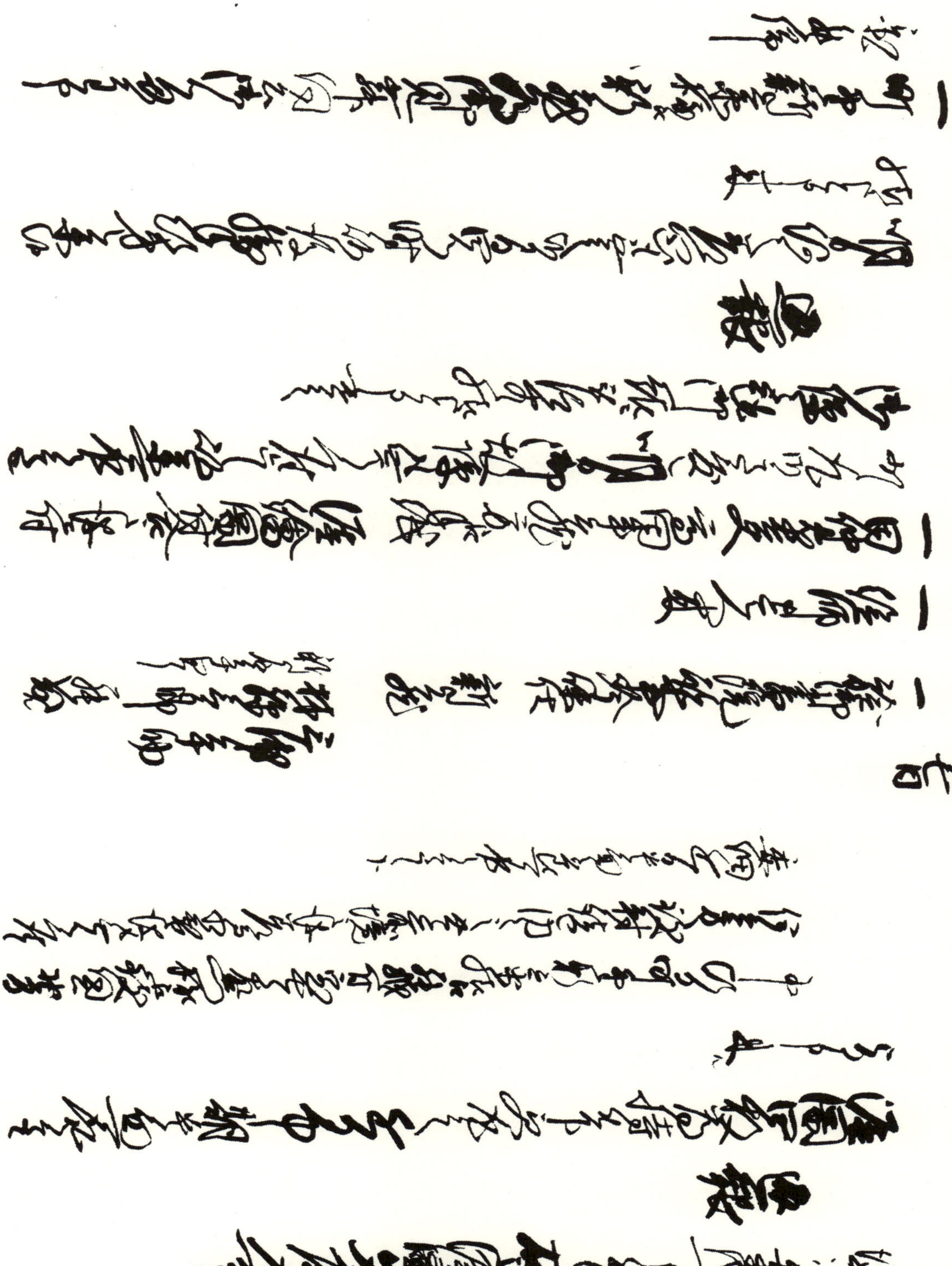

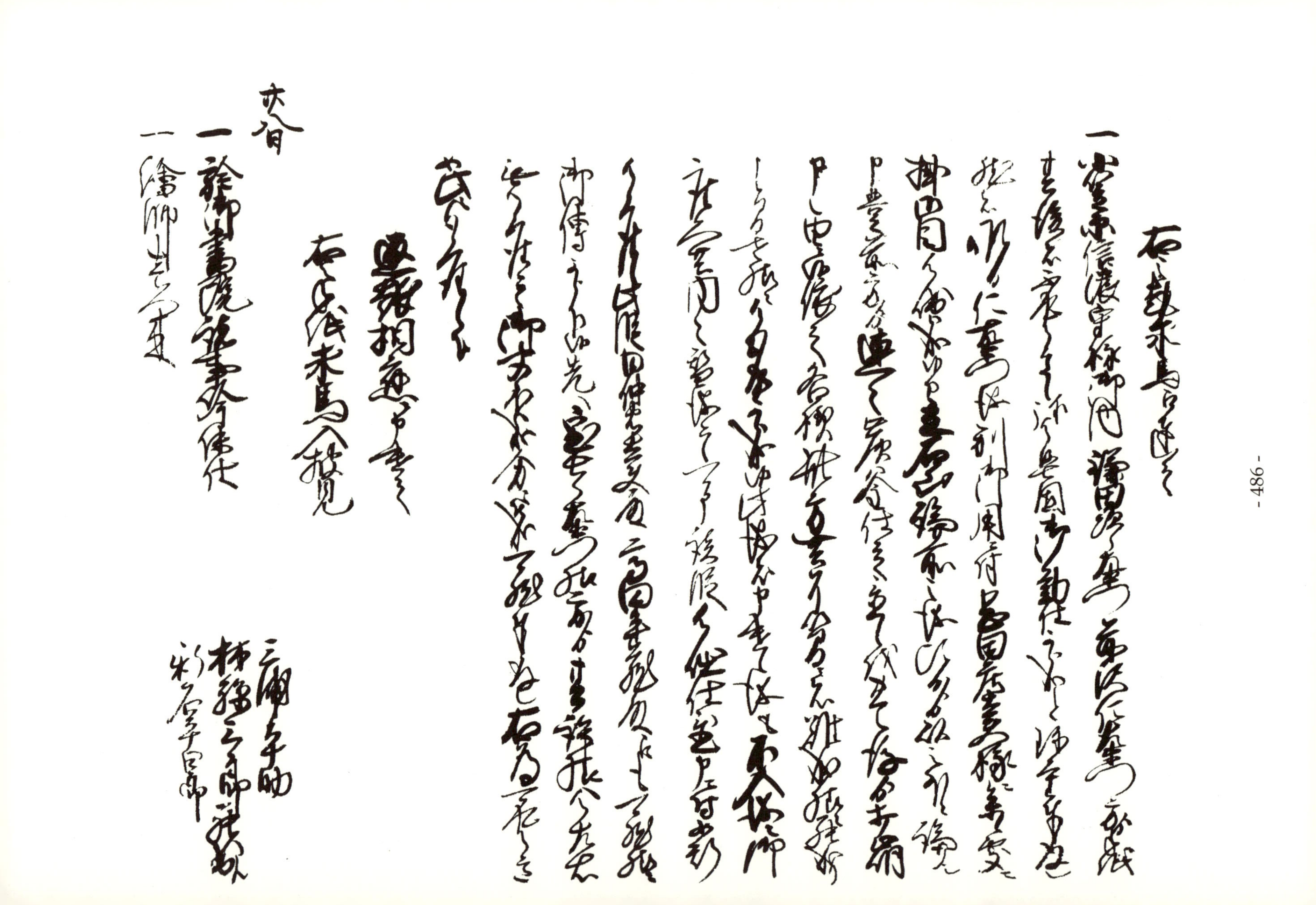

[illegible]

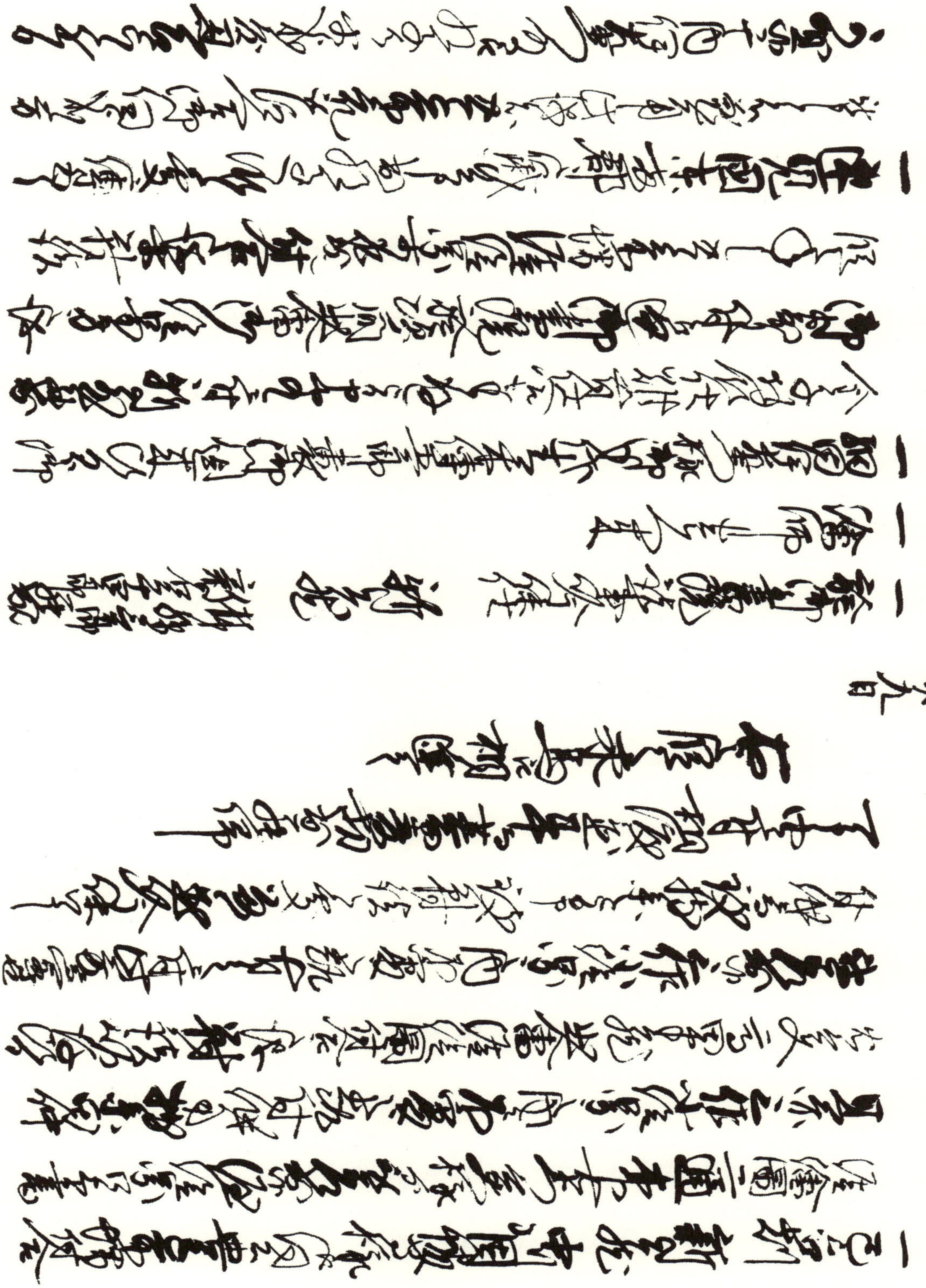

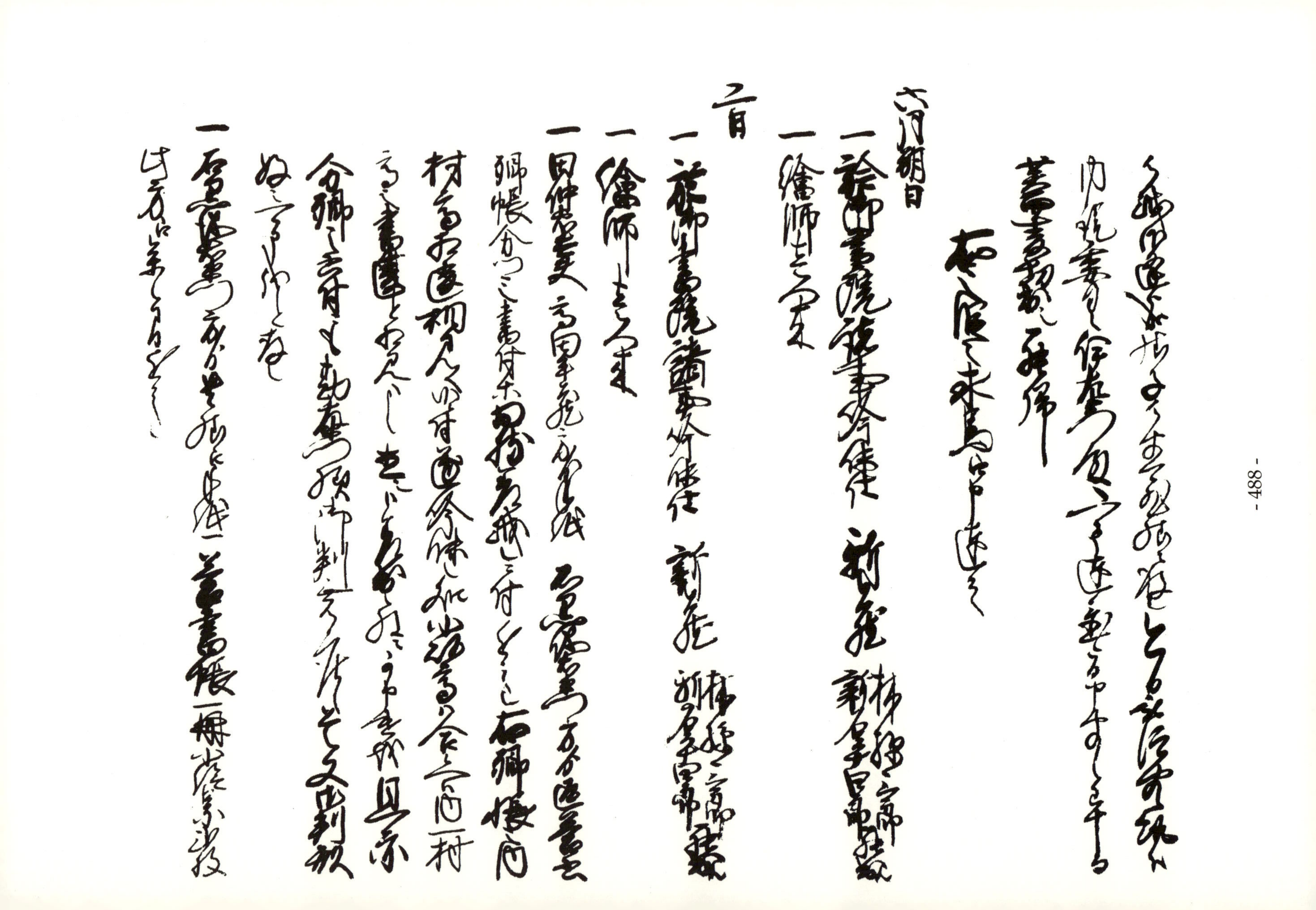

く御理申[illegible]

内[illegible]

[illegible]

[illegible]

六月朔日

一 [illegible] 新発 [illegible]

一 絵師[illegible]

二日

一 [illegible] 新発 [illegible]

一 絵師[illegible]

一 [illegible]

獅子帳[illegible]

村[illegible]

[illegible]

[illegible]

ぬ[illegible]

一 [illegible] 一冊 [illegible]

[illegible]

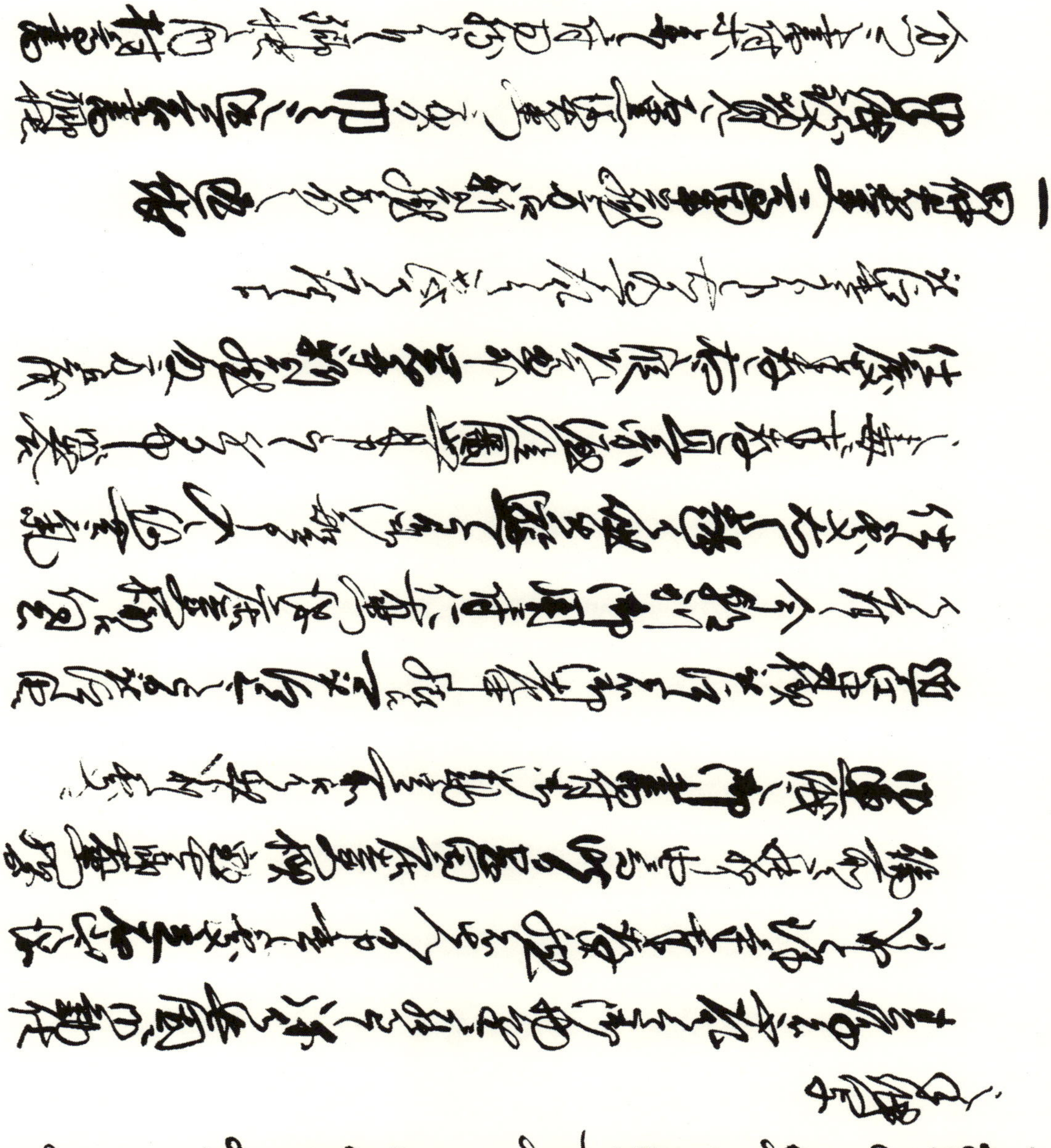

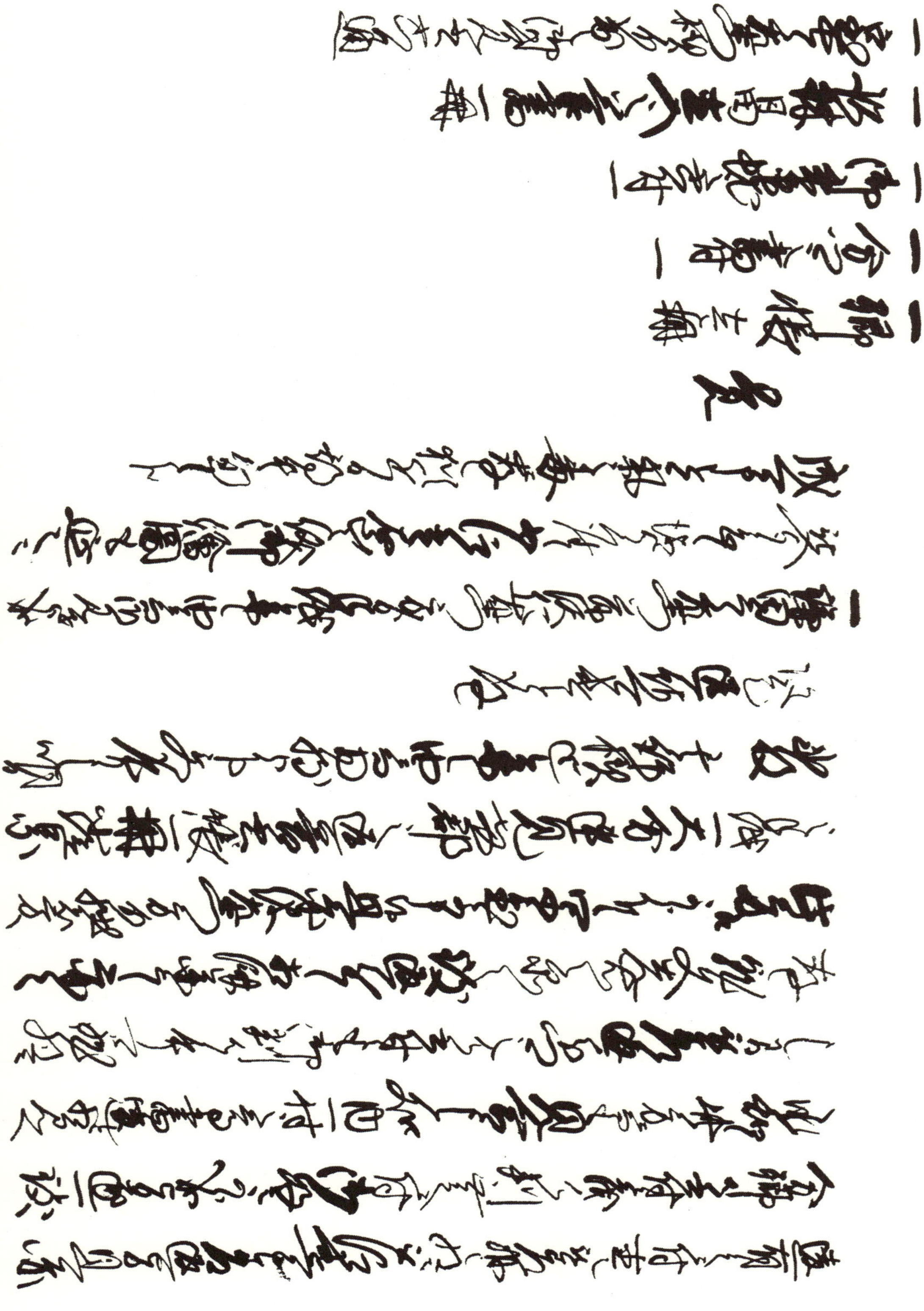

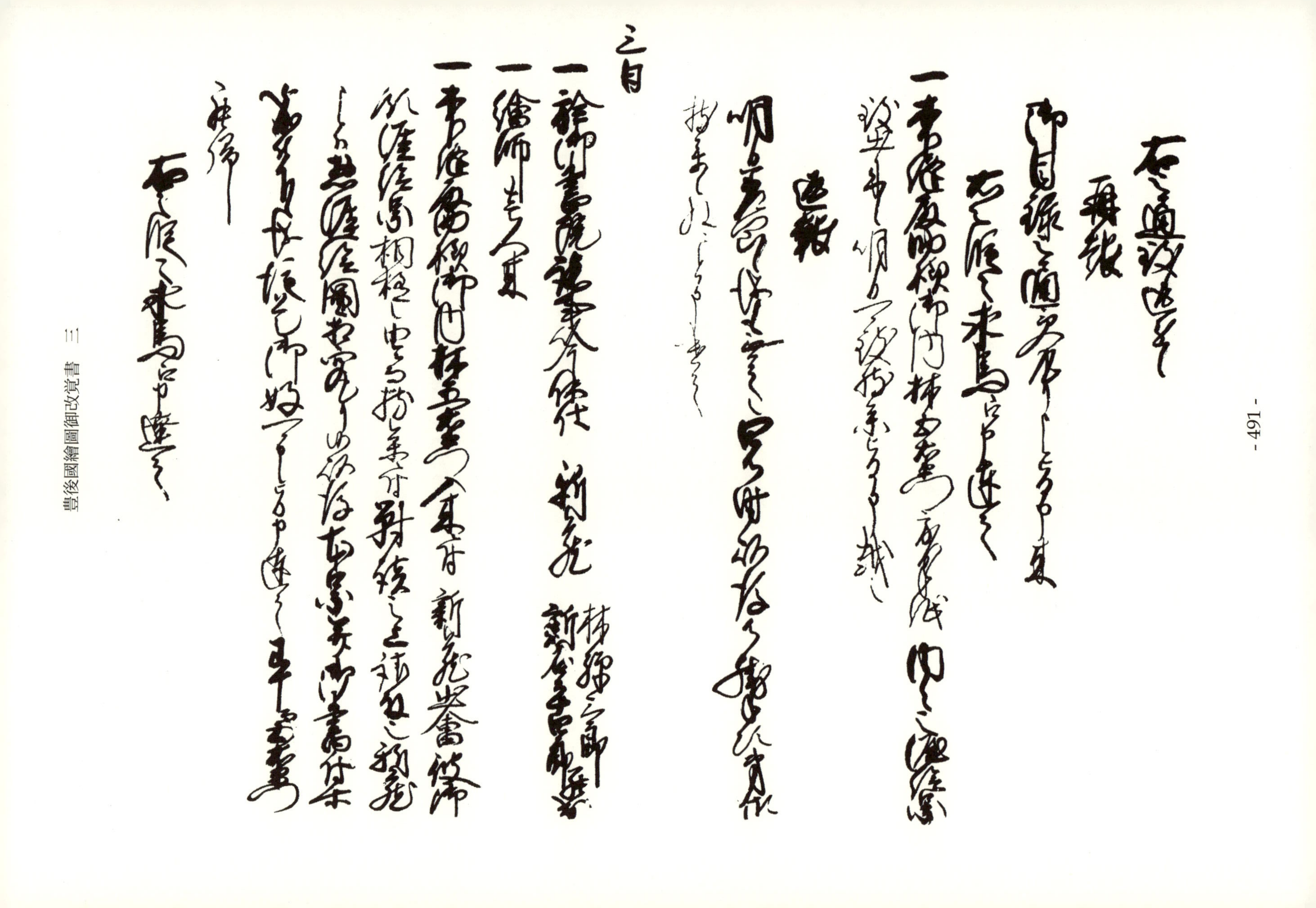

[illegible]

一 小笠原大膳大夫様御代官石原清左衛門方ゟ此方へ為知候

處 大分郡之内高田郡ニ而吉田村より見分之書差出候ニ付 [illegible] 村

楮村 高畑村之小絵図二枚 [illegible] 差遣候様ニ申来ル

小絵図 弐枚被遣候様ニと申来候

右之書付小絵図弐枚文箱ニ入差遣ス

返報

小絵図弐枚請取致し候由申来

一 細川越中守様御内 佐藤 [illegible] 方ゟ 来候 右判 [illegible]

被仰 [illegible] 判ニ 有之 [illegible] 不相付

[illegible]

十四日

一 於御書院諸事吟味 新発 林猪三郎 新谷半四郎 相勤

一 絵師共ニ来

一 本多 [illegible] 様御内 林 [illegible] 方ゟ 此方 [illegible] 候

[illegible] 遣候 [illegible]

書付 [illegible]

返報 [illegible]

五日

一 於御書院諸事吟味 新発 林猪三郎 新谷半四郎 相勤

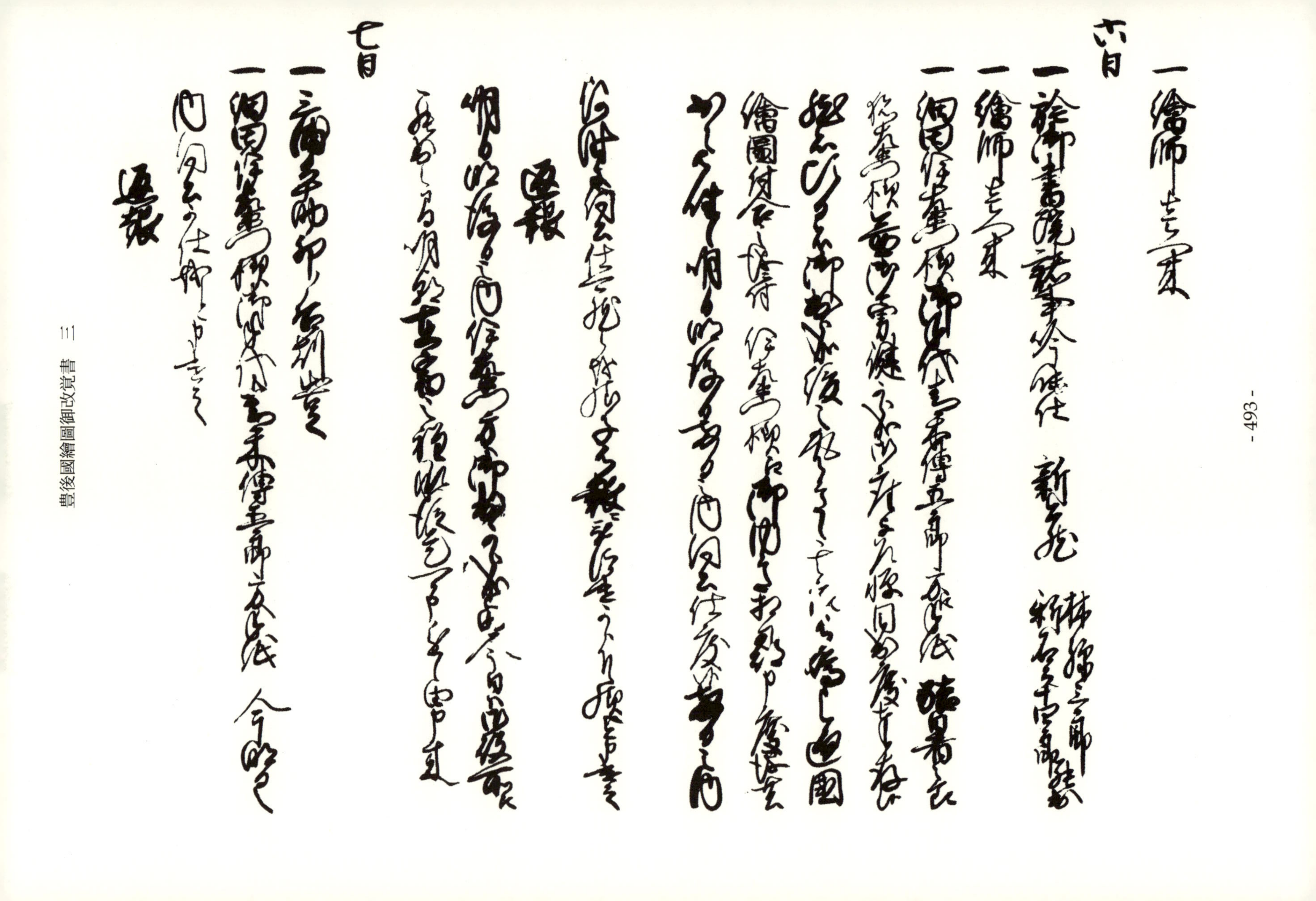

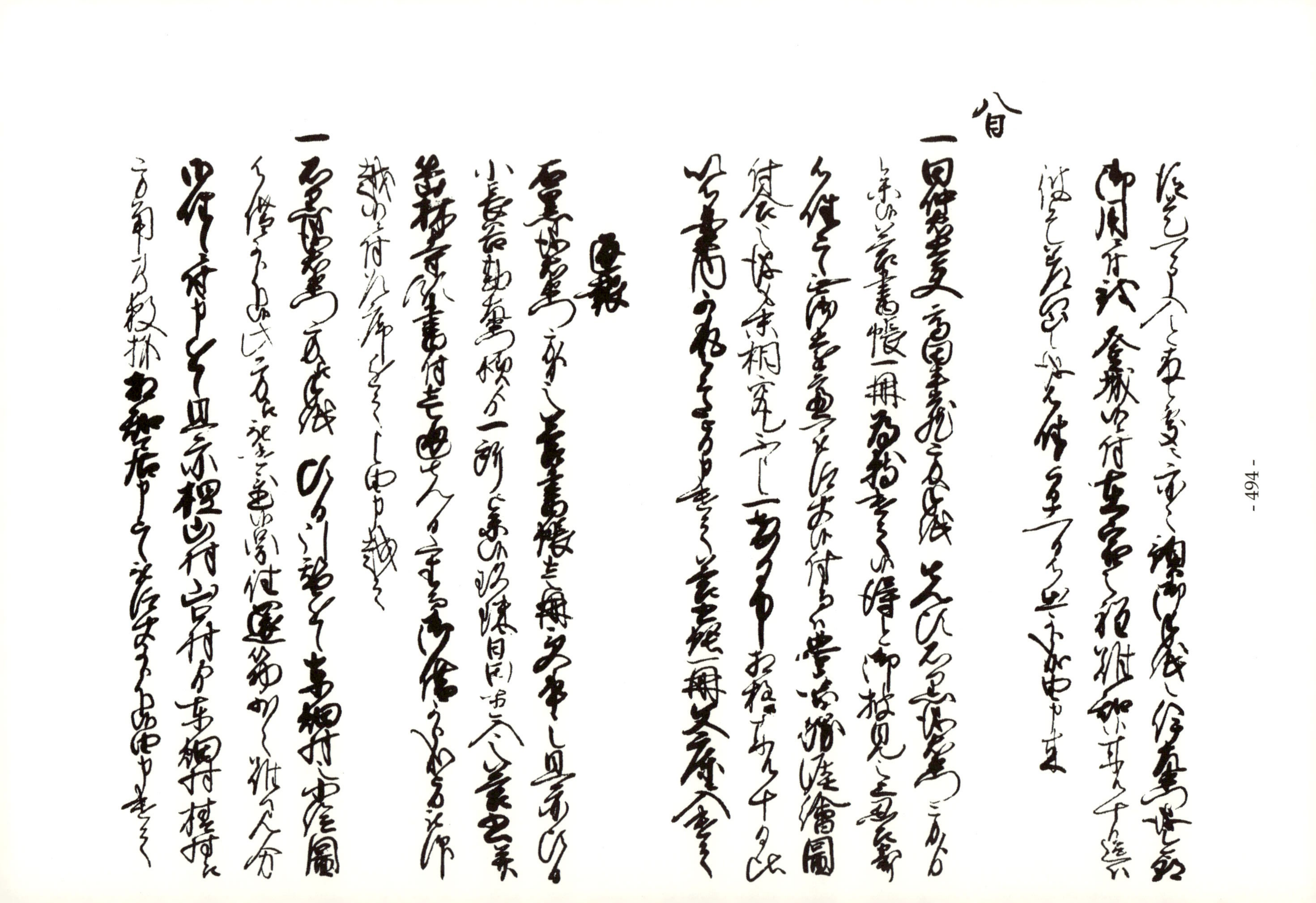

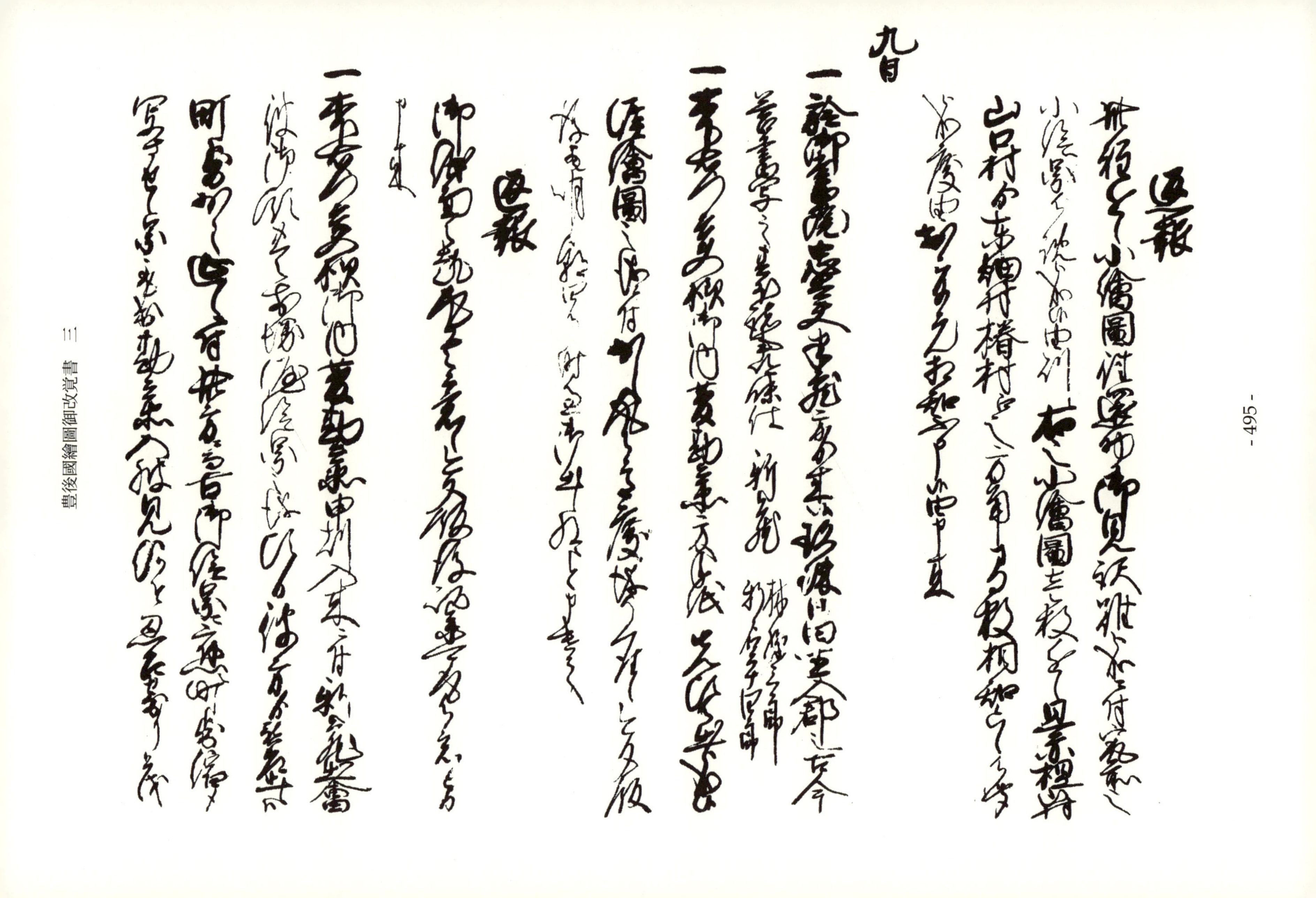

九日

返報

[illegible]小繪圖[illegible]

[illegible]小繪圖[illegible]

山口村分[illegible]

[illegible]

一 [illegible]

[illegible]

一 [illegible]

[illegible]繪圖[illegible]

[illegible]

返報

[illegible]

一 [illegible]

[illegible]

[illegible]

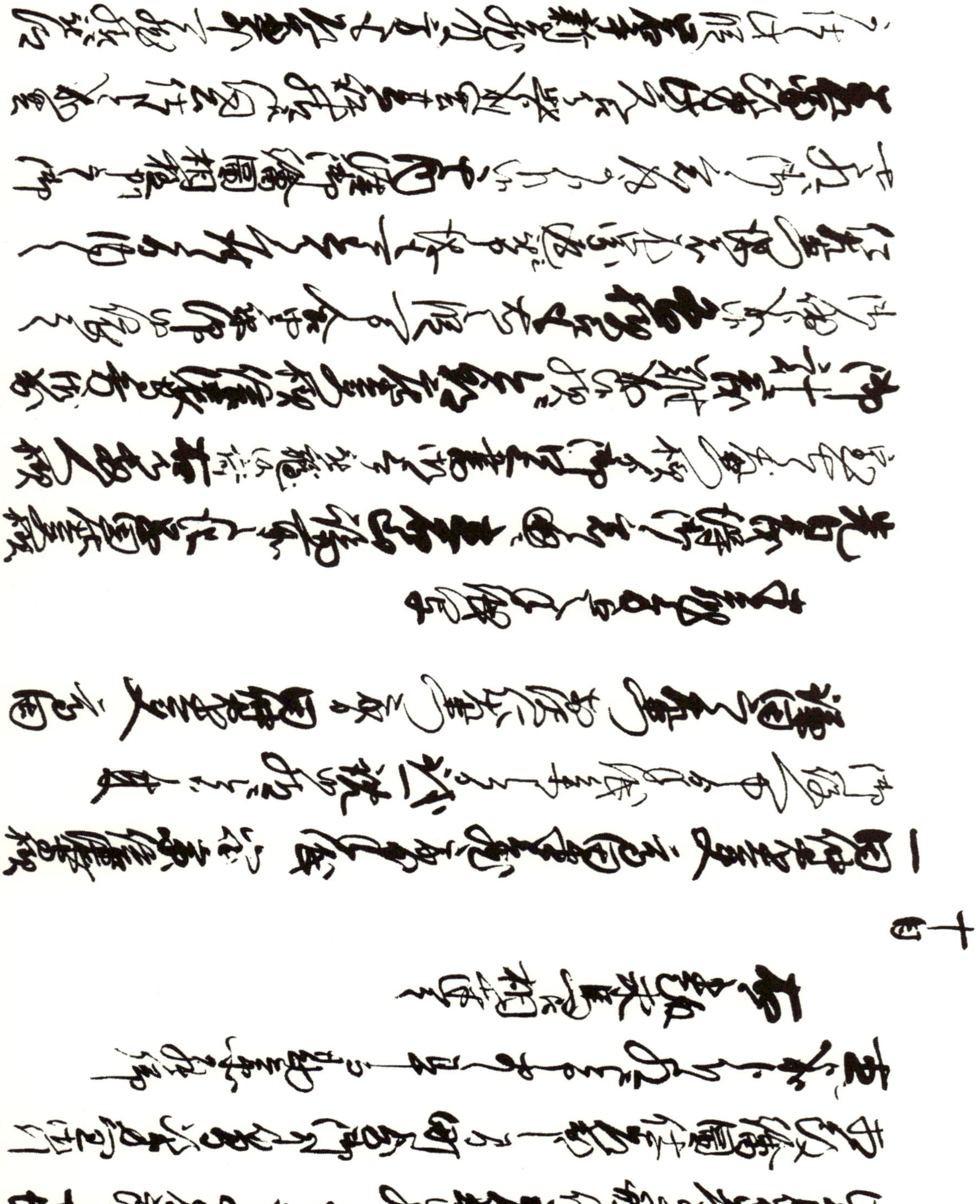

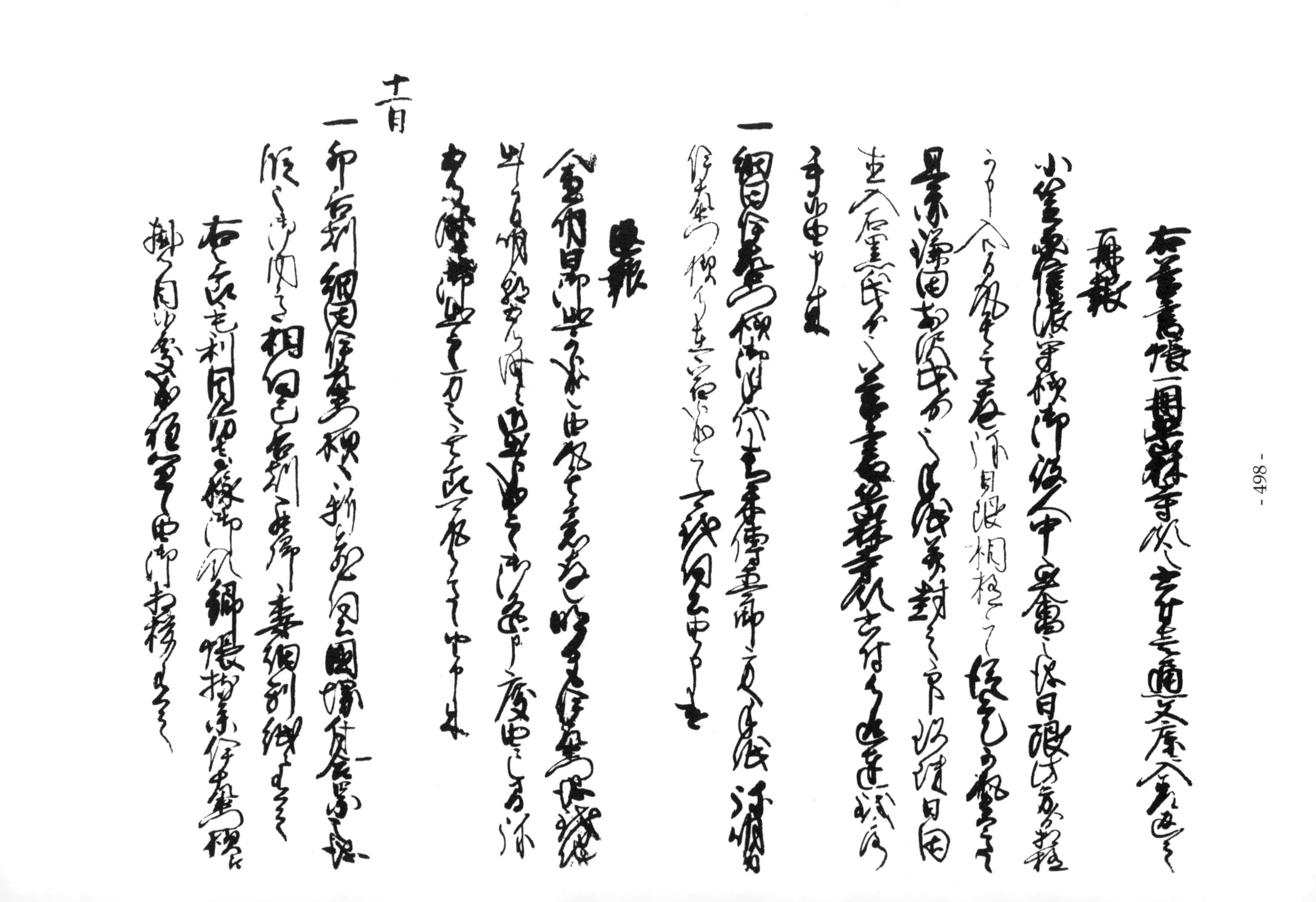

[illegible]

[illegible]

一 [illegible]

[illegible]

十四日

一 [illegible]

[illegible]

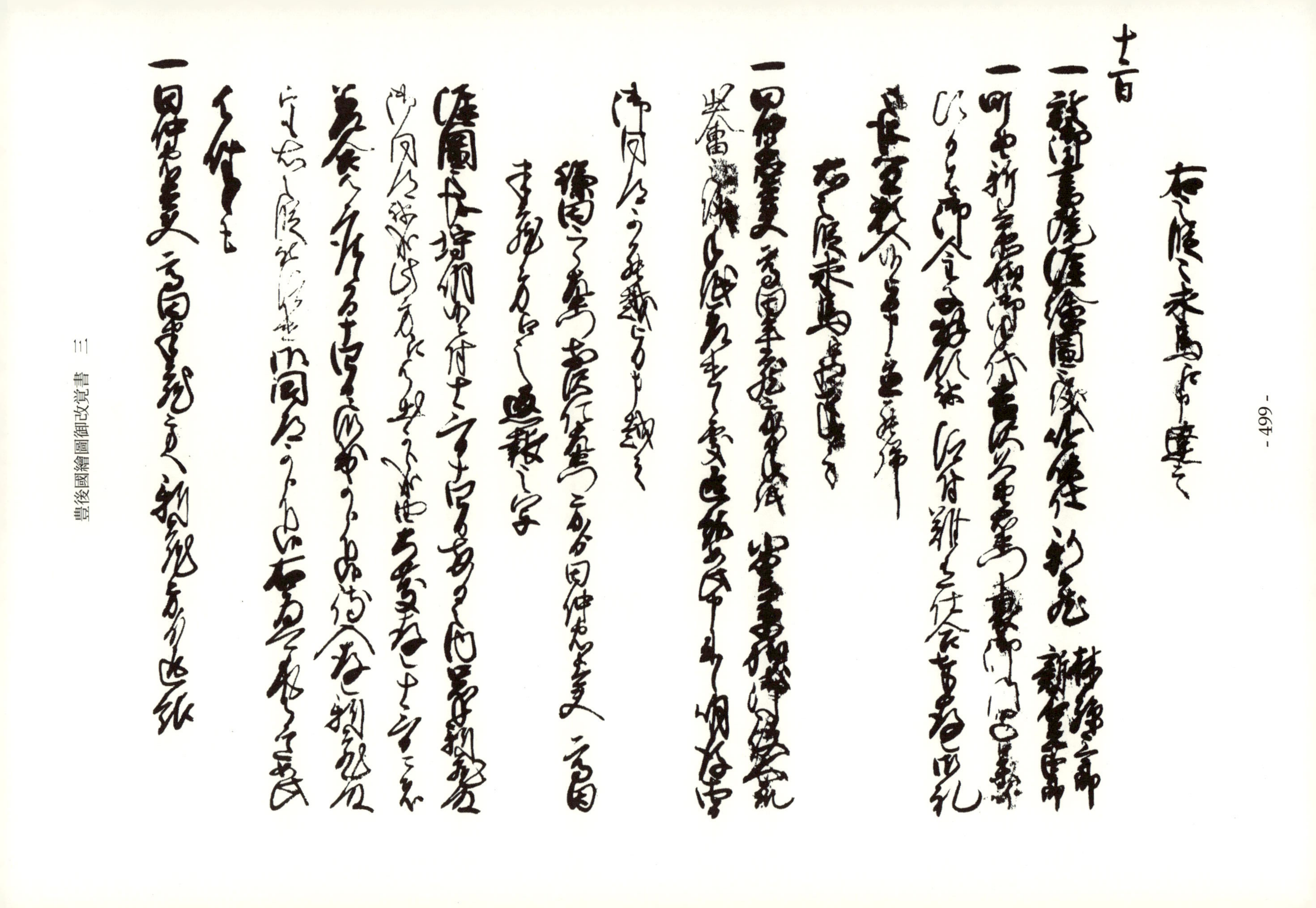

[illegible]

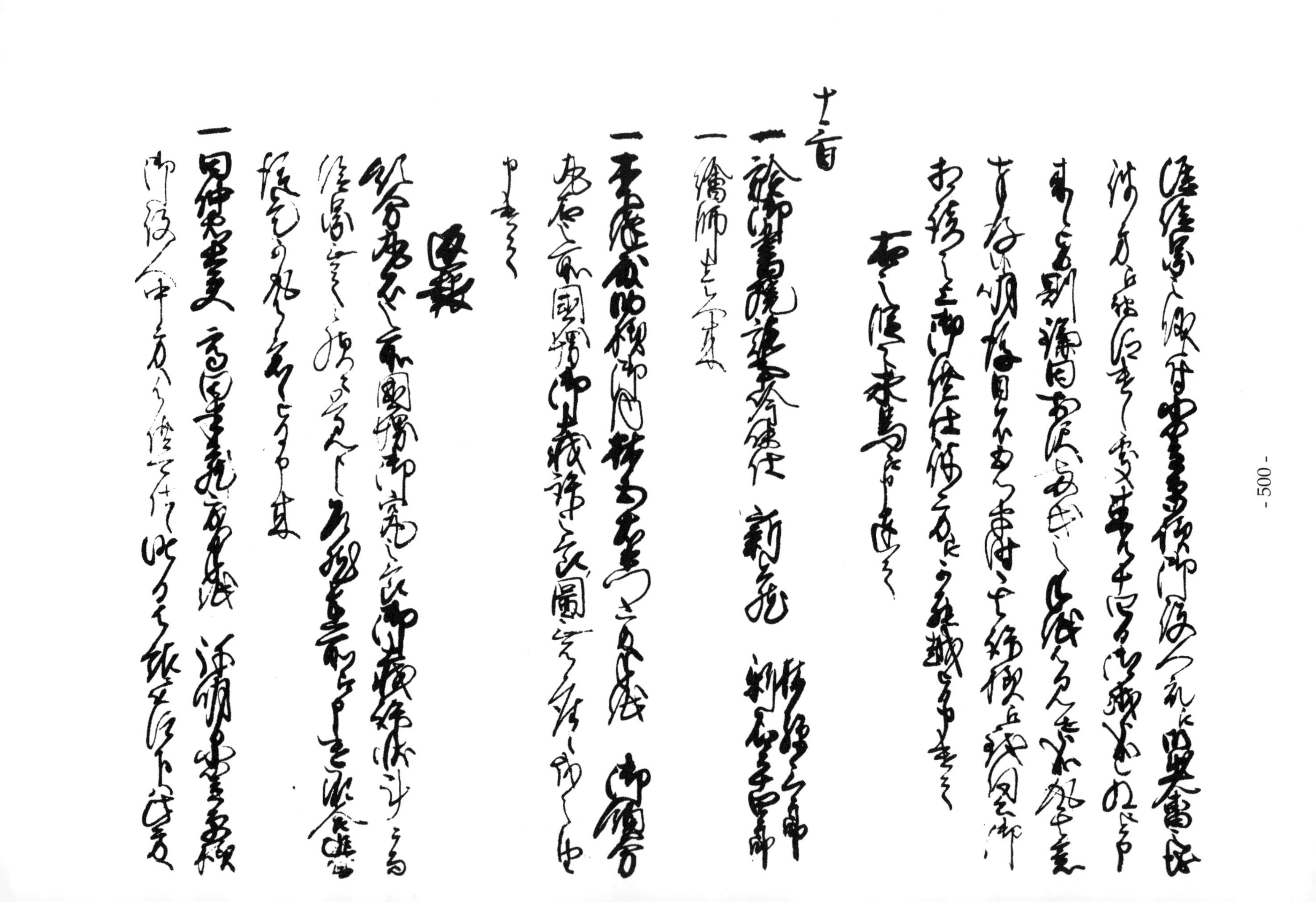

[illegible]
[illegible]
[illegible]
[illegible]
[illegible]
[illegible]

十一日

一 [illegible]
一 [illegible]
一 [illegible]
[illegible]
[illegible]
[illegible]
[illegible]
[illegible]
[illegible]
一 [illegible]
[illegible]

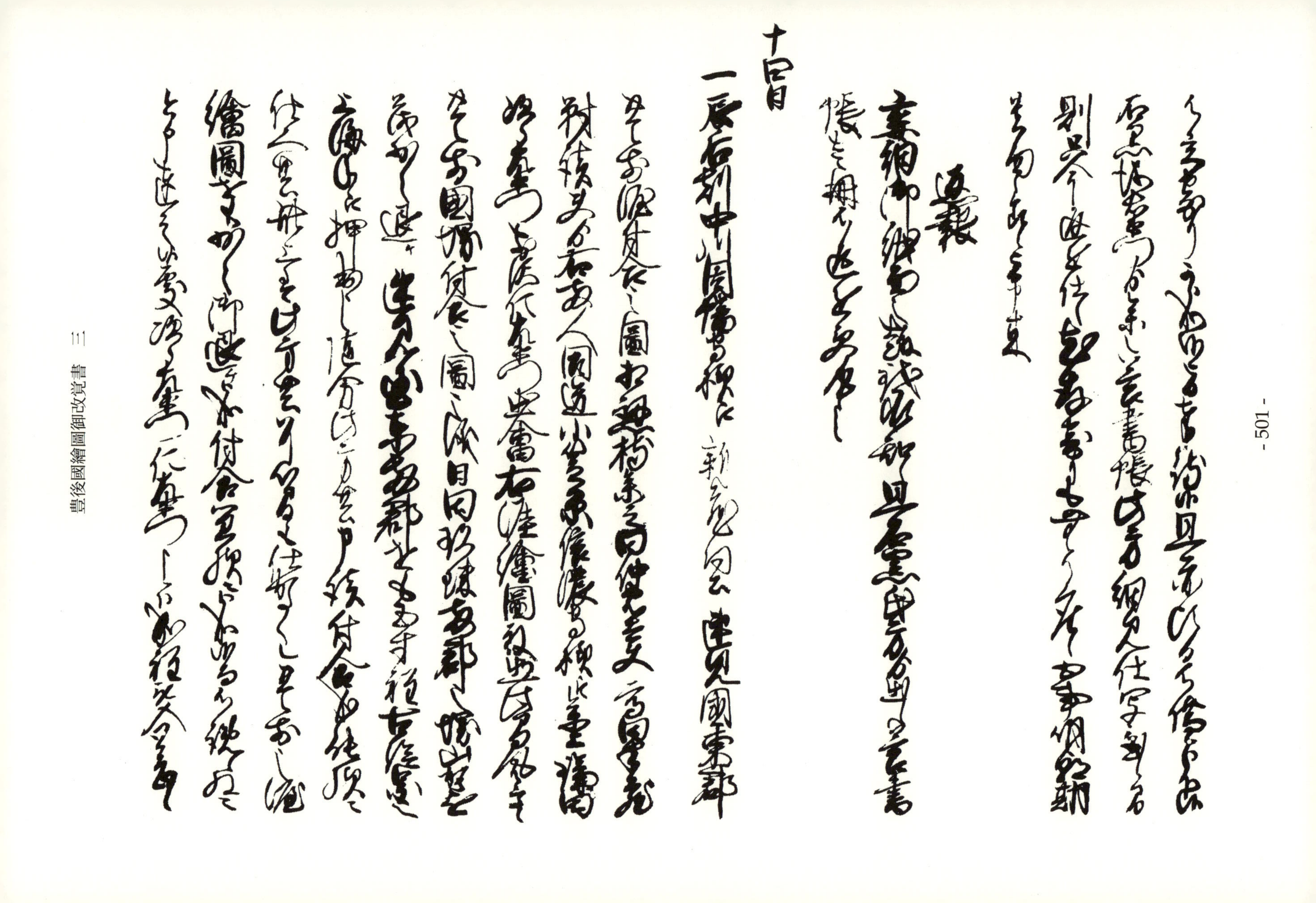

[illegible]

十四日

[illegible]

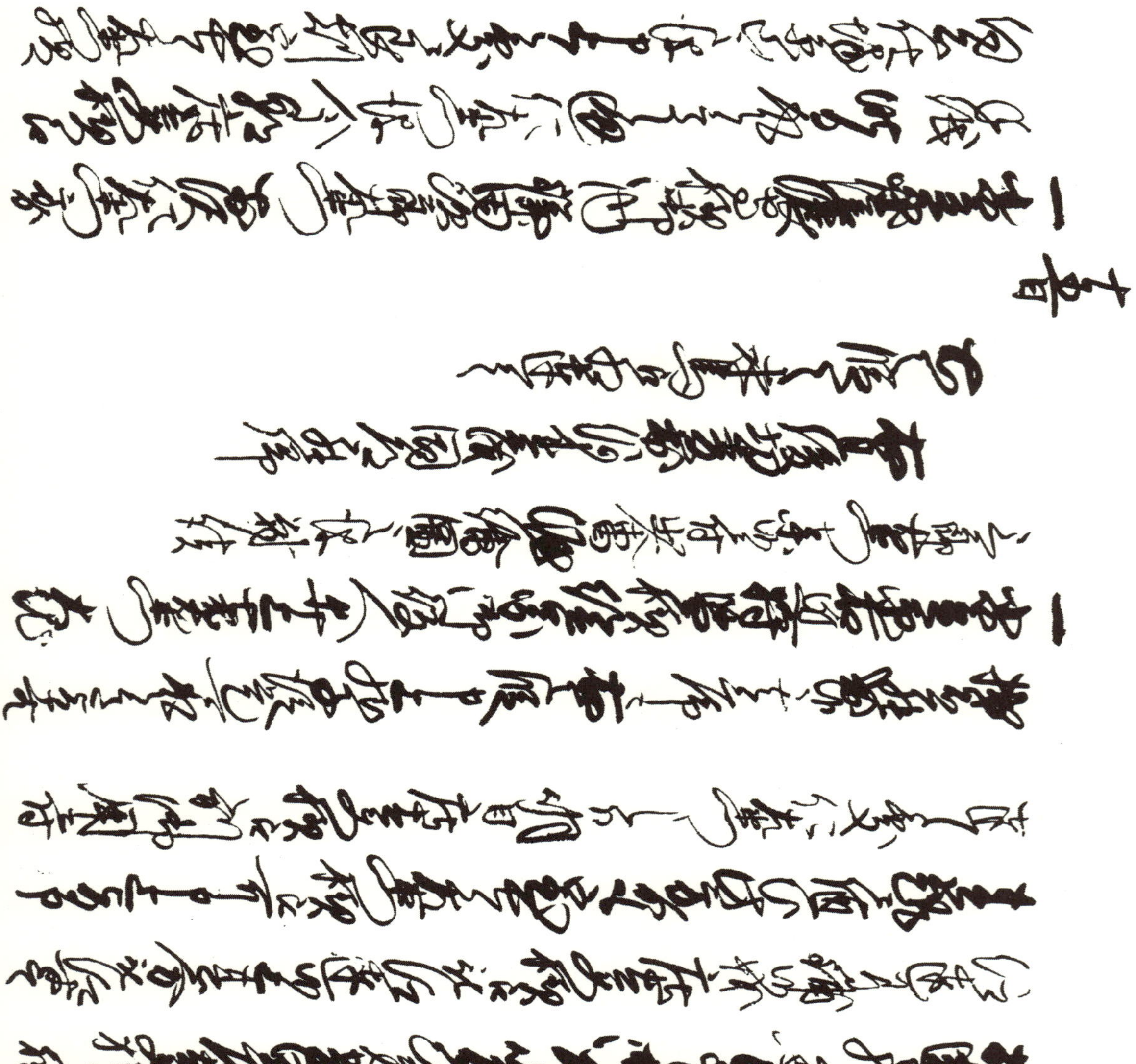

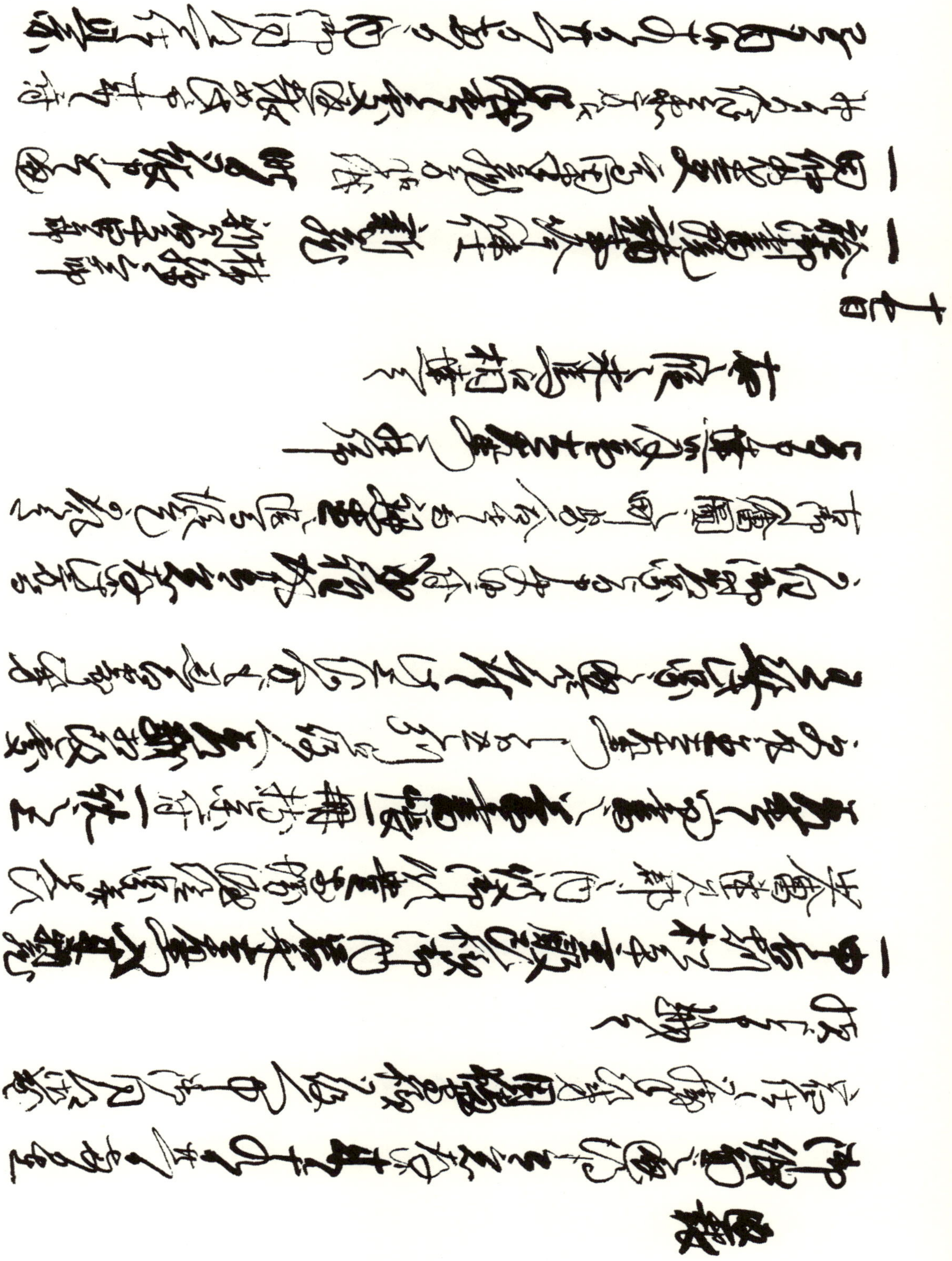

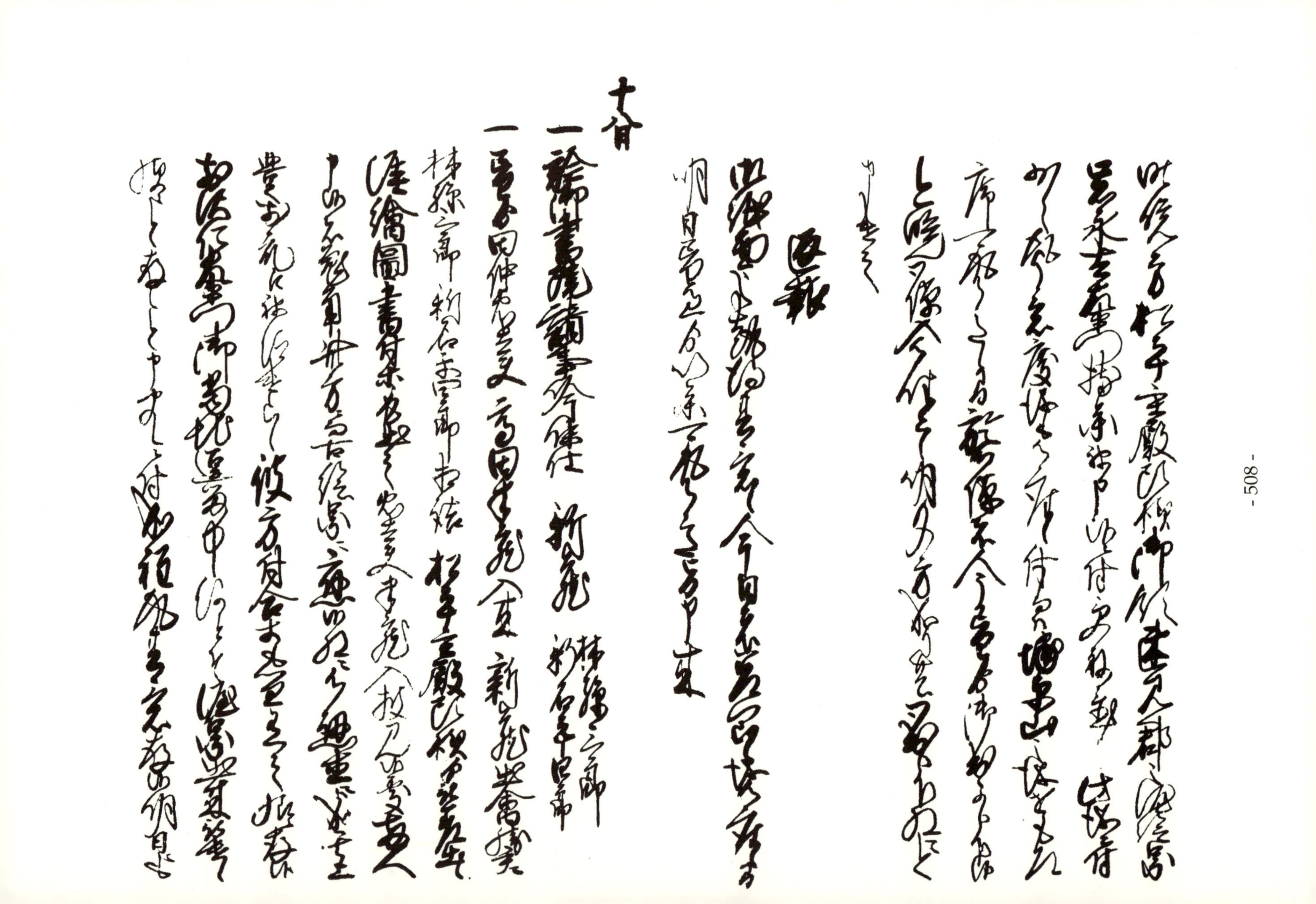

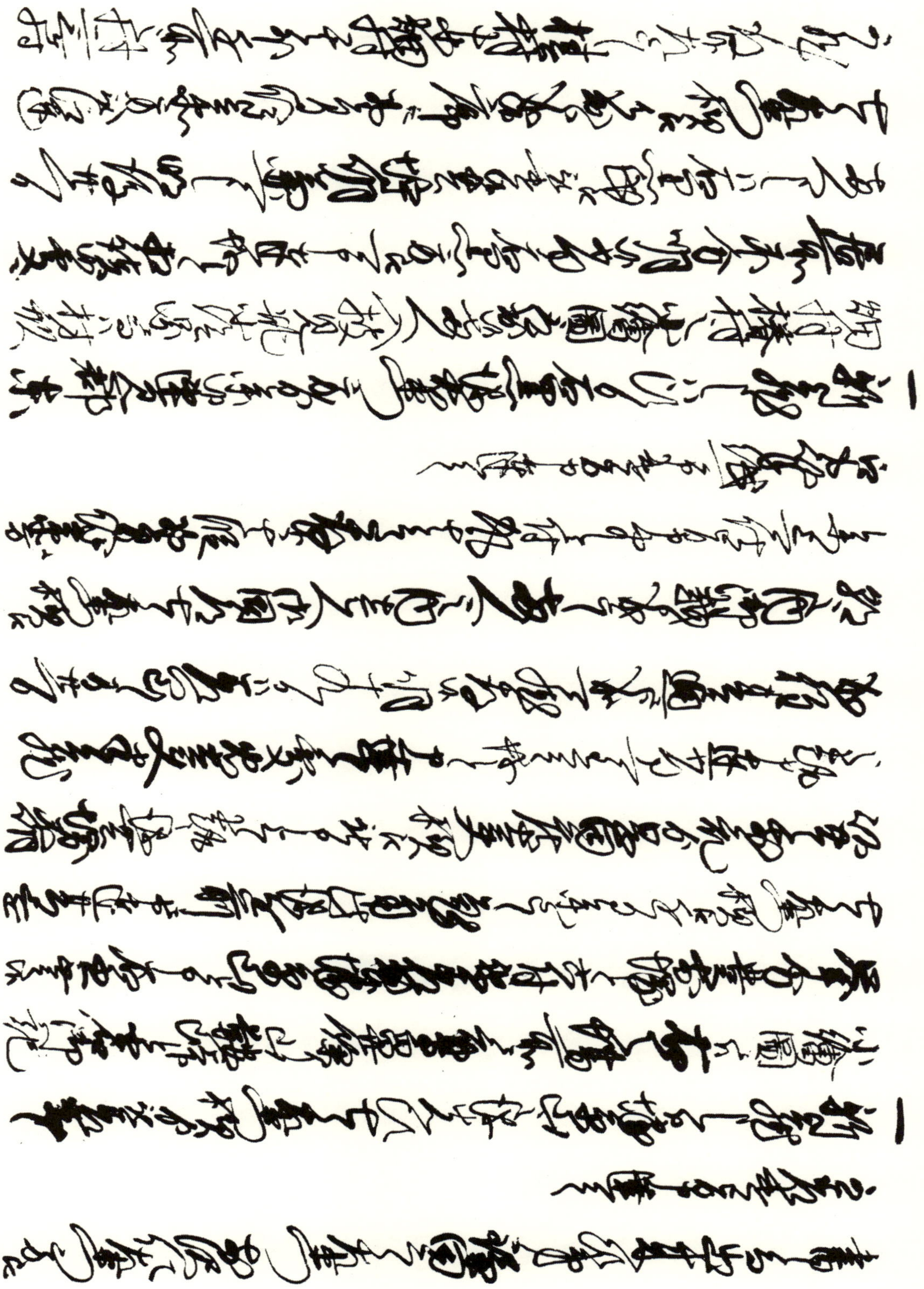

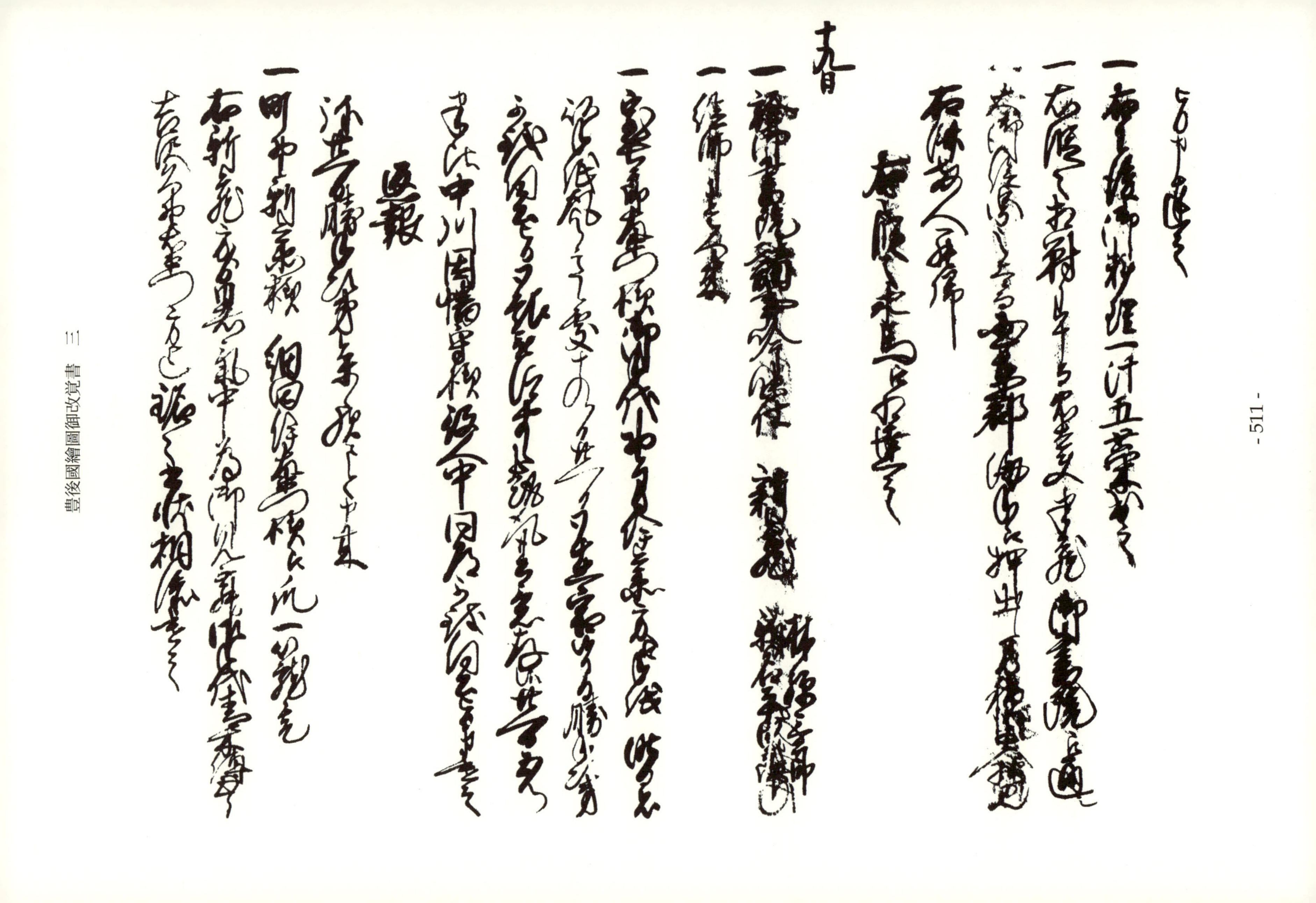

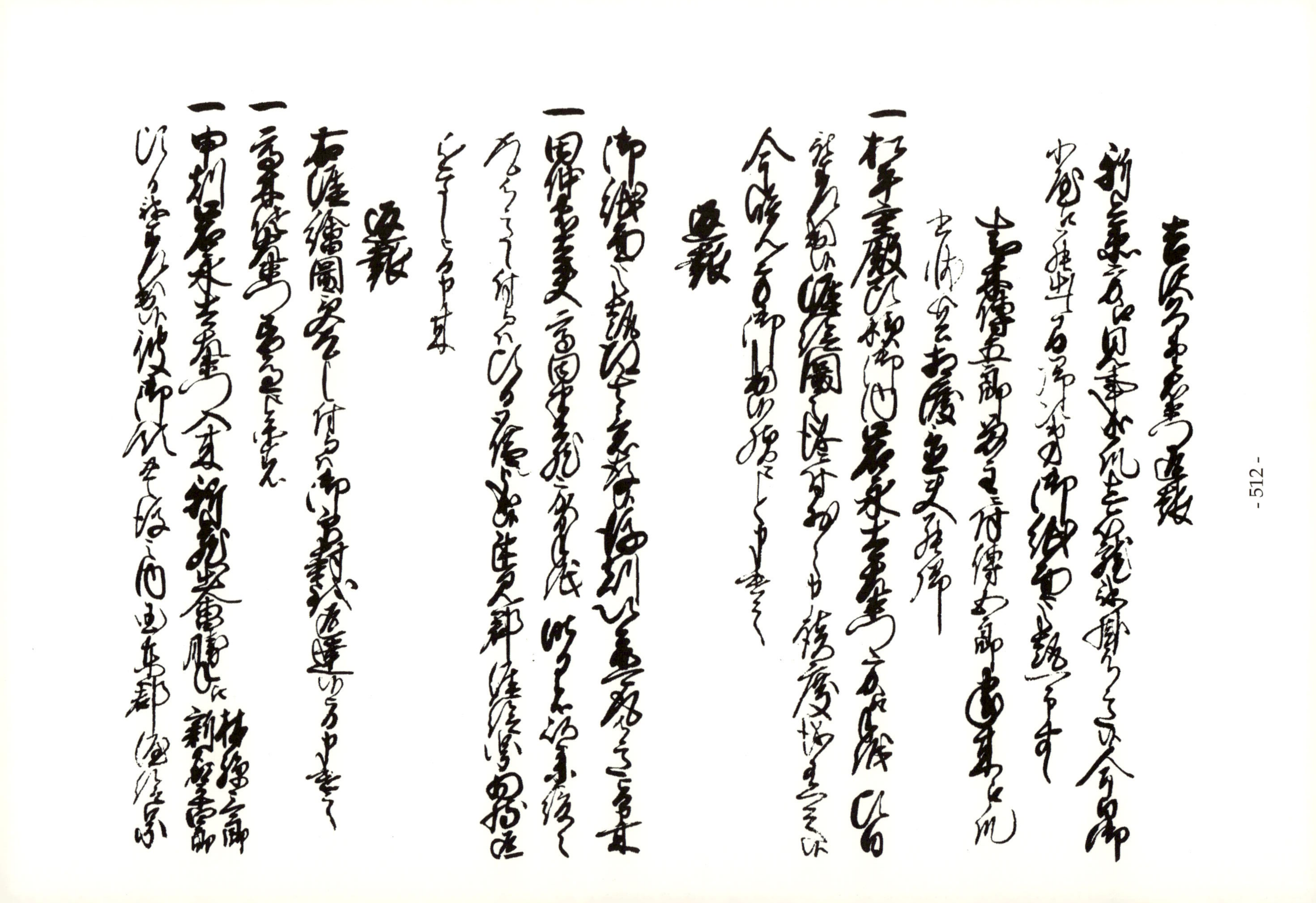

表紙之方ニ書付有之

新規之分ハ[illegible]御掛ケ候ニ付今井御

[illegible]御継目[illegible]

[illegible]五郎[illegible]

[illegible]

一 [illegible]

[illegible]

今[illegible]御[illegible]

覚

御継目[illegible]

一 [illegible]

[illegible]

[illegible]

覚

右[illegible]

一 [illegible]

一 [illegible]

[illegible]

今明日中差上ケ可申候

返報

御紙面致[illegible]一[illegible]明日[illegible]
[illegible]松平主殿様[illegible]
絵図御出来[illegible]持[illegible]一[illegible]
[illegible]

返進候也

一 [illegible]豊前国絵図[illegible]
[illegible]松平[illegible]様[illegible]御[illegible]
以一[illegible]古絵図[illegible]遣[illegible]
御[illegible]

返状

右通[illegible]松平主殿様[illegible]豊前[illegible]
出[illegible]
[illegible]御[illegible]
[illegible]
[illegible]
かしく

右豊前国絵図返ス

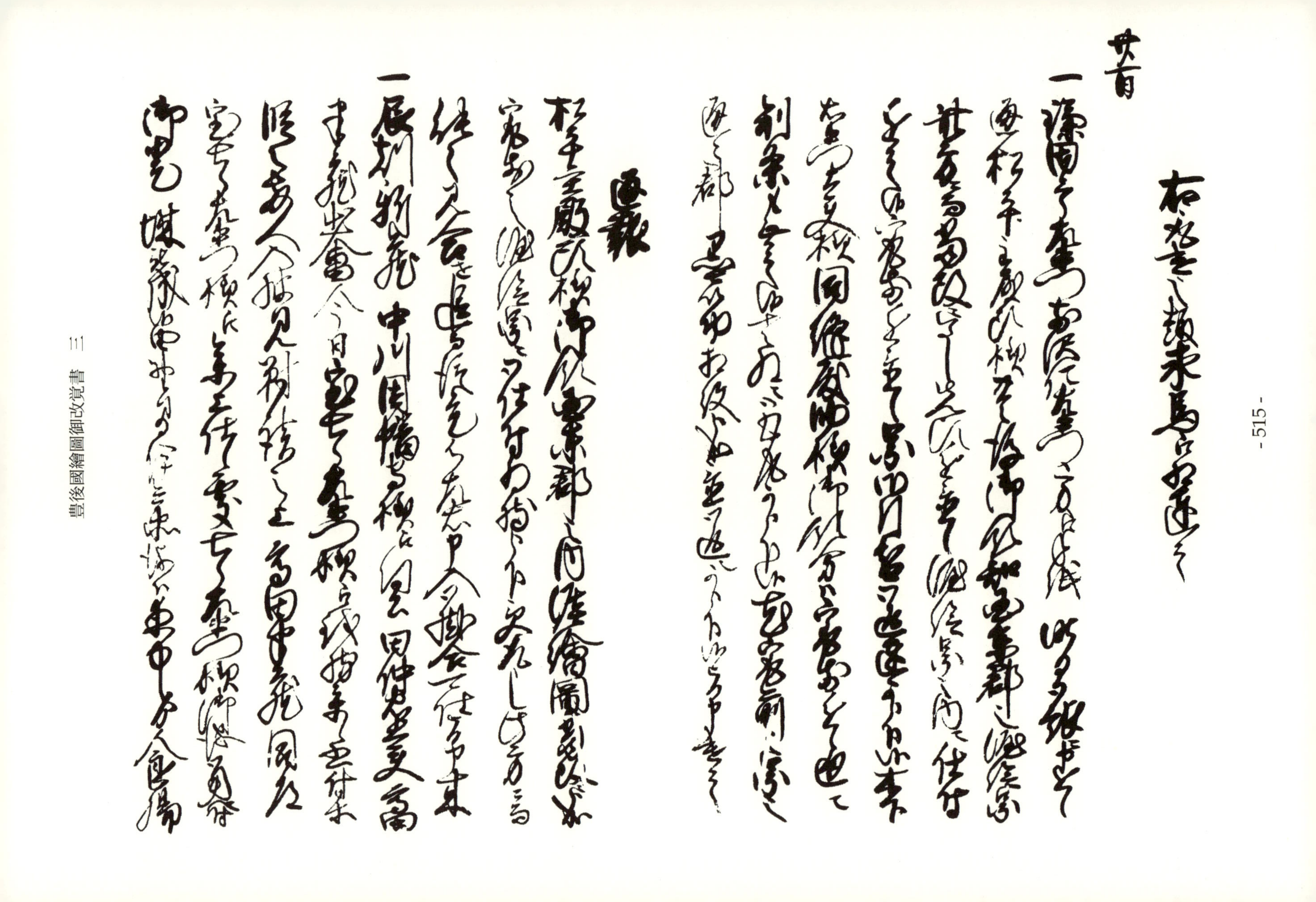

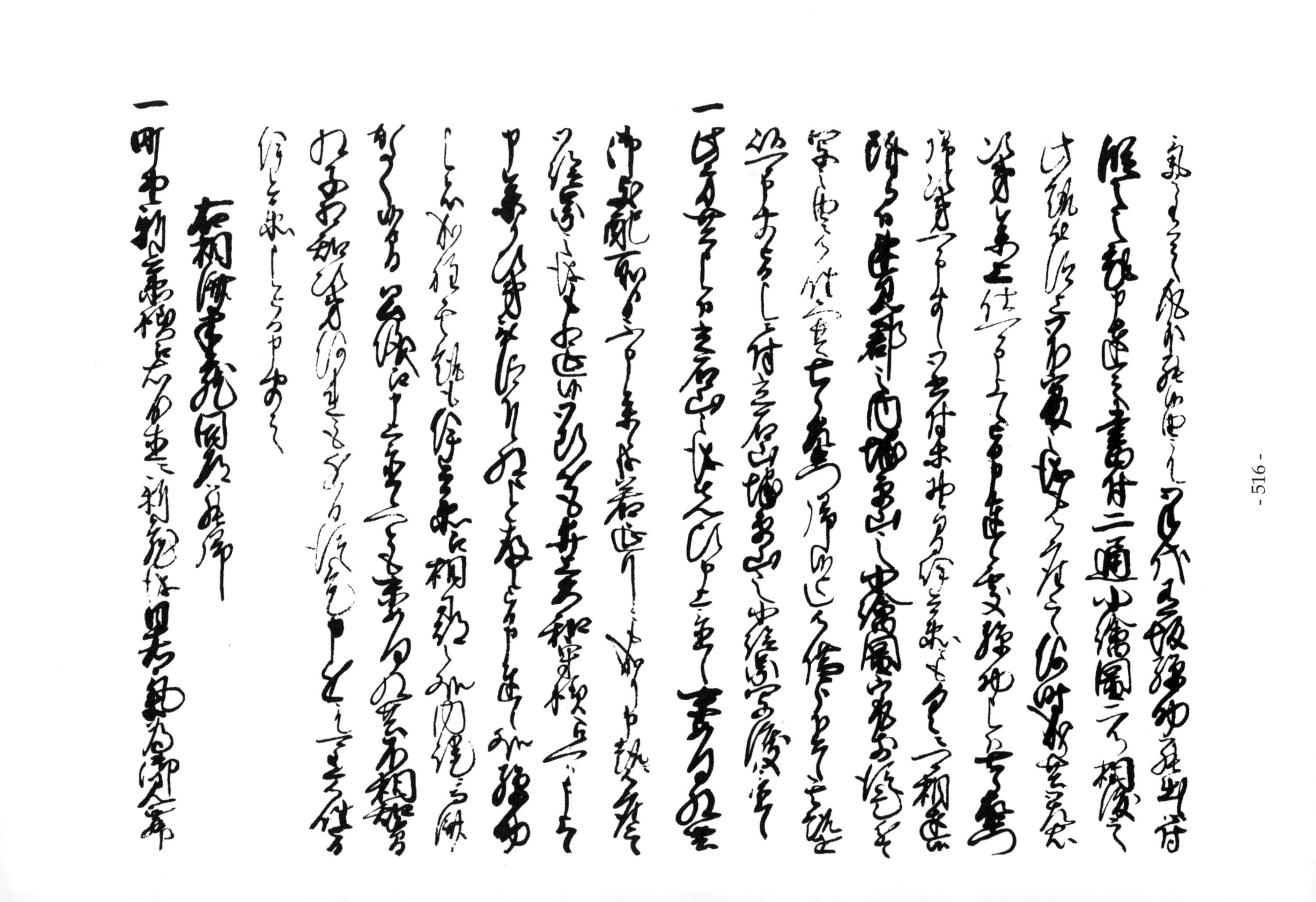

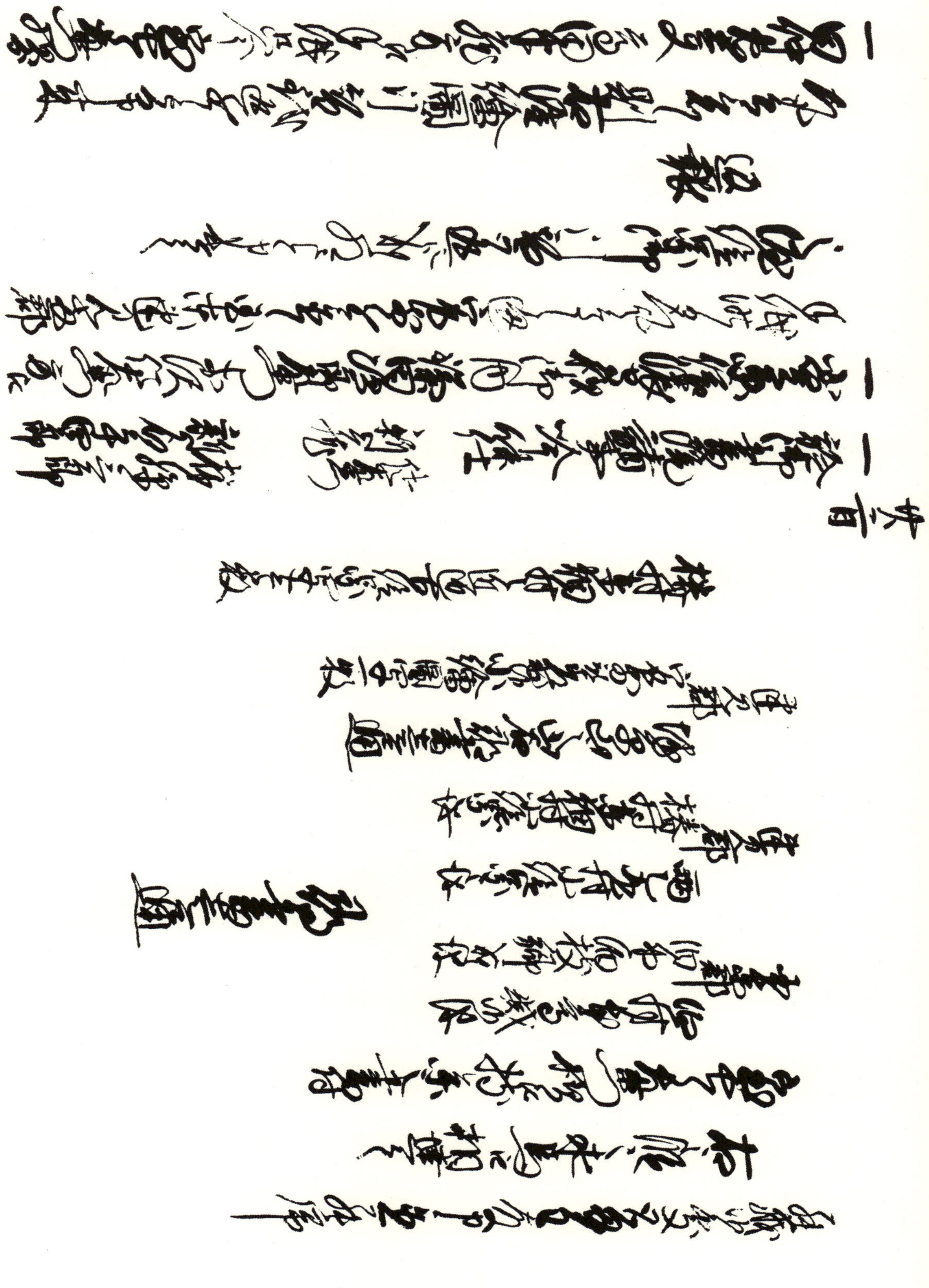

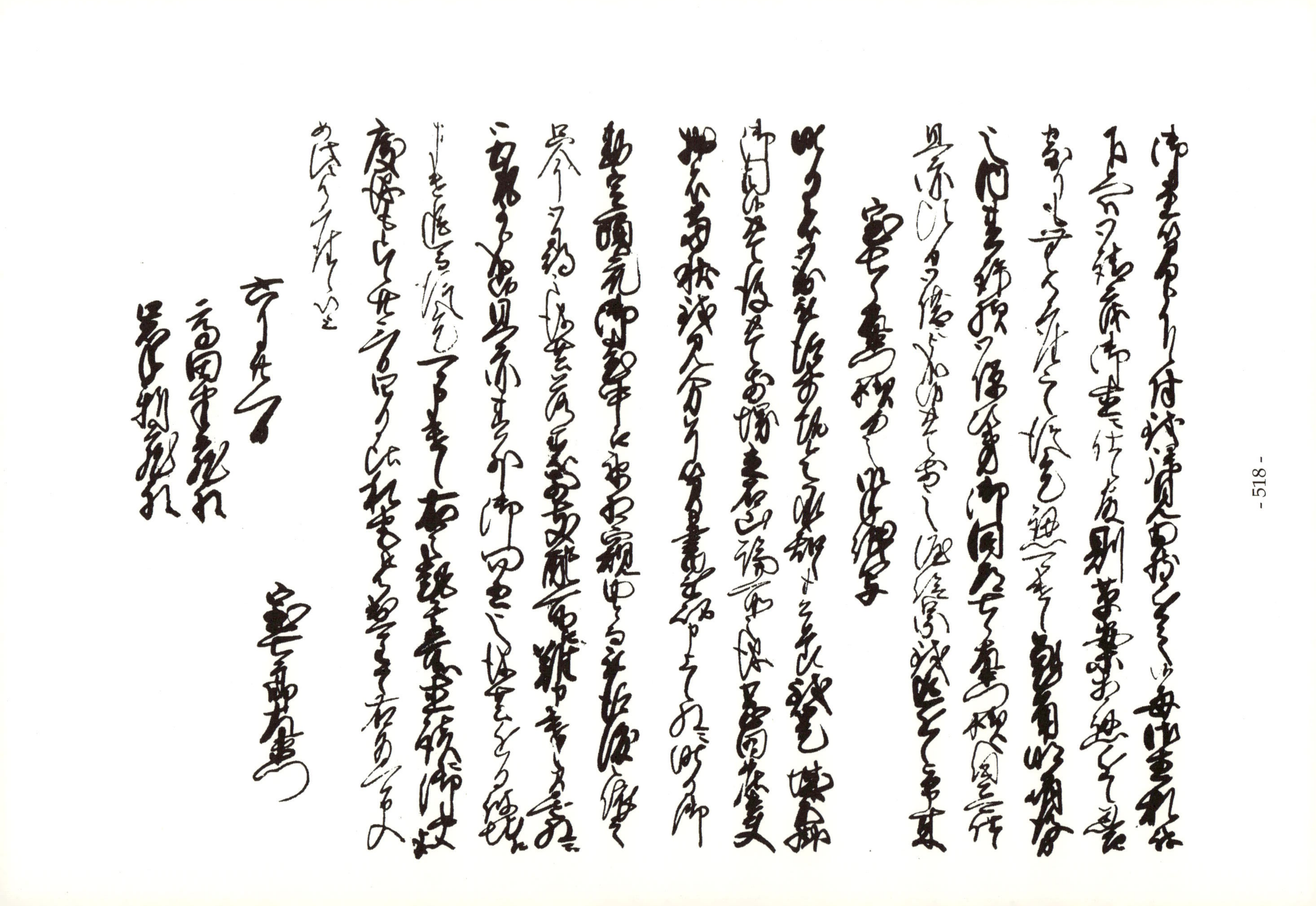

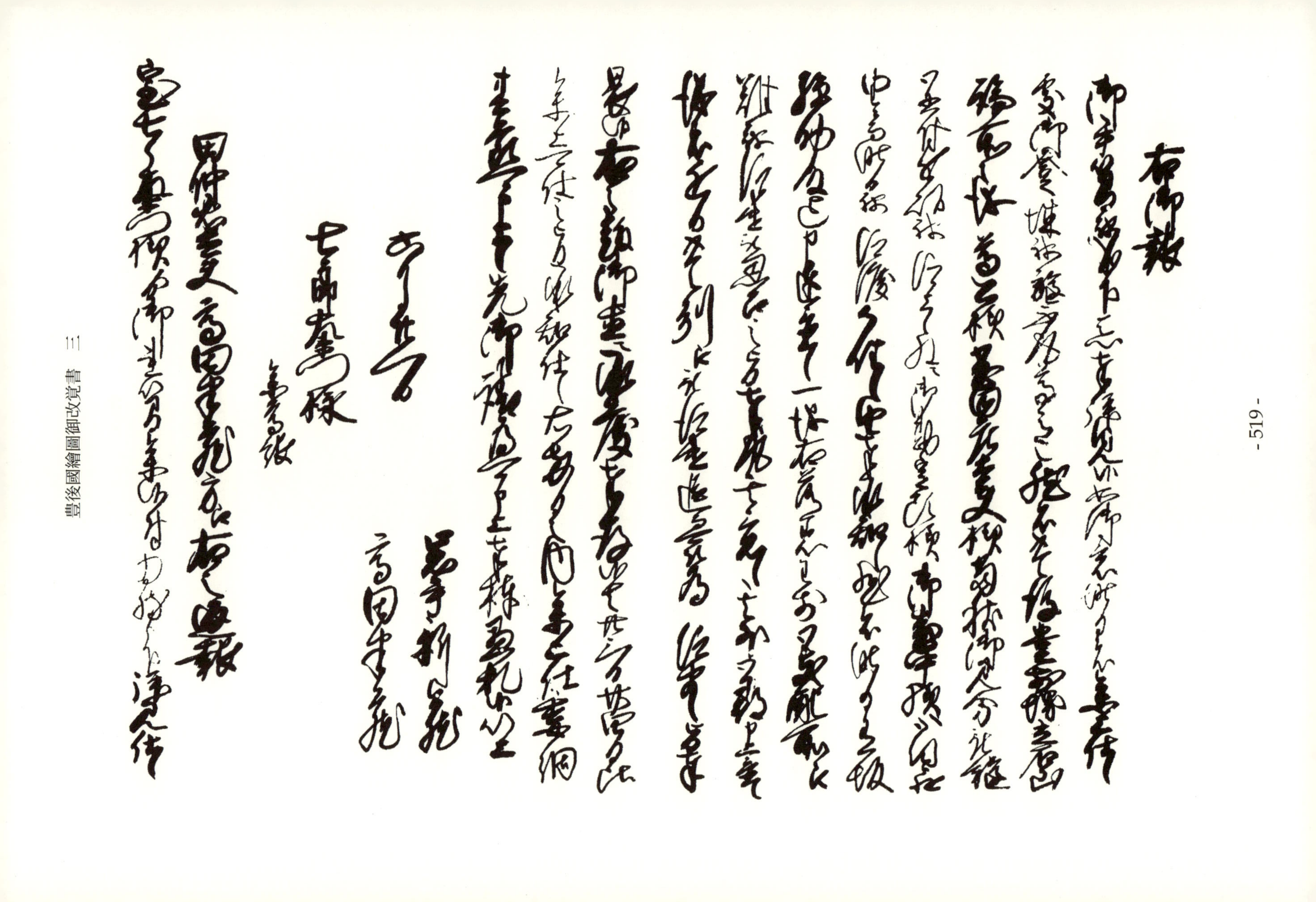

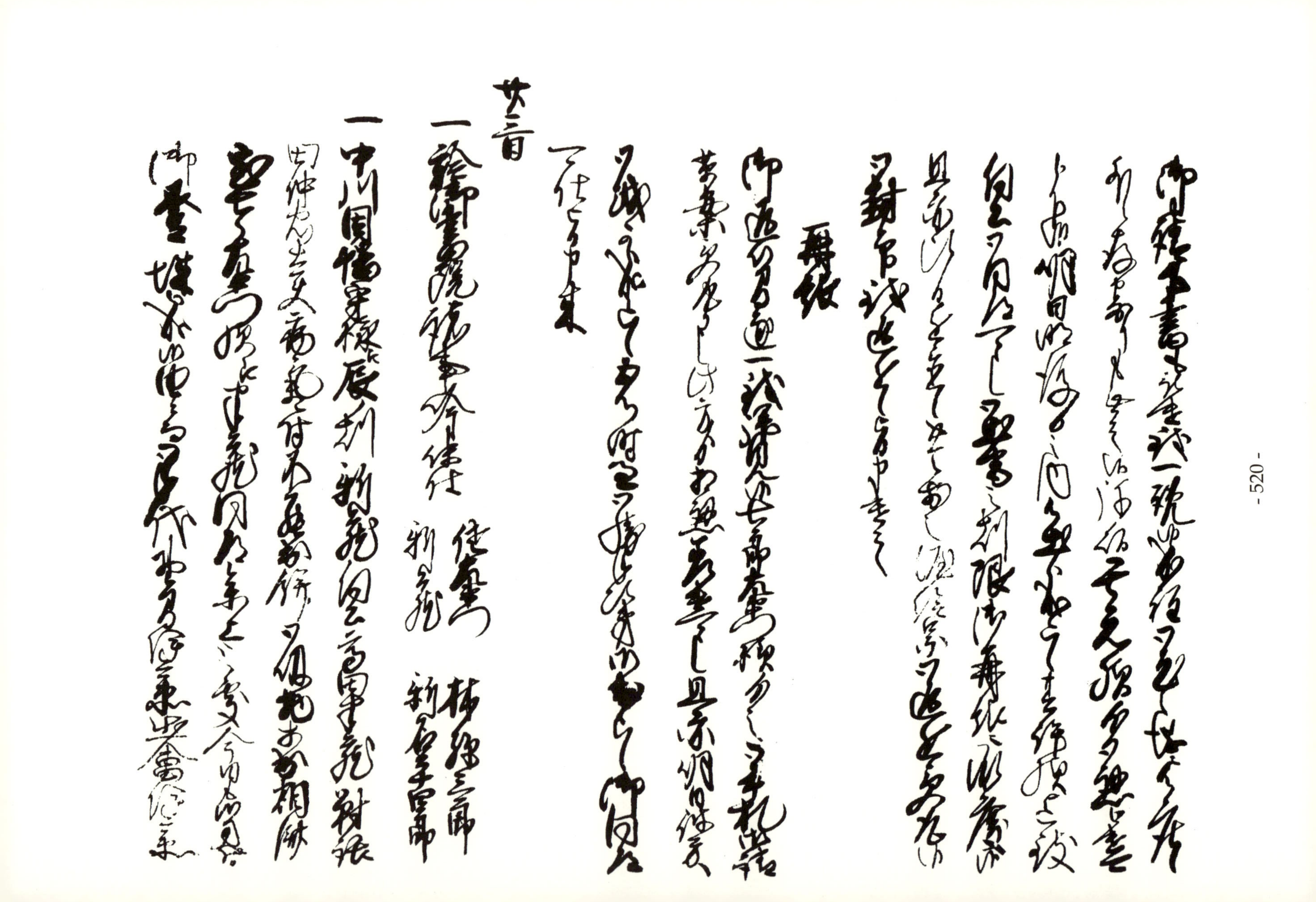

御稽古書上之儀一統[illegible]

[illegible]

[illegible]

[illegible]

[illegible]

[illegible]

[illegible]

御[illegible]

[illegible]

[illegible]

[illegible]

廿二日

一 [illegible]　使番 林[illegible]三郎
　新番 新[illegible]平[illegible]郎

一 中川[illegible]辰刻[illegible]

[illegible]

[illegible]

御登城[illegible]

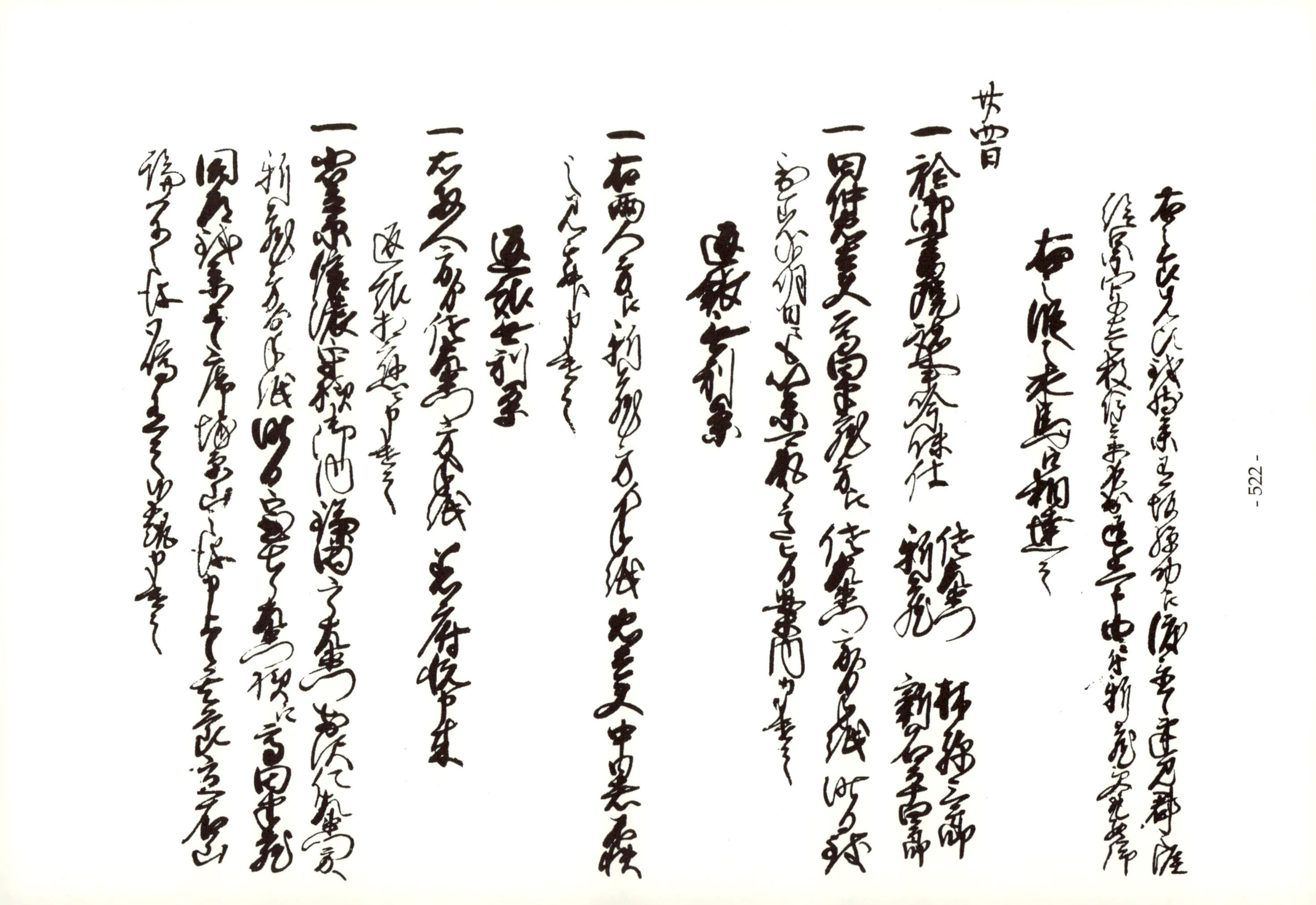

[illegible]

[illegible]

右ニ付来馬江相達ス

廿四日

一 [illegible]

[illegible] 林猪三郎

[illegible]

一 [illegible]

[illegible]

一 右両人方ニ [illegible]

[illegible]

一 [illegible]

[illegible]

一 [illegible]

[illegible]

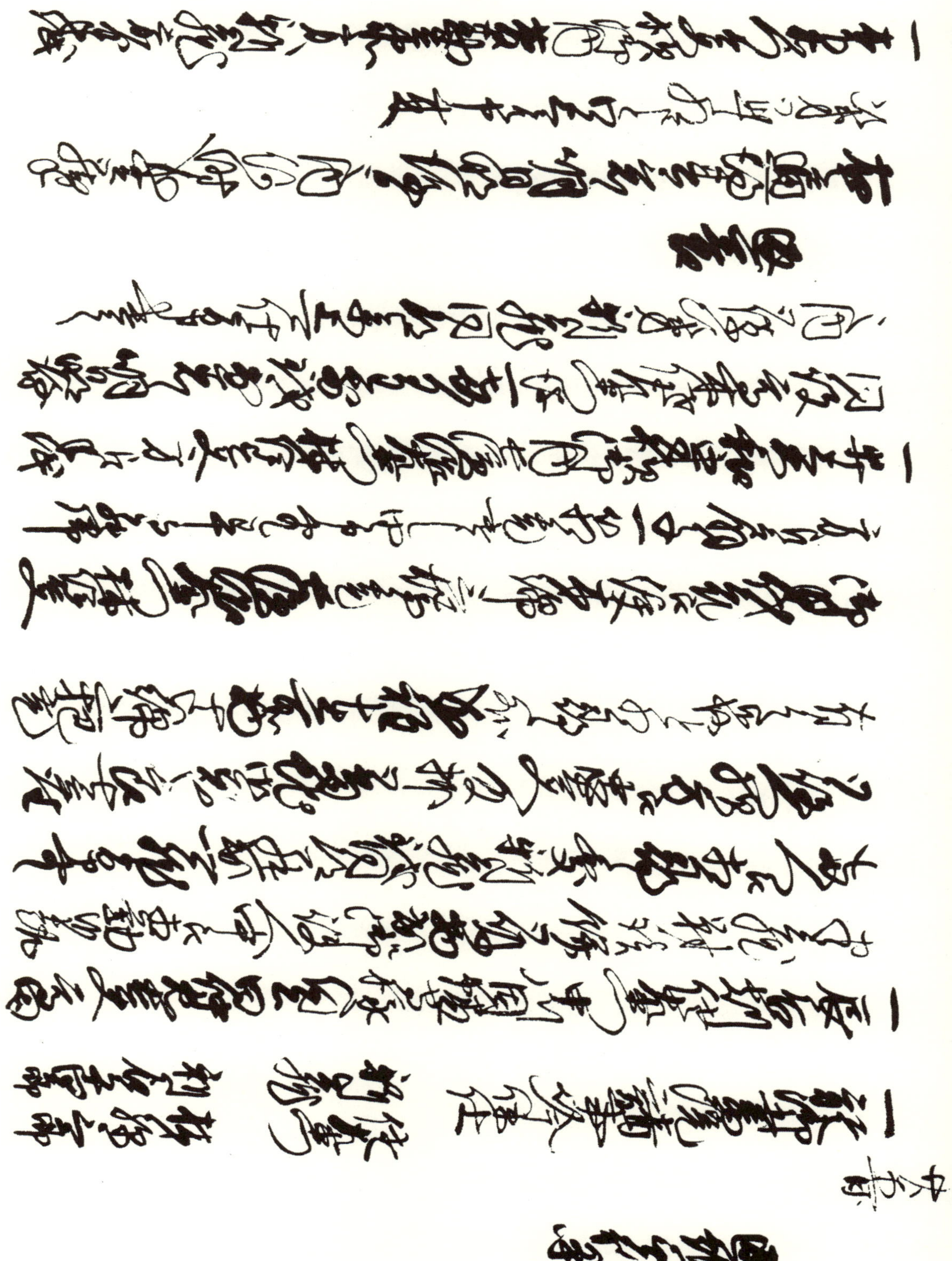

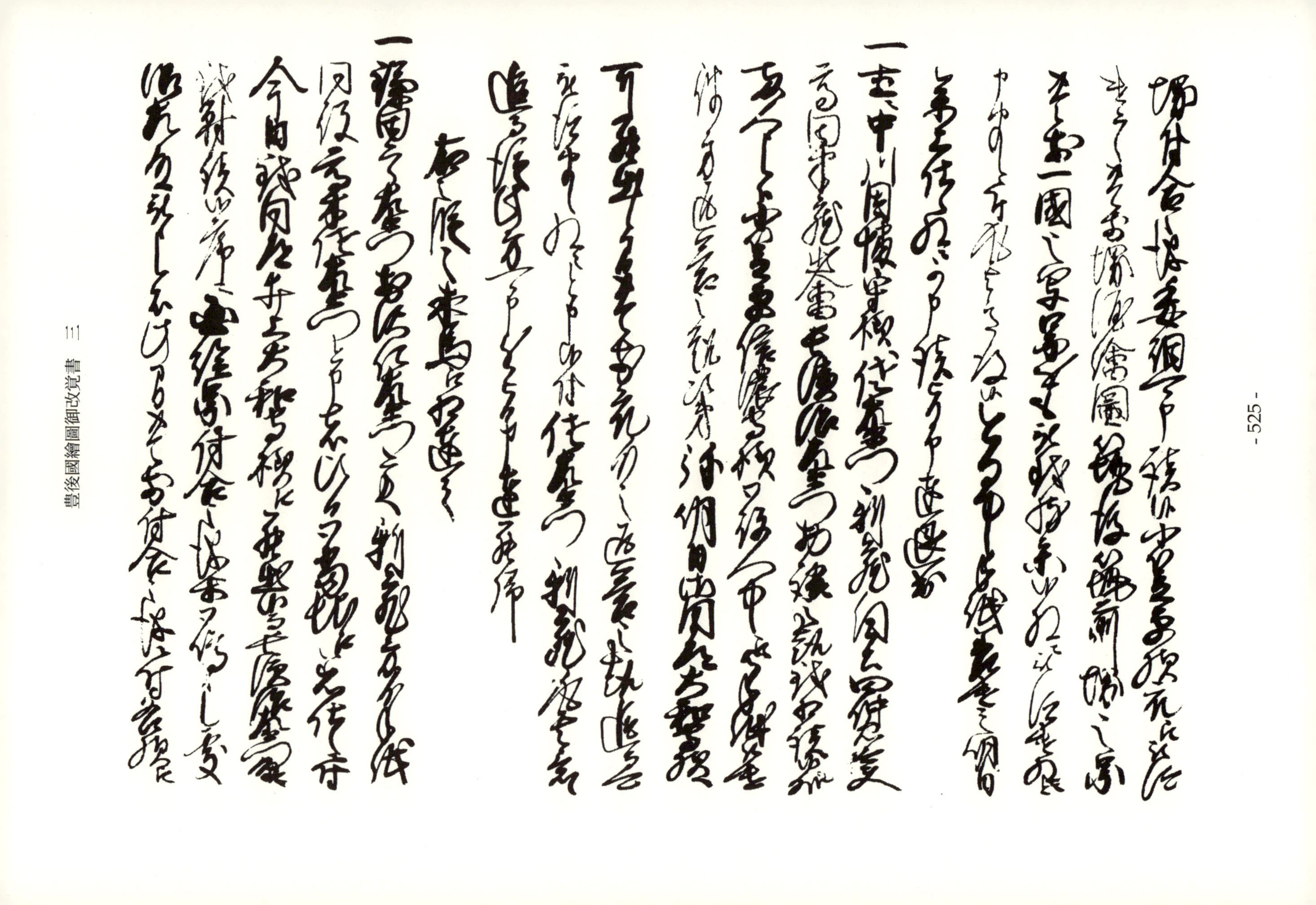

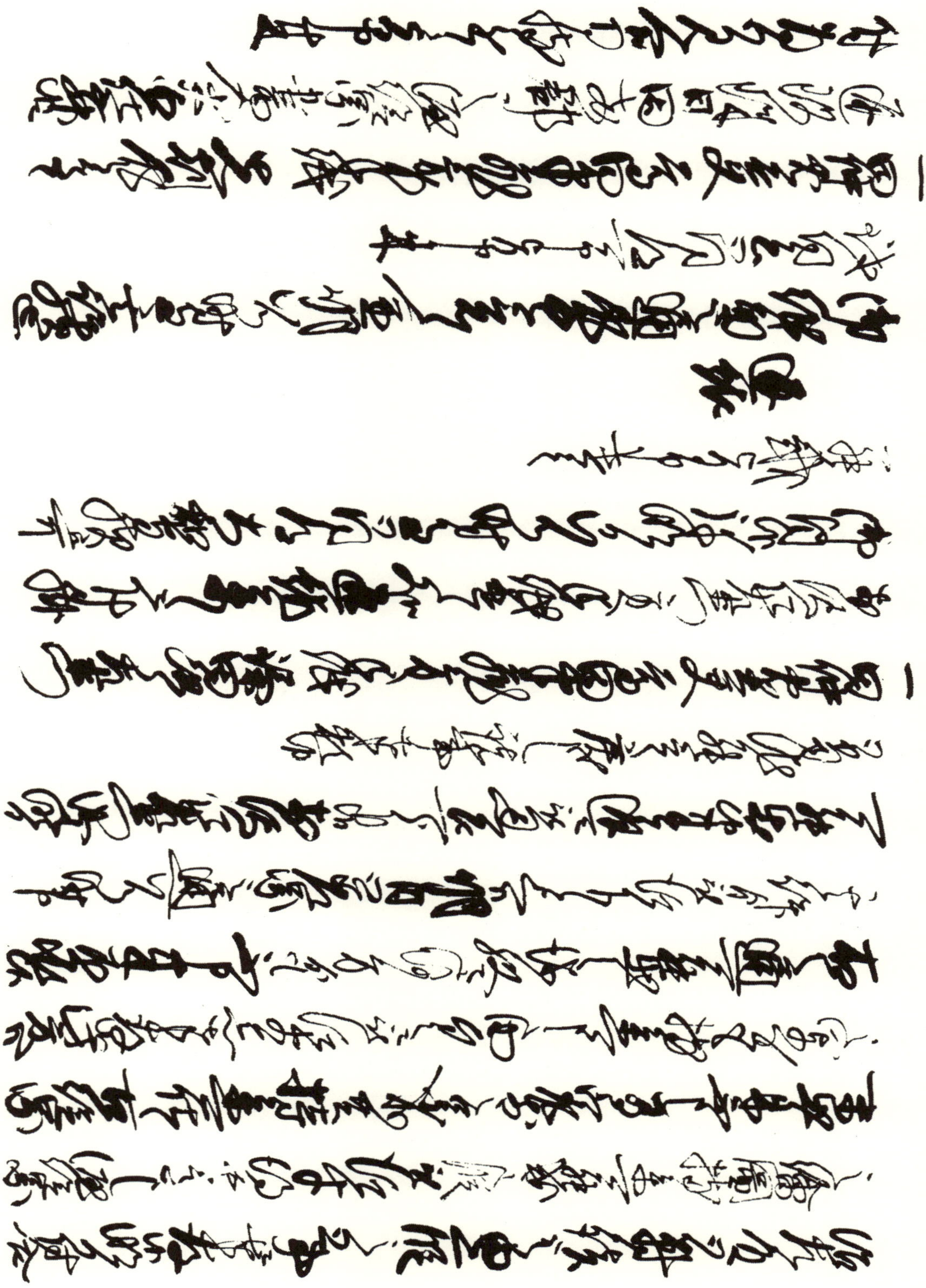

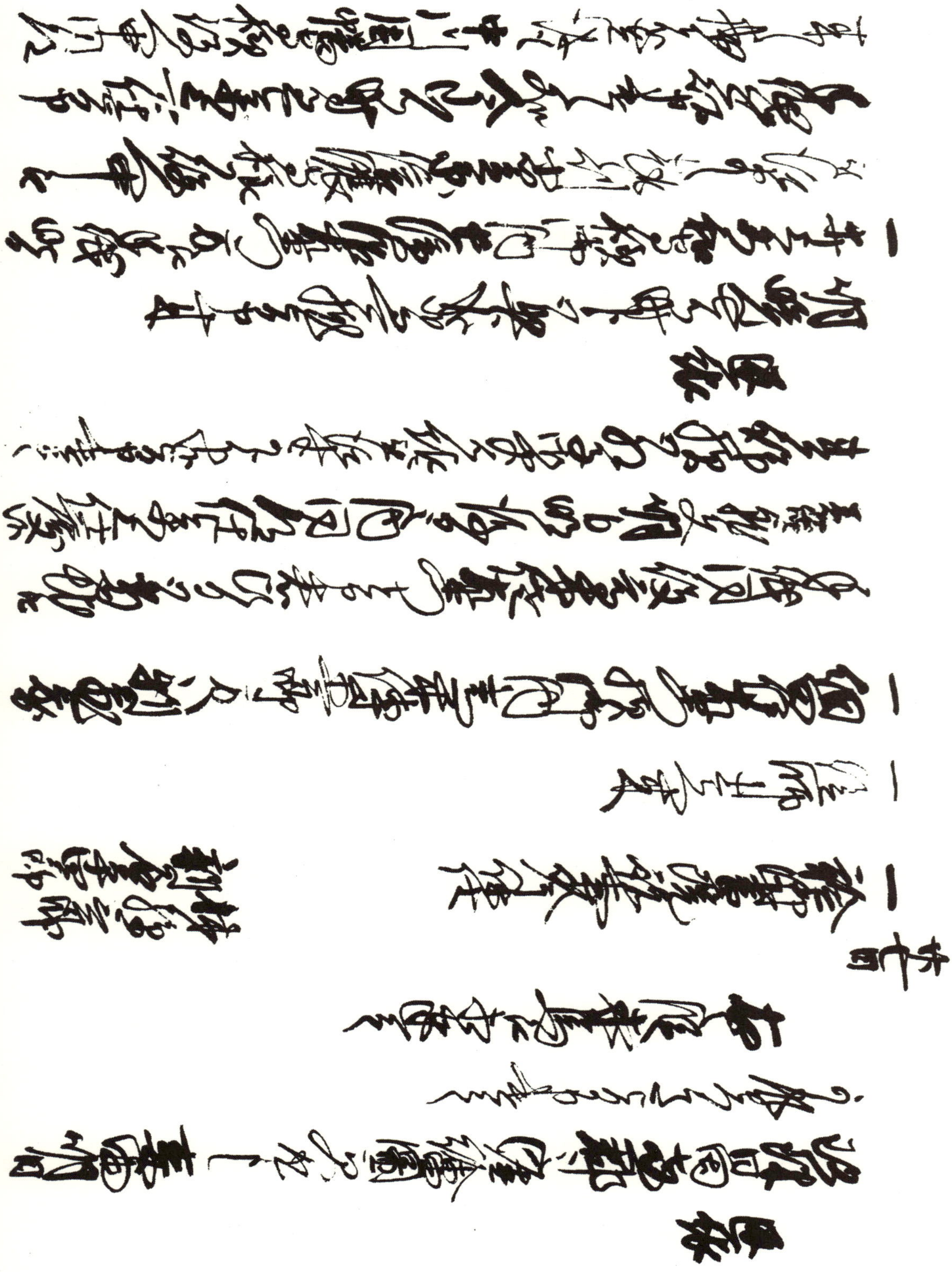

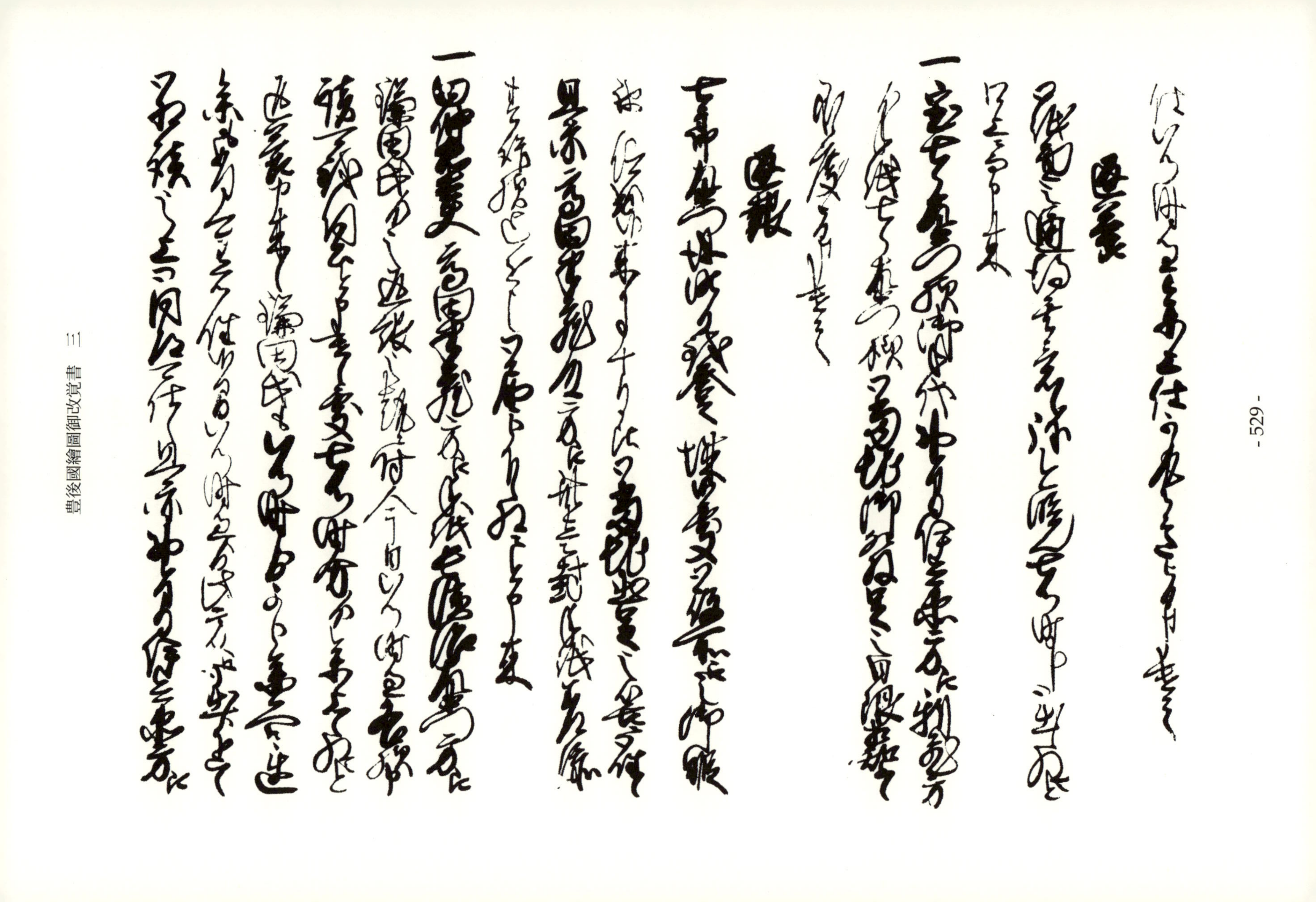

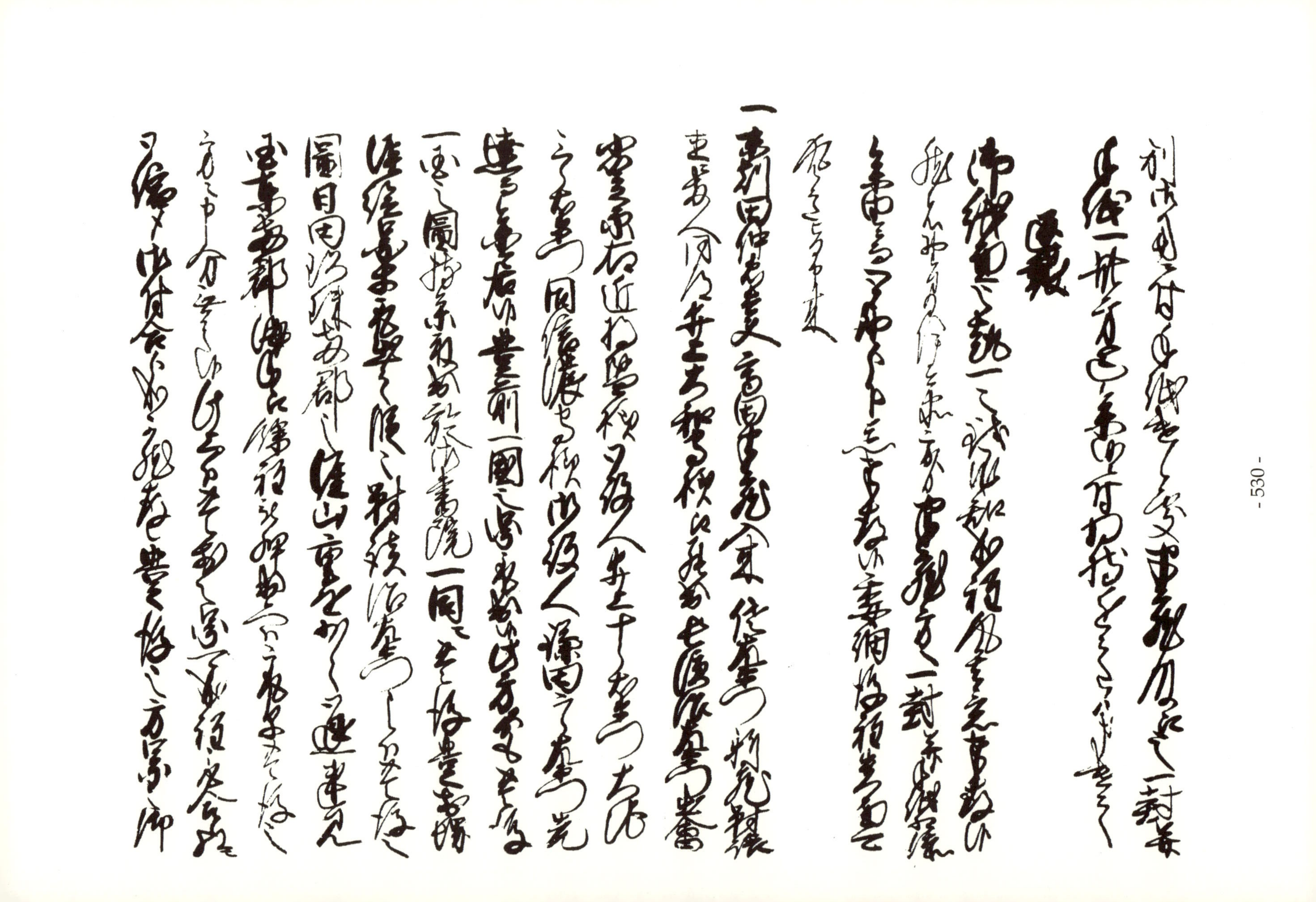

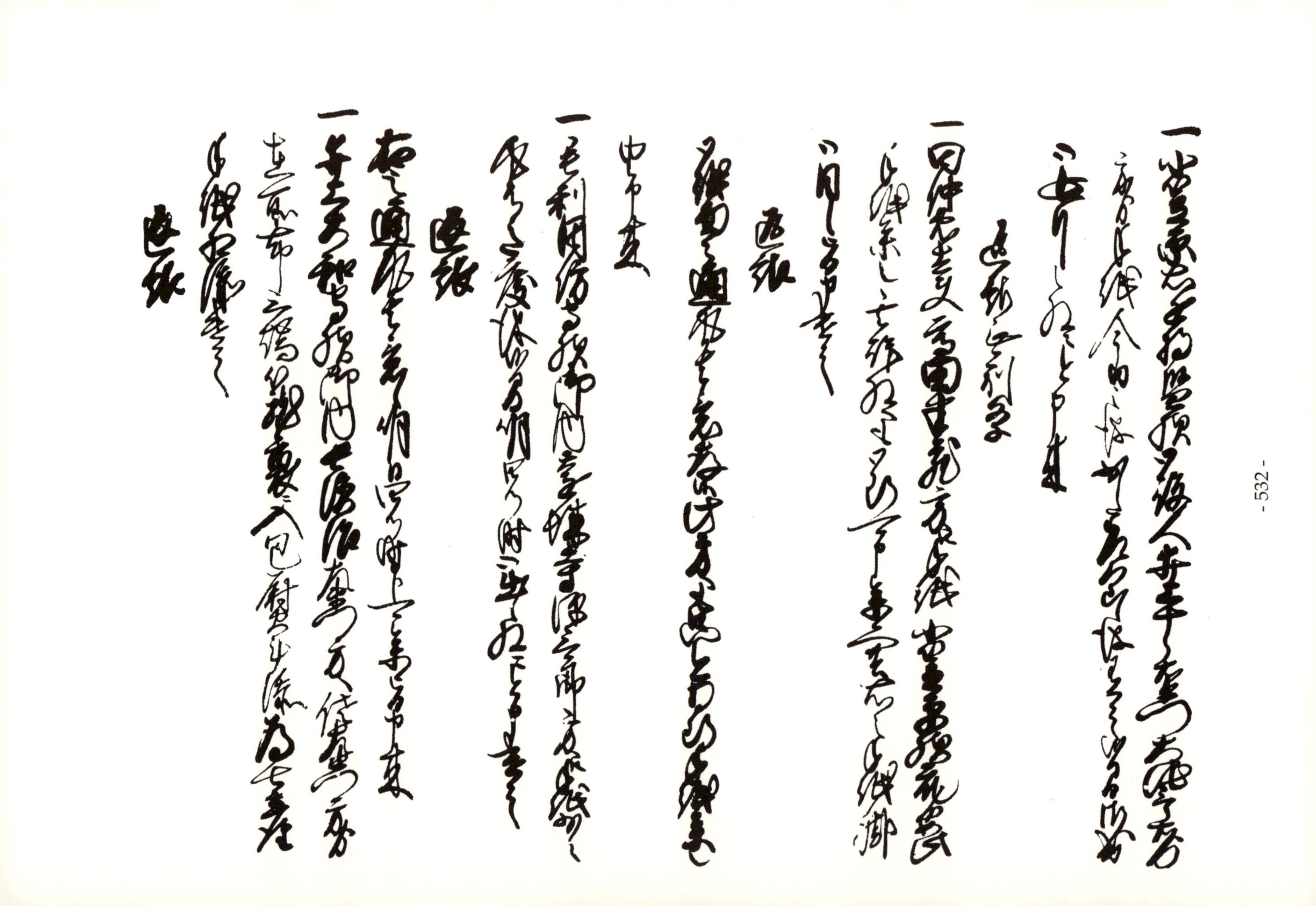

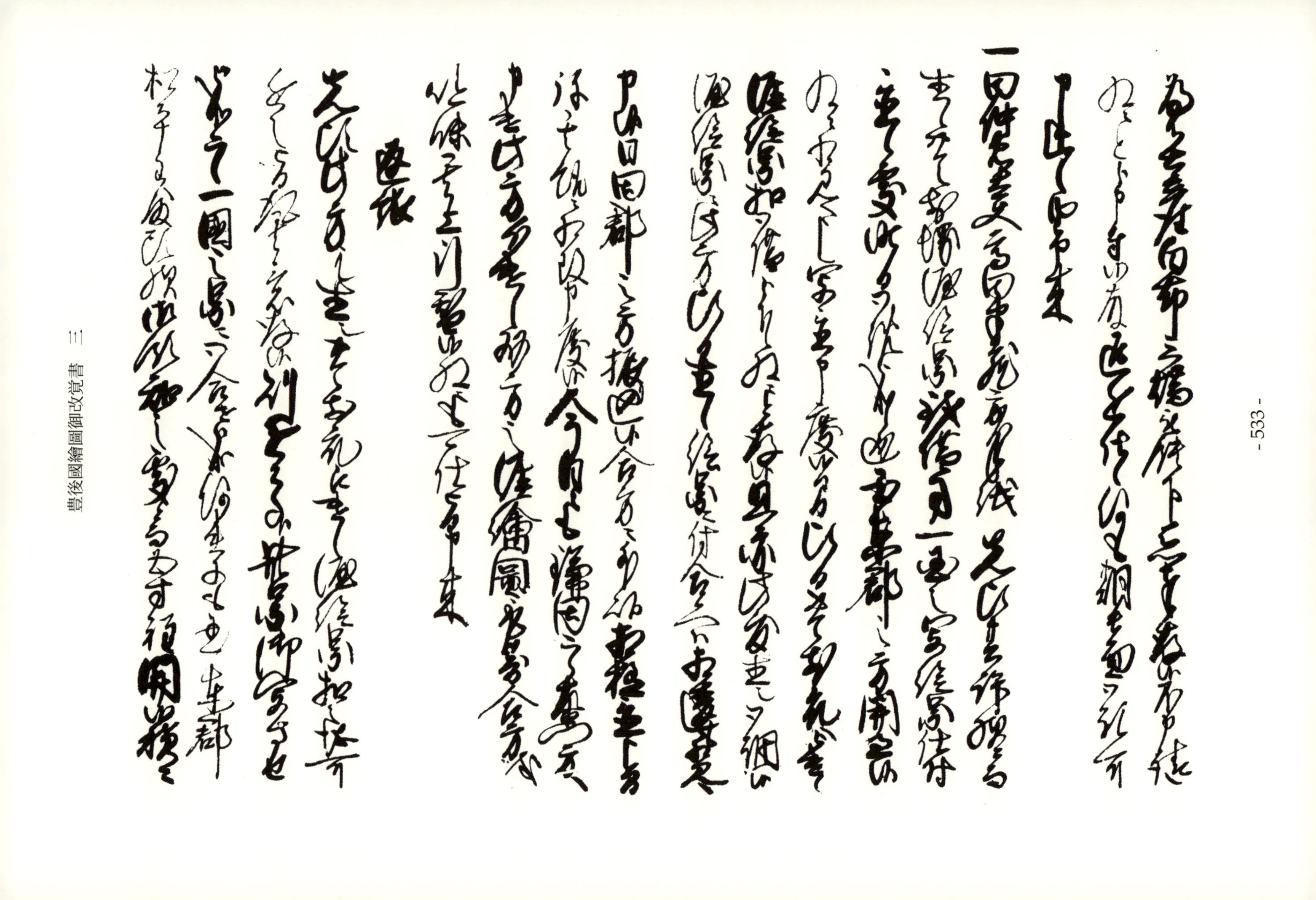

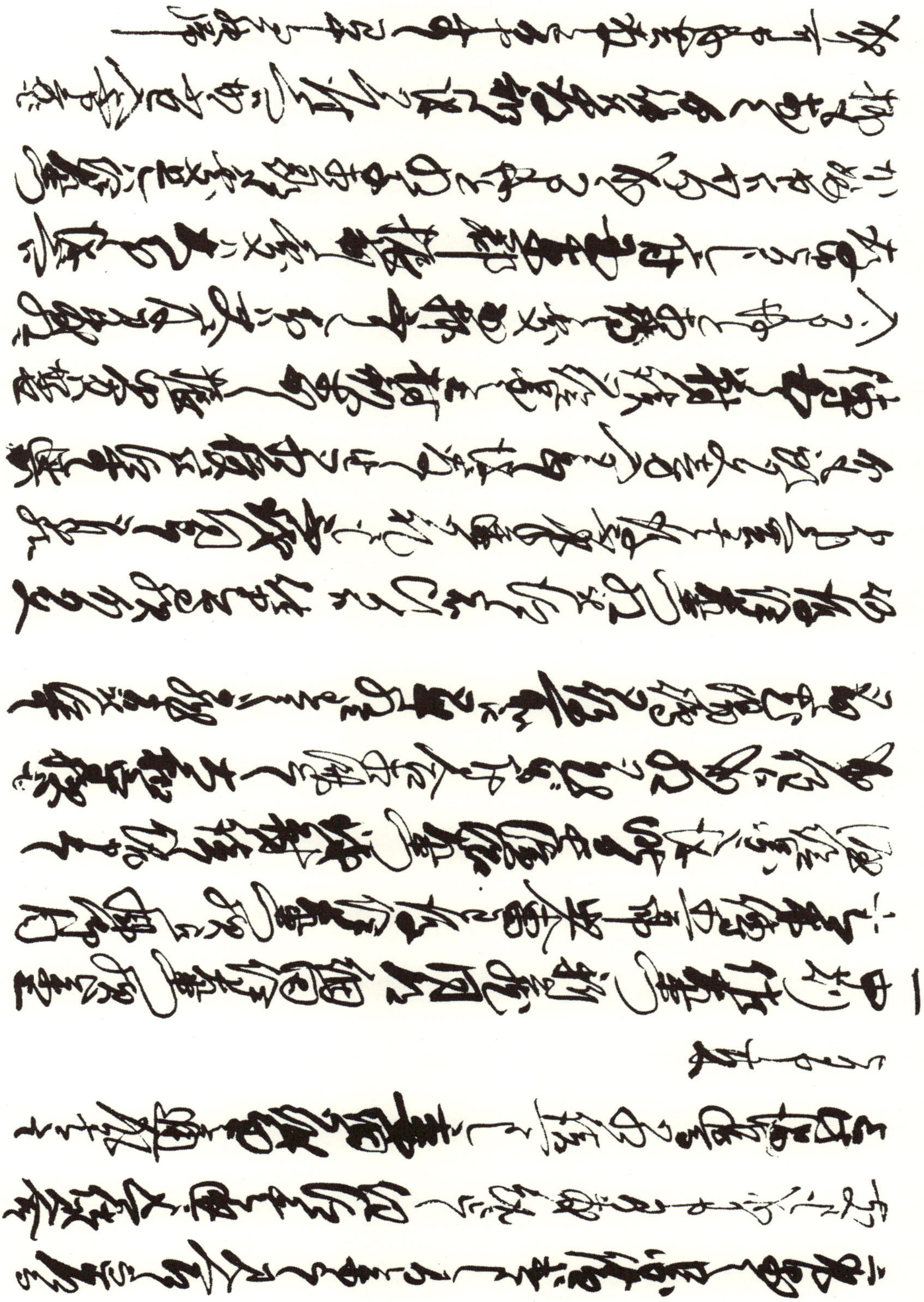

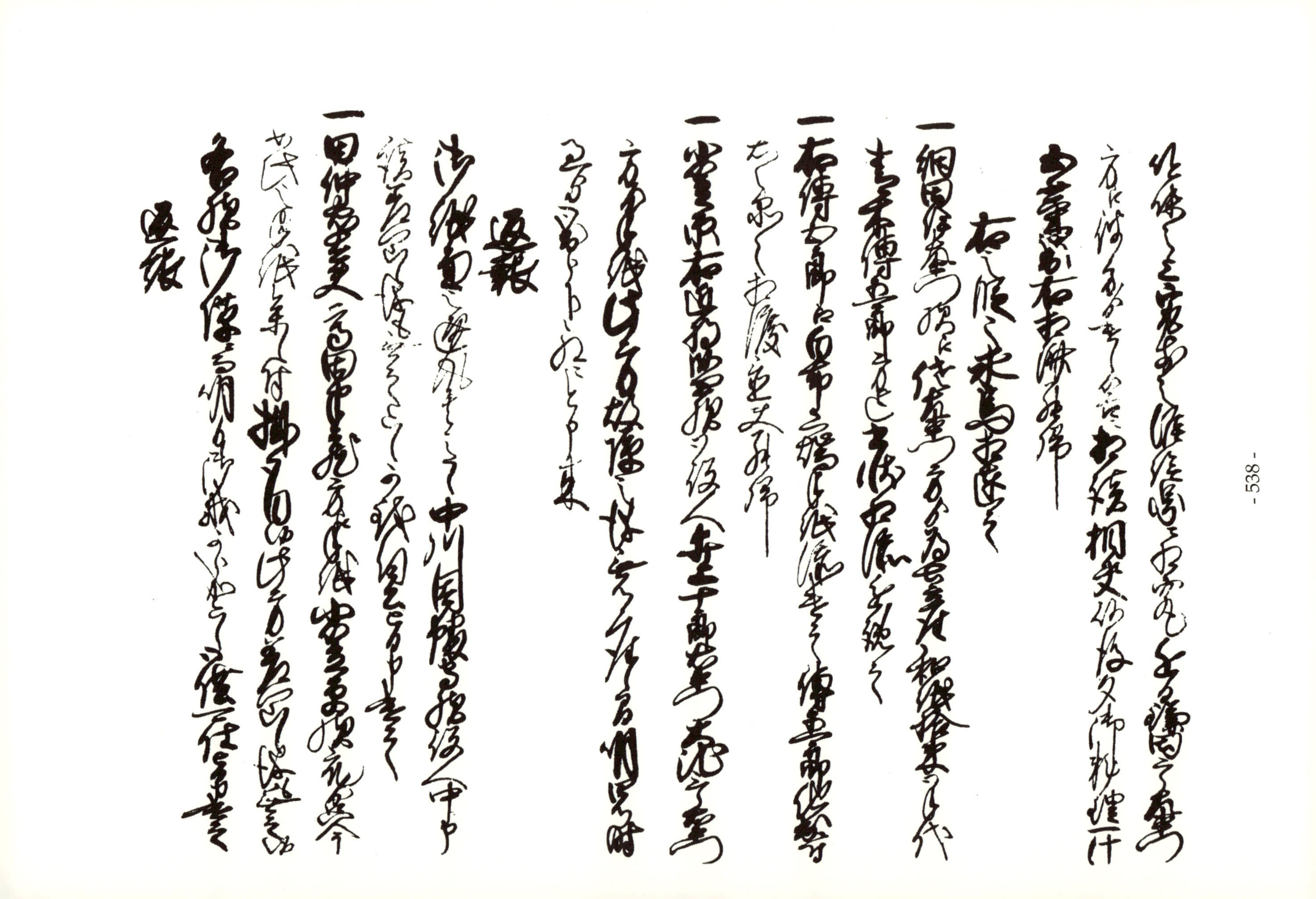

[illegible]

[illegible]

[illegible]

[illegible]

一 [illegible]

[illegible]

一 [illegible]

[illegible]

一 [illegible]

[illegible]

[illegible]

[illegible]

[illegible]

一 [illegible]

[illegible]

[illegible]

[illegible]

[illegible]豊後ニ而[illegible]

うへ[illegible]絵図[illegible]

[illegible]

[illegible]

[illegible]

一 毛利[illegible]殿御同[illegible]

[illegible]書付[illegible]

[illegible]

覚

右之通[illegible]

一 絵御書院[illegible]仕　佐久間 新兵衛　林 弥三郎 新右衛門

一 絵師共ニ不来

二日

一 絵御書院[illegible]仕　佐久間 新兵衛　林 弥三郎 新右衛門

一 絵師共ニ不来

一 明日[illegible]御代官[illegible]方ニ佐久間[illegible]

付而[illegible]

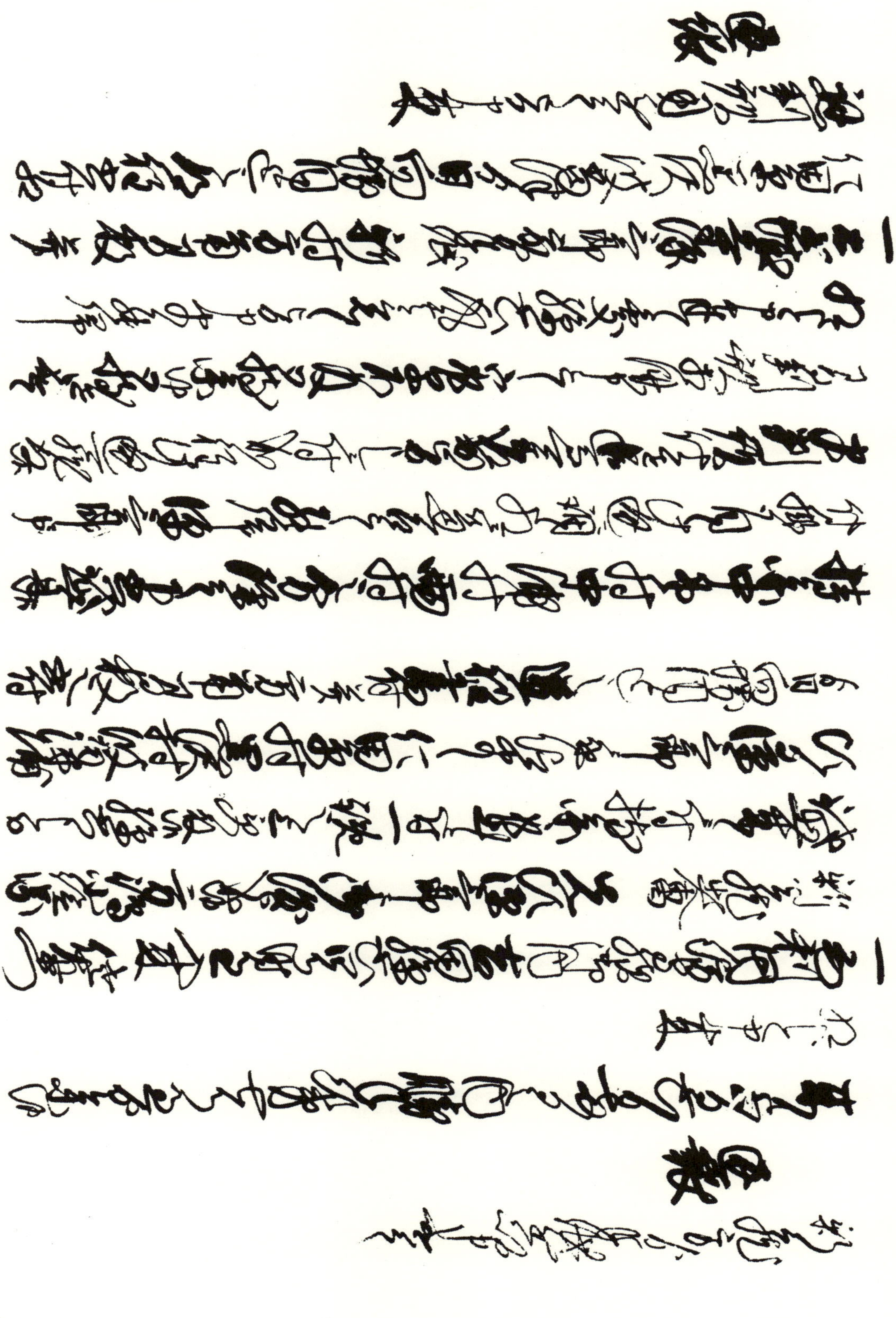

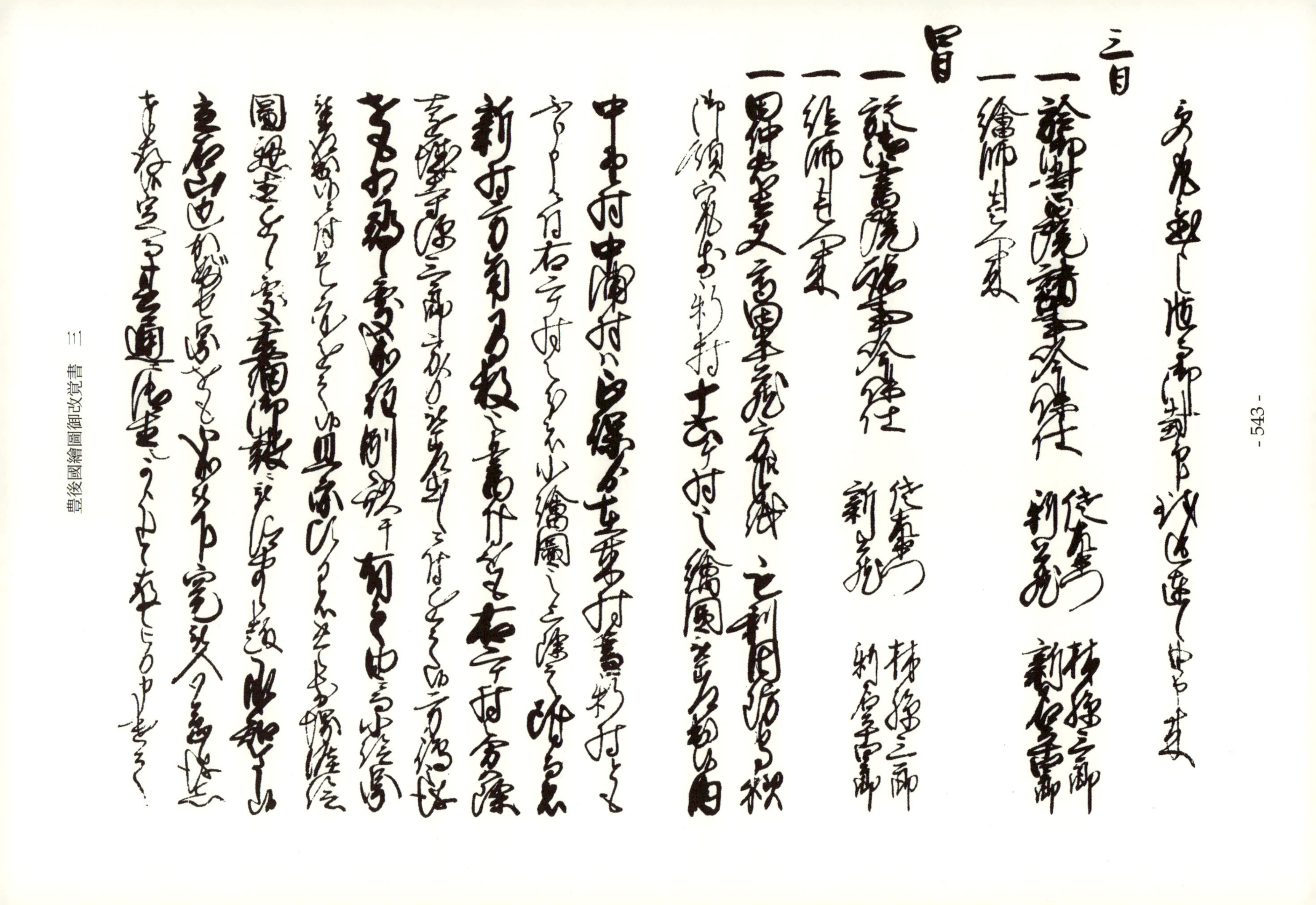

[illegible]

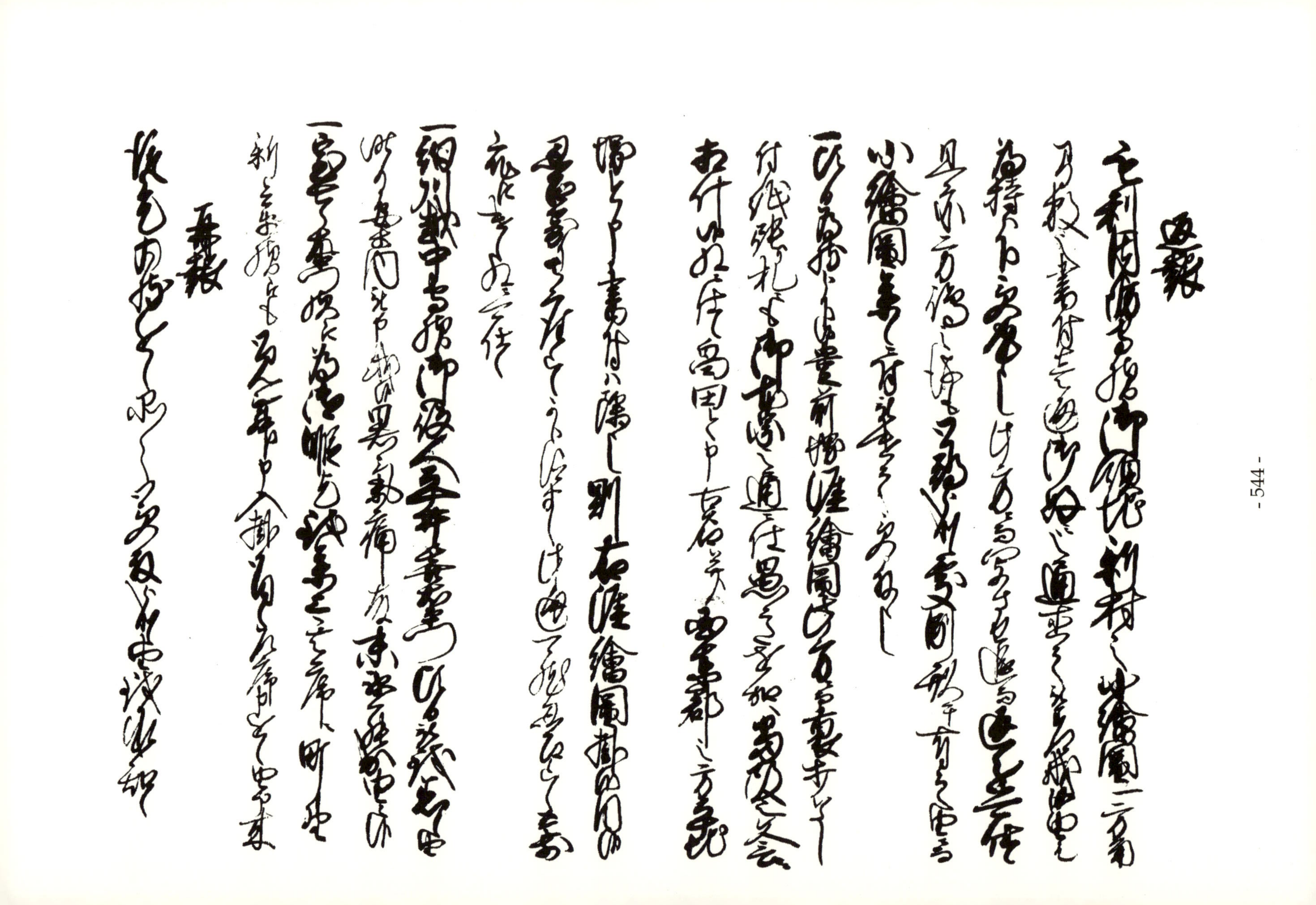

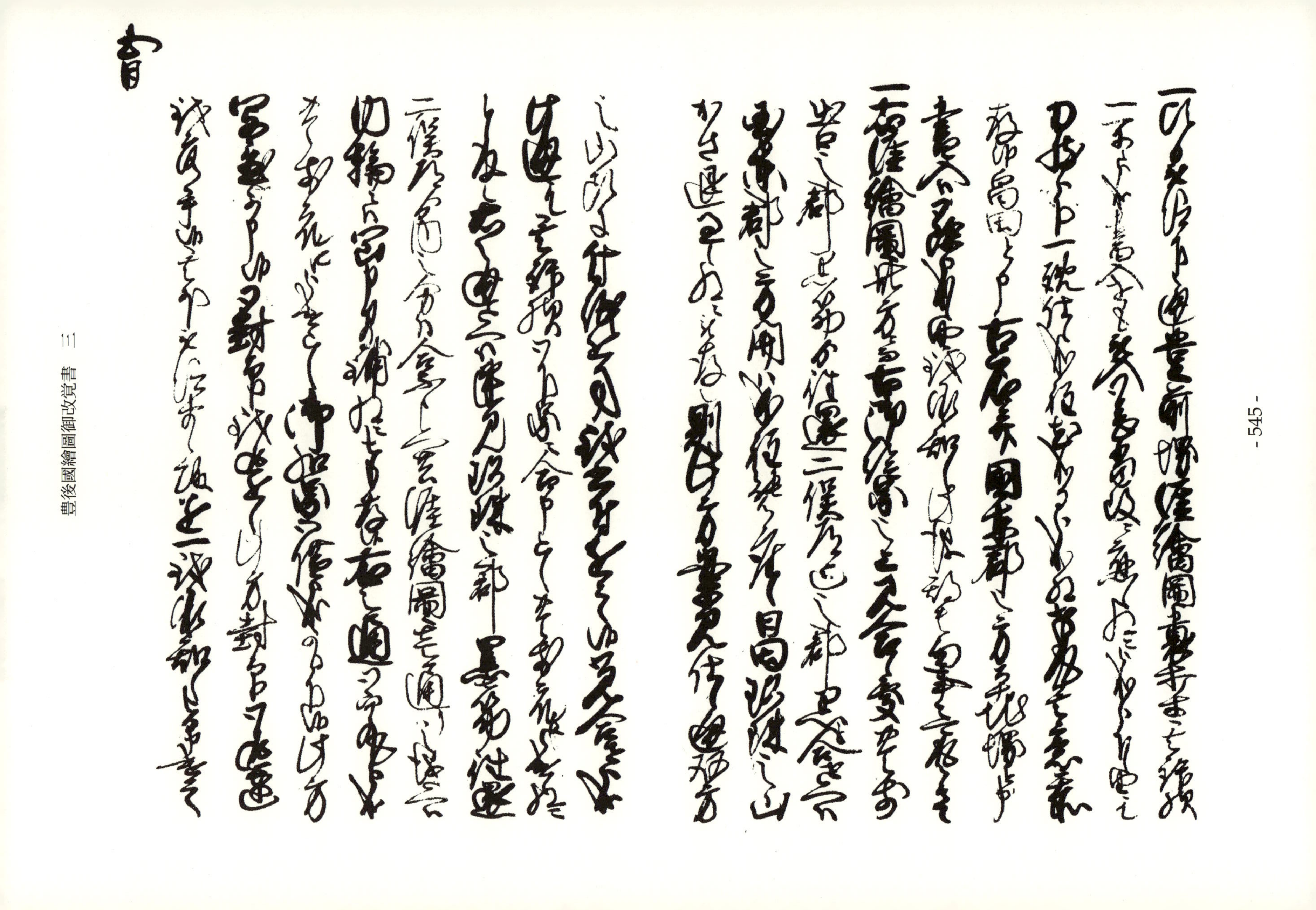

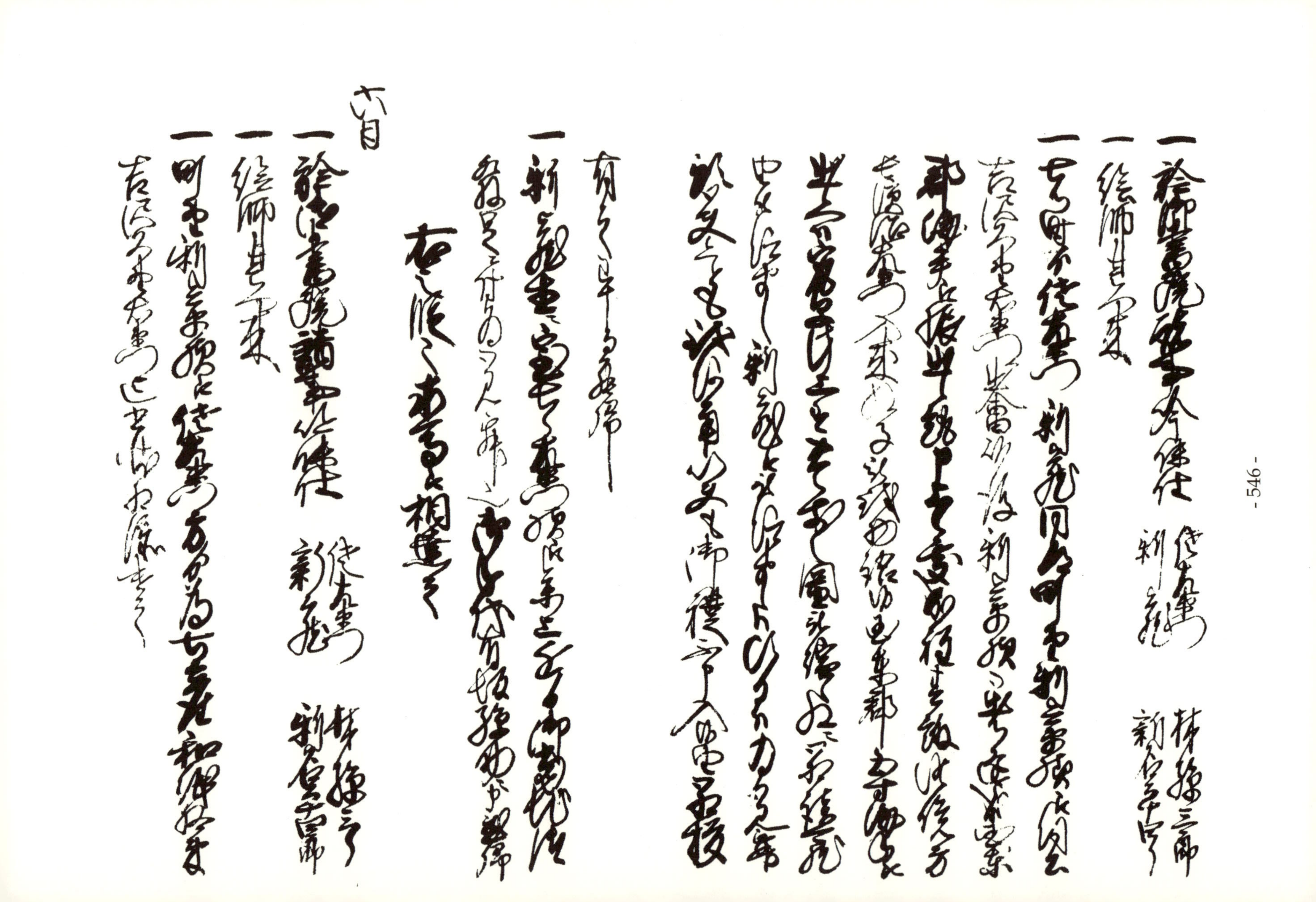

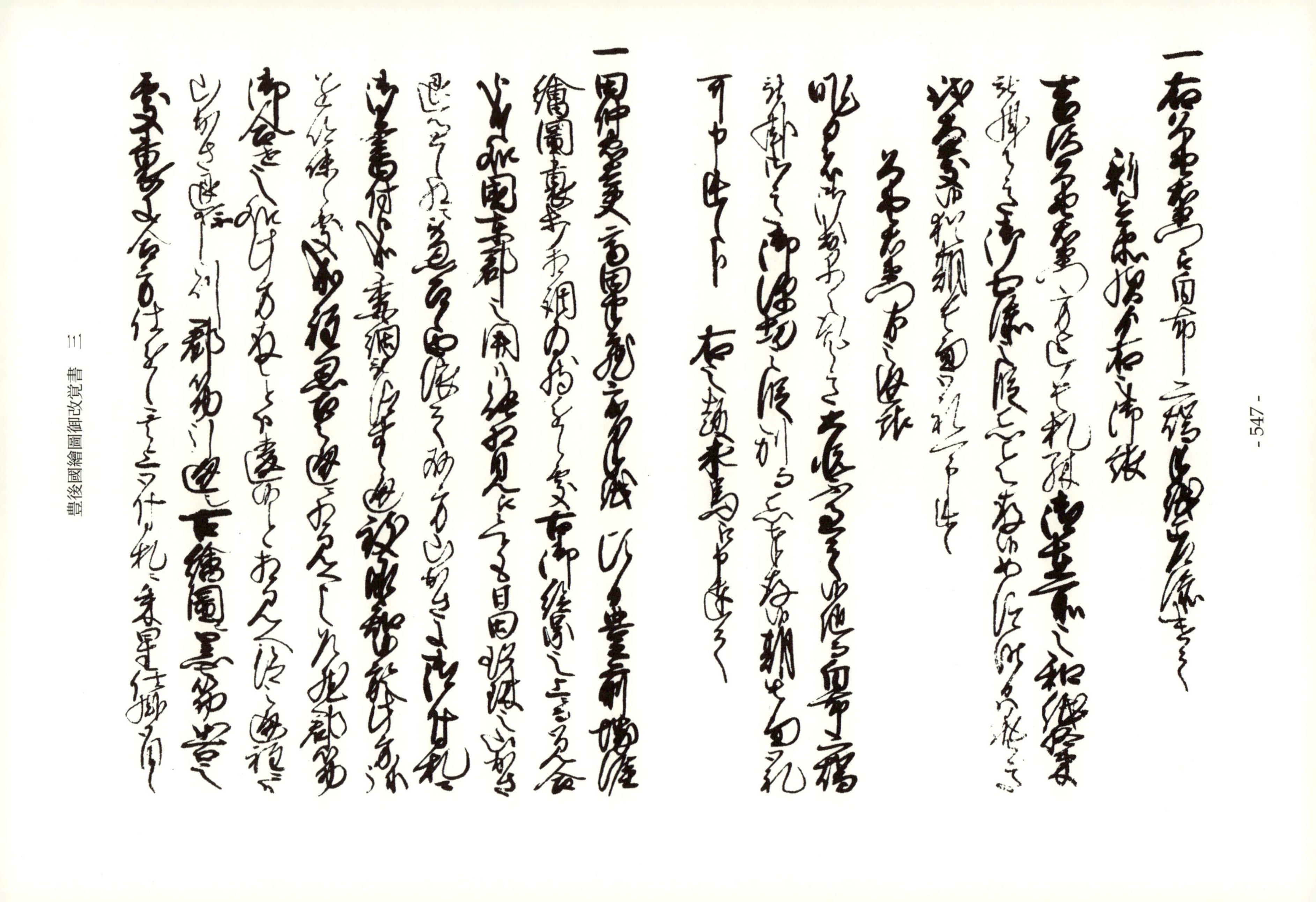

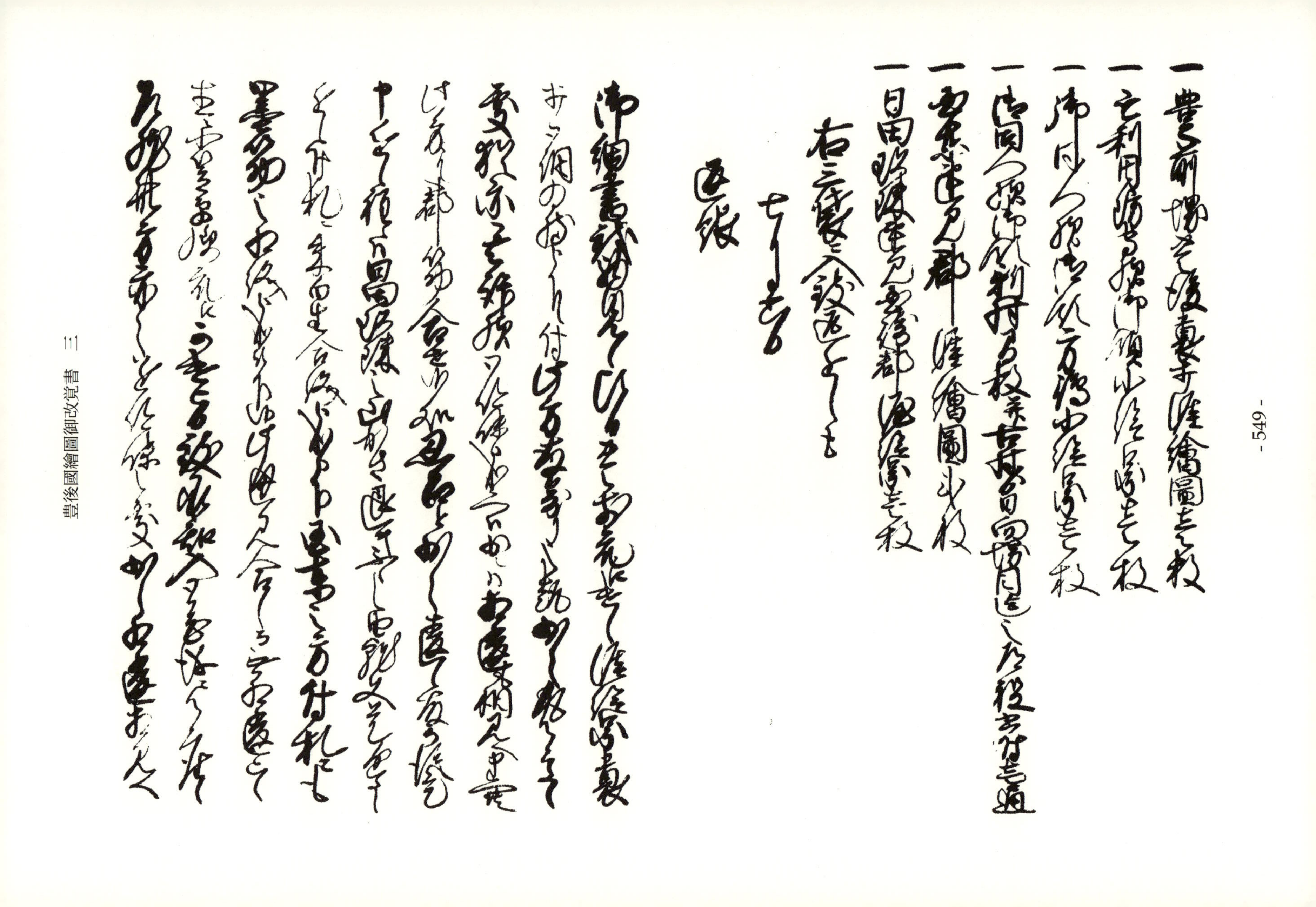

[illegible]

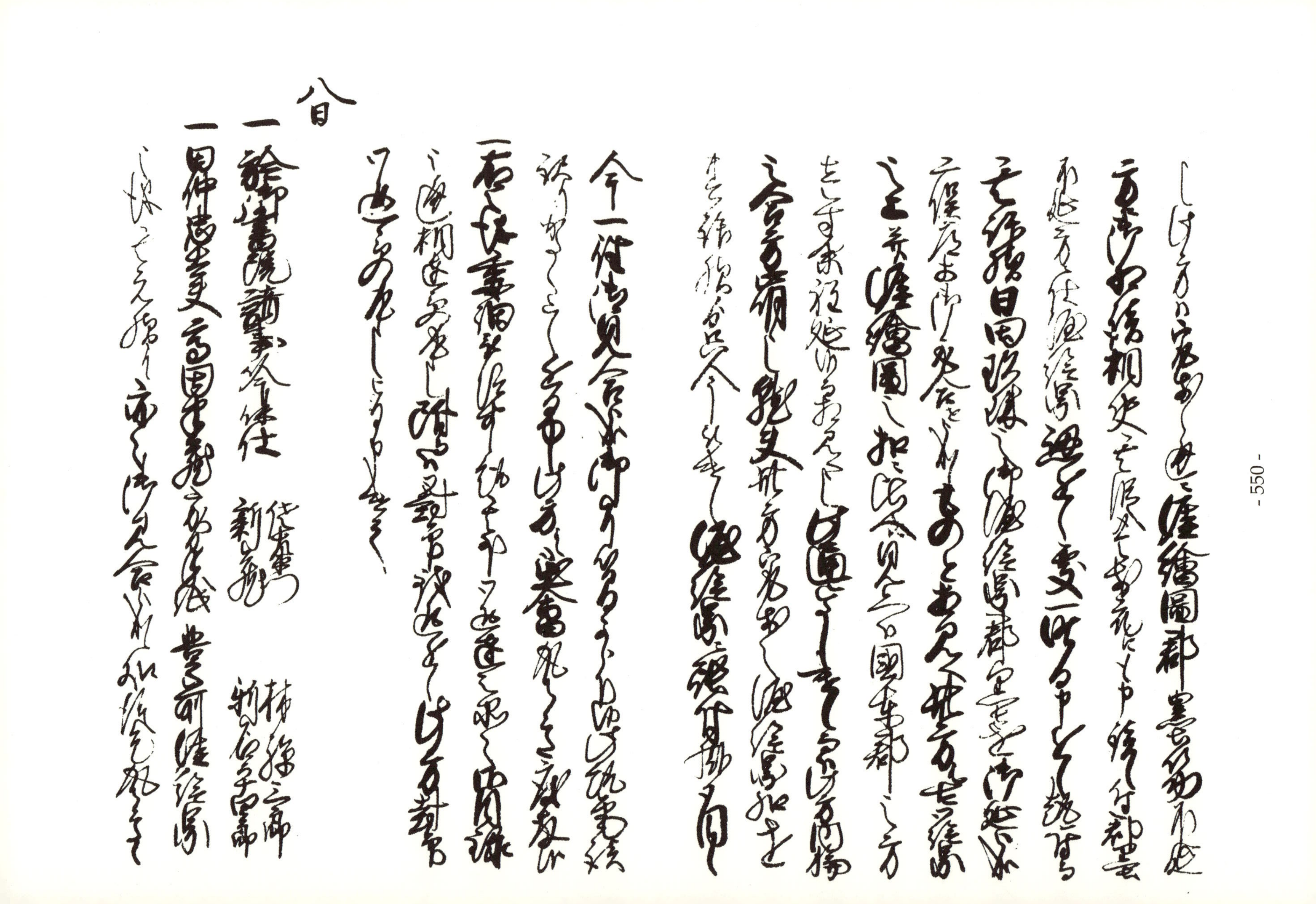

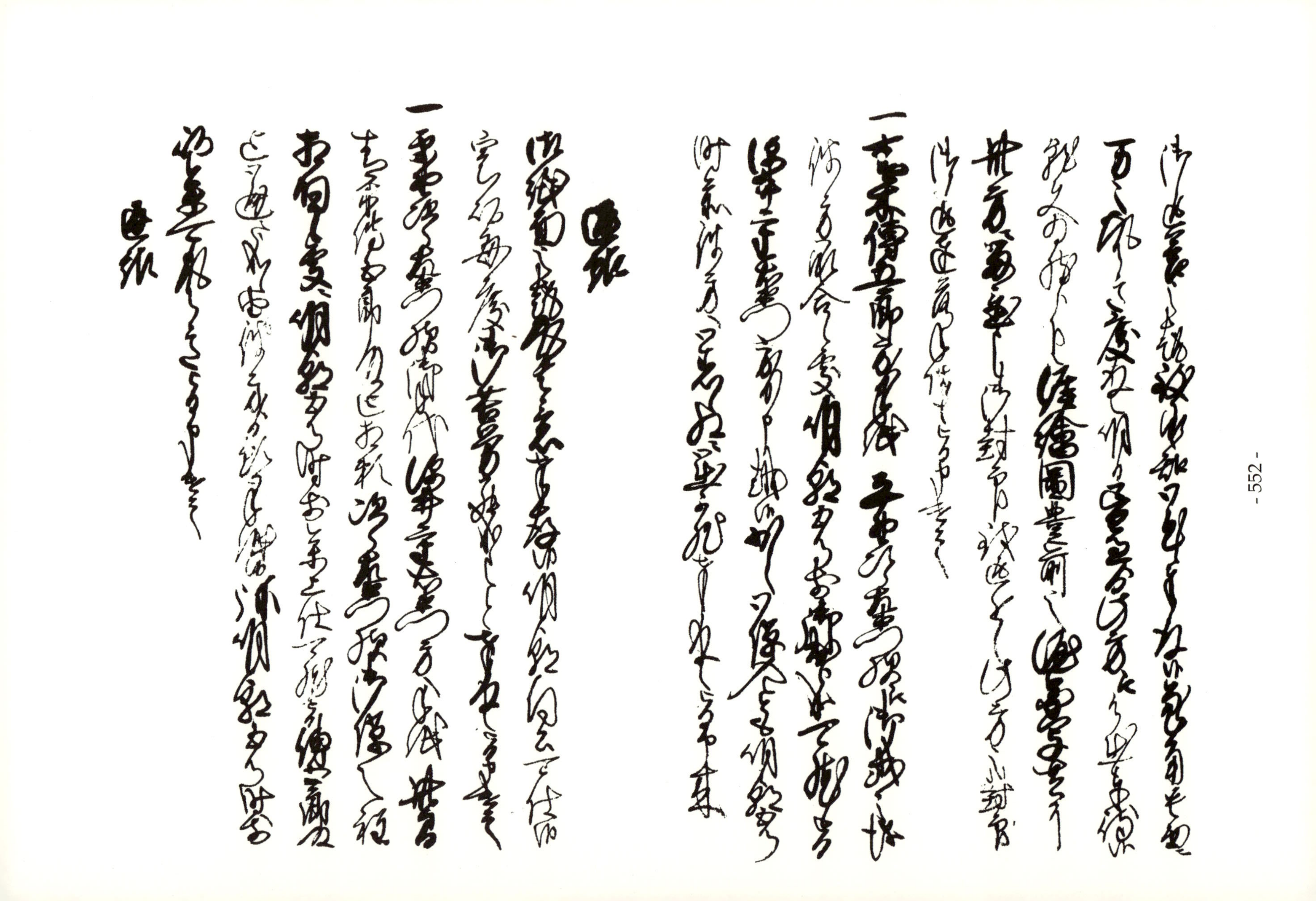

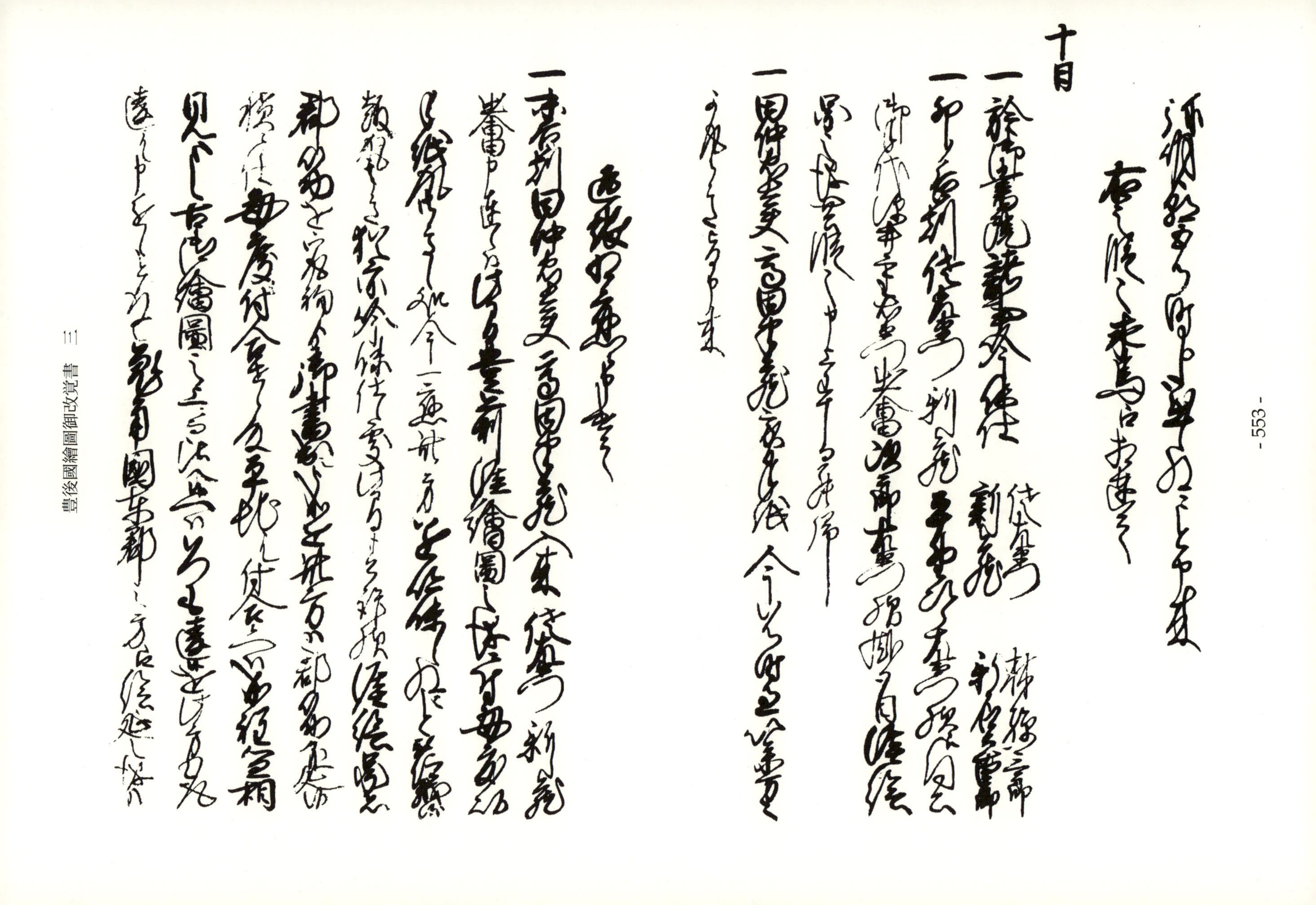

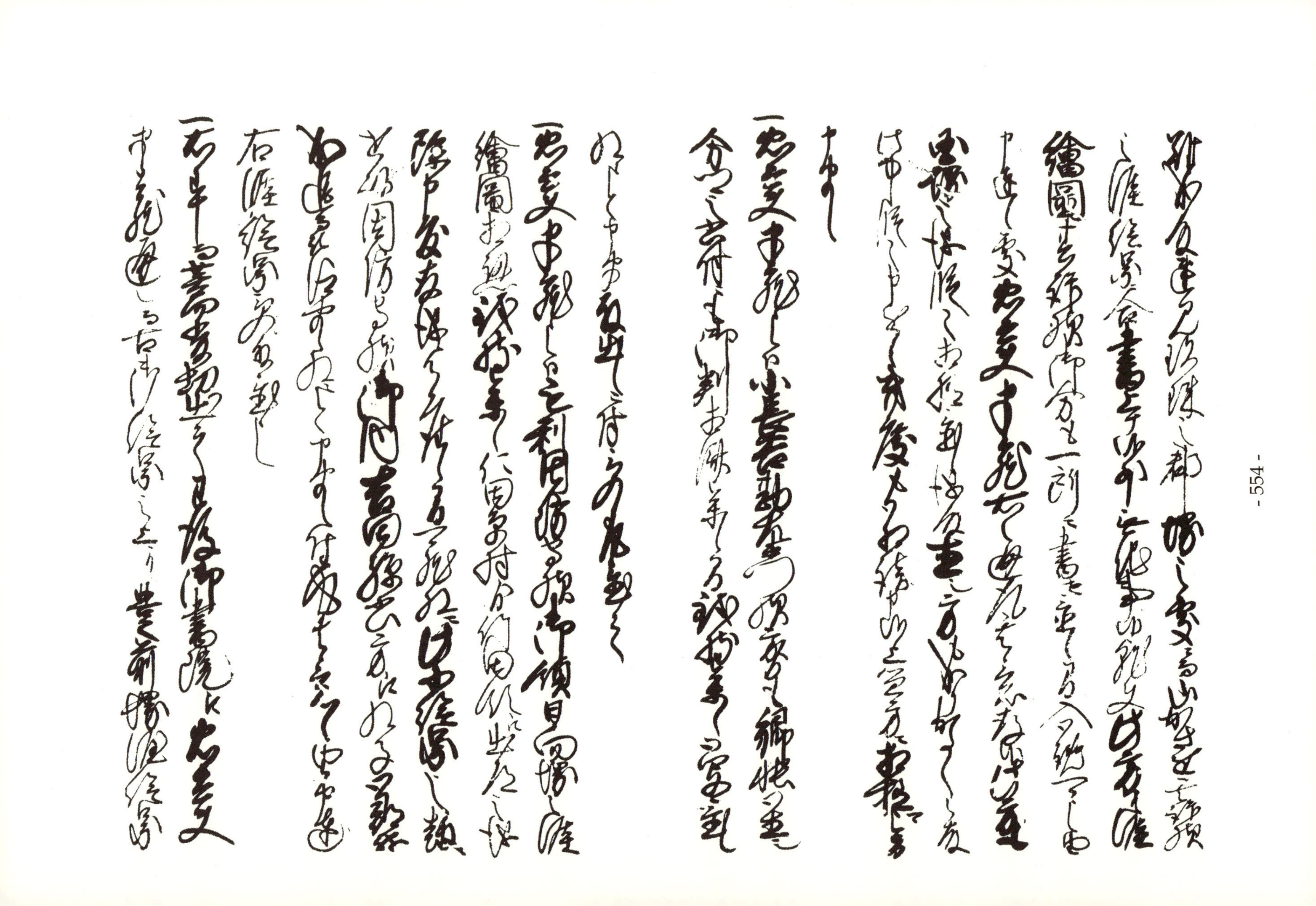

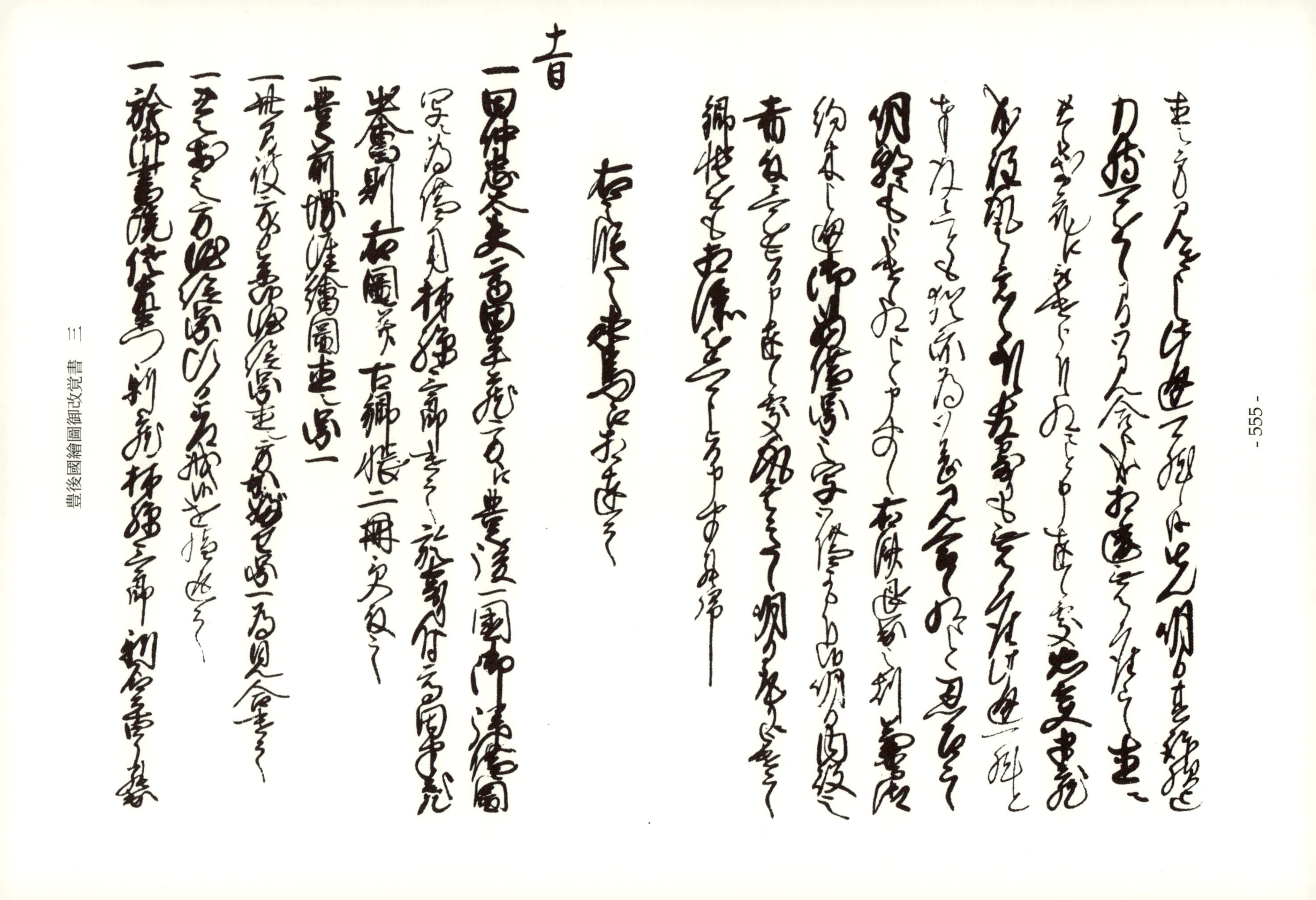

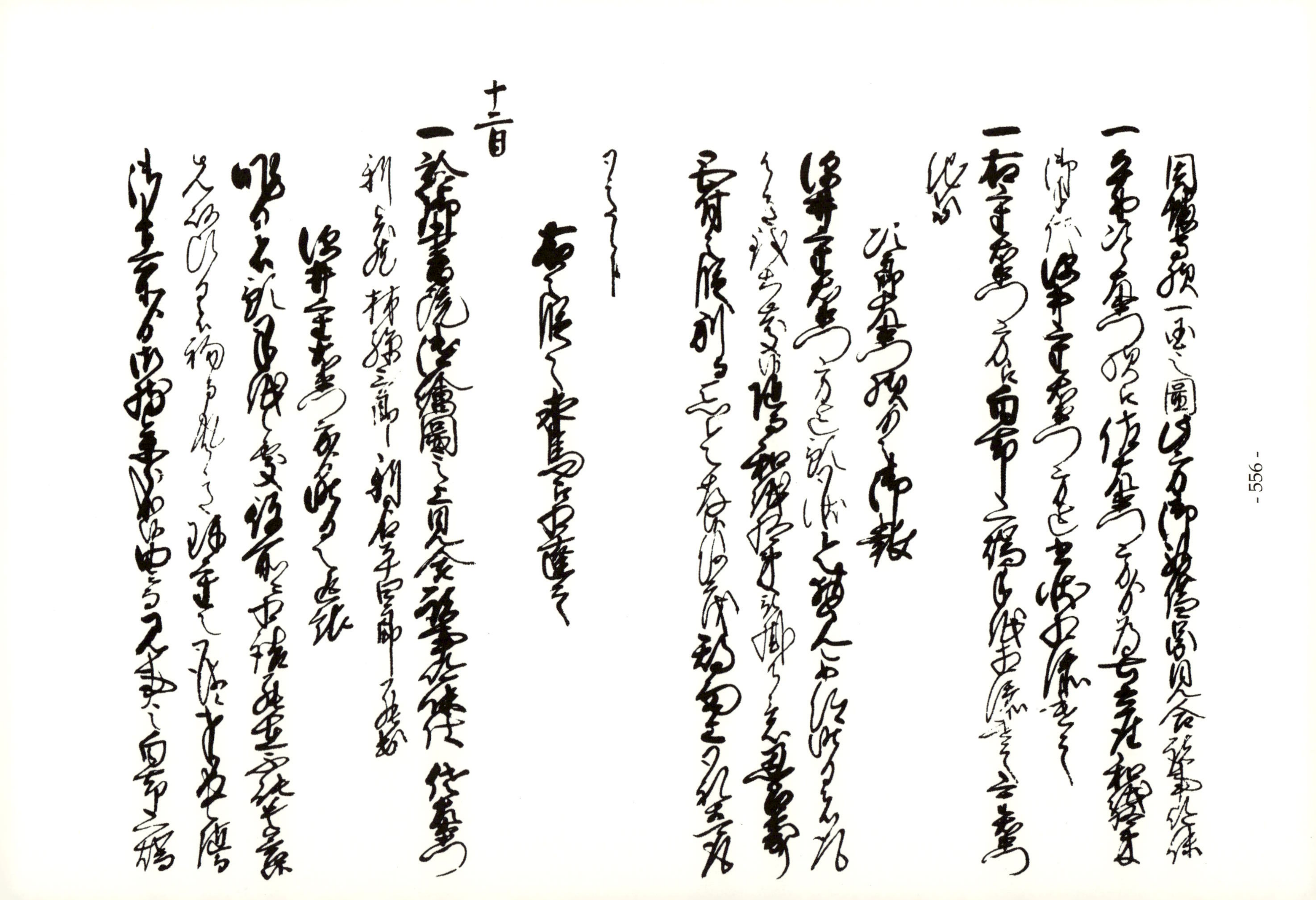

[illegible]
一 [illegible]
[illegible]
一 [illegible]
[illegible]
[illegible]
[illegible]
[illegible]
[illegible]
[illegible]

十二日
一 [illegible]
[illegible]
[illegible]
[illegible]
[illegible]
[illegible]

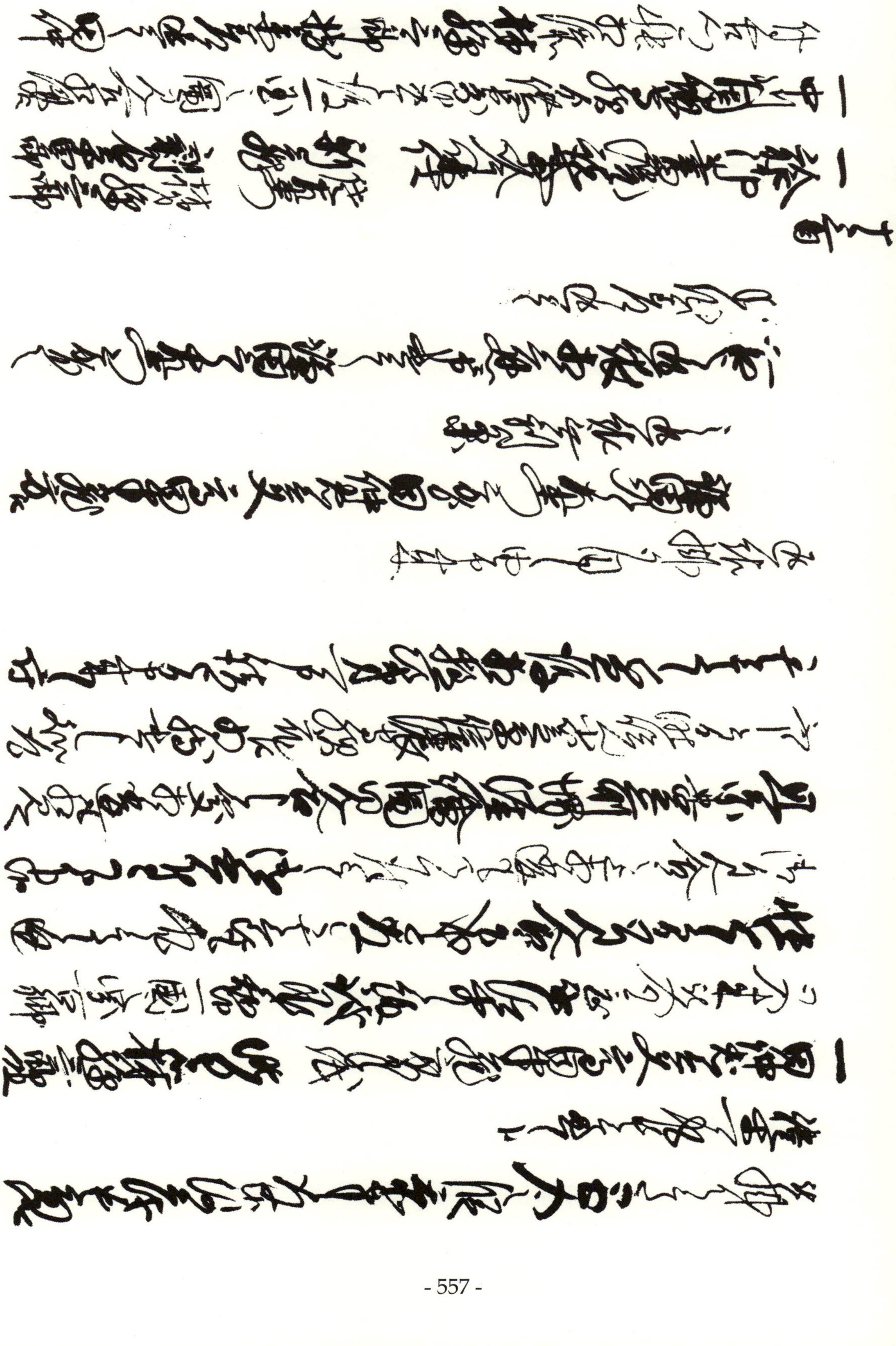

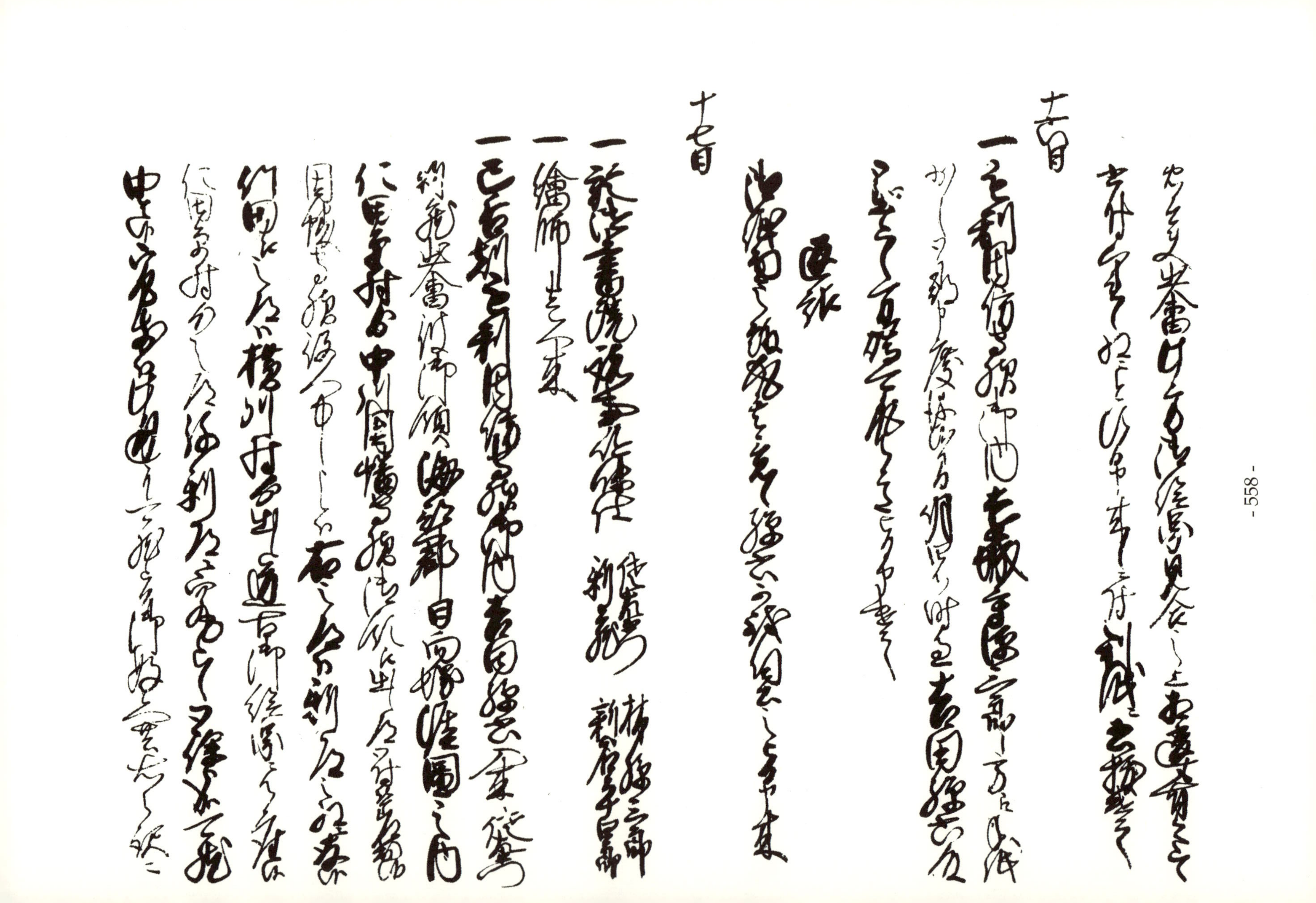

[illegible]

[illegible]

十三日

一 [illegible]

[illegible]

[illegible]

返状

[illegible]

十四日

一 [illegible]

一 絵師 [illegible]

一 [illegible]

[illegible]

[illegible]

[illegible]

[illegible]

[illegible]

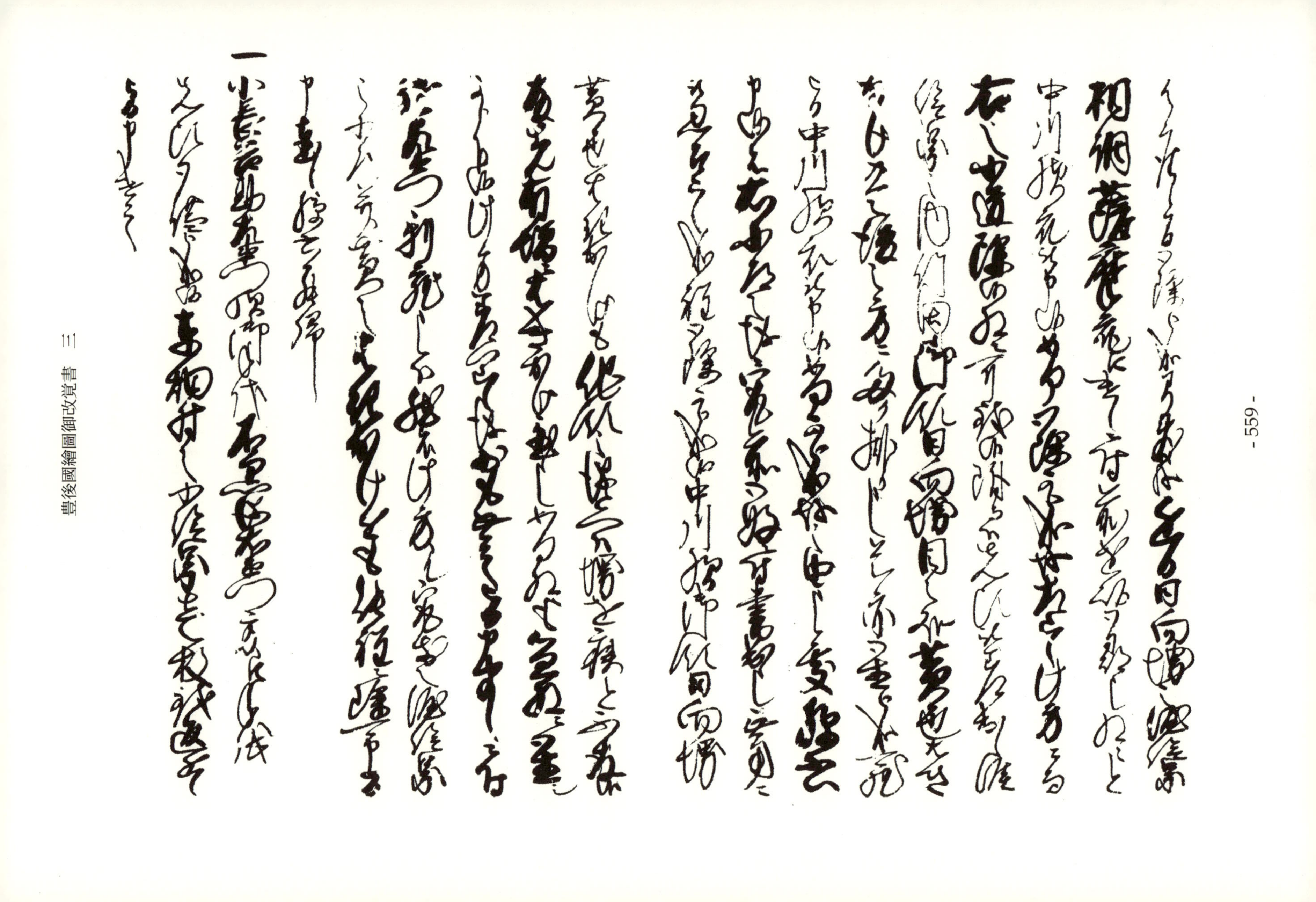

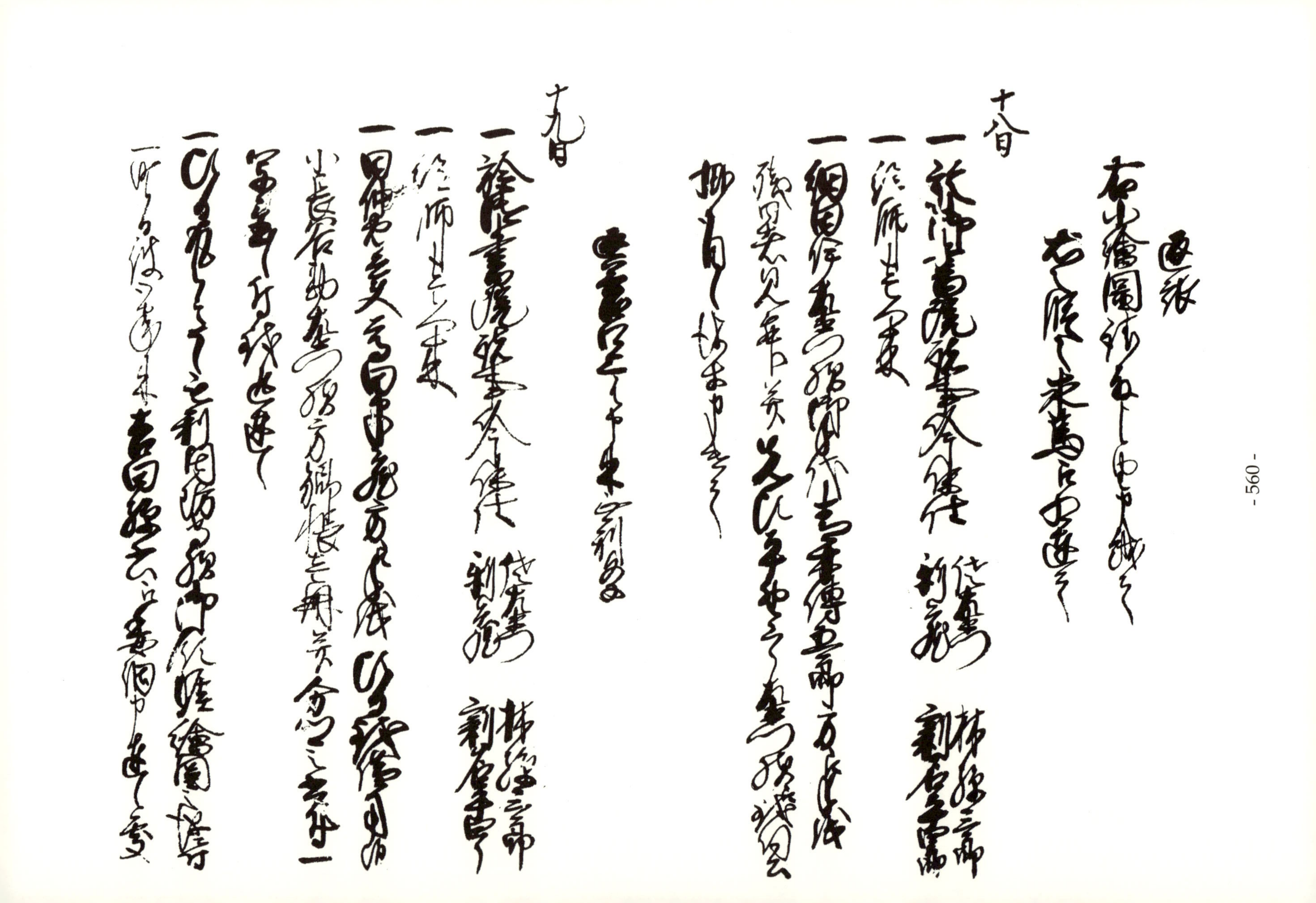

[illegible]

[illegible]

[illegible]

十八日

一 [illegible]

一 [illegible]

一 [illegible]

[illegible]

[illegible]

十九日

一 [illegible]

一 [illegible]

一 [illegible]

[illegible]

一 [illegible]

[illegible]

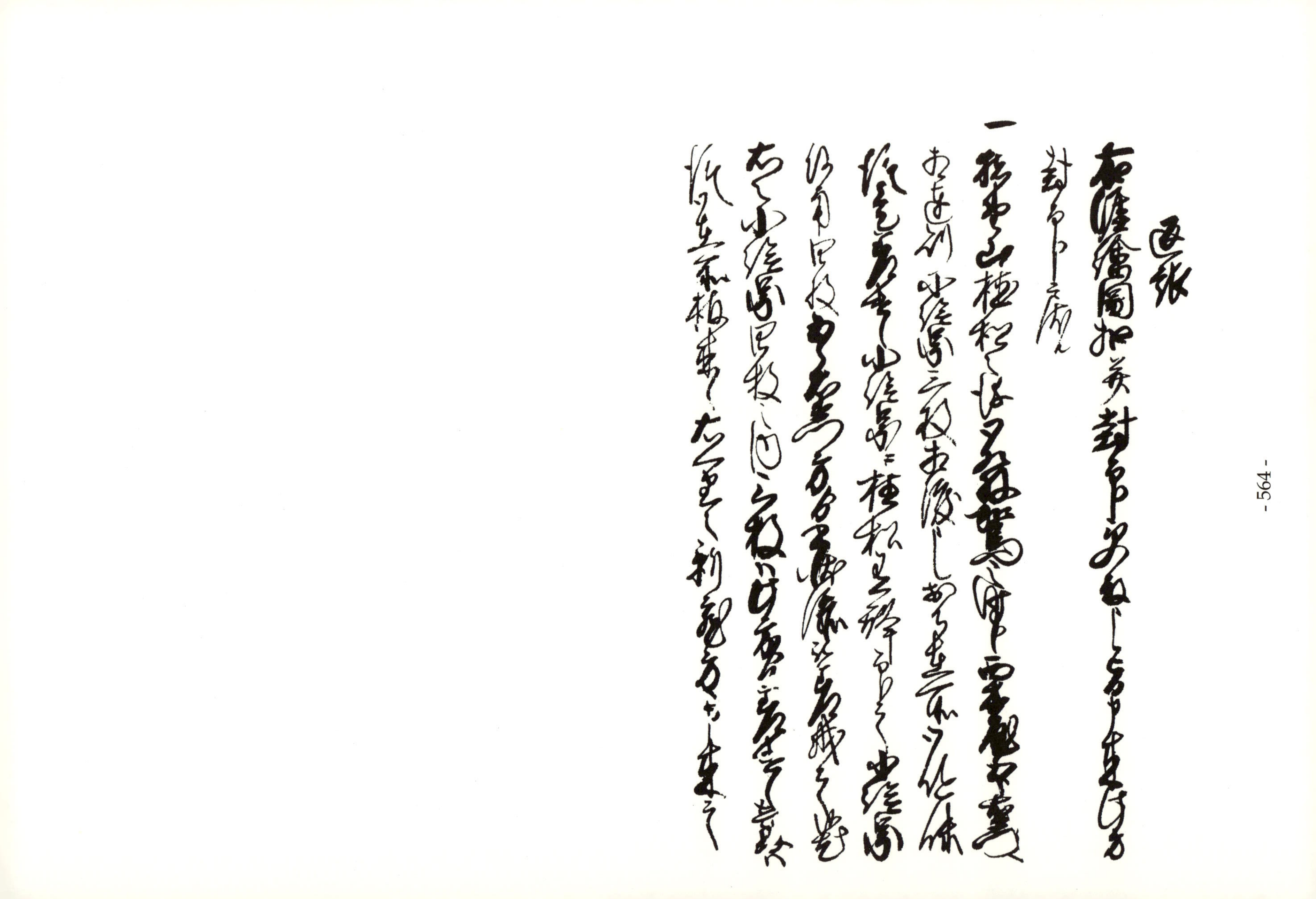

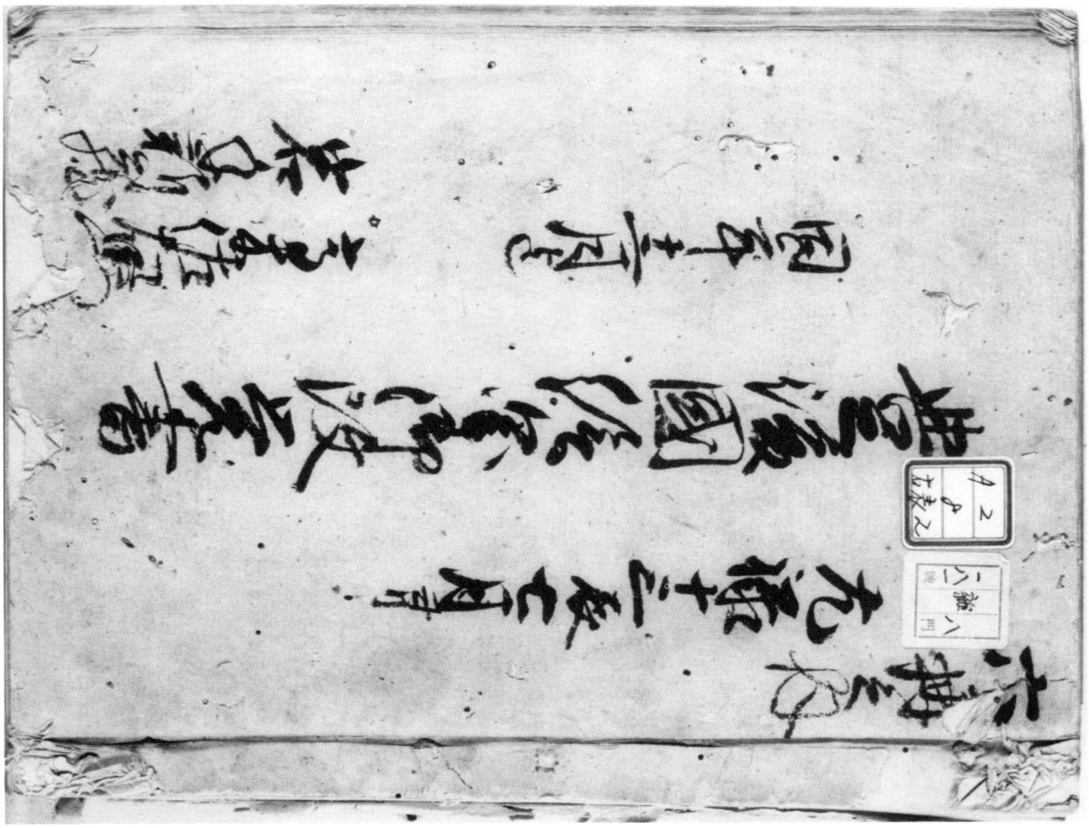

元禄十三辰七月
豊後國絵図御改覚書
同年十二月迄

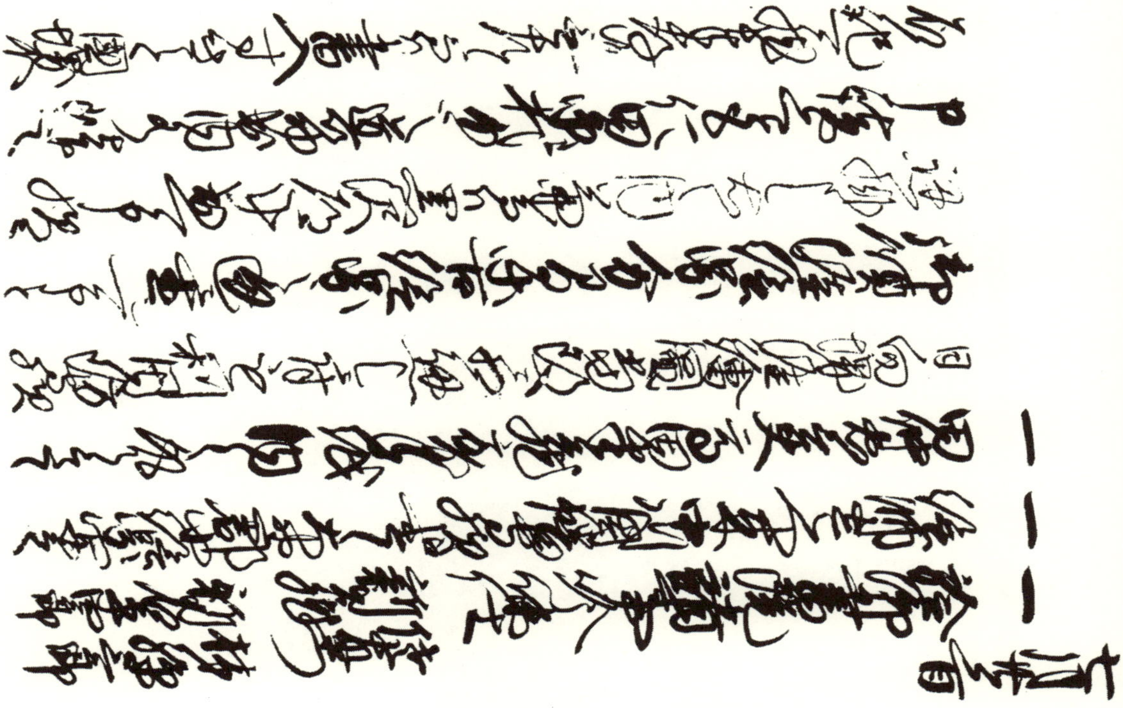

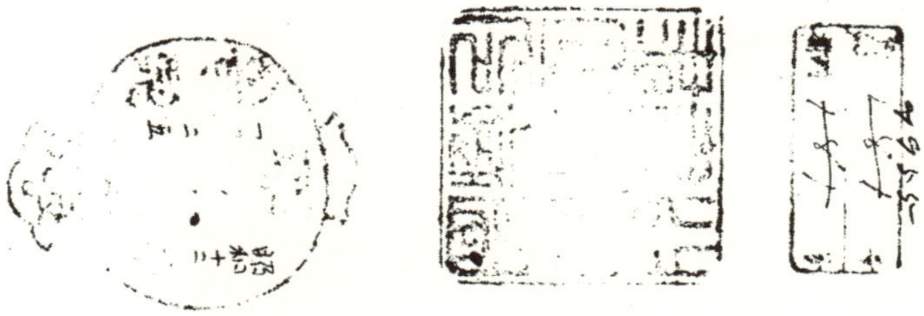

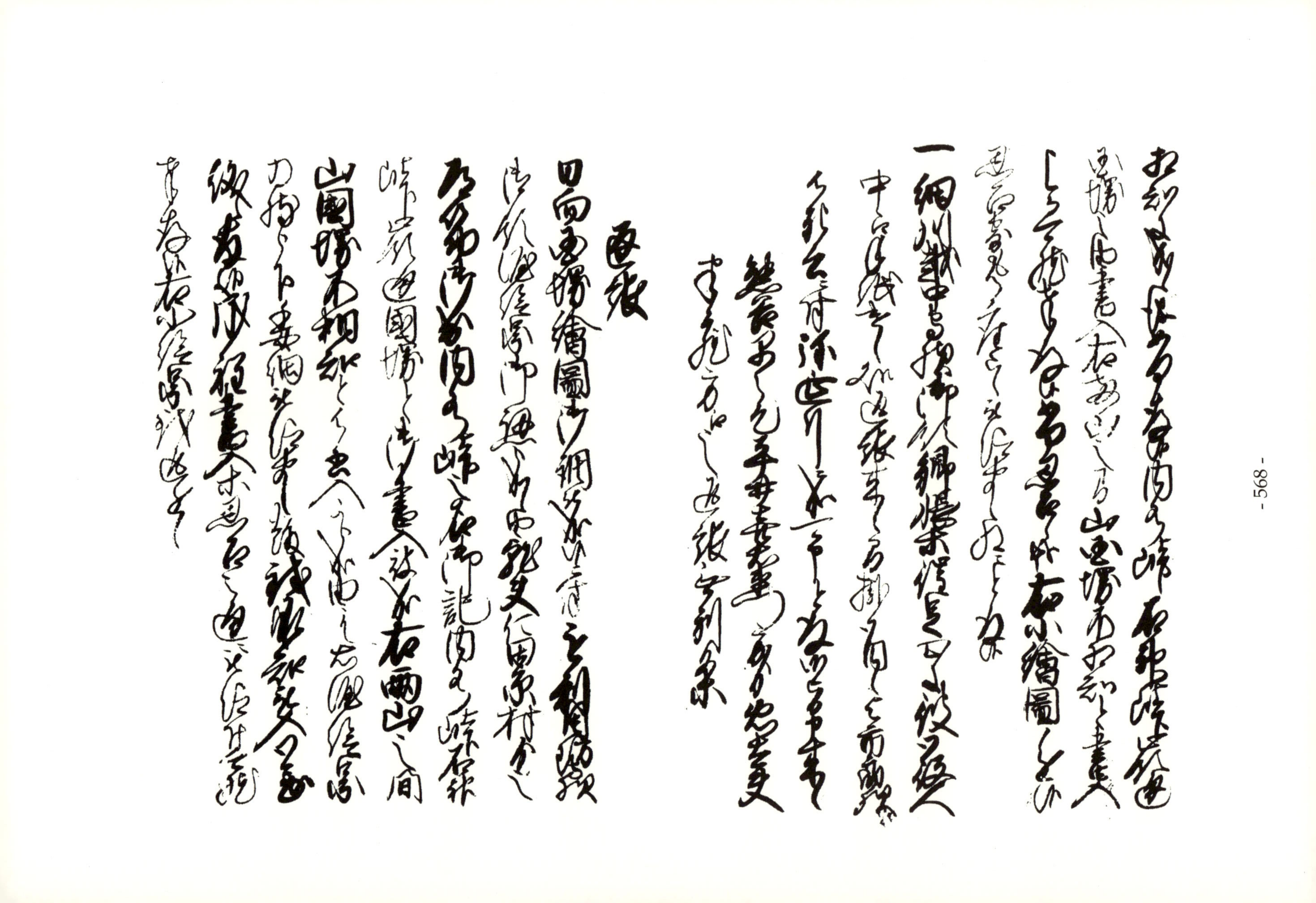

[illegible]
[illegible]山[illegible]境[illegible]
[illegible]絵図[illegible]
[illegible]
一 細川越中守[illegible]
[illegible]
[illegible]
[illegible]
[illegible]

[illegible]

日向[illegible]境絵図[illegible]
[illegible]
[illegible]
[illegible]
[illegible]
山[illegible]境[illegible]
[illegible]
[illegible]
[illegible]

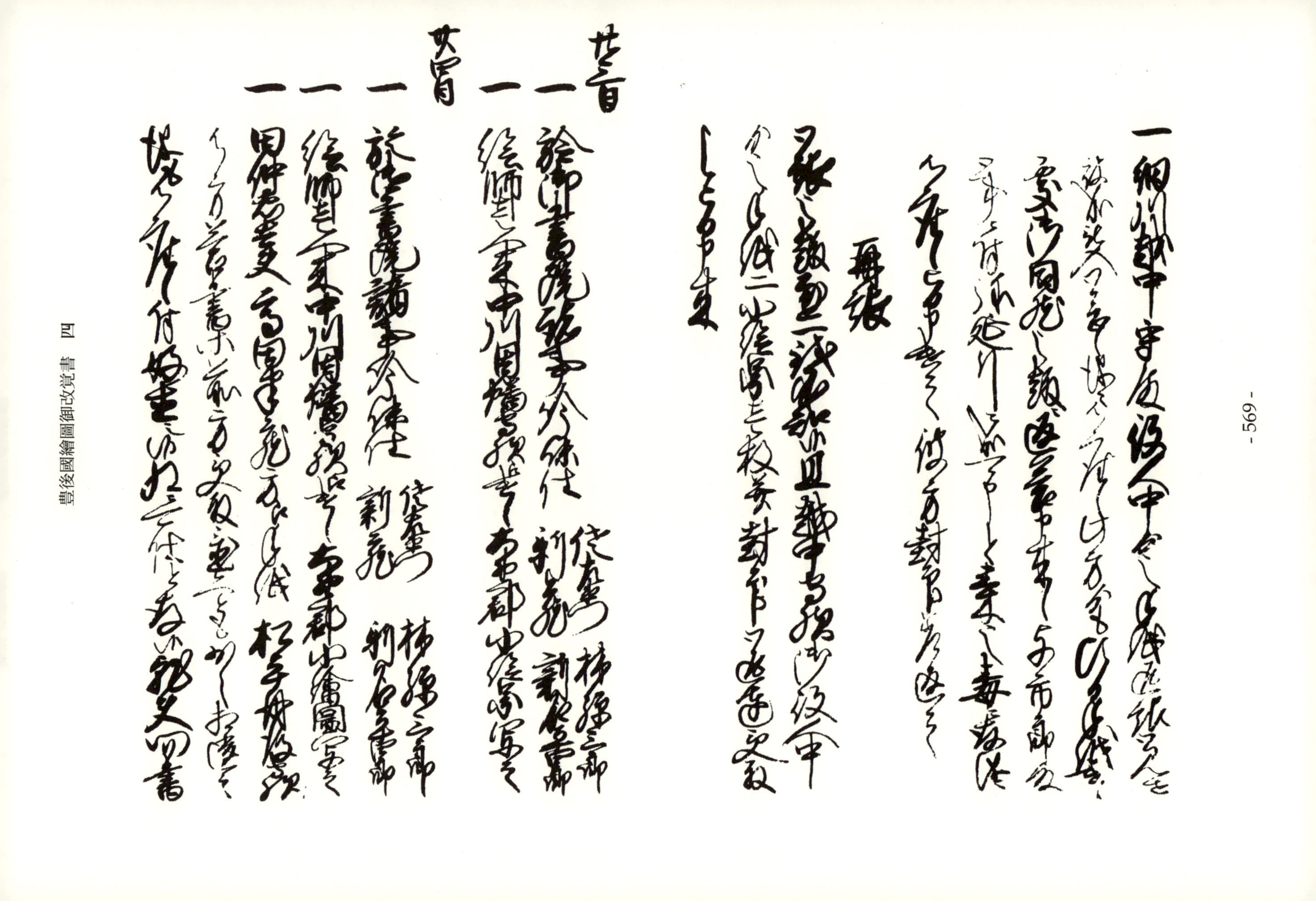

[illegible]

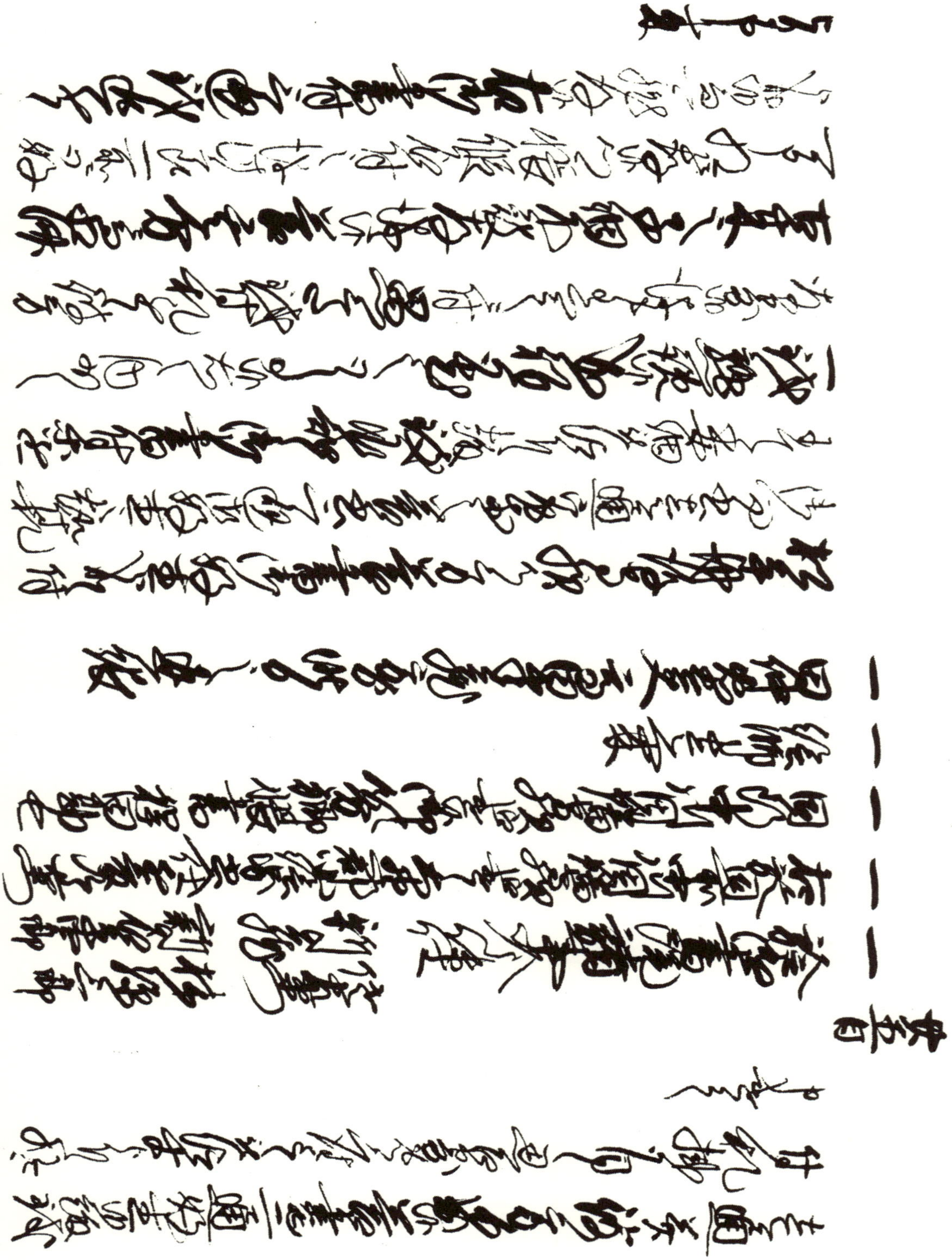

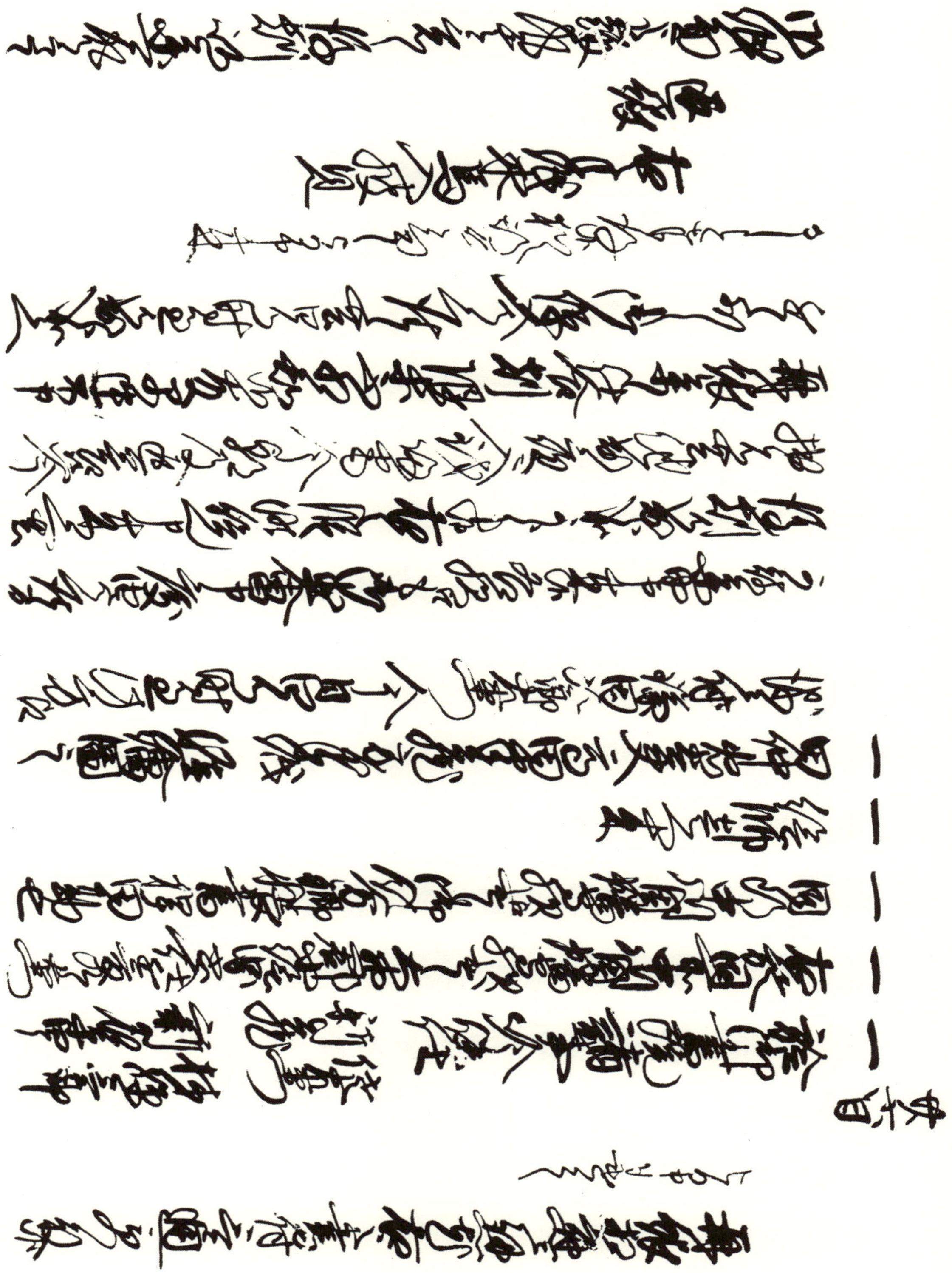

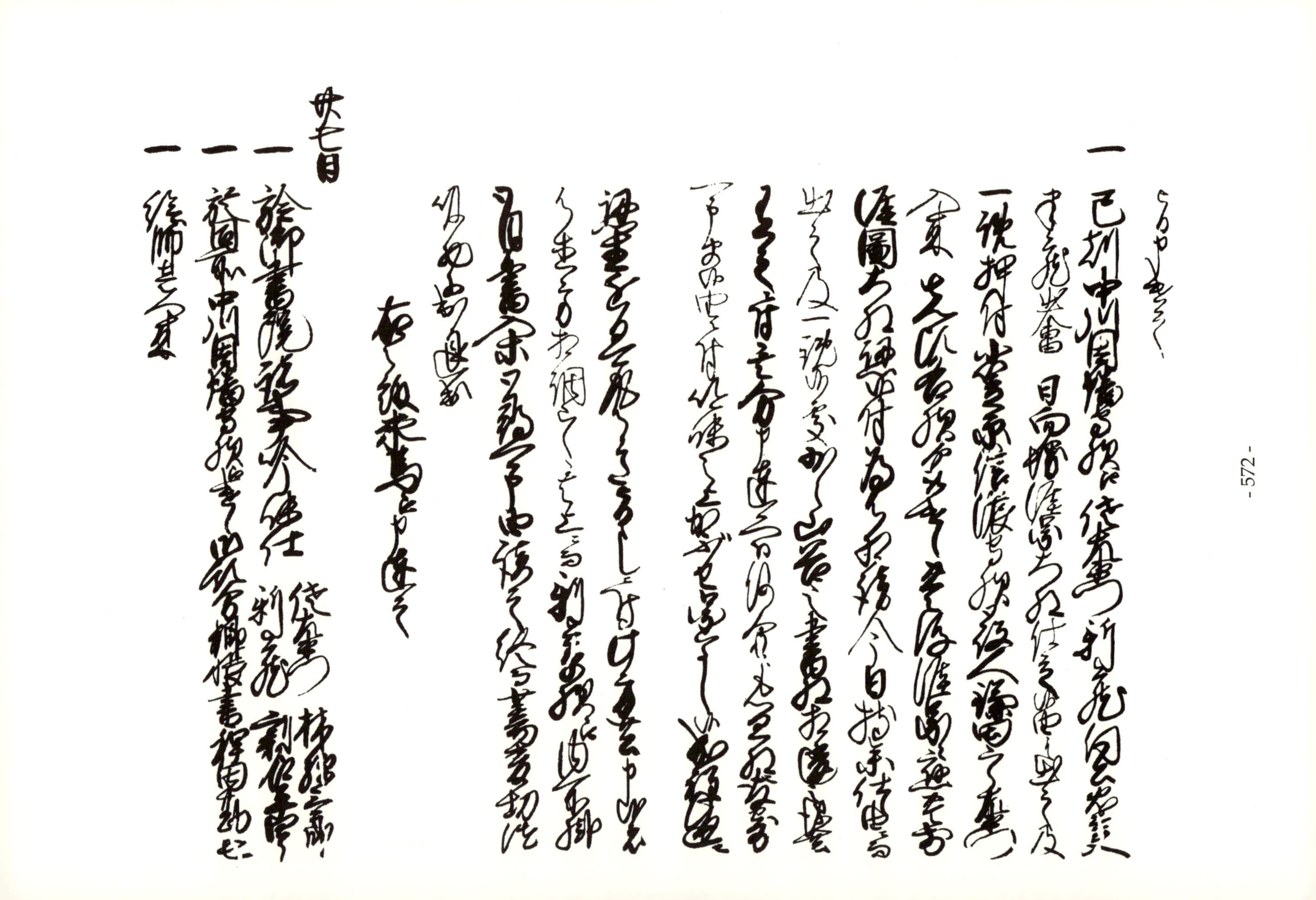

らかし申来ル

一 巳刻中川周防守殿ゟ使者ニ而新井白石殿 [illegible]

[illegible]

廿七日

一 [illegible]

一 [illegible]

一 [illegible]

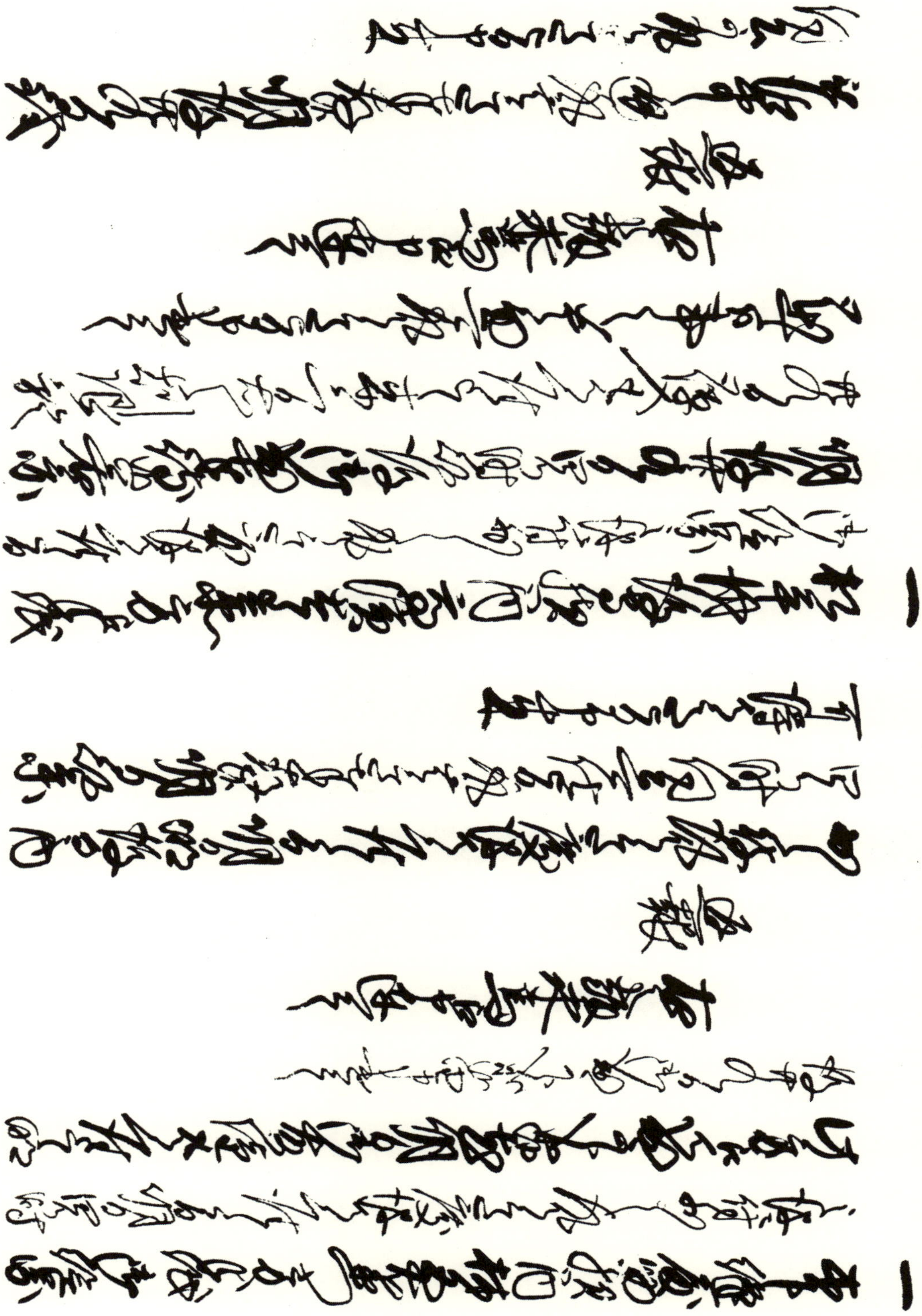

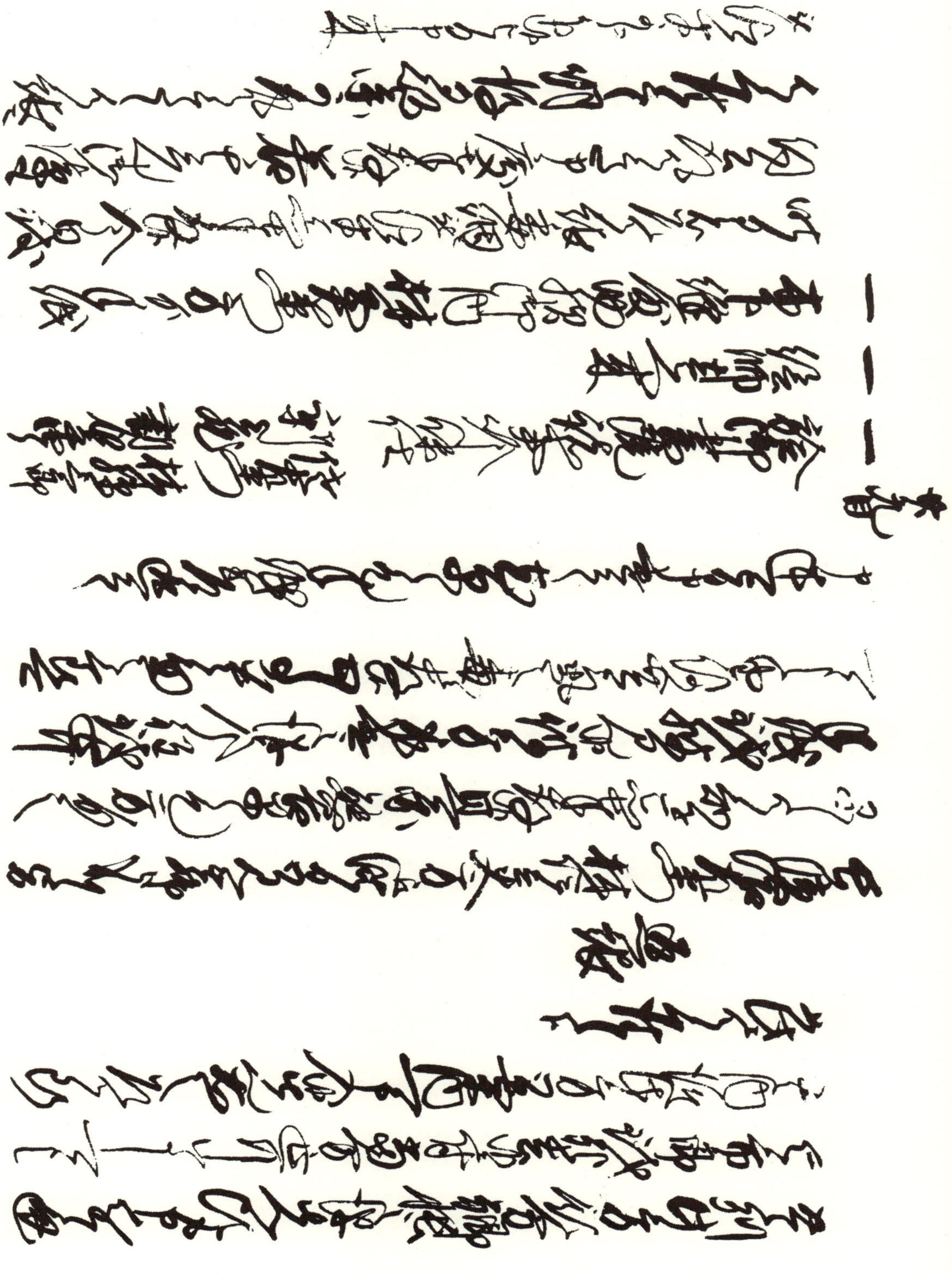

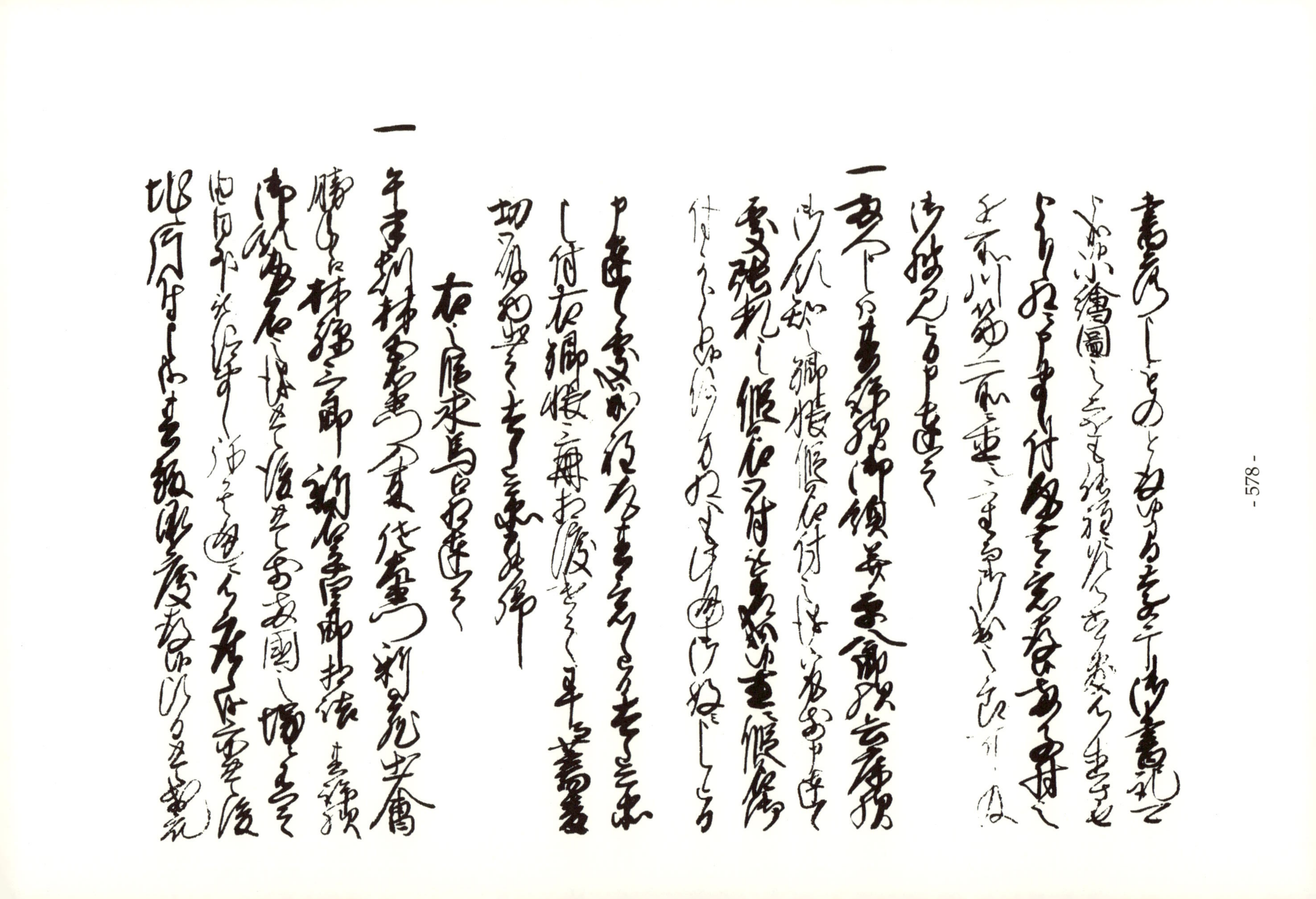

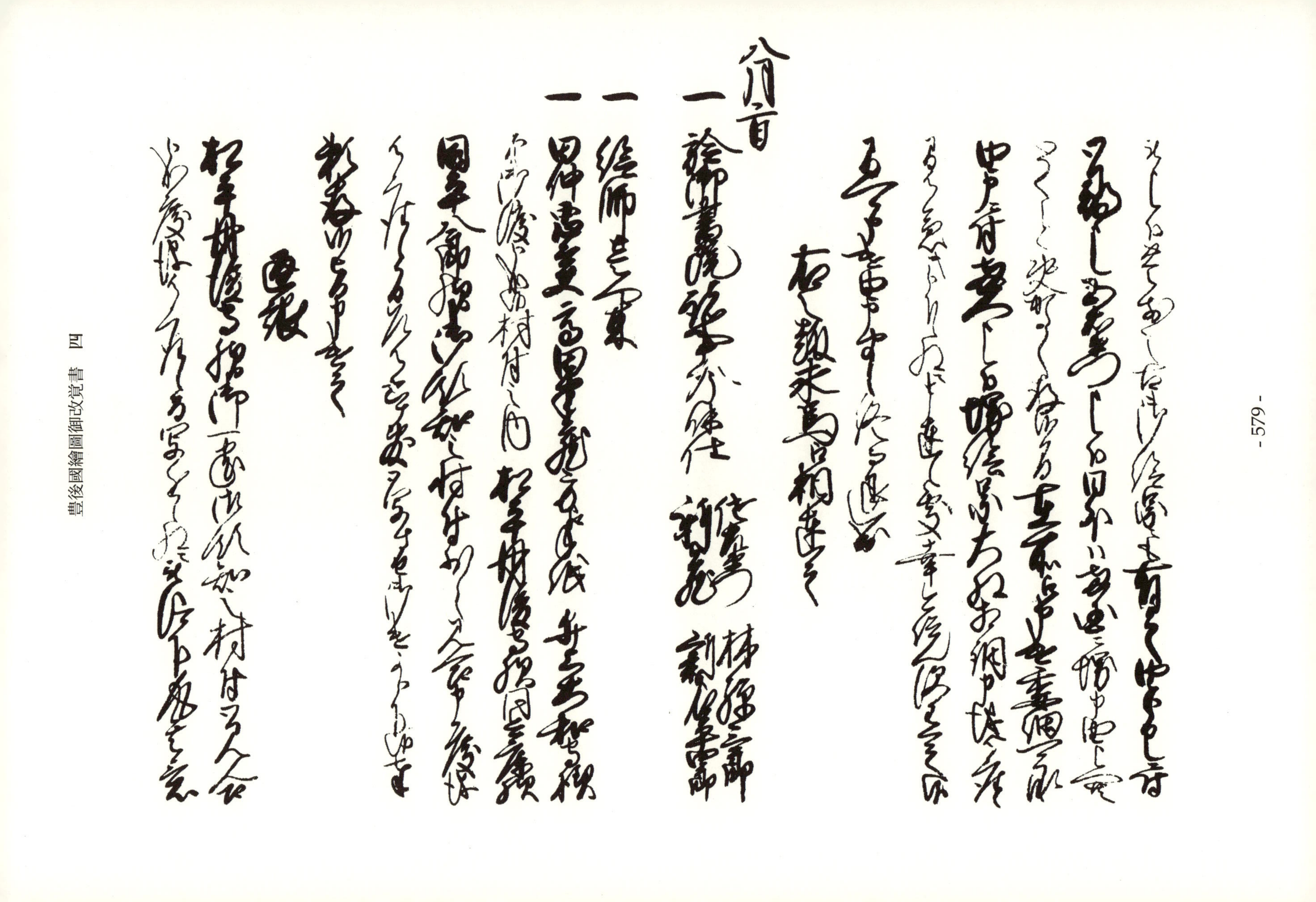

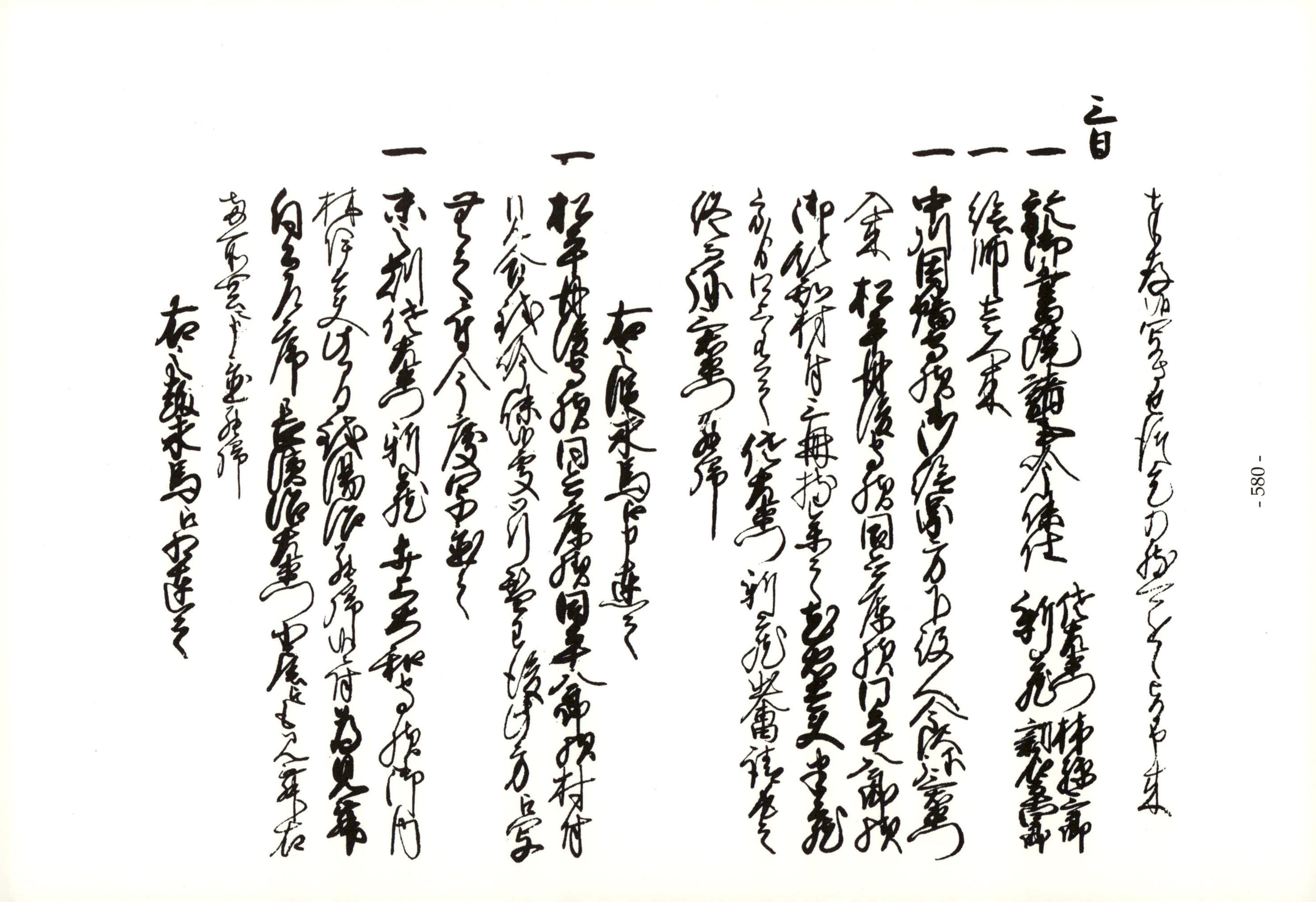

[illegible]

二日

一 [illegible] 新番 [illegible]

一 絵師壱人来

一 [illegible]

[illegible]

[illegible]

一 [illegible]

[illegible]

一 [illegible]

[illegible]

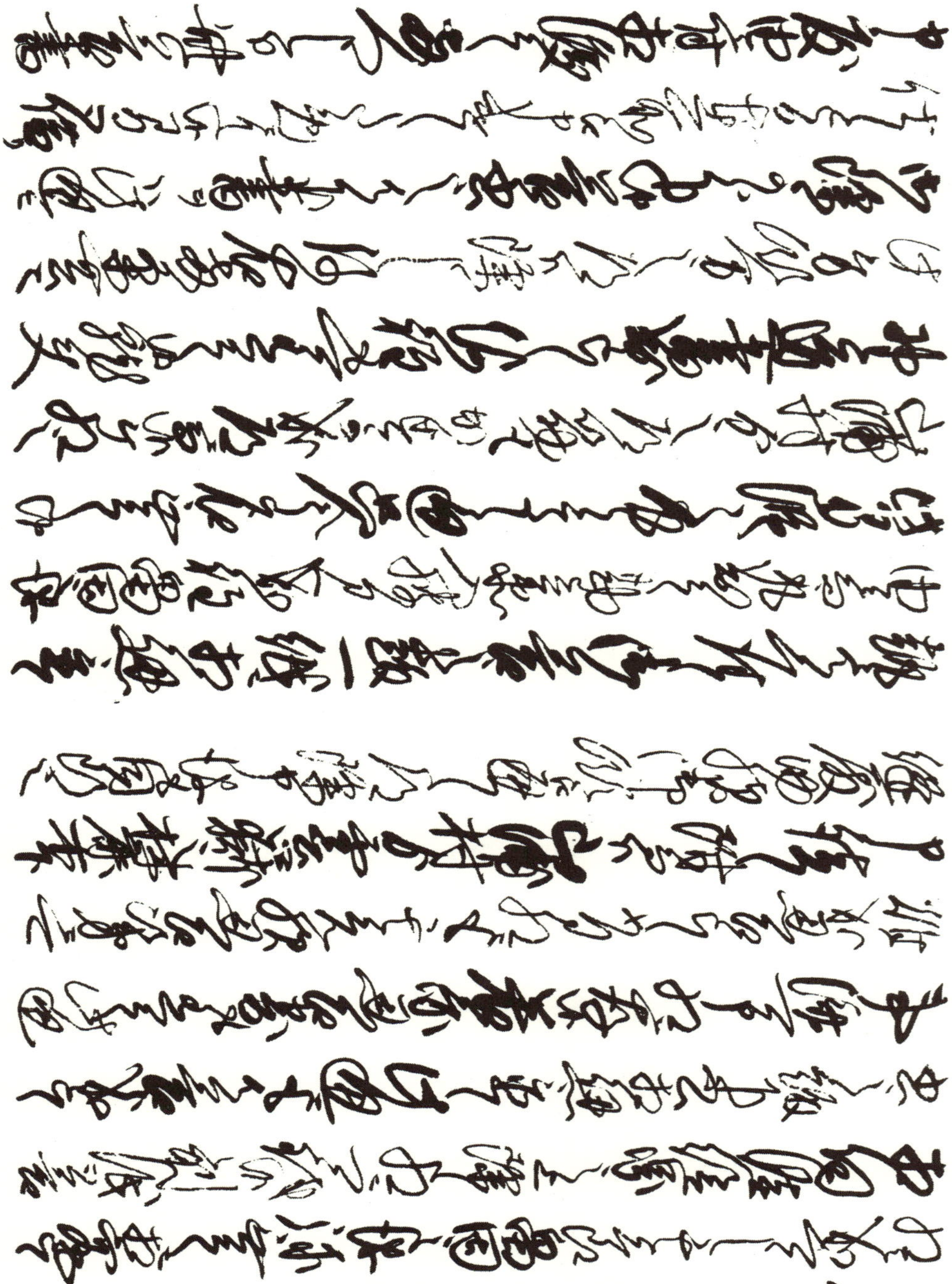

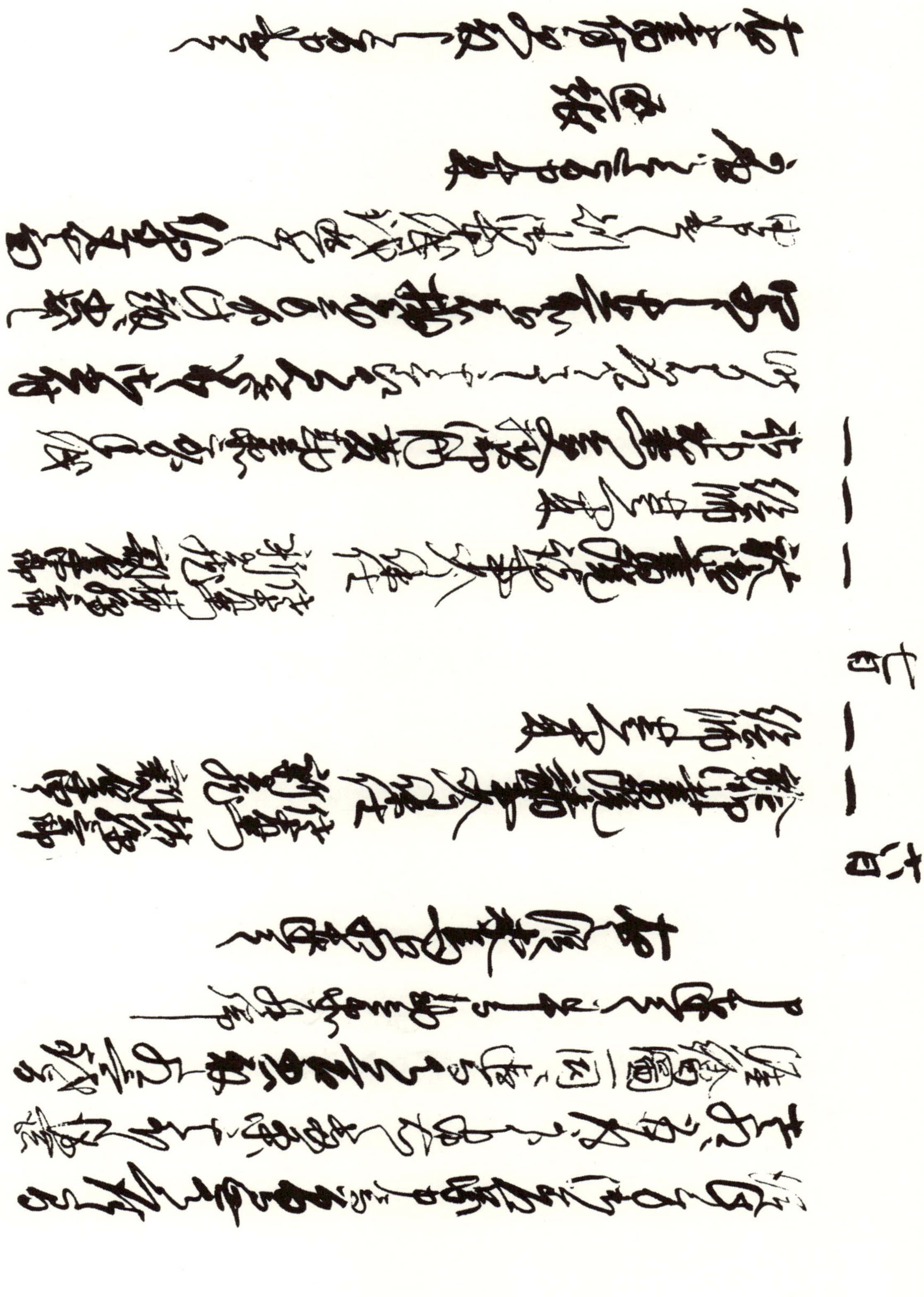

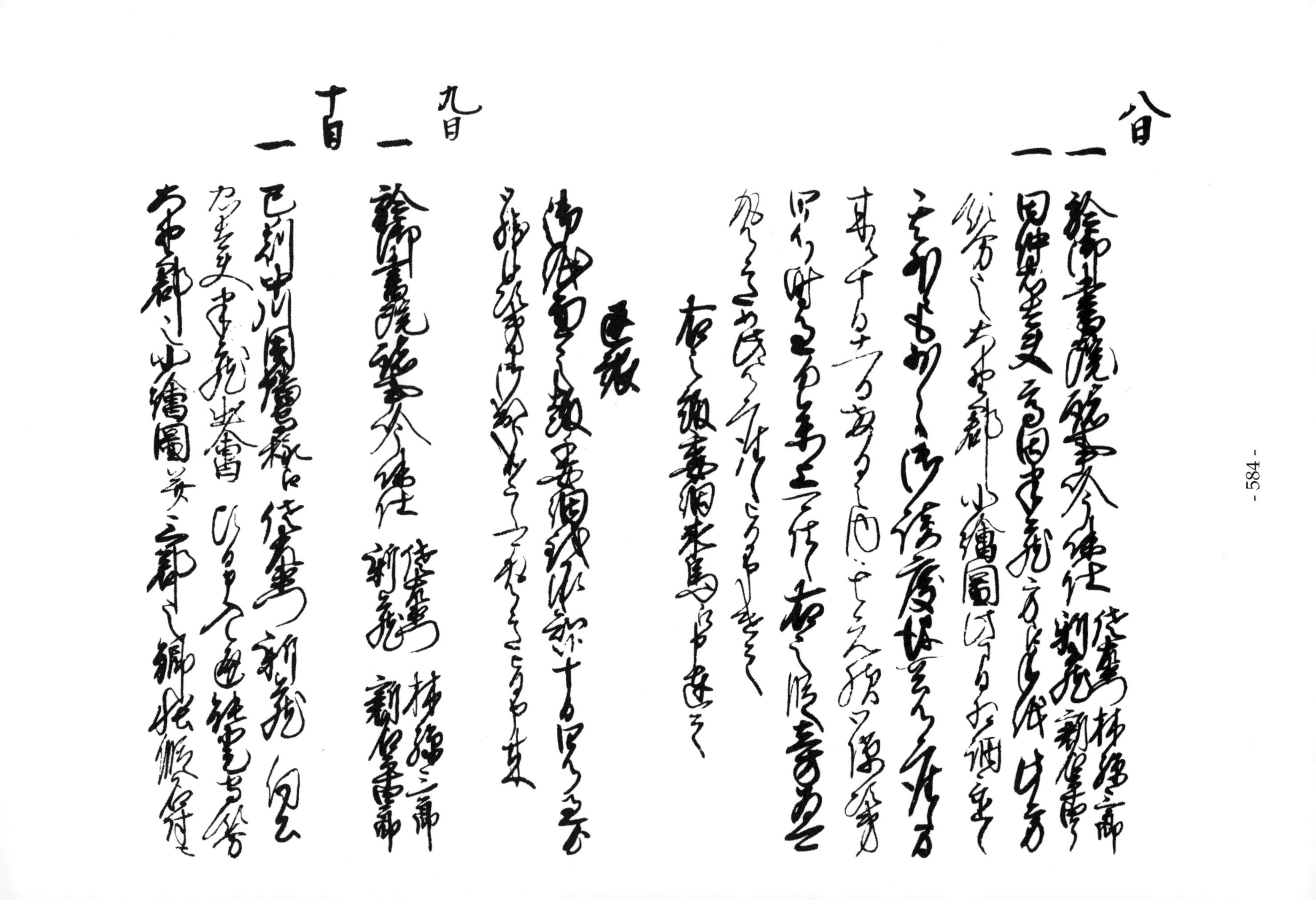

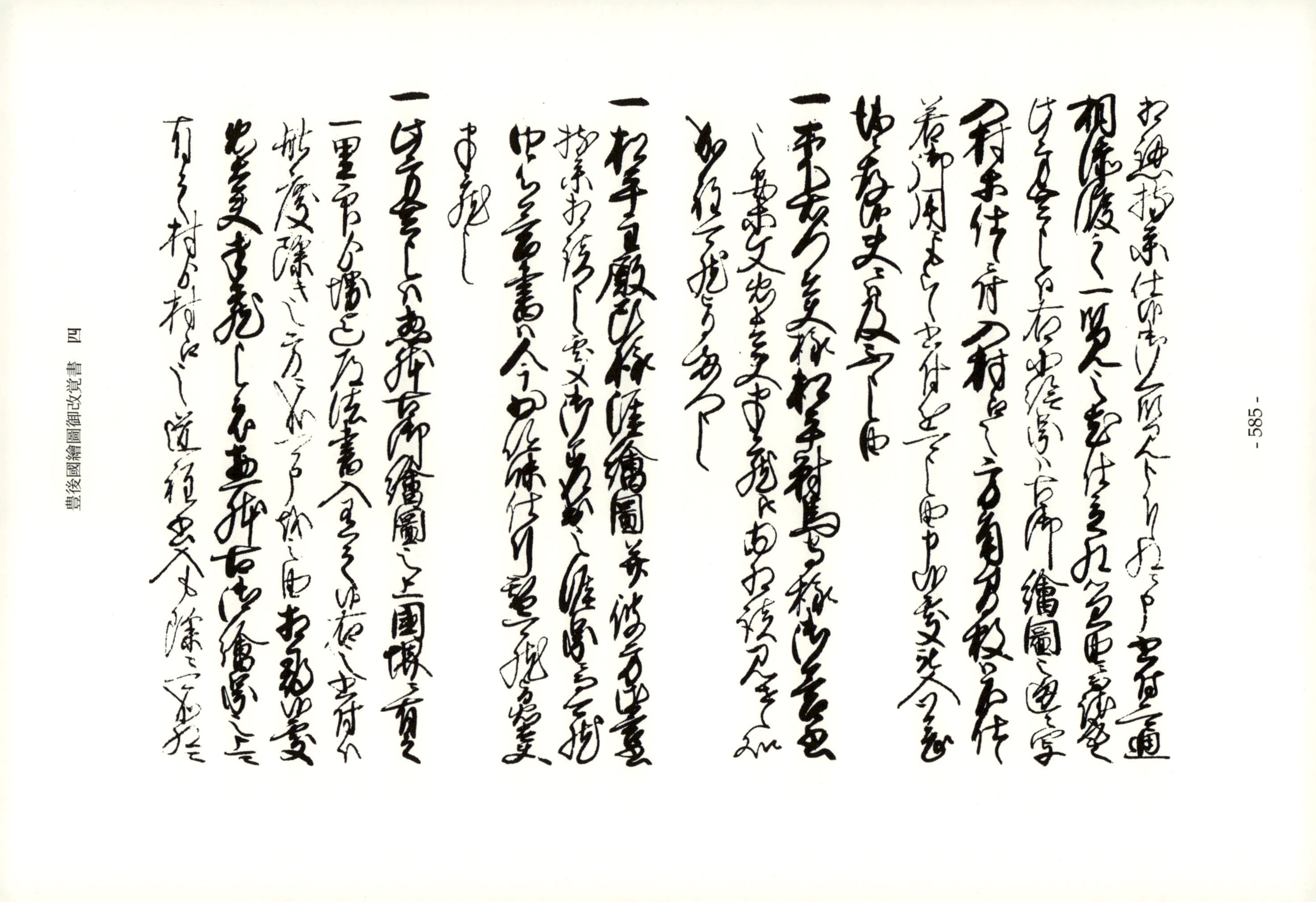

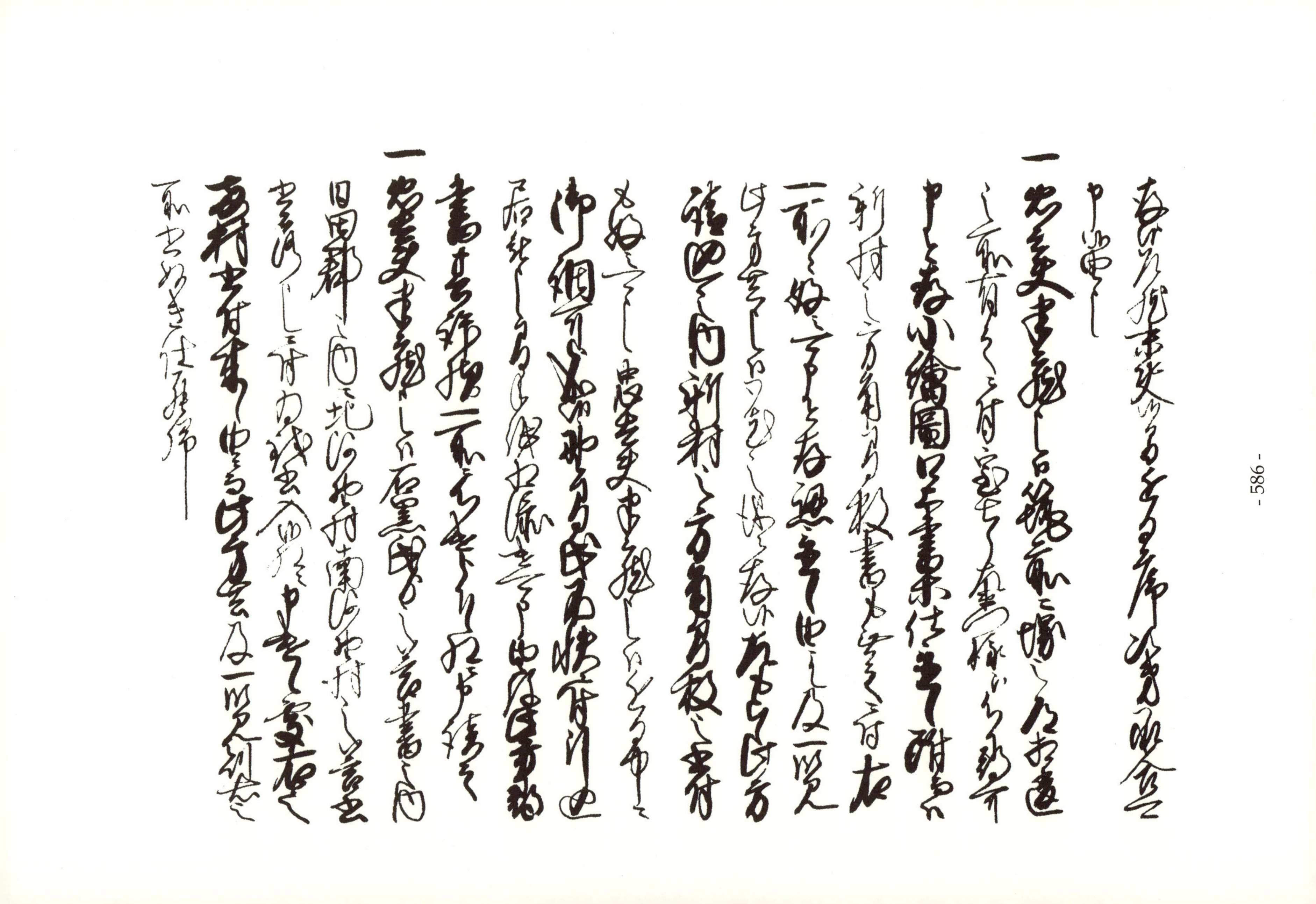

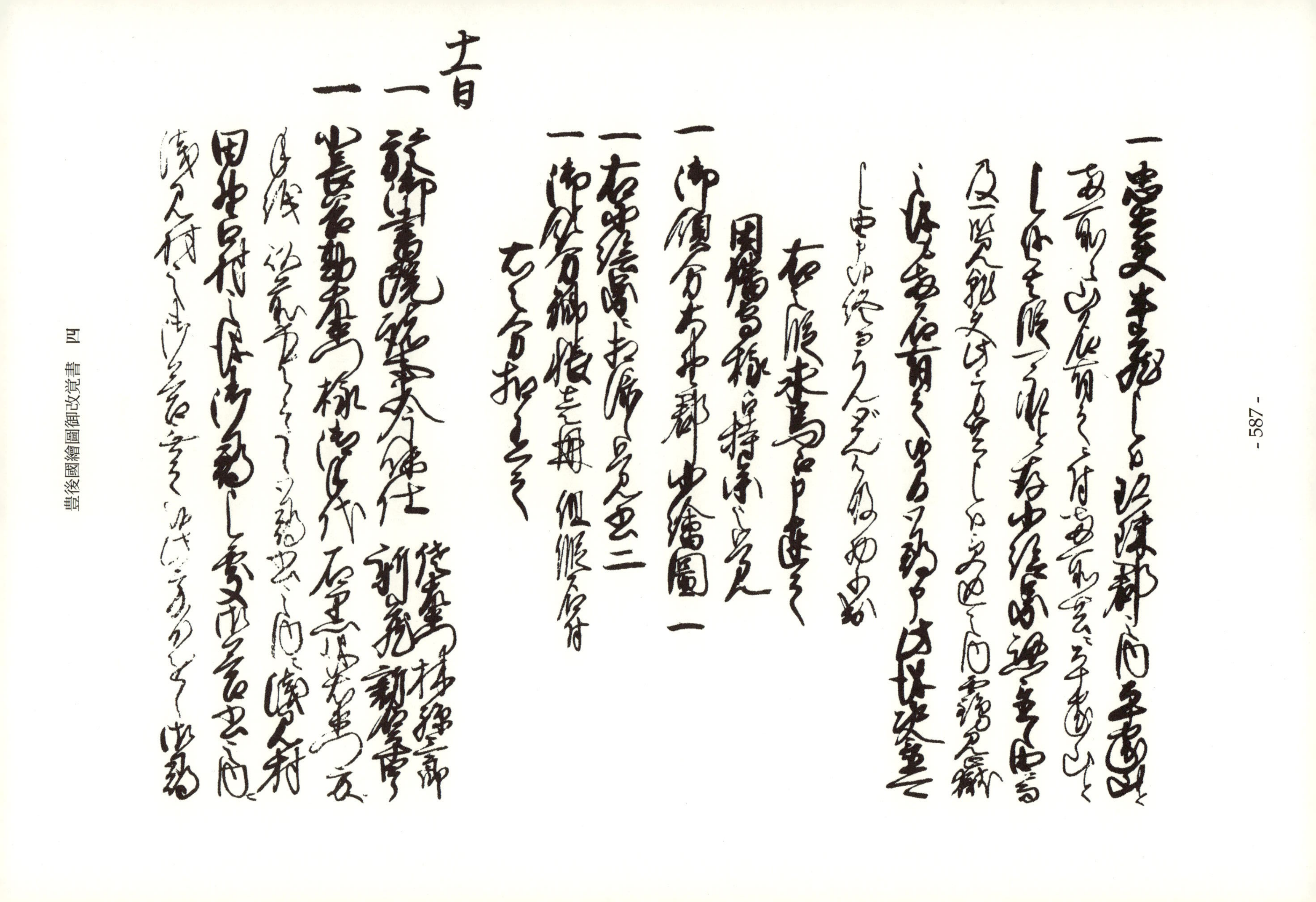

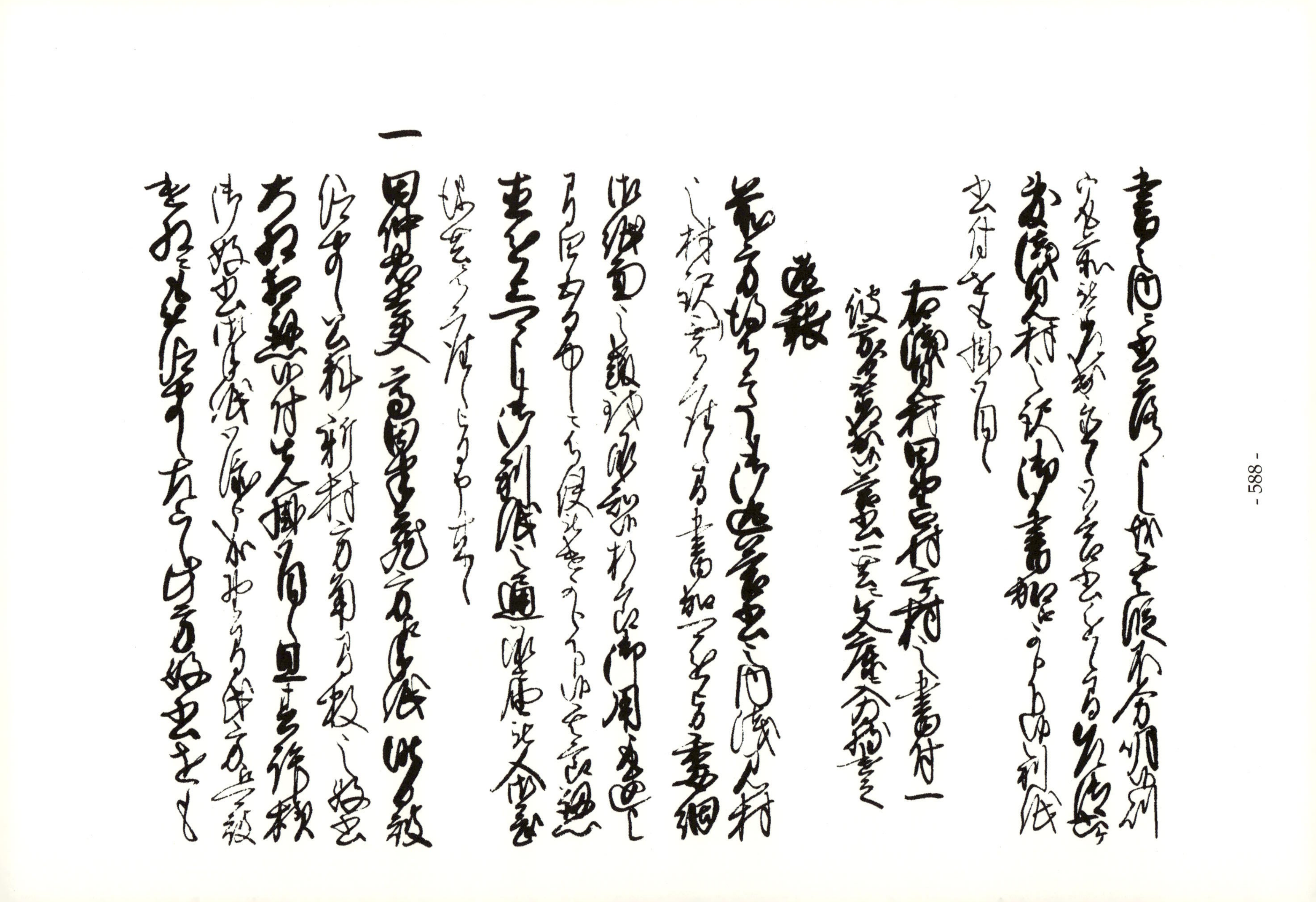

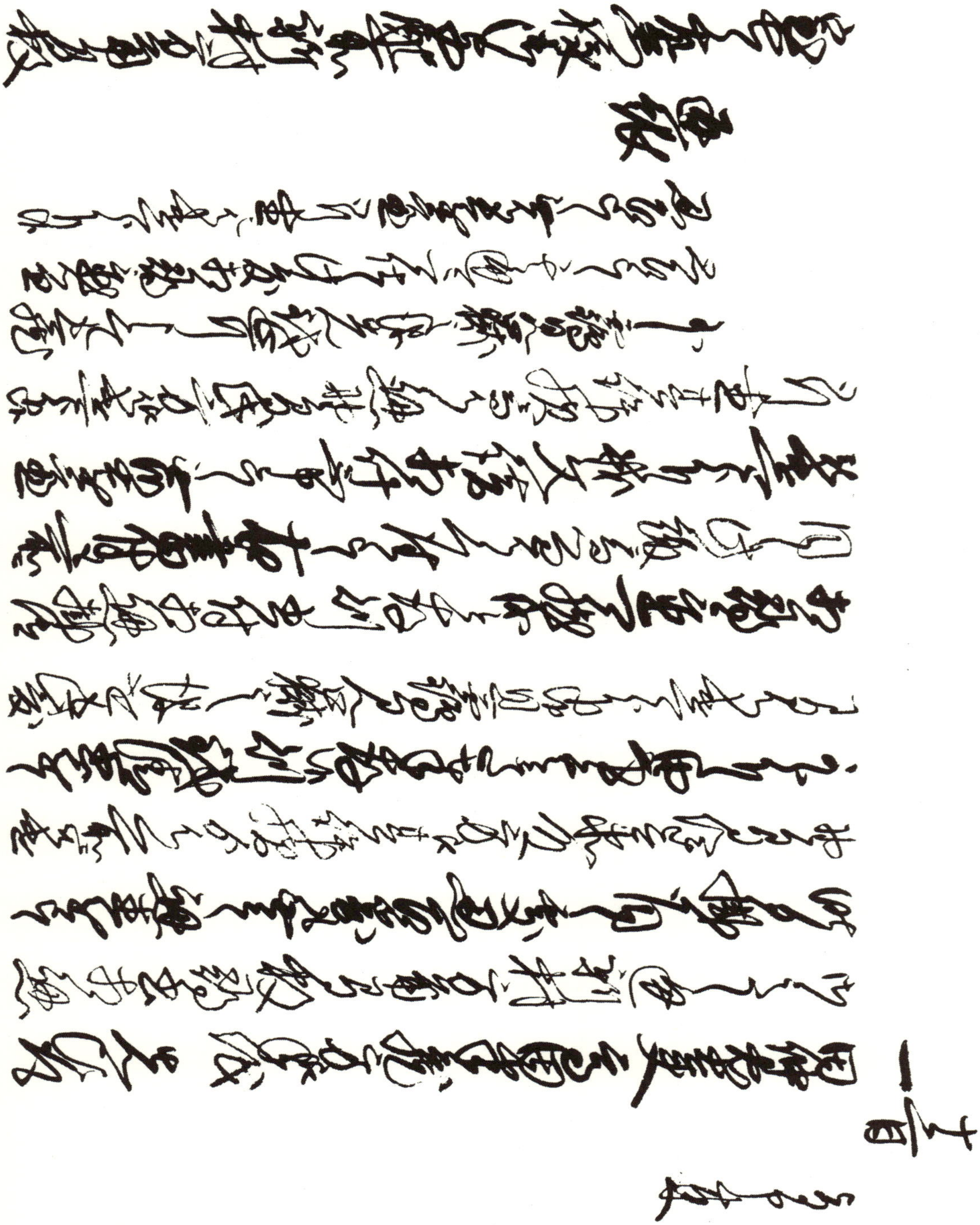

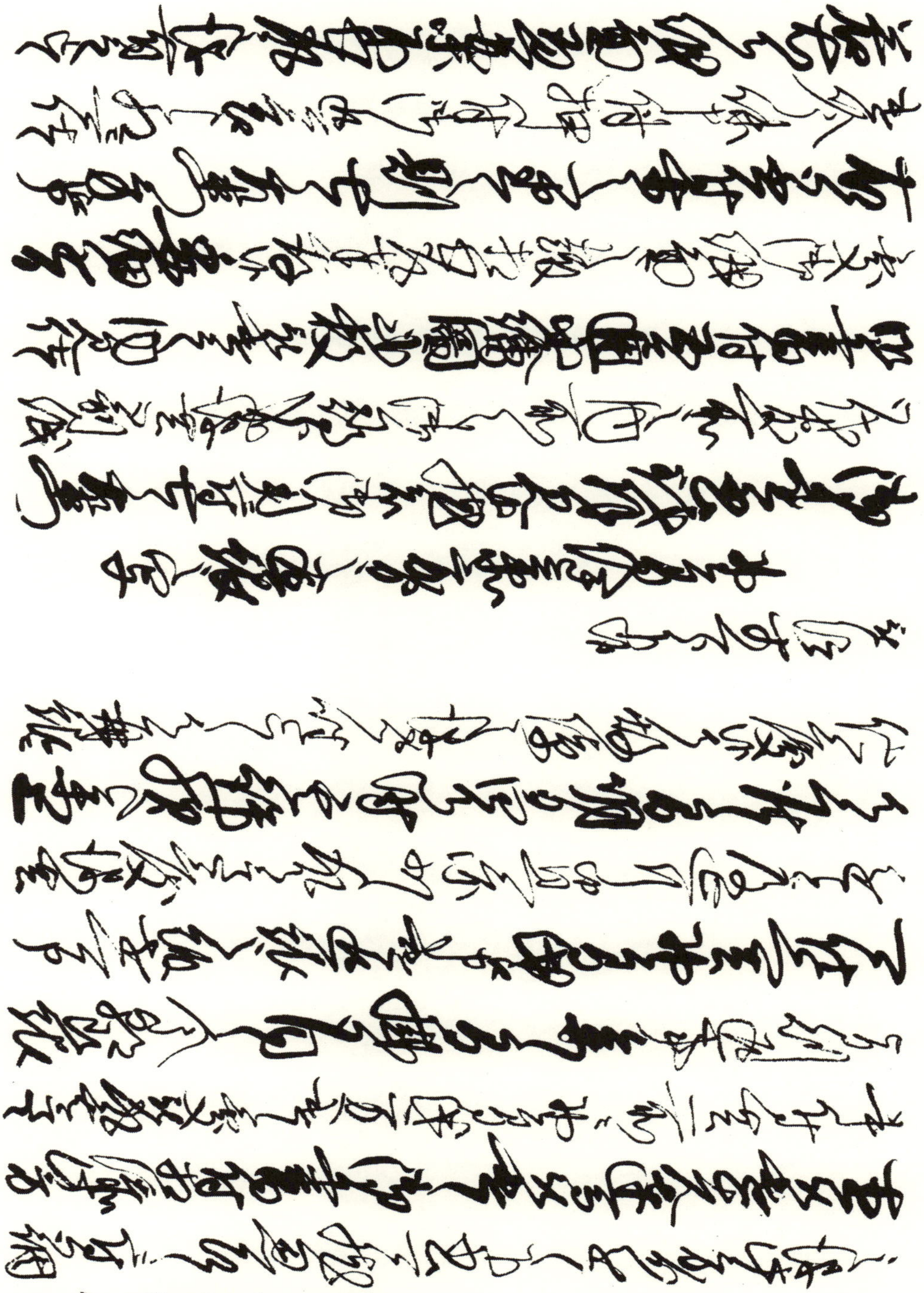

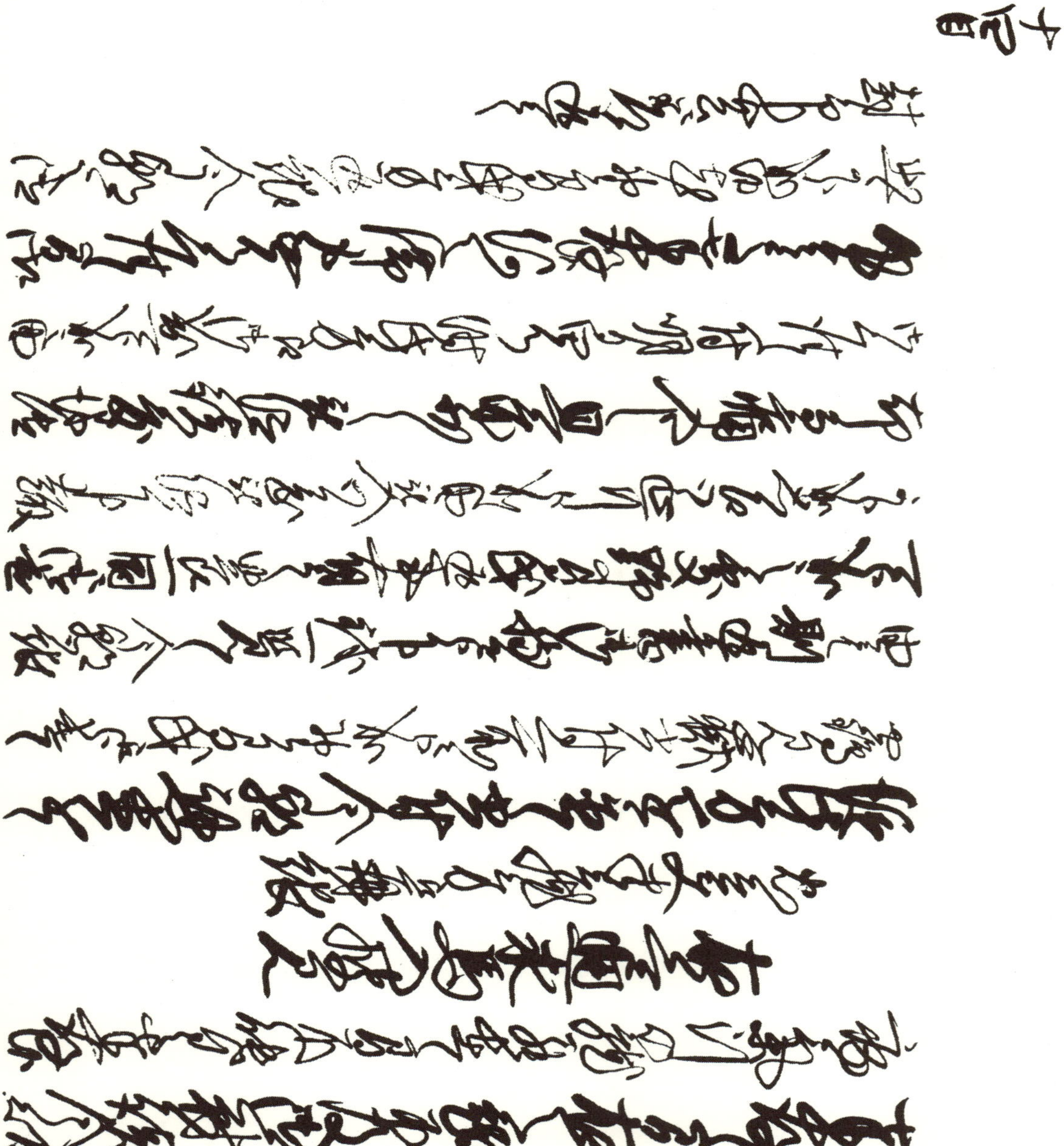

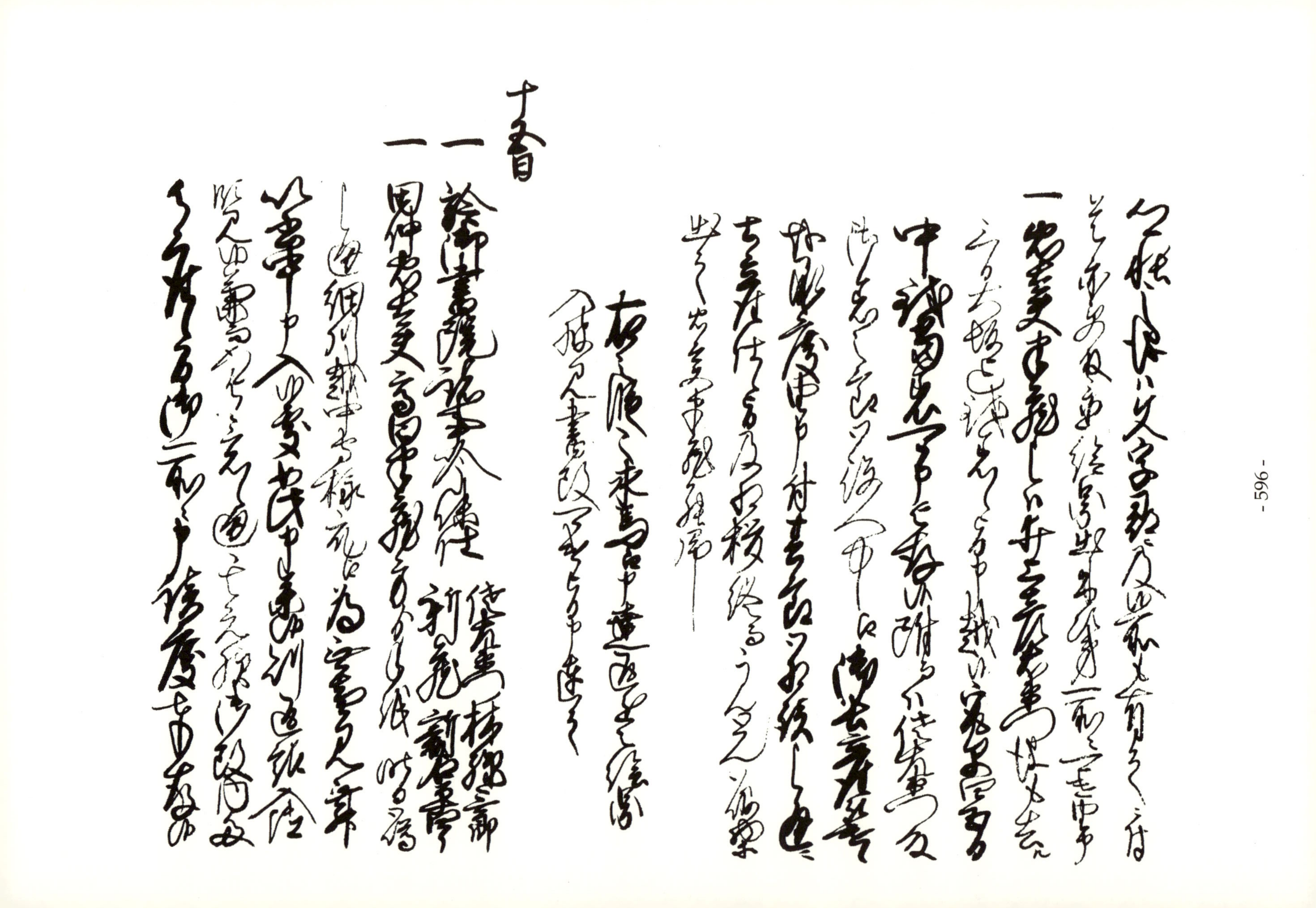

[illegible]

[illegible]

一 [illegible]

[illegible]

[illegible]

[illegible]

[illegible]

[illegible]

[illegible]

[illegible]

[illegible]

十四日

一 [illegible]

一 [illegible]

[illegible]

[illegible]

[illegible]

[illegible]

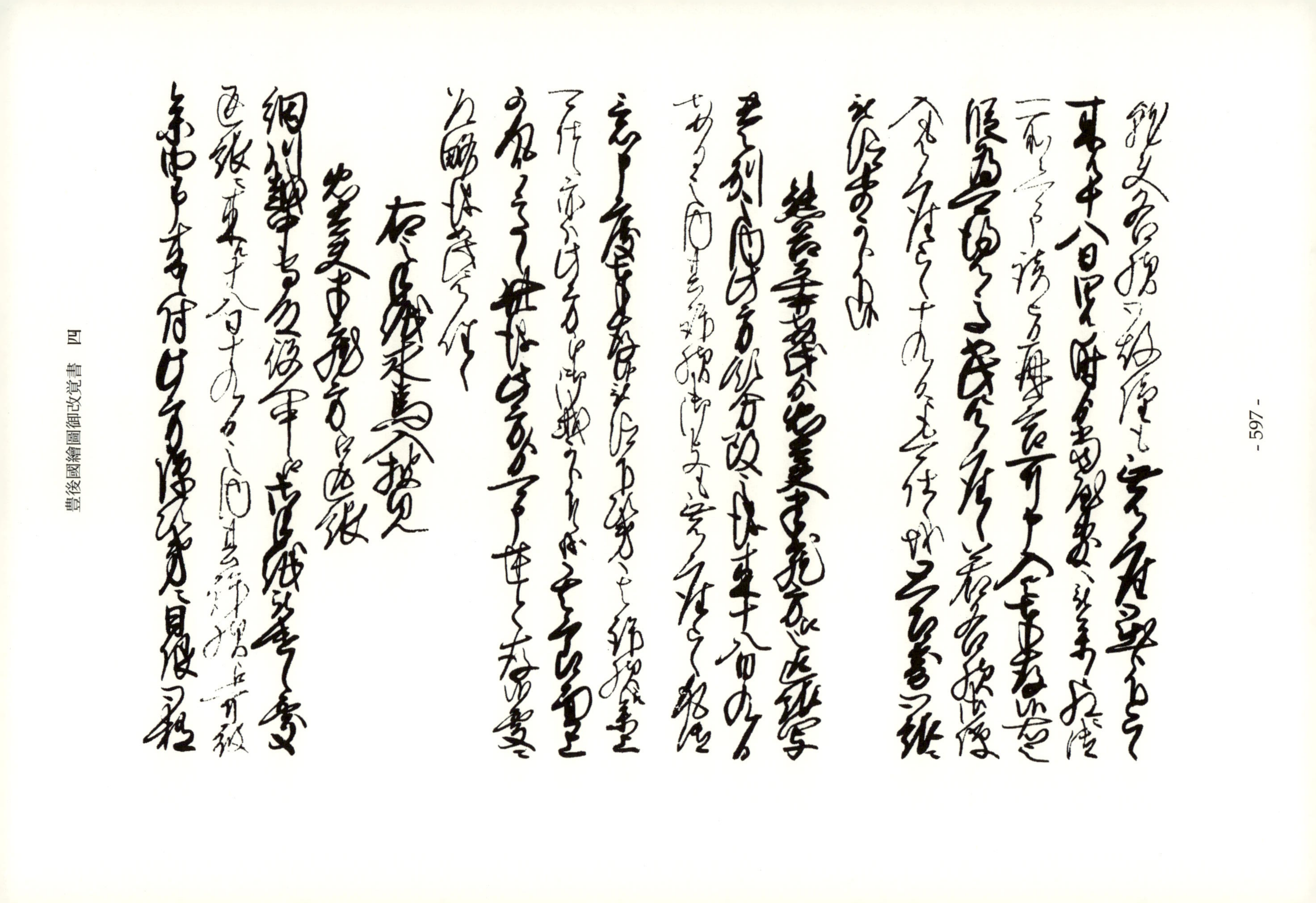

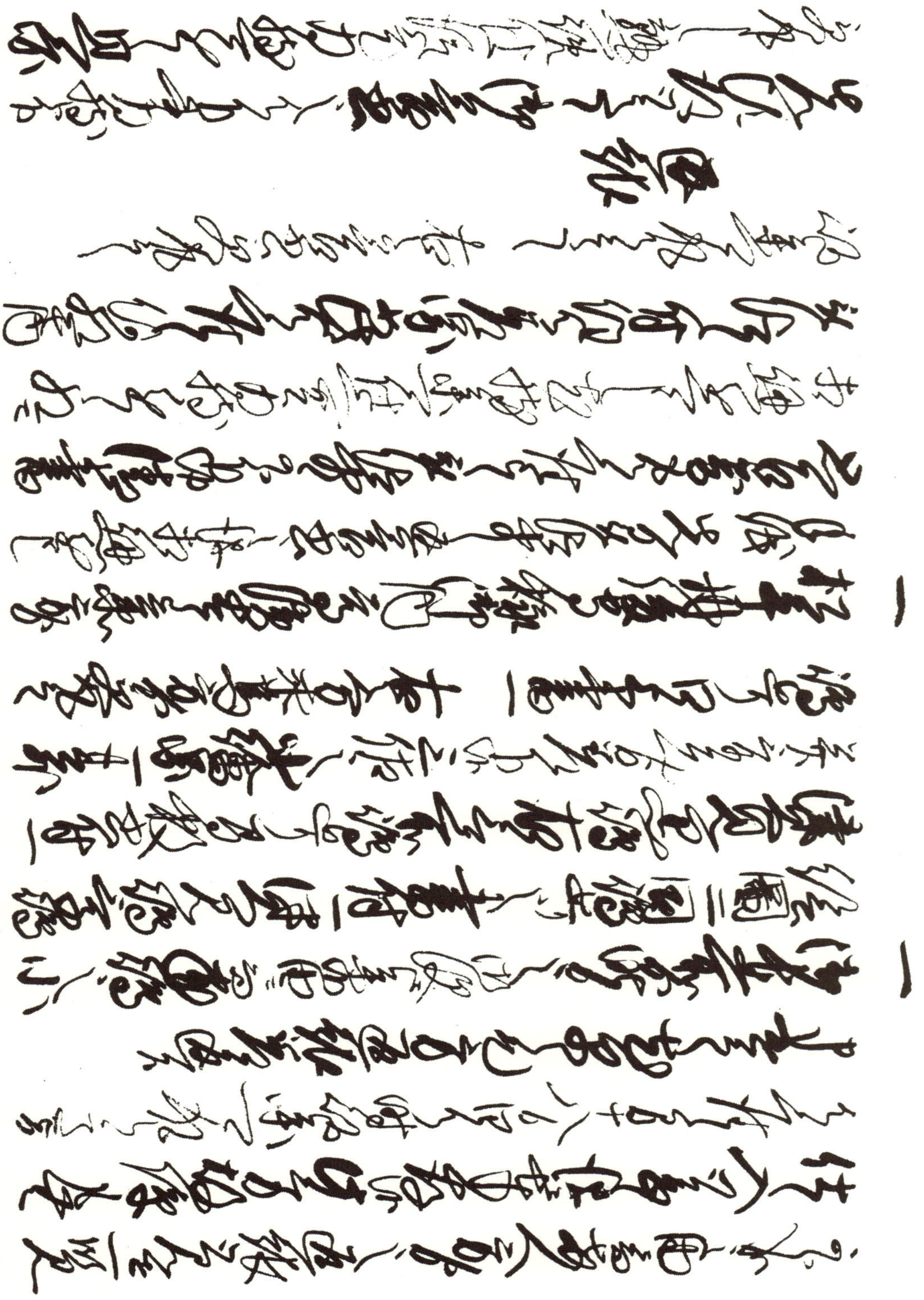

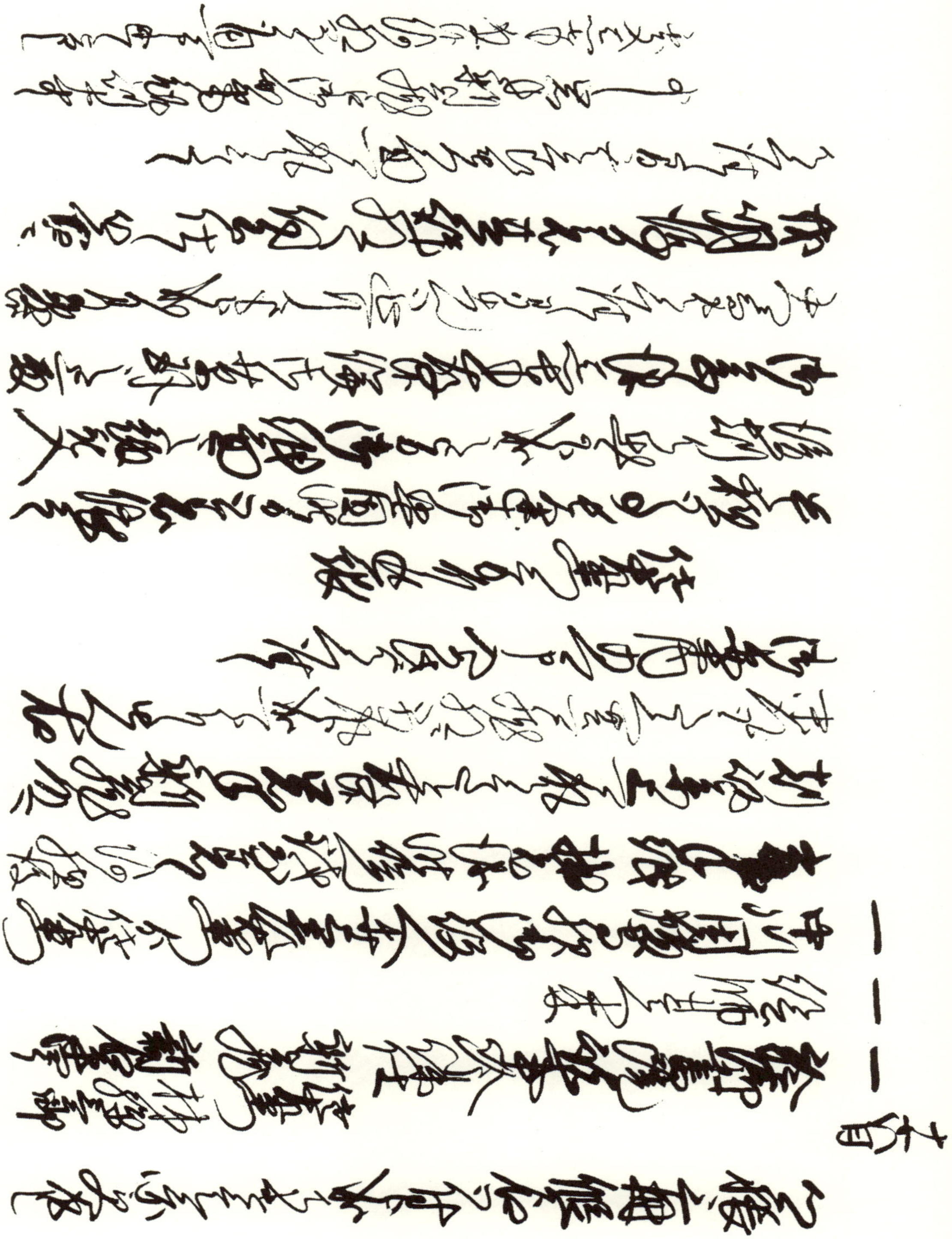

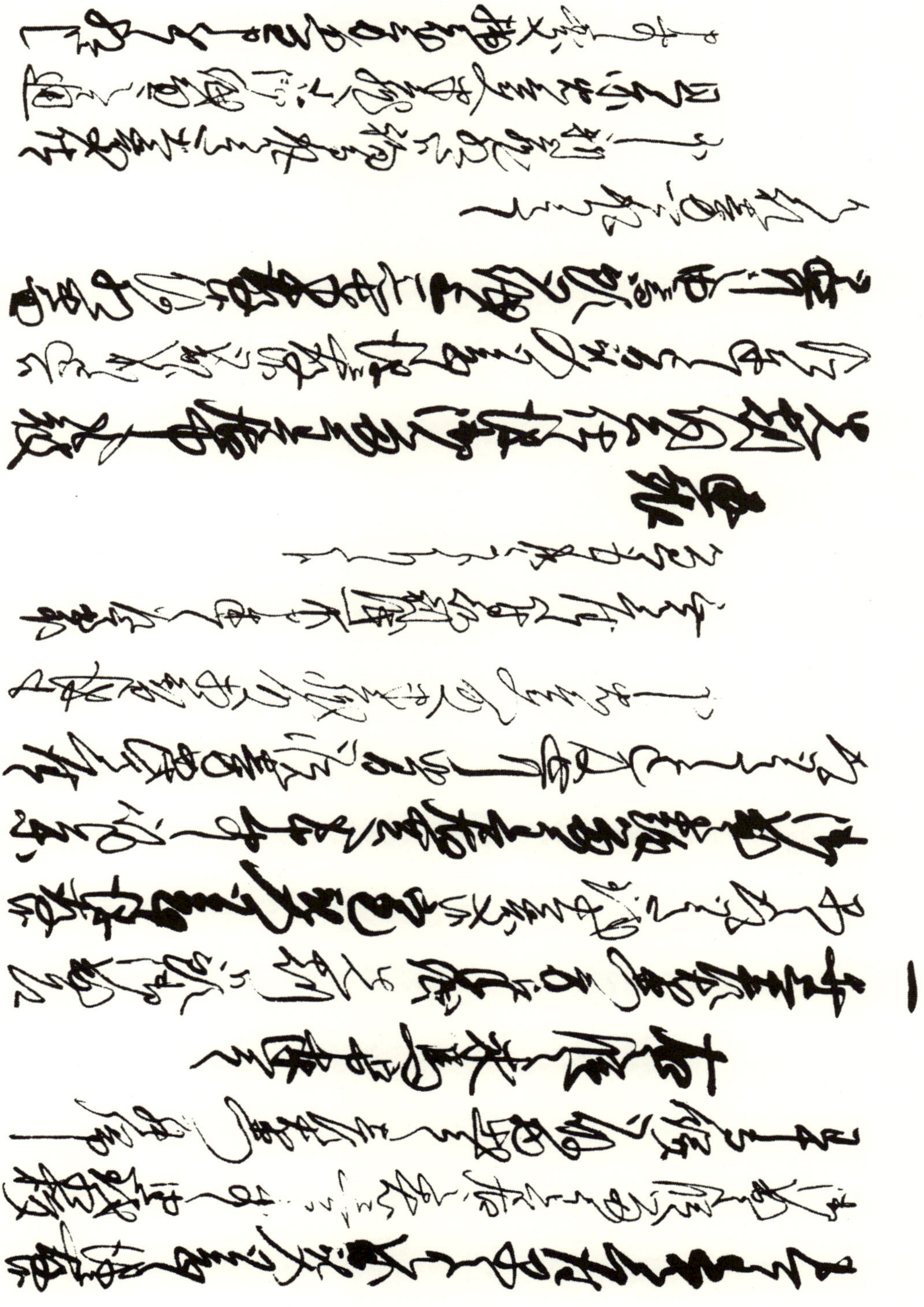

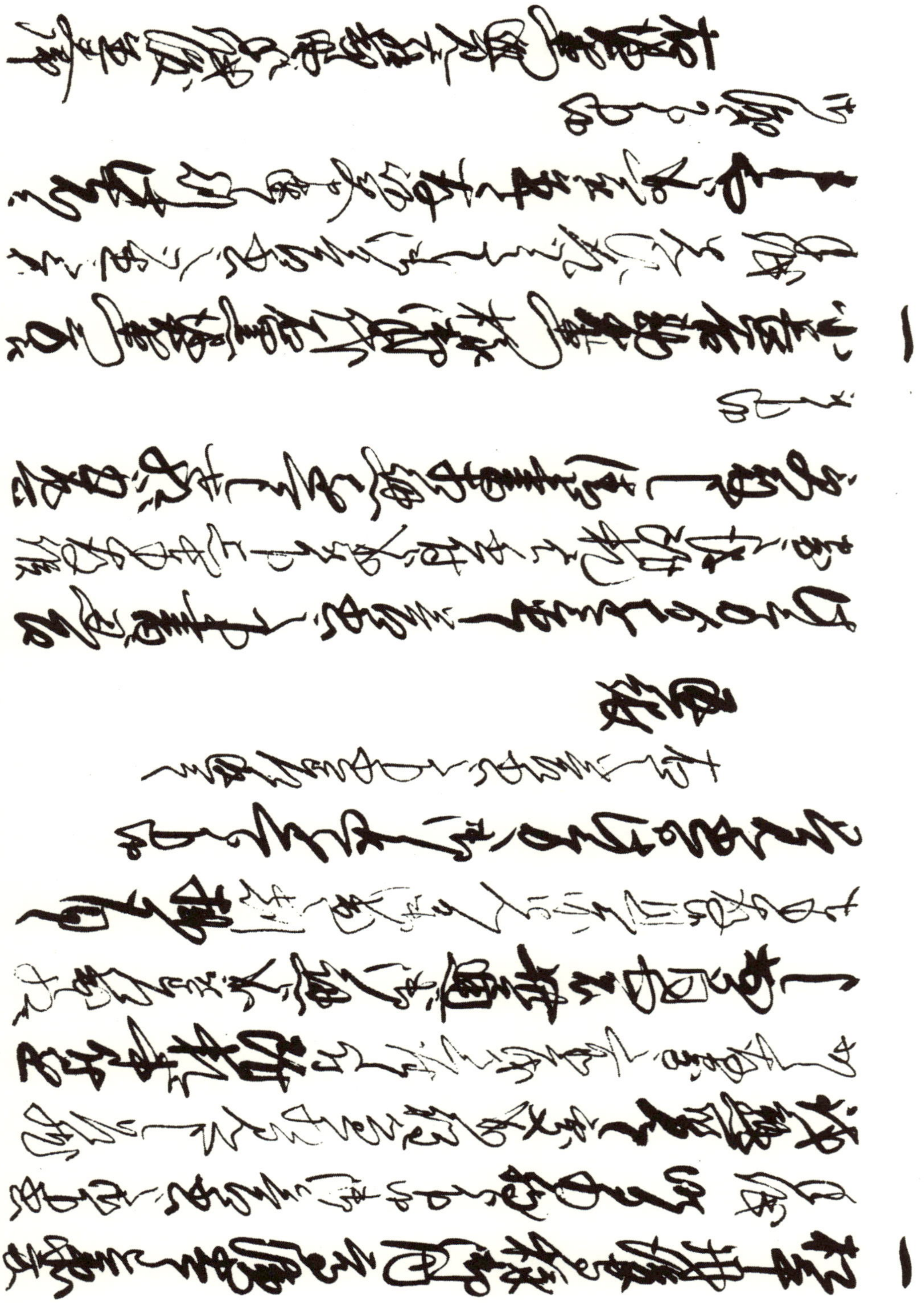

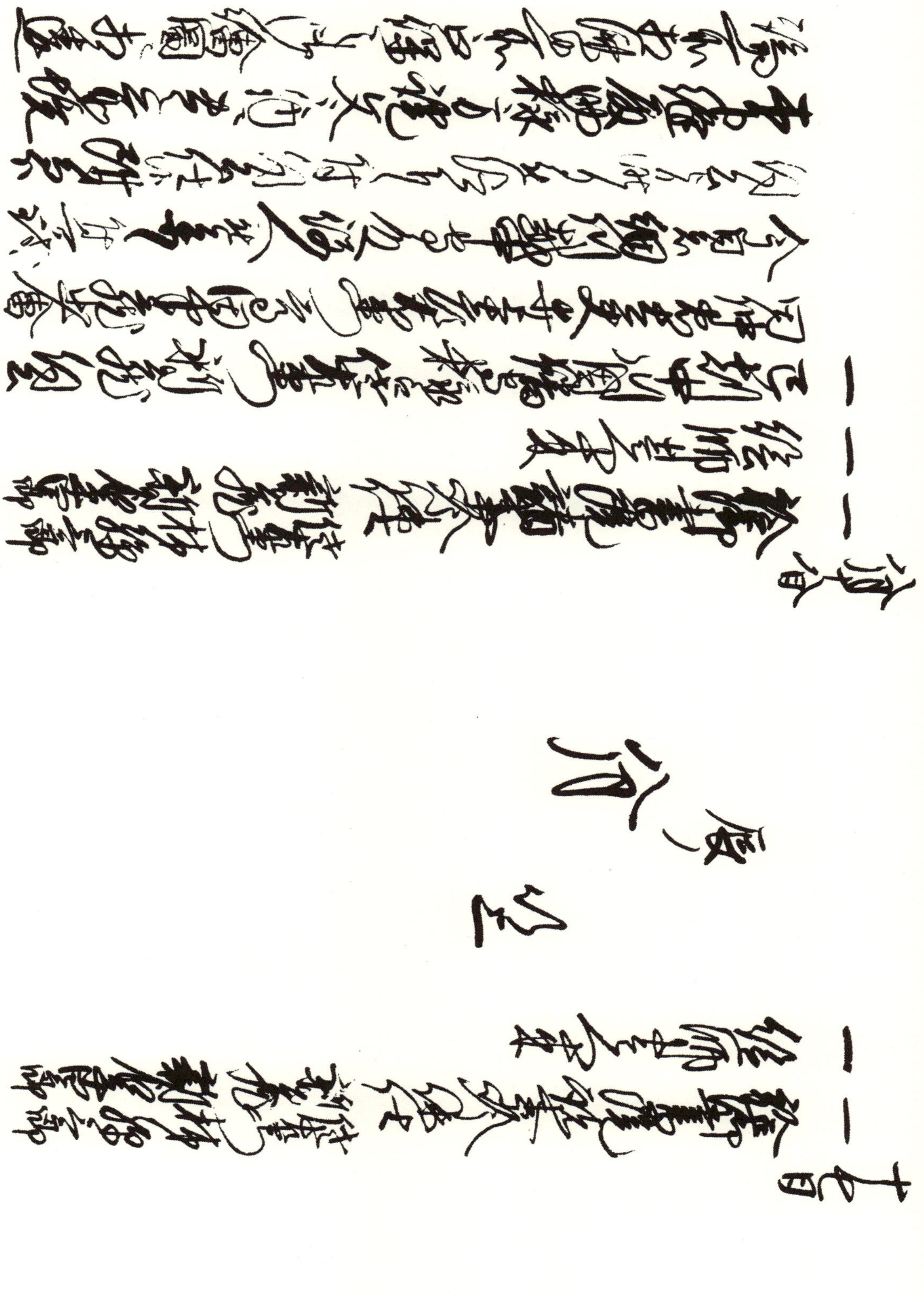

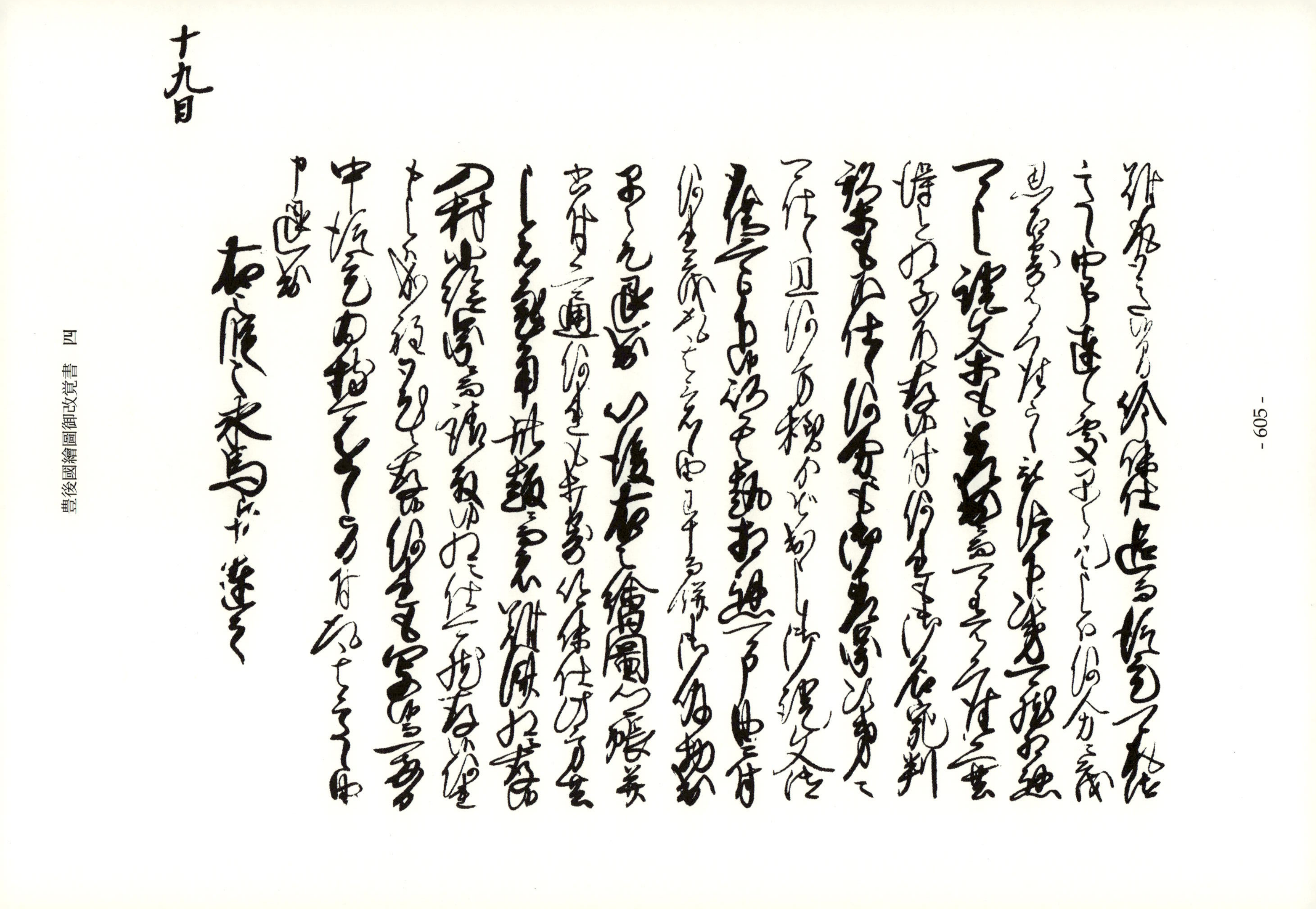

十九日

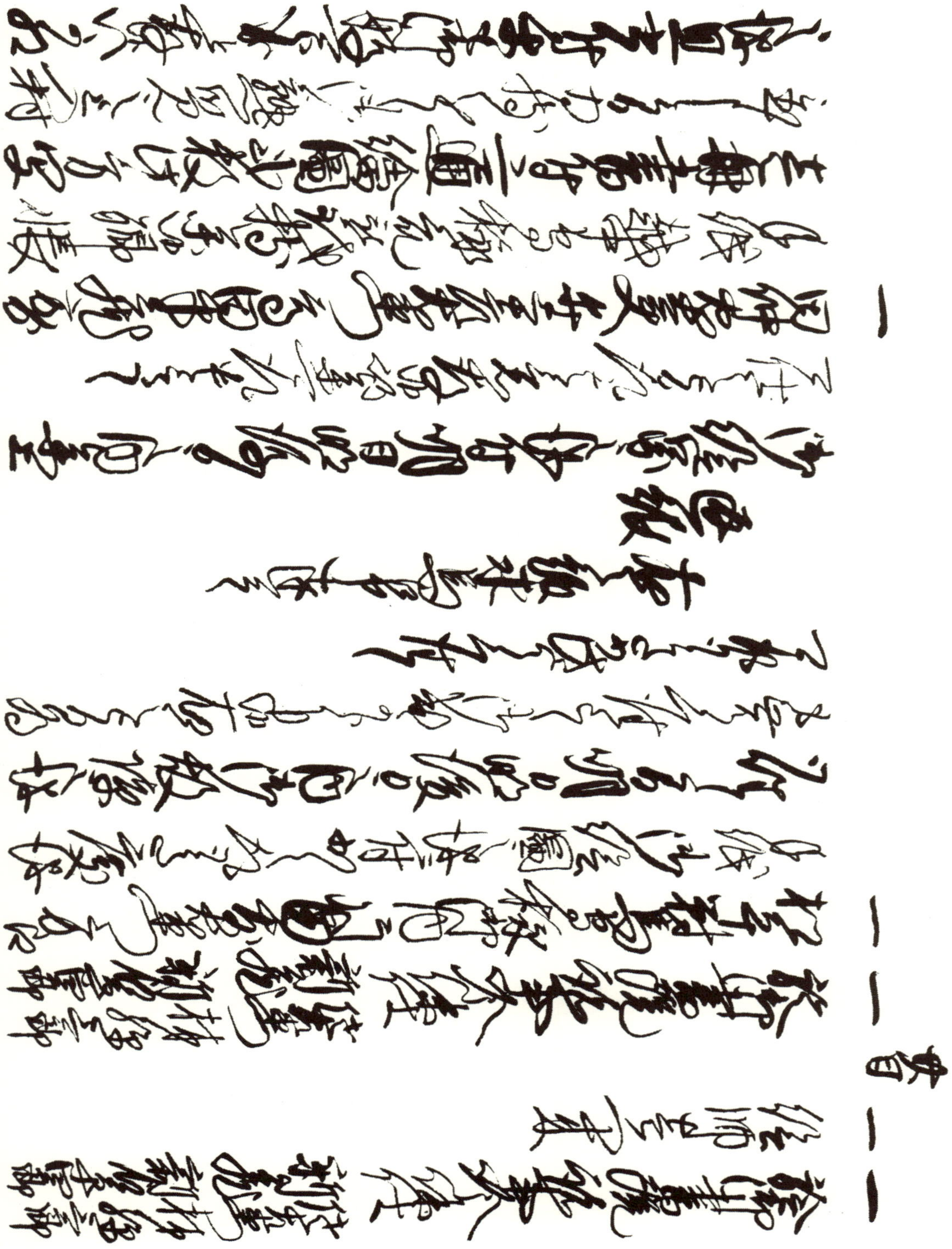

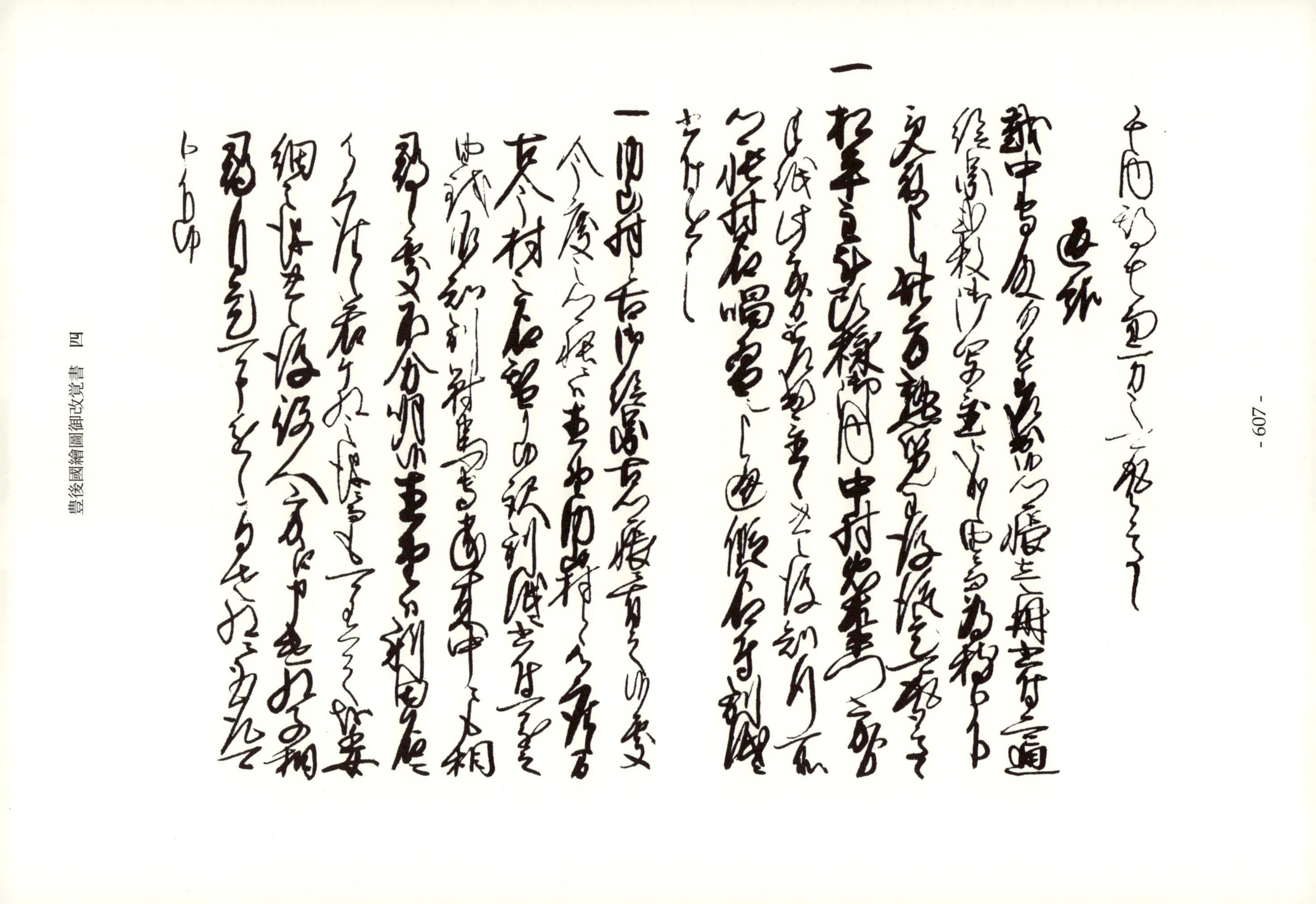

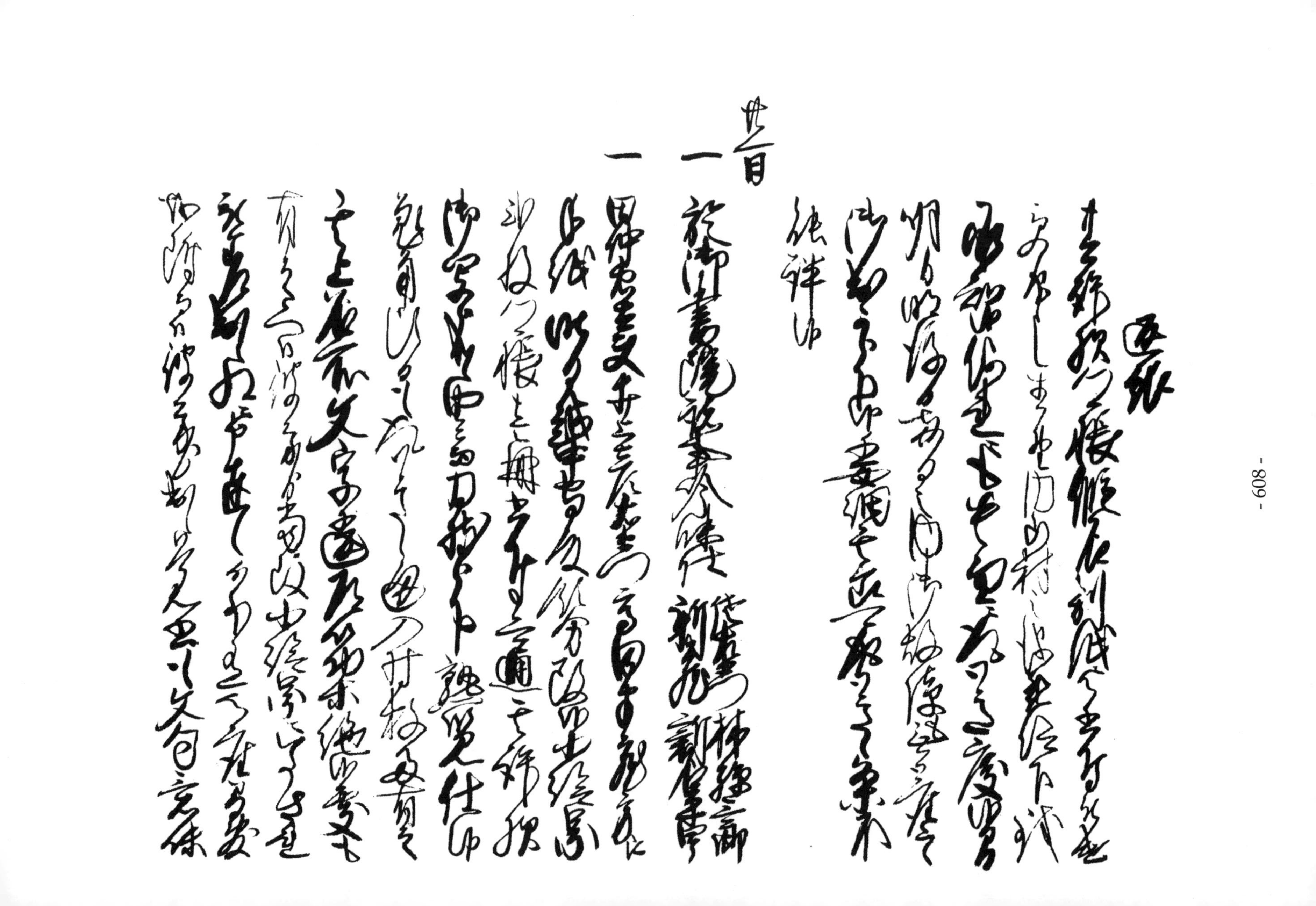

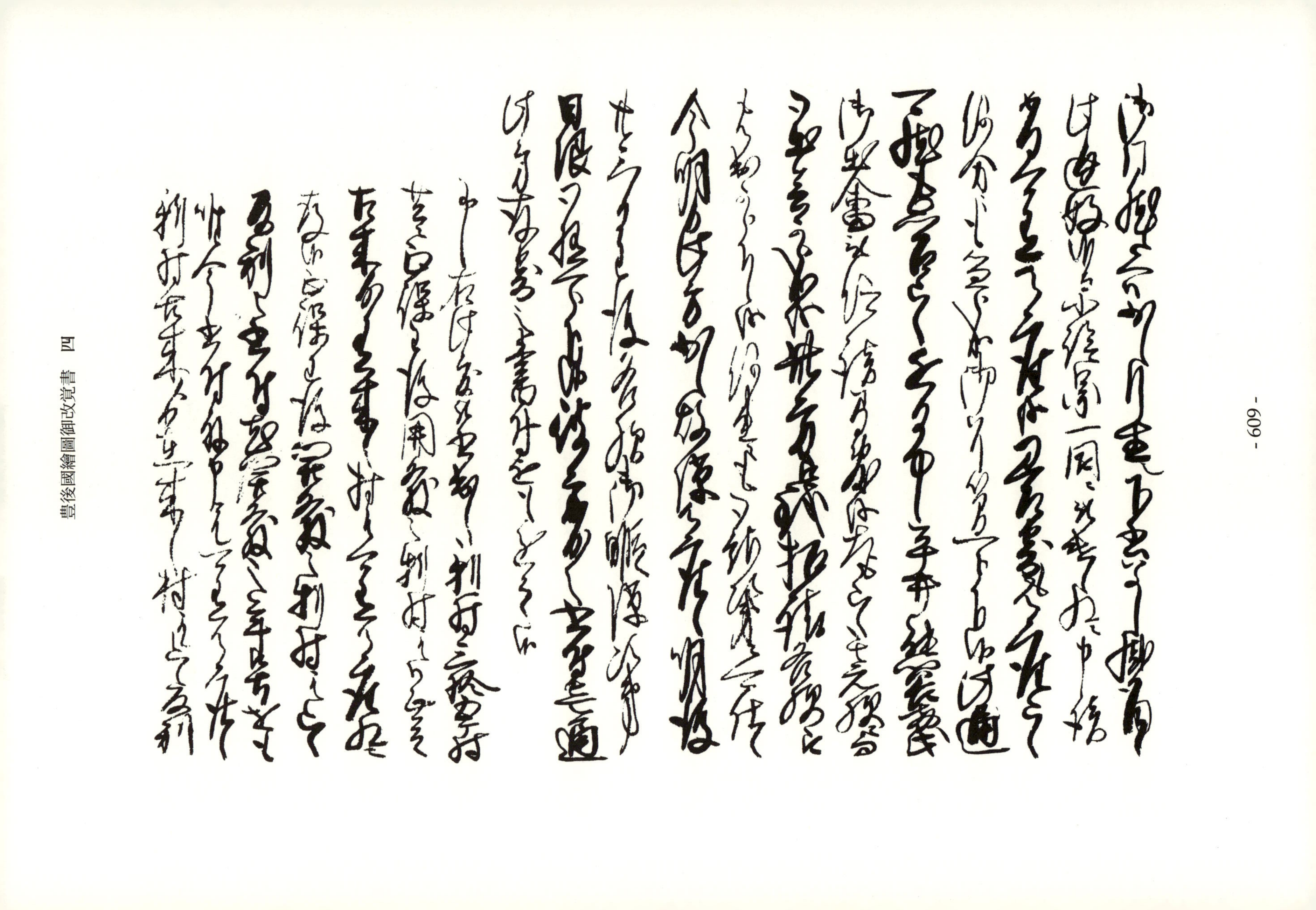

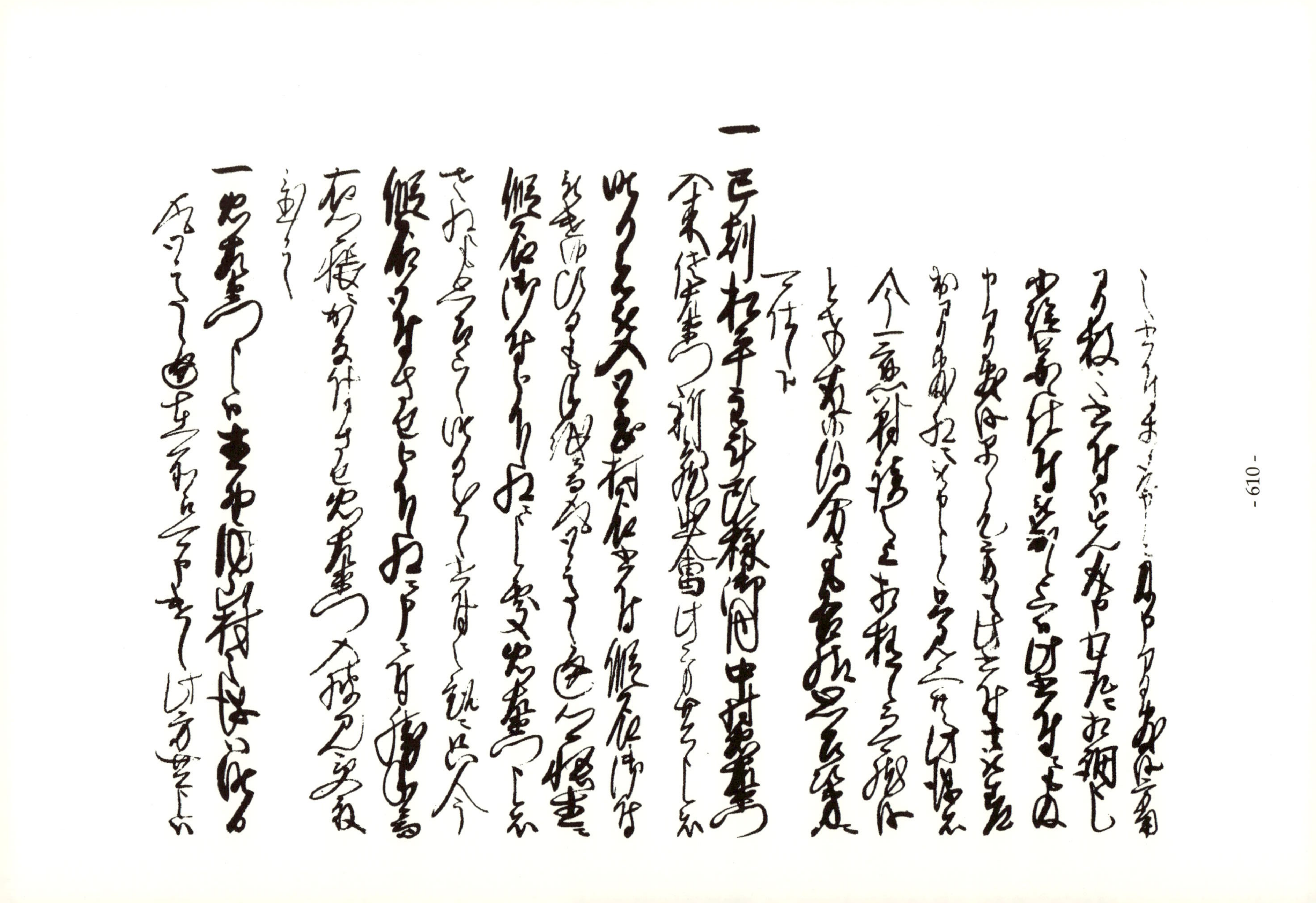

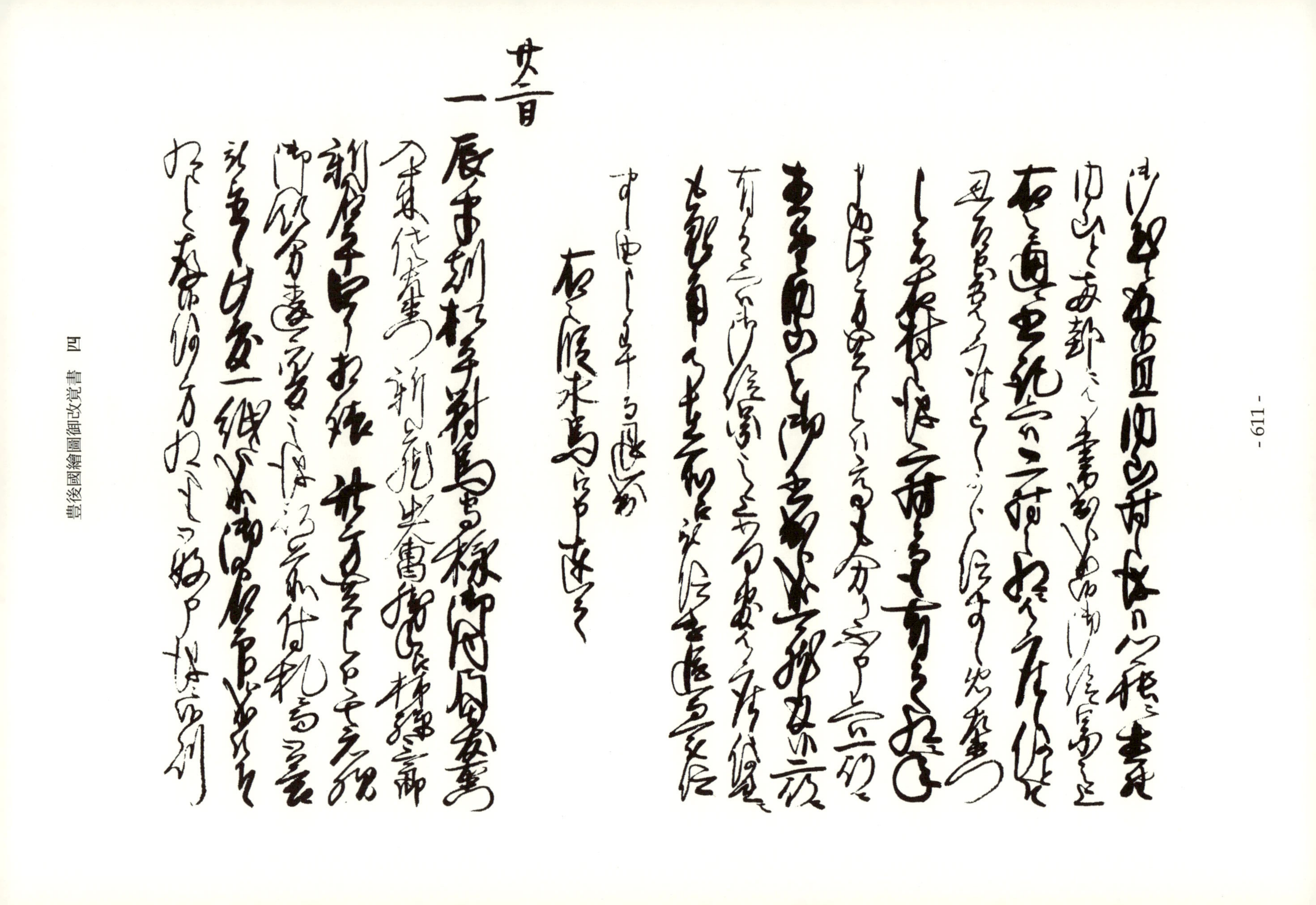

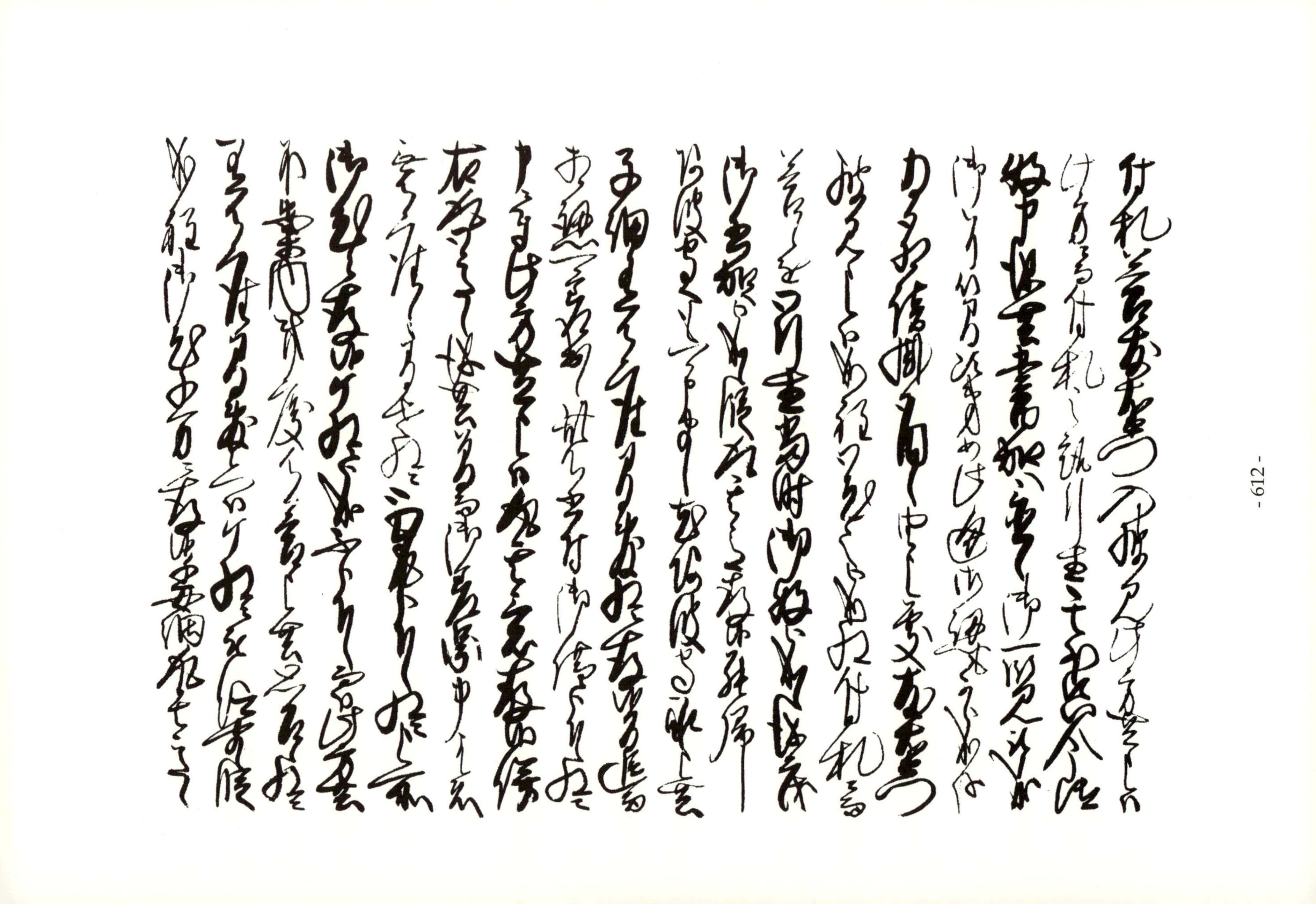

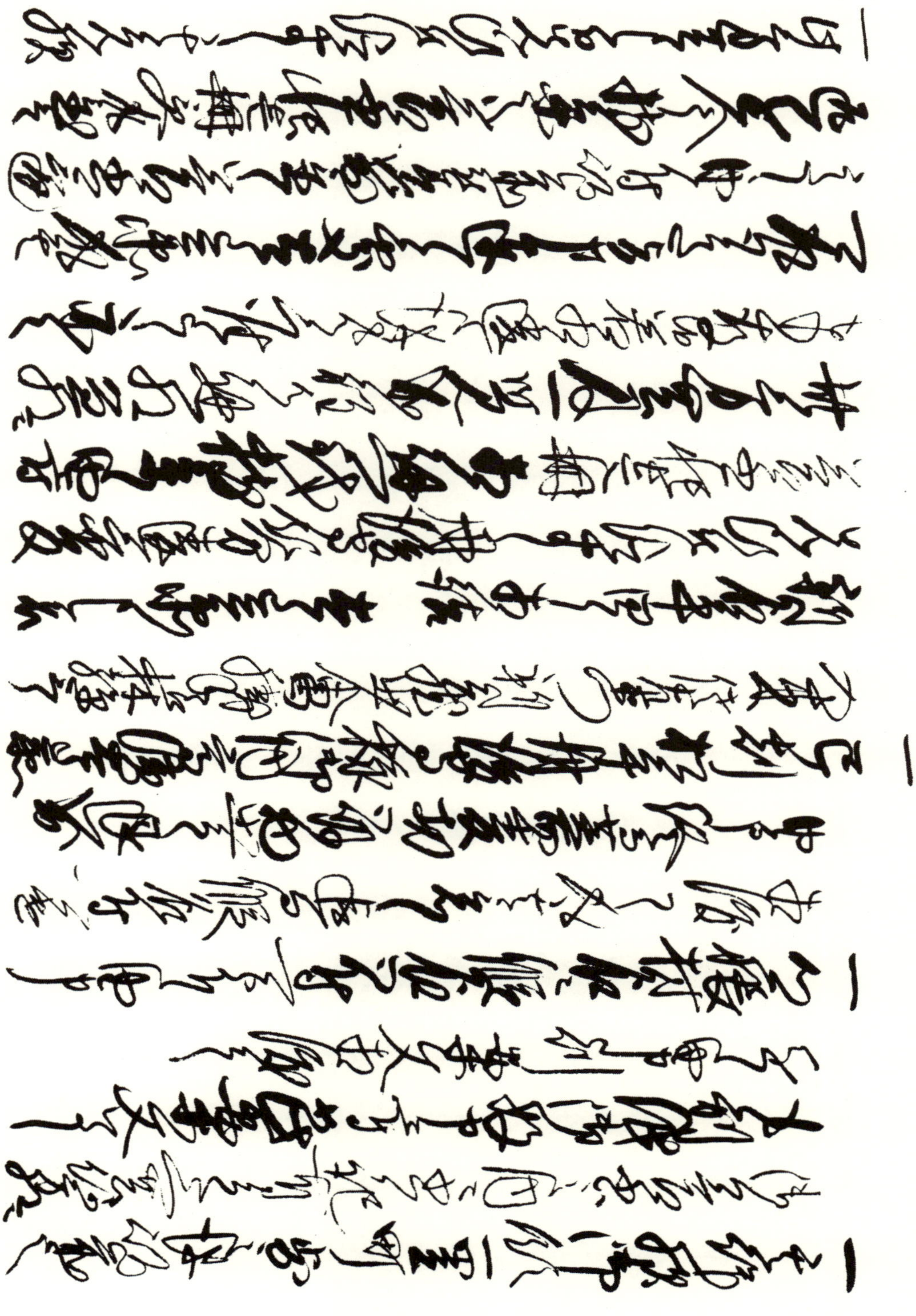

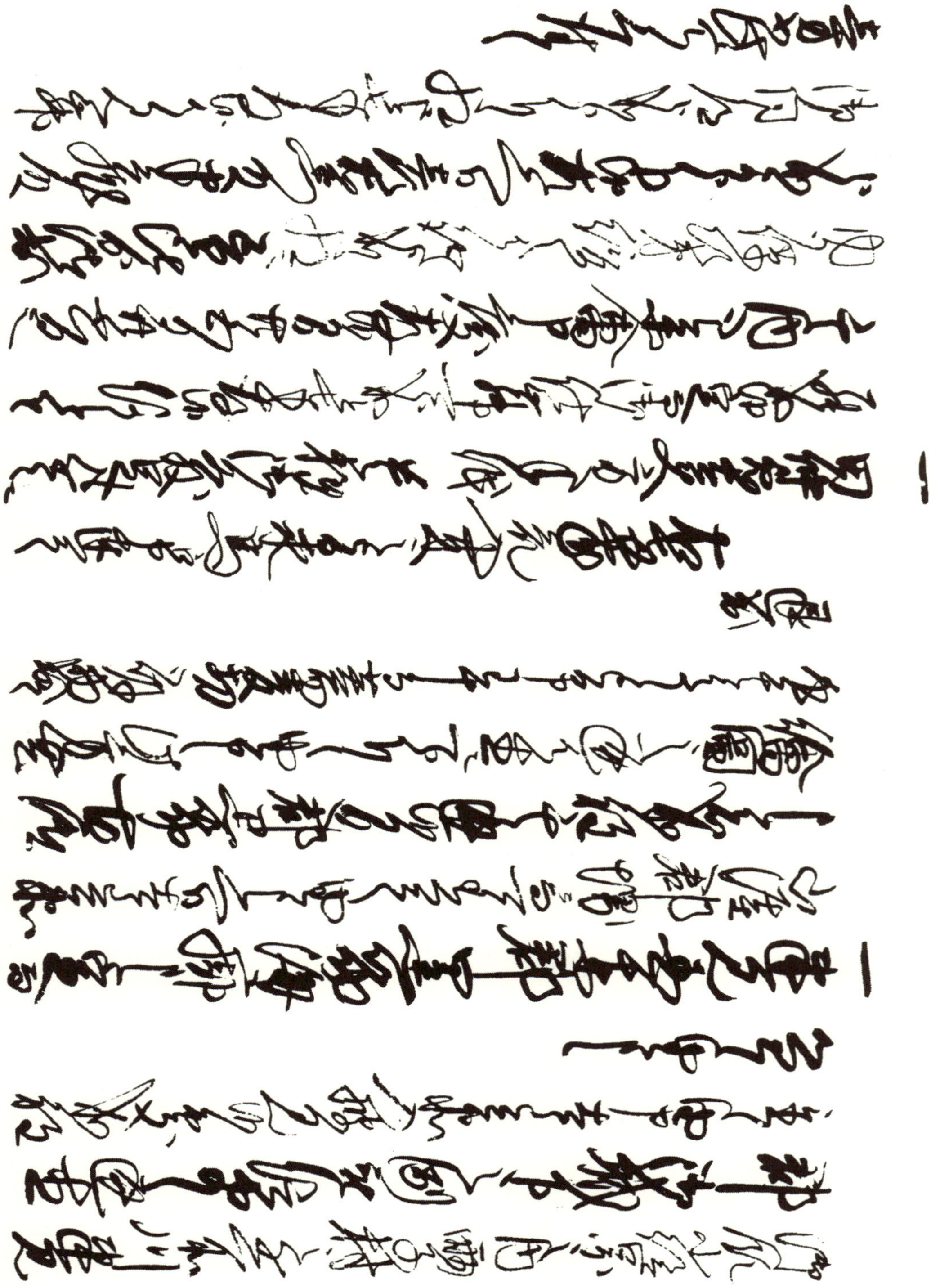

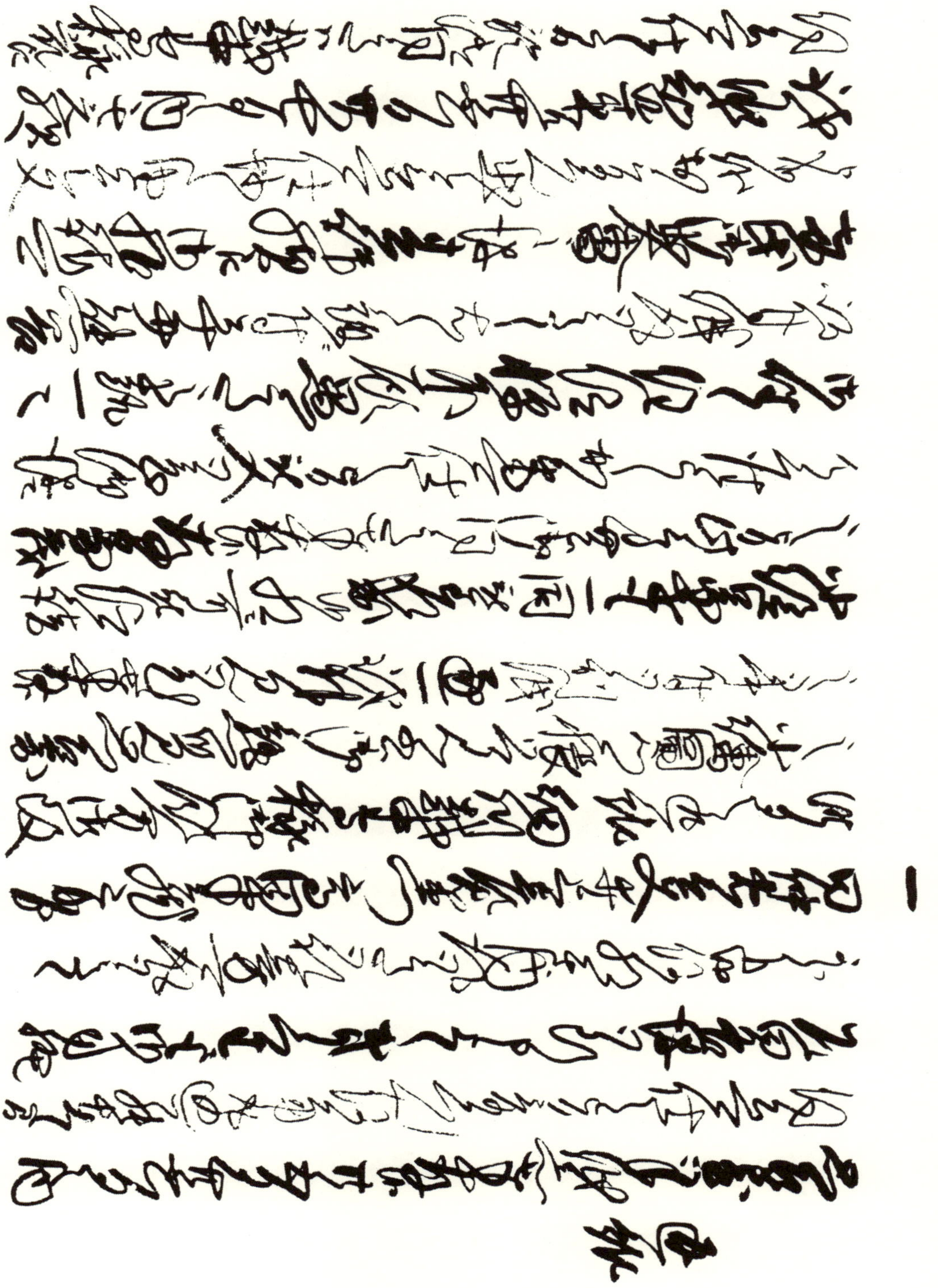

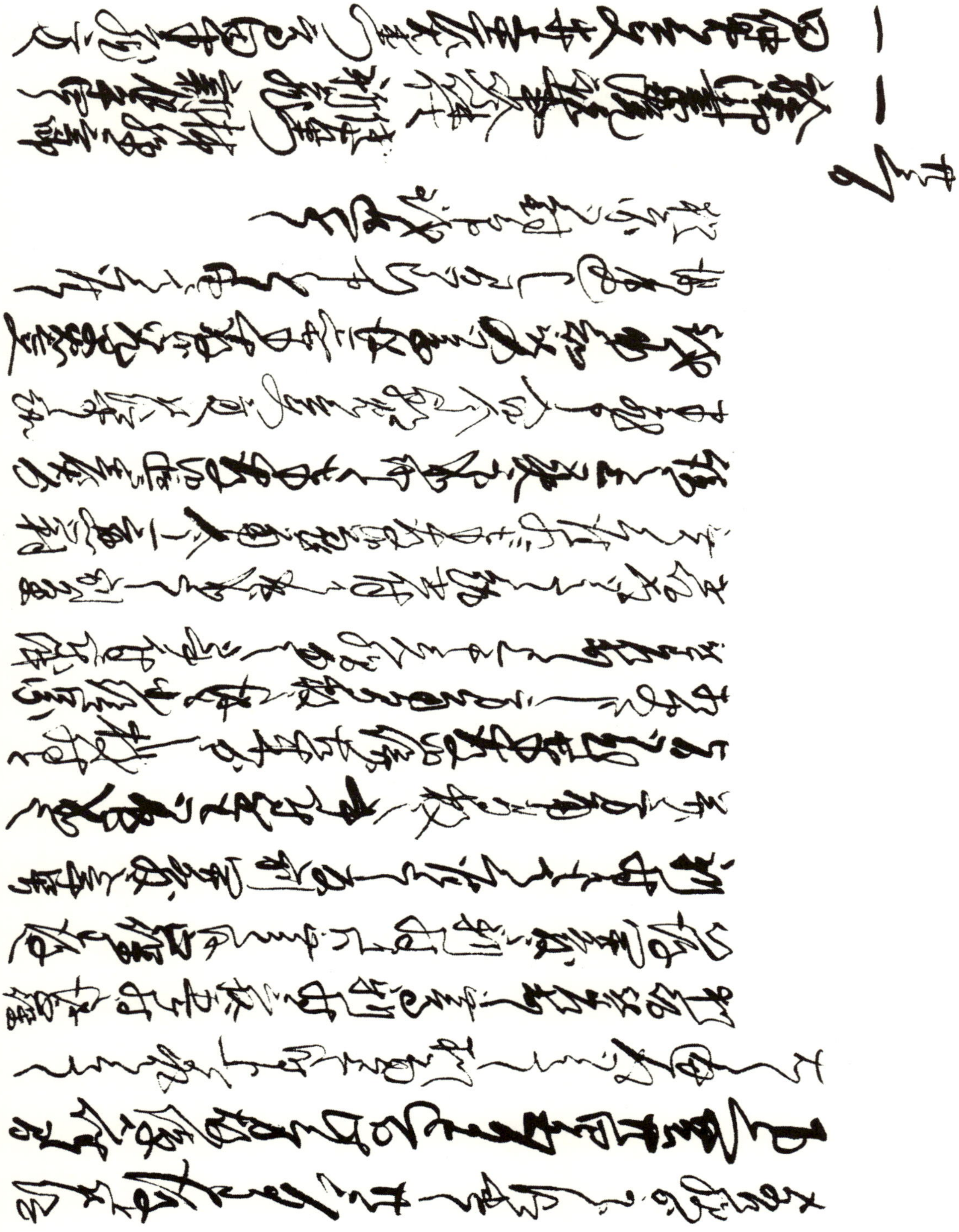

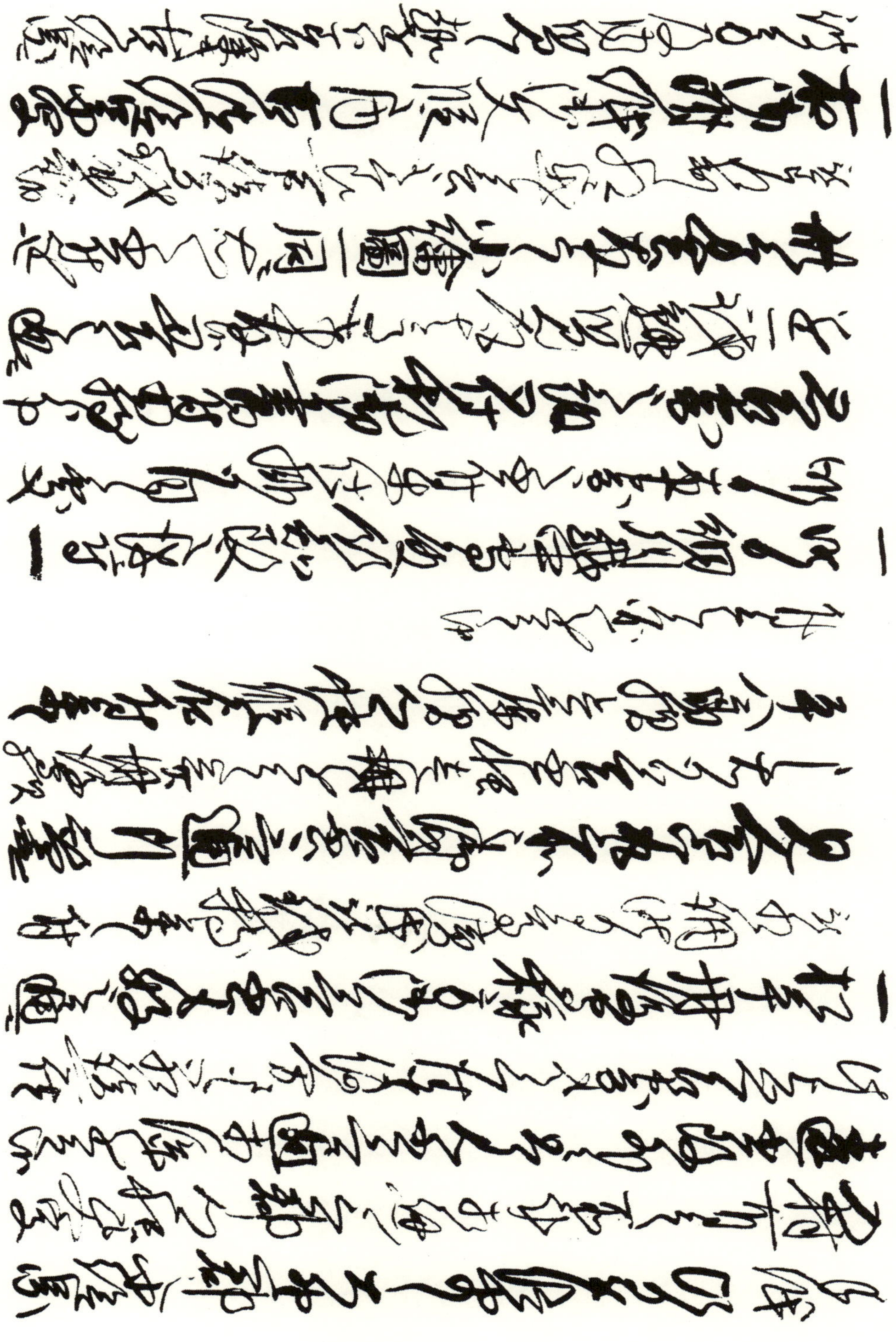

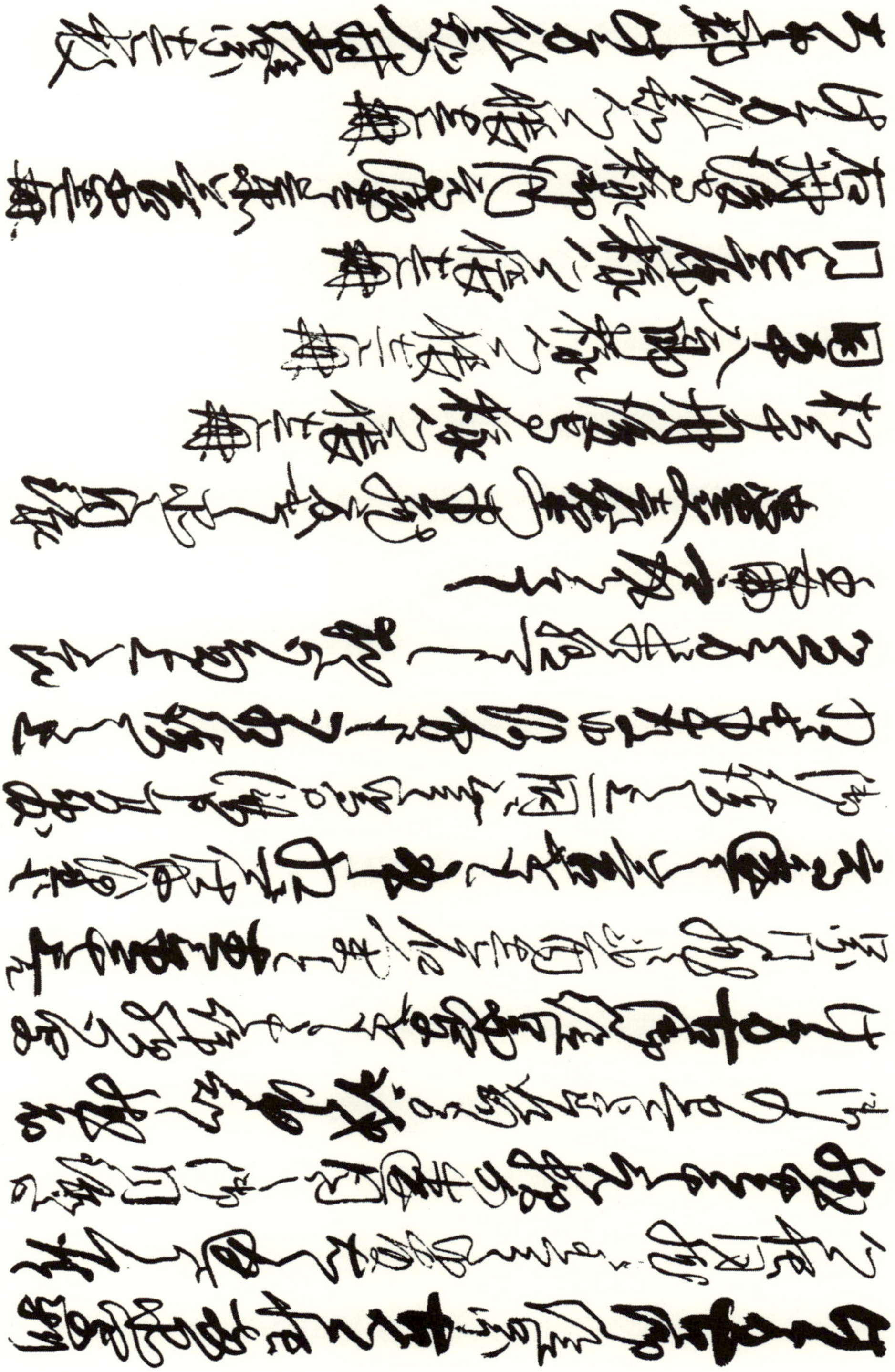

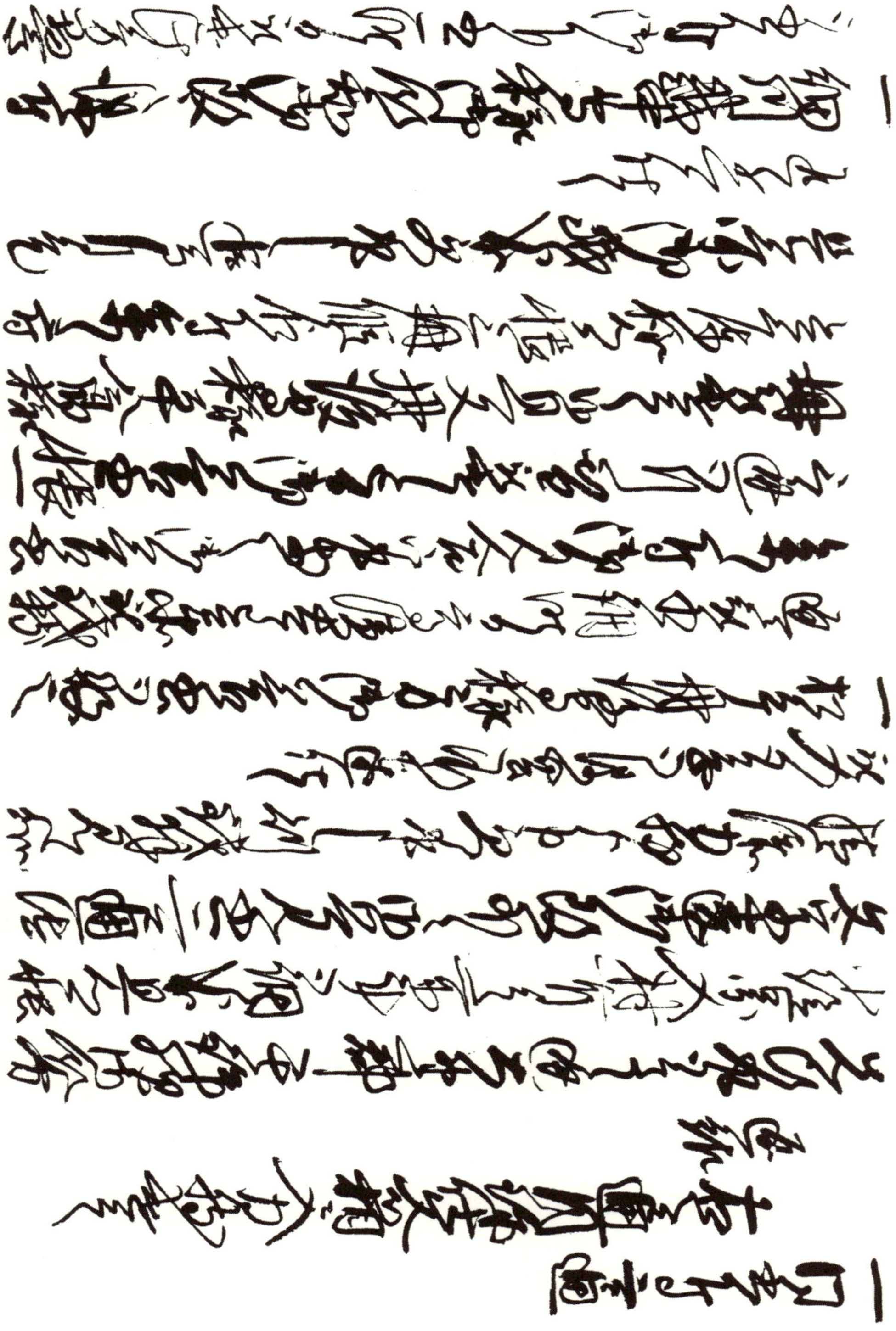

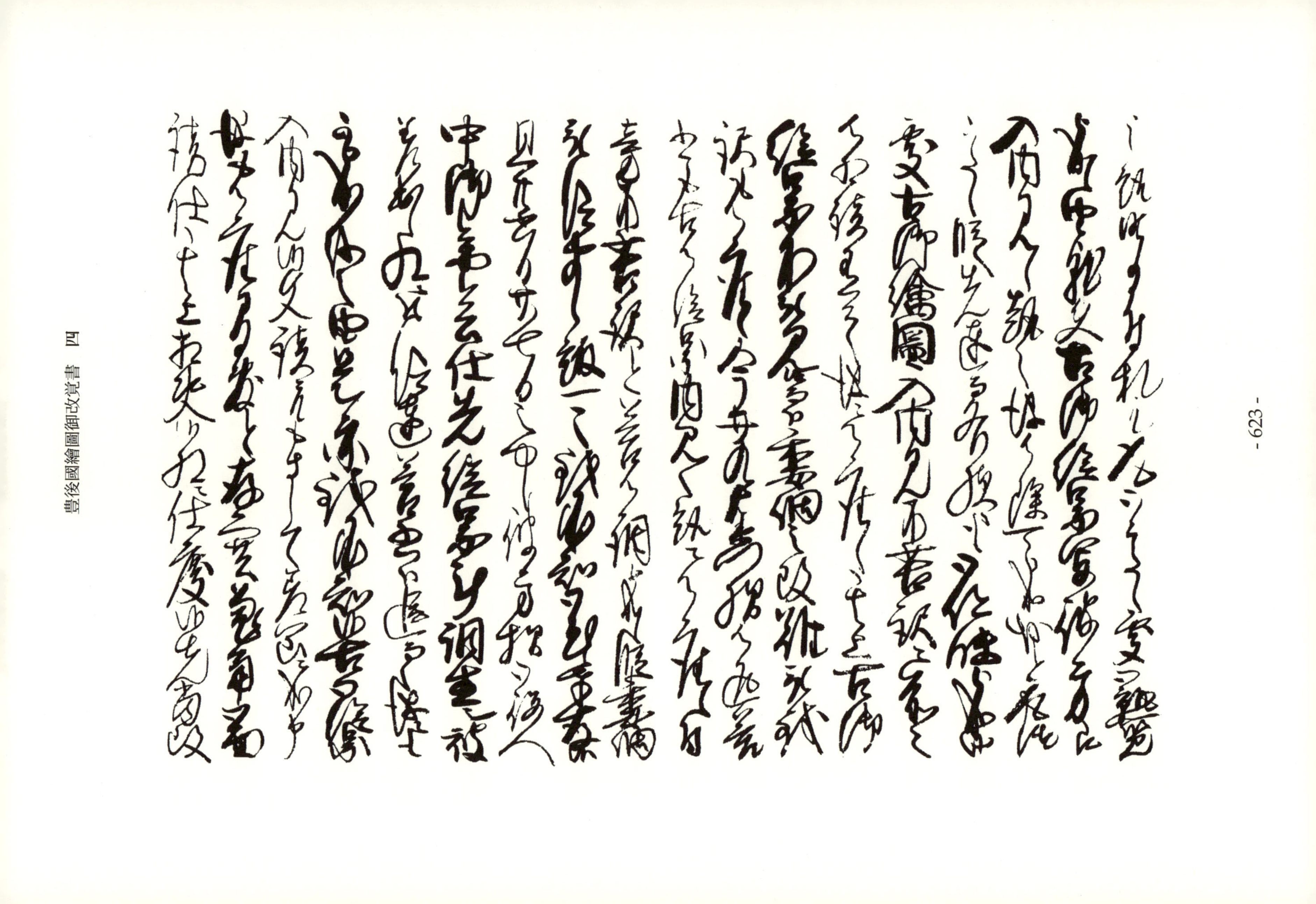

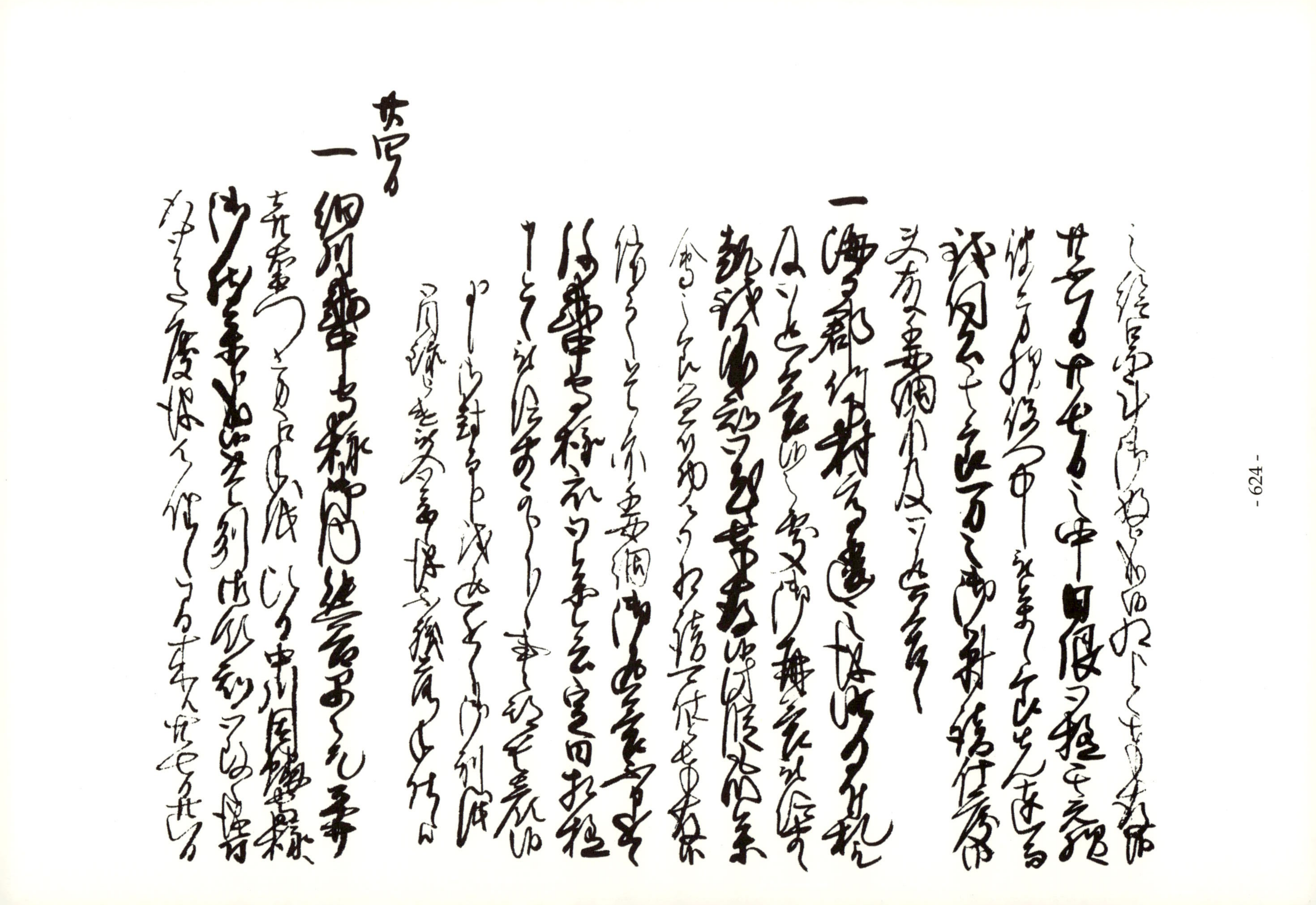

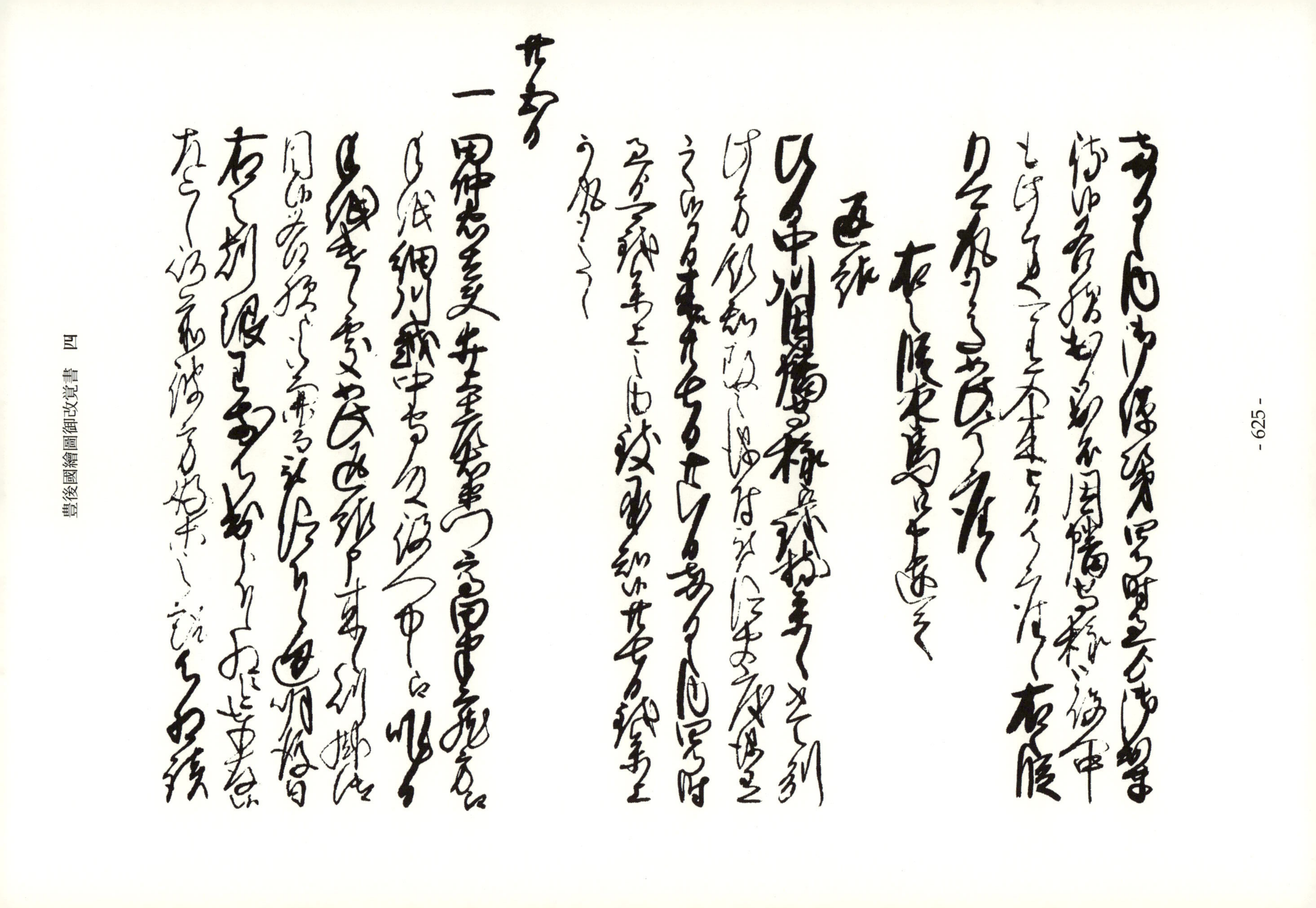

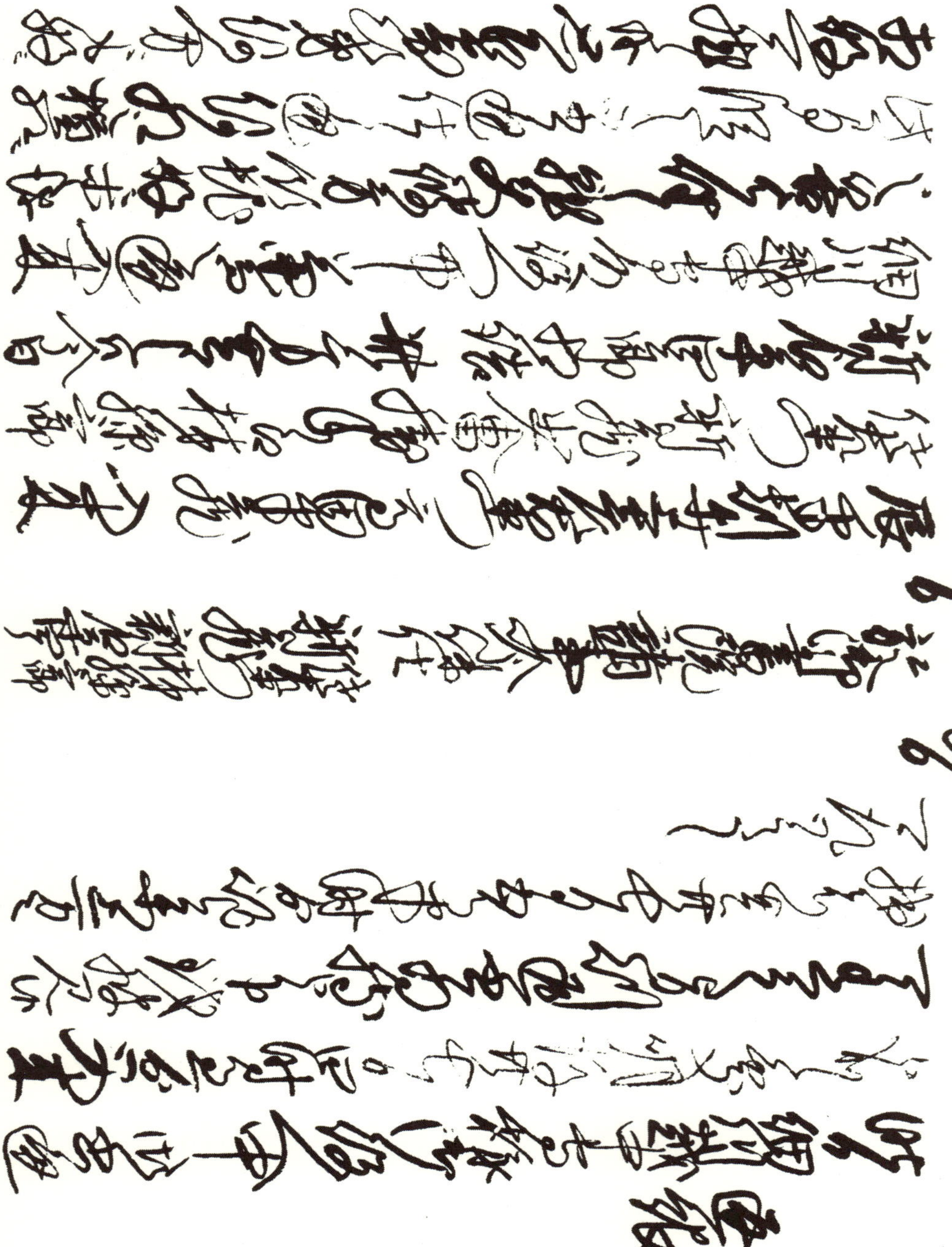

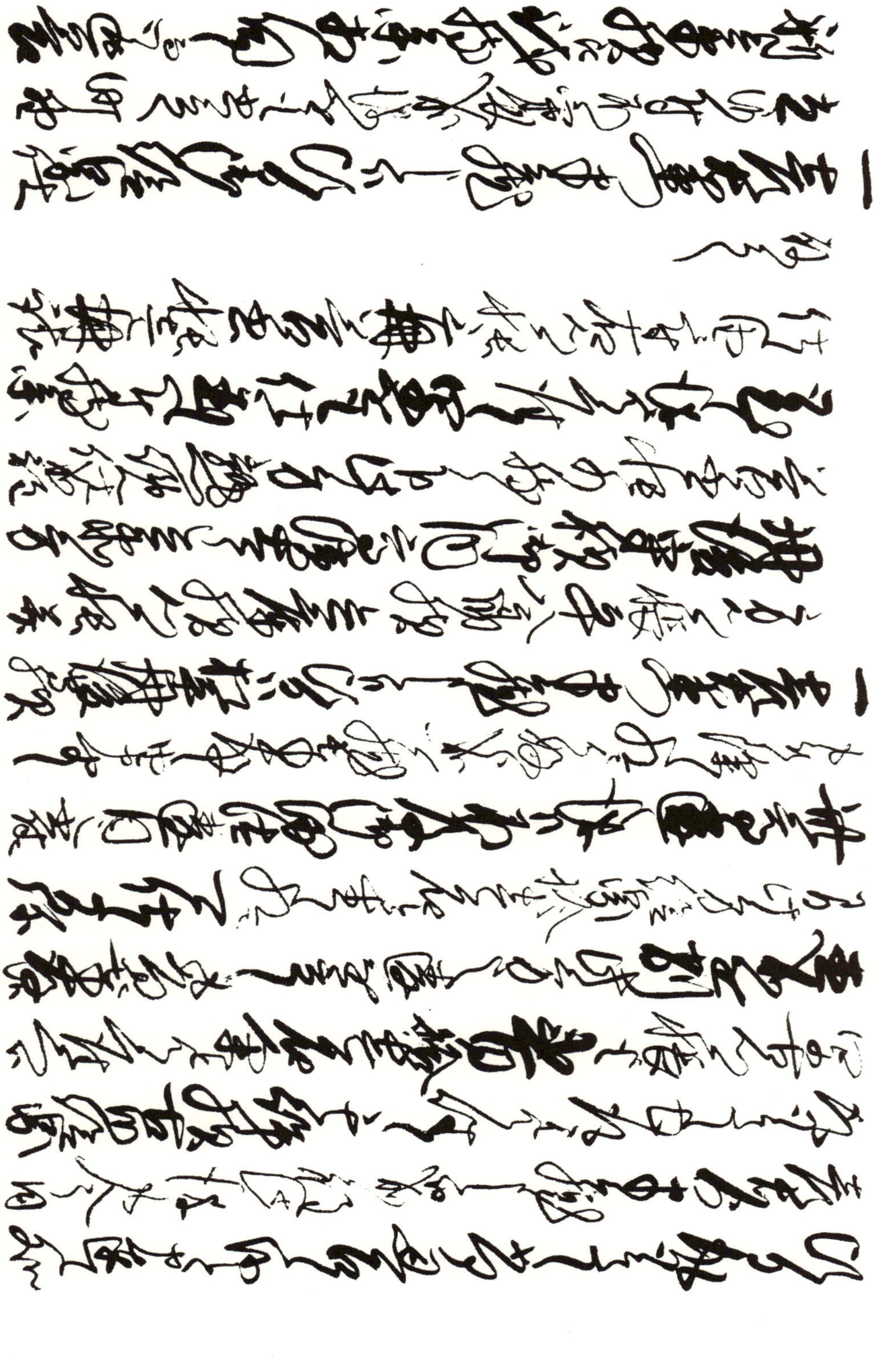

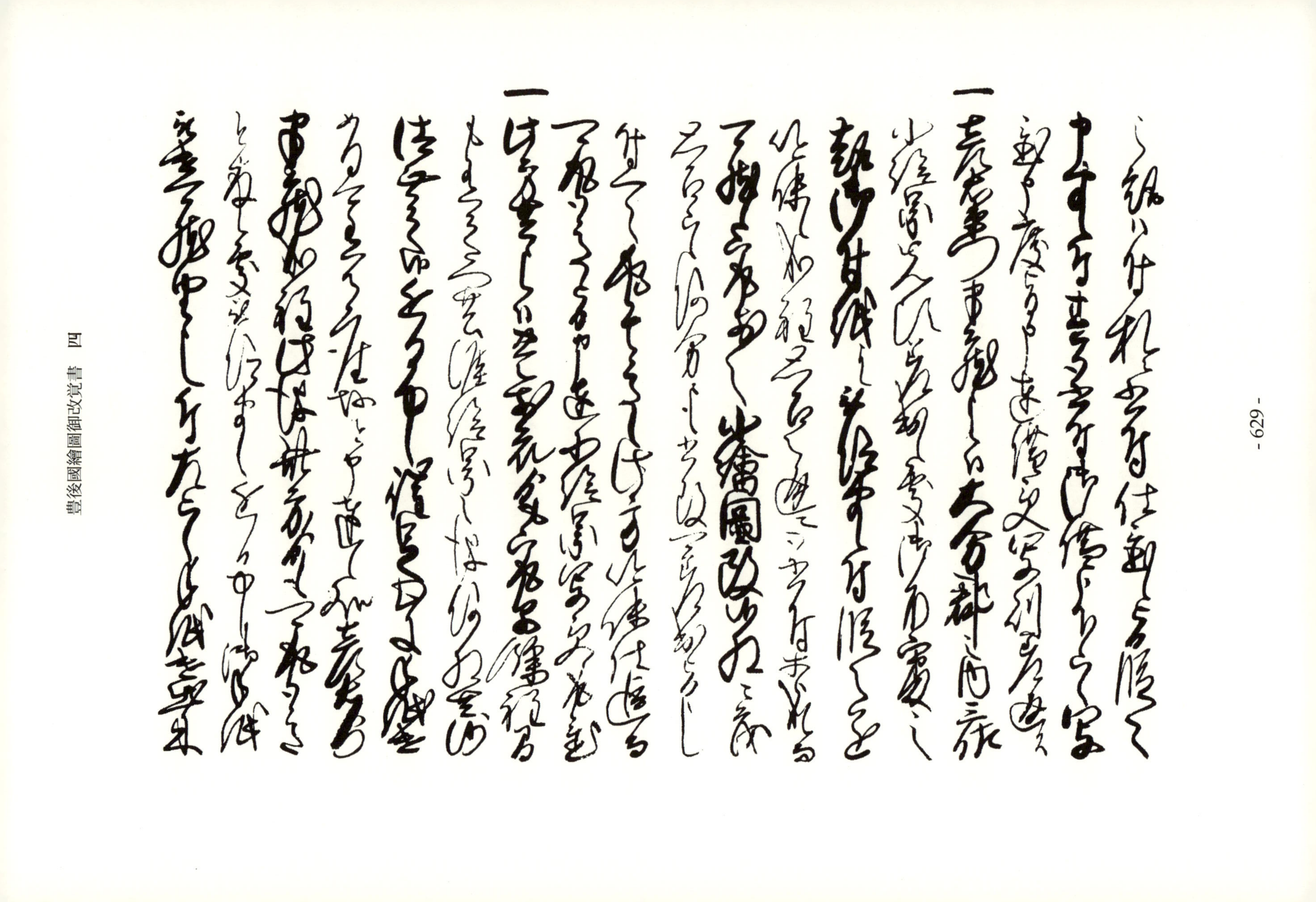

[illegible]

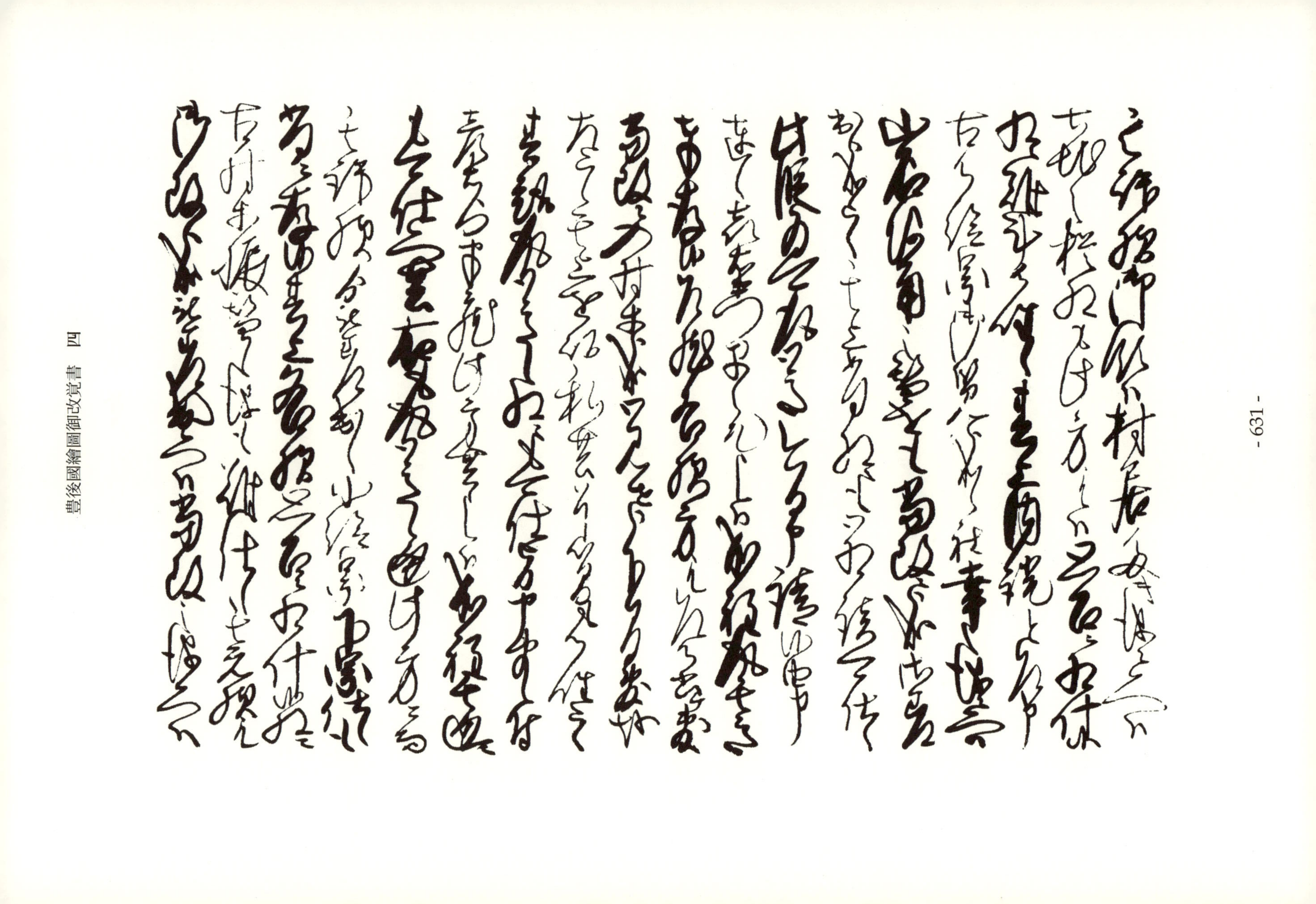

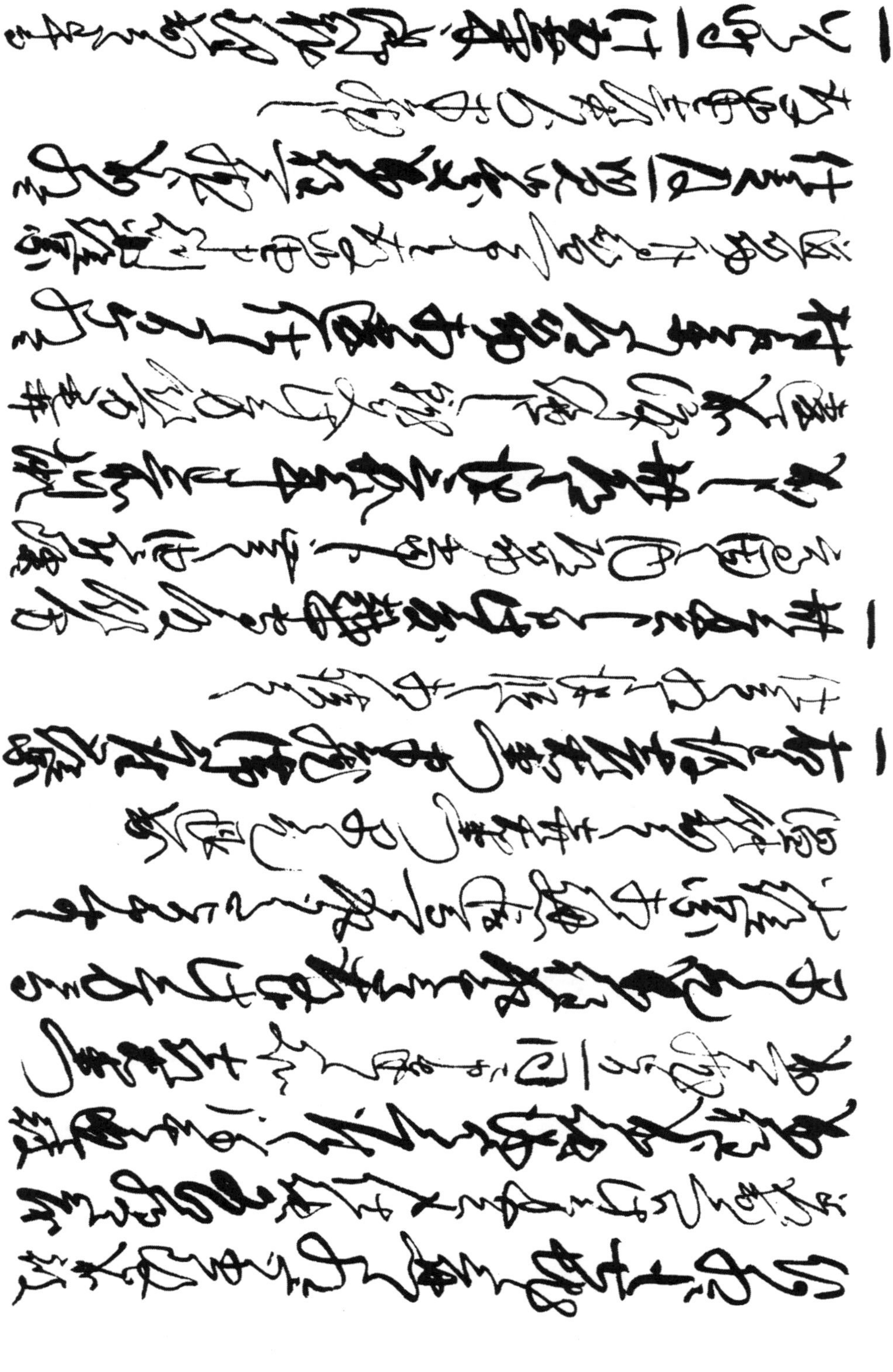

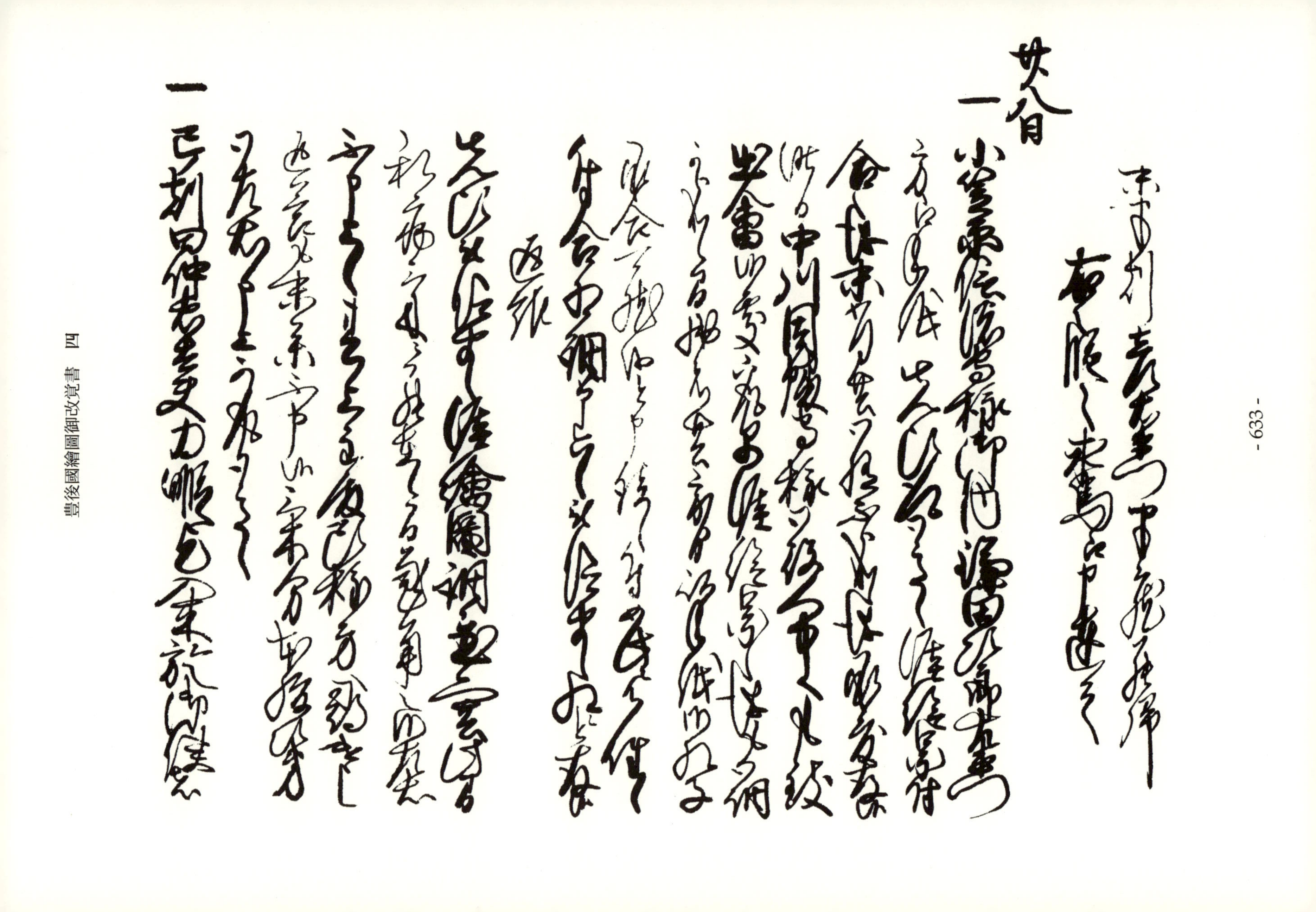

[illegible]

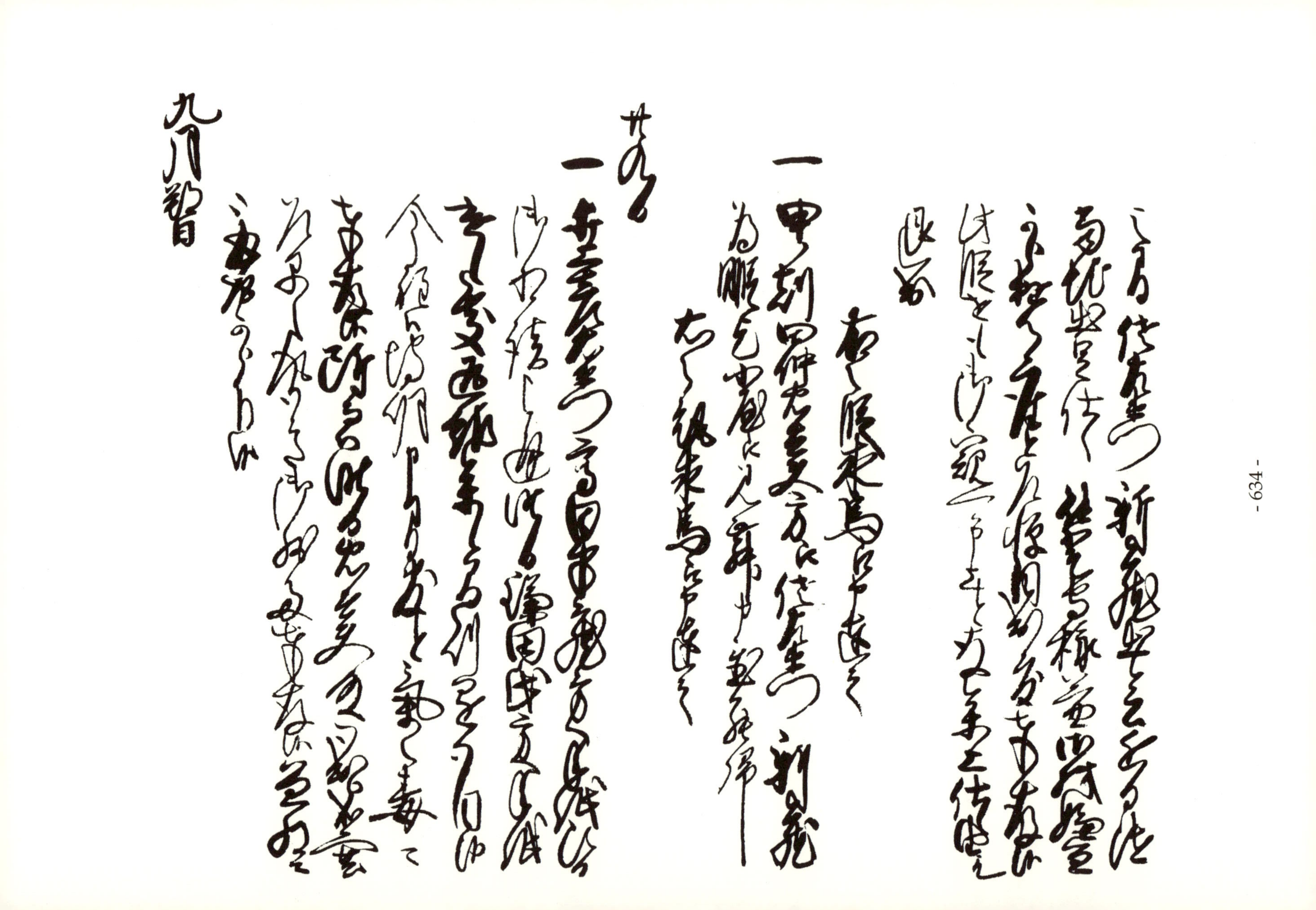

[illegible]
[illegible]
[illegible]
[illegible]
[illegible]

[illegible]

一 [illegible]
[illegible]
[illegible]

廿八日

一 [illegible]
[illegible]
[illegible]
[illegible]
[illegible]
[illegible]
[illegible]

九月八日
[illegible]

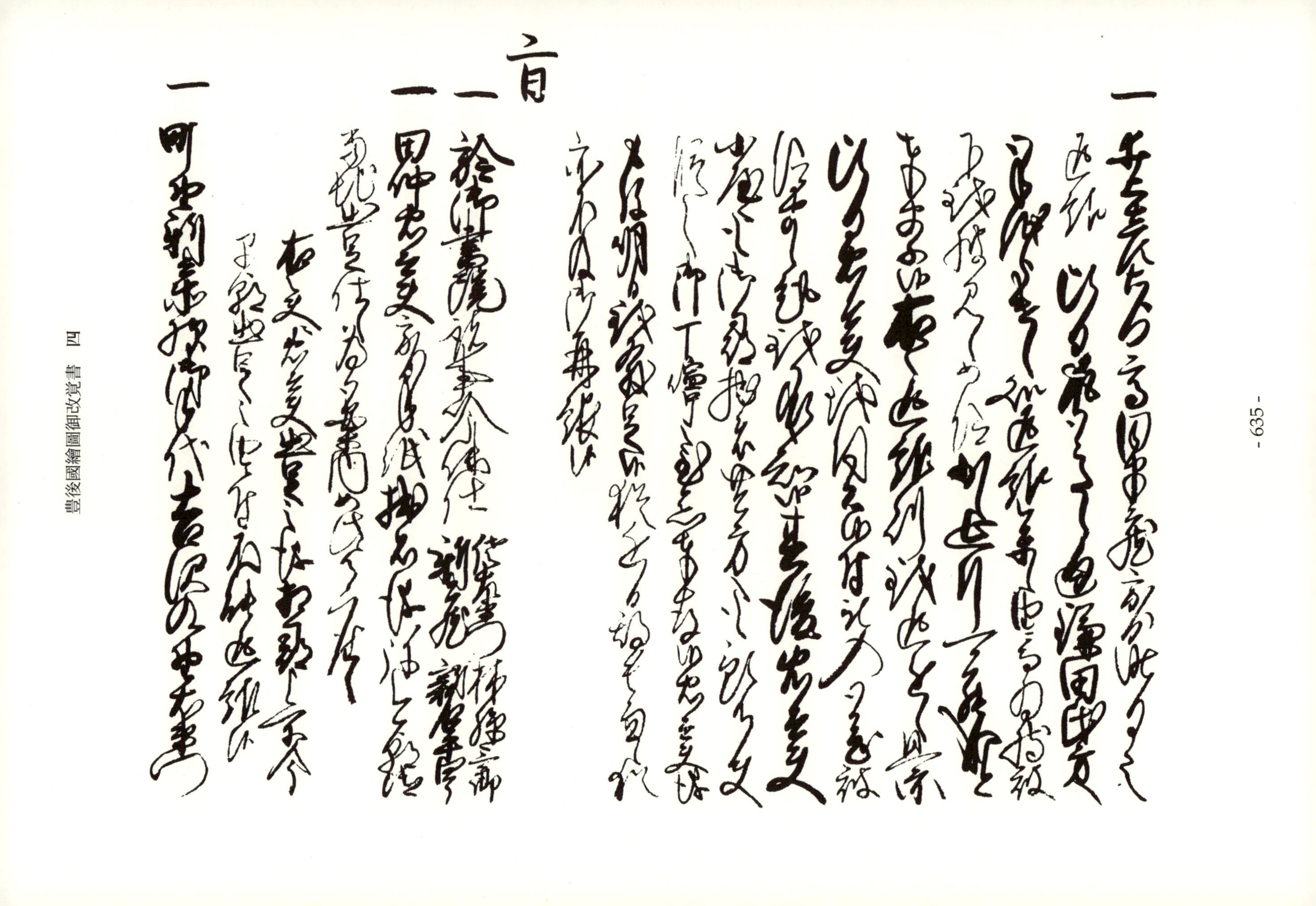

[illegible]

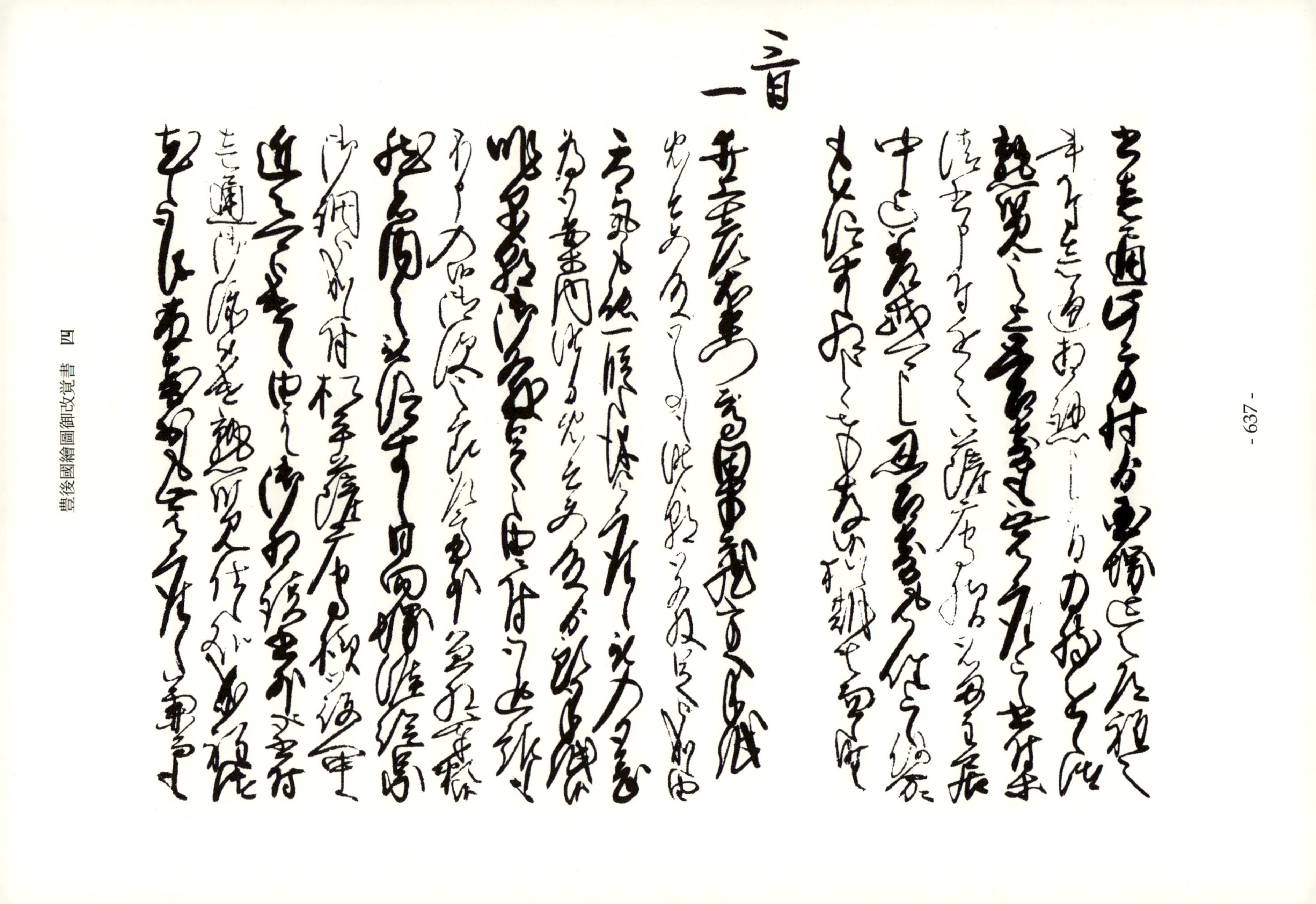

[illegible]

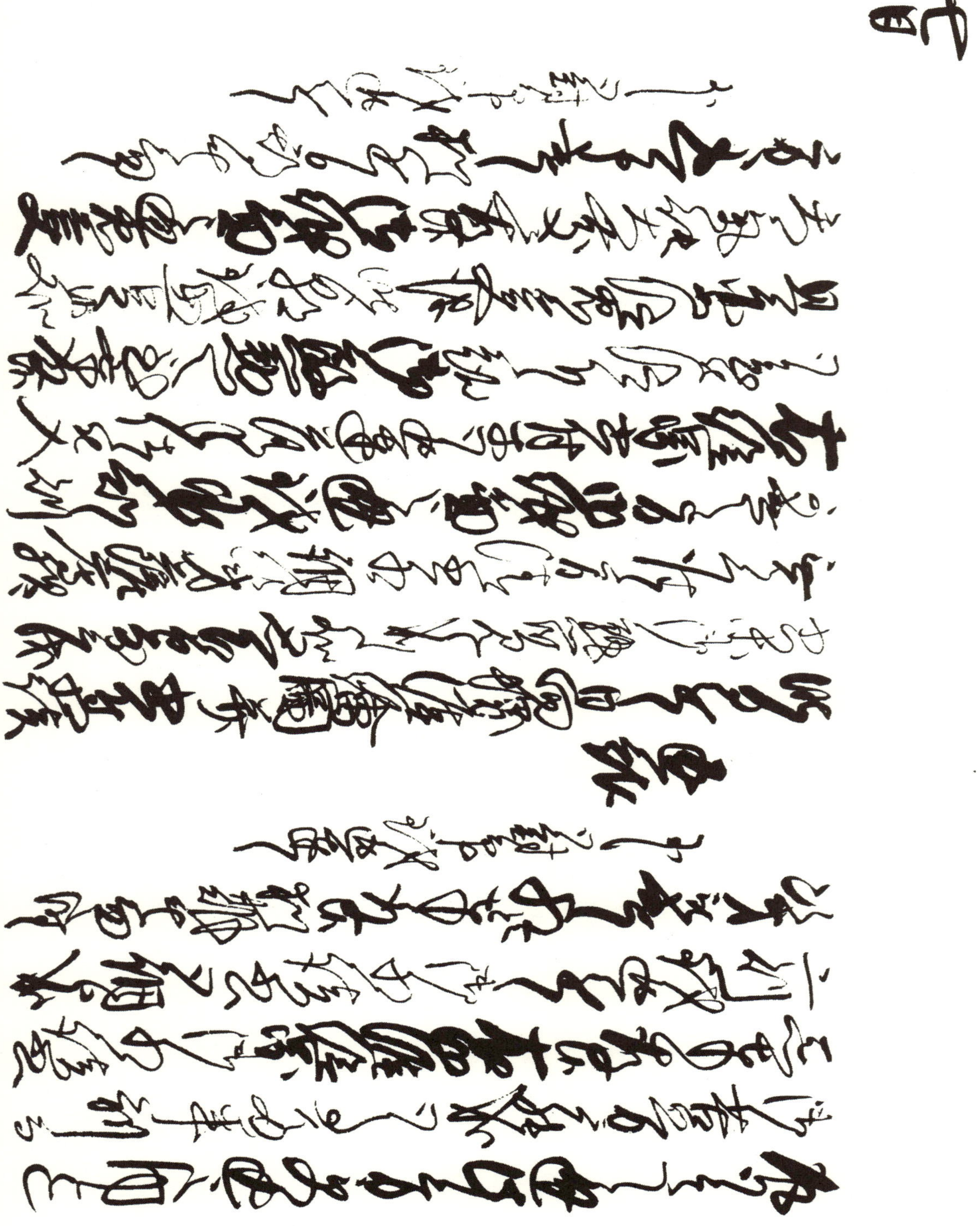

一 鬼石分松林村と申ハ当役場迄[illegible]
　相尋候処当役場ニ而[illegible]候由
御しらへ之処鬼石分松林村も
　無之山境ニ而[illegible]之由
一 横瀬村出[illegible]半ハ境ニ而[illegible]寺
　之由
一 豊前国仏之坊とも[illegible]
　是ハ[illegible]
　[illegible]
　[illegible]
　[illegible]由
一 [illegible]
　[illegible]
　[illegible]之由
一 山浦村之[illegible]右同断
一 [illegible]
　[illegible]右同断[illegible]之由
一 [illegible]

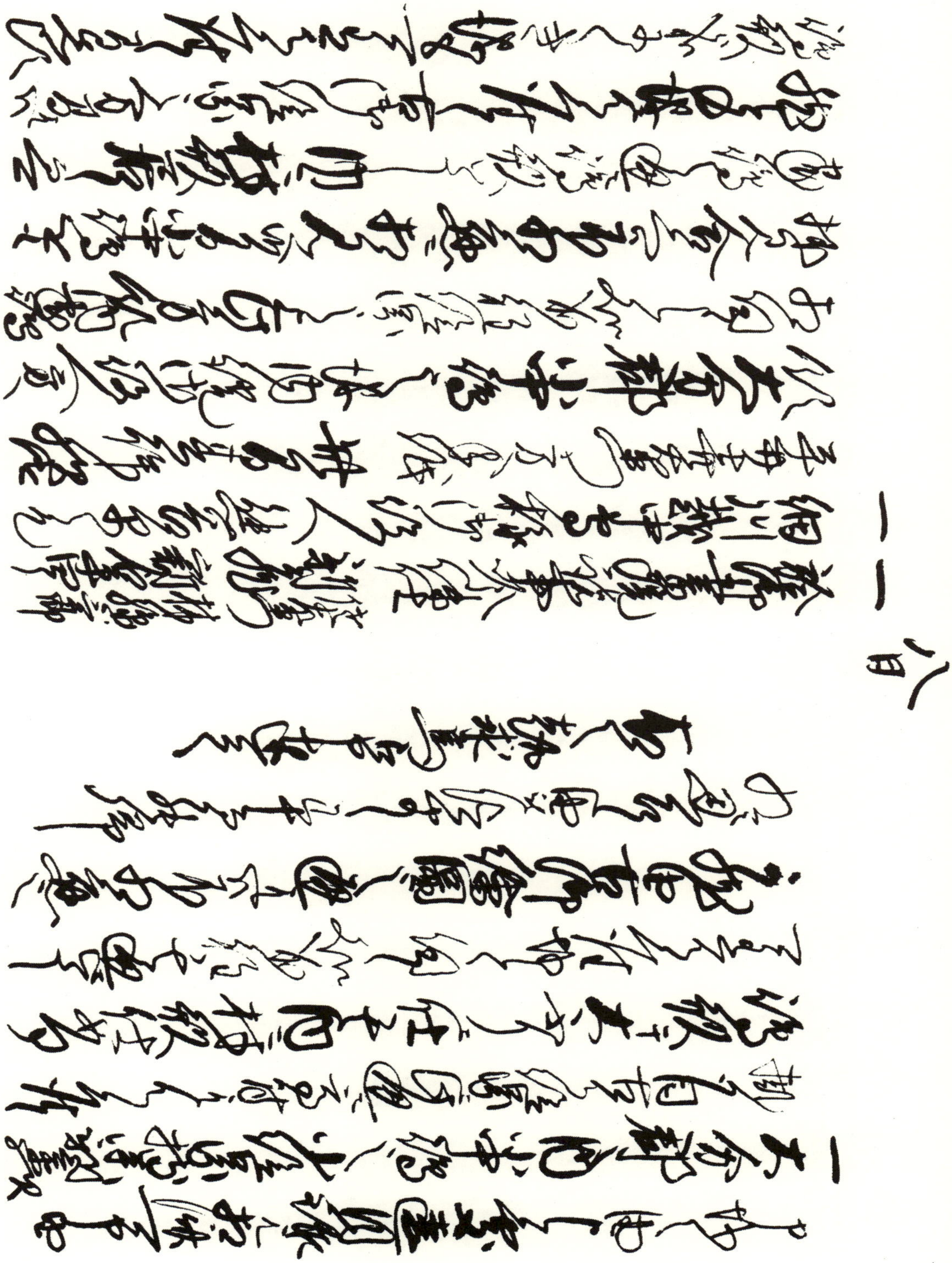

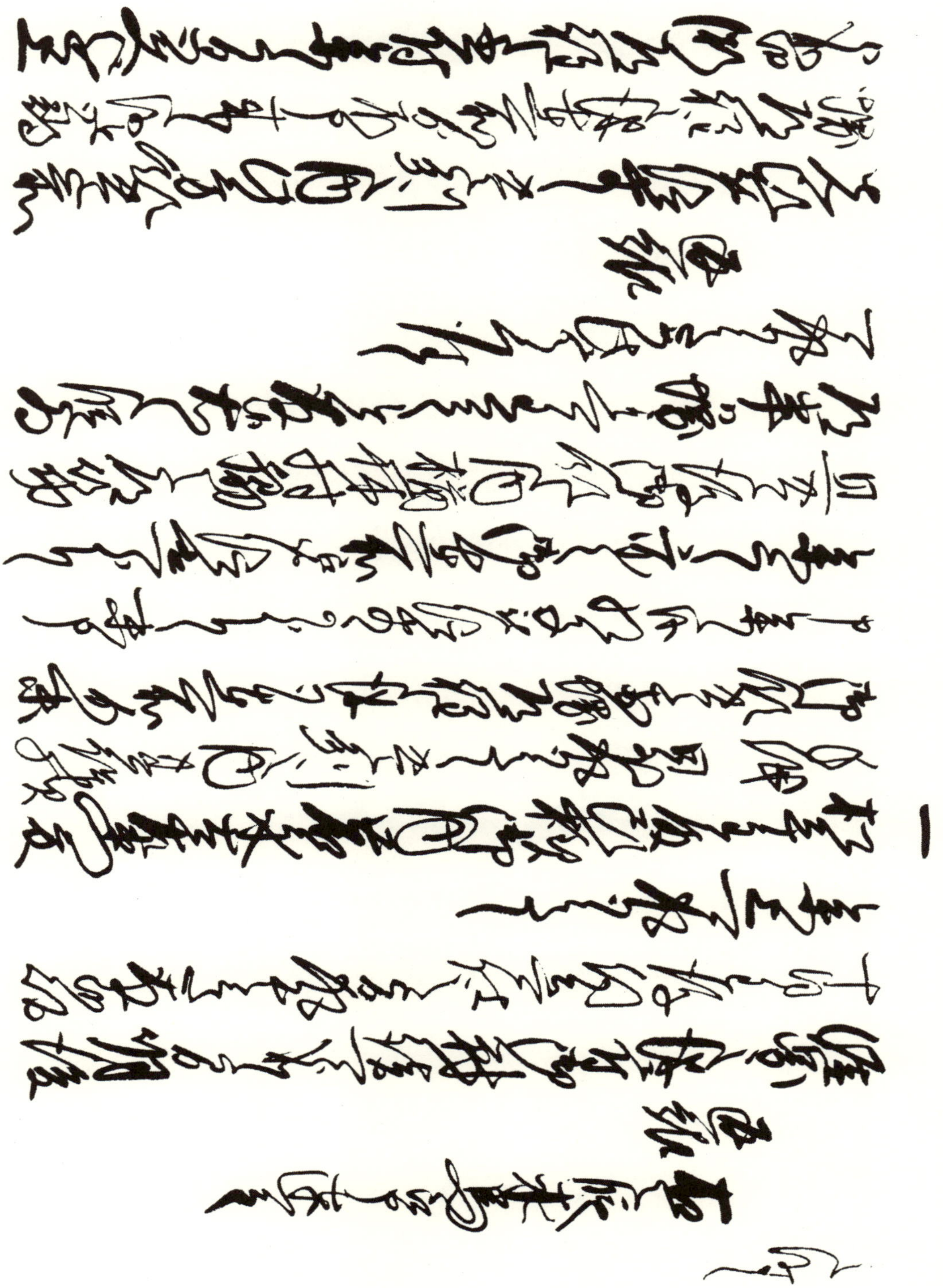

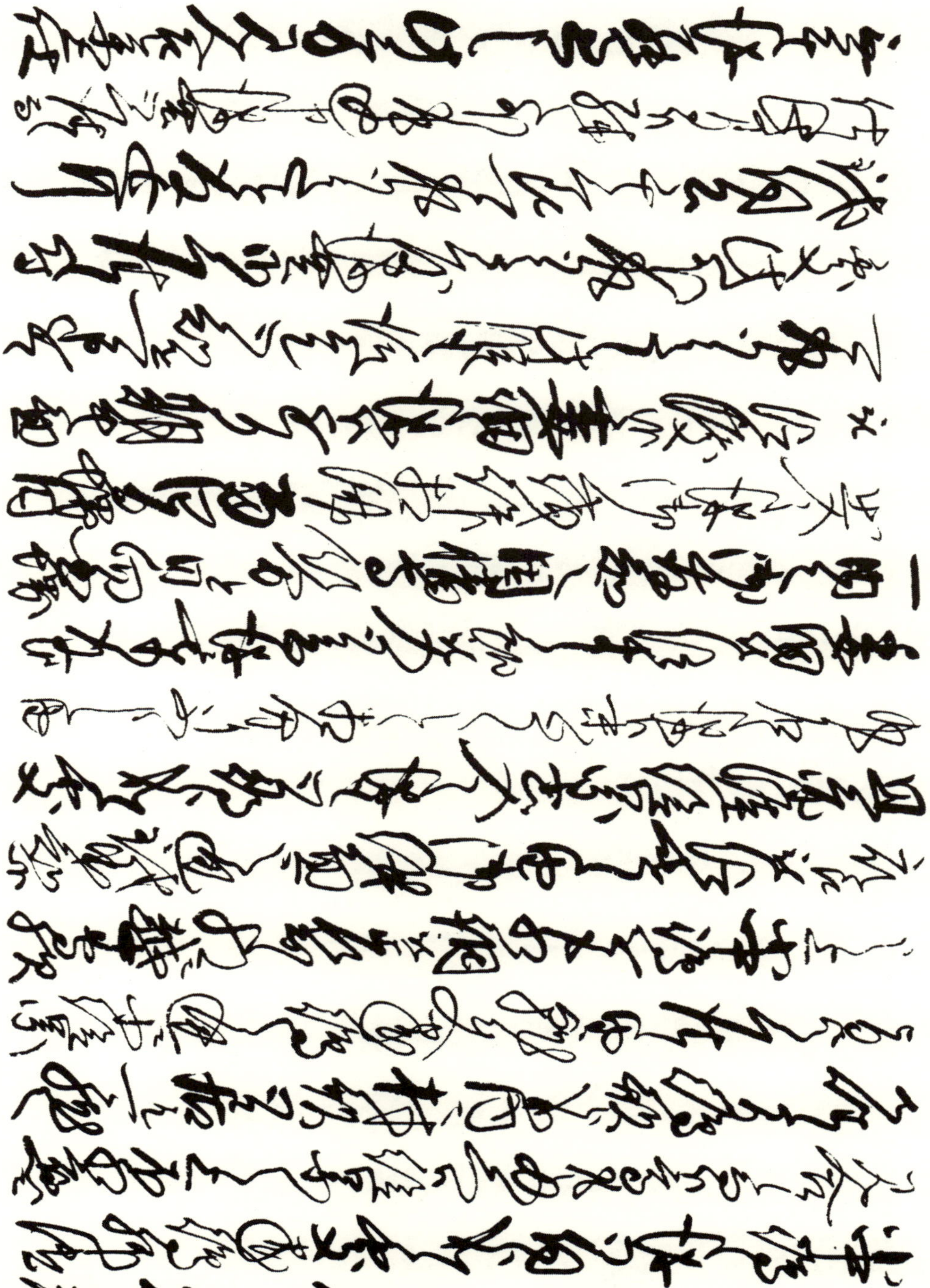

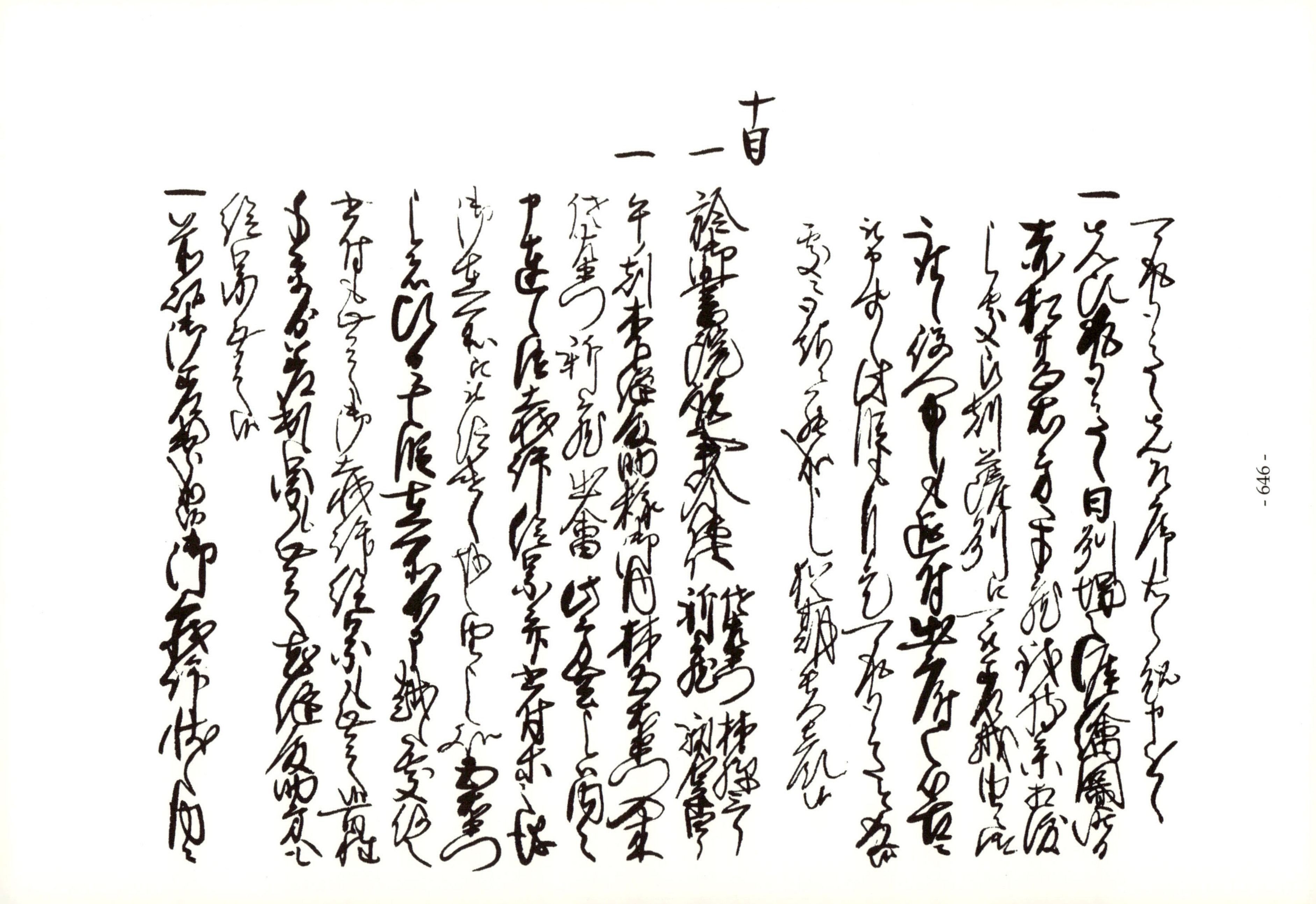

[illegible]

一 [illegible]

[illegible]

[illegible]

[illegible]

[illegible]

[illegible]

[illegible]

十一日

一 [illegible]

一 [illegible]

[illegible]

[illegible]

[illegible]

[illegible]

[illegible]

[illegible]

一 [illegible]

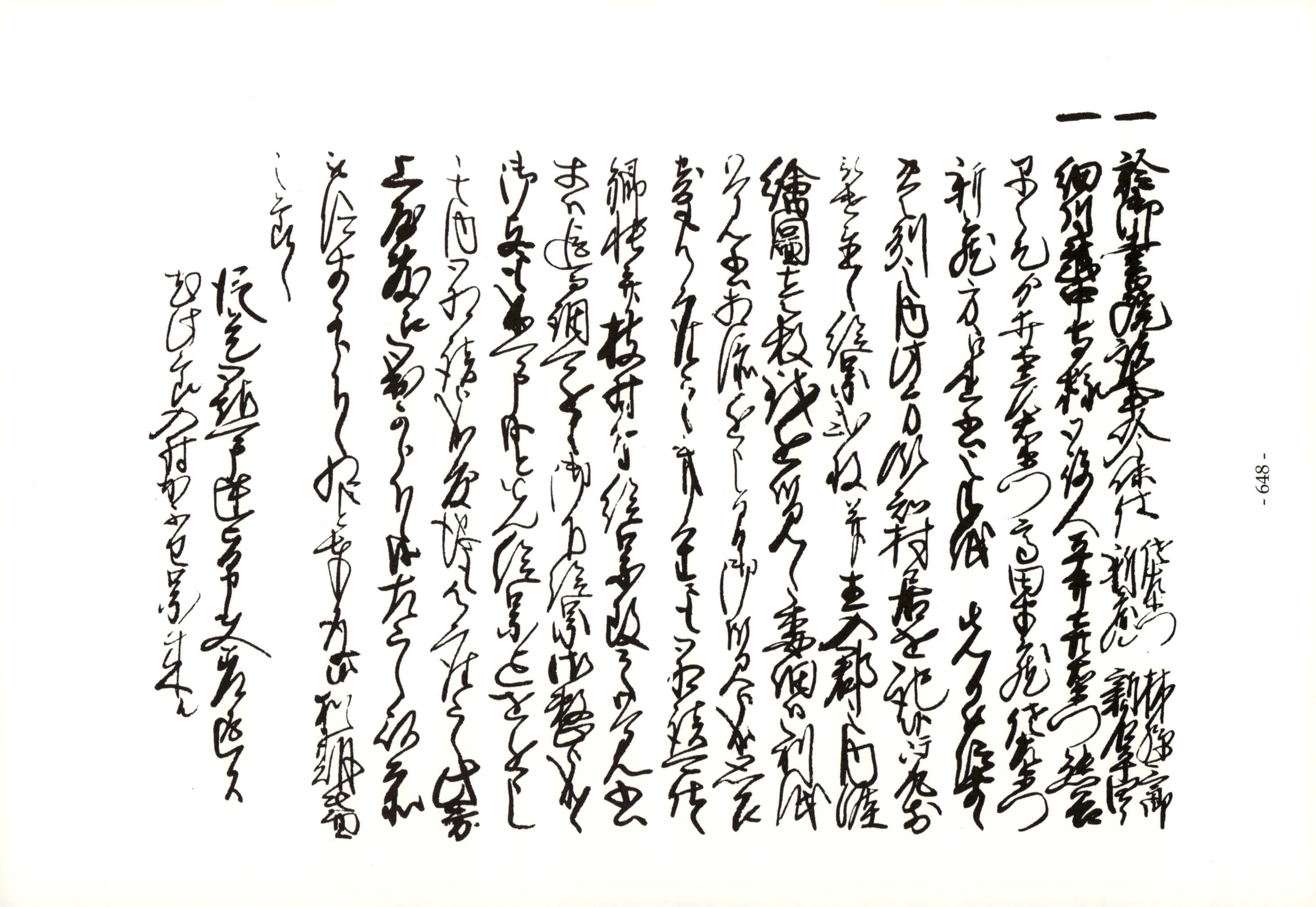

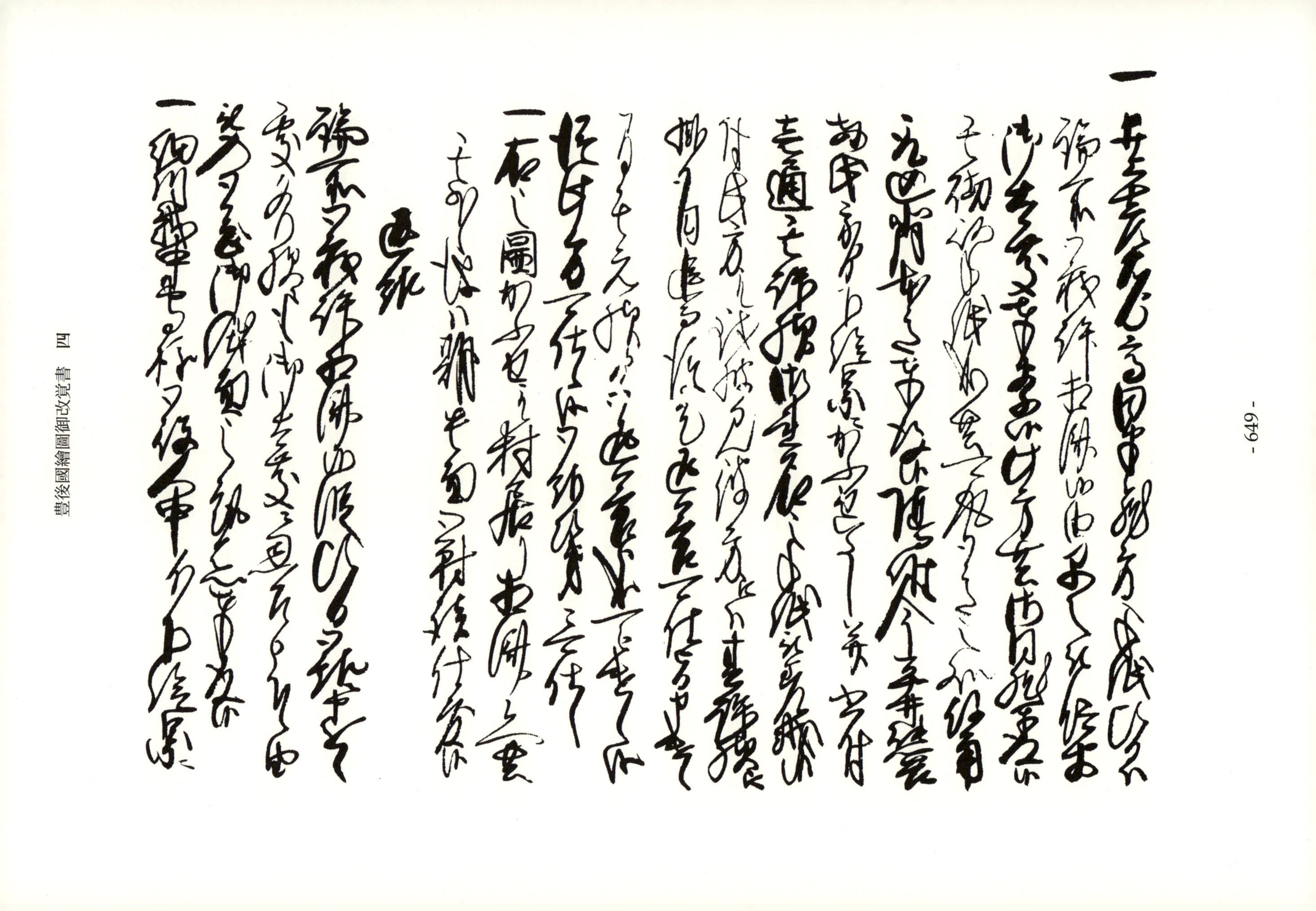

[illegible]

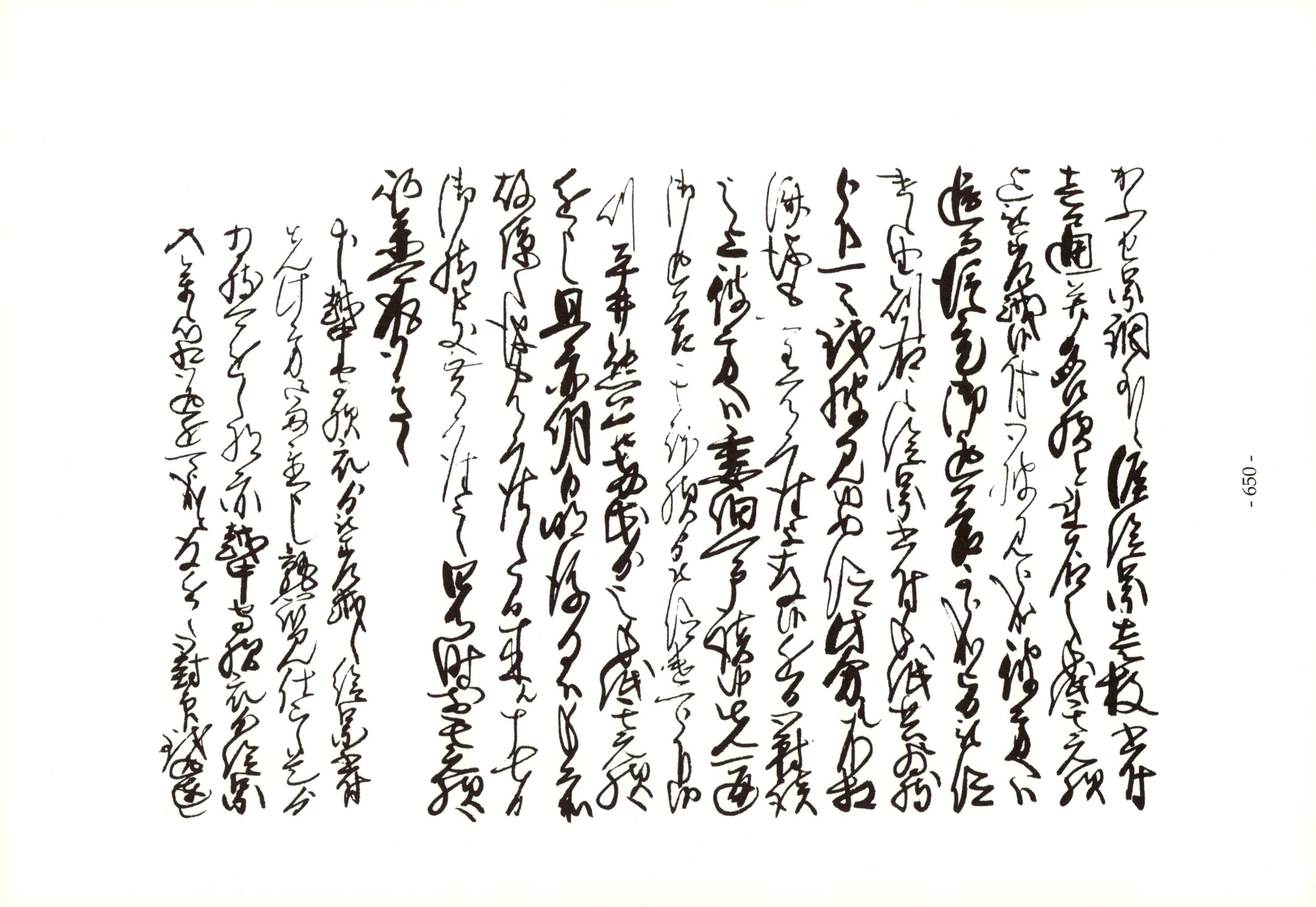

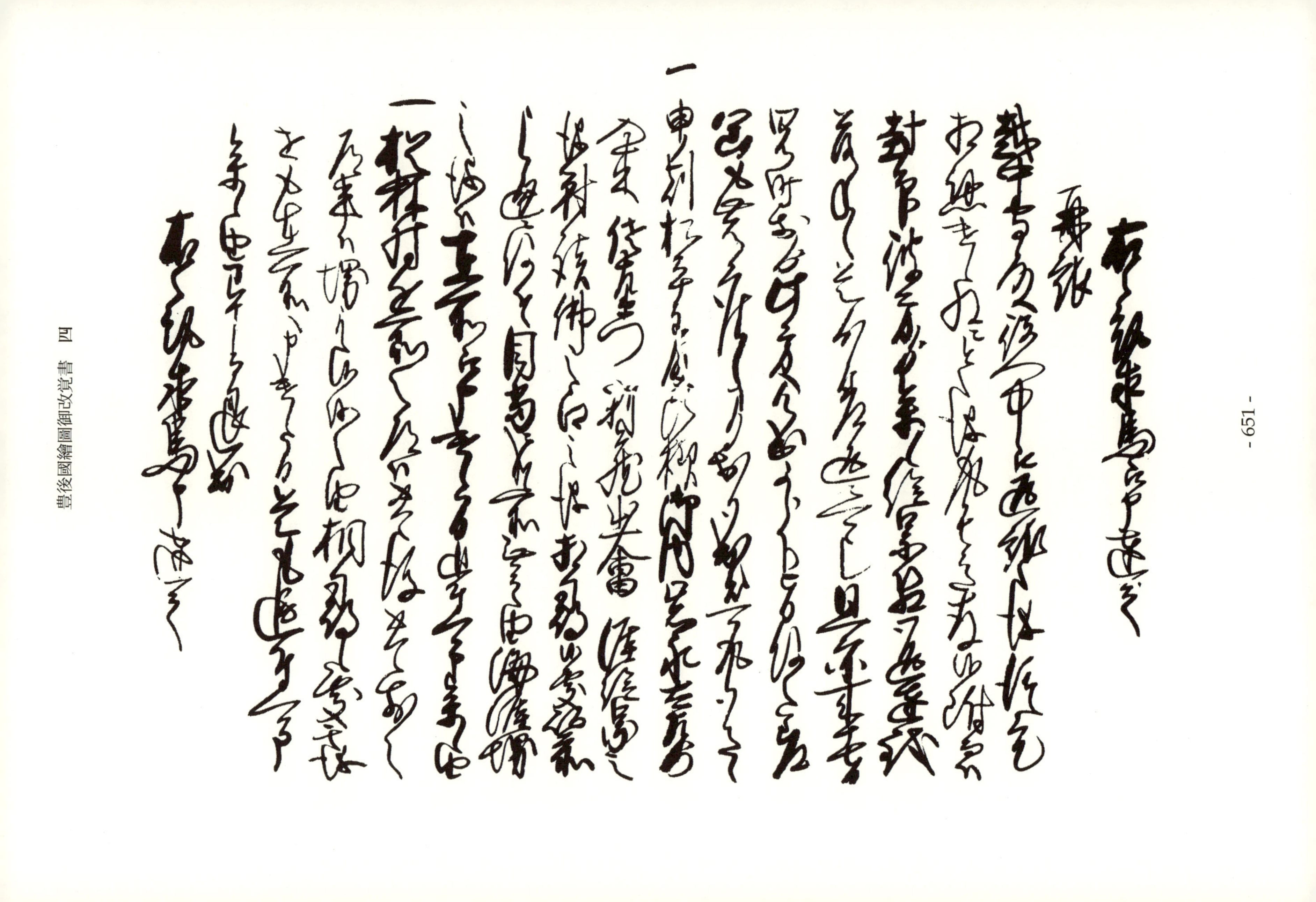

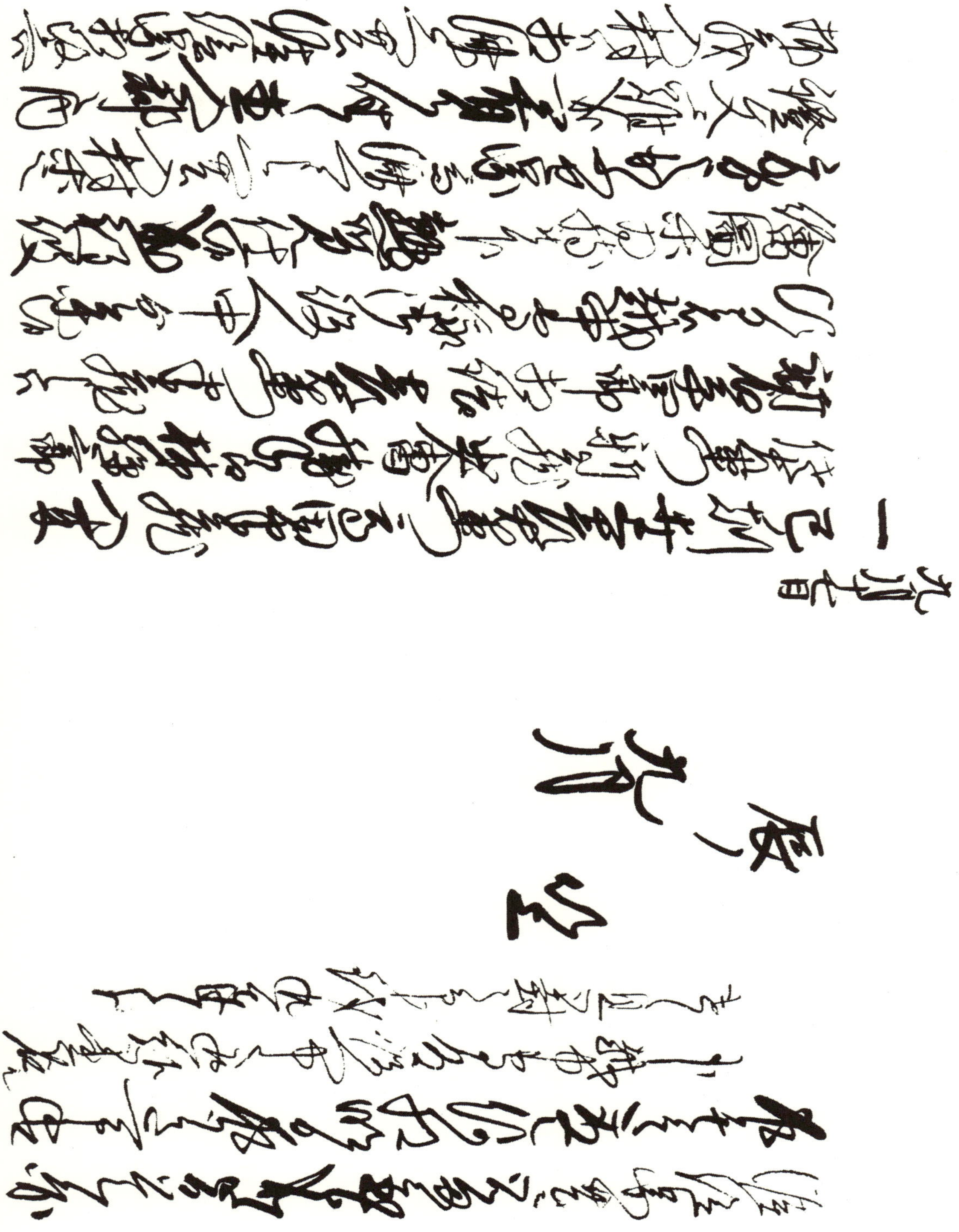

辰ノ九月

九月十七日

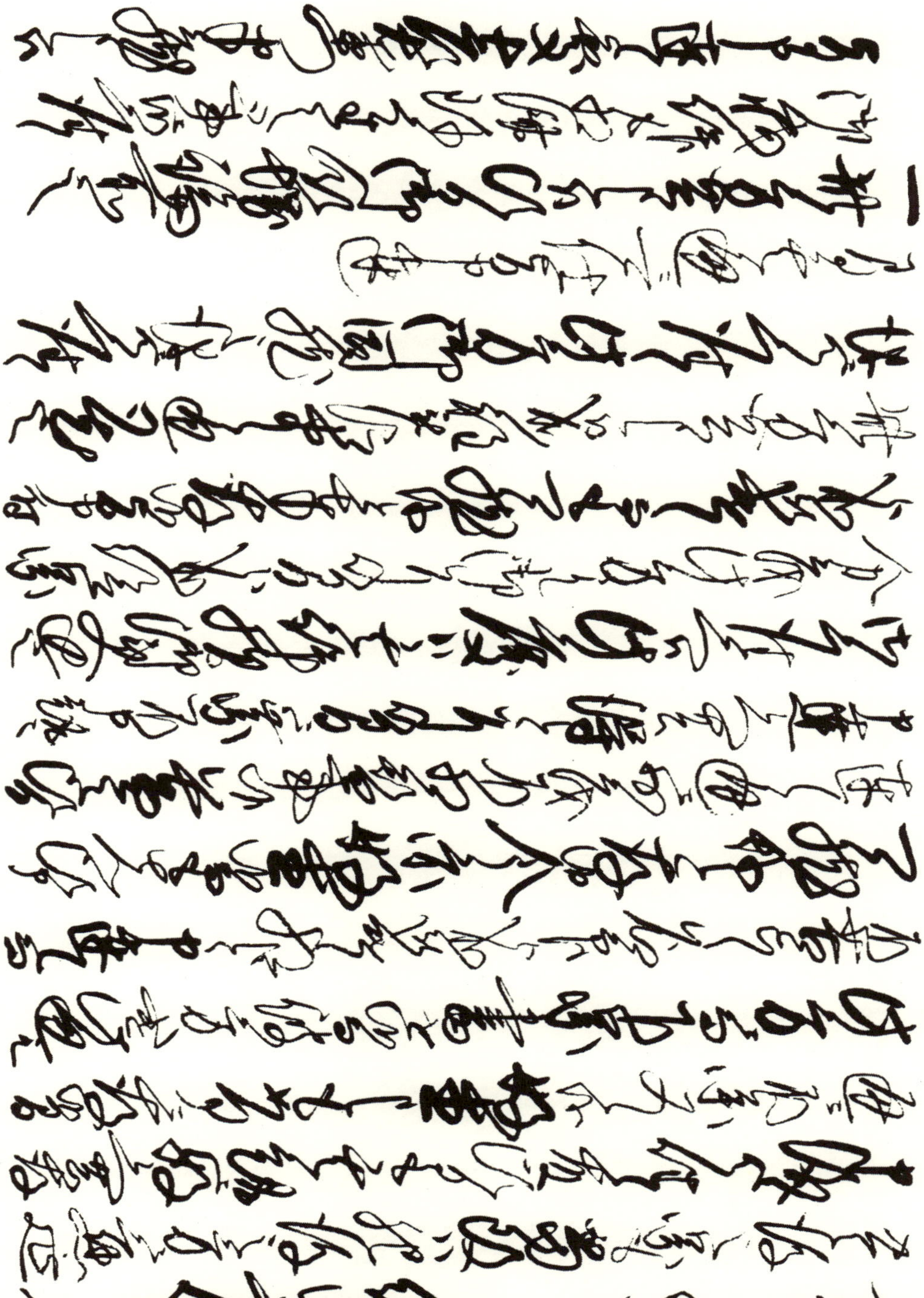

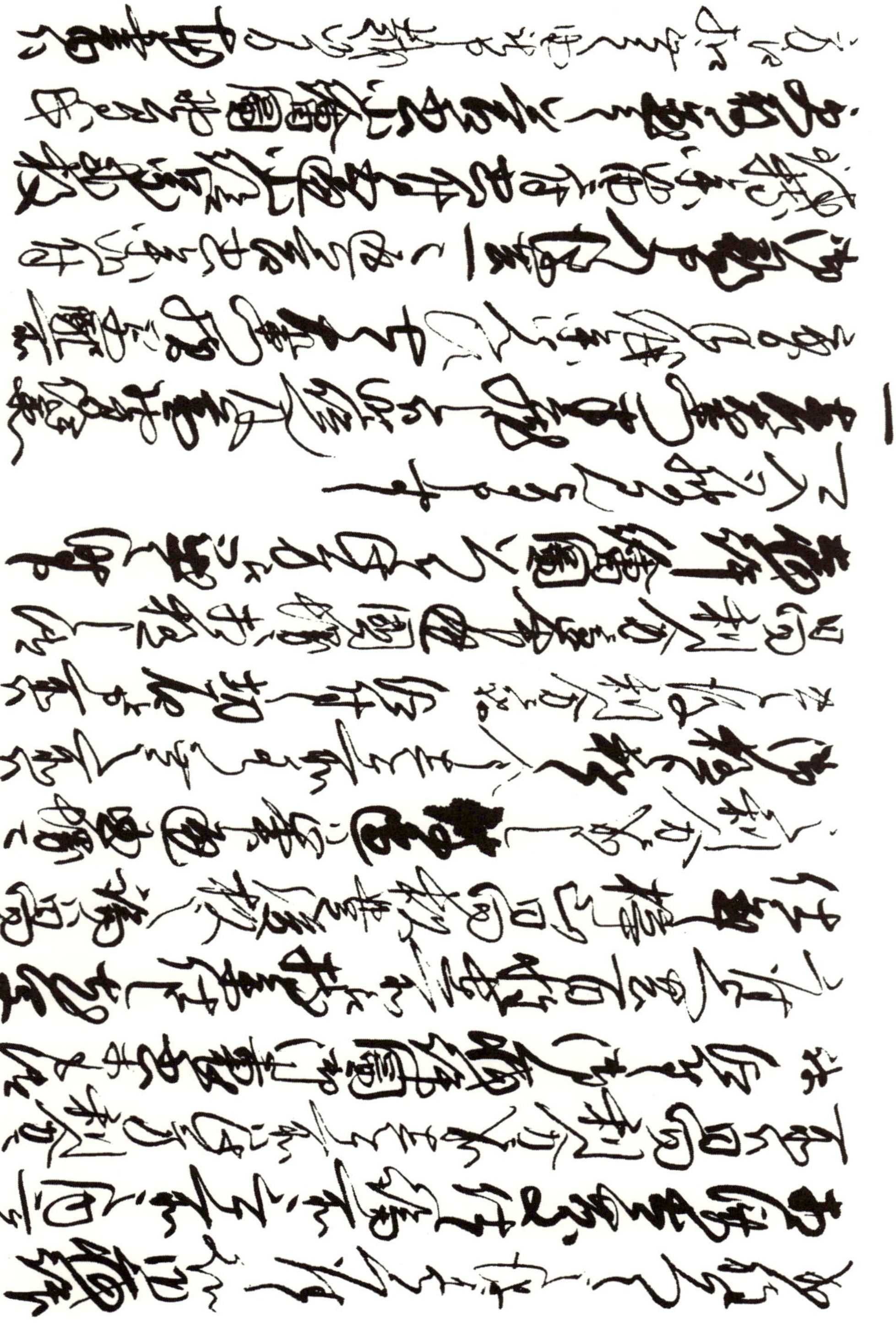

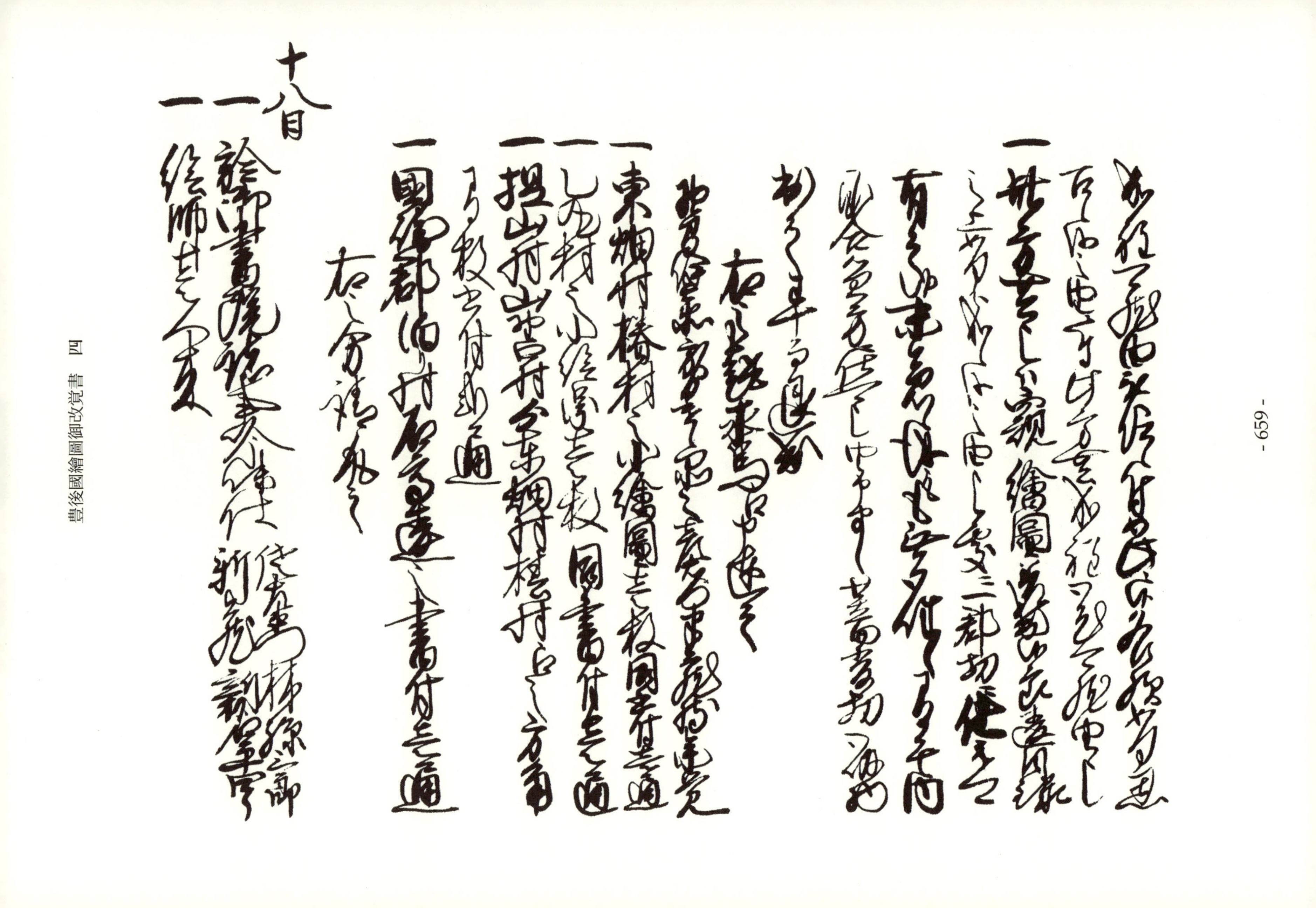

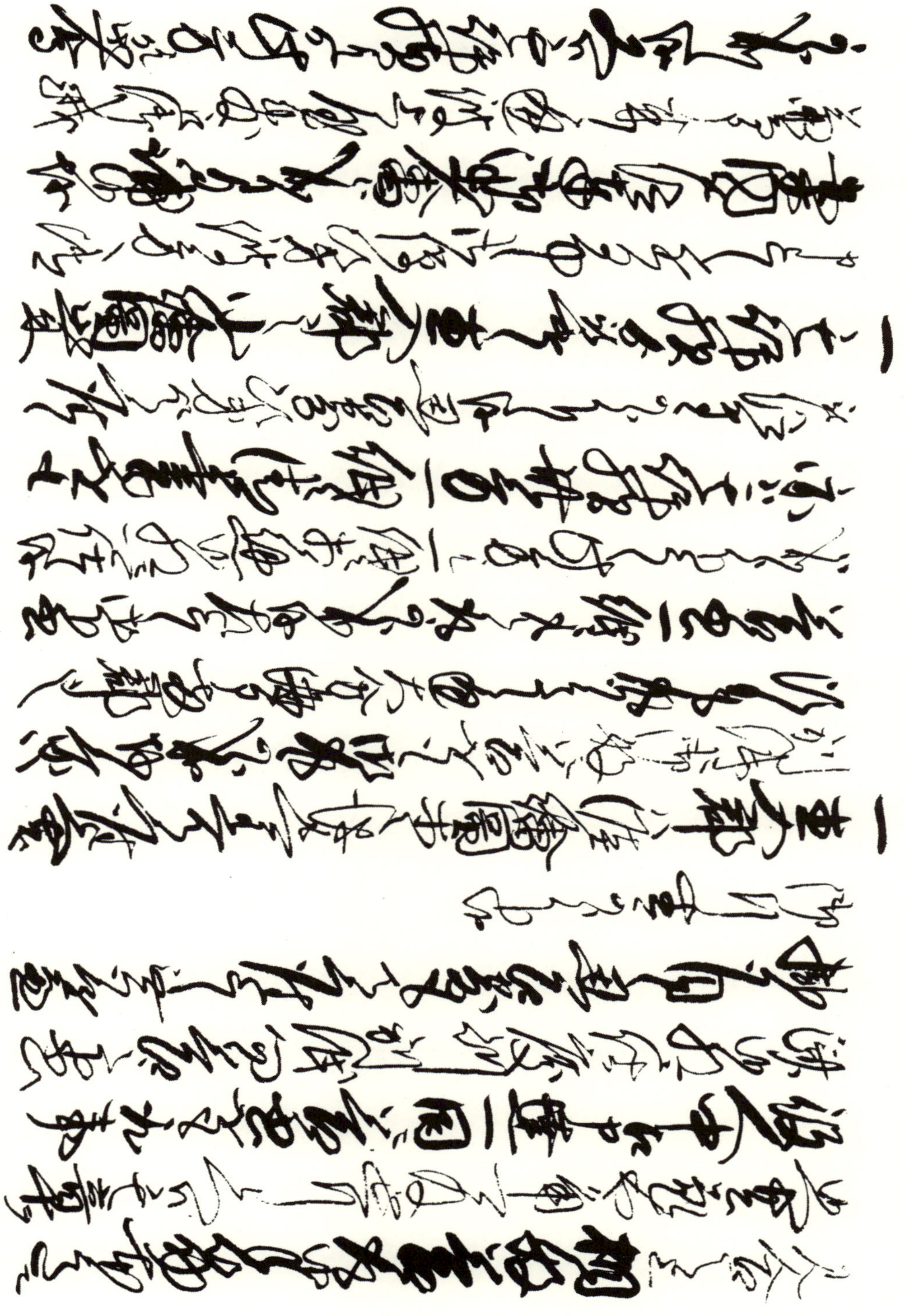

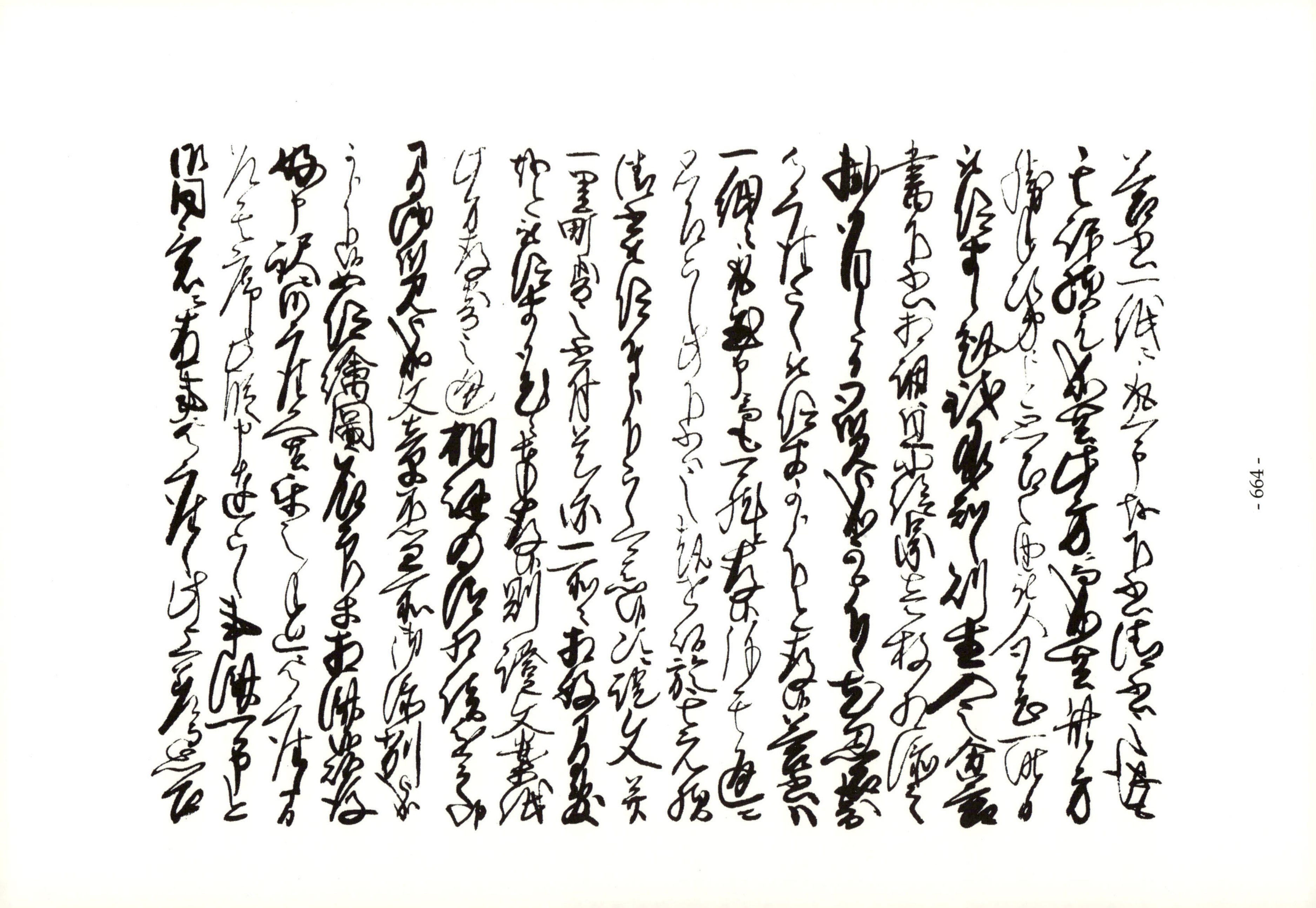

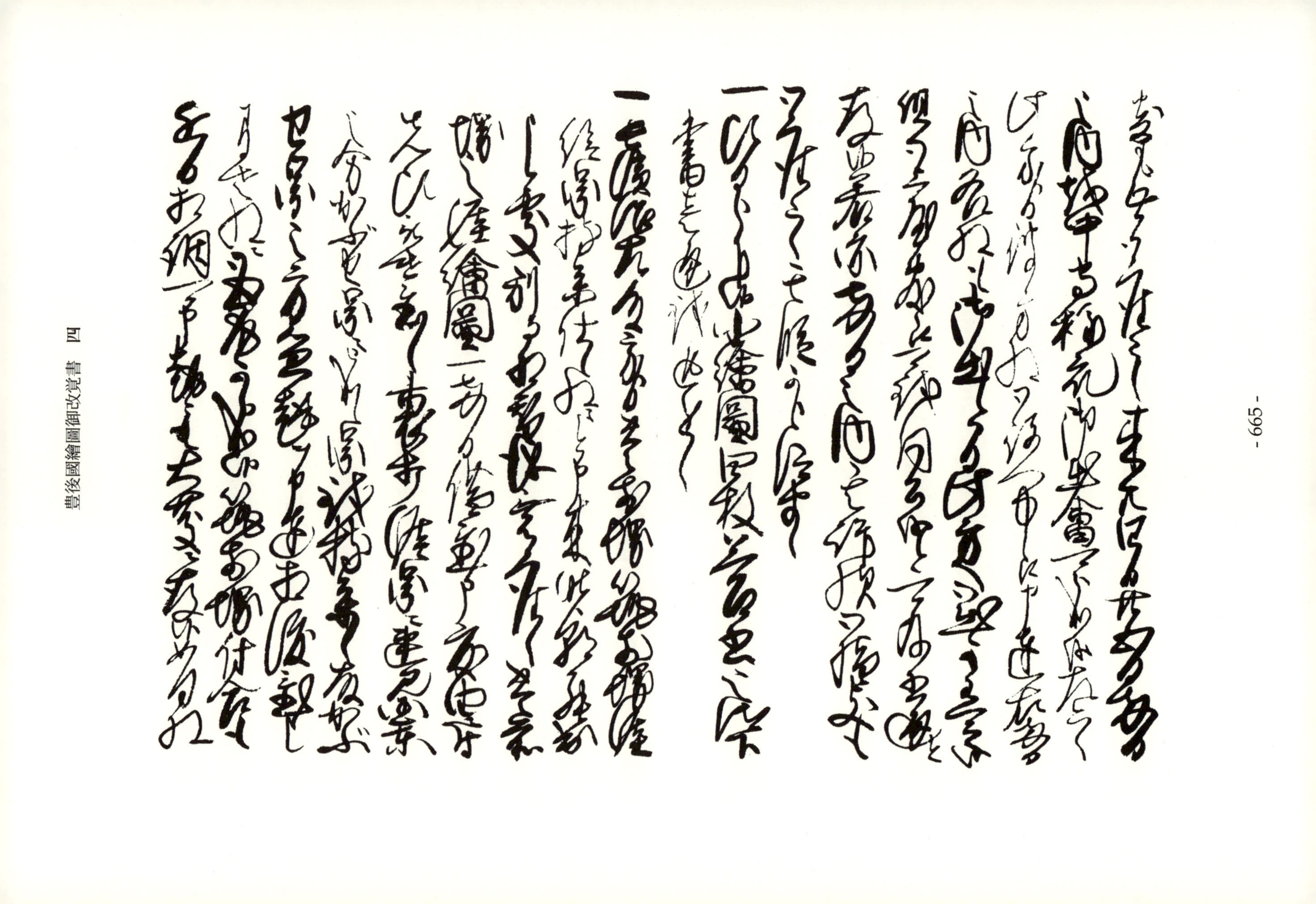

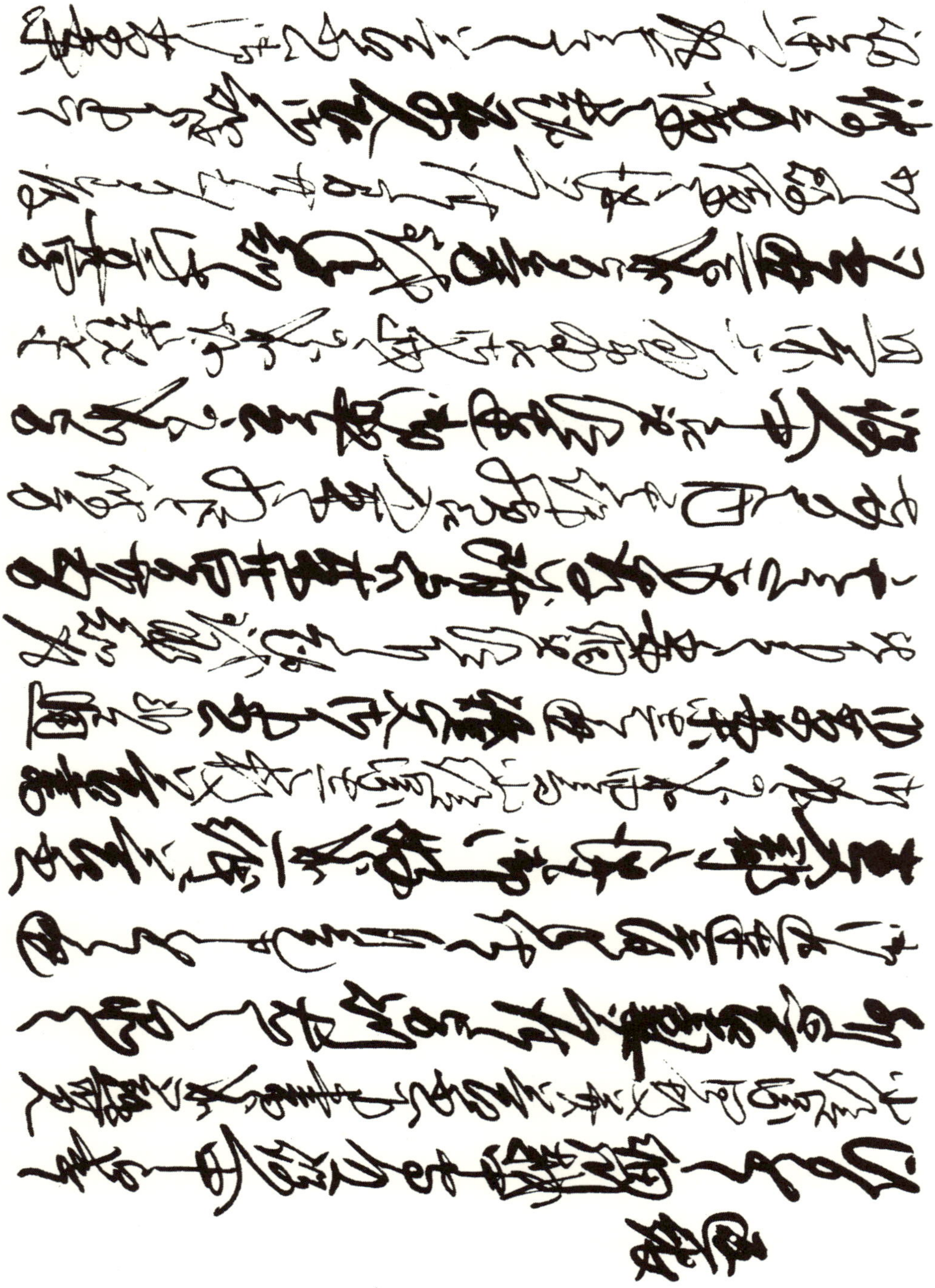

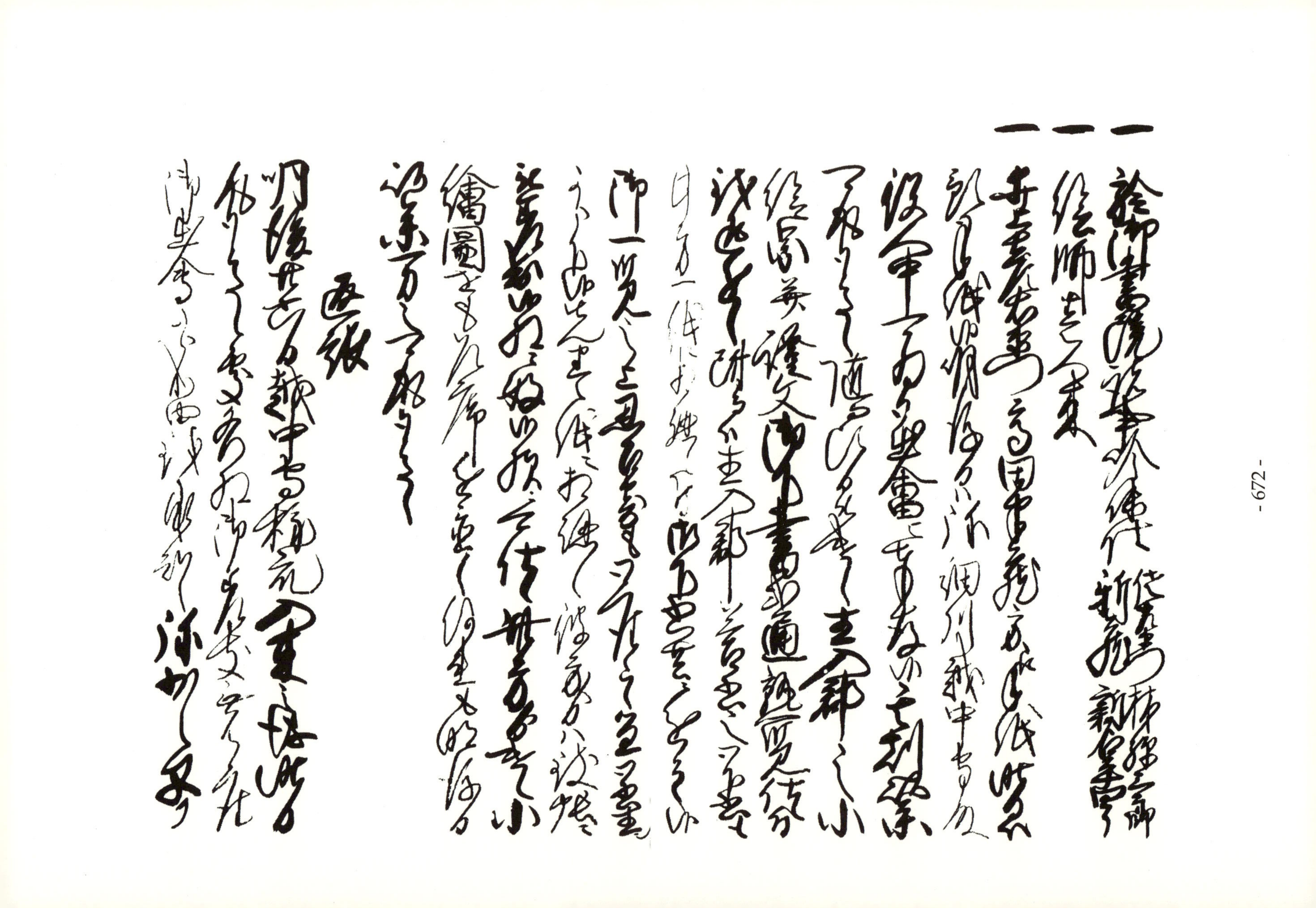

一 於御書院[illegible]
　絵師共[illegible]
一 [illegible]
[illegible]
[illegible]
[illegible]
[illegible]御書面通[illegible]
[illegible]
[illegible]
[illegible]
[illegible]
[illegible]
[illegible]
　　西張
[illegible]
[illegible]
[illegible]

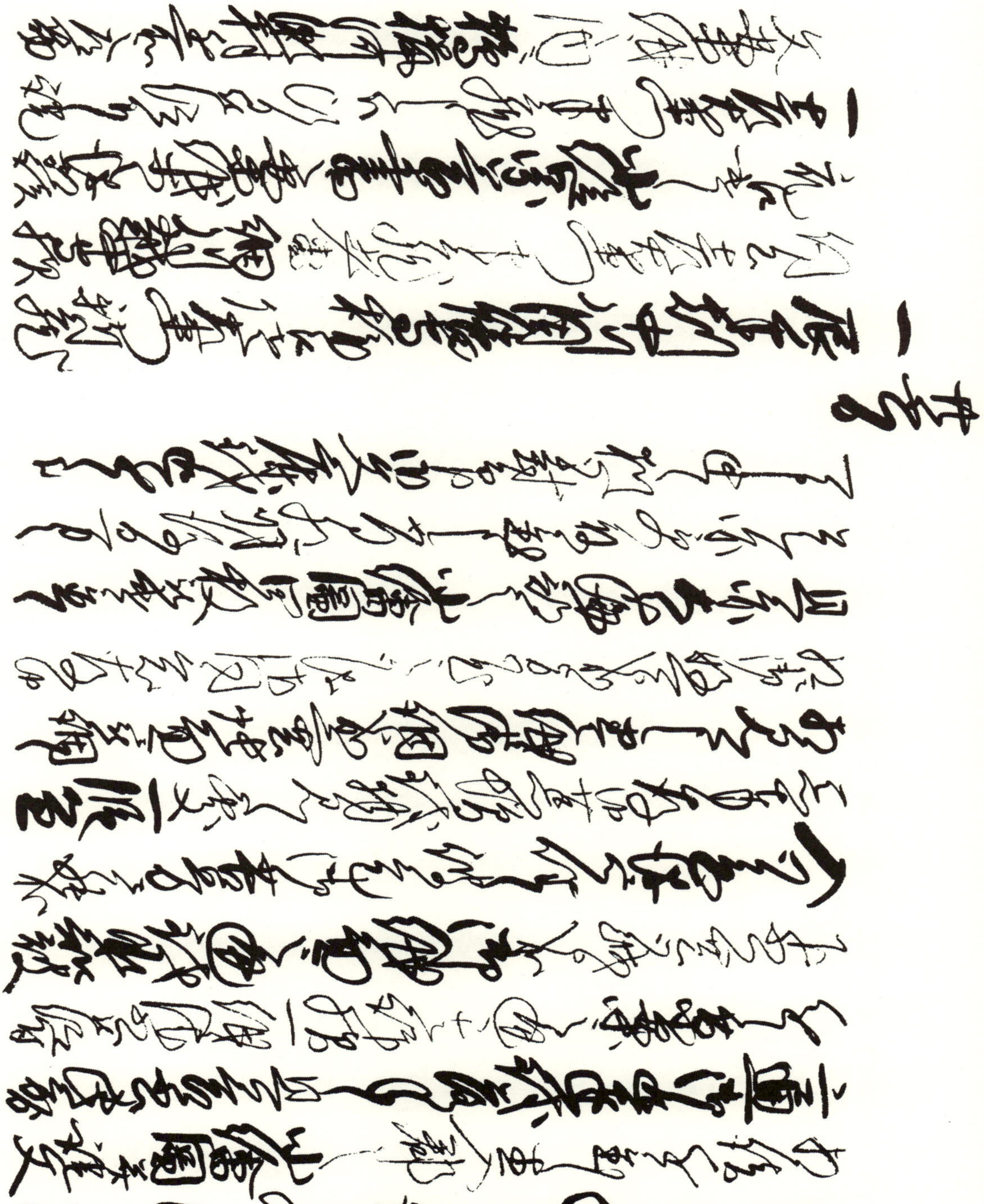

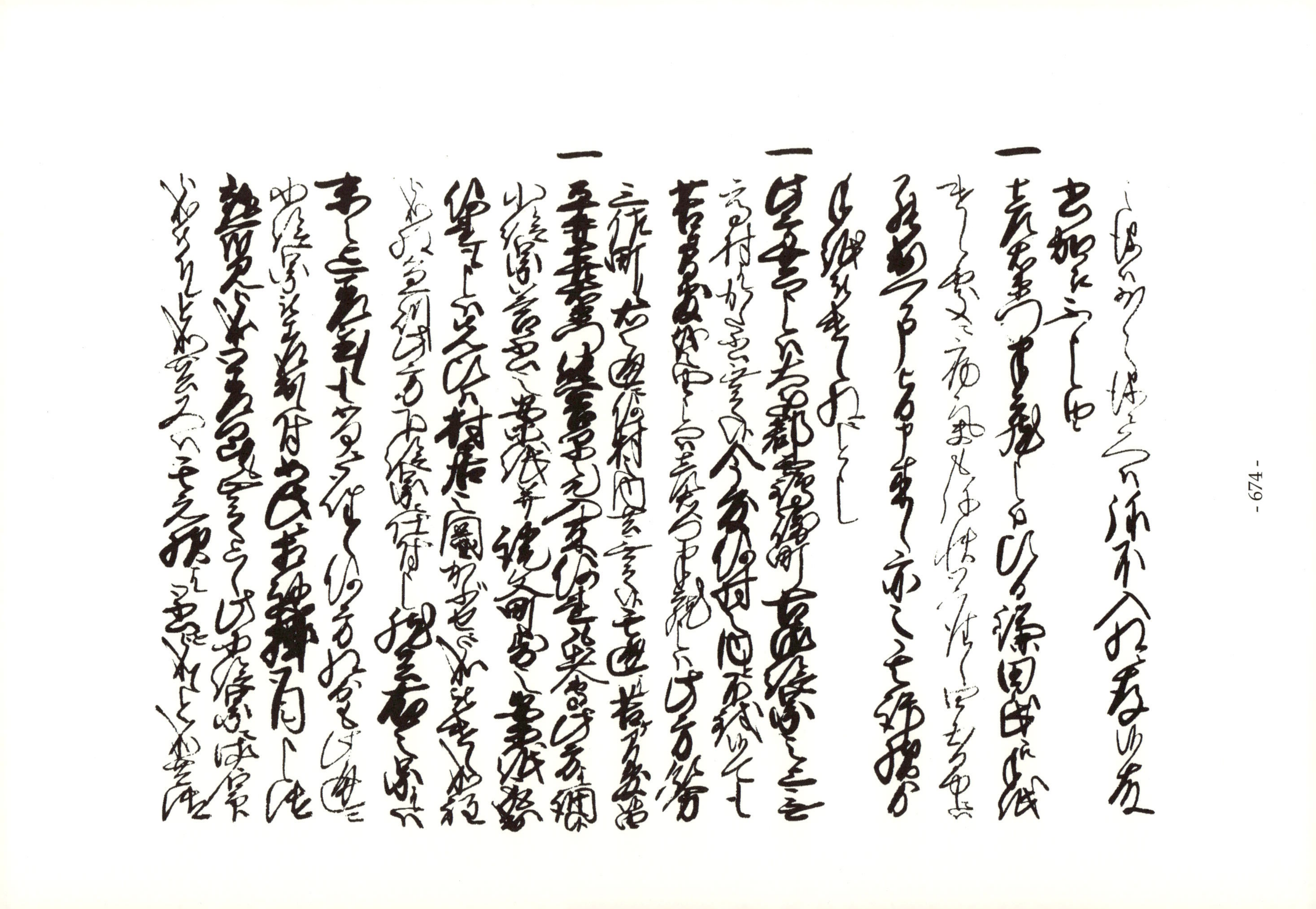

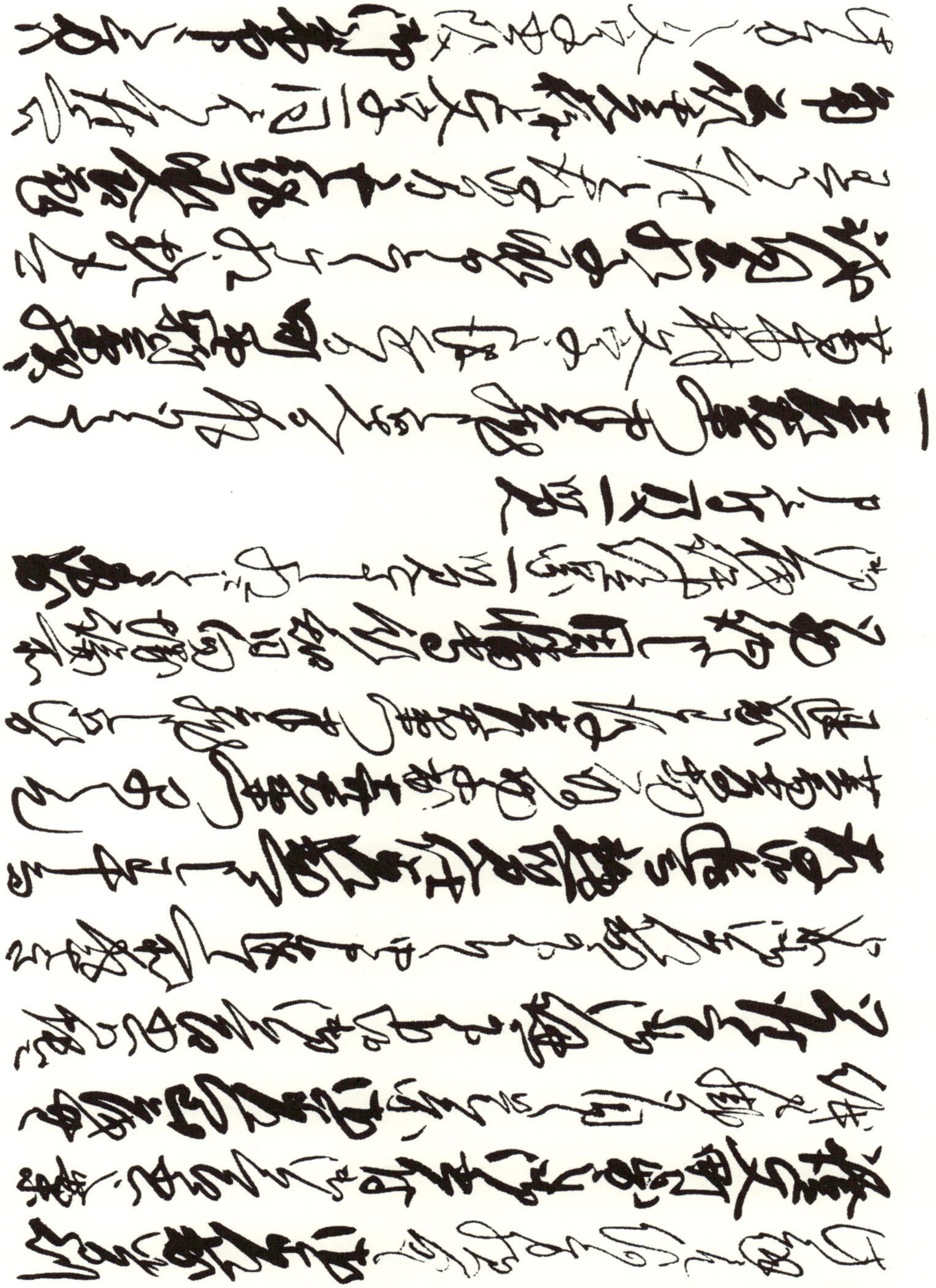

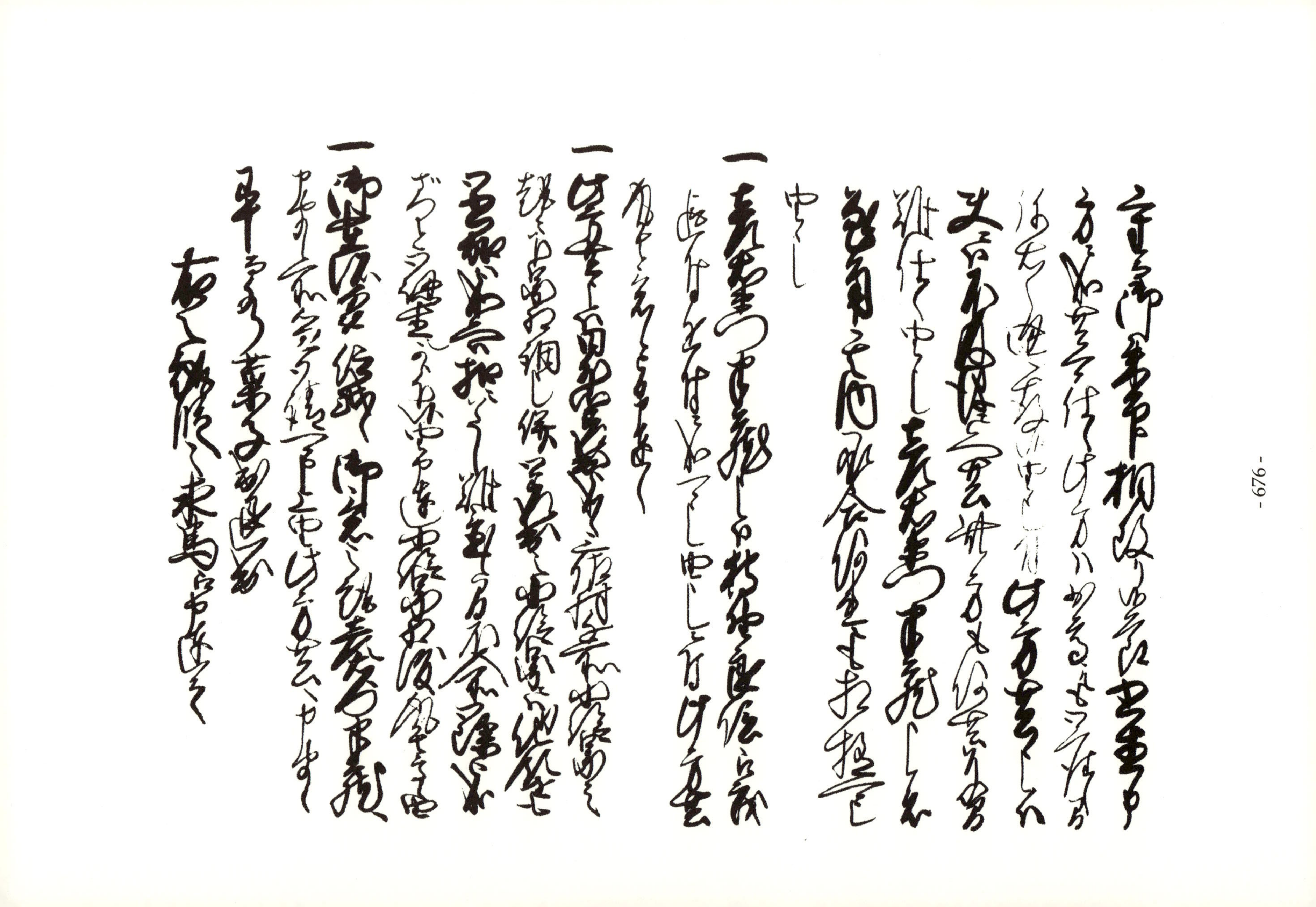

[illegible]

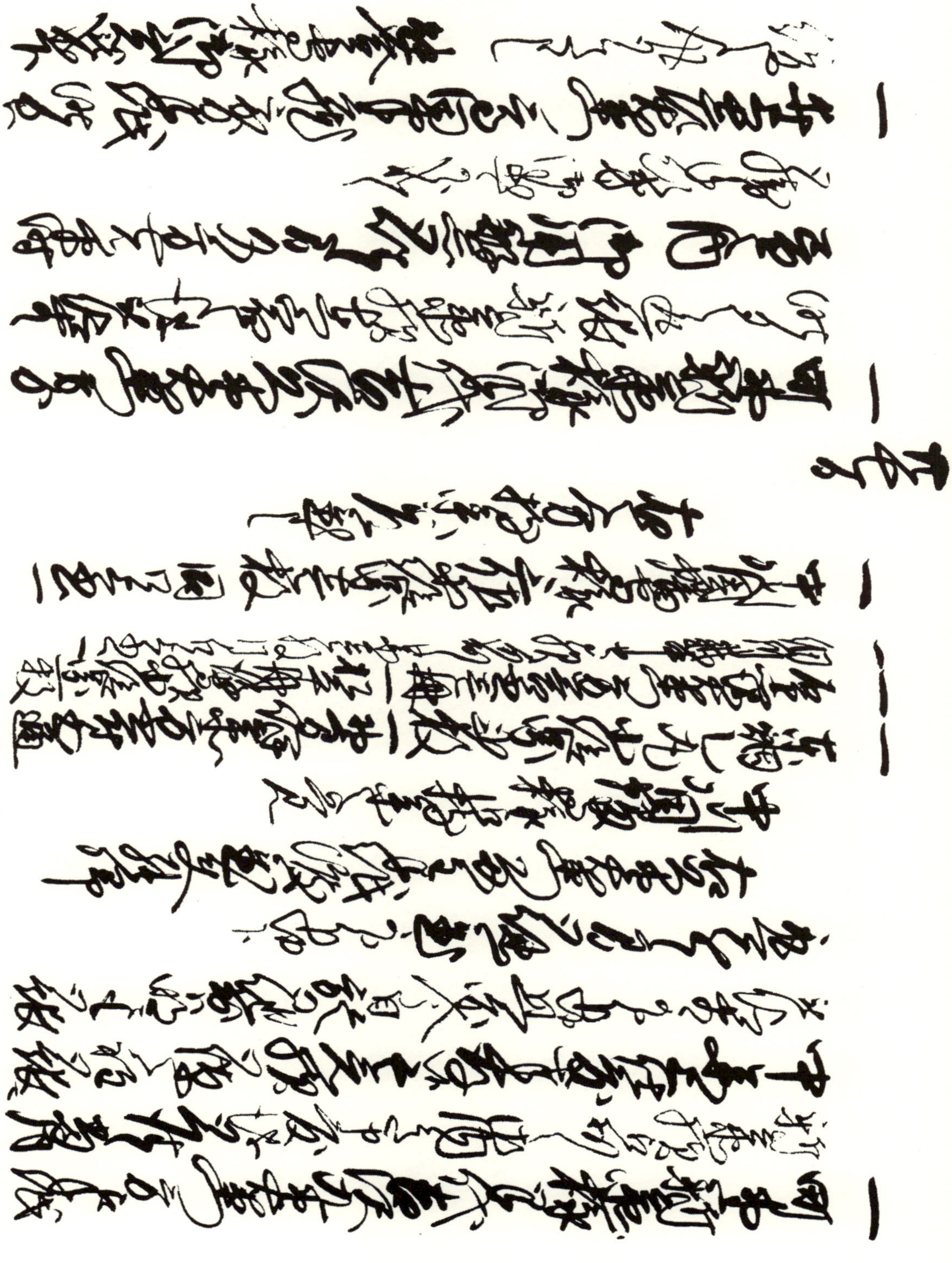

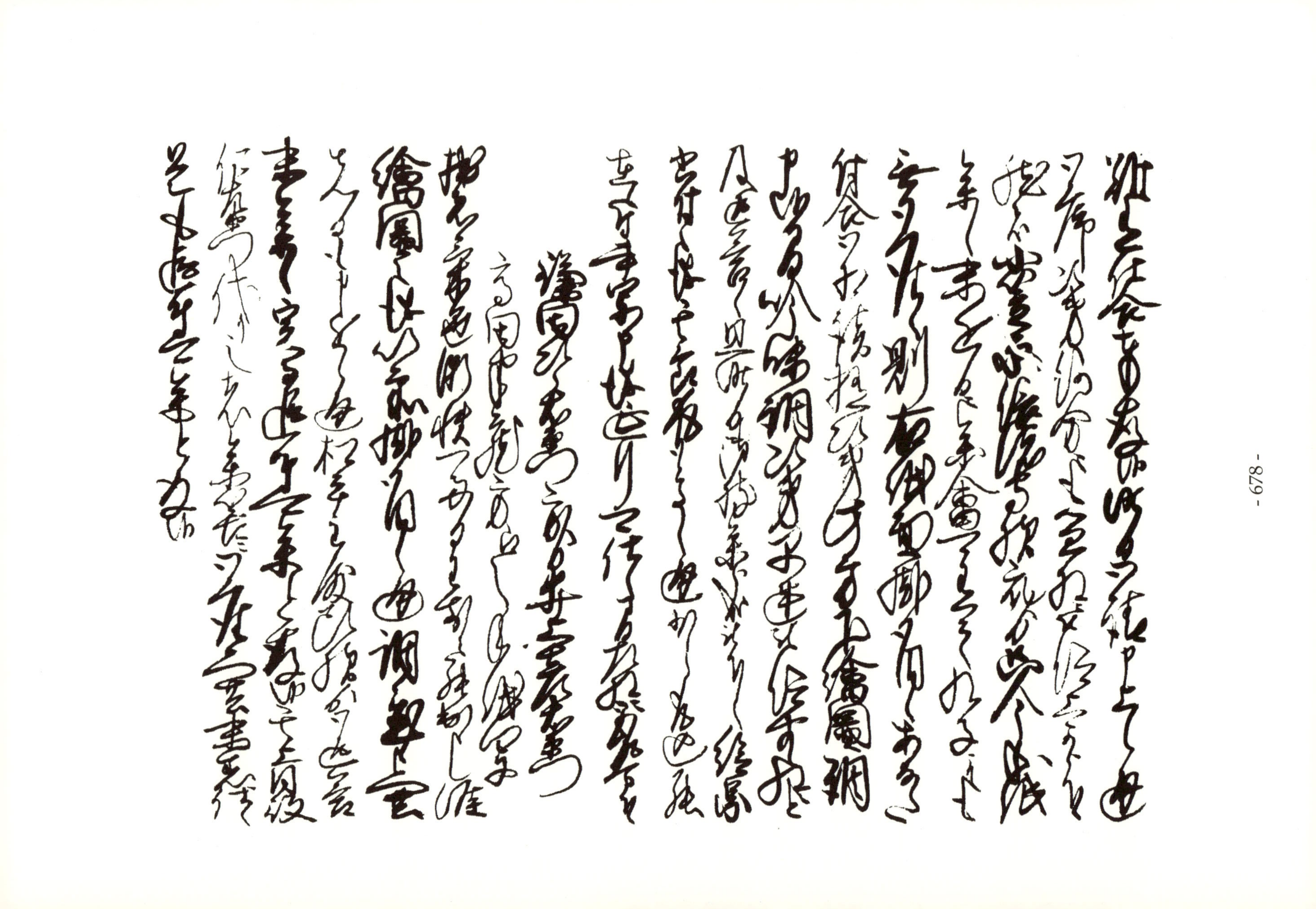

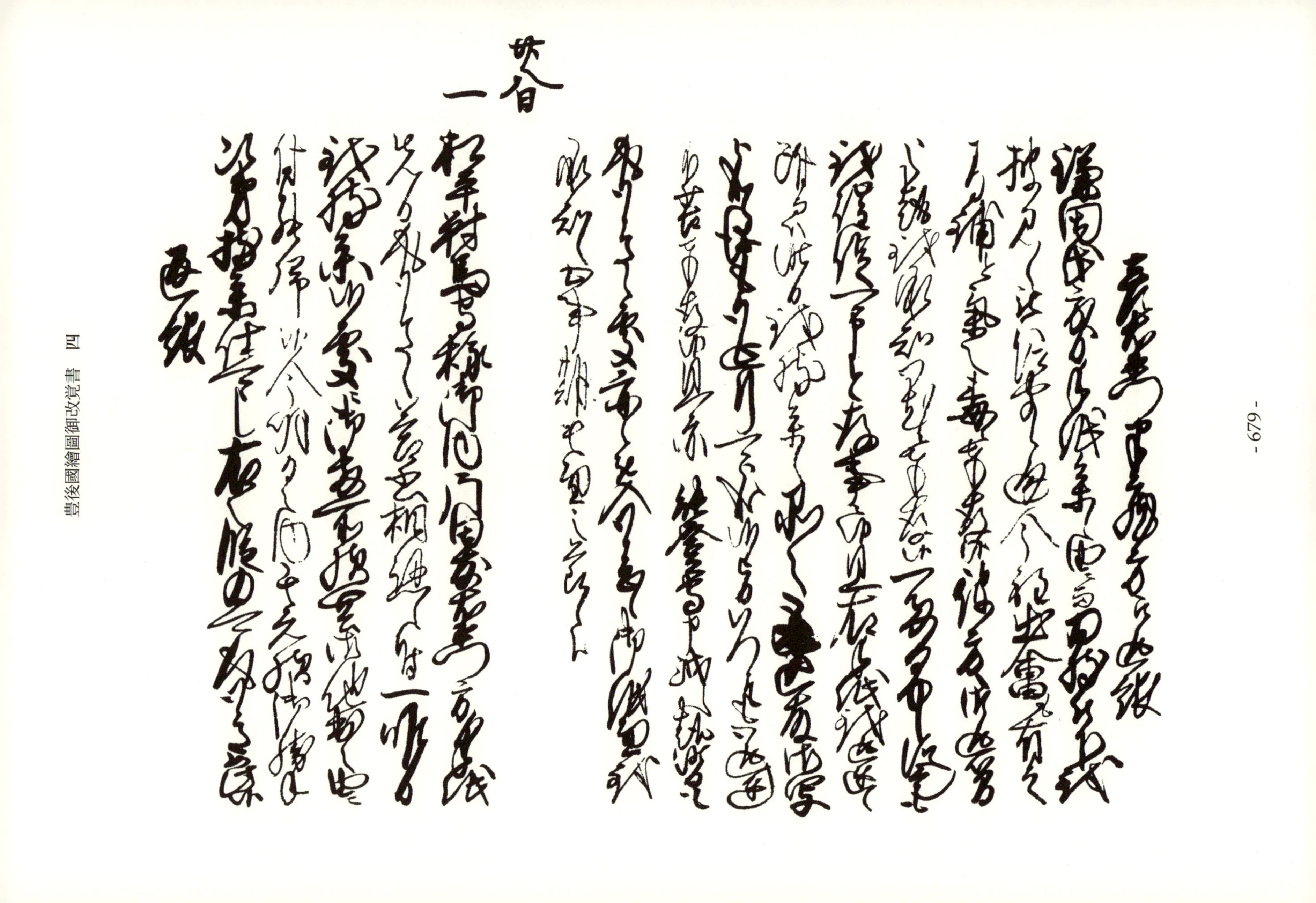

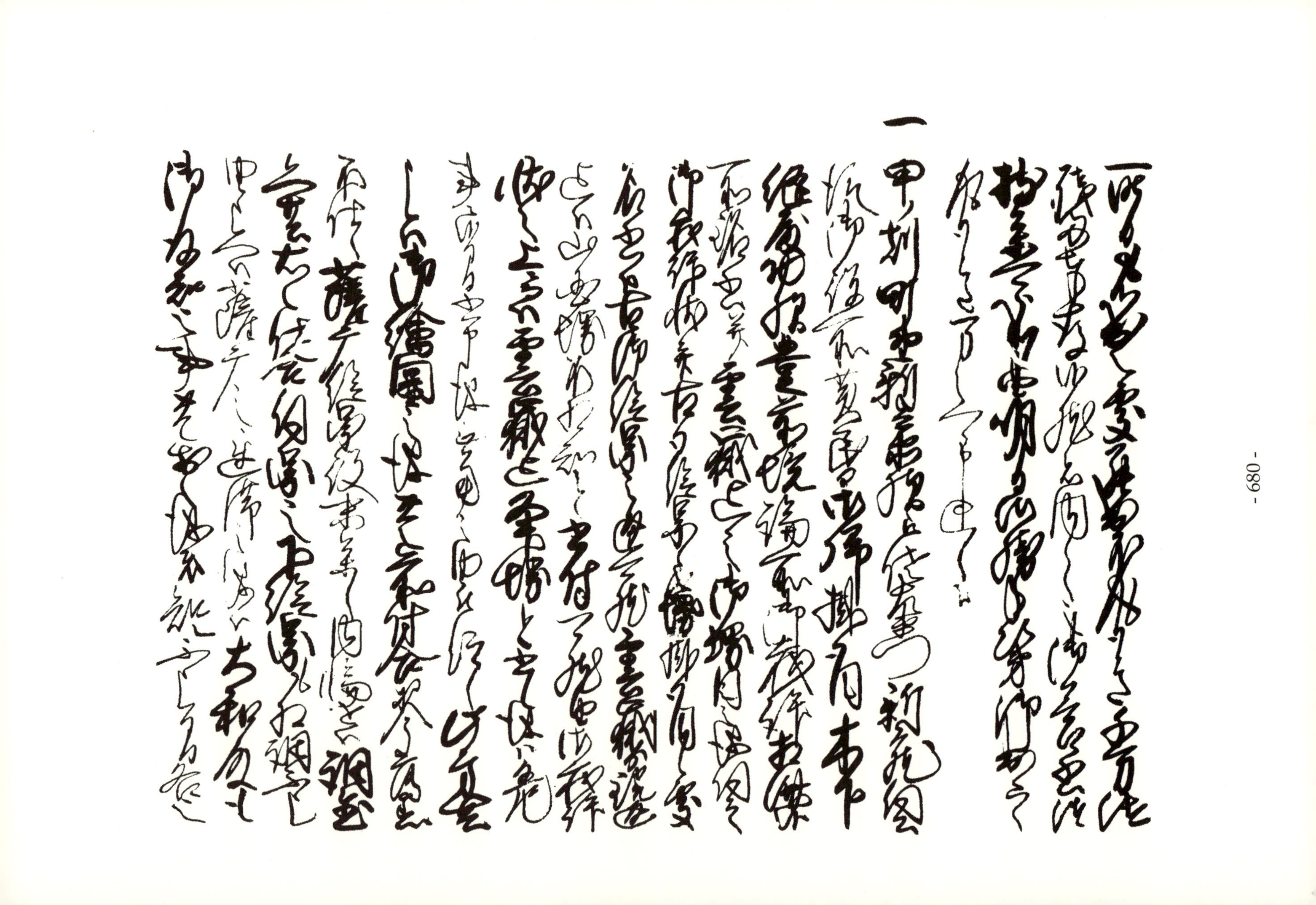

[illegible]

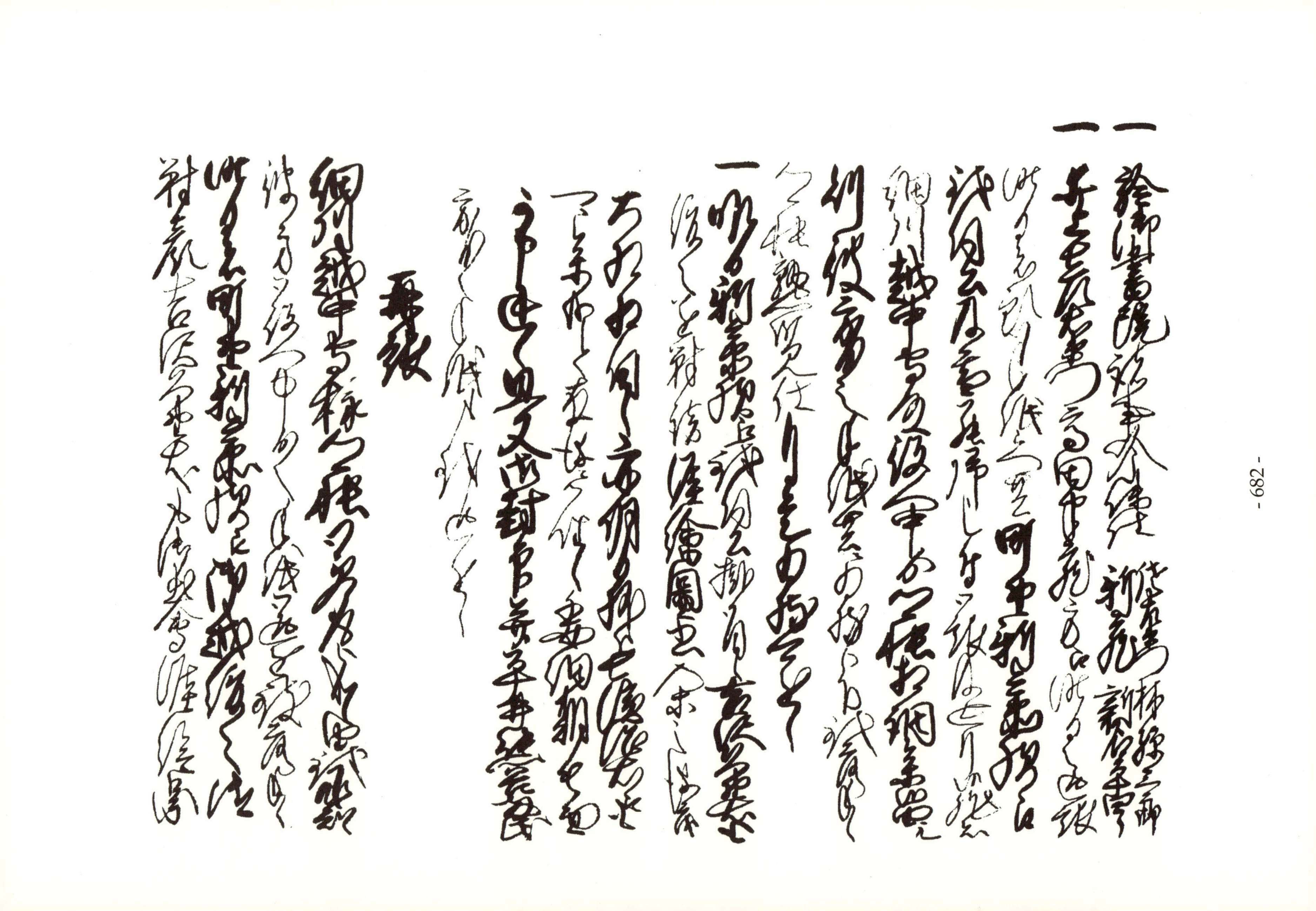

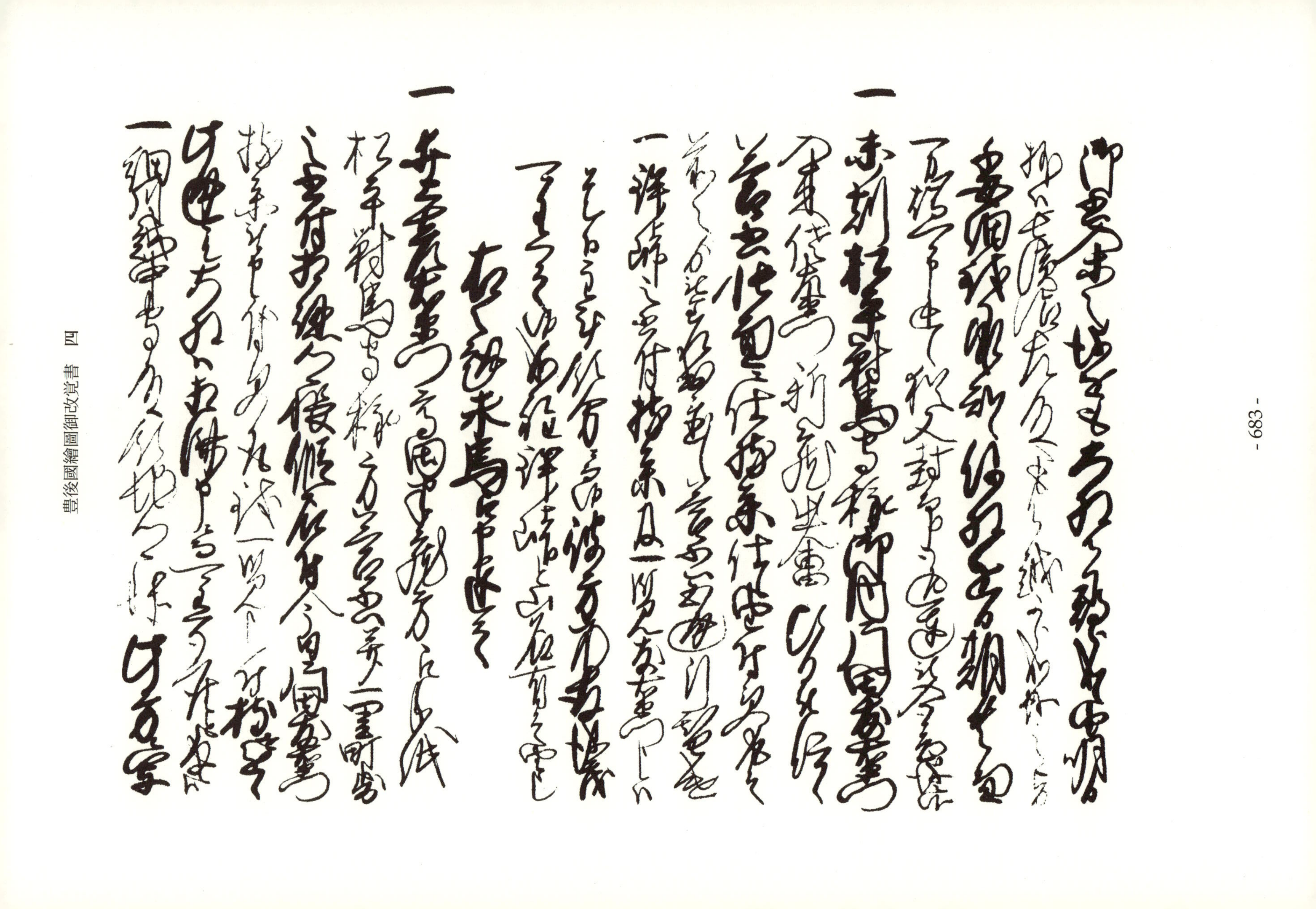

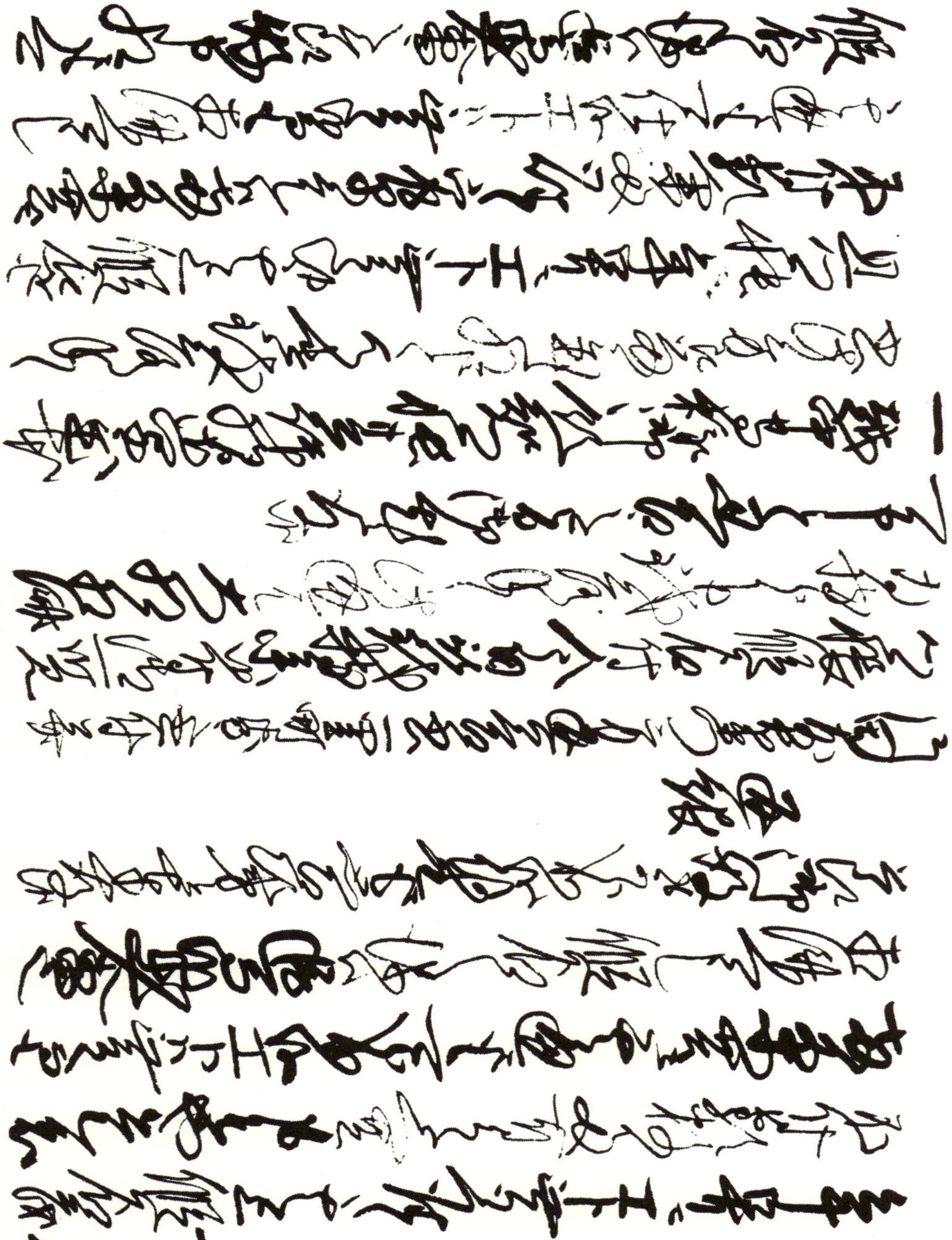

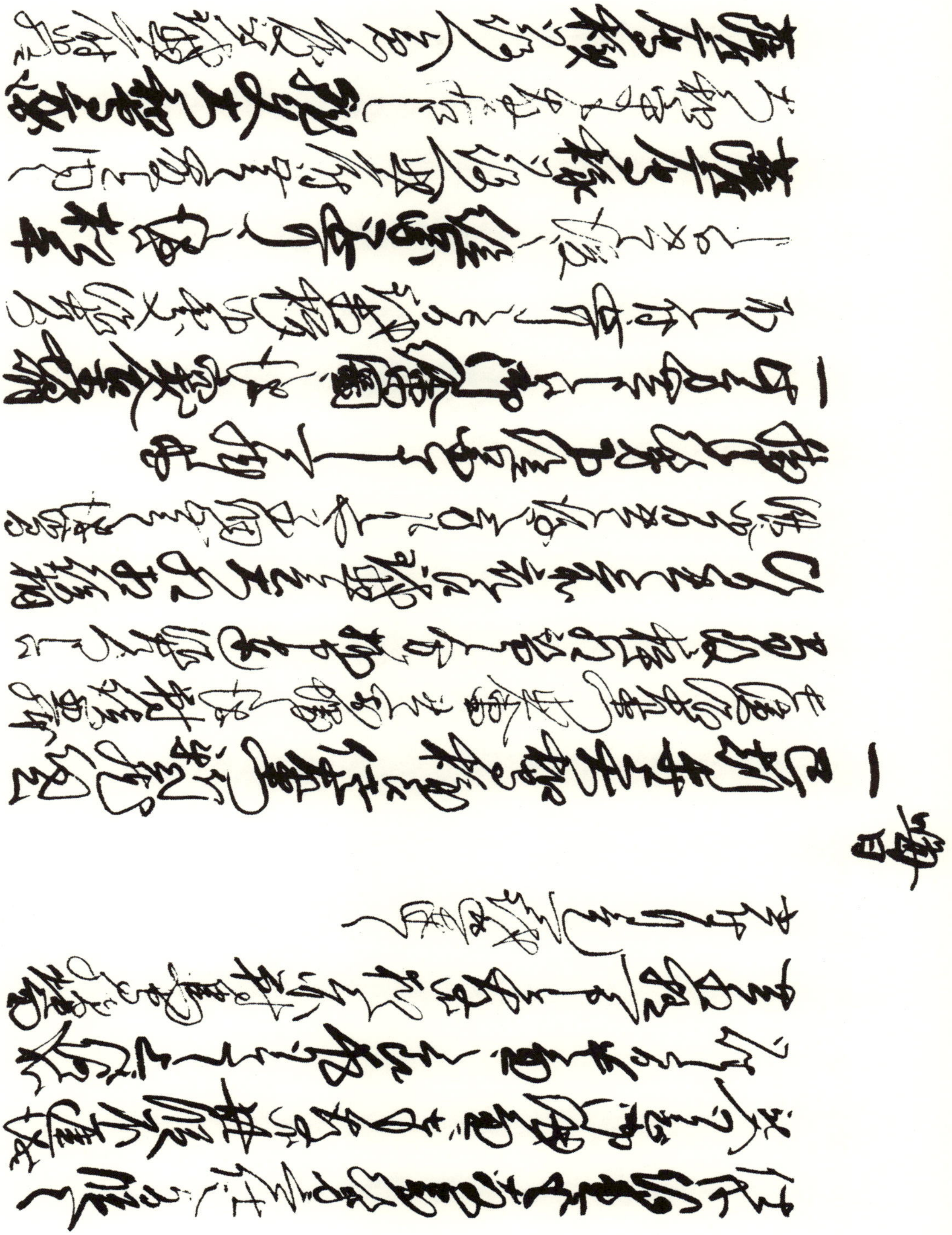

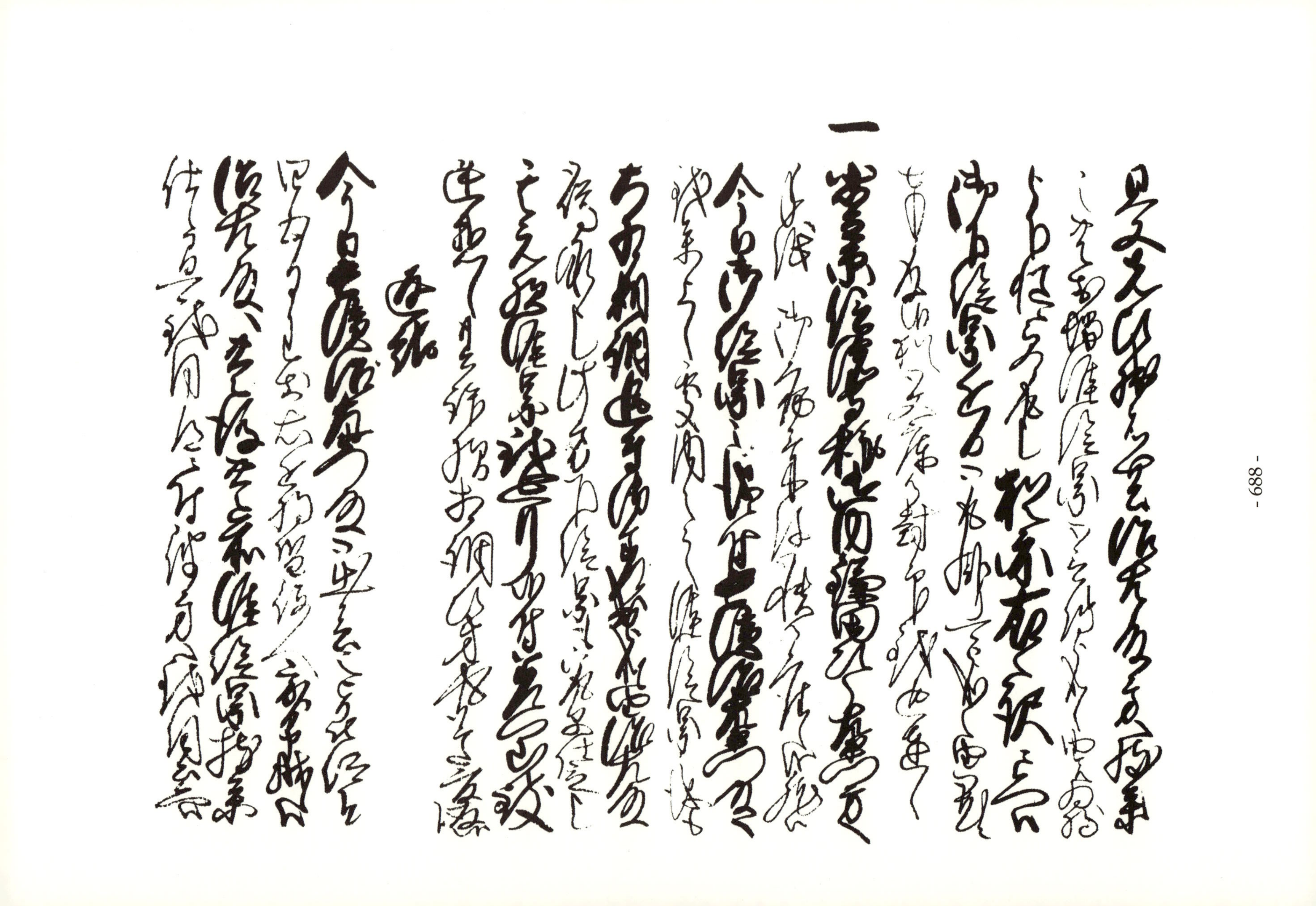

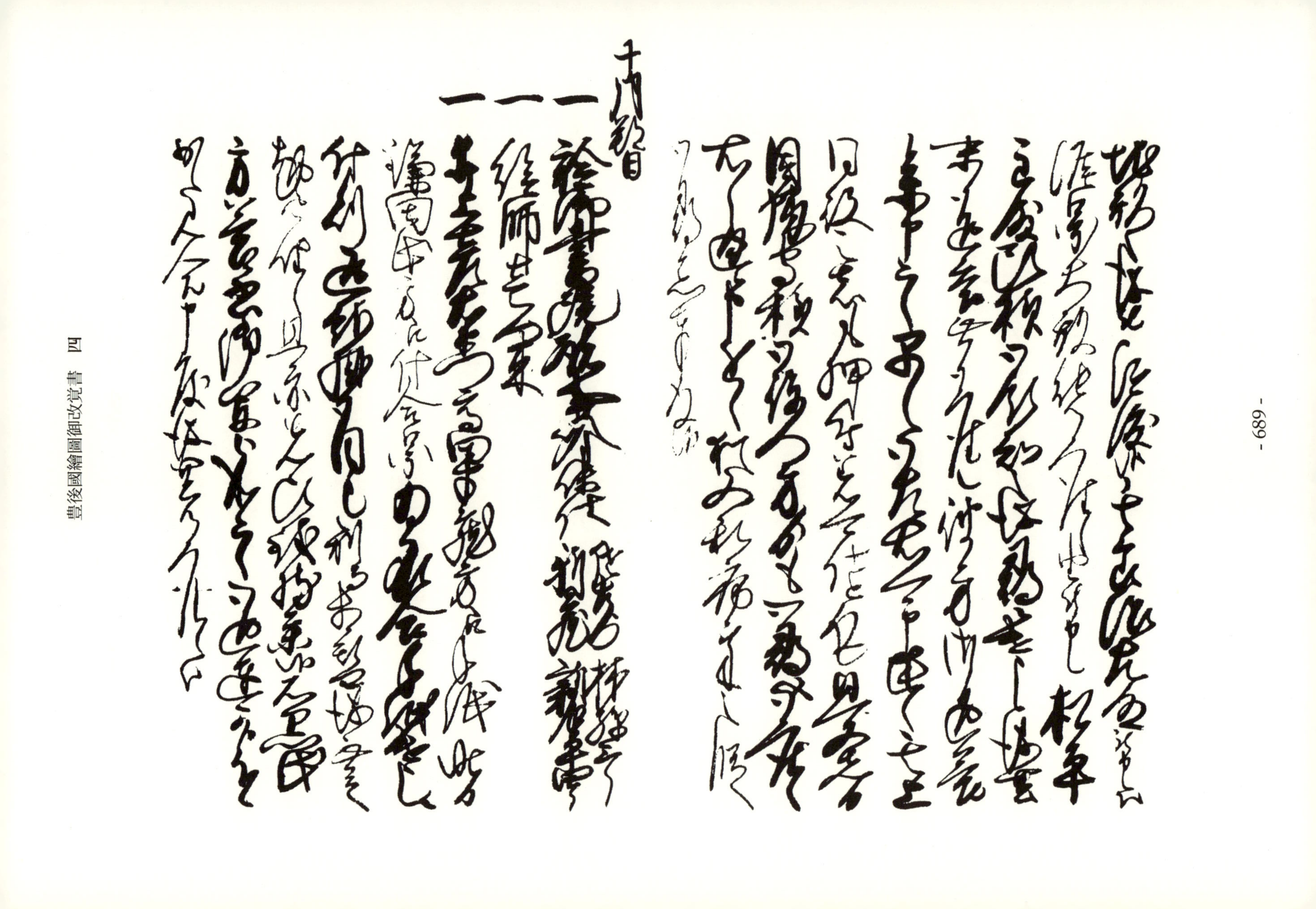

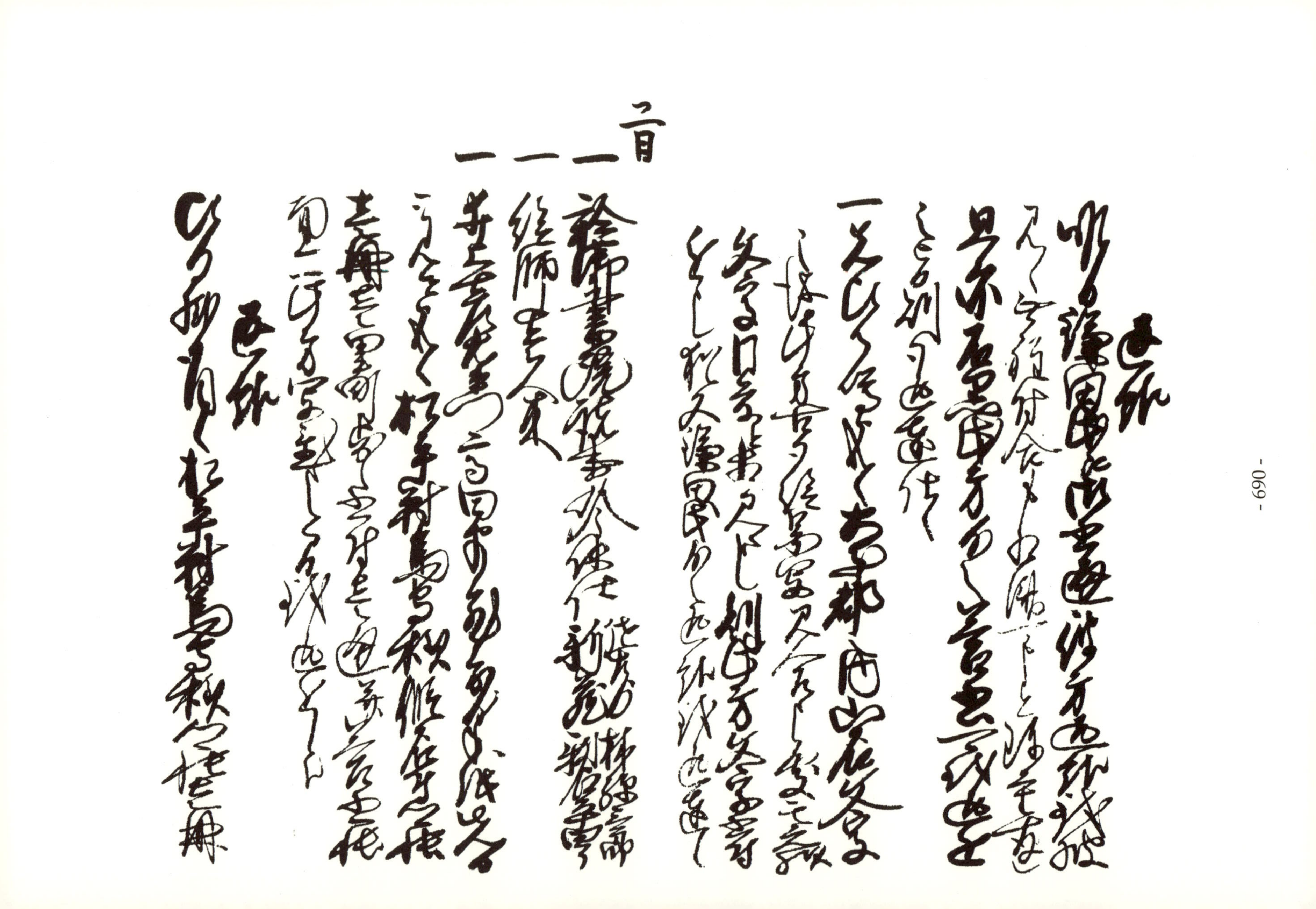

一一一四

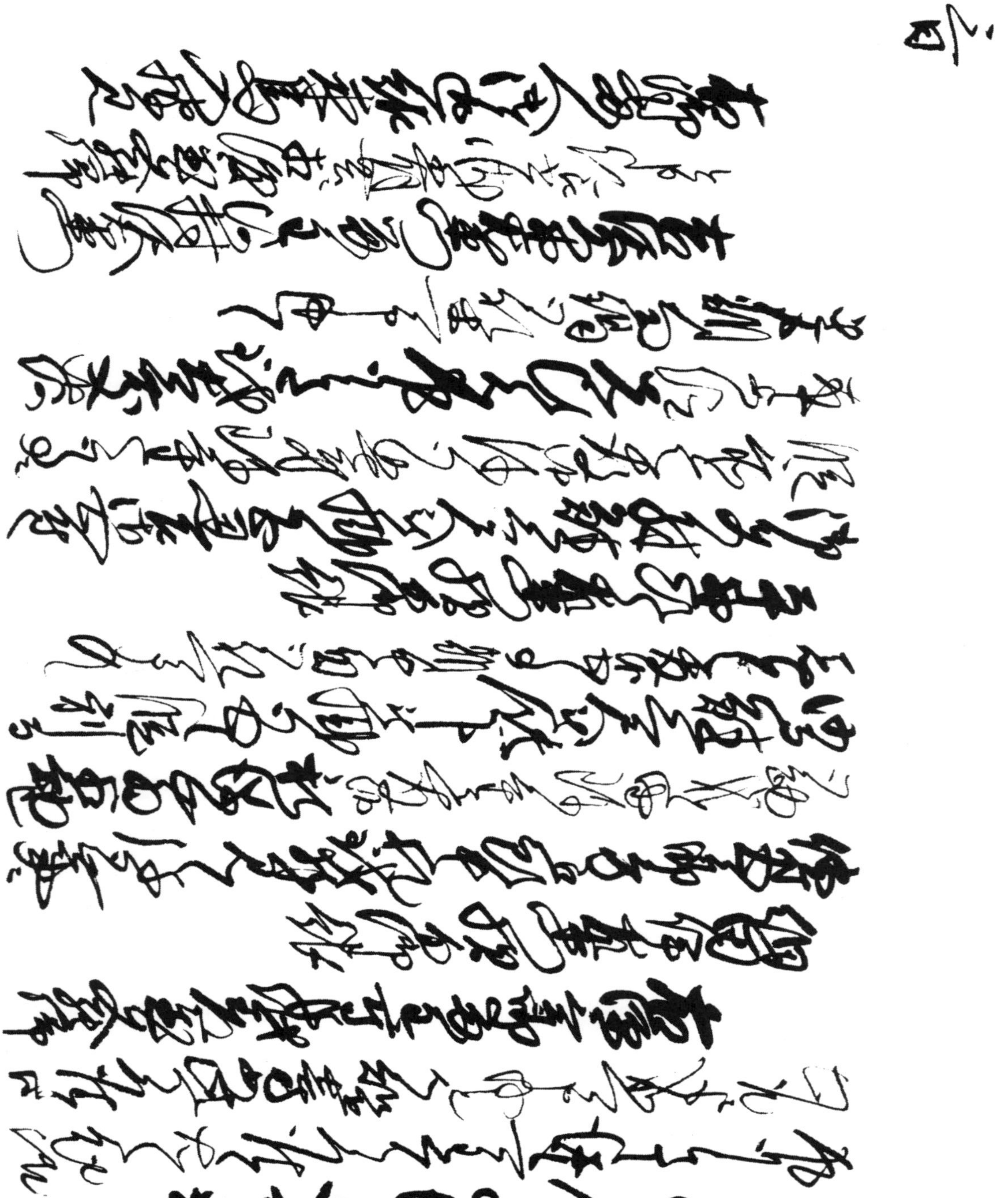

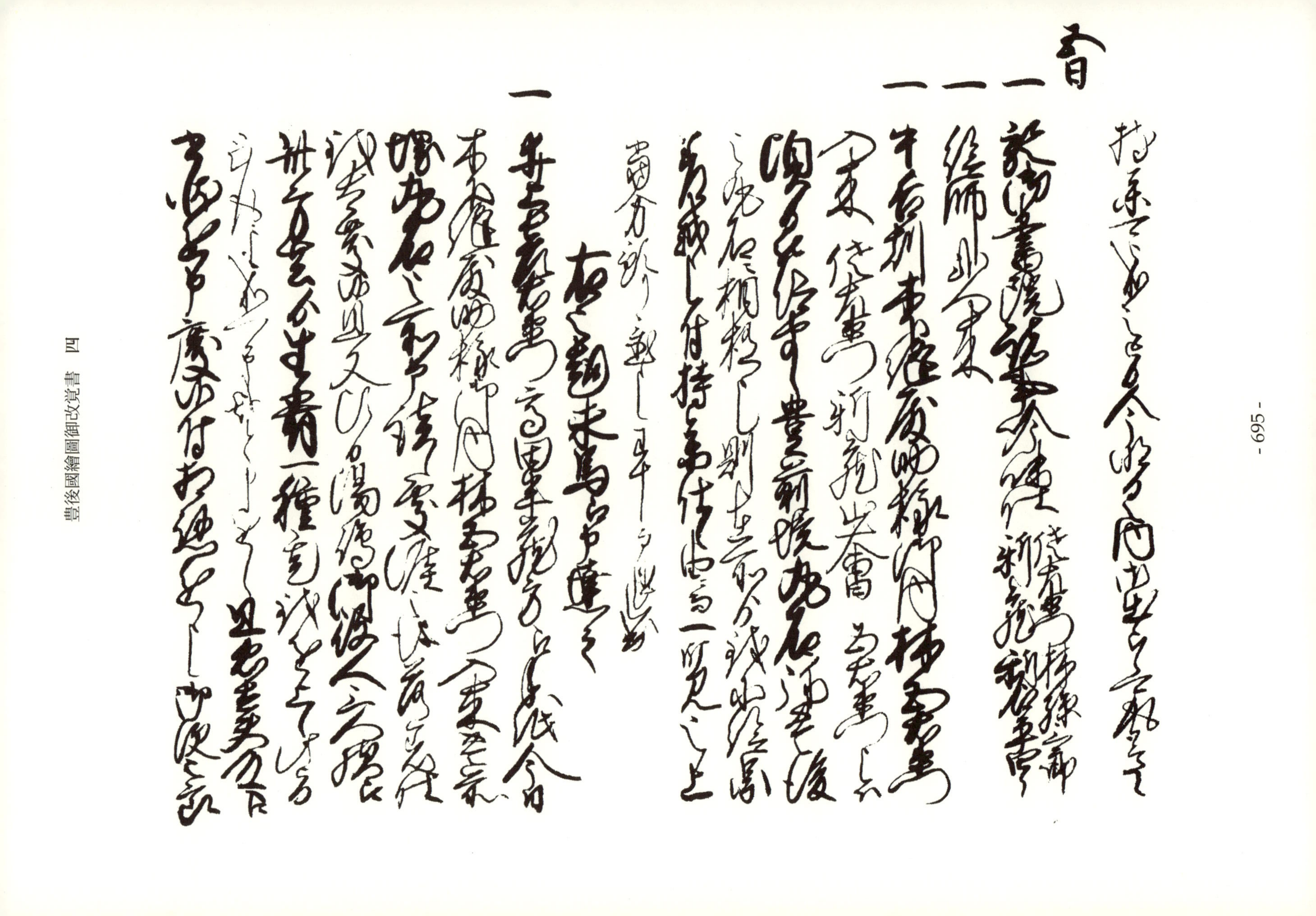

[illegible]

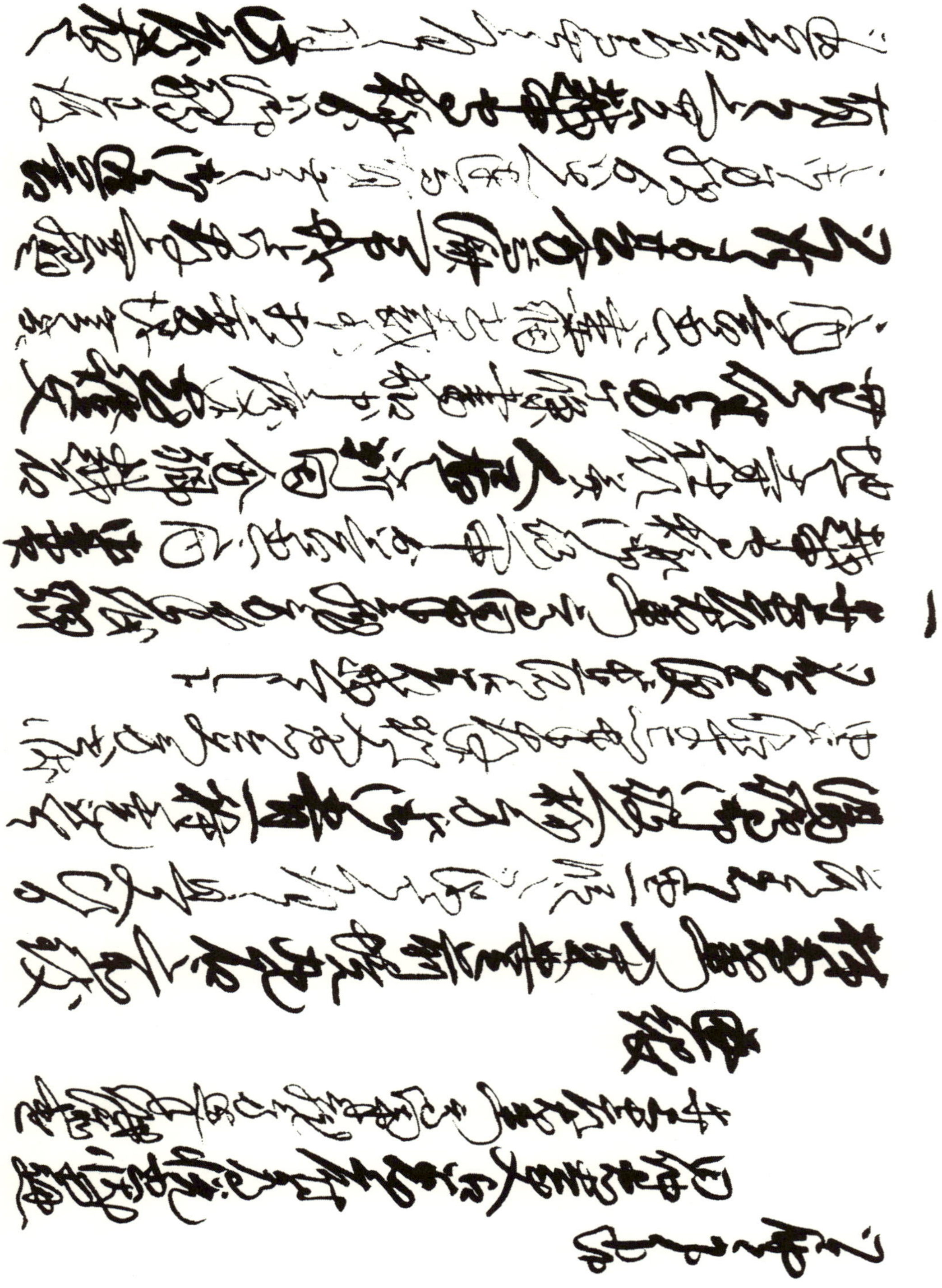

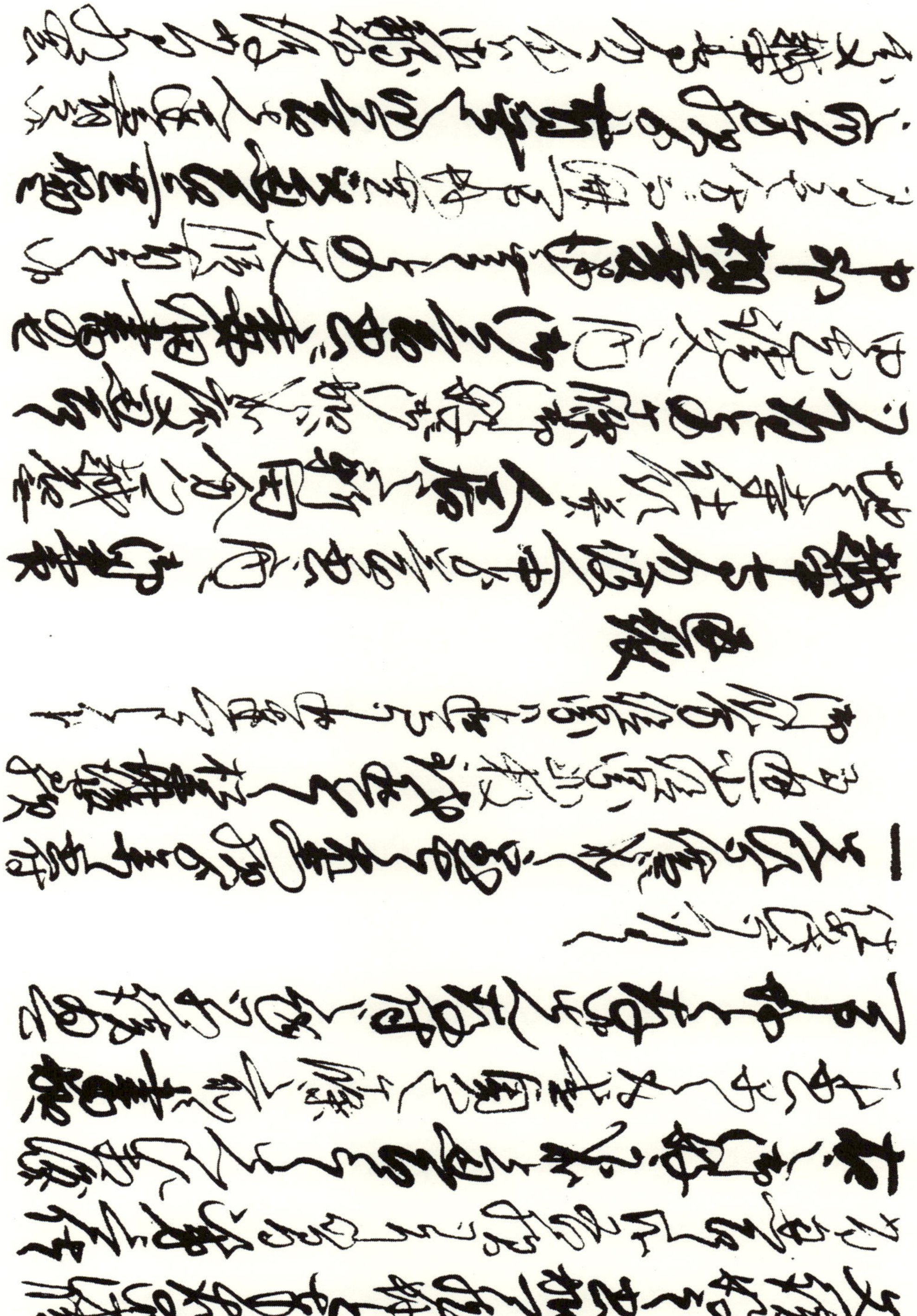

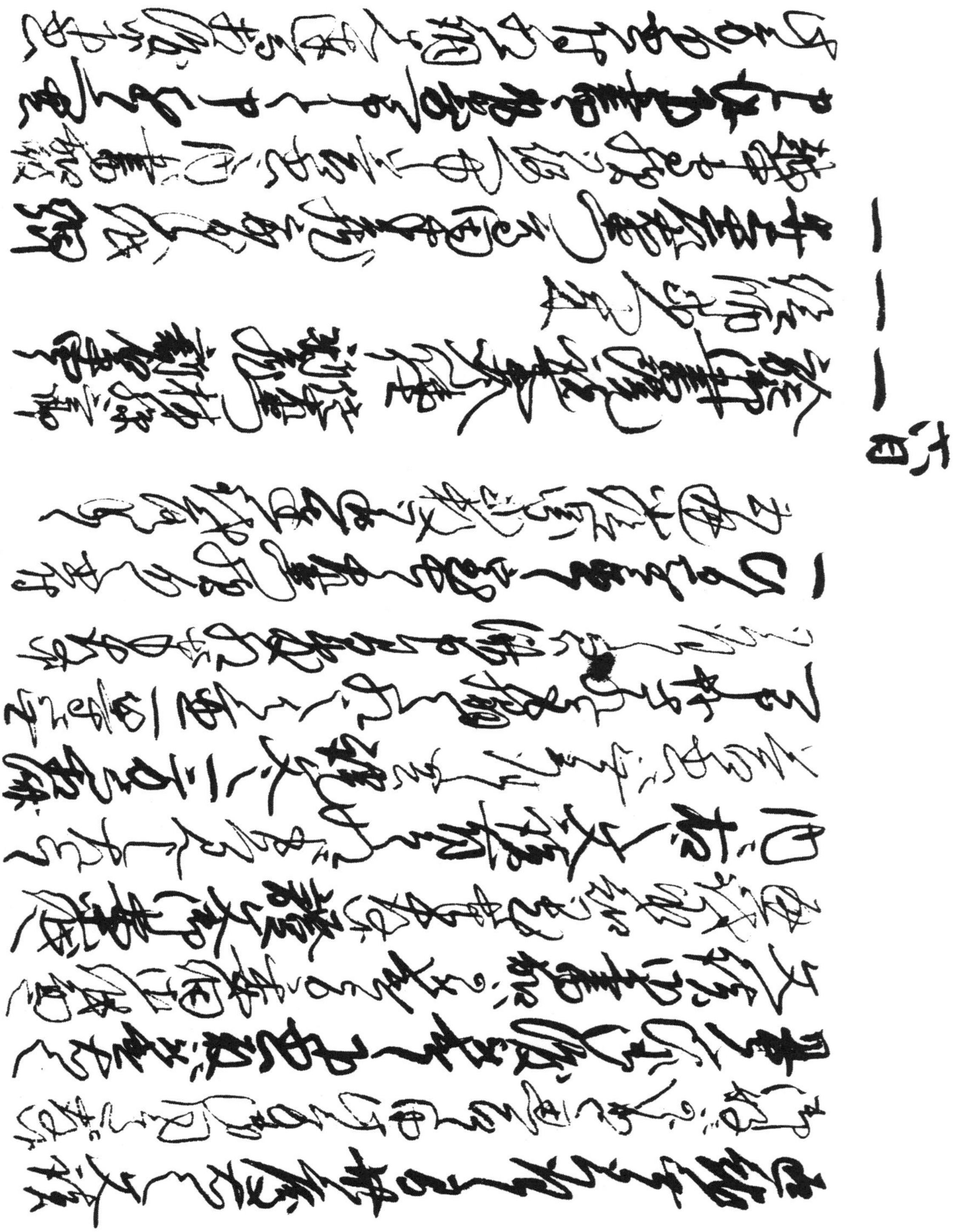

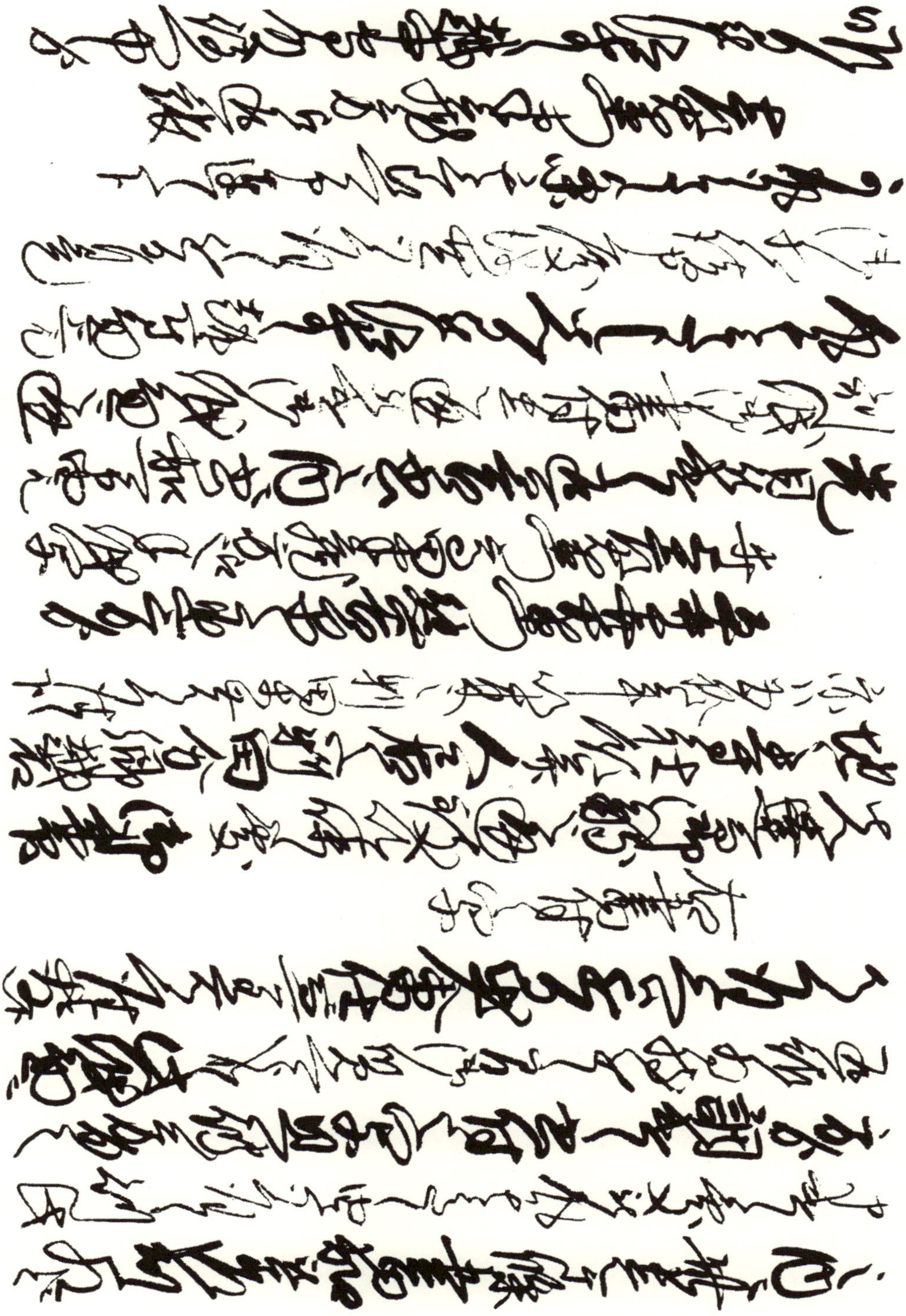

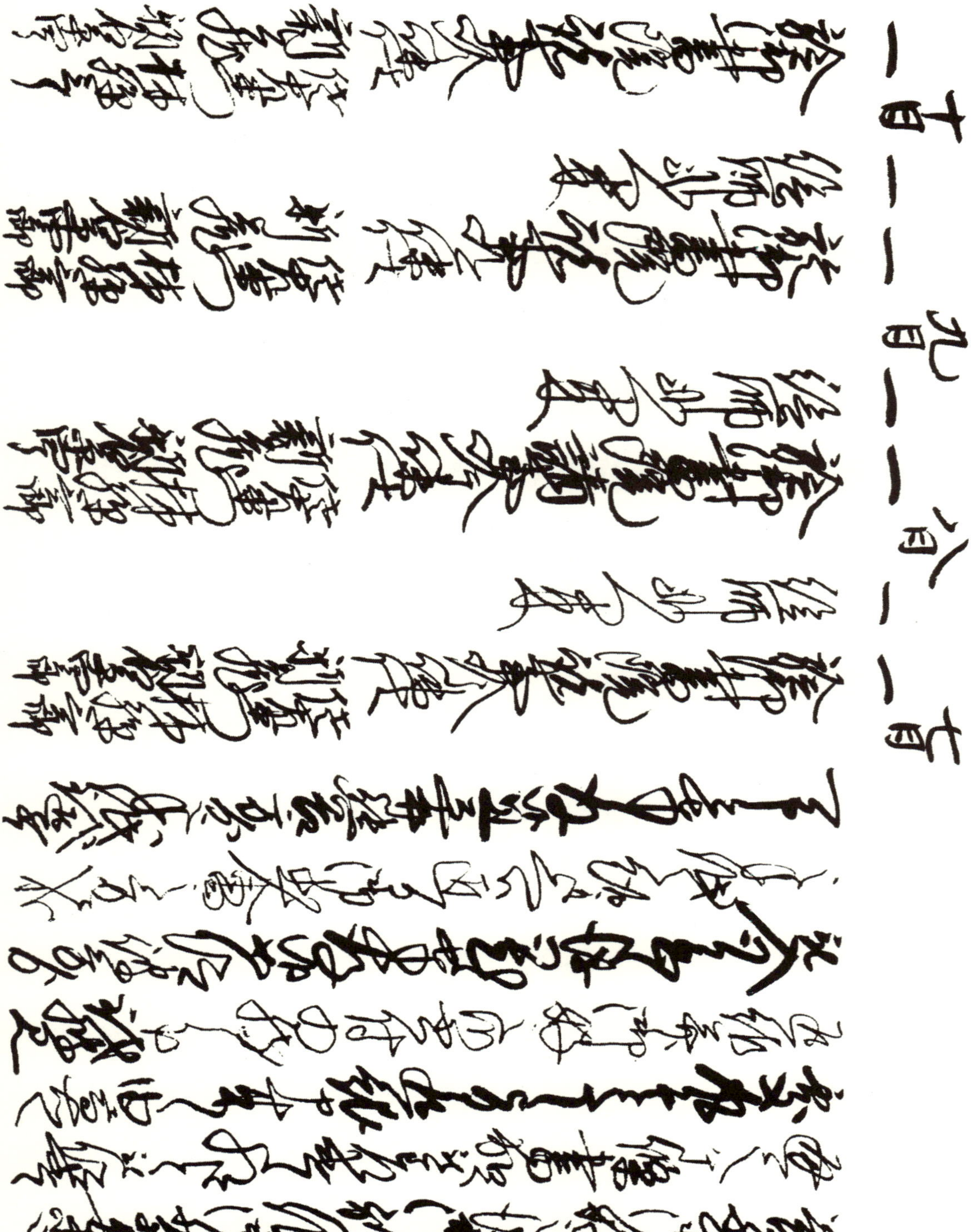

一　絵師壱人来

十一

一　於御書院ニ而絵図出入仕

　　候衆　新規

　　　　林猪三郎

　　　　新宮亨三郎

　　　　植田猪三郎

十二

一　右同断

十三日

一　右同断

十四日

一　右同断

十五

一　於右国東郡ノ絵図出入[illegible]

　　[illegible]

一　細川越中守様御内[illegible]

　　[illegible]

　　[illegible]

　　[illegible]

　　[illegible]

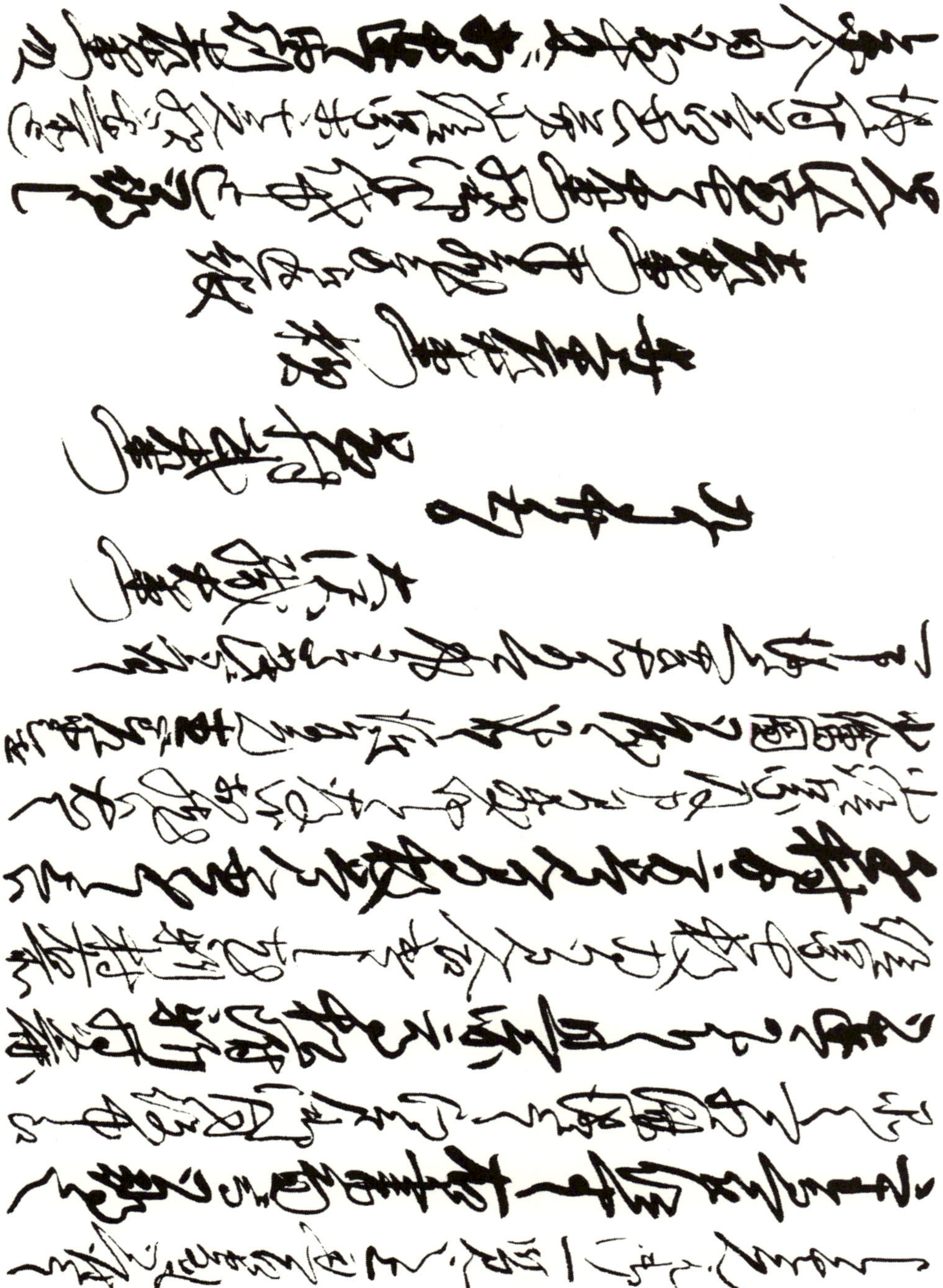

たいめん。[illegible]御たる[illegible]まいる。御礼申
入らるゝよし申さるゝ
番衆
中川周防守殿より[illegible]御たる
なしの御折[illegible]一折まいる
見事なる[illegible]まいる

十五日

一 於御書院[illegible]
新宰相 [illegible] 新中納言

十六日

一 所司代中川周防守殿[illegible] 新宰相
[illegible]
[illegible]
[illegible]
[illegible]
[illegible]
一 [illegible]
[illegible]

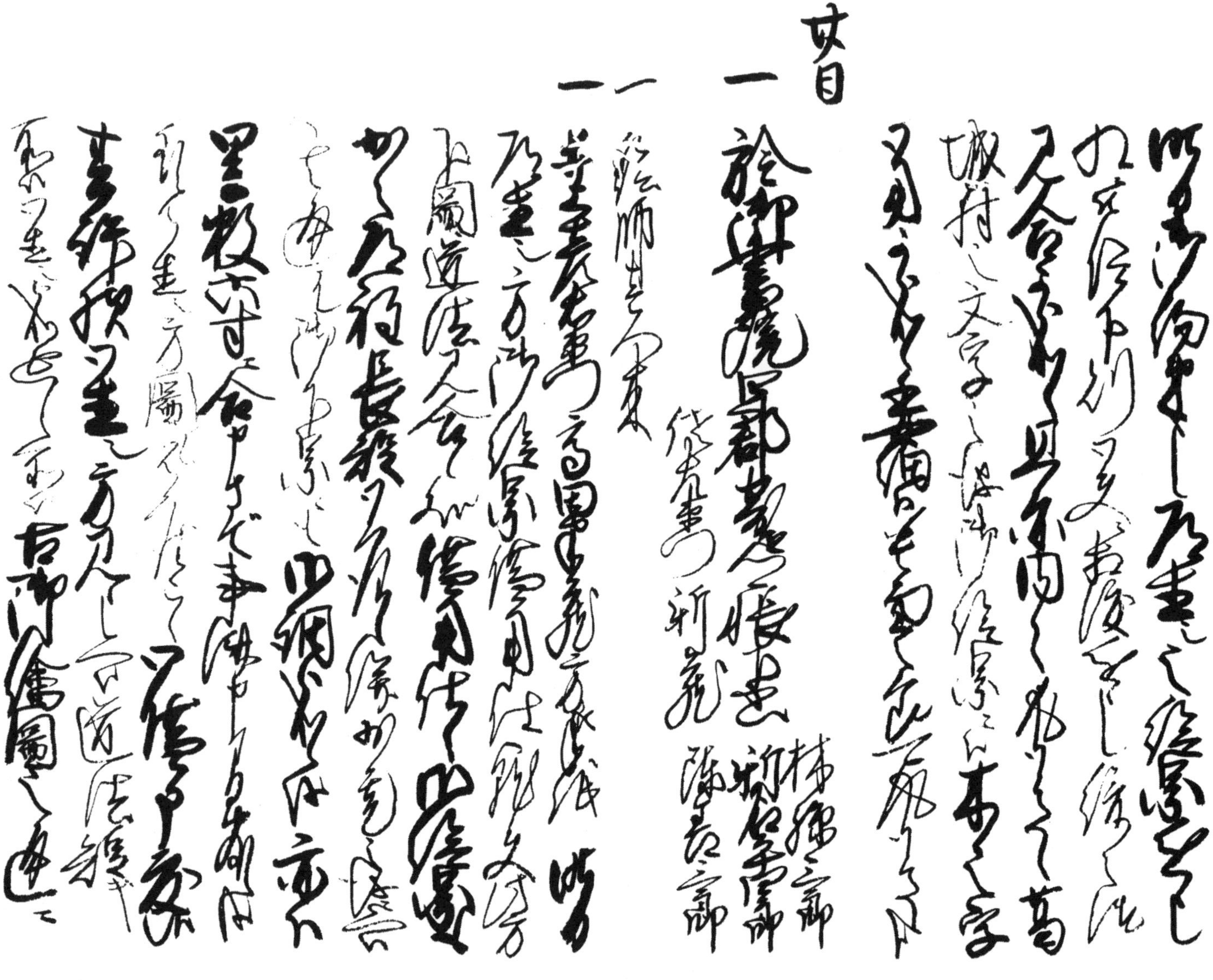

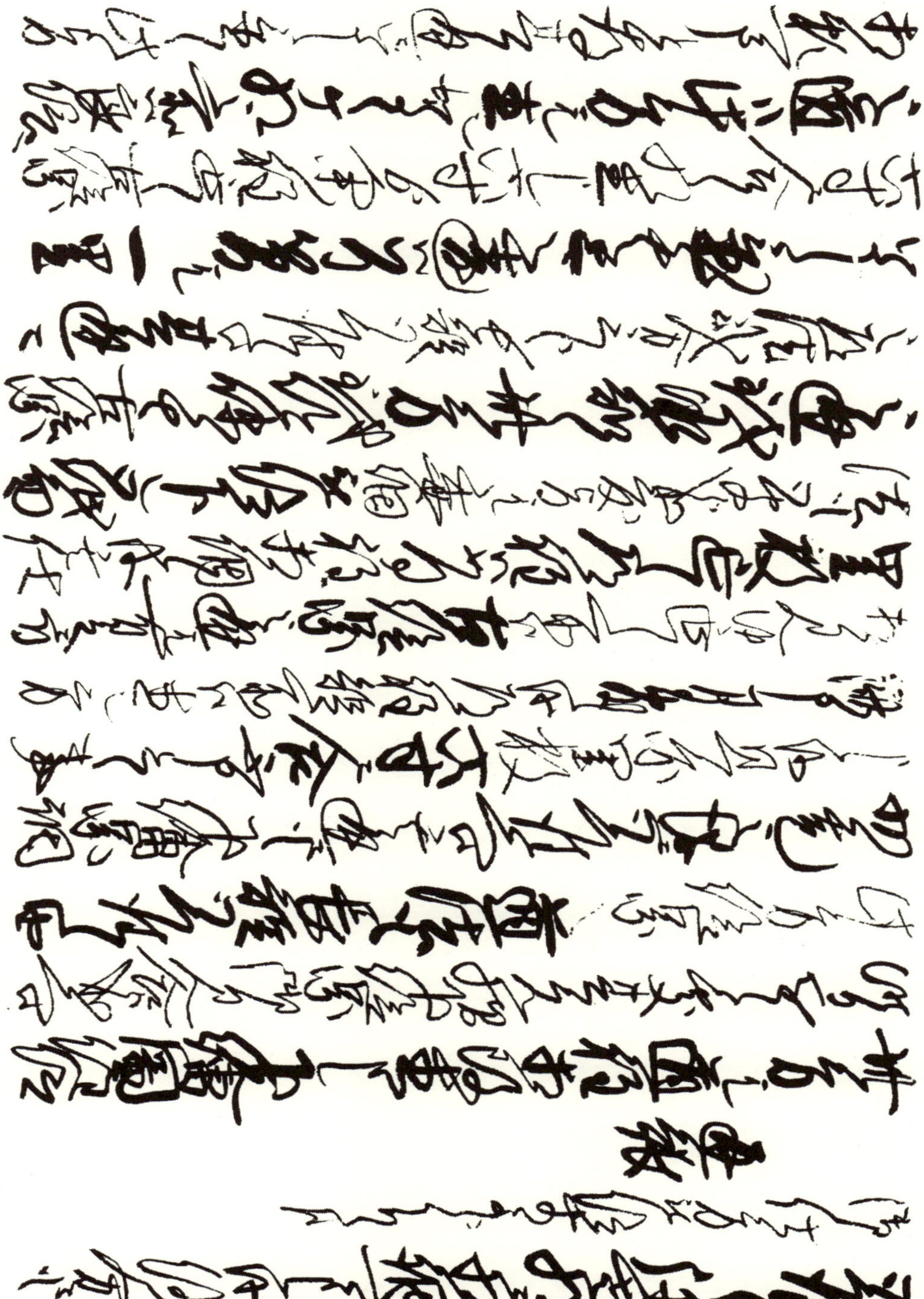

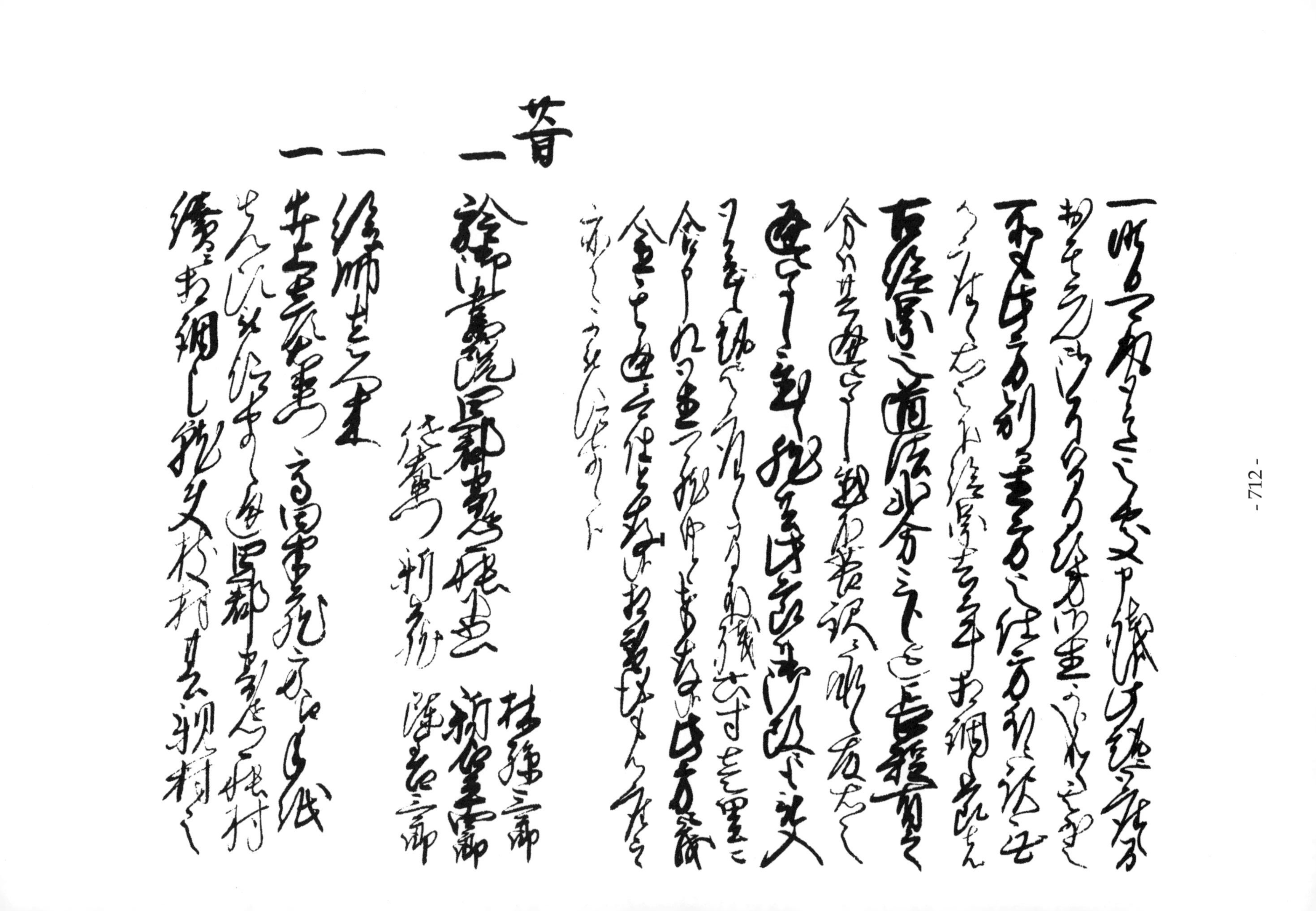

一此度[illegible]

[illegible]

一 荅

一 [illegible]

林孫三郎

[illegible]三郎

[illegible]右衛門

一 [illegible]

一 [illegible]

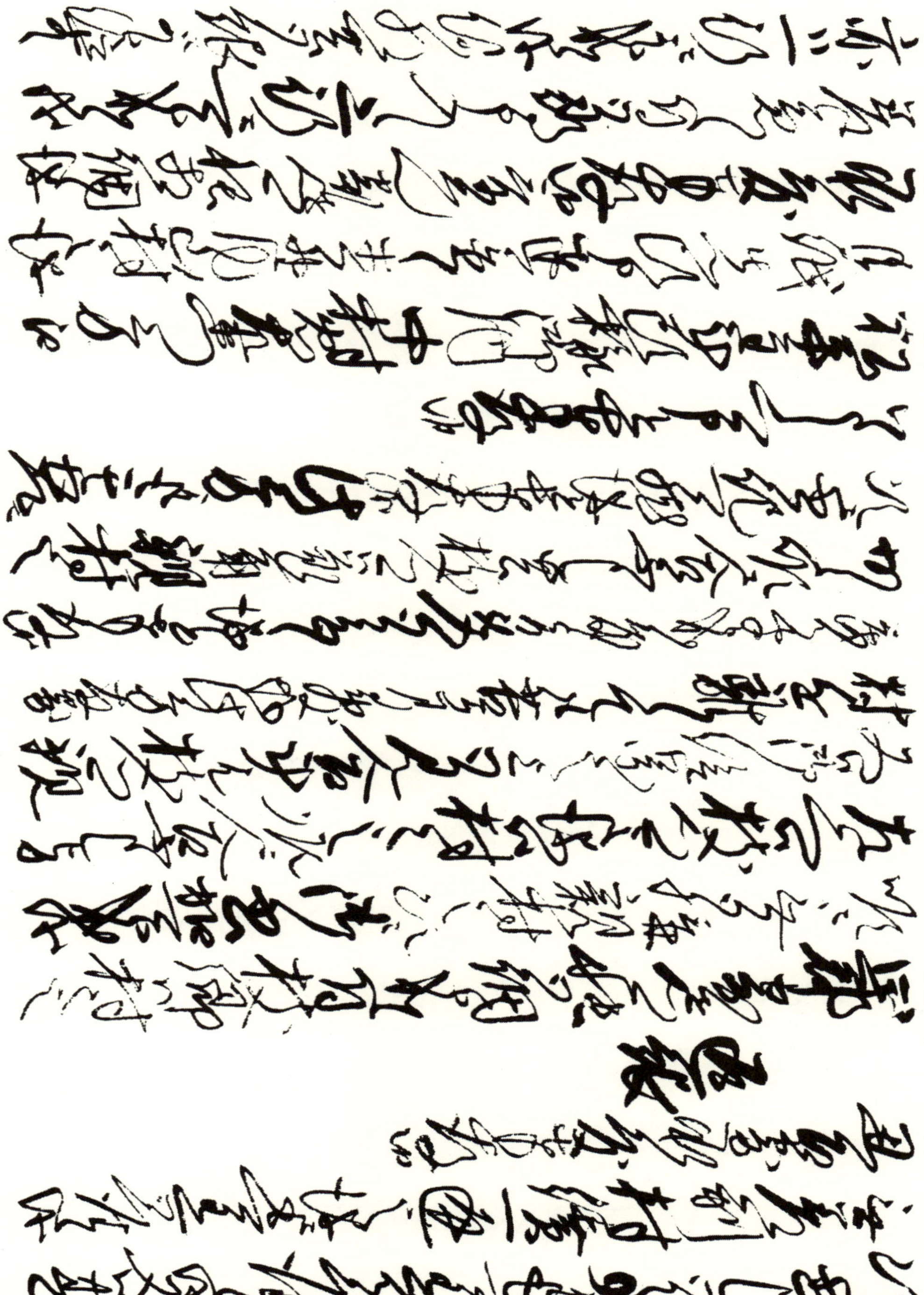

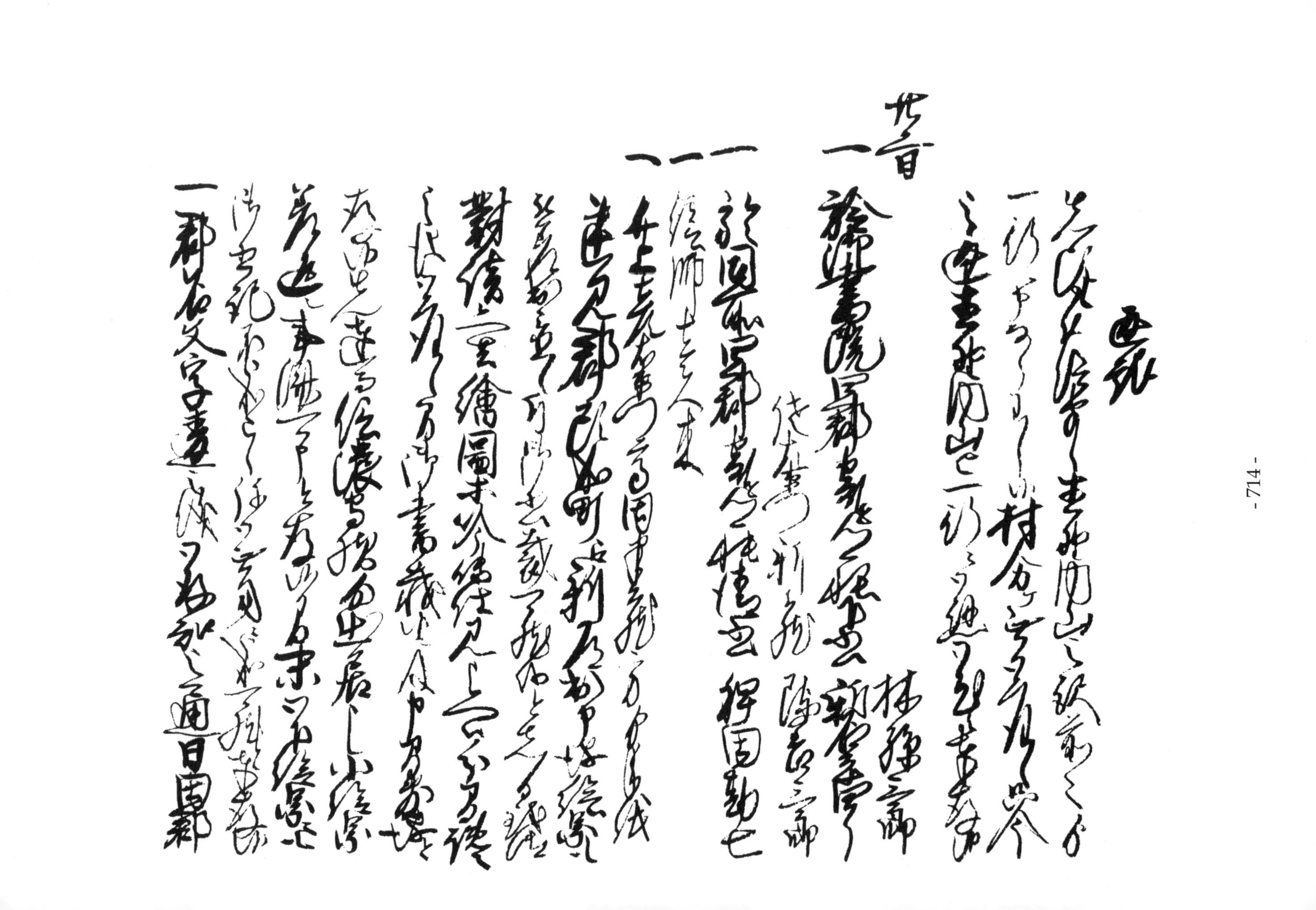

西坊

[illegible]

一 [illegible] 村井 [illegible]

一 [illegible]

廿日

一 [illegible] 林弥三郎

[illegible]

一 [illegible]

一 [illegible]

一 [illegible]

[illegible]

一 [illegible] 日 [illegible]

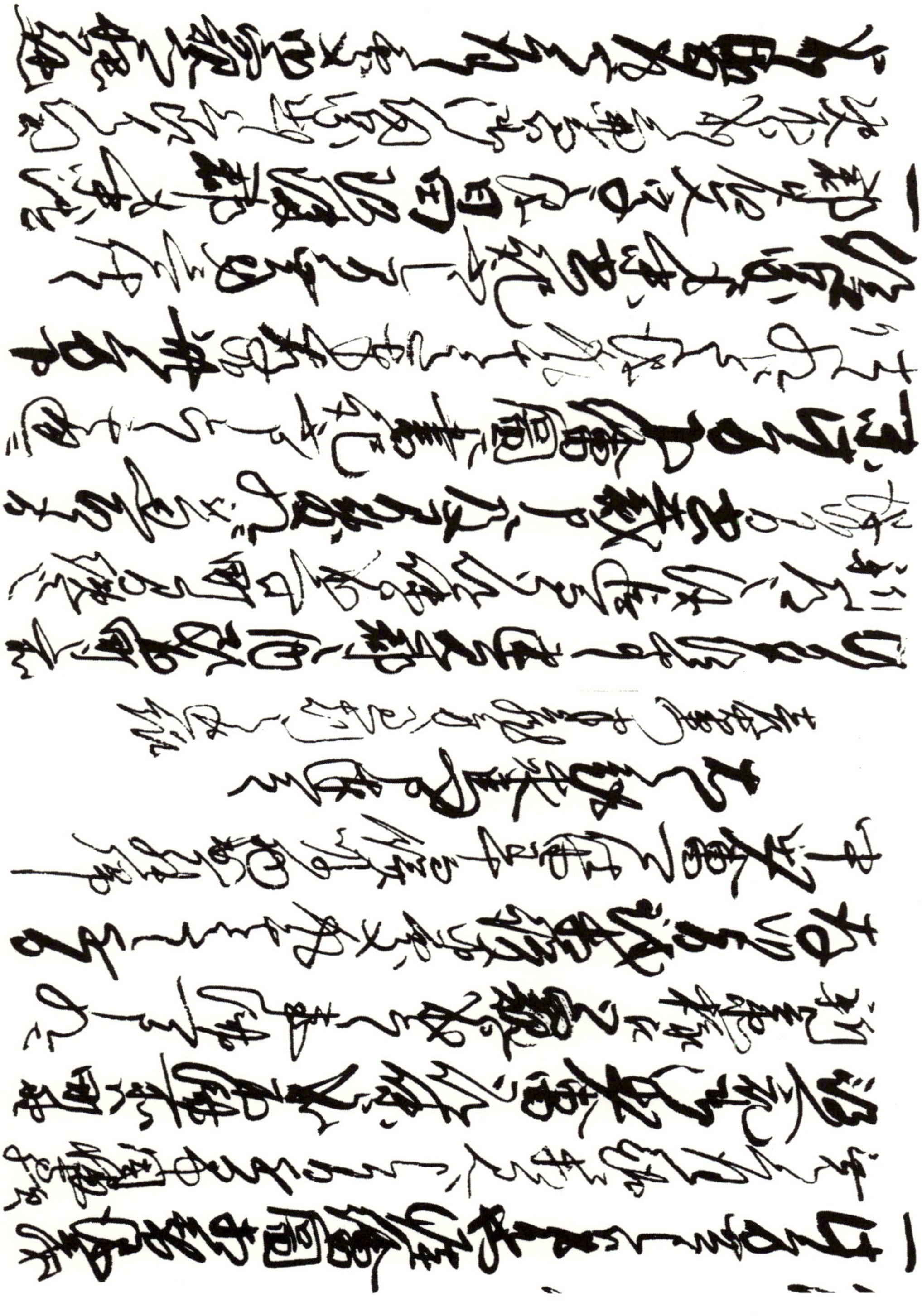

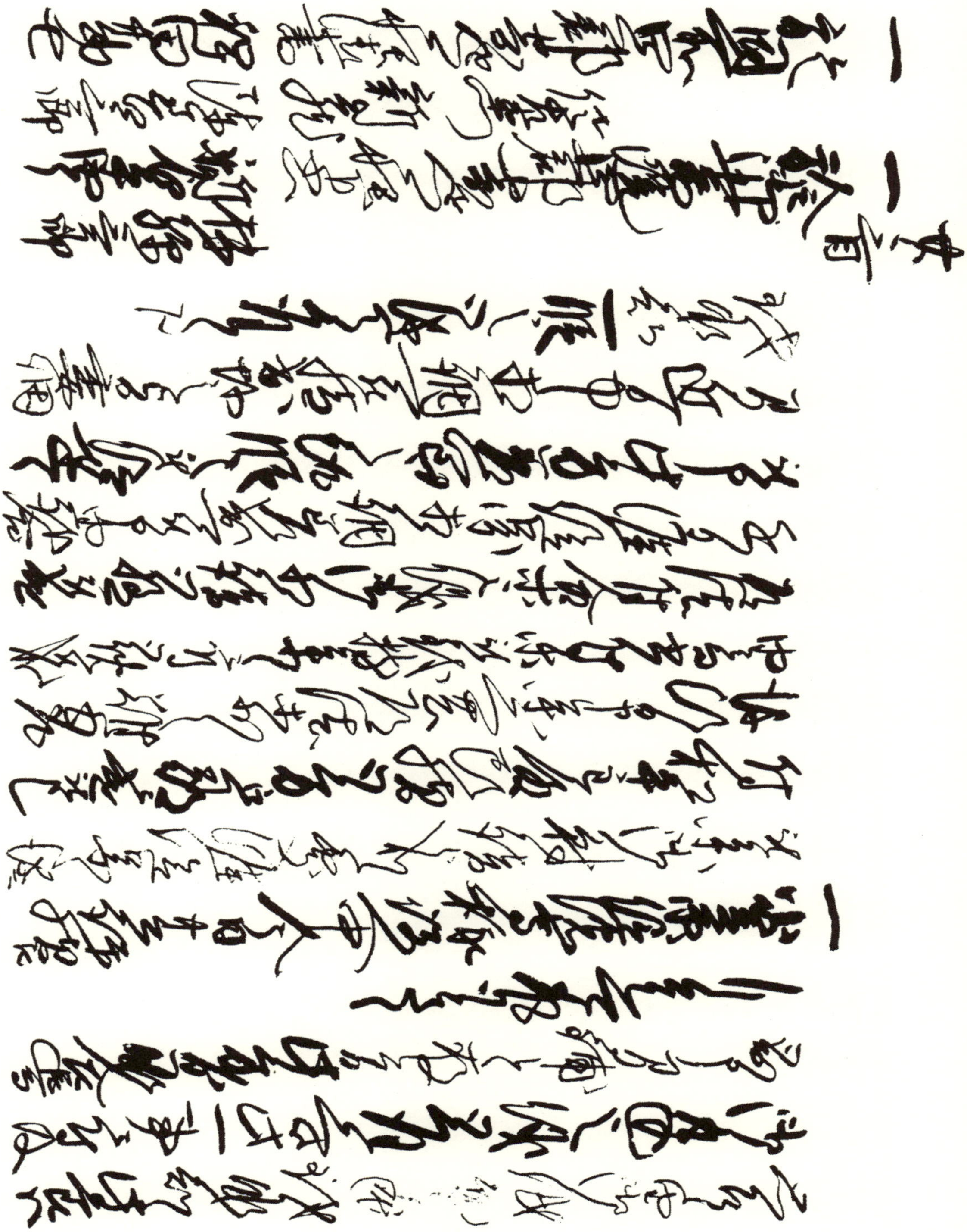

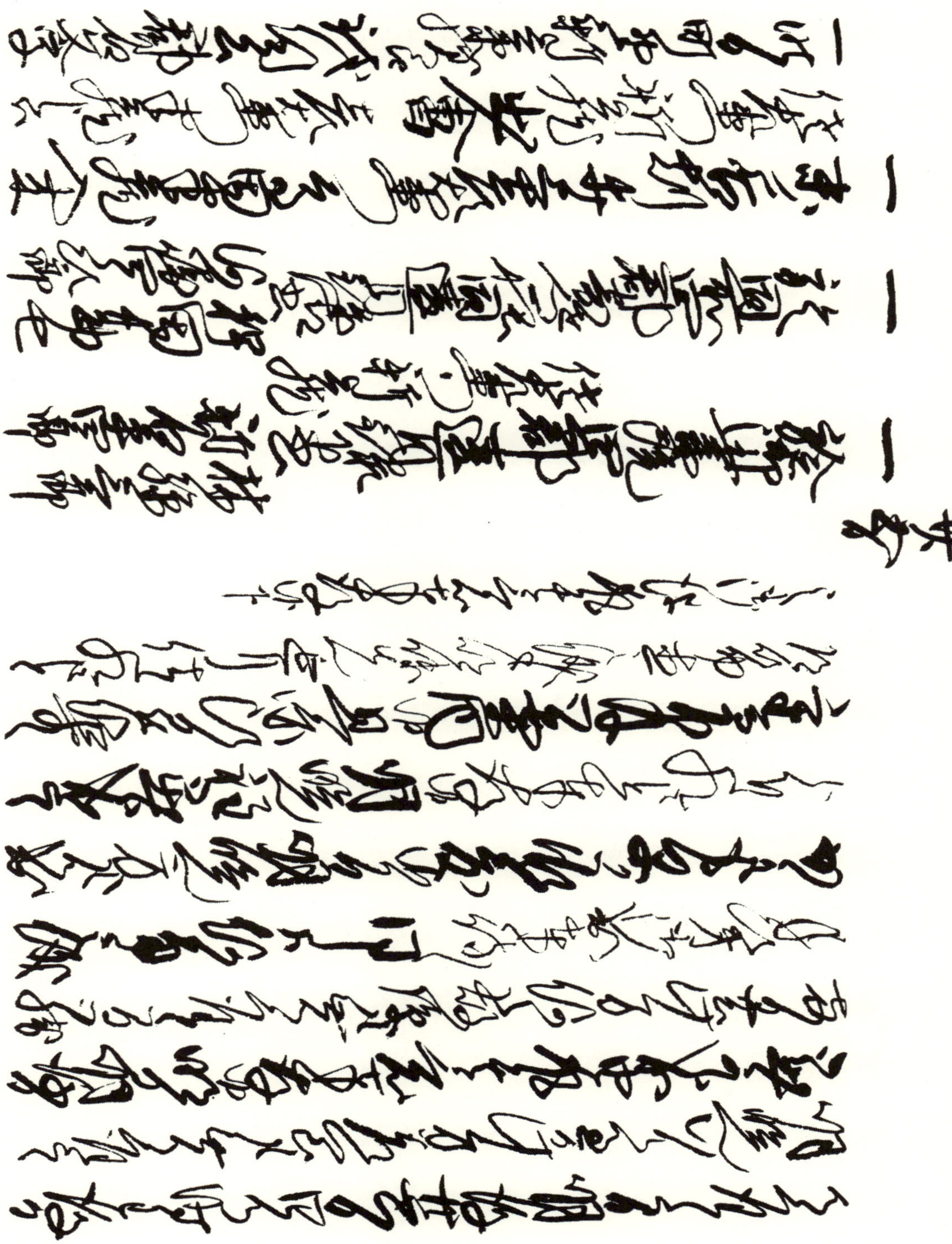

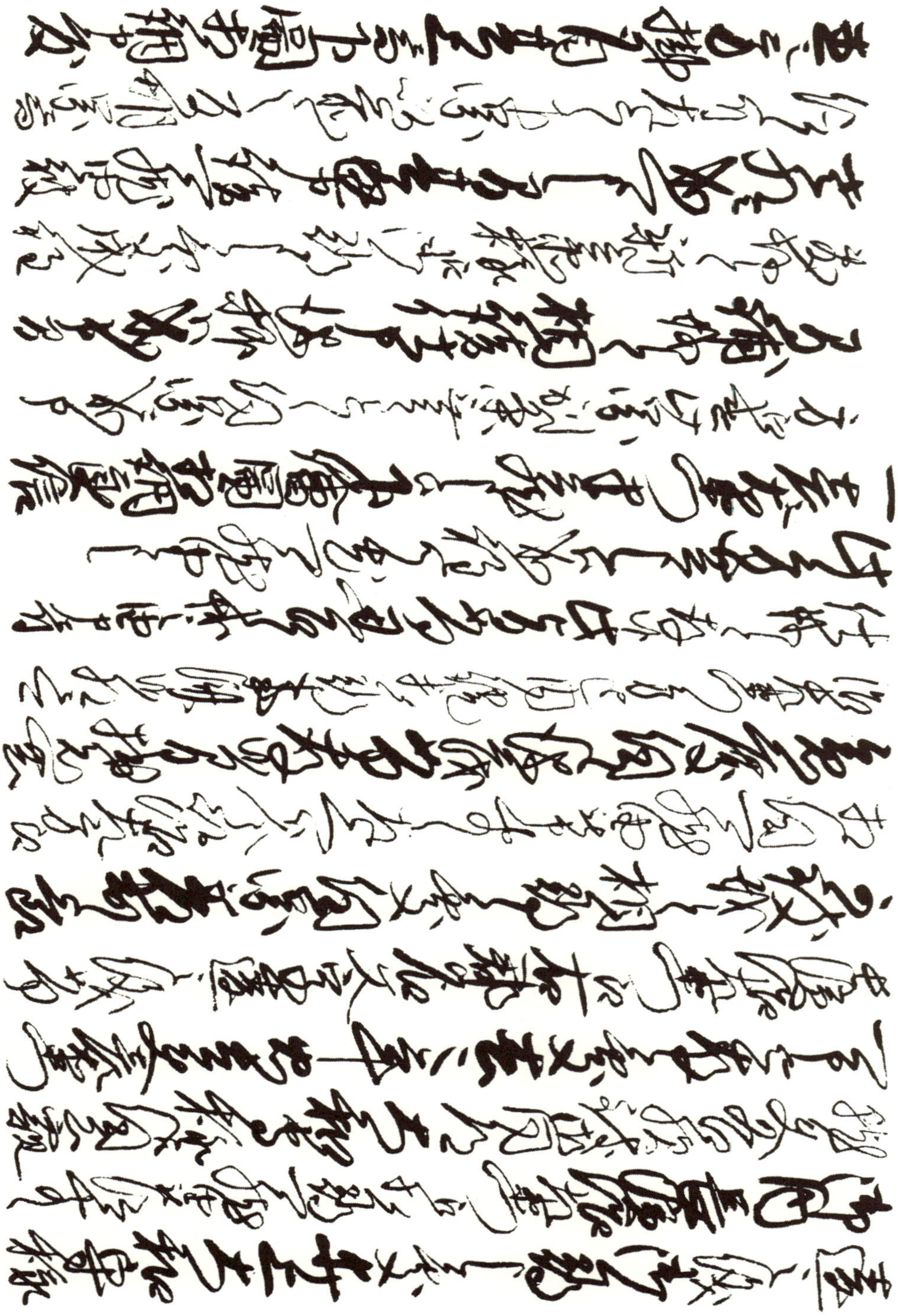

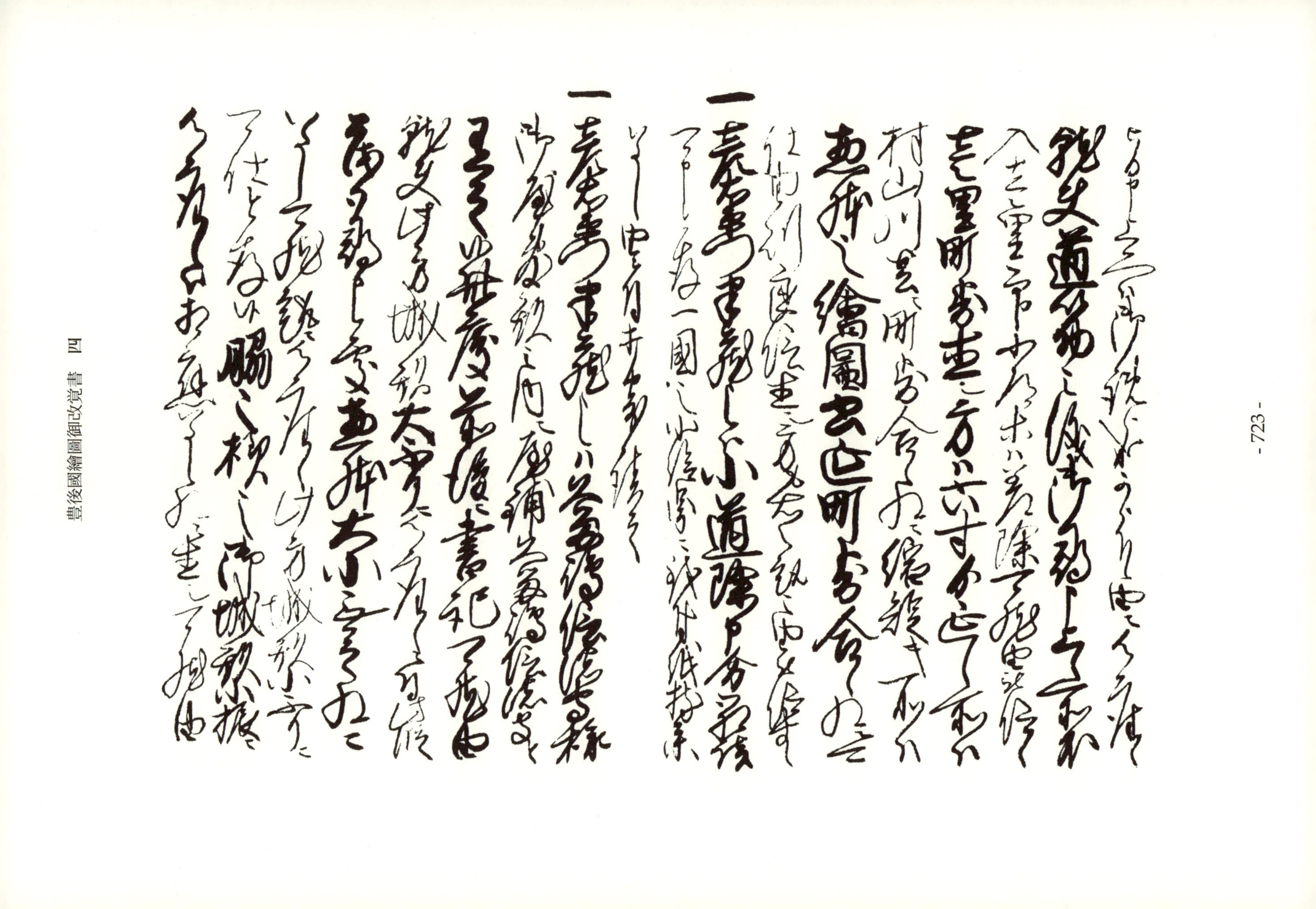

右城取入候書入之出ニ有之候ハ、其境
然ル由ニ而付ケ可差上候ハ、其段を
可申上候

一 表書之内有之候御絵図ニ城取
ニ而も其入候ハ、無之共、書付ニ分ケ致可来
書記可被出候

一 表書之内有之候所之国境、岩
数ニ而有之候而も不相分ニ付、其入候ニ
又ハ其余、新規之様ニ可相成
ニ而も出入有之候ハ、出入之
筆境之者、表書ニ而可相分候ハ、無之
此義ハ何れ江も尤可為御一存、致候事
迄ニ下図入置候様可致候、以上

右之趣被承知、可被申付候

戌十月

一 絵図并書様之儀同様ニ而書
付差出新規
林播三郎
新見平四郎

一 城図并書取ヲ以絵図ニ張候而差上候事
野田弥七
山縄又八郎

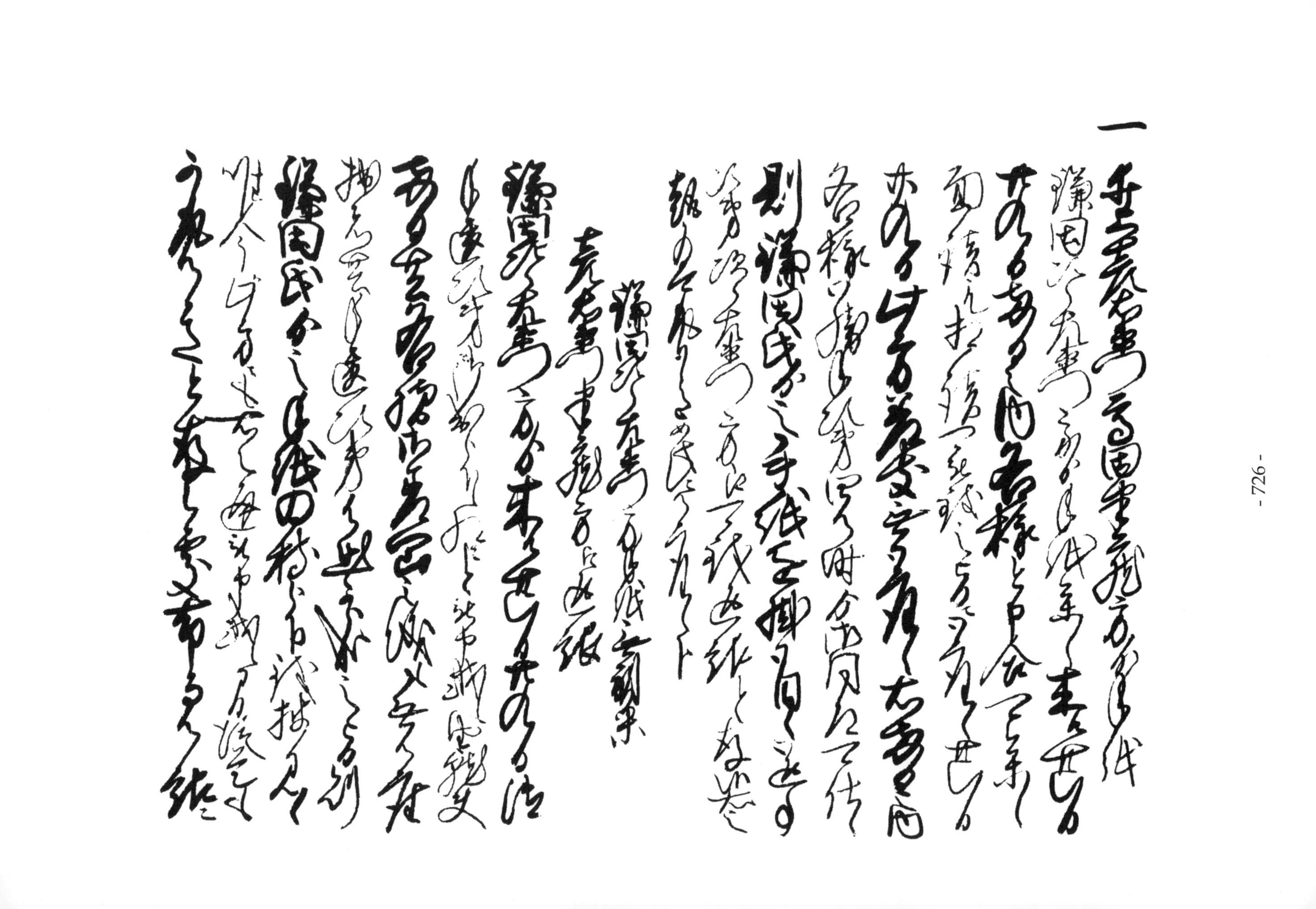

一 手前義先達而高田屋嘉兵衛方ニ而[illegible]
篠田氏ニ而先達而[illegible]未タ出来[illegible]
[illegible]
[illegible]
[illegible]
[illegible]
[illegible]
則篠田氏かこ手紙を[illegible]
[illegible]
[illegible]
篠田氏ニ而先達而[illegible]
[illegible]
篠田氏方ニ而[illegible]
[illegible]
[illegible]
[illegible]
篠田氏かこ[illegible]
[illegible]
[illegible]

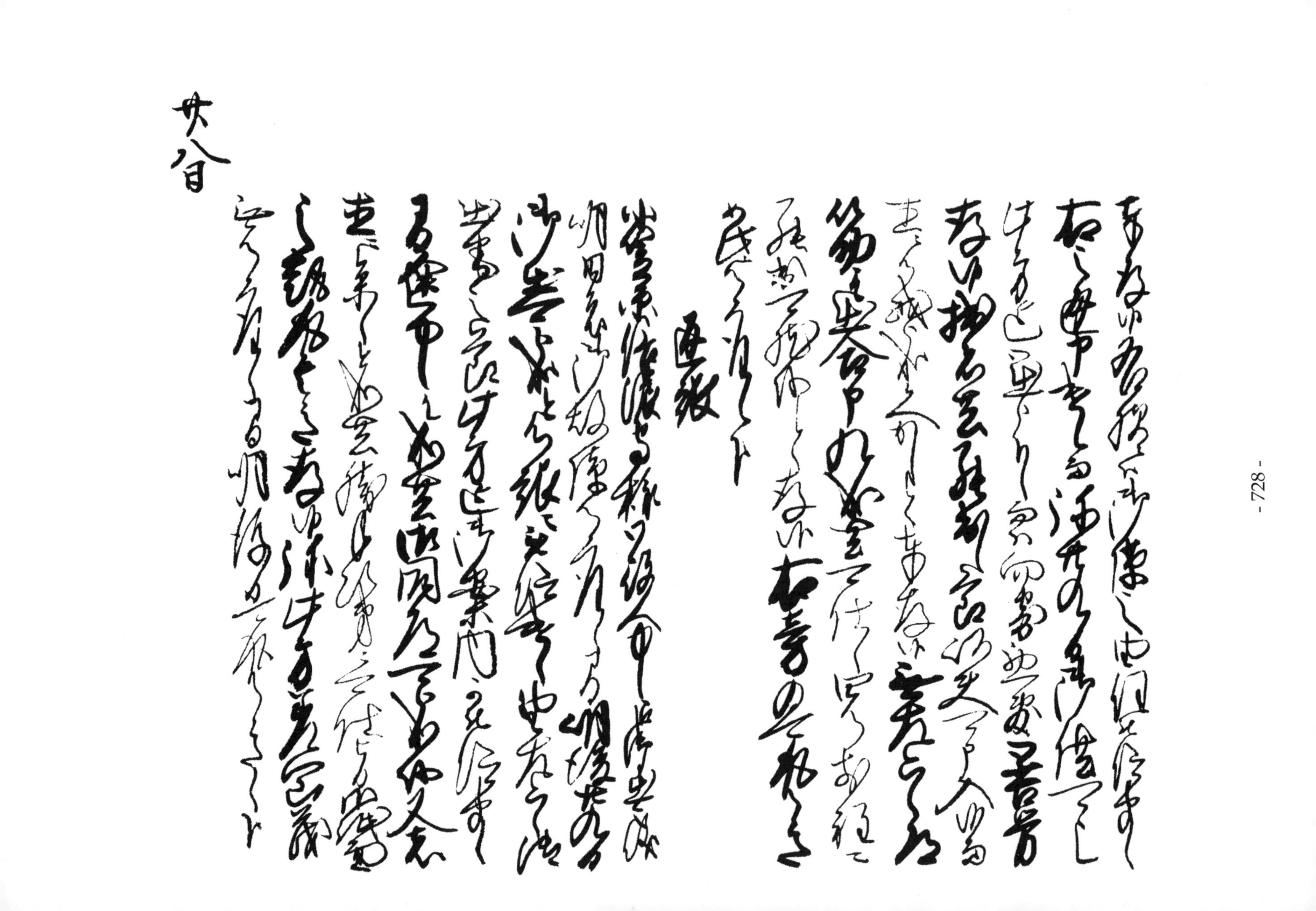

廿八日

[illegible]

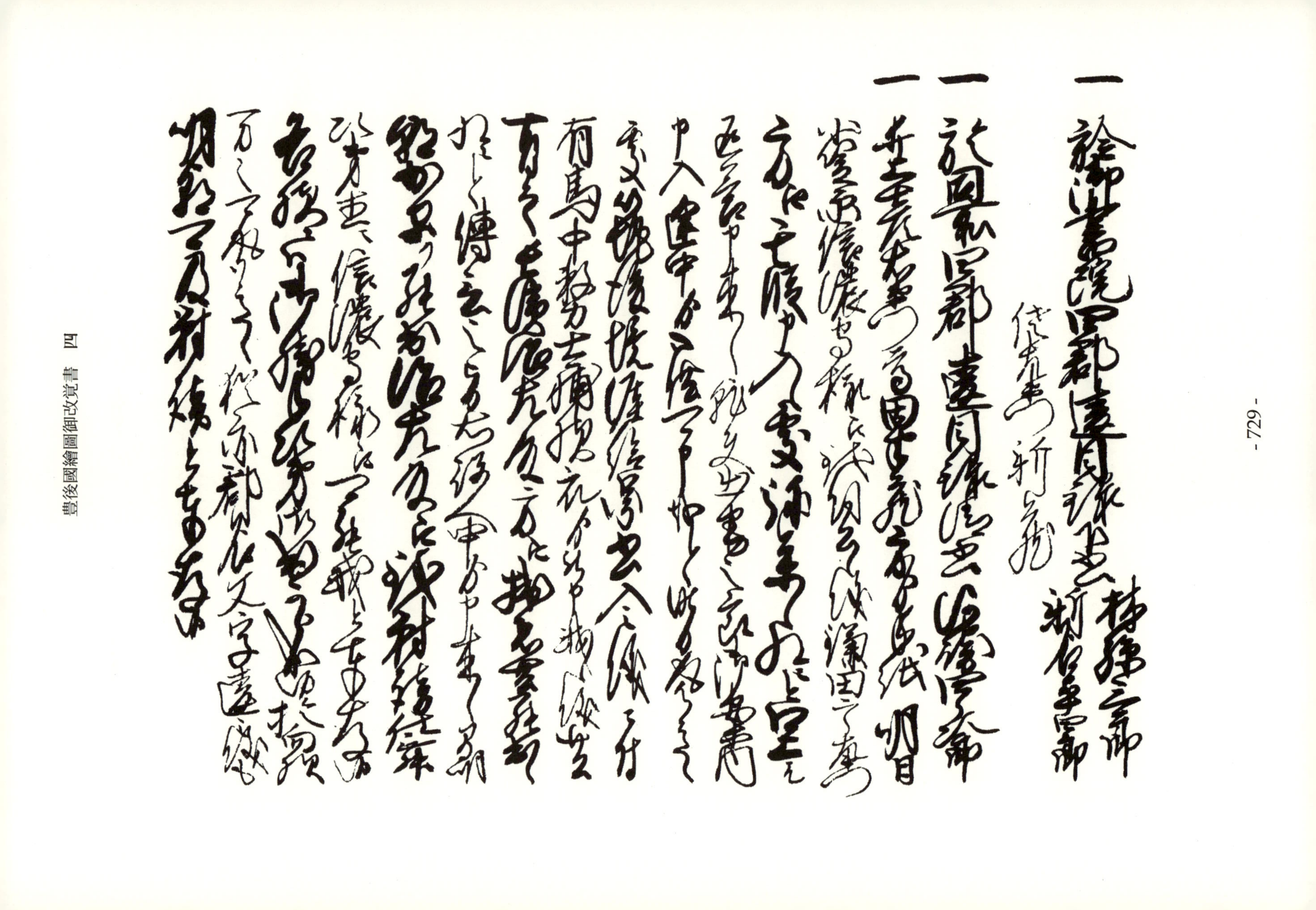

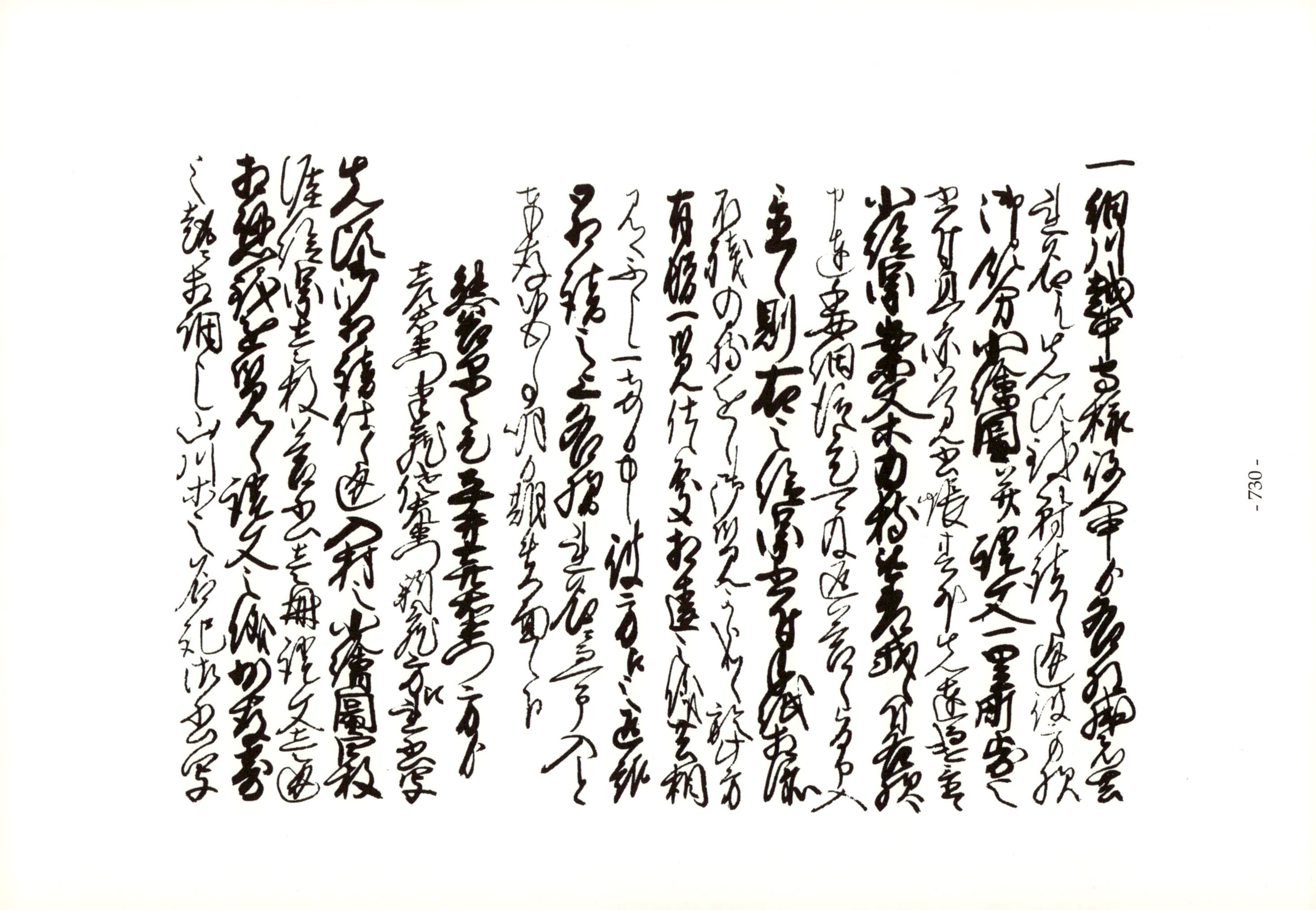

一 細川越中守様[illegible]

[illegible]

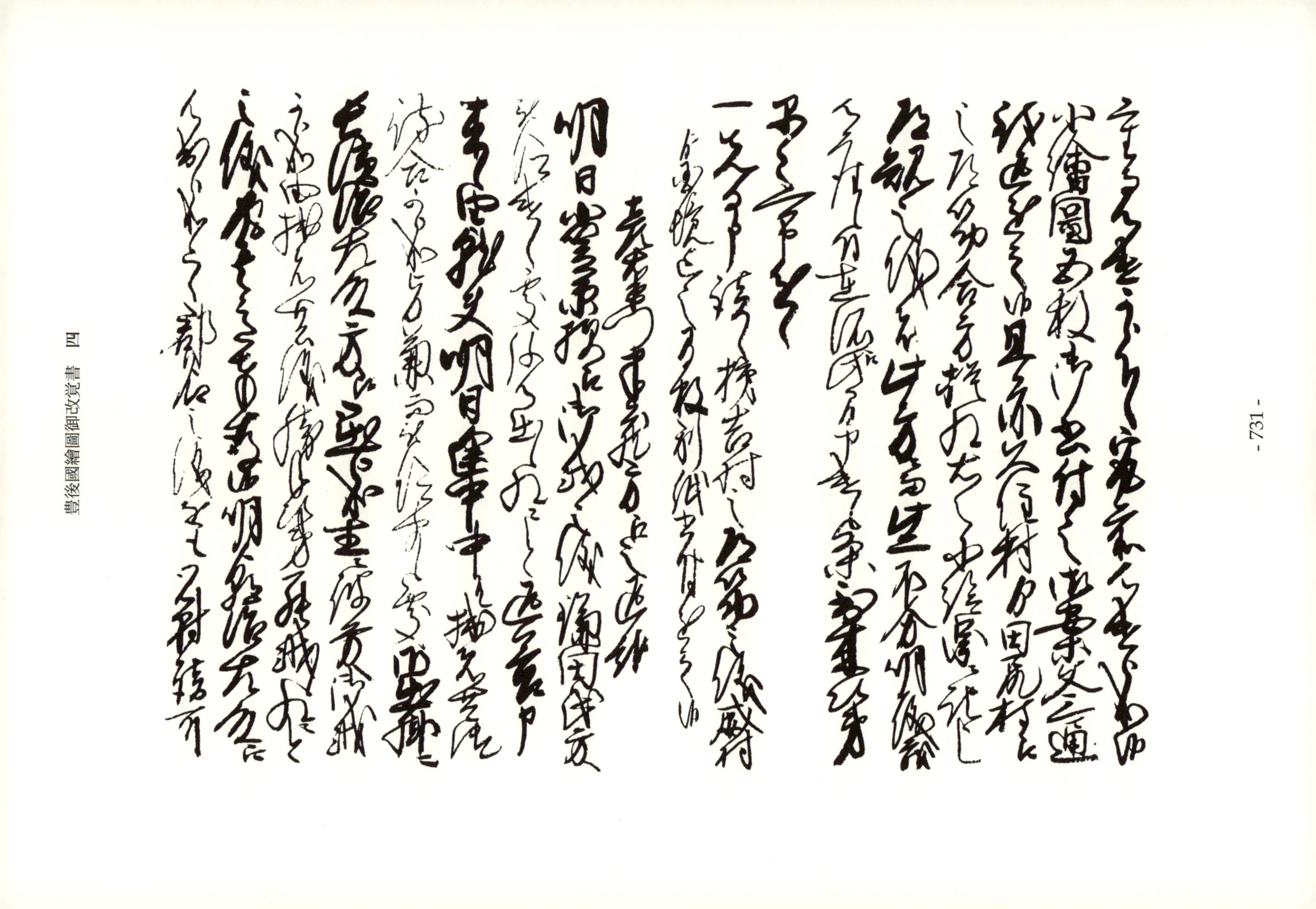

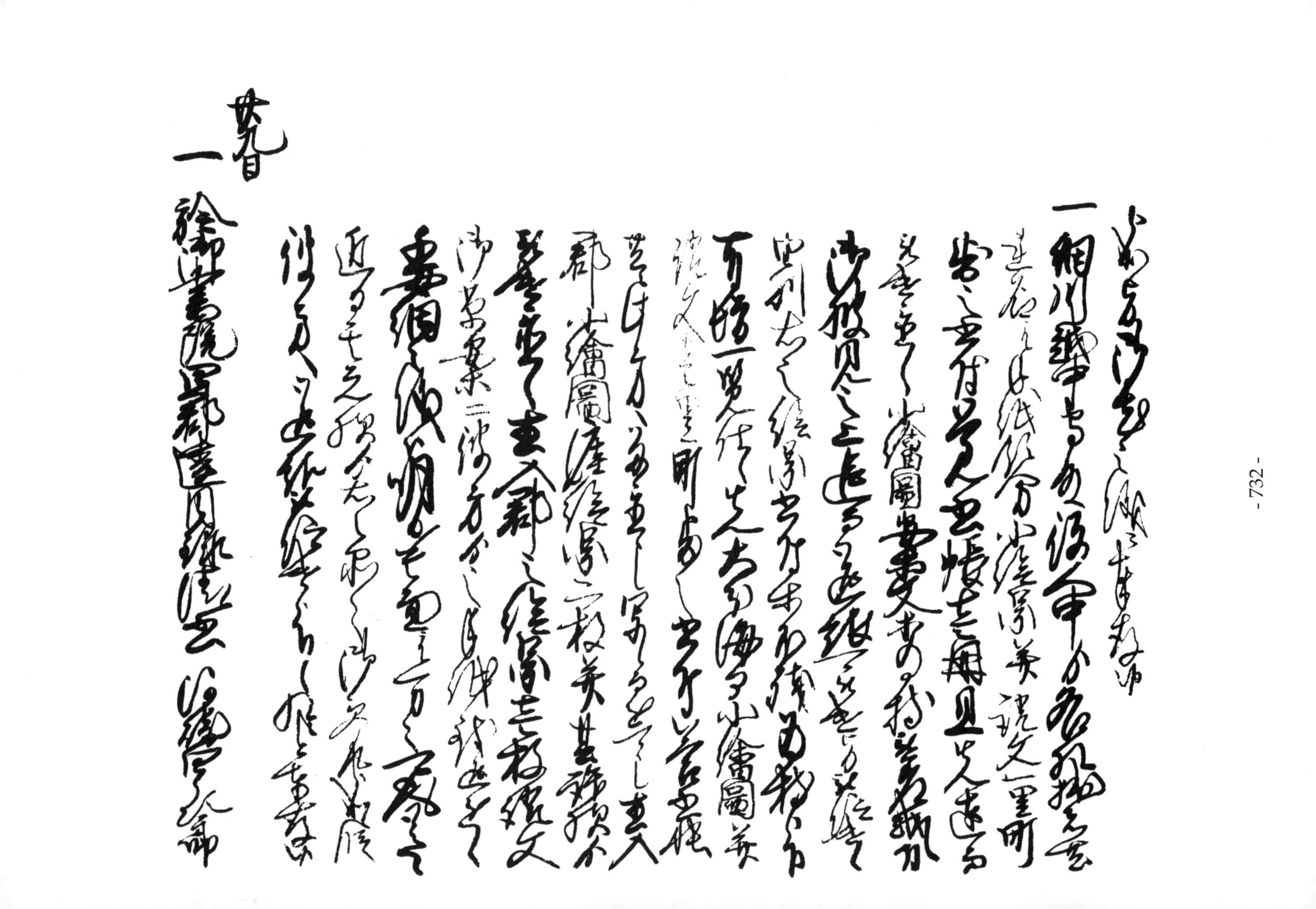

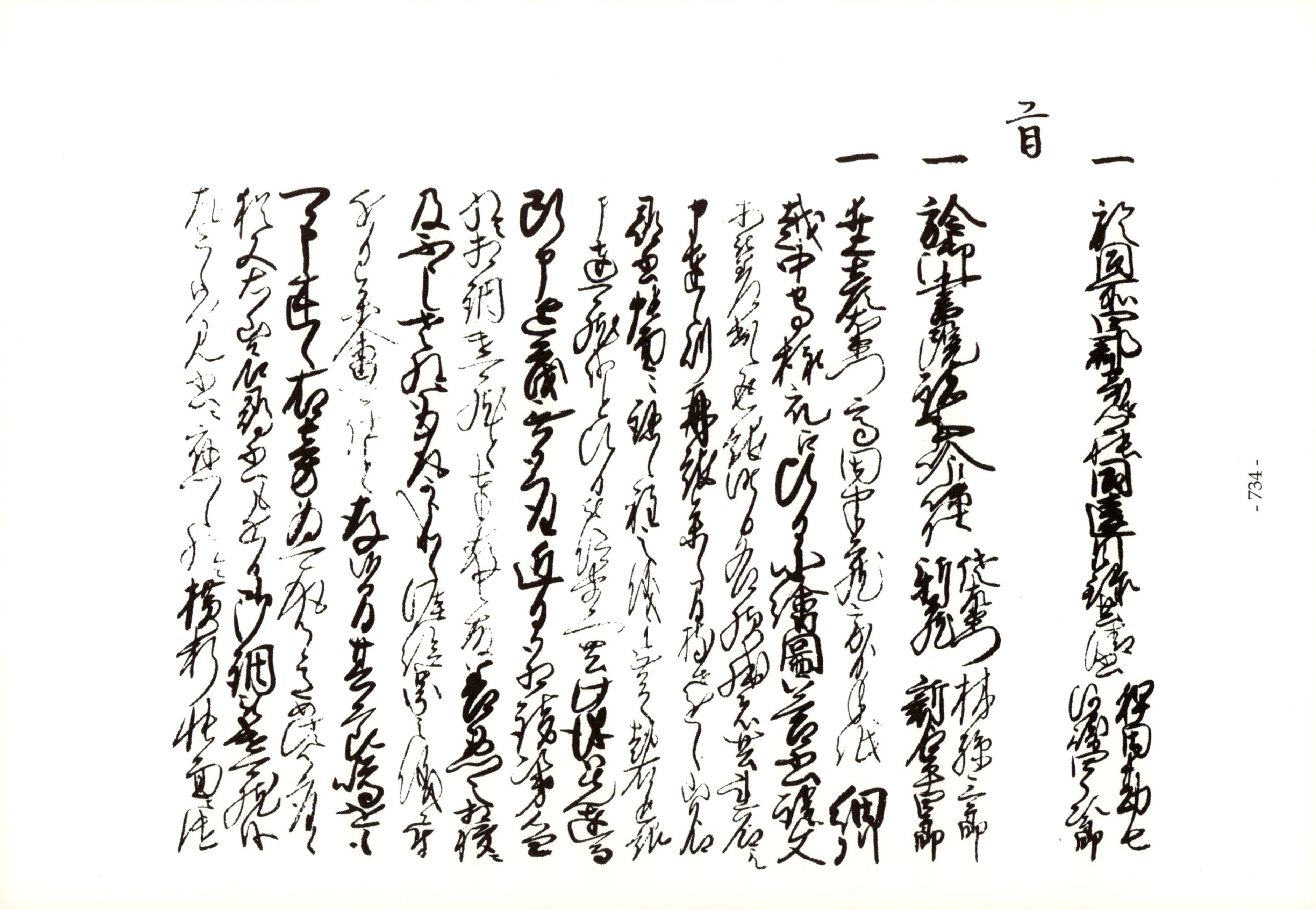

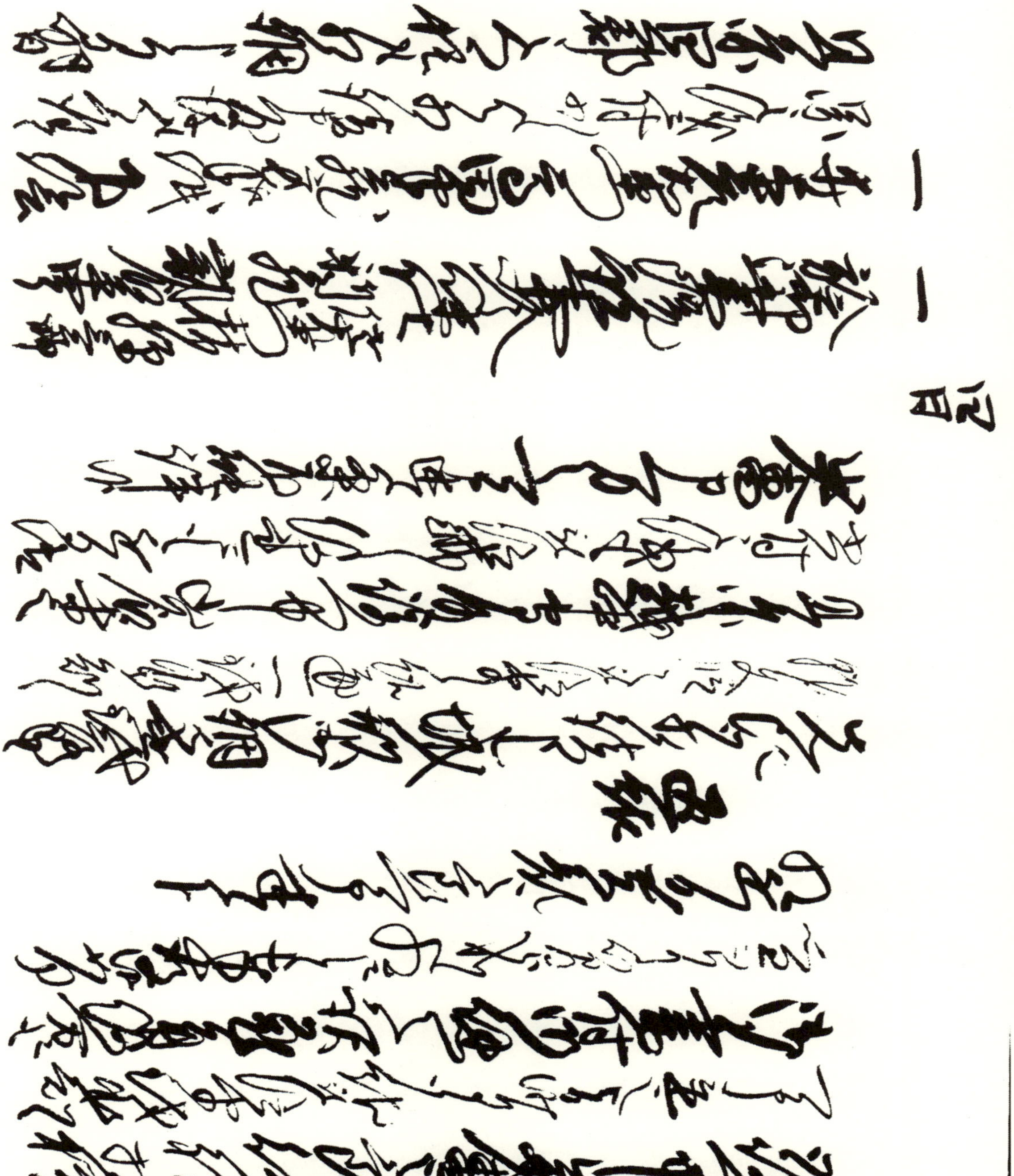

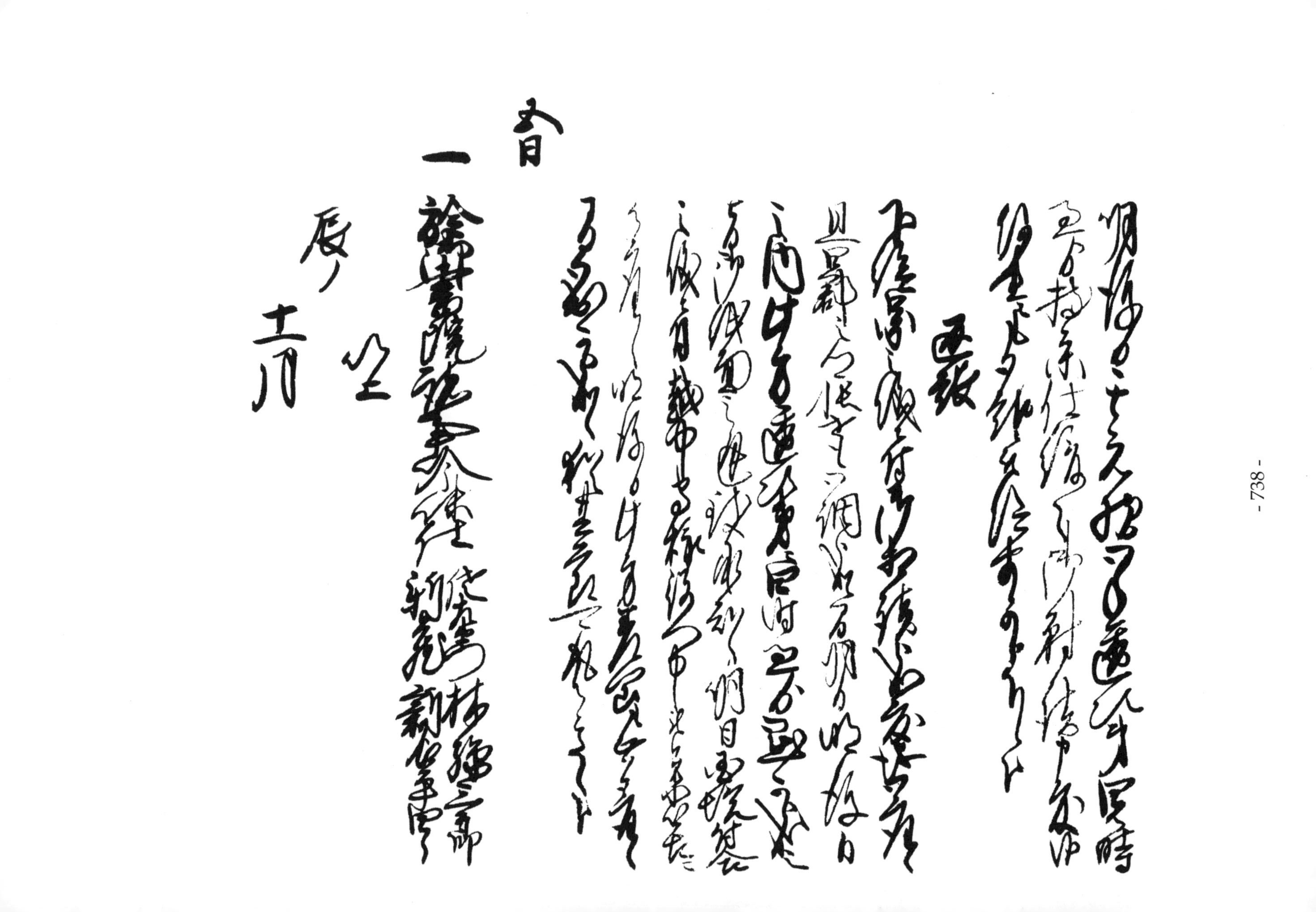

[illegible]

覚

一 [illegible]

[illegible]

一 [illegible]

辰ノ十二月

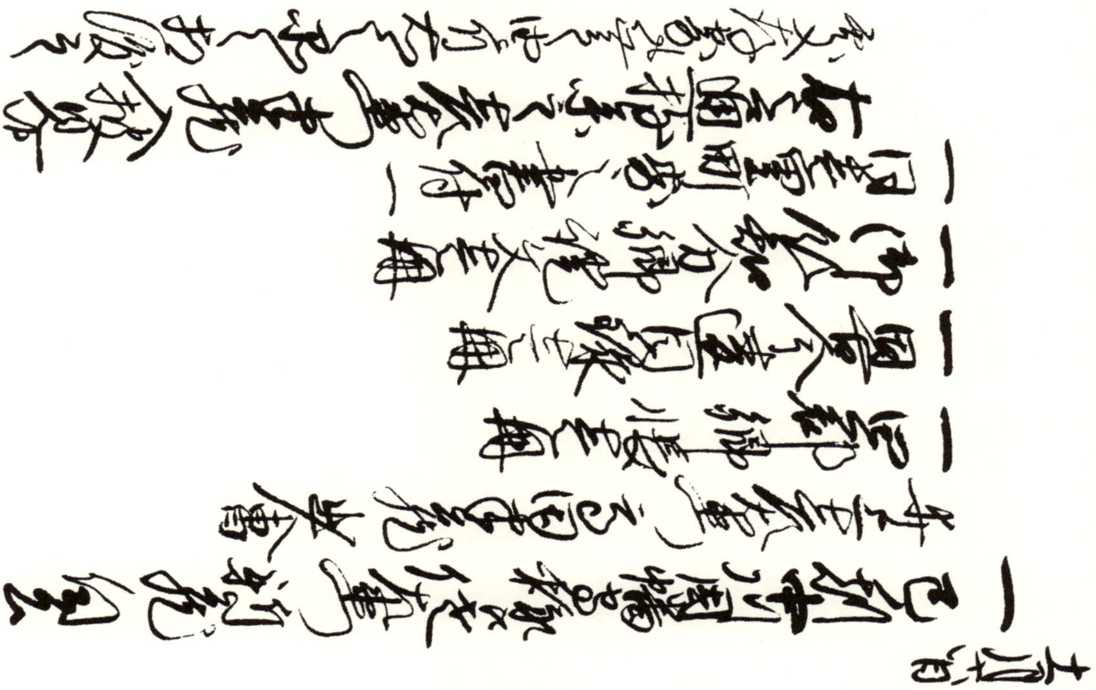

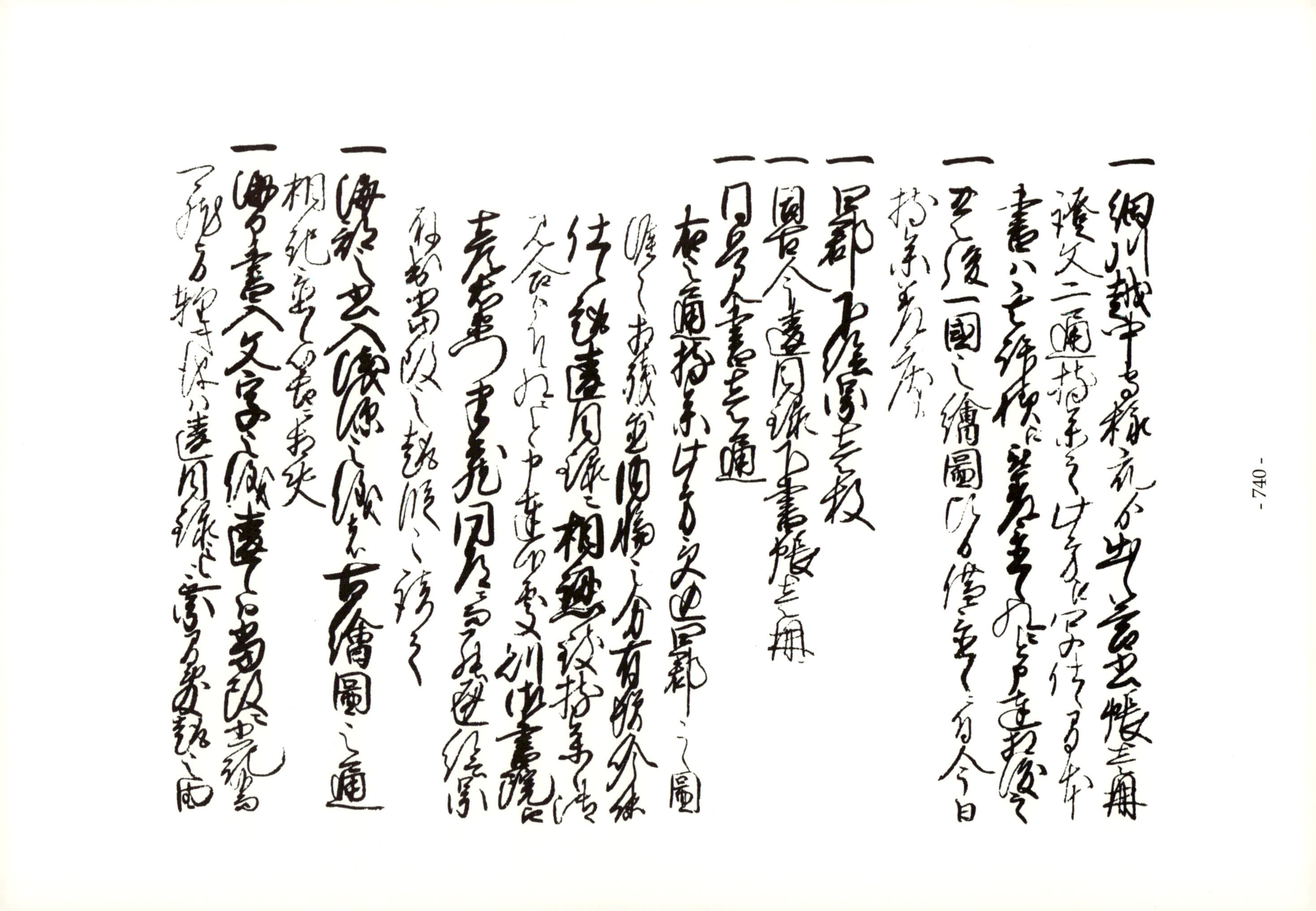

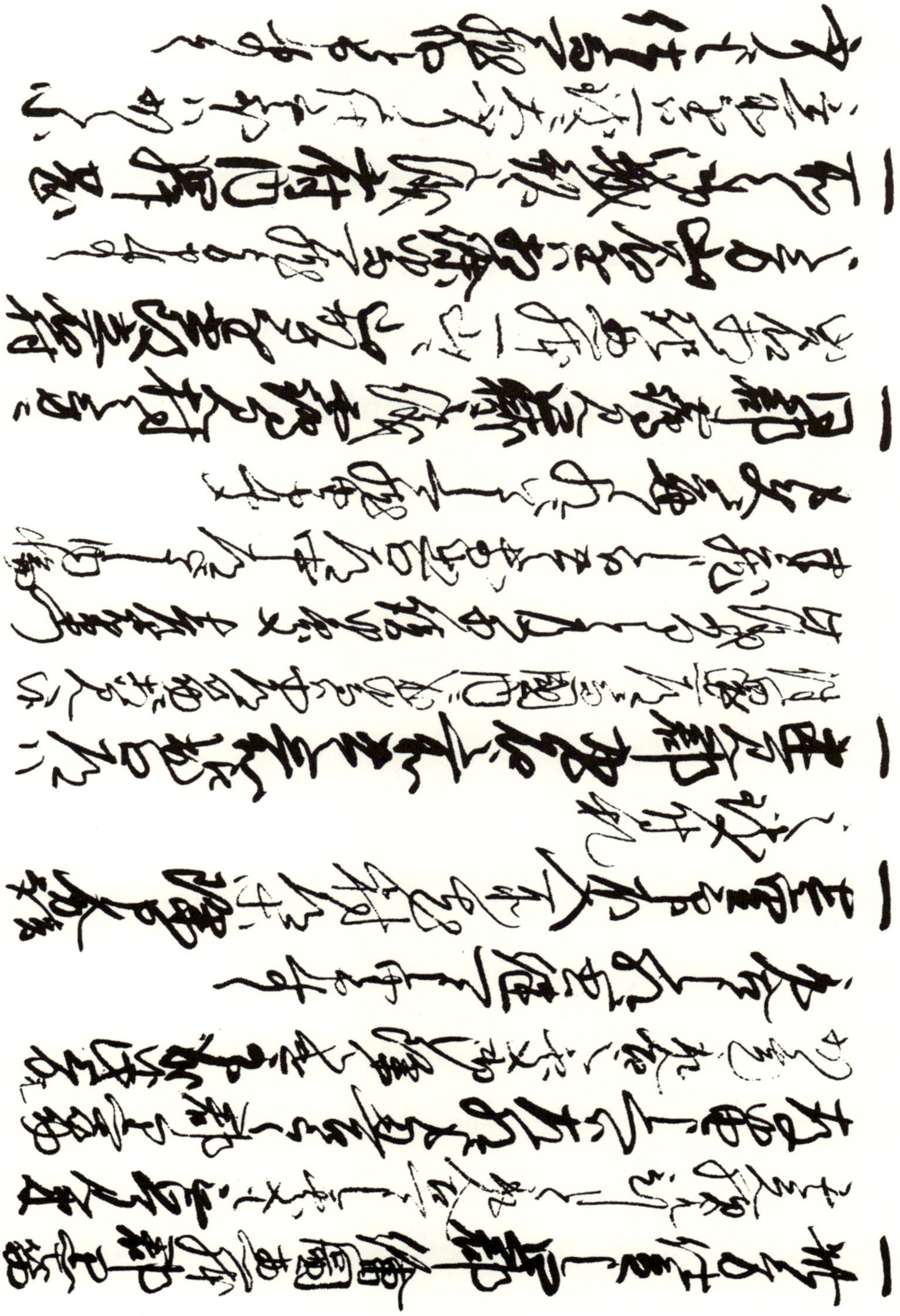

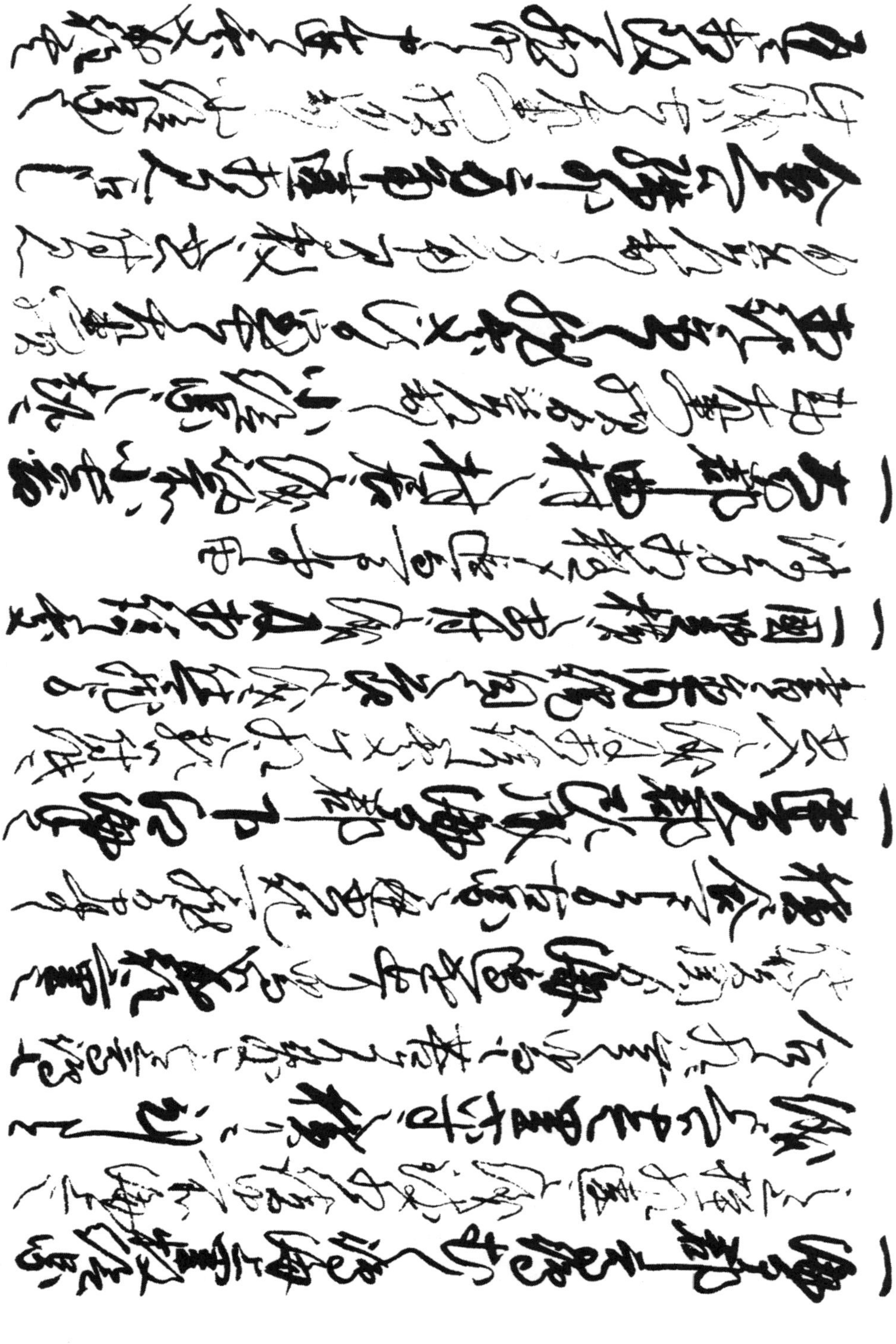

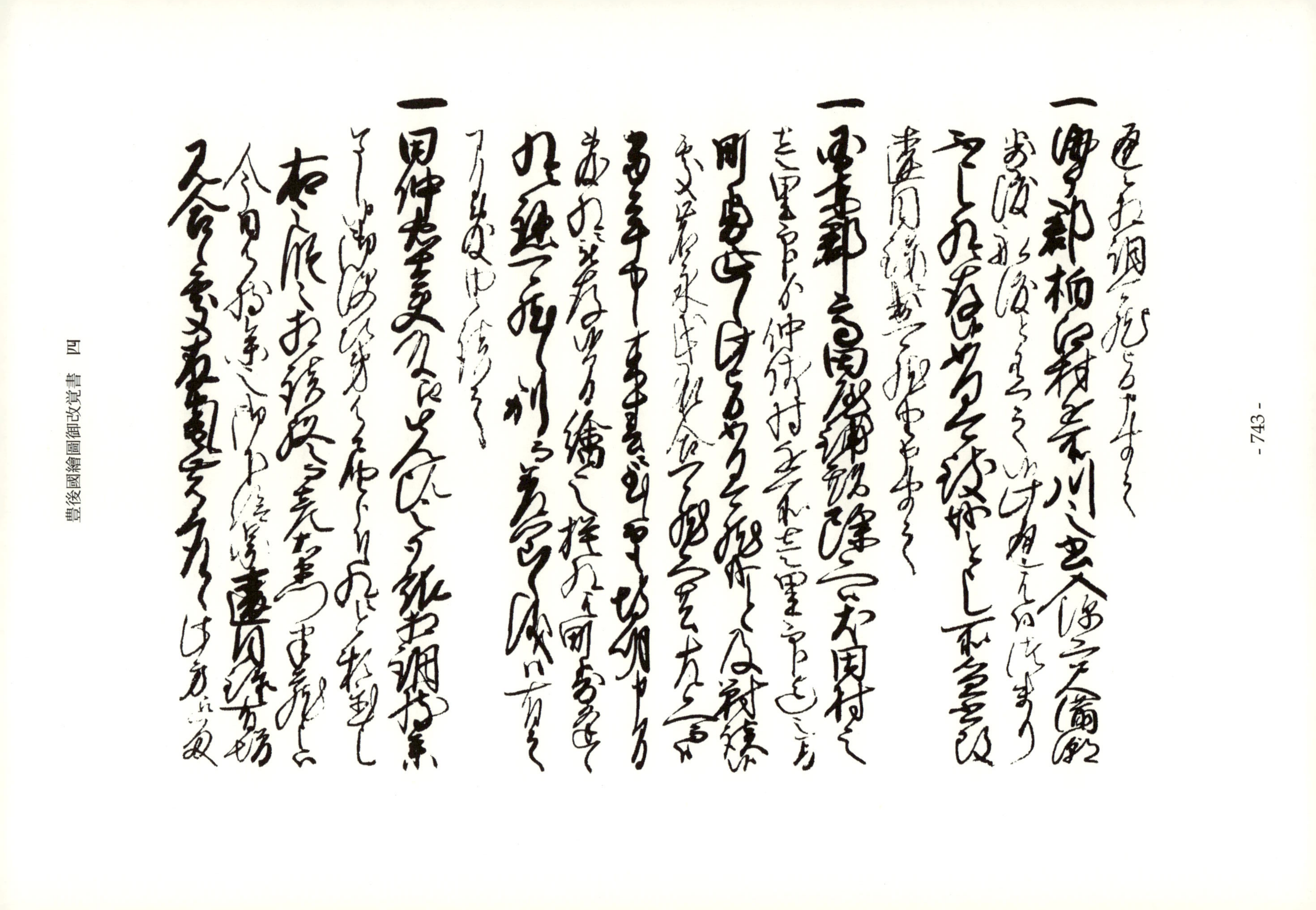

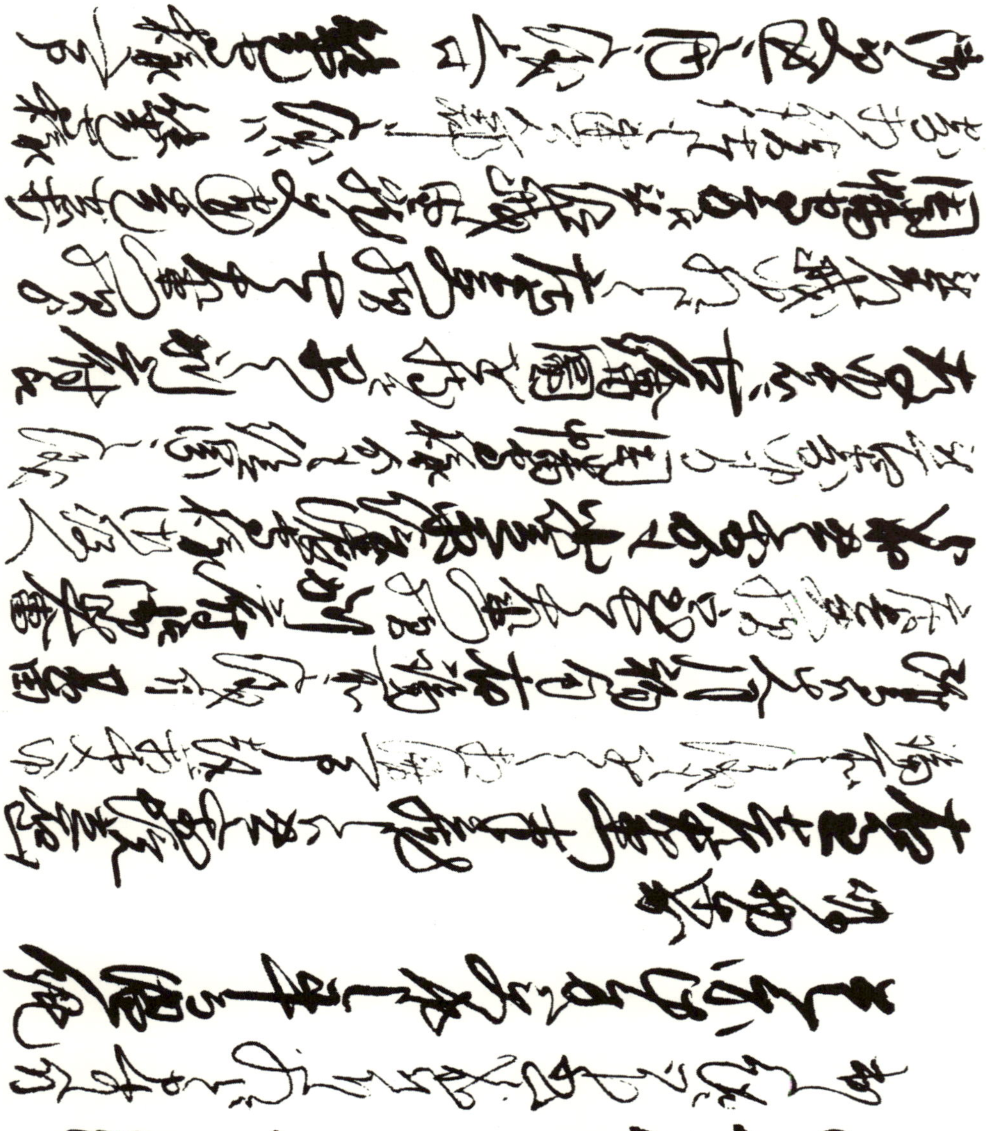

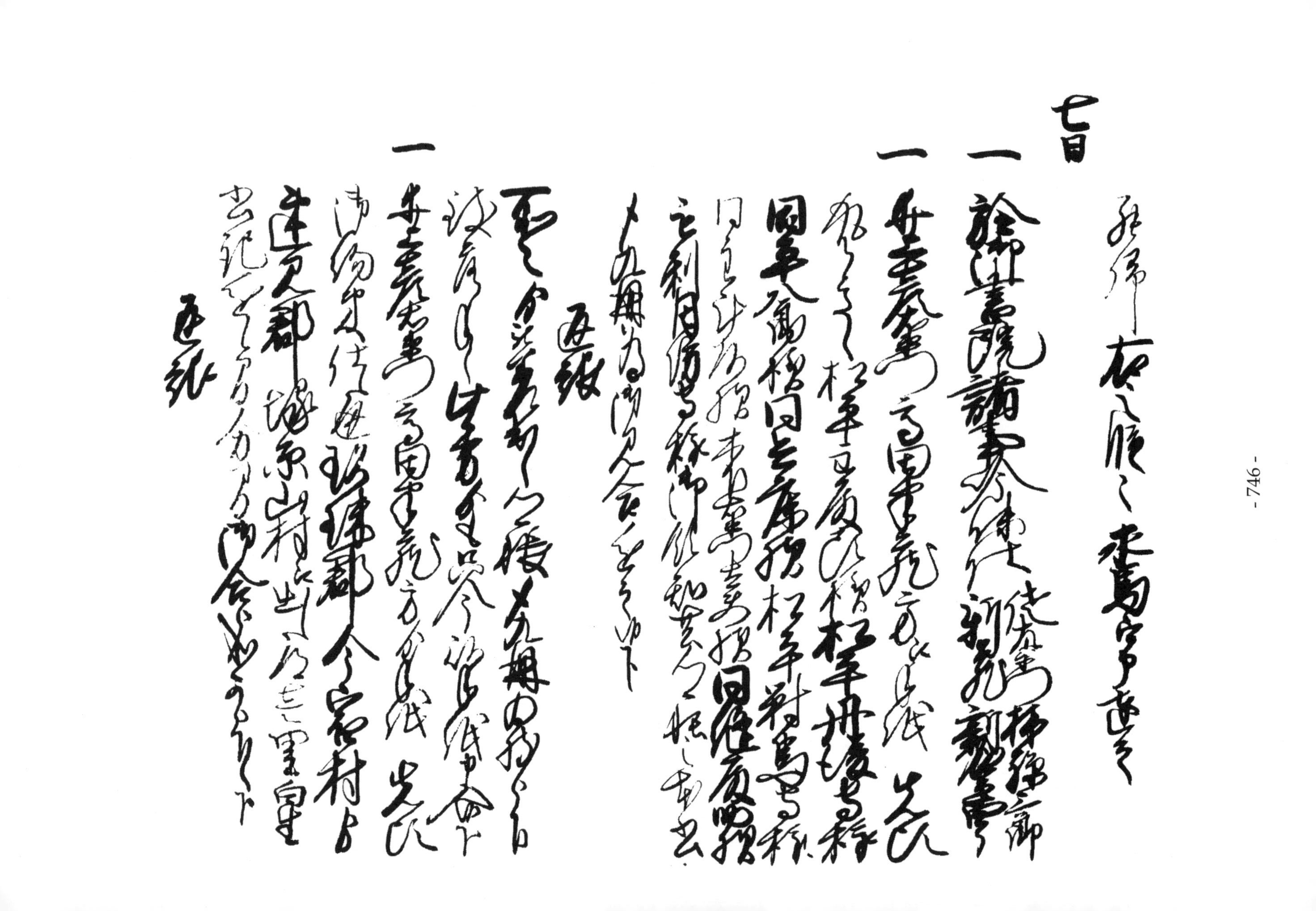

被仰付候ニ付 右之通申遣ス

七日

一 於御評定所 [illegible]

一 [illegible] 以上

[illegible]

[illegible]

一 [illegible]

[illegible]

[illegible]

一 [illegible] 以上

[illegible]

[illegible]

[illegible]

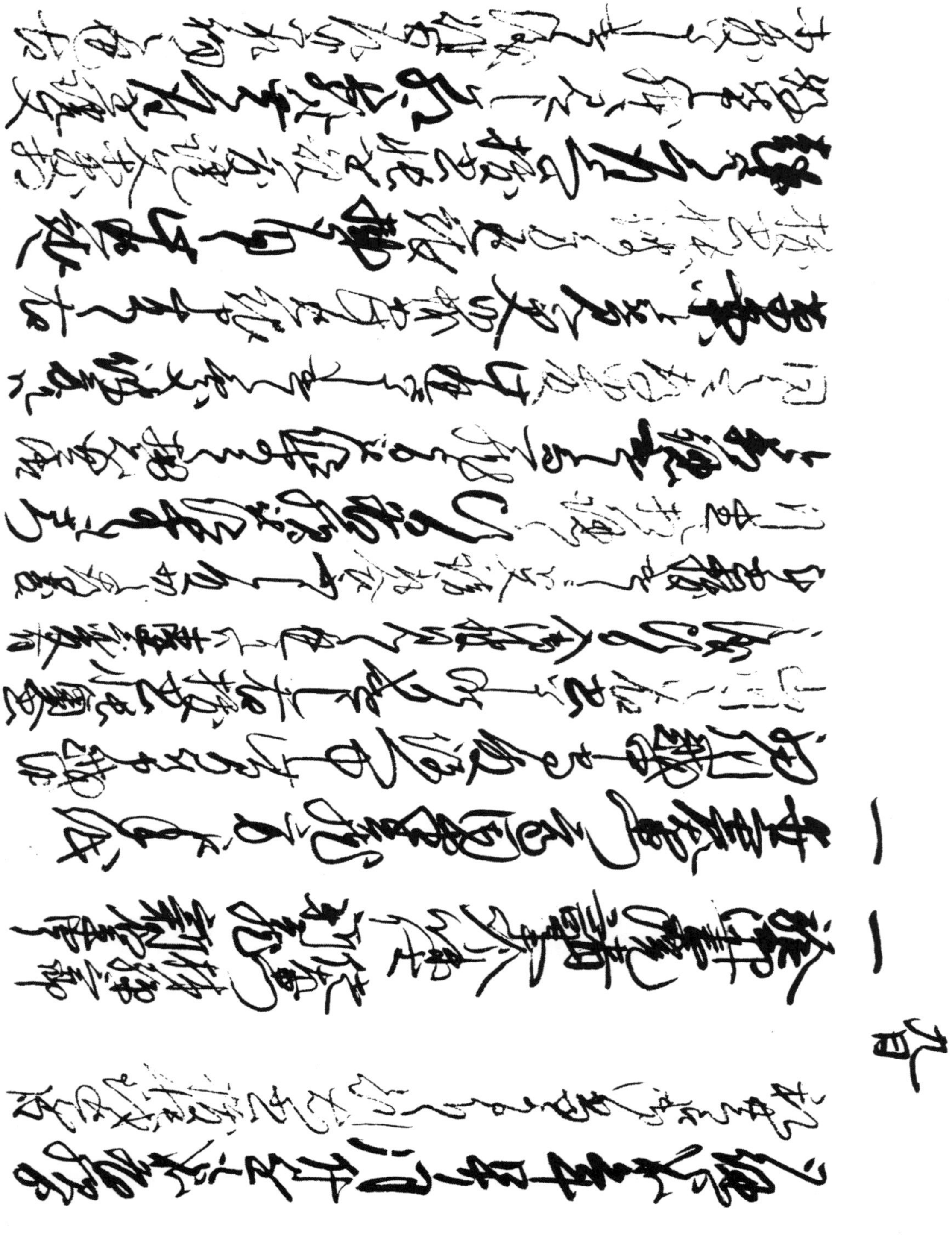

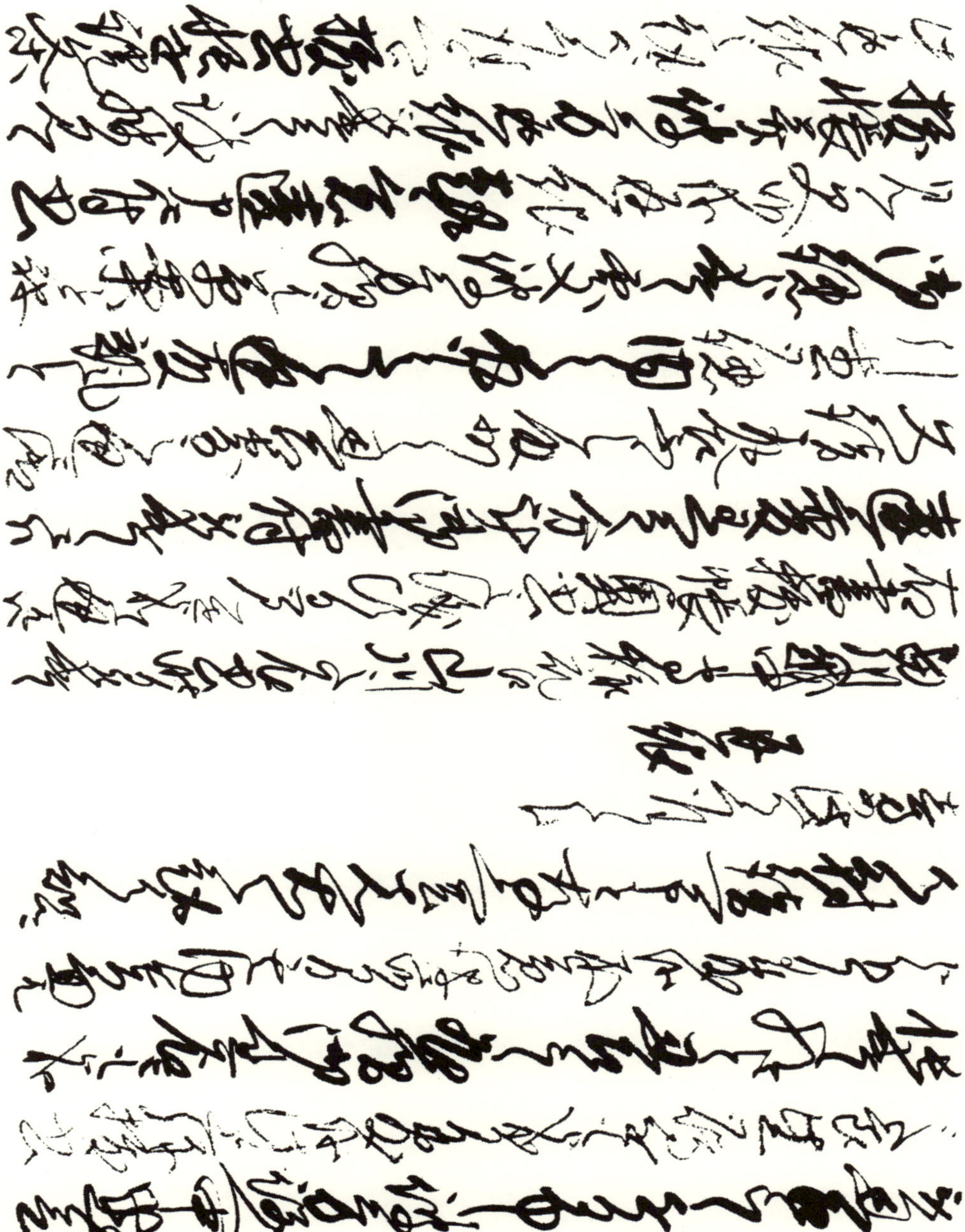

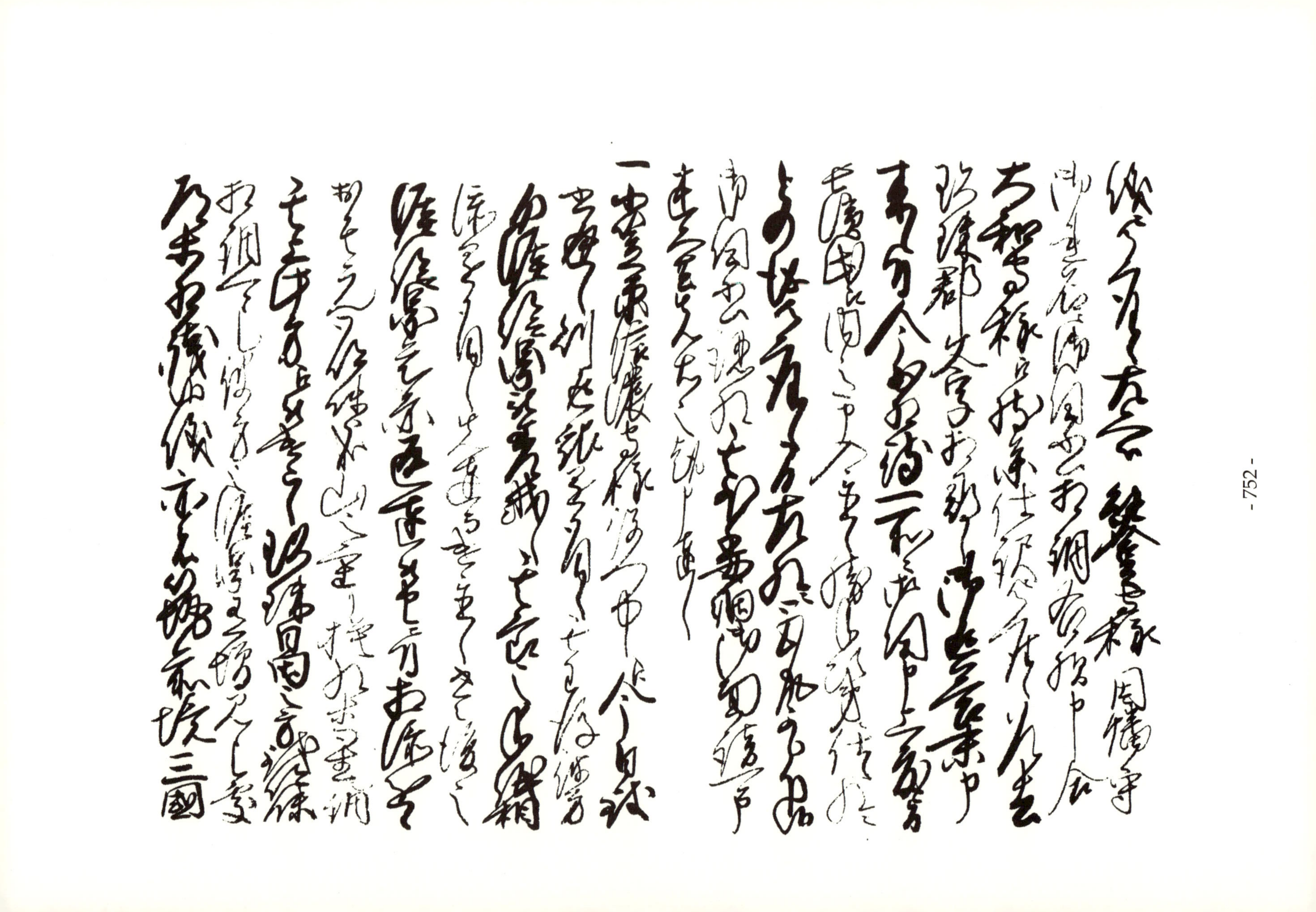

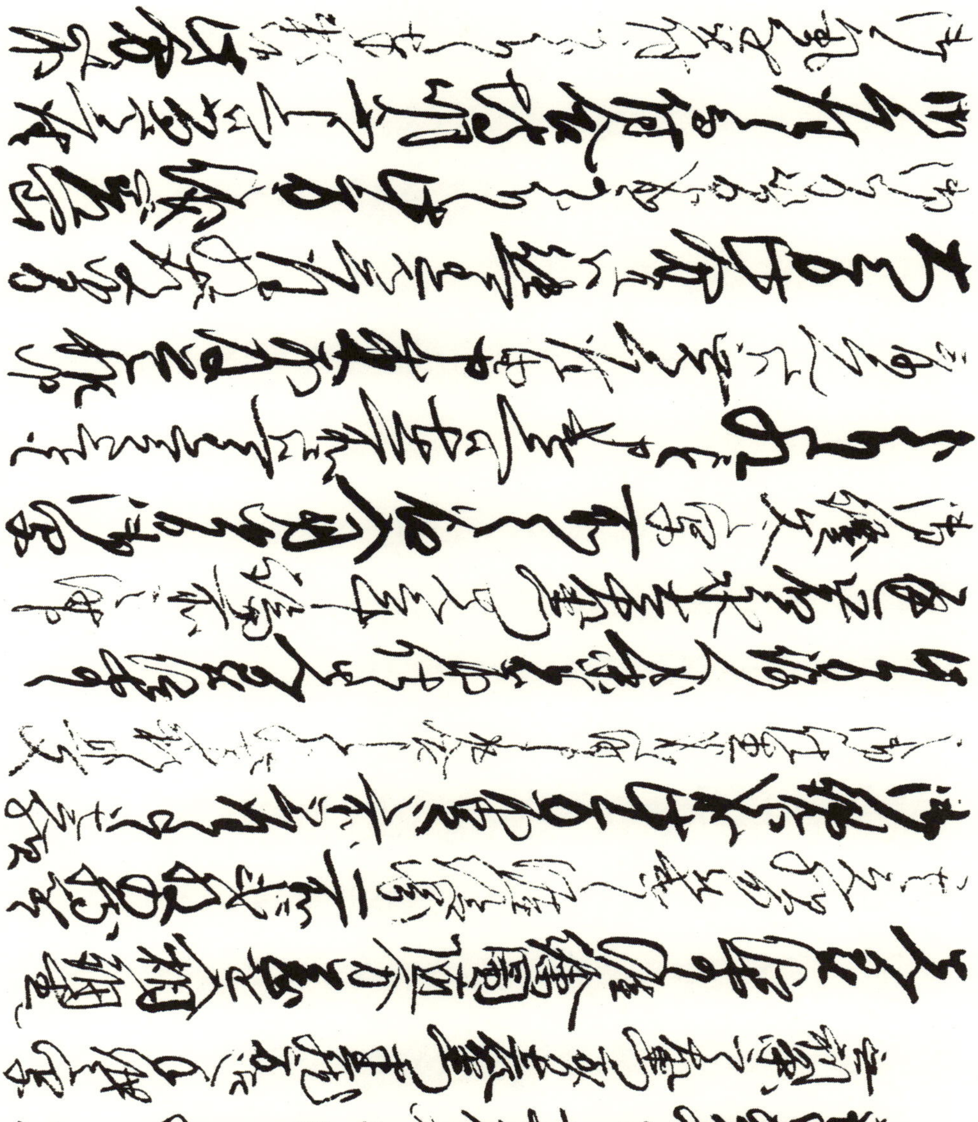

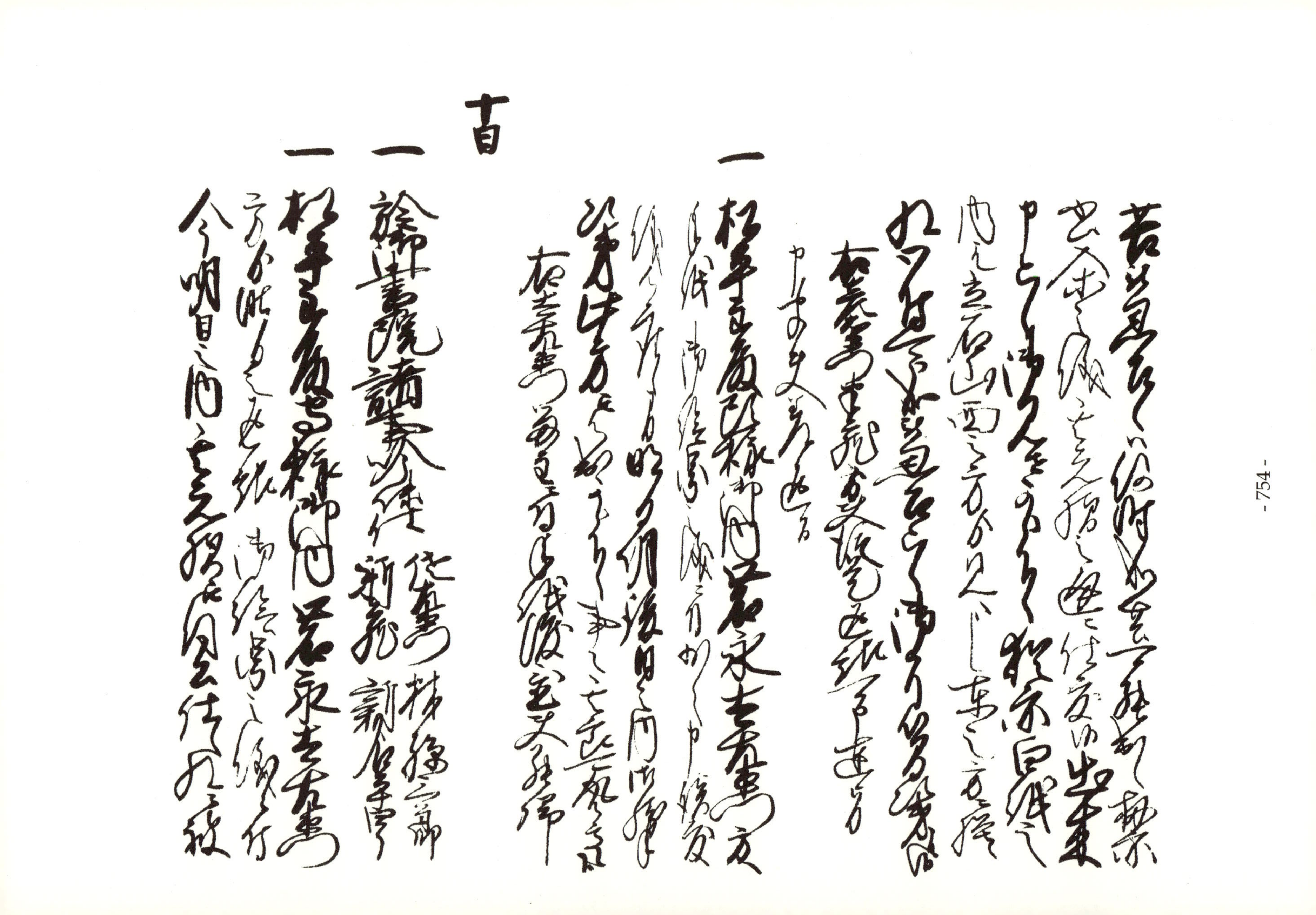

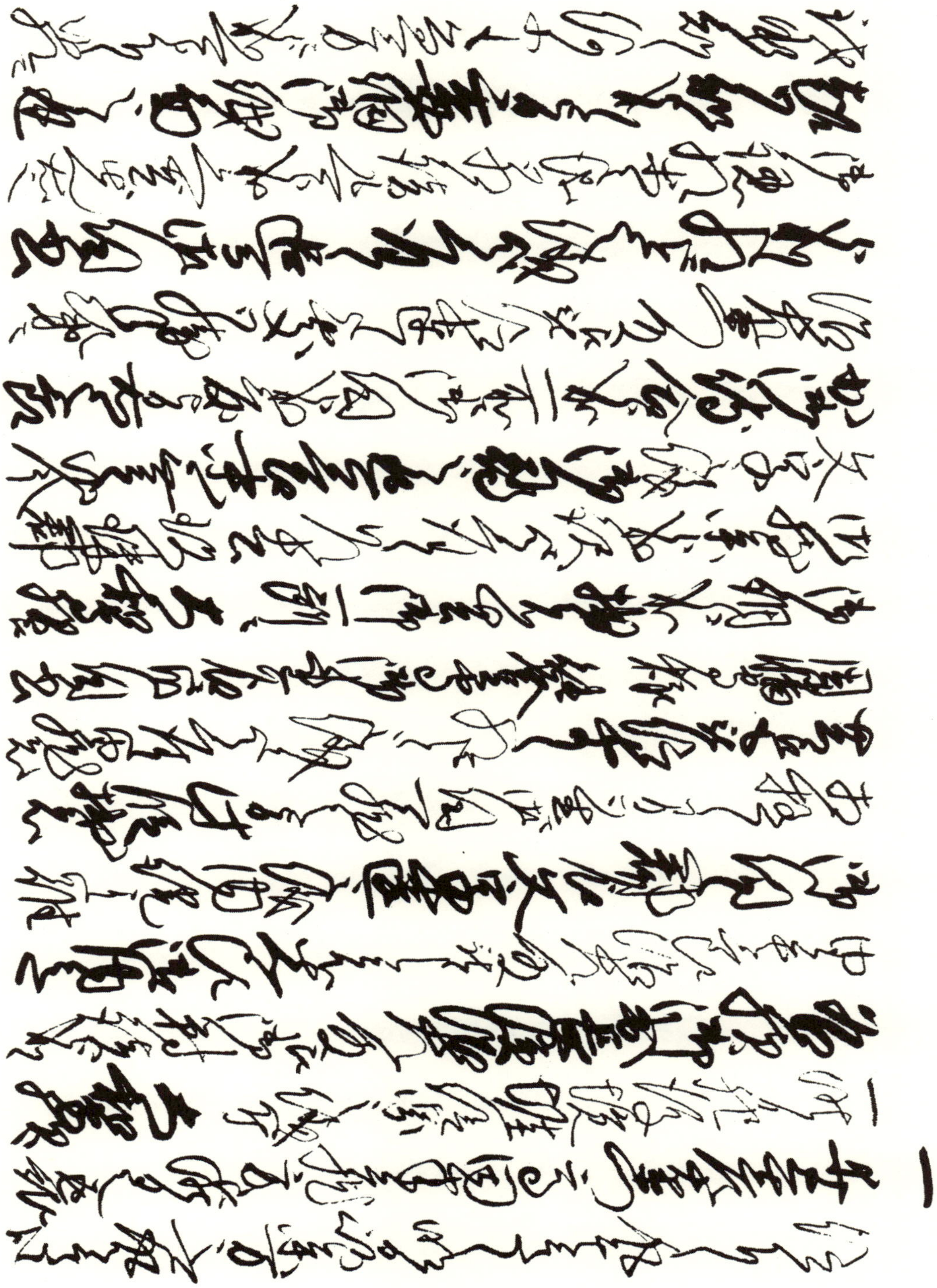

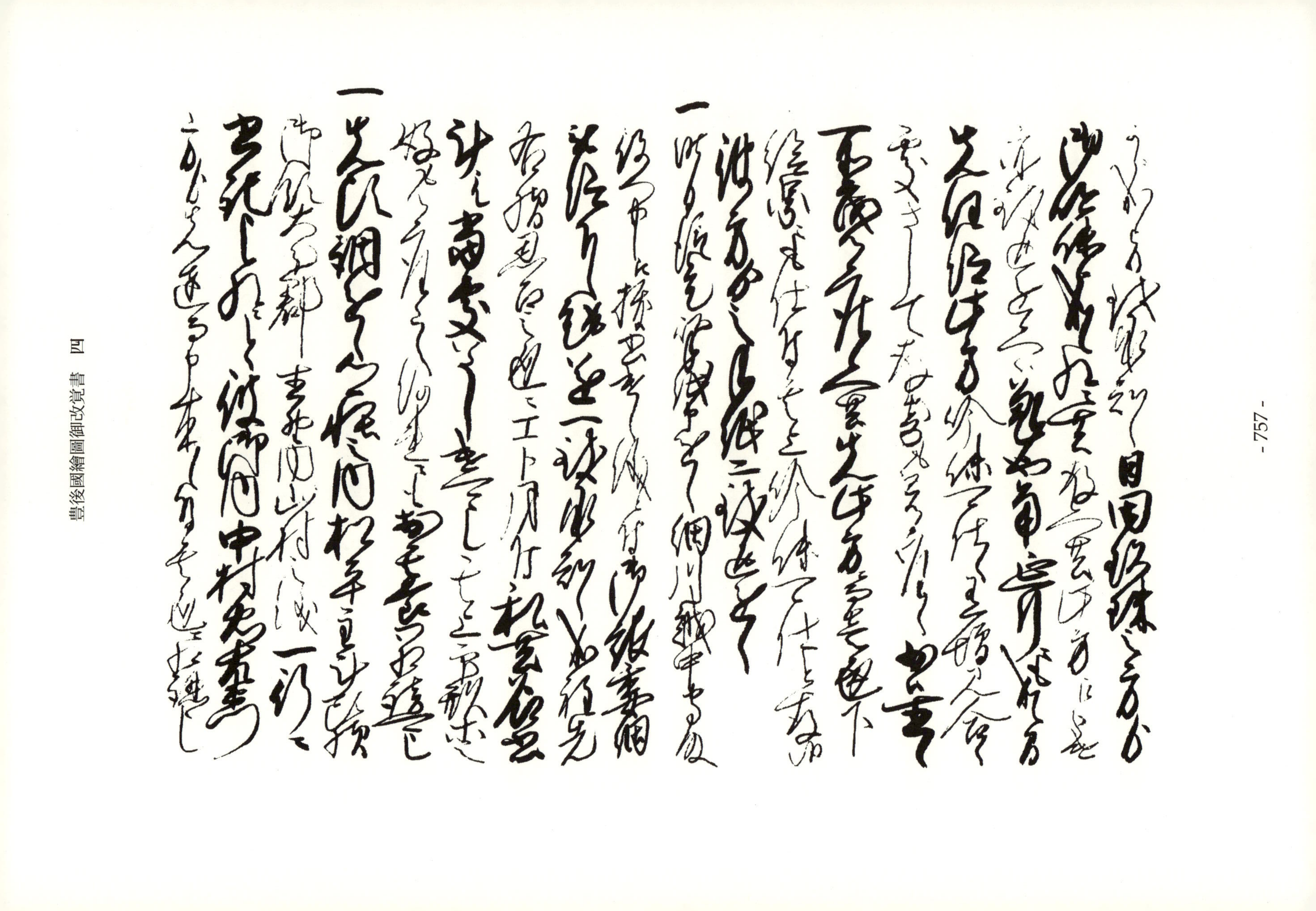

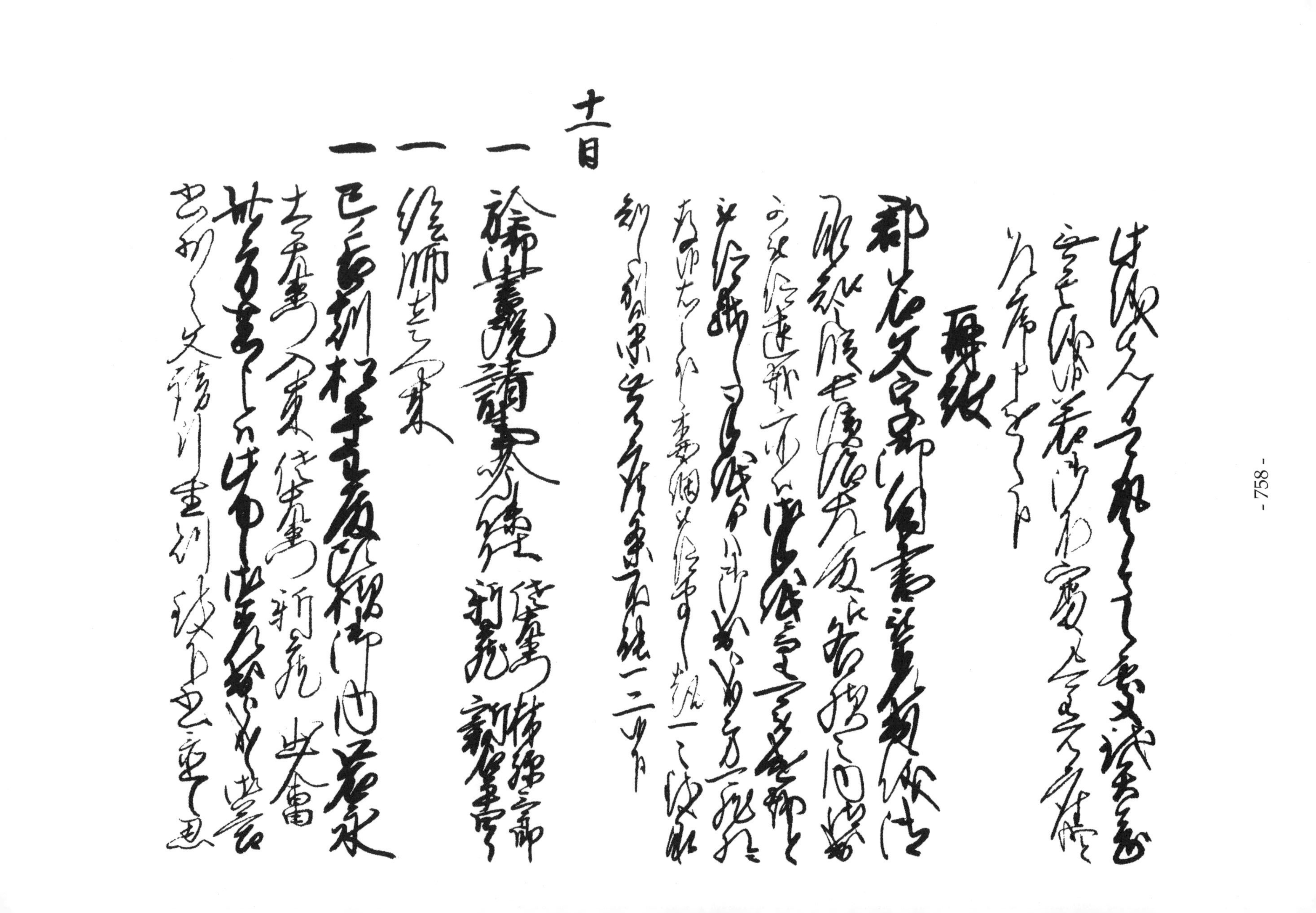

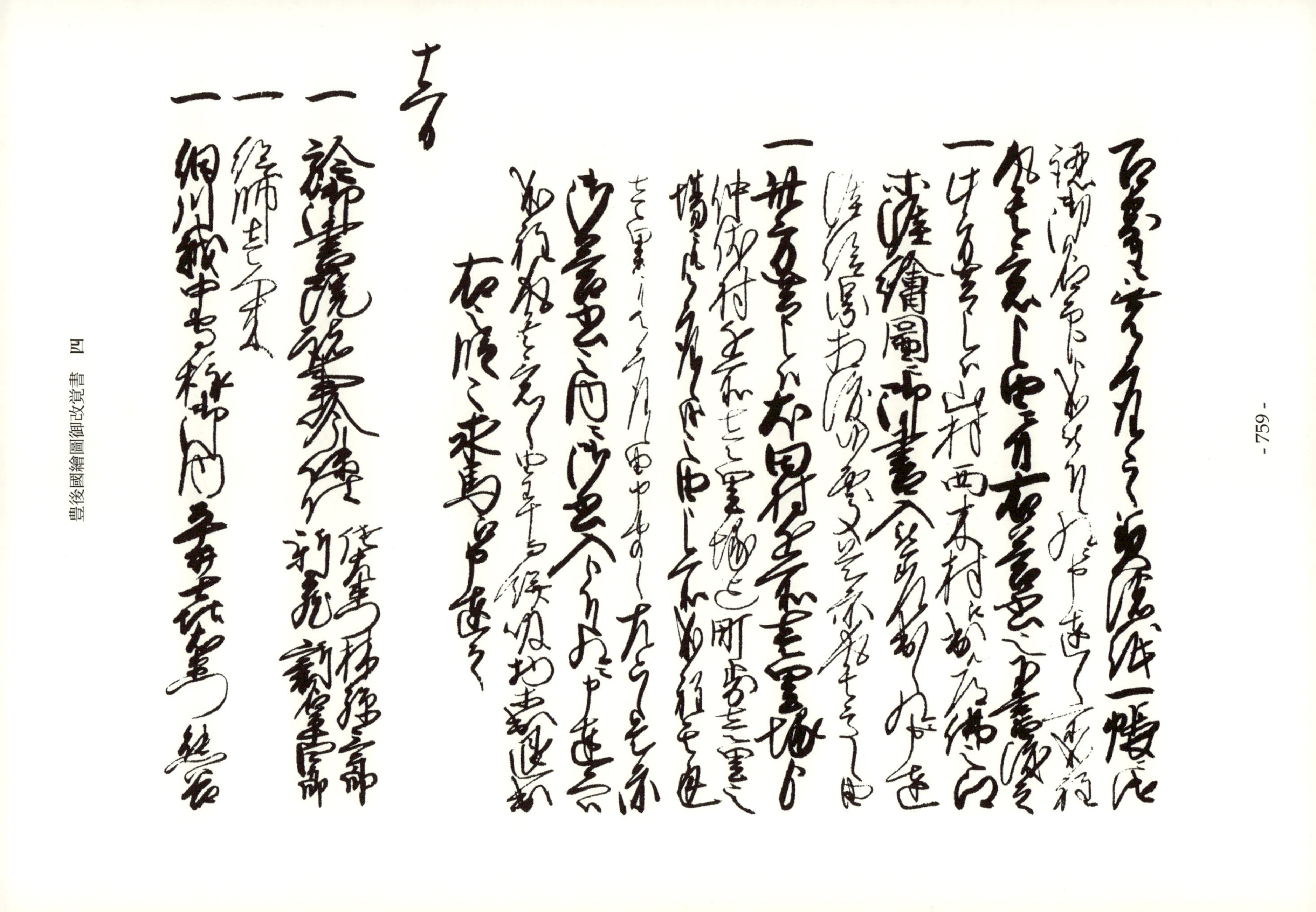

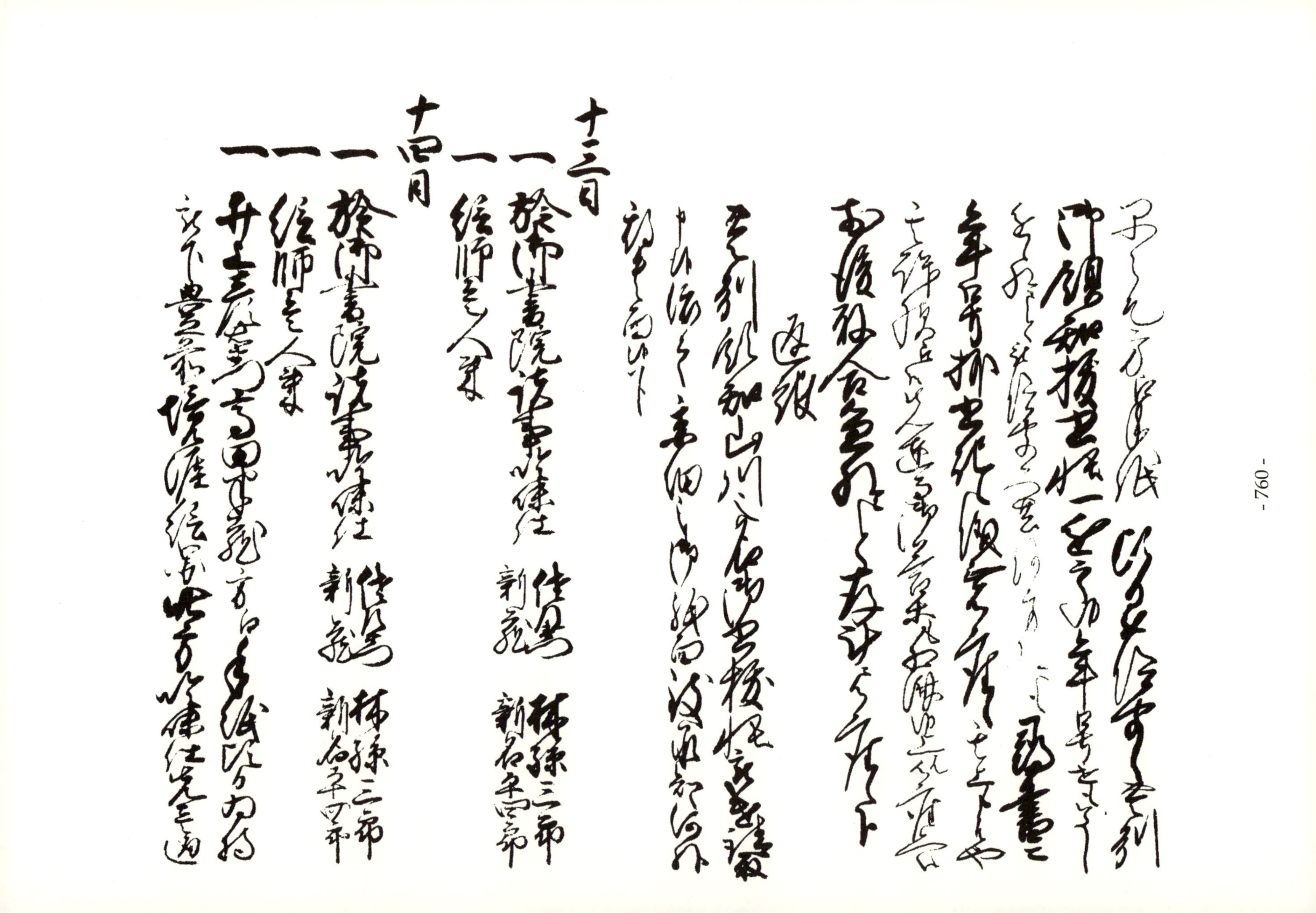

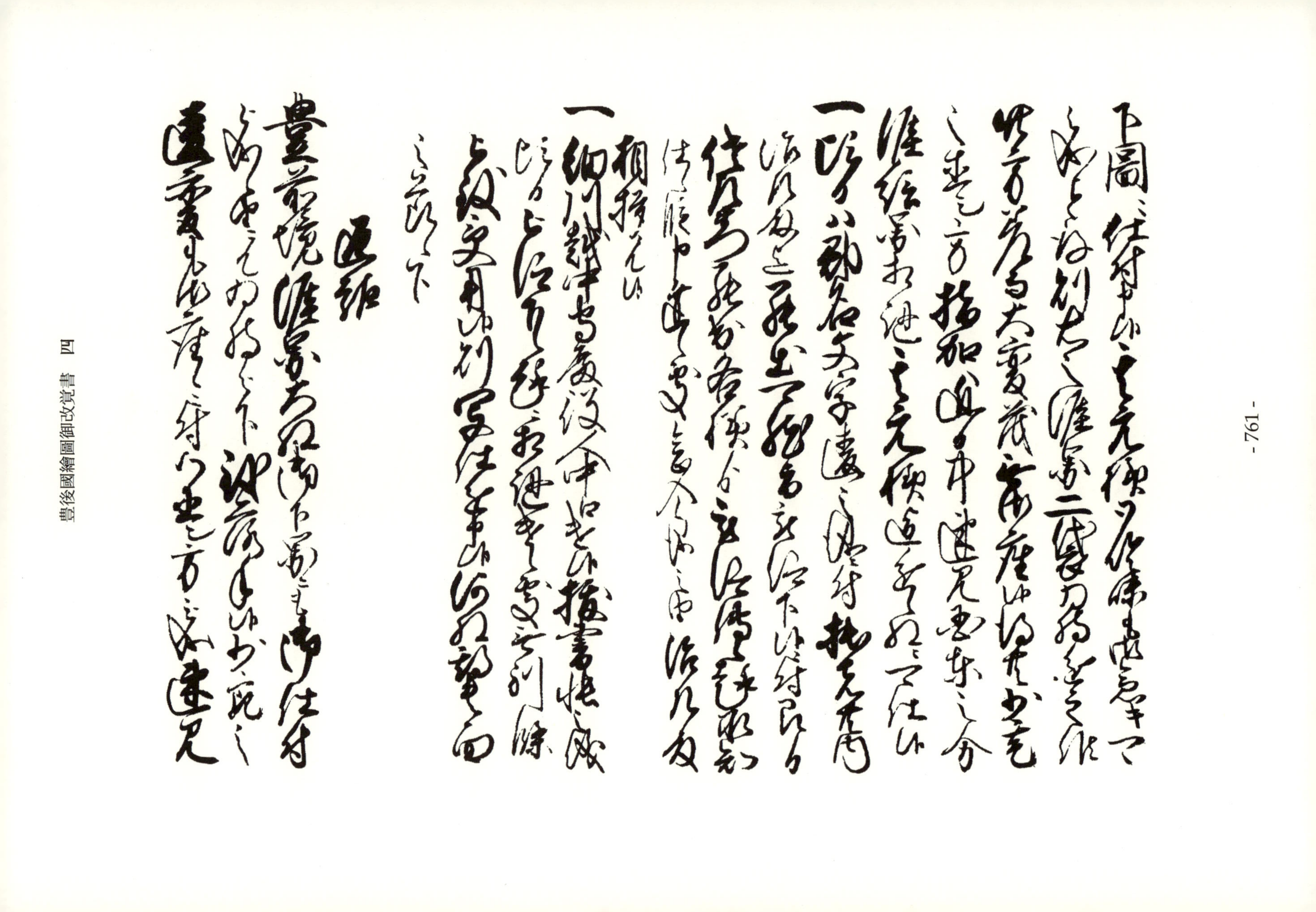

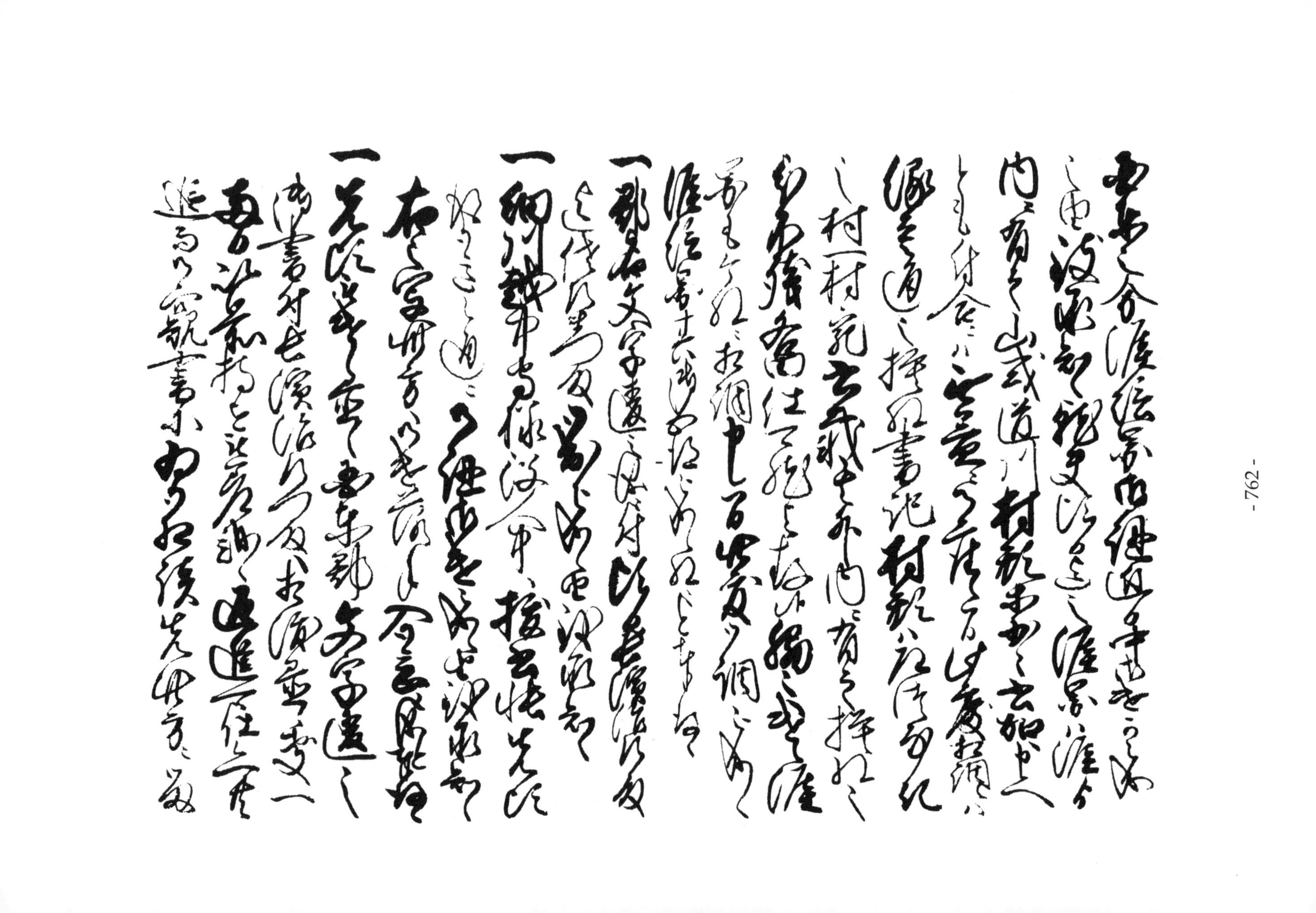

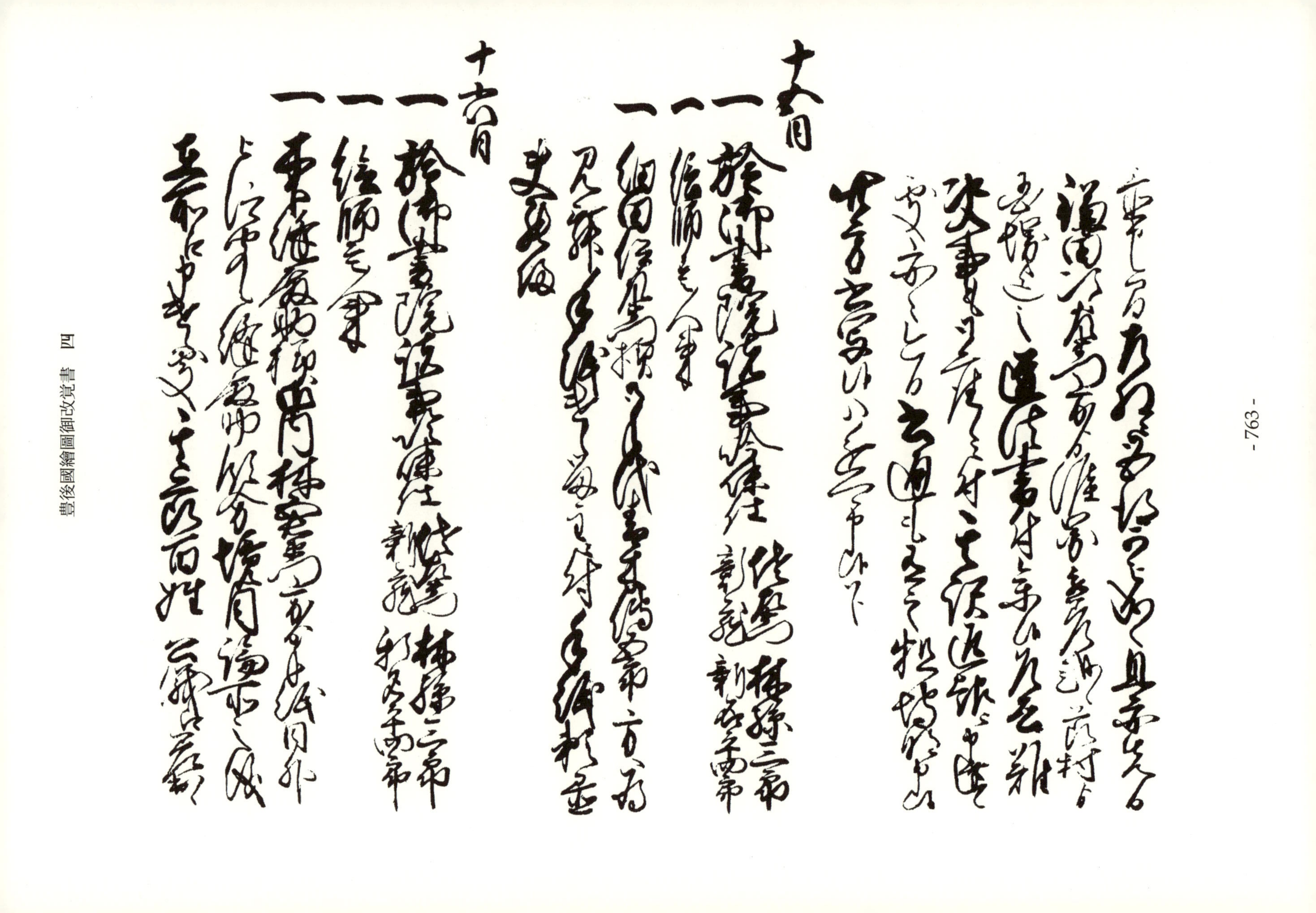

書付ニ而差出候哉、如何可仕哉と承知仕度
旨申来、則右之趣月番江及相談候処
口上書ニ而可然旨ニ付、左ニ
返状
御書面之趣致承知候、然者[illegible]
[illegible]
[illegible]
一 [illegible]
[illegible]
[illegible]
[illegible]
[illegible]

十七日
一 [illegible]
一 [illegible]
一 [illegible]
[illegible]
[illegible]

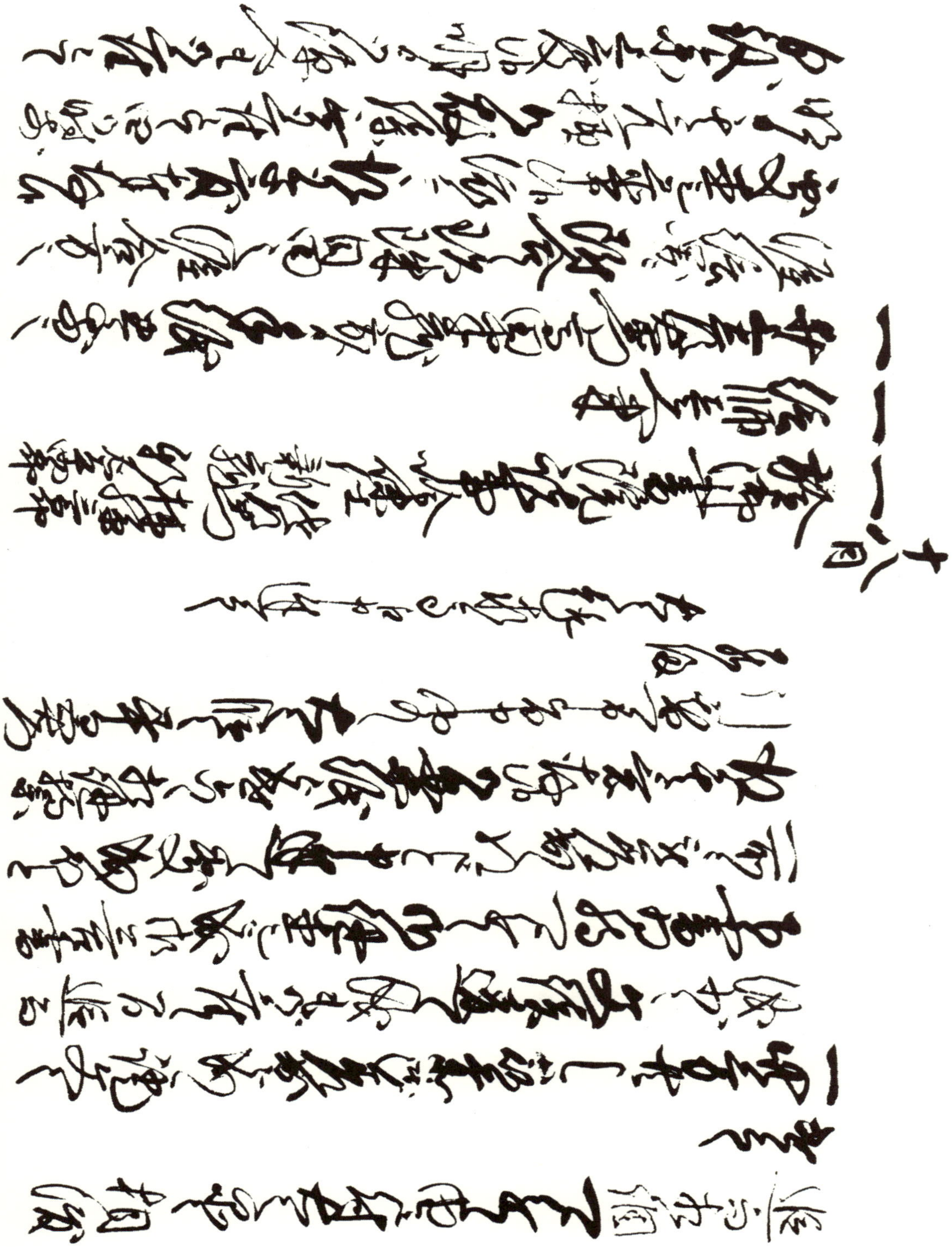

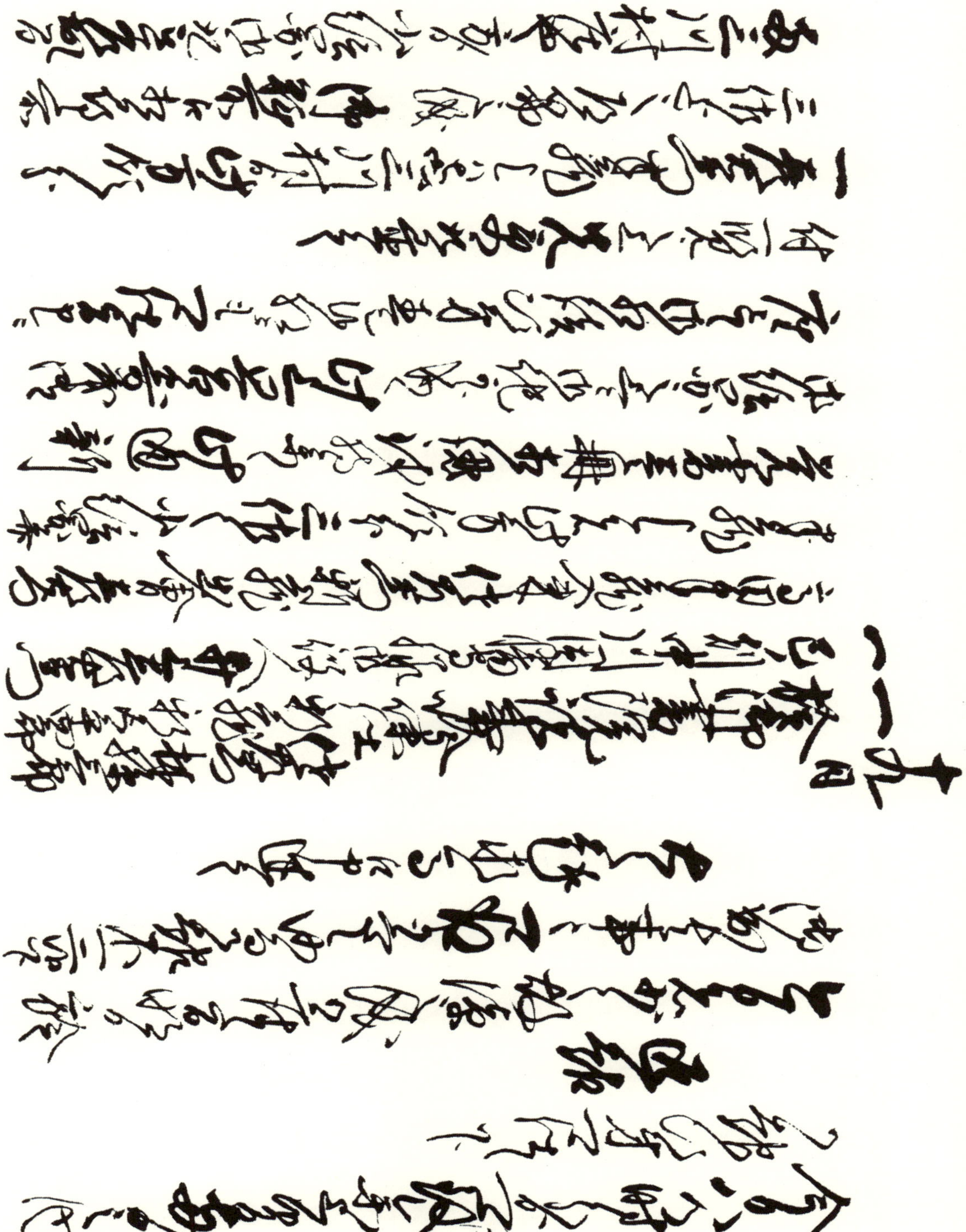

御判物之事申ニ不及候
一 表書中務少輔ハ一里町等之書付分ニ
之儀文言も相聴御諸家ハ少々之書付
之外御所様之分ハ去ル前ニ書様ニ
以前之宿称ニ而能見申付方候分少々
書替候而其上ハ南殿御代官七郎右衛門様
御名字書判御座候を後之御筆者方へ尤之族
も有之候所ハ其段も差合ニ付ても書付申
書[illegible]相認其外ハ前條之通ニ御座候
去ル年中ニ御書付之上章ニ而も御文
奥ニ書加申候得者後ニ御座候
一 表書中務少輔ハ[illegible]
御書付を以御代官ニも分限合之書付
上り候ニ付今般相改候ニ付候
も[illegible]中ニ而文言之義
一 表書中務少輔ハ其分相改
致之文字遣御何事之儀書付申
其節之分一紙ニ書相調候様可仕候

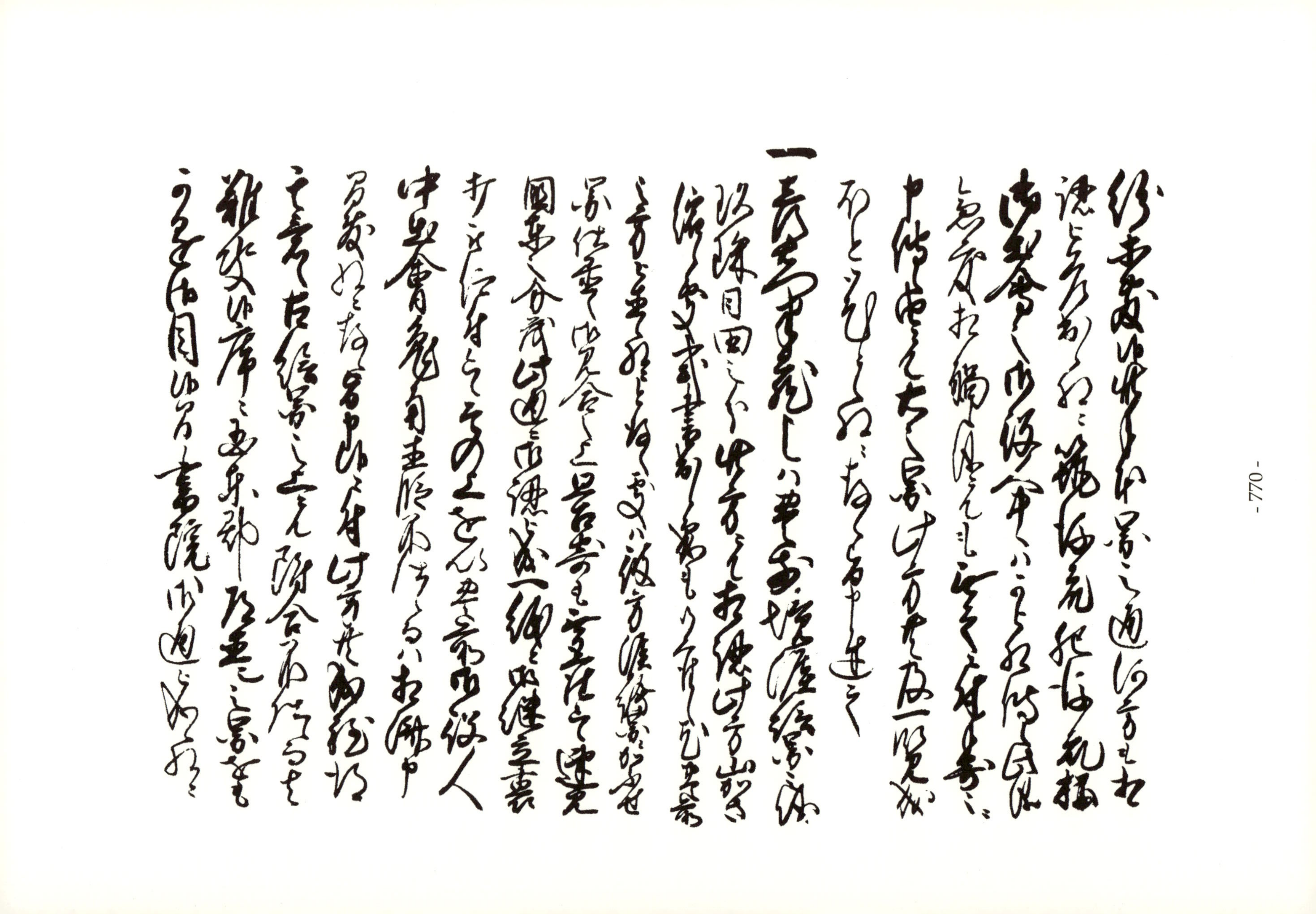

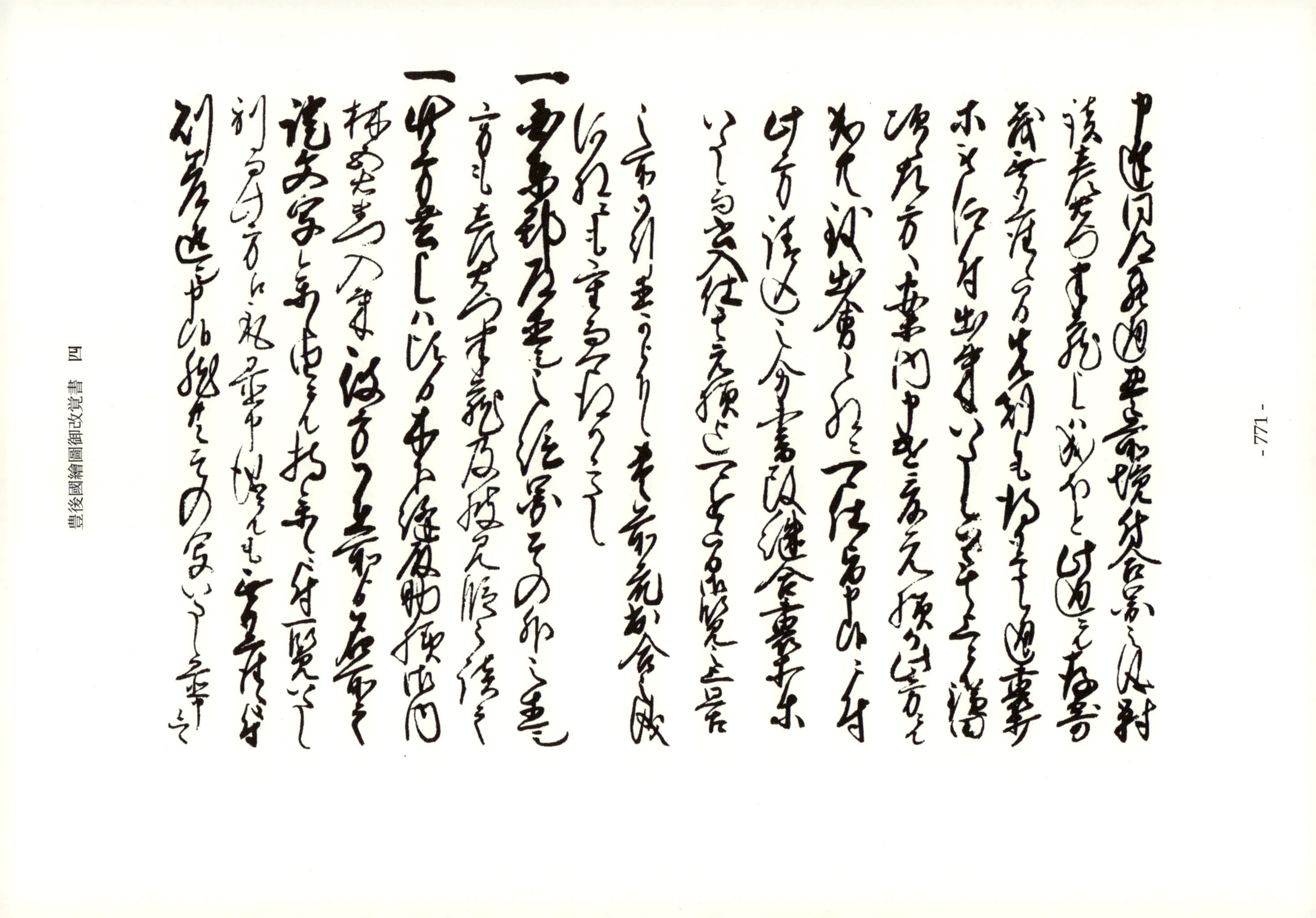

[illegible]

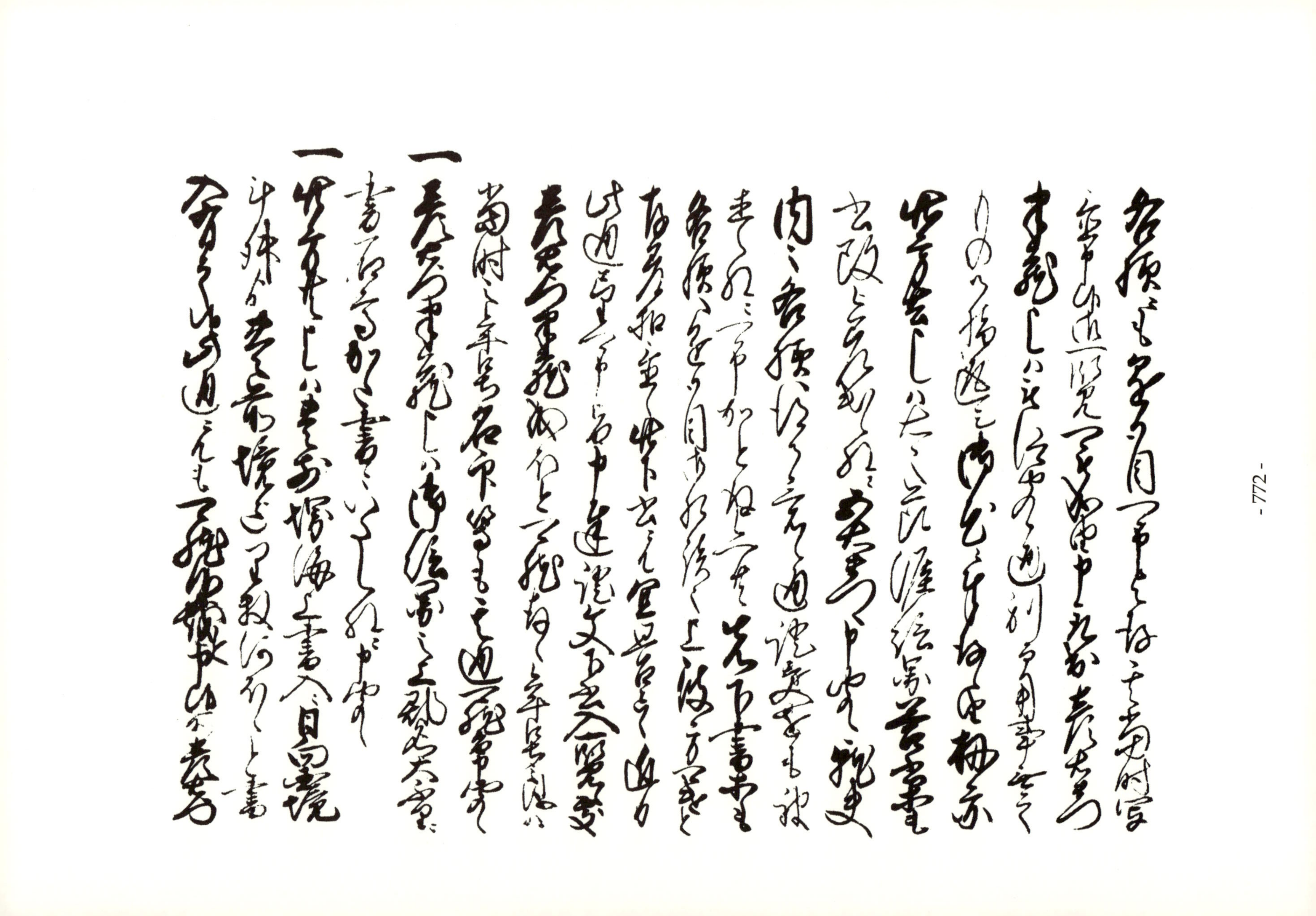

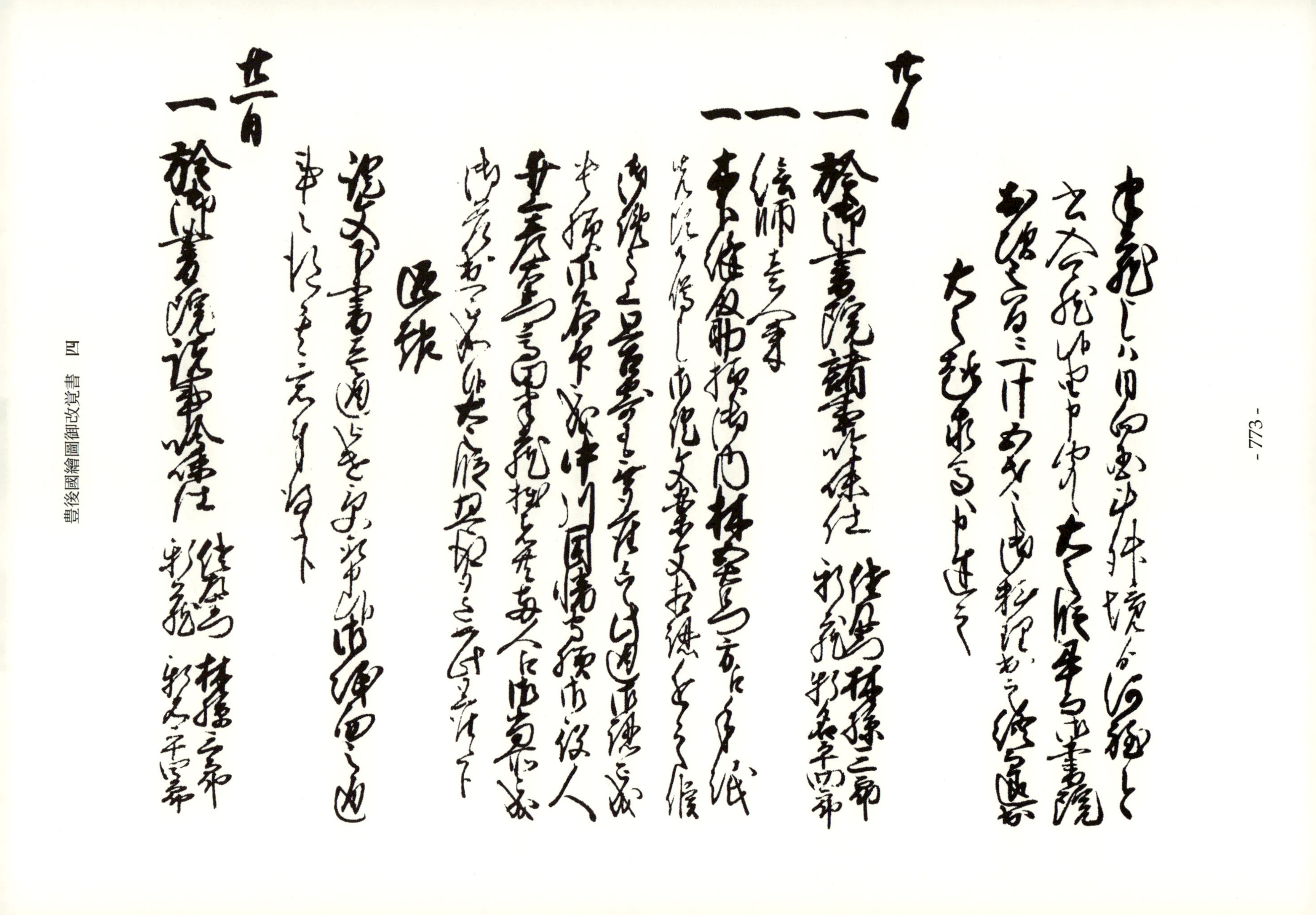

[illegible]

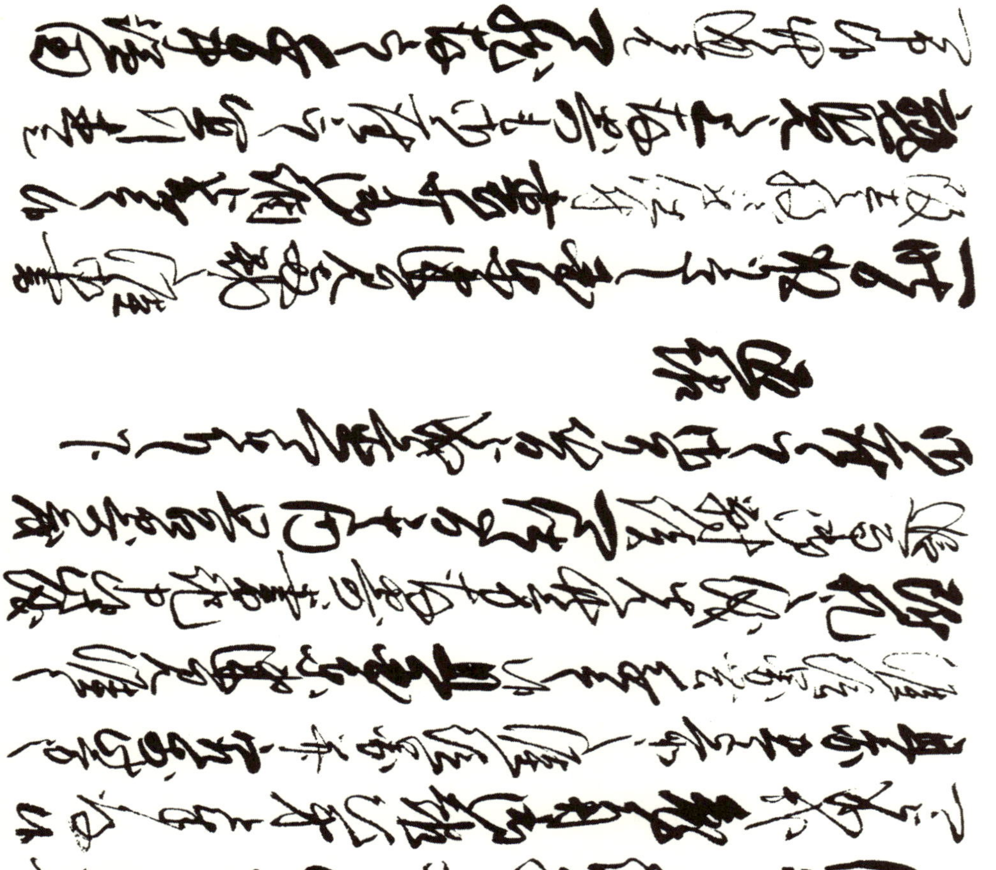

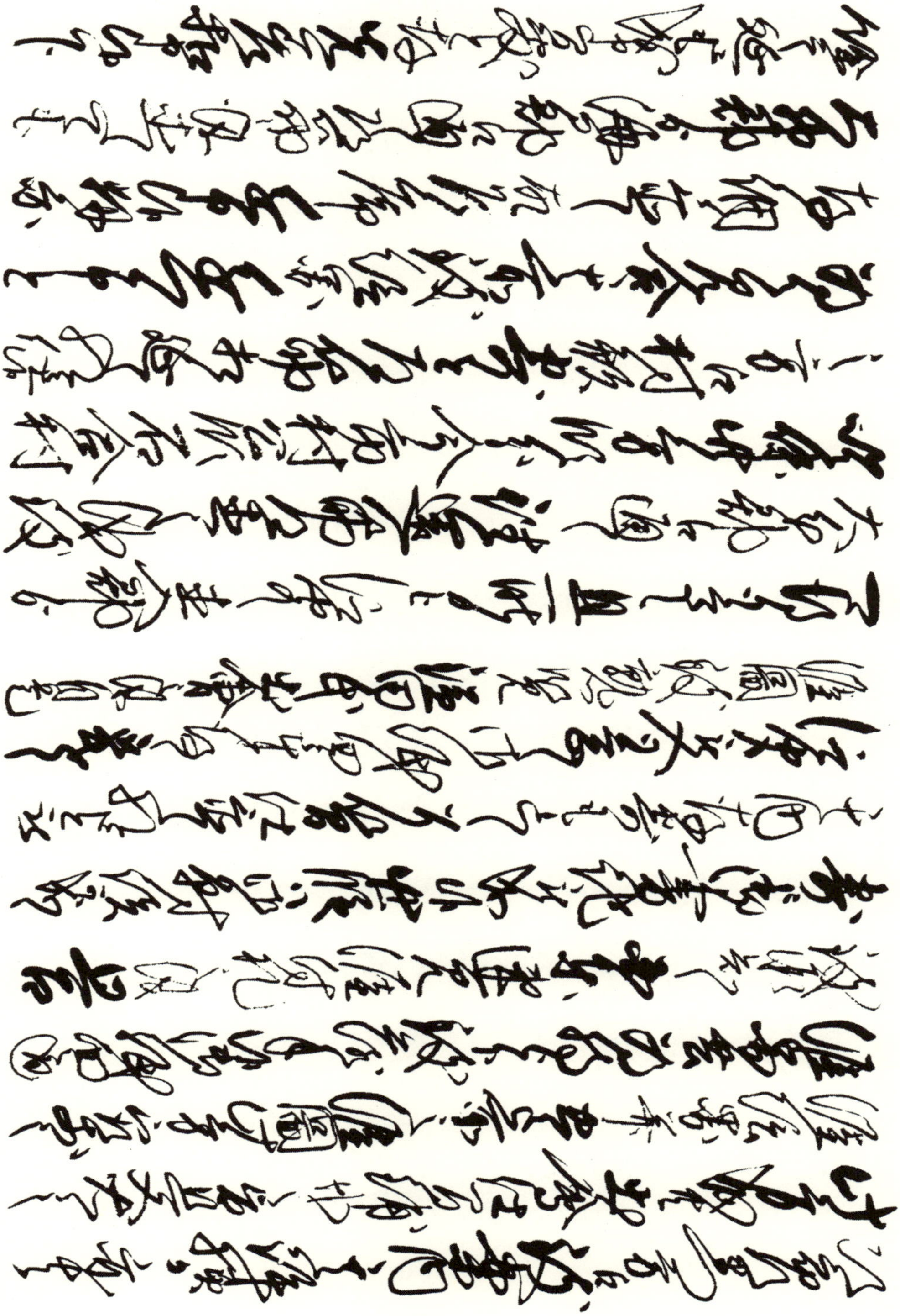

廿三日
一　於御書院御茶被下候仁　佐藤[illegible]　林孫三郎
　　　　　　　　　　　　　杉[illegible]　杉[illegible]
廿四日
一　井上[illegible]手紙[illegible]
[illegible]拙者[illegible]良信[illegible]
[illegible]
[illegible]林[illegible]
[illegible]
[illegible]
[illegible]
[illegible]
一　良信ニ年寄[illegible]
[illegible]役人中[illegible]
[illegible]
[illegible]
[illegible]
[illegible]
一　[illegible]

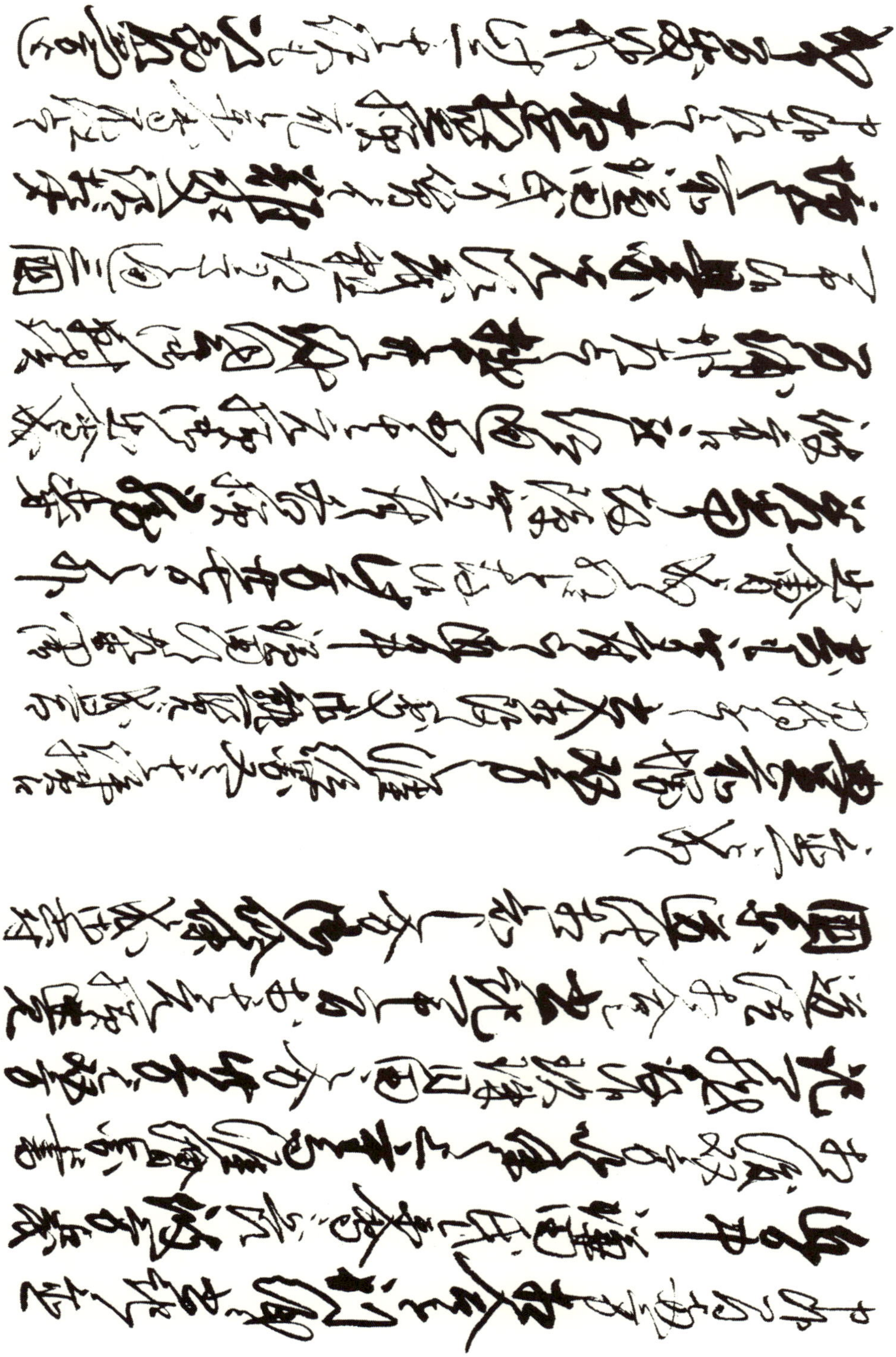

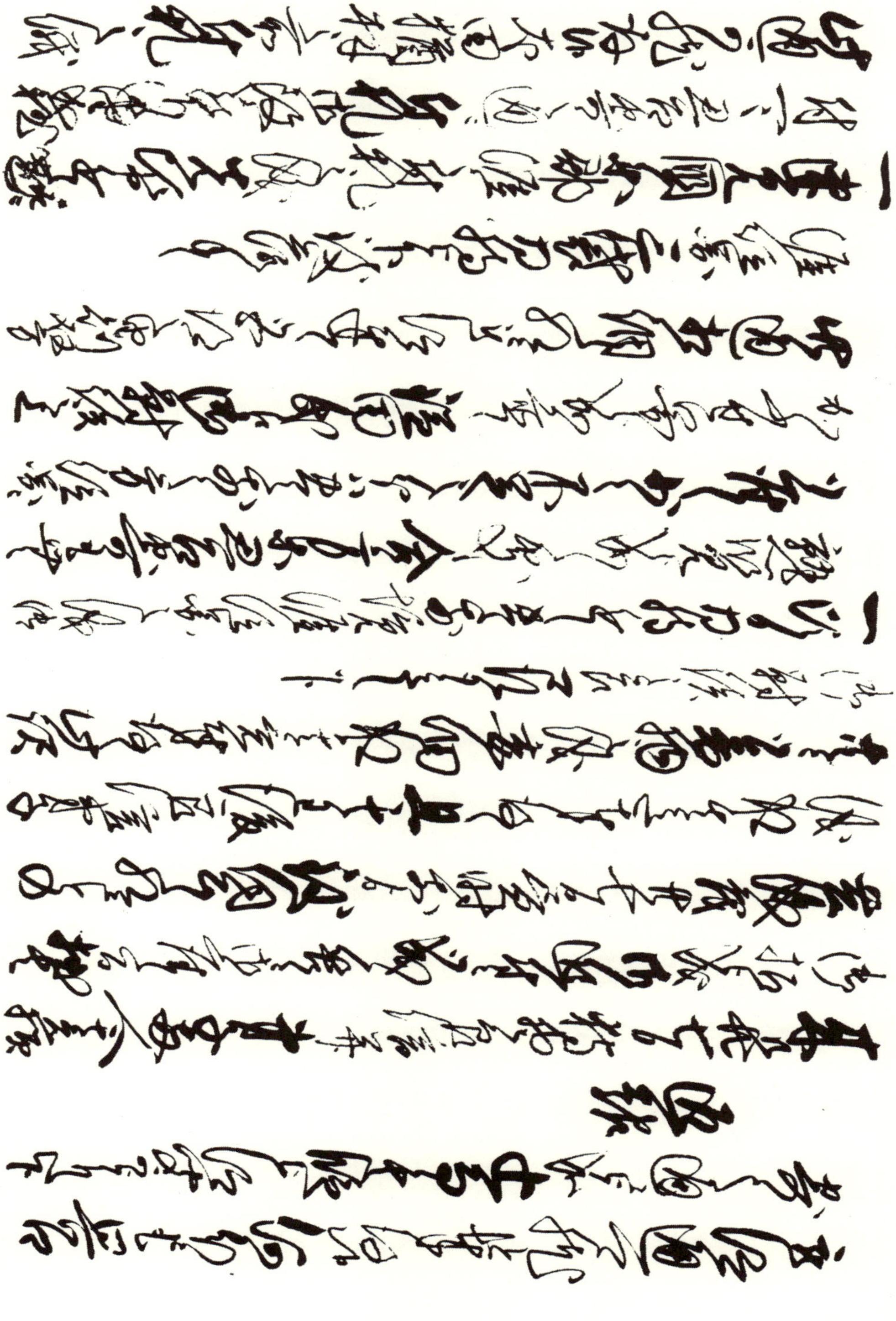

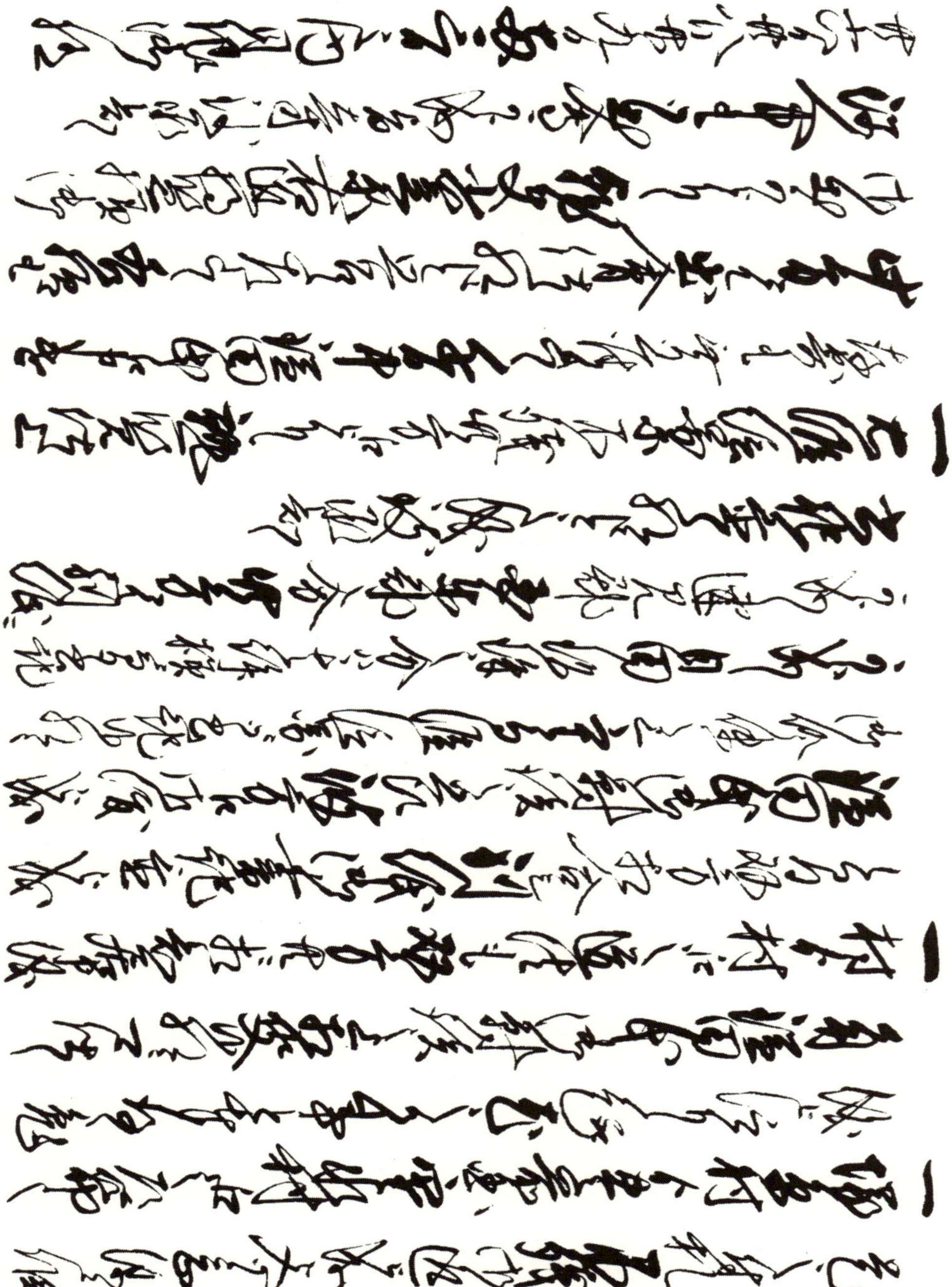

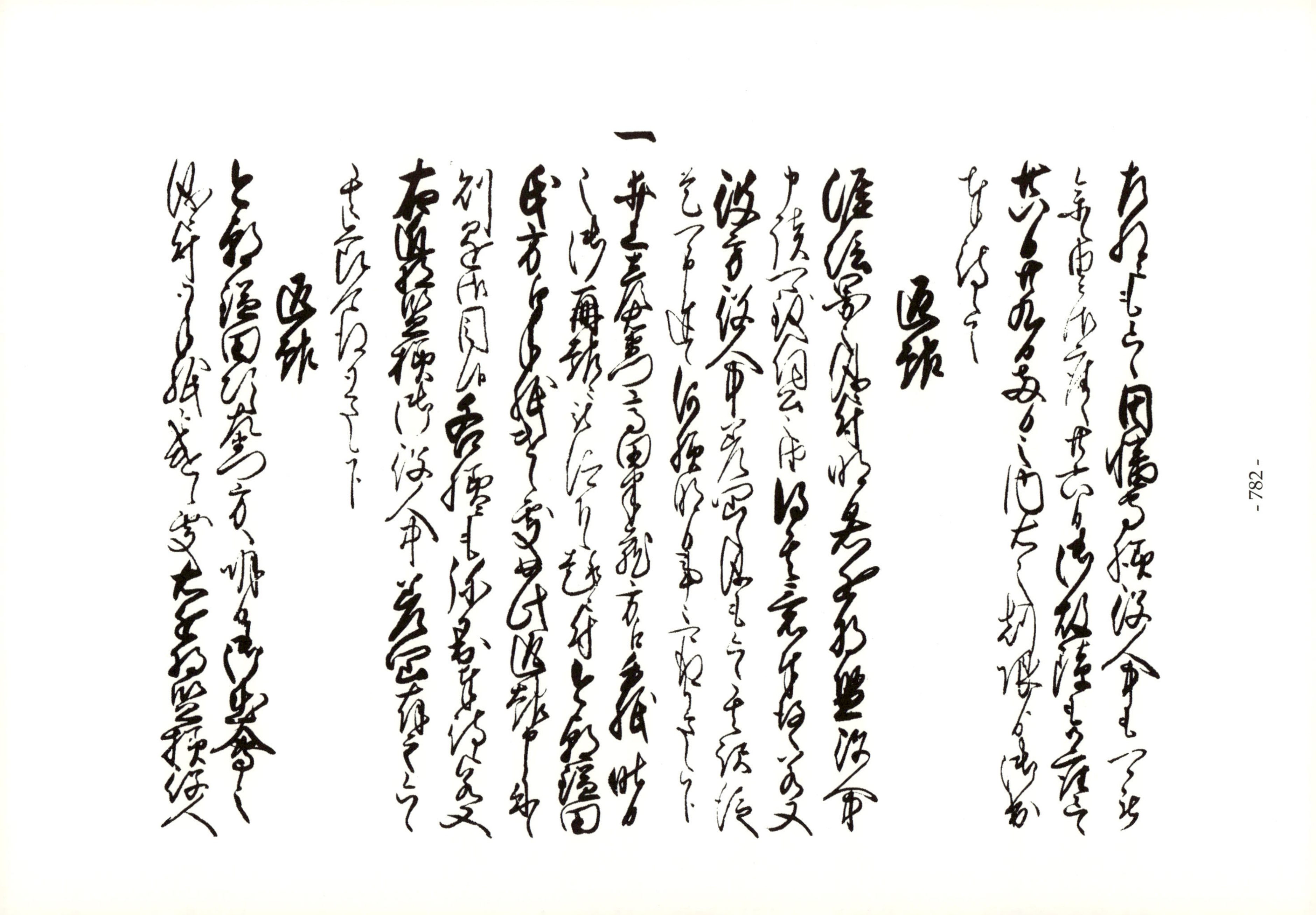

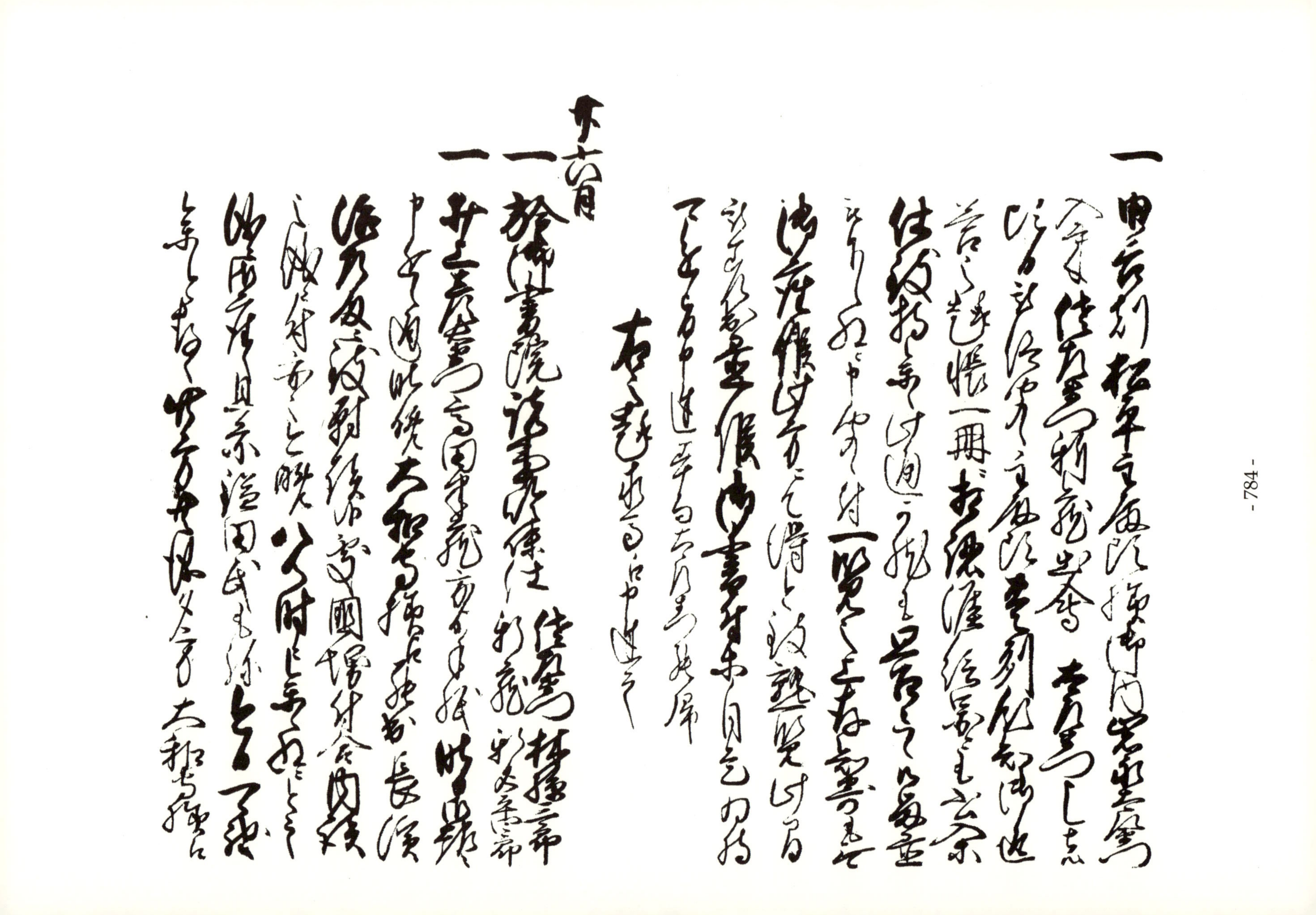

一　申之刻松平主殿頭様御内岩永[illegible]
[illegible]住吉へ[illegible]出会　[illegible]
[illegible]
[illegible]通帳一冊相添[illegible]
住役[illegible]
[illegible]一覧之上存寄[illegible]
[illegible]
[illegible]帳面書付[illegible]
[illegible]
右之趣[illegible]

十六日
一　於御書院[illegible]
一　[illegible]
一　[illegible]

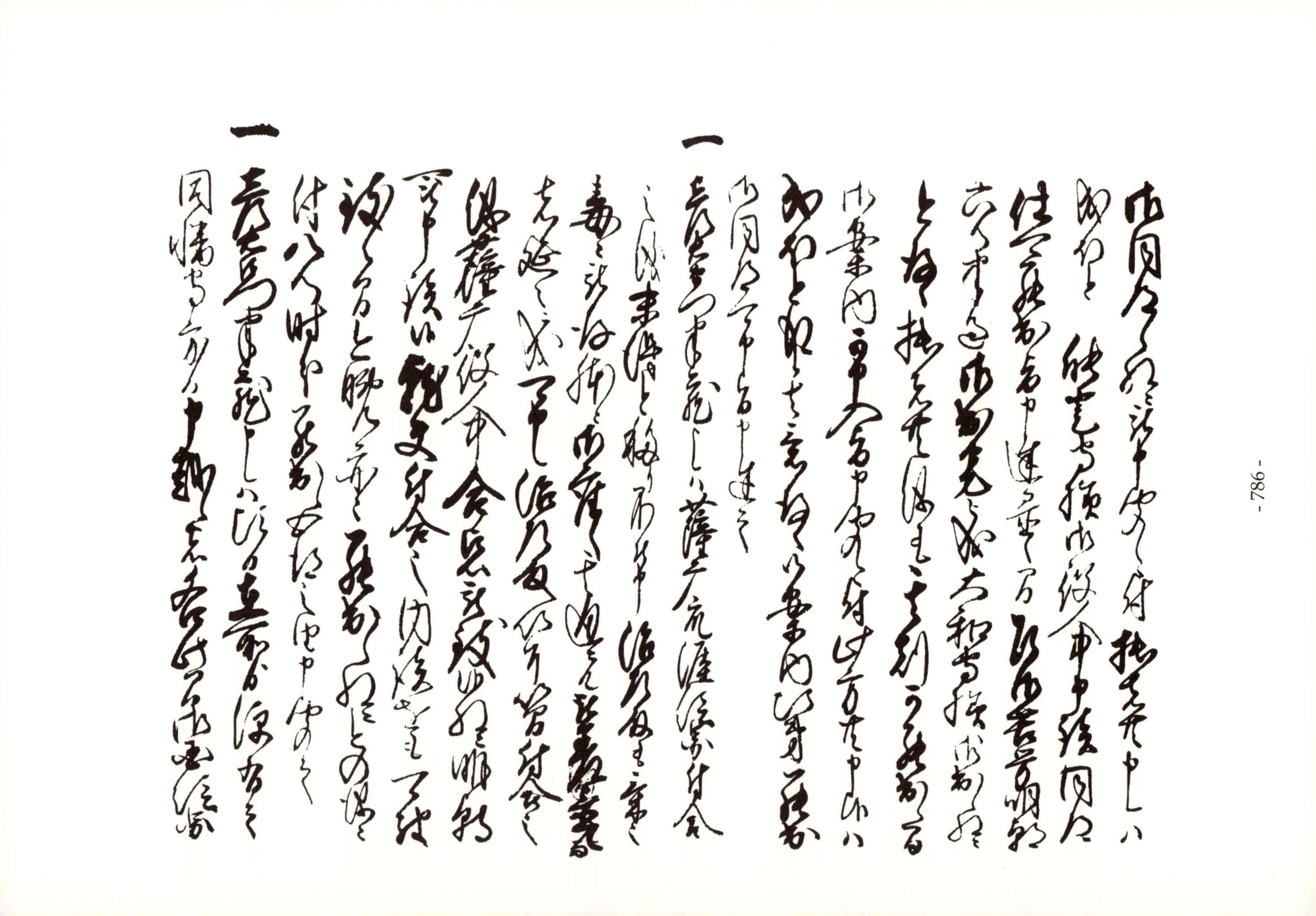

[illegible]

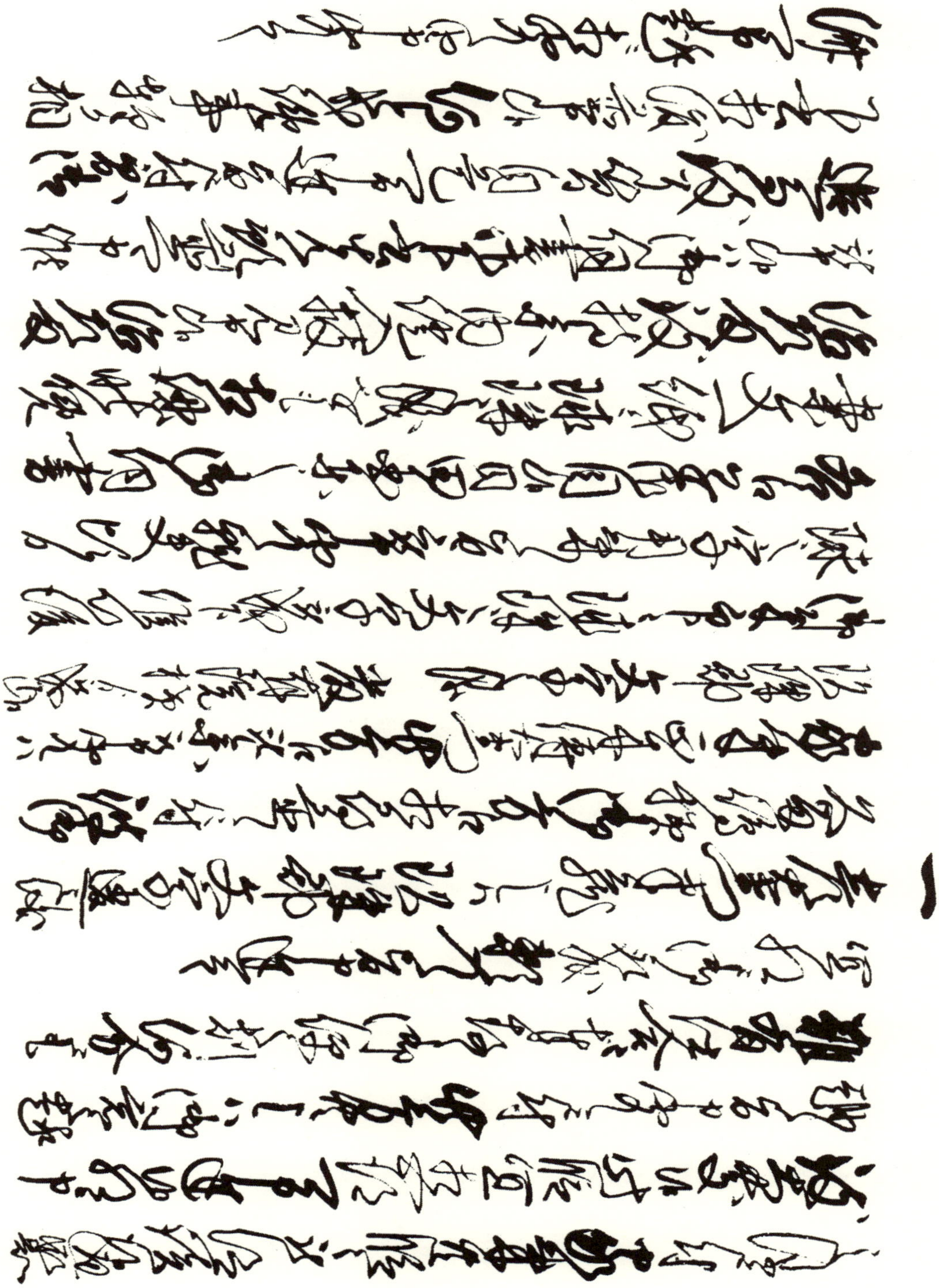

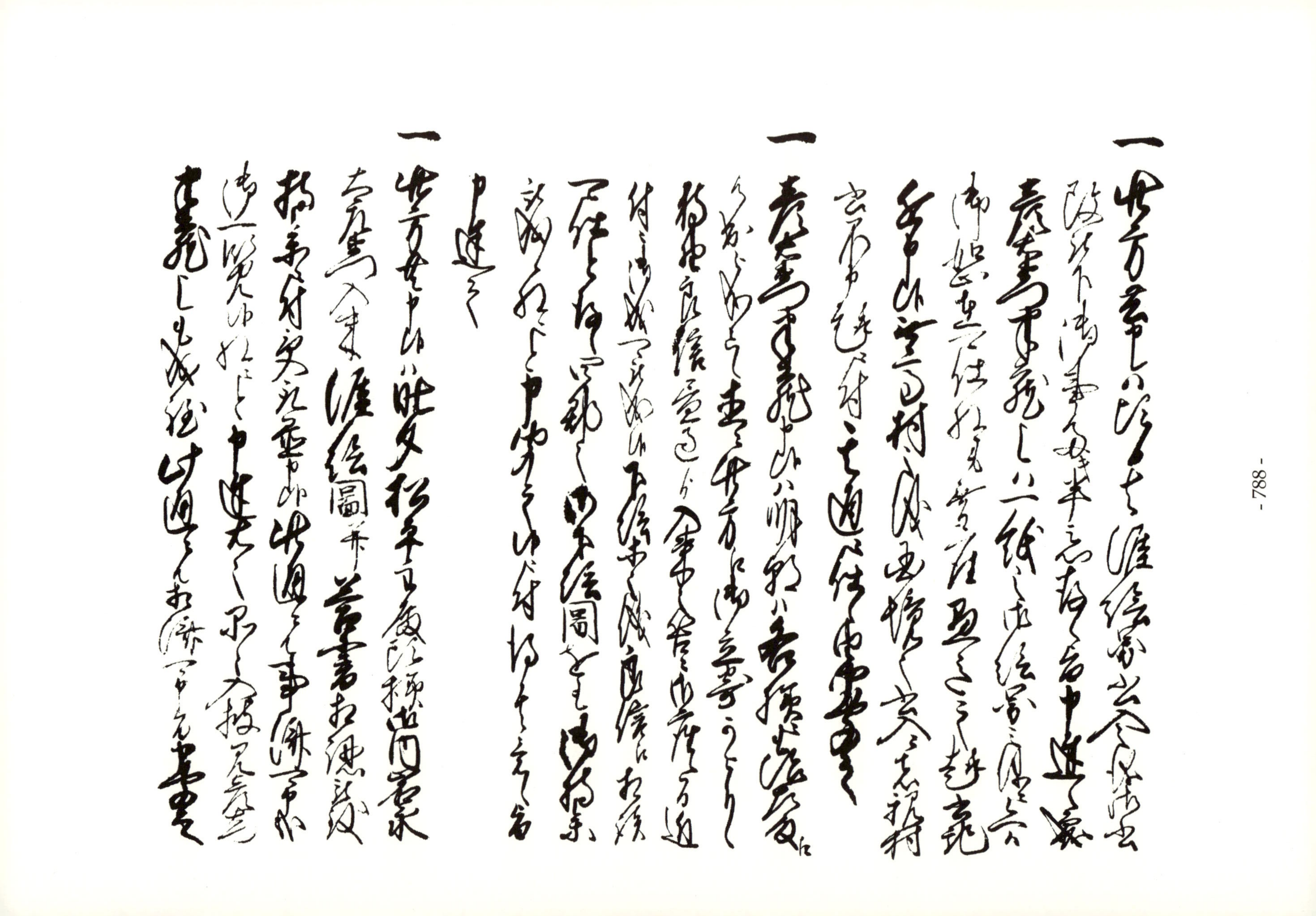

一 [illegible]
[illegible]
[illegible]
[illegible]
[illegible]
[illegible]

一 [illegible]
[illegible]
[illegible]
[illegible]
[illegible]
[illegible]
[illegible]
[illegible]

一 [illegible]
[illegible]
[illegible]
[illegible]
[illegible]
[illegible]

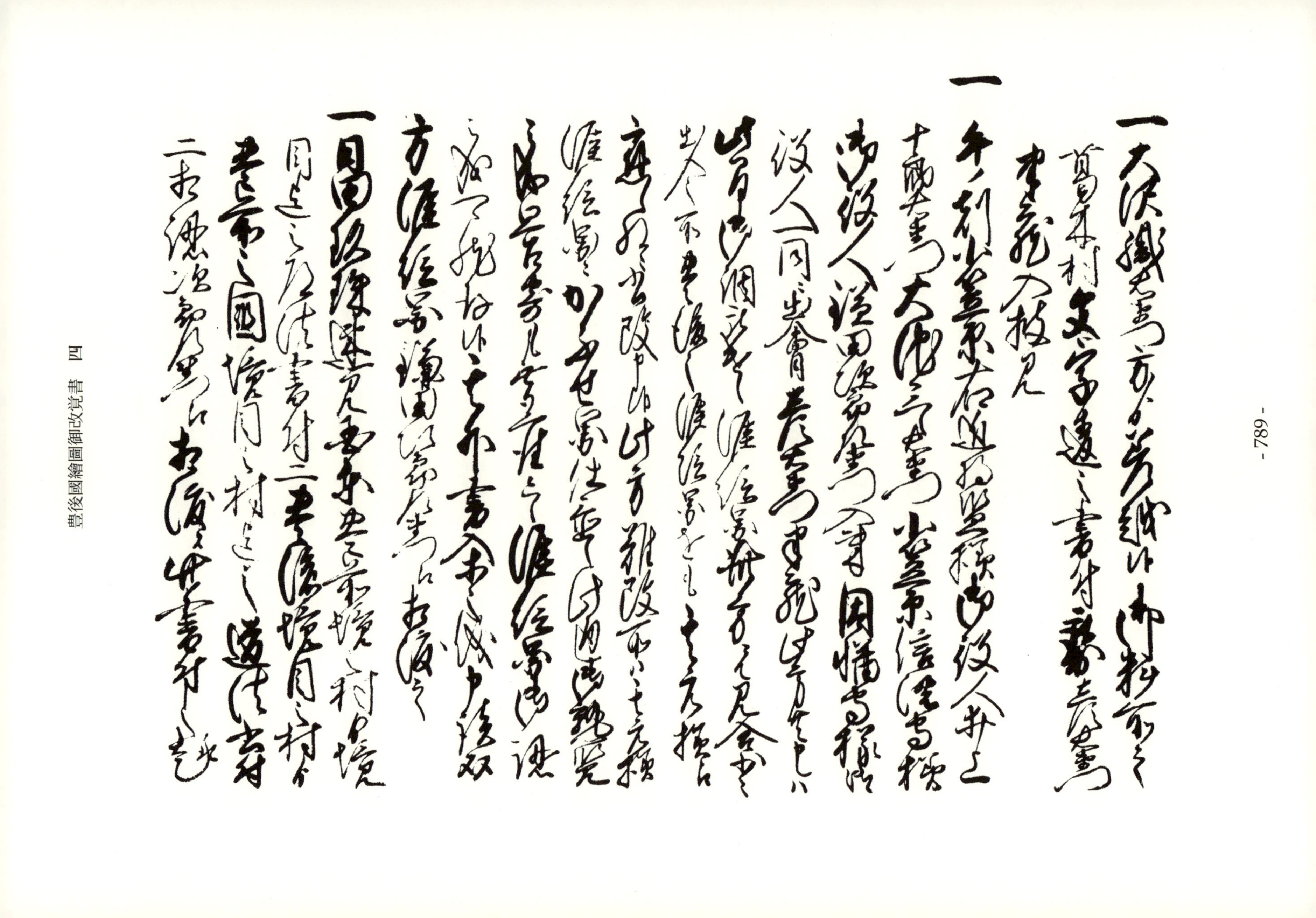

[illegible]

御見合ニ付東之御間ニ於而渡辺縫殿ハ
逆付候様ニ申上書記之儀者申述ル
一 表大書本記付之候ニ付渡辺縫殿調
此段付而申聞ニ通路方申合お
調ニ付壱岐源右衛門ヘ差出中述
小中図令叔父ヘ会文渡ニ付書出
沙汰有之由相候事
一 右御用年番二付家老中ヘ相渡
茶カリ大ニ而返ス
右之趣申上候

廿七日
一 今朝新井大和守様ニ使者 利親同公
中川周蔵ニ而従中役人井上孫兵衛ニ而
本荘松平播磨守様御用ニ而赤松
喜兵衛同中役人加賀源兵衛大夫
下役中人細川新中ニ而御役人平井
喜兵衛 然ニ而大夫ニ而是同公
出席候丸ニ出会 御書院ニ而通り

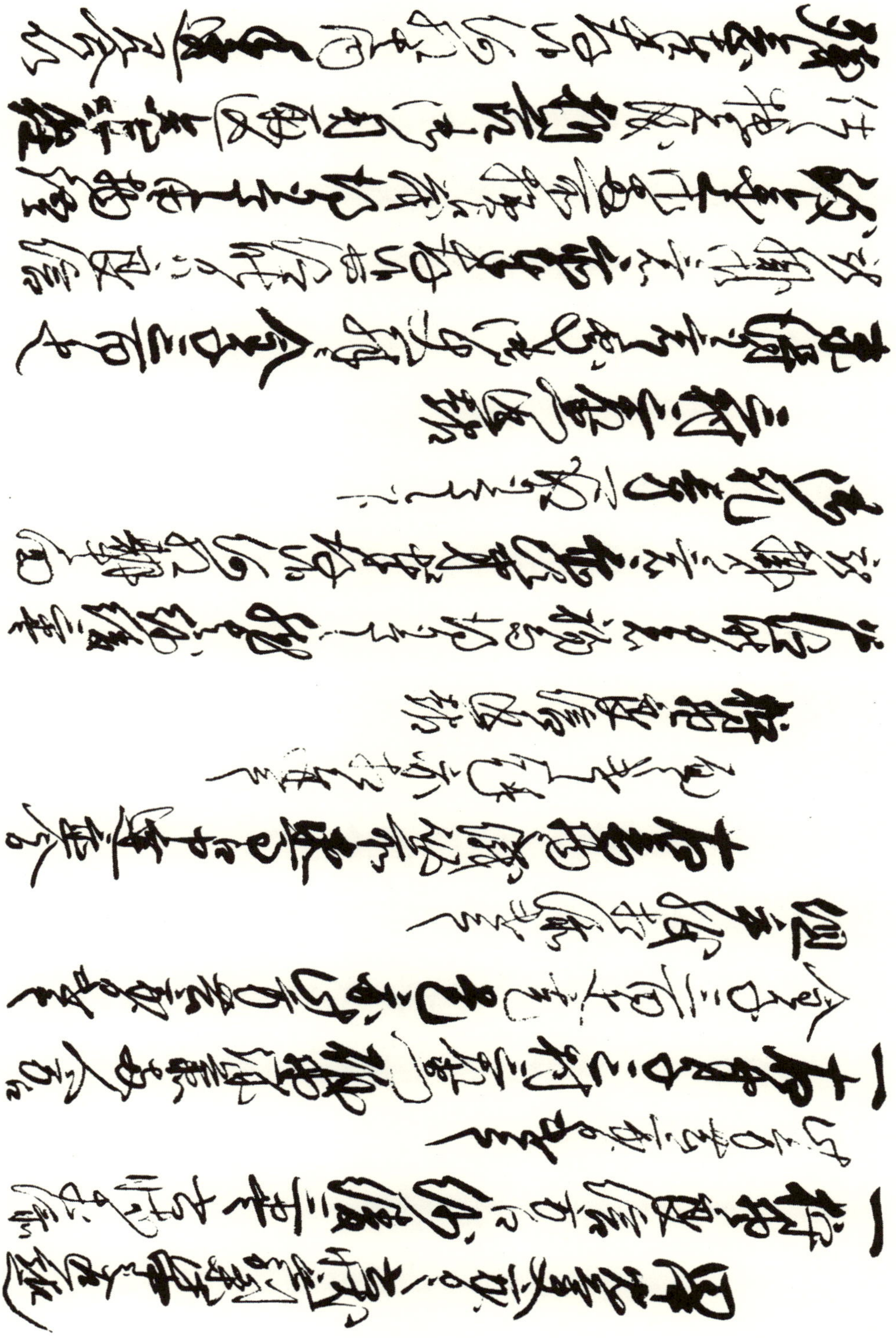

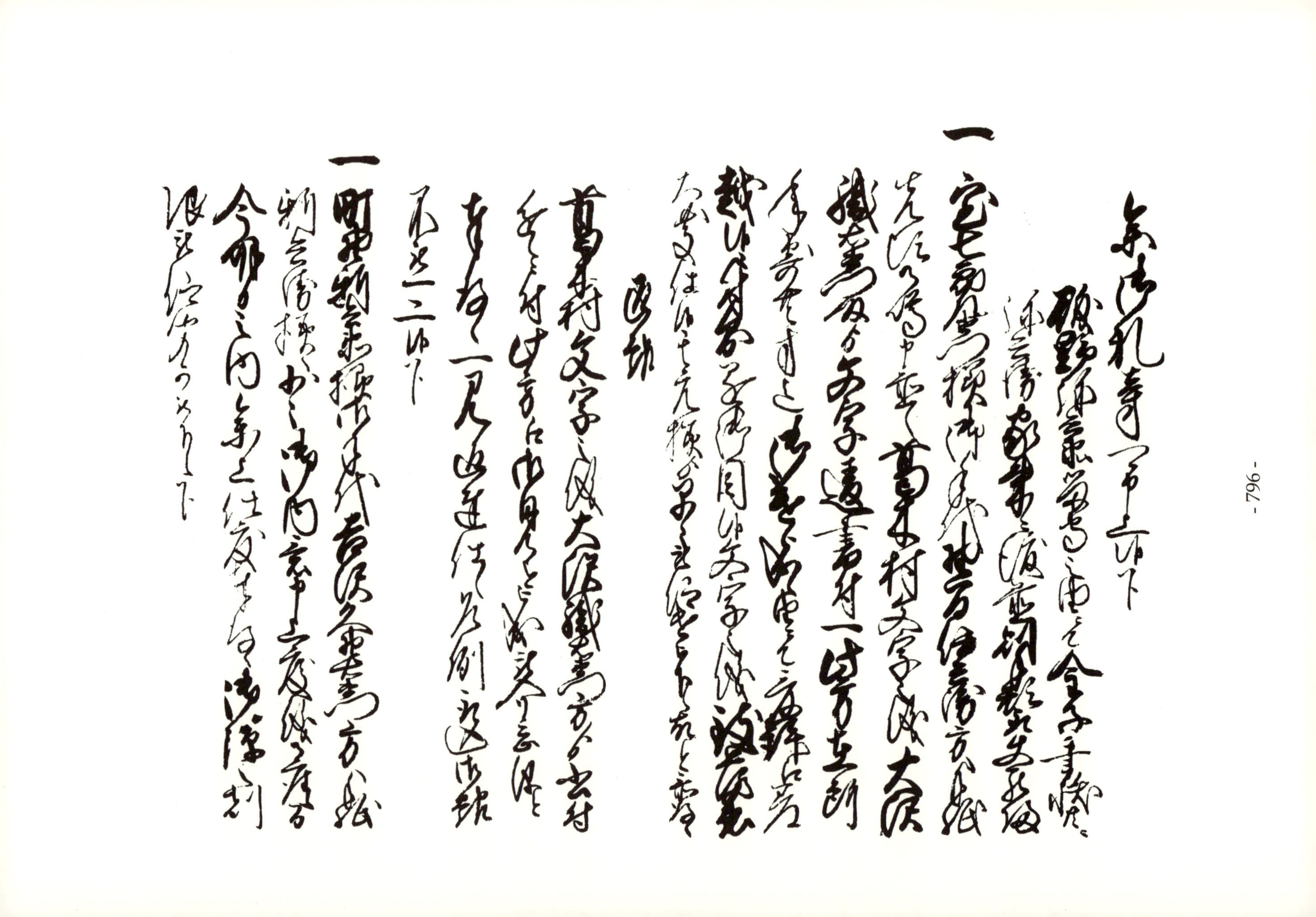

[illegible]

[illegible]

[illegible]

一 [illegible]葛西村[illegible]

[illegible]文字[illegible]大原[illegible]

[illegible]

[illegible]

[illegible]為取替[illegible]

[illegible]

[illegible]

葛西村文字[illegible]

[illegible]

[illegible]

[illegible]

一 [illegible]

[illegible]

[illegible]

[illegible]

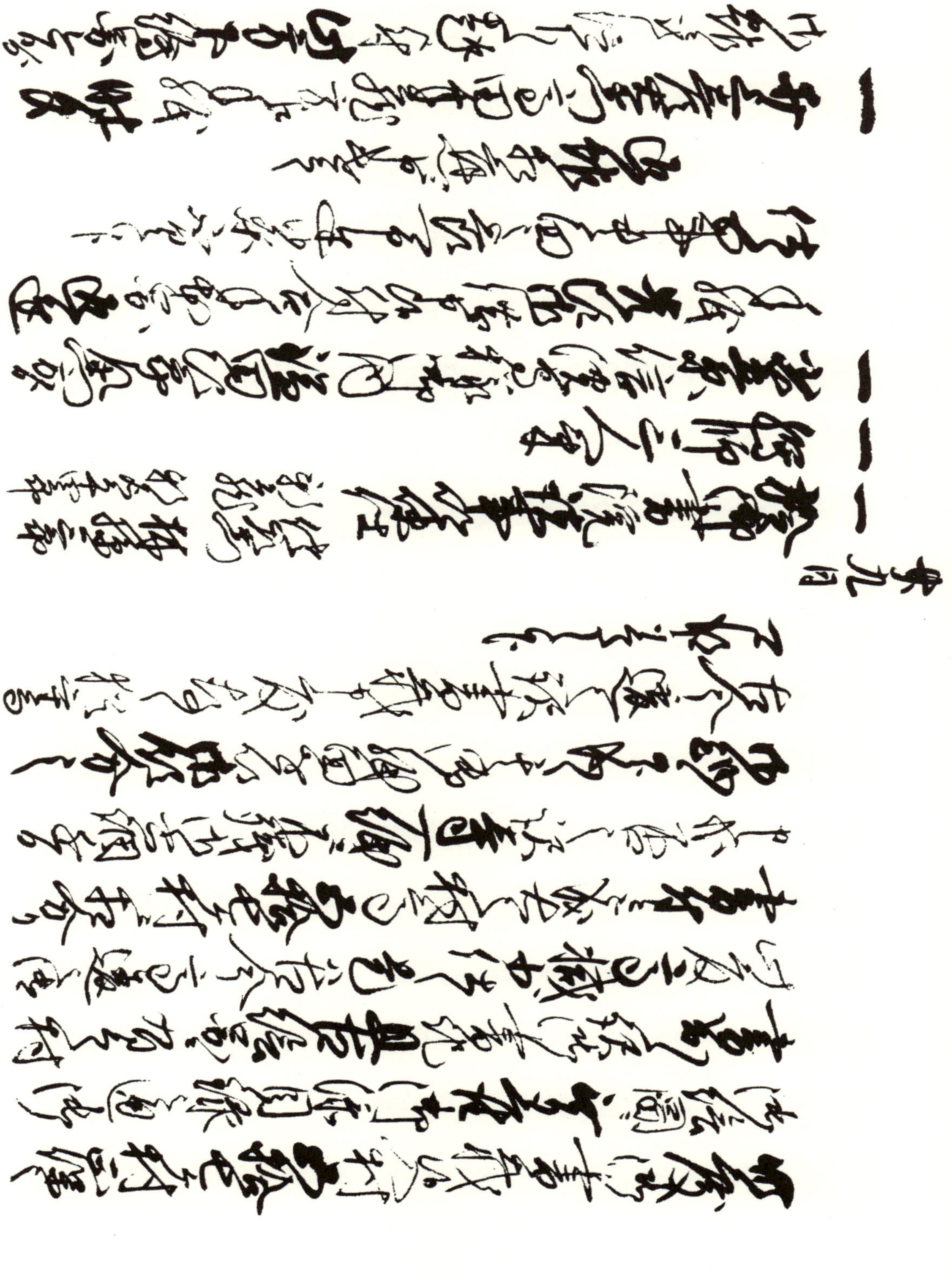

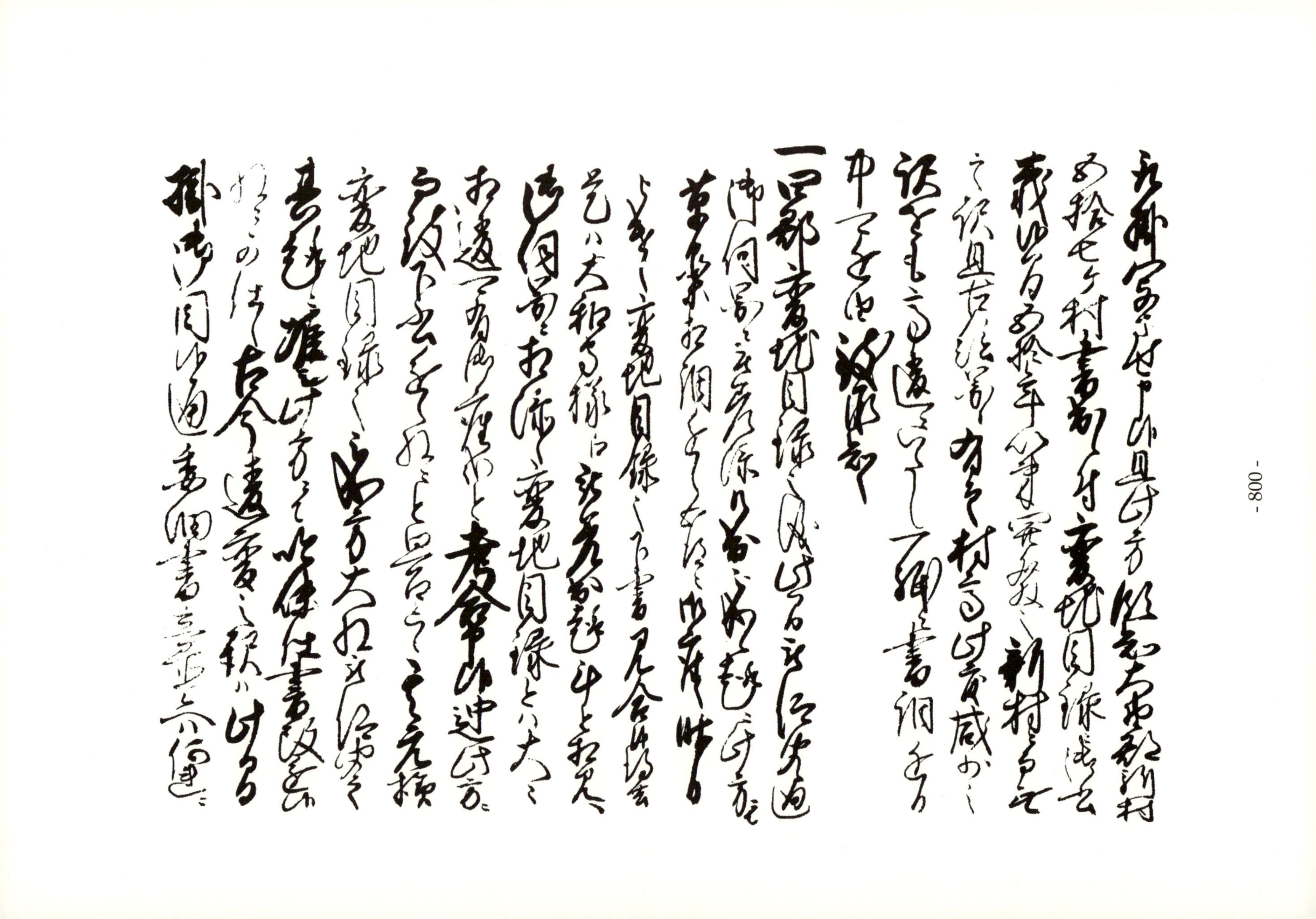

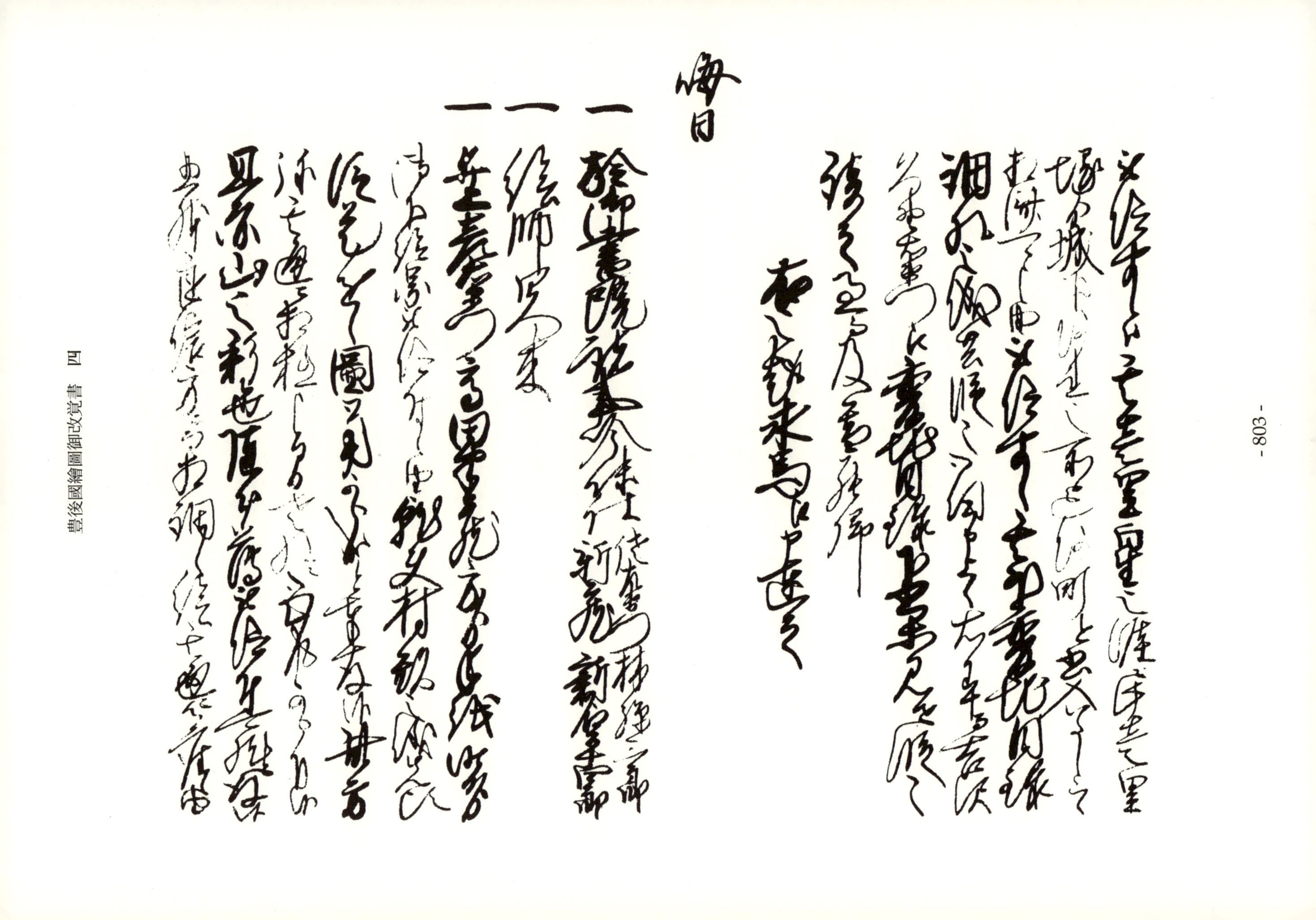

并絵図ニ[illegible]
[illegible]城下[illegible]
[illegible]并絵図[illegible]
[illegible]
[illegible]
[illegible]
[illegible]

毎日

一 絵[illegible]
一 絵師[illegible]
一 [illegible]
[illegible]
[illegible]
[illegible]
[illegible]
[illegible]

及延引候而者其元ニ而も差支候様ニ存候ニ付

一 霊光院様御逝去ニ付、御隠居様より御悔

申来ニ付、[illegible]御頼申上候旨申

遣し、右出来次第持参候様申聞置

掛り候[illegible]、則其方より御頼候

御頼[illegible]事ニ候得共、右者和尚より[illegible]

差越[illegible]中[illegible]候而可然候

[illegible]候得共、其方ニ而[illegible]

[illegible]毎々御年頭[illegible]毎々[illegible]

見舞旁被下置候由中[illegible]

候得共差支候ニ付

[illegible]

其後者[illegible]宗[illegible]之義[illegible]

[illegible]

[illegible]

[illegible]

一 霊光院様御逝去ニ付[illegible]

[illegible]

[illegible]

辰ノ
十一月

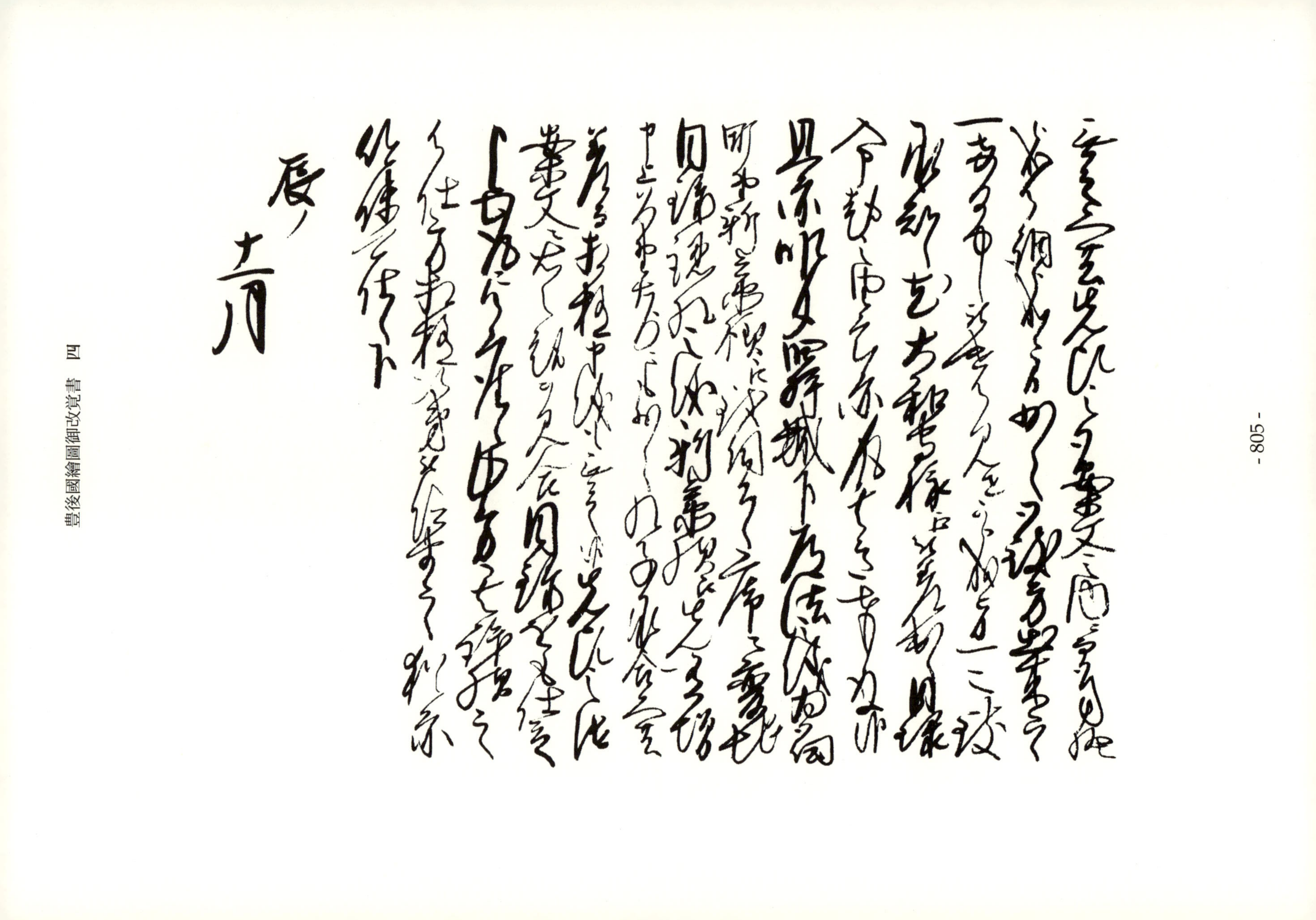

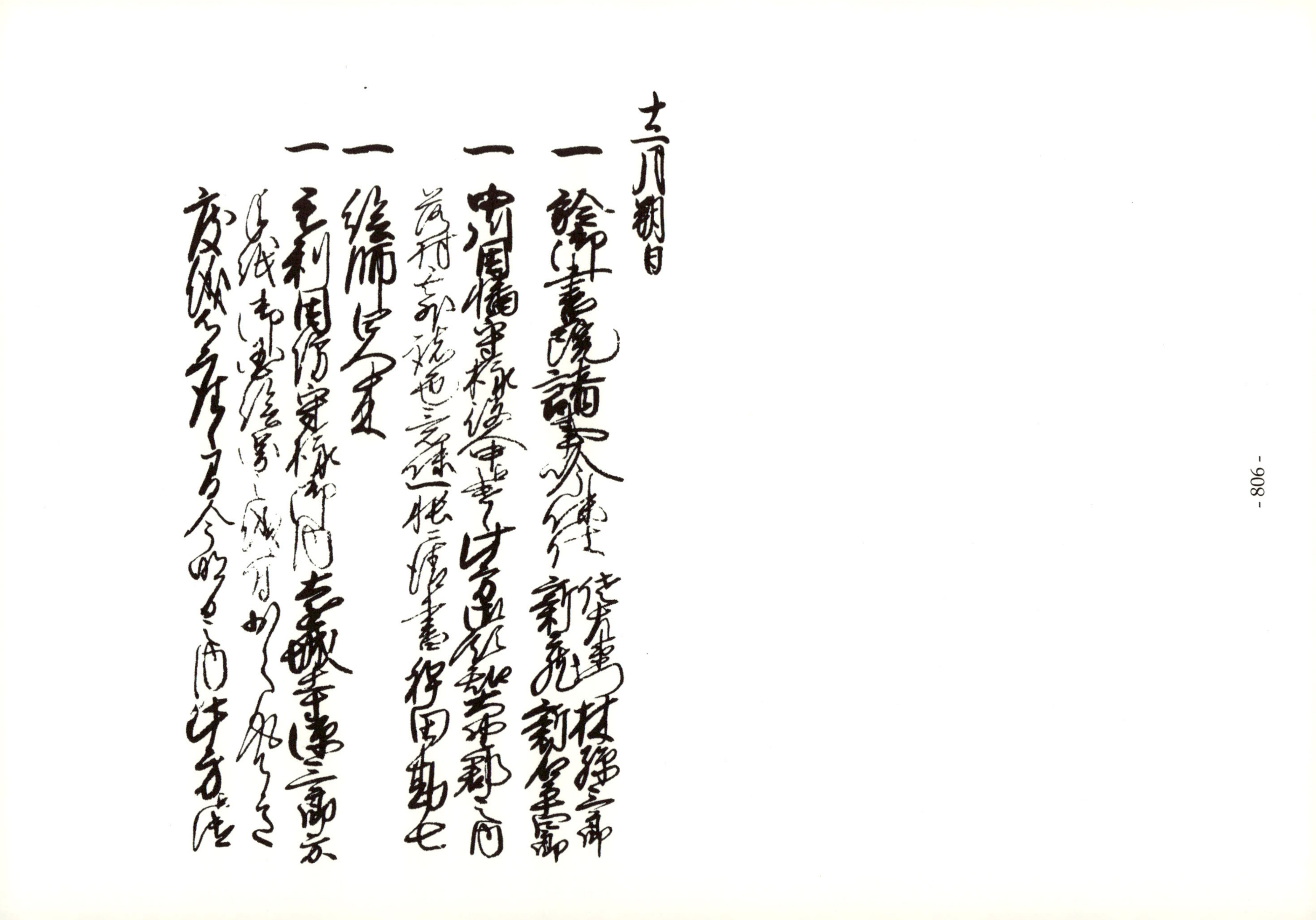

十二月朔日

一 於御書院諸大夫ニ被仰付 [illegible] [illegible]

一 中川[illegible]守様[illegible]中書付[illegible]

[illegible]

一 [illegible]

一 [illegible]

[illegible]

[illegible]

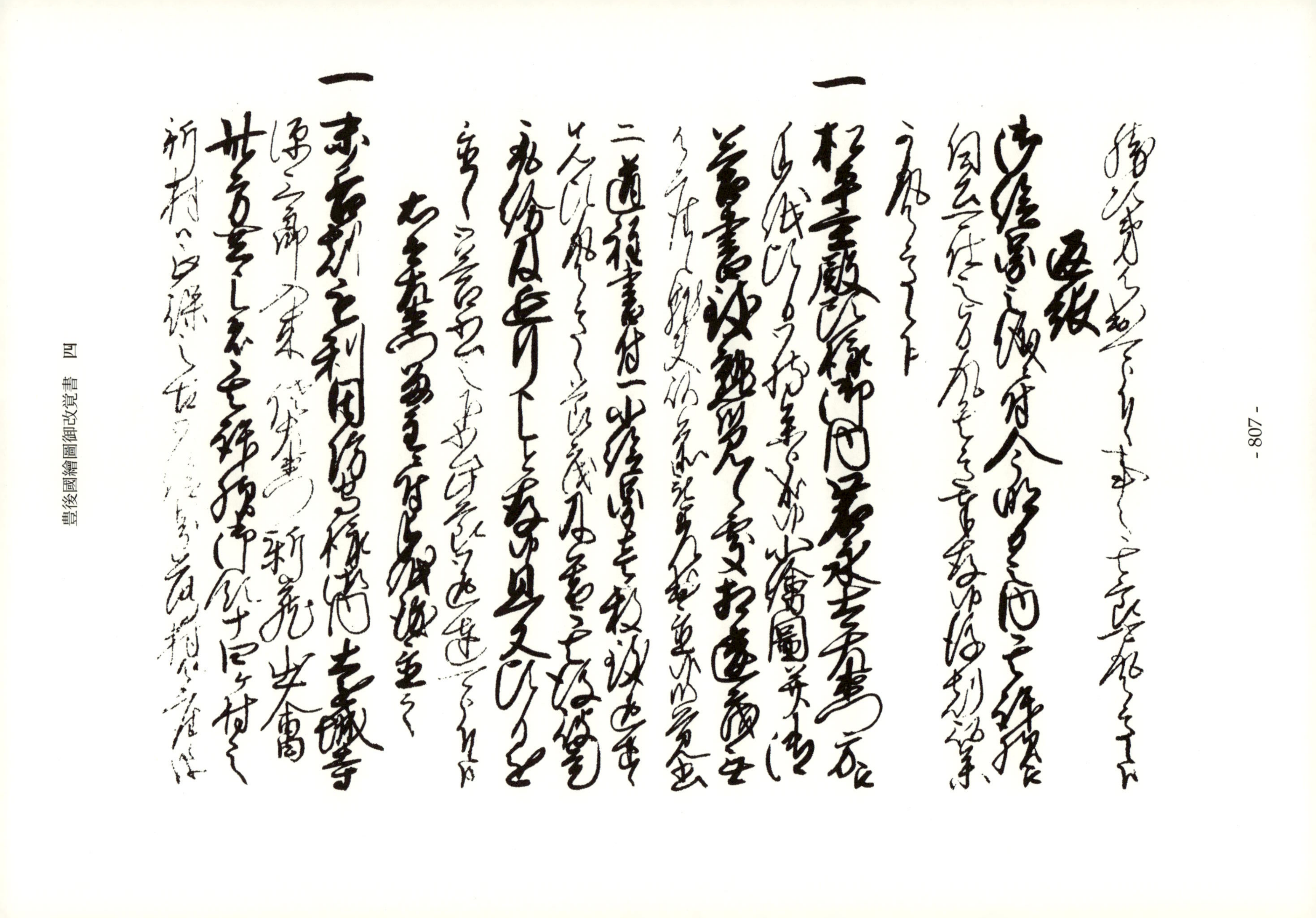

目録之儀相糺之上一通リ写付差出
候処、何月何日返上可被仰付旨被申
罷帰申候、以上

三日

一 於御書院諸事取扱候仕 佐々木権之丞 新家喜三郎

一 絵師四人事

一 松平主殿頭様御内 岩永吉兵衛方ゟ
手紙を以申来候処、右之趣申付候ニ付
各様方へ申達候様、右之通、尤上之ニ
可然旨被申聞、委細は兼而之
御申含之通被心得、御答書差出候
中山〔〕御書付を以写〔〕被遣候

返却

一 浅野因幡守様御内ゟ申〔〕
御書付を以申来候、右之〔〕承〔〕

一 依而申上候

一 松平丹後守様御内 高瀬太郎兵衛方ゟ
手紙を以浅野縫殿を以申来候

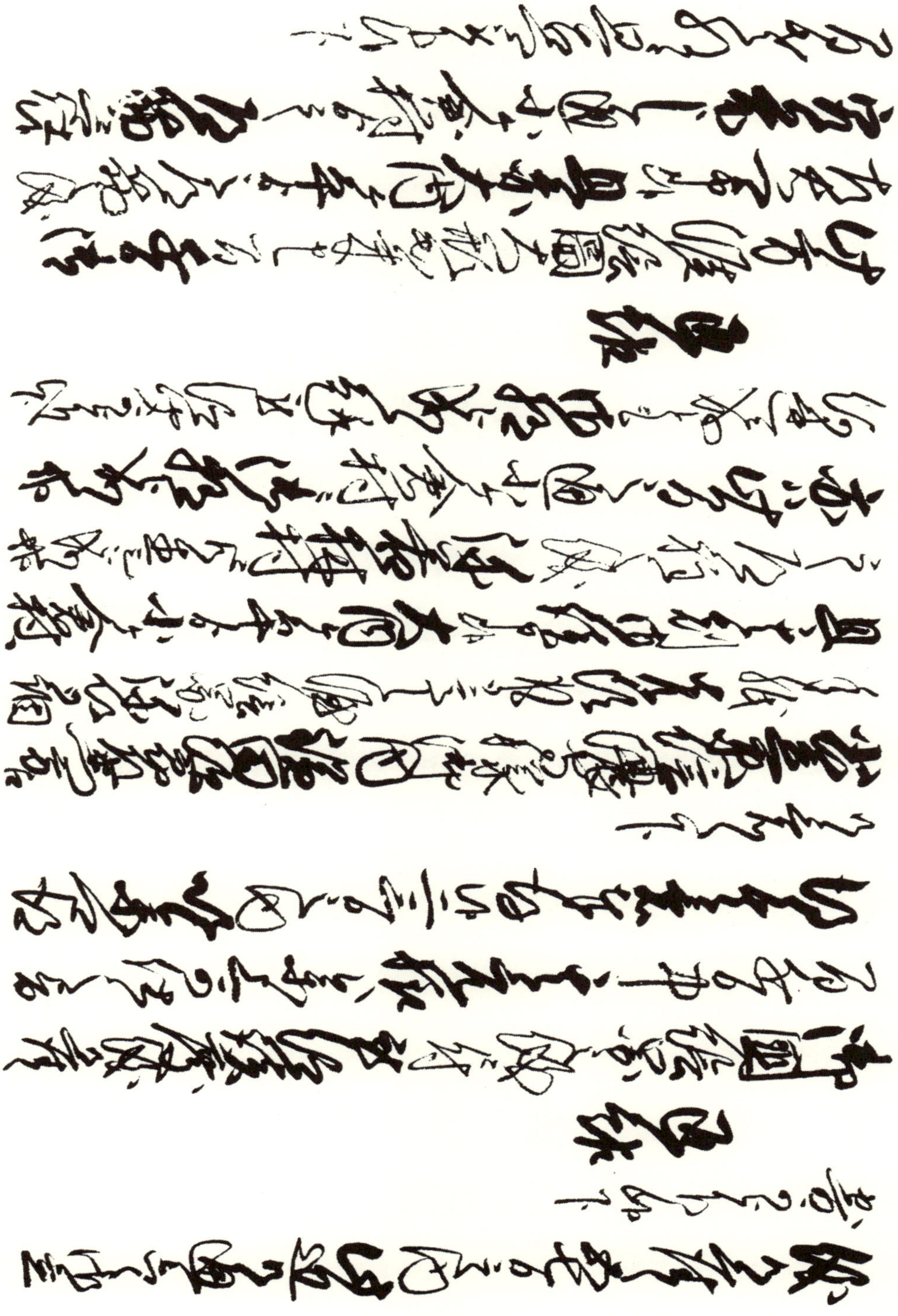

四日

一　於御次書院諸事御用仕　佐左馬　林猪三郎　新蔵　新右衛門

一　絵師江入来

五日

一　於御次書院諸事とも御用仕　佐左馬　林猪三郎　新蔵　新右衛門

一　絵師三人来

一　[illegible]

一　[illegible]

一　[illegible]

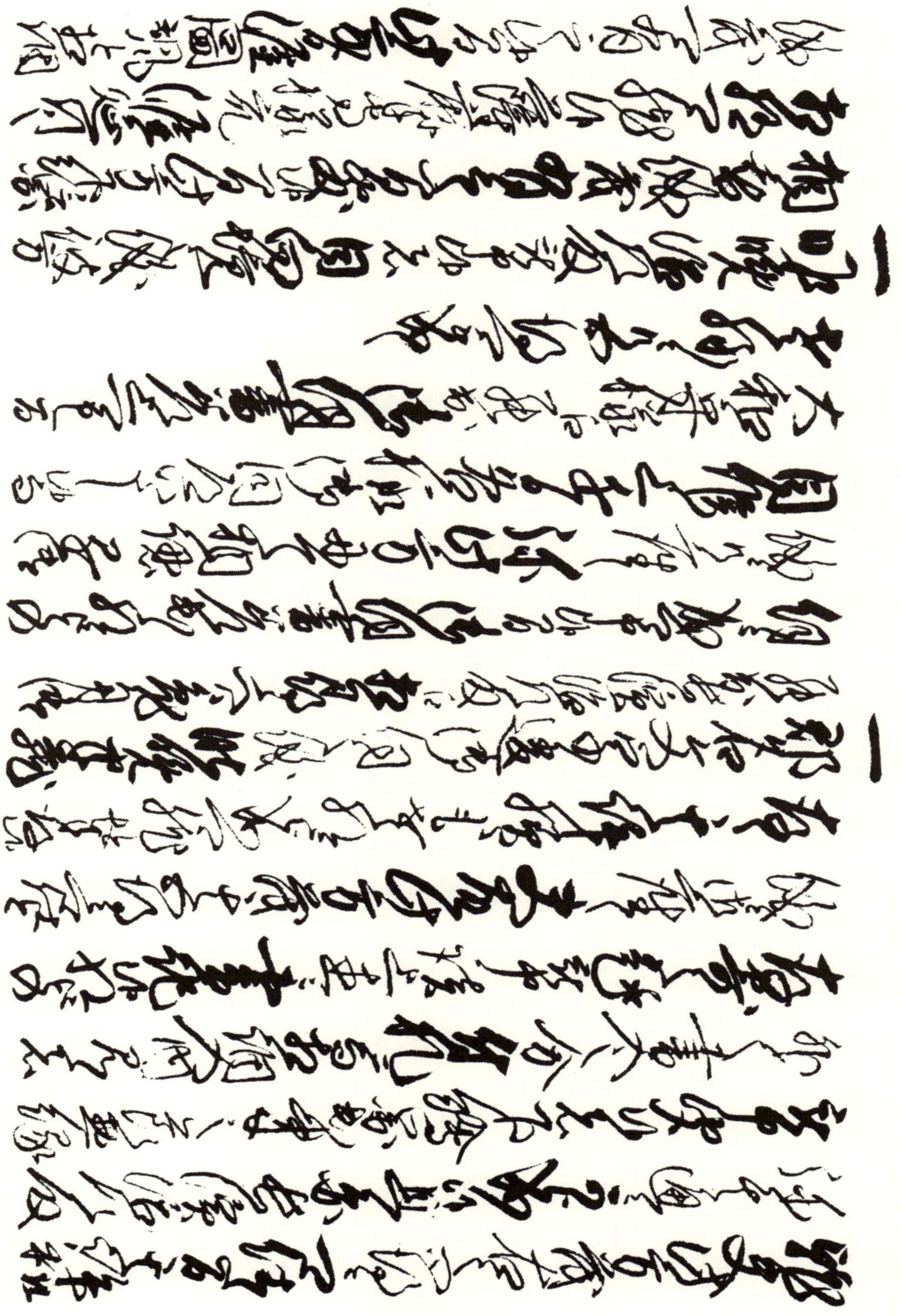

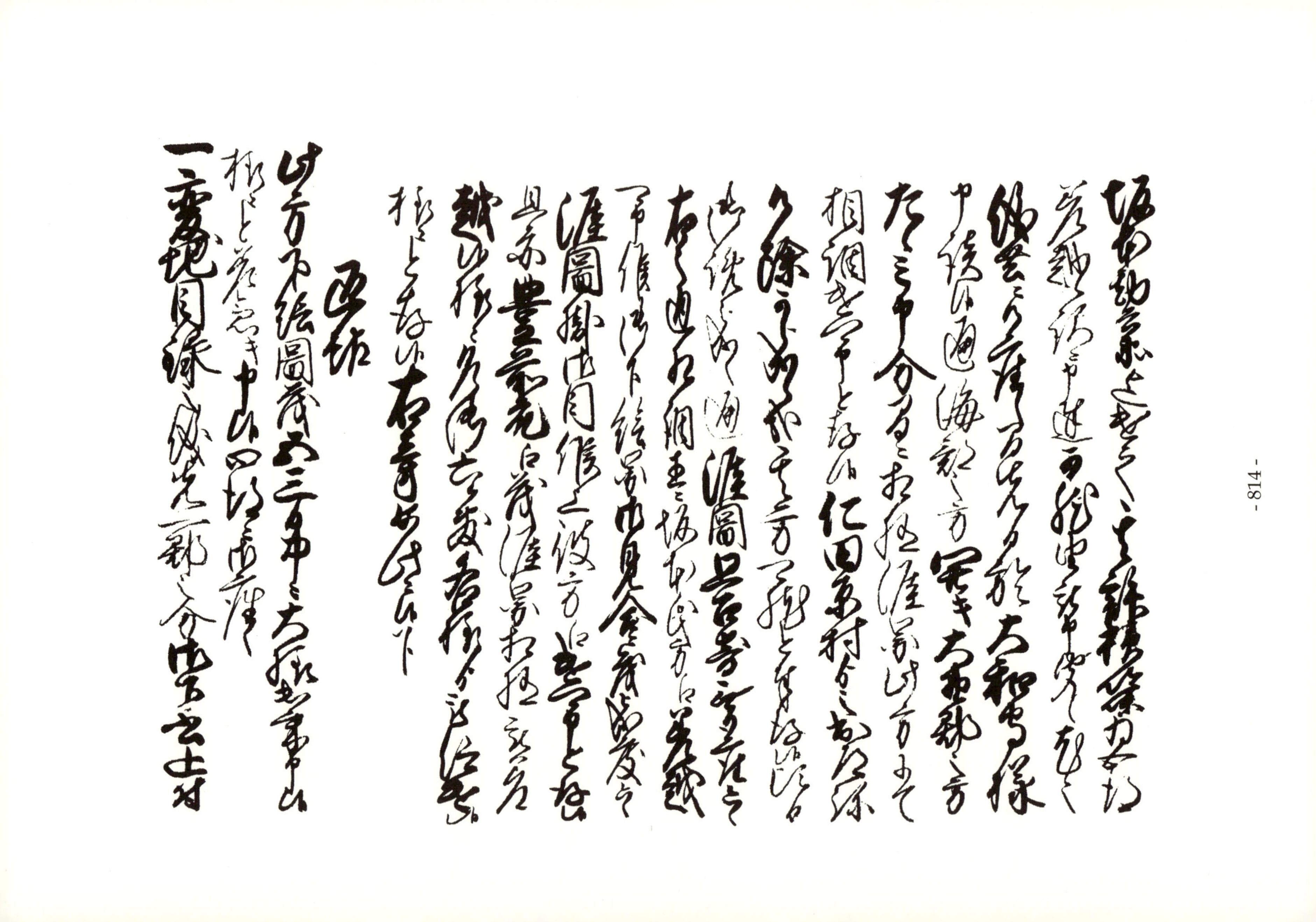

[illegible]

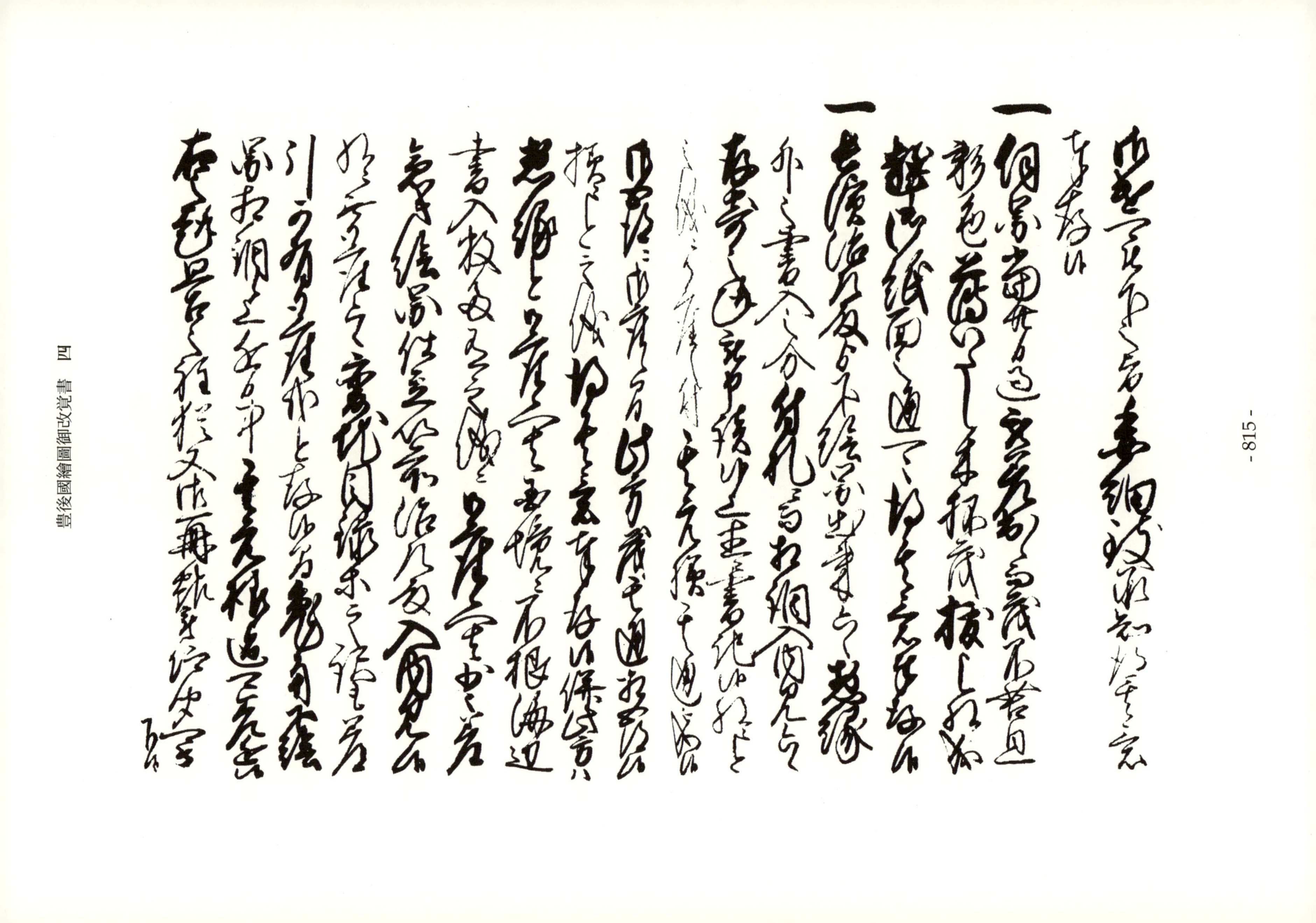

[illegible]

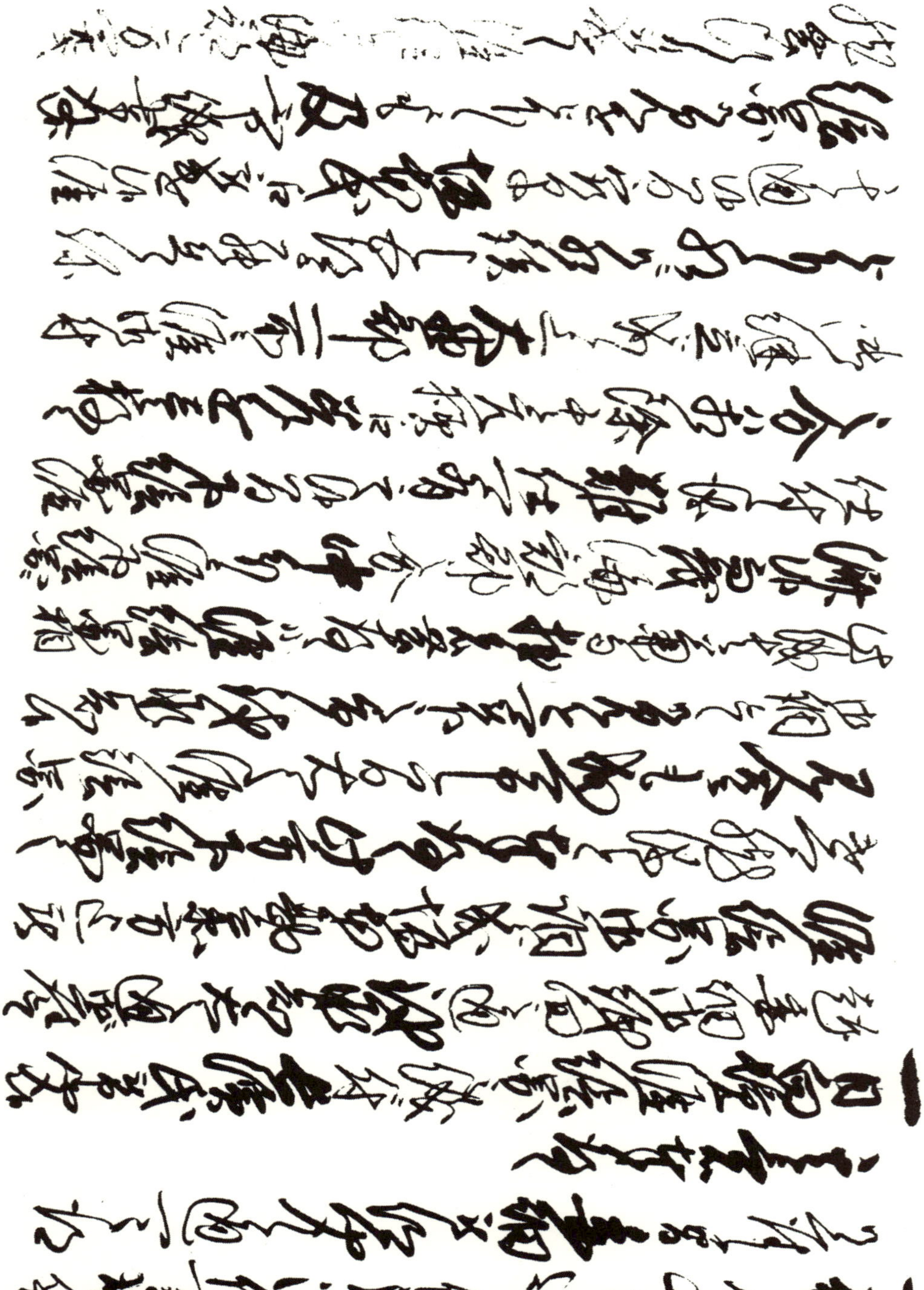

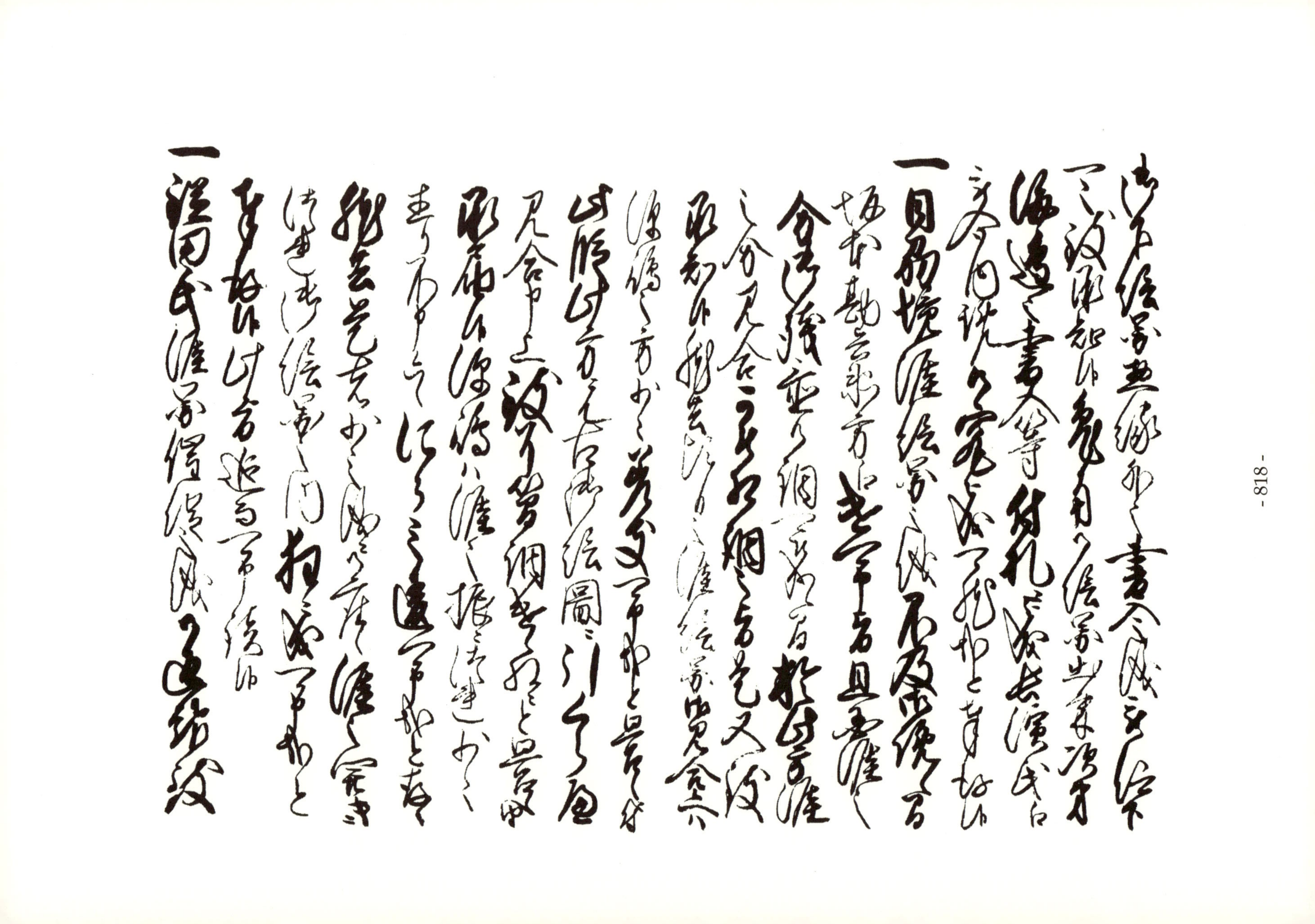

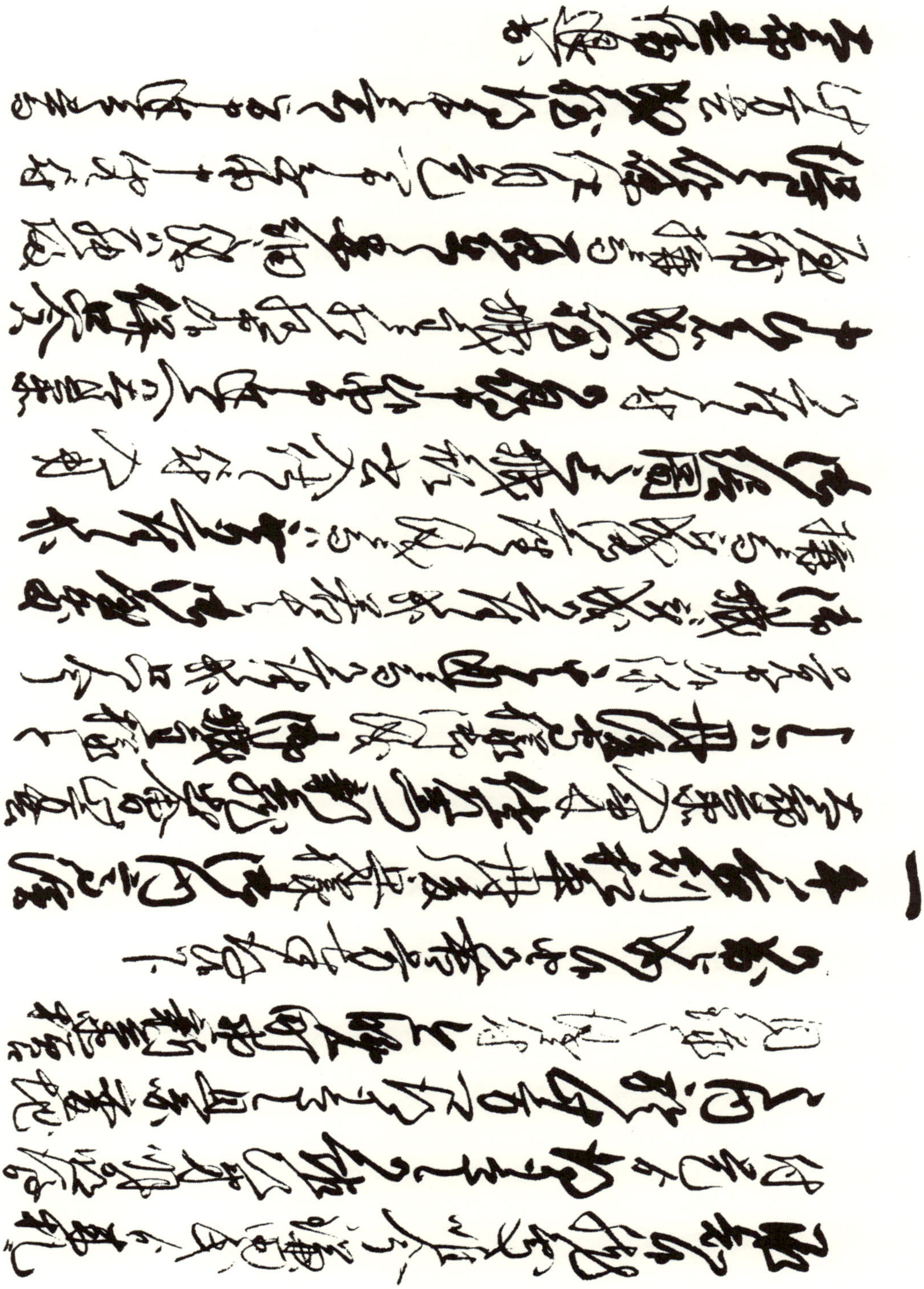

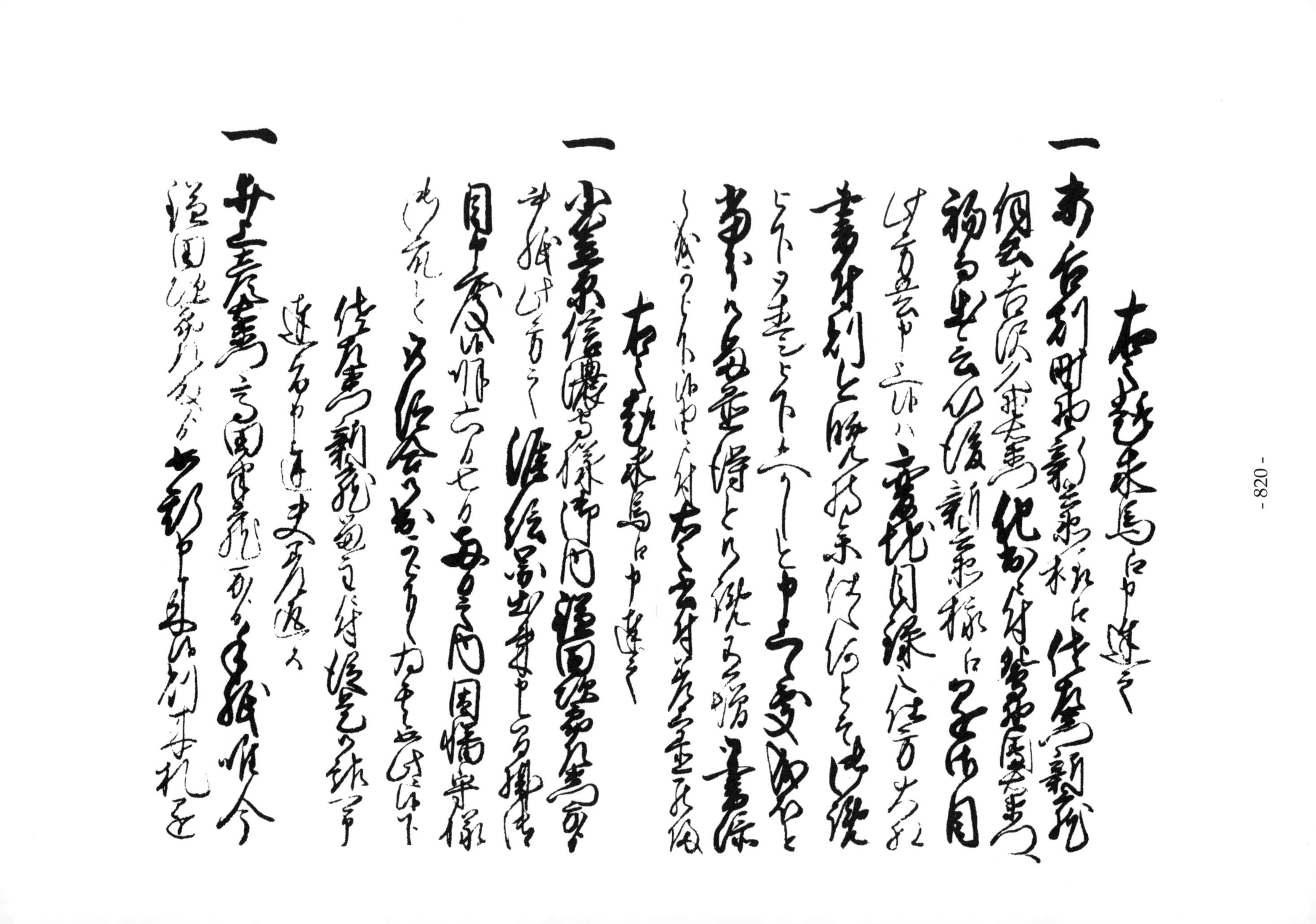

[illegible]

一 [illegible]

[illegible]

[illegible]

[illegible]

[illegible]

[illegible]

[illegible]

一 [illegible]

[illegible]

[illegible]

[illegible]

[illegible]

[illegible]

一 [illegible]

[illegible]

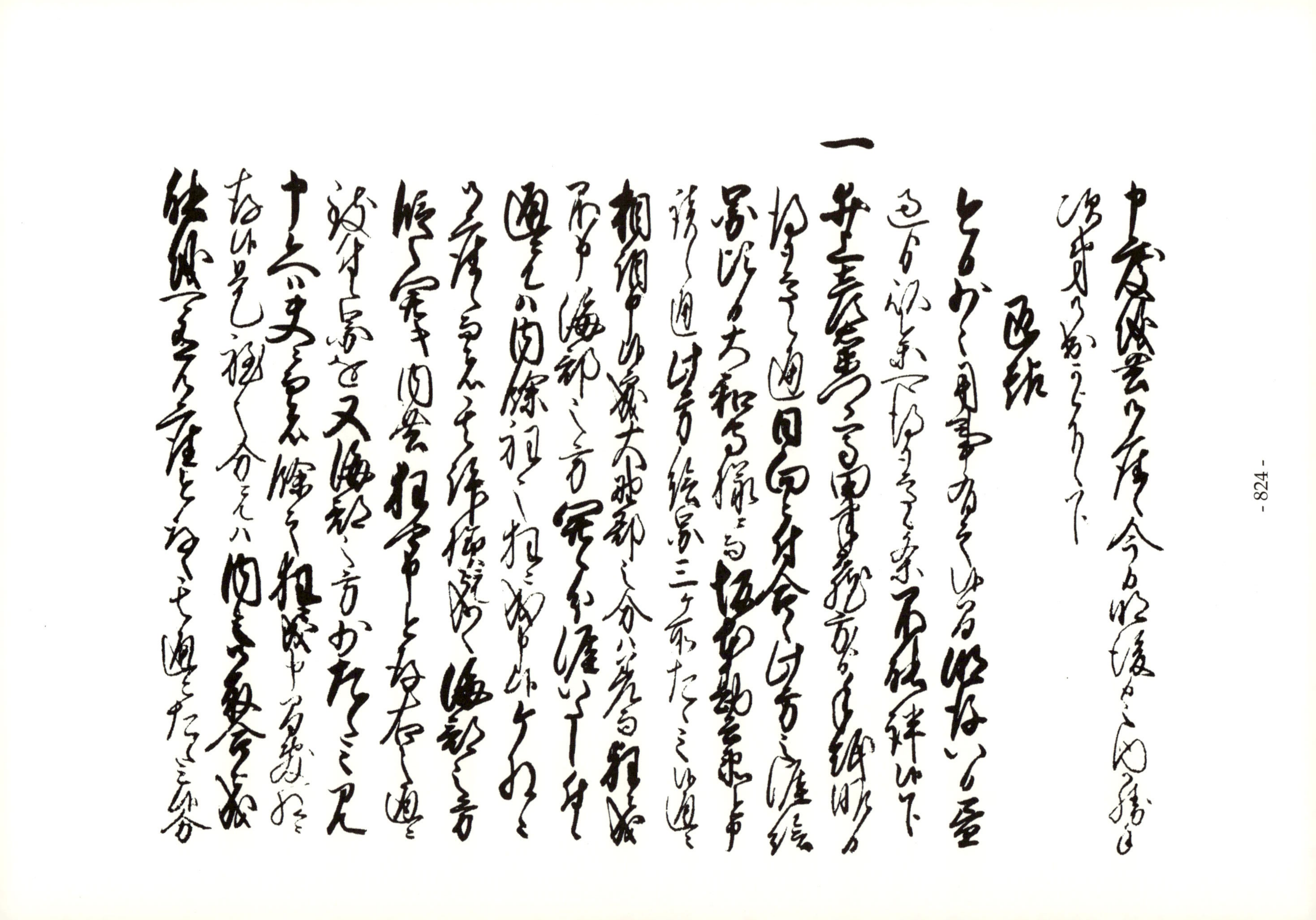

[illegible]
[illegible]
[illegible]
[illegible]
[illegible]
一 [illegible]
[illegible]
[illegible]
[illegible]
[illegible]
[illegible]
[illegible]
[illegible]
[illegible]
[illegible]
[illegible]
[illegible]
[illegible]

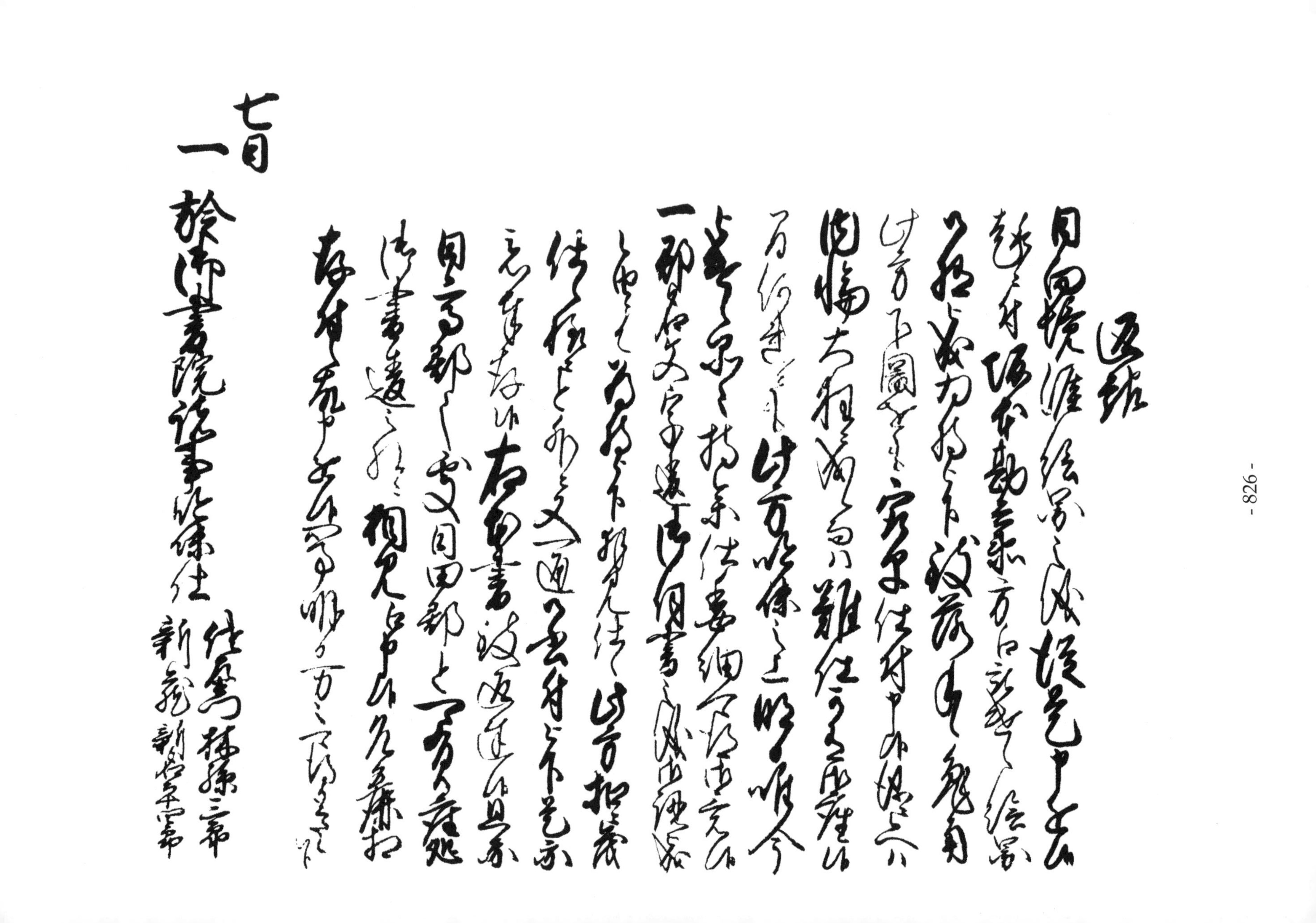

一七四

返翰

貴国境涯絵図之儀境目[illegible]

[illegible]

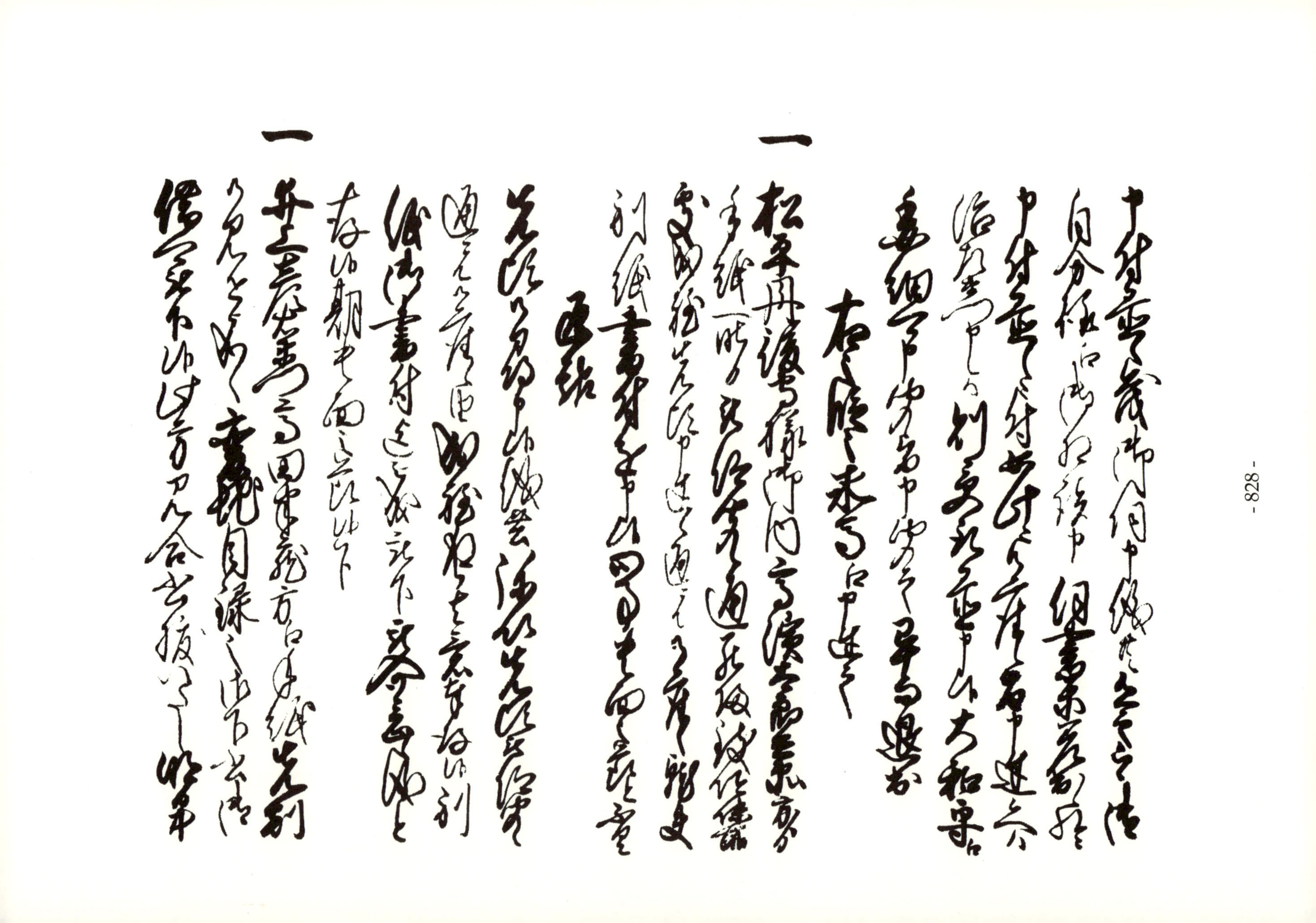

今少纏を以出来候得者早々出来候様
これ迄ハ在之候而御方ニ而表方ニ中付候
此義ハ御役方ニ而表向ニ而相渡候様
致し候処中渡候様ニ而文章を以
申達候事

一 勘定所中へ入置候ハ、此方へ合候而絵図
此絹地へ書ニ而此方御絵図之写を付候ニ付
本紙ハ絵図も仕付可申ニ付中達候処
御沙汰御座候而可致哉旨承候処仕置
との儀ニ付右之趣書付を以申遣ス
可申様申合候事

八月

一 於御書院請取候儀仕　作事奉行 林藤三郎　新見新右衛門
一 於同所新規絵図出来候　掛り 篠田□□郎
一 絵師三人并
一 並ニ右之者共へ白銀方にも被下候
右者此間御絵図御用ニ付冊被下置候
仕候ニ付差出候事

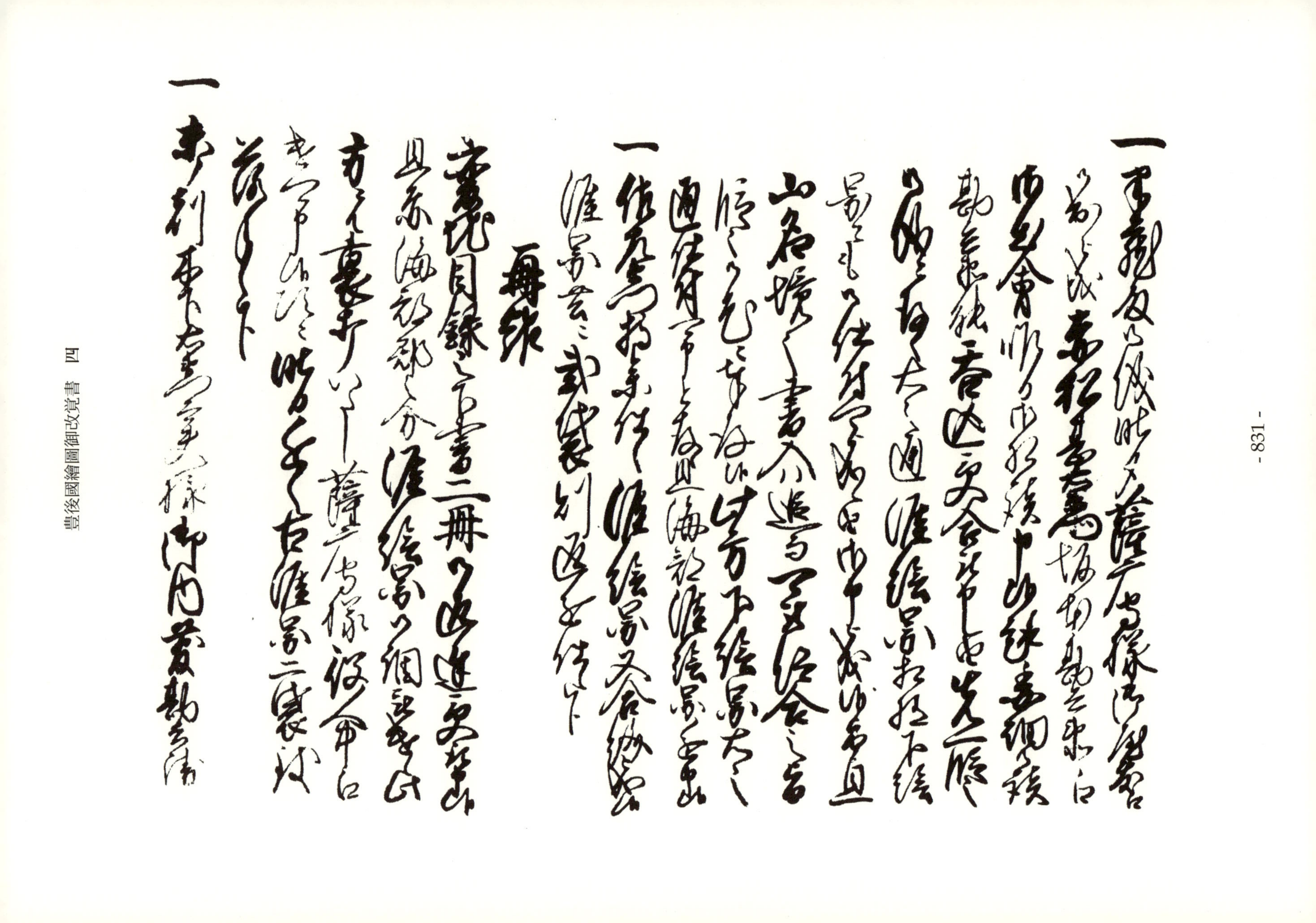

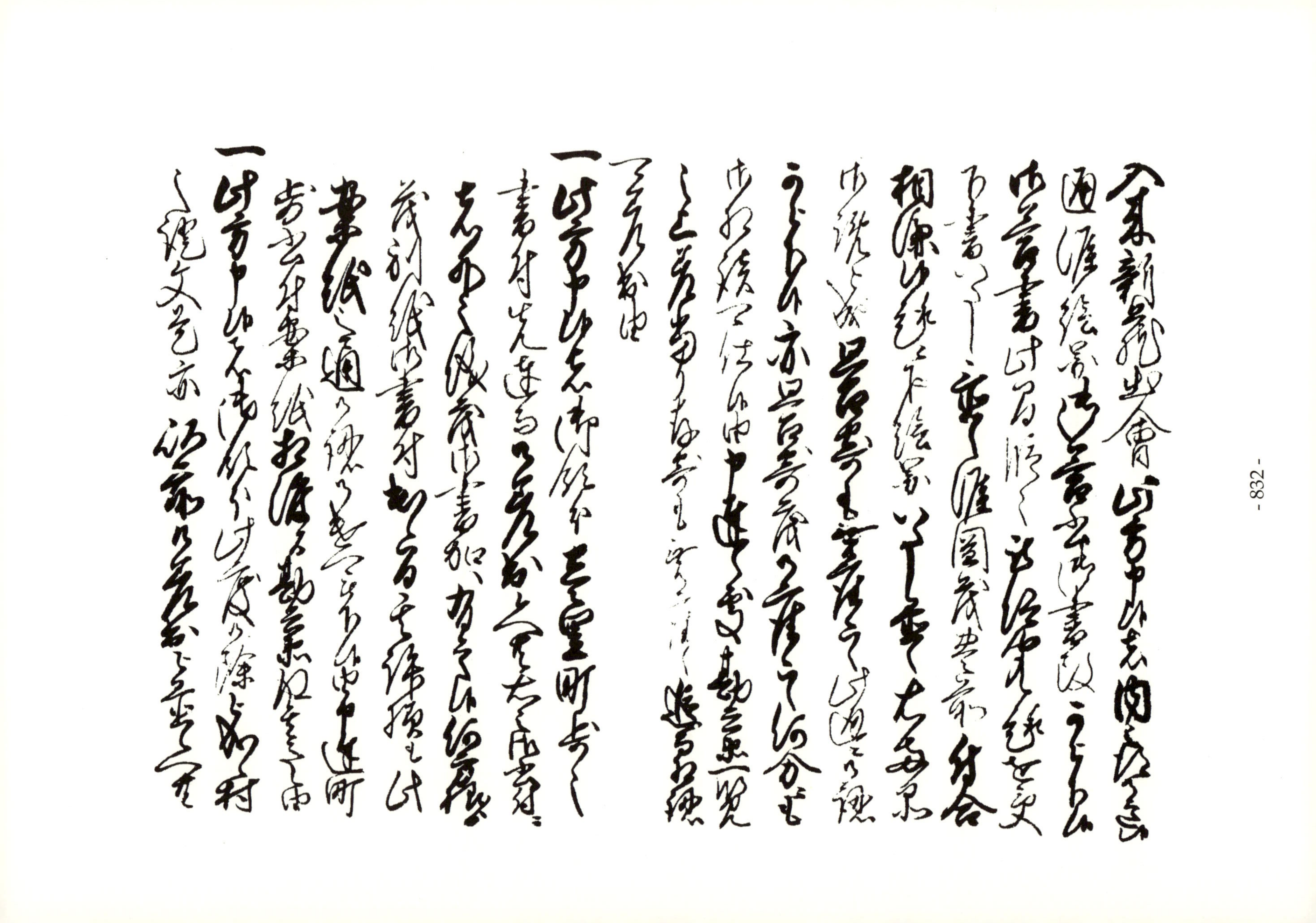

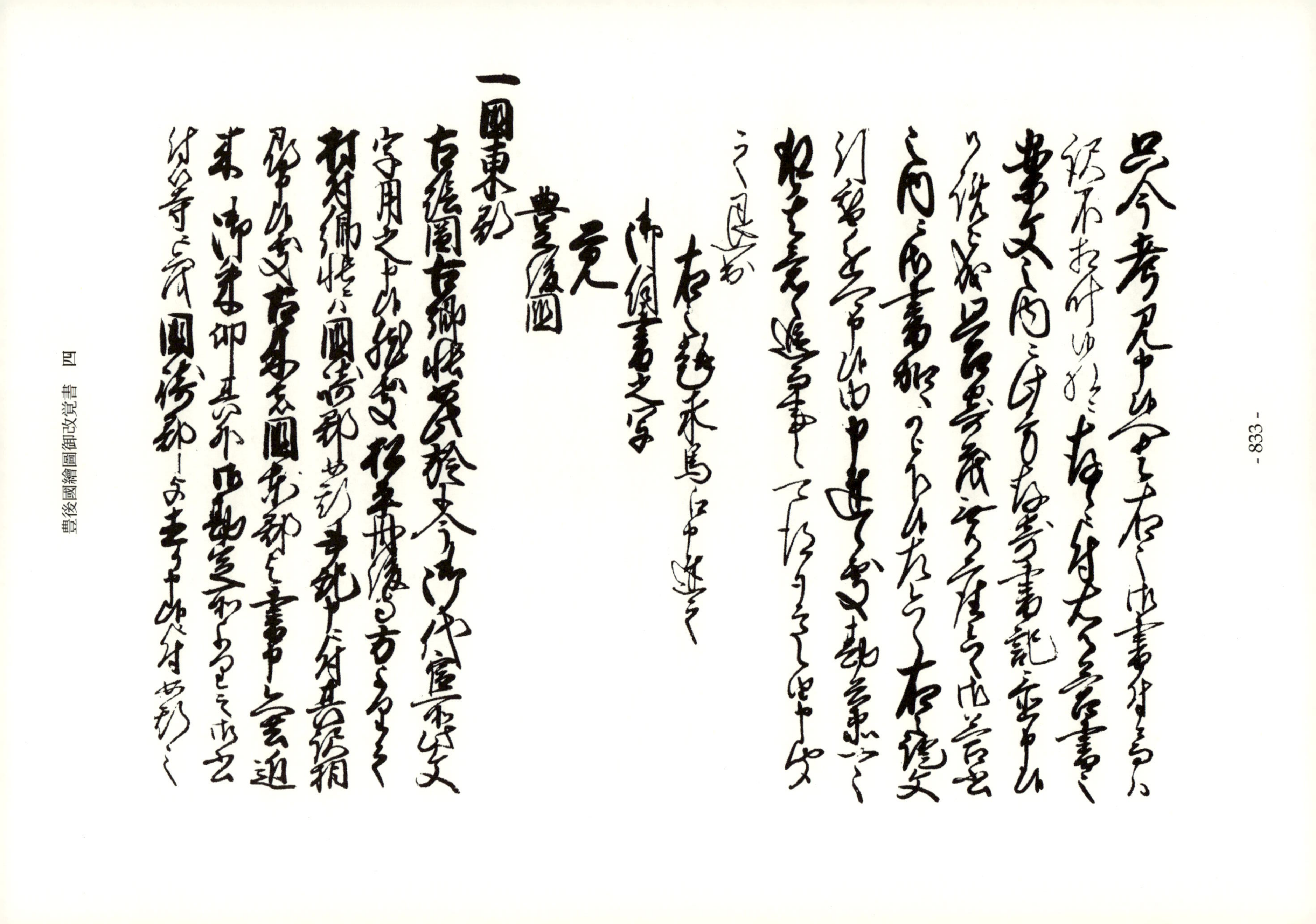

文字書記共ニ茂有之候、文禄年中三嚴公御代ニハ
圓條郡ニ茂文字書記中ニ付、文字之儀ニ付而
爲中山家三嚴公被成豊後ゟ日向ニ被仰付候
時分ゟ之八重山郡ゟ宮古島　御朱印紙
中荒東ニ宗陵ゟ候今ハ圓條郡之文字ニ
御勘定所分今於琉球書役中埋ニ成候

一 日田郡

右経圖古御帳面於今御代八重山宮古文
字用之中ニ而、絶而文字文字ニ而候得共、信濃守殿
日高郡ゟ書紀見分付共文字相見
中山家文化年
嚴有院様御朱印蔵下候ニ日高郡ゟ
之筆者ニ付、書役ニ被仰付役小笠原山城守ニ
信濃守殿被成候
右従院様御朱印ニハ日田郡ゟ出候而候茂
御朱印者日高郡ゟ出候、其後何仕候
御上ゟ御附茂付候而今之儀ニ二日高郡ゟ
相究中出ゟ方様ニ相ゟ而ゟ宮ゟ見ゟ也

一 琉球郡

今日高郡ゟ中候由

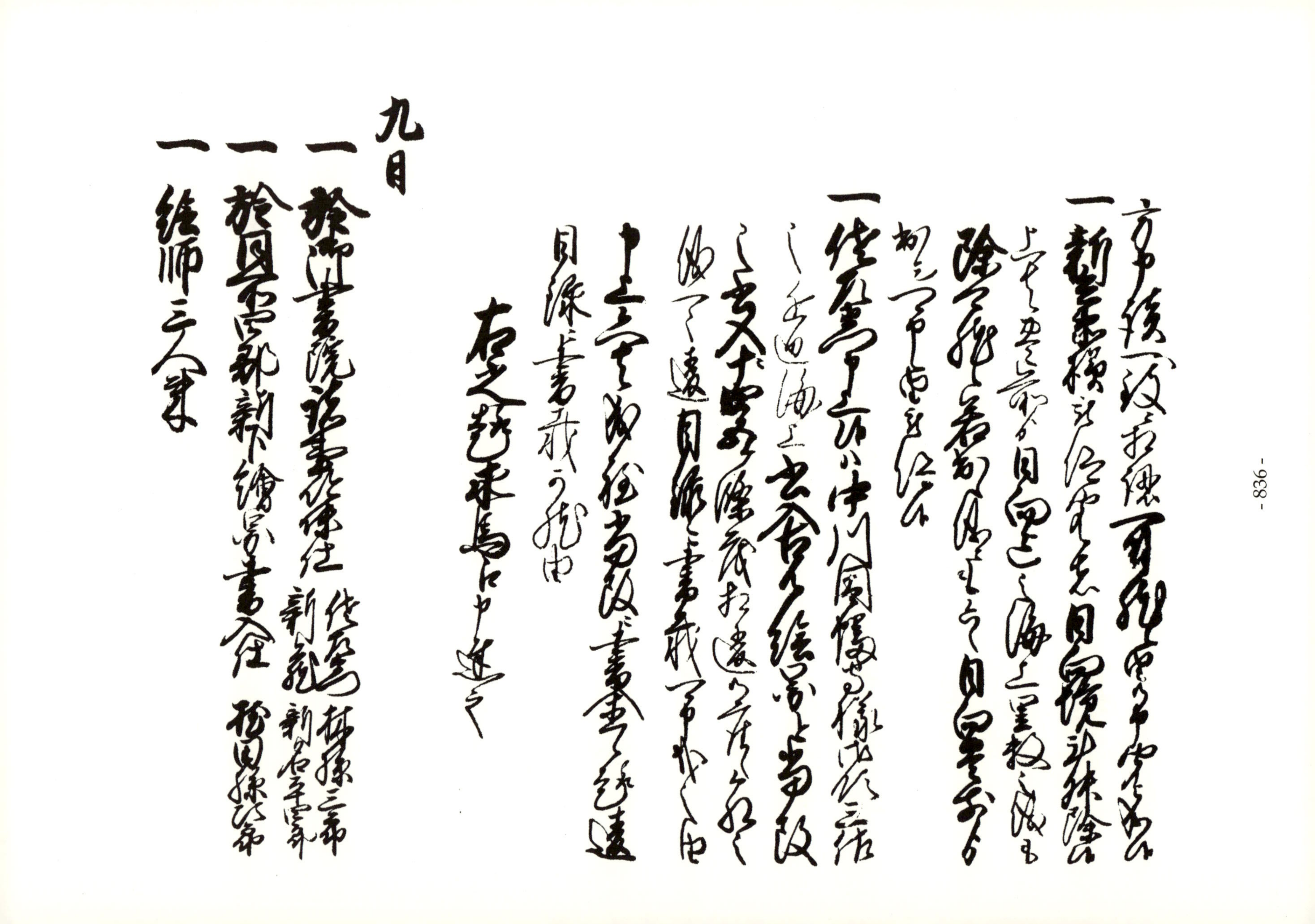

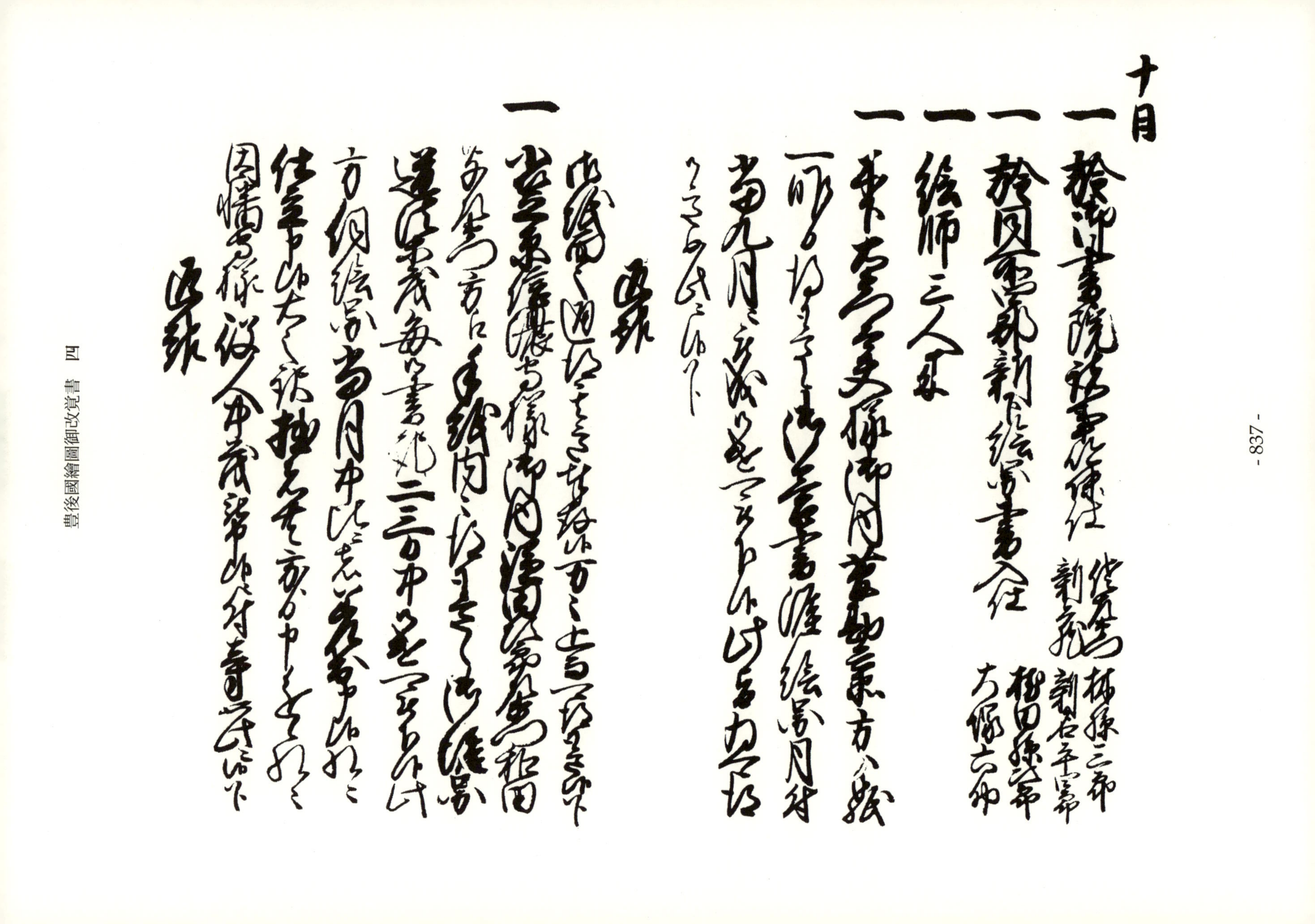

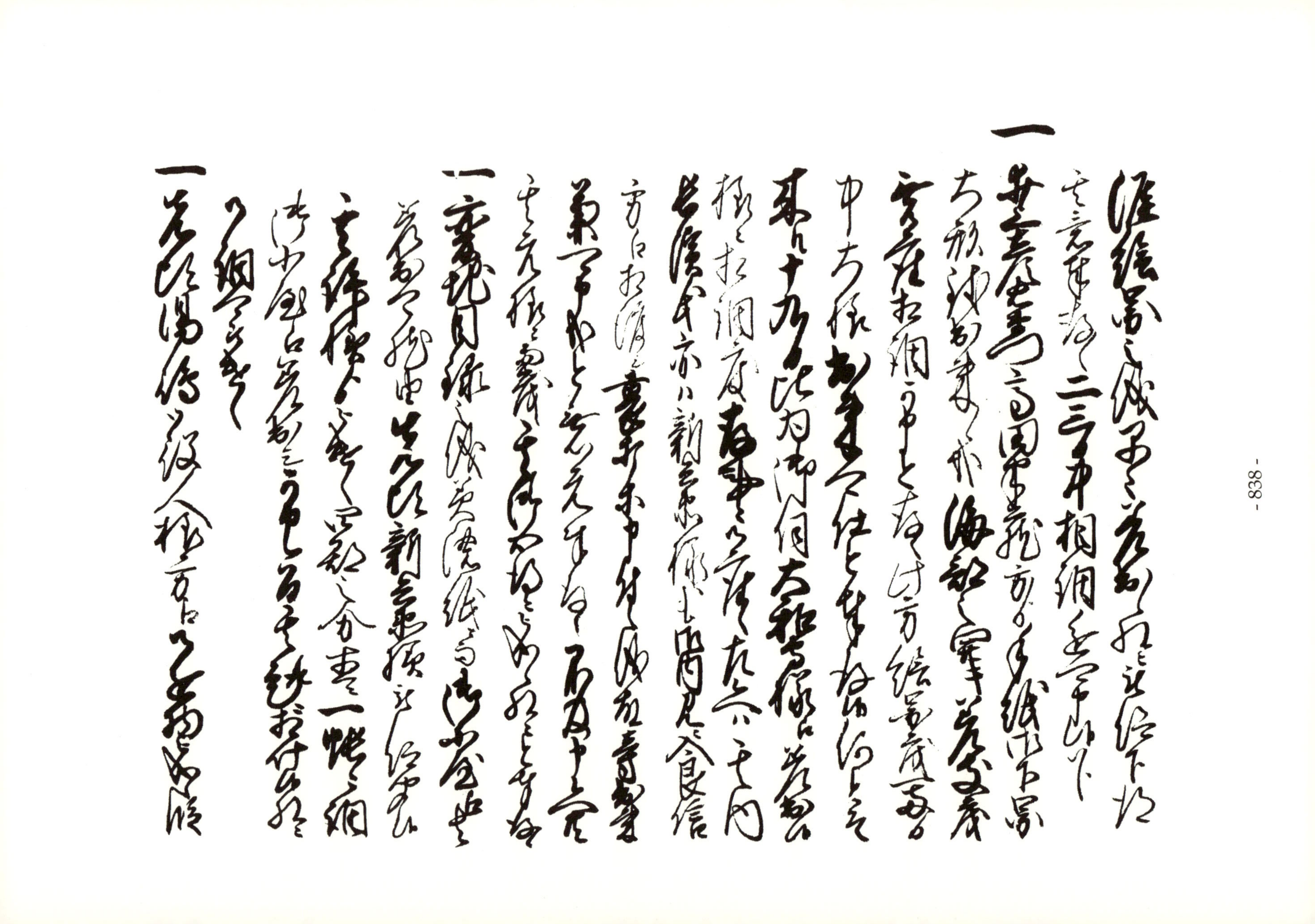

一 [illegible]

一 [illegible]

一 [illegible]

一 [illegible]

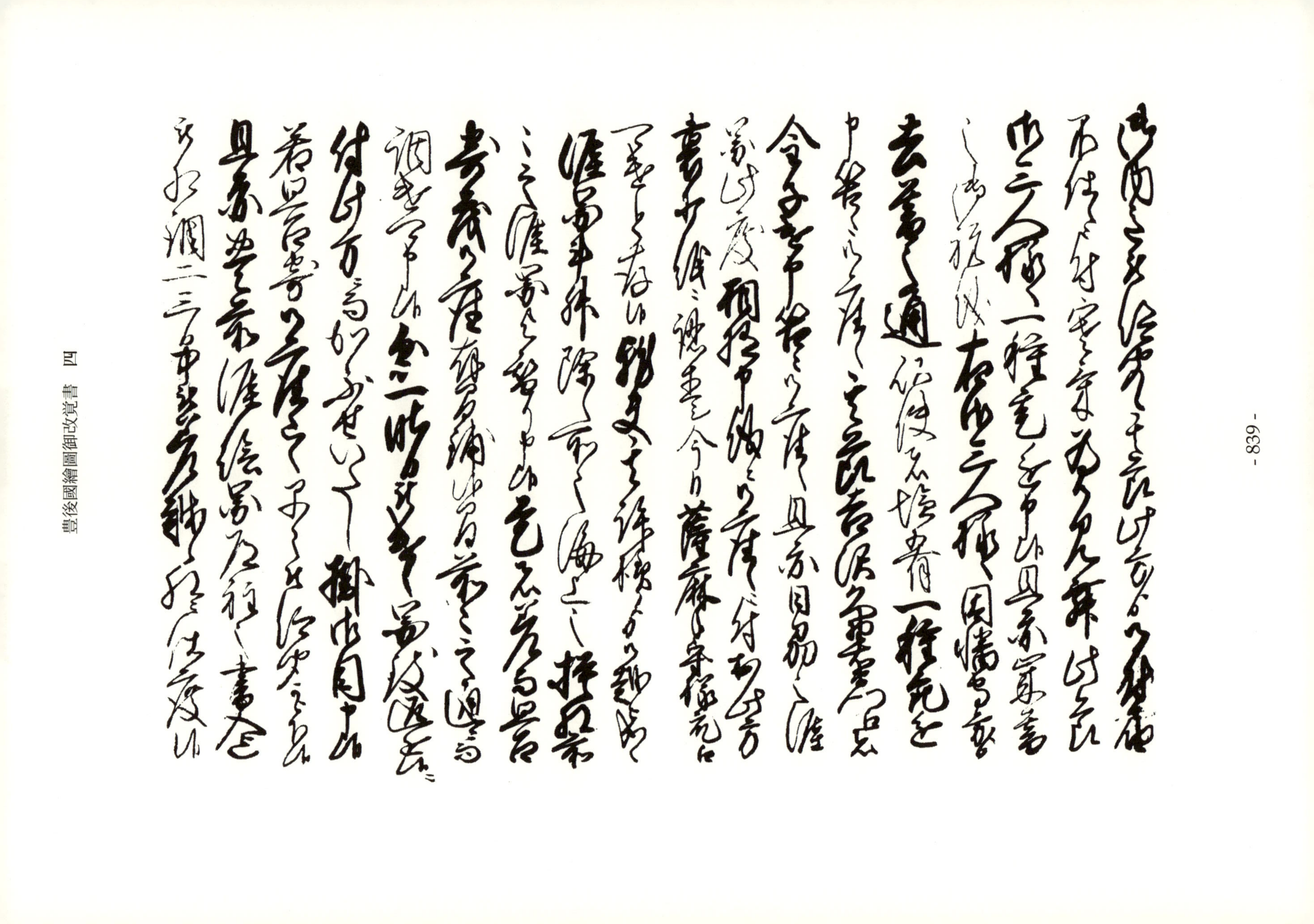

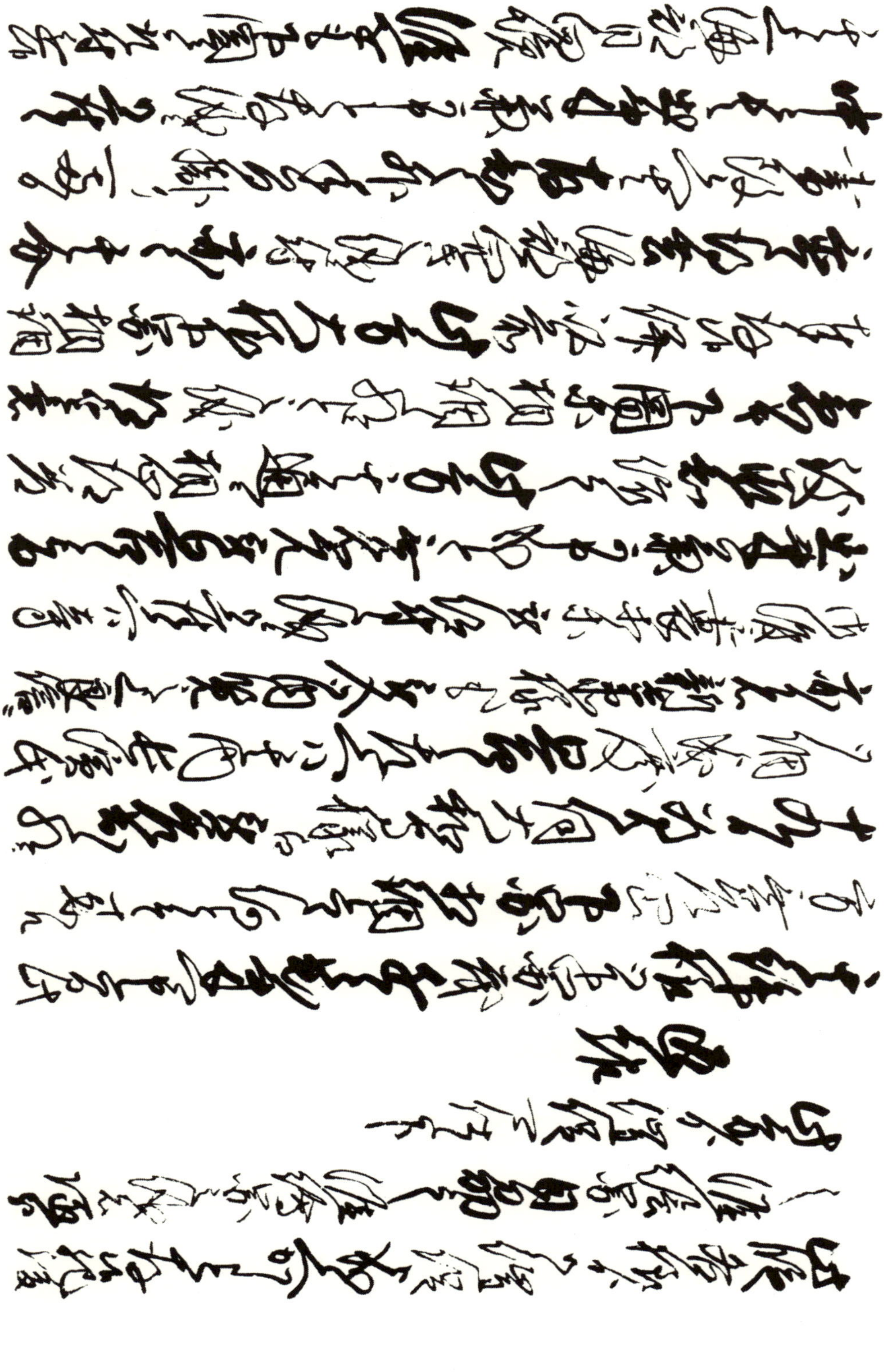

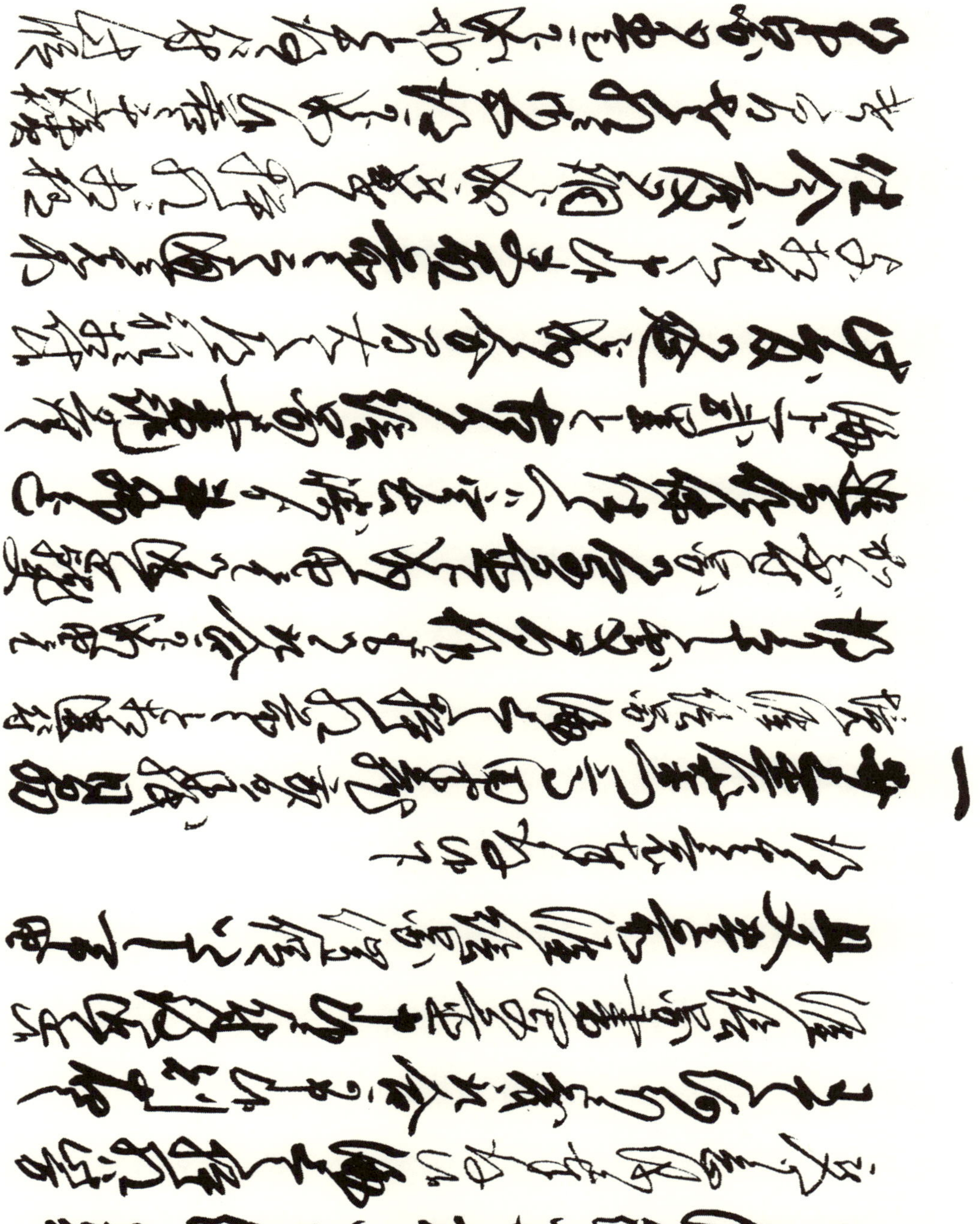

一 南部ニ而[illegible]様[illegible]
[illegible]
一 [illegible]付[illegible]
[illegible]
[illegible]
[illegible]
[illegible]
[illegible]
[illegible]

十日
一 於御書院諸事仕候　佐久間 林孫三郎
　新見 羽右平衛門
一 於同所新絵図書仕　陳吉三郎
　[illegible]孫兵衛
一 絵師三人参
一 [illegible]高田郡[illegible]手紙明
[illegible]日[illegible]絵[illegible]
[illegible]
[illegible]村[illegible]一郡[illegible]

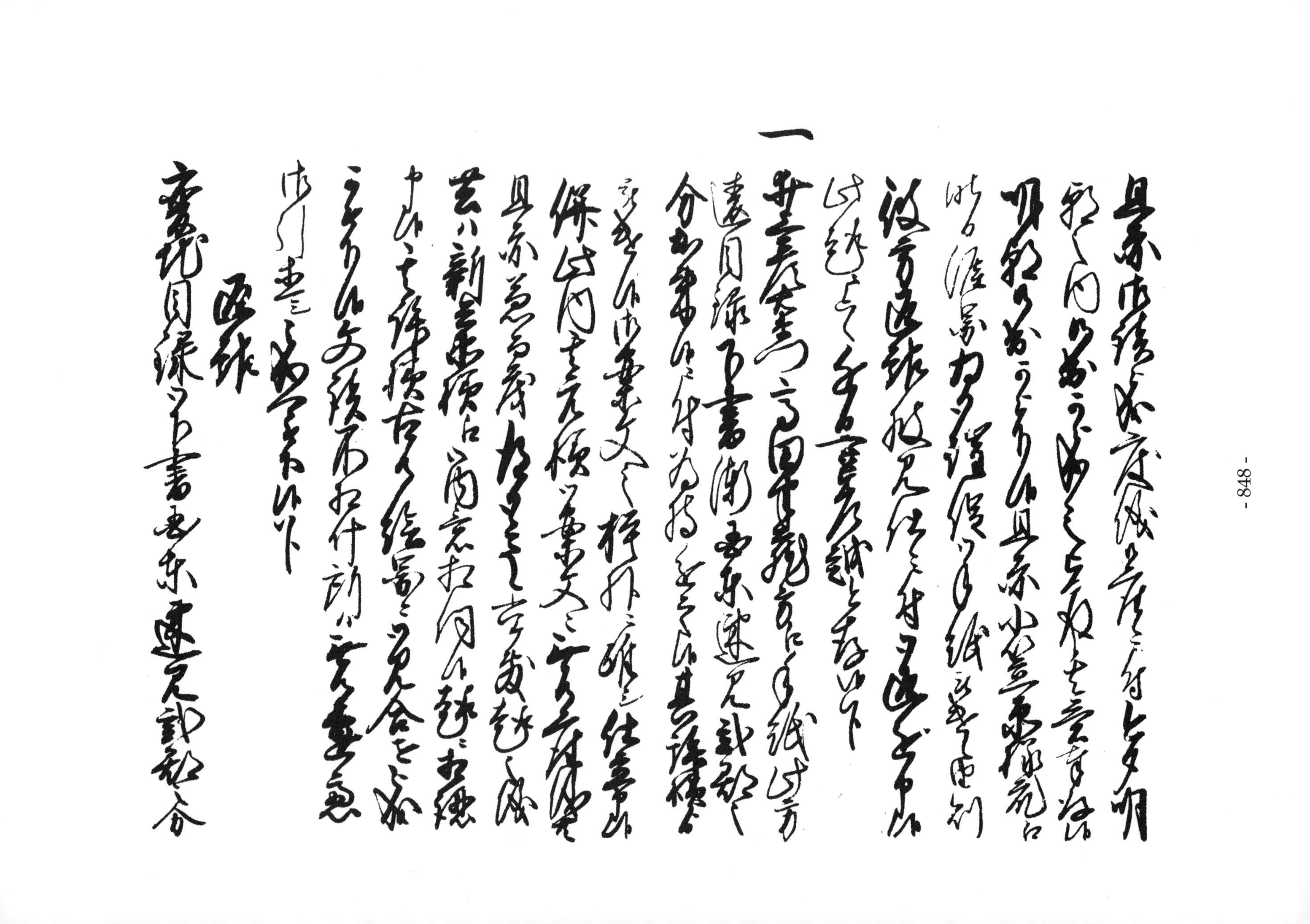

[illegible]

一 [illegible]

[illegible]

[illegible]以上

西組

[illegible]書[illegible]

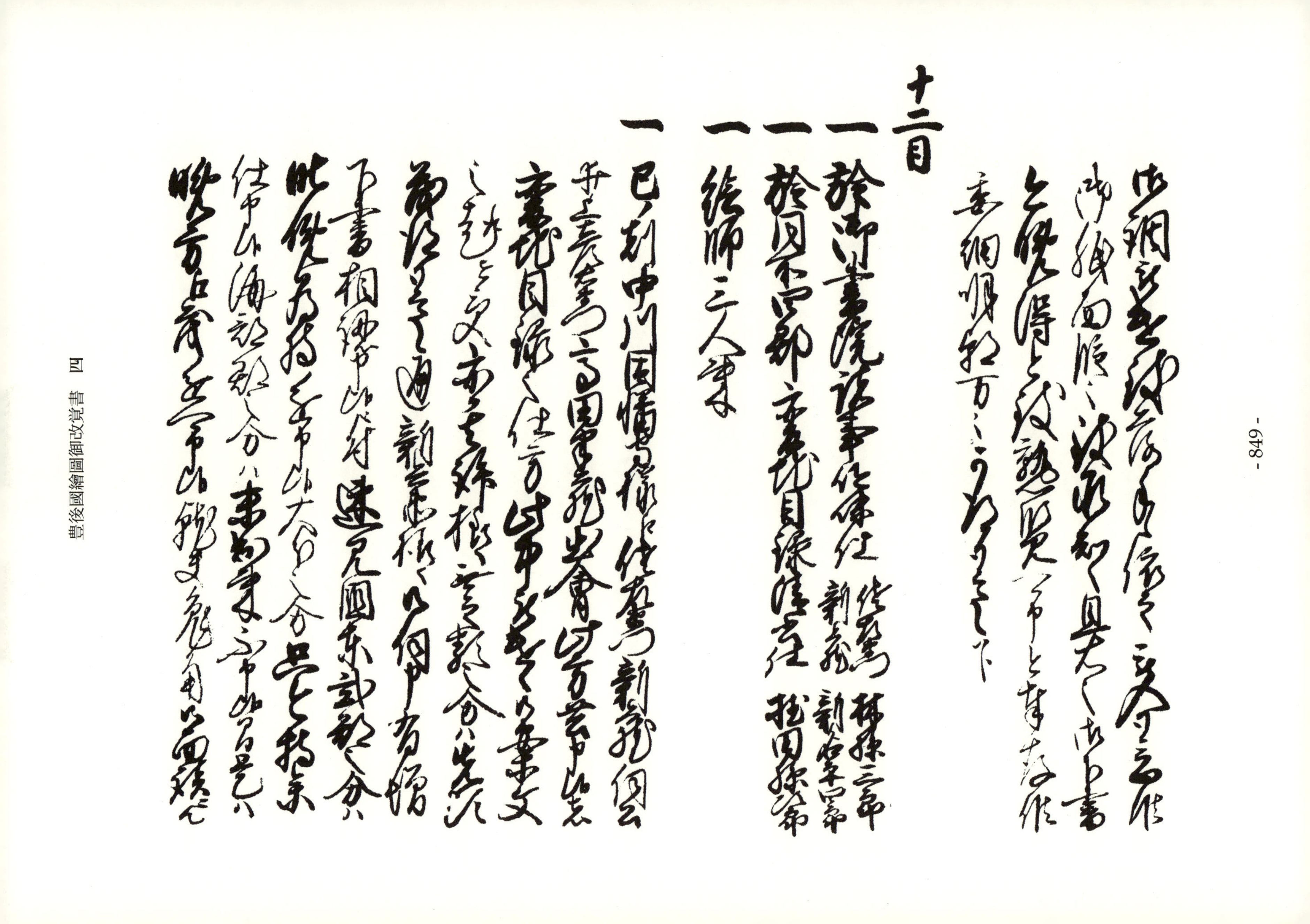

[illegible]

十二日

一 [illegible]

一 [illegible]

一 繪師二人来ル

一 巳刻中川[illegible]

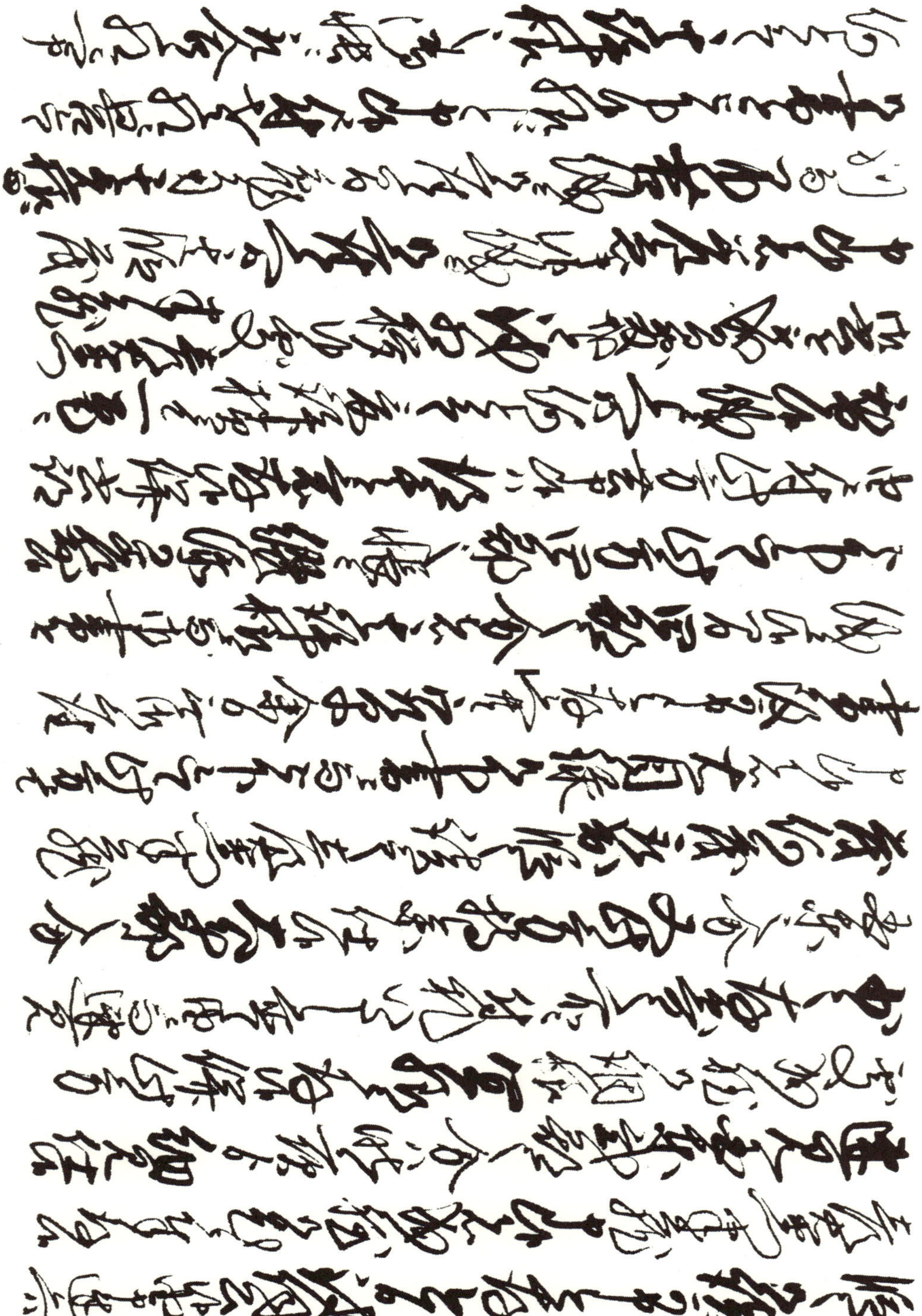

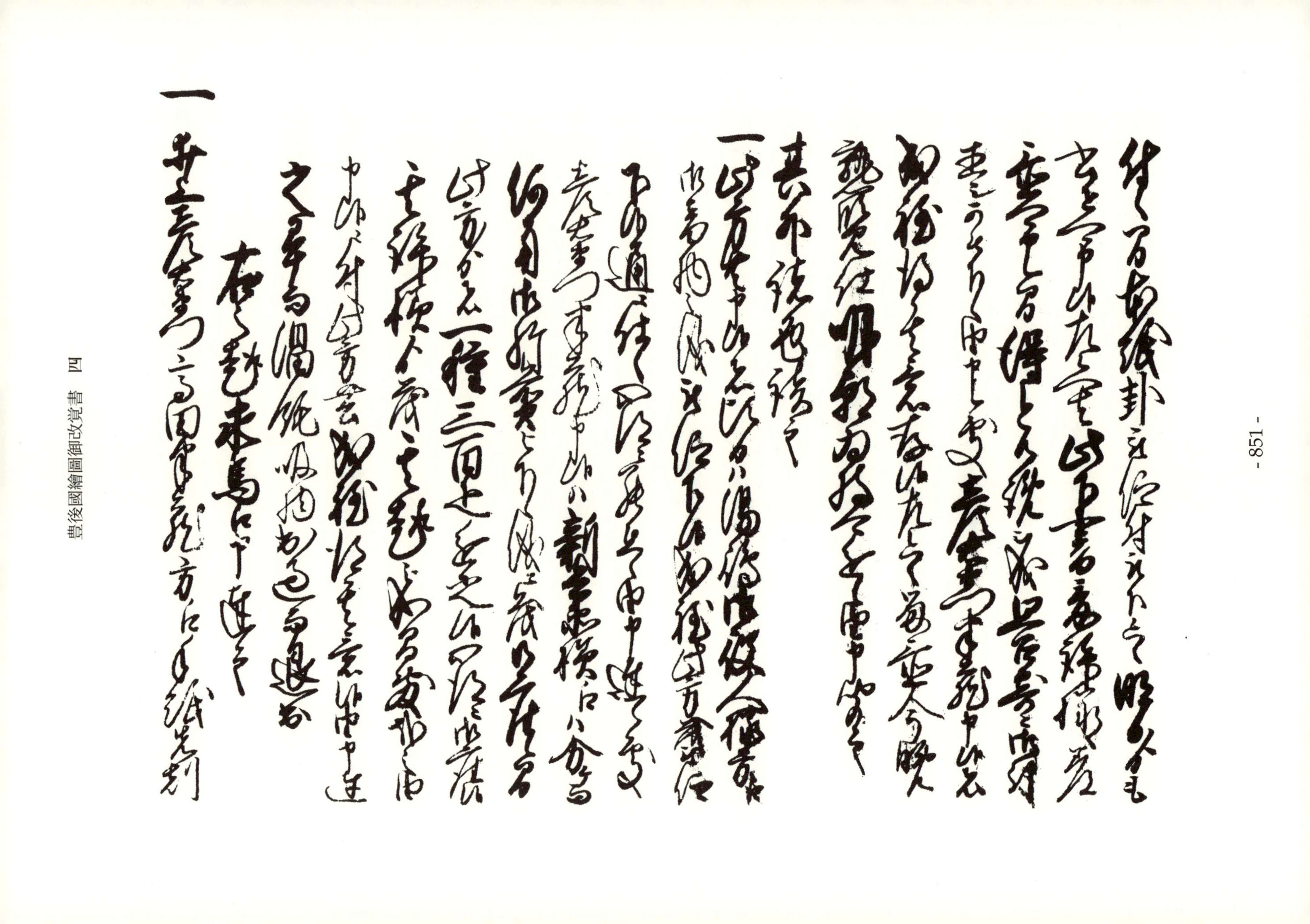

之御尋ニ付、霊鑑目録之出役掛ゟ
申立候而差上可申候、且又海部郡霊鑑
目録之下書も無之ニ付、如何致候哉
伺候処、追而可申下

返銀

霊鑑目録之出役掛ニ而被申立
右御別紙御添ニ而可申候且又
海部郡霊鑑目録下書之晩
此合[illegible]返之可申下

十二月十三日

一 於御書院諸事御住 [illegible] 新規 [illegible]孫三郎 新名平三郎 孫右三郎 松田孫六郎

一 於同所霊鑑目録清書住

一 絵師壱人来

一 東[illegible]御用[illegible]方ゟ書状
内々相尋候ニ付、[illegible]出来候而
差上可申下

返銀

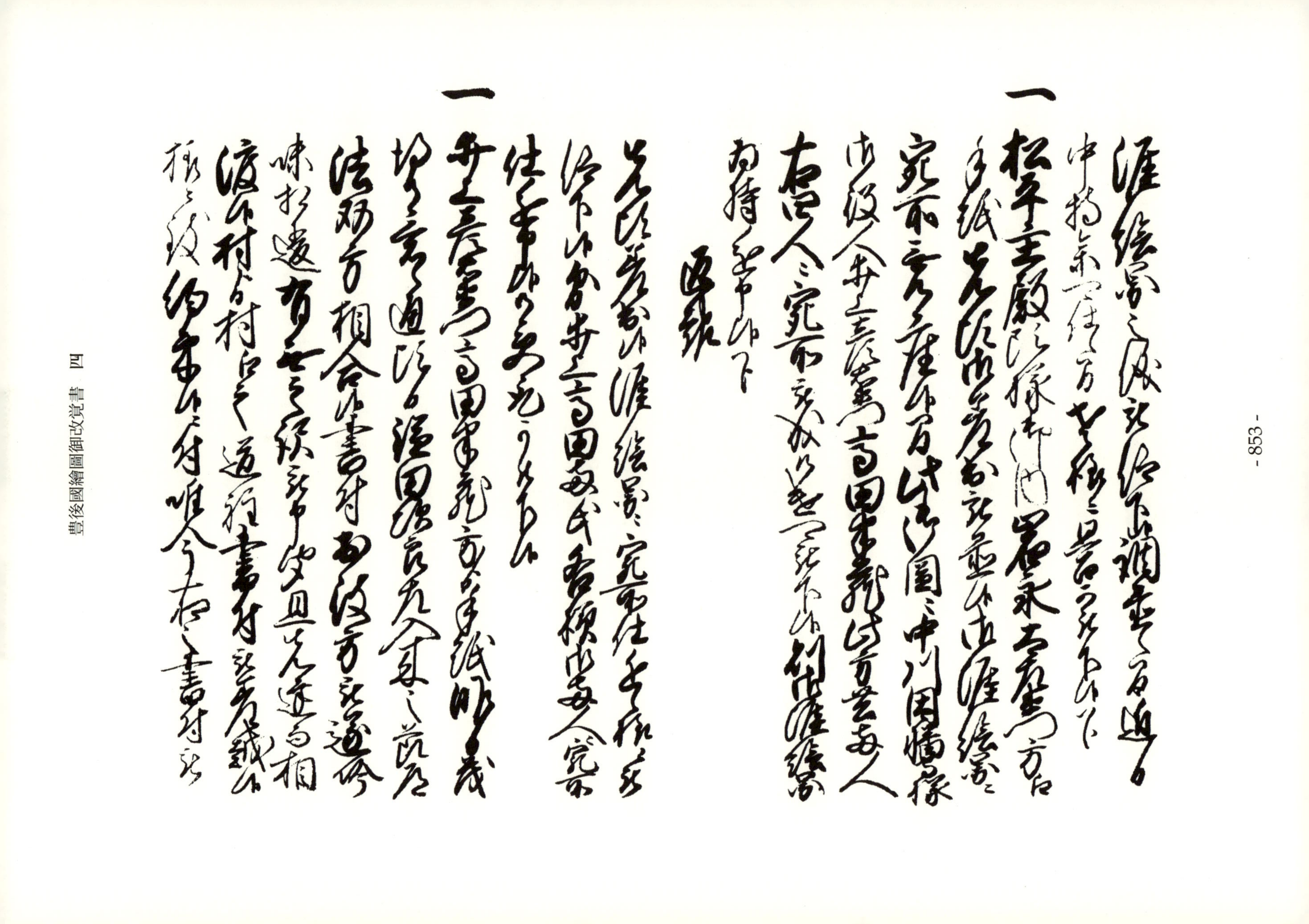

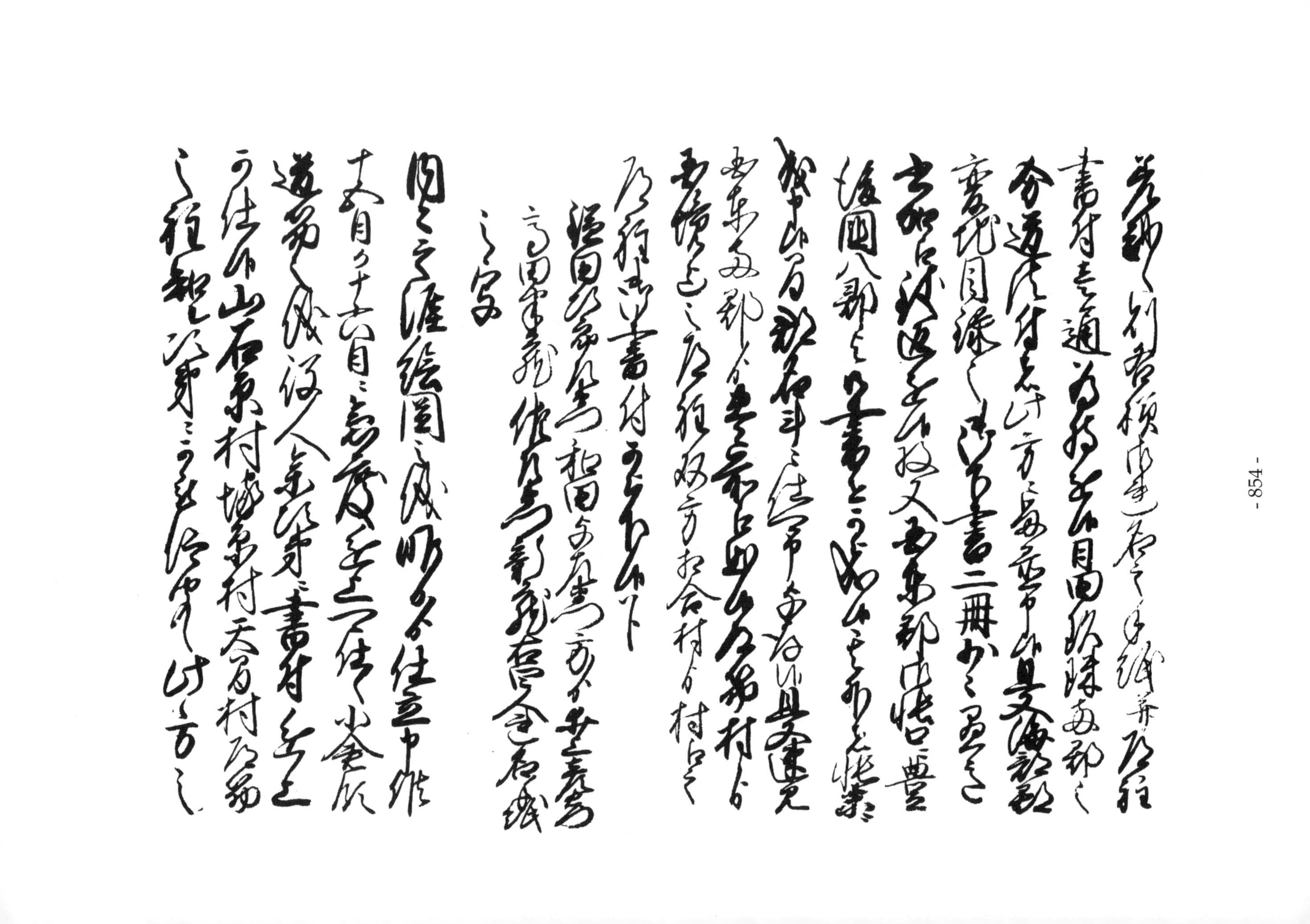

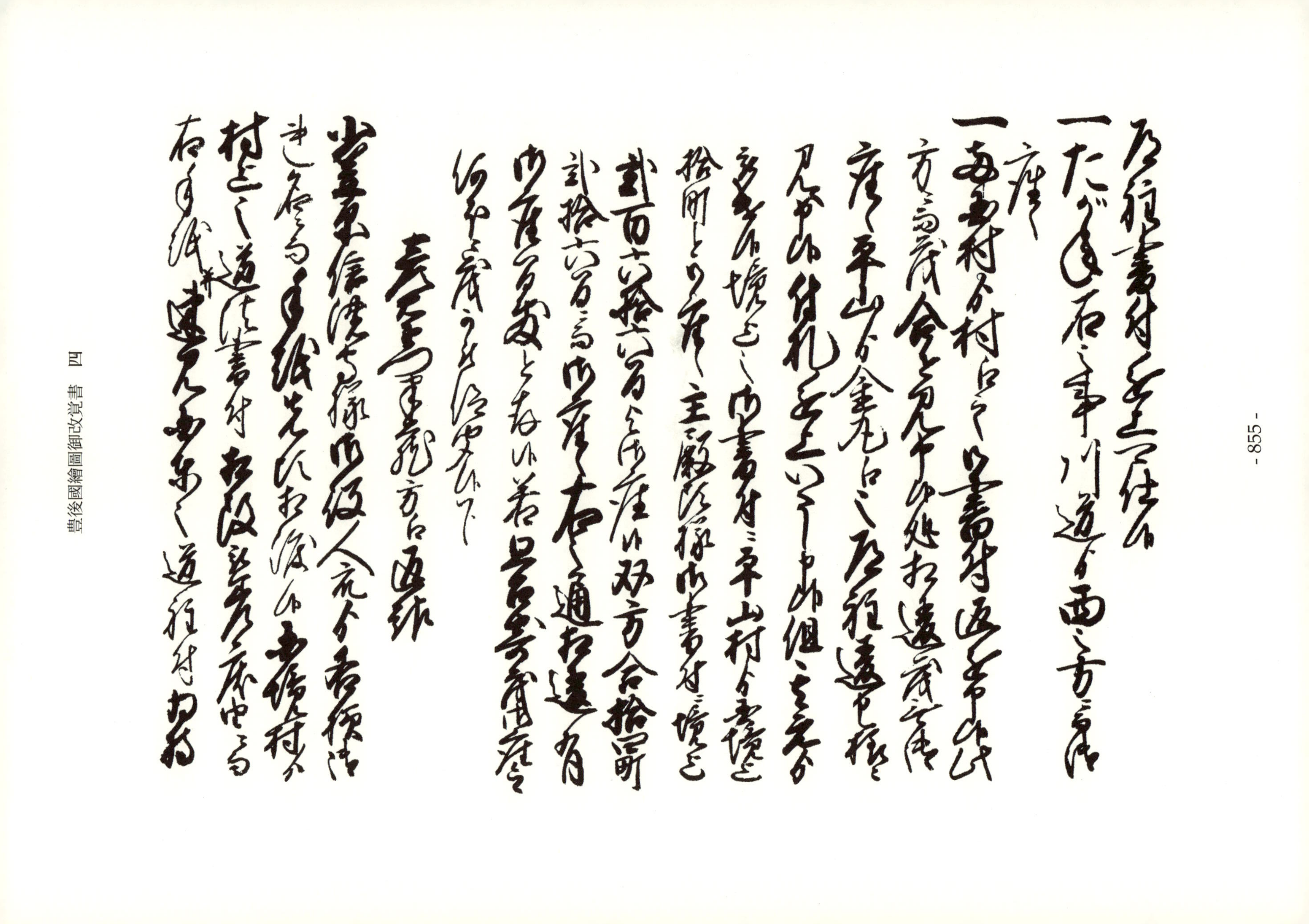

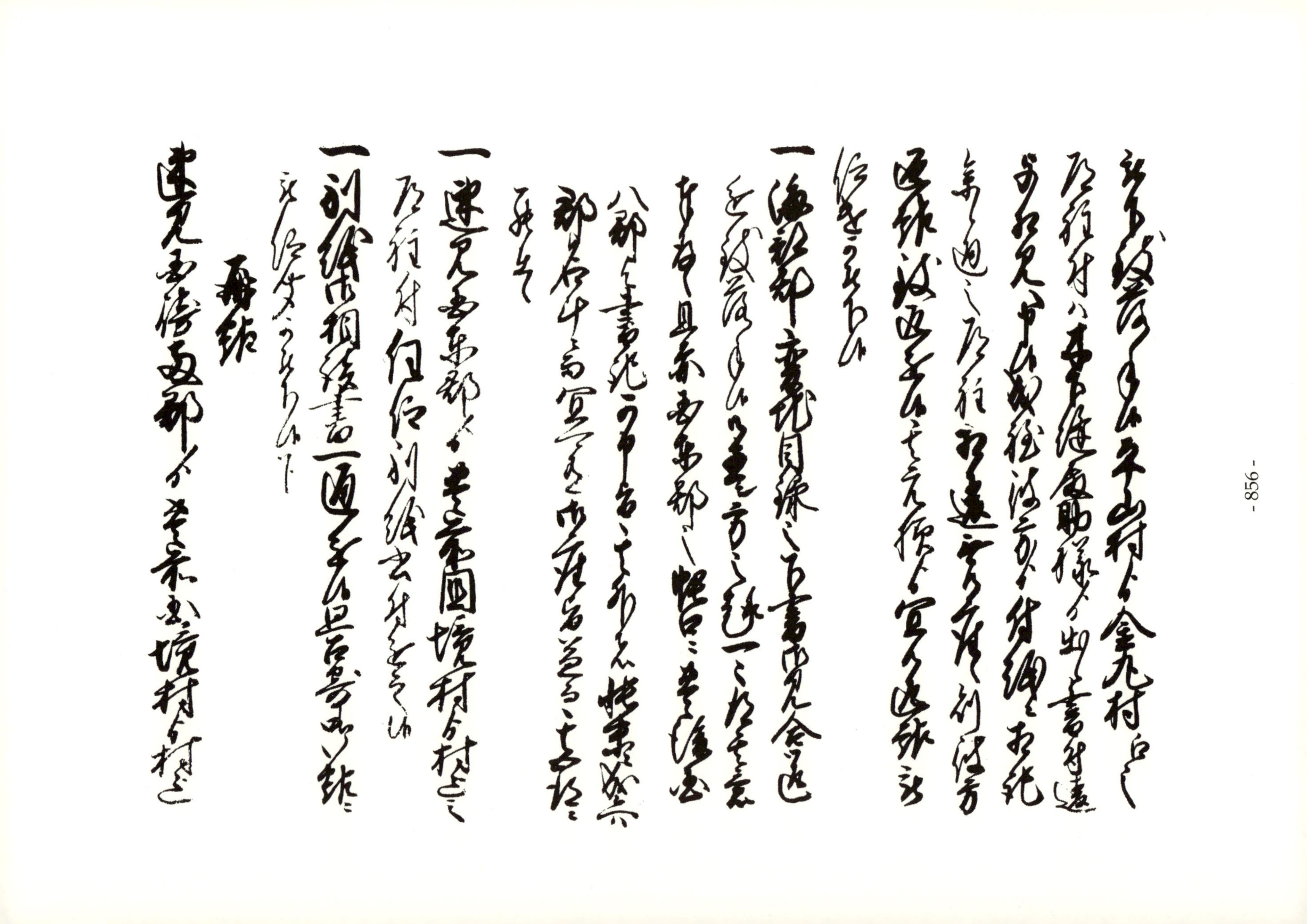

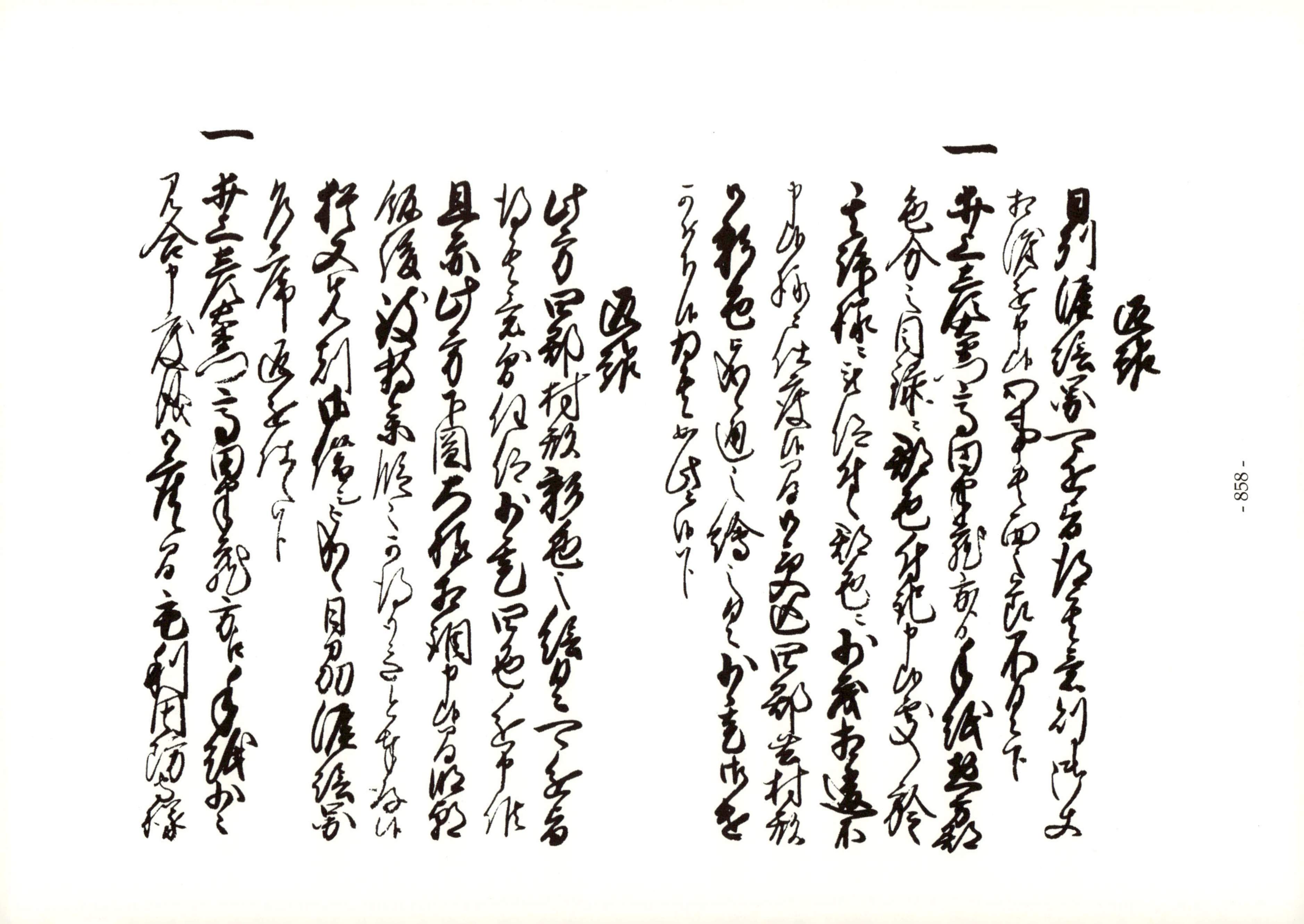

返状

一 [illegible]

返状

一 [illegible]

一 於因州郡方手前見繕遣置候 松田録兵衛

一 絵師弐人之事

一 今般中川因幡守様より 作左衛門殿へ新規

国郡下向絵図掛り来廿三日より出立之由

事務出立有之候由ニ而中々間ニ合兼

国郡下絵図出来候ニ付相調候様

申聞候者共ニ而事務中之者手下

絵図之通り相調候様被仰付候

其余ハ中々間ニ合兼候付双方

ハ絵図之儀ハ見合大概ニ而宜

相心得居道川おく出合ニ而相済

候処ニ付ニ郡方筋 [illegible]

拝承書残有之候付彼是相済候ニ付

絵師相談之上相済候方ニ而宜敷

書役を以申遣候ニ付双方共申候ハ

御役所ニ而申付候絵図認候様

承り申候而其余絵図宜敷方ニ而

可然候ニ而在之迄信方ニ而可申候

右趣承届ヶ申達ス

一 井上安兵衛高田郡奉行方ゟ状差越
　為伺書付申上ル 新村左衛門相附御伺申上候
　返紙
　新村之浦番所早〻御調之積可被
　仰付候ハ、其旨可申遣候段

十六日

一 於御次書院諸事依仕 代官 林藤三郎 新発田 新谷

一 於同所御郡奉行見聞御仕置仕 樋口藤作

一 絵師之人数

一 去年出役御小屋 林与左衛門方ゟ来絵
　図之絵図可被御調被仰付候ニ付
　覚之写御渡候ニ付此方相談仕候ハ
　何様之不依ニて可被申遣候
　返紙
　図之絵図可相済候ハ、上乗之
　其許ニ相詮し候 此方相談之
　事ニ御座候 以上

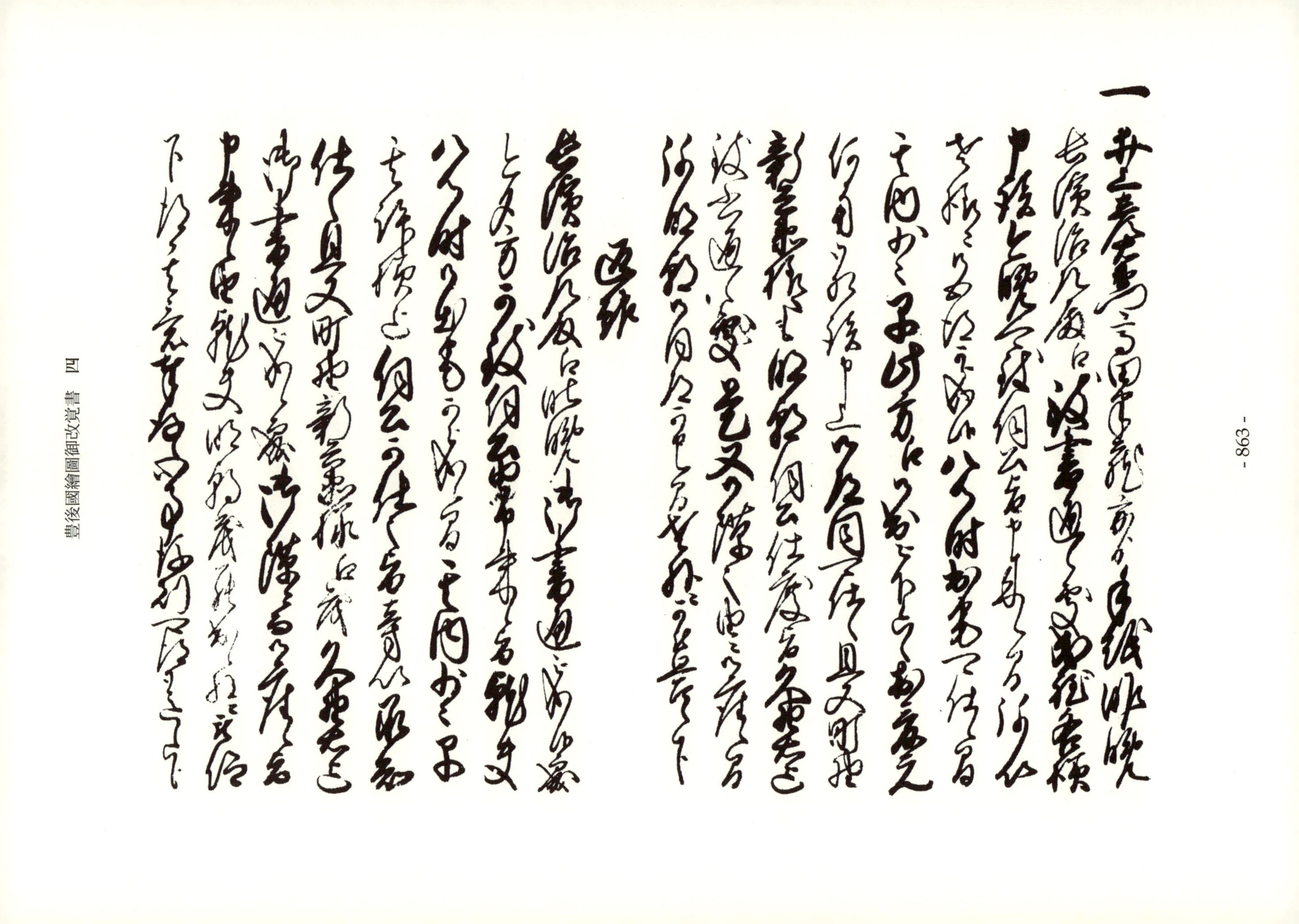

[illegible]

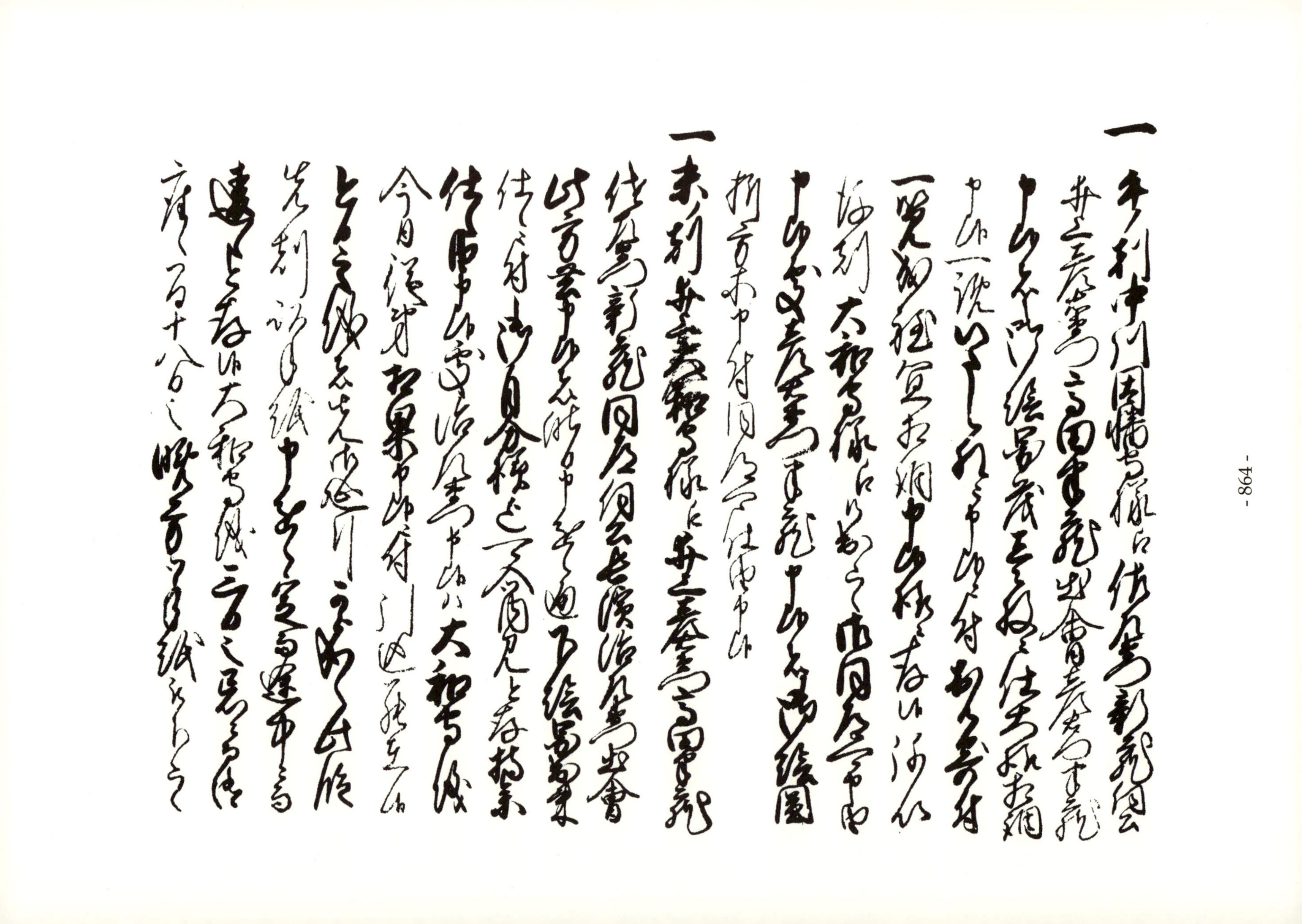

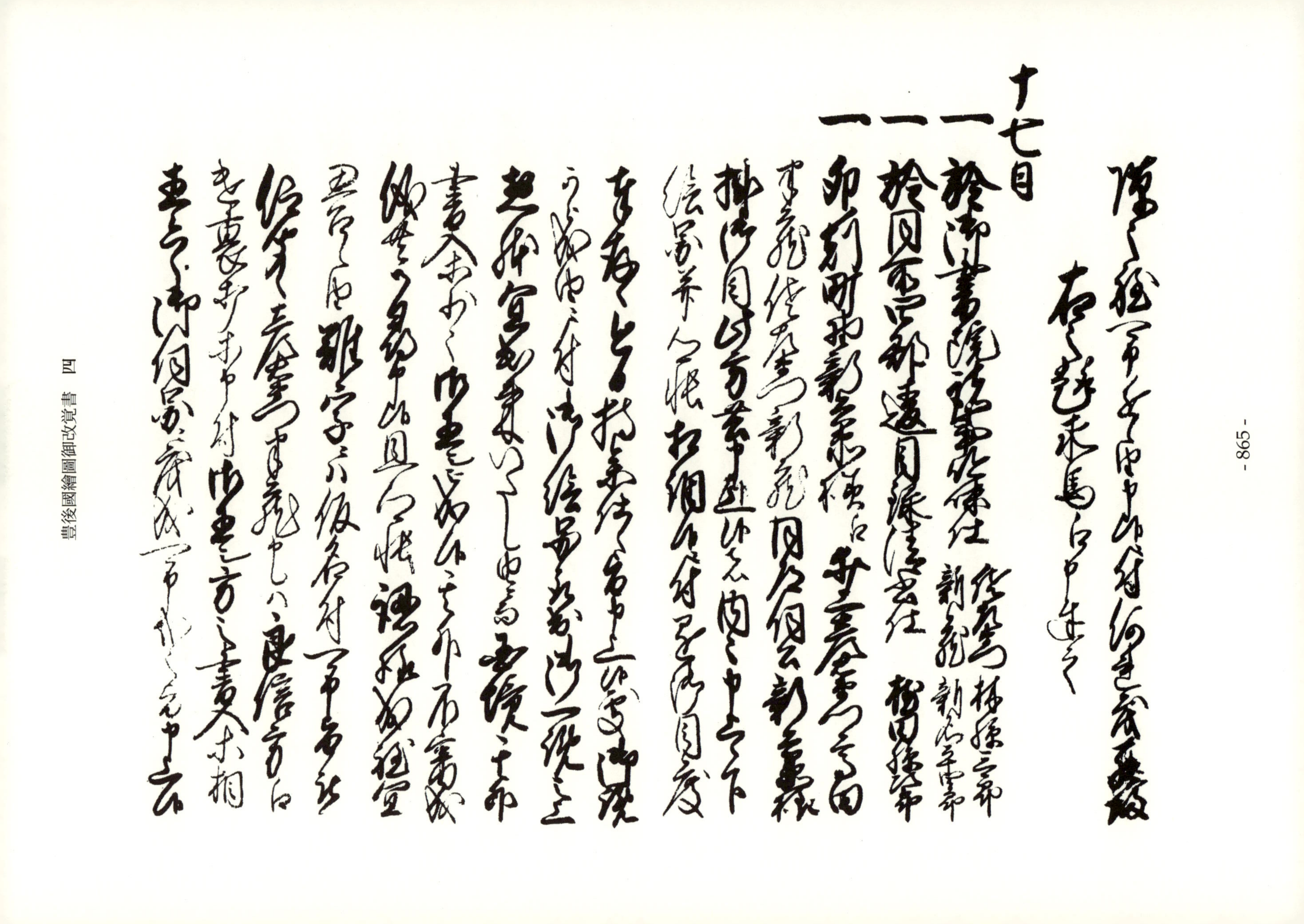

[illegible]

十七日

[illegible]

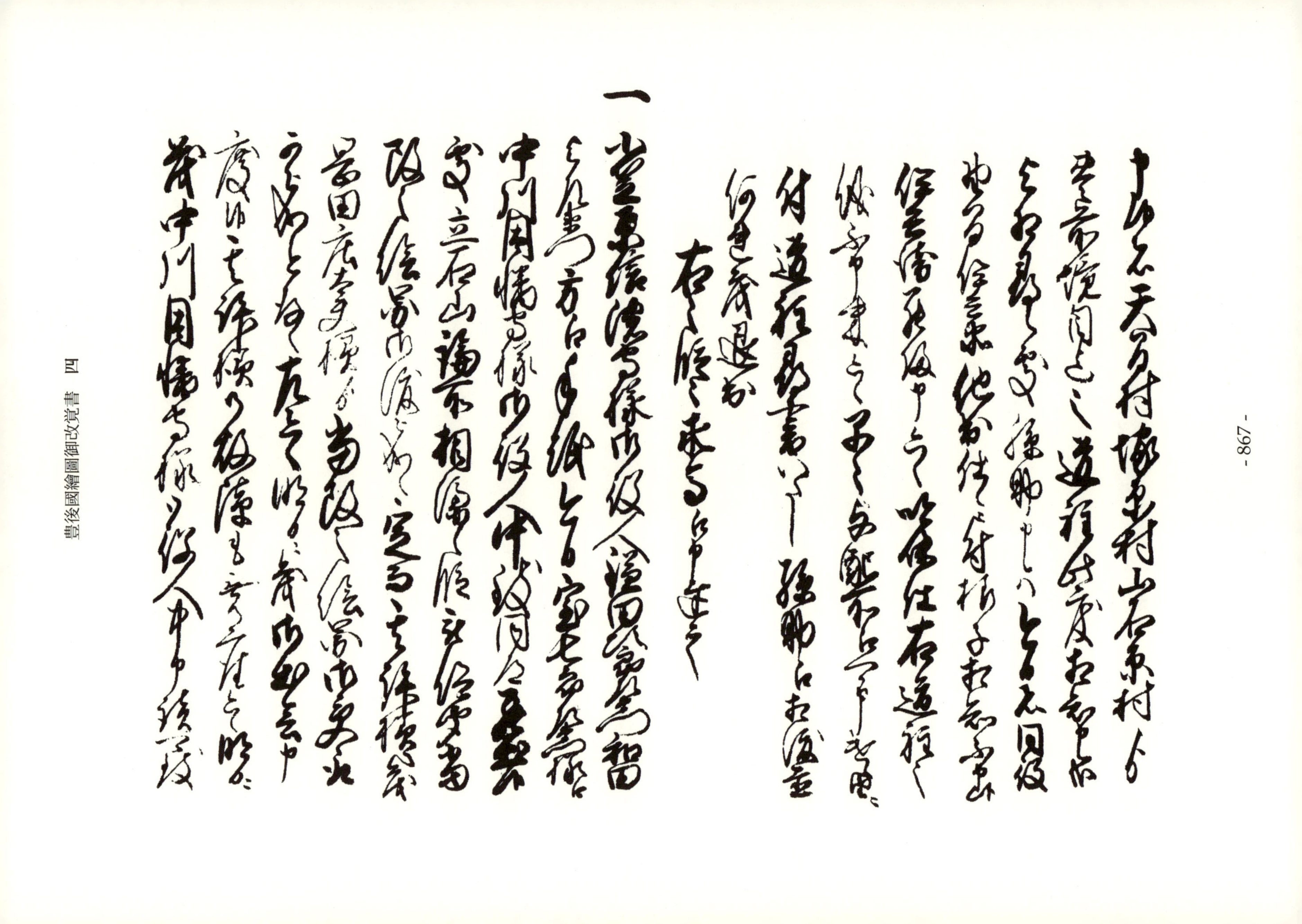

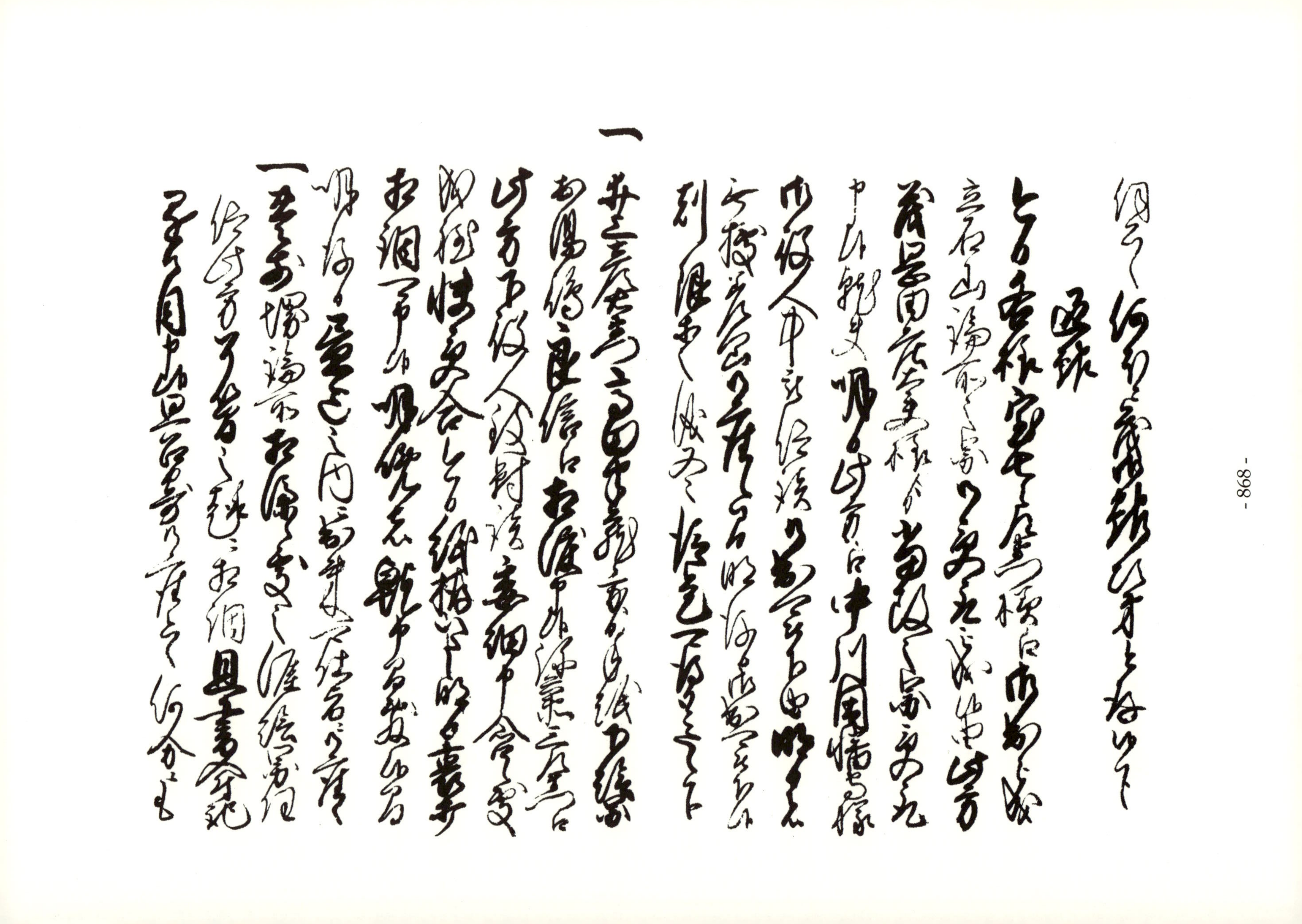

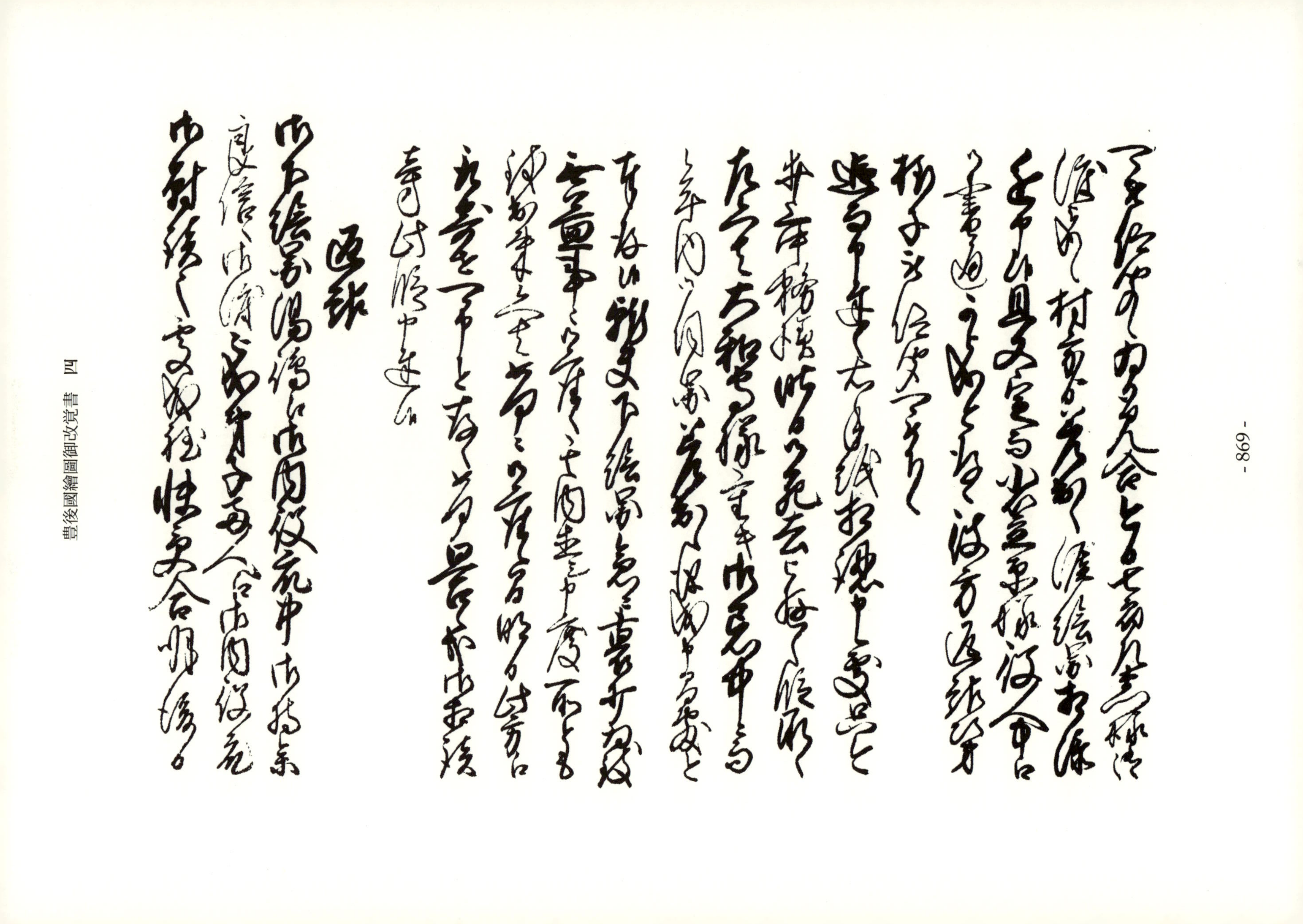

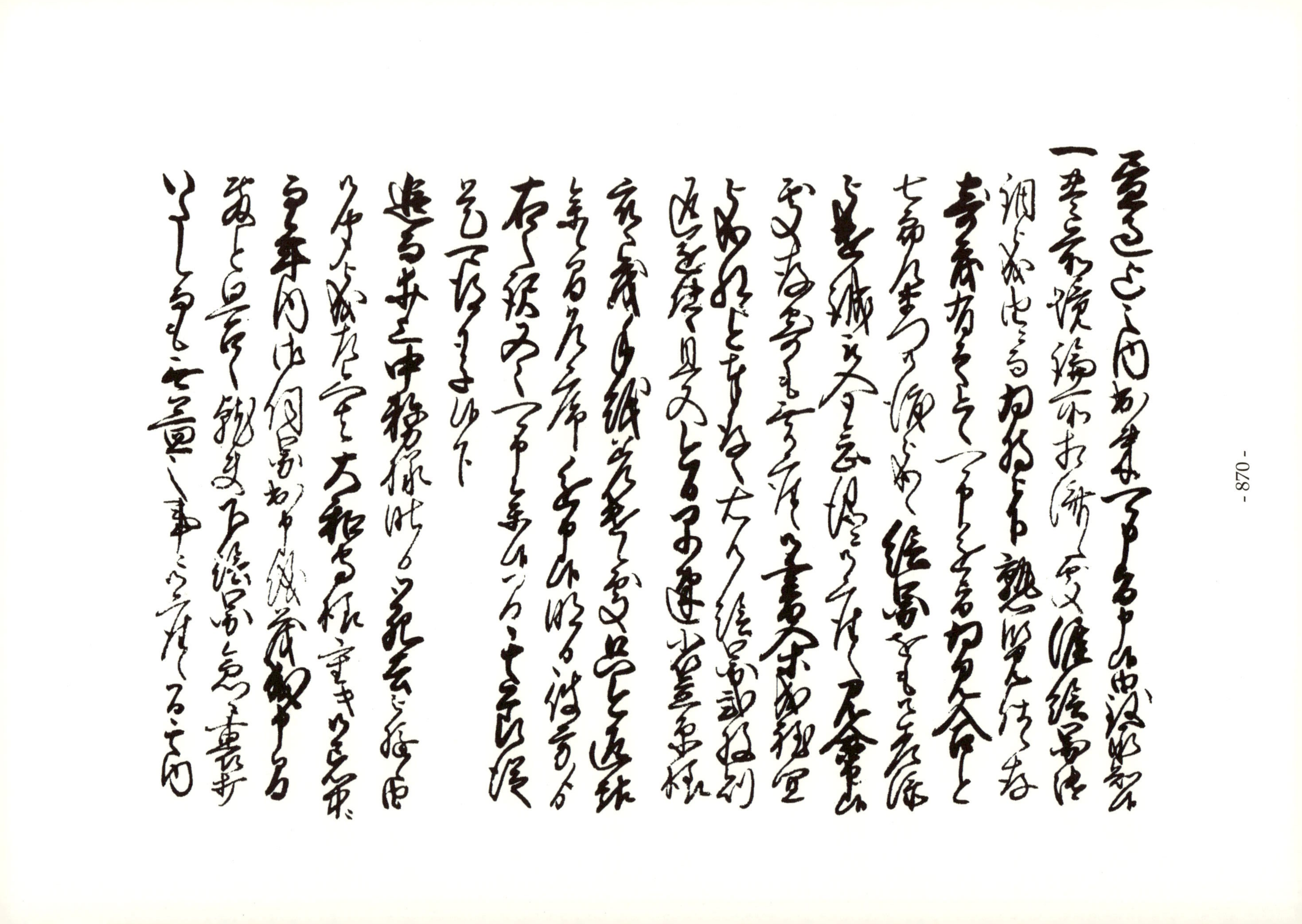

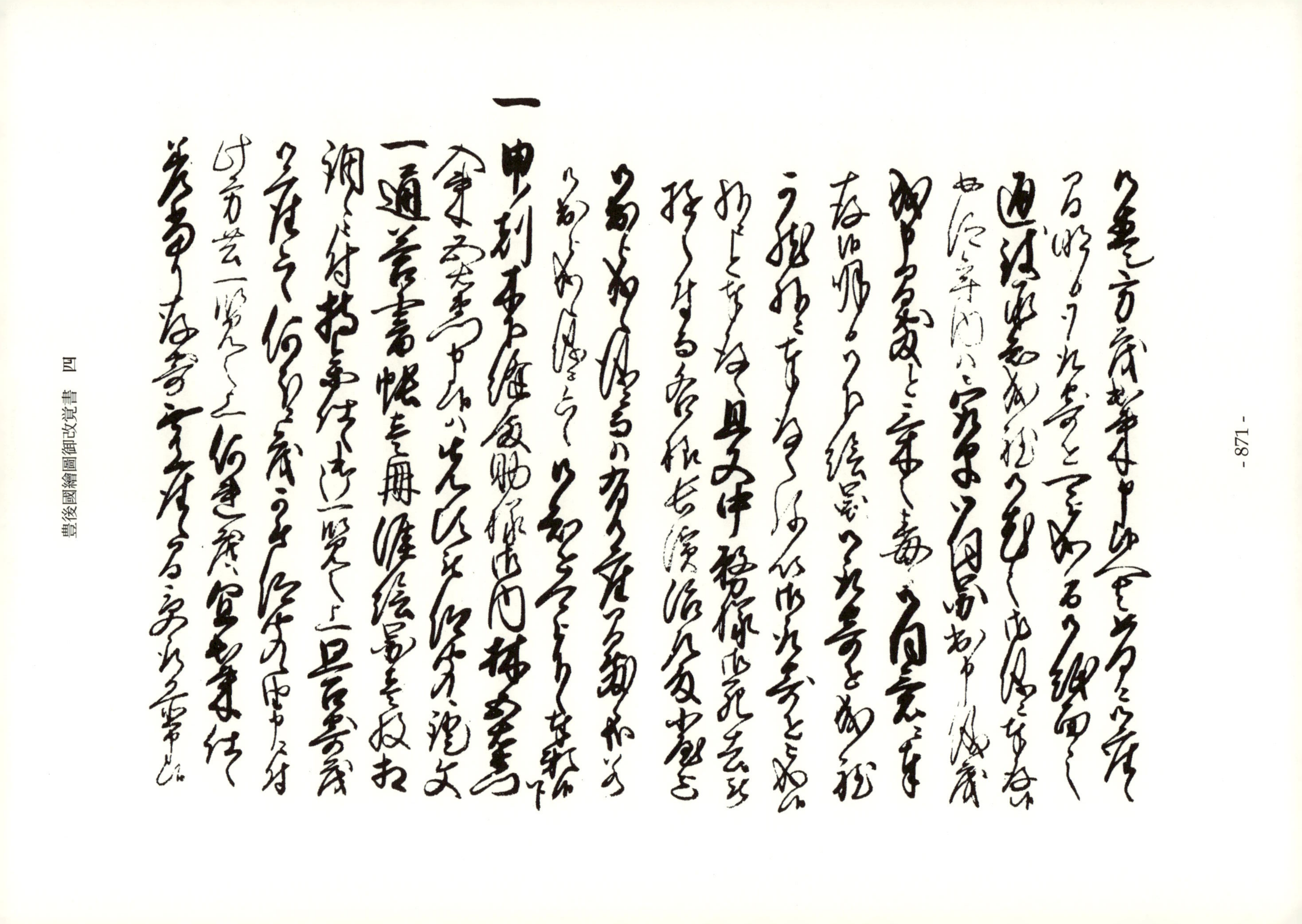

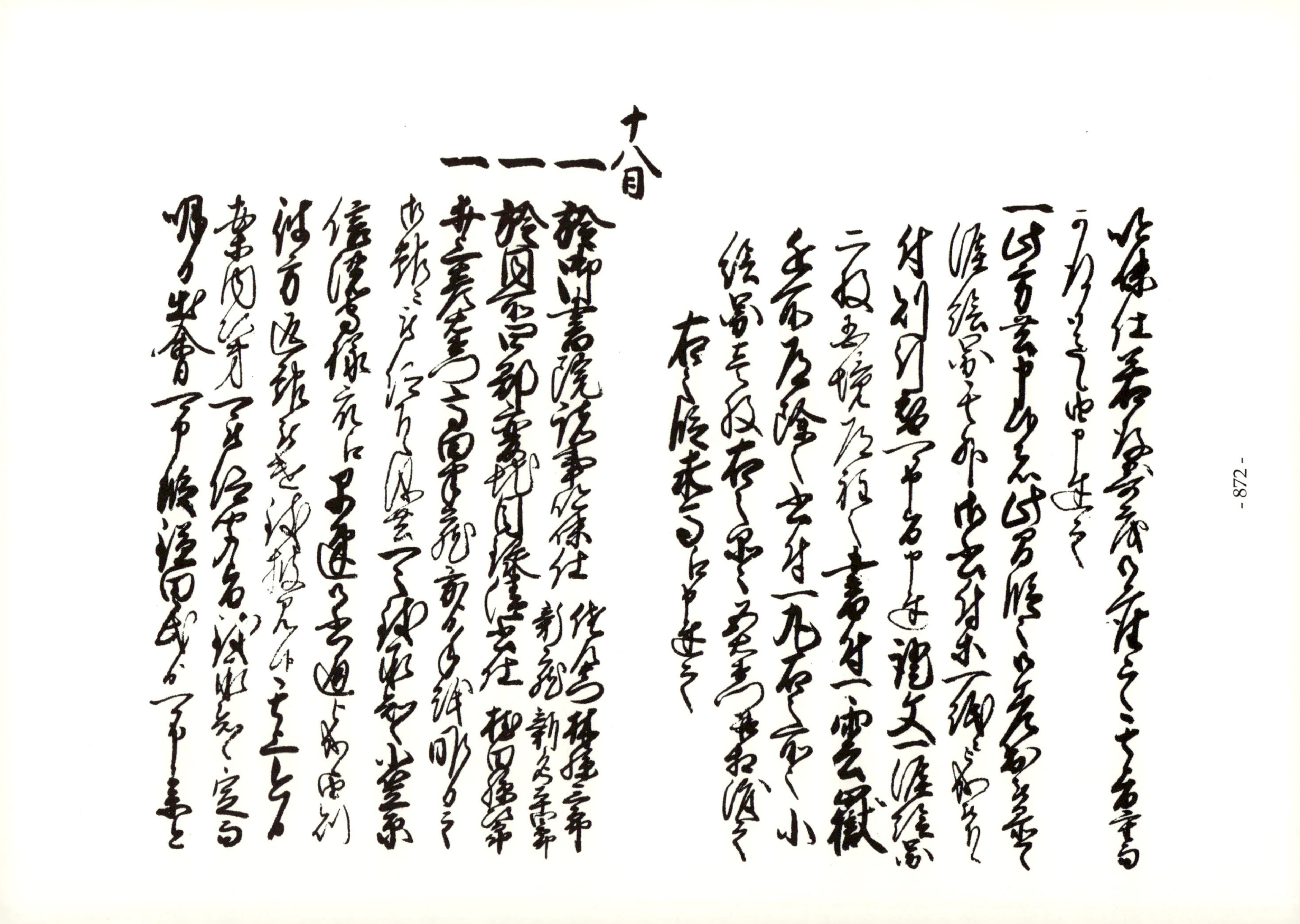

十八日

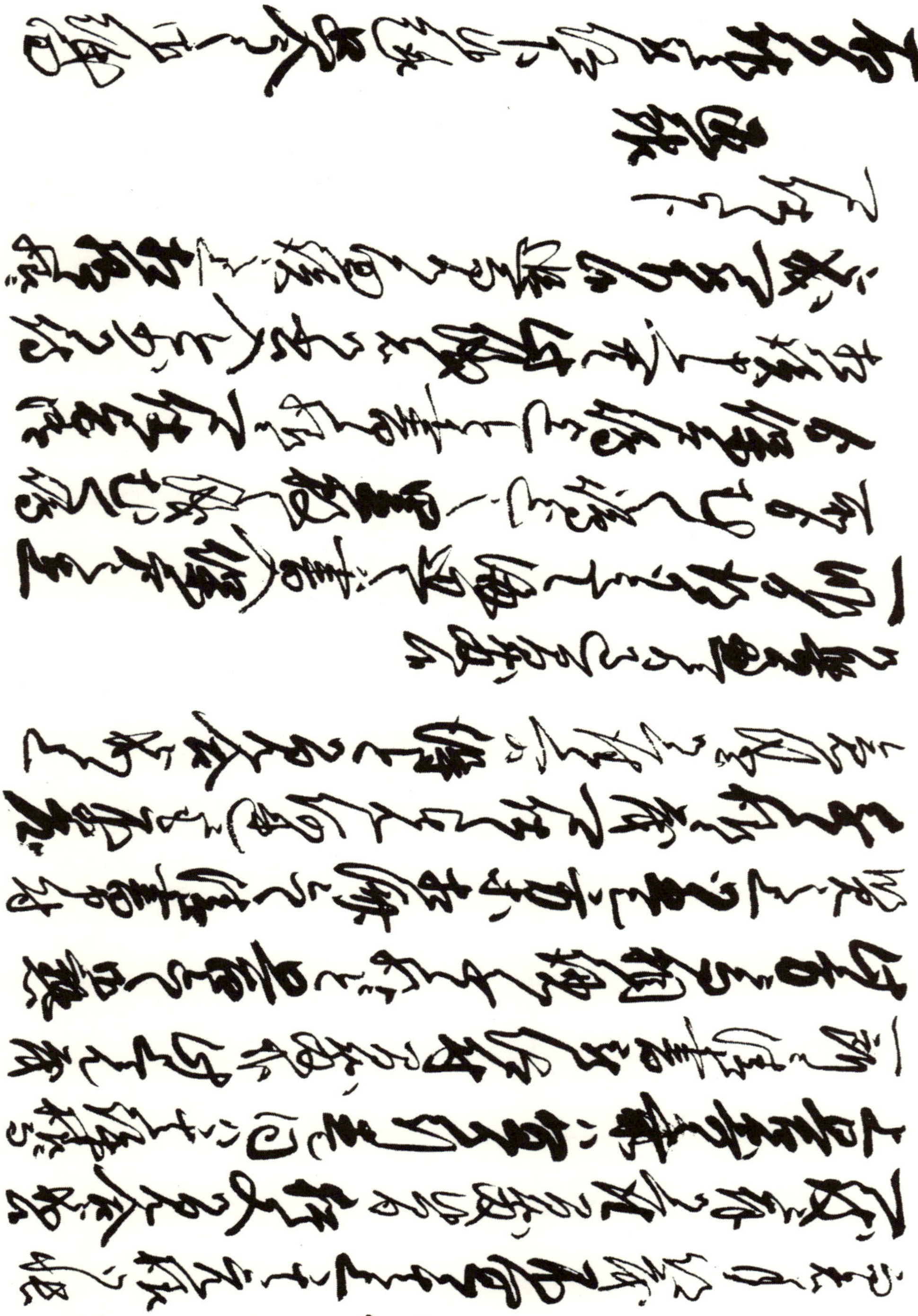

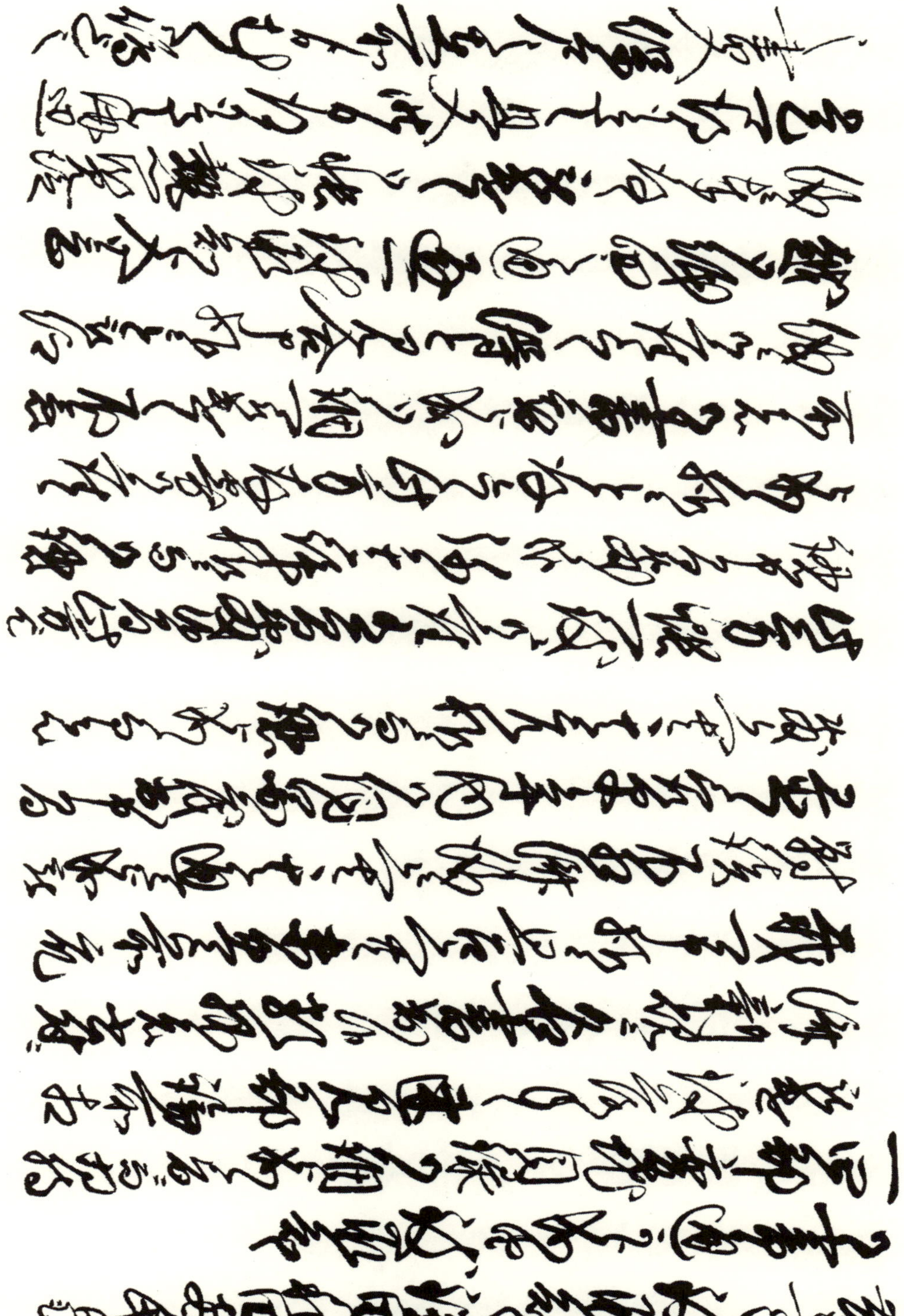

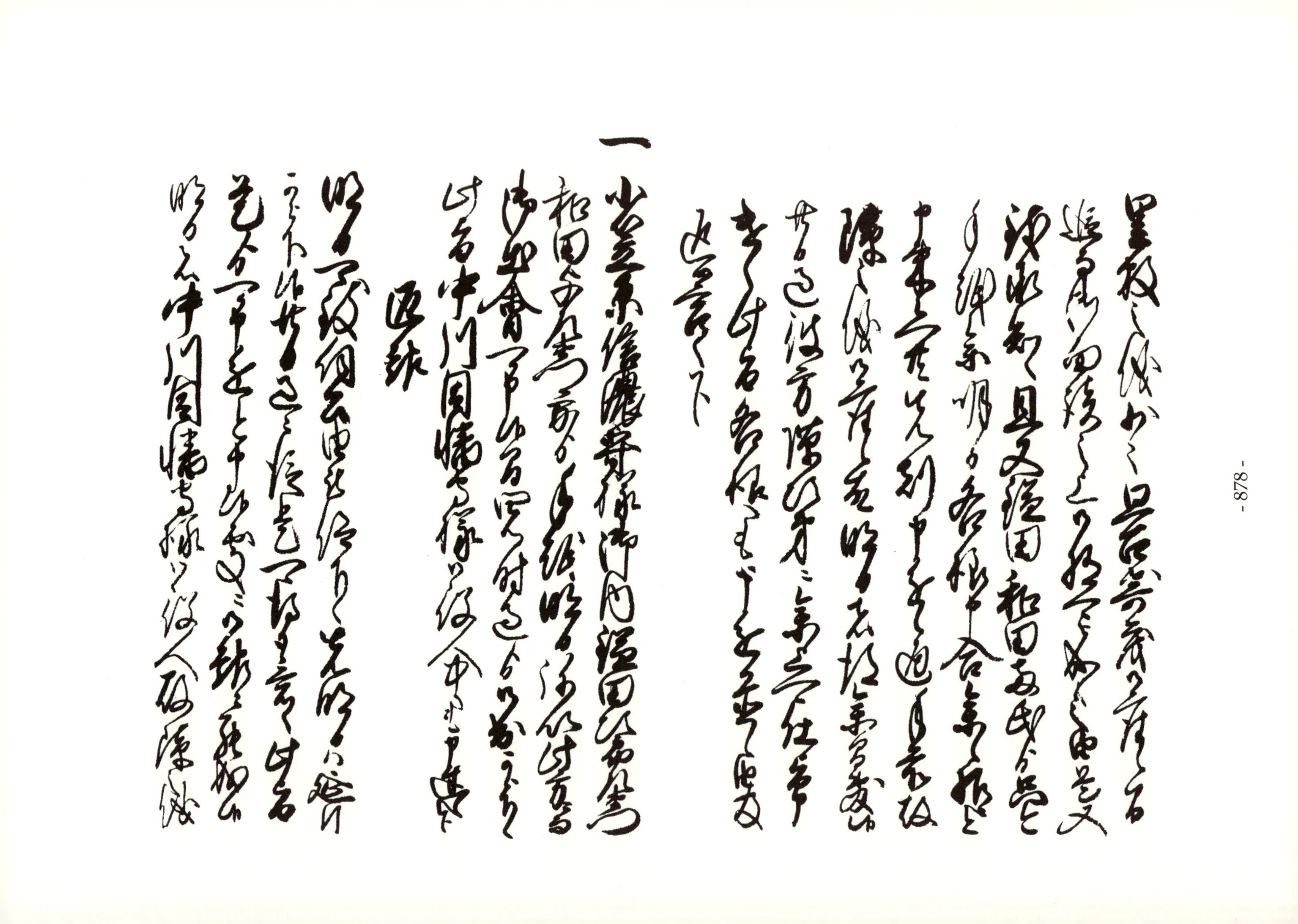

[illegible]

一 [illegible]

返報

[illegible]

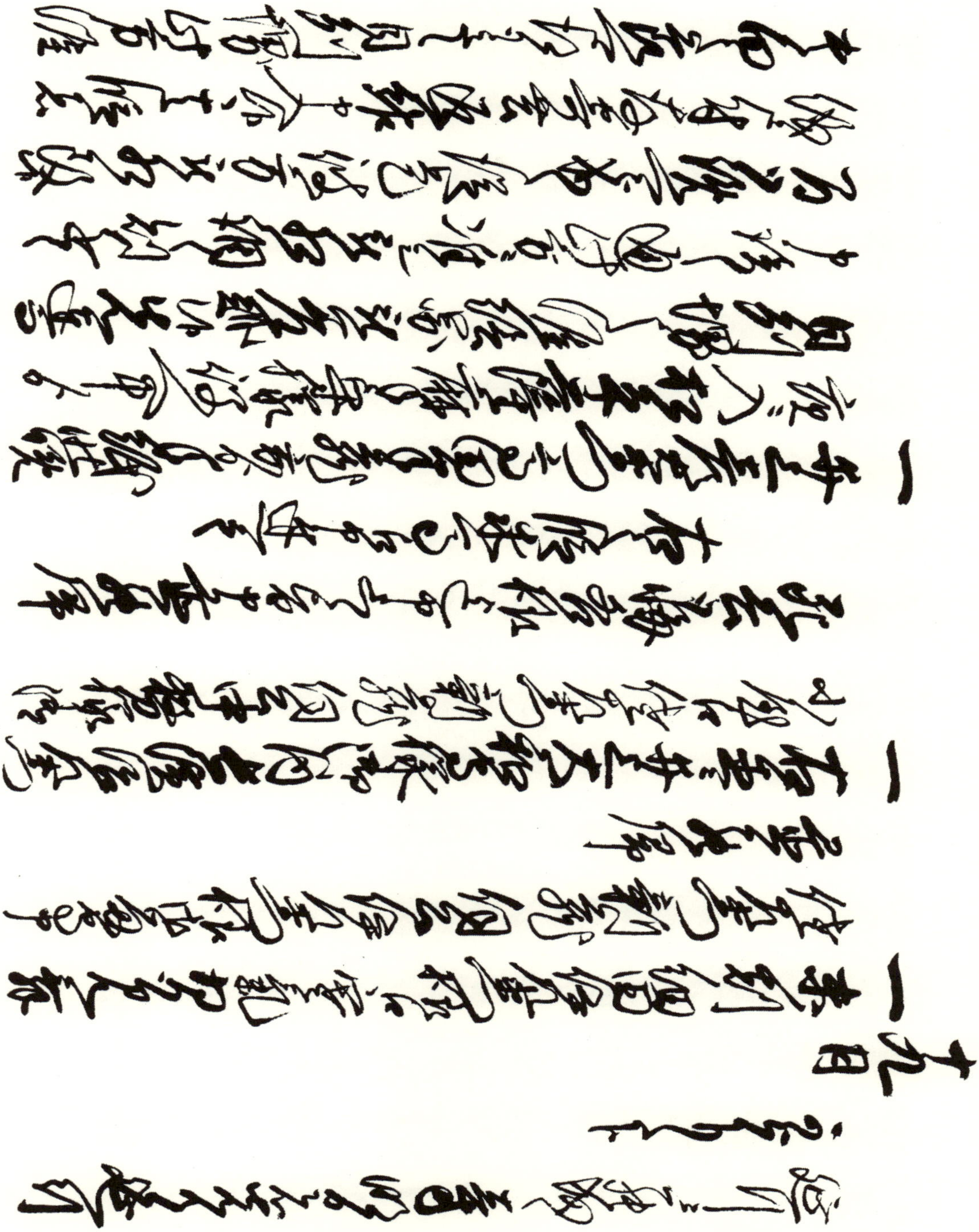

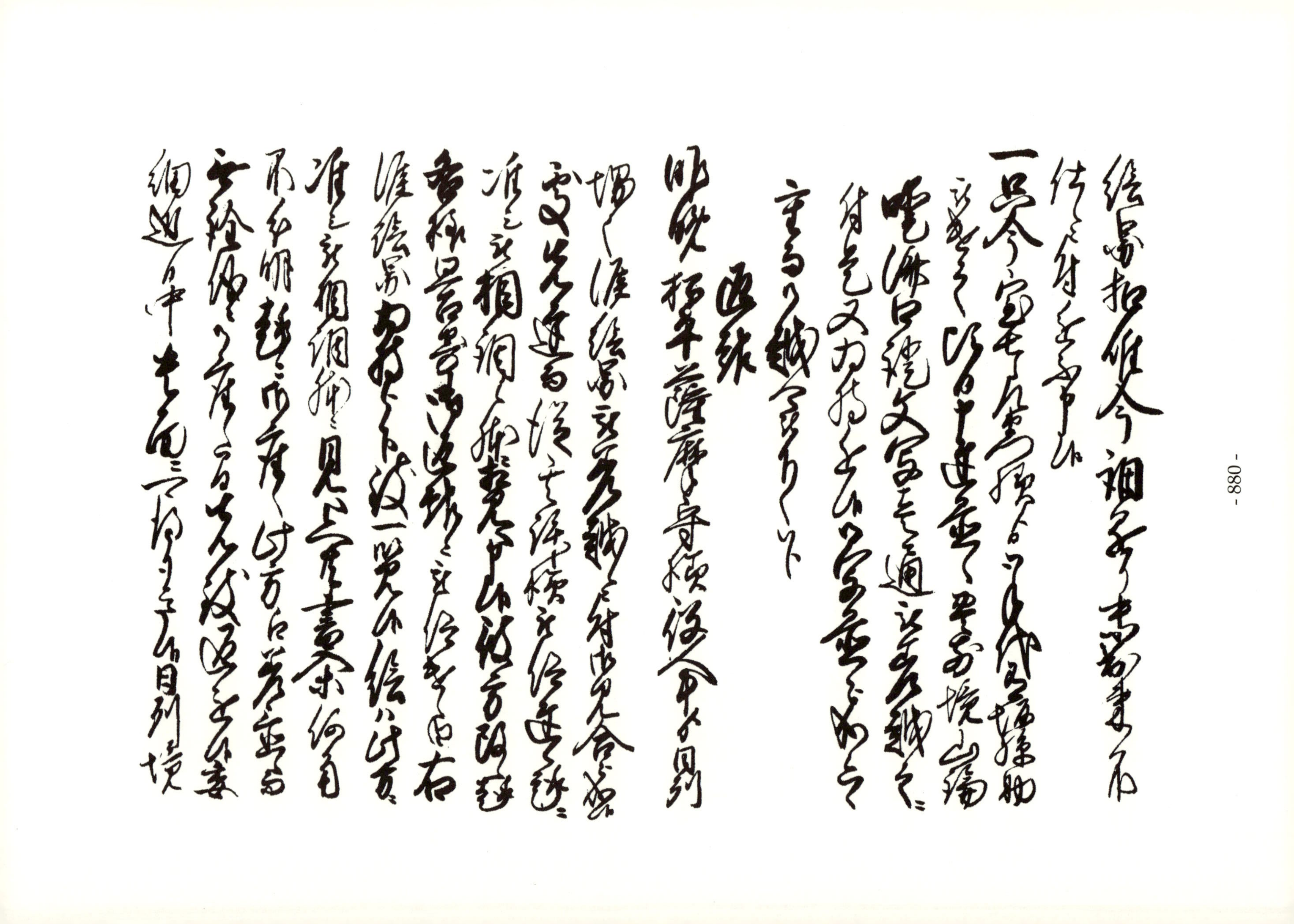

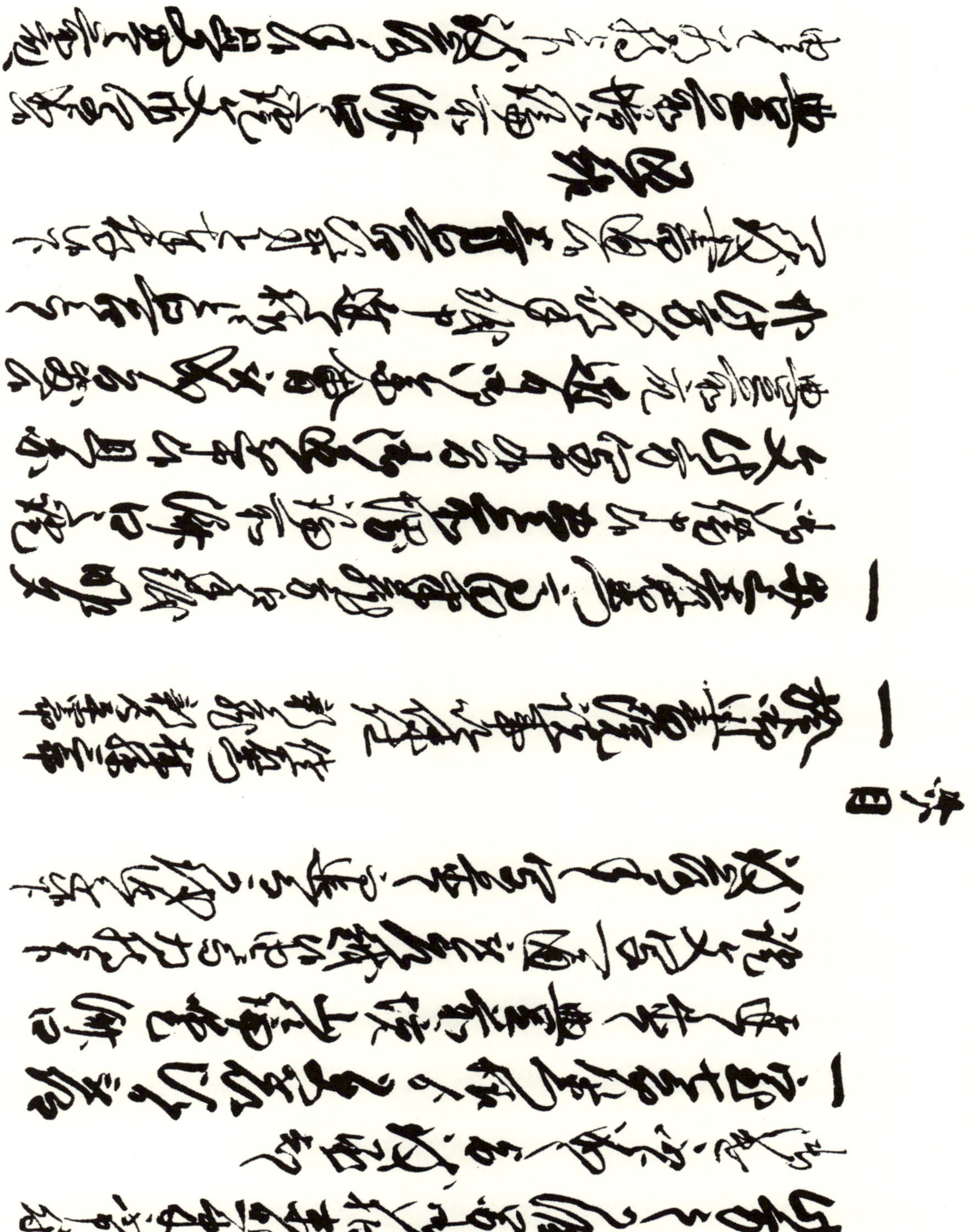

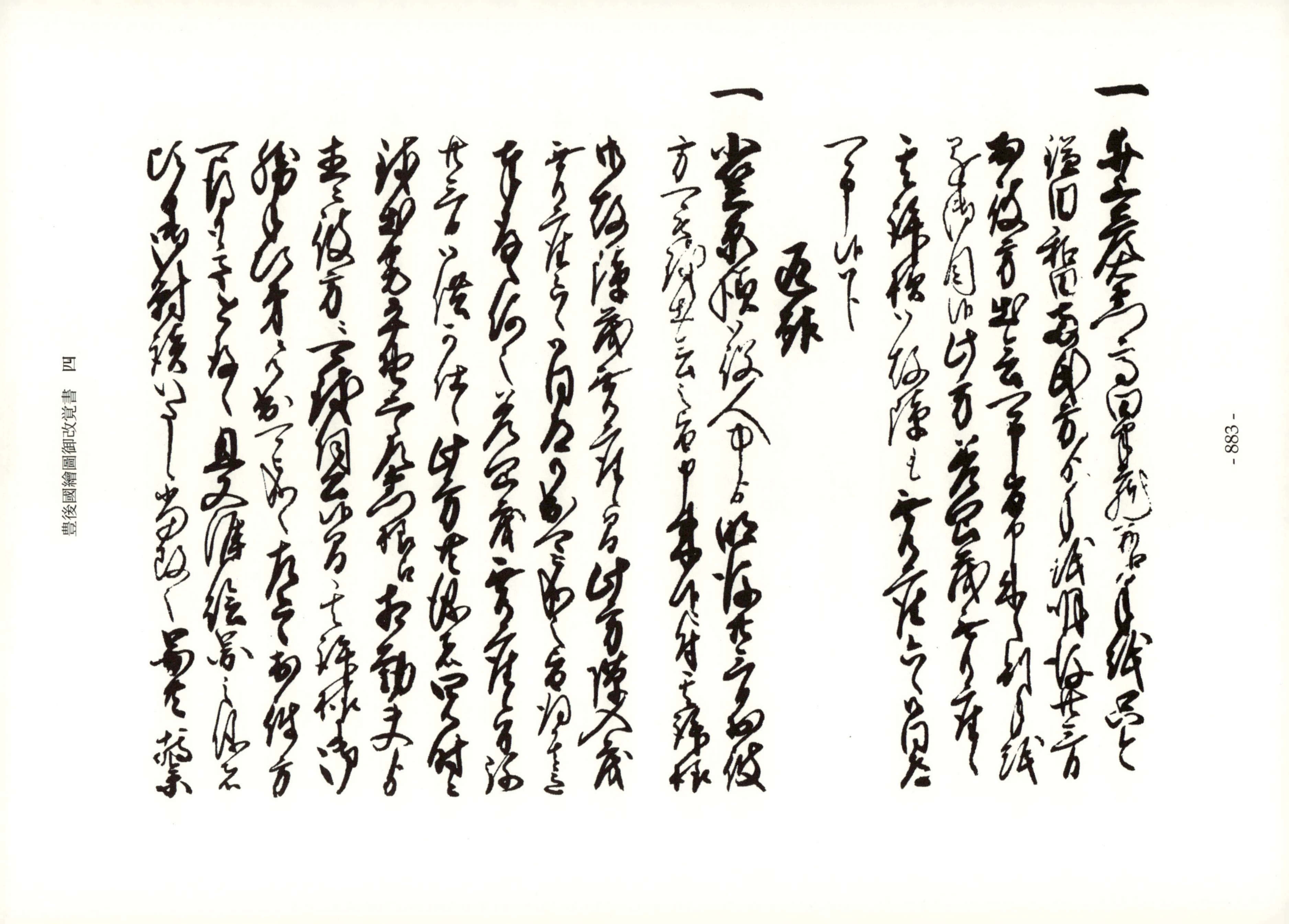

[illegible]

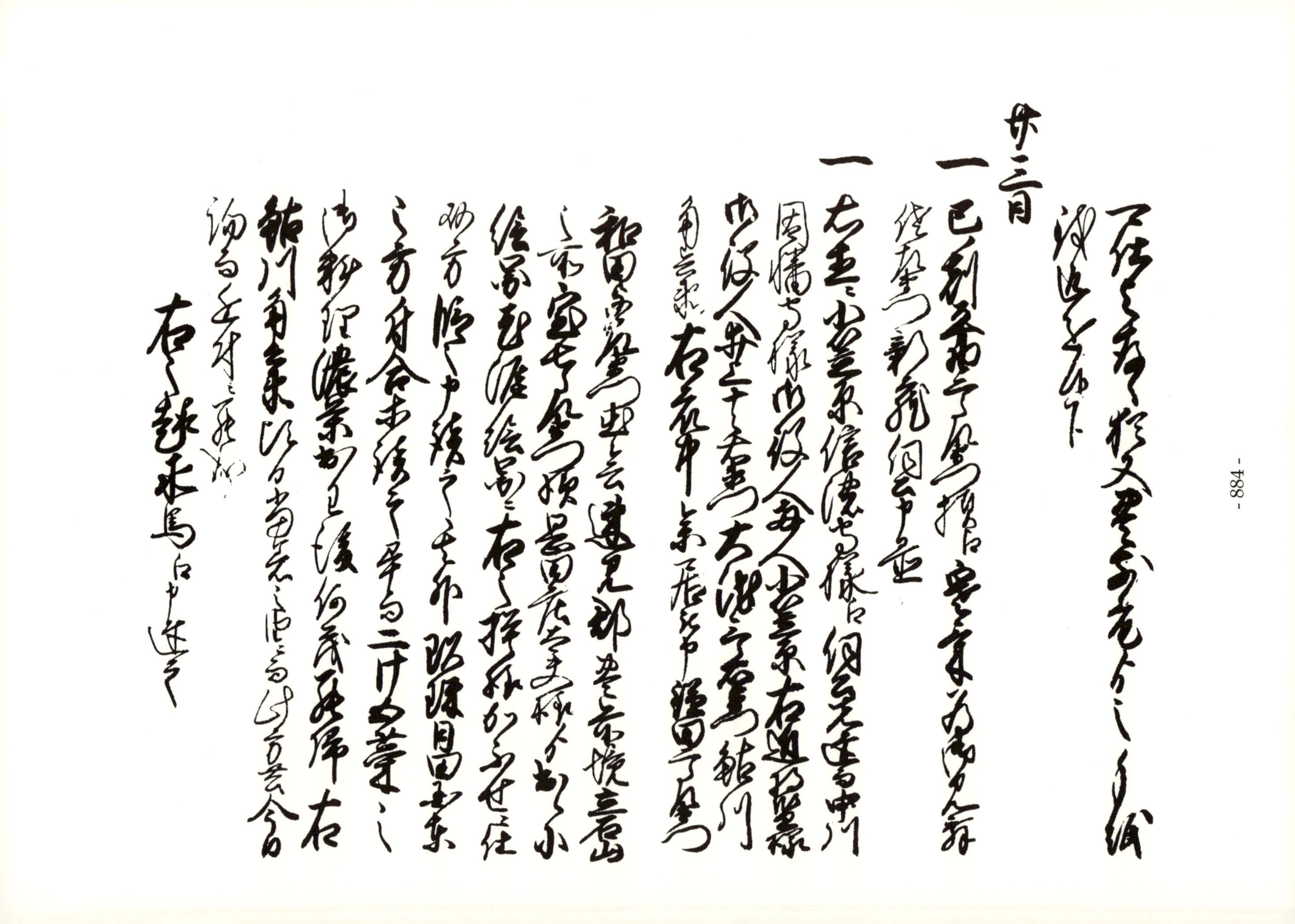

[illegible]候て扨又[illegible]之手紙

[illegible]以下

廿二日

一 巳刻前ゟ登城揃[illegible]

[illegible]

一 大手[illegible]中川

[illegible]

[illegible]

[illegible]

[illegible]

[illegible]

[illegible]

[illegible]

[illegible]

[illegible]

[illegible]

右[illegible]

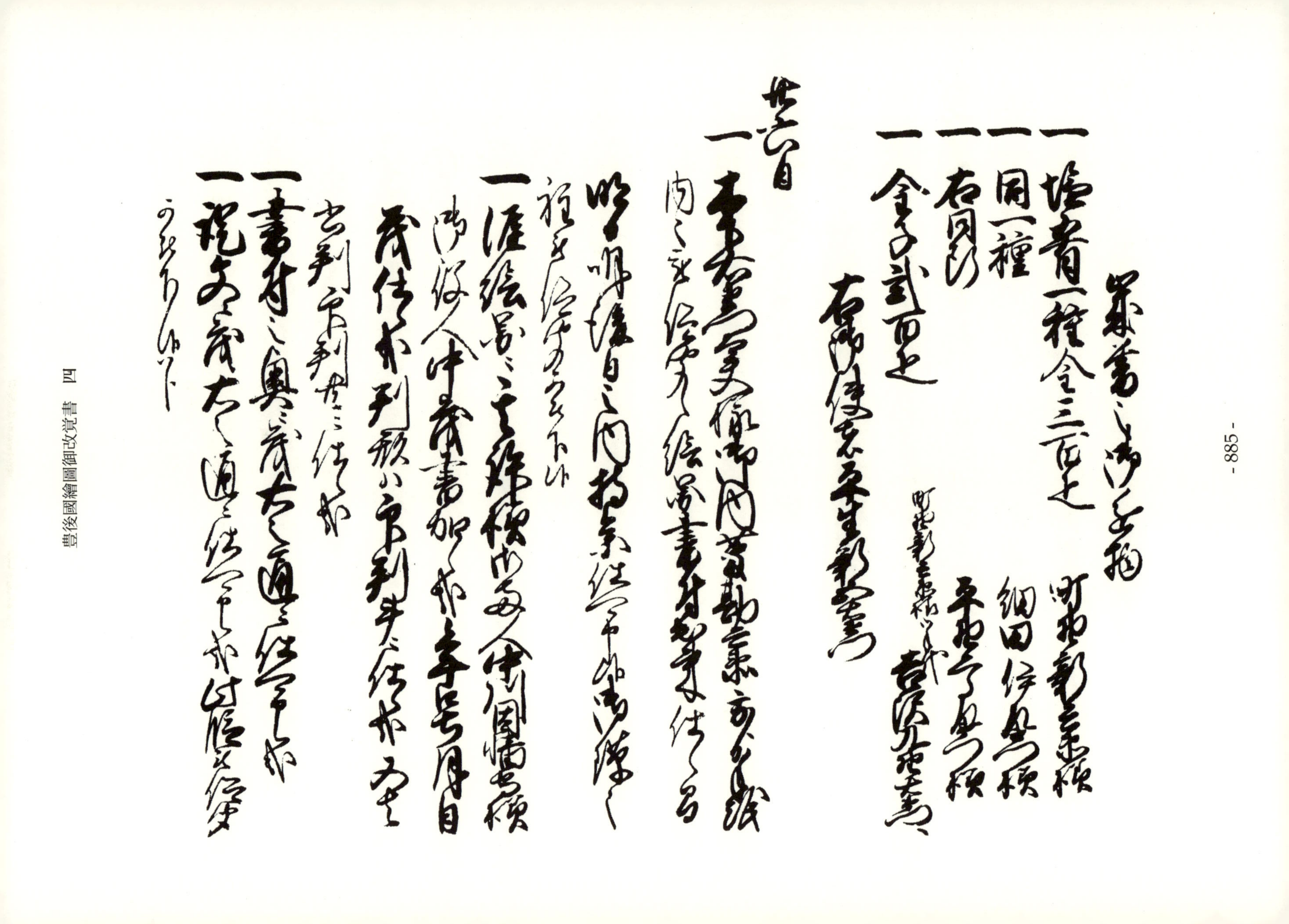

[illegible]

一 緑青一種金三百疋　町野新三郎様

一 同一種　細田伊兵衛様

一 右同断　平野与兵衛様

一 金子弐百疋　[illegible]

右御使者ニ而[illegible]

廿六日

一 [illegible]

[illegible]

一 [illegible]

[illegible]

一 [illegible]

一 [illegible]

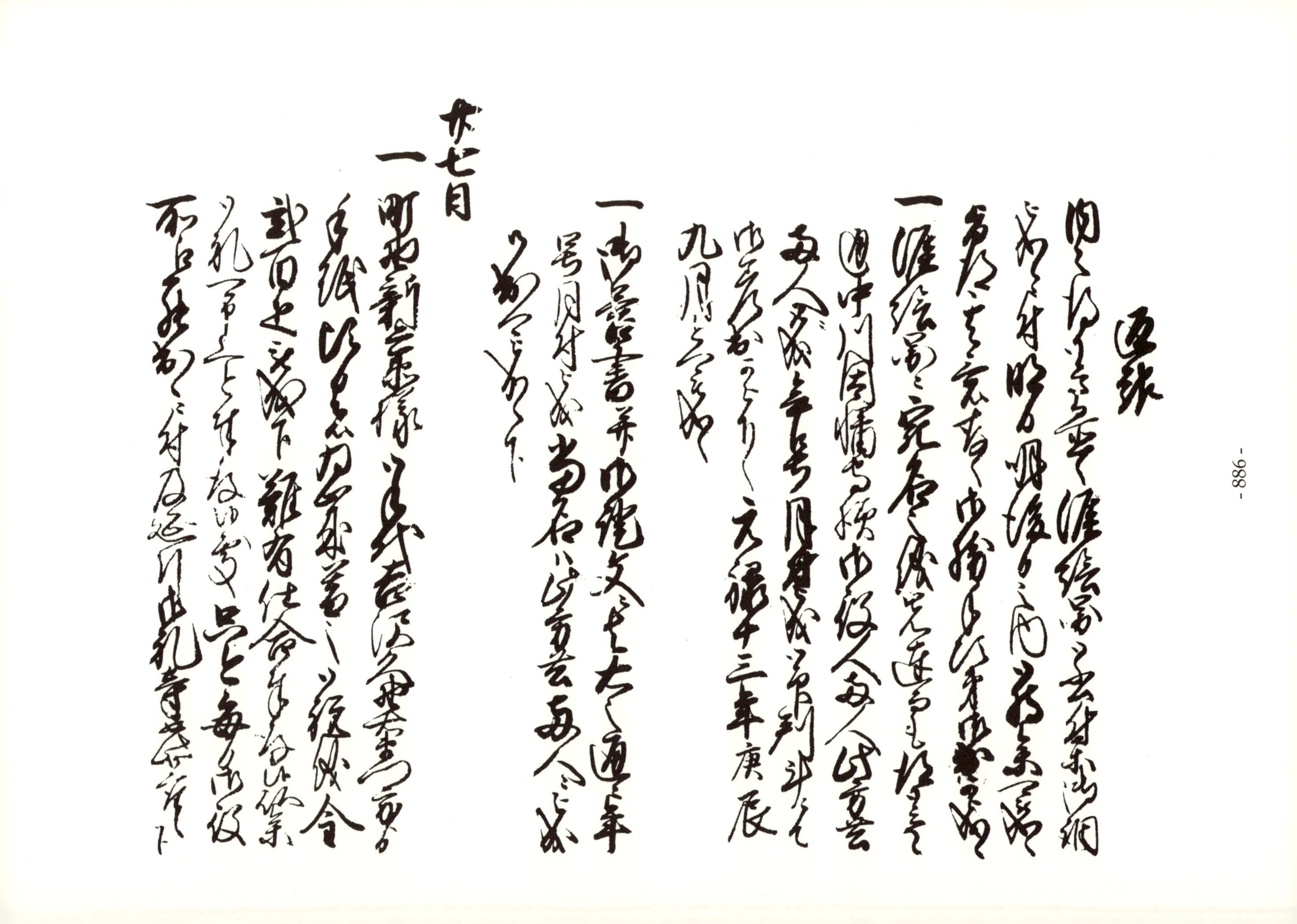

遠鏡

用之事ニ而も望遠鏡之[illegible]

[illegible]村々[illegible]

[illegible]

一 望遠鏡之[illegible]

[illegible]

[illegible]

[illegible]

文政三年庚辰

九月[illegible]

一 此度御書并御廻文壱通差遣申候

[illegible]

[illegible]

廿七日

一 [illegible]

[illegible]

[illegible]

[illegible]

[illegible]

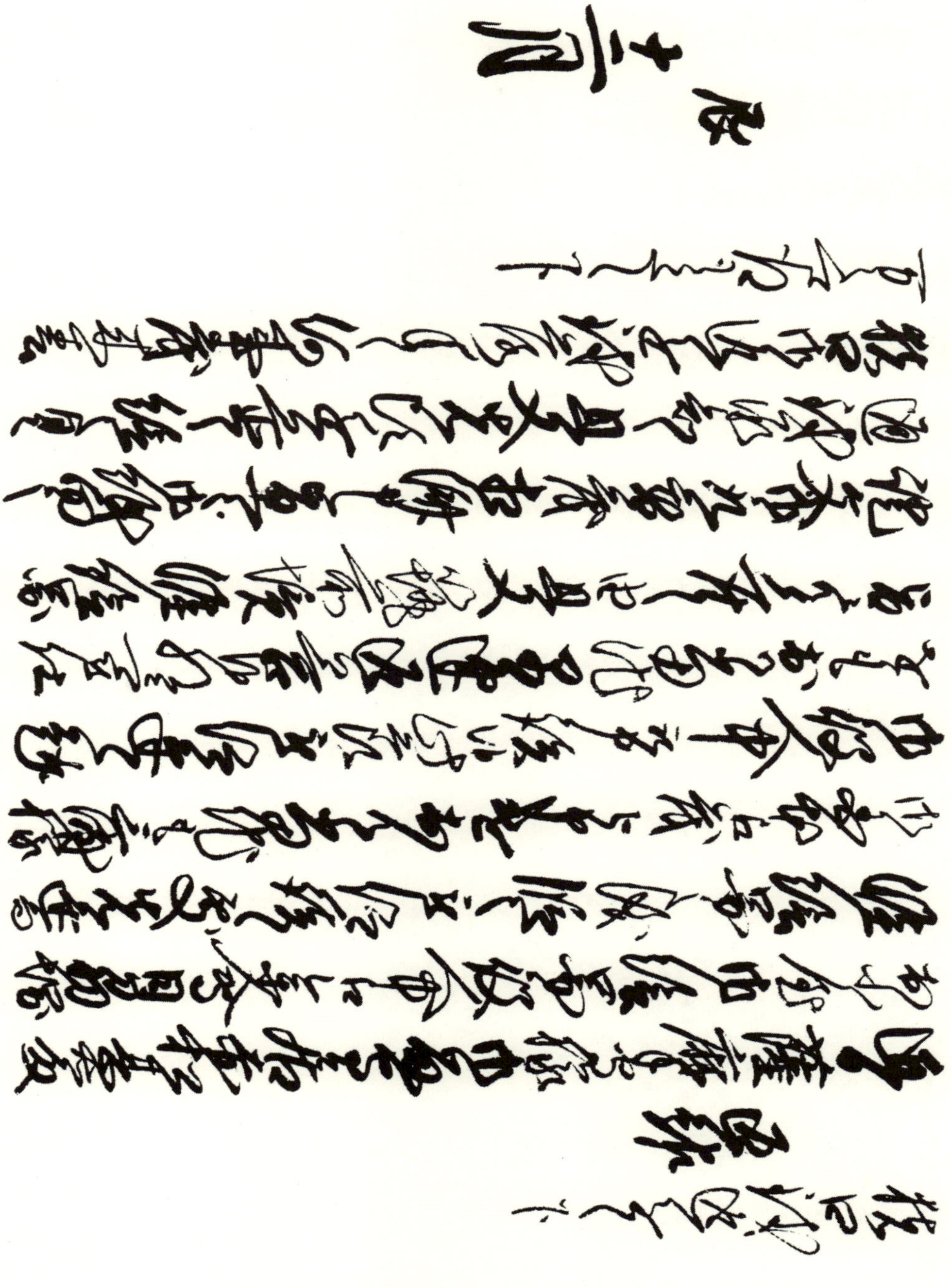

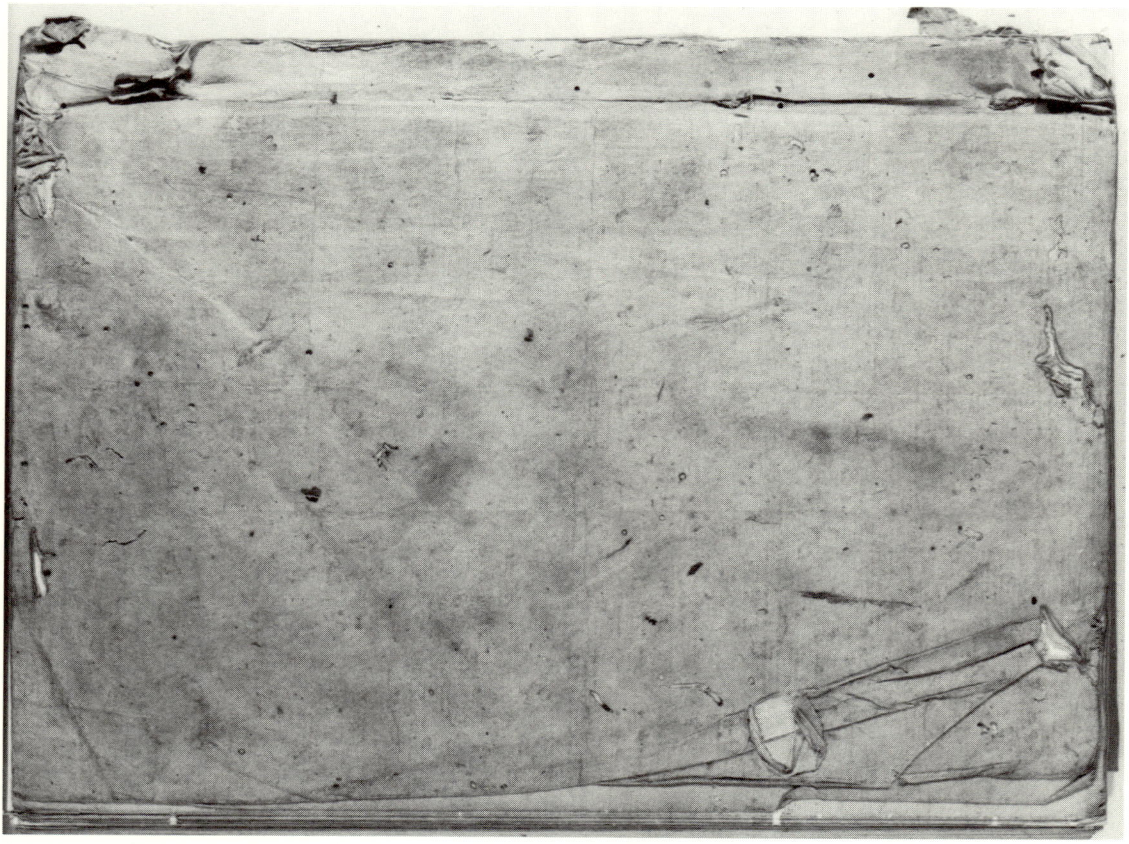

**近世歴史資料集成　第VII期**
The Collected Historical Materials in Yedo Era (Seventh Series)
**（第6巻）江戸幕府編纂物篇【2】：豊後國繪圖御改覚書・原文篇I**
{Sixth Volume: Compiled Documents by Japanese Feudal Government
【2】; Bungonokuni Ezu Onaratame Oboegaki: Original Volume I}
2015年5月25日　初版第1刷
編　者　近世歴史資料研究会
発　行　株式会社科学書院
〒174-0056 東京都板橋区志村1-35-2-902　TEL. 03-3966-8600　FAX 03-3966-8638
発行者　加藤　敏雄
発売元　霞ケ関出版株式会社
〒174-0056 東京都板橋区志村1-35-2-902　TEL. 03-3966-8575　FAX 03-3966-8638
定価（本体50,000円+税）
ISBN978-4-7603-0408-0 C3321　¥50000E

# 『近世歴史資料集成第 VII 期』

〔全 11 巻〕《刊行中》

The Collected Historical Materials in Yedo Era : Second Series

近世歴史資料研究会　訳編　Ｂ５判・上製・布装・貼箱入

**＊第Ⅰ巻　郷帳篇［1］／天保郷帳［完全版］**

（2010／平成 22 年 2 月刊行）

天保時代の村落名 63,794 件を網羅。村落名に読み仮名をふり、索引も充実。全四分冊。［ISBN978-4-7603-0393-9 C3321 ¥60000E］

**※第Ⅱ巻　郷帳篇［2］／正保郷帳［完全版］**

（2015／平成 27 年刊行予定）

［ISBN978-4-7603-0394-6 C3321 ¥60000E］

**＊第 Ⅲ 巻　江戸幕府編纂物篇［1］／祠部職掌類聚 地方凡例録（完全原典版：原文篇・解読篇・解説篇・索引篇）**（2012／平成 24 年 6 月刊行）

江戸時代の農村の基本的な支配政策要項となった本書を研究に十全に活用できるように編纂した。この「青山文庫所蔵本」が最初に記された原典（全十巻）であることを実証する。

［ISBN978-4-7603-0395-3 C3321 ¥50000E］

**＊第 Ⅳ 巻　日本科学技術古典籍資料／天文學篇［8］**

（2015／平成 27 年 3 月刊行）

◎授時暦正解、◎元史授時暦圖解、◎授時暦圖解発揮、◎授時暦経諺解、◎［重訂］古暦便覧保存備考

［ISBN978-4-7603-0396-0 C3321　¥50000E］

**＊第Ⅴ巻 日本科学技術古典籍資料／測量篇［1］**

（2015／平成 27 年 4 月刊行）

◎量地圖説、◎規矩元法町見辨疑、◎規矩元法町間繪目録、◎規矩術鈔、◎規矩元法、◎量地指南［ ISBN978-4-7603-0397-7 C3321　¥50000E］

**＊第 Ⅵ 巻　江戸幕府編纂物篇［1］**（2015／平成 27 年 5 月刊行）

**◎豊後國繪圖御改覚書・原文篇Ⅰ**

［ISBN978-4-7603-0408-0 C3321　¥50000E］

**※第 Ⅶ 巻 江戸幕府編纂物篇［2］**（2015／平成 27 年 6 月刊行予定）

**◎豊後國繪圖御改覚書・原文篇Ⅱ／解読篇Ⅰ**

［ISBN978-4-7603-0409-7 C3321 ¥50000E］

**※第Ⅷ巻　江戸幕府編纂物篇［3］**（2015／平成 27 年 7 月刊行予定）

**◎豊後國繪圖御改覚書・解読篇Ⅱ**

［ISBN978-4-7603-0410-3 C3321 ¥50000E］